ESSENCIAL

DICCIONARI
CASTELLÀ • CATALÀ
CATALÀ • CASTELLÀ

ESSENCIAL

DICCIONARI
CASTELLÀ • CATALÀ
CATALÀ • CASTELLÀ

Primera Edició
(Reimpressió)
ABRIL 1995

BIBLOGRAF s/a
Calabria, 108
08015 BARCELONA

Calàbria, 108
08015 Barcelona

Imprès a Espanya - Printed in Spain

ISBN: 84-7153-168-2
Dipòsit Legal: B. 15.643-1995

Imprès per LITOGRAFÍA ROSÉS, S.A.
Progrés, 54-60, Políg. Ind. «La-Post»
08850 GAVÀ (Barcelona)

PRÓLOGO

El presente diccionario, que viene a enriquecer la cada vez más amplia gama VOX de diccionarios bilingües, es una obra pensada tanto para el estudiante como para el público en general, que en un momento determinado pueda precisar una obra de consulta que le solucione de modo rápido cualquier tipo de duda.

Los criterios de manejabilidad y rápida consulta han dirigido nuestro trabajo cuyo resultado ha sido la estructura del artículo que ahora ofrecemos. Como rasgo característico de este VOX DICCIONARI ESSENCIAL CASTELLÀ-CATALÀ, CATALÀ-CASTELLÀ podemos destacar la selección rigurosa de las voces que constituyen las entradas del diccionario, al tiempo que hemos prescindido de las voces de menor difusión así como de los derivados de fácil deducción, en una y otra lengua. En contrapartida, en la parte catalana hemos dado cabida a palabras de uso frecuente aunque no estén documentadas en otros repertorios lexicográficos, indicándolo sin embargo mediante un asterisco. En cuanto al verbo de tanta importancia en ambas lenguas, se ha tratado con el máximo rigor, dando —siempre que ha sido necesario— un modelo de irregularidad en el artículo correspondiente.

En otro orden de cosas y siguiendo en la línea de nuestros productos, hemos incluido la transcripción fonética de todas las palabras de la entrada, tanto del catalán como del castellano. Para ello hemos utilizado el Alfabeto de la Asociación Fonética Internacional.

Esperamos que esta obra cumpla con el objetivo que nos hemos propuesto, es decir, sea una obra manejable y útil para el estudiante y para el público en general.

PRÒLEG

El present diccionari, que ve a enriquir la gamma cada cop més àmplia de diccionaris VOX bilingües, és una obra pensada per a l'estudiant i per al públic en general que en un moment determinat pugui precisar una obra de consulta que li solucioni de manera ràpida qualsevol mena de dubte.
Els criteris de manejabilitat i de consulta fàcil han dirigit el nostre treball i el resultat ha estat l'estructura del diccionari que ara oferim.
Com a tret característic d'aquest VOX DICCIONARI ESSENCIAL CASTELLÀ-CATALÀ, CATALÀ-CASTELLÀ podem destacar la selecció rigorosa de les veus que constitueixen les entrades del diccionari, la qual ens ha portat a prescindir tant de les veus de menor difusió com dels derivats de deducció fàcil en una i altra llengua. En contrapartida, a la part catalana hem donat cabuda a paraules d'ús freqüent, encara que no es trobin documentades a d'altres repertoris lexicogràfics. Si aquest és el cas, s'indica mitjançant un asterisc. Pel que fa al verb, de tanta importància a totes dues llengües, s'ha tractat amb el màxim rigor, donant un model d'irregularitat a l'article corresponent sempre que ha estat necessari.
En un altre aspecte, i seguint la línia dels nostres productes, hem inclòs la transcripció fonètica de totes les paraules de l'entrada, tant del català com del castellà. Per fer-ho hem utilitzat l'Alfabet de l'Associació Fonètica Internacional.
Esperem que aquesta obra compleixi l'objectiu que ens hem proposat, és a dir, que sigui una obra manejable i útil per a l'estudiant i per al públic en general.

ÍNDEX

CASTELLÀ-CATALÀ

CATALÁN-CASTELLANO

CASTELLÀ-CATALÀ

OBSERVACIONS

1) L'asterisc * que precedeix una entrada indica que aquesta paraula, tot i que mereix la nostra acceptació, no és acceptada per tothom.

2) Els números *2, 3...*, indiquen les traduccions que corresponen a les diverses accepcions de la paraula traduïda.

3) El signe ~ substitueix la paraula traduïda en els exemples i locucions.

4) El signe ‖ introdueix una locució o frase.

5) El signe ¶ precedeix la conjugació d'un verb irregular.

6) 1, 2, ... 6, indiquen la persona del temps del verb irregular que es conjuga.

7) Cada entrada va seguida immediatament de la seva transcripció fonètica, limitada per claudàtors [ ].

8) El contingut d'un parèntesi que segueix immediatament una entrada —abans i tot de la transcripció fonètica corresponent—, s'ha de llegir abans de la paraula entrada. P. ex.: **palpentes (a les),** s'ha de llegir: **a les palpentes.**

9) El nombre de noms propis entrats en el cos del diccionari es mínim. S'hi han entrat, però, els principals noms geogràfics que s'escriuen diferentment en català i en castellà. P. ex.: **Terrassa,** que es tradueix per **Tarrasa**.

ABREVIATURES USADES EN AQUEST DICCIONARI

a.	adjectiu.
adv.	adverbi.
AGR.	agricultura.
ANAT.	anatomia.
angl.	de l'anglès.
arc.	arcaic.
ARITM.	aritmètica.
ARQ.	arquitectura.
art.	article.
ARTILL.	artilleria.
ASTR.	astronomia.
ASTROL.	astrologia.
augm.	augmentatiu.
B. ARTS.	belles arts.
BIOL.	biologia.
BOT.	botànica.
cast.	del castellà.
CIR.	cirurgia.
col.	col·loquial.
COM.	comerç.
COND.	condicional.
conj.	conjunció.
CONJUG.	Conjugació.
CONSTR.	construcció.
contr.	contracció.
CUI.	cuina.
dem.	demostratiu.
despect.	despectiu.
DIB.	dibuix.
dim.	diminutiu.
ECON.	economia.
ELEC.	electricitat.
ENTOM.	entomologia.
ESCULT.	escultura.
esp.	especialment.
ESPT.	esport.
exclam.	exclamatiu.
f.	substantiu femení.
fam.	familiar.
FARM.	farmàcia.
fig.	en sentit figurat.
FIL.	filosofia.
FÍS.	física.
FISIOL.	fisiologia.
FOT.	fotografia.
FORT.	fortificació.
fr.	del francès.
Fut.	Futur.
GEOG.	geografia.
GEOL.	geologia.
GEOM.	geometria.
GER.	Gerundi.
gr.	del grec.
GRAM	gramàtica.
HERÀLD.	heràldica.
i.	verb intransitiu.
ICT.	ictiologia.
IMPER.	imperatiu.
Imperf.	Imperfet.
impers.	impersonal.
IMPR.	impremta.
IND.	Indicatiu.
interj.	interjecció.
interr.	interrogatiu.
iròn.	emprat irònicament.
it.	de l'italià.
JARD.	jardineria.
JUR.	jurisprudència.
l.	del llatí.
LIT.	literatura.
LITÚRG.	litúrgia.
loc.	locució.
m.	substantitu masculí.
MAR.	marina.
MAT.	matemàtiques.
MEC.	mecànica.
MED.	medicina.
METEOR.	meteorologia.
MIL.	militar.
MIN.	mineria.
MINER.	mineralogia.
MIT.	mitologia.
MÚS.	música.
n.	neutre.
n. pr.	nom propi.
NÀUT.	nàutica.
num.	numeral.
NUMISM.	numismàtica.
ÒPT.	òptica.
ORNIT.	ornitologia.
Perf.	Perfet.
pers.	personal.
PINT.	pintura.
pl.	plural.
P. P.	Participi passat.
P. PR.	Participi present.
poèt.	poèticament.
pos.	possessiu.
Pr.	Present.
prep.	preposició.
prnl.	verb pronominal.
pron.	pronom.
QUÍM.	química.
rel.	relatiu.
RET.	retòrica.
sing.	singular.

SUBJ.	Subjuntiu.
t.	verb transitiu.
TAUROM	tauromàquia.
TEAT.	teatre.
TOPOG.	topografia.
V.	vegeu.
VIT.	viticultura.
ZOOL.	zoologia.
~	Indica la paraula que encapçala l'article.
	paraula l'admissió de la qual es discuteix.

CLAU DELS SIGNES DE L'A.F.I. USATS EN LA TRANSCRIPCIÓ FONÈTICA D'AQUEST DICCIONARI

VOCALS CASTELLANES

signe fonètic	explicació del so
1) [i]	És equivalent a la **i** catalana, com en *n**i**t, ll**i**t*: *cam**i**no* [kamíno] camí; *s**i**lla* [siʎa] cadira.
2) [e]	És equivalent a la **e** catalana de *ll**e**t, n**é**t*: *s**e**llo* [séʎo] segell; *caf**é*** [kafé] cafè.
3) [a]	És equivalent a la **a** catalana, com en *v**a**s, m**a**r*: **a***ño* [áɲo] any; *l**a**zo* [láθo] llaç.
4) [o]	És equivalent a la **o** catalana de *canç**ó**, **o**nze*: *m**o**da* [móða] moda; **o***la* [óla] onada.
5) [u]	És equivalent a la **u** catalana, com en ***ú**nic, t**u***: *l**u**na* [lúna] lluna; *n**u**do* [núðo] nus.

DIFTONGS I TRIFTONGS

Els que tenen equivalència en català es pronuncien igual:
ai*re* [aĭre] aire; *r**ey*** [reĭ] rei; **au***la* [aŭla] aula; *averig**uái**s* [aβeriγwáis] escatiu.

CONSONANTS CASTELLANES

signe fonètic	explicació del so
1) [p]	És equivalent a la p *catalana*, com en p*orta*: p*uerta* [pwérta] porta; pap*el* [papél] paper.
2) [b]	És equivalent a la b oclusiva catalana, com en b*alcó*, v*all*, *àmbit*, *enveja*: b*alcón* [balkón] balcó; v*alle* [báʎe] vall; *ámbito* [ámbito] àmbit; *en**v**idia* *[embíðja] enveja.*
3) [t]	*És equivalent a la **t** catalana, com en **t**aça, **t**rau*: **t***aza* [táθa] taça; **t***odo* [tóðo] tot.
4) [d]	És equivalent a la **d** oclusiva catalana, com en ***d**ir, in**d**i*: **d***inero* [dinéro] diners; *an**d**én* [andén] andana; *al**d**ea* [aldéa] aldea.
5) [k]	És equivalent a la **c** catalana davant **a, o, u,** com en ***c**ara, **c**olla, **c**ulte*: **c***oche* [kótʃe] cotxe; **c***una* [kúna] bressol; **q**ueja [kéxa] queixa; **q***uitar* [kitár] treure.
6) [g]	És equivalent a la **g** oclusiva catalana, com en ***g**at, **g**uerra, an**g**oixa*: **g***allo [gáʎo] gall;* **g***uerra [gérra] guerra; án**g**ulo [áŋgulo] angle.*
7) [β]	*És equivalent a la* **b** fricativa catalana, com en *fa**b**a, co**v**a, a**b**lanir, ar**b**ust*: *ha**b**a* [áβa] faba; *cue**v**a* [kwéβa] cova; *o**b**star* [oβstár]; *a**p**to* [áβto] apte; ***op**-somania* [oβsomanía] opsomania.

signe fonètic	explicació del so
8) [ð]	És equivalent a la **d** fricativa catalana, com en *f***a***d***a**, *or***d***re*: *ha***d***a* [áða] fada; *or***d***en* [órðen] ordre; *a***t***leta* [aðléta] atleta; *halla***z***go* [aʎáðγo] troballa.
9) [γ]	És equivalent a la **g** fricativa catalana, com en *va***g***ó, car***g***ol*: *a***g***ujero* [aʎuxèro] forat; *or***g***ullo* [orγúʎo] orgull; *di***g***no* [dlγno] digne; *a***c***tor* [aγtór] actor.
10) [f]	És equivalent a la **f** catalana, com en **f***armàcia, xi***f***ra*: **f***eliz* [fellθ] feliç; *o***f***recer* [ofreθér] oferir.
11) [θ]	No existeix en català; és semblant a la **th** anglesa de **th***in*: **z***apato* [θapáto] sabata; **z***ona* [θóna] zona; *a***z***úcar* [aθúkar] sucre.
12) [s]	És equivalent a la **s** catalana de *ba***ss***a*, **s***ol*: **s***al* [sal] sal; *co***s***er* [kosér] cosir.
13) [z]	És equivalent a la **s** catalana de *ca***s***a, ro***s***a*: *mi***s***mo* [mlzmo] mateix; *ra***s***go* [rrázγo] tret.
14) [ĵ]	És equivalent a la **i** catalana de **i***ode, jo***i***a*: *ma***y***o* [majo] maig; **hi***erba* [ĵerβa] herba.
15) [x]	No existeix en català; és semblant a la **h** aspirada anglesa de **h***ome*, però més forta: *ca***j***a* [káxa] caixa; **j***oven* [xóβen] jove; **g***eneral* [xenerál] general; **g***itano* [xitáno] gitano.
16) [tʃ]	És equivalent a la **tx** de *despa***tx***ar* o a la **ig** de *des***ig**, en català: **ch***oza* [tʃóθa] cabana; *co***ch***e* [kótʃe] cotxe.
17) [m]	És equivalent a la **m** catalana, com en **m***ar*, **m***ora*: **m***osca* [móska] mosca; **m***ijo* [mlxo] mill; *i***n***fimo* [lmfimo] infim; *i***n***fancia* [imfánθja] infància.
18) [n]	És equivalent a la **n** catalana, com en **n***ou, cami***n***ar*: **n***ave* [náβe] nau; *te***n***er* [tenér] tenir; *álbu***m** [álβun], àlbum.
19) [ŋ]	És equivalent al seu so corresponent català; és la **n** d'*a***n***gle, ba***n***c*: *á***n***gulo* [áŋgulo] angle; *ba***n***co* [báŋko] banc.
20) [ɲ]	És equivalent al so de la **ny** en català, com en *ca***ny***a*, *a***ny**: *ni***ñ***o* [nlɲo] nen; *ca***ñ***ón* [kaɲón] canó.
21) [ʎ]	És equivalent a la **ll**, com en **ll***iri, ca***ll***ar*: **ll***uvia* [ʎúβja] pluja; *ca***ll***e* [káʎe] carrer.
22) [l]	És equivalent a la **l** *catalana*, com en *pa***l***a, a***l***a*, però a diferència d'aquesta no és velar: **l***ápiz* [lápiθ] llapis; *hote***l** **[otél**] hotel; *c***l***aro* [kláro] clar.
23) [r]	És equivalent a la **r** de *ca***r***a, ho***r***a, t***r***en*: *a***r***o* [áro] cèrcol; *a***r***co* [árko] arcada; *ad***r***ede* [aðréðe] a posta.
24) rr]	És equivalent a la **r** de *to***rr***e,* **r***acó*: *ca***rr***o* [kárro] carro; **r***ama* [rráma] branca; *en***r***oscar* [enrroskár] enroscar.
25) [j]	És la **i** semiconsonant la pronunciació de la qual és una mica més dèbil que la de la **i** consonant de *no***i***a*: *d***i***ario* [djárjo] diari; *qu***i***ero* [kjéro] vull.
26) [w]	És equivalent a la **u** semiconsonant catalana, com en *g***u***ant, q***u***atre*: *c***u***arto* [kwárto] quart; *r***u***ego* [rrwéγo] prego.

Signes diacrítics

Accent tònic.
Indica que es tracta d'una semivocal:
ley [leĭ], doy [doĭ].

A

a [a] *f.* A (lletra).
a [a] *prep.* A.: ***Juan va ~ Reus,*** en Joan va a Reus.
abacería [aβaθeria] *f.* Revenedoria, tenda, adrogueria.
abacero, -ra [aβaθèro, -ra] *m.-f.* Revenedor, tender, adroguer.
abacial [aβaθjál] *a.* Abacial.
ábaco [áβako] *m.* Àbac.
abad [aβáð] *m.* Abat.
abadesa [aβaðèsa] *f.* Abadessa.
abadía [aβaðia] *f.* Abadia.
abajar [aβaxár] *i.-t.* Abaixar.
abajo [aβáxo] *adv.* Avall, daltabaix, baix. *2 interj.* A baix!
abalanzarse [aβalanθárse] *prnl.* Abalançar-se.
abanderado [aβanderáðo, ðə] *m.* MIL. Banderer, portabandera, senyaler.
abandonar [aβandonár] *t.-prnl.* Abandonar, deixar de banda.
abandono [aβandòno] *m.* Abandó, abandonament.
abanicar [aβanikár] *t. prnl.* Ventar.
abanico [aβaniko] *m.* Ventall, vano.
abaratar [aβaratár] *t.-prnl.* Abaratir.
abarca [aβárka] *f.* Avarca.
abarcar [aβarkár] *t.* Abastar, donar abast, abraçar. || ***Quien mucho abarca poco aprieta,*** qui molt abraça poc estreny.
abarquillar [aβarkiʎár] *t.-prnl.* Cargolar, tòrcer (pasta de neula, llauna, etc.).
abarrancar [aβarraŋkár] *i.-t.-prnl.* Embarrancar.
abarrotar [aβarrotár] *t.* Abarrotar.
abastecedor, -ra [aβasteθeðór, -ra] *a., m.-f.* Abastador.
abastecer [aβasteθèr] *t.-prnl.* Abastar, fornir, aprovisionar.
abastecimiento [aβasteθimjènto] *m.* Abastament, abast, aprovisionament, forniment.
abasto [aβásto] *m.* Abaste. || ***Dar ~,*** donar l'abast.
abatanar [aβatanár] *t.* Batanar.
abatimiento [aβatimjènto] *m.* Aixafament, abatiment, aplanament.
abatir [aβatir] *t.-prnl.* Abatre, atuir, aclaparar, aplanar, arraulir. *2* Aterrar, humiliar.
abdicación [aβðikaθjón] *f.* Abdicació.
abdicar [aβðikár] *t.-i.* Abdicar.
abdomen [aβðómen] *m.* ANAT. Abdomen.
abdominal [aβðominál] *a.* Abdominal.
abecé [aβeθè] *m.* Abecé, beceroles.
abecedario [aβeθeðárjo] *m.* Abecedari, beceroles.
abedul [aβeðúl] *m.* BOT. Bedoll.
abeja [aβèxa] *f.* ENTOM. Abella.
abejar [aβexár] *m.* Abeller.
abejarrón [aβexarrón] *m.* ENTOM. Borinot, abellot.
abejaruco [aβexarrúko] *m.* ORNIT. Abellerol.
abejero, -ra [aβexèro, -ra] *m.-f.* Abellaire.
abejón [aβexón] *m.* ENTOM. Abellot, abegot.
abejorro [aβexórro] *m.* ENTOM. Borinot, bufaforats.
aberración [aβerraθjón] *f.* Aberració.
abertura [aβertúra] *f.* Obertura.
abetal [aβetál] *m.* Avetar.
abeto [aβèto] *m.* BOT. Avet.
abierto, -ta [aβjèrto, -ta] *a.* Obert.
abigarrado, -da [aβiγarráðo, -ða] *a.* Bigarrat.
abigarrar [aβiγarrár] *t.* Posar junts diversos colors discordants.
abisinio, -ia [aβisinjo, -ja] *a., m.-f.* Abissini.
abismal [aβizmál] *a.* Abismal, abissal.
abismar [aβizmár] *t.-prnl.* Abismar.
abismo [aβizmo] *m.* Abisme, cingle, abís, abim.
abjuración [aβxuraθjón] *f.* Abjuració.

abjurar [aβxurár] *t.-i.* Abjurar, renegar.
ablandamiento [aβlandamjénto] *m.* Ablaniment, estovament.
ablandar [aβlandár] *t.* Amollir, estovar, ablanir. *2 i.-prnl.* Blanejar.
ablativo [aβlatíβo] *m.* Ablatiu.
ablución [aβluθjón] *f.* Ablució.
abnegación [aβneγaθón] *f.* Abnegació.
abnegado, -da [aβneγáðo, -ða] *a.* Abnegat.
abocar [aβokár] *i.-t.-prnl.* Embocar. *2* Abocar.
abocetar [aβoθetár] *t.* B. ARTS. Esbossar.
abochornar [aβotʃornár] *t.-prnl.* Avergonyir, enrojolar, abrusar, fer sufocar. *2* Fer xafogor.
abofetear [aβofeteár] *t.* Bufetejar, plantofejar.
abogacía [aβoγaθía] *f.* Advocacia.
abogada [aβoγáða] *f.* Advocada, advocadessa.
abogado [aβoγáðo] *m.* Advocat.
abogar [aβoγár] *i.* Advocar.
abolengo [aβoléŋgo] *m.* Avior, llinatge, paratge.
abolición [aβoliθjón] *f.* Abolició.
abolir [aβolír] *t.* Abolir.
abollado, -da [aβoʎáðo, -ða] *a.* Bonyegut.
abolladura [aβoʎaðúra] *f.* Abonyegadura, bony.
abollar [aβoʎár] *t.-prnl.* Abonyegar.
abombar [aβombár] *t.-prnl.* Bombar. *2* fig. Atordir.
abominable [aβomináβle] *a.* Abominable.
abominación [aβominaθjón] *f.* Abominació.
abominar [aβominár] *i.-t.* Abominar.
abonado, -da [aβonáðo, -ða] *a., m.-f.* Abonat.
abonanzar [aβonanθár] *i.* Abonançar, adobar-se el temps.
abonar [aβonár] *t.* Abonar. *2* Adobar (les terres).
abonaré [aβonaré] *m.* Abonaré.
abono [aβóno] *m.* COM. Abonament. *2* Adob. ‖ ***Tomar un ~,*** abonar-se.
abordaje [aβorðáxe] *m.* Abordatge.
abordar [aβorðár] *t.-i.* Abordar.
abordo [aβórðo] *m.* Abordatge.
aborigen [aβoríxen] *a.-m.* Aborigen.
aborrecer [aβorreθér] *t.* Avorrir. ¶ CONJUG. com ***agradecer.***
aborrecimiento [aβorreθimjénto] *m.* Avorriment.
aborregado, -da [aβorreγáðo, -ða] *a.* Moltonejat.
abortar [aβortár] *t.-i.* Avortar.
aborto [aβórto] *m.* Avortament, gastament.
abortón [aβortón] *m.* Avortó.
abotargarse [aβotarγárse] *prnl.* Embotornar-se, embotifarrar-se, botirse.
abotonador [aβotonaðór] *m.* Botonador.
abotonar [aβotonár] *t.-prnl.* Cordar, botonar. *2 i.* AGR. Borronar.
abovedar [aβoβeðár] *t.* Donar forma de volta.
abozalar [aβoθalár] *t.* Amorrallar.
abrahonar [aβraonár] *t.* fam. Abraonar.
abrasador, -ra [aβrasaðór, -ra] *a.* Abrasador.
abrasar [aβrasár] *t.-i.-prnl.* Abrasar, abrusar.
abrasión [aβrasjón] *f.* Abrasió.
abrazadera [aβraθaðéra] *f.* Abraçadora.
abrazar [aβraθár] *t.-prnl.* Abraçar.
abrazo [aβráθo] *m.* Abraçada.
ábrego [áβreγo] *m.* METEOR. Garbí, llebeig.
abrelatas [aβrelátas] *m.* Obrellaunes.
abrevadero [aβreβaðéro] *m.* Abeurador.
abrevar [aβreβár] *t.* Abeurar.
abreviación [aβreβjaθjón] *f.* Abreujament, abreviació.
abreviar [aβreβjár] *t.* Abreujar, abreviar.
abreviatura [aβreβjatúra] *f.* Abreviatura.
abrigaño [aβriγáɲo] *m.* Abrigall (indret).
abrigar [aβriγár] *t.-prnl.* Abrigar. *2* Arrecerar. *3* Acotxar. *4* Tenir (l'esperança, etc.). *5* Aixoplugar.
abrigo [aβríγo] *m.* Abric. *2* Recer, abrigall. ‖ ***Al ~,*** a recer.
abril [aβríl] *m.* Abril.
abrileño, -ña [aβriléɲo, -ɲa] *a.* Abrilenc.
abrillantar [aβriʎantár] *t.* Enlluentir, abrillantar.
abrir [aβrír] *t.-prnl.* Obrir, descloure, badar. *2 prnl.* Esbadellar-se. ‖ ***Abrirse la flor,*** esclatar. ¶ CONJUG. P. P.: ***abierto.***
abrochador [aβrotʃaðór] *m.* Cordador, botonador.
abrochar [aβrotʃár] *t.-prnl.* Cordar, botonar, trossar.
abrogar [aβroγár] *t.* Abrogar.
abrojo [aβróxo] *m.* BOT. Bardissa, abriülls.
abroncar [aβroŋkár] *t.* Esbroncar.
abroquelar [aβrokelár] *t.* Abroquerar. ‖ *prnl.* Embroquerar-se.
abrumador, -ra [aβrumaðór, -ra] *a.* Aclaparador.
abrumar [aβrumár] *t.* Aclaparar. *2 prnl.* Emboirar-se.
abrupto, -ta [aβrúβto, -ta] *a.* Abrupte, espadat, rost.
absceso [aβsθéso] *m.* Abscés.
abscisa [aβsθísa] *f.* GEOM. Abscissa.
ábside [áβsiðe] *m.* Absis, àbsida.
absolución [aβsoluθjón] *f.* Absolució.

absoluto, -ta [aβsolúto, -ta] *a.* Absolut.
absolver [aβsolβér] *t.* Absoldre. ¶ CONJUG. com *volver.*
absorber [aβsorβér] *t.* Absorbir, beure, esponjar. ¶ CONJUG. P. P.: *absorbido* i *absorto.*
absorción [aβsorθjón] *f.* Absorció.
absorto, -ta [aβsórto, -ta] *a.* Absort.
abstemio, -ia [aβstémjo, -ja] *a., m.-f.* Abstemi, aiguader.
abstención [aβstenθjón] *f.* Abstenció.
abstenerse [aβstenérse] *prnl.* Abstenir-se, privar. ‖ *~ de,* estar-se de. ¶ CONJUG. com *tener.*
abstinencia [aβstinénθja] *f.* Abstinència.
abstracción [aβstraγθjón] *f.* Abstracció.
abstracto, -ta [aβstráγto, -ta] *a.* Abstracte.
abstraer [aβstraér] *t.-prnl.* Abstreure. ¶ CONJUG. com *traer.* ‖ P. P.: *abstraído* i *abstracto.*
abstruso, -sa [aβstrúso, -sa] *a.* Abstrús.
absurdidad [aβsurðiðáð] *f.* Absurditat, absurd.
absurdo, -da [aβsúrðo, -ða] *a.-m.* Absurd.
abubilla [aβuβiʎa] *f.* ORNIT. Puput.
abuchear [aβutʃeár] *t.* Escridassar, aücar.
abucheo [aβutʃéo] *m.* Cridòria reprovadora.
abuelo, -a [aβwélo, -la] *m.-f.* Avi. *2 pl.* Majors.
abulia [aβúlja] *f.* Abúlia.
abultado, -da [aβultáðo, -ða] *a.* Boterut.
abultamiento [aβultamjénto] *m.* Embalum. 2 Bluf.
abultar [aβultár] *t.-i.* Fer embalum, engrossir, engruixir.
abundancia [aβundánθja] *f.* Abundància, abundor, esplet, balquena. ‖ ***En ~,*** a dojo, a doll, a balquena, a caramull.
abundante [aβundánte] *a.* Abundant, abundós.
abundar [aβundár] *i.* Abundar.
abundoso, -sa [aβundóso, -sa] *a.* Abundós.
aburrido, -da [aβurriðo, -ða] *a.* Ensopit.
aburrimiento [aβurrimjénto] *m.* Avorriment, tedi, ensopiment.
aburrir [aβurrir] *t.* Avorrir.
abusar [aβusár] *i.* Abusar.
abusivo, -va [aβusiβo, -βa] *a.* Abusiu.
abuso [aβúso] *m.* Abús.
abusón, -ona [aβusón, -óna] *a.* Abusador, aprofitador.
abyección [aβǰeγθjón] *f.* Abjecció.
abyecto, -ta [aβǰéγto, -ta] *a.* Abjecte.
acá [aká] *adv.* Aquí. *2* Ací, ençà. ‖ ***De la parte de ~,*** deçà. ‖ *~ y allá,* ençà i enllà.
acabado, -da [akaβáðo, -ða] *a.-m.* Acabat, llest.
acabamiento [akaβamjénto] *m.* Acabament.
acabar [akaβár] *i.t-.prnl.* Acabar, enllestir, definir, finir.
acacia [akáθja] *f.* BOT. Acàcia.
academia [akaðémja] *f.* Acadèmia.
académico, -ca [akaðémiko, -ka] *a.,m.-f.* Acadèmic.
acaecer [akaeθér] *i.* Esdevenir, succeir, ocórrer, acomplir-se. ¶ CONJUG. com. *agradecer.*
acaecimiento [akaeθimjénto] *m.* Esdeveniment.
acalambrarse [akalambrárse] *prnl.* Enrampar-se.
acalenturarse [akalenturárse] *prnl.* Enfebrar-se.
acaloramiento [akaloramjénto] *m.* Acalorament, calorada, acalorada.
acalorar [akalorár] *t.-prnl.* Acalorar.
acallar [akaʎár] *t.* Fer callar. *2* Amainar (el vent).
acampada [akampáða] *f.* Acampada.
acampar [akampár] *i.-t.* Acampar.
acanalar [akanalár] *t.* Acanalar.
acantilado, -da [akantiláðo, -ða] *a.-m.* Espadat. *2 m.* Penya-segat.
acanto [akánto] *m.* BOT. Acant.
acantonar [akantonár] *t.* Acantonar.
acaparador, -ra [akaparaðór, -ra] *a.,m.-f.* Acaparador.
acaparar [akaparár] *t.* Acaparar, abassegar, agabellar.
acaramelado, -da [akarameláðo, -ða] *a.* Encaramelat.
acariciador, -ra [akariθjaðór, -ra] *a.* Acariciador, amanyagador.
acariciar [akariθjár] *t.* Acariciar, acaronar, amanyagar, amoixar.
ácaro [ákaro] *m.* ENTOM. Àcar.
acarrear [akarreár] *t.* Carretejar. *2* Traginar, ocasionar.
acarreo [akarréo] *m.* Carreteig.
acartonarse [akartonárse] *prnl.* Encartonar-se.
acaso [akáso] *m.* Atzar. *2 adv.* Potser. ‖ ***Por si ~,*** si de cas, si per cas.
acatamiento [akatamjénto] *m.* Acatament.
acatar [akatár] *t.* Acatar.
acatarrarse [akatarrárse] *prnl.* Acatarrar-se, refredar-se.
acato [akáto] *m.* Acatament.
acaudalado, -da [akaŭðaláðo, -ða] *a.* Acabalat, cabalós, adinerat.
acaudillar [akaŭðiʎár] *t.* Acabdillar.

acceder [aγθeðér] *i.* Accedir.
accesible [aγθesíβle] *a.* Accessible. *2* Avinent.
accésit [aγθésit] *m.* Accèssit.
acceso [aγθéso] *m.* Accés.
accesorio, -ia [aγθesórjo, -ja] *a.-m.* Accessori.
accidentado, -da [aγθiðentáðo, -ða] *a.* Accidentat.
accidental [aγθiðentál] *a.* Accidental.
accidentarse [aγθiðentárse] *prnl.* Accidentar-se.
accidente [aγθiðénte] *m.* Accident.
acción [aγθjón] *f.* Acció.
accionar [aγθjonár] *i.* Accionar.
accionista [aγθjonísta] *m.-f.* Accionista.
acebo [aθéβo] *m.* BOT. Grèvol, boix grèvol.
acecinar [aθeθinár] *t.* Salar.
acechar [aθetʃár] *t.* Aguaitar, sotjar, ullar.
acecho [aθétʃo] *m.* Aguait. ‖ ***Al ~,*** a posta.
acedía [aθeðía] *f.* Agror.
acéfalo, -la [aθéfalo, -la] *a.* Acèfal.
aceitar [aθeĭtár] *t.* Oliar, untar.
aceite [aθéĭte] *m.* Oli.
aceitera [aθeĭtéra] *f.* Oliera, setrill. *2 pl.* Setrilleres.
aceitoso, -sa [aθeĭtóso, -sa] *a.* Oliós.
aceituna [aθeĭtúna] *f.* Oliva.
aceitunado, -da [aθeĭtunáðo, -ða] *a.* Olivaci.
aceituno [aθeĭtúno] *m.* BOT. Olivera.
aceleración [aθeleraθjón] *f.* Acceleració.
acelerador, -ra [aθeleraðór, -ra] *a.-m.* Accelerador.
acelerar [aθelerár] *t.* Accelerar, apressar.
acelga [aθélγa] *f.* Bleda.
acendrar [aθendrár] *t.* Acendrar.
acento [aθénto] *m.* Accent.
acentuación [aθentwaθjón] *f.* Accentuació.
acentuar [aθentwár] *t.* Accentuar.
acepción [aθeβθjón] *f.* Accepció.
acepillar [aθepiʎár] *t.* Ribotejar. *2* Raspallar.
aceptable [aθeβtáβle] *a.* Acceptable.
aceptación [aθeβtaθjón] *f.* Acceptació.
aceptar [aθeβtár] *t.* Acceptar.
acepto, -ta [aθéβto, -ta] *a.* Accepte, grat, ben rebut.
acequia [aθékja] *f.* Sequia, rec. reguer.
acera [aθéra] *f.* Vorera, voravia.
acerado, -da [aθeráðo, -ða] *a.* Acerat.
acerar [aθerár] *t.* Acerar.
acerbo, -ba [aθérβo, -βa] *a.* Acerb.
acerca (de) [aθérka] *loc.* Sobre, tocant a, quant a.
acercamiento [aθerkamjénto] *m.* Acostament, apropament, atansament.
acercar [aθerkár] *t.-prnl.* Acostar, apropar, atansar.
acería [aθería] *f.* Foneria.
acero [aθéro] *m.* Acer.
acérrimo, -ma [aθérrimo, -ma] *a.* Acèrrim.
acertar [aθertár] *i.-t.* Encertar, endevinar, ensopegar, llucar. ¶ CONJUG. com ***apretar.***
acertijo [aθertíxo] *m.* Endevinalla.
acervo [aθérβo] *m.* Munt, pila, pilot.
acetato [aθetáto] *m.* QUÍM. Acetat.
acético, -ca [aθétiko, -ka] *a.* QUÍM. Acètic.
acetileno [aθetiléno] *m.* QUÍM. Acetilè.
acetona [aθetóna] *f.* Acetona.
aciago, -ga [aθjáγo, -γa] *a.* Atziac.
aciano [aθjáno] *m.* BOT. Blauet.
acíbar [aθíβar] *m.* Sèver. *2* Amargura.
acicalar [aθikalár] *t.* Polir, brunyir. *2 prnl.* Empolainar-se.
acicate [aθikáte] *m.* fig. Agulló, esperó, fibló.
acidez [aθiðéθ] *f.* Acidesa.
ácido, -da [áθiðo, -ða] *a.-m.* Àcid.
acierto [aθjérto] *m.* Encert. ‖ ***Con ~,*** encertadament.
ácimo [áθimo] *a.* Àzim.
acimut [aθimút] *m.* ASTR. Azimut.
ación [aθjón] *f.* Gambal.
aclamación [aklamaθjón] *f.* Aclamació.
aclamar [aklamár] *t.* Aclamar.
aclarar [aklarár] *t.-prnl.* Aclarir. ‖ ***No aclararse,*** no entendre-s'hi. *2* Esbandir, esbaldir, esclarir.
aclaratorio, -ia [aklaratórjo, -ja] *a.* Aclaridor.
aclimatación [aklimataθjón] *f.* Aclimatació.
aclimatar [aklimatár] *t.-prnl.* Aclimatar.
acobardar [akoβarðár] *t.-prnl.* Acovardir.
acocear [akoθeár] *t.* Guitar.
acodado, -da [akoðáðo, -ða] *a.* Colzat.
acodar [akoðár] *t.-prnl.* Recolzar. *2* Doblegar.
acodo [akóðo] *m.* AGR. Colgat.
acogedor, -ra [akoxeðór, -ra] *a.* Acollidor, acollent.
acoger [akoxér] *t.-prnl.* Acollir.
acogida [akoxíða] *f.* Acollença, acolliment, rebuda.
acogotar [akoγotár] *t.* Amorrar. *2* Estossinar, matar amb una ferida o cop al clatell. *3* Atuir.
acolchar [akoltʃár] *t.* Enconxar, encoixinar.
acólito [akólito] *m.* Acòlit.

acollar [akoʎár] *t.* AGR. Calçar (una planta). ¶ CONJUG. com ***desollar.***
acometedor, -ra [akometeðór, -ra] *a.,m.-f.* Emprenedor.
acometer [akometér] *t.* Escometre, emprendre, abrivar-se.
acometida [akometiða] *f.* Escomesa, aürt, falconada.
acomodación [akomoðaθjón] *f.* Acomodament, acomodació.
acomodadizo, -za [akomoðaðiθo, -θa] *a., m.-f.* Acomodador.
acomodado, -da [akomoðáðo, -ða] *a.* Acomodat, benestant.
acomodador, -ra [akomoðaðór, -ra] *m.-f.* Acomodador.
acomodaticio, -ia [akomoðatiθjo, -ja] *a.* Acomodatici, acomodatiu.
acompañamiento [akompaɲamjénto] *m.* Acompanyament.
acompañante [akompaɲánte] *a., m.-f.* Acompanyant.
acompañar [akompaɲár] *t.-i.-prnl.* Acompanyar.
acompasado, -da [akompasáðo, -ða] *a.* Compassat.
acompasar [akompasár] *t.* Acompassar, compassar.
acondicionar [akondiθjonár] *t.-prnl.* Condicionar. *2* Acondiciar.
acongojar [akoŋgoxár] *t.-prnl.* Angoixar, anguniejar.
acónito [akónito] *m.* BOT. Acònit.
aconsejable [akonsexáβle] *a.* Aconsellable.
aconsejar [akonsexár] *t.-prnl.* Aconsellar.
acontecer [akonteθér] *i.* Succeir, acomplir-se, esdevenir-se, advenir. ¶ CONJUG. com ***agradecer.***
acontecimiento [akonteθimjénto] *m.* Esdeveniment, succés.
acopiador [akopjaðór] *m.* Arreplegador.
acopiar [akopjár] *t.* Amuntegar, arreplegar, replegar.
acopio [akópjo] *m.* Provisió, arreplega.
acoplamiento [akoplamjénto] *m.* Acoblament, aparellament.
acoplar [akoplár] *t.-i.-prnl.* Acoblar.
acoquinar [akokinár] *t.-i.-prnl.* Acoquinar.
acorazado [akoraθáðo] *m.* MAR. Cuirassat.
acorazar [akoraθár] *t.* Cuirassar.
acorazonado, -da [akoraθonáðo, -ða] *a.* En forma de cor.
acorcharse [akortʃárse] *prnl.* Assecar-se, ressecar-se.
acordar [akorðár] *t.* Acordar. *2 prnl.* Recordar. ‖ ***Acordarse de,*** recordar-se de. ¶ CONJUG. com ***desollar.***
acorde [akórðe] *a.* Concorde. *2 m.* Acord.
acordeón [akorðeón] *m.* MÚS. Acordió.
acordonar [akorðonár] *t.* Acordonar.
acornear [akorneár] *t.* Cornar, banyegar.
acorralar [akor̄alár] *t.* Acorralar.
acorrer [akorrér] *t.* Acórrer.
acortar [akortár] *t.-prnl.* Escurçar. *2 prnl.* Esquifir-se.
acosamiento [akosamjénto] *m.* Encalç.
acosar [akosár] *t.* Encalçar.
acoso [akóso] *m.* Acuit.
acostar [akostár] *t.-prnl.* Ajeure, ficar-se al llit, colgar-se, gitar-se. ¶ CONJUG. com ***desollar.***
acostumbrado, -da [akostumbráðo, -ða] *a.* Acostumat, avesat.
acostumbrar [akostumbrár] *i.-t.-prnl.* Acostumar, avesar, soler, habituar.
acotación [akotaθjón] *f.* Acotació.
acotar [akotár] *t.* Fitar, acotar.
acracia [akráθja] *f.* Acràcia.
acre [ákre] *a.* Acre. *2 m.* Acre (mesura).
acrecentar [akreθentár] *t.-prnl.* Acréixer. ¶ CONJUG. com ***apretar.***
acrecer [akreθér] *i.-t.-prnl.* Acréixer. ¶ CONJUG. com ***agradecer.***
acreditar [akreðitár] *t.-prnl.* Acreditar.
acreedor, -ra [akreeðór, -ra] *a., m.-f.* Creditor.
acribillar [akriβiʎár] *t.* Crivellar.
acrílico, -ca [akríliko] *a.* Acrílic.
acrimonia [akrimónja] *f.* Acrimònia.
acrisolar [akrisolár] *t.* Depurar.
acritud [akritúð] *f.* Acritud.
acrobacia [akroβáθja] *f.* Acrobàcia.
acróbata [akróβata] *f.* Acròbata.
acrópolis [akrópolis] *f.* Acròpolis.
acróstico [akróstiko] *a.-m.* Acròstic.
acta [áɣta] *f.* Acta.
actinio [aɣtinjo] *m.* QUÍM. Actini.
actitud [aɣtitúð] *f.* Actitud, posat.
activar [aɣtiβár] *t.* Activar.
actividad [aɣtiβiðáð] *f.* Activitat.
activo, -va [aɣtiβo, -βa] *a.-m.* Actiu.
acto [áɣto] *m.* Acte.
actor [aɣtór] *m.* TEAT. Actor.
actriz [aɣtríθ] *f.* TEAT. Actriu.
actuación [aɣtwaθjón] *f.* Actuació.
actual [aɣtwál] *a.* Actual.
actualidad [aɣtwaliðáð] *f.* Actualitat.
actuar [aɣtwár] *t.-i.-prnl.* Actuar.
acuarela [akwaréla] *f.* PINT. Aquarel·la.
acuarelista [akwarelista] *f.* Aquarel·lista.
acuario [akwárjo] *m.* Aquàrium.
acuartelar [akwartelár] *t.* MIL. Aquarterar.
acuático, -ca [akwátiko, -ka] *a.* Aquàtic.
acuciar [akuθjár] *t.* Estimular.

acudir [akuðir] *i.* Acudir, acórrer.
acueducto [akweðúγto] *m.* Aqüeducte.
acuerdo [akwérðo] *m.* Acord, entesa.
acumulación [akumulaθjón] *f.* Acumulació.
acumulador, -ra [akumulaðór, -ra] *a., m.-f.* Acumulador. *2 m.* Acumulador.
acumular [akumulár] *t.* Acumular, amuntegar.
acunar [akunár] *t.* Bressar, bressolar.
acuñar [akuɲár] *t.* Encunyar. *2* Tasconar.
acuoso, -sa [akwóso, -sa] *a.* Aquós.
acuradamente [akuráðamente] *adv.* Acuradament.
acurrucarse [akurrukárse] *prnl.* Arraulir-se, arrupir-se.
acusación [akusaθjón] *f.* Acusació, acusament.
acusado, -da [akusáðo, -ða] *a., m.-f.* Acusat.
acusador, -ra [akusaðór, -ra] *a., m.-f.* Acusador.
acusar [akusár] *t.-prnl.* Acusar.
acusativo [akusatiβo] *m.* Acusatiu.
acusatorio, -ia [akusatórjo, -ja] *a.* Acusatori.
acusón, -ona [akusón, -óna] *a., m.-f.* Delator.
acústico, -ca [akústiko, -ka] *a.* Acústic. *2 f.* Acústica.
achacar [atʃakár] *t.* Imputar.
achacoso, -sa [atʃakóso, -sa] *a.* Acrós, arrossinat.
achaflanar [atʃaflanár] *t.* Aixamfranar.
achaque [atʃáke] *m.* Xacra.
achatar [atʃatár] *t.* Aplastar.
achicar [atʃikár] *t.-prnl.* Enxiquir, empetitir.
achicoria [atʃikórja] *f.* BOT. Xicoira.
achicharrar [atʃitʃarrár] *t.* Abrusar. *2* Socarrar. *3* Rostir.
achispado, -da [atʃispáðo, -ða] *a.* Alegre.
achuchar [atʃutʃár] *t.* Aixafar. *2* Atiar.
achuchón [atʃutʃón] *m.* Aürt.
adagio [aðáxjo] *m.* Adagi. *2* MÚS. Adàgio.
adalid [aðalið] *m.* Adalil, capdavanter.
adaptación [aðaβtaθjón] *f.* Adaptació.
adaptar [aðaβtár] *t.-prnl.* Adaptar.
adecentar [aðeθentár] *t.-prnl.* Agençar, arranjar.
adecuado, -da [aðekwáðo, -ða] *a.* Adient, adequat, escaient.
adecuar [aðekwár] *t.-prnl.* Adequar.
adefesio [aðefésjo] *m.* Extravagància, ridiculesa. *2* Carnestoltes.
adelantado, -da [aðelantáðo, -ða] *a.* Avançat. *2* Agosarat. ‖ ***Por ~,*** a la bestreta, per endavant.
adelantar [aðelantár] *t.-i.-prnl.* Avançar.
adelante [aðelánte] *adv.* Avant, endavant. ‖ ***En ~,*** d'ara endavant.
adelanto [aðelánto] *m.* Avançament, avançada.
adelfa [aðélfa] *f.* BOT. Baladre.
adelgazar [aðelγaθár] *t.-prnl.* Aprimar, afuar. *2 prnl.* Esprimatxar-se, abrinar-se, afilar-se, esllanguir-se.
ademán [aðemán] *m.* Gest, posat.
además [aðemás] *adv.* A més, endemés, a més a més, de més a més, demés. ‖ ***~ de,*** ultra.
adentrarse [aðentrárse] *prnl.* Endinsar.
adentro [aðéntro] *adv.* Endintre, endins. ‖ ***Por sus adentros,*** dintre seu.
adepto, -ta [aðéβto, -ta] *a., m.-f.* Adepte.
aderezar [aðereθár] *t.-prnl.* Agençar. *2* Adobar, amanir.
aderezo [aðeréθo] *m.* Adreç, endreç, parament. *2* Adob, amaniment.
adeudar [aðeŭðár] *t.* Deure.
adherencia [aðerénθja] *f.* Adherència.
adherente [aðerénte] *a.-m.* Adherent.
adherir [aðerir] *i.-prnl.* Adherir. ¶ CONJUG. com ***sentir.***
adhesión [aðesjón] *f.* Adhesió.
adhesivo, -va [aðesiβo, -βa] *a.* Adhesiu.
adición [aðiθjón] *f.* Addició.
adicional [aðiθjonál] *a.* Addicional.
adicionar [aðiθjonár] *t.* Addicionar.
adicto, -ta [aðiγto, -ta] *a., m.-f.* Addicte.
adiestrar [aðjestrár] *t.-prnl.* Ensinistrar.
adinerado, -da [aðineráðo, -ða] *a.* Adinerat, ric.
adiós [aðjós] *interj.-m.* Adéu, adéu-siau.
adiposo, -sa [aðipóso, -sa] *a.* Adipós.
adivinación [aðiβinaθjón] *f.* Endevinament.
adivinanza [aðiβinánθa] *f.* Endevinament. *2* Endevinalla.
adivinar [aðiβinár] *t.* Endevinar.
adivino, -na [aðiβino, -na] *a.-m.* Endevinaire, endeví.
adjetivar [aðxetiβár] *t.* Adjectivar.
adjetivo, -va [aðxetiβo, -βa] *a.-m.* Adjectiu.
adjudicar [aðxuðikár] *t.-prnl.* Adjudicar.
adjuntar [aðxuntár] *t.* Adjuntar.
adjunto, -ta [aðxúnto, -ta] *a., m.-f.* Adjunt.
adjurar [aðxurár] *t.* Adjurar.
administración [aðministraθjón] *f.* Administració.
administrador, -ra [aðministraðór, -ra] *a., m.-f.* Administrador.
administrar [aðministrár] *t.* Administrar.
admirable [aðmiráβle] *a.* Admirable.
admiración [aðmiraθjón] *f.* Admiració.
admirador, -ra [aðmiraðór, -ra] *a., m.-f.* Admirador.

admirar [aðmirár] *t.-prnl.* Admirar.
admisión [aðmisjón] *f.* Admissió.
admitir [aðmitír] *t.* Admetre.
admonición [aðmoniθjón] *f.* Admonició.
adobar [aðoβár] *t.* Adobar, assaonar.
adobe [aðóβe] *m.* Tova.
adobo [aðóβo] *m.* Adob.
adocenado, -da [aðoθenáðo, -ða] *a.* Adotzenat.
adoctrinar [aðoγtrinár] *t.* Adoctrinar.
adolecer [aðoleθér] *i.* Patir, pecar. ¶ CONJUG. com ***agradecer.***
adolescencia [aðolesθénθja] *f.* Adolescència.
adolescente [aðolesθénte] *a., m.-f.* Adolescent.
adonde [aðónde] *adv.* On, a on.
adopción [aðoβθjón] *f.* Adopció.
adoptar [aðoβtár] *t.* Adoptar.
adoptivo, -va [aðoβtíβo, -βa] *a.* Adoptiu.
adoquín [aðokín] *m.* Llamborda.
adoquinado [aðokináðo] *m.* Empedrat.
adoquinar [aðokinár] *t.* Empedrar.
adorable [aðoráβle] *a.* Adorable.
adoración [aðoraθjón] *f.* Adoració.
adorador, -ra [aðoraðór, -ra] *a., m.-f.* Adorador.
adorar [aðorár] *t.* Adorar.
adormecer [aðormeθér] *t.-i.-prnl.* Adormir. *2 prnl.* Endormiscar-se, abaltir-se. ¶ CONJUG. com ***agradecer.***
adormecimiento [aðormeθimjénto] *m.* Adormiment, abaltiment.
adormidera [aðormiðéra] *f.* BOT. Cascall.
adormilarse [aðormilárse] *prnl.* Endormiscar-se, abaltir-se.
adornar [aðornár] *t.-prnl.* Adornar, abillar, ornar.
adorno [aðórno] *m.* Adorn, adornament, abillament.
adosar [aðosár] *t.* Adossar.
adquiridor, -ra [aðkiriðór, -ra] *a., m.-f.* Adquiridor.
adquirir [aðkirír] *t.* Adquirir. ¶ CONJUG. GER.: ***adquiriendo.*** ‖ P. P.: ***adquirido.*** ‖ INDIC. Pres.: ***adquiero, adquieres, adquiere, adquieren.*** ‖ SUBJ. Pres.: ***adquiera, adquieras, adquiera, adquieran.*** | Imperf.: ***adquiriera -ese, adquirieras -eses, adquiriera -ese, adquirieran -esen.***
adquisición [aðkisiθjón] *f.* Adquisició.
adquisidor, -ra [aðkisiðór, -ra] *a., m.-f.* Adquiridor.
adrede [aðréðe] *adv.* A posta, expressament, exprés.
adscribir [aðskriβír] *t.* Adscriure. ¶ CONJUG. P. P.: ***adscripto*** o ***adscrito.***
aduana [aðwána] *f.* Duana.
aduanero, -ra [aðwanéro, -ra] *a.-m.* Duaner.
aducir [aðuθír] *t.* Adduir. ¶ CONJUG. com ***conducir.***
adueñarse [aðweɲárse] *prnl.* Ensenyorir-se, apropiar-se, fer-se amo.
adulación [aðulaθjón] *f.* Adulació.
adulador, -ra [aðulaðór, -ra] *a., m.-f.* Adulador, llagoter.
adular [aðulár] *t.* Adular, llagotejar, llepar.
adulón, -ona [aðulón, -na] *a., m.-f.* Llagoter, llepa.
adulteración [aðulteraθjón] *f.* Adulteració.
adulterar [aðulterár] *t.-prnl.* Adulterar.
adulterio [aðultérjo] *m.* Adulteri.
adúltero, -ra [aðúltero, -ra] *a. m.-f.* Adúlter.
adulto, -ta [aðúlto, -ta] *a., m.-f.* Adult.
aeración [aeraθjón] *f.* Aeració.
aéreo [aéreo, -ea] *a.* Aeri.
aerobio, -ia [aeróβjo, -ja] *a.-m.* Aerobi.
aerodinámico, -ca [aeroðinámiko, -ka] *a.* Aerodinàmic. *2* Aerodinàmica.
aeródromo [aeróðromo] *m.* Aeròdrom.
aerolito [aerolíto] *m.* Aeròlit.
aerometría [aerometría] *f.* Aerometria.
aerómetro [aerómetro] *m.* Aeròmetre.
aeronauta [aeronáŭta] *m.* Aeronauta.
aeronáutico, -ca [aeronáŭtiko, -ka] *a.* Aeronàutic. *2 f.* Aeronàutica.
aeroplano [aeropláno] *m.* Aeroplà.
aeropuerto [aeropwérto] *m.* Aeroport.
aeróstato [aeróstato] *m.* Aeròstat.
afabilidad [afaβiliðáð] *f.* Afabilitat.
afable [afáβle] *a.* Afable, avinent.
afamado, -da [afamáðo, -ða] *a.* Famós.
afán [afán] *m.* Afany, ànsia, deler.
afanar [afanár] *i.* Afanyar. *2 prnl.* Afanyar-se, escarrassar-se, sirgar, basquejar-se, trescar, triscar. *3* fam. Apropiar-se dites d'altri.
afanoso, -sa [afanóso, -sa] *a.* Afanyós. *2* Delerós.
afear [afeár] *t.* Enlletgir.
afección [afeγθjón] *f.* Afecció.
afectación [afeγtaθjón] *f.* Afectació.
afectado, -da [afeγtáðo, -ða] *a.* Afectat, afecte, melós.
afectar [afeγtár] *t.-prnl.* Afectar, colpir.
afectivo, -va [afeγtíβo, -βa] *a.* Afectiu.
afecto, -ta [aféγto, -ta] *a.-m.* Afecte.
afectuoso, -sa [afeγtwóso, -sa] *a.* Afectuós.
afeitar [afeĭtár] *t.* Afaitar.
afeite [aféĭte] *m.* Afait, adob.
afelpado, -da [afelpáðo, -ða] *a.* Apelfat.
afeminado, -da [afemináðo, -ða] *a.* Efeminat. *2* Cosó.
aferente [aferénte] *a.* Aferent.

aféresis [afèresis] *f.* GRAM. Aféresi.
aferramiento [aferramjènto] *m.* Aferrament.
aferrar [aferràr] *i.-t.-prnl.* Aferrar, arrapar.
afianzar [afianθàr] *t.-prnl.* Fiançar. *2* Afermar, fermar.
afición [afiθjòn] *f.* Afecció.
aficionado, -da [afiθjonàðo, -ða] *a.-m.* Aficionat, amateur.
aficionarse [afiθjonàrse] *prnl.* Afeccionar-se, afectar-se.
afilador, -ra [afilaðòr, -ra] *a.* Esmolador. *2 m.* Esmolet. *3* Afilador.
afilar [afilàr] *t.-prnl.* Afilar, esmolar.
afiliación [afiljaθjòn] *f.* Afiliació.
afiliado, -da [afiljàðo, -ða] *a.* Afiliat.
afiliar [afiljàr] *t.* Afiliar.
afín [afìn] *a.-m.* Afí.
afinación [afinaθjòn] *f.* Afinació.
afinador [afinaðòr] *a.-m.* Afinador.
afinar [afinàr] *t.-prnl.* Afinar. *2* Aprimar.
afinidad [afiniðàð] *t.* Afinitat.
afirmación [afirmaθjòn] *f.* Afirmació.
afirmar [afirmàr] *t.-prnl.* Afermar, apuntalar. *2* Afirmar.
afirmativo, -va [afirmatiβo, -βa] *a.-f.* Afirmatiu.
aflicción [afliγθjòn] *f.* Aflicció, cuita, dolença.
aflictivo, -va [afliγtiβo, -βa] *a.* Aflictiu.
afligir [aflixìr] *t.* Afligir. ¶ CONJUG. P. P.: ***afligido*** i ***aflicto***.
aflojar [afloxàr] *t.-i.-prnl.* Afluixar, amollar.
aflorar [afloràr] *i.* Aflorar, florejar.
afluencia [aflwènθja] *t.* Afluència.
afluente [aflwènte] *a.-m.* Afluent.
afluir [aflwìr] *i.* Afluir. ¶ CONJUG. com ***huir***.
aflujo [aflùxo] *m.* MED. Afluència excessiva de líquids en un teixit orgànic.
afonía [afonìa] *f.* Afonia.
afónico, -ca [afòniko, -ka] *a.* Afònic.
aforismo [aforìzmo] *m.* Aforisme.
aforrar [aforràr] *t.-prnl.* Florar.
afortunado, -da [afortunàðo, -ða] *a.* Afortunat, sortós, astruc, benastruc.
afrancesado, -da [afranθesàðo, -ða] *a., m.-f.* Afrancesat.
afrenta [afrènta] *f.* Afront, afrontament.
afrentar [afrentàr] *t.* Afrontar, atracallar.
afrentoso, -sa [afrentòso, -sa] *a.* Afrontós.
africano, -na [afrikàno, -na] *a., m.-f.* Africà.
afrodisíaco, -ca [afroðisìako, -ka] *a.-m.* Afrodisíac.
afrontamiento [afrontamjènto] *m.* Afrontament.
afrontar [afrontàr] *t.* Afrontar.
afuera [afwèra] *adv.* Fora, enfora.
agachar [aγatʃàr] *t.-i.-prnl.* Ajupir, acotar. *2 prnl.* Abaixar-se, agemolir-se.
agalla [aγàʎa] *f.* BOT. Agalla, casanella, ballaruga. *2* Ganya.
agaricáceo [aγarikàθeo] *a.* BOT. Agaricaci.
agárico [aγàriko] *m.* BOT. Agàric, camasec.
agarrada [aγarràða] *f.* Agarrada, bronquina.
agarradero [aγarraðèro] *m.* Agafador.
agarrado, -da [aγarràðo, -ða] *a.* Agarrat.
agarrador [aγarraðòr] *a.-m.* Agafador.
agarrar [aγarràr] *t.-prnl.* Agafar, aferrar, engrapar, arrapar-se.
agarrotar [aγarrotàr] *t.* Garrotar. *2 prnl.* Enrampar-se.
agasajar [aγasaxàr] *t.* Afalagar.
agasajo [aγasàxo] *m.* Afalac.
ágata [àγata] *f.* MINER. Àgata.
agavanzo [aγaβànθo] *m.* BOT. Gavarrera.
agave [aγàβe] *f.* BOT. Atzavara.
agavillar [aγaβiʎàr] *t.* Agarbar.
agazaparse [aγaθapàrse] *prnl.* Arrupir-se.
agencia [axènθja] *f.* Agència.
agenciar [axenθjàr] *t.* Agenciar. *2 prnl.* Aconseguir agenciant.
agenda [axènda] *f.* Agenda.
agente [axènte] *a., m.-f.* Agent.
agigantar [axiγantàr] *t.* Agegantar.
ágil [àxil] *a.* Àgil.
agilidad [axiliðàð] *f.* Agilitat.
agitación [axitaθjòn] *f.* Agitació, enrenou, bullidera.
agitador, -ra [axitaðòr, -ra] *a., m.-f.* Agitador.
agitar [axitàr] *t. prnl.* Agitar.
aglomeración [aγlomeraθjòn] *f.* Aglomeració.
aglomerar [aγlomeràr] *t.-prnl.* Aglomerar.
aglutinación [aγlutinaθjòn] *f.* Aglutinació.
aglutinante [aγlutinànte] *a.-m.* Aglutinant.
aglutinar [aγlutinàr] *t.-prnl.* Aglutinar.
agnóstico [aγnòstiko, -ka] *a.-m.* Agnòstic.
agobiado [aγoβjàðo, -ða] *a.* Aclaparat.
agobiador, -ra [aγoβjaðòr, -ra] *a.* Aclaparador.
agobiar [aγoβjàr] *t.-prnl.* Aclaparar, afeixugar, angoixar.
agobio [aγòβjo] *m.* Aclaparament, angoixa.
agolparse [aγolpàrse] *prnl.* Apilotar-se. *2 t.* Agombolar.
agonía [aγonìa] *f.* Agonia.

agónico, -ca [aɣóniko, -ka] *a.* Agònic.
agonizante [aɣoniθánte] *a., m.-f.* Agonitzant.
agonizar [aɣoniθár] *i.* Agonitzar.
agorar [aɣorár] *t.* Augurar. ¶ CONJUG. como ***desollar.***
agorero, -ra [aɣoréro, -ra] *a., m.-f.* Endevinaire, endeví.
agosto [aɣósto] *m.* Agost.
agotamiento [aɣotamjénto] *m.* Esgotament, exhauriment.
agotar [aɣotár] *t.* Esgotar, exhaurir, capolar.
agraciado, -da [aɣraθjáðo, -ða] *a.* Agraciat.
agraciar [aɣraθjár] *t.* Agraciar.
agradable [aɣraðáβle] *a.* Agradable.
agradar [aɣraðár] *i.* Agradar, plaure.
agradecer [aɣraðeθér] *t.* Agrair. ¶ CONJUG. GER.: ***agradeciendo.*** ‖ P. P.: ***agradecido.*** ‖ INDIC. Pres.: ***agradezco.*** ‖ SUBJ. Pres.: ***agradezca, agradezcas, agradezca, agradezcamos, agradezcáis, agradezcan.*** ‖ IMPERAT.: ***Agradezca, agradezcamos, agradezcan.***
agradecido, -da [aɣraðeθíðo, -ða] *a., m.-f.* Agraït.
agradecimiento [aɣraðeθimjénto] *m.* Agraïment.
agrandar [aɣrandár] *t.* Engrandir.
agrario, -ia [aɣrárjo, -ja] *a.* Agrari.
agravar [aɣraβár] *t.-prnl.* Agreujar.
agraviar [aɣraβjár] *t.-prnl.* Agreujar.
agravio [aɣráβjo] *m.* Greuge, mancament.
agraz [aɣráθ] *m.* Agràs.
agrazar [aɣraθár] *i.-t.* Agrejar.
agredir [aɣreðír] *t.* Agredir.
agregación [aɣreɣaθjón] *f.* Agregació.
agregado [aɣreɣáðo] *m.* Agregat.
agregar [aɣreɣár] *t.-prnl.* Agregar.
agresión [aɣresjón] *f.* Agressió.
agresor, -ra [aɣresór, -ra] *a., m.-f.* Agressor.
agreste [aɣréste] *a.* Agrest.
agrete [aɣréte] *a.-m.* Agrenc.
agriar [aɣrjár] *t.-prnl.* Agrir, agrejar.
agrícola [aɣríkola] *a.* Agrícola.
agricultor, -ra [aɣrikultór, -ra] *m.-f.* Agricultor.
agricultura [agrikultúra] *f.* Agricultura.
agridulce [aɣriðúlθe] *a.* Agredolç.
agrietar [aɣrjetár] *t.-prnl.* Clivellar, esquerdar.
agrimensor [aɣrimensór] *m.* Agrimensor.
agrimensura [aɣrimensúra] *f.* Agrimensura.
agrio, -ia [aɣrjo, -ja] *a.* Agre.
agronomía [aɣronomía] *f.* Agronomia.
agrónomo [aɣrónomo] *a.-m.* Agrònom.
agrumarse [aɣrumárse] *prnl.* Agrumollar-se.
agrupación [aɣrupaθjón] *f.* Agrupació.
agrupamiento [aɣrupamjénto] *m.* Agrupament.
agrupar [aɣrupár] *t.-prnl.* Agrupar.
agrura [aɣrúra] *f.* Agror.
agua [áɣwa] *f.* Aigua.
aguacero [aɣwaθéro] *m.* Xàfec, aiguat.
aguachirle [aɣwatʃírle] *f.* Pixarelles. *2* Aigüeroles.
aguado, -da [aɣwáðo, -ða] *a.* Aigualit.
aguador [aɣwaðór, -ra] *m.-f.* Aiguader.
aguafiestas [aɣwafjéstas] *m.-f.* Esgarriacries.
aguafuerte [aɣwafwérte] *f.* Aiguafort.
aguamanos [aɣwamános] *m.* Aiguamans.
aguamar [aɣwamár] *m.* ZOOL. Medusa.
aguamarina [aɣwamarína] *f.* Aiguamarina.
aguanieve [aɣwnjéβe] *f.* Aiguaneu.
aguantar [aɣwantár] *t.-prnl.* Aguantar.
aguante [aɣwánte] *m.* Aguant.
aguapié [aɣwapjé] *m.* Resaigües.
aguar [aɣwár] *t.-prnl.* Aigualir.
aguardar [aɣwarðár] *t.-prnl.* Esperar, expectar.
aguardiente [aɣwarðjénte] *m.* Aiguardent.
aguarrás [aɣwarrás] *m.* Aiguarràs.
aguaturma [aɣwatúrma] *f.* BOT. Nyàmera.
aguazal [aɣwaθál] *m.* Mullader, aiguall.
agudeza [aɣuðéθa] *f.* Agudesa.
agudizar [aɣuðiθár] *t.-prnl.* Aguditzar.
agudo, -da [aɣúðo, -ða] *a.* Agut.
agüero [aɣwéro] *m.* Auguri, averany.
aguerrir [aɣerrír] *t.* Aguerrir.
aguijada [aɣixáða] *f.* Agullada.
aguijar [aɣixár] *t.* Esperonar, agullonar.
aguijón [aɣixón] *m.* Agulló, fibló, esperó.
aguijonazo [áɣixonáθo] *m.* Fiblada.
aguijonear [aɣixoneár] *t.* Agullonar. *2* Fiblar.
águila [áɣila] *f.* ORNIT. Àguila, àliga.
aguileño, -ña [aɣiléɲo, -ɲa] *a.* Aguilenc aquilí.
aguilera [aɣiléra] *f.* Penyal on nia l'àliga.
aguilucho [aɣilútʃo] *m.* Aguiló.
aguinaldo [aɣináldo] *m.* Estrenes.
aguja [aɣúxa] *f.* Agulla.
agujerear [aɣuxereár] *t.-prnl.* Foradar.
agujero [áuxéro] *m.* Forat. *2* Esvoranc.
agujeta [aɣuxéta] *f.* Tireta. *2 f. pl.* Dolor muscular causat per l'exercici.
agustino, -na [aɣustíno, -na] *a., m.-f.* Agustí.
aguzanieves [aɣuθanjéβes] *f.* ORNIT. Cuereta.

aguzar [aɣuθár] *t.* Agusar. *2* Afuar, refilar.
¡ah! [a] *interj.* Ah!
aherrojar [aerroxár] *t.* Encadenar, engrillonar.
ahí [ai] *adv.* Aquí.
ahijado, -da [aĭxáðo, -ða] *m.-f.* Fillol.
ahijar [aĭxár] *t.* Afillar.
ahínco [aiŋko] *m.* Deler.
ahitar [aitár] *i.-t.* Enfitar. *2 prnl.* Empatxar-se.
ahíto [aito] *m.* Enfit. *2* Cansament d'alguna cosa.
ahogado, -da [aoɣáðo, -ða] *a., m.-f.* Ofegat.
ahogar [aoɣár] *t.-prnl.* Ofegar, negar, escanyar.
ahogo [aóɣo] *m.* Ofec.
ahondar [aondár] *t.-prnl.* Enfondir, aprofundir.
ahora [aóra] *adv.* Ara. ‖ ***Por ~,*** ara per ara, ara com ara. ‖ ***~ mismo,*** suara.
ahorcado, -da [aorkáðo, -ða] *m.-f.* Penjat.
ahorcar [aorkár] *t.-prnl.* Penjar.
ahormar [aormár] *t.* Enformar.
ahorrador, -ra [aorraðór, -ra] *a., m.-f.* Estalvidor.
ahorrar [aorrár] *t.-prnl.* Estalviar. *2* Plànyer.
ahorro [aórro] *m.* Estalvi.
ahuecar [awekár] *t.-prnl.* Estufar, buidar, esponjar, enclotar.
ahumada [aŭmáða] *f.* Alimara.
ahumar [aŭmár] *t.* Fumar.
ahuyentar [aŭjentár] *t.* Foragitar, fer fugir. *2* Arruixar, esquivar.
airado, -da [aĭráðo, -ða] *a.* Aïrat, irat.
airar [aĭrár] *t.-prnl.* Irritar, enrabiar. *2 prnl.* Aïrar-se.
aire [áĭre] *m.* Aire. *2* Tirat (semblança). ‖ ***En el ~,*** enlaire.
airear [aĭreár] *t.-prnl.* Airejar.
airón [aĭrón] *m.* ORNIT. Bernat pescaire.
airosamente [aĭrósamente] *adv.* Airosament.
airoso, -sa [aĭróso, -sa] *a.* Airós.
aislado, -da [aizláðo, -ða] *a.* Aïllat, isolat.
aislador, -ra [aizlaðór, -ra] *a.-m.* Aïllador, isolador.
aislamiento [aizlamjénto] *m.* Aïllament, isolament.
aislar [aizlár] *t.-prnl.* Aïllar, isolar.
ajar [axár] *t.-prnl.* Marcir, deslluir, rebregar, atrutinar.
ajedrecista [axeðreθista] *m.-f.* Escaquista.
ajedrez [axeðréθ] *m.* Escacs.
ajenjo [axéŋxo] *m.* BOT. Donzell. *2* Absenta.
ajeno, -na [axéno, -na] *a.* Aliè, d'altri.
ajetreo [axetréo] *m.* Cansament per excessiu transport d'un cantó a l'altre. *2* Tràfec, traüll.
ajiaceite [axjaθéĭte] *m.* CUI. Allioli.
ajironar [axironár] *t.* Esparracar, espellifar.
ajo [áxo] *m.* BOT. All.
ajonjera [axoŋxéra] *f.* BOT. Carlina.
ajonjolí [axoŋxolí] *m.* BOT. Ajonjolí.
ajorca [axórka] *f.* Esclava.
ajuar [axwár] *m.* Parament de casa. *2* Allò que aporta la núvia a la llar comuna.
ajustador, -ra [axustaðór, -ra] *a., m.-f.* Ajustador.
ajustamiento [axustamjénto] *m.* Ajustament.
ajustar [axustár] *t.-prnl.* Ajustar, conjuminar. ‖ ~ ***cuentas,*** passar comptes. *2* Aconductar.
ajuste [axúste] *m.* Ajustament, ajust.
ajusticiado, -da [axustiθjáðo, -ða] m.-f. Ajusticiat.
ajusticiar [axustiθjár] *t.* Ajusticiar.
al [al] contr. Al. *2* En. ‖ ~ ***salir,*** en sortir.
ala [ála] *f.* Ala.
alabancioso, -sa [alaβanθjóso, -sa] *a.* fam. Bufat, vanitós.
alabanza [alaβánθa] *f.* Lloança, alabança, llaor.
alabar [alaβár] *t.-prnl.* Lloar, alabar.
alabarda [alaβárða] *f.* Alabarda.
alabardero [alaβarðéro] *m.* Alabarder.
alabastro [alaβástro] *m.* MINER. Alabastre.
alabear [alaβeár] *t.-prnl.* Guerxar. *2 prnl.* Balcar-se.
alacena [alaθéna] *f.* Armari de paret.
alacrán [alakrán] *m.* ZOOL. Escorpí, alacrà.
alacridad [alakriðáð] *f.* Alacritat.
aladierna [alaðjérna] *f.* BOT. Aladern.
alado [aláðo, -ða] *a.* Alat.
alambicado, -da [alambikáðo, -ða] *a.* Alambinat.
alambicar [alambikár] *t.* Alambinar.
alambique [alambike] *m.* Alambí.
alambrado, -da [alambráðo, -ða] *m.-f.* Filat, tela metàl.lica, xarxa de filferro.
alambre [alámbre] *m.* Filferro.
alameda [alaméða] *f.* Albereda.
álamo [álamo] *m.* BOT. Àlber. ‖ ~ ***temblón,*** trèmol.
alano, -na [aláno, -na] *a., m.-f.* Alà.
alarde [alárðe] *m.* Ostentació.
alardear [alarðeár] *i.* Vanar-se, gloriar-se.
alargadera [alarɣaðéra] *f.* Allargador.

alargador, -ra [alarɣaðór, -ra] *a.* Allargador.
alargamiento [alarɣamjénto] *m.* Allargament.
alargar [alarɣár] *t.-prnl.* Allargar.
alarido [alariðo] *m.* Alarit. *2* Udol, esgarip.
alarma [alárma] *f.* Alarma, esverament.
alarmante [alarmánte] *a.* Alarmant.
alarmar [alarmár] *t.-prnl.* Alarmar.
alarmista [alarmista] *a., m.-f.* Alarmista.
alazán, -ana [alaθán, -ána] *a., m.-f.* Bai.
alazo [aláθo] *m.* Cop d'ala.
alba [álβa] *f.* Alba.
albacea [alβaθéa] *m.* JUR. Marmessor.
albahaca [alβaáka] *f.* BOT. Alfàbrega.
albañil [alβaɲil] *m.* Paleta.
albañilería [alβaɲileria] *m.* Art del paleta o de la construcció.
albarán [alβarán] *m.* Albarà.
albarda [alβárða] *f.* Albarda.
albardilla [alβarðiʎa] *f.* Cavalló, esquena d'ase. *2* CUI. Arrebossat.
albaricoque [alβarikóke] *m.* Albercoc.
albaricoquero [alβarikokéro] *m.* BOT. Albercoquer.
albarrana [alβarrána] *a.* Albarrana.
albarranilla [alβarraniʎa] *f.* BOT. Ceba marina.
albatros [alβátros] *m.* ORNIT. Albatros.
albayalde [alβajálde] *m.* Blanc d'Espanya, cerussa.
albedrío [alβeðrio] *m.* Albir.
albéitar [alβéĭtar] *m.* Manescal.
alberca [alβérka] *f.* Bassa, safareig.
albergar [alβerɣár] *t.-prnl.* Albergar.
albergue [alβérɣe] *m.* Alberg, estatge.
albigense [alβixénse] *a., m.-f.* Albigès.
albinismo [alβinizmo] *m.* MED. Albinisme.
albino, -na [alβino, -na] *a., m.-f.* Albí.
albo, -ba [álβo, -βa] *a.* Blanc.
albóndiga [alβóndiɣa] *f.* CUI. Mandonguilla.
albor [alβór] *m.* Albor, blancor.
alborada [alβoráða] *f.* Albada.
alborear [alβoreár] *i.* Clarejar.
albornoz [alβornóθ] *m.* Barnús.
alborotado [alβorotáðo, -ða] *a., m.-f.* Esvalotat.
alborotador, -ra [alβorotaðór, -ra] *a.* Esvalotador, avalotador.
alborotar [alβorotár] *t.-i.-prnl.* Esvalotar, avalotar, fer tabola, fer barrila.
alboroto [alβoróto] *m.* Esvalot, avalot, aldarull, cridadissa, xivarri, mullader.
alborozar [alβoroθár] *t.-prnl.* Alegrar, esvalotar.
alborozo [alβoróθo] *m.* Alegria, esvalot, gatzara.
albricias [alβriθjas] *f. pl.* Albixeres.
albufera [alβuféra] *f.* Bufera, albufera.
álbum [álβun] *m.* Àlbum.
albúmina [alβúmina] *f.* Albúmina.
albuminoide [alβuminóĭðe] *m.* Albuminoide.
albura [alβúra] *f.* Albor.
alcacer [alkaθér] *m.* BOT. Ordi.
alcachofa [alkatʃófa] *f.* BOT. Carxofa, escarxofa. *2* Carxofera, escarxofera.
alcahaz [alkaáθ] *m.* Gabial.
alcahuete, -ta [alkawéte, -ta] *m.-f.* Alcavot.
alcaide [alkáĭðe] *m.* Alcaid.
alcalde [alkálde] *m.* Alcalde, batlle.
alcaldesa [alkaldésa] *f.* Alcaldessa.
alcaldía [alkaldia] *f.* Alcaldia.
alcalino, -na [alkalino, -na] *a.* Alcalí.
alcaloide [alkalóĭðe] *m.* Alcaloide.
alcance [alkánθe] *m.* Abast, aconseguiment.
alcancía [alkanθia] *f.* Guardiola.
alcanfor [alkamfór] *m.* Càmfora.
alcanforero [alkamforéro] *m.* BOT. Camforer.
alcantarilla [alkantariʎa] *f.* Claveguera.
alcantarillado [alkantariʎáðo] *m.* Conjunt de clavegueres i desguassos.
alcanzar [alkanθár] *t.* Assolir, obtenir, aconseguir. *2* Abastar, arribar, atènyer, atrapar, copsar.
alcaparra [alkapárra] *f.* BOT. Tàpera.
alcaravea [alkaraβéa] *f.* BOT. Comí.
alcaudón [alkaŭðón] *m.* ORNIT. Capsigrany.
alcázar [alkáθar] *m.* Alcàsser.
alce [álθe] *m.* Escapçada (cartes).
alción [alθjón] *m.* MIT., ASTR. Alció.
alcista [alθista] *m.-f.* Alcista.
alcoba [alkóβa] *f.* Alcova.
alcohol [alkól] *m.* Alcohol.
alcohólico, -ca [alkóliko, -ka] *a.* Alcohòlic.
alcoholismo [alkolizmo] *m.* Alcoholisme.
alcoholizar [alkoliθár] *t.* Alcoholitzar.
alcornoque [alkornóke] *m.* BOT. Surera, alzina surera.
alcorza [alkórθa] *f.* Fondant.
alcurnia [alkúrnja] *f.* Llinatge, nissaga.
alcuza [alkúθa] *f.* Setrill.
alcuzcuz [alkuθkúθ] *m.* Cuscús.
aldaba [aldáβa] *f.* Picaporta, armella. *2* Balda, tanca. *3* Argolla, anella.
aldabada [aldaβáða] *f.* Truc, pic fet amb un picaporta. *2* Sobresalt.
aldabilla [aldaβiʎa] *f.* Baldó.
aldea [aldéa] *f.* Llogarret.
aldeano [aldeáno] *a., m.-f.* Llogarrenc, pobletà.

alderredor [alderreðór] *adv.* Al voltant.
aleación [aleaθjón] *f.* Aliatge, lliga.
alear [aleár] *t.* Aliar.
alear [aleár] *i.* Alejar.
aleatorio, -ria [aleatórjo, -ja] *a.* Aleatori.
aleccionar [aleɣθjonár] *t.* Alliçonar.
aledaños [aleðáɲos] *m. pl.* Confins.
alegación [aleɣaθjón] *f.* Al·legació.
alegar [aleɣár] *t.* Al·legar, adduir.
alegato [aleɣáto] *m.* JUR. Al·legat.
alegoría [aleɣoría] *f.* Al·legoria.
alegórico, -ca [aleɣóriko, -ka] *a.* Al·legòric.
alegrar [aleɣrár] *t.-prnl.* Alegrar.
alegre [aléɣre] *a.* Alegre, gai, joliu.
alegría [aleɣría] *f.* Alegria.
alegro [aléɣro] *adv.-m.* MÚS. Al·legro.
alegrón [aleɣrón] *m.* Alegrois.
alejamiento [alexamjénto] *m.* Allunyament.
Alejandría [alexandría] *n. pr.* Alexandria.
alejandrino, -na [alexandríno, -na] *a.* Alexandrí.
alejar [alexár] *t.-prnl.* Allunyar.
aleluya [alelúǰa] *interj.-m.* Al·leluia. *2* Auca.
alemán, -ana [alemán, -ána] *a., m.-f.* Alemany.
alentada [alentáða] *f.* Alenada.
alentar [alentár] *i.* Alenar. *2* Encoratjar, animar. ¶ CONJUG. com ***apretar.***
alergia [alérxja] *f.* Al·lèrgia.
alero [aléro] *m.* Ràfec, barbacana. *2* Parafang.
alerón [alerón] *m.* Aleró (d'avió).
alerta [alérta] *adv.-interj.* Alerta.
alertar [alertár] *t.* Posar alerta.
aleta [aléta] *f.* Aleta.
aletargamiento [aletarɣamjénto] *m.* Abaltiment, ensopiment.
aletargar [aletarɣár] *t.-prnl.* Abaltir-se, ensopir.
aletear [aleteár] *i.* Aletejar.
aleteo [aletéo] *m.* Aleteig.
aleve [aléβe] *a., m.-f.* Pèrfid, traïdor.
alevosía [aleβosía] *f.* Traïdoria.
alevoso, -sa [aleβóso, -sa] *a., m.-f.* Traïdorenc.
alfabético, -ca [alfabétiko, -ka] *a.* Alfabètic.
alfabeto [alfaβéto] *m.* Alfabet.
alfalfa [alfálfa] *f.* BOT. Alfals.
alfanje [alfáŋxe] *m.* Alfange.
alfar [alfár] *m.* Terrisseria.
alfarería [alfarería] *f.* Terrisseria.
alfarero [alfaréro] *m.* Terrissaire, ollaire.
alféizar [alféiθar] *m.* Rebaix (de porta o finestra), muntant.
alfeñique [alfeɲike] *m.* Alfanic. *2* Nyicris, escanyolit.
alférez [alférez] *m.* MIL. Alferes.
alfil [alfíl] *m.* Alfil.
alfiler [alfilér] *m.* Agulla.
alfilerazo [alfileráθo] *m.* Punxada.
alfombra [alfómbra] *f.* Catifa.
alfombrar [alfombrár] *t.* Encatifar.
alfóncigo [alfónθiɣo] *m.* BOT. Festuc.
alforfón [alforfón] *m.* BOT. Fajol.
alforja [alfórxa] *f.* Alforja.
alforza [alfórθa] *f.* Sacsó.
alga [álɣa] *f.* Alga.
algarabía [alɣaraβía] *f.* Àrab (llengua). *2* fig. Guirigall, xivarri.
algarada [alɣaráða] *f.* Aldarull.
algarroba [alɣarróβa] *f.* Garrofa.
algarrobo [alɣarróβo] *m.* BOT. Garrofer.
algazara [alɣaθára] *f.* Gatzara, bullícia, barrila, saragata.
álgebra [álxeβra] *f.* Àlgebra.
algebraico, -ca [alxeβráiko, -ka] *a.* Algebraic.
álgido [álxiðo, -ða] *a.* Àlgid.
algo [álɣo] *pron. indef.* Quelcom, alguna cosa. *2* Res, gens.
algodón [alɣoðón] *m.* Cotó.
algodonal [alɣoðonál] *m.* Camp de cotó, cotonar.
algodonero, -ra [alɣoðonéro, -ra] *a.-m.* Cotoner.
algodonoso, -sa [alɣoðonóso, -sa] *a.* Cotonós.
alguacil [alɣwaθíl] *m.* Agutzil.
alguien [álɣjen] *pron. indef.* Algú.
algún [alɣún] *a. indef.* V. ALGUNO.
alguno, -na [alɣúno, -na] *a.-pron. indef.* Algun, cap.
alhaja [aláxa] *f.* Joia, joiell.
alhajar [alaxár] *t.* Enjoiar.
alharaca [alaráka] *f.* Escarafalls.
alhelí [alelí] *m.* BOT. Violer.
alhucema [aluθéma] *f.* BOT. Espígol.
aliaga [aljáɣa] *f.* BOT. Gatosa.
aliagar [aljaɣár] *m.* Argelagar.
alianza [aljánθa] *f.* Aliança.
aliar [aliár] *t.-prnl.* Aliar.
alias [áljas] *adv.-m.* Àlias.
alicaído, -da [alikaíðo, -ða] *a.* Alacaigut, musti. *2* Pioc.
alicates [alikátes] *m. pl.* Alicates.
Alicia [alíθja] *n. pr. f.* Alícia.
aliciente [aliθjénte] *m.* Al·licient.
alicortar [alikortár] *t.* Eixalar.
alícuota [alíkwota] *a.* Alíquota.
alienable [aljenaβle] *a.* Alienable.
alienación [alienaθjón] *f.* Alienació.
alienado, -da [alienáðo, -ða] *a., m.-f.* Alienat.

alienar [alienár] *t.-prnl.* Alienar.
aliento [aljénto] *m.* Alè.
aligación [aliɣaθjón] *f.* MAT. Al·ligació.
aligeramiento [alixeramjénto] *m.* Alleugeriment, alleujament.
aligerar [alixerár] *t.-prnl.* Alleugerir, alleujar.
alijar [alixár] *t.* MAR. Alleujar, alleugerir.
alijo [alixo] *m.* Contraban.
alimaña [alimáɲa] *f.* Animàlia.
alimentación [alimentaθjón] *f.* Alimentació.
alimentar [alimentár] *t.-prnl.* Alimentar.
alimenticio, -cia [alimentiθjo, -ja] *a.* Alimentós, alimentari, nutritiu.
alimento [aliménto] *m.* Aliment.
alimentoso, -sa [alimentóso, -sa] *a.* Alimentós.
alimón (al) [alimón] *loc. adv.* A l'una, emparellats.
alindar [alindár] *t.* Fitar.
alineación [alineaθjón] *f.* Alineació.
alinear [alineár] *t.-prnl.* Alinear, arrenglerar, afilerar.
aliñar [aliɲár] *t.* Amanir, adobar.
aliño [aliɲo] *m.* Amaniment, adob. *2* Endreç.
alioli [alióli] *m.* CUI. *cat.* Allioli.
aliquebrado, -da [alikeβráðo, -ða] *a.* Alacaigut, alatrencat.
alisador [alisaðór, -ra] *a., m.-f.* Allisador.
alisadura [alisaðúra] *f.* Allisada.
alisar [alisár] *t.* Allisar.
alisios [alisjos] *m. pl.* METER. Alisis.
aliso [aliso] *m.* BOT. Vern.
alistamiento [alistamjénto] *m.* Allistament.
alistar [alistár] *t.-prnl.* Allistar, enrolar.
aliviar [aliβjár] *t.-prnl.* Alleujar, alleugerir.
alivio [aliβjo] *m.* Alleujament, alleugeriment, respit.
aljaba [alxáβa] *f.* Aljava, carcaix, buirac.
aljibe [alxiβe] *m.* Aljub, tanc.
alma [álma] *f.* Ànima. *2* Animeta.
almacén [almaθén] *m.* Magatzem.
almacenaje [almaθenáxe] *m.* Magatzematge.
almacenamiento [almaθenamjénto] *m.* Emmagatzematge.
almacenar [almaθenár] *t.* Emmagatzemar.
almacenista [almaθenista] *m.* Magatzemista.
almáciga [almáθiɣa] *f.* Màstic.
almáciga [almáθiɣa] *f.* Planter.
almadraba [almaðráβa] *f.* Almadrava.
almagre [almáɣre] *m.* Mangra.
almanaque [almanáke] *m.* Almanac.
almazara [almaθára] *m.* Almàssera, trull.
almeja [alméxa] *f.* ZOOL. Cloïssa.
almena [alména] *f.* Merlet.
almenar [almenár] *t.* ARQ. Emmerletar.
almendra [alméndra] *f.* Ametlla.
almendrado [almendráðo] *m.* Ametllat.
almendro [alméndro] *m.* BOT. Ametller.
almendruco [almendrúko] *m.* BOT. Ametlló.
almez [alméθ] *m.* BOT. Lledoner.
almeza [alméθa] *m.* Lledó.
almíbar [almíβar] *m.* Almívar.
almibarar [almiβarár] *t.* Candir.
almidón [almiðón] *m.* Midó.
almidonar [almiðonár] *t.* Emmidonar.
alminar [alminár] *f.* Minaret.
almiranta [almiránta] *f.* Almirallessa.
almirantazgo [almirantáðɣo] *m.* Almirallat.
almirante [almiránte] *m.* Almirall.
almizclar [almiθklár] *t.* Almescar.
almizcle [almiθkle] *m.* Mesc.
almizclero [almiθkléro] *m.* ZOOL. Mesquer.
almogávar [almoɣáβar] *m.* Almogàver.
almohada [almoáða] *f.* Coixí. *2* Coixinera.
almohadilla [almoaðiʎa] *f.* Coixinet.
almohadón [almoaðón] *m.* Coixí.
almorranas [almorránas] *f. pl.* MED. Morenes.
almorta [almórta] *f.* Guixa.
almorzada [almorθáða] *f.* Almosta.
almorzar [almorθár] *i.* Esmorzar. *2* Dinar.
alocado, -da [alokáðo, -ða] *a.* Esbojarrat.
alocución [alokuθjón] *f.* Al·locució.
áloe [áloe] *m.* BOT. Àloe.
alojamiento [aloxamjénto] *m.* Allotjament.
alojar [aloxár] *t.-prnl.* Allotjar.
alón [alón] *m.* Aleró.
alondra [alóndra] *f.* ORNIT. Alosa.
alopecia [alopéθja] *f.* MED. Alopècia.
alosa [alósa] *f.* ICT. Llíssera, alosa.
alpaca [alpáka] *f.* Alpaca.
alpargata [alparɣáta] *f.* Espardenya.
alpargatero, -ra [alparɣatéro, -ra] *m.-f.* Espardenyer.
alpestre [alpéstre] *a.* Alpestre.
alpinismo [alpinismo] *m.* Alpinisme.
alpinista [alpinista] *m.-f.* Alpinista.
alpino, -na [alpino, -na] *a.* Alpí.
alpiste [alpiste] *m.* BOT. Escaiola.
alquería [alkeria] *f.* Pagesia, mas.
alquilador, -ra [alkilaðór, -ra] *m.-f.* Llogador.
alquilar [alkilár] *t.-prnl.* Llogar.
alquiler [alkilér] *m.* Lloguer.

alquimia [alkímja] *f.* Alquímia.
alquitrán [alkitrán] *m.* Quitrà.
alquitranar [alkitranár] *t.* Enquitranar.
alrededor [alreðeðór] *adv.* A l'entorn, al voltant. *2 pl.* Rodalia, voltants.
alta [álta] *f.* Alta.
altamente [áltamente] *adv.* Altament.
altanería [altanería] *f.* Altivesa.
altanero, -ra [altanéro, -ra] *a.* Altiu. *2* Soberg.
altar [altár] *m.* Altar.
altavoz [altaβóθ] *m.* Altaveu.
alterable [alteráβle] *a.* Alterable.
alteración [alteraθjón] *f.* Alteració.
alterar [alterár] *t.-prnl.* Alterar.
altercado [alterkáðo] *m.* Altercat, agarrada, bronquina, raons.
altercar [alterkár] *i.* Altercar.
alternación [alternaθjón] *f.* Alternació.
alternancia [alternánθja] *f.* Alternança.
alternar [alternár] *i.-t.* Alternar.
alternativa [alternatíβa] *f.* Alternativa.
alterno, -na [altérno, -na] *a.* Altern.
alteza [altéθa] *f.* Altesa.
altibajos [altiβáxos] *m. pl.* Alts i baixos.
altillo [altíʎo] *m.* Entresolat, terrabastall. *2* Altell.
altímetro [altímetro] *m.* Altímetre.
altiplanicie [altiplaníθje] *f.* GEOG. Altiplà, calma.
altisonante [altisonánte] *a.* Altisonant.
altitud [altitúð] *f.* Altitud.
altivarse [altiβárse] *prnl.* Enfaristolar-se.
altivez [altiβéθ] *f.* Altivesa, urc.
altivo, -va [altíβo, -βa] *a.* Altiu.
alto, -ta [álto, -ta] *a.-adv.* Alt. *2 m.* Alt, dalt. ‖ ***En lo ~,*** al capdamunt. ‖ ***En ~,*** enlaire.
¡alto! [álto] *m.-interj.* Alto!
altozano [altoθáno] *m.* Altell. *2* Puig.
altramuz [altramúθ] *m.* BOT. Tramús.
altruismo [altruízmo] *m.* Altruisme.
altura [altúra] *f.* Altura, alçada, alçària.
alubia [alúβja] *f.* BOT. Mongeta, fesol.
alucinación [aluθinaθjón] *f.* Al·lucinació.
alucinador, -ra [aluθinaðór, -ra] *a.* Al·lucinador.
alucinar [aluθinár] *t.-prnl.* Al·lucinar.
alud [alúð] *m.* Allau.
aludir [aluðír] *t.* Al·ludir.
alumbrado [alumbráðo] *m.* Enllumenat.
alumbramiento [alumbramjénto] *m.* Enllumenament. *2* Infantament, deslliurament.
alumbrar [alumbrár] *i.-t.* Il·luminar, enllumenar. *2 i.* Donar a llum, infantar, deslliurar.
alumbre [alúmbre] *m.* QUÍM. Alum.
aluminio [alumínjo] *m.* Alumini.
alumno, -na [alumno, -na] *m.-f.* Alumne.
alusión [alusjón] *f.* Al·lusió.
alusivo, -va [alusíβo, -βa] *a.* Al·lusiu.
aluvión [aluβjón] *m.* Al·luvió.
alveolo [alβeólo] *m.* Alvèol.
alza [álθa] *f.* Alça, puja.
alzacuello [alθakwéʎo] *m.* Alçacoll.
alzada [alθáða] *f.* Alçada.
alzamiento [alθamjénto] *m.* Alçament.
alzapaño [alθapáɲo] *m.* Ganxo o tros de roba que recull una cortina.
alzaprima [alθaprima] *f.* Alçaprem, perpal.
alzar [alθár] *t.-prnl.* Alçar, aixecar, dreçar.
allá [aʎá] *adv.* Allà, enllà. ‖ ***¡~ tú!,*** tu mateix! ‖ ***Hacia ~,*** cap enllà.
allanamiento [aʎanamjénto] *m.* Aplanament.
allanar [aʎanár] *i.-t.-prnl.* Aplanar.
allegadizo [aʎeɣaðíθo] *a.* Aplegadís.
allegado, -da [aʎeɣáðo, -ða] *a.* Acostat. *2 m.-f.* Parent.
allegar [aʎeɣár] *t.-prnl.* Aplegar, arreplegar.
allende [aʎénde] *adv.* Enllà, dellà.
allí [aʎí] *adv.* Allí, allà. *2* Hi.
ama [áma] *f.* Mestressa, madona. *2* Majordoma.
amabilidad [amaβiliðáð] *f.* Amabilitat.
amable [amáβle] *a.* Amable.
amado, -da [amáðo, -ða] *a., m.-f.* Estimat.
amador, -ra [amaðór, -ra] *a., m.-f.* Amador.
amadrinar [amaðrinár] *t.* Apadrinar.
amaestrar [amaestrár] *t.-prnl.* Ensinistrar.
amagar [amaɣár] *t.-i.* Amenaçar.
amago [amáɣo] *m.* Amenaça, indici.
amainar [amai̯nár] *t.-i.* Amainar.
amalgama [amalɣáma] *f.* Amalgama.
amalgamar [amalɣamár] *t.* Amalgamar.
amamantamiento [amamantamjénto] *m.* Alletament.
amamantar [amamantár] *t.* Alletar.
amancebarse [amanθeβárse] *prnl.* Amistançar-se.
amanecer [amaneθér] *i.* Clarejar, apuntar el dia. ¶ CONJUG. com ***agradecer.***
amanerado, -da [amaneráðo, -ða] *a.* Amanerat.
amaneramiento [amaneramjénto] *m.* Amanerament.
amanerar [amanerár] *t.-prnl.* Amanerar.
amanojar [amanoxár] *t.* Amanollar, apomellar.
amansamiento [amansamjénto] *m.* Amansiment.

amansar [amansár] *t.-prnl.* Amansir.
amante [amánte] *a., m.-f.* Amant, amistançat.
amañar [amaɲár] *t.-prnl.* Manegar.
amaño [amáɲo] *m.* Manya, traça.
amapola [amapóla] *f.* BOT. Rosella, gallaret.
amar [amár] *t.* Estimar, amar.
amaranto [amaránto] *m.* BOT. Amarant.
amarar [amarár] *i.* Amarar.
amargar [amaryár] *i.-t.-prnl.* Amargar.
amargo, -ga [amáryo, -ya] *a.-m.* Amargant, amarg.
amargor [amaryór] *f.* Amargor, amargura.
amargoso, -sa [amaryóso, -sa] *a.* Amargós.
amargura [amaryúra] *f.* Amargor, amargura.
amarilis [amarilis] *f.* BOT. Amaril·lis.
amarillear [amariʎeár] *i.* Groguejar, engroguir-se.
amarillecer [amariʎeθér] *i.* Engroguir-se. ¶ CONJUG. com ***agradecer.***
amarillento, -ta [amariʎénto, -ta] *a.* Groguenc.
amarillez [amariʎéθ] *f.* Grogor.
amarillo, -lla [amariʎo, -ʎa] *a.-m.* Groc.
amarra [amárra] *f.* Amarra.
amarradero [amarraðéro] *m.* Amarrador.
amarradura [amarraðúra] *f.* Amarrament.
amarrar [amarrár] *t.-i.* Amarrar.
amartillar [amartiʎár] *t.* Martellejar, amartellar.
amasadera [amasaðéra] *f.* Pastera.
amasador [amasaðór] *m.-f.* Pastador.
amasadura [amasaðúra] *f.* Amassament, maurada.
amasar [amasár] *t.* Amassar. *2* Pastar, maurar.
amasijo [amasixo] *m.* Pasterada, maurada.
amateur [amatér] *m.-f.* Amateur, aficionat.
amatista [amatista] *f.* MINER. Ametista.
amazacotado, -da [amaθakotáðo, -ða] *a.* Feixuc.
amazacotar [amaθakotár] *t.* Afeixugar.
amazona [amaθóna] *f.* Amazona.
ambages [ambáxes] *m. pl.* Ambages, embuts.
ámbar [ámbar] *m.* Ambre.
ambarino, -na [ambarino, -na] *a.* Ambrat.
ambición [ambiθjón] *f.* Ambició.
ambicionar [ambiθjonár] *t.* Ambicionar.
ambicioso, -sa [ambiθjóso, -sa] *a.* Ambiciós.
ambiente [ambjénte] *a.-m.* Ambient, medi.
ambigüedad [ambiyweðáð] *f.* Ambigüitat.
ambiguo, -gua [ambiywo, -ywa] *a.* Ambigu.
ámbito [ámbito] *m.* Àmbit.
ambón [ambón] *m.* Ambó.
ambos, -as [ámbos, -as] *a. pl.* Ambdós.
ambulancia [ambulánθja] *f.* Ambulància.
ambulante [ambulánte] *a.-m.* Ambulant.
ambulatorio, -ia [ambulatórjo, -ja] *a.-m.* Ambulatori.
ameba [améβa] *f.* Ameba.
amedrentamiento [ameðrentamjénto] *m.* Esporuguiment.
amedrentar [ameðrentár] *t.-prnl.* Esporuguir, estamordir. *2 prnl.* Escagarrinar-se.
amén [amén] *m.* Amén.
amenaza [amenáθa] *f.* Amenaça.
amenazador, -ra [amenaθaðór, -ra] *a.* Amenaçador.
amenazar [amenaθár] *t.* Amenaçar.
amenguar [ameŋgwár] *t.* Minvar.
amenidad [ameniðáð] *f.* Amenitat.
ameno [améno] *a.* Amè.
amento [aménto] *m.* BOT. Ament.
americana [amerikána] *f.* Americana.
americanismo [amerikanizmo] *m.* Americanisme.
americanizar [amerikaniθár] *t.* Americanitzar.
americano, -na [amerikáno, -na] *a., m.-f.* Americà.
ametralladora [ametraʎaðóra] *f.* Metralladora.
ametrallar [ametraʎár] *t.* Metrallar.
amianto [amjánto] *m.* Amiant.
amiba [amiβa] *f.* BIOL. Ameba.
amigable [amiyáβle] *a.* Amigable.
amígdala [amiyðala] *f.* ANAT. Amígdala.
amigo, -ga [amiyo, -ya] *a., m.-f.* Amic.
amilanar [amilanár] *t.-prnl.* Acovardir, esparverar.
aminorar [aminorár] *t.* Minorar, minvar.
amistad [amistáð] *f.* Amistat.
amistar [amistár] *t.* Amistar.
amistoso, -sa [amistóso, -sa] *a.* Amistós.
amito [amito] *m.* LITURG. Amit.
amnesia [amnésja] *f.* Amnèsia.
amnistía [amnistia] *f.* Amnistia.
amnistiar [amnistjár] *t.* Amnistiar.
amo [ámo] *m.* Amo, senyor.
amoblar [amoβlár] *t.* V. AMUEBLAR. ¶ CONJUG. com ***desollar.***
amodorramiento [amoðorramjénto] *m.* Abaltiment, ensopiment.
amodorrarse [amoðorrárse] *prnl.* Ensopir-se.

amojonar [amoxonár] *t.* Amollonar, fitar.
amoladera [amolaðéra] *f.* Esmoladora, pedra esmoladora.
amolador [amolaðór] *m.* Esmolet, esmolador.
amolar [amolár] *t.* Esmolar. ¶ CONJUG. com ***desollar.***
amoldar [amoldár] *t.-prnl.* Emmotllar.
amonestación [amonestaθjón] *f.* Amonestació.
amonestar [amonestár] *t.* Amonestar.
amoníaco [amoniako] *m.* QUÍM. Amoníac.
amonio [amónjo] *m.* QUÍM. Amoni.
amontonamiento [amontonamjénto] *m.* Amuntegament.
amontonar [amontonár] *t.-prnl.* Amuntegar, apilotar, acaramullar.
amor [amór] *m.* Amor.
amoral [amorál] *a.* Amoral.
amoratado, -da [amoratáðo, -ða] *a.* Moradenc.
amordazar [amorðaθár] *t.* Emmordassar.
amorfo, -fa [amórfo, -fa] *a.* Amorf.
amorío [amorio] *m.* fam. Enamorament.
amoroso, -sa [amoróso, -sa] *a.* Amorós.
amortajar [amortaxár] *t.* Amortallar.
amortiguador [amortigwaðór, -ra] *a.* Esmorteïdor. *2 m.* Amortidor.
amortiguamiento [amortigwamjénto] *m.* Esmorteïment.
amortiguar [amortigwár] *t.-prnl.* Esmorteir, amortir.
amortización [amortiθaθjón] *f.* Amortització.
amortizar [amortiθár] *t.* Amortitzar.
amoscarse [amoskárse] *prnl.* Pujar la mosca al nas.
amotinar [amotinár] *t.-prnl.* Amotinar, avalotar.
amovible [amoβiβle] *a.* Amovible.
amparar [amparár] *t.* Emparar.
amparo [ampáro] *m.* Empara. *2* Emparament.
amperímetro [amperimetro] *m.* ELEC. Amperòmetre.
amperio [ampérjo] *m.* ELEC. Amper.
ampliación [ampliaθjón] *f.* Ampliació.
ampliar [ampliár] *t.* Ampliar.
amplificación [amplifikaθjón] *f.* Amplificació.
amplificar [amplifikár] *t.* Amplificar.
amplio, -ia [ámpljo, -ja] *a.* Ampli.
amplitud [amplitúð] *f.* Amplitud.
ampolla [ampóʎa] *f.* Butllofa. *2* Bombolla. *3* Ampolla. *4* Bòfia.
ampollarse [ampoʎárse] *prnl.* Bufar-se. *2* Embutllofar-se.
ampulosidad [ampulosiðáð] *f.* Ampul·lositat.
ampuloso, -sa [ampulóso, -sa] *a.* Ampul·lós.
amputación [amputaθjón] *f.* Amputació.
amputar [amputár] *t.* Amputar.
amueblar [amweβlár] *t.* Moblar.
amuleto [amuléto] *m.* Amulet.
amurallar [amuraʎár] *t.* Emmurallar.
anacoreta [anakoréta] *m.* Anacoreta.
anacrónico, -ca [anakróniko, -ka] *a.* Anacrònic.
anacronismo [anakronizmo] *m.* Anacronisme.
ánade [ánaðe] *m.* ORNIT. Ànec.
anadear [anaðeár] *i.* Caminar com els ànecs.
anaerobio, -bia [anaeróβjo, -ja] *a.* Anaerobi.
anagrama [anaɣráma] *m.* Anagrama.
analfabeto [analfaβéto] *a., m.-f.* Analfabet.
analgesia [analxésja] *f.* MED. Analgèsia.
análisis [análisis] *m.* Anàlisi.
analista [analista] *m.-f.* Analista.
analizar [analiθár] *t.* Analitzar.
analogía [analoxia] *f.* Analogia.
análogo, -ga [análoɣo, -ɣa] *a.* Anàleg.
ananás [ananás] *m.* BOT. Ananàs.
anaquel [anakél] *m.* Prestatge, lleixa.
anaranjado, -da [anaraŋxáðo, -ða] *a.-m.* Ataronjat.
anarquía [anarkia] *f.* Anarquia.
anarquista [anarkista] *a.-m.* Anarquista.
anastomosis [anastomósis] *f.* MED. Anastomosi.
anatema [anatéma] *m.* Anatema.
anatematizar [anatematiθár] *t.* Anatematitzar.
anatomía [anatomia] *f.* Anatomia.
anca [áŋka] *f.* Anca, natja.
ancestral [anθestrál] *a.* Ancestral.
ancianidad [anθjaniðáð] *f.* Ancianitat.
anciano, -na [anθjáno, -na] *a.* Ancià, vell.
ancla [áŋkla] *f.* MAR. Àncora.
anclaje [aŋkláxe] *m.* Ancoratge.
anclar [aŋklár] *i.* Ancorar, fondejar.
ancora [áŋkora] *f.* MAR. Àncora.
ancorar [aŋkorár] *i.* Ancorar.
ancho, -cha [ántʃo, -tʃa] *a.* Ample, balder.
anchoa [antʃóa] *f.* Anxova.
anchura [antʃúra] *f.* Amplària, amplada.
anchuroso, -sa [antʃuróso, -sa] *a.* Ample, folgat, espaiós.
andadas [andáðas] *f. pl.* Petjades (caça). ‖ ***Volver a las ~,*** tornar-hi.
andaderas [andaðéras] *f. pl.* Caminadors, carrutxes.
andadero, -ra [andaðéro, -ra] *a.* Que fa de bon caminar-hi.

andador, -ra [andaðór, -ra] *a., m.-f.* Caminador. *2 m.* Caminal. *3 pl.* Caminadors.
andadura [andaðúra] *f.* Anadura.
Andalucía [andaluθía] *n. pr.* Andalusia.
andaluz, -za [andalúθ, -θa] *a., m.-f.* Andalús.
andamio [andámjo] *m.* Bastida. *2* Tarima.
andana [andána] *f.* Filera, renglera. ‖ ***Llamarse ~,*** desdir-se.
andante [andánte] *a.* Andarec, errant. *2 m.* MÚS. Andante.
andantino [andantíno] *m.* MÚS. Andantino.
andanza [andánθa] *f.* Aventura, feta.
andar [andár] *i.* Caminar. *2* Marxar. *3* Anar. *4* Trobar-se. ‖ ***¡Anda!,*** apa!, fuig!, au! ¶ CONJUG. INDIC. INDEF.: ***anduve, anduviste, anduvo, anduvimos, anduvisteis, anduvieron.*** ‖ SUBJ. Imperf.: ***anduviera*** o ***-ese, anduvieras*** o ***-eses, anduviera*** o ***-ese, anduvieras*** o ***-eses, anduviera*** o ***-ese, anduviéramos*** o ***-ésemos, anduviérais*** o ***-eseis, anduvieran*** o ***-esen.***
andar [andár] *m.* Marxa.
andariego [andarjéγo, -γa] *a., m.-f.* Andarec.
andarín, -ina [andarín, -ína] *a., m.-f.* Caminador.
andas [ándas] *f. pl.* Baiard.
andén [andén] *m.* Andana.
andino, -na [andíno, -na] *a.* Andí.
andorrano, -na [andorráno, -na] *a., m.-f.* Andorrà.
andrajo [andráxo] *m.* Parrac, pellingot.
andrajoso, -sa [andraxóso, -sa] *a.* Esparracat, espellifat.
andrógino, -na [andróxino, -na] *a., m.-f.* Androgin.
andurriales [andurrjáles] *m.* Verals, topants.
anea [anéa] *f.* BOT. Boga.
aneblar [aneβlár] *t.-prnl.* Emboirar, encalitjar.
anécdota [anéγðota] *f.* Anècdota.
anegar [aneγár] *t.-prnl.* Negar, inundar.
anejo, -ja [anéxo, -xa] *a.-m.* Annex.
anélidos [anéliðos] *m.* ZOOL. Anèl·lids.
anemia [anémja] *f.* MED. Anèmia.
anémico, -ca [anémiko, -ka] *a.* Anèmic.
anemómetro [anemómetro] *m.* Anemòmetre.
anestesia [anestésja] *f.* MED. Anestèsia.
anestesiar [anestesjár] *t.* Anestesiar.
anestésico, -ca [anestésiko, -ka] *a.-m.* Anestèsic.
anexar [aneγsár] *t.* Annexar.
anexión [aneγsjón] *f.* Annexió.
anexionar [aneγsjonár] *t.* Annexionar.
anexo, -xa [anéγso, -γsa] *a., m.-f.* Annex.
anfibio, -bia [amfíβjo, -ja] *a.-m. pl.* Amfibi.
anfiteatro [amfiteátro] *m.* Amfiteatre.
anfitrión [amfitrjón] *m.* Amfitrió.
ánfora [ámfora] *f.* Àmfora.
anfractuosidad [amfraγtwosiðáð] *f.* Anfractuositat.
anfractuoso, -sa [amfraγtwóso, -sa] *a.* Anfractuós.
angarillas [aŋgaríʎas] *f. pl.* Baiard. *2* Sàrries. *3* Setrilleres.
ángel [áŋxel] *m.* Àngel.
angelical [aŋxelikál] *a.* Angelical.
angélico, -ca [aŋxéliko, -ka] *a.* Angèlic.
angina [aŋxína] *f.* MED. Angina.
anglicano, -na [aŋglikáno, -na] *a., m.-f.* Anglicà.
anglicismo [aŋgliθízmo] *m.* Anglicisme.
anglosajón, -ona [aŋglosaxón, -óna] *a., m.-f.* Anglo-saxó.
angostar [aŋgostár] *t.-i.* Estrènyer.
angosto, -ta [aŋgósto, -ta] *a.* Angost, estret.
angostura [aŋgostúra] *f.* Estretor. *2* Congost.
anguila [aŋgíla] *f.* ICT. Anguila.
angula [aŋgúla] *f.* ICT. Angula.
angular [aŋgulár] *a.* Angular.
ángulo [áŋgulo] *m.* Angle.
anguloso, -sa [aŋgulóso, -sa] *a.* Angulós, cantellós.
angustia [aŋgústja] *f.* Angoixa, angúnia, ànsia.
angustiar [aŋgustjár] *t.-prnl.* Angoixar, anguniejar.
angustioso, sa [aŋgustjóso, -sa] *a.* Angoixós, anguniós.
anhelante [anelánte] *a.* Anhelós, delerós.
anhelar [anelár] *i.-t.* Anhelar, delejar, glatir.
anhelo [anélo] *m.* Anhel, deler, afany, fallera, ànsia.
anheloso, -sa [anelóso, -sa] *a.* Anhelós, delerós, frisós, adelerat.
anhídrido [aníðriðo] *m.* QUÍM. Anhídrid.
anhidro, -dra [aníðro, -ðra] *a.* Anhidre.
anidar [aniðár] *i.-prnl.* Niar.
anilla [aníʎa] *f.* Anella.
anillo [aníʎo] *m.* Anell, vanella. *2* Baga.
ánima [ánima] *f.* Ànima.
animación [animaθjón] *f.* Animació.
animador, -ra [animaðór, -ra] *a., m.-f.* Animador.
animadversión [animaðβersjón] *f.* Animadversió.
animal [animál] *a.-m.* Animal.

animalada [animaláða] *f.* fam. Animalada.
animalejo [animaléxo] *m.* Animaló.
animalidad [animaliðáð] *f.* Animalitat.
animalizar [animaliθár] *t.* Animalitzar.
animar [animár] *t.-prnl.* Animar, encoratjar, escalfar.
anímico, -ca [animiko, -ka] *a.* Anímic.
ánimo [ánimo] *m.* Ànim, delit.
animosidad [animosiðáð] *f.* Animositat.
animoso, -sa [animóso, -sa] *a.* Animós.
aniñado, -da [aniɲáðo, -ða] *a.* Acriaturat.
anión [anjón] *m.* Anion.
aniquilación [anikilaθjón] *f.* Anihilació, aniquilació, anorreament.
aniquilar [anikilár] *t.* Anihilar, aniquilar, anorrear.
anís [anis] *m.* Anís.
anisado, -da [anisáðo, -ða] *a.* Anisat.
aniversario, -ria [aniβersárjo, -ja] *m.* Aniversari. *2* Cap d'any. *3* Natalici.
ano [áno] *m.* ANAT. Anus.
anoche [anótʃe] *adv.* Anit.
anochecer [anotʃeθér] *i.* Vesprejar, fosquejar, negrejar. ¶ CONJUG. com ***agradecer.***
anochecer [anotʃeθér] *m.* Vespre.
anodino, -na [anoðino, -na] *a., m.-f.* Anodí.
ánodo [ánoðo] *m.* ELEC. Ànode.
anomalía [anomalia] *f.* Anomalia.
anómalo, -la [anómalo, -la] *a.* Anòmal.
anonadación [anonaðaθjón] *f.* Anorreament.
anonadamiento [anonaðamjénto] *m.* Anorreament.
anonadar [anonaðár] *t.-prnl.* Anorrear.
anónimo, -ma [anónimo, -ma] *a.-m.* Anònim.
anormal [anormál] *a., m.-f.* Anormal.
anotación [anotaθjón] *f.* Anotació.
anotar [anotár] *t.* Anotar.
anquear [aŋkeár] *i.* Anquejar.
anquilosis [aŋkilósis] *f.* Anquilosi.
ansar [ánsar] *m.* Oca, oc.
ansia [ánsja] *m.* Ànsia. *2* Angoixa. *3* Deler. *4* Basca, nàusea.
ansiar [ansjár] *t.* Desitjar amb ànsia, delejar, glatir.
ansiedad [ansjeðáð] *f.* Ansietat, quimera.
ansioso, -sa [ansjóso, -sa] *a.* Ansiós, delerós.
antagonismo [antaɣonizmo] *m.* Angatonisme.
antagonista [antaɣonista] *m.-f.* Antagonista.
antaño [antáɲo] *adv.* Antany, avior.
antártico, -ca [antártiko, -ka] *a.* Antàrtic.
ante [ánte] *m.* ZOOL. Dant.
ante [ánte] *prep.* Davant.
anteanoche [anteanótʃe] *adv.* Abans-d'ahir nit.
anteayer [anteaǰér] *adv.* Abans-d'ahir.
antebrazo [anteβráθo] *m.* ANAT. Avantbraç.
antecámara [antekámara] *f.* Antecambra.
antecedente [anteθeðénte] *a.-m.* Antecedent.
anteceder [anteθeðér] *t.* Antecedir.
antecesor [anteθesór] *m.-f.* Antecessor.
antedicho, -cha [anteðitʃo, -tʃa] *a.* Damunt dit, susdit.
antediluviano, -na [anteðiluβjáno, -na] *a.* Antediluvià.
antelación [antelaθjón] *f.* Antelació.
antemano (de) [antemáno] loc. Per endavant, a la bestreta.
antena [anténa] *f.* Antena.
anteojera [anteoxéra] *f.* Aclucalls d'animal.
anteojo [anteóxo] *m.* Ullera (de llarga vista). *2* Binocle. *3 pl.* Aclucalls (d'animal).
antepasado [antepasáðo] *m.* Avantpassat. *2 pl.* Majors.
antepecho [antepétʃo] *m.* Ampit. *2* Pitral.
antepenúltimo, -ma [antepenúltimo, -ma] *a.* Antepenúltim.
anteponer [anteponér] *t.-i.-prnl.* Anteposar. ¶ CONJUG. com ***poner.***
anteportada [anteportáða] *f.* Anteportada.
anteposición [anteposiθjón] *f.* Anteposició.
anteproyecto [anteproǰéɣto] *m.* Avantprojecte.
anterior [anterjór] *a.* Anterior.
anterioridad [anterjoriðáð] *f.* Anterioritat.
antes [ántes] *adv.* Abans. *2* Ans. ‖ ***Cuanto ~***, com més aviat.
antesala [antesála] *f.* Antesala.
antevíspera [anteβispera] *f.* Antevigília.
antiácido, -da [antiáθiðo, -ða] *a.-m.* Antiàcid.
anticiclón [antiθiklón] *m.* Anticicló.
anticipación [antiθipaθjón] *f.* Anticipació.
anticipadamente [antiθipádamente] *adv.* Anticipadament, per endavant, a la bestreta.
anticipar [antiθipár] *t.-prnl.* Anticipar. *2* Bestreure.
anticipo [antiθipo] *m.* Anticipació, avançament. *2* Acompte, bestreta, avançada.
anticristo [antikristo] *m.* Anticrist.
anticuado [antikwáðo, -ða] *a.* Antiquat.

anticuario [antikwárjo] *m.* Anticuari.
anticuerpo [antikwérpo] *m.* Anticós.
antídoto [antiðoto] *m.* Antídot.
antiestético, -ca [antjestétiko, -ka] *a.* Antiestètic.
antifaz [antifáθ] *m.* Careta. *2* Máscara, carota.
antífona [antífona] *f.* Antífona.
antifonario [antifonárjo] *m.* Antifonari.
antigualla [antiɣwáʎa] *f.* Antigalla.
antigüedad [antiɣweðáð] *f.* Antiguitat. *2* Antigor, vellúria, antany.
antiguo, -gua [antiɣwo, -wa] *a.* Antic.
antihigiénico, -ca [antixjéniko, -ka] *a.* Antihigiènic.
antílope [antilope] *m.* ZOOL. Antílop.
antinomio [antinómjo] *m.* Antinomi.
antinomia [antinómja] *f.* Antinòmia.
antipapa [antipápa] *m.* Antipapa.
antipara [antipára] *f.* Paravent.
antiparras [antipárras] *f.* Ulleres.
antipatía [antipatia] *f.* Antipatia.
antipático, -ca [antipátiko, -ka] *a.* Antipàtic.
antípoda [antipoða] *a.* Antípoda.
antirrevolucionario, -ia [antirreβoluθjonárjo, -ja] *a.* Antirevolucionari.
antisepsia [antiséβsja] *f.* MED. Antisèpsia.
antiséptico, -ca [antiséβtiko, -ka] *a.-m.* Antisèptic.
antisocial [antisoθjál] *a.* Antisocial.
antitanque [antitáŋke] *a.* Antitanc.
antítesis [antitesis] *f.* Antítesi.
antitético, ca [antitétiko, -ka] *a.* Antitètic.
antitoxina [antitoɣsina] *f.* BIOL. Antitoxina.
antojadizo, -za [antoxaðiθo, -θa] *a.* Capritxós.
antojarse [antoxárse] *prnl.* Antullar-se, passar pel cap.
antojo [antóxo] *m.* Antull, desig, capritx.
antología [antoloxia] *f.* Antologia.
antonomasia [antonomásja] *f.* Antonomàsia.
antorcha [antórtʃa] *f.* Torxa, atxa, brandó.
antracita [antraθita] *f.* MINER. Antracita.
ántrax [ántraɣs] *m.* MED. Àntrax.
antro [ántro] *m.* Antre.
antropofagia [antropofáxia] *f.* Antropofagia.
antropófago, -ga [antropófaɣo, -ɣa] *a., m.-f.* Antropòfag.
antropología [antropoloxia] *f.* Antropologia.
antropólogo [antropóloɣo] *m.* Antropòleg.
antropomorfismo [antromorfizmo] *m.* Antropomorfisme.
antuvión (de) [antuβjón] loc. De sobte, de cop i volta, d'antuvi.
anual [anwál] *adj.* Anual, anyal.
anualidad [anwaliðáð] *f.* Anualitat, anyada.
anuario [anwário] *m.* Anuari.
anublar [anuβlár] *tr.-prnl.* Ennuvolar-se.
anudar [anuðár] *tr.-prnl.* Nuar.
anuencia [anwénθja] *f.* Anuència.
anulación [anulaθjón] *f.* Anul·lació.
anular [anulár] *t.-prnl.* Anul·lar.
anular [anulár] *adj.* Anular.
anunciación [anunθjaθjón] *f.* Anunciació.
anunciador, -ra [anunθjaðór, -ra] *adj.* Anunciador.
anunciar [anunθjár] *tr.* Anunciar.
anuncio [anúnθjo] *m.* Anunci.
anuo, -ua [ánwo, -wa] *a.* Anual, anyal.
anverso [ambérso] *m.* Anvers, dret.
anzuelo [anθwélo] *m.* Ham.
añadido [aɲaðiðo] *m.* Afegit, afegiment, afegitó.
añadidura [aɲaðiðúra] *f.* Afegidura, afegiment, additament, afegit.
añadir [aɲaðir] *t.* Afegir.
añagaza [aɲaɣáθa] *f.* Reclam. *2* fig. Engany.
añejo, ja [aɲéxo, -xa] *a.* Vell, ranci, anyenc.
añicos [aɲikos] *m. pl.* Bocins. ‖ ***Hacer*** **~**, fer miques.
añil [aɲil] *m.* BOT. Anyil. *2 a.-m.* Indi.
año [áɲo] *m.* Any. ‖ ~ ***nuevo,*** any nou, cap d'any. ‖ ***Cumplir años,*** fer anys.
añoranza [aɲoránθa] *f.* Enyorança.
añorar [aɲorár] *t.* Enyorar.
añoso, -sa [aɲóso, -sa] *a.* Anyenc.
aorta [aórta] *f.* ANAT. Aorta.
aovado, -da [aoβáðo, -ða] *a.* Oval, ovoide.
aovar [aoβár] *i.* Pondre.
apabullar [apaβuʎár] *t.* Aixafar, masegar (moralment).
apacentar [apaθentár] *t.-prnl.* Pasturar, péixer. ¶ CONJUG. com ***apretar.***
apacible [apaθiβle] *a.* Plàcid.
apaciguar [apaθiɣwár] *t.-prnl.* Apaivagar, amansir.
apadrinar [apaðrinár] *t.* Apadrinar.
apagador, -ra [apaɣaðór, -ra] *a., m.-f.* Apagador. *2 m.* Apagallums.
apagamiento [apaɣamjénto] *a.* Apagament.
apagar [apaɣár] *t.-prnl.* Apagar.
apagavelas [apaɣaβélas] *m.* Apagallums.
apagón [apaɣón] *m.* Apagament.
apaisado, -da [apaĭsáðo, -ða] *a.* Apaïsat.
apalear [apaleár] *t.* Apallissar, bastonejar.

apañar [apaɲár] *t.* Agafar. *2* Adobar, arreglar, apanyar, arranjar. *3 prnl.* Apanyar-se, campar, arreglar-se, espavilar-se.
apaño [apáɲo] *m.* Adob.
aparador [aparaðór] *m.* Aparador.
aparato [aparáto] *m.* Aparell. *2* Aparat.
aparatoso, -sa [aparatóso, -sa] *a.* Aparatós.
aparcamiento [aparkamjénto] *m.* Aparcament.
aparcar [aparkár] *t.* Aparcar.
aparcero [aparθéro, -ra] *m.-f.* Parcer.
aparear [apareár] *t.-prnl.* Aparellar, apariar.
aparecer [apareθér] *i.-prnl.* Aparèixer, sorgir. ¶ CONJUG. com ***agradecer.***
aparecido [apareθíðo] *m.* Espectre, fantasma.
aparejador, -ra [aparexaðór, -ra] *a., m.-f.* Aparellador. *2 m.* Aparellador.
aparejar [aparexár] *t.-prnl.* Aparellar.
aparejo [aparéxo] *m.* Aparellament, aparell. *2* Arreus. *3* Guariment. *4* Ormeig.
aparentar [aparentár] *t.* Aparentar, aparençar.
aparente [aparénte] *a.* Aparent.
aparición [apariθjón] *f.* Aparició.
apariencia [aparjénθja] *f.* Aparença.
apartado, -da [apartáðo, -ða] *a.* Apartat, desavinent. *2 m.* Apartat.
apartar [apartár] *t.* Apartar, enretirar, bandejar.
aparte [apárte] *m.* Apart. *2 adv.* A part. *3 prep.* Tret de.
apasionado, -da [apasjonáðo, -ða] *a.* Apassionat.
apasionamiento [apasjonamjénto] *m.* Apassionament.
apasionar [apasjonár] *t.-prnl.* Apassionar.
apatía [apatía] *f.* Apatia.
apático, -ca [apátiko, -ka] *a. Apàtic.*
apeadero [apeaðéro] *m.* Baixador.
apear [apeár] *t.-prnl.* Baixar.
apechugar [apetʃuɣár] *i.* Suportar, empassar-se.
apedazar [apeðaθár] *t.* Apedaçar.
apedrear [apeðreár] *t.-prnl.* Apedregar, lapidar.
apegarse [apeɣárse] *prnl.* Afeccionar-se, afectar-se.
apego [apéɣo] *m.* Afecció.
apelación [apelaθjón] *f.* Apel·lació.
apelar [apelár] *i.* Apel·lar.
apelativo [apelatíβo] *a.-m.* Apel·latiu.
apelotonar [apelotonár] *t.* Apilotar.
apellidar [apeʎiðár] *t.* Cognomenar.
apellido [apeʎíðo] *m.* Cognom.
apenar [apenár] *t.-prnl.* Afligir.
apenas [apénas] *adv.* A penes, amb prou feines, tot just.
apéndice [apéndiθe] *m.* Apèndix.
apendicitis [apendiθítis] *f.* MED. Apendicitis.
apercibir [aperθiβír] *t.-prnl.* Apercebre. *2 t.* Amonestar.
apergaminado, -da [aperɣamináðo, -ða] *a.* Apergaminat.
aperitivo, -va [aperitíβo, -βa] *a., m.-f.* Aperitiu.
apertura [apertúra] *f.* Obertura.
apesadumbrar [apesaðumbrár] *t.* Afligir, causar pena.
apesadumbrado, -da [apesaðumbráðo, -ða] *a.* Apesarat.
apestar [apestár] *t.* Empestar, empudegar, pudir.
apestoso, -sa [apestóso, -sa] *a.* Pudent.
apetecer [apeteθér] *t.* Desitjar, tenir ganes de. *2 i.* Abellir, venir de gust. ¶ CONJUG. como ***agradecer.***
apetecible [apeteθíβle] *a.* Abellidor, apetible.
apetencia [apeténθja] *f.* Apeténθja] *f.* Apetència.
apetito [apetíto] *m.* Apetit, gana.
apetitoso, -sa [apetitóso, -sa] *a.* Apetitós, mengívol.
apiadar [apjaðár] *t.* Fer pietat. *2 prnl.* Apiadar-se.
ápice [ápiθe] *m.* Àpex.
apicultor, -ra [apikultór, -ra] *m.-f.* Apicultor.
apicultura [apikultúra] *f.* Apicultura.
apilar [apilár] *t.* Apilar, apilonar.
apilonar [apilonár] *t.* V. APILAR.
apiñado, -da [apiɲáðo, -ða] *a.* Apinyat.
apiñar [apiɲár] *t.-prnl.* Apinyar, entatxonar.
apio [ápjo] *m.* BOT. Api.
apisonadora [apisonaðóra] *f.* Aplanadora, piconadora.
apisonar [apisonár] *t.* Piconar, afetgegar.
apizarrado, -da [apiθarráðo, -ða] *a.* Pissarrenc.
aplacar [aplakár] *t.-prnl.* Aplacar, apaivagar.
aplanadera [aplanaðéra] *t.* Tiràs, aplanador.
aplanador, -ra [aplanaðór, -ra] *a., m.-f.* Aplanador.
aplanamiento [aplanamiénto] *m.* Aplanament.
aplanamiento [aplanamjénto] *m.* Esclafada, aixafament.
aplanar [aplanár] *t.-prnl.* Aplanar.
aplastar [aplastár] *t.-prnl.* Esclafar, aixafar.

aplaudir [aplaŭðir] *t.* Aplaudir.
aplauso [apláŭso] *m.* Aplaudiment.
aplazamiento [aplaθamjénto] *m.* Ajornament.
aplazar [aplaθár] *t.* Ajornar.
aplicación [aplikaθjón] *f.* Aplicació.
aplicado, -da [aplikáðo, -ða] *a.* Aplicat.
aplicar [aplikár] *t.-prnl.* Aplicar.
aplomar [aplomár] *i.-t.* Aplomar.
aplomo [aplómo] *m.* Aplom.
apocado, -da [apokáðo, -ða] *a.* Apocat, aturat, encongit.
apocamiento [apokamjénto] *m.* Apocament.
apocar [apokár] *t.-prnl.* Apocar.
apócope [apókope] *f.* GRAM. Apòcope.
apócrifo, -fa [apókrifo, -fa] *a.* Apòcrif.
apodar [apoðár] *t.* Motejar.
apoderado, -da [apoðeráðo, -ða] *m.-f.* Apoderat.
apoderamiento [apoðeramjénto] *m.* Apoderament.
apoderar [apoðerár] *t.* Donar poders a una persona. *2 prnl.* Apoderar-se, heure.
apodo [apóðo] *m.* Motiu, malnom.
apódosis [apóðosis] *f.* GRAM. Apòdosi.
apófisis [apófisis] *f.* ANAT. Apòfisi.
apogeo [apoxéo] *m.* Apogeu.
apolillado, -da [apoliʎáðo, -ða] *a.* Arnat.
apolilladura [apoliʎaðúra] *f.* Tinyadura, arnadura.
apolillarse [apoliʎárse] *prn.* Arnar-se.
apologético [apoloxétiko, -ka] *a.-f.* Apologètic.
apología [apoloxía] *f.* Apologia.
apólogo [apóloγo] *m.* Apòleg.
apoltronarse [apoltronárse] *t.* Endropir-se, arrepapar-se, emperesir-se.
apoplejía [apoplexía] *f.* MED. Apoplexia, feridura.
apoplético, -ca [apoplétiko, -ka] *a., m.-f.* Ferit, apoplètic.
aporrear [aporreár] *t.-prnl.* Bastonejar, colpejar.
aportación [aportaθjón] *f.* Aportació.
aportadera [aportaðéra] *f.* Portadora, semal.
aportar [aportár] *t.* Aportar.
aposentador, -ra [aposentaðór, -ra] *a., m.-f.* Aposentador.
aposentamiento [aposentamjénto] *m.* Aposentament, allotjament.
aposentar [aposentár] *t.-prnl.* Aposentar, allotjar.
aposento [aposénto] *m.* Aposentament. *2* Estanca, posada, cambra.
aposición [aposiθjón] *f.* GRAM. Aposició.
aposta [apósta] *adv.* Expressament.
apostar [apostár] *i.-t.-prnl.* Apostar. ¶ CONJUG. com ***desollar.***
apostasía [apostasía] *f.* Apostasia.
apóstata [apóstata] *a., m.-f.* Apòstata.
apostatar [apostatár] *i.* Apostatar.
apostillar [apostiʎár] *t.* Anotar.
apóstol [apóstol] *m.* Apòstol.
apostolado [apostoláðo] *m.* Apostolat.
apostrofar [apostrofár] *t.* Apostrofar.
apóstrofe [apóstrofe] *m.* RET. Apòstrofe.
apóstrofo [apóstrofo] *m.* GRAM. Apòstrof.
apoteosis [apoteósis] *f.* Apoteosi.
apoyar [apoǰár] *t.-prnl.* Recolzar, sostenir, apoiar.
apoyo [apóǰo] *m.* Suport, sustentacle. ‖ ***Punto de ~,*** fulcre.
apreciable [apreθjáβle] *a.* Apreciable.
apreciación [apreθjaθjón] *f.* Apreciació, avaluació.
apreciar [apreθjár] *t.* Apreciar.
aprecio [apréθjo] *m.* Apreciació, estima.
aprehender [apreendér] *t.* Aprehendre.
aprehensible [apreensíβle] *a.* Aprehensible.
apremiante [apremjánte] *a.* Apressant, constrenyedor.
apremiar [apremjár] *t.* Apressar, constrènyer.
apremio [aprémjo] *m.* Apressament, constrenyiment.
aprender [aprendér] *t.* Aprendre.
aprendiz, -za [aprendiθ, -θa] *m.-f.* Aprenent.
aprendizaje [aprendiθáxe] *m.* Aprenentatge.
aprensión [aprensjón] *f.* Aprensió.
aprensivo, -va [aprensíβo, -βa] *a.* Aprensiu.
apresamiento [apresamjénto] *m.* Presa, captura.
apresar [apresár] *t.* Capturar.
aprestar [aprestár] *t.-prnl.* Aprestar.
apresto [aprésto] *m.* Aprest.
apresuradamente [apresuráðamente] *adv.* Apressadament.
apresurado, -da [apresuráðo, -ða] *a.* Apressat.
apresuramiento [apresuramjénto] *m.* Apressament.
apresurar [apresurár] *t.-prnl.* Apressar, afanyar, enllestir.
apretado, -da [apretáðo, -ða] *m.* Atapeït.
apretar [apretár] *t.* Estrènyer, serrar, prèmer, apretar. ¶ CONJUG. INDIC. Pres.: ***aprieto, aprietas, aprieta, aprietan.*** ‖ SUBJ. Pres.: ***apriete, aprietes, apriete, aprieten.***
apretón [apretón] *m.* Estreta. ‖ ***~ de manos,*** encaixada.

apretujar [apretuxár] *t.-prnl.* Atapeir, pitjar.
aprieto [aprjéto] *m.* Estretor. *2* Destret.
aprisa [aprísa] *adv.* De pressa, llampant.
aprisco [aprísko] *m.* Pleta.
aprisionar [aprisjonár] *t.* Empresonar.
aprobación [aproβaθjón] *f.* Aprovació.
aprobador, -ra [aproβaðór, -ra] *a., m.-f.* Aprovador.
aprobar [aproβár] *t.* Aprovar. ¶ CONJUG. com ***desollar.***
apropiación [apropjaθjón] *f.* Apropiació.
apropiadamente [apropjáðamente] *adv.* Apropiadament.
apropiado, -da [apropjáðo, -ða] *a.* Escaient, apropiat.
apropiar [apropjár] *t. prnl.* Apropiar.
aprovechable [aproβetʃáβle] *a.* Aprofitable.
aprovechado, -da [aproβetʃáðo, -ða] *a.* Aprofitat.
aprovechamiento [aproβetʃamjénto] *m.* Aprofitament.
aprovechar [aproβetʃár] *i.-t.-prnl.* Aprofitar.
aprovisionar [aproβisionár] *t.-prnl.* Aprovisionar.
aproximación [aproγsimaθjón] *f.* Aproximació, atansament.
aproximadamente [aproγsimáðamente] *adv.* Aproximadament.
aproximar [aproγsimár] *t.-prnl.* Aproximar, acostar, apropar.
áptero, -ra [áβtero, -ra] *a.* ENTOM. Àpter.
aptitud [aβtitúð] *f.* Aptitud.
apto, -ta [áβto, -ta] *a.* Apte.
apuesta [apwésta] *f.* Aposta.
apuesto, -ta [apwésto, -ta] *a.* Gallard, ben plantat.
apuntación [apuntaθjón] *f.* Apuntació.
apuntador, -ra [apuntaðór, -ra] *a., m.-f.* Apuntador.
apuntalamiento [apuntalamjénto] *m.* Apuntalament.
apuntalar [apuntalár] *t.* Apuntalar, estalonar.
apuntar [apuntár] *t.-i.* Apuntar. *2* Engaltar.
apunte [apúnte] *m.* Apunt, apuntació.
apuñalar [apuɲalár] *t.* Apunyalar.
apuñear [apuɲeár] *t.* fam. Apunyegar.
apurado, -da [apuráðo, -ða] *a.* Amoïnat.
apurar [apurár] *t.* Esgotar, escurar, exhaurir. *2 prnl.* Amoïnar-se, preocupar-se. *3* Apurar.
apuro [apúro] *m.* Destret, angúnia. *2* Pressa.
aquél, -élla, -ello [akél, -éʎa, -éʎo] *pron. dem.* Aquell, aquella, allò. *2 a.* ***Aquel, -ella,*** aquell.
aquende [akénde] *prep.-adv.* Deçà, ençà.
aquí [akí] *adv.* Aquí, ací, ça. *2* Hi: ***nos quedamos ~,*** ens hi quedem. ‖ ***He ~,*** heus aquí, vet aquí.
aquiescencia [akjesθénθja] *f.* Aquiescència.
aquietamiento [akjetamjénto] *m.* Aquietament.
aquietar [akjetár] *t.* Aquietar.
aquilatar [akilatár] *t.* Apreuar, avaluar.
aquilón [akilón] *m.* Aquiló.
ara [ára] *f.* Ara.
árabe [áraβe] *a., m.-f.* Àrab.
arabesco, -ca [araβésko, -ka] *a., m.-f.* Arabesc.
arábigo, -ga [aráβiγo, γa] *a. m.* Aràbic.
arabismo [araβízmo] *m.* Arabisme.
arácnidos [aráγniðos] *m. pl.* ENTOM. Aràcnids.
arado [aráðo] *m.* AGR. Arada.
aradura [araðúra] *f.* Llaurada.
arador, -ra [araðór, -ra] *a., m.-f.* Llaurador.
Aragón [araγón] *n. pr.* Aragó.
aragonés, -sa [araγonés, -sa] *a., m.-f.* Aragonès.
arancel [aranθél] *m.* Aranzel.
arandela [arandéla] *f.* Arandella.
araña [aráɲa] *f.* ENTOM. Aranya.
arañar [araɲár] *t.* Esgarrapar, esgarrinxar.
arañazo [araɲáθo] *m.* Esgarrapada, esgarrinxada.
arar [arár] *t.* Llaurar.
arbitraje [arβitráxe] *m.* Arbitratge.
arbitrar [arβitrár] *t.* Arbitrar.
arbitrariedad [arβitrarjeðáð] *f.* Arbitrarietat.
arbitrio [arβitrjo] *m.* Arbitri.
árbitro [árβitro, -tra] *m.-f.* Àrbitre.
árbol [árβol] *m.* Arbre.
arbolado [arβoláðo] *a.* Poblat d'arbres. *2 m.* Arbrat.
arboladura [arβolaðúra] *f.* NÁUT. Arboradura.
arboleda [arβoléða] *f.* Arbreda.
arbóreo, -ea [arβóreo, -ea] *a.* Arbori.
arborescente [arβoresθénte] *a.* Arborescent.
arborización [arβoriθaθjón] *f.* Arborització.
arbotante [arβotánte] *m.* ARQ. Arc botarell.
arbusto [arβústo] *m.* Arbust.
arca [árka] *f.* Arca.
arcabucero [arkaβuθéro] *m.* ARTILL. Arcabusser.
arcabuz [arkaβúθ] *m.* Arcabús.
arcada [arkáða] *f.* Arcada.

arcaico, -ca [arkáïko, -ka] *a.* Arcaic.
arcaísmo [arkaízmo] *m.* Arcaisme.
arcángel [arkáŋxel] *m.* Arcàngel.
arcano, -na [arkáno, -na] *a.-m.* Arca.
arce [árθe] *m.* BOT. Arç. *2* Auró. *3* Espí.
arcediano [arθeðjáno] *m.* Ardiaca.
arcedo [arθéðo] *m.* Arçar.
arcilla [arθiʎa] *f.* Argila.
arcilloso, -sa [arθiʎóso, -sa] *a.* Argilós.
arcipreste [arθipréste] *m.* Arxiprest.
arco [árko] *m.* Arc. *2* MÚS. Arquet. ‖ ~ *iris*, arc de sant Martí, arc iris.
archiduque [artʃidúke] *m.* Arxiduc.
archiduquesa [artʃiðukésa] *f.* Arxiduquessa.
archipiélago [artʃipjélaγo] *m.* Arxipèlag.
archivador, -ra [artʃiβaðór, -ra] *a., m.-f.* Arxiver. *2 m.* Arxivador.
archivar [artʃiβár] *t.* Arxivar.
archivero [artʃiβéro] *m.* Arxiver.
archivo [artʃíβo] *m.* Arxiu.
archivolta [artʃiβótal] *f.* ARQ. Arquivolta.
arder [arðér] *i.* Cremar.
ardid [arðið] *a.* Astut. *2 m.* Ardit.
ardiente [arðjénte] *a.* Ardent, bullent, calent.
ardilla [arðiʎa] *f.* ZOOL. Esquirol.
ardimiento [arðimjénto] *m.* Abrandament, ardiment.
ardor [arðór] *m.* Ardor, ardència, escalfor, cremor, xardor.
ardoroso, -sa [arðoróso, -sa] *a.* Ardorós.
arduo, -ua [árðwo, -wa] *a.* Ardu.
área [área] *f.* Àrea.
arena [aréna] *f.* Arena, sorra.
arenal [arenál] *m.* Areny, sorral.
arenga [aréŋga] *f.* Arenga.
arengar [areŋgár] *i.-t.* Arengar.
arenilla [areniʎa] *f.* Sorra fina.
arenisca [areníska] *f.* MINER. Gres.
arenisco, -ca [arenísko, -ka] *a.* Arenós.
arenoso, -sa [arenóso, -sa] *a.* Arenós, sorrenc.
arenque [aréŋke] *m.* ICT. Arengada, areng.
aréola [aréola] *f.* Arèola.
areómetro [areómetro] *m.* Areòmetre.
argamasa [arγamása] *f.* CONSTR. Argamassa.
argelino, -na [arxelíno, -na] *a., m.-f.* Algerí.
argénteo, -ea [arxénteo, -ea] *a.* Argentí.
argentífero, -ra [arxentífero, -ra] *a.* Argentífer.
argentino, -na [arxentíno, -na] *a., m.-f.* Argentí.
argo [árγo] *m.* Argó.
argolla [arγóʎa] *f.* Argolla.
argot [arγót] *m. fr.* Argot.
argucia [arγúθja] *f.* Argúcia.
argüir [arγuír] *t.-i.* Argüir. ¶ CONJUG. com ***huir***.
argumentación [arγumentaθjón] *f.* Argumentació.
argumentar [arγumentár] *i.* Argumentar.
argumento [arγuménto] *m.* Argument.
aria [árja] *f.* MÚS. Ària.
aridez [ariðéθ] *f.* Aridesa.
árido, -da [áriðo, -ða] *a.* Àrid.
ariete [arjéte] *m.* MIL. Ariet, moltó.
ario, -ria [árjo, -rja] *a., m.-f.* Ari.
arisco [arísko, -ka] *a.* Esquerp, sorrut, adust.
arista [arísta] *f.* Aresta.
aristocracia [aristokráθja] *f.* Aristocràcia.
aristócrata [aristókrata] *m.-f.* Aristòcrata.
aristocrático, -ca [aristokrátiko, -ka] *a.* Aristocràtic.
aritmética [ariðmétika] *f.* Aritmètica.
aritmético, -ca [ariðmétiko, -ka] *a., m.-f.* Aritmètic.
arma [árma] *f.* Arma.
armada [armáða] *f.* Armada.
armadía [armaðía] *f.* NÀUT. Rai.
armador [armaðór] *m.* Armador.
armadura [armaðúra] *f.* Armadura.
armamento [armaménto] *m.* Armament.
armar [armár] *t.-prnl.* Armar. *2* Parar, muntar.
armario [armárjo] *m.* Armari.
armatoste [armatóste] *m.* Baluerna.
armazón [armaθón] *f.* Armadura, bastiment.
armella [arméʎa] *f.* Armella, baga.
armería [armería] *f.* Armeria.
armero [arméro] *m.* Armer.
armiño [armíɲo] *m.* ZOOL. Ermini.
armisticio [armistíθjo] *m.* Armistici.
armonía [armonía] *f.* Harmonia.
armónico, -ca [armóniko, -ka] *a.* Harmònic.
armonio [armónjo] *m.* MÚS. Harmònium.
armonioso, -sa [armonjóso, -sa] *a.* Harmoniós.
armonizar [armoniθár] *i.-t.* Harmonitzar, adir-se, concordar. *2* MÚS. Harmonitzar.
arna [árna] *f.* ENTOM. Arna.
aro [áro] *m.* Cèrcol, rutlla, rotllana, anella. *2* Anell.
aroma [aróma] *f.* Aroma.
aromático, -ca [aromátiko, -ka] *a.* Aromàtic, aromós.
aromatizar [aromatiθár] *t.* Aromatitzar.
aromo [arómo] *m.* BOT. Aromer.
aromoso, -sa [aromóso, -sa] *a.* Aromós.
arpa [árpa] *f.* MÚS. Arpa.

arpegio [arpéxjo] *m.* MÚS. Arpegi.
arpía [arpía] *f.* MIT. Harpia.
arpillera [arpiʎéra] *f.* Arpillera, xarpellera.
arpista [arpísta] *m.-f.* MÚS. Arpista.
arpón [arpón] *m.* Arpó.
arponar [arponár] *t.* Arponar.
arponear [arponeár] *t.* Arponar.
arponero [arponéro] *m.* Arponer.
arquear [arkeár] *t.-prnl.* Arquejar, arcar.
arqueo [arkéo] *m.* Arqueig.
arqueología [arkeoloxía] *f.* Arqueologia.
arqueólogo [arkeóloɣo] *m.* Arqueòleg.
arquero [arkéro] *m.* Arquer.
arquetipo [arketípo] *m.* Arquetipus.
arquilla [arkiʎa] *f.* Arquilla.
arquitecto [arkitéɣto] *m.* Arquitecte.
arquitectónico, -ca [arkiteɣtóniko, -ka] *a.* Arquitectònic.
arquitectura [arkiteɣtúra] *f.* Arquitectura.
arquitrabe [arkitráβe] *m.* ARQ. Arquitrau.
arrabal [arraβál] *m.* Raval.
arracada [arrakáða] *f.* Arracada.
arraigar [arraĭɣár] *i.-prnl.* Arrelar.
arraigo [arráĭɣo] *m.* Arrelament.
arrancada [arraŋkáða] *f.* Arrencada.
arrancadera [arraŋkaðéra] *f.* Barromba.
arrancadura [arraŋkaðúra] *f.* Arrencament, arrencada.
arrancar [arraŋkár] *t.-i.* Arrencar. *2* Arrabassar. *3* Esbrancar.
arranque [arráŋke] *m.* Arrencada, embranzida. *2* Rampell, cop de cap, caparrada.
arrapiezo [arrapjéθo] *m.* Parrac, pellingot. *2* Marrec, mocós, nap-buf.
arras [árras] *f. pl.* Arres.
arrasar [arrasár] *t.* Arrasar. *2 prnl.* Enllagrimar-se, negar-se (els ulls).
arrastrado, -da [arrastráðo, -ða] *a.* Arrossinat.
arrastrar [arrastrár] *t.-i.-prnl.* Arrossegar. *2* Arriar.
arrastre [arrástre] *m.* Arrossegament, arrossegada.
arrayán [arraȷán] *m.* BOT. Murtra.
¡arre! [árre] *interj.* Arri!
¡arrea! [arréa] *interj.* Tira!
arrear [arreár] *t.* Arriar.
arrebañar [arreβaɲár] *t.* Arramasar, agabellar.
arrebatado, -da [arreβatáðo, -ða] *a.* Arravatat. *2* Arruixat, arrauxat.
arrebatamiento [arreβatamjénto] *m.* Arravatament.
arrebatar [arreβatár] *t.-prnl.* Arrabassar, arrapar. *2* Arravatar-se. *3* Esbojarrar-se.
arrebato [arreβáto] *m.* Arravatament. *2* Rampell.
arrebujar [arreβuxár] *t.* Amanyogar, rebregar. *2* Acotxar.
arrecife [arreθífe] *m.* Escull, baix (dies-culls). *2* Empedrat.
arredrar [arreðrár] *t.-prnl.* Esporuguir, acovardir.
arreglar [arreɣlár] *t.-prnl.* Arreglar, arranjar, manegar, endegar, consumar, endreçar. *2* fam. Amanir. ‖ ***Arreglárselas,*** campar.
arrellanarse [arreʎanárse] *prnl.* Arrepapar-se, aclofar-se, repapar-se.
arremangar [arremaŋgár] *t.-prnl.* Arremangar, arromangar, trossar.
arremango [arremáŋgo] *m.* Arromangada, trossada.
arremeter [arremetér] *t.-i.* Arremetre.
arremetida [arremetíða] *f.* Arremesa.
arremolinarse [arremolinárse] *prnl.* Arremolinar-se.
arrendador, -ra [arrendaðór, -ra] *m.-f.* Arrendador.
arrendajo [arrendáxo] *m.* ORNIT. Gaig.
arrendamiento [arrendamjénto] *m.* Arrendament.
arrendar [arrendár] *t.* Arrendar. ¶ CONJUG. com ***apretar.***
arrendatario, -ria [arrendatárjo, -ja] *a., m.-f.* Arrendatari.
arreo [arréo] *m.* Abillament, ornament. *2 pl.* Arreus.
arrepentimiento [arrepentimjénto] *m.* Penediment.
arrepentirse [arrepentírse] *prnl.* Penedir-se. ¶ CONJUG. com ***sentir.***
arrestar [arrestár] *t.* Arrestar.
arresto [arrésto] *m.* Arrest.
arriar [arriár] *t.* NÀUT. Arriar, amainar.
arriate [arriáte] *m.* Platabanda, glorieta.
arriba [arríβa] *adv.* Dalt, amunt. ‖ ***De ~ abajo,*** daltabaix.
arribada [arriβáða] *f.* MAR. Arribada.
arribo [arríβo] *m.* Arribada.
arriendo [arrjéndo] *m.* V. ARRENDAMIENTO.
arriero [arrjéro] *m.* Traginer.
arriesgado, -da [arrjezɣáðo, -ða] *a.* Arriscat.
arriesgar [arrjezɣár] *t.-prnl.* Arriscar.
arrimadero [arrimaðéro] *m.* Arrimador.
arrimar [arrimár] *t.-prnl.* Arrimar, arrambar, acotar, amorrar.
arrimo [arrímo] *m.* Atansament, arrambada. *2* Suport.
arrinconar [arriŋkonár] *t.* Arraconar.
arriscado, -da [arriskáðo, -ða] *a.* Acinglerat.

arrítmico, -ca [arriðmiko, -ka] *a.* Arrítmic.
arroba [arróβa] *f.* Rova.
arrobamiento [arroβamjénto] *m.* Embadaliment.
arrobar [arroβár] *t.-prnl.* Embadalir, arrapar, extasiar.
arrocero [arroθéro, -ra] *a.-m.* Arrosser. *2 m.* Arrossaire.
arrodillarse [arroðiʎárse] *prnl.* Agenollar-se.
arrogación [arroγaθjón] *prnl.* Arrogació.
arrogancia [arroγánθja] *f.* Arrogància.
arrogante [arroγánte] *a.* Arrogant.
arrogarse [arroγárse] *prnl.* Arrogar-se.
arrojadizo, -za [arroxaðiθo, -θa] *a.* Llancívol.
arrojado, -da [arroxáðo, -ða] *a.* Abrivat, intrèpid.
arrojar [arroxár] *t.* Llançar, tirar, llençar. *2* Vomitar.
arrojo [arróxo] *m.* Abrivament, intrepidesa.
arrollador, -ra [arroʎaðór, -ra] *a.* Enrotllador. *2* Atropellador.
arrollar [arroʎár] *t.* Enrotllar. *2* Arrasar, atropellar, devastar.
arropar [arropár] *t.-prnl.* Abrigar, acotxar, agombolar.
arrope [arrópe] *m.* Arrop.
arrostrar [arrostrár] *t.-i.* Afrontar, plantar cara.
arroyo [arrójo] *m.* Rierol, riera, rieral. *2* Calçada.
arroz [arróθ] *m.* BOT. Arròs.
arrozal [arroθál] *m.* Arrossar.
arruga [arrúγa] *f.* Arruga. *2* Botxa, séc.
arrugar [arruγár] *t.-prnl.* Arrugar.
arruinar [arrwinár] *t.* Arruïnar. *2* Enrunar.
arrullar [arruʎár] *t.* Amanyagar. *2* Parrupar.
arrullo [arrúʎo] *m.* Amanyac. *2* Parrup.
arrumbar [arrumbár] *t.* Arraconar, arrambar.
arrumbar [arrumbár] *t.* MAR. Marcar el rumb.
arsenal [arsenál] *m.* Arsenal.
arsénico [arséniko] *m.* Arsènic.
arte [árte] *m.* Art.
artefacto [artefáγto] *m.* Artefacte, giny.
artemisa [artemisa] *f.* BOT. Altimira.
arteria [artérja] *f.* ANAT. Artèria.
artería [arteria] *f.* Arteria.
arterial [arterjál] *a.* Arterial.
arteriosclerosis [arterjoesklerósis] *f.* MED. Arterioesclerosi.
artero, -ra [artéro, -ra] *a.* Arter, arterós.
artesa [artésa] *f.* Pastera.
artesano, -na [artesáno, -na] *a., m.-f.* Artesà.
artesiano, -na [artesjáno, -na] *a., m.-f.* Artesià.
artesón [artesón] *m.* Aigüera, cassetó.
artesonado [artesonáðo] *m.* ARQ. Enteixinat.
ártico, -ca [ártiko, -ka] *a.* Àrtic.
articulación [artikulaθjón] *f.* Articulació.
articulado, -da [artikuláðo, -ða] *a.-m.* Articulat.
articular [artikulár] *t.* Articular.
articular [artikulár] *a.* Articular.
articulista [artikulista] *a.-f.* Articulista.
artículo [artikulo] *m.* Article.
artífice [artifiθe] *m.-f.* Artífex.
artificial [artifiθjál] *a.* Artificial.
artificio [artifiθjo] *m.* Artifici.
artificioso, -sa [artifiθjóso, -sa] *a.* Artificiós.
artigar [artiγár] *t.* Artigar.
artillar [artiʎár] *t.* Artillar.
artillería [artiʎeria] *f.* Artilleria.
artillero [artiʎéro] *m.* Artiller.
artimaña [artimáɲa] *f.* Camàndula, parany, trafica.
artista [artista] *m.-f.* Artista.
artístico, -ca [artistiko, -ka] *a.* Artístic.
artrópodos [artrópoðos] *m. pl.* ZOOL. Artròpodes.
arveja [arβéxa] *f.* BOT. Veça.
arzobispado [arθoβispáðo] *m.* Arquebisbat.
arzobispo [arθoβispo] *m.* Arquebisbe.
arzón [arθón] *m.* Arçó.
as [ás] *m.* As.
asa [ása] *f.* Nansa, ansa.
asado [asáðo] *m.* Rostit.
asador [asaðór] *m.* Ast.
asadura [asaðúra] *f.* Moca, mocada, coradella, freixidura, corada.
asaetear [asaeteár] *t.* Assagetar.
asalariar [asalarjár] *t.* Assalariar.
asaltar [asaltár] *t.* Assaltar.
asalto [asálto] *m.* Assalt.
asamblea [asambléa] *f.* Assemblea.
asar [asár] *t.* Rostir.
asaz [asáθ] *adv.* Bastant.
ascalonia [askalónja] *f.* BOT. Escalunya.
ascendencia [asθendénθja] *f.* Ascendència, avior.
ascendente [asθendénte] *a.* Ascendent.
ascender [asθendér] *i.-t.* Ascendir.
ascendiente [asθendjénte] *a., m.-f.* Ascendent. *2 m.* Ascendent. *3 pl.* Passats.
ascensió. [asθensjón] *f.* Ascensió.
ascenso [asθénso] *m.* Ascens.
ascensor [asθensór] *m.* Ascensor.
asceta [asθéta] *m.-f.* Asceta.

ascetismo [asθetízmo] *m.* Ascetisme.
asco [ásko] *m.* Fàstic, nàusea.
ascua [áskwa] *f.* Brasa.
aseado, -da [aseáðo, -ða] *a.* Net, polit.
asear [aseár] *t.-prnl.* Netejar, endreçar, acondiciar.
asechanza [asetʃánθa] *f.* Aguait, insídia.
asechar [asetʃár] *t.* Parar paranys.
asediar [aseðjár] *t.* Assetjar.
asedio [aséðjo] *m.* MIL. Setge.
asegurado, -da [aseɣuráðo, -ða] *a., m.-f.* Assegurat.
asegurador, -ra [aseɣuraðór, -ra] *a., m.-f.* Assegurador.
asegurar [aseɣurár] *t.-prnl.* Assegurar.
asemejar [asemexár] *t.* Assimilar. *2 i.-prnl.* Semblar, assemblar-se.
asenso [asénso] *m.* Assentiment.
asentaderas [asentaðéras] *f. pl.* fam. Paner, cul, darrera.
asentado, -da [asentáðo, -ða] *a.* Assenyat, sensat.
asentamiento [asentamjénto] *m.* Assentament.
asentar [asentár] *t.-prnl.* Assentar, asseure. ¶ CONJUG. com ***apretar.***
asentimiento [asentimjénto] *m.* Assentiment.
asentir [asentír] *i.* Assentir. ¶ CONJUG. com ***sentir.***
aseo [aséo] *m.* Netedat, condícia. *2* Endreça.
aséptico, -ca [asépβtiko, -ka] *a.* Asèptic.
aserción [aserθjón] *f.* Asserció.
aserradero [aserraðéro] *m.* Serradora.
aserrar [aserrár] *t.* Serrar. ¶ CONJUG. com ***apretar.***
aserto [asérto] *m.* Asserció.
asesinar [asesinár] *t.* Assassinar.
asesinato [asesináto] *m.* Assassinat.
asesino, -na [asesíno, -na] *a., m.-f.* Assassí.
asesor, -ra [asesór, -ra] *a., m.-f.* Assessor.
asesorar [asesorár] *t.-prnl.* Assessorar.
asestar [asestár] *t.* Assestar.
aseveración [aseβeraθjón] *f.* Asseveració.
aseverar [aseβerár] *t.* Asseverar.
asexual [aseɣswál] *a.* Asexual.
asfaltar [asfaltár] *t.* Asfaltar.
asfalto [asfálto] *m.* Asfalt.
asfixia [asfíɣsja] *f.* Asfíxia.
asfixiante [asfiɣsjánte] *a.* Asfixiant.
asfixiar [asfiɣsjár] *t.* Asfixiar.
así [así] *adv.* Així.
asiático, -ca [asjátiko, -ka] *a., m.-f.* Asiàtic.
asidero [asiðéro] *m.* Agafador.
asiduidad [asiðwiðáð] *f.* Assiduïtat.
asiduo, -ua [asíðwo, -wa] *a.* Assidu.
asiento [asjénto] *m.* Seient. *2* Assentament. *3* Pòsit.
asignación [asiɣnaθjón] *f.* Assignació.
asignar [asiɣnár] *t.* Assignar.
asignatura [asiɣnatúra] *f.* Assignatura.
asilado, -da [asiláðo, -ða] *m.-f.* Asilat.
asilo [asílo] *m.* Asil, refugi.
asimetría [asimetría] *f.* Asimetria.
asimilación [asimilaθjón] *f.* Assimilació.
asimilar [asimilár] *t.-prnl.* Assimilar.
asimismo [asimízmo] *adv.* Així mateix, també.
asir [asír] *t.-i.-prnl.* Agafar. ¶ CONJUG. INDIC. Pres.: ***asgo, ases, ase, asimos, asís, asen.*** ‖ SUBJ. Pres.: ***asgo, ases, ase, asimos, asís, asen.*** ‖ SUBJ. Pres.: ***asga, asgas, asga, asgamos, asgais, asgan.*** ‖ IMPERAT.: ***asga, asgamos, asgan.***
asirio, -ia [asírjo, -ja] *a., m.-f.* Assiri.
asistencia [asisténθja] *f.* Assistència.
asistenta [asisténta] *f.* Assistenta.
asistente [asisténte] *a., m.-f.* Assistent.
asistir [asistír] *i.-t.* Assistir.
asma [ázma] *f.* MED. Asma.
asna [ázna] *f.* Somera. *2* CONSTR. Cabiró.
asnada [aznáða] *f.* Rucada.
asnal [aznál] *a.* Asini.
asnilla [azniʎa] *f.* CONSTR. Cavallet, pollí.
asno [ázno] *m.* Ase, ruc, burro, somer.
asociación [asoθjaθjón] *f.* Associació.
asociar [asoθjár] *t.-prnl.* Associar.
asolador [asolaðór, -ra] *a.* Assolador.
asolar [asolár] *t.-prnl.* Assolar.
asoldar [asoldár] *t.* Assoldar, assalariar. ‖ CONJUG. com ***desollar.***
asolear [asoleár] *t.-prnl.* Assolellar.
asoleo [asoléo] *m.* Assolellada.
asomar [asomár] *i.* Apuntar. *2 prnl.* Abocar-se, sortir, treure el cap o part del cos per una finestra.
asombrar [asombrár] *t.-prnl.* Aombrar. *2* Astorar, fer quedar parat, admirar, aombrar, esbalair.
asombro [asómbro] *m.* Astorament, esbalaïment.
asombroso, -sa [asombróso, -sa] *a.* Astorador, esbalaïdor.
asomo [asómo] *m.* Indici, sospita. ‖ ***Ni por ~***, de cap manera.
asonancia [asonánθja] *f.* Assonància.
asonante [asonánte] *a., m.-f.* Assonant.
aspa [áspa] *f.* Aspa.
aspar [aspár] *t.* Aspiar.
aspaviento [aspaβjénto] *m.* Escarafall.
aspecto [aspéɣto] *m.* Aspecte, caire, parença.
aspereza [asperéθa] *f.* Aspror, aspresa.
asperges [aspérxes] *m.* fam. Asperges.
asperjar [asperxár] *t.* Aspergir.

áspero, -ra [áspero, -ra] *a.* Aspre, bròfec, rònec, raspós.
aspersión [aspersjón] *f.* Aspersió.
aspersorio [aspersórjo] *m.* Aspersori.
áspid [áspið] *m.* ZOOL. Àspid.
aspillera [aspiʎéra] *f.* Espitllera.
aspiración [aspiraθjón] *f.* Aspiració.
aspirador, -ra [aspiraðór, -ra] *a., m.-f.* Aspirador.
aspirante [aspiránte] *a., m.-f.* Aspirant.
aspirar [aspirár] *t.* Aspirar.
aspirina [aspirína] *f.* Aspirina.
asquear [askeár] *t.-i.* Fastiguejar.
asquerosidad [askerosiðáð] *t.* Fàstic.
asqueroso, -sa [askeróso, -sa] *a.* Fastigós.
asta [ásta] *f.* Asta, banya.
asterisco [asterísko] *m.* Asterisc.
asteroide [asteróiðe] *a.-m.* Asteroide.
astigmatismo [astiɣmatízmo] *m.* MED. Astigmatisme.
astilla [astíʎa] *f.* Estella, resquill.
astillar [astiʎár] *t.* Estellar.
astillero [astiʎéro] *m.* Drassana.
astracán [astrakán] *m.* Astracan.
astrágalo [astráɣalo] *m.* ANAT. Astràgal.
astral [astrál] *a.* Astral.
astringir [astriŋxír] *t.* MED. Astringir. ¶ CONJUG. P. P.: ***astrigido*** i ***astricto.***
astro [ástro] *m.* Astre.
astrología [astroloxía] *f.* Astrologia.
astrólogo, -ga [astróloɣo, -ɣa] *m.-f.* Astròleg.
astronomía [astronomía] *f.* Astronomia.
astronómico, -ca [astronómiko, -ka] *a.* Astronòmic.
astrónomo [astrónomo] *m.* Astrònom.
astucia [astúθja] *f.* Astúcia, trafica.
asturiano, -na [asturiáno, -na] *a., m.-f.* Asturià.
astuto, -ta [astúto, -ta] *a.* Astut, arterós.
asueto [aswéto] *m.* Esbarjo, festa.
asumir [asumír] *t.* Assumir. ¶ CONJUG. P. P.: ***asumido*** i ***asunto.***
asunción [asunθjón] *f.* Assumpció.
asunto [asúnto] *m.* Assumpte, afer.
asustadizo, -za [asustaðíθo, -θa] *a.* Espantadís.
asustar [asustár] *t.-prnl.* Esglaiar, espantar.
atacante [atakánte] *a., m.-f.* Atacant.
atacar [atakár] *t.* Atacar.
atadero [ataðéro] *m.* Lligam.
atadijo [ataðíxo] *m.* fam. Farcell, fardell.
atado [atáðo] *m.* Lligall, lligada.
atadura [ataðúra] *f.* Lligada, lligament, lligat. *2* Fermall.
atajar [ataxár] *i.* Fer drecera.
atajo [atáxo] *m.* Drecera.
atalaya [atalája] *f.* Talaia, torratxa.
atalayar [atalajár] *t.* Atalaiar.
atañer [ataɲér] *i.* Pertocar, pertànyer. *2* Afectar, fer referència.
ataque [atáke] *m.* Atac.
atar [atár] *t.* Lligar, entrelligar. *2* Fermar.
atarantar [atarantár] *t.-prnl.* Atarantar.
atarazana [ataraθána] *f.* Drassana.
atardecer [atarðeθér] *i.* Vesprejar. *2 m.* Vespre, capvespre, vesprada.
atareado, -da [atareáðo, -ða] *a.* atrafegat, aqueferat, enfeinat.
atarearse [atareárse] *prnl.* Atrafegar-se.
atarugar [ataruɣár] *t.-prnl.* Tasconar, falcar.
atascadero [ataskaðéro] *m.* Encallador. *2* Entrebanc, destret.
atascamiento [ataskamjénto] *m.* Embussament.
atascar [ataskár] *t.-prnl.* Embussar, encallar, empernar. *2 prnl.* Engargussar-se.
atasco [atásko] *m.* Embús, tap.
ataúd [ataúd] *m.* Taüt, bagul.
ataviar [ataβjár] *t.* Abillar.
atávico, -ca [atáβiko, -ka] *a.* Atàvic.
atavío [ataβío] *m.* Abillament.
atavismo [ataβízmo] *m.* Atavisme.
ateísmo [ateízmo] *m.* Ateisme.
atemorizar [atemoriθár] *t.-prnl.* Atemorir.
atemperar [atemperár] *t.-prnl.* Temperar. *2* Contemperar.
atenazar [atenaθár] *t.* Tenallar.
atención [atenθjón] *f.* Atenció, compte, condícia.
atender [atendér] *i.-t.* Atendre. ¶ CONJUG. com ***defender.*** ‖ ***P. P.: atendido*** i ***atento.***
ateneo [atenéo] *m.* Ateneu.
atenerse [atenérse] *prnl.* Atenir-se. ¶ CONJUG. com ***tener.***
ateniense [atenjénse] *a., m.-f.* Atenès.
atentado [atentáðo] *m.* Atemptat.
atentar [atentár] *t.* Atemptar. ¶ CONJUG. com ***apretar.***
atentatorio, -ia [atentatórjo, -ja] *a.* Atemptatori.
atento, -ta [aténto, -ta] *a.* Atent.
atenuante [atenwánte] *a.-m.* Atenuant.
atenuar [atenwár] *t.* Atenuar.
ateo, -ea [atéo, -éa] *a., m.-f.* Ateu.
aterciopelado, -da [aterθjopeláðo, -ða] *a.* Vellutat, envellutat.
aterido, -da [ateríðo, -ða] *a.* Balb.
aterirse [aterírse] *prnl.* Balbar-se.
aterrador, -ra [aterraðór, -ra] *a.* Aterridor, esfereïdor, terrorífic.
aterraje [aterráxe] *m.* Aterratge.
aterrar [aterrár] *t.* Aterrar. *2* Esfereir, aterrir. *3 i.* Aterrar (l'avió).

aterrizaje [aterriθáxe] *m.* Aterratge.
aterrizar [aterriθár] *i.* Aterrar.
aterrorizar [aterroriθár] *t.* Aterrir.
atesorar [atesorár] *t.* Atresorar.
atestación [atestaθjón] *t.* JUR. Atestació.
atestado, -da [atestáðo, -ða] *a.* Atapeït.
atestado [atestáðo] *m.* JUR. Atestat.
atestar [atestár] *t.* Atapeir.
atestar [atestár] *t.* Atestar, testificar.
atestiguar [atestiɣwár] *t.* Testificar, testimoniejar, testimoniar, atestar.
atezar [ateθár] *t.-prnl.* Emmorenir.
atiborrar [atiβorrár] *t.* Atapeir, farcir, ataconar. *2 prnl.* Afartar-se.
ático, -ca [átiko, -ka] *a., m.-f.* Àtic.
atiesar [atjesár] *t.* Tibar, tesar, encarcarar.
atigrado, -da [atiɣráðo, -ða] *a.* Tigrat.
atildado, -da [atildáðo, -ða] *a.* Polit.
atildar [atildár] *t.* Polir.
atinar [atinár] *i.-t.* Encertar, caure, endevinar, acudir-se.
atiplado, -da [atipláðo, -ða] *a.* Atiplat.
atisbar [atizβár] *t.* Aguaitar, sotjar, ullar, guaitar.
atisbo [atizβo] *m.* Aguait.
¡atiza! [atiθa] *interj.* Bufa!
atizar [atiθár] *t.* Atiar.
atlante [aðlánte] *m.* Atlant.
atlántico, -ca [aðlántiko, -ka] *a.* Atlàntic.
atlas [áðlas] *m.* Atlas.
atleta [aðléta] *m.* Atleta.
atletismo [aðletizmo] *m.* Atletisme.
atmósfera [aðmósfera] *f.* Atmosfera.
atmosférico, -ca [aðmosfériko, -ka] *a.* Atmosfèric.
atolondrado, -da [atolondráðo, -ða] *a.* Eixelebrat.
atolondramiento [atolondramjénto] *m.* Atabalament, esverament, atordiment.
atolondrar [atolondrár] *t.-prnl.* Atabalar, esverar, atordir. *2 prnl.* Esborrajar-se.
atolladero [atoʎaðéro] *m.* V. ATASCADERO.
atollar [atoʎár] *i.-prnl.* Encallar, embarrancar.
atómico, -ca [atómiko, -ka] *a.* Atòmic.
atomizar [atomiθár] *t.* Atomitzar.
átomo [átomo] *m.* Àtom.
atonía [atonía] *f.* Atonia.
atónito, -ta [atónito, -ta] *a.* Atònit.
átono, -na [átono, -na] *a.* GRAM. Àton.
atontamiento [atontamjénto] *m.* Atordiment, estaborniment.
atontar [atontár] *t.-prnl.* Atabalar, atordir, estordir.
atormentar [atormentár] *t.* Turmentar.
atornillar [atorniʎár] *t.* Cargolar, collar.
atosigar [atosiɣár] *t.-prnl.* Empipar, amoïnar. *2* Emmetzinar.
atracador [atrakaðór] *m.* Atracador.
atracar [atrakár] *t.-prnl.* Atipar, afartar.
atracción [atraɣθjón] *f.* Atracció.
atraco [atráko] *m.* Atracament.
atracón [atrakón] *m.* Tip, afartament, fart, fartanera.
atractivo, -va [atraɣtíβo, -βa] *a.* Atractiu.
atraer [atraér] *t.* Atreure. ¶ CONJUG. com ***traer***.
atragantarse [atraɣantárse] *prnl.* Engargussar-se, ennuegar-se, escanyussar-se.
atrapar [atrapár] *t.* Atrapar, enxampar, engalzar.
atraque [atráke] *m.* NÀUT. Atansament.
atrás [atrás] *adv.* Endarrera, enrera. ‖ ***Hacia ~***, endarrera.
atrasado, -da [atrasáðo, -ða] *a.* Endarrerit.
atrasar [atrasár] *t.-prnl.* Endarrerir, retardar.
atraso [atráso] *m.* Endarreriment.
atravesado, -da [atraβesáðo, -ða] *a.* Travesser. *2* Guerxo. *3* fig. Dolent.
atravesar [atraβesár] *t.-prnl.* Travessar, creuar. ¶ CONJUG. com ***apretar***.
atreverse [atreβérse] *prnl.* Atrevir-se, gosar.
atrevido, -da [atreβiðo, -ða] *a.* Atrevit, agosarat, gosat.
atrevimiento [atreβimjénto] *m.* Atreviment, gosadia, barra.
atribución [atriβuθjón] *f.* Atribució.
atribuir [atriβwír] *t.-prnl.* Atribuir. ¶ CONJUG. com ***huir***.
atribular [atriβulár] *t.-prnl.* Atribolar.
atributo [atriβúto] *m.* Atribut.
atrición [atriθjón] *f.* Atrició.
atril [atríl] *m.* Faristol.
atrincherar [atrintʃerár] *t.-prnl.* MIL. Atrinxerar.
atrio [átrjo] *m.* Atri.
atrocidad [atroθiðáð] *f.* Atrocitat.
atrofia [atrófja] *f.* Atròfia.
atrofiarse [atrofjárse] *prnl.* Atrofiar-se.
atrompetado, -da [atrompetáðo, -ða] *a.* Atrompetat.
atronador, -ra [atronaðór, -ra] *a.* Eixordador.
atronar [atronár] *t.* Eixordar. ¶ CONJUG. com ***desollar***.
atropelladamente [atropeʎáðamente] *adv.* Atropelladament, cuita-corrents, barrim-barram.
atropellar [atropeʎár] *t.-prnl.* Atropellar.
atropello [atropéʎo] *m.* Atropellament.
atroz [atróθ] *a.* Atroç.
atuendo [atwéndo] *m.* Abillament.
atún [atún] *m.* Tonyina.
aturdido, -da [aturðiðo, -ða] *a.* Atordit.

aturdimiento [aturðimjénto] *m.* Atordiment, atabalament, estaborniment.
aturdir [aturðír] *t.-prnl.* Atordir, atabalar, atarantar, estamordir. *2* Estordir, estabornir.
aturrullar [aturruʎár] *t.-prnl.* Atorrollar.
atusar [atusár] *t.* Allisar els cabells. *2* Igualar (els jardiners) el fullatge de certes plantes.
audacia [aŭðáθja] *f.* Audàcia.
audaz [aŭðáθ] *a.* Audaç, agosarat.
audible [aŭðiβle] *a.* Audible.
audición [aŭðiθjón] *f.* Audició.
audiencia [aŭðjénθja] *f.* Audiència.
auditivo, -va [aŭðitiβo, -βa] *a.* Auditiu.
auditor [aŭðitór] *m.* JUR. Auditor.
auditorio [aŭðitórjo] *m.* Auditori.
auge [áŭxe] *m.* Auge.
augurar [aŭɣurár] *t.* Augurar.
augurio [aŭɣúrjo] *m.* Auguri, averany.
augusto, -ta [aŭɣústo, -ta] *a.* August.
aula [áŭla] *f.* Aula.
aulaga [aŭla] *f.* Aula.
aulaga [aŭláɣa] *f.* BOT. Argelaga, gatosa.
aullar [aŭʎár] *i.* Udolar, grinyolar.
aullido [aŭʎíðo] *m.* Udol, guinyol, grinyol.
aumentar [aŭmentár] *t.-i.* Augmentar, apujar.
aumento [aŭménto] *m.* Augment.
aún [aún] *adv.* Encara, àdhuc.
aun [aún] *adv.* Fins, fins i tot, encara.
aunar [aunár] *t.-prnl.* Unir.
aunque [áŭŋke] *conj.* Encara que, bé que, baldament.
aupar [aupár] *t.* Alçar, aixecar (algú).
aura [áŭra] *f.* Aura.
aureo, -ea [áŭreo, -ea] *a.* Auri.
aureola [aŭreóla] *f.* Aurèola, nimbe.
aurícula [aŭríkula] *f.* ANAT. Aurícula.
auricular [aŭrikulár] *a.-m.* Auricular.
aurífero, -ra [aŭrífero, -ra] *a.* Aurífer.
auriga [aŭríɣa] *m.* Auriga.
aurora [aŭróra] *f.* Aurora.
auscultar [aŭskultár] *t.* MED. Auscultar.
ausencia [aŭsénθja] *f.* Absència.
ausentarse [aŭsentárse] *prnl.* Absentar-se.
ausente [aŭsénte] *a.* Absent.
auspicio [aŭspíθjo] *m.* Auspici.
austeridad [aŭsteriðáð] *f.* Austeritat.
austero, -ra [aŭstéro, -ra] *a.* Auster.
austral [aŭstrál] *a.* Austral.
australiano, -na [aŭstraljáno, -na] *a., m.-f.* Australià.
austríaco, -ca [aŭstríako, -ka] *a., m.-f.* Austríac.
austro [áŭstro] *m.* METEOR. Austre.
autarquía [aŭtarkía] *f.* Autarquia.
autenticidad [aŭtentiθiðáð] *f.* Autenticitat.
auténtico, -ca [aŭténtiko, -ka] *a.* Autèntic.
auto [áŭto] *m.* Auto.
autobiografía [aŭtoβjoɣrafía] *f.* Autobiografia.
autobús [aŭtoβús] *m.* Autobús.
autocar [aŭtokár] *m.* Autocar.
autoclave [aŭtokláβe] *f.* Autoclau.
autocracia [aŭtokráθja] *f.* Autocràcia.
autóctono [aŭtóɣtono, -na] *f.* Autòcton.
autodidacto, -ta [aŭtoðiðáɣto, -ta] *a.* Autodidacte.
autódromo [aŭtóðromo] *m.* Autòdrom.
autógeno, -na [aŭtóxeno, -na] *a.* Autogen.
autogiro [aŭtoxíro] *m.* Autogir.
autógrafo, -fa [aŭtóɣrafo, -fa] *a.-m.* Autògraf.
autómata [aŭtómata] *m.* Autòmat.
automático, -ca [aŭtomátiko, -ka] *a.* Automàtic.
automatismo [aŭtomatízmo] *m.* Automatisme.
automotor [aŭtomotór] *a.-m.* Automotor.
automóvil [aŭtomóβil] *a.-m.* Automòbil.
automovilismo [aŭtomoβilízmo] *m.* Automobilisme.
automovilista [aŭtomoβilísta] *m.-f.* Automobilista.
autonomía [aŭtonomía] *f.* Autonomia.
autónomo, -ma [aŭtónomo, -ma] *a.* Autònom.
autopista [aŭtopísta] *f.* Autopista.
autopsia [aŭtóβsja] *f.* Autòpsia.
autor, -ra [aŭtór, -ra] *m.-f.* Autor.
autoridad [aŭtoriðáð] *f.* Autoritat.
autoritario [aŭtoritárjo, -ja] *a.* Autoritari.
autorización [aŭtoriθaθjón] *f.* Autorització.
autorizar [aŭtoriθár] *t.* Autoritzar.
autorretrato [aŭtorretráto] *m.* Autoretrat.
autosugestión [aŭtosuxestjón] *f.* Autosuggestió.
autovía [aŭtoβía] *f.* Autovia.
auxiliar [aŭsiljár] *a., m.-f.* Auxiliar.
auxiliar [aŭsiljár] *t.* Auxiliar.
auxilio [aŭsíljo] *m.* Auxili.
aval [aβál] *m.* COM. Aval.
avalancha [aβalántʃa] *f.* Allau.
avalar [aβalár] *t.* Avalar.
avaluación [aβalwaθjón] *f.* Avaluació.
avance [aβánθe] *m.* Avançada, avançament.
avanzada [aβanθáða] *f.* MIL. Avançada.
avanzado, -da [aβanθáðo, -ða] *a.* Avançat.

avanzar [aβanθár] *t.-i.-prnl.* Avançar.
avaricia [aβariθja] *f.* Avarícia, gasiveria.
avaricioso, -sa [aβariθjóso, -sa] *a.* Avariciós.
avariento, -ta [aβarjénto, -ta] *a., m.-f.* Avariciós, avar.
avaro, -ra [aβáro, -ra] *a., m.-f.* Avar.
avasallar [aβasaʎár] *t.* Asservir.
avatar [aβatár] *m.* Avatar.
ave [áβe] *f.* Au.
avecinar [aβeθinár] *t.-prnl.* Apropar.
avefría [aβefria] *f.* ORNIT. Fredeluga.
avejentar [aβexentár] *t.-prnl.* Revellir, envellir.
avejigar [aβexiγár] *t.-i.-prnl.* Embutllofar.
avellana [aβeʎána] *f.* BOT. Avellana.
avellanador [aβeʎanaðór] *m.* MEC. Fresa.
avellanar [aβeʎanár] *m.* V. AVELLANEDA.
avellaneda [aβeʎanéða] *f.* Avellaneda, avellanar.
avellano [aβeʎáno] *m.* Avellaner.
avemaría [aβemaria] *f.* Avemaria.
avena [aβéna] *f.* Civada.
avenencia [aβenénθja] *f.* Avinença.
avenida [aβeniða] *f.* Avinguda. *2* Riuada.
avenir [aβenir] *t.-prnl.* Conciliar. *2 prnl.* Avenir-se, acordar, adir-se. ¶ CONJUG. com ***venir***.
aventador, -ra [aβentaðór, -ra] *a., m.-f.* Ventador. *2 m.* Ventall, ventafocs.
aventajado, -da [aβentaxáðo, -ða] *a.* Que avantatja. *2* Avantatjós.
aventajar [aβentaxár] *t.* Aventatjar.
aventar [aβentár] *t.-prnl.* Ventar, manxar, esventar. ¶ CONJUG. com ***apretar***.
aventura [aβentúra] *f.* Aventura.
aventurar [aβenturár] *t.-prnl.* Aventurar.
aventurero, -ra [aβenturéro, -ra] *a., m.-f.* Aventurer.
avergonzado, -da [aβerγonθáðo, -ða] *a.* Avergonyit.
avergonzar [aβerγonθár] *t.-prnl.* Avergonyir. ¶ CONJUG. com ***desollar***.
avería [aβeria] *f.* Avaria.
averiar [aβerjár] *t.-prnl.* Avariar.
averiguación [aβeriγwaθjón] *f.* Esbrinament, escatiment.
averiguar [aβeriγwár] *t.* Esbrinar, escatir.
averío [aβerio] *m.* Aviram.
averno [aβérno] *m.* Avern.
aversión [aβersjón] *f.* Aversió.
avestruz [aβestrúθ] *m.* ORNIT. Estruç.
avezar [aβeθár] *t.-prnl.* Avesar.
aviación [aβjaθjón] *f.* Aviació.
aviador, -ra [aβjaðór, -ra] *a., m.-f.* Aviador.
aviar [aβjár] *t.* Aparellar. *2* fam. Despatxar. *3* Arranjar.
avicultura [aβikultúra] *f.* Avicultura.
avidez [aβiðéθ] *f.* Avidesa.
ávido, -da [áβiðo, -ða] *a.* Àvid.
avieso, -sa [aβjéso, -sa] *a.* Malèvol.
avilantez [aβilantéθ] *f.* Desvergonyiment, insolència.
avinagrado, -da [aβinaγráðo, -ða] *a.* Avinagrat.
avión [aβjón] *m.* Avió.
avisado, -da [aβisáðo, -ða] *a.* Avisat, llest.
avisador, -ra [aβisaðór, -ra] *a.* Avisador.
avisar [aβisár] *t.* Avisar.
aviso [aβiso] *m.* Avís.
avispa [aβispa] *f.* ENTOM. Vespa.
avispado, -da [aβispáðo, -ða] *a.* Eixerit, espavilat.
avispar [aβispár] *t.-prnl.* Espavilar.
avispero [aβispéro] *m.* Vesprer.
avistar [aβistár] *t.* Albirar.
avituallar [aβitwaʎár] *t.* Avituallar.
avivar [aβiβár] *t.-prnl.* Avivar, atiar. *2 prnl.* Revifar-se.
avizorar [aβiθorár] *t.* Aguaitar.
axil [aγsil] *a.* Axial.
axila [aγsila] *f.* BOT. Axil·la. *2* ANAT. Aixella.
axilar [aγsilár] *a.* Axil·lar.
axioma [aγsjóma] *m.* Axioma.
¡ay! [ái̯] *interj.* Ai!, oi!
ayer [aȷ̆ér] *adv.* Ahir.
ayo, -ya [aȷ̆o, ȷ̆a] *m.* Mainader, institutor, institutriu, preceptor.
ayuda [aȷ̆úða] *t.-prnl.* Ajuda.
ayudante [aȷ̆uðánte] *m.* Ajudant.
ayudar [aȷ̆uðár] *t.-prnl.* Ajudar.
ayunar [aȷ̆unár] *i.* Dejunar.
ayunas [aȷ̆únas] loc. En dejú.
ayuno, -na [aȷ̆úno, -na] *a.* Dejú. *2 m.* Dejuni.
ayuntamiento [aȷ̆untamjénto] *m.* Ajuntament, casa de la ciutat, casa de la vila.
azabache [aθaβátʃe] *m.* GEOL. Atzabeja.
azacán, -ana [aθakán, -ána] *a.* Escarràs.
azada [aθáða] *f.* Aixada.
azadilla [aθaðiʎa] *f.* Caveguet, magalló.
azadón [aθaðón] AGR. Càvec, aixadell.
azafata [aθafáta] *f.* Assistenta (d'aviació).
azafate [aθafáte] *m.* Panera.
azafrán [aθafrán] *m.* BOT. Safrà.
azahar [aθaár] *m.* BOT. Tarongina.
azar [aθár] *m.* Atzar.
azorarse [aθarárse] *prnl.* Ruboritzar-se.
azaroso, -sa [aθaróso, -sa] *a.* Atzarós.
ázimo [áθimo] *a.* Àzim.
azimut [aθimút] *m.* Azimut.
ázoe [áθoe] *a.* QUÍM. Azot.
azoico, -ca [aθói̯ko, -ka] *a.* GEOL. Azoic.
azor [aθór] *m.* ORNIT. Astor.

azoramiento [aθoramjénto] *m.* Astorament.
azorar [aθorár] *t.-prnl.* Esverar.
azotaina [aθotáĭna] *f.* Pallissa, natjada.
azotamiento [aθotamjénto] *m.* Assotament.
azotar [aθotár] *t.* Assotar, apallissar, fuetejar.
azotazo [aθotáθo] *m.* Natjada, fuetada.
azote [aθóte] *m.* Assot, flagell.
azotea [aθotéa] *f.* Terrat.
azúcar [aθúkar] *m.* Sucre.
azucarado, -da [aθukaráðo, -ða] *a.* Ensucrat.
azucarar [aθukarár] *t.* Ensucrar.
azucarero, -ra [aθukaréro, -ra] *a.* Sucrer. *2 f.* Sucrera.
azucarillo [aθukariʎo] *m.* Bolado.
azucena [aθuθéna] *f.* BOT. Assutzena.
azufrar [aθufrár] *t.* Ensofrar.
azufre [aθúfre] *m.* Sofre.
azul [aθúl] *a.-f.* Blau, blavor. ‖ ~ ***celeste,*** atzur.
azulado, -da [aθuláðo, -ða] *a.* Blavós, blavenc.
azular [aθulár] *t.* Emblavir.
azulejo [aθuléxo] *m.* Rajola de València.
azulete [aθuléte] *m.* Reflex blau d'algunes robes.
azur [aθúr] *m.* HERÀLD. Blau fosc.
azuzar [aθuθár] *t.* Atiar, abrivar, aquissar.

B

baba [báβa] *f.* Bava. *2 pl.* Baves, bavalles.
babear [baβeár] *i.* Bavejar.
babero [baβéro] *m.* Pitet.
Babia [báβja] *n. pr.* ***Estar en ~,*** viure als llimbs.
babieca [baβjéka] *a., m.-f.* fam. Babau, enze.
babilónico, -ca [baβilóniko, -ka] *a.* Babilònic.
babor [baβór] *m.* MAR. Babord.
babosa [baβósa] *f.* ZOOL. Llimac.
babosear [baβoseár] *t.* Bavejar.
baboso, -sa [baβóso, -sa] *a.* Bavós.
bacalao [bakaláo] *m.* Bacallà.
bacanal [bakanál] *a.-f.* Bacanal.
bacante [bakánte] *f.* Bacant.
bacilo [baθílo] *m.* BIOL. Bacil.
bacín [baθín] *m.* Bací, bacina. *2* Orinal, gibrelleta.
bacteria [baɣtérja] *f.* Bacteri, bactèria.
báculo [bákulo] *m.* Bàcul, crossa.
bache [bátʃe] *m.* Sot, clot (en un camí).
bache [bátʃe] *m.* Sot, clot (en un camí).
bache [bátʃe] *m.* Corralina.
bachiller, -ra [batʃiʎér, -ra] *a., m.-f.* Batxiller.
bachillerato [batʃiʎeráto] *m.* Batxillerat.
bachillería [batʃiʎería] *f.* fam. Batxilleria.
badajada [baðaxáða] *f.* Batallada.
badajo [baðáxo] *m.* Batall.
badana [baðána] *f.* Badana.
badén [baðén] *m.* Còrrec, corregall, aragall.
badulaque [baðuláke] *a.-m.* Baliga-balaga.
bagaje [baɣáxe] *m.* Bagatge.
bagasa [baɣása] *f.* Bagassa.
bagatela [baɣatéla] *f.* Bagatel·la, fotesa, farfutalla.
¡bah! [ba] *interj.* Bah!
bahía [baía] *f.* GEOG. Badia.
bailable [baĭláβle] *a.-m.* Ballable, ballador.
bailador, -ra [baĭlaðór, -ra] *a., m.-f.* Ballador.
bailar [baĭlár] *i.-t.* Ballar.
bailarín, -na [baĭlarín, -na] *a., m.-f.* Ballarí.
baile [baĭle] *m.* Ball, ballarugues.
bailotear [baĭloteár] *i.* Ballar molt, sense formalitat ni gràcia.
bailoteo [baĭlotéo] *m.* Acció i efecte de ***bailotear.***
baja [báxa] *f.* Baixa.
bajá [baxá] *m.* Baixà.
bajada [baxáða] *f.* Baixada, davallada.
bajamar [baxamár] *f.* Baixamar.
bajar [baxár] *i.-prnl.* Baixar, davallar. *2* Minvar. *3 t.* Abaixar.
bajel [baxél] *m.* Vaixell.
bajeza [baxéθa] *f.* Baixesa.
bajío [baxío] *m.* Baix (en el mar).
bajo [báxo] *adv.* Al dessota, baix, davall. *2 prep.* Sota.
bajo, -ja [báxo, -xa] *a.-m.* Baix.
bajón [baxón] *m.* Baixa, minva. *2* MÚS. Baixó, fagot.
bajonista [baxonísta] *m.* MÚS. Baixó.
bajorrelieve [baxorreljéβe] *m.* Baix relleu.
bala [bála] *f.* Bala.
balada [baláða] *f.* Balada.
baladí [balaðí] *a.* Fútil, de nyigui-nyogui, brèvol.
baladrero, -ra [balaðréro, -ra] *a.* Baladrer.
baladrón, -na [balaðrón, -na] *a.* Fanfarró.
baladronada [balaðronáða] *f.* Fanfarronada.
baladronear [balaðroneár] *i.* Fanfarronejar.
balance [balánθe] *m.* Balanç.
balancear [balanθeár] *t.-prnl.* Balancejar, balançar, balandrejar. *2* Fer balanç.
balanceo [balanθéo] *m.* Balanceig, balandreig.
balancín [balanθín] *m.* Balancí.

balandra [balándra] *f.* NÀUT. Balandra.
balanza [balánθa] *f.* Balança.
balar [balár] *i.* Belar.
balaustrada [balaŭstráða] *f.* Balustrada.
balazo [baláθo] *m.* Ferida de bala.
balbucear [balβuθeár] *i.* Balbucejar.
balbuceo [balβuθéo] *m.* Balbuceig.
balbucir [balβuθír] *i.* Balbucejar.
balcón [balkón] *m.* ARQ. Balcó.
balconada [balkonáða] *f.* Balconada.
baldadura [baldaðúra] *f.* Baldadura.
baldaquín [baldakín] *m.* Baldaquí.
baldar [baldár] *t.-prnl.* Baldar.
balde [bálde] *m.* Galleda. ‖ ***De ~***, d'arròs, de gorra, de franc, de baldraga. ‖ ***En ~***, debades, endebades.
baldear [baldeár] *t.* Aiguabatre.
baldío [baldío] *a.* Erm. *2* Va.
baldón [baldón] *m.* Afront.
baldonar [baldonár] *t.* Ultratjar.
baldosa [baldósa] *f.* Rajola.
balear [baleár] *a., m.-f.* Balear.
Baleares [baleáres] *n. pr.* Balears.
baleárico, -ca [baleáriko, -ka] *a.* Baleàric.
balido [balíðo] *m.* Bel.
balín [balín] *m.* Balí.
balística [balístika] *f.* Balística.
baliza [balíθa] *f.* MAR. Balisa.
balneario, -ia [balneárjo, -ja] *a.-m.* Balneari.
balompié [balompjé] *m.* Futbol.
balón [balón] *m.* Baló, pilota, bala.
baloncesto [balonθésto] *m.* Basquetbol.
balsa [bálsa] *f.* Bassa. *2* NÀUT. Rai.
balsámico, -ca [balsámiko, -ka] *a.* Balsàmic.
bálsamo [bálsamo] *m.* Bàlsam.
baluarte [balwárte] *m.* Baluard.
ballena [baʎéna] *f.* ZOOL. Balena. *2* Barnilla.
ballenero, -ra [baʎenéro, -ra] *a.-m.* Balener.
ballesta [baʎésta] *f.* Ballesta.
ballestero [baʎestéro] *m.* Ballester.
ballet [baʎét] *m.* Ballet.
bambalina [bambalína] *f.* TEAT. Bambolina.
bambú [bambú] *m.* Bambú.
banana [banána] *f.* Banana.
banano [banáno] *m.* BOT. Bananer.
banasta [banásta] *f.* Banasta.
banasto [banásto] *m.* Banastell.
banca [báŋka] *f.* Banca.
bancal [baŋkál] *m.* Bancal, capçada, feixa.
bancario, -ia [baŋkárjo, -ja] *a.* Bancari.
bancarrota [baŋkarróta] *f.* Bancarrota.
banco [báŋko] *m.* Banc.
banda [bánda] *f.* Banda. *2* Costat, banda.
bandada [bandáða] *f.* Bandada, estol, esbart, ramada.
bandearse [bandeárse] *prnl.* Espavilar-se.
bandeja [bandéxa] *f.* Safata, bacina.
bandera [bandéra] *f.* Bandera.
bandería [bandería] *f.* Bàndol.
banderilla [banderíʎa] *f.* TAUROM. Banderilla.
banderillear [banderiʎeár] *t.* Clavar banderilles.
banderillero [banderiʎéro] *m.* TAUROM. Banderiller.
banderín [banderín] *m.* Banderí.
banderola [banderóla] *f.* Banderola.
bandido [bandíðo] *a.-m.* Bandoler, bandit.
bando [bándo] *m.* Ban, bàndol, facció.
bandolera [bandoléra] *f.* Bandolera.
bandolero [bandoléro] *m.* Bandoler.
bandurria [bandúrrja] *f.* MÚS. Bandúrria.
banquero [baŋkéro] *m.* Banquer.
banqueta [baŋkéta] *f.* Banqueta.
banquete [baŋkéte] *m.* Banquet, entaulat, dinada.
banquetear [baŋketeár] *i.* Banquetejar.
banquillo [baŋkíʎo] *m.* Banc dels acusats. *2* Banquet.
bañadero [baɲaðéro] *m.* Banyador.
bañador, -ra [baɲaðór, -ra] *a., m.-f.* Banyador. *2 m.* Vestit de bany.
bañar [baɲár] *t.-prnl.* Banyar.
bañera [baɲéra] *f.* Banyera.
bañista [baɲísta] *m.-f.* Banyista.
baño [báɲo] *m.* Bany. *2* Banyada. *3* Rabeig.
baobab [baoβáβ] *m.* BOT. Baobab.
baptisterio [baβtistérjo] *m.* Cop de baqueta.
bar [bar] *m.* Bar.
baraja [baráxa] *f.* Baralla (cartes), joc de cartes.
barajar [baraxár] *t.* Escartejar. *2* Remenar. *3* Barrejar.
baranda [baránda] *f.* V. BARANDILLA.
barandilla [barandíʎa] *f.* Barana.
barata [baráta] *f.* Barata.
baratijas [baratíxas] *f. pl.* Requincalla.
baratillo [baratíʎo] *m.* Quincalla. *2* Encants.
barato, -ta [baráto, -ta] *a.-adv.* Barat.
baratura [baratúra] *f.* Barator.
baraúnda [baraúnda] *f.* Rebombori, bullícia, enrenou.
barba [bárβa] *f.* Barba.
barbacana [barβakána] *f.* Barbacana.
barbado, -da [barβáðo, -ða] *a., m.-f.* Barbat.
barbaridad [barβariðáð] *f.* Barbaritat, barrabassada.

barbarie [barβàrje] *f.* Barbàrie.
barbarismo [barβarizmo] *m.* GRAM. Barbarisme.
bárbaro, -ra [bàrβaro, -ra] *a., m.-f.* Bàrbar.
barbecho [barβètʃo] *m.* AGR. Guaret.
barbería [barβeria] *f.* Barberia.
barbero [barβèro] *m.* Barber.
barbiblanco, -ca [barβiβlàŋko, -ka] *a.* Barbablanc.
barbicano, -na [barβikàno, -na] *a.* Barbablanc.
barbiespeso, -sa [barβjespèso, -sa] *a.* Barba-serrat.
barbilampiño, -ña [barβilampiɲo, -ɲa] *a.* Barbamec.
barbilindo [barβilindo] *a.* Barbafí.
barbilla [barβiʎa] *f.* Barbó. *2* Arracada (de peix).
barbirrubio, -ia [barβirrùβjo, -ja] *a.* Barba-ros.
barbitaheño, -ña [barβitaèɲo, -ɲa] *a.* Barba-roig.
barbo [bàrβo] *m.* ICT. Barb.
barboquejo [barβokèxo] *m.* Galtera, barballera.
barbotar [barβotàr] *i.* Barbotejar.
barboteo [barβotèo] *m.* Barboteig.
barbudo, -da [barβùðo, -ða] *a.* Barbat, barbut.
barbullar [barβuʎàr] *i.* Embarbussar-se, barbotejar.
barca [bàrka] *f.* Barca.
barcarola [barkaròla] *f.* MÚS. Barcarola.
barcaza [barkàθa] *f.* Barcassa.
barcelonés, -esa [barθelonès, -èsa] *a., m.-f.* Barceloní, barcelonès.
barco [bàrko] *m.* Vaixell, nau, navili.
barda [bàrða] *f.* Bardissa, capterrera.
baremo [barèmo] *m.* Barem.
bargueño [barɣèɲo] *m.* Canterano.
bario [bàrjo] *m.* QUÍM. Bari.
barita [barita] *f.* MINER. Barita.
barítono [baritono] *m.* Baríton.
barlovento [barloβènto] *m.* MAR. Sobrevent.
barniz [barniθ] *m.* Vernís.
barnizar [barniθàr] *t.* Envernissar.
barómetro [baròmetro] *m.* Baròmetre.
barón [baròn] *m.* Baró.
baronesa [baronèsa] *f.* Baronessa.
baronía [baronia] *f.* Baronia.
barquero, -ra [barkèro, -ra] *m.-f.* Barquer.
barquichuelo [barkitʃwèlo] *m.* Petit vaixell.
barquilla [barkiʎa] *f.* Neulers. *2* Barqueta d'un globus.
barquillero, -ra [barkiʎèro, -ra] *m.-f.* Neuler. *2 m.* Neulers.
barquillo [barkiʎo] *m.* Neula.
barra [bàrra] *f.* Barra, barreró.
barrabasada [barraβasàða] *f.* Barrabassada.
barraca [barràka] *f.* Barraca.
barracón [barrakòn] *m.* Barracot. *2* Guingueta. *3* Barraca.
barranco [barrànko] *m.* Barranc, cingle.
barredero, -ra [barreðèro, -ra] *a., m.-f.* Escombrador.
barrena [barrèna] *f.* Barrina, trebinella.
barrenar [barrenàr] *t.* Barrinar.
barrendero, -ra [barrendèro, -ra] *m.-f.* Escombrador.
barreño [barrèɲo] *m.* Gibrell. *2* Cossi, tina, bugader, conca.
barrer [barrèr] *t.* Escombrar.
barrera [barrèra] *f.* Barrera, barratge.
barreta [barrèta] *f.* Barreta.
barretina [barretina] *f.* Barretina.
barriada [barriàða] *f.* Barriada.
barrica [barrika] *f.* Bóta, barraló.
barricada [barrikàða] *f.* Barricada.
barrido [barriðo] *m.* Escombrada.
barriga [barriɣa] *f.* Panxa, ventre.
barrigón, -na [barriɣòn, -na] *a.* Panxut.
barrigudo, -da [barriɣùðo, -ða] *a.* Panxut.
barril [barril] *m.* Barril, barral.
barrilete [barrilète] *m.* Barraló.
barrio [bàrrjo] *m.* Barri.
barrizal [barriθàl] *m.* Fangar, fangueig, fanguer.
barro [bàrro] *m.* Fang. *2* Llim. ‖ *~ cocido,* terrissa.
barro [bàrro] *m.* Barb (gra).
barroco, -ca [barròko, -ka] *a.-m.* B. ARTS. Barroc.
barrote [barròte] *m.* Barrot, barró, barreró, bernat.
barruntar [barruntàr] *t.* Conjecturar.
barrunto [barrùnto] *m.* Conjectura, sospita.
bartola (a la) [bartòla] *loc.* Amb tranquillitat, sense preocupació. ‖ ***Tumbarse a la ~,*** prendre-s'ho a la fresca, ajeure-s'hi.
bártulos [bàrtulos] *m. pl.* Trastos, estris, fòtils.
barullo [barùʎo] *m.* Aldarull, rebombori, esvalot.
basalto [basàlto] *m.* GEOL. Basalt.
basamento [basamènto] *m.* ARQ. Basament.
basar [basàr] *t.-prnl.* Basar.
basca [bàska] *f.* Basqueig, basca.
báscula [bàskula] *f.* Bàscula.
bascular [baskulàr] *i.* Bascular.

base [báse] *f.* Base. ‖ ESPORT. ***Pelota*** ~, beisbol.
básico, -ca [básiko, -ka] *a.* Bàsic.
basílica [basílika] *f.* Basílica.
basilical [basilikál] *a.* Basilical.
basilisco [basilísko] *m.* Basilisc.
basquear [baskeár] *i.* Basquejar.
basta [básta] *f.* Basta, embasta. *interj.* Prou!
bastante [bastánte] *adv.* Prou, bastant.
bastar [bastár] *i.* Bastar.
bastardilla [bastarðiʎa] *a.-f.* Cursiva.
bastardo, -da [bastárðo, -ða] *a., m.-f.* Bastard, bord.
baste [báste] *m.* Bast.
bastear [basteár] *t.* Embastar.
bastero [bastéro] *m.* Baster.
bastidor [bastiðór] *m.* Bastidor.
bastión [bastjón] *m.* FORT. Bastió.
basto, -ta [básto, -ta] *a.* Bast. *2 m.* Bastó (del joc de cartes).
bastón [bastón] *m.* Bastó.
bastonazo [bastonáθo] *m.* Bastonada.
bastonear [bastoneár] *t.* Bastonejar.
basura [basúra] *f.* Escombraries.
basurero [basuréro] *m.* Escombriaire.
bata [báta] *f.* Bata.
batacazo [batakáθo] *m.* Patacada, batut, batzac.
batahola [bataóla] *f.* fam. Rebombori.
batalla [batáʎa] *f.* Batalla.
batallador, -ra [bataʎaðór, -ra] *a., m.-f.* Batallador.
batallar [bataʎár] *i.* Batallar.
batallón [bataʎón] *m.* Batalló.
batanar [batanár] *t.* Batanar.
batanero [batanéro] *m.* Bataner.
batata [batáta] *f.* BOT. Batata, moniato.
batelero, -ra [bateléro, -ra] *m.-f.* Barquer.
batería [batería] *f.* Bateria.
batiborrillo [batiβorríʎo] *m.* Poti-poti. *2* Batibull.
batida [batíða] *f.* Batuda.
batido, -da [batíðo, -ða] *a.-m.* Viat (teixit). *2* Batut (camí). *3* Debatuda.
batidor [batiðór] *m.* Batedor.
batiente [batjénte] *a.* Batent. *2 m.* Batedor. *3 m.* Batent.
batihoja [batióxa] *m.* Batifuller.
batimiento [batimjénto] *m.* Batement debatuda.
batín [batín] *m.* Batí.
batintín [batintín] *m.* Gong.
batir [batír] *t.-prnl.* Batre, bategar.
batista [batísta] *f.* Batista.
batracios [batráθjos] *m. pl.* ZOOL. Batracis.
baturrillo [baturríʎo] *m.* Poti-poti, farnat. *2* Batibull.
baturro, -rra [batúrro, -rra] *a., m.-f.* Camperol aragonès.
batuta [batúta] *f.* Batuta.
baúl [baúl] *m.* Bagul.
bautismal [baŭtizmál] *a.* Baptismal.
bautismo [baŭtízmo] *m.* Baptisme.
bautisterio [baŭtistérjo] *m.* Baptisteri.
bautizar [baŭtiθár] *t.* Batejar.
bautizo [baŭtíθo] *m.* Bateig.
bauxita [baŭɣsíta] *f.* MINER. Bauxita.
bávaro, -ra [báβaro, -ra] *a., m.-f.* Bavarès.
baya [bája] *f.* BOT. Baia.
bayoneta [bajonéta] *f.* Baioneta.
baza [báθa] *f.* Basa. ‖ ***Meter*** ~, ficar-hi cullerada, dir-hi la seva.
bazar [baθár] *m.* Basar.
bazo [báθo] *m.* ANAT. Melsa.
bazofia [baθófja] *f.* Gasòfia.
beatería [beatería] *f. fam.* Beateria.
beatificar [beatifikár] *t.* Beatificar.
beatitud [beatitúð] *f.* Beatitud.
beato, -ta [beáto, -ta] *a., m.-f.* Beat.
bebé [bebé] *m.* Bebè, nodrissó.
bebedizo, -za [beβeðíθo, -θa] *a.* Potable. *2 m.* Beuratge, poció, filtre.
bebedor, -ra [beβeðór, -ra] *a., m.-f.* Bevedor.
beber [beβér] *i.-t.* Beure. ‖ ~ ***a morro,*** xumar.
bebida [beβíða] *f.* Beguda, beure, mam.
bebido, -da [beβíðo, -ða] *a.* Borratxo, begut, ebri.
beborrotear [beβorroteár] *i.* Bevotejar.
beca [béka] *f.* Beca.
becada [bekáða] *f.* ORNIT. Becada.
becario, -ia [bekárjo, -ja] *m.-f.* Becari.
becerra [beθérra] *f.* Vedella.
becerrada [beθerráða] *f.* Cursa de vedells.
becerro [beθérro] *m.* Vedell.
becuadro [bekwáðro] *m.* MÚS. Becaire.
bedel [beðél] *m.* Bidell.
beduino, -na [beðwíno, -na] *a., m.-f.* Beduí.
befa [béfa] *f.* Befa, rialla, riota.
befar [befár] *t.* Befar.
befo, -fa [béfo, -fa] *a., m.-f.* Bifi (del llavi). *2* Sancallós (de les cames).
begonia [beɣónja] *f.* BOT. Begònia.
beige [beĭs] *a.-m.* Beix.
béisbol [béĭzβol] *m.* Beisbol.
bejín [bexín] *m.* BOT. Pet de llop.
bejuco [bexúko] *m.* Liana.
beldad [beldáð] *f.* Beutat, bellesa.
belfo, -fa [bélfo, -fa] *a., m.-f.* Bifi, llavigròs.
belga [bélɣa] *a., m.-f.* Belga.
bélico, -ca [béliko, -ka] *a.* Bèl·lic.

belicoso, -sa [belikóso, -sa] *a.* Bel·licós.
beligerancia [belixeránθja] *f.* Bel·ligerància.
beligerante [belixeránte] *a., m.-f.* Bel·ligerant.
belitre [belitre] *a., m.-f.* Belitre.
belvedere [belβeðére] *m.* Mirador.
bellaco, -ca [beʎáko, -ka] *a., m.-f.* Bergant.
belladona [beʎaðóna] *f.* BOT. Belladona.
bellaquear [beʎakeár] *i.* Bergantejar.
bellaquería [beʎakeria] *f.* Berganteria.
belleza [beʎéθa] *f.* Bellesa.
bello, -lla [béʎo, -ʎa] *a.* Bell. *2* iron. Galdós.
bellota [beʎóta] *f.* BOT. Gla, aglà.
bellote [beʎóte] *m.* Punta d'enllatar, clau de llata.
bemol [bemól] *m.* MÚS. Bemoll.
bencina [benθina] *f.* Benzina.
bendecir [bendeθir] *t.* Beneir. ¶ CONJUG. GER.: ***bendiciendo.*** ‖ P. P.: ***bendecido*** i ***bendito.*** ‖ INDIC. Pres.: ***bendigo, bendices, bendice, bendicen.*** | Indef.: ***bendije, bendijiste, bendijo, bendijimos, bendijisteis, bendijeron.*** ‖ SUBJ. Pres.: ***bendiga, bendigas, bendiga, bendigamos, bendigáis, bendigan.*** | Imperf.: ***bendijera*** o ***-ese, bendijéramos*** o ***-ésemos, bendijerais*** o ***-eseis, bendijeran*** o ***-esen.*** | Fut.: ***bendijere, bendijeres, bendijere, bendijésemos, bendijereis, bendijesen.***
bendición [bendiθjón] *f.* Benedicció.
bendito, -ta [bendito, -ta] *a.* Beneit, pau.
benedictino, -na [beneðiγtino, -na] *a., m.-f.* Benedictí.
bengalí [beŋgali] *a., m.-f.* Bengalí.
bènignidad [beniγniðáð] *f.* Benignitat.
benigno, -na [beniγno, -na] *a.* Benigne.
benjuí [beŋxwi] *m.* Benjuí.
benzol [benθól] *m.* QUÍM. Benzol.
beodo, -da [beóðo, -ða] *a.* Embriac, ebri, begut, torrat, gat.
berberisco, -ca [berβerisko, -ka] *a., m.-f.* Barbaresc.
berbiquí [berβiki] *m.* Filaberquí.
bereber [bereβér] *a., m.-f.* Berber.
berenjena [bereŋxéna] *f.* BOT. Alberginiera. *2* Albergínia.
berenjenal [bereŋxenál] *m.* Alberginier. *2* fig. Bullit.
bergante [berγánte] *m.* Bergant.
bergantín [berγantin] *m.* NÀUT. Bergantí.
berilo [berilo] *m.* MINER. Beril·le.
berlina [berlina] *f.* Berlina. ‖ ***En ~***, en ridícul.
berlinés, -sa [berlinés, -sa] *a., m.-f.* Berlinès.
bermejizo, -za [bermexiθo, -θa] *a.* Vermellenc.
bermejo, -ja [berméxo, -xa] *a.* Ros, rogenc.
bermellón [bermeʎón] *m.* Vermelló.
berrear [berreár] *i.* Bramar, braolar.
berrido [berriðo] *m.* Bram, bramul, mugit, braol.
berrinche [berrintʃe] *m.* Enrabiada.
berro [bérro] *m.* BOT. Créixens.
berza [bérθa] *f.* Col.
besamanos [besamános] *m.* Besamà.
besar [besár] *t.* Besar.
beso [béso] *m.* Bes, petó, besada.
bestezuela [besteθwéla] *f.* Bestiola.
bestia [béstja] *f.* Bèstia.
bestial [bestjál] *a.* Bestial.
bestialidad [bestjaliðáð] *f.* Bestialitat.
besugo [besúγo] *m.* ICT. Besuc.
besuquear [besukeár] *t.* Petonejar, besotejar.
besuqueo [besukéo] *m.* Petoneig, besoteig.
bético, -ca [bétiko, -ka] *a., m.-f.* Bètic.
bezudo, -da [beθúðo, -ða] *a.* Llavigròs, morrut.
biberón [biβerón] *m.* Biberó.
bíblico, -ca [biβliko, -ka] *a.* Bíblic.
bibliófilo [biβljófilo] *m.* Bibliòfil.
bibliografía [biβljoγrafia] *f.* Bibliografia.
biblioteca [biβljotéka] *f.* Biblioteca.
bibliotecario, -ia [biβljotekárjo, -ja] *m.-f.* Bibliotecari.
bicarbonato [bikarβonáto] *m.* Bicarbonat.
bíceps [biθeβs] *m.* ANAT. Bíceps.
bicicleta [biθikléta] *f.* Bicicleta.
biciclista [biθiklista] *f.* Biciclista, ciclista.
bicoca [bikóka] *f.* FORT. Bicoca. *2* Bagatel·la.
bicolor [bikolór] *a.* Bicolor.
bicóncavo, -va [bikóŋkaβo, -βa] *a.* Bicòncau.
biconvexo, -xa [bikonbéγso, -γsa] *a.* Biconvex.
bicharraco [bitʃarráko] *m.* Bèstia, cuca.
bicho [bitʃo] *m.* Cuca.
bidé [biðé] *m. fr.* Bidet.
bidón [biðón] *m.* Bidó.
biela [biéla] *f.* MEC. Biela.
bieldo [bjéldo] *m.* AGR. Rampí.
bien [bjen] *m.* Bé. *2 adv.* Bé, ben. *3 conj.* Ja sigui. ‖ ***Más ~***, més aviat, ans. ‖ ***No ~***, tot just. ‖ ***Quedar ~***, fer goig. ‖ ***~ que***, bé que.
bienal [bjenál] *a.* Biennal.
bienamado, -da [bjenamáðo, -ða] *a.* Benamat.
bienandanza [bjenandánθa] *f.* Benança.
bienaventurado, -da [bjenaβenturáðo, -ða] *a., m.-f.* Benaventurat, benaurat.

bienaventuranza [bjenaβenturánθa] *f.* Benaventurança.
bienestar [bjenestár] *m.* Benestar.
bienhablado, -da [bjenaβláðo, -ða] *a.* Benparlat.
bienhechor, -ra [bjenetʃór, -ra] *a. m.-f.* Benefactor.
bienio [bjénjo] *m.* Bienni.
bienoliente [bjenoljénte] *a.* Fragant.
bienquerencia [bjeŋkerénθja] *f.* Benvolença.
bienquistar [bjeŋkistár] *t.-prnl.* Amistar.
bienquisto, -ta [bjeŋkisto, -ta] *a.* Benvist.
bienvenida [bjembeníða] *f.* Benvinguda.
bienvenido, -da [bjembeníðo, -ða] *a.* Benvingut.
bifurcación [bifurkaθjón] *f.* Bifurcació, entreforc.
bifurcarse [bifurkárse] *prnl.* Bifurcar-se.
bigamia [biɣámja] *f.* Bigàmia.
bígamo, -ma [bíɣamo, -ma] *a., m.-f.* Bígam.
bigote [biɣóte] *m.* Bigoti, mostatxo.
bigotera [biɣotéra] *f.* Bigotera.
bigotudo, -da [biɣotúðo, -ða] *a.* Bigotut.
bilateral [bilaterál] *a.* Bilateral.
biliar [biljár] *a.* Biliar.
bilingüe [bilíŋgwe] *a.* Bilingüe.
bilingüismo [biliŋgwízmo] *m.* Bilingüisme.
bilioso, -sa [biljóso, -sa] *a.* Biliós.
bilis [bílis] *f.* Bilis.
billar [biʎár] *m.* Billar.
billete [biʎéte] *m.* Bitllet.
billón [biʎón] *m.* Bilió.
bímano, -na [bímano, -na] *a., m.-f.* Bimà.
bimensual [bimensuál] *a.* Bimensual.
binar [binár] *i.-t.* Binar (missa). *2* Entornar, binar (llaurar).
binario, -ia [binárjo, -ja] *a.* Binari.
binomio [binómjo] *m.* Binomi.
biografía [bioɣrafía] *f.* Biografia.
biógrafo, -fa [bióɣrafo, -fa] *m.-f.* Biògraf.
biología [bjoloxía] *f.* Biologia.
biólogo, -ga [bióloɣo, -ɣa] *m.-f.* Biòleg.
biombo [biómbo] *m.* Paravent, mampara.
bioquímica [biokímika] *f.* Bioquímica.
bípedo, -da [bípeðo, -ða] *a.-m.* Bípede.
biplano [bipláno] *m.* Biplà.
birlar [birlár] *t.* fam. Pispar.
birlibirloque (por arte de) [birliβirlóke] loc. Per art d'encantament, per art de bruixeria.
birlocho [birlótʃo] *m.* Brec.
birreme [birréme] *a., m.-f.* Birem.
birreta [birréta] *f.* Birreta.
birrete [birréte] *m.* Birreta.
birria [bírrja] *f.* Mamarratxo, porqueria, nyap.
bis [bis] *adv.* Bis.
bisabuelo, -la [bisaβwélo, -la] *m.-f.* Besavi.
bisagra [bisáɣra] *f.* Frontissa. *2* Bitzega.
bisectriz [biseɣtríθ] *a.-f.* Bisectriu.
bisel [bisél] *m.* Bisell.
biselar [biselár] *t.* Bisellar.
bisiesto [bisjésto] *a., m.-f.* Bixest. ‖ ***Año** ~*, any de traspàs.
bisílabo, -ba [bisílaβo, -βa] *a.* Bisíl·lab.
bismuto [bizmúto] *m.* QUÍM. Bismut.
bisnieto, -ta [biznjéto, -ta] *m.-f.* Besnét.
bisojo, -ja [bisóxo, -xa] *a., m.-f.* Guenyo, guerxo.
bisonte [bisónte] *m.* ZOOL. Bisó.
bisoño, -ña [bisóɲo, -ɲa] *a., m.-f.* Novell.
bistec [bisté] *m.* Bistec.
bisturí [bisturí] *m.* CIR. Bisturí.
bisunto, -ta [bisúnto, -ta] *a.* Llardós.
bisutería [bisutería] *f.* Bijuteria.
bituminoso, -sa [bituminóso, -sa] *a.* Bituminós.
bivalencia [biβalénθja] *f.* Bivalència.
bivalvo, -va [biβálβo, -βa] *a.* Bivalve.
bizantino, -na [biθantíno, -na] *a., m.-f.* Bizantí.
bizarría [biθarría] *f.* Bravesa, valentia.
bizarro, -rra [biθárro, -rra] *a.* Brau.
bizco, -ca [bíθko, -ka] *a., m.-f.* Guenyo.
bizcocho [biθkótʃo] *m.* Bescuit, galeta.
biznieto, -ta [biθnjéto, -ta] *m.-f.* Besnét.
blanca [bláŋka] *f.* MÚS. Blanca. *2* Cèntim.
blanco, -ca [bláŋko, -ka] *a.-m.* Blanc. *2* *m.* Blanca, fitó, rodella.
blancor [blaŋkór] *m.* Blancor.
blancura [blaŋkúra] *f.* Blancor, blancúria.
blancuzco [blaŋkúθko] *a.* Blanquinós.
blandamente [blándamente] *a.* Blanament.
blandear [blandeár] *i.-prnl.* Amollar, afluixar.
blandengue [blandéŋge] *a.* despect. Tou.
blandir [blandír] *t.* Brandar.
blando, -da [blándo, -da] *a.* Bla, tou, flonjo, moll.
blandón [blandón] *m.* Brandó.
blandura [blandúra] *f.* Blanesa, flonjor.
blanquear [blaŋkeár] *i.-t.* Blanquejar, emblanquinar.
blanquecino, -na [blaŋkeθíno, -na] *a.* Blanquinós.
blanqueo [blaŋkéo] *m.* Blanqueig.
blasfemar [blasfemár] *i.* Blasfemar, renegar.
blasfemia [blasfémja] *f.* Blasfèmia, renec.
blasfemo, -ma [blasfémo, -ma] *a., m.-f.* Blasfem.

blasón [blasón] *m.* Blasó.
blasonar [blasonár] *t.-i.* Blasonar.
bledo [bléðo] *m.* BOT. Blet. ‖ fig. i fam. ***No importar un*** ~, no importar gens (a algú).
blenda [blénda] *f.* MINER. Blenda.
blindaje [blindáxe] *m.* Blindatge.
blindar [blindár] *t.* Blindar.
blonda [blónda] *f.* Blonda.
bloque [blóke] *m.* Bloc.
bloquear [blokeár] *t.* Bloquejar.
bloqueo [blokéo] *m.* Bloqueig.
blusa [blúsa] *f.* Brusa.
boa [bóa] *f.* ZOOL. Boa.
boato [boáto] *m.* Pompa.
bobada [boβáða] *f.* Ximpleria, beneiteria.
bobalicón, -na [boβalikón, -na] *a., m.-f.* fam. Taujà, mussol.
bobear [boβeár] *i.* Beneitejar.
bobería [boβería] *f.* Beneiteria.
bobina [boβína] *f.* Bobina.
bobo, -ba [bóβo, -βa] *a., m.-f.* Babau, talòs, beneit, gamarús, bleda.
boca [bóka] *f.* Boca. *2* Tòt, broc gros (de càntir). ‖ ***A ~ de jarro,*** a boca de canó. ‖ ***~ abajo,*** de bocaterrosa. ‖ ***~ arriba,*** panxa enlaire. ‖ ***Punto en ~,*** a callar, muts i a la gàbia. ‖ ***A pedir de ~,*** a cor què vols, d'allò més bé.
bocacalle [bokakáʎe] *f.* Cap del carrer.
bocadillo [bokaðíʎo] *m.* Emparedat, sandvitx. *2* Bocí, queixalada.
bocado [bokáðo] *m.* Bocí, bocada, mos, mossec, mossegada, becada.
bocamanga [bokamáŋga] *f.* Bocamàniga.
bocanada [bokanáða] *f.* Glopada. *2* Ventada, alenada.
bocaza [bokáθa] *f.* Bocassa. *2* Bocafluix, bocamoll.
boceto [boθéto] *m.* Esbós.
bocina [boθína] *f.* MÚS. Botzina.
bocio [bóθjo] *m.* MED. Goll.
bock [boɣ] *m.* Boc (de cervesa).
bocón, -na [bokón, -na] *a., m.-f.* Bocarrut.
bocoy [bokói̯] *m.* Bocoi.
bocudo, -da [bokúðo, -ða] *a.* Bocarrut.
bocha [bótʃa] *f.* Botxa.
bochinche [botʃíntʃe] *m.* Desori.
bochorno [botʃórno] *m.* Xafogor, xardor. *2* Calorada, calrada.
bochornoso, -sa [botʃornóso, -sa] *a.* Xafogós, sufocant. *2* Vergonyós.
boda [bóða] *f.* Boda, noces.
bodega [boðéɣa] *f.* Bodega. *2* Celler. *3* Taverna. *4* Graner.
bodegón [boðeɣón] *m.* Bodega, taverna. *2* PINT. Natura morta.
bodeguero, -ra [boðeɣéro, -ra] *m.-f.* Cellerer.
bofetada [bofetáða] *f.* Bufetada, bufa, galeta.
bofetón [bofetón] *f.* Bufetada, nata.
boga [bóɣa] *f.* Voga. *2* ICT. Boga. ‖ ***Estar en ~,*** estar en voga.
bogador, -ra [boɣaðór, -ra] *m.* Vogador.
bogar [boɣár] *i.* Vogar, remar.
bogavante [boɣaβánte] *m.* ICT. Llamàntol.
bohemio, -ia [boémjo, -ja] *a., m.-f.* Bohemi.
boicotear [boi̯koteár] *t.* Boicotejar.
boicoteo [boi̯kotéo] *m.* Boicot.
boina [bói̯na] *f.* Boina.
boj [box] *m.* BOT. Boix.
bojedal [boxeðál] *f.* Boixeda.
bol [ból] *m.* Bol.
bola [bóla] *f.* Bola.
bolazo [boláθo] *m.* Bolada, cop de bola.
bolchevique [boltʃeβike] *a., m.-f.* Bolxevic.
bolchevismo [boltʃeβízmo] *m.* Bolxevisme.
bolera [boléra] *f.* Lloc on es juga a bitlles. *2* Joc de bitlles.
bolero, -ra [boléro, -ra] *a., m.-f.* Mentider, garrofaire.
boleta [boléta] *f.* Butlleta.
boletín [boletín] *m.* Butlletí.
boleto [boléto] *m.* Bitllet de finalitats vàries. *2* Bitllet.
boliche [bolítʃe] *m.* Bolitx. *2* Joc de bitlles.
boliche [bolítʃe] *m.* Xanguet (peix petit).
bólido [bóliðo] *m.* Bòlid.
bolígrafo [bolíɣrafo] *m.* Bolígraf.
boliviano, -na [boliβjáno, -na] *a., m.-f.* Bolivià.
bolo [bólo] *m.* Bitlla (del joc). *2* Bol (alimentari).
bolsa [bolsa] *f.* Bossa. *2* Bossat. *3* ECON. Borsa.
bolsillo [bolsíʎo] *m.* Butxaca. *2* Bossa.
bolsista [bolsísta] *m.* Borsista.
bolso [bólso] *m.* Bossa. *2* Portamonedes.
bollo [bóʎo] *m.* Brioix, pastís.
bollón [boʎón] *m.* Bolló.
bomba [bómba] *f.* Bomba. *2* Manxa. ‖ ***Dar a la ~,*** bombar.
bombacho, -cha [bombátʃo, -tʃa] *a., m.-f.* Bombatxo.
bombarda [bombárða] *f.* Bombarda.
bombardear [bombarðeár] *t.* Bombardejar.
bombardeo [bombarðéo] *m.* Bombardeig.
bombardero, -ra [bombarðéro, -ra] *a.-m.* Bombarder.
bombardino [bombarðíno] *m.* MÚS. Bombardí.

bombear [bombeár] *t.* Bombejar.
bombero [bombéro] *m.* Bomber.
bombilla [bombiʎa] *f.* Bombeta.
bombín [bombín] *m.* Bolet (barret).
bombo [bómbo] *m.* MÚS. Bombo. ‖ fig. *Dar* ~, donar bombo, lloar.
bombón [bombón] *m.* Bombó.
bombona [bombóna] *f.* Bombona.
bombonera [bombonéra] *f.* Bombonera.
bombonería [bombonería] *f.* Bomboneria.
bonachón, -na [bonatʃón, -na] *a., m.-f.* fam. Bonàs, bonastre.
bonaerense [bonaerénse] *a., m.-f.* Bonaerenc.
bonancible [bonanθíble] *a.* Bonancenc.
bonanza [bonánθa] *f.* Bonança.
bondad [bondáð] *f.* Bondat, bonesa.
bondadoso, -sa [bondaðóso, -sa] *a.* Bondadós.
bonete [bonéte] *m.* Bonet. *2* Compotera.
boniato [bonjáto] *m.* BOT. Moniato.
bonificar [bonifikár] *t.* Bonificar, abonir.
bonito, -ta [boníto, -ta] *a.* Bonic, joliu. *2 m.* ICT. Bonítol.
bono [bóno] *m.* Bo.
bonzo [bónθo] *m.* Bonze.
boñiga [boɲíga] *f.* Buina, bonyiga.
boqueadas [bokeáðas] *f. pl.* Darrers badalls (abans de morir).
boquear [bokeár] *i.* Boquejar. *2* Estar a les acaballes.
boqueras [bokéras] *f. pl.* Boqueres.
boquerón [bokerón] *m.* ICT. Anxova.
boquete [bokéte] *m.* Esvoranc, portell.
boquiabierto, -ta [bokjaβjérto, -ta] *a.* Bocabadat.
boquilla [bokíʎa] *f.* Camal (de pantalons). *2* Broquet (de fumar). *3* MÚS. Embocadura.
boquirroto, -ta [bokirróto, -ta] *a.* fam. Bocamoll, bocafluix.
borato [boráto] *m.* QUÍM. Borat.
bórax [bórays] *m.* QUÍM. Bòrax.
borbollar [borβoʎár] *i.* Borbollar, borbollejar.
borbollón [borβoʎón] *m.* Borboll, grifol.
borbónico, -ca [borβóniko, -ka] *a.* Borbònic.
borbotar [borβotár] *i.* V. BORBOLLAR.
borda [bórða] *f.* Borda.
bordado [borðáðo] *m.* Brodat.
bordador, -ra [borðaðór, -ra] *m.-f.* Brodador.
bordar [borðár] *t.* Brodar.
borde [bórðe] *m.* Vora, vorada, caire, viu, marge.
borde [bórðe] *a., m.-f.* Bord.
bordear [borðeár] *i.-t.* Bordejar. *2* Vorejar.
bordillo [borðíʎo] *m.* Vorada, vorera.
bordo [bórðo] *m.* MAR. Bord, bordatge.
bordón [borðón] *m.* Bordó. *2* MÚS. Bordó.
boreal [boreál] *a.* Boreal.
borgoñón, -na [boryoɲón, -na] *a., m.-f.* Borgonyó.
bórico, -ca [bóriko, -ka] *a.* Bòric.
borla [bórla] *f.* Borla.
borne [bórne] *m.* Born.
boro [bóro] *m.* QUÍM. Bor.
borra [bórra] *f.* Borra, borró. *2* Solatge, marro. *3* Escuralls.
borrachera [borratʃéra] *f.* Borratxera, bufa. *2* Xeflis.
borracho, -cha [borrátʃo, -tʃa] *a., m.-f.* Borratxo, begut.
borrador [borraðór] *m.* Esborrany. *2* Esborrador (drap, etc.).
borradura [borraðúra] *f.* Esborrament.
borraja [borráxa] *f.* BOT. Borratja.
borrar [borrár] *t.* Esborrar. *2* Passar ratlla. *3* Delir.
borrasca [borráska] *f.* Borrasca, temperi.
borrascoso, -sa [borraskóso, -sa] *a.* Borrascós.
borrego, -ga [borréyo, -ya] *m.-f.* Borrec (be). *2* fig. Taujà.
borricada [borrikáða] *f.* Rucada.
borrico [borríko] *m.* FUST. Cavallet.
borricón [borrikón] *m.* Ase dels cops.
borrón [borrón] *m.* Taca. *2* Gargot, esborrall.
borroso, -sa [borróso, -sa] *a.* Borrós.
boscaje [boskáxe] *m.* Boscatge.
bosque [bóske] *m.* Bosc.
bosquejar [boskexár] *t.* Esbossar.
bosquejo [boskéxo] *m.* Esbós.
bosqueril [boskeríl] *a.* Boscà, bosquerol.
bosquete [boskéte] *m.* Boscany.
bosta [bósta] *f.* Fem. buina.
bostezar [bosteθár] *i.* Badallar.
bostezo [bostéθo] *m.* Badall.
bota [bóta] *f.* Bota. *2* Bot, bóta, botella. *3* Bota (calçat).
botadura [botaðúra] *f.* Varada, avarada.
botafuego [botafwéyo] *m.* ARTILL. Botafoc.
botana [botána] *f.* Botana.
botánico, -ca [botániko, -ka] *a., m.-f.* Botànic. *3 f.* Botànica.
botar [botár] *t.* Llençar, tirar. *2* Avarar. *3 i.* Botar, botre.
botavara [botaβára] *f.* NÀUT. Botavara.
bote [bóte] *m.* Bot (salt). *2* Pot. *3* NÀUT. Bot. ‖ ***De ~ en ~***, de gom a gom.
botella [botéʎa] *f.* Botella, ampolla.
botellazo [boteʎáθo] *m.* Cop d'ampolla.
botero [botéro] *m.* Boter. *2* Barquer.

botica [botika] *f.* Apotecaria, farmàcia.
boticario, -ia [botikárjo, -ja] *m.-f.* Apotecari, farmacèutic.
botija [botixa] *f.* Botija.
botijo [botixo] *m.* Càntir.
botín [botin] *m.* Botí.
botina [botina] *f.* Botina.
botiquín [botikin] *m.* Farmaciola.
botón [botón] *m.* Botó. *2* BOT. Poncella, borró.
botonadura [botonaðúra] *f.* Botonada.
botones [botónes] *m.* Grum.
bóveda [bóβeða] *f.* Volta.
bovedilla [boβeðiʎa] *f.* ARQ. Revoltó.
bóvidos [bóβiðos] *m. pl.* Bòvids.
bovino, -na [boβino, -na] *a.-m.* Boví.
boxeador [boɣseaðór] *m.* Boxejador.
boxear [boɣseár] *i.* Boxejar.
boxeo [boɣséo] *m.* Boxa.
boya [bója] *f.* Boia, bornoi.
boyada [bojáða] *f.* Bouada.
boyero [bojéro] *m.* Bouer, bover.
boyuno, -na [bojúno, -na] *a.* Boví.
bozal [boθál] *a., m.-f.* Novell. *2* Idiota. *3 m.* Morrió.
bozo [bóθo] *m.* Pèl moixí, borrissol.
bracear [braθeár] *i.* Bracejar.
bracero [braθéro] *m.* Manobre, jornaler, bracer. ‖ ***De ~,*** de bracet.
bracete (del) [braθéte] loc. V. DE BRACERO.
braco, -ca [bráko, -ka] *a., m.-f.* Brac (gos).
bráctea [bráɣtea] *f.* BOT. Bràctea.
braga [bráɣa] *f.* Braga.
bragadura [braɣaðúra] *f.* Entrecuix.
bragazas [braɣáθas] *a.-m.* fig. Calçasses.
braguero [braɣéro] *m.* Braguer.
bragueta [braɣéta] *f.* Bragueta.
brahmán [bramán] *m.* Braman.
brama [bráma] *f.* Zel dels animals.
bramante [bramánte] *a.-m.* Gansalla.
bramar [bramár] *i.* Bramar, braolar.
bramido [bramiðo] *m.* Bram, esbramec. *2* Bramul, bufor.
branquias [bráŋkjas] *f.* ZOOL. Brànquia.
brasa [brása] *f.* Brasa.
brasero [braséro] *m.* Braser.
brasileño, -ña [brasiléɲo, -ɲa] *a., m.-f.* Brasiler.
bravata [braβáta] *f.* Bravata.
bravear [braβeár] *f.* Bravatejar, gallejar.
braveza [braβéθa] *f.* Bravesa.
bravío, -ía [braβio, -ia] *a.* Brau.
bravo, -va [bráβo, -βa] *a.* Brau, galdós. *2 m. interj.* Bravo!
bravucón, -na [braβukón, -na] *a., m.-f.* Pinxo, fanfarró.
bravuconería [braβukoneria] *f.* Fanfarronería.
bravura [braβúra] *f.* Bravura, bravesa.
braza [bráθa] *f.* MAR. Braça.
brazada [braθáða] *f.* Braçada.
brazado [braθáðo] *m.* Braçal.
brazal [braθál] *m.* Braçal.
brazalete [braθaléte] *m.* Braçalet.
brazo [bráθo] *m.* Braç. *2* Braó. *3* Braçalera.
brea [bréa] *f.* Brea.
break [brek] *m.* Brec.
brebaje [breβáxe] *m.* Beuratge.
brécol [brékol] *m.* BOT. Bròquil.
brecha [brétʃa] *f.* Bretxa, esvoranc, portell.
brega [bréɣa] *f.* Brega.
bregar [breɣár] *i.* Bregar.
bresca [bréska] *f.* Bresca.
Bretaña [bretáɲa] *n. pr.* Bretanya.
brete [bréte] *m.* Grilló. *2* Destret.
bretón, -na [bretón, -na] *a., m.-f.* Bretó.
breve [bréβe] *a.* Breu.
brevedad [breβeðáð] *f.* Brevetat.
brevemente [bréβemente] *adv.* Breument.
breviario [breβjárjo] *m.* Breviari.
brezo [bréθo] *m.* BOT. Bruc, bruguera.
briba [briβa] *f.* Briva.
bribón, -ona [briβón, -óna] *a., m.-f.* Brètol, brivall, bandarra.
bribonada [briβonáða] *f.* Murrieria, berganteria, bretolada, brivallada.
bribonear [briβoneár] *i.* Bergantejar.
bribonería [briβoneria] *f.* Berganteria.
bricbarca [briɣβárka] *m.* NÀUT. Bricbarca.
brida [briða] *f.* Brida.
brigada [briɣáða] *f.* Brigada.
brigadier [briɣaðiér] *m.* Brigadier.
brillante [briʎánte] *a.-m.* Brillant, lluent.
brillantez [briʎantéθ] *f.* Brillantor. *2* Lluïment.
brillantina [briʎantina] *f.* Brillantina.
brillar [briʎár] *i.* Brillar. *2* Lluir.
brillo [briʎo] *m.* Brillantor, lluïssor, esclat.
brincar [briŋkár] *i.* Saltar, saltironar.
brinco [briŋko] *m.* Salt, saltiró, bot.
brindar [brindár] *i.-t.* Brindar.
brío [brio] *m.* Abrivada, vigoria, delit. *2* Puixança. *3* MÚS. Brio.
brioso, -sa [brióso, -sa] *a.* Puixant. *2* Animós, abrivat.
brisa [brisa] *f.* Brisa.
brisca [briska] *f.* Bescambrilla.
británico, -ca [britániko, -ka] *a., m.-f.* Britànic.
brizna [briθna] *f.* Bri, brossa, busca, palleta.

broca [bróka] *f.* Broca.
brocado [brokáðo] *m.* Brocat.
brocal [brokál] *m.* Brocal, bocana.
brocha [brótʃa] *f.* Brotxa.
brochada [brotʃáða] *f.* Llepassa.
broche [brótʃe] *m.* Tanca, fermall.
bróculi [brókuli] *m.* BOT. Bròquil.
broma [bróma] *f.* Broma, facècia.
bromear [bromeár] *i.-prnl.* Bromejar.
bromista [bromísta] *a.-m.* Bromista, plaga, faceciós.
bromo [brómo] *m.* QUÍM. Brom.
bromuro [bromúro] *m.* QUÍM. Bromur.
bronca [brónka] *f.* Brega, raons. *2* Arrambatge, esbronc.
bronce [brónθe] *m.* Bronze.
bronceado, -da [bronθeáðo, -ða] *a.* Bronzejat.
broncear [bronθeár] *t.-prnl.* Bronzejar.
bronco, -ca [brónko, -ka] *a.* Aspre, bast. *2* Ronc.
bronconeumonía [bronkoneŭmonía] *f.* MED. Broncopneumònia.
bronquedad [bronkeðáð] *f.* Rudesa. *2* Ronquera.
bronquial [bronkjál] *a.* Bronquial.
bronquio [brónkjo] *m.* ANAT. Bronqui.
bronquitis [bronkítis] *f.* MED. Bronquitis.
broqueta [brokéta] *f.* CUI. Ast.
brotar [brotár] *i.* Brotar, brostar. *2* Brollar, sorgir.
brote [bróte] *m.* Brot, brotó, tany, fillol.
broza [bróθa] *f.* Brossa, palla, farda.
bruces (de) [brúθes] loc. ‖ ***Caer*** ~, caure de morros, de trompis, de nas a terra. ‖ ***Estar*** ~, estar bocaterrós, de bocaterrosa.
bruja [brúxa] *f.* Bruixa. *2* ORNIT. Òliba.
brujería [bruxería] *f.* Bruixeria.
brujo [brúxo] *m.* Bruixot.
brújula [brúxula] *f.* Brúixola.
bruma [brúma] *f.* Broma, boira.
brumario [brumárjo] *m.* Brumari.
brumoso, -sa [brumóso, -sa] *a.* Bromós, boirós.
bruñido [bruɲíðo] *m.* Brunyit.
bruñir [bruɲír] *t.* Brunyir. ¶ CONJUG. como ***gruñir.***
brusco, -ca [brúsko, -ka] *a.* Brusc. *2 m.* BOT. Boix marí, galzeran.
brusquedad [bruskeðáð] *f.* Brusquedat.
brutal [brutál] *a.-m.* Brutal.
brutalidad [brutaliðáð] *f.* Brutalitat.
brutalizar [brutaliθár] *i.-t.* Tractar amb brutalitat.
bruto, -ta [brúto, -ta] *a., m.-f.* Brut, bèstia, neci. ‖ ***En*** ~, en brut.
bu [bu] *m.* fam. Papu.
bubón [buβón] *m.* MED. Bubó.
bubónico, -ca [buβóniko, -ka] *a.* Bubònic.
bucal [bukál] *a.* Bucal.
buccino [buɣθíno] *m.* ZOOL. Buccí.
bucear [buθeár] *i.* Nadar per sota l'aigua. *2* Entrar a fons (en algun assumpte).
bucle [búkle] *m.* Bucle, rull.
bucólico, -ca [bukóliko, -ka] *a.* Bucòlic.
buche [bútʃe] *m.* Pap, païdor, buc. *2* Glop, glopada. ‖ ***Hacer buches,*** boquejar.
budismo [buðízmo] *m.* Budisme.
budista [buðísta] *a., m.-f.* Budista.
buen [βwen] *a.* Bon.
buenamente [bwénamente] *adv.* Bonament.
buenaventura [buenaβentúra] *f.* Bonaventura.
bueno, -na [bwéno, -na] *a.* Bo. ‖ ***A buenas, por las buenas,*** a les bones. *2 interj.* ***¡Bueno!,*** bé!, bo!
buey [bweĭ] *m.* ZOOL. Bou.
búfalo [búfalo] *m.* ZOOL. Búfal.
bufanda [bufánda] *f.* Bufanda.
bufar [bufár] *i.* Bufar. *2* Esbufegar.
bufete [bufète] *m.* Bufet. *2* Taula d'escriure.
bufido [bufíðo] *m.* Esbufec, bufec.
bufo, -fa [búfo, -fa] *a., m.-f.* Buf.
bufón, -na [bufón, -na] *a., m.-f.* Bufó, mim.
bufonada [bufonáða] *f.* Bufonada.
buhardilla [bwarðíʎa] *f.* Golfa. *2* Androna.
búho [búo] *m.* ORNIT. Mussol. *2* Duc.
buhonero [buonéro] *m.* Venedor de quincalla.
buitre [bwitre] *m.* ORNIT. Voltor.
bujía [buxía] *f.* Bugia, espelma.
bula [búla] *f.* Butlla.
bulbar [bulβár] *a.* Bulbar.
bulbo [búlβo] *m.* Bulb, cabeça.
bulboso, -sa [bulβóso, -sa] *a.* Bulbós.
búlgaro, -ra [búlɣaro, -ra] *a., m.-f.* Búlgar.
bulo [búlo] *m.* Bola, bum-bum.
bulto [búlto] *m.* Embalum. *2* Bony. *3* Fardell. ‖ ***A*** ~, a ull, per damunt. ‖ ***Escurrir el*** ~, fugir d'estudi.
bulla [búʎa] *f.* Rebombori, xivarri, esvalot, gresca, barrila, broma.
bullanga [buʎáŋga] *f.* Bullanga, avalot, tumult.
bullanguero, -ra [buʎaŋgéro, -ra] *a., m.-f.* Bullangós, barrilaire.
bulldog [buʎdóɣ] *m.* Buldog.
bullicio [buʎíθjo] *m.* Bullícia, enrenou, renou.
bullicioso, -sa [buʎiθjóso, -sa] *a.* Bulliciós.

bullir [buʎír] *i.* Bullir. *2* Bellugar. ¶ CONJUG. com ***mullir.***
buñolería [buɲoleria] *f.* Bunyoleria.
buñolero, -ra [buɲoléro, -ra] *m.-f.* Bunyoler.
buñuelo [buɲwélo] *m.* Bunyol. *2* fig. Nyap, patafi.
buque [búke] *m.* Vaixell. *2* Buc, casc de la nau.
burbuja [burβúxa] *f.* Bombolla.
burbujear [burβuxeár] *i.* Bombollejar.
burdel [burðél] *m.* Bordell.
burdo, -da [búrðo, -ða] *a.* Groller.
burgalés, -sa [burɣalés, -sa] *a., m.-f.* Burgalès.
burgo [búrɣo] *m.* Burg.
burgomaestre [burɣomaéstre] *m.* Burgmestre.
burgués, -esa [burɣés, -sa] *a., m.-f.* Burgès.
burguesía [burɣesía] *f.* Burgesia.
buriel [burjél] *a.* Vermell fosc.
buril [buril] *m.* Burí.
burilar [burilár] *t.* Burinar.
burla [búrla] *f.* Burla, xanxa, broma, trufa.
burlador, -ra [burlaðór, -ra] *a., m.-f.* Burlador.
burlar [burlár] *i.-prnl.* Burlar-se, mofar-se, fúmer-se. *2 t.* Esquivar. *3* Enganyar. || ***Burla burlando,*** com aquell qui res.
burlesco, -ca [burlésko, -ka] *a.* fam. Burlesc.
burlón, -ona [burlón, -óna] *a., m.-f.* Burleta, burler, burlaner.
burocracia [burokráθja] *f.* Burocràcia.
burócrata [burókrata] *m.-f.* Buròcrata.
burra [búrra] *f.* Burra, somera.
burrada [burráða] *f.* Burrada, rucada, ximpleria.
burro [búrro] *m.* Ase, ruc, burro. || *~ **de carga,*** escarràs.
bursátil [bursátil] *a.* COM. Borsari, borsàtil.
burujo [burúxo] *m.* Floc, borralló (de llana, etc.). *2* Pinyolada.
busca [búska] *f.* Recerca, cerca.
buscador, -ra [buskaðór, -ra] *a., m.-f.* Cercador.
buscapiés [buskapjés] *m.* Correcames.
buscar [buskár] *t.* Cercar, recercar, buscar.
buscón, -na [buskón, -na] *a., m.-f.* Cercador. *2* Tafaneta.
búsqueda [búskeða] *f.* V. BUSCA.
busto [bústo] *m.* Bust.
butaca [butáka] *f.* Butaca.
butano [butáno] *m.* Butà.
butifarra [butifárra] *f.* Botifarra.
buzo búθo] *m.* Bus.
buzón [buθón] *m.* Bústia (de correus).

C

¡ca! [ka] *interj.* Ca!
cabal [kaβál] *a.* Just, rodó.
cábala [káβala] *f.* Càbala.
cabalgada [kaβalɣáda] *f.* Cavalcada.
cabalgadura [kaβalɣaðúra] *f.* Cavalcadura, muntura.
cabalgar [kaβalɣár] *i.-t.* Cavalcar.
cabalgata [kaβalɣáta] *f.* Cavalcada.
cabalístico, -ca [kaβalístiko, -ka] *a.* Cabalístic.
caballa [kaβáʎa] *f.* ICT. Cavalla.
caballar [kaβaʎár] *a.* Cavallí.
caballeresco, -ca [kaβaʎerésko, -ka] *a.* Cavalleresc.
caballería [kaβaʎeria] *f.* Cavalleria.
caballeriza [kaβaʎeriθa] *f.* Cavallerissa.
caballero, -ra [kaβaʎéro, -ra] *a.* Cavaller.
caballerosidad [kaβaʎerosiðád] *f.* Cavallerositat.
caballeroso, -sa [kaβaʎeróso, -sa] *a.* Cavallerós.
caballete [kaβaʎéte] *m.* Cavallet. CONSTR. Carener.
caballito [kaβaʎito] *m.* ‖ ENTOM. ~ ***del diablo***, espiadimonis. *2 pl.* Cavallets.
caballo [kaβáʎo] *m.* Cavall. ‖ ***De a ~***, de cavall.
caballón [kaβaʎón] *m.* AGR. Cavalló, crestall.
cabaña [kaβáɲa] *f.* Cabanya, cabana, borda.
cabaret [kaβaré] *m.* Cabaret.
cabe [káβe] *prep.* Arran, ran.
cabecear [kaβeθeár] *i.* Cabotejar, capcinejar, capejar. *2 t.* Capçar.
cabeceo [kaβeθéo] *m.* Capcineig, capcinada.
cabecera [kaβeθéra] *f.* Capçal, capçalera. *2* Cap de taula.
cabecilla [kaβeθiʎa] *m.* Capitost. *2 f.* Caparró.
cabellera [kaβeʎéra] *f.* Cabellera.
cabello [kaβéʎo] *m.* Cabell. *2* Cabellera.
cabelludo, -da [kaβeʎúðo, -ða] *a.* Cabellut.
caber [kaβér] *i.* Cabre. ¶ CONJUG. INDIC. Pres.: ***quepo.*** | Indef.: ***cupe, cupiste, cupo, cupimos, cupisteis, cupieron.*** | ***Fut.: cabré, cabrás, cabrá, cabremos, cabréis, cabrán.*** ‖ POT.: ***cabría, cabrías, cabría, cabríamos, cabríais, cabrían.*** ‖ SUBJ. Pres.: ***quepa, quepamos, quepa, quepamos, quepáis, quepan.*** | Imperf.: ***cupiera*** o ***-ese, cupieras*** o ***-eses, cupiera*** o ***-ese, cupiéramos*** o ***-ésemos, cupierais*** o ***-eseis, cupieran*** o ***-esen.*** | Fut.: ***cupiere, cupieres, cupiere, cupiésemos, cupieseis, cupiesen.*** ‖ IMPERAT.: ***quepa, quepamos, quepan.***
cabestrillo [kaβestriʎo] *m.* Cabestrell.
cabestro [kaβéstro] *m.* Cabestre, ronsal.
cabeza [kaβéθa] *f.* Cap, testa. *2* Cabeça. *3* Capissola. *4* Cabota. ‖ ***Ir de ~***, caure o anar de corcoll. ‖ ***Sin pies ni ~***, sense solta ni volta. ‖ ***De pies a ~***, de cap a peus.
cabezada [kaβeθáda] *f.* Caparrada, testarrada, cop de cap. *2* Capcinada. *3* Capçada.
cabezal [kaβeθál] *m.* Capçal, coixí, travesser.
cabezazo [kaβeθáθo] *m.* Caparrada, cop de cap.
cabezón, -ona [kaβeθón, -óna] *a.* Que té el cap gros. *2* Caparrut, testarrut. *3 m.* Cabeç. *4 m.* Cabeçó.
cabezorro [kaβeθórro] *m.* Caparràs.
cabezota [kaβeθóta] *a.* Caparrut, testarrut.
cabezudo, -da [kaβeθúðo, -ða] *a.* Que té el cap gros. *2* Caparrut, testarrut. *3 m.* Cap-gros (de processons), nan.
cabezuela [kaβeθwéla] *f.* dim. Caparró. *2* BOT. Cabeçudes.
cabida [kaβiða] *f.* Cabuda.
cabildo [kaβildo] *m.* Capítol.
cabileño [kaβiléɲo] *a.* Cabilenc.
cabina [kaβina] *f.* Cabina.
cabizbajo, -ja [kaβiθβáxo, -xa] *a.* Capbaix, moix.

cable [káβle] *m.* Cable.
cabo [káβo] *m.* Cap. *2* Caporal. ‖ ***Al fin y al ~,*** al cap i a la fi. ‖ ***De ~ a rabo,*** de cap a cap.
cabotaje [kaβotáxe] *m.* MAR. Cabotatge.
cabra [káβra] *f.* Cabra. *2* ICT. Clavilló. ‖ ***~ montés,*** cabra salvatge. ‖ ***La ~ tira al monte,*** cabra avesada a saltar fa de mal desvesar.
cabrahigo [kaβraiγo] *m.* BOT. Cabrafiguera. *2* Cabrafiga.
cabrerizo, -za [kaβreriθo, -θa] *a.* Cabrum.
cabrero, -ra [kaβréro, -ra] *m.-f.* Cabrer.
cabrestante [kaβrestánte] *m.* Cabrestant.
cabria [káβrja] *f.* Càbria.
cabrilla [kaβriʎa] *f.* ICT. Serrà. *2* Blancall (onada). *3* BOT. Rossinyol.
cabrillear [kaβriʎeár] *i.* MAR. Cabrejar.
cabrilleo [kaβriʎéo] *m.* MAR. Cabreig.
cabrio [káβrio] *m.* CONSTR. Cabiró.
cabrío, -ía [kaβrio, -ia] *a.* Cabrum. ***Macho ~,*** boc, cabró.
cabriola [kaβrjóla] *f.* Cabriola.
cabriolé [kaβrjolé] *m.* Cabriolé.
cabrito [kaβrito] *m.* Cabrit.
cabrón [kaβrón] *m.* Cabró, boc. *2* Consentit.
cabruno, -na [kaβrúno, -na] *a.* Cabrum.
caca [káka] *f.* Caca.
cacahuete [kakawéte] *m.* Cacauet.
cacao [kakáo] *m.* BOT. Cacau. *2* Cacauer.
cacaotal [kakaotál] *m.* Planter de cacauets.
cacarear [kakareár] *i.* Escatainar.
cacareo [kakaréo] *m.* Escataineig.
cacatúa [kakatúa] *f.* ORNIT. Cacatua.
cacería [kaθeria] *f.* Caçera.
cacerola [kaθeróla] *f.* Casserola, cassola.
cacique [kaθike] *m.* Cacic.
caciquismo [kaθikizmo] *m.* Caciquisme.
caco [káko] *m.* Pispa.
cacofonía [kakofonia] *f.* Cacofonia.
cacto [káγto] *m.* BOT. Cactus.
cacumen [kakúmen] *m.* fig. Lluc.
cachalote [katʃalóte] *m.* ZOOL. Catxalot.
cacharrería [katʃarreria] *f.* Plats-i-olles, terrisseria.
cacharro [katʃárro] *m.* Atuell, test.
cachaza [katʃáθa] *f.* fam. Ganseria, gansoneria.
cachazudo, -da [katʃaθúðo, -ða] *a., m.-f.* Ganso, gansoner, ronsa.
cachear [katʃeár] *t.* Escorcollar.
cacheo [katʃéo] *m.* Escorcoll.
cachete [katʃéte] *m.* Bufetada, mata, morma, bufa.
cachimba [katʃimba] *f.* Pipa.
cachiporra [katʃipórra] *f.* Clava, porra.
cachivache [katʃiβátʃe] *m.* fam. Trast, trasto.
cacho [kátʃo] *m.* Bocí, tros.
cachorro, -rra [katʃórro, -rra] *m.-f.* Cadell.
cada [káða] *a.* Cada. ‖ ***~ cual,*** cadascú, cada u. ‖ ***~ uno,*** cadascun, cada u.
cadalso [kaðálso] *m.* Cadafal, patíbul.
cadáver [kaðáβer] *m.* Cadàver.
cadavérico, -ca [kaðaβériko, -ka] *a.* Cadavèric.
cadejo [kaðéxo] *m.* Cabdell. *2* Manyoc.
cadena [kaðéna] *f.* Cadena.
cadencia [kaðénθja] *f.* Cadència.
cadencioso, -sa [kaðenθjóso, -sa] *a.* Cadenciós.
cadeneta [kaðenéta] *f.* Cadeneta (brodat). *2* Trencafila (enquadernació).
cadera [kaðéra] *f.* ANAT. Maluc.
cadete [kaðéte] *m.* Cadet.
Cádiz [káðiθ] *n. pr.* Cadis.
cadmio [káðmjo] *m.* MET. Cadmi.
caducar [kaðukár] *i.* Caducar.
caduceo [kaðuθéo] *m.* Caduceu.
caducidad [kaðuθiðáð] *f.* Caducitat.
caduco, -ca [kaðúko, -ka] *a.* Caduc. *2* Decrèpit, xaruc.
caedizo, -za [kaeðiθo, -θa] *a.* Primparat.
caer [kaér] *i.-prnl.* Caure. ¶ CONJUG. INDIC. Pres.: ***caigo.*** ‖ SUBJ. Pres.: ***caiga, caigas, caiga, caigamos, caigáis, caigan.*** ‖ IMPERAT.: ***caiga, caigamos, caigan.***
Cafarnaúm [kafarnaún] *n. pr.* Cafarnaüm.
café [kafé] *m.* Café.
cafeína [kafeina] *f.* Cafeïna.
cafetal [kafetál] *m.* Cafetar.
cafetera [kafetéra] *f.* Cafetera.
cafetero, -ra [kafetéro, -ra] *a., m.-f.* Cafeter.
cafeto [kaféto] *m.* BOT. Cafè.
cáfila [káfila] *f.* Càfila, caterva.
cafre [káfre] *a.* Cafre.
cagada [kaγáða] *f.* Cagada, cagarada.
cagafierro [kaγafjérro] *m.* Cagaferro.
cagar [kaγár] *i.-t.-prnl.* Cagar. *2 prnl.* Escagarrinar-se.
cagón, -ona [kaγón, -óna] *a., m.-f.* Caganer. *2* Covard.
cagarruta [kaγarrúta] *f.* Cagalló.
caída [kaiða] *f.* Caiguda. *2* Caient. ‖ ***~ de ojos,*** caient d'ulls.
caído, -da [kaiðo, -ða] *a.* Caigut. *2 m. pl.* Morts a la guerra.
caimán [kaimán] *m.* ZOOL. Caiman.
Cairo (El) [káĭro] *n. pr.* El Caire.
caja [káxa] *f.* Caixa. *2* Caixer. *3* Capsa. *4* Buc. *5* Bagul.
cajero, -ra [kaxéro, -ra] *m.-f.* Caixer. *2* Capser.

cajetilla [kaxetiʎa] *f.* Paquet de cigarrets o picadura.
cajista [kaxista] *m.* Caixista.
cajón [kaxón] *m.* Caixó. *2* Calaix. ‖ ***Ser de ~***, saber-ho fins els moros.
cal [kal] *f.* Calç. ‖ ***Una de ~ y otra de arena***, una de freda i una de calenta.
cala [kála] *f.* Cala.
calabacear [kalaβaθeár] *t.* Carbassejar.
calabacera [kalaβaθéra] *f.* Carbassera.
calabacín [kalaβaθín] *m.* Carbassó.
calabacino [kalaβaθíno] *m.* Carbassot.
calabaza [kalaβáθa] *f.* Carbassa. *2* Carbassera.
calabazada [kalaβaθáða] *f.* Carbassada.
calabobos [kalaβóβos] *m.* Xim-xim, plugim, boira pixanera.
calabozo [kalaβóθo] *m.* Calabós.
calada [kaláða] *f.* Calada. *2* Falconada.
calado [kaláðo] *m.* Calat, reixat (labor). *2 a.* Xop.
calado, -da [kaláðo, -ða] *a.* Xop.
calafate [kalafáte] *m.* Calafat.
calafatear [kalafateár] *t.* Calafatar.
calamar [kalamár] *m.* ZOOL. Calamars.
calambre [kalámbre] *m.* Rampa.
calamidad [kalamiðáð] *f.* Calamitat, tropell, flagell.
calamitoso, -sa [kalamitóso, -sa] *a.* Calamitós.
cálamo [kálamo] *m.* BOT. Càlam.
calamón [kalamón] *m.* ORNIT. Polla d'aigua.
calandria [kalánðrja] *f.* ORNIT. Calàndria. *2* MEC. Calandra.
calaña [kaláɲa] *f.* Mena, casta.
calar [kalár] *t.* Calar. *2* Amarar, xopar. *3* Tatxar. *4* fam. Filar.
calavera [kalaβéra] *f.* Calavera.
calaverada [kalaβeráða] *f.* Calaverada.
calcáneo [kalkáneo] *m.* ANAT. Calcani.
calcañar [kalkaɲár] *m.* Calcani, calcany, taló, retaló.
calcar [kalkár] *t.* Calcar.
calcáreo, -ea [kalkáreo, -ea] *a.* Calcari.
calce [kálθe] *m.* Llanda. *2* Llos. *3* Falca, tascó.
calceta [kalθéta] *f.* Mitja.
calcetero, -ra [kalθetéro, -ra] *m.-f.* Mitger.
calcetín [kalθetín] *m.* Mitjó.
calcificarse [kalθifikárse] *prnl.* Calcificar-se.
calcinar [kalθinár] *t.* Calcinar.
calcio [kálθjo] *m.* MINER. Calci.
calcita [kalθíta] *f.* Calcita.
calco [kálko] *m.* Calc.
calcomanía [kalkomanía] *f.* Calcomania.
calcopirita [kalkopiríta] *f.* MINER. Calcopirita.
calculador, -ra [kalkulaðór, -ra] *a.* Calculador. *2 f.* Calculador, calculadora.
calcular [kalkulár] *t.* Calcular.
cálculo [kálkulo] *m.* Càlcul. *2* MED. Pedra, càlcul.
caldeamiento [kaldeamjénto] *m.* Calda.
caldear [kaldeár] *t.* Caldejar.
caldeo [kaldéo] *m.* Calda.
caldera [kaldéra] *f.* Caldera.
calderada [kalderáða] *f.* Calderada, perolada.
calderería [kaldereria] *f.* Caldereria.
calderero [kalderéro] *m.* Calderer.
calderilla [kalderiʎa] *f.* Xavalla.
caldero [kaldéro] *m.* Calder, marmita.
calderón [kalderón] *m.* Calderó.
caldo [káldo] *m.* Brou, suc.
caldoso, -sa [kaldóso, -sa] *a.* Sucós.
calefacción [kalefaɣθjón] *f.* Calefacció.
calendario [kalendárjo] *m.* Calendari.
calentador [kalentaðór] *m.* Escalfador.
calentamiento [kalentamjénto] *m.* Escalfament.
calentar [kalentár] *t.-prnl.* Escalfar. ¶ CONJUG. com ***apretar***.
calentura [kalentúra] *f.* Febre. *2* Escalfor.
calenturiento, -ta [kalenturjénto, -ta] *a.* Febrós.
calesa [kalésa] *f.* Calessa.
caletre [kalétre] *m.* Senderi, capissola.
calibrador [kaliβraðór] *m.* Calibrador.
calibrar [kaliβrár] *t.* Calibrar.
calibre [kaliβre] *m.* Calibre.
calidad [kaliðáð] *f.* Qualitat.
cálido, -da [káliðo, -ða] *a.* Càlid.
calidoscopio [kaliðoskópjo] *m.* Calidoscopi.
caliente [kaljénte] *a.* Calent.
califa [kalifa] *m.* Califa.
califato [kalifáto] *m.* Califat.
calificación [kalifikaθjón] *f.* Qualificació.
calificado, -da [kalifikáðo, -ða] *a.* Qualificat.
calificar [kalifikár] *t.* Qualificar.
calificativo, -va [kalifikatiβo, -βa] *a.* Qualificatiu.
calígine [kalixine] *f.* METEOR. Calitja.
caligrafía [kaliɣrafia] *f.* Cal·ligrafia.
caligrafiar [kaliɣrafjár] *t.* Cal·ligrafiar.
calígrafo [kaliɣrafo] *m.* Cal·lígraf.
calina [kalina] *f.* METEOR. Calitja.
cáliz [káliθ] *m.* Calze.
caliza [kaliθa] *f.* Pedra calcària.
calma [kálma] *f.* Calma. *2* Albaïna, calma (atmosférica).
calmante [kalmánte] *a.-m.* MED. Calmant.
calmar [kalmár] *t.-i.-prnl.* Calmar.
calmoso, -sa [kalmóso, -sa] *a.* Calmós.
calofrío [kalofrío] *m.* V. ESCALOFRÍO.

calor [kalór] *m.* Calor, escalfor, escalf, calentor. ‖ ***Asarse de ~***, tenir fogots.
caloría [kaloria] *f.* Caloria.
calorífero, -ra [kalorifero, -ra] *a.-m.* Calorífer.
calorífico, -ca [kalorifiko, -ka] *a.* Calorífic.
calumnia [kalúmnia] *f.* Calúmnia.
calumniar [kalumniár] *t.* Calumniar.
caluroso, -sa [kaluróso, -sa] *a.* Calorós.
calva [kálβa] *f.* Calba.
calvario [kalβário] *m.* Calvari.
calvero [kalβéro] *m.* Clariana, clapa.
calvicie [kalβiθje] *f.* Calvície.
calvinismo [kalβinizmo] *m.* Calvinisme.
calvo, -va [kálβo, -βa] *a.* Calb.
calza [kálθa] *f.* Calça. *2* Falca.
calzada [kalθáða] *f.* Calçada.
calzado, -da [kalθáðo, -ða] *a.-m.* Calçat.
calzador [kalθaðór] *m.* Calçador.
calzar [kalθár] *t.-prnl.* Calçar. *2* Falcar.
calzón [kalθón] *m.* Calça, calçons.
calzonazos [kalθonáθos] *m.* Calçasses.
calzoncillos [kalθonθiʎos] *m. pl.* Calçotets.
callada [kaʎáða] *f.* Callada. ‖ ***A las calladas***, a la callada.
callada [kaʎáða] *f.* Tripada.
callado, -da [kaʎáðo, -ða] *a.* Callat.
callandito [kaʎandito] *adv.* A la quieta.
callar [kaʎár] *t.-i.* Callar.
calle [káʎe] *f.* Carrer.
calleja [kaʎéxa] *f.* Carreró.
callejear [kaʎexeár] *i.* Rondar, ramblejar, rodar pels carrers, dardar.
callejero, -ra [kaʎexéro, -ra] *a.* Rodaire. *2* Relatiu al carrer. *3 m.* Llista de carrers.
callejón [kaʎexón] *m.* Carreró, call. ‖ ***~ sin salida***, cul-de-sac.
callejuela [kaʎexwéla] *f.* Carreró.
callista [kaʎista] *m.-f.* Callista, pedicur.
callo [káʎo] *m.* Call, durícia, ull de poll. *2* Tripa.
callosidad [kaʎosiðáð] *f.* Callositat, durícia.
calloso, -sa [kaʎóso, -sa] *a.* Callós.
cama [káma] *f.* Llit, jaç.
camada [kamáða] *f.* Ventrada, llopada, llorigada, conillada.
camafeo [kamaféo] *m.* Camafeu.
camaleón [kamaleón] *m.* ZOOL. Camaleó.
camama [kamáma] *f.* fam. Falsedat, camàndules.
camándula [kamándula] *f.* Camàndula. *2 pl.* Camàndules.
camandulero, -ra [kamanduléro, -ra] *a., m.-f.* Camanduler.
cámara [kámara] *f.* Cambra.
camarada [kamaráða] *m.* Camarada, company.
camarero, -ra [kamaréro, -ra] *m.-f.* Cambrer. *2* Abocador.
camarilla [kamariʎa] *f.* Camarilla.
camarín [kamarin] *m.* Cambril. *2* TEAT. Camerino.
camarlengo [kamarléŋgo] *m.* Camarlenc.
camarón [kamarón] *m.* ZOOL. Gamba.
camarote [kamaróte] *m.* Cabina.
camastro [kamástro] *m.* Llitotxa, jaç, catre.
cambiar [kambjár] *t.-i.-prnl.* Canviar. *2 t.* Descanviar, bescanviar. ‖ ***~ de ropa***, desmudar.
cambio [kámbjo] *m.* Canvi, barata, bescanvi.
cambista [kambista] *m.-f.* Canvista.
cambrón [kambrón] *m.* BOT. Cambró, bardissa.
cambronal [kambronál] *m.* Bardissar.
camelar [kamelár] *t.* fam. Galantejar. *2* fam. Seduir, enganyar.
camelia [kamélja] *f.* BOT. Camèlia.
camelo [kamélo] *m.* Galanteig. *2* Burla, engany, rifada.
camello, -lla [kaméʎo, -ʎa] *m.-f.* ZOOL. Camell.
camilla [kamiʎa] *f.* Llitera. *2* Taula amb braser.
camillero [kamiʎéro] *m.* Persona que transporta ferits en llitera.
caminador, -ra [kaminaðór, -ra] *a.* Caminador.
caminante [kaminánte] *a., m.-f.* Caminant.
caminar [kaminár] *i.* Caminar.
caminata [kamináta] *f.* Caminada, passejada.
camino [kamino] *m.* Camí, caminal.
camión [kamjón] *m.* Camió.
camionaje [kamjonáxe] *m.* Camionatge.
camioneta [kamjonéta] *f.* Camioneta.
camisa [kamisa] *f.* Camisa. ‖ ***En mangas de ~***, en cos de camisa.
camisería [kamiseria] *f.* Camiseria.
camisero, -ra [kamiséro, -ra] *m.-f.* Camiser.
camiseta [kamiséta] *f.* Samarreta.
camisón [kamisón] *m.* Camisa de dormir.
camomila [kamomila] *f.* BOT. Camamilla.
camorra [kamórra] *f.* Baralla, renyina, batussa, brega, bronquina. ‖ ***Armar ~***, bronquinejar.
camorrista [kamorrista] *a.* Busca-raons, cerca-raons, cercabregues.
campa [kámpa] *a.* Campa.
campal [kampál] *a.* Campal.
campamento [kampaménto] *m.* Campament.
campana [kampána] *f.* Campana.

campanada [kampanáða] *f.* Campanada.
campanario [kampanárjo] *m.* Campanar.
campanear [kampaneár] *i.* Campanejar.
campaneo [kampanéo] *m.* Campaneig, tritlleig, ning-nang.
campanero [kampanéro] *m.* Campaner.
campanilla [kampaníʎa] *f.* Campaneta. *2* BOT. ~ ***blanca,*** trompeta.
campante [kampánte] *a.* Ufanós, trempat, reixinxolat.
campanudo, -da [kampanúðo, -ða] *a.* Campanut.
campánula [kampánula] *f.* BOT. Campànula.
campaña [kampáɲa] *f.* Campanya.
campar [kampár] *i.* Sobresortir. *2* Acampar.
campechano, -na [kampetʃáno, -na] *m.-f.* Senzill en el tracte. *2* Trempat.
campeón [kampeón] *m.* Campió.
campeonato [kampeonáto] *m.* Campionat.
campesinado [kampesináðo] *m.* Pagesia.
campesino, -na [kampesíno, -na] *a., m.-f.* Camperol, pagès.
campestre [kampéstre] *a.* Campestre, camperol.
campiña [kampíɲa] *f.* Camp.
campo [kámpo] *m.* Camp.
camuesa [kamwésa] *f.* BOT. Camosa.
can [kan] *m.* ZOOL. Ca, gos.
cana [kána] *f.* Cabell blanc. *2* Cana. || ~ ***al aire,*** bauxa.
canadiense [kanaðjénse] *a., m.-f.* Canadenc.
canal [kanál] *m.* Canal.
canalización [kanaliθaθjón] *f.* Canalització.
canalizar [kanaliθár] *t.* Canalitzar.
canalón [kanalón] *m.* Canaló.
canalla [kanáʎa] *f.-m.* Canalla. *2* Xusma, púrria.
canallada [kanaʎáða] *f.* Canallada.
canana [kanána] *f.* Canana.
canapé [kanapé] *m.* Canapé.
canario, -ia [kanárjo, -ja] *a., m.-f.* Canari. *2 m.* ORNIT. Canari.
canasta [kanásta] *f.* Canastra, paner, panera, cove. *2* Canastra.
canasto [kanásto] *m.* Cistell.
cancán [kaŋkán] *m.* Can-can.
cancel [kanθél] *m.* Cancell.
cancela [kanθéla] *f.* Reixat (en un portal).
cancelar [kanθelár] *t.* Cancel·lar.
cáncer [kánθer] *m.* PAT., Càncer. *2* ASTROL. Càncer, cranc.
cancerbero [kanθerβéro] *m.* Cerber.
canceroso, -sa [kanθeróso, -sa] *a.* Cancerós.
cancilla [kanθíʎa] *f.* Tanca.
canciller [kanθiʎér] *m.* Canceller.
cancillería [kanθiʎería] *f.* Cancelleria.
canción [kanθjón] *f.* Cançó.
cancionero [kanθjonéro] *m.* Cançoner.
cancha [kántʃa] *f.* Trinquet.
candado [kandáðo] *m.* Cadenat, candau.
cande [kánde] *a.* Candi (sucre).
candela [kandéla] *f.* Candela.
candelabro [kandeláβro] *m.* Canelobre.
candelero [kandeléro] *m.* Candeler, llumenera.
candelilla [kandelíʎa] *f.* Candeleta. *2* CIR. Bugia.
candente [kandénte] *a.* Roent, candent.
candidato, -ta [kandiðáto, -ta] *m.-f.* Candidat.
candidatura [kandiðatúra] *f.* Candidatura.
candidez [kandiðéθ] *f.* Candidesa.
cándido, -da [kándiðo, -ða] *a.* Candi, càndid.
candil [kandíl] *m.* Llum de ganxo, llumener.
candilejas [kandilexas] *f. pl.* TEAT. Bateria.
candor [kandór] *m.* Candor.
candoroso, -sa [kandoróso, -sa] *a.* Candorós.
caneca [kanéka] *f.* Canet.
canela [kanéla] *f.* BOT. Canyella.
canelo, -la [kanélo, -la] *a.* Color de canyella. *2 m.* BOT. Canyeller.
canelón [kanelón] *m.* Caramell. *2* Serrell daurat (passamaneria).
cangrejo [kaŋgréxo] *m.* ZOOL. Cranc.
cangrena [kaŋgréna] *f.* V. GANGRENA.
cangrenarse [kaŋgrenárse] *prnl.* V. GANGRENARSE.
canguelo [kaŋgélo] *m.* fam. Cagalló, por.
canguro [kaŋgúro] *m.* ZOOL. Cangur.
caníbal [kaníβal] *a., m.-f.* Caníbal.
canibalismo [kaniβalízmo] *m.* Canibalisme.
canica [kaníka] *f.* Bala.
canicie [kaníθje] *f.* Canície.
canícula [kaníkula] *f.* Canícula.
canijo, -ja [kaníxo, -xa] *a., m.-f.* Neulit, canyiula.
canilla [kaníʎa] *f.* Canyella (de la cama). *2* Rodet. *3* Aixeta.
canino, -na [kaníno, -na] *a.* Caní.
canje [káŋxe] *m.* Canvi, bescanvi.
canjear [kaŋxeár] *t.* Canviar, bescanviar.
cano, -na [káno, -na] *a.* Canut, cabellblanc.
canoa [kanóa] *f.* NÀUT. Canoa. *2* Canot.
canon [kánon] *m.* Cànon.
canonesa [kanonésa] *f.* Canongessa.

canónico, -ca [kanóniko, -ka] *a.* Canònic.
canónigo [kanóniɣo] *m.* Canonge.
canonización [kanoniθaθjón] *f.* Canonització.
canonizar [kanoniθár] *t.* Canonitzar.
canonjía [kanoŋxía] *f.* Canongia.
canoro, -ra [kanóro, -ra] *a.* Canor.
canoso, -sa [kanóso, -sa] *a.* Canós, canut, cabellblanc, capblanc.
cansado, -da [kansáðo, -ða] *a.* Cansat. *2* Pesat.
cansancio [kansánθjo] *m.* Cansament.
cansar [kansár] *t.-prnl.* Cansar.
cansino, -na [kansíno, -na] *a.* Cansat i lent.
cantábrico, -ca [kantáβriko, -ka] *a.* Cantàbric.
cántabro, -bra [kántaβro, -βra] *a., m.-f.* Cantàbric, càntabre.
cantante [kantánte] *m.-f.* Cantant.
cantar [kantár] *t.-i.* Cantar.
cantar [kantár] *m.* Corranda. ‖ *~ **de gesta,*** cançó de gesta. ‖ ***El Cantar de los Cantares,*** el Càntic dels Càntics.
cantárida [kantáriða] *f.* ENTOM. Cantàrida.
cantarín [kantarín] *a.* Cantaire.
cántaro [kántaro] *m.* Càntir. ‖ ***Llover a cántaros,*** ploure a bots i barrals.
cantata [kantáta] *f.* Cantata, cantada.
cantatriz [kantatríθ] *f.* Cantatriu.
cantera [kantéra] *f.* Pedrera.
cantería [kantería] *f.* Art i obra del picapedrer.
cantero [kantéro] *m.* Picapedrer, pedrer. *2* Cantell, crostó.
cántico [kántiko] *m.* Càntic.
cantidad [kantiðáð] *f.* Quantitat.
cantilena [kantiléna] *f.* Cantilena.
cantimplora [kantimplóra] *f.* Cantimplora.
cantina [kantína] *f.* Cantina. *2* Guingueta.
cantinela [kantinéla] *f.* V. CANTILENA.
cantinero, -ra [kantinéro, -ra] *m.-f.* Cantiner.
canto [kánto] *m.* Cant, cantada.
canto [kánto] *m.* Cantell, caire, viu. *2* Roc. ‖ ***De ~,*** de cantell. ‖ *~ **rodado,*** còdol, palet.
cantón [kantón] *m.* Cantó.
cantonera [kantonéra] *f.* Cantonera.
cantor, -ra [kantór, -ra] *a., m.-f.* Cantor, cantaire.
canturia [kantúrja] *f.* Cantada, cantúria.
canturrear [kanturreár] *i.* Cantussejar.
canturreo [kanturréo] *m.* Cantusseig.
cánula [kánula] *f.* Cànula.
caña [káɲa] *f.* BOT. Canya.
cañacoro [kaɲakóro] *m.* BOT. Canya d'Índies.
cañada [kaɲáða] *f.* Barranc, clotada. *2* Carrerada.
cañamazo [kaŋamáθo] *m.* Canemàs.
cañamelar [kaɲamelár] *m.* Canyamelar.
cañamiel [kaɲamjél] *f.* BOT. Canyamel.
cañamiza [kaɲamíθa] *f.* Canemuixa, caramuixa.
cáñamo [káɲamo] *m.* BOT. Cànem.
cañaveral [kaɲaβerál] *m.* Canyar, canyisser.
cañería [kaɲería] *f.* Canonada.
cañizal [kaɲiθál] *m.* Canyar, canyisser.
cañizo [kaɲíθo] *m.* Canyís.
caño [káɲo] *m.* Canó, canella. *2* Broc, galet (de càntir).
cañón [kaɲón] *m.* Canó. ‖ *~**de pipa,*** broquet.
cañonazo [kaɲonáθo] *m.* Canonada.
cañonear [kaɲoneár] *t.* Canonejar.
cañoneo [kaɲonéo] *m.* Canoneig.
cañonera [kaɲonéra] *f.* Canonera, tronera.
cañonero, -ra [kaɲonéro, -ra] *a., m.-f.* Canoner.
cañutero [kaɲutéro] *m.* Aguller, canó.
cañuto [kaɲúto] *m.* Canó.
cañutillo [kaɲutíʎo] *m.* Canonet.
caoba [kaóβa] *f.* BOT. Caoba.
caolín [kaolín] *m.* Caolí.
caos [káos] *m.* Caos.
caótico, -ca [kaótiko, -ka] *a.* Caòtic.
capa [kápa] *f.* Capa. ‖ ***Ir de ~ caída,*** anar a mal borràs. ‖ ***So ~ de,*** sota capa de.
capacete [kapaθéte] *m.* Cabasset (de l'armadura).
capacidad [kapaθiðáð] *f.* Capacitat, cabuda, grandor.
capacitar [kapaθitár] *t.* Capacitar.
capacho [kapátʃo] *m.* Cabàs, senalla.
capadura [kapaðúra] *f.* Capada.
capar [kapár] *t.* Capar.
caparazón [kaparaθón] *m.* Closca. *2* Gualdrapa. *3* Carcanada, carcassa.
caparrosa [kaparrósa] *f.* Caparrós.
capataz [kapatáθ] *m.* Capatàs, sobrestant.
capaz [kapáθ] *a.* Capaç.
capazo [kapáθo] *m.* Cabàs.
capcioso, -sa [kaβθjóso, -sa] *a.* Capciós.
capear [kapeár] *t.-i.* MAR., TAUROM. Capejar.
capelo [kapélo] *m.* Capel.
capellán [kapeʎán] *m.* Capellà.
capellanía [kapeʎanía] *f.* Capellania.
capellina [kapeʎína] *f.* Capellina.
capeo [kapéo] *m.* TAUROM. Acció de capejar.

caperuza [kaperúθa] *f.* Caputxa.
capicúa [kapikúa] *m.* Cap-i-cua.
capilar [kapilár] *a.-m.* Capil·lar.
capilaridad [kapilariðáð] *f.* Capil·laritat.
capilla [kapíʎa] *f.* Capella. *2* Caputxa.
capirote [kapiróte] *m.* Caperull. *2* Capirot. *3* Cucurulla.
capitación [kapitaθjón] *f.* Capitació.
capital [kapitál] *a.* Capital, cabdal. *2 m.* ECON. Capital. *3 f.* GEOG. Capital.
capitalismo [kapitalízmo] *m.* Capitalisme.
capitalista [kapitalísta] *a.* Capitalista.
capitalizar [kapitaliθár] *t.* Capitalitzar.
capitán, -na [kapitán, -na] *m.-f.* Capità.
capitanear [kapitaneár] *t.* Capitanejar.
capitanía [kapitanía] *f.* Capitania.
capitel [kapitél] *m.* Capitell.
capitulación [kapitulaθjón] *f.* Capitulació.
capitular [kapitulár] *a.* Capitular.
capitular [kapitulár] *i.* Capitular.
capítulo [kapítulo] *m.* Capítol.
capolar [kapolár] *t.* Capolar.
capón [kapón] *m.* Capó.
capota [kapóta] *f.* Capota.
capote [kapóte] *m.* Capot. ‖ ***Dar*** ~, fer capot.
capricornio [kaprikórnjo] *m.* Capricorn.
capricho [kapritʃo] *m.* Capritx, caprici, antull.
caprichoso, -sa [kapritʃóso, -sa] *a.* Capritxós, arrauxat.
caprino, -na [kaprino, -na] *a.* Cabrum.
cápsula [káβsula] *f.* Càpsula.
capsular [kaβsulár] *a.* Capsular.
captación [kaβtaθjón] *f.* Captació.
captar [kaβtár] *t.-prnl.* Captar.
captura [kaβtúra] *f.* Captura.
capturar [kaβturár] *t.* Capturar.
capucha [kapútʃa] *f.* Caputxa.
capuchino, -na [kaputʃino, -na] *m.-f.* Caputxí.
capuchón [kaputʃón] *m.* Caputxó.
capullo [kapúʎo] *m.* Capoll, poncella. *2* Capoll, capell (del cuc de seda, etc.).
caqui [káki] *m.* BOT. Caqui. *2 m.* Caqui (teixit).
cara [kára] *f.* Cara, semblant, visatge. *2* Cara (superfície). *3 adv.* De cara, vers.
carabela [karaβéla] *f.* NÀUT. Caravel·la.
carabina [karaβína] *f.* Carrabina.
carabinero [karaβinéro] *m.* Carrabiner.
cárabo [káraβo] *m.* ORNIT. Gamarús, cabrota.
caracol [karakól] *m.* ZOOL. Cargol. *2 pl. interj.* Caram!, Renoi!
caracola [karakóla] *f.* Corn.
caracolear [karakoleár] *i.* Giravoltar (un cavall).
carácter [karáɣter] *m.* Caràcter, jeia.
característico, -ca [karaɣterístiko, -ka] *a.-f.* Característic.
caradura [karaðúra] *m.* Barrut, penques.
¡caramba! [karámba] *interj.* Caram!, carat!
carámbano [karámbano] *m.* Caramell, candela.
carambola [karambóla] *f.* Carambola.
caramelo [karamélo] *m.* Caramel.
caramillo [karamíʎo] *m.* Caramella. *2* Flabiol.
carantoñas [karantóɲas] *f. pl.* Carantoines, manyagueries.
carantoñero, -ra [karantoɲéro, -ra] *m.-f.* Amanyagador.
¡caray! [karái] *interj.* Carat!
carbón [karβón] *m.* Carbó.
carbonario [karβonárjo] *m.* Carbonari.
carbonato [karβonáto] *m.* Carbonat.
carboncillo [karβonθíʎo] *m.* Carbonet.
carbonera [karβonéra] *f.* Carbonera.
carbonería [karβonería] *f.* Carboneria.
carbonero, -ra [karβonéro, -ra] *m.-f.* Carboner. *2 f.* Carbonera, sitja de carbó.
carbónico, -ca [karβóniko, -ka] *a.* Carbònic.
carbonífero, -ra [karβonífero, -ra] *a.* Carbonífer.
carbonilla [karβoníʎa] *f.* Carbonissa, carbonet.
carbonizar [karβoniθár] *t.* Carbonitzar.
carbono [karβóno] *m.* Carboni.
carborundo [karβorúndo] *m.* Carborúndum.
carbunco [karβúŋko] *m.* MED. Carboncle, àntrax, malgrà.
carbúnculo [karβúŋkulo] *m.* Carboncle, robí.
carburador [karβuraðór] *m.* Carburador.
carburante [karβuránte] *a., m.-f.* Carburant.
carburo [karβúro] *m.* Carbur.
carcaj [karkáx] *m.* Carcaix, buirac.
carcajada [karkaxáða] *f.* Riallada.
carcamal [karkamál] *a.-m.* Xacrós, decrèpit, xaruc.
cárcel [kárθel] *f.* Presó. *2* Serjant.
carcelero, -ra [karθeléro, -ra] *m.-f.* Escarceller.
carcoma [karkóma] *f.* ENTOM. Corc, corcó. *2* Corcat.
carcomer [karkomér] *t.-prnl.* Corcar.
carda [kárða] *f.* Carda.
cardar [karðár] *t.* Cardar.
cardenal [karðenál] *m.* Cardenal. *2* Blau, morat, verdanc.
cardenalato [karðenaláto] *m.* Cardenalat.
cardenalicio, -ia [karðenalíθjo, -ja] *a.* Cardenalici.

cardenillo [karðeniʎo] *m.* Verdet.
cárdeno, -na [kárðeno, -na] *a.* Morat, lívid.
cardíaco, -ca [karðiako, -ka] *m.-f.* Cardíac.
cardias [kárdas] *m.* ANAT. Càrdias.
cardinal [karðinál] *a.* Cardinal.
cardo [kárðo] *m.* BOT. Card. *2* Calcida. ‖ ~ ***corredor,*** espinacal.
carear [kareár] *t.-prnl.* Acarar.
carecer [kareθér] *i.* Mancar, freturar. ¶ CONJUG. com ***agradecer.***
carena [karéna] *f.* Carena.
carenar [karenár] *t.* NÀUT. Carenar.
carencia [karénθja] *f.* Carència, manca, fretura, falla.
careo [karéo] *m.* Acarament.
carestía [karestia] *f.* Carestia. *2* Caror.
careta [karéta] *f.* Careta, carota, màscara.
carey [karéĭ] *m.* ZOOL. Carei.
carga [kárɣa] *f.* Càrrega. *2* Carregada, carregament. *3* Carga (mesura).
cargadero [karɣaðéro] *m.* Carregador.
cargador [karɣaðór] *m.* Carregador.
cargamento [karɣaménto] *m.* Carregament.
cargar [karɣár] *t.-prnl.* Carregar, afeixugar. *2* fam. Emprenyar.
cargazón [karɣaθón] *m.* Carregament. *2* Torbonada.
cargo [kárɣo] *m.* Càrrec. *2* Carregament.
cariacontecido, -da [karjakonteθiðo, -ða] *a.* Caratrist.
cariar [kariár] *t.-prnl.* Cariar-se. *2* Corcar.
cariátide [karjátiðe] *f.* Cariàtide.
caricatura [karikatúra] *f.* Caricatura.
caricaturesco, -ca [karikaturésko, -ka] *a.* Caricaturesc.
caricaturista [karikaturista] *f.* Caricaturista.
caricaturizar [karikaturiθár] *t.* Caricaturar.
caricia [kariθja] *f.* Carícia, manyaga, moixaina, amanyac, festa.
caridad [kariðáð] *f.* Caritat.
caries [kárjes] *f.* MED. Càries.
carigordo, -da [kariɣórðo, -ða] *a.* Caragròs.
carilargo, -ga [kariláryo, -ɣa] *a.* Carallarg.
carilla [kariʎa] *f.* Pàgina.
carilleno, -na [kariʎéno, -na] *a.* Caraplè.
carillón [kariʎón] *m.* Carilló.
cariño [kariɲo] *m.* Afecte, estima, estimació.
cariñoso, -sa [kariɲóso, -sa] *a.* Afectuós, falaguer.
carirredondo, -da [karirreðóndo, -da] *a.* Cara-rodó.
caritativo, -va [karitatiβo, -βa] *a.* Caritatiu.
cariz [kariθ] *m.* Carés, aspecte.
carlina [karlina] *f.* BOT. Carlina.
carmelita [karmelita] *a.* Carmelità. *2* *m.-f.* Carmelita.
carmelitano, -na [karmelitáno, -na] *a.* Carmelità.
carmenar [karmenár] *t.* Carmenar.
carmesí [karmesi] *a.-m.* Carmesí.
carmín [karmin] *m.* Carmí.
carmíneo, -ea [karmineo, -ea] *a.* Carminat.
carnal [karnál] *a.* Carnal.
carnaval [karnaβál] *m.* Carnaval.
carnavalesco, -ca [karnaβalésko, -ka] *a.* Carnavalesc, carnestoltes.
carnaza [karnáθa] *f.* Carnassa.
carne [kárne] *f.* Carn.
carnero [karnéro] *m.* ZOOL. Moltó. *2* Carner.
carnestolendas [karnestoléndas] *f. pl.* Carnestoltes.
carnet [karnét] *m.* Carnet.
carnicería [karniθeria] *f.* Carnisseria.
carnicero, -ra [karniθéro, -ra] *a., m.-f.* Carnisser. *2* Carner.
carnívoro, -ra [karniβoro, -ra] *a.* Carnívor, carner.
carnosidad [karnosiðáð] *f.* Carnositat, carnot.
caro, -ra [káro, -ra] *a.* Car. *2* Car, estimat, benvolgut.
carolingio, -ia [karoliŋxio, -ia] *a.* Carolingi.
carótida [karótiða] *f.* ANAT. Caròtida.
carpa [kárpa] *f.* ICT. Carpa.
carpanta [karpánta] *f.* Fam, cassussa.
carpelo [karpélo] *m.* BOT. Carpel.
carpeta [karpéta] *f.* Carpeta.
carpetazo (dar) [karpetáθo] loc. Donar carpetada.
carpintería [karpinteria] *f.* Fusteria.
carpintero [karpintéro] *m.* Fuster.
carpo [kárpo] *m.* ANAT. Carp.
carraca [karráka] *f.* NÀUT. fig. Carraca.
carrasca [karráska] *f.* BOT. Coscoll, coscolla, garriga, alzinall, reboll.
carraspear [karraspeár] *i.* Tenir raspera.
carraspera [karraspéra] *f.* Raspera.
carrera [karréra] *f.* Cursa. *2* Carrera, correguda, corredissa. *3* Carrera (professional).
carreta [karréta] *f.* Carreta.
carretada [karretaða] *f.* Carretada.
carrete [karréte] *m.* Rodet, bobina.
carretear [karreteár] *t.* Carretejar, traginar.

carretela [karretéla] *f.* Carretel·la.
carreteo [karretéo] *m.* Carreteig.
carretera [karretéra] *f.* Carretera.
carretero [karretéro] *m.* Carreter.
carretilla [karretiʎa] *f.* Bolquet, carretó. ‖ *De* ~, de memòria.
carretón [karretón] *m.* Carretó.
carril [karríl] *m.* Rail, carril. *2* Solc, rodera.
carrillo [karríʎo] *m.* Galta. ‖ ***A dos carrillos,*** a boca plena.
carrilludo [karriʎúðo, -ða] *a.* Galtut, galtaplè.
carro [kárro] *m.* Carro.
carrocería [karroθeria] *f.* Carrosseria.
carrocero [karroθéro] *a.-m.* Carrosser.
carromato [karromáto] *m.* Un tipus de carro de transport.
carroña [karróɲa] *f.* Carronya.
carroza [karróθa] *f.* Carrossa.
carruaje [karrwáxe] *m.* Carruatge.
carta [kárta] *f.* Carta, lletra.
cartabón [kartaβón] *m.* Cartabó.
cartaginés, -sa [kartaxinés, -sa] *a., m.-f.* Cartaginès.
cartapacio [kartapáθjo] *m.* Cartipàs.
cartear [karteár] *i.-prnl.* Cartejar.
cartel [kartél] *m.* Cartell.
cartelera [karteléra] *f.* Cartellera.
carteo [kartéo] *m.* Carteig.
cartera [kartéra] *f.* Cartera.
carterista [karterista] *m.* Carterista.
cartero [kartéro] *m.* Carter.
cartilaginoso, -sa [kartilaxinóso, -sa] *a.* Cartilaginós.
cartílago [kartilaɣo] *m.* Cartílag.
cartilla [kartiʎa] *f.* Cartilla.
cartografía [kartoɣrafía] *f.* Cartografia.
cartógrafo, -fa [kartóɣrafo, -fa] *m.-f.* Cartògraf.
cartomancia [kartománθja] *f.* Cartomància.
cartón [kartón] *m.* Cartó, cartró.
cartuchera [kartutʃéra] *f.* Cartutxera.
cartucho [kartútʃo] *m.* Cartutx.
cartuja [kartúxa] *f.* Cartoixa.
cartujano, -na [kartuxáno, -na] *a., m.-f.* Cartoixà.
cartujo [kartúxo] *a.-m.* Cartoixà.
cartulina [kartulina] *f.* Cartolina.
casa [kása] *f.* Casa. *2* Casella. ‖ ***~ de empeños,*** casa de préstecs. ‖ ***~ de huéspedes,*** dispesa. ‖ ***La ~ de tócame Roque,*** can seixanta. ‖ ***~ de campo,*** mas, masia. ‖ ***~ de labranza,*** mas.
casaca [kasáka] *f.* Casaca.
casación [kasaθjón] *f.* JUR. Cassació.
casadero, -ra [kasaðéro, -ra] *a.* Casador.
casado, -da [kasáðo, -ða] *a., m.-f.* Casat.
casalicio [kasalíθjo] *m.* Casalici, casal.
casamata [kasamáta] *f.* Casamata.
casamiento [kasamjénto] *m.* Casament, casori, núpcies.
casar [kasár] *t.-i.-prnl.* Casar, amullerar-se, mullerar-se, maridar.
casca [káska] *f.* VIT. Brisa.
cascabel [kaskaβél] *m.* Cascavell, picarol.
cascabelero, -ra [kaskaβeléro, -ra] *a., m.-f.* Tocacampanes.
cascabillo [kaskaβiʎo] *m.* Boll. *2* Cassanella.
cascaciruelas [kaskaθirwélas] *m.-f.* Sòmines.
cascada [kaskáða] *f.* Cascada.
cascado, -da [kaskáðo, -ða] *a.* Vell, xacrós. *2* Cascat.
cascadura [kaskaðúra] *f.* Trenc. *2* Cascadura.
cascajo [kaskáxo] *m.* Test, guixot, reble.
cascanueces [kaskanwéθes] *m.* Trencanous. *2 fig.* Mastegatatxes.
cascapiñones [kaskapiɲónes] *m.* Trencapinyons.
cascar [kaskár] *t.-prnl.* Trencar, esclafar. *2* Esberlar. *3* Espinyar. *4* Cascar.
cáscara [káskara] *f.* Clofolla, closca, esclofolla.
cascarón [kaskarón] *m.* Closca, clofolla.
cascarrabias [kaskarráβjas] *m.-f.* fam. Rondinaire, mastegatatxes.
casco [kásko] *m.* Casc. *2* Test. *3* Buc. *4* Clepsa. *5* Unglot.
cascote [kaskóte] *m.* Runa, reble.
caseína [kaseína] *f.* Caseïna.
casería [kasería] *f.* Mas, masoveria.
caserío [kaserío] *m.* Caseriu.
casero, -ra [kaséro, -ra] *a., m.-f.* Casolà. *2 f.* Casera.
caserón [kaserón] *m.* Casalot.
caseta [kaséta] *f.* Caseta. *2* Cabina. *3* Casella.
casi [kási] *adv.* Quasi, gairebé.
casilla [kasíʎa] *f.* Caseta, barraca. *2* Garita. *3* Casella. ‖ ***Salir de sus casillas,*** sortir de polleguera.
casillero [kasiʎéro] *m.* Arxivador.
casimir [kasimír] *m.* Casimir.
casino [kasíno] *m. it.* Casino.
caso [káso] *m.* Cas.
casorio [kasórjo] *m.* Casori.
caspa [káspa] *f.* Caspa.
caspera [kaspéra] *f.* Caspera.
¡cáspita! [káspita] *interj.* Bufa!
casquete [kaskéte] *m.* Casquet.
casquillo [kaskiʎo] *m.* Virolla.
casta [kásta] *f.* Casta, nissaga.
castaña [kastáɲa] *f.* BOT. Castanya. *2* Dama-joana (gerra).

castañada [kastaɲáða] *f.* Castanyada.
castañar [kastaɲár] *m.* Castanyeda.
castañero, -ra [kastaɲéro, -ra] *m.-f.* Castanyer.
castañetear [kastaɲeteár] *t.-i.* Tocar les castanyoles. *2* Petar de dents.
castañeteo [kastaɲetéo] *m.* Petament de dents.
castaño [kastáɲo] *m.* BOT. Castanyer.
castaño, -ña [kastáɲo, -ɲa] *a.-m.* Castany, torrat. ‖ ***Esto pasa de ~ oscuro,*** això passa de taca d'oli.
castañuela [kastaɲwéla] *f.* Castanyoles. *2* ICT. Soldat.
castellanada [kasteʎanáða] *f.* Castellanada.
castellanismo [kasteʎanízmo] *m.* Castellanisme.
castellano, -na [kasteʎáno, -na] *a., m.-f.* Castellà.
castidad [kastiðáð] *f.* Castedat.
castigar [kastiγár] *t.* Castigar.
castigo [kastíγo] *m.* Càstig.
Castilla [kastíʎa] *n. pr.* Castella.
castillejo [kastiʎéxo] *m.* Carrutxes.
castillo [kastíʎo] *m.* Castell.
castizo, -za [kastíθo, -θa] *a.* Castís.
casto, -ta [kásto, -ta] *a.* Cast.
castor [kastór] *m.* ZOOL. Castor.
castración [kastraθjón] *f.* Castració.
castrar [kastrár] *t.* Castrar.
castrense [kastrénse] *a.* Castrense.
casual [kaswál] *a.* Casual.
casualidad [kaswaliðáð] *f.* Casualitat.
casualmente [kaswálmente] *adv.* Casualment.
casuario [kaswário] *m.* ORNIT. Casuari.
casucha [kasútʃa] *f.* Casinyot, casot.
casuista [kaswísta] *a., m.-f.* Casuista.
casuística [kaswístika] *a., m.-f.* Casuística.
casulla [kasúʎa] *f.* Casulla.
cata [káta] *f.* Tast, gustació.
catacaldos [katakáldos] *m.-f.* Tastaolletes.
cataclismo [kataklízmo] *m.* Cataclisme.
catacumbas [katakúmbas] *f. pl.* Catacumbes.
catador [kataðór] *m.* Tastador.
catadura [kataðúra] *f.* Tastament, tast, gustació. *2* Cara, fatxa.
catafalco [katafálko] *m.* Cadafal.
catalán, -ana [katalán, -ana] *a., m.-f.* Català.
catalanismo [katalanízmo] *m.* Catalanisme.
catalanizar [katalaniθár] *t.-prnl.* Catalanitzar.
catalejo [kataléxo] *m.* Ullera de llarga vista.
catálisis [katálisis] *f.* QUÍM. Catàlisi.
catalogar [kataloγár] *t.* Catalogar.
catálogo [katáloγo] *m.* Catàleg.
Cataluña [katalúɲa] *n. pr.* Catalunya.
cataplasma [kataplázma] *f.* Cataplasma.
¡cataplum! [kataplún] *interj.* Pataplum!
catapulta [katapúlta] *f.* Catapulta.
catar [katár] *t.* Tastar.
catarata [kataráta] *f.* Cascada, saltant. *2* MED. Cataracta.
catarral [katarrál] *a.* Catarral.
catarro [katárro] *m.* Catarro.
catastro [katástro] *m.* Cadastre.
catástrofe [katástrofe] *f.* Catàstrofe.
cate [káte] *m.* fam. Morma.
catecismo [kateθízmo] *m.* Catecisme.
catecúmeno, -na [katekúmeno, -na] *m.-f.* Catecumen.
cátedra [káteðra] *f.* Càtedra.
catedral [kateðrál] *f.* Catedral.
catedrático, -ca [kateðrátiko, -ka] *a., m.-f.* Catedràtic.
categoría [kateγoría] *f.* Categoria.
categórico, -ca [kateγóriko, -ka] *a.* Categòric.
catequesis [katekésis] *f.* Catequesi.
catequista [katekísta] *m.-f.* Catequista.
catequizar [katekiθár] *t.* Catequitzar.
caterva [katérβa] *f.* Caterva.
cateto [katéto] *m.* GEOM. Catet.
cateto, -ta [katéto, -ta] *a.* Pallús, taujà.
cátodo [kátoðo] *m.* Càtode.
catolicidad [katoliθiðáð] *f.* Catolicitat.
catolicismo [katoliθízmo] *m.* Catolicisme.
católico, -ca [katóliko, -ka] *a., m.-f.* Catòlic.
catorce [katórθe] *a.-m.* Catorze.
catorzavo, -va [katorθáβo, -βa] *a.-m.* Catorzè.
catre [kátre] *m.* Catre.
cauce [káŭθe] *m.* Llera, llit, mare, jaç (d'un riu). *2* Canal, sèquia.
caución [kaŭθjón] *f.* Caució.
caucho [káŭtʃo] *m.* Cautxú.
caudal [kaŭðál] *m.* Cabal.
caudaloso, -sa [kaŭðalóso, -sa] *a.* Cabalós.
caudillaje [kaŭðiʎáxe] *m.* Cabdillatge.
caudillo [kaŭðíʎo] *m.* Cabdill, capitost, guia, capdavanter.
causa [káŭsa] *f.* Causa.
causal [kaŭsal] *a.* Causal.
causalidad [kaŭsaliðáð] *f.* Causalitat.
causante [kaŭsánte] *a.-m.* Causant.
causar [kaŭsár] *t.* Causar.
cáustico, -ca [káŭstiko, -ka] *a.-m.* Càustic.
cautela [kaŭtéla] *f.* Cautela.
cauteloso, -sa [kaŭtelóso, -sa] *a.* Cautelós.

cauterio [kaŭtério] *m.* Cauteri.
cauterizar [kaŭteriθár] *t.* Cauterizar.
cautivador, -ra [kaŭtiβaðór, -ra] *a.* Captivador. *2* Corprenedor.
cautivar [kaŭtiβár] *t.-prnl.* Captivar. *2* Corprendre.
cautiverio [kaŭtiβérjo] *m.* Captivitat.
cautividad [kaŭtiβiðáð] *f.* V. CAUTIVERIO.
cautivo, -va [kaŭtiβo, -βa] *a., m.-f.* Captiu.
cauto, -ta [káŭto, -ta] *a.* Caut.
cava [káβa] *f.* Celler.
cavador [kaβaðór] *m.* Cavador.
cavadura [kaβaðúra] *f.* Cavada.
cavar [kaβár] *t.* Cavar.
caverna [kaβérna] *f.* Caverna.
cavernoso, -sa [kaβernóso, -sa] *a.* Cavernós.
caviar [kaβjár] *m.* Caviar.
cavidad [kaβiðáð] *f.* Cavitat, buc.
cavilación [kaβilaθjón] *f.* Cavil·lació.
cavilar [kaβilár] *t.* Cavil·lar.
caviloso, -sa [kaβilóso, -sa] *a.* Cavil·lós.
cayado [kaǰáðo] *m.* Gaiato, crossa.
caza [káθa] *f.* Caça, cacera.
cazador, -ra [kaθaðór, -ra] *a., m.-f.* Caçador.
cazar [kaθár] *t.* Caçar.
cazcarria [kaθkárrja] *f.* Fang sec enganxat a les vores dels vestits.
cazo [káθo] *m.* Cassó.
cazolada [kaθoláða] *f.* Cassolada.
cazoleta [kaθoléta] *f.* Cassoleta.
cazuela [kaθwéla] *f.* Cassola.
cazurro, -rra [kaθúrro, -rra] *a.* Sorrut.
ceba [θéβa] *f.* Enceball.
cebada [θeβáða] *f.* BOT. Ordi.
cebar [θeβár] *t.* Engreixar, encebar (un animal). *2* Encebar (una arma).
cebo [θéβo] *m.* Esquer. *2* Enceball (gra). *3* Enceb (d'explosiu).
cebolla [θeβóʎa] *f.* Ceba.
cebolleta [θeβoʎéta] *f.* Ceballot.
cebollón [θeβoʎón] *m.* Calçot.
cebra [θéβra] *f.* ZOOL. Zebra.
cebrado, -da [θeβráðo, -ða] *a.* Zebrat.
cebú [θeβú] *m.* ZOOL. Zebú.
ceceo [θeθéo] *m.* Papissoteig. *2* En castellà, pronunciar la *s* com la *z*.
cecina [θeθína] *f.* Carn seca i salada.
cedazo [θeðáθo] *m.* Sedàs.
ceder [θeðér] *t.-i.* Cedir. *2* Afluixar.
cedro [θéðro] *m.* BOT. Cedre.
cédula [θéðula] *f.* Cèdula.
cefálico, -ca [θefáliko, -ka] *a.* Cefàlic.
cefalópodos [θefalópoðos] *m. pl.* ZOOL. Cefalòpodes.
céfiro [θéfiro] *m.* Zèfir, ventijol.
cegajoso, -sa [θeγaxóso, -sa] *a., m.-f.* Cegallós, moll d'ulls.
cegar [θeγár] *i.-t.* Encegar, enlluernar. *2* Eixorbar. *3* Embussar. *4* Tapiar. ¶ CONJUG. com ***apretar***.
cegato, -ta [θeγáto, -ta] *a., m.-f.* Llosc.
ceguera [θeγéra] *f.* Ceguesa. *2* Encegament.
ceja [θéxa] *f.* Cella.
cejar [θexár] *i.* Recular, retrocedir. *2* Cedir, afluixar.
cejijunto, -ta [θexixúnto, -ta] *a.* Cellajunt.
cejudo, -da [θexúðo, -ða] *a.* Cellut.
celada [θeláða] *f.* Celada. *2* Emboscada.
celador, -ra [θelaðór, -ra] *m.-f.* Zelador.
celaje [θeláxe] *m.* Celatge.
celar [θelár] *t.* Celar, amagar. *2* Zelar.
celda [θélda] *f.* Cel·la.
celdilla [θeldíʎə] *f.* Cel·la.
celebérrimo, -ma [θeleβérrimo, -ma] *a.* Celebèrrim.
celebración [θeleβraθjón] *f.* Celebració.
celebrante [θeleβránte] *a.-m.* Celebrant.
celebrar [θeleβrár] *i.* Celebrar.
célebre [θéleβre] *a.* Cèlebre.
celebridad [θeleβriðáð] *f.* Celebritat.
celemín [θelemín] *m.* Mesuró.
celeridad [θeleriðáð] *f.* Celeritat.
celeste [θeléste] *a.* Celest.
celestial [θelestiál] *a.* Celestial.
celibato [θeliβáto] *m.* Celibat.
célibe [θéliβe] *a.* Celibatari, cèlibe.
celo [θélo] *m.* Zel, ànsia.
celofán [θelofán] *m.* Cel·lofana.
celos [θélos] *m. pl.* Gelosia.
celosía [θelosía] *f.* Gelosia.
celoso, -sa [θelóso, -sa] *a.* Gelós. *2* Zelós.
celta [θélta] *a.-m.* Celta.
celtíbero, -ra [θeltíβero, -ra] *a., m.-f.* Celtiber.
céltico, -ca [θéltiko, -ka] *a.* Cèltic.
célula [θélula] *f.* Cèl·lula.
celular [θelulár] *a.* Cel·lular.
celuloide [θelulóĭðe] *m.* Cel·luloide.
celulosa [θelulósa] *f.* Cel·lulosa.
cellisca [θeʎíska] *f.* METEOR. Borrufada.
cementar [θementár] *t.* Cementar.
cementerio [θementérjo] *m.* Cementiri, fossar.
cemento [θeménto] *m.* Ciment. *2* Cement.
cena [θéna] *f.* Sopar. *2* Cena.
cenáculo [θenákulo] *m.* Cenacle. *2* Capelleta.
cenacho [θenátʃo] *m.* Senalla, cabàs.
cenagal [θenaγál] *m.* Indret ple de llot.
cenagoso, -sa [θenaγóso, -sa] *a.* Fangós, llotós.
cenar [θenár] *i.-t.* Sopar.
cencerro [θenθérro] *m.* Esquella.

cenefa [θenéfa] *f.* Sanefa.
cenicero [θeniθéro] *m.* Cendrer.
cenicienta [θeniθjénta] *f.* Ventafocs, cendrosa.
ceniciento, -ta [θeniθjénto, -ta] *a.* Cendrós.
cenit [θénit] *m.* ASTRON. Zenit.
cenital [θenitál] *a.* Zenital.
ceniza [θeniθa] *f.* Cendra.
cenizo, -za [θeniθo, -θa] *a.* Cendrós.
cenobio [θenóβjo] *m.* Cenobi.
cenobita [θenoβita] *m.-f.* Cenobita.
censo [θénso] *m.* Cens, padró.
censor [θensór] *m.* Censor.
censura [θensúra] *m.* Censura, blasme.
censurar [θensurár] *t.* Censurar, blasmar.
centaura [θentáura] *f.* BOT. Centaura.
centauro [θentáŭro] *m.* MIT. Centaure.
centavo, -va [θentáβo, -βa] *a.-m.* Centèsim, centè. *2 m.* Moneda americana.
centella [θentéʎa] *f.* Centella, guspira, espurna.
centellear [θenteʎeár] *i.* Centellejar, guspirejar.
centelleo [θenteʎéo] *m.* Centelleig, guspireig.
centena [θenténa] *f.* Centena.
centenar [θentenár] *m.* Centenar.
centenario, -ia [θentenárjo, -ja] *a., m.-f.* Centenari.
centeno [θenténo] *m.* BOT. Sègol.
centesimal [θentesimál] *a.* Centesimal.
centésimo, -ma [θentésimo, -ma] *a.* Centè. *2 a., m.-f.* Centè, centèsim.
centígrado, -da [θentiγraðo, -ða] *a.* Centígrad.
centigramo [θentiγrámo] *m.* Centigram.
centilitro [θentilitro] *m.* Centilitre.
centímetro [θentimetro] *m.* Centímetre.
céntimo [θéntimo] *m.* Cèntim.
centinela [θentinéla] *m.-f.* Sentinella, guaita.
centolla [θentóʎa] *f.* ZOOL. Cabra.
centón [θentón] *m.* Centó.
central [θentrál] *a.-f.* Central.
centralismo [θentralizmo] *m.* Centralisme.
centralizar [θentraliθár] *t.* Centralitzar.
centrar [θentrár] *t.* Centrar.
céntrico, -ca [θéntriko, -ka] *a.* Cèntric.
centrífugo, -ga [θentrifuγo, -γa] *a.* Centrífug.
centrípeto, -ta [θentripeto, -ta] *a.* Centrípet.
centro [θéntro] *m.* Centre.
centunviro [θentumbiro] *m.* Centumvir.
centuplicar [θentuplikár] *t.* Centuplicar.
céntuplo, -pla [θéntuplo, -pla] *a.-m.* Cèntuple.
centuria [θentúrja] *f.* Centúria.
centurión [θenturión] *m.* Centurió.
ceñidor [θeɲiðór] *m.* Cenyidor.
ceñir [θeɲir] *t.* Cenyir. *2* Cerclar. ¶ CONJUG. com ***teñir.***
ceño [θéɲo] *m.* Front arrugat. *2* Mala cara.
ceñudo, -da [θeɲúðo, -ða] *a.* Malacarós, sorrut.
cepa [θépa] *f.* Rabassa, soca. *2* Cep. ‖ ***De pura ~,*** de soca-rel.
cepillar [θepiʎár] *t.* Raspallar. *2* Ribotejar.
cepillo [θepiʎo] *m.* Raspall. *2* Ribot, plana. *3* Caixeta d'almoines.
cepo [θépo] *m.* Cep, brell.
cequia [θékja] *f.* Sèquia, rec.
cera [θéra] *f.* Cera.
cerámico, -ca [θerámiko, -ka] *a.* Ceràmic. *2 f.* Ceràmica, terracuita.
ceramista [θeramista] *m.-f.* Ceramista.
cerbatana [θerβatána] *f.* Sarbatana.
cerca [θérka] *adv.* Prop, a la vora. *2 f.* Tanca, closa.
cercado [θerkáðo] *m.* Clos, tancat, cleda.
cercanía [θerkania] *f.* Proximitat, rodalla. *2 f. pl.* Els voltants, encontorns.
cercano, -na [θerkáno, -na] *a.* Proper, pròxim, acostat.
cercar [θerkár] *t.* Encerclar, cloure, tancar, cerclar, envoltar. *2* Assetjar, rodejar.
cercenar [θerθenár] *t.* Retallar, escurçar.
cerciorar [θerθjorár] *t.-prnl.* Cerciorar.
cerco [θérko] *m.* Encerclament. *2* Setge. *3* Cèrcol.
cerda [θérða] *f.* Cerra. *2* Truja.
Cerdaña [θerðáɲa] *n. pr.* Cerdanya.
Cerdeña [θerðéɲa] *n. pr.* Sardenya.
cerdo, -da [θérðo, -ða] *m.-f.* Bacó, porc.
cereal [θereál] *a.-m.* Cereal.
cerebelo [θereβélo] *m.* ANAT. Cerebel.
cerebral [θereβrál] *a.* Cerebral.
cerebro [θeréβro] *m.* Cervell.
ceremonia [θeremónja] *f.* Cerimònia.
ceremonial [θeremonjál] *a.-m.* Cerimonial.
ceremonioso, -sa [θeremonjóso, -sa] *a.* Cerimoniós.
céreo, -ea [θéreo, -ea] *a.* Ceri.
cerero [θeréro] *m.* Cerer, candeler.
cereza [θeréθa] *f.* Cirera.
cerezo [θeréθo] *m.* BOT. Cirerer.
cerilla [θeriʎa] *f.* Llumí, cerilla.
cerner [θernér] *t.* Cerndre, passar pel sedàs. *2* Plovisquejar. *3* Planar. *4* Amenaçar (un perill pròxim). ¶ CONJUG. com ***defender.***
cernir [θernir] *t.* V. CERNER. ¶ CONJUG. com ***sentir.9***

cero [θéro] *m.* Zero.
cerquillo [θerkiʎo] *m.* Corona, coroneta.
cerrado, -da [θerráðo, -ða] *a.* Tancat, clos. *2* Cobert (el cel). *3* Obscur, incomprensible. *4* Espès.
cerrador [θerraðór] *m.* Tancador.
cerradura [θerraðúra] *f.* Pany, tancadura.
cerraja [θerráxa] *f.* BOT. Lletsó.
cerrajería [θerraxería] *f.* Manyeria.
cerrajero [θerraxéro] *m.* Manyà.
cerramiento [θerramiénto] *m.* Tancament, barratge.
cerrar [θerrár] *t.* Tancar, cloure. *2* Aclucar. ‖ *~ el paso,* barrar. ¶ CONJUG. com *apretar.*
cerrazón [θerraθón] *f.* Negror (del cel). *2* Incapacitat de comprendre.
cerrillo [θerriʎo] *m.* BOT. Fenal.
cerro [θérro] *m.* Serrat, turó, puig, tossal, monticle.
cerrojo [θerróxo] *m.* Forrellat, pany.
certamen [θertámen] *m.* Certamen.
certero, -ra [θertéro, -ra] *a.* Destre, precís. *2* Encertat.
certeza [θertéθa] *f.* Certesa.
certificación [θertifikaθjón] *f.* Certificació.
certificado, -da [θertifikáðo, -ða] *a.-m.* Certificat.
certificar [θertifikár] *t.* Certificar.
certitud [θertitúð] *f.* Certitud.
cerúleo, -ea [θerúleo, -ea] *a.* Ceruli.
cerumen [θerúmen] *m.* MED. Cerumen.
cerval [θerβál] *a.* Cerval, cerví. ‖ *Miedo ~,* por cerval.
cervato [θerβáto] *m.* ZOOL. Cervatell.
cervecería [θerβeθería] *f.* Cerveseria.
cervecero, -ra [θerβeθéro, -ra] *m.-f.* Cerveser.
cerveza [θerβéθa] *f.* Cervesa.
cervical [θerβikál] *a.* Cervical.
cerviz [θerβiθ] *m.* Bescoll, clatell.
cervuno, -na [θerβúno, -na] *a.* Cerví.
cesación [θesaθjón] *f.* Cessació.
cesante [θesánte] *a., m.-f.* Cessant.
cesar [θesár] *i.* Cessar, plegar.
cesáreo, -ea [θesáreo, -ea] *a.* Cesari. *2 f.* CIR. Cesària.
cesarismo [θesarizmo] *m.* Cesarisme.
cese [θése] *m.* Cessació.
cesión [θesjón] *f.* Cessió.
césped [θéspeð] *m.* Gespa, herbei.
cesta [θésta] *f.* Cistell, panera. *2* ESPT. Cesta.
cestería [θestería] *f.* Cistelleria.
cestero, -ra [θestéro, -ra] *m.-f.* Cisteller.
cesto [θésto] *m.* Cistella, paner, cove.
cestón [θestón] *m.* Cove.
cetáceo [θetáθeo] *a.-m.* Cetaci. *2 m. pl.* Cetacis.
cetona [θetóna] *f.* QUÍM. Cetona.
cetrino, -na [θetrino, -na] *a.* Citrí, adust.
cetro [θétro] *m.* Ceptre.
cía [θía] *f.* ANAT. Maluc.
cianhídrico, -ca [θjaniðriko, -ka] *a.* Cianhídric.
cianuro [θjanúro] *m.* Cianur.
cicatero, -ra [θikatéro, -ra] *a., m.-f.* Gasiu, mesquí, coquí.
cicatriz [θikatriθ] *f.* Cicatriu.
cicatrización [θikatriθaθjón] *f.* Cicatrització.
cicatrizar [θikatriθár] *t.-prnl.* Cicatritzar.
ciclamor [θiklamór] *m.* BOT. Arbre de l'amor.
cíclico, -ca [θikliko, -ka] *a.* Cíclic.
ciclismo [θiklizmo] *m.* Ciclisme.
ciclista [θiklista] *m.-f.* Ciclista, biciclista.
ciclo [θiklo] *m.* Cicle.
ciclón [θiklón] *m.* METEOR. Cicló.
cíclope [θiklope] *m.* MIT. Ciclop.
ciclópeo, -ea [θiklópeo, -ea] *a.* Ciclopi.
ciclópico, -ca [θiklópiko, -ka] *a.* Ciclopi.
cicuta [θikúta] *f.* BOT. Cicuta.
cidra [θiðra] *f.* BOT. Poncem.
cidro [θiðro] *m.* BOT. Poncemer.
cidronela [θiðronéla] *f.* BOT. Tarongina.
ciegamente [θjéγamente] *adv.* Cegament.
ciego, -ga [θjéγo, -γa] *a., m.-f.* Cec, orb. ‖ *A ciegas,* a ulls clucs.
cielo [θjélo] *m.* Cel. ‖ *~ estrellado,* estelada.
ciempiés [θjempjés] *m.* ENTOM. Centpeus.
cien [θjén] *a.* Cent.
ciénaga [θjénaγa] *f.* Llaçada, lloc ple de llot.
ciencia [θjenθja] *f.* Ciència.
cieno [θjéno] *m.* Llot, llac.
científico, -ca [θjentifiko, -ka] *a., m.-f.* Científic.
ciento [θjénto] *a.-m.* Cent.
cierne [θjérne] *m.* Fecundació de la flor de la vinya. ‖ *En ~,* en flor. ‖ fig. *En ciernes,* als seus inicis.
cierre [θjérre] *m.* Tancament. *2* Tanca, fermall, tancador.
ciertamente [θjértamente] *adv.* Certament.
cierto, -ta [θjérto, -ta] *a.* Cert.
cierva [θjérβa] *f.* ZOOL. Cérvola.
ciervo [θjérβo] *m.* ZOOL. Cérvol.
cierzo [θjérθo] *m.* METEOR. Cerç.
cifra [θifra] *f.* Xifra.
cifrar [θifrár] *t.* Xifrar. *2* Resumir.
cigala [θiγála] *f.* ZOOL. Cigala, escamarlà.
cigarra [θiγárra] *f.* ENTOM. Cigala.
cigarral [θiγarrál] *m.* Casa de camp a Toledo.
cigarrera [θiγarréra] *f.* Cigarrera, portacigars.

cigarrillo [θiγarriʎo] *m.* Cigarret, cigarreta.
cigarro [θiγárro] *m.* Cigar.
cigarrón [θiγarrón] *m.* ENTOM. Llagosta.
cigomático, -ca [θiγomátiko, -ka] *a.* ANAT. Zigomàtic.
cigoñal [θiγoɲál] *m.* MEC. Cigonyal.
cigüeña [θiγwéɲa] *f.* ORNIT. Cigonya.
ciliar [θiljár] *a.* Ciliar.
cilicio [θiliθjo] *m.* Cilici.
cilíndrico, -ca [θilinðriko, -ka] *a.* Cilíndric.
cilindro [θilindro] *m.* Cilindre.
cilio [θiljo] *m.* BIOL. Cili.
cima [θima] *f.* Cim. *2* Cimall, cima, cimal.
címbalo [θimbalo] *m.* MÚS. Címbal.
cimborrio [θimbórrio] *m.* ARQ. Cimbori.
cimbra [θimbra] *f.* CONSTR. Cintra.
cimbrar [θimbrár] *t.-prnl.* Fimbrar, zumzejar. *2* Vinclar. *3* Cintrar.
cimbrear [θimbreár] *t.-prnl.* Fimbrar.
cimentar [θimentár] *t.* Fonamentar. ‖ CONJUG. com ***apretar***.
cimera [θiméra] *f.* Cimera.
cimiento [θimjénto] *m.* CONSTR. Fonament. *2 fig.* Base, fonament.
cinabrio [θináβrjo] *m.* MINER. Cinabri.
cinamomo [θinamómo] *m.* BOT. Cinamom.
cinc [θiŋ] *m.* MET. Zenc, zinc.
cincel [θinθél] *m.* Cisell, escarpra.
cincelado [θinθeláðo] V. CINCELADURA.
cincelador [θinθelaðór] *m.* Cisellador.
cinceladura [θinθelaðúra] *f.* Cisellat.
cincelar [θinθelár] *t.* Cisellar.
cinco [θiŋko] *a.-m.* Cinc.
cincuenta [θiŋkwénta] *a.-m.* Cinquanta.
cincuentavo, -va [θiŋkwentáβo, -βa] *a.-m.* Cinquantè.
cincuentena [θiŋkwenténa] *f.* Cinquantena.
cincuentón, -na [θiŋkwentón, -na] *a., m.-f.* Cinquantí.
cincha [θintʃa] *f.* Cingla.
cinchar [θintʃár] *t.* Cinglar.
cine [θine] *m.* Cinema.
cinegético, -ca [θinexétiko, -ka] *a.-f.* Cinegètic.
cinemática [θinemátika] *f.* Cinemàtica.
cinematografía [θinematoγrafía] *f.* Cinematografia.
cinematógrafo [θinematóγrafo] *m.* Cinematògraf.
cinerario, -ia [θinerárjo, -ja] *a.* Cinerari.
cinético, -ca [θinétiko, -ka] *a.* Cinètic.
cíngaro, -ra [θiŋγaro, -ra] *a., m.-f.* Zíngar.
cíngulo [θiŋγulo] *m.* Cíngol.
cínico, -ca [θiniko, -ka] *a.* Cínic.
cinismo [θinizmo] *m.* Cinisme.
cinta [θinta] *f.* Cinta. *2* Veta.
cinto [θinto] *m.* Cinyell, cinturó.
cintra [θintra] *f.* ARQ. Cintra.
cintura [θintúra] *f.* Cintura.
cinturón [θinturón] *m.* Cinturó, cinyell, cenyidor.
ciprés [θiprés] *m.* BOT. Xiprer.
circo [θirko] *m.* Circ.
circuito [θirkwito] *m.* Circuit.
circulación [θirkulaθjón] *f.* Circulació.
circular [θirkulár] *a.-f.* Circular.
circular [θirkulár] *i.* Circular.
circulatorio, -ia [θirkulatórjo, -ja] *a.* Circulatori.
círculo [θirkulo] *m.* Cercle.
circuncidar [θirkunθiðár] *t.* Circumcidar.
circuncisión [θirkunθisjón] *f.* Circumcisió.
circunciso, -sa [θirkunθiso, -sa] *a.-m.* Circumcís.
circundante [θirkundánte] *a.* Circumdant, envoltant.
circundar [θirkundár] *t.* Circumdar, envoltar.
circunferencia [θirkumferénθja] *f.* Circumferència.
circunflejo [θirkumfléxo] *a.* Circumflex.
circunloquio [θirkunlókjo] *m.* Circumloqui.
circunscribir [θirkunskriβír] *t.* Circumscriure. ¶ CONJUG. P. P.: ***circumscripto*** i ***circunscrito***.
circunscripción [θirkunskriβθjón] *f.* Circumscripció.
circunspección [θirkunspeγθjón] *f.* Circumspecció.
circunspecto, -ta [θirkunspékto, -ta] *a.* Circumspecte.
circunstancia [θirkunstánθja] *f.* Circumstància.
circunstancial [θirkunstanθjál] *a.* Circumstancial.
circunstante [θirkunstánte] *a., m.-f.* Circumstant.
circunvolución [θirkumboluθjón] *f.* Circumvolució.
cirial [θirjál] *m.* LITURG. Cirial.
cirineo [θirinéo] *m.* Cirineu.
cirio [θirjo] *m.* Ciri.
cirro [θirro] *m.* METEOR. *m.* Cirrus.
cirrosis [θirrósis] *f.* MED. Cirrosi.
ciruela [θirwéla] *f.* Pruna.
ciruelo [θirwélo] *m.* BOT. Pruner, prunera.
cirugía [θiruxía] *f.* Cirurgia.
cirujano [θiruxáno] *m.* Cirurgià.
ciscar [θiskár] *t.* fam. Emmerdar, emporcar.

cisco [θisko] *m.* Carbonissa, terregada. *2* fam. Bullici, renyina.
cisma [θizma] *m.* Cisma.
cismático, -ca [θizmátiko, -ka] *a., m.-f.* Cismàtic.
cisne [θizne] *m.* ORNIT. Cigne.
cisterciense [θisterθjénse] *a., m.-f.* Cistercenc.
cisterna [θistérna] *f.* Cisterna.
cita [θita] *f.* Cita. *2* Citació.
citación [θitaθjón] *f.* Citació.
citar [θitár] *t.* Citar.
cítara [θitara] *f.* MÚS. Cítara.
citrato [θitráto] *m.* Citrat.
cítrico, -ca [θitriko, -ka] *a.* Cítric.
ciudad [θjuðáð] *f.* Ciutat.
ciudadanía [θjuðaðania] *f.* Ciutadania.
ciudadano, -na [θjuðaðáno, -na] *a., m.-f.* Ciutadà.
ciudadela [θjuðaðéla] *f.* Ciutadella.
civeta [θiβéta] *f.* ZOOL. Civeta.
cívico, -ca [θiβiko, -ka] *a.* Cívic.
civil [θiβil] *a.-m.* Civil.
civilidad [θiβiliðáð] *f.* Civilitat.
civilización [θiβiliθaθjón] *f.* Civilització.
civilizar [θiβiliθár] *t.* Civilitzar.
civismo [θiβizmo] *m.* Civisme.
cizalla [θiθáʎa] *f.* Cisalla.
cizaña [θiθáɲa] *f.* BOT. Jull, cugula.
clac [klák] *m.* Clac.
clamar [klamár] *i.-t.* Clamar.
clámide [klámiðe] *f.* Clàmide.
clamor [klamór] *m.* Clamor, clam.
clamorear [klamoreár] *t.-i.* Clamorejar.
clamoreo [klamoréo] *m.* Clamoreig, clamor.
clan [klan] *m.* Clan.
clandestinidad [klandestiniðáð] *f.* Clandestinitat.
clandestino, -na [klandestino, -na] *a.* Clandestí.
claque [kláke] *f.* TEAT. Claca.
clara [klára] *f.* Clara.
claraboya [klaraβója] *f.* Claraboia.
claramente [kláramente] *adv.* Clarament.
clarear [klareár] *t.* Il·luminar. *2 i.* Clarejar. *3 prnl.* Transparentar.
clarete [klaréte] *a.-m.* Claret.
claridad [klariðáð] *f.* Claredat, claror.
claridad [klariðáð] *f.* Llum. *2* Claredat.
clarificar [klarifikár] *t.* Clarificar.
clarín [klarin] *m.* MÚS. Clarí.
clarinete [klarinéte] *m.* MÚS. Clarinet.
clarión [klarjón] *m.* Clarió.
clarisa [klarisa] *a.-f.* Clarissa.
clarividencia [klariβiðénθja] *a., m.-f.* Clarividència.
clarividente [klariβiðénte] *a., m.-f.* Clarividente.
claro, -ra [kláro, -ra] *a.-m.* Clar. *2 m.* Clariana, clapa. *3 adv.* Clar, clarament. ‖ ***Poner en ~***, aclarir. ‖ ***A las claras***, clarament.
claroscuro [klaroskúro] *m.* Clar-obscur.
clase [kláse] *f.* Classe. *2* Mena, llei.
clásico, -ca [klásiko, -ka] *a.-m.* Clàssic.
clasificación [klasifikaθjón] *f.* Classificació.
clasificar [klasifikár] *t.* Classificar.
claudia [kláŭðja] *a.* Clàudia.
claudicación [klaŭðikaθjón] *f.* Claudicació.
claudicar [klaŭðikár] *i.* Claudicar.
claustral [klaŭstrál] *a.* Claustral.
claustro [kláŭstro] *m.* Claustre.
cláusula [kláŭsula] *f.* Clàusula.
clausura [klausúra] *f.* Clausura.
clausurar [klausurár] *t.* Clausurar.
clava [kláβa] *f.* Clava.
clavar [klaβár] *t.-prnl.* Clavar.
cleptomanía [kleβtomania] *f.* Cleptomania.
clerecía [klereθia] *f.* Clerecia.
clerical [klerikál] *a.* Clerical.
clérigo [klériγo] *m.* Clergue.
clero [kléro] *m.* Clerecia, clericat.
cliché [klitʃé] *m.* Clixé.
cliente [kliénte] *m.-f.* Client.
clientela [klientéla] *f.* Clientela, parròquia.
clima [klima] *m.* Clima.
climático, -ca [klimátiko, -ka] *a.* Climàtic.
climatología [klimatoloxia] *f.* Climatologia.
clínico, -ca [kliniko, -ka] *a.-f.* Clínic.
clip [klip] *m.* Clip.
cloaca [kloáka] *f.* Claveguera.
cloquear [klokeár] *i.* Cloquejar.
clorato [kloráto] *m.* Clorat.
clorhídrico, -ca [kloriðriko, -ka] *a.* Clorhídric.
cloro [klóro] *m.* Clor.
clorofila [klorofila] *f.* Clorifil·la.
cloroformo [klorofórmo] *m.* Cloroform.
cloruro [klorúro] *m.* Clorur.
club [klúβ] *m.* Club.
clueco, -ca [klwéko, -ka] *a., m.-f.* Lloca.
coacción [koaγθjón] *f.* Coacció.
coaccionar [koaγθjonár] *t.* Coaccionar.
coadjutor, -ra [koaðxutór, -ra] *m.-f.* Coadjutor.
coadyuvar [koaðʝuβár] *t.-i.* Coadjuvar.
coagulación [koaγulaθjón] *f.* Coagulació.
coagular [koaγulár] *t.-prnl.* Coagular, quallar.
coágulo [koáγulo] *m.* Coàgul, gleva (de sang), coagulació.
coalición [koaliθjón] *f.* Coalició.

coartada [koartáða] *f.* JUR. Coartada.
coartar [koartár] *t.* Coartar.
coba [kóβa] *f.* Ensabonada, raspallada. || *Dar* ~, ensabonar, raspallar.
cobalto [koβálto] *m.* MINER. Cobalt.
cobarde [koβárðe] *a., m.-f.* Covard, cagacalces, caganer, coquí.
cobardía [koβarðia] *f.* Covardia.
cobertera [koβertéra] *f.* Cobertora, tapadora.
cobertizo [koβertiθo] *m.* Cobert, sopluig, aixopluc. *2* Porxo, rafal.
cobertor [koβertór] *m.* Flassada, cobertor.
cobijar [koβixár] *t.* Aixoplugar, soplujar, arrecerar. *2* Albergar.
cobijo [koβixo] *m.* Alberg. *2* Aixopluc, sopluig, recer.
cobra [kóβra] *f.* ZOOL. Cobra.
cobra [kóβra] *f.* Coble (de bous).
cobrador [koβraðór] *m.* Cobrador.
cobranza [koβránθa] *f.* Cobrament, cobrança.
cobrar [koβrár] *t.-prnl.* Cobrar.
cobre [kóβre] *m.* MET. Coure, aram.
cobrizo [koβriθo] *a.* Courenc.
cobro [kóβro] *m.* Cobrament.
coca [kóka] *f.* Coca. *2* BOT. Coca.
cocaína [kokaina] *f.* Cocaïna.
cocción [koγθjón] *f.* Cocció, cuita.
cóccix [kóγθis] *m.* ANAT. Còccix.
coceador, -ra [koθeaðór, -ra] *a.* Guit.
cocear [koθeár] *i.* Guitar, tirar guitzes.
cocer [koθér] *t.-i.* Coure. ¶ CONJUG. com ***moler.***
cocido [koθiðo] *m.* Bullit, carn d'olla, olla.
cociente [koθjénte] *m.* MAT. Quocient.
cocimiento [koθimjénto] *m.* Cocció.
cocina [koθina] *f.* Cuina.
cocinar [koθinár] *t.* Cuinar.
cocinero, -ra [koθinéro, -ra] *m.-f.* Cuiner, coc.
coco [kóko] *m.* Papu.
coco [kóko] *m.* Coco. *2* Cocoter.
cocodrilo [kokoðrilo] *m.* ZOOL. Cocodril.
cocotal [kokotál] *m.* Cocotar.
cocotero [kokotéro] *m.* BOT. Cocoter.
coctel [kóγtel] *m.* Còctel.
coctelera [koγteléra] *f.* Coctelera.
cochambre [kotʃámbre] *m.-f.* fam. Greixum, enllefiscament.
coche [kótʃe] *m.* Cotxe.
cochera [kotʃéra] *f.* Cotxera, cotxeria.
cochero [kotʃéro] *m.* Cotxer.
cochina [kotʃina] *f.* Truja, verra, porca.
cochinada [kotʃináða] *f.* Porcada, porqueria, potineria. *2* Mala passada, marranada.
cochinilla [kotʃiniʎa] *f.* entom. Cotxinilla. || ~ ***de humedad,*** panerola.
cochinillo [kotʃiniʎo] *m.* Godall, garrí, porcell.
cochino [kotʃino] *m.* Porc, marrà, bacó.
cochitril [kotʃitril] *m.* Cort de porcs. *2* fig. Cofurna.
coda [kóða] *f.* MÚS. Coda. *2* FUST. Cantonera.
codazo [koðáθo] *m.* Colzada, cop de colze.
codear [koðeár] *i.* Moure els colzes, donar cops amb els colzes. *2 prnl.* Fer-se, tractar-se.
códice [kóðiθe] *m.* Còdex.
codicia [koðiθja] *f.* Cobdícia, cobejança, cupiditat.
codiciar [koðiθjár] *t.* Cobejar, glatir.
codicioso, -sa [koðiθjóso, -sa] *a.* Cobdiciós, cobejós.
codificación [koðifikaθjón] *f.* Codificació.
codificar [koðifikár] *t.* Codificar.
código [kóðiγo] *m.* Codi.
codillo [koðiʎo] *m.* Colze.
codo [kóðo] *m.* Colze. || ***Habla por los codos,*** parla pels descosits. *2* Colzada.
codorniz [koðorniθ] *f.* ORNIT. Guatlla.
coeficiente [koefiθjénte] *m.* MAT. Coeficient.
coercer [koerθér] *t.* Coercir.
coercible [koerθiβle] *a.* Coercible.
coerción [koerθjón] *f.* Coerció.
coercitivo, -va [koerθitiβo, -βa] *a.* Coercitiu.
coetáneo, -ea [koetáneo, -ea] *a.* Coetani.
coexistir [koeγsistir] *i.* Coexistir.
cofia [kófja] *f.* Còfia.
cofín [kofin] *m.* Cofí.
cofrade [kofráðe] *m.-f.* Confrare.
cofradía [kofraðia] *f.* Confraria.
cofre [kófre] *m.* Cofre.
cogedera [koxeðéra] *f.* Badoquera, llecadora.
cogedero [koxeðéro] *m.* Agafador, collidor.
cogedizo [koxeðiθo] *a.* Collidor.
coger [koxér] *t.-i.* Agafar, collir, abastar. *2* Copsar, tomar. *3* Encloure. *4* Enganxar.
cogida [koxiða] *f.* Collita (de fruita). *2* Agafada, enganxada.
cognición [koγniθjón] *f.* Cognició.
cogollo [koγóʎo] *m.* BOT. Cabdell, ull, brotó.
cognoscitivo, -va [koγnosθitiβo, -βa] Cognoscitiu.
cogotazo [koγotáθo] *m.* Clatellada, clatellot.
cogote [koγóte] *m.* Clatell, bescoll.

cogotera [koγotéra] *f.* Clatellera.
cogujada [koγuxáða] *m.* ORNIT. Cogullada.
cogulla [koγúʎa] *f.* Cogulla.
cohabitar [koaβitár] *i.* Cohabitar.
cohecho [koétʃo] *m.* Subornació, suborn.
coheredero, -ra [koereðéro, -ra] *m.-f.* Cohereu.
coherencia [koerénθia] *f.* Coherència.
coherente [koerénte] *a.* Coherent.
cohesión [koesión] *f.* Cohesió.
cohete [koéte] *m.* Coet.
cohibición [koiβiθjón] *f.* Cohibició.
cohibir [koiβír] *t.* Cohibir.
cohombro [koómbro] *m.* BOT. Cogombre.
coincidencia [koĭnθiðénθja] *f.* Coincidència.
coincidente [koĭnθiðénte] *a.* Coincident.
coincidir [koĭnθiðír] *i.* Coincidir. *2* Escaure's, ensopegar-se.
coito [kóĭto] *m.* Coit.
cojal [koxál] *m.* Cuixal.
cojear [koxeár] *i.* Coixejar.
cojera [koxéra] *f.* Coixesa, coixària.
cojín [koxín] *m.* Coixí.
cojinete [koxinéte] *m.* Coixinet.
cojo, -ja [kóxo, -xa] *a., m.-f.* Coix.
cojón [koxón] *m.* Colló.
col [kol] *f.* Col.
cola [kóla] *f.* Cua, ròssec.
cola [kóla] *f.* Cola, aiguacuit.
colaboración [kolaβoraθjón] *f.* Col·laboració.
colaborador, -ra [kolaβoraðór, -ra] *m.-f.* Col·laborador.
colaborar [kolaβorár] *i.* Col·laborar.
colación [kolaθjón] *f.* Col·lació. ‖ ***Sacar a ~***, treure a rotlle, portar a col·lació.
colada [koláða] *f.* Bugada.
coladero [kolaðéro] *m.* Colador, escorredora.
colador [kolaðór] *m.* Colador.
coladura [kolaðúra] *f.* Colament, escolament. *2* Planxa, ficada de peus.
colapso [koláβso] *m.* Col·lapse.
colar [kolár] *t.-i.-prnl.* Colar. *2* Bugadejar. *3 prnl.* Passar davant d'algú, esquitllar-se. *4* Fer planxa.
colateral [kolaterál] *a.* Col·lateral.
colcha [kóltʃa] *f.* Conxa, cobrellit, vànova, cobertor.
colchar [koltʃár] *t.* Enconxar.
colchón [koltʃón] *m.* Matalàs.
colchonero, -ra [koltʃonéro, -ra] *m.-f.* Matalasser.
colchoneta [koltʃonéta] *f.* Màrfega, marfegó.
coleada [koleáða] *f.* Cuada, cop de cua.
colear [koleár] *i.* Cuejar, cuetejar.
colección [koleγθjón] *f.* Col·lecció.
coleccionar [koleγθjonár] *t.* Col·leccionar.
coleccionista [koleγθjonísta] *m.-f.* Col·leccionista.
colecta [koléγta] *f.* Col·lecta.
colectar [koleγtár] *t.* Col·lectar, recaptar.
colectividad [koleγtiβiðáð] *f.* Col·lectivitat.
colectivismo [koleγtiβísmo] *m.* Col·lectivisme.
colectivo, -va [koleγtíβo, -βa] *a.* Col·lectiu.
colector [koleγtór] *a.-m.* Col·lector.
colega [koléγa] *m.* Col·lega.
colegiado, -da [kolexjáðo, -ða] *a., m.-f.* Col·legiat.
colegial [kolexjál] *a.-m.* Col·legiala.
colegiala [kolexja'la] *f.* Col·legiala.
colegiarse [kolexjárse] *prnl.* Col·legiarse.
colegiata [kolexjáta] *f.* Col·legiata.
colegio [koléxjo] *m.* Col·legi.
colegir [kolexír] *t.* Col·legir. ¶ CONJUG. com ***pedir.***
coleópteros [koleóβteros] *m. pl.* ENTOM. Coleòpters.
cólera [kólera] *f.* Còlera, bilis (fig.). *2* MED. Còlera.
colérico, -ca [koléríko, -ka] *a.* Colèric, geniüt.
coletazo [koletáθo] *m.* Cuada.
coletilla [koletíʎa] *f.* Afegitó.
coleto [koléto] *m.* Gec, samarra. ‖ ***Echarse al ~***, beure, menjar. ‖ ***Para su ~***, en el seu interior.
colgadero [kolγaðéro] *m.* Penjador.
colgadura [kolγaðúra] *f.* Penjoll. *2 pl.* Domassos, draperies.
colgajo [kolγáxo] *m.* Penjarella, penjoll. *2* Llufa.
colgar [kolγár] *t.-i.* Penjar. ¶ CONJUG. com ***descollar.***
colibrí [koliβrí] *m.* ORNIT. Colibrí, picaflor.
cólico, -ca [kóliko, -ka] *a.-m.* MED. Còlic. *2 f.* Còlic, cagarines.
coliflor [koliflór] *f.* Col-i-flor.
coligar [koliγár] *t.* Col·ligar.
colilla [kolíʎa] *f.* Burilla, punta.
colina [kolína] *f.* Pujol, turó, tossal, serrat.
colindante [kolindánte] *a.* Limítrof, contigu.
colirio [kolírjo] *m.* MED. Col·liri.
coliseo [koliséo] *m.* Coliseu.
colisión [kolisjón] *f.* Col·lisió.
colitis [kolítis] *f.* MED. Colitis.
colmado, -da [kolmáðo, -ða] *a.* Curull, ple. *2 m.* Tenda, adrogueria.

colmar [kolmár] *t.* Curullar, acaramullar. *2* Satisfer, sadollar.
colmena [kolména] *f.* Rusc, arna, abeller, buc.
colmenar [kolmenár] *m.* Abellar.
colmillo [kolmiʎo] *m.* Ullal.
colmo [kólmo] *m.* Curull, caramull. ‖ ***Ser el ~,*** ser el súmmum. *2* Súmmum, extrem.
colocación [kolokaθjón] *f.* Col·locació.
colocar [kolokár] *t.* Col·locar, plaçar, posar.
colofón [kolofón] *m.* Colofó.
colofonia [kolofónia] *f.* Colofònia.
coloide [kolóĭðe] *m.* Col·loide.
colombófilo, -la [kolomβófilo, -la] *a.* Colombòfil.
colon [kólon] *m.* ANAT. Còlon.
colonia [kolónja] *f.* Colònia.
colonial [kolonjál] *a.* Colonial.
colonización [koloniθaθjón] *f.* Colonització.
colonizar [koloniθár] *t.* Colonitzar.
colono [kolóno] *m.* Colon. *2* Masover, parcer.
coloquio [kolókjo] *m.* Col·loqui.
color [kolór] *m.* Color.
coloración [koloraθjón] *f.* Coloració, colorament, acoloriment.
colorado, -da [koloráðo, -ða] *a.-m.* Acolorit. *2* Vermell.
colorante [koloránte] *a.-m.* Colorant.
colorar [kolorár] *t.* Acolorir, colorar.
colorear [koloreár] *t.* Colorar. *2* Acolorar.
colorete [koloréte] *m.* Coloret.
colorido [koloriðo] *m.* Colorit.
colorín [kolorín] *m.* Coloraina. *2* ORNIT. Cadernera.
colorir [kolorír] *t.* Acolorir.
colorista [kolorísta] *a., m.-f.* Colorista.
colosal [kolosál] *a.* Colossal.
coloso [kolóso] *m.* Colós.
columbario [kolumbárjo] *m.* Columbari.
columbrar [kolumbrár] *t.* Albirar, llucar. *2* Afigurar.
columna [kolúmna] *f.* Columna.
columnata [kolumnáta] *f.* Columnata.
columpiar [kolumpjár] *t.-prnl.* Gronxar.
columpio [kolúmpjo] *m.* Gronxador, trapezi.
colusión [kolusjón] *f.* Col·lusió.
collado [koʎáðo] *m.* Coll, collada. *2* Coma, turó.
collar [koʎár] *m.* Collaret. *2* Collar. *3* Anella (d'esclau).
coma [kóma] *f.* GRAM. Coma.
coma [kóma] *m.* MED. Coma.
comadre [komáðre] *f.* Comare, padrina. *2* Llevadora.
comadrear [komaðreár] *i.* Comadrejar, xafardejar.
comadreja [komaðréxa] *f.* ZOOL. Mostela.
comadreo [komaðréo] *m.* Comareig.
comadrón [komaðrón] *m.* Parterot.
comadrona [komaðróna] *f.* Llevadora.
comandante [komandánte] *m.* Comandant.
comandar [komandár] *t.* Comandar.
comandita [komanðíta] *f.* Comandita.
comanditario, -ia [komanditárjo, -ja] *a., m.-f.* Comanditari.
comarca [komárka] *f.* Comarca, contrada, rodalia.
comarcal [komarkál] *a.* Comarcal.
comarcano, -na [komarkáno, -na] *a.* Comarcà.
comatoso, -sa [komatóso, -sa] *a.* Comatós.
comba [kómba] *f.* Guerxesa, bombat. ‖ ***Jugar a la ~,*** saltar a corda.
combado, -da [kombáðo, -ða] *a.* Guerxo.
combadura [kombaðúra] *f.* Guerxesa, bombat, enguerximent.
combar [kombár] *t.-prnl.* Guerxar, bombar.
combate [kombáte] *m.* Combat.
combatiente [kombatjénte] *m.* Combatent.
combatir [kombatír] *i.-t.* Combatre. *2* Batre (el vent, les ones, etc.).
combatividad [kombatiβiðáð] *f.* Combativitat.
combativo, -va [kombatíβo, -βa] *a.* Combatiu.
combinado [kombináðo] *m.* Còctel.
combinación [kombinaθjón] *f.* Combinació.
combinar [kombinár] *t.-prnl.* Combinar, conjuminar.
comburente [komburénte] *a.-m.* Comburent.
combustible [kombustíβle] *a.-m.* Combustible.
combustión [kombustjón] *f.* Combustió.
comedero, -ra [komeðéro, -ra] *a.* Mengívol. *2 m.* Menjadora, menjador.
comedia [koméðja] *f.* Comèdia.
comediante, -ta [komeðjánte, -ta] *m.-f.* Comediant.
comedido, -da [komeðíðo, -ða] *a.* Mirat, primmirat, moderat.
comedimiento [komeðimjénto] *m.* Moderació, mirament, mesura.
comedirse [komeðírse] *prnl.* Contenir-se. ¶ CONJUG. com ***pedir.***
comedón [komeðón] *m.* Barb (de la pell).
comedor, -ra [komeðór, -ra] *a.* Menjador, menjaire. *2 m.* Menjador.

comendador [komendaðór] *m.* Comanador.
comensal [komensál] *m.-f.* Comensal.
comentar [komentár] *t.* Comentar.
comentario [komentárjo] *m.* Comentari.
comentarista [komentarista] *m.-f.* Comentarista.
comenzar [komenθár] *t.-i.* Començar. ¶ CONJUG. com ***apretar.***
comer [komér] *t.-i.* Menjar, fer nyam-nyam. *2* Dinar. *3* Matar (escacs).
comercial [komerθjál] *a.* Comercial.
comerciante [komerθjánte] *a., m.-f.* Comerciant.
comerciar [komerθjár] *i.* Comerciar.
comercio [komérθjo] *m.* Comerç.
comestible [komestiβle] *a.* Comestible. *2 m.* Queviures.
cometa [kométa] *m.* ASTR. Cometa. *2 f.* Estel, grua.
cometer [kometér] *t.* Cometre.
cometido [kometiðo] *m.* Comesa.
comezón [komeθón] *f.* Picor, pruïja, desfici, frisança, neguit.
comicios [komiθjos] *m. pl.* Comicis.
cómico, -ca [kómiko, -ka] *a., m.-f.* Còmic.
comida [komiða] *f.* Menjar, menja, teca, manduca, recapte. *2* Menjada, àpat. *3* Dinar, dinada.
comidilla [komiðiʎa] *f.* fam. Dèria, fallera. *2* Tema (de murmuració).
comido, -da [komiðo, -ða] *a.* Que ha menjat. ‖ ~ ***y bebido,*** fam. alimentat.
comienzo [komjénθo] *m.* Començament, començ.
comilón [komilón] *a.-m.* Fart, fartaner, gormand, golafre, barrut.
comilona [komilóna] *f.* Tec, fartanera, tiberi, fart.
comillas [komiʎas] *f. pl.* Cometes.
comino [komino] *m.* BOT. Comí. ‖ ***No importar un ~,*** tant donar-se'n.
comisaría [komisaria] *f.* Comissaria.
comisario [komisárjo] *m.* Comissari.
comisión [komisjón] *f.* Comissió.
comisionar [komisjonár] *t.* Comissionar.
comisionista [komisjonista] *m.-f.* Comissionista.
comisura [komisúra] *f.* Comissura.
comité [komité] *m.* Comitè.
comitiva [komitiβa] *f.* Comitiva, acompanyament.
como [kómo] *adv.* Com, com a. *2 conj.* Com, com que. *3 interj.* Com! ‖ ~ ***quiera que,*** com sigui que.
cómoda [kómoða] *f.* Calaixera, còmoda.
cómodamente [komoðaménte] *adv.* Còmodament.
comodidad [komoðiðáð] *f.* Comoditat.
cómodo, -da [kómoðo, -ða] *a.* Còmode. *2* Avinent.
comodón, -ona [komoðón, -óna] *a.* Comodós.
compacto, -ta [kompaɣto, -ta] *a.* Compacte.
compadecer [kompaðeθér] *t.-prnl.* Compadir, plànyer. ¶ CONJUG. com ***agradecer.***
compadre [kompáðre] *m.* Padrí, compare.
compaginar [kompaxinár] *t.-prnl.* Compaginar.
compañerismo [kompaɲerizmo] *m.* Companyonia.
compañero, -ra [kompaɲéro, -ra] *m.-f.* Company, companyó.
compañía [kompaɲia] *f.* Companyia.
comparable [komparáβle] *a.* Comparable.
comparación [komparaθjón] *f.* Comparació, comparança.
comparar [komparár] *t.* Comparar.
comparativo, -va [komparatiβo, -βa] *a.* Comparatiu.
comparecencia [kompareθénθja] *f.* JUR. Compareixença.
comparecer [kompareθér] *i.* Comparèixer. ¶ CONJUG. com ***agradecer.***
comparsa [kompársa] *f.* Comparsa.
compartimiento [kompartimjénto] *m.* Compartiment, compartició.
compartir [kompartir] *t.* Compartir.
compás [kompás] *m.* Compàs.
compasión [kompasjón] *f.* Compassió, planyença.
compasivo, -va [kompasiβo, -βa] *a.* Compassiu.
compatibilidad [kompatiβiliðáð] *f.* Compatibilitat.
compatible [kompatiβle] *a.* Compatible.
compatriota [kompatrjóta] *m.-f.* Compatriota.
compeler [kompelér] *t.* Compel·lir.
compendiar [kompendjár] *t.* Compendiar.
compendio [kompéndjo] *m.* Compendi.
compenetración [kompenetraθjón] *f.* Compenetració.
compenetrarse [kompenetrárse] *prnl.* Compenetrar-se. *2* Corfondre's.
compensación [kompensaθjón] *f.* Compensació.
compensar [kompensár] *t.* Compensar.
competencia [kompeténθja] *f.* Competència.
competente [kompeténte] *a.* Competent.
competer [kompetér] *i.* Competir.

competición [kompetiθjón] *f.* Competició.
competidor, -ra [kompetiðór, -ra] *a., m.-f.* Competidor.
competir [kompetír] *i.* Competir. ¶ CONJUG. com ***pedir.***
compilación [kompilaθjón] *f.* Compilació, recull.
compilar [kompilár] *t.* Compilar.
compinche [kompíntʃe] *m.* Company, companyó, camarada.
complacencia [komplaθénθja] *f.* Complaença. *2* Rebeig.
complacer [komplaθér] *t.-prnl.* Complaure, fer content. ¶ CONJUG. com ***agradecer.***
complaciente [komplaθjénte] *a.* Complaent.
complejo, -ja [kompléxo, -xa] *a.-m.* Complex.
complementar [komplementár] *t.* Complementar.
complementario, -ia [komplementárjo, -ja] *a.* Complementari.
complemento [kompleménto] *m.* Complement.
completar [kompletár] *t.* Completar.
completas [komplétas] *f. pl.* LITURG. Completes.
complexión [kompleɣsjón] *f.* Complexió.
complicación [komplikaθjón] *f.* Complicació.
complicado, -da [komplikáðo, -ða] *a.* Complicat.
complicar [komplikár] *t.-prnl.* Complicar.
cómplice [kómpliθe] *m.-f.* Còmplice.
complicidad [kompliθiðáð] *f.* Complicitat.
complot [komplót] *m.* Complot.
complotar [komplotár] *i.* Complotar.
componedor, -ra [komponeðór, -ra] *m.-f.* Componedor.
componenda [komponénða] *f.* Avinença. *2* Martingala, conxorxa.
componente [komponénte] *a., m.-f.* Component.
componer [komponér] *t.* Compondre, conjuminar. *2* Musicar, compondre. *3* Adobar, adornar, abillar, apariar. *4 prnl.* Compondre's, mudar-se, arreglar-se. ¶ CONJUG. com ***poner.***
comportamiento [komportamjénto] *m.* Comportament, capteniment.
comportar [komportár] *t.* Comportar. *2 prnl.* Comportar-se, captenir-se, portar-se.
comporte [kompórte] *m.* Comport.
composición [komposiθjón] *f.* Composició.
compositor, -ra [kompositór, -ra] *a., m.-f.* Compositor.
compostura [kompostúra] *f.* Adob, reparació. *2* Capteniment. *3* Adornament, endreç.
compota [kompóta] *f.* Compota.
compotera [kompotéra] *f.* Compotera.
compra [kómpra] *f.* Compra.
comprador, -ra [kompraðór, -ra] *a., m.-f.* Comprador.
comprar [komprár] *t.* Comprar, firar-se.
comprender [komprendér] *t.* Comprendre, copsar, capir. *2 t.-prnl.* Contenir.
comprensibilidad [komprensiβiliðáð] *f.* Comprensibilitat.
comprensible [komprensíβle] *a.* Comprensible.
comprensión [komprensjón] *f.* Comprensió.
comprensivo, -va [komprensíβo, -βa] *a.* Comprensiu.
compresa [komprésa] *f.* Compresa.
compresión [kompresjón] *f.* Compressió.
compresor, -ra [kompresór, -ra] *a.-m.* Compressor.
comprimido, -da [komprimíðo, -ða] *a.-m.* Comprimit.
comprimir [komprimír] *t.-prnl.* Comprimir, afetgegar, atapeir.
comprobación [komproβaθjón] *f.* Comprovació, constatació.
comprobante [komproβánte] *a.-m.* Comprovant.
comprobar [komproβár] *t.* Comprovar, constatar. ¶ CONJUG. com ***desollar.***
comprometedor, -ra [komprometeðór, -ra] *a.* Comprometedor.
comprometer [komprometér] *t.-prnl.* Comprometre.
compromiso [kompromíso] *m.* Compromís, engatjament.
compuerta [kompwérta] *f.* Comporta, bagant, cadirat.
compuesto, -ta [kompwésto, -ta] *a.* Compost.
compulsa [kompúlsa] *f.* Compulsa.
compulsar [kompulsár] *t.* Compulsar.
compulsión [kompulsjón] *f.* Compulsió.
compunción [kompunθjón] *f.* Compunció, compungiment.
compungido, -da [kompuŋxíðo, -ða] *a.* Compungit.
compungir [kompuŋxír] *t.-prnl.* Compungir-se.
computar [komputár] *t.* Computar.
cómputo [kómputo] *m.* Còmput.
comulgante [komulɣánte] *a., m.-f.* Combregant, que combrega.
comulgar [komulɣár] *t.-i.* Combregar.

comulgatorio [komulɣatórjo] *m.* Combregador.
común [komún] *a.* Comú. || ***En ~,*** tots plegats. || ***Por lo ~,*** comunament.
comunal [komunál] *a.* Comunal.
comunicación [komunikaθjón] *f.* Comunicació.
comunicante [komunikánte] *a., m.-f.* Comunicant.
comunicar [komunikár] *t.-i.-prnl.* Comunicar.
comunicativo, -va [komunikatiβo, -βa] *a.* Comunicatiu.
comunidad [komuniðáð] *f.* Comunitat.
comunión [komunjón] *f.* Comunió.
comunismo [komunízmo] *m.* Comunisme.
comunista [komunísta] *a., m.-f.* Comunista.
con [kon] *prep.* Amb. || ***Para ~,*** envers, respecte a. || ***~ relación a,*** pel que fa a.
conato [konáto] *m.* Conat.
concatenación [koŋkatenaθjón] *f.* Concatenació.
concavidad [koŋkaβiðáð] *f.* Concavitat.
cóncavo, -va [kóŋkaβo, -βa] *a.* Còncau.
concebible [konθeβíβle] *a.* Concebible.
concebir [konθeβír] *t.-i.* Concebre. ¶ CONJUG. com ***pedir.***
conceder [konθeðér] *t.* Concedir.
concejal [konθexál] *m.* Conseller, regidor.
concejalía [konθexalía] *f.* Regidoria.
concejo [konθéxo] *m.* Consell, ajuntament.
concentración [konθentraθjón] *f.* Concentració.
concentrar [konθentrár] *t.-prnl.* Concentrar.
concéntrico, -ca [konθéntriko, -ka] *a.* Concèntric.
concepción [konθeβθjón] *f.* Concepció.
concepto [konθéβto] *m.* Concepte.
conceptuar [konθeβtuár] *t.* Conceptuar.
concerniente [konθernjénte] *a.* Concernent.
concernir [konθernír] *i.* Concernir. ¶ CONJUG. GER.: ***concerniendo.*** || INDIC. Pres.: ***concierne, conciernen.*** | Imperf.: ***concernía, concernían.*** || SUBJ. Pres.: ***concierna, conciernan.***
concertante [konθertánte] *a.-m.* Concertant.
concertar [konθertár] *t.-i.-prnl.* Concertar, ajustar. ¶ CONJUG. com ***apretar.***
concertista [konθertísta] *m.-f.* Concertista.
concesión [konθesjón] *f.* Concessió.
concesionario [konθesjonárjo] *a.-m.* Concessionari.
conciencia [konθjénθja] *f.* Consciència.
concienzudo, -da [konθjenθúðo, -ða] *a.* Conscienciós.
concierto [konθjérto] *m.* Concert.
conciliábulo [konθiljáβulo] *m.* Conciliàbul.
conciliación [konθiljaθjón] *f.* Conciliació.
conciliador, -ra [konθiljaðór, -ra] *a., m.-f.* Conciliador.
conciliar [konθiljár] *a.* Conciliar.
conciliar [konθiljár] *t.-prnl.* Conciliar.
concilio [konθíljo] *m.* Concili.
concisión [konθisjón] *f.* Concisió.
conciso, -sa [konθíso, -sa] *a.* Concís.
concitar [konθitár] *t.* Concitar.
conciudadano, -na [konθjuðaðáno, -na] *m.-f.* Conciutadà.
cónclave [kóŋklaβe] *m.* Conclave.
concluir [koŋkluír] *t.-prnl.* Acabar, cloure. *2* Concloure. ¶ CONJUG. com ***huir.***
conclusión [koŋklusjón] *f.* Conclusió.
conclusivo, -va [koŋklusíβo, -βa] *a.* Conclusiu.
concluso, -sa [koŋklúso, -sa] *a.* JUR. Conclús.
concluyente [koŋklujénte] *a.* Concloent.
concomitancia [koŋkomitánθja] *f.* Concomitància.
concomitante [koŋkomitánte] *a.* Concomitant.
concordancia [koŋkorðánθja] *f.* Concordança.
concordante [koŋkorðánte] *a.* Concordant.
concordar [koŋkorðár] *t.-i.* Concordar. ¶ CONJUG. com ***desollar.***
concordato [koŋkorðáto] *m.* Concordat.
concorde [koŋkórðe] *a.* Concorde.
concordia [koŋkórðja] *f.* Concòrdia.
concreción [koŋkreθjón] *f.* Concreció.
concretamente [koŋkrétamente] *adv.* Concretament.
concretar [koŋkretár] *t.-prnl.* Concretar.
concreto, -ta [koŋkréto, -ta] *a.* Concret.
concubina [koŋkuβína] *f.* Concubina, amistançada.
concubinato [koŋkuβináto] *m.* Concubinat.
conculcar [koŋkulkár] *t.* Conculcar. *2* Trepitjar.
concupiscencia [koŋkupisθénθja] *f.* Concupiscència.
concupiscente [koŋkupisθénte] *a.* Concupiscent.
concurrencia [koŋkurrénθja] *f.* Concurrència.
concurrente [koŋkurrénte] *a.* Concurrent.

concurrir [koŋkurrír] *i.* Concórrer.
concursante [koŋkursánte] *m.-f.* Concursant.
concurso [koŋkúrso] *m.* Concurs.
concusión [koŋkusjón] *f.* Concussió.
concha [kóŋtʃa] *f.* Closca, conquilla, petxina. *2* Coverol (de l'apuntador). *3* Badia tancada.
condado [kondáðo] *m.* Comtat.
condal [kondál] *a.* Comtal.
conde [kónde] *m.* Comte.
condecoración [kondekoraθjón] *f.* Condecoració.
condecorar [kondekorár] *t.* Condecorar.
condena [kondéna] *f.* Condemna.
condenable [kondenáβle] *a.* Condemnable. *2* Damnable.
condenación [kondenaθjón] *f.* Condemnació, condemnament. *2* Blasme. *3* Damnació.
condenado, -da [kondenáðo, -ða] *a., m.-f.* Condemnat. *2* Damnat.
condenar [kondenár] *t.-prnl.* Condemnar. *2* Damnar. *3* Blasmar.
condenatorio, -ia [kondenatórjo, -ja] *a.* Condemnatori.
condensación [kondensaθjón] *f.* Condensació.
condensador, -ra [kondensaðór, -ra] *a.-m.* Condensador.
condensar [kondensár] *t.-prnl.* Condensar.
condesa [kondésa] *f.* Comtessa.
condescendencia [kondesθendénθja] *f.* Condescendència.
condescender [kondesθendér] *i.* Condescendir. ¶ CONJUG. com ***defender.***
condescendiente [kondesθendjénte] *a.* Condescendent.
condición [kondiθjón] *f.* Condició.
condicional [kondiθjonál] *a.* Condicional.
condicionar [kondiθjonár] *t.-i.* Condicionar.
condimentar [kondimentár] *t.* Condimentar, amanir, adobar, assaonar.
condimento [kondiménto] *m.* Condiment, adob, amaniment.
condiscípulo, -la [kondisθípulo, -la] *m.-f.* Condeixeble.
condolencia [kondolénθja] *f.* Condolença, condol.
condolerse [kondolérse] *prnl.* Condoldre's, condolir-se. ¶ CONJUG. com ***moler.***
condonar [kondonár] *t.* Condonar.
cóndor [kóndor] *m.* ORNIT. Còndor.
conducente [konduθénte] *a.* Conduent.
conducir [konduθír] *t.-i.-prnl.* Conduir, menar, dreçar, emmenar, aconduir. ¶ CONJUG. INDIC. Pres.: ***conduzco.*** | Indef.: ***conduje.*** || SUBJ. Pres.: ***conduzca.*** | Imperf.: ***condujera*** o ***-jese.*** | Fut.: ***condujere.***
conducta [kondúɣta] *f.* Conducta, comportament.
conductibilidad [konduɣtiβiliðáð] *f.* Conductibilitat.
conducto [kondúɣto] *m.* Conducte.
conductor, -ra [konduɣtór, -ra] *a., m.-f.* Conductor.
condueño [kondwéɲo] *m.-f.* Copropietari.
conectador [koneɣtaðór] *m.* Connector, connectador.
conectar [koneɣtár] *t.* Connectar.
coneja [konéxa] *f.* ZOOL. Conilla.
conejar [konexár] *m.* Coniller, conillera.
conejera [konexéra] *f.* Conillera.
conejo [konéxo] *m.* ZOOL. Conill. || ***Conejillo de Indias,*** conillet d'Indies, conill porquí.
conexión [koneɣsjón] *f.* Connexió.
conexo, -xa [konéɣso, -ɣsa] *a.* Connex.
confabulación [komfaβulaθjón] *f.* Confabulació.
confabular [komfaβulár] *i.-prnl.* Confabular.
confalón [komfalón] *m.* Gonfanó.
confección [komfeɣθjón] *f.* Confecció.
confeccionar [komfeɣθjonár] *t.* Confeccionar.
confederación [komfeðeraθjón] *f.* Confederació.
confederar [komfeðerár] *t.-prnl.* Confederar.
conferencia [komferénθja] *f.* Conferència.
conferenciante [komferenθjánte] *m.-f.* Conferenciant.
conferir [komferír] *t.* Conferir. ¶ CONJUG. com ***sentir.***
confesar [komfesár] *t.-prnl.* Confessar. ¶ CONJUG. com ***apretar.***
confesión [komfesjón] *f.* Confessió.
confesional [komfesjonál] *a.* Confessional.
confesionario [komfesionárjo] *m.* Confessionari.
confesor [komfesór] *m.* Confessor, confés.
confeti [komféti] *m. it.* Confetti.
confiado, -da [komfjáðo, -ða] *a.* Confiat, refiat.
confianza [komfjánθa] *f.* Confiança, fiança.
confiar [komfjár] *t.-i.-prnl.* Confiar, fiar. *2* Refiar-se.
confidencia [komfiðenθja] *f.* Confidència.

confidencial [komfiðenθjál] *a.* Confidencial
confidente, -ta [komfiðénte, -ta] *a., m.-f.* Confident.
configuración [komfiɣuraθjón] *f.* Configuració.
configurar [komfiɣurár] *t.-prnl.* Configurar.
confín [konfín] *a.* Limítrof. *2 m.* Confí.
confinar [konfinár] *i.* Confinar, termenejar. *2 t.* Confinar (tancar dins uns confins).
confirmación [komfirmaθjón] *f.* Confirmació.
confirmar [komfirmár] *t.* Confirmar.
confiscación [komfiskaθjón] *f.* Confiscació.
confiscar [komfiskár] *t.* Confiscar.
confitar [komfitár] *t.* Confitar.
confite [komfíte] *m.* Confit.
confitería [komfitería] *f.* Confiteria.
confitero, -ra [komfitéro, -ra] *m.-f.* Confiter.
confitura [komfitúra] *f.* Confitura.
conflicto [komflíɣto] *m.* Conflicte.
confluencia [komfluénθja] *f.* Confluència, confluent.
confluir [komflwír] *i.* Confluir, junyir. ¶ CONJUG. com ***huir***.
conformación [komformaθjón] *f.* Conformació.
conformar [komformár] *t.-i.-prnl.* Conformar.
conforme [komfórme] *a.* Conforme.
conformidad [komformiðáð] *f.* Conformitat.
conformista [komformísta] *m.-f.* Conformista.
confort [komfórt] *m.* Confort.
confortable [komfortáβle] *a.* Confortable.
confortación [komfortaθjón] *f.* Confort. *2* Conhort.
confortante [komfortánte] *a.-m.* Confortant.
confortar [komfortár] *t.* Confortar. *2* Conhortar.
confraternidad [komfraterniðáð] *f.* Confraternitat.
confrontación [komfrontaθjón] *f.* Confrontació.
confrontar [komfrontár] *t.-prnl.* Confrontar.
confundido, -da [komfundíðo, -ða] *a.* Confós.
confundir [komfundír] *t.-prnl.* Confondre. ¶ CONJUG. P. P.: ***confundido*** i ***confuso***.
confusión [komfusjón] *f.* Confusió. *2* Malentès.
confuso, -sa [komfúso, -sa] *a.* Confús.
confutar [komfutár] *t.* Confutar.
congelar [koŋxelár] *t.-prnl.* Congelar.
congénere [koŋxénere] *a.* Congènere.
congeniar [koŋxenjár] *i.* Congeniar.
congénito, -ta [koŋxénito, -ta] *a.* Congènit.
congestión [koŋxestjón] *f.* Congestió.
congestionar [koŋxestjonár] *t.-prnl.* Congestionar.
conglomerado [koŋglomeráðo] *m.* Conglomerat.
conglomerar [koŋglomerár] *t.-prnl.* Conglomerar.
congoja [koŋgóxa] *f.* Angoixa, angúnia, acorament.
congraciar [koŋgraθjár] *t.-prnl.* Congraciar-se.
congratulación [koŋgratulaθjón] *f.* Congratulació.
congratular [koŋgratulár] *t.-prnl.* Congratular.
congregación [koŋgreɣaθjón] *f.* Congregació. *2* Aplec.
congregar [koŋgreɣár] *t.-prnl.* Congregar, aplegar.
congregante [koŋgreɣánte] *m.-f.* Congregant.
congresista [koŋgresísta] *m.-f.* Congressista.
congreso [koŋgréso] *m.* Congrés.
congrio [kóŋgrjo] *m.* ICT. Congre.
congruencia [koŋgruenθja] *f.* Congruència.
congruente [koŋgruénte] *a.* Congruent.
cónico [kóniko, -ka] *a.* Cònic.
coníferas [koníferas] *f. pl.* BOT. Coníferes.
conirrostros [konirróstros] *a.* Conirrostres.
conjetura [koŋxetúra] *f.* Conjectura.
conjeturar [koŋxeturár] *t.* Conjecturar, albirar.
conjugable [koŋxuɣáβle] *a.* Conjugable.
conjugación [koŋxuɣaθjón] *f.* Conjugació.
conjugar [koŋxuɣár] *t.-prnl.* Conjugar.
conjunción [koŋxunθjón] *f.* Conjunció.
conjuntivo, -va [koŋxuntíβo, -βa] *a.* Conjuntiu. *2 f.* ANAT. Conjuntiva.
conjunto, -ta [koŋxúnto, -ta] *a.-m.* Conjunt.
conjura [koŋxúra] *f.* V. CONJURACIÓN.
conjuración [koŋxuraθjón] *f.* Conjuració.
conjurado, -da [koŋxuráðo, -ða] *a., m.-f.* Conjurat.
conjurar [koŋxurár] *t.-i.-prnl.* Conjurar.
conjuro [koŋxúro] *m.* Conjur, conjurament.

conmemoración [kommemoraθjón] *f.* Commemoració.
conmemorar [kommemorár] *t.* Commemorar.
conmemorativo, -va [kommemoratíβo, -βa] *a.* Commemoratiu.
conmensurable [kommensuráβle] *a.* Commensurable.
conmigo [kommiγo] *pron.* Amb mi.
conminación [komminaθjón] *f.* Comminació.
conminar [komminár] *t.* Comminar.
conminatorio, -ia [komminatórjo, -ja] *a., m.-f.* Comminatori.
conmiseración [kommiseraθjón] *f.* Commiseració.
conmoción [kommoθjón] *f.* Commoció.
conmovedor, -ra [kommoβeðór, -ra] *a.* Commovedor. *2* Escruïxidor.
conmover [kommoβér] *t.-prnl.* Commoure. ¶ CONJUG. com ***moler.***
conmutador, -ra [kommutaðór, -ra] *a.-m.* Commutador.
conmutar [kommutár] *t.* Commutar.
connatural [konnaturál] *a.* Connatural.
connivencia [konniβénθja] *f.* Connivència.
connotación [konnotaθjón] *f.* Connotació.
connotar [konnotár] *t.* Connotar.
connubio [konnúβjo] *m.* Connubi.
cono [kóno] *m.* GEOM. i BOT. Con.
conocedor, -ra [konoθeðór, -ra] *a., m.-f.* Coneixedor.
conocer [konoθér] *t.-i.-prnl.* Conèixer. ¶ CONJUG. com ***agradecer.***
conocido, -da [konoθiðo, -ða] *a., m.-f.* Conegut.
conocimiento [konoθimjénto] *m.* Coneixement. *2* Coneixença. *3* Esment.
conque [koŋké] *conj.* De manera que.
conquista [koŋkista] *f.* Conquesta, conquista.
conquistador, -ra [koŋkistaðór, -ra] *a.* Conqueridor, conquistador.
conquistar [koŋkistár] *t.* Conquerir, conquistar.
consabido, -da [konsaβiðo, -ða] *a.* Sabut, susdit.
consagración [konsaγraθjón] *f.* Consagració.
consagrar [konsaγrár] *t.-prnl.* Consagrar.
consanguíneo, -ea [konsaŋγineo, -ea] *a., m.-f.* Consanguini.
consciente [konsθjénte] *a.* Conscient.
consecución [konsekuθjón] *f.* Consecució, aconseguiment.
consecuencia [konsekwénθja] *f.* Conseqüència.
consecuente [konsekwénte] *a.-m.* Conseqüent.
consecutivo, -va [konsekutiβo, -βa] *a.* Consecutiu.
conseguir [konseγir] *t.* Aconseguir, assolir, atènyer. ¶ CONJUG. com ***pedir.***
consejero, -ra [konsexéro, -ra] *m.-f.* Conseller.
consejo [konséxo] *m.* Consell.
consenso [konsénso] *m.* Consentiment.
consentido, -da [konsentiðo, -ða] *a.* Consentit.
consentimiento [konsentimjénto] *m.* Consentiment. *2* Aviciadura.
consentir [konsentir] *t.-i.* Consentir. *2* Aviciar. ¶ CONJUG. com ***sentir.***
conserje [konsérxe] *m.* Conserge.
conserjería [konserxería] *f.* Consergeria.
conserva [konsérβa] *f.* Conserva.
conservación [konserβaθjón] *f.* Conservació.
conservador, -ra [konserβaðór, -ra] *a., m.-f.* Conservador.
conservar [konserβár] *t.-prnl.* Conservar.
conservatorio, -ia [konserβatórjo, -ja] *a.-m.* Conservatori.
considerable [konsiðeráβle] *a.* Considerable.
consideración [konsiðeraθjón] *f.* Consideració, esguard.
considerado, -da [konsiðeráðo, -ða] *a.* Considerat.
considerando [konsiðerándo] *m.* Considerant.
considerar [konsiðerár] *t.* Considerar, esguardar.
consigna [konsiγna] *f.* Consigna.
consignación [konsiγnaθjón] *f.* Consignació.
consignar [konsiγnár] *t.* Consignar.
consignatario [konsiγnatárjo] *m.* Consignatari.
consigo [konsiγo] *pron.* Amb ell, amb ella, amb ells, amb elles.
consiguiente [konsiγjénte] *a.* Conseqüent.
consiliario, -ia [konsiljárjo, -ja] *m.-f.* Consiliari.
consistencia [konsisténθja] *f.* Consistència.
consistente [konsisténte] *a.* Consistent.
consistir [konsistír] *i.* Consistir.
consistorio [konsistórjo] *m.* Consistori.
consocio, -ia [konsóθjo, -ja] *m.-f.* Consoci.
consola [konsóla] *f.* Consola.
consolación [konsolaθjón] *f.* Consolació.
consolador, -ra [konsolaðór, -ra] *a., m.-f.* Consolador.
consolidar [konsoliðár] *t.-prnl.* Consolidar, refermar.

consomé [konsomé] *m. fr.* Consomé.
consonancia [konsonánθja] *f.* Consonància.
consonante [konsonánte] *a., m.-f.* Consonant.
consonar [konsonár] *i.* Consonar.
consorcio [konsórθjo] *m.* Consorci.
consorte [konsórte] *m.-f.* Consort.
conspicuo, -ua [konspíkwo, -wa] *a.* Conspicu.
conspiración [konspiraθjón] *f.* Conspiració.
conspirador, -ra [konspiraðór, -ra] *m.-f.* Conspirador.
conspirar [konspirár] *i.* Conspirar.
constancia [konstánθja] *f.* Constància.
constatación [konstataθjón] *f.* Constatació, comprovació.
constatar [konstatár] *t.* Constatar.
constante [konstánte] *a.-f.* Constant.
constar [konstár] *i.* Constar.
constelación [konstelaθjón] *f.* Constel·lació.
consternación [konsternaθjón] *f.* Consternació.
consternar [konsternár] *t.* Consternar.
constipado, -da [ko(n)stipáðo, -ða] *a.-m.* Constipat.
constipar [ko(n)stipár] *t.-prnl.* Constipar.
constitución [konstituθjón] *f.* Constitució.
constitucional [konstituθjonál] *a.* Constitucional.
constituir [constitwír] *t.-prnl.* Constituir. ¶ CONJUG. com ***huir.***
constitutivo, -va [konstitutiβo, -βa] *a.-m.* Constitutiu.
constituyente [konstitujénte] *a.* Constituent.
constreñimiento [konstreɲimjénto] *a.* Constrenyiment.
constreñir [konstreɲír] *t.* Constrènyer, estrènyer. ¶ CONJUG. com ***ceñir.***
constricción [konstriɣθjón] *f.* Constricció.
construcción [konstruɣθjón] *f.* Construcció.
constructivo, -va [konstruɣtiβo, -βa] *a.* Constructiu.
constructor, -ra [konstruɣtór, -ra] *m.-f.* Constructor.
construir [konstrwír] *t.* Construir, bastir.
consubstancial [konsuβstanθjál] *a.* Consubstancial.
consuelo [konswélo] *m.* Consol, consolació, conhort.
consuetudinario, -ia [konswetuðinárjo, -ja] *a.* Consuetudinari.
cónsul [kónsul] *m.* Cònsol.
consulado [konsuláðo] *m.* Consolat.
consular [konsulár] *a.* Consular.
consulta [konsúlta] *f.* Consulta.
consultar [konsultár] *t.* Consultar.
consultivo, -va [konsultiβo, -βa] *a.* Consultiu.
consultor, -ra [konsultór, -ra] *a., m.-f.* Consultor.
consultorio [konsultórjo] *m.* Consultori.
consumación [konsumaθjón] *f.* Consumació.
consumado, -da [konsumáðo, -ða] *a.* Consumat.
consumar [konsumár] *t.* Consumar.
consumición [konsumiθjón] *f.* Consumició.
consumidor, -ra [konsumiðór, -ra] *m.-f.* Consumidor.
consumir [konsumír] *t.-prnl.* Consumir, corsecar. *2* Fregir. *3 prnl.* Migrar-se.
consumo [konsúmo] *m.* Consum.
consunción [konsunθjón] *f.* Consumpció, consumiment.
consuno (de) [konsúno] *loc.* D'acord.
consuntivo, -va [konsuntiβo, -βa] *a.* Consumptiu.
contabilidad [kontaβiliðáð] *f.* Comptabilitat.
contable [kontáβle] *a.-m.* Comptable.
contacto [kontáɣto] *m.* Contacte.
contado, -da [kontáðo, -ða] *a.* Comptat. ‖ ***Al ~,*** al comptat.
contador, -ra [kontaðór, -ra] *a., m.-f.* Comptador.
contaduría [kontaðuría] *f.* Comptaduria.
contagiar [kontaxjár] *t.-prnl.* Contagiar.
contagio [kontáxjo] *m.* Contagi.
contagioso, -sa [kontaxjóso, -sa] *a.* Contagiós, encomanadís.
contaminación [kjontaminaθjón] *f.* Contaminació.
contaminar [kontaminár] *t.* Contaminar.
contante [kontánte] *a.* Comptant, efectiu.
contar [kontár] *t.-i.* Comptar. *2* Contar. ¶ CONJUG. INDIC. Pres.: ***cuento, cuentas, cuenta, cuentan.*** ‖ SUBJ. Pres.: ***cuente, cuentes, cuente, cuenten.*** ‖ IMPERAT.: ***cuenta, cuente, cuenten.***
contemplación [kontemplaθjón] *f.* Contemplació.
contemplar [kontemplár] *t.* Contemplar.
contemplativo, -va [kontemplatiβo, -βa] *a.* Contemplatiu.
contemporáneo, -ea [kontemporáneo, -ea] *a., m.-f.* Contemporani.
contemporizar [kontemporiθár] *i.* Contemporitzar.
contención [kontenθjón] *f.* Contenció. *2* Contesa.
contencioso, -sa [kontenθjóso, -sa] *a.* Contenciós.

contender [kontendér] *i.* Contendre. ¶ CONJUG. com ***defender.***
contendiente [kontendjénte] *a., m.-f.* Contendent.
contener [kontenér] *t.-prnl.* Contenir. ¶ CONJUG. com ***tener.***
contenido, -da [konteniðo, -ða] *a.* Contingut.
contentadizo, -za [kontentaðiθo, -θa] *a.* Acontentadís.
contentar [kontentár] *t.-prnl.* Acontentar. ¶ CONJUG. P. P.: ***contentado*** i ***contento.***
contento, -ta [konténto, -ta] *a.* Content, campal. *2 m.* Acontentament, joia, alegria.
contera [kontéra] *f.* Virolla.
conterráneo, -ea [konterráneo, -ea] *a., m.-f.* Conterrani.
contestación [kontestaθjón] *f.* Contestació, contesta, resposta.
contestar [kontestár] *t.-i.* Contestar, respondre, replicar.
contexto [kontésto] *m.* Context.
contextura [kontestúra] *f.* Contextura.
contienda [kontjénda] *f.* Contesa, disputa, baralla.
contigo [kontiγo] *pron.* Amb tu.
contigüidad [kontiγwiðáð] *f.* Contigüitat.
contiguo, -ua [kontiγwo, -wa] *a.* Contigu.
continencia [kontinénθja] *f.* Continència.
continental [kontinentál] *a.* Continental.
continente [kontinénte] *a.-m.* Continent.
contingencia [kontiŋxénθja] *f.* Contingència.
contingente [kontiŋxénte] *a.-m.* Contingent.
continuación [kontinwaθjón] *f.* Continuació.
continuador, -ra [kontinwaðór, -ra] *a., m.-f.* Continuador.
continuar [kontinwár] *t.-i.* Continuar.
continuidad [kontinwiðáð] *f.* Continuïtat.
continuo, -ua [kontínwo, -wa] *a.* Continu. *2 m.* Seguit.
contonearse [kontoneárse] *prnl.* Remenar (en caminar).
contoneo [kontonéo] *m.* Remenament (del cos).
contornear [kontorneár] *t.* Contornejar.
contorno [kontórno] *m.* Contorn, entorn. *2 pl.* Els voltants, les rodalies, els volts.
contorsión [kontorsjón] *f.* Contorsió.
contra [kóntra] *prep.* Contra. *2 m.* Contra. ‖ ***El pro y el ~,*** el pro i el contra. *3* Contra. ‖ ***Llevar, hacer (a alguno) la ~,*** portar, fer la contra (a algú). ‖ ***En ~,*** en contra.
contraalmirante [kontralmiránte] *m.* Contraalmirall.
contraatacar [kontratakár] *i.* Contraatacar.
contraataque [kontratáke] *m.* Contraatac.
contrabajo [kontraβáxo] *m.* MÚS. Contrabaix, verra.
contrabalancear [kontraβalanθeár] *t.-prnl.* Contrabalançar.
contrabandista [kontraβandista] *a., m.-f.* Contrabandista.
contrabando [kontraβándo] *m.* Contraban (l'acció). *2* Contraban, matuta (el gènere).
contracción [kontraγθjón] *f.* Contracció.
contráctil [kontráγtil] *a.* Contràctil.
contracto, -ta [kontráγto, -ta] *a.* Contracte.
contractura [kontraγtúra] *f.* Contractura.
contradecir [kontraðeθír] *t.-i.* Contradir. ¶ CONJUG. com ***decir.***
contradicción [kontraðiγθjón] *f.* Contradicció.
contradictor, -ra [kontraðiγtór, -ra] *a., m.-f.* Contradictor.
contradictorio, -ia [kontraðiγtórjo, -ja] *a.* Contradictori.
contraer [kontraér] *t.-prnl.* Contreure, contraure. ¶ CONJUG. com ***traer.*** ‖ P. P.: ***contraído*** i ***contracto.***
contrafuerte [kontrafwérte] *m.* Contrafort.
contragolpe [kontraγólpe] *m.* Contracop.
contrahacer [kontraθér] *t.* Contrafer. *2* Estrafer. ¶ CONJUG. com ***hacer.***
contrahecho, -cha [kontraétʃo, -tʃa] *a.* Contrafet, estrafet.
contraindicación [kontraindikaθjón] *f.* Contraindicació.
contralto [kontrálto] *m.-f.* MÚS. Contralt.
contraluz [kontralúθ] *m.* Contrallum.
contramaestre [kontramaéstre] *m.* Contramestre.
contraorden [kontraórðen] *f.* Contraordre.
contrapartida [kontrapartiða] *f.* Contrapartida.
contrapelo (a) [kontrapélo] *loc.* A contrapèl, a repèl.
contrapesar [kontrapesár] *t.* Contrapesar.
contrapeso [kontrapéso] *m.* Contrapès.
contrapié [kontrapjé] *m.* Contrapeu.
contraponer [kontraponér] *t.-prnl.* Contraposar. ¶ CONJUG. com ***poner.***
contraproducente [kontraproðuθénte] *a.* Contraproduent.
contraproyecto [kontraproɉéγto] *m.* Contraprojecte.
contrapuntear [kontrapunteár] *t.* MÚS. Contrapuntejar. *2 prnl.* Contrapuntar-se.

contrapunto [kontrapúnto] *m.* Contrapunt.
contrariar [kontrarjár] *t.* Contrariar.
contrariedad [kontrajeðáð] *f.* Contrarietat.
contrario, -ia [kontrárjo, -ja] *a., m.-f.* Contrari. ‖ ***De lo ~,*** altrament.
contrarrestar [kontrarrestár] *t.* Contrarestar.
contrasentido [kontrasentído] *m.* Contrasentit.
contraseña [kontraséɲa] *f.* Contrasenya.
contrastar [kontrastár] *t.-i.* Contrastar.
contraste [kontráste] *m.* Contrast.
contrata [kontráta] *f.* Contracta.
contratación [kontrataθjón] *f.* Contractació.
contratar [kontratár] *t.* Contractar. *2* Llogar.
contratiempo [kontratjémpo] *m.* Contratemps. *2* fig. Patatum.
contratista [kontratísta] *m.* COM. Contractista.
contrato [kontráto] *m.* Contracte.
contravención [kontraβenθjón] *f.* Contravenció.
contraveneno [kontraβenéno] *m.* Contraverí, contrametzina.
contravenir [kontraβenír] *t.* Contravenir. ¶ CONJUG. com ***venir.***
contraventor, -ra [kontraβentór, -ra] *a., m.-f.* Contraventor.
contrayente [kontrajénte] *a., m.-f.* Contraent.
contribución [kontriβuθjón] *f.* Contribució.
contribuir [kontriβwír] *t.-i.* Contribuir. ¶ CONJUG. com ***huir.***
contribuyente [kontriβujénte] *a.-m.* Contribuent.
contrición [kontriθjón] *f.* Contricció.
contrincante [kontriŋkánte] *m.* Contrincant.
contristar [kontristár] *t.* Contristar.
contrito, -ta [kontríto, -ta] *a.* Contrit.
control [kontról] *m.* Control.
controlar [kontrolár] *t.* Controlar.
controversia [kontroβérsja] *f.* Controvèrsia.
controvertir [kontroβertír] *i.-t.* Controvertir. ¶ CONJUG. com ***sentir.***
contubernio [kontuβérnjo] *m.* Contuberni.
contumacia [kontumáθja] *f.* Contumàcia.
contumaz [kontumáθ] *a., m.-f.* Contumaç.
contundente [kontundénte] *a.* Contundent.
conturbación [konturβaθjón] *f.* Esverament, contorbació.
conturbar [konturβár] *t.-prnl.* Contorbar, esverar.
contusión [kontusjón] *f.* Contusió.
contuso, -sa [kontúso, -sa] *a.* Contús.
convalecencia [kombaleθénθja] *f.* Convalescència.
convalecer [kombaleθér] *i.* Refer-se. ¶ CONJUG. com ***agradecer.***
convaleciente [kombaleθjénte] *a., m.-f.* Convalescent.
convalidar [kombaliðár] *t.* Convalidar.
convecino, -na [kombeθíno, -na] *a., m.-f.* Conveí.
convencer [kombenθér] *t.-prnl.* Convèncer. ¶ CONJUG. P. P.: ***convencido*** i ***convicto.***
convencimiento [kombenθimjénto] *m.* Convenciment.
convención [kombenθjón] *f.* Convenció.
convencional [kombenθjonál] *a.-m.* Convencional.
conveniencia [kombenjénθja] *f.* Conveniència.
conveniente [kombenjénte] *a.* Convenient, adient, expedient.
convenio [kombénjo] *m.* Conveni, convinença.
convenir [kombenír] *i.* Convenir, escaure. *2 prnl.* Avenir-se. ¶ CONJUG. com ***venir.***
convento [kombénto] *m.* Convent.
convergencia [komberxénθja] *f.* Convergència.
convergente [komberxénte] *a.* Convergent.
converger [komberxér] *i.* Convergir.
conversación [kombersaθjón] *f.* Conversació, conversa.
conversar [kombersár] *i.* Conversar.
conversión [kombersjón] *f.* Conversió.
converso, -sa [kombérso, -sa] *a.-m.* Convers.
convertible [kombertíβle] *a.* Convertible.
convertir [kombertír] *t.-prnl.* Convertir.
convexidad [kombeɣsiðáð] *f.* Convexitat.
convexo, -xa [kombéɣso, -ɣsa] *a.* Convex.
convicción [kombiɣθjón] *f.* Convicció.
convicto, -ta [kombíɣto, -ta] *a.* Convicte.
convidado, -da [kombiðáðo, -ða] *m.-f.* Convidat.
convidar [kombiðár] *t.-prnl.* Convidar.
convincente [kombinθénte] *a.* Convincent.
convite [kombíte] *m.* Convit.
convivencia [kombiβénθja] *f.* Convivència.
convivir [kombiβír] *i.* Conviure.
convocación [kombokaθjón] *f.* Convocació.

convocar [kombokár] *t.* Convocar.
convocatoria [kombokatórja] *f.* Convocatòria.
convoy [kombói] *m.* Comboi.
convoyar [kombojár] *t.* Acomboiar.
convulsión [kombulsjón] *f.* Extremitud, convulsió.
convulsivo, -va [kombulsíβo, -βa] *a.* Convulsiu.
convulso, -sa [kombúlso, -sa] *a.* Convuls.
conyugal [konjuγál] *a.* Conjugal.
cónyuge [kónjuxe] *m.-f.* Cònjuge.
coñac [koɲáγ] *m.* Conyac.
cooperación [kooperaθjón] *f.* Cooperació.
cooperar [kooperár] *i.* Cooperar.
cooperativo, -va [kooperatíβo, -βa] *a.-f.* Cooperatiu.
coordenada [koorðenáða] *f.* Coordenada.
coordinación [koorðinaθjón] *f.* Coordinació.
coordinador, -ra [koorðinaðór, -ra] *a., m.-f.* Coordinador.
coordinar [koorðinár] *t.* Coordinar.
copa [kópa] *f.* Copa. *2* Copa, capçada, brancatge.
copal [kopál] *a.-m.* Copal.
copar [kopár] *t.* Copar.
copartícipe [kopartíθipe] *m.-f.* Copartícipant.
copero [kopéro] *m.* Coper.
copete [kopéte] *m.* Tupè. *2* Ble (de cabells). *3* Plomall (d'un ocell). *4* Cim (d'una muntanya). *5* Upa, presumptuositat. ‖ ***De alto ~,*** d'upa.
copia [kópja] *f.* Còpia.
copiador [kopjaðór, -ra] *a., m.-f.* Copiador.
copiar [kopjár] *t.* Copiar.
copioso, -sa [kopjóso, -sa] *a.* Copiós, abundós.
copista [kopísta] *m.-f.* Copista.
copla [kópla] *f.* Cobla, corranda.
coplero, -ra [kopléro, -ra] *m.-f.* Coblejador, coblaire.
copo [kópo] *m.* Borralló, borrall, floc, volva.
copo [kópo] *m.* Copada.
copón [kopón] *m.* Copó.
copto, -ta [kóβto, -ta] *a., m.-f.* Copte.
copudo, -da [kopúðo, -ða] *a.* Copat.
cópula [kópula] *f.* Còpula.
copulativo, -va [kopulatíβo, -βa] *a.* Copulatiu.
coque [kóke] *m.* MINER. Coc.
coqueta [kokéta] *a.-f.* Coqueta.
coquetear [koketeár] *i.* Coquetejar.
coquetería [koketería] *f.* Coqueteria.
coquetón, -na [koketón, -na] *a., m.-f.* Bufó.
coraje [koráxe] *m.* Coratge, braó. *2* Ràbia.
coral [korál] *m.* ZOOL. Coral.
coral [korál] *a., m.-f.* MÚS. Coral.
coralino, -na [koralíno, -na] *a.* Coral·lí.
coraza [koráθa] *f.* Cuirassa.
corazón [koraθón] *m.* Cor.
corazonada [koraθonáða] *f.* Corada.
corbata [korβáta] *f.* Corbata.
corbatín [korβatín] *m.* Corbatí.
corbeta [korβéta] *f.* NÀUT. Corbeta.
corcel [korθél] *m.* Corser.
corcova [korkóβa] *f.* Gep, gepa.
corcovado, -da [korkoβáðo, -ða] *a., m.-f.* Geperut.
corchea [kortʃéa] *f.* MÚS. Corxera.
corchete [kortʃéte] *m.* Gafet. *2* Claudàtor.
corcho [kórtʃo] *m.* Suro.
cordada [korðáða] *f.* Cordada.
cordal [korðál] *a.* ‖ ***Muela ~,*** queixal del seny.
cordel [korðél] *m.* Cordill.
cordelería [korðelería] *f.* Corderia.
cordelero, -ra [korðeléro, -ra] *m.-f.* Corder.
cordero [korðéro] *m.* ZOOL. Corder, xai, anyell, be, marrec.
cordial [korðjál] *a.* Cordial. *2 m.* MED. Cordial.
cordialidad [korðjaliðáð] *f.* Cordialitat.
cordillera [korðiʎéra] *f.* Serralada, serra.
cordobés, -sa [korðoβés, -sa] *a., m.-f.* Cordovès.
cordón [korðón] *m.* Cordó.
cordonero, -ra [korðonéro, -ra] *m.-f.* Cordoner.
cordura [korðúra] *f.* Seny, enteniment.
corear [koreár] *t.* Corejar.
coreografía [koreoγrafía] *f.* Coreografia.
coriáceo, -ea [korjáθeo, -ea] *a.* Coriaci, corretjós.
corifeo [koriféo] *m.* Corifeu.
corimbo [korímbo] *m.* BOT. Corimbe.
corindón [korindón] *m.* MINER. Corindó.
corista [korísta] *m.-f.* Corista.
coriza [koríθa] *f.* MED. Coriza.
cormorán [kormorán] *m.* ORNIT. Cormorà.
cornaca [kornáka] *m.* Cornac.
cornada [kornáða] *f.* Cornada, banyada.
cornalina [kornalína] *f.* MINER. Cornalina.
cornamenta [kornaménta] *f.* Cornamenta, banyam.
cornamusa [kornamúsa] *f.* MÚS. Cornamusa, sac de gemecs, gaita.
córnea [kórnea] *f.* ANAT. Còrnia.
corneja [kornéxa] *f.* ORNIT. Cornella, gralla.

córneo, -ea [kórneo, -ea] *a.* Corni.
córner [kórner] *m.* ESPT. *angl.* Còrner.
corneta [kornéta] *f.* MÚS. Corneta. *2 m.* Corneta.
cornete [kornéte] *m.* Cornet.
cornetín [kornetín] *m.* MÚS. Cornetí.
cornezuelo [korneθwélo] *m.* BOT. Sègol banyut.
cornisa [kornísa] *f.* Cornisa.
cornisamento [kornisaménto] *m.* ARQ. Entaulament.
corno [kórno] *m.* BOT. Sanguinyol. MÚS. ‖ ~ ***inglés***, corn anglès.
cornudo, -da [kornúðo, -ða] *a.* Cornut, banyut. ‖ ~ ***y apaleado***, ser cornut i pagar el beure.
coro [kóro] *m.* Cor (de cantors).
corografía [koroɣrafía] *f.* Corografia.
corola [koróla] *f.* BOT. Corol·la.
corolario [korolárjo] *m.* Corol·lari.
corona [koróna] *f.* Corona. *2* Tonsura.
coronación [koronaθjón] *f.* Coronació, coronament.
coronamiento [koronamjénto] *m.* Coronament.
coronar [koronár] *t.* Coronar.
coronel [koronél] *m.* Coronel.
coronela [koronéla] *a.-f.* Coronela.
coronilla [koroníʎa] *f.* Coroneta. ‖ ***Estar hasta la ~***, estar-ne fins al capdamunt.
corpachón [korpatʃón] *m.* Còrpora.
corpiño [korpíɲo] *m.* Cosset.
corporación [korporaθjón] *f.* Corporació.
corporal [korporál] *a.* Corporal. *2 m. pl.* LITÚRG. Corporals.
corporativo, -va [korporatíβo, -βa] *a.* Corporatiu.
corpóreo, -ea [korpóreo, -ea] *a.* Corpori.
corpulencia [korpulénθja] *f.* Corpulència.
corpulento, -ta [korpulénto, -ta] *a.* Corpulent.
corpúsculo [korpúskulo] *m.* Corpuscle.
corral [korrál] *m.* Corral, cortal.
corraliza [korralíθa] *f.* V. CORRAL.
correa [korréa] *f.* Corretja.
correaje [korreáxe] *m.* Corretjam.
correazo [korreáθo] *m.* Corretjada.
corrección [korreɣθjón] *f.* Correcció.
correccional [korreɣθonál] *a.-m.* Correccional.
correctivo, -va [korreɣtíβo, -βa] *a.-m.* Correctiu.
correcto, -ta [korréɣto, -ta] *a.* Correcte.
corrector, -ra [korreɣtór, -ra] *a., m.-f.* Corrector.
Corredentor, -ra [korreðentór, -ra] *a.* Corredemptor.
corredera [korreðéra] *f.* Corredora, guia.
corredizo, -za [korreðíθo, -θa] *a.* Corredís, escorredor.
corredor, -ra [korreðór, -ra] *a., m.-f.* Corredor. *2 m.* Passadís.
correduría [korreðuría] *f.* Corredoria.
corregidor, -ra [korrexiðór, -ra] *a.-m.* Corregidor. *2 m.* Corregidor, veguer.
corregir [korrexír] *t.-prnl.* Corregir, adreçar (fig.). ¶ CONJUG. com ***pedir.*** ‖ P. P.: ***corregido*** o ***correcto.***
correhuela [korrewéla] *f.* BOT. Corretjola.
correlación [korrelaθjón] *f.* Correlació.
correlativo, -va [korrelatíβo, -βa] *a.* Correlatiu.
correligionario, -ia [korrelixjonárjo, -ja] *a., m.-f.* Correligionari.
correncia [korrénθja] *f.* fam. Corrípies.
correo [korréo] *m.* Correu. *2 pl.* Correus.
correoso, -sa [korreóso, -sa] *a.* Corretjós.
correr [korrér] *i.-t.* Córrer. *2* Escórrer. *3* Enretirar. *4 prnl.* Enretirar-se.
correría [korrería] *f.* Incursió. *2* Escapada (viatge curt). *3* Correguda.
correspondencia [korrespondénθja] *f.* Correspondència.
corresponder [korrespondér] *i.-prnl.* Correspondre, pertocar.
correspondiente [korrespondjénte] *a., m.-f.* Corresponent.
corresponsal [korresponsál] *a., m.-f.* Corresponsal.
corretear [korreteár] *i.* Fer corregudes curtes, saltar i córrer.
corrida [korríða] *f.* Cursa, corredissa, correguda. ‖ ~ ***de toros***, cursa de braus.
corrido, -da [korríðo, -ða] *a.* Confós. *2* Astut.
corriente [korrjénte] *a.-f.* Corrent.
corrillo [korríʎo] *m.* Rodona, rotllana. *2* Colla.
corrimiento [korrimjénto] *m.* Corriment.
corro [kórro] *m.* Grup, rodona, rotllana.
corroboración [korroβoraθjón] *f.* Corroboració.
corroborar [korroβorár] *t.* Corroborar.
corroer [korroér] *t.* Corroir.
corromper [korrompér] *t.-prnl.* Corrompre.
corrosión [korrosjón] *f.* Corrosió.
corrosivo, -va [korrosíβo, -βa] *a.* Corrosiu.
corrupción [korruβθjón] *f.* Corrupció.
corruptela [korruβtéla] *f.* Corruptela.
corruptor, -ra [korruβtór, -ra] *a.* Corruptor.
corsario, -ia [korsárjo, -ja] *a., m.-f.* Corsari.
corsé [korsé] *m.* Cotilla.
corsetero, -ra [korsetéro, -ra] *m.-f.* Cotillaire.

corso, -sa [kórso, -sa] *a., m.-f.* Cors.
corta [kórta] *f.* Tallada.
cortado, -da [kortáðo, -ða] *a.* Tallat. *2* Trencat (un color).
cortador, -ra [kortaðór, -ra] *a., m.-f.* Tallador.
cortadura [kortaðúra] *f.* Tall, seccionament. *2 pl.* Retalls.
cortafrío [kortafrío] *m.* Escarpra.
cortante [kortánte] *a.-m.* Tallant. *2 m.* Carnisser.
cortapapeles [kortapapéles] *m.* Tallapapers.
cortapicos [kortapíkos] *m.* ENTOM. Papaorelles, tisoreta, corcollana.
cortapisa [kortapísa] *f.* Entrebanc, destorb. *2* Guarniment, aplicació.
cortaplumas [kortaplúmas] *m.* Trempaplomes.
cortar [kortár] *t.-prnl.* Tallar, fendre. *2* Trencar (un color). *3* Escapçar (les cartes). *4* Estroncar.
corte [kórte] *m.* Tall, tallada. *2* Tall, fill (de ganivet, etc.).
corte [kórte] *f.* Cort. *2 pl.* Corts.
cortedad [korteðáð] *f.* Curtedat. *2* fig. Curtedat, curtesa, aturament.
cortejador, -ra [kortexaðór, -ra] *a., m.-f.* Festejador.
cortejar [kortexár] *t.* Festejar, cortejar, fer l'aleta.
cortejo [kortéxo] *m.* Seguici, acompanyament.
cortés [kortés] *a.* Cortès.
cortesano, -na [kortesáno, -na] *a., m.-f.* Cortesà.
cortesía [kortesía] *f.* Cortesia.
corteza [kortéθa] *f.* Escorça. *2* Crosta, pela, clofolla, closca, corfa. *3* Cotna.
cortical [kortikál] *a.* Cortical.
cortijero, -ra [kortixéro, -ra] *m.-f.* Masover.
cortijo [kortíxo] *m.* Mas, casa de camp, masia.
cortina [kortína] *f.* Cortina.
cortinaje [kortináxe] *m.* Cortinatge.
corto, -ta [kórto, -ta] *a.* Curt, esquifit. ‖ *~ **de inteligencia,** ~ **de alcances,*** curt de gambals.
corva [kórβa] *f.* ANAT. Garreta, sofraja.
corvo, -va [kórβo, -βa] *a.* Corb.
corzo [kórθo, -θa] *m.* ZOOL. Cabirol.
cosa [kósa] *f.* Cosa. ‖ ***No es ~ del otro jueves,*** no és res de l'altre món.
coscoja [koskóxa] *f.* BOT. Coscoll, coscolla, garriga.
coscorrón [koskorrón] *m.* Cop de cap, caparrada.
cosecha [kosétʃa] *f.* Collita, anyada, esplet.
cosechar [kosetʃár] *t.* Collir, espletar.
cosechero, -ra [kosetʃéro, -ra] *m.-f.* Colliter.
coseno [koséno] *m.* Cosinus.
coser [kosér] *t.* Cosir. ‖ ***~ y cantar,*** bufar i fer ampolles.
cosido, -da [kosíðo, -ða] *a.-m.* Cosit.
cosmético, -ca [kozmétiko, -ka] *a., m.-f.* Cosmètic.
cósmico, -ca [kózmiko, -ka] *a.* Còsmic.
cosmografía [kozmoɣrafía] *f.* Cosmografia.
cosmopolita [kozmopolíta] *a., m.-f.* Cosmopolita.
cosmos [kózmos] *m.* Cosmos.
coso [kóso] *m.* Cós, lliça.
cosquillas [koskíʎas] *f. pl.* Pessigolles.
cosquillear [koskiʎeár] *t.* Pessigollejar.
cosquilleo [koskiʎéo] *m.* Pessigolleig.
costa [kósta] *f.* Costa. *2* Cost. *3 pl.* Costes. ‖ ***A toda ~,*** a tot preu.
costado [kostáðo] *m.* Costat. *2* Costat, flanc.
costal [kostál] *a.-m.* Costal. ‖ ***Harina de otro ~,*** figues d'un altre paner.
costalada [kostaláða] *f.* Costellada.
costanero, -ra [kostanéro, -ra] *a.* Costaner (litoral). *2* Costerut, costerós, coster.
costar [kostár] *i.* Costar. ¶ CONJUG. com ***desollar.***
coste [kóste] *m.* Cost.
costear [kosteár] *t.-prnl.* Costejar (pagar).
costear [kosteár] *t.* MAR. Costejar.
costeño, -ña [kostéɲo, -ɲa] *a.* V. COSTANERO.
costero, -ra [kostéro, -ra] *a.* Costaner (litoral). *2 m.* Coster (tauló).
costilla [kostíʎa] *f.* ANAT. Costella, costa.
costillaje [kostiʎáxe] *m.* Costellam, costellada.
costo [kósto] *m.* Cost.
costoso, -sa [kostóso, -sa] *a.* Costós.
costra [kóstra] *f.* Crosta, corfa, cotna.
costumbre [kostúmbre] *f.* Costum, consuetud, habitud, avés.
costura [kostúra] *f.* Costura.
costurera [kosturéra] *f.* Cosidora, sastressa.
costurero [kosturéro] *m.* Cosidor.
costurón [kosturón] *m.* Costura. *2* Trenc (cicatriu).
cota [kóta] *f.* Cota. *2* TOPOGR. Cota.
cotarro [kotárro] *m.* Alberg. ‖ fig. ***Alborotar el ~,*** produir una baralla, un aldarull.
cotejar [kotexár] *t.* Confrontar, acarar.
cotejo [kotéxo] *m.* Confrontació, acarament.

coterráneo, -ea [koterráneo, -ea] *a.*, *m.-f.* V. CONTERRÁNEO.
cotí [kotí] *m.* Cotí.
cotidiano, -na [kotiðjáno, -na] *a.* Quotidià.
cotillero, -ra [kotiʎéro, -ra] *m.-f.* Cotillaire. *2* Xafarder.
cotillón [kotiʎón] *m.* Cotilló.
cotización [kotiθaθjón] *f.* Cotització.
cotizar [kotiθár] *t.-i.* Cotitzar.
coto [kóto] *m.* Vedat, tancat.
cotorra [kotórra] *f.* ORNIT. Cotorra. *2* Xerraire.
cotorrear [kotorreár] *i.* Xerrar.
covacha [koβátʃa] *f.* Catau, catabauma.
coxal [koɣsál] *a.-m.* ANAT. Coxal.
coyunda [kojúnda] *f.* Coble (de bous). *2* fig. Casament.
coyuntura [koɟuntúra] *f.* ANAT. Conjuntura, desllorigador.
coz [kóθ] *f.* Guitza, bitzac, coça.
craneal [kraneál] *a.* Cranial, cranià.
craneano, -na [kraneáno, -na] V. CRANEAL.
cráneo [kráneo] *m.* ANAT. Crani.
crápula [krápula] *f.* Cràpula.
crasitud [krasitúð] *f.* Crassitud.
craso, -sa [kráso, -sa] *a.* Cras.
cráter [kráter] *m.* Cràter.
crátera [krátera] *f.* Crater (vas).
creación [kreaθjón] *f.* Creació.
creador, -ra [kreaðór, -ra] *a.*, *m.-f.* Creador.
crear [kreár] *t.* Crear.
crecer [kreθér] *i.-prnl.* Créixer, fer-se. ¶ CONJUG. com ***agradecer.***
creces [kréθes] *f. pl.* Escreix.
crecida [kreθíða] *f.* Crescuda, creixent. *2* Riuada.
crecido, -da [kreθíðo, -ða] *a.* Gran, nombrós. *2 m. pl.* Crescuda (labor).
creciente [kreθjénte] *a.-m.* Creixent.
crecimiento [kreθimjénto] *m.* Creixença, creixement.
credencia [kreðénθja] *f.* Credença.
credencial [kreðenθjál] *a.-f.* Credencial.
credibilidad [kreðiβiliðáð] *f.* Credibilitat.
crédito [kréðito] *m.* Crèdit.
credo [kréðo] *m.* Credo.
credulidad [kreðuliðáð] *f.* Credulitat.
crédulo, -la [kréðulo, -la] *a.* Crèdul.
creencia [kreénθja] *f.* Creença.
creer [kreér] *t.* Creure. *2* Cuidar, pensar.
creíble [kreíβle] *a.* Creïble.
crema [kréma] *f.* Crema.
cremación [kremaθjón] *f.* Cremació.
cremallera [kremaʎéra] *f.* Cremallera.
crematorio, -ia [krematórjo, -ja] *a.* Crematori.
crencha [kréntʃa] *f.* Clenxa.
creosota [kreosóta] *f.* Creosota.
crepé [krepé] *m.* Crepè.
crepitar [krepitár] *i.* Crepitar, espetarregar.
crepuscular [krepuskulár] *a.* Crepuscular.
crepúsculo [krepúskulo] *m.* Crepuscle.
crespo, -pa [kréspo, -pa] *a.* Cresp.
crespón [krespón] *m.* Crespó.
cresta [krésta] *f.* Cresta. *2* Cresta, carena.
creta [kréta] *f.* MINER. Creta.
cretino, -na [kretíno, -na] *a.*, *m.-f.* Cretí.
cretona [kretóna] *f.* Cretona.
creyente [kreɟénte] *a.*, *m.-f.* Creient.
cría [kría] *f.* Criança, cria.
criadero [kriaðéro] *m.* Planter. *2* Vivàrium.
criado, -da [kriáðo, -ða] *a.-m.* Criat. *2 f.* Criada, minyona, raspa.
criador, -ra [krjaðór, -ra] *a.*, *m.-f.* Criador.
crianza [kriánθa] *f.* Criança, cria.
criar [kriár] *t.* Criar, agambar.
criatura [kriatúra] *f.* Criatura.
criba [kríβa] *f.* Garbell, crivell.
cribar [kriβár] *t.* Garbellar, porgar.
crimen [krímen] *m.* Crim.
criminal [kriminál] *a.*, *m.-f.* Criminal.
criminalidad [kriminaliðáð] *f.* Criminalitat.
crin [krín] *f.* Crin. *2* Crinera, crina.
crío [krío] *m.* Criatura, nodrissó.
criollo, -lla [krióʎo, -ʎa] *a.*, *m.-f.* Crioll.
cripta [kríβta] *f.* Cripta.
criptógamo, -ma [kriβtóɣamo, -ma] *a.-f.* BOT. Criptògam.
crisálida [krisáliða] *f.* Crisàlide.
crisantemo [krisantémo] *m.* BOT. Crisantem.
crisis [krísis] *f.* Crisi.
crisma [krízma] *m.-f.* Crisma.
crisol [krisól] *m.* Gresol.
crispadura [krispaðúra] *f.* Crispació.
crispar [krispár] *t.* Crispar.
cristal [kristál] *m.* Cristall.
cristalería [kristalería] *f.* Cristalleria.
cristalino, -na [kristalíno, -na] *a.-m.* Cristal·lí.
cristalización [kristaliθaθjón] *f.* Cristal·lització.
cristalizar [kristaliθár] *t.-i.-prnl.* Cristal·litzar.
cristalografía [kristaloɣrafía] *f.* Cristal·lografia.
cristianar [kristjanár] *t.* fam. Batejar.
cristiandad [kristjandáð] *f.* Cristiandat.
cristianismo [kristjanízmo] *m.* Cristianisme.
cristianizar [kristianiθár] *t.* Cristianitzar.

cristiano, -na [kristjáno, -na] *a., m.-f.* Cristià.
criterio [kritérjo] *m.* Criteri. *2* Seny. *3* Solta.
criticar [kritikár] *t.* Criticar.
crítico, -ca [kritiko, -ka] *a.-m.* Crític. *2 f.* Crítica.
criticón, -na [kritikón, -na] *a., m.-f.* Critiquejador, criticaire, mastegatatxes.
croar [kroár] *i.* Raucar.
cromático, -ca [kromátiko, -ka] *a.* Cromàtic.
cromo [krómo] *m.* MINER. Crom. *2* Cromo (litogràfic).
crónica [krónika] *f.* Crònica.
crónico, -ca [króniko, -ka] *a.* Crònic.
cronicón [kronikón] *m.* Crònica breu.
cronista [kronista] *m.-f.* Cronista.
crónlech [krónleɣ] *m.* Cromlec.
cronología [kronoloxia] *f.* Cronologia.
cronometrar [kronometrár] *t.* Cronometrar.
cronómetro [kronómetro] *m.* Cronòmetre.
croquet [krokét] *m.* Croquet.
croqueta [krokéta] *f.* Croqueta.
croquis [krókis] *m.* Croquis.
cruce [krúθe] *m.* Cruïlla, encreuament, entreforc.
crucero [kruθéro] *m.* Creuer. *2* Cruciferari.
crucial [kruθjál] *a.* Crucial.
crucífera [kruθífera] *a.-f.* BOT. Crucifera.
crucificar [kruθifikár] *t.* Crucificar.
crucifijo [kruθifixo] *m.* Crucifix.
crucifixión [kruθifiɣsjón] *f.* Crucifixió.
crudamente [krúðamente] *adv.* Cruament.
crudeza [kruðéθa] *f.* Cruesa, cruditat, cruor.
crudo, -da [krúðo, -ða] *a.* Cru.
cruel [krwel] *a.* Cruel.
crueldad [krwelðáð] *f.* Crueltat.
cruento, -ta [kruénto, -ta] *a.* Cruent.
crujía [kruxia] *f.* NÀUT. ARQ. Crugia.
crujido [kruxiðo] *m.* Cruixit. *2* Crec, crac.
crujir [kruxir] *i.* Cruixir.
crural [krurál] *a.* Crural.
crustáceos [krustáθeos] *m. pl.* ZOOL. Crustacis.
cruz [kruθ] *f.* Creu. *2* Creuera.
cruzada [kruθáða] *f.* Croada.
cruzado [kruθáðo] *m.* Croat.
cruzamiento [kruθamjénto] *m.* Encreuament.
cruzar [kruθár] *t.-prnl.* Encreuar. *2* Creuar (travessar), travessar.
cuaderna [kwaðérna] *f.* Quaderna, costella.
cuadernillo [kwaðerniʎo] *m.* Quadern, quintern.
cuaderno [kwaðérno] *m.* Quadern.
cuadra [kwáðra] *f.* Quadra.
cuadrado, -da [kwaðráðo, -ða] *a.-m.* Quadrat.
cuadragenario [kwaðraxenárjo] *a.* Quadragenari.
cuadragésimo, -ma [kwaðraxésimo, ma] *a., m.-f.* Quarantè.
cuadrangular [kwaðraŋgulár] *a.* Quadrangular.
cuadrante [kwaðránte] *m.* Quadrant.
cuadrar [kwaðrár] *t.-i.-prnl.* Quadrar.
cuadratura [kwaðratúra] *f.* Quadratura.
cuadrícula [kwaðrikula] *f.* Quadrícula.
cuadricular [kwaðrikulár] *t.* Quadricular.
cuadriga [kwaðriɣa] *f.* Quadriga.
cuadrilátero, -ra [kwaðrilátero, -ra] *a.-m.* Quadrilàter.
cuadrilla [kwaðriʎa] *f.* Quadrilla, escamot, colla.
cuadro [kwáðro] *m.* Quadre.
cuadrumano, -na [kwaðrumáno, -na] *a.-m.* Quadrumà.
cuadrúpedo [kwaðrúpeðo] *a.-m.* Quadrúpede.
cuádruple [kwáðruple] *a.* Quàdruple.
cuajada [kwaxáða] *f.* Quallada, quall, càseum.
cuajar [kwaxár] *m.* Quall.
cuajar [kwaxár] *t.-prnl.* Quallar. *2 prnl.* Prendre's, coagular-se, agrumollar-se, aglevar-se. *3 i.* Reeixir, encaixar.
cuajo [kwáxo] *m.* Quall, grumoll, gleva. ‖ ***De ~***, de soca-rel.
cual (el, la) [kwal] *pron. rel.* El qual. *2* Qui. *3* Què. ‖ ***Lo ~***, la qual cosa. *4 adv.* Com. *5 pron. inter.-exclam.* Quin.
cualesquier, cualesquiera [kwaleskjér, kwaleskjéra] *a.-pron. indef. pl.* Qualssevol, qualssevulla.
cualidad [kwaliðáð] *f.* Qualitat.
cualquier, cualquiera [kwalkjér, kwalkjéra] *a.-pron. indef.* Qualsevol, qualsevulla.
cuán [kwan] *adv.* Quant, que, com.
cuando [kwándo] *adv.* Quan. *2 interr.* ***Cuándo***, quan. *3 conj.* Que. ‖ ***Aún ~***, encara que. ‖ ***De ~ en ~, de vez en ~***, de tant en tant.
cuantía [kwantia] *f.* Quantia.
cuantioso, -sa [kwantjóso, -sa] *a.* Abundós, copiós.
cuantitativo, -va [kwantitatiβo, -βa] *a.* Quantitatiu.
cuanto, -ta [kwánto, -ta] *a.-pron.-adv.* Quant. ‖ ***En ~ a***, quant a. ‖ ***Por ~***, per

tal com. *2 interr.-exclam.* ***Cuánto,*** quant. *3 adv.-a.* ***Cuánto,*** que.
cuáquero, -ra [kwákero, -ra] *m.-f.* Quàquer.
cuarenta [kwarénta] *a.* Quaranta.
cuarentavo, -va [kwarentáβ, -βa] *a.-m.* Quarantè.
cuarentena [kwarenténa] *f.* Quarantena.
cuarentón, -na [kwarentón, -na] *a., m.-f.* Quarantí.
cuaresma [kwarézma] *f.* Quaresma.
cuarta [kwárta] *f.* Quarta.
cuartana [kwartána] *f.* Quartana.
cuartear [kwarteár] *t.* Esquarterar. *2 prnl.* Esberlar-se, clivellar-se.
cuartel [kwartél] *f.* Caserna. *2* Quarter.
cuartelada [kwarteláðа] *f.* Alçament (militar).
cuartera [kwartéra] *f.* Quartera.
cuarterón, -na [kwarterón, -na] *a., m.-f.* Quarteró (mestís). *2 m.* Quarteró (mesura).
cuarteta [kwartéta] *f.* LIT. Quarteta.
cuarteto [kwartéto] *m.* MÚS. Quartet. *2* LIT. Quartet.
cuartilla [kwartiʎa] *f.* Quartilla.
cuartillo [kwartiʎo] *m.* Quartà, petricó.
cuarto, -ta [kwárto, -ta] *a., m.-f.* Quart. *2 m.* Quarter. *3* Cambra, habitació. *4 pl.* Cèntims, diners, pecúnia, pistrincs.
cuarzo [kwárθo] *m.* MINER. Quars.
cuasi [kwási] *adv.* Quasi, gairebé.
cuasimodo [kwasimóðo] *m.* Quasimodo.
cuaternario, -ia [kwaternárjo, -ja] *a.-m.* Quaternari.
cuatrimotor [kwatrimotór] *a.-m.* Quadrimotor.
cuatro [kwátro] *a.-m.* Quatre.
cuatrocientos, -tas [kwatroθjéntos, -tas] *a.* Quatre-cents.
cuba [kúβa] *f.* Bóta.
cubano, -na [kuβáno, -na] *a., m.-f.* Cubà.
cubero [kuβéro] *m.* Boter. ‖ ***A ojo de ~,*** a ull, a bell ull.
cubeta [kuβéta] *f.* Cubeta.
cubicar [kuβikár] *t.* Cubicar.
cúbico, -ca [kúβiko, -ka] *a.* Cúbic.
cubierta [kuβjérta] *f.* Coberta.
cubierto, -ta [kuβjérto, -ta] *a.* Cobert.
cubil [kuβil] *m.* Cau, catau.
cubilete [kuβiléte] *m.* Gobelet, cornet.
cubismo [kuβizmo] *m.* B. ARTS. Cubisme.
cúbito [kúβito] *m.* ANAT. Cúbit.
cubo [kúβo] *m.* Cub. *2* Galleda, poal. *3* Cubell, ferrada.
cubrecama [kuβrekáma] *m.* Cobrellit, conxa.
cubrimiento [kuβrimjénto] *m.* Cobriment.
cubrir [kuβrir] *t.-prnl.* Cobrir, colgar. ¶ CONJUG. P. P. ***cubierto.***
cucaña [kukáɲa] *f.* Cucanya.
cucaracha [kukarátʃa] *f.* ENTOM. Escarabat de cuina, panerola.
cuclillas (en) [kukliʎas] loc. A la gatzoneta.
cuclillo [kukliʎo] *m.* ORNIT. Cucut.
cuco, -ca [kúko, -ka] *a.* Bufó, polit. *2* Viu, astut.
cucurbitáceas [kukurβitáθeas] *f. pl.* BOT. Cucurbitàcies.
cucurucho [kukurútʃo] *m.* Cucurutxo, paperina.
cuchara [kutʃára] *f.* Cullera.
cucharada [kutʃaráðа] *f.* Cullerada.
cucharilla [kutʃariʎa] *f.* Cullereta.
cucharón [kutʃarón] *m.* Cullerot, culler, llossa.
cuchichear [kutʃitʃeár] *i.* Xiuxiuejar.
cuchicheo [kutʃitʃéo] *m.* Xiuxiueig, xiuxiu.
cuchilla [kutʃiʎa] *f.* Ganiveta.
cuchillada [kutʃiʎáðа] *f.* Ganivetada, coltellada.
cuchillería [kutʃiʎeria] *f.* Ganiveteria.
cuchillero [kutʃiʎéro] *m.* Ganiveter, ferrer de tall.
cuchillo [kutʃiʎo] *m.* Ganivet, coltell.
cuchitril [kutʃitril] *m.* V. COCHITRIL.
cuelgacapas [kwelɣakápas] *m.* Penja-robes.
cuello [kwéʎo] *m.* Coll.
cuenca [kwéŋka] *f.* Conca.
cuenco [kwéŋko] *m.* Bol.
cuenta [kwénta] *f.* Compte. ‖ ***A la ~,*** pel que sembla. ‖ ***Caer en la ~,*** caure-hi. ‖ ***Darse ~,*** adonar-se. ‖ ***En resumidas cuentas,*** a fi de comptes. ‖ ***Ajustar cuentas,*** passar comptes.
cuentagotas [kwentaɣótas] *m.* Comptagotes.
cuentahilos [kwentailos] *m.* Comptafils.
cuentista [kwentista] *a., m.-f.* Contista, rondallaire.
cuento [kwénto] *m.* Conte, rondalla. ‖ ***Venir a ~,*** venir a tomb. ‖ ***Sin ~,*** sense fi ni compte. ‖ ***Dejarse de cuentos,*** deixar-se de brocs, de romanços.
cuerda [kwérðа] *f.* Corda. *2* Cordada.
cuerdo, -da [kwérðo, -ða] *a., m.-f.* Assenyat, prudent, enteniment at.
cuerna [kwérna] *f.* Corn.
cuerno [kwérno] *m.* Banya, corn. ‖ ***Alma del ~,*** banyolí.
cuero [kwéro] *m.* Cuir, cuiro. ‖ ***En cueros,*** a pèl.
cuerpo [kwérpo] *m.* Cos, còrpora. ‖ ***A ~ de rey,*** cor què vols cor què desitges. ‖ ***Hacer del ~,*** fer de cos.

cuervo [kwérβo] *m.* ORNIT. Corb. ‖ ~ ***marino,*** corb de mar.
cuesta [kwésta] *f.* Cota, pendís, rampant, rost, coster.
cuestas (a) [kwéstas] loc. A coll, a coll-i-be, a l'esquena, a les espatlles.
cuestión [kwestjón] *f.* Qüestió.
cuestionar [kwestjonár] *t.* Qüestionar.
cuestionario [kwestjonárjo] *m.* Qüestionari.
cuestor [kwestór] *m.* Qüestor. *2* Recaptador.
cueto [kwéto] *m.* Tossal.
cueva [kwéβa] *f.* Cova, balma, espluga.
cuévano [kwéβano] *m.* Cove, cartre.
cuezo [kwéθo] *m.* Gaveta.
cuidado [kwiðáðo] *m.* Atenció, cura, esment, condícia, compte. *2* Angúnia. *3 interj.* Alerta! Compte! ‖ ***De ~,*** perillós, de pronòstic.
cuidadoso, -sa [kwiðaðóso, -sa] *a.* Curós, agombolador.
cuidar [kwiðár] *t.-prnl.* Curar, atendre, agombolar.
cuita [kwíta] *f.* Pena, aflicció, cuita.
culata [kuláta] *f.* Culata.
culatazo [kulatáθo] *m.* Culatada.
culebra [kuléβra] *f.* Colobra.
culebrear [kuleβreár] *i.* Serpentejar, fer esses, anguilejar.
culero [kuléro] *a.-m.* Culatxo.
culinario, -ia [kulinárjo, -ja] *a.* Culinari.
culminación [kulminaθjón] *f.* Culminació.
culminante [kulminánte] *a.* Culminant.
culminar [kulminár] *i.* Culminar.
culo [kúlo] *m.* Cul.
culpa [kúlpa] *f.* Culpa.
culpabilidad [kulpaβiliðáð] *f.* Culpabilitat.
culpable [kulpáβle] *a., m.-f.* Culpable.
culpar [kulpár] *t.-prnl.* Culpar.
culteranismo [kulteranizmo] *m.* Culteranisme, afectació.
culterano, -na [kulteráno, -na] *a.* Afectat.
cultivador, -ra [kultiβaðór, -ra] *a., m.-f.* Cultivador, conreador.
cultivar [kultiβár] *t.* Cultivar, conrear, conrar.
cultivo [kultíβo] *m.* Cultiu, conreu.
culto, -ta [kúlto, -ta] *a.* Culte. *2 m.* Culte.
cultura [kultúra] *f.* Cultura.
cultural [kulturál] *a.* Cultural.
cumbre [kúmbre] *f.* Cim.
cumpleaños [kumpleáɲos] *m.* Natalici, aniversari.
cumplidamente [kumpliðamente] *adv.* Complidament.
cumplido, -da [kumplíðo, -ða] *a.* Complert, complit. *2 m.* Compliment.
cumplidor, -ra [kumpliðór, -ra] *a.* Complidor.
cumplimentar [kumplimentár] *t.* Complimentar.
cumplimentero, -ra [kumplimentéro, -ra] *a., m.-f.* Complimentós.
cumplimiento [kumplimjénto] *m.* Compliment. *2* Acompliment.
cumplir [kumplír] *t.-prnl.* Complir. *2* Acomplir.
cúmulo [kúmulo] *m.* Cúmul, pila, munt. *2* METEOR. Cúmulus.
cuna [kúna] *f.* Bressol, bressola.
cundir [kundír] *i.* Créixer, estendre's. *2* Rendir.
cuneiforme [kuneĭfórme] *a.* Cuneïforme.
cunear [kuneár] *t.* Bressar, bressolar.
cuneta [kunéta] *f.* Cuneta.
cuña [kúɲa] *f.* Tascó, cuny, falca.
cuñado, -da [kuɲáðo, -ða] *m.-f.* Cunyat.
cuño [kúɲo] *m.* Encuny.
cuota [kwóta] *f.* Quota.
cupé [kupé] *m.* Cupé (cotxe).
cupo [kúpo] *m.* Quota. *2* Contingent.
cupón [kupón] *m.* Cupó.
cuprífero, -ra [kuprífero, -ra] *a.* Cuprífer.
cúpula [kúpula] *f.* Cúpula. *2* BOT. Cúpula.
cura [kúra] *m.* Capellà. ‖ ~ ***párroco,*** rector.
cura [kúra] *f.* Cura. *2* Guarició, cura.
curable [kuráβle] *a.* Curable, guarible.
curación [kuraθjón] *f.* Guarició, guariment. *2* Cura.
curador, -ra [kuraðór, -ra] *m.-f.* Curador.
curaduría [kuraðuría] *f.* Curadoria.
curandero, -ra [kurandéro, -ra] *m.-f.* Curandero, medecinaire.
curar [kurár] *t.-i.* Guarir, curar, sanar. *2 t.* Assaonar, adobar.
curare [kuráre] *m.* MED. Curare.
curasao [kurasáo] *m.* Curaçao (licor).
curativo, -va [kuratíβo, -βa] *a.* Curatiu, guaridor.
curato [kuráto] *m.* Curat. *2* Parròquia.
cureña [kuréɲa] *f.* Curenya.
curia [kúrja] *f.* Cúria.
curial [kurjál] *a.* Curial.
curiana [kurjána] *f.* ENTOM. Cucamolla, escarabat de cuina.
curiosear [kurjoseár] *i.* Tafanejar, xafardejar.
curiosidad [kurjosiðáð] *f.* Curiositat, tafaneria.
curioso, -sa [kurjóso, -sa] *a., m.-f.* Curiós, tafaner. *2* Batxiller.
cursar [kursár] *t.* Cursar.
cursi [kúrsi] *a.* Cursi.
cursilería [kursilería] *f.* Cursileria.
cursivo, -va [kursíβo, -βa] *a., m.-f.* Cursiu.

curso [kúrso] *m.* Curs.
curtido [kurtiðo] *m.* Cuir adobat, pell.
curtidor [kurtiðór] *m.* Blanquer, adober.
curtiduría [kurtiðuria] *f.* Adoberia, blanqueria.
curtimiento [kurtimjénto] *m.* Assaonament.
curtir [kurtir] *t.* Adobar, blanquejar, assaonar (el cuir). *2* Colrar, rostir. *3* fig. Avesar.
curva [kúrβa] *f.* Corba.
curvar [kurβár] *t.* Corbar.
curvatura [kurβatúra] *f.* Curvatura.
curvilíneo, -ea [kurβilineo, -ea] *a.* Curvilini.
curvo, -va [kúrβo, -βa] *a.* Corb.
cuscurro [kuskúrro] *m.* Crostó.
cúspide [kúspiðe] *f.* Cúspide, pic.
custodia [kustóðja] *f.* Custòdia. *2* Comanda.
custodiar [kustoðjár] *t.* Custodiar.
custodio [kustóðjo] *m.* Custodi.
cutáneo, -ea [kutáneo, -ea] *a.* Cutani.
cutis [kútis] *m.* Cutis.
cuyo, -ya [kújo, -ja] *pron. rel.* Del (de la) qual.

CH

chabacanada [tʃaβakanáða] *f.* Carrinclonada, carrincloneria, xavacanada.
chabacanería [tʃaβakaneria] *f.* V. CHABACANADA.
chabacano, -na [tʃaβakáno, -na] *a.* Xaró, xavacà.
chacal [tʃakál] *m.* ZOOL. Xacal.
chacolí [tʃakolí] *m.* Xacolí.
chacolotear [ktʃakoloteár] *i.* Cascavellejar (la ferradura).
chacota [tʃakóta] *f.* Xala. *2* Burla, riota.
chacotear [ktʃakoteár] *i.* Xalar.
chacha [tʃátʃa] *f.* fam. Mainadera.
cháchara [tʃátʃara] *f.* Xerrameca.
chafallar [tʃafaʎár] *t.* fam. Adobassar.
chafallón [tʃafaʎón] *a., m.-f.* Matusser, barroer.
chafar [tʃafár] *t.-prnl.* Aixafar, xafar.
chafarrinar [tʃafarrinár] *t.* Empastifar.
chaflán [tʃaflán] *m.* Xamfrà.
chaflanar [tʃaflanár] *t.* Aixamfranar.
chagrín [tʃaɣrín] *m.* Xagrí (cuir).
chaira [tʃáĭra] *f.* Falcilla.
chal [tʃal] *m.* Xal. *2* Guardaespatlles.
chalado, -da [tʃaláðo, -ða] *a.* fam. Guillat. *2* Molt enamorat.
chalán, -na [tʃalán, -na] *a., m.-f.* Firaire de bestiar, rambler.
chalana [tʃalána] *f.* NÀUT. Xalana.
chaleco [tʃaléko] *m.* Armilla.
chalet [tʃalé] *m.* Xalet.
chalina [tʃalína] *f.* Xalina.
chalote [tʃalóte] m. BOT. Escalunya.
chalupa [tʃalúpa] *f.* NÀUT. Xalupa.
chamba [tʃámba] *f.* Xamba.
chambelán [tʃambelán] *m.* Camarlenc.
chambergo [tʃambérɣo] *m.* Xamberg.
chambón [tʃambón] *a., m.-f.* Xambó.
chambra [tʃámbra] *f.* Xambra.
chamizo [tʃamiθo] *m.* Cremall.
champaña [tʃampáɲa] *m.* Xampany.
champú [tʃampú] *m.* Xampú.
chamuscar [tʃamuskár] *t.* Socarrimar, socarrar.
chamusquina [tʃamuskína] *f.* Socarrim. *2* Brega, baralla.
chancear [tʃanθeár] *i.-prnl.* Xanxejar, bromejar.
chancero, -ra [tʃanθéro, -ra] *a.* Bromista, faceciós.
chancleta [tʃaŋkléta] *f.* 'Xancletes. ‖ ***En chancletas,*** a retaló.
chanclo [tʃáŋklo] *m.* Xancle.
chanchullo [tʃantʃúʎo] *m.* Arteria, embolic.
chanfaina [tʃanfáĭna] *f.* Samfaina.
chantaje [tʃantáxe] *m. fr.* Xantatge.
chantre [tʃántre] *m.* Xantre.
chanza [tʃánθa] *f.* Facècia, xanxa, burla.
chapa [tʃápa] *f.* Xapa, planxa, fullola.
chapado, -da [tʃapáðo, -ða] *a.* V. CHAPEADO. ‖ ~ ***a la antigua,*** fet a l'antiga.
chapalear [tʃapaleár] *i.* Xipollejar, clapotejar.
chapar [tʃapár] *t.* Xapar.
chaparrón [tʃaparrón] *m.* Xàfec, ruixada, ruixat, terrabastada.
chapeado, -da [tʃapeáðo, -ða] *a.* Xapat.
chapear [tʃapeár] *t.-i.* Xapar, plaquejar, afullolar.
chapitel [tʃapitél] *m.* ARQ. Capitell.
chapó [tʃapó] *m.* Xapó (billar).
chapodar [tʃapodár] *t.* Esporgar, podar.
chapotear [tʃapoteár] *t.-i.* Xipollar, xipollejar, clapotejar.
chapucear [tʃapuθeár] *t.* Xapotejar, potinejar. *2* Adobassar.
chapucería [tʃapuθería] *f.* Barroeria, potineria.
chapucero, -ra [tʃapuθéro, -ra] *a.* Potiner, barroer, matusser, sapastre, graponer.
chapurrado, -da [tʃapurráðo, -ða] *a.* Enxampurrat.
chapurrear [tʃapurreár] *t.-i.* Xampurrejar.
chapuzar [tʃapuθár] *t.-i.-prnl.* Capbussar, cabussar, cabussejar.

chapuzón [tʃapuθón] *m.* Capbussada, capbussó, cabussó.
chaqué [tʃaké] *m.* Jaqué.
chaqueta [tʃakéta] *f.* Jaqueta, gec, americana.
charada [tʃaráða] *m.* Xarada.
charanga [tʃaráŋga] *f.* Xaranga, ximxim.
charca [tʃárka] *f.* Bassa.
charco [tʃárko] *m.* Bassal, toll.
charla [tʃárla] *f.* Xerrada, conversa. *2* Xerradissa, taba, claca, rall.
charlar [tʃarlár] *i.* Xerrar, garlar, enraonar, clacar, parlotejar.
charlatán [tʃarlatán] *a.* Xerraire, garlaire. *2 m.* Xarlatà.
charlatanería [tʃarlataneria] *f.* Xerrameca, rall, parleria.
charlatanismo [tʃarlatanizmo] *m.* Xarlatanisme.
charnela [tʃarnéla] *f.* Frontissa, xarnera.
charol [tʃárol] *m.* Xarol.
charolar [tʃarolár] *t.* Enxarolar.
charrán [tʃarrán] *a.-m.* Brètol.
charranada [tʃarranáða] *f.* Bretolada.
charretera [tʃarretéra] *f.* Xarretera.
chascar [tʃaskár] *t.-i.* Esclafir (la llengua).
chascarrillo [tʃaskarriʎo] *m.* fam. Contarella, acudit, facècia.
chasco [tʃásko] *m.* Perboc. *2* Miquel, moc. *3* Desengany.
chasis [tʃásis] *m.* Xassis.
chasquear [tʃaskeár] *t.-i.* Mocar (decepcionar). *2* Espetegar, petar, esclafir.
chasquido [tʃaskiðo] *m.* Esclafit, espetec, petament.
chatarra [tʃatárra] *f.* Escòria, ferralla, ferrada.
chato, -ta [tʃáto, -ta] *a., m.-f.* Camús, xato, obtús.
chaval, -la [tʃáβal, -la] *m.-f.* fam. Xicot, minyó, xaval, vailet, bordegàs.
chaveta [tʃaβéta] *f.* Xaveta. ‖ ***Perder la ~,*** perdre el seny.
che [tʃe] *f.* Ch (lletra).
checo, -ca [tʃéko, -ka] *a., m.-f.* Txec.
checoslovaco, -ca [tʃekozloβáko, -ka] *a., m.-f.* Txecoslovac.
chelín [tʃelin] *m.* Xíling.
cheque [tʃéke] *m.* Xec, taló.
chico, -ca [tʃiko, -ka] *a.* Xic, petit. *2 m.-f.* Xicot, noi, nin, vailet, al·lot, brivall.
chicolear [tʃikoleár] *i.-prnl.* Tirar floretes.
chicoria [tʃikória] *f.* BOT. Xicoira.
chicha [tʃitʃa] *f.* fam. Carn comestible. ‖ ***Calma ~,*** albaïna.
chicharra [tʃitʃárra] *f.* Cigala.
chicharrón [tʃitʃarrón] *m.* Llardó, greixó.
chichón [tʃitʃón] *m.* Nyanyo, bony, banya.
chichonera [tʃitʃonéra] *f.* Gorra de cop.
chifla [tʃifla] *f.* Xiulada.
chiflado, -da [tʃifláðo, -ða] *a.* Guillat. ‖ ***Estar ~,*** faltar-li a algú un bull.
chifladura [tʃiflaðúra] *f.* Guilladura.
chiflar [tʃiflár] *i.* Xiular. *2 prnl.* Guillar-se.
Chile [tʃile] *n. pr.* Xile.
chileno, -na [tʃiléno, -na] *a., m.-f.* Xilè.
chillar [tʃiʎár] *i.* Cridar, xisclar, bramar. *2* Escridassar.
chillería [tʃiʎeria] *f.* Xiscladissa, cridadissa.
chillido [tʃiʎiðo] *m.* Crit (agut), xiscle, xisclet, esgarip.
chillón, -na [tʃiʎón, -na] *a.* Xisclaire, cridaner, baladrer. *2* Llampant. *3* Escardalenc.
chimenea [tʃimenéa] *f.* Xemeneia. *2* Llar, fogar, escalfapanxes.
chimpancé [tʃimpanθé] *m.* ZOOL. Ximpanzé.
China [tʃina] *n. pr.* Xina. *2 f.* Xinesa. *3 f.* Codolell.
chinchar [tʃintʃár] *t.* fam. Empipar.
chinche [tʃintʃe] *m.* ENTOM. Xinxa. *2* Xinxeta. *3 m.-f.* fam. Persona empipadora.
chinchilla [tʃintʃiʎa] *f.* ZOOL. Xinxilla.
chinela [tʃinéla] *f.* Xinel·la.
chino, -na [tʃino, -na] *a., m.-f.* Xinès.
chipirón [tʃipirón] *m.* ICT. Calamars.
Chipre [tʃipre] *n. pr.* Xipre.
chipriota [tʃiprjóta] *a., m.-f.* Xipriota.
chiquero [tʃikéro] *m.* Corral de braus. *2* Cort.
chiquillada [tʃikiʎáða] *f.* Criaturada, canallada.
chiquillería [tʃikiʎeria] *f.* Mainada, quitxalla, canalla, canallada, farfutalla.
chiquillo, -lla [tʃikiʎo, -ʎa] *a., m.-f.* Menut, marrec, xic. *2 m.-f.* Nen.
chiquirritín, -na [tʃikirritin, -na] *a.* Caganiu, patufet.
chiquitín [tʃikitin] *m.* Patufet.
chiquito, -ta [tʃikito, -ta] *a., m.-f.* Diminutiu de ***chico.*** ‖ ***No andarse con chiquitas,*** no fer-hi compliments, anar-hi sense embuts.
chirimía [tʃirimia] *f.* MÚS. Caramella.
chirimoya [tʃirimója] *f.* BOT. Xirimoia.
chirimoyo [tʃirimójo] *m.* BOT. Xirimoier.
chiripa [tʃiripa] *f.* Xamba.
chirivía [tʃiriβia] *f.* BOT. Xirivia. *2* ORNIT. Cuereta.
chirlo [tʃirlo] *m.* Trenc, xiribec.
chirriar [tʃirriár] *i.* Carrisquejar, grinyo-

lar. *2* Xuaxinar (les viandes). *3* Xerrotejar.
chirrido [tʃirríðo] *m.* Carrisqueig, grinyol, garranyic, nyic-nyic.
chisguete [tʃizɣéte] *m.* Traguet, traguinyol.
chisme [tʃízme] *m.* Xafarderia. *2* Fotesa, estri, bagatel·la.
chismear [tʃismeár] *t.* Xafardejar.
chismorreo [tʃismorréo] *m.* Xafardeig.
chismoso, -sa [tʃismóso, -sa] *a., m.-f.* Xafarder, novatxer.
chispa [tʃíspa] *f.* Espurna, guspira. *2* Mica, engruna, esquitx. *3* Enginy, gràcia.
chispazo [tʃispáθo] *m.* Guspireig, espurneig.
chispear [tʃispeár] *i.* Espurnejar, guspirejar.
chisporrotear [tʃisporroteár] *i.* Espetarregar, crepitar.
chisporroteo [tʃisporrotéo] *m.* Espurneig.
chistar [tʃistár] *i.* Piular. ‖ ***Sin ~,*** sense dir ni piu, sense obrir boca.
chiste [tʃíste] *m.* Acudit, facècia, xisto.
chistera [tʃistéra] *f.* Copalta, barret de copa.
chistoso, -sa [tʃistóso, -sa] *a.* Faceciós, graciós.
chita [tʃíta] *f.* fam. Astràgal, marranxa, taba. ‖ ***A la ~ callando,*** a la callada.
¡chito! [tʃíto] *interj.* Moixoni!, mutis!
chivato [tʃiβáto] *m.* Segall. *2* Espieta, portanoves.
chivo [tʃíβo] *m.* ZOOL. Segall.
chocante [tʃokánte] *a.* Xocant.
chocar [tʃokár] *i.* Xocar, topar. *2* Estranyar, sorprendre.
chocarrería [tʃokarrería] *f.* Procacitat.
chocarrero, -ra [tʃokarréro, -ra] *a.* Procaç, plaga, esqueixat.
chocolate [tʃokoláte] *m.* Xocolata.
chocolatería [tʃokolatería] *f.* Xocolateria.
chocolatero, -ra [tʃokolatéro, -ra] *m.-f.* Xocolater. *2 f.* Xocolatera.
chocha [tʃótʃa] *f.* ORNIT. Becada.
chochear [tʃotʃeár] *i.* Repapiejar, fer catúfols.
chochez [tʃotʃéθ] *f.* Qualitat de xaruc. *2* Repapieig.
chocho, -cha [tʃótʃo, -tʃa] *a.* Xaruc. *2* Liró.
chófer [tʃófer] *m.* Xofer.
chopo [tʃópo] *m.* Pollancre, xop.
choque [tʃóke] *m.* Xoc, topada, encontre.
chorizo [tʃoríθo] *m.* Xoriço.
chorrear [tʃorreár] *i.* Rajar, regalimar, regalar, gotejar.
chorreo [tʃorréo] *m.* Acció i efecte de ***chorrear,*** rajada.
chorrillo [tʃorríʎo] *m.* Rajolí, regalim.
chorro [tʃórro] *m.* Raig, doll, broll. ‖ ***A ~,*** a raig fet, a dojo, a doll.
chotacabras [tʃotakáβras] *f.* ORNIT. Enganyapastors.
choto, -ta [tʃóto, -ta] *m.-f.* Cabridell.
choza [tʃóθa] *f.* Barraca, cabanya, borda.
chubasco [tʃuβásko] *m.* Xàfec, ruixat, aiguat, terrabastada.
chubasquero [tʃuβaskéro] *m.* Impermeable.
chuchería [tʃutʃería] *f.* Fotesa, galindaina. *2* Llepolia, llaminadura.
chucho [tʃútʃo] *m.* fam. Quisso.
chufa [tʃúfa] *f.* Xufla.
chulada [tʃuláða] *f.* Fatxenderia.
chulería [tʃulería] *f.* Fatxenda. *2* Sal, agudesa.
chuleta [tʃuléta] *f.* Costella, llonza.
chulo, -la [tʃúlo, -la] *a., m.-f.* Fatxenda, pinxo, gall, perdonavides. *2* Macarró.
chumbera [tʃumβéra] *f.* BOT. Figuera de moro.
chumbo, -ba [tʃúmbo, -ba] *a.* ***Higo ~,*** figa de moro. ‖ ***Higuera chumba,*** figuera de moro.
chunga [tʃúŋga] *f.* Gresca, broma.
chunguearse [tʃungeárse] *prnl.* Rifar-se, bromejar, passejar-se.
chupa [tʃúpa] *f.* Jupa.
chupada [tʃupáða] *f.* Xarrup, xarrupada. *2* Pipada (pipa, cigarret).
chupado, -da [tʃupáðo, -ða] *a.* fam. Xuclat, begut.
chupador, -ra [tʃpaðór, -ra] *a.* Xuclador. *2 m.* Bergansí.
chupar [tʃupár] *t.* Xuclar, xumar, mamar. *2* Xarrupar. *3 prnl.* Embeure's.
chupatintas [tʃupatíntas] *m.* Pixatinters.
chupete [tʃupéte] *m.* Pipa (de bebè).
chupetón [tʃupetón] *m.* Xuclet. *2* Xarrupada.
chupón, -na [tʃupón, -na] *a., m.-f.* Xuclador. *2* Llaminer, llèpol.
churrería [tʃurrería] *f.* Bunyoleria.
churro [tʃúrro] *m.* Xurro.
chuscada [tʃuskáða] *f.* Sortida graciosa o maliciosa.
chusco, -ca [tʃúsko, -ka] *a.* Graciós, plaga. *2 m.* Panet, pa de munició.
chusma [tʃúzma] *f.* Xusma, briva, farfutalla, rampoina.
chut [tʃut] *m.* Xut.
chutar [tʃutár] *t. angl.* Xutar.
chuzo [tʃúθo] *m.* Pica (arma).
chuzón, -na [tʃuθón, -na] *a., m.-f.* Astut, garneu.

D

dable [dáβle] *a.* Possible, factible, donable.
daca [dáka] *adv.* Do'm, dóna'm. || ***Toma y*** ~, toquem i toquem.
dáctilo [dáɣtilo] *m.* Dàctil.
dactilografía [daɣtiloɣrafía] *f.* Dactilografia.
dactilógrafo, -fa [daɣtilóɣrafo, -fa] *m.-f.* Dactilògraf.
dactiloscopia [daɣtiloskópja] *f.* Dactiloscòpia.
dádiva [dáðiβa] *f.* Do.
dadivoso, -sa [daðiβóso, -sa] *a., m.-f.* Generós, liberal.
dado, -da [dáðo, -ða] *a.* Donat, suposat. || ~ ***a,*** aficionat. *2 m.* Dau.
dador, -ra [daðór, -ra] *a., m.-f.* Dador, donador.
¡dale! [dále] *interj.* Da-li! || ~ ***que*** ~, nyic i nyic.
dalia [dálja] *f.* BOT. Dàlia. *2* Daliera.
dalmática [dalmátika] *f.* LITÚRG. Dalmàtica.
daltonismo [daltonizmo] *m.* Daltonisme.
dama [dáma] *f.* Dama.
damajuana [damaxwána] *f.* Dama-joana.
damasceno, -na [damasθéno, -na] *a., m.-f.* Damasquí.
damasco [damásko] *m.* Domàs.
damasquino, -na [damaskino, -na] *a.* Damasquí.
damisela [damiséla] *f.* Damisel·la.
damnificar [damnifikár] *t.* Damnificar.
dandi [dándi] *m.* Dandi.
danés, -sa [danés, -sa] *a., m.-f.* Danès.
dantesco, -ca [dantésko, -ka] *a.* Dantesc.
danza [dánθa] *f.* Dansa. *2* Corranda. || ***En*** ~, en doina.
danzante [danθánte] *m.* Dansaire.
danzar [danθár] *i.-t.* Dansar.
danzarín, ina [danθarin, ina] *m.-f.* Ballarí.
dañable [daɲáβle] *a.* Nociu. *2* Damnable.
dañado, -da [daɲáðo, -ða] *a.* Dolent, tarat. *2* Rèprobe.
dañar [daɲár] *t.-prnl.* Danyar, perjudicar, fer mal.
dañino, -na [daɲino, -na] *a.* Danyós, nociu.
daño [dáɲo] *m.* Dany, perjudici, mal.
dañoso, -sa [daɲóso, -sa] *a.* Danyós, nociu.
dar [dar] *t.* Donar, dar, lliurar. *2* Fer. *3* Tocar (hores). *4 i.* Encertar. *5 prnl.* Donar-se, dar-se, lliurar-se, retre's. || ***Darse la mano,*** encaixar. || ***Darse cuenta,*** adonar-se. || ~ ***a luz,*** donar a llum, deslliurar. || ~ ***con,*** ensopegar. || ***Donde las dan, las toman,*** tal faràs, tal trobaràs. ¶ CONJUG. INDIC. Pres.: ***doy.*** | Indef.: ***di, diste, dio, dimos, disteis, dieron.*** || SUBJ. Imperf.: ***diera,*** o ***-ese, dieras*** o ***-eses, diera*** o ***-ese, diéramos*** o ***-ésemos, dierais*** o ***-eseis, dieran*** o ***-esen.*** | Fut.: ***diere, dieres, diere, diéremos, diereis, dieren.***
dardo [dárðo] *m.* Dard.
dársena [dársena] *f.* Dàrsena.
darvinismo [darβinizmo] *m.* Darwinisme.
data [dáta] *f.* Data.
datar [datár] *t.-i.* Datar.
dátil [dátil] *m.* Dàtil.
datilera [datiléra] *f.* BOT. Datiler.
dativo, -va [datiβo, -βa] *a.-m.* Datiu.
dato [dáto] *m.* Dada.
de [de] *prep.* De, d'.
dea [déa] *f.* Deessa, dea.
deambular [deambulár] *i.* Deambular.
deambulatorio [deambulatórjo] *m.* Deambulatori.
deán [deán] *m.* Degà.
deanato [deanáto] *m.* Deganat.
debajo [deβáxo] *adv.* Sota, al dessota, davall.
debate [deβáte] *m.* Debat.
debatir [deβatir] *t.-prnl.* Debatre.
debe [déβe] *m.* COM. Deure, dèbit.
deber [deβér] *m.* Deure, tasca, exercici, treball (escolar).

deber [deβér] *t.* Deure.
debidamente [deβiðamente] *adv.* Degudament.
debido, -da [deβiðo, -ða] *a.* Degut. ‖ **~ a,** a causa de. ‖ ***Como es ~,*** com cal.
débil [déβil] *a.* Dèbil, feble.
debilidad [deβiliðáð] *f.* Debilitat, feblesa.
debilitar [deβilitár] *t.-prnl.* Afeblir, debilitar, candir-se.
débito [déβito] *m.* Dèbit, deute.
década [dékaða] *f.* Dècada.
decadencia [dekaðénθja] *f.* Decadència.
decadente [dekaðénte] *a.* Decadent.
decaer [dekaér] *i.* Decaure. *2* Afeblir-se, candir-se. ¶ CONJUG. com ***caer.***
decágono [dekáγono] *m.-a.* Decàgon.
decagramo [dekaγrámo] *m.* Decagram.
decaído, -da [dekaiðo, -ða] *a.* Decaigut.
decaimiento [dekaimjénto] *m.* Decaïment, decandiment, deixament, dejecció.
decalitro [dekalitro] *m.* Decalitre.
decálogo [dekáloγo] *m.* Decàleg.
decámetro [dekámetro] *m.* Decàmetre.
decanato [dekanáto] *m.* Deganat.
decano [dekáno] *m.* Degà.
decantación [dekantaθjón] *f.* Decantació.
decantar [dekantár] *t.* Decantar.
decapitación [dekapitaθjón] *f.* Decapitació.
decapitar [dekapitár] *t.* Decapitar.
decasílabo, -ba [dekasilaβo, -βa] *a.* Decasíl·lab.
decena [deθéna] *f.* Desena.
decenal [deθenál] *a.* Desenal.
decenario [deθenárjo] *a.* Desenari. *2* m. Dena. *3* Decenni.
decencia [deθénθja] *f.* Decència.
decenio [deθénjo] *m.* Decenni.
decentar [deθentár] *t.-prnl.* Encetar. ¶ CONJUG. com ***apretar.***
decente [deθénte] *a.* Decent.
decepción [deθeβθjón] *f.* Decepció.
decepcionar [deθeβθjonár] *t.* Decebre, decepcionar.
decidido, -da [deθiðiðo, -ða] *a.* Decidit, resolut, determinat.
decidir [deθiðir] *t.-prnl.* Decidir, resoldre.
decidor, -ra [deθiðór, -ra] *a., m.-f.* Enraonador.
decigramo [deθiγrámo] *m.* Decigram.
decilitro [deθilitro] *m.* Decilitre.
décima [déθima] *f.* Dècima.
decimal [deθimál] *a.* Decimal.
decímetro [deθimetro] *m.* Decímetre.
décimo, -ma [déθimo, -ma] *a.-m.* Desè, dècim. *2 m.* Dècim (de loteria).
decimoctavo, -va [deθimoγtáβo, -βa] *a.* Divuitè.
decimocuarto, -ta [deθimokwárto, -ta] *a.* Catorzè.
decimonono, -na [deθimonóno, -na] *a.* V. DECIMONOVENO.
decimonoveno, -na [deθimonoβéno, -na] *a.* Dinovè.
decimoquinto, -ta [deθimokinto, -ta] *a.* Quinzè.
decimoséptimo, -ma [deθimoséβtimo, -ma] *a.* Dissetè.
decimosexto, -ta [deθimosésto, -ta] *a.* Setzè.
decimotercero, -ra [deθimoterθéro, -ra] *a.* Tretzè.
decir [deθir] *t.* Dir. *2* Anomenar. ‖ ***Es ~,*** és a dir. ‖ ***Por mejor ~,*** més ben dit. ¶ CONJUG. GER.: ***diciendo.*** ‖ P. P.: ***dicho.*** ‖ INDIC. Pres.: ***digo, dices, dice, dicen.*** | Indef.: ***dije, dijiste, dijo, dijimos, dijisteis, dijeron.*** | Fut.: ***diré, dirás, dirá, diremos, diréis, dirán.*** ‖ SUBJ. Pres.: ***diga, digas, diga, digamos, digáis, digan.*** | Imperf.: ***dijera*** o ***-ese, dijeras*** o ***-eses, dijera*** o ***-ese, dijéramos*** o ***-ésemos, dijerais*** o ***-eseis, dijeran*** o ***-esen.*** | Fut.: ***dijere, dijeres, dijere, dijéremos, dijereis, dijeren.*** ‖ IMPERAT.: ***di, diga, digamos, digan.***
decir [deθir] *m.* Dir.
decisión [deθisjón] *f.* Decisió.
decisivo, -va [deθisiβo, -βa] *a.* Decisiu.
declamación [deklamaθjón] *f.* Declamació.
declamar [deklamár] *i.-t.* Declamar.
declaración [deklaraθjón] *f.* Declaració, declarament.
declaradamente [deklaráðamente] *adv.* Declaradament.
declarante [deklaránte] *m.-f.* JUR. Declarant.
declarar [deklarár] *t.-i.-prnl.* Declarar.
declinación [deklinaθjón] *f.* Declinació.
declinar [deklinár] *i.-t.* Declinar.
declive [dekliβe] *m.* Declivi, pendís, pendent.
decocción [dekoγθjón] *f.* Decocció.
decoración [dekoraθjón] *f.* Decoració, decor.
decorado [dekoráðo] *m.* Decoració.
decorador, -ra [dekoraðór, -ra] *a., m.-f.* Decorador.
decorar [dekorár] *t.* Decorar.
decorativo, -va [dekoratiβo, -βa] *a.* Decoratiu.
decoro [dekóro] *m.* Decòrum.
decoroso, -sa [dekoróso, -sa] *a.* Decorós.
decorticar [dekortikár] *t.* Decorticar.
decrecer [dekreθér] *i.* Decréixer. ¶ CONJUG. com ***agradecer.***

decreciente [dekréθjénte] *a.* Decreixent.
decrépito, -ta [dekrépito, -ta] *a.* Decrèpit.
decrepitud [dekrepitúð] *f.* Decrepitud.
decretar [dekretár] *t.* Decretar.
decreto [dekréto] *m.* Decret.
decuplicar [dekuplikár] *t.* Decuplicar.
décuplo, -pla [dékuplo, -pla] *a.-m.* Dècuple.
decurso [dekúrso] *m.* Decurs.
dechado [detʃáðo] *m.* Mostra, model, exemple.
dedada [deðáða] *f.* Ditada.
dedal [deðál] *m.* Didal.
dédalo [déðalo] *m.* Dèdal.
dedicación [deðikaθjón] *f.* Dedicació.
dedicar [deðikár] *t.-prnl.* Dedicar. *2* Endreçar.
dedicatoria [deðikatórja] *f.* Dedicatòria. *2* Endreça.
dedil [deðíl] *m.* Didal.
dedillo [deðiʎo] *m.* ***Saber al ~,*** saber perfectament, tenir-ho al cap dels dits.
dedo [déðo] *m.* Dit.
deducción [deðuγθjón] *f.* Deducció.
deducir [deðuθír] *t.* Deduir. ¶ CONJUG. com ***conducir.***
defecación [defekaθjón] *f.* Defecació.
defecar [defekár] *t.-i.* Defecar.
defección [defeγθjón] *f.* Defecció.
defectivo, -va [defeγtíβo, -βa] *a.* Defectiu.
defecto [deféγto] *m.* Defecte, tatxa.
defectuosidad [defeγtwosiðáð] *f.* Defectuositat.
defectuoso, -sa [defektwóso, -sa] *a.* Defectuós.
defender [defendér] *t.* Defensar, defendre. ¶ CONJUG. INDIC. Pres.: ***defiendo, defiendes, defiende, defienden.*** ‖ SUBJ. Pres.: ***defienda, defiendas, defienda, defiendan.*** ‖ IMPERAT.: ***defiende, defienda, defiendan.***
defensa [defénsa] *f.* Defensa.
defensivo, -va [defensíβo, -βa] *a.* Defensiu. *2 f.* Defensiva.
defensor, -ra [defensór, -ra] *a., m.-f.* Defensor.
deferencia [deferénθja] *f.* Deferència.
deferente [deferénte] *a.* Deferent.
deferir [deferír] *i.-t.* Deferir. ¶ CONJUG. com ***sentir.***
deficiencia [defiθjénθja] *f.* Deficiència.
deficiente [defiθjénte] *a.* Deficient.
déficit [défiθit] *m.* Dèficit.
definición [definiθjón] *f.* Definició.
definido, -da [definíðo, -ða] *a.* Definit.
definidor, -ra [definiðór, -ra] *a., m.-f.* Definidor.
definir [definír] *t.* Definir.
definitivo, -va [definitíβo, -βa] *a.* Definitiu.
deflagración [deflaγraθjón] *f.* Deflagració.
deformación [deformaθjón] *f.* Deformació.
deformar [deformár] *t.* Deformar.
deforme [defórme] *a.* Deforme.
deformidad [deformiðáð] *f.* Deformitat.
defraudación [defraŭðaθjón] *f.* Defraudació.
defraudador, -ra [defraŭðaðór, -ra] *m.-f.* Defraudador.
defraudar [defraŭðár] *t.* Defraudar.
defuera [defwéra] *adv.* Defora.
defunción [defunθjón] *f.* Defunció.
degeneración [dexeneraθjón] *f.* Degeneració.
degenerado, -da [dexeneráðo, -ða] *a., m.-f.* Degenerat.
degenerar [dexenerár] *i.* Degenerar.
deglución [deγluθjón] *f.* Deglució.
deglutir [deγlutír] *t.-i.* Deglutir.
degollación [deγoʎaθjón] *f.* Degollació, degollament, degolla, degollada.
degolladero [deγoʎaðéro] *m.* Degollador. *2* Escorxador.
degollar [deγoʎár] *t.* Degollar. ¶ CONJUG. com ***desollar.***
degollina [deγoʎína] *f.* Degolladissa.
degradación [deγraðaθjón] *f.* Degradació.
degradante [deγraðánte] *a.* Degradant.
degradar [deγraðár] *t.-prnl.* Degradar.
degüella [deγwéʎa] *f.* Degolla.
degüello [deγwéʎo] *m.* Degollament, degollada. ‖ ***A ~,*** a mata-degolla.
degustación [deγustaθjón] *f.* Degustació.
dehesa [deésa] *f.* Devesa.
dehiscencia [deisθénθja] *f.* Dehiscència.
deicida [deiθíða] *a., m.-f.* Deïcida.
deicidio [deiθíðjo] *m.* Deïcidi.
deidad [deiðáð] *f.* Deïtat.
deificar [deifikár] *t.-prnl.* Deïficar.
deífico, -ca [deífiko, -ka] *a.* Deífic.
deísmo [deízmo] *m.* Deisme.
dejación [dexaθjón] *f.* Deixada. *2* Abandó, desistiment.
dejadez [dexaðéθ] *f.* Deixadesa.
dejado, -da [dexáðo, -ða] *a.* Deixat.
dejamiento [dexamjénto] *m.* Desistiment. *2* Deixament.
dejar [déxar] *t.-prnl.* Deixar. *2* Plegar.
dejo [déxo] *m.* Deixat (acabat). *2* Deix (en el parlar). *3* Regust (menjar o beguda).
del [del] *contr.* Del.
delación [delaθjón] *f.* Delació.
delantal [delantál] *m.* Davantal.

delante [delánte] *adv.* Davant, al davant, enfront.
delantera [delantéra] *f.* Davantera, davant. *2* Avantguarda.
delantero, -ra [delantéro, -ra] *a.-m.* Davanter.
delatar [delatár] *t.* Delatar.
delator, -ra [delatór, -ra] *a., m.-f.* Delator.
deleble [deléβle] *a.* Deleble.
delectación [deleγtaθjón] *f.* Delectació, delectança, adelitament.
delegación [deleγaθjón] *f.* Delegació.
delegado, -da [deleγáðo, -ða] *a., m.-f.* Delegat.
delegar [deleγár] *t.* Delegar.
deleitable [deleĭtáβle] *a.* Delectable, deleitable.
deleitar [deleĭtár] *t.* Delectar, delitar. *2 prnl.* Adelitar-se.
deleite [deléĭte] *m.* Delit, delectació, delectança, adelitament.
deleitoso, -sa [deleĭtóso, -sa] *a.* Delitós.
deletéreo, -ea [deletéreo, -ea] *a.* Deleteri.
deletrear [deletreár] *t.-i.* Confegir, lletrejar.
deletreo [deletréo] *m.* Acció de confegir (un mot).
deleznable [deleθnáβle] *a.* Trencadís, friable.
delfín [delfín] *m.* ZOOL. Dofí. *2* Delfí.
delgadez [delγaðeθ] *f.* Magror, primor, magresa, esllanguiment.
delgado, -da [delγáðo, -ða] *a.* Prim, flac. *2* Magre.
delgaducho, -cha [delγaðútʃo, -tʃa] *a.* Esprimatxat.
deliberación [deliβeraθjón] *f.* Deliberació.
deliberar [deliβerár] *i.-t.* Deliberar.
delicadeza [delikaðéθa] *f.* Delicadesa.
delicado, -da [delikáðo, -ða] *a.* Delicat.
delicia [deliθja] *f.* Delícia.
delicioso, -sa [deliθjóso, -sa] *a.* Deliciós.
delictivo, -va [deliγtiβo, -βa] *a.* Delictuós.
delicuescente [deklikwesθénte] *a.* Deliqüescent.
delimitación [delimitaθjón] *f.* Delimitació.
delimitar [delimitár] *t.* Delimitar.
delincuencia [deliŋkwénθja] *f.* Delinqüència.
delincuente [deliŋkwénte] *a., m.-f.* Delinqüent.
delineante [delineánte] *m.* Delineant.
delinear [delineár] *t.* Delinear.
delinquir [deliŋkir] *i.* Delinquir.
deliquio [delikjo] *m.* Deliqui, desmai.
delirante [delizánte] *a.* Delirant.
delirar [delirár] *i.* Delirar.
delirio [delirjo] *m.* Deliri.
delito [delito] *m.* Delicte.
delta [délta] *m.* Delta.
deltoides [deltóĭðes] *a.* Deltoide. *2 a.-m.* ANAT. Deltoide.
demacrado, -da [demakráðo, -ða] *a.* Demacrat.
demagogia [demaγóxja] *f.* Demagògia.
demagogo [demaγóγo] *m.* Demagog.
demanda [demánda] *f.* Demanda.
demandar [demandár] *t.* Demanar. *2* JUR. Demandar.
demarcación [demarkaθjón] *f.* Demarcació.
demarcar [demarkár] *t.* Demarcar.
demás [demás] *a.* Tots altres, qualssevol. ‖ ***Los ~, la resta,*** els altres. ‖ ***Lo ~,*** la resta, el restant. ‖ ***Por lo ~,*** a part d'això.
demasía [demasía] *f.* Demesia, excés. *2* Insolència.
demasiado, -da [demasjáðo, -ða] *a.* Excessiu, massa. *2 adv.* Massa.
demencia [deménθja] *f.* Demència.
demente [deménte] *a., m.-f.* Dement, alienat.
demérito [demérito] *a.* Demèrit.
demiurgo [demjúrγo] *m.* Demiürg.
democracia [demokráθja] *f.* Democràcia.
demócrata [demókrata] *a., m.-f.* Demòcrata.
democrático, -ca [dekomokrátiko, -ka] *a.* Democràtic.
democratizar [demokratiθár] *t.* Democratitzar.
demografia [demoγrafía] *f.* Demografia.
demográfico, -ca [demoγráfiko, -ka] *a.* Demogràfic.
demoledor, -ra [demoleðór, -ra] *a., m.-f.* Demolidor.
demoler [demolér] *t.* Demolir, enderrocar, aterrar. ¶ CONJUG. com ***moler.***
demolición [demoliθjón] *f.* Demolició.
demoníaco, -ca [demoníako, -ka] *a., m.-f.* Demoníac.
demonio [demónjo] *m.* Dimoni, diable.
demontre [demóntre] *m.-interj.* fam. Diantre.
demora [demóra] *f.* Demora, retard, trigança.
demorar [demorár] *t.-i.* Demorar, atardar, retardar.
demostrable [demostráβle] *a.* Demostrable.
demostración [demostraθjón] *f.* Demostració.
demostrar [demostrár] *t.* Demostrar. ¶ CONJUG. com ***desollar.***

demostrativo, -va [demostratíβo, -βa] *a.* Demostratiu.
demudar [demuðár] *t.* Trasmudar, alterar. *2 prnl.* Traspostar-se.
denario [denárjo] *a.-m.* Denari.
denegación [deneɣaθjón] *f.* Denegació, negativa.
denegar [deneɣár] *t.* Denegar, refusar. ¶ CONJUG. com ***apretar.***
denigrante [deniɣránte] *a., m.-f.* Denigrant.
denigrar [deniɣrár] *t.* Denigrar, bescantar.
denodado, -da [denoðáðo, -ða] *a.* Ardit, abrivat, coratjós.
denominación [denominaθjón] *f.* Denominació.
denominador, -ra [denominaðór, -ra] *a., m.-f.* Denominador.
denominar [denominár] *t.* Denominar, anomenar.
denostar [denostár] *t.* Injuriar, blasmar, aporrinar. ¶ CONJUG. com ***desollar.***
denotar [denotár] *t.* Denotar.
densidad [densiðáð] *f.* Densitat.
denso, -sa [dénso, -sa] *a.* Dens.
dentado, -da [dentáðo, -ða] *a.* Dentat.
dentadura [dentaðúra] *f.* Dentadura, dentat.
dental [dentál] *a.* Dental.
dentar [dentár] *t.-i.* Dentar. ¶ CONJUG. com ***apretar.***
dentellada [denteʎáða] *f.* Dentada, mossegada.
dentera [dentéra] *f.* Esmussament de dents. *2* Enveja. ‖ ***Dar ~,*** fer denteta.
dentición [dentiθjón] *f.* Dentició.
dentífrico, -ca [dentífriko, -ka] *a.-m.* Dentifrici.
dentista [dentísta] *m.-f.* Dentista.
dentro [déntro] *adv.* Dins, dintre, dedins. ‖ ***~ de,*** al dedins, de, dins de.
denudar [denuðár] *t.-prnl.* Denudar.
denuedo [denwéðo] *m.* Ardidesa, ardiment, coratge.
denuesto [denwésto] *m.* Injúria, blasme.
denuncia [denúnθja] *f.* Denúncia.
denunciador, -ra [denunθjaðór, -ra] *a., m.-f.* Denunciador.
denunciar [denunθjár] *t.* Denunciar.
deparar [deparár] *t.* Fornir, subministrar. *2* Presentar.
departamento [departaménto] *m.* Departament.
departir [departír] *i.* Departir, conversar.
depauperar [depaŭperár] *t.-prnl.* Depauperar.
dependencia [dependénθja] *f.* Dependència.
depender [dependér] *i.* Dependre.
dependiente [dependjénte] *a.* Dependent. *2 m.* Dependent, dependenta.
depilación [depilaθjón] *f.* Depilació.
depilar [depilár] *t.-prnl.* Depilar.
depilatorio, -ia [depilatórjo, -ja] *a.-m.* Depilatori.
deplorable [deploráβle] *a.* Deplorable.
deplorar [deplorár] *t.* Deplorar.
deponente [deponénte] *a.* Deponent. *2* Deposant.
deponer [deponér] *t.* Deposar, demetre. ¶ CONJUG. com ***poner.***
deportación [deportaθjón] *f.* Deportació.
deportado, -da [deportáðo, -ða] *a., m.-f.* Deportat.
deportar [deportár] *t.* Deportar.
deporte [depórte] *m.* Esport. *2* Deport.
deportividad [deportiβiðáð] *f.* Esportivitat.
deportivo, -va [deportíβo, -βa] *a.* Esportiu.
deposición [deposiθjón] *f.* Deposició.
depositar [depositár] *t.* Dipositar. *2 prnl.* Dipositar-se.
depositario, -ia [depositárjo, -ja] *a., m.-f.* Dipositari.
depósito [depósito] *m.* Dipòsit.
depravación [depraβaθjón] *f.* Depravació.
depravado, -da [depraβáðo, -ða] *a., m.-f.* Depravat.
depravar [depraβár] *t.-prnl.* Depravar.
deprecación [deprekaθjón] *f.* Deprecació.
depreciar [depreθjár] *t.* Depreciar.
depredación [depreðaθjón] *f.* Depredació.
depredador, -ra [depreðaðór, -ra] *m.-f.* Depredador.
depredar [depreðár] *t.* Depredar.
depresión [depresjón] *f.* Depressió.
depresivo, -va [depresíβo, -βa] *a.* Depressiu.
deprimente [depriménte] *a.* Depriment.
deprimir [deprimír] *t.-prnl.* Deprimir.
depuración [depuraθjón] *f.* Depuració.
depurar [depurár] *t.* Depurar, apurar.
depurativo, -va [depuratíβo, -βa] *a.-m.* Depuratiu.
derecha [derétʃa] *f.* Dreta, destra.
derecho, -cha [derétʃo, -tʃa] *a.* Dret. *2 m.* Dret. *3 m.* Dret, endret (d'un teixit, etc.). ‖ ***No hay ~,*** no s'hi val.
derechura [deretʃúra] *f.* Dretor, dretura.
deriva [deríβa] *f.* Deriva.
derivación [deriβaθjón] *f.* Derivació.
derivada [deriβáða] *f.* Derivada.
derivar [deriβár] *i.-t.-prnl.* Derivar.
derivativo, -va [deriβatíβo, -βa] *a.-m.* Derivatiu.

dermatología [dermatoloxía] *f.* Dermatologia.
dermis [dérmis] *f.* Dermis.
derogación [deroγaθjón] *f.* Derogació.
derogar [deroγár] *t.* Derogar.
derramamiento [derramamjénto] *m.* Vessament. *2* Escampament, escampall, escampada.
derramar [derramár] *t.-prnl.* Vessar, abocar.
derrame [derráme] *m.* Vessament.
derredor. [derreðór] *m.* Contorn, entorn. ‖ ***En*** **~,** al voltant, entorn de.
derrengar [derreŋgár] *t.-prnl.* Esllomar. *2* Decantar.
derretimiento [derretimjénto] *m.* Fosa. *2* fig. Amor intens, afecte vehement.
derretir [derretír] *t.-prnl.* Fondre, desfer. ¶ CONJUG. com ***pedir.***
derribar [derriβár] *t.* Enderrocar, abatre, aterrar, derruir, esfondrar.
derribo [derríβo] *m.* Enderroc.
derrocar [derrokár] *t.* Enderrocar, derrocar, enrunar.
derrochador, -ra [derrot∫aðór, -ra] *a.-m.* Malversador, malgastador.
derrochar [derrot∫ár] *t.* Malversar, malgastar, malbaratar.
derroche [derrót∫e] *m.* Malversació, malbaratament. *2* Devessall.
derrota [derróta] *f.* MIL. Derrota, desfeta. *2* MAR. Rumb.
derrotado, -da [derrotáðo, -ða] *a.* Derrotat.
derrotar [derrotár] *t.* Derrotar. *2* Destruir.
derrotero [derrotéro] *m.* Camí, ruta.
derruir [derrwír] *t.* Derruir, enderrocar. ¶ CONJUG. com ***huir.***
derrumbadero [derrumbaðéro] *m.* Estimbal.
derrumbamiento [derrumbamjénto] *m.* Esfondrament, ensorrament.
derrumbar [derrumbár] *t.* Estimbar, enderrocar. *2 prnl.* Ensorrar-se, ensulsiar-se, estimbar-se.
desabor [desaβór] *f.* Fadesa, dessabor.
desaborido, -da [desaβoríðo, -ða] *a.* Desmenjat.
desabotonar [desaβotonár] *t.-i.* Descordar, desbotonar.
desabrido, -da [desaβríðo, -ða] *a.* Eixut, fat. *2* Malagradós, malcarat.
desabrigado, -da [desaβriγáðo, -ða] *a.* Desabrigat, desemparat.
desabrigar [desaβriγár] *t.* Desabrigar, descotxar. *2* Desemparar.
desabrochar [desaβrot∫ár] *t.-i.-prnl.* Descordar, desbotonar, desfer.
desacatar [desakatár] *t.* Desacatar.
desacato [desakáto] *m.* Desacatament.
desacertar [desaθertár] *i.* Malencertar. ¶ CONJUG. com ***apretar.***
desacierto [desaθjérto] *m.* Desencert, malencert.
desaconsejar [desakonsexár] *t.* Desaconsellar.
desacordar [desakorðár] *t.-prnl.* Desacordar. ¶ CONJUG. com ***desollar.***
desacorde [desakórðe] *a.* Desacordat.
desacostumbrar [desakostumbrár] *t.-prnl.* Desacostumar, desavesar, deshabituar.
desacreditar [desakreðitár] *t.-prnl.* Desacreditar.
desacuerdo [desakwérðo] *m.* Desacord.
desafección [desafeγθjón] *f.* Desafecció.
desafecto, -ta [desaféγto, -ta] *a.-m.* Desafecte.
desafiador, -ra [desafjaðór, -ra] *a., m.-f.* Desafiador.
desafiar [desafjár] *t.* Desafiar.
desafinación [desafinaθjón] *f.* Desafinació, desafinada.
desafinado, -da [desafináðo, -ða] *a.* Desafinat.
desafinar [desafinár] *i.-prnl.* Desafinar.
desafío [desafío] *m.* Desafiament.
desaforado, -da [desaforáðo, -ða] *a.* Desfermat, forassenyat.
desafortunado, -da [desafortunáðo, -ða] *a.* Desafortunat.
desafuero [desafwéro] *m.* Desafur. *2* Malvestat.
desagradable [desaγraðáβle] *a.* Desagradable, desplaent.
desagradar [desaγraðár] *i.-prnl.* Desagradar, desplaure.
desagradecer [desaγraðeθér] *t.* Desagrair. ¶ CONJUG. com ***agradecer.***
desagradecido, -da [desaγraðeθíðo, -ða] *a., m.-f.* Desagraït, malagraït.
desagradecimiento [desaγraðeθimjénto] *m.* Desagraïment.
desagrado [desaγráðo] *m.* Desgrat.
desagraviar [desaγraβjár] *t.* Desagreujar.
desagravio [desaγráβjo] *m.* Desgreuge.
desagregar [desaγreγár] *t.-prnl.* Desagregar.
desaguadero [desaγwaðéro] *m.* Desguàs.
desaguar [desaγwár] *t.-i.* Desguassar.
desagüe [desáγwe] *m.* Desguàs. *2* Ullal.
desaguisado [desaγisáðo] *m.* Disbarat, atzagaiada.
desahogado, -da [desaoγáðo, -ða] *a.* Desembarassat (lloc), esbarjós. *2* Benestant (persona), folgat. *3* Descarat.
desahogar [desaoγár] *t.-prnl.* Desfogar, esplaiar. *2 prnl.* Esbravar-se, desfogar-se.

desahogo [desaóɣo] *m.* Desfogament, esbravament. *2* Esplai. *3* Folgança. *4* Descaradura.
desahuciar [desaŭθjár] *t.* Desnonar. *2* Llançar, desenganyar.
desahucio [desáŭθjo] *m.* JUR. Desnonament, acomiadament, comiat.
desairado, -da [desaĭráðo, -ða] *a.* Desairós.
desairar [desaĭrár] *t.* Desatendre. *2* Desestimar.
desaire [desáĭre] *m.* Desatenció, desaire. *2* Desdeny.
desalabar [desalaβár] *t.* Deslloar, blasmar.
desalado, -da [desaláðo, -ða] *a.* Adelerat.
desalar [desalár] *t.* Eixalar.
desalar [desalár] *t.* Dessalar (de sal).
desalentar [desalentár] *t.-prnl.* Descoratjar, desengrescar. ¶ CONJUG. com ***apretar.***
desalfombrar [desalfombrár] *t.* Desencatifar.
desaliento [desaljénto] *m.* Desesma, descoratjament.
desaliñado, -da [desaliɲáðo, -ða] *a.* Desendreçat, malforjat.
desaliñar [desaliɲár] *t.-prnl.* Desendreçar.
desaliño [desaliɲo] *m.* Abandó, deixadesa, malendreç, desendreçament.
desalmado, -da [desalmáðo, -ða] *a.-m.* Cruel, cor-dur, malvat.
desalojar [desaloxár] *t.-i.* Desallotjar.
desalquilar [desalkilár] *t.* Desllogar.
desamoblar [desamoβlár] *t.* Desmoblar. ¶ CONJUG. com ***desollar.***
desamodorrar [desamoðorrár] *t.-prnl.* Desensopir.
desamor [desamór] *m.* Desamor.
desamortización [desamortiθaθjón] *f.* Desamortització.
desamortizar [desamortiθár] *t.* Desamortitzar.
desamparado, -da [desamparáðo, -ða] *a.* Desemparat.
desamparar [desamparár] *t.* Desemparar.
desamparo [desampáro] *m.* Desemparament, desemperança.
desamueblar [desamweβlár] *t.* Desmoblar.
desandar [desandár] *t.* Tornar enrera, refer camí. ¶ CONJUG. com ***andar.***
desangrar [desaŋgrár] *t.-prnl.* Dessagnar, escolar-se.
desanidar [desaniðár] *t.-i.* Desnidar.
desanimación [desanimaθjón] *f.* Desanimació.
desanimar [desanimár] *t.-prnl.* Desanimar, descoratjar, desengrescar.
desánimo [desánimo] *m.* Desesma, descoratjament.
desanudar [desanuðár] *t.* Desnuar.
desapacible [desapaθiβle] *a.* Desplaent. *2* Rúfol (dit del temps), malcarat.
desaparear [desəpəreər] *t.* Desaparellar, desacoblar, desaparionar, desapariar.
desaparecer [desapareθér] *t.-prnl.* Desaparèixer. ¶ CONJUG. com ***agradecer.***
desaparejar [desaparexár] *t.* Desaparellar, desaparionar.
desaparición [desapariθjón] *f.* Desaparició.
desapasionadamente [desapasjonáðamente] *adv.* Desapassionadament.
desapegar [desapeɣár] *t.-prnl.* Desaferrar, desenganxar. *2 prnl.* Desprendre's (afectivament).
desapego [desapéɣo] *m.* Desafecció, deseiximent, desaferrament.
desapercibido [desaperθiβiðo, -ða] *a.* Desprevingut, desproveït. *2* Desapercebut.
desapiadado, -da [desapjaðáðo, -ða] *a.* Despietat, desapiadat.
desaplicado, -da [desaplikáðo, -ða] *a., m.-f.* Desaplicat.
desaprender [desaprendér] *t.* Desaprendre.
desaprensión [desaprensjón] *f.* Desaprensió.
desaprensivo, -va [desaprensiβo, -βa] *a.* Desaprensiu.
desapretar [desapretár] *t.* Afluixar. ¶ CONJUG. com ***apretar.***
desaprobación [desaproβaθjón] *f.* Desaprovació.
desaprobar [desaproβár] *t.* Desaprovar. ¶ CONJUG. com ***desollar.***
desapropiarse [desapropjárse] *prnl.* Desapropiar-se, desapropiar.
desaprovechado, -da [desaproβetʃáðo, -ða] *a., m.-f.* Desaprofitat.
desaprovechar [desaproβetʃár] *t.* Desaprofitar.
desarbolar [desarβolár] *t.* MAR. Desarborar.
desarmar [desarmár] *t.-prnl.* Desarmar. *2* Desmuntar, desbastir.
desarme [desárme] *m.* Desarmament.
desarraigar [desarraĭɣar] *t.-prnl.* Desarrelar.
desarraigo [desarráĭɣo] *m.* Desarrelament.
desarrapado, -da [desarrapáðo, -ða] *a.* Esparracat, espellifat.
desarreglado, -da [desarreɣláðo, -ða] *a.* Desarreglat.
desarreglar [desarreɣlár] *t.-prnl.* Desarreglar, desarranjar, desendreçar.

desarreglo [desarréγlo] *m.* Desarreglament. *2* Trastorn, desendreçament.
desarrendar [desarrendár] *t.* Desarrendar.
desarrimar [desarrimár] *t.* Desarrimar, desarrambar, desarraconar.
desarrollar [desarroʎár] *t.-prnl.* Desenrotllar, desenvolupar.
desarrollo [desarróʎo] *m.* Desenrotllament, desenvolupament.
desarropar [desarropár] *t.-prnl.* Desabrigar, descotxar.
desarrugar [desarruγár] *t.* Desarrugar.
desarticular [desartikulár] *t.* Desarticular, desconjuntar.
desarzonar [desarθonár] *t.* Desarçonar.
desaseado, -da [desaseáðo, -ða] *a.* Brut, galdós, desendreçat.
desaseo [desaséo] *m.* Malendreç, desendreçament.
desasimiento [desasimjénto] *m.* Deseiximent, desaferrament, desenganxament.
desasir [desasír] *t.-prnl.* Desfer, desenganxar, desaferrar, deseixir-se. ¶ CONJUG. com ***asir***.
desasnar [desaznár] *t.* Espavilar, treure la llana del clatell.
desasosegado, -da [desasoseγáðo, -ða] *a.* Desassossegat, neguitós.
desasosegar [desasoseγár] *t.-prnl.* Desassossegar, neguitejar. ¶ CONJUG. com ***apretar***.
desasosiego [desasosjéγo] *m.* Desassossec, neguit, desfici, rosec.
desastrado, -da [desastráðo, -ða] *a.* Desastrat.
desastre [desástre] *m.* Desastre.
desastroso, -sa [desastróso, -sa] *a.* Desastrós.
desatadura [desataðúra] *f.* Deslligament.
desatar [desatár] *t.-prnl.* Deslligar, desfer, desfermar.
desatascar [desataskar] *t.-prnl.* Desembussar. *2* Desencallar. *3* Desempantanegar (un afer).
desataviar [desataβjár] *t.* Desabillar.
desatención [desatenθjón] *f.* Desatenció.
desatender [desatendér] *t.* Desatendre. ¶ CONJUG. com ***defender***.
desatento, -ta [desaténto, -ta] *a.* Desatent.
desatinado, -da [desatináðo, -ða] *a.* Dessassenyat, esmaperdut.
desatinar [desatinár] *t.* Perdre el seny. *2* Desbaratar, destarotar.
desatino [desatino] *m.* Disbarat, atzagaiada, barrabassada, poca-soltada.
desatollar [desatoʎár] *t.* Desencallar, desempantanegar.
desatracar [desatrakár] *t.-i.* MAR. Desatracar.
desatrancar [desatraŋkár] *t.* Desbarrar.
desautorizar [desaŭtoriθár] *t.* Desautoritzar.
desavenencia [desaβenénθja] *f.* Desavinença.
desavenido, -da [desaβeníðo, -ða] *a.* Desavingut.
desavenir [desaβenír] *t.-prnl.* Desavenir-se. ¶ CONJUG. com ***venir***.
desayunarse [desaǰunárse] *prnl.* Desdejunar-se.
desayuno [desaǰúno] *m.* Desdejuni. *2* Esmorzar.
desazón [desaθón] *f.* Fador, fadesa. *2* Frisança, neguit, malestar, desfici.
desazonado, -da [desaθonáðo, -ða] *a.* Desficiós, neguitós, frisós.
desazonar [desaθonár] *t.* Enfadeir. *2 prnl.* Neguitejar.
desbancar [dezβaŋkár] *t.* Desbancar.
desbandada [dezβandáða] *f.* Desbandada, escampadissa, escampall.
desbandarse [dezβandárse] *prnl.* Desbandar-se.
desbarajustar [dezβaraxustár] *t.* Desgavellar.
desbarajuste [dezβaraxúste] *m.* Desgavell, desballestament, desori, desgavellament.
desbaratar [dezβaratár] *t.-prnl.* Desbaratar, esbullar, desmanegar, esvanir.
desbarate [dezβaráte] *m.* Desbaratament.
desbarrar [dezβarrár] *i.* Desbarrar. *2* Lliscar, escórrer-se.
desbastar [dezβastár] *t.-prnl.* Desbastar.
desbaste [dezβáste] *m.* Desbast.
desbocar [dezβokár] *t.* Esbrocar, desbrocar. *2 prnl.* Desbocar-se.
desbordamiento [dezβorðamjénto] *m.* Desbordament.
desbordar [dezβorðár] *i.-prnl.* Desbordar.
desbravar [dezβraβár] *t.-i.* Desbravar. *2 prnl.* Esbravar-se.
desbridar [dezβriðár] *t.* CIR. Desbridar.
desbrozar [dezβroθár] *t.* Desbrossar, esbrossar, estassar, esbardissar, eixarmar.
desbrozo [dezβróθo] *m.* Desbrossament. *2* Brosall.
desbullar [dezβuʎár] *t.* Treure l'ostra de la closca.
descabalgar [deskaβalγár] *i.* Descavalcar.
descabellado, -da [deskaβeʎáðo, -ða] *a.* Escabellat. *2* Desgavellat.
descabellar [deskaβeʎár] *t.* Escabellar. *2* TAUROM. Matar al brau ferint-lo al mig del bescoll.

descabezar [deskaβeθár] *t.* Escapçar, decapitar.
descaecer [deskaeθér] *i.* Decandir-se.
descalabazarse [deskalaβaθárse] *prnl.* Escalfar-se el magí.
descalabradura [deskalaβraðúra] *f.* Trenc.
descalabrar [deskalaβrár] *t.-prnl.* Esgalabrar, captrencar.
descalabro [deskaláβro] *m.* Daltabaix, desfeta.
descalificación [deskalifikaθjón] *f.* Desqualificació.
descalificar [descalifikár] *t.* Desqualificar.
descalzar [deskalθár] *t.-prnl.* Descalçar. *2* Desfalcar.
descalzo, -za [deskálθo, -θa] *a.* Descalç.
descamación [deskamaθjón] *f.* Descamació.
descaminado, -da [deskamináðo, -ða] *a.* Descaminat, desencaminat, esgarriat.
descaminar [deskaminár] *t.-prnl.* Descaminar, desencaminar, esgarriar, desencarrilar.
descamisado, -da [deskamisáðo, -ða] *a.* Descamisat, esparracat.
descampado, -da [deskampáðo, -ða] *a.-m.* Obert (terreny). *2* Camp ras.
descansadero [deskansaðéro] *m.* Descansador.
descansado, -da [deskansáðo, -ða] *a.* Descansat, reposat.
descansar [deskansár] *i.-t.* Descansar, reposar.
descansillo [deskansiʎo] *m.* Replà.
descanso [deskánso] *m.* Descans, repòs.
descantear [deskanteár] *t.* Escantonar.
descantillar [deskantiʎár] *t.* Descantellar, escantonar.
descarado, -da [deskaráðo, -ða] *a., m.-f.* Descarat.
descararse [deskarárse] *prnl.* Descarar-se.
descarga [deskárɣa] *f.* Descàrrega.
descargadero [deskarɣaðéro] *m.* Descarregador.
descargar [deskarɣár] *t.* Descarregar. *2* Desafeixugar. *3 i.* Desbotar.
descargo [deskárɣo] *m.* Descàrrega. *2* Descàrrec (de la consciència).
descarnado, -da [deskarnáðo, -ða] *a.* Descarnat.
descarnar [deskarnár] *t.* Descarnar.
descaro [deskáro] *m.* Desvergonyiment, barra, descaradura.
descarriar [deskarrjár] *t.-prnl.* Esgarriar, desencaminar, desencarrilar.
descarrilamiento [deskarrilamjénto] *m.* Descarrilament.
descarrilar [deskarrilár] *i.* Descarrilar.
descarrío [deskarrío] *m.* Esgarriament, desencaminament.
descartar [deskartár] *t.-prnl.* Descartar.
descarte [deskárte] *m.* Descart.
descasar [deskasár] *t.* Descasar.
descascarar [deskaskarár] *t.-prnl.* Esclofollar.
descascarillar [deskaskariʎár] *t.-prnl.* Esclofollar.
descastado, -da [deskastáðo, -ða] *a., m.-f.* Descastat.
descastellanizar [deskasteʎaniθár] *t.* Descastellanitzar.
descatalanizar [deskatalaniθár] *t.* Descatalanitzar.
descendencia [desθendénθja] *f.* Descendència.
descendente [desθendénte] *a.* Descendent.
descender [desθendér] *i.* Descendir, davallar. ¶ CONJUG. com ***defender.***
descendiente [desθendjénte] *m.-f.* Descendent.
descendimiento [desθendimjénto] *m.* Descendiment, davallament.
descenso [desθénso] *m.* Descens, davallament, baixada.
descentralizar [desθentraliθár] *t.* Descentralitzar.
descentrar [desθentrár] *t.* Descentrar.
desceñir [desθeɲír] *t.* Descenyir. ¶ CONJUG. com ***ceñir.***
descerrajar [desθerraxár] *t.* Espanyar.
descifrable [desθifráβle] *a.* Desxifrable.
descifrar [desθifrár] *t.* Desxifrar.
desclavar [desklaβár] *t.* Desclavar, desencastar.
descocado, -da [deskokáðo, -ða] *a., m.-f.* Desvergonyit, poca-vergonya, descarat.
descocar [deskokár] *t.* Descucar, escucar. *2 prnl.* Desvergonyir-se, descarar-se.
descoco [deskóko] *m.* Desvergonyiment, barra, descaradura.
descolgar [deskolɣár] *t.-prnl.* Despenjar. ¶ CONJUG. com ***desollar.***
descolocar [deskolokár] *t.* Descolocar.
descoloramiento [deskoloramjénto] *m.* Descoloriment.
descolorar [deskolorár] *t.-prnl.* Descolorir. *2 prnl.* Esblanqueir-se.
descolorido, -da [deskoloríðo, -ða] *a.* Descolorit, esblanqueït.
descolorir [deskolorír] *t.-prnl.* V. DESCOLORAR.
descollar [deskoʎár] *i.* Sobresortir, excellir. ¶ CONJUG. com ***desollar.***
descomedido, -da [deskomeðíðo, -ða] *a.* Desmesurat.

descomedirse [deskomeðirse] *prnl.* Excedir-se, descordar-se. ¶ CONJUG. com ***pedir.***

descomponer [deskomponér] *t.-prnl.* Descompondre. *2* Desmanegar, desarranjar, desbaratar. ¶ CONJUG. com ***poner.***

descomposición [deskomposiθjón] *f.* Descomposició.

descompostura [deskompostúra] *f.* Desmanec.

descompuesto [deskompwésto, -ta] *a.* Descompost, desmanegat, desmarxat.

descomunal [deskomunál] *a.* Descomunal.

desconcertante [deskonθertánte] *a.* Desconcertant.

desconcertar [deskonθertár] *t.* Desconcertar, destarotar, desgavellar. ¶ CONJUG. com ***apretar.***

desconcierto [deskonθjérto] *m.* Desconcert, destarotament.

desconchar [deskontʃár] *t.-prnl.* Descrostar, escatar.

desconectar [deskoneɣtár] *t.* Desconnectar.

desconfiado, -da [deskomfjáðo, -ða] *a.* Desconfiat.

desconfianza [deskomfjánθa] *f.* Desconfiança, malfiança.

desconfiar [deskomfjár] *i.* Desconfiar, malfiar-se.

descongestionar [deskoŋxestjonár] *t.* Descongestionar.

desconjuntado, -da [deskoŋxuntáðo, -ða] *a.* Esgavellat.

desconocer [deskonoθér] *t.* Desconèixer. ¶ CONJUG. com ***agradecer.***

desconocido, -da [deskonoθíðo, -ða] *a., m.-f.* Desconegut, inconegut.

desconocimiento [deskonoθimjénto] *m.* Desconeixement.

desconsideración [deskonsiðeraθjón] *f.* Desconsideració.

desconsiderado, -da [deskonsiðeráðo, -ða] *a.* Desconsiderat.

desconsolado, -da [deskonsoláðo, -ða] *a.* Desconsolat.

desconsolador, -ra [deskonsolaðór, -ra] *a.* Desconsolador.

desconsolar [deskonsolár] *t.-prnl.* Desconsolar, desconfortar. ¶ CONJUG. com ***desollar.***

desconsuelo [deskonswélo] *m.* Desconsol, desconfort.

descontar [deskontár] *t.* Descomptar. ¶ CONJUG. com ***desollar.***

descontentadizo, -za [deskontentaðíθo, θa] *a.* Descontentadís.

descontentar [deskontentár] *t.* Descontentar.

descontento, -ta [deskonténto, -ta] *a.* Descontent. *2 m.* Descontentament, malcontentament.

desconvenir [deskombenír] *i.* Desconvenir. ¶ CONJUG. com ***venir.***

descorazonamiento [deskoraθonamjénto] *m.* Descoratjament.

descorazonar [deskoraθonár] *t.-prnl.* Descoratjar.

descorchar [deskortʃár] *t.* Escorxar, pelar (el suro). *2* Destapar (una ampolla).

descordar [deskorðár] *t.* Desencordar.

descornar [deskornár] *t.* Escornar. ¶ CONJUG. com ***desollar.***

descorrer [deskorrér] *t.* Desfer corrent el camí corregut. *2* Descórrer (una cortina). *3 i.-prnl.* Escórrer-se.

descortés [deskortés] *a., m.-f.* Descortès.

descortesía [deskortesía] *f.* Descortesia, grolleria, grosseria.

descortezar [deskorteθár] *t.* Escorxar, pelar.

descoser [deskosér] *t.-prnl.* Descosir.

descosido, -da [deskosíðo, -ða] *a.-m.* Descosit.

descostrar [deskostrár] *t.* Descrostar. *2* Escrostonar.

descoyuntamiento [deskoǰuntamiénto] *m.* Desconjuntament, dislocació.

descrédito [deskréðito] *m.* Descrèdit.

descreer [deskreér] *t.* Descreure.

descreído, -da [deskreíðo, -ða] *a., m.-f.* Descregut.

describir [deskriβír] *t.* Descriure.

descripción [deskriβθjón] *f.* Descripció.

descriptivo, -va [deskriβtíβo, -βa] *a.* Descriptiu.

descriptor, -ra [deskriβtór, -ra] *a., m.-f.* Descriptor.

descrismar [deskrizmár] *t.-prnl.* fam. Captrencar, rompre la crisma, trencar el cap.

descristianizar [deskristjaniθár] *t.-prnl.* Descristianitzar.

descuadernar [deskwaðernár] *t.* Desenquadernar.

descuajar [deskwaxár] *t.* Arrabassar.

descuaje [deskwáxe] *m.* Desarrelament.

descuartizar [deskwartiθár] *t.* Esquarterar.

descubierta [deskuβjérta] *f.* Descoberta.

descubierto, -ta [deskuβjérto, -ta] *a.* Descobert.

descubridor, -ra [deskuβriðór, -ra] *a., m.-f.* Descobridor.

descubrimiento [deskuβrimjénto] *m.* Descobriment, descoberta.

descubrir [deskuβrir] *t.-prnl.* Descobrir, descolgar. *2* Filar (ja t'he filat...).
descuento [deskwénto] *m.* Descompte.
descuidado, -da [deskwiðáðo, -ða] *a.* Descurós, negligent, deixat, abandonat. *2* Descurat. ‖ ***Coger ~,*** agafar desprevingut.
descuidar [deskwiðár] *t.-i.* Descurar, negligir, abandonar. ‖ ***Descuide usted,*** no passi ànsia.
descuido [deskwíðo] *m.* Descuit, oblit. *2* Negligència. *3* Descurança.
desde [dézðe] *prep.* Des, des de, d'ençà de. ‖ ***~ luego,*** és clar, no cal dir.
desdecir [dezðeθir] *i.-prnl.* Desdir. ¶ CONJUG. com ***decir.***
desdén [dezðén] *m.* Desdeny.
desdentado, -da [dezðentáðo, -ða] *a.* Esdentegat, desdentat.
desdentar [dezðentár] *t.* Esdentegar.
desdeñar [dezðeɲár] *t.-prnl.* Desdenyar.
desdeñoso, -sa [dezðeɲóso, -sa] *a., m.-f.* Desdenyós, desmenjat.
desdibujado, -da [dezðiβuxáðo, -ða] *a.* Desdibuixat.
desdibujarse [dezðiβuxárse] *prnl.* Desdibuixar-se.
desdicha [dezðitʃa] *f.* Dissort, pega, malastrugança, malaventura.
desdichado, -da [dezðitʃáðo, -ða] *a.* Dissortat, malaurat, malaventurat.
desdoblar [dezðoβlár] *t.* Desdoblar, desdoblegar.
desdorar [dezðorár] *t.-prnl.* Desdaurar. *2* Deslluir.
desdoro [dezðóro] *m.* Deslluïment, descrèdit. *2* Desdaurament.
deseable [deseáβle] *a.* Desitjable.
desear [deseár] *t.* Desitjar, cobejar.
desecación [desekaθjón] *f.* Dessecació.
desecar [desekár] *t.-prnl.* Dessecar.
desechar [desetʃár] *t.* Rebutjar, refusar. *2* Llençar, arraconar.
desecho [desétʃo] *m.* Rebuig, desferra. *2 pl.* Triadures, deixalles.
desedificar [deseðifikár] *t.* fig. Desedificar.
desellar [deseʎár] *t.* Dessegellar.
desembalar [desembalár] *t.* Desembalar.
desembaldosar [desembaldosár] *t.* Desenrajolar.
desembarazado, -da [desembaraθáðo, -ða] *a.* Desembarassat. *2* Deseixit, llest.
desembarazar [desembaraθár] *t.* Desembarassar. *2 prnl.* Deseixir-se, desfer-se, desempallegar-se.
desembarazo [desembaráθo] *m.* Desembaràs, deseiximent.
desembarcadero [desembarkaðéro] *m.* Desembarcador.
desembarcar [desembarkár] *i.-t.* Desembarcar.
desembarco [desembárko] *m.* Desembarcament.
desembarque [desembárke] *m.* Desembarcament.
desembarrancar [desembarraŋkár] *t.* Desencallar.
desembocadura [desembokaðúra] *f.* Desembocadura.
desembocar [desembokár] *i.* Desembocar.
desembolsar [desembolsár] *t.* Desemborsar, desembutxacar, esquitxar (diners).
desembolso [desembólso] *m.* Desembors.
desembotar [desembotár] *t.* Desesmussar.
desembozar [desemboθár] *t.-prnl.* Desemboçar.
desembragar [desembraɣár] *t.* Desembragar.
desembridar [desembriðár] *t.* Desembridar, desbridar.
desembrollar [desembroʎár] *t.* Desembrollar, desembolicar.
desembuchar [desembutʃár] *t.* Desbotar, buidar el pap.
desemejanza [desemexánθa] *f.* Dissemblança.
desempachar [desempatʃár] *t.-prnl.* Desempatxar. *2 prnl.* Desembarassar-se.
desempacho [desempátʃo] *m.* Desembaràs.
desempañar [desempaɲár] *t.* Desentelar. *2* Desbolcar.
desempapelar [desempapelár] *t.* Desempaperar.
desempaquetar [desempaketár] *t.* Desempaquetar.
desemparejar [desemparexár] *t.-prnl.* Despariar.
desempatar [desempatár] *t.* Desempatar.
desempeñar [desempeɲár] *t.* Desempenyorar. *2* Executar, acomplir, exercir. *3* Representar (un paper). *4* Alliberar (de deutes). *5 prnl.* Deseixir-se.
desempeño [desempéɲo] *m.* Desempenyorament. *2* Exercici, acompliment, execució. *3* Deseiximent.
desempleo [desempléo] *m.* V. PARO.
desempolvar [desempolβár] *t.* Espolsar. *2* Desempolvar.
desempotrar [desempotrár] *t.* Desencastar.
desenamorar [desenamorár] *t.-prnl.* Desenamorar.
desencadenar [deseŋkaðenár] *t.-prnl.* Desencadenar.

desencajar [deseŋkaxár] *t.-prnl.* Desencaixar, desconjuntar.
desencallar [deseŋkaʎár] *t.* Desencallar.
desencaminar [deseŋkaminár] *t.* Desencaminar, desencarrilar.
desencantar [deseŋkantár] *t.* Desencantar, desencisar.
desencanto [deseŋkánto] *f.* Desencant, desencís.
desencapotar [deseŋkapotár] *t.-prnl.* Desencapotar.
desencaprichar [deseŋkapritʃár] *t.-prnl.* Desencapritxar.
desencargar [deseŋkarɣár] *t.* Desencarregar.
desenclavar [deseŋklaβár] *t.* Desenclavar.
desencoger [deseŋkoxér] *t.-prnl.* Desencongir.
desencolar [deseŋkolár] *t.-prnl.* Desencolar.
desencolerizar [deseŋkoleriθár] *t.-prnl.* Desenrabiar.
desencordar [deseŋkorðár] *t.* Desencordar.
desencuadernar [deseŋkwaðernár] *t.* Desenquadernar.
desencuadrar [deseŋkwaðrár] *t.* Desenquadrar.
desenfadadamente [desemfaðáðamente] *adv.* Desenfadadament.
desenfadado, -da [desemfaðaðo, -ða] *a.* Deseixit, desimbolt. *2* Esbarjós.
desenfadar [desemfaðár] *t.-prnl.* Desenfadar.
desenfado [desemfáðo] *m.* Desimboltura, desembaràs, deseiximent.
desenfocar [desemfokár] *t.* Desenfocar.
desenfrenado, -da [desemfrenáðo, -ða] *a.* Desenfrenat.
desenfrenar [desemfrenár] *t.-prnl.* Desenfrenar, desfrenar.
desenfreno [desemfréno] *m.* Desenfrenament, disbauxa.
desenfurecer [desemfureθér] *t.-prnl.* Desenfuriar. ¶ CONJUG. com ***agradecer.***
desenganchar [deseŋgantʃár] *t.* Desenganxar.
desengañar [deseŋgaɲár] *t.-prnl.* Desenganyar.
desengaño [deseŋgáɲo] *m.* Desengany.
desengrasar [deseŋgrasár] *t.-i.* Desengreixar.
desenhornar [desenornár] *t.* Desenfornar.
desenjabonar [deseŋxaβonár] *t.* Desensabonar.
desenjaezar [deseŋxaeθár] *t.* Desguarnir.
desenlace [desenláθe] *m.* Desenllaç.
desenlazar [desenlaθár] *t.-prnl.* Desenllaçar. *2* Deslligar.
desenmarañar [desemmaraɲár] *t.* Desembullar, desembolicar.
desenmascarar [desenmaskarár] *t.-prnl.* Desemmascarar.
desenmohecer [desemmoeθér] *t.* Desrovellar. ¶ CONJUG. com ***agradecer.***
desenojar [desenoxár] *t.-prnl.* Desenutjar.
desenredar [desenrreðár] *t.-prnl.* Desenredar, desembolicar, desembrollar, desembullar.
desenredo [desenrréðo] *m.* Desembull.
desenrollar [desenrroʎár] *t.* Desenrotllar, descargolar, desentortolligar.
desenronquecer [desenrroŋkeθér] *t.-prnl.* Desenrogallar.
desenroscar [desenrroskár] *t.-prnl.* Descollar, descargolar. *2* Desentortolligar.
desensartar [desensartár] *t.* Desenfilar.
desenseñar [desenseɲár] *t.* Desensenyar.
desentenderse [desentendérse] *prnl.* Desentendre's, fer-se el desentés. ¶ CONJUG. com ***defender.***
desenterrar [desenterrár] *t.* Desenterrar, descolgar, dessoterrar. ¶ CONJUG. com ***apretar.***
desentonar [desentonár] *i.* Desentonar.
desentono [desentóno] *m.* Desentonació.
desentorpecer [desentorpeθér] *t.-prnl.* Deixondir, espavilar. ¶ CONJUG. com ***agradecer.***
desentrañar [desentraɲár] *t.-prnl.* Desentranyar.
desentumecer [desentumeθér] *t.-prnl.* Desentumir. ¶ CONJUG. com ***agradecer.***
desenvainar [desembaĭnár] *t.* Desembeinar.
desenvarar [desembarár] *t.* Desencarcarar.
desenvoltura [desemboltúra] *f.* Desimboltura.
desenvolver [desembolβér] *t.* Desembolicar, desenrotllar, desenvolupar. *2 prnl.* Deseixir-se. ¶ CONJUG. com ***volver.***
desenvuelto, -ta [desembwélto, -ta] *a.* Desimbolt, deseixit.
desenzarzar [desenθarθár] *t.* Descompartir.
deseo [deséo] *m.* Desig.
deseoso, -sa [deseóso, -sa] *a.* Desitjós.
desequilibrado, -da [desekiliβráðo, -ða] *a.* Desequilibrat.
desequilibrar [desekiliβrár] *t.-prnl.* Desequilibrar.
desequilibrio [desekilíβrjo] *m.* Desequilibri.
deserción [deserθjón] *f.* Deserció.
desertar [desertár] *i.* Desertar.
desertor [desertór] *m.* Desertor.

desesperación [desesperaθjón] *f.* Desesperació, desesper.
desesperado, -da [desesperáðo, -ða] *a., m.-f.* Desesperat.
desesperante [desesperánte] *a.* Desesperant.
desesperanza [desesperánθa] *f.* Desesperança.
desesperanzar [desesperanθár] *t.-prnl.* Desesperançar.
desesperar [desesperár] *t.-i.-prnl.* Desesperar.
desestimar [desestimár] *t.* Desestimar.
desfachatado, -da [desfatʃatáðo, -ða] *a.* Descarat, desvergonyit, poca-vergonya.
desfachatez [desfatʃatéθ] *f.* Desvergonyiment, descaradura.
desfalcar [desfalkár] *t.* Desfalcar.
desfalco [desfálko] *m.* Desfalc.
desfallecer [desfaʎeθér] *i.* Defallir. ¶ CONJUG. com ***agradecer.***
desfallecimiento [desfaʎeθimjénto] *m.* Defalliment, defallença, cobriment de cor, esvaïment.
desfavorable [desfaβoráβle] *a.* Desfavorable.
desfavorecer [desfaβoreθér] *t.* Desfavorir. ¶ CONJUG. com ***agradecer.***
desfigurar [desfiγurár] *t.* Desfigurar.
desfiladero [desfilaðéro] *m.* Congost, frau, gorja, osca.
desfilar [desfilár] *i.* Desfilar.
desfile [desfíle] *m.* Desfilada. *2* Mostra.
desflorar [desflorár] *t.* Desflorar, desponcellar.
desfogar [desfoγár] *t.* Desfogar.
desfrenar [desfrenár] *t.* V. DESENFRENAR.
desgaire [desγáïre] *m.* Deixadesa. *2* Desdeny.
desgajadura [desγaxaðúra] *f.* Esqueixament.
desgajar [desγaxár] *t.-prnl.* Esqueixar, arrencar, esbrancar. *2* Esgrillar.
desgaje [desγáxe] *m.* Esqueixament.
desgalichado, -da [desγalitʃáðo, -ða] *a.* Esqueixat, malforjat.
desgana [desγána] *f.* Desgana, desmenjament.
desganado, -da [desγanáðo, -ða] *a.* Desmenjat, desganat.
desganar [desγanár] *t.-prnl.* Desganar. *2 prnl.* Desmenjar-se.
desgañitarse [desγaɲitárse] *prnl.* Esgargamellar-se, escridassar-se.
desgarbado, -da [desγarβáðo, -ða] *a.* Malforjat, desmanegat, malgirbat.
desgarrador, -ra [desγarraðór, -ra] *a.* Esquinçador. *2* Punyent.
desgarrar [desγarrár] *t.-prnl.* Esquinçar, estripar, esparracar, esqueixar, espellifar. *2* Rebentar, esbotifarrar.
desgarro [desγárro] *m.* Esquinç, estrip, set. *2* Esqueixament. ‖ ~ ***muscular,*** carn-esqueixat.
desgarrón [desγarrón] *m.* Estrip, esquinç, esqueix.
desgastar [desγastár] *t.-prnl.* Desgastar.
desgaste [desγáste] *m.* Desgast.
desglosar [desγlosár] *t.* Desglossar.
desgobernar [desγoβernár] *t.* Desgovernar. ¶ CONJUG. com ***apretar.***
desgobierno [desγoβjérno] *m.* Desgovern.
desgoznar [desγoθnár] *t.* Desgolfar, desengolfar.
desgracia [desγráθja] *f.* Desgràcia, malanança.
desgraciado, -da [desγraθjáðo, -ða] *a., m.-f.* Desgraciat.
desgraciar [desγraθjár] *t.-prnl.* Desgraciar.
desgranar [desγranár] *t.-prnl.* Esgranar, desgranar.
desgrasar [desγrasár] *t.* Desgreixar, desengreixar.
desgreñar [desγreɲár] *t.-prnl.* Descabellar, escabellar, despentinar, esbullar.
desguarnecer [desγwarneθér] *t.* Desguarnir.
deshabitado, -da [desaβitáðo, -ða] *a.* Deshabitat.
deshabituar [desaβitwár] *t.-prnl.* Deshabituar, desavesar.
deshacedor, -ra [desaθeðór, -ra] *a., m.-f.* Desfaedor.
deshacer [desaθér] *t.* Desfer. *2* Escórrer. *3 prnl.* Deseixir-se, desfer-se.
desharrapado, -da [desarrapáðo, -ða] *a., m.-f.* Espellifat, esparracat.
deshechizar [desetʃiθár] *t.* Desembruixar, desencisar.
deshecho, -cha [desétʃo, -tʃa] *a.* Desfet.
deshelar [deselár] *t.-prnl.* Desglaçar, desgelar. ¶ CONJUG. com ***apretar.***
desheredado, -da [desereðáðo, -ða] *a.* Desheredat.
desheredar [desereðár] *t.* Desheredar.
desherrar [deserrár] *t.-prnl.* Desferrar.
deshidratar [desiðratár] *t.-prnl.* Deshidratar.
deshielo [dezǰélo] *m.* Desgel, desglaç.
deshilachar [desilatʃár] *t.* Esfilagarsar.
deshilar [desilár] *t.-i.* Desfilar.
deshilvanado, -da [desilβanáðo, -ða] *a.* Desmanegat.
deshilvanar [desilβanár] *t.-prnl.* Desembastar.

deshinchadura [desintʃaðúra] *f.* Desinflament, desinflor.
deshinchar [desintʃár] *t.-prnl.* Desinflar.
deshojar [desoxár] *t.-prnl.* Desfullar.
deshollinador, -ra [desoʎinaðór, -ra] *a., m.-f.* Escura-xemeneies. *2* Esteranyinador.
deshollinar [desoʎinár] *t.* Escurar les xemeneies.
deshonestidad [desonestiðáð] *f.* Deshonestedat.
deshonesto, -ta [desonésto, -ta] *a.* Deshonest.
deshonor [desonór] *m.* Deshonor.
deshonra [desónrra] *f.* Deshonra.
deshonrar [desonrrár] *t.-prnl.* Deshonrar.
deshonroso, -sa [desonrróso, -sa] *a.* Deshonrós.
deshora (a) [desora] *loc.* A deshora.
deshuesar [dezwesár] *t.* Desossar. *2* Espinyolar.
desiderátum [desiðerátum] *m.* Desideràtum.
desidia [desiðja] *f.* Desídia.
desidioso, -sa [desiðjóso, -sa] *a., m.-f.* Desidiós.
desierto [desjérto] *a.-m.* Desert.
designación [desiγnaθjón] *f.* Designació.
designar [desiγnár] *t.* Designar, nomenar.
designio [desiγnjo] *m.* Designi.
desigual [desiγwál] *a.* Desigual.
desigualar [desiγwalár] *t.* Desigualar.
desigualdad [desiγwalðáð] *f.* Desigualtat.
desilusión [desilusjón] *f.* Desil·lusió.
desilusionar [desilusjonár] *t.-prnl.* Desil·lusionar.
desinencia [desinénθja] *f.* GRAM. Desinència.
desinfección [desimfeγθjón] *f.* Desinfecció.
desinfectante [desimfeγtánte] *a.-m.* Desinfectant.
desinfectar [desimfeγtár] *t.-prnl.* Desinfectar.
desinflamar [desimflamár] *t.-prnl.* Desinflamar.
desinflar [desimflár] *t.-prnl.* Desinflar.
desintegración [desinteγraθjón] *f.* Desintegració.
desintegrar [desinteγrár] *t.* Desintegrar.
desinterés [desinterés] *m.* Desinterès.
desinteresado, -da [desinteresáðo, -ða] *a.* Desinteressat.
desinteresar [desinteresár] *t.-prnl.* Desinteressar.
desistimiento [desistimjénto] *m.* Desistiment.
desistir [desistír] *i.* Desistir.
desleal [dezleál] *a., m.-f.* Deslleial.
deslealtad [dezlealtáð] *f.* Deslleialtat.
desleimiento [dezleĭmjénto] *m.* Deixatament.
desleír [dezleír] *t.-prnl.* Deixatar. ¶ CONJUG. com ***reír.***
deslenguado, -da [dezleŋgwáðo, -ða] *a.* Llengut.
desliar [dezliár] *t.* Desembolicar, deslligar, desfer.
desligar [dezliγár] *t.-prnl.* Deslligar, desfer.
deslindar [dezlindár] *t.* Destriar. *2* Delimitar.
deslinde [dezlínde] *m.* Partió. *2* Destriament.
desliz [dezlíθ] *m.* Relliscada, ensopegada.
deslizadizo, -za [dezliθaðiθo, -θa] *a.* Relliscós.
deslizamiento [dezliθamjénto] *m.* Relliscada, esllavissada, esllavissament.
deslizar [dezliθár] *t.* Esmunyir. *2 i.-prnl.* Lliscar, relliscar, rossolar. *3 prnl.* Esquitllar-se.
deslomar [dezlomár] *t.-prnl.* Esllomar.
deslucido, -da [dezluθíðo, -ða] *a.* Deslluït.
deslucimiento [dezluθimjénto] *m.* Deslluïment.
deslucir [dezluθír] *t.-prnl.* Deslluir. ¶ CONJUG. com ***lucir.***
deslumbrador, -ra [dezlumbraðór, -ra] *a.* Enlluernador.
deslumbramiento [dezlumbramjénto] *m.* Enlluernament, encegament.
deslumbrante [dezlumbránte] *a.* Enlluernador, resplendent.
deslumbrar [dezlumbrár] *t.-prnl.* Enlluernar, ofuscar.
deslustrar [dezlustrár] *t.* Desllustrar, deslluir.
deslustre [dezlústre] *m.* Deslluïment.
desmadejar [dezmaðexár] *t.-prnl.* Desbraonar.
desmán [dezmán] *m.* Excés, desmesura, malifeta.
desmandarse [dezmandárse] *prnl.* Mostrar-se irrespectuós amb els superiors.
desmangar [dezmaŋgár] *t.-prnl.* Desmanegar.
desmantelado, -da [dezmanteláðo, -ða] *a.* Desmantellat.
desmantelar [dezmantelár] *t.* Desmantellar. *2* MAR. Desarborar.
desmaña [dezmáɲa] *f.* Malaptesa.
desmañado, -da [dezmaɲáðo, -ða] *a., m.-f.* Malapte, inepte.
desmarcar [dezmarkár] *prnl.* ESPT. Desmarcar.
desmayar [dezmaʝár] *t.-i.-prnl.* Desmaiar.

desmayo [dezmájo] *m.* Desmai, basca, esvaïment.
desmedido, -da [dezmeðiðo, -ða] *a.* Desmesurat.
desmedirse [dezmeðirse] *prnl.* Excedir-se. ¶ CONJUG. com ***pedir.***
desmedrado, -da [dezmeðráðo, -ða] *a.* Neulit, desnerit, escarransit.
desmedrar [dezmeðrár] *t.-i.* Decaure.
desmejorar [dezmexorár] *t.-i.* Desmillorar, menyscabar. *2 prnl.* Desmillorar-se.
desmelenar [dezmelenár] *t.* Escabellar.
desmembrar [dezmembrár] *t.-i.-prnl.* Desmembrar. ¶ CONJUG. com ***apretar.***
desmemoriado, -da [dezmemorjáðo, -ða] *a., m.-f.* Desmemoriat.
desmemoriarse [dezmemorjárse] *prnl.* Desmemoriar-se.
desmentida [dezmentiða] *f.* Desmentiment.
desmentir [dezmentir] *t.* Desmentir. ¶ CONJUG. com ***sentir.***
desmenuzamiento [desmenuθamjénto] *m.* Trinxadissa, esmicolament.
desmenuzar [dezmenuθár] *t.* Esmicolar, esbocinar, engrunar, matxucar, capolar.
desmerecer [dezmereθér] *t.-i.* Desmerèixer. ¶ CONJUG. com ***agradecer.***
desmerecimiento [dezmereθimjénto] *m.* Desmèrit.
desmesura [dezmesúra] *f.* Desmesura.
desmesurado, -da [dezmesuráðo, -ða] *a.* Desmesurat.
desmigajar [dezmiɣaxár] *t.* Engrunar, esgrunar.
desmigar [dezmiɣár] *t.* Esmollar.
desmirriado, -da [dezmirrjáðo, -ða] *a.* fam. Neulit, escanyolit, desnerit.
desmochar [dezmotʃár] *t.* Escapçar, esmotxar.
desmontaje [desmontáxe] *m.* Desmuntatge.
desmontar [dezmontár] *t.* Desmuntar, desarmar. *2* Desboscar.
desmoralizar [dezmoraliθár] *t.-prnl.* Desmoralitzar.
desmoronamiento [dezmoronamjénto] *m.* Enfonsament, esllavissada, esllavissament.
desmoronar [dezmoronár] *t.-prnl.* Ensorrar, enfonsar, aterrar. *2 prnl.* Esllavissar-se, ensulsiar-se.
desmovilizar [dezmoβiliθár] *t.* Desmobilitzar.
desnatar [deznatár] *t.* Desnatar.
desnaturalizado, -da [deznaturaliθaðo, -ða] *a.* Desnaturalitzat.
desnaturalizar [deznaturaliθár] *t.* Desnaturalitzar.
desnivel [dezniβél] *m.* Desnivell.
desnivelar [dezniβelár] *t.* Desnivellar.
desnucar [deznukár] *t.-prnl.* Desnucar, colltrencar-se.
desnudar [deznuðár] *t.-prnl.* Despullar.
desnudez [deznuðéθ] *f.* Nuesa.
desnudo, -da [deznúðo, -ða] *a.* Despullat, nu.
desnutrición [deznutriθjón] *f.* Desnutrició.
desobedecer [desoβeðeθér] *t.* Desobeir. ¶ CONJUG. com ***agradecer.***
desobediencia [desoβeðjénθja] *f.* Desobediència.
desobediente [desoβeðjénte] *a.* Desobedient, malcreient.
desobstruir [desoβstrwir] *t.* Desobstruir.
desocupación [desokupaθjón] *f.* Desocupació, ociositat.
desocupado, -da [desokupáðo, -ða] *a.* Desocupat, desenfeinat, desvagat, ociós.
desocupar [desokupár] *t.* Desocupar.
desoír [desoir] *t.* Desoir. ¶ CONJUG. com ***oír.***
desojar [desoxár] *t.-prnl.* Desullar.
desolación [desolaθjón] *f.* Desolació.
desolado, -da [desoláðo, -ða] *a.* Desolat.
desolador, -ra [desolaðór, -ra] *a.* Desolador.
desolar [desolár] *t.-prnl.* Desolar. ¶ CONJUG. com ***desollar.***
desoldar [desoldár] *t.* Dessoldar.
desolladura [desoʎaðúra] *f.* Escorxament.
desollar [desoʎár] *t.-prnl.* Espellar, escorxar. ¶ CONJUG. INDIC. Pres.: ***desuello, desuellas, desuella, desuellan.*** ‖ SUBJ. Pres.: ***desuelle, desuelles, desuelle, desuellen.*** ‖ IMPERAT.: ***desuella, desuelle, desuellen.***
desorbitado, -da [desorβitáðo, -ða] *a.* Desorbitat.
desorbitar [desorβitár] *t.-prnl.* Desorbitar.
desorden [desórðen] *m.* Desordre, desori, desendreçament, malendreç.
desordenado, -da [desorðenáðo, -ða] *a.* Desordenat.
desordenar [desorðenár] *t.-prnl.* Desordenar, desendreçar.
desorganización [desorɣaniθaθjón] *f.* Desorganització.
desorganizar [desorɣaniθár] *t.-prnl.* Desorganitzar, desmanegar.
desorientación [desorjentaθjón] *f.* Desorientació.
desorientado, -da [desorjentáðo, -ða] *a.* Desorientat. *2* Esmaperdut.

desorientar [desorjentár] *t.-prnl.* Desorientar.

desosar [desosár] *t.* Desossar. *2* Espinyolar. ¶ CONJUG. INDIC. Pres.: ***deshueso, deshuesas, deshuesa, deshuesan.*** ‖ SUBJ. Pres.: ***deshuese, deshueses, deshuese, deshuesen.*** ‖ IMPERAT.: ***deshuesa, deshuese, deshuesen.***

desovar [desoβár] *i.* Fresar.

desove [desóβe] *m.* Fresa.

desovillar [desoβiʎár] *t.* Descabdellar.

desoxidar [desoγsidár] *t.* Desoxidar.

despabiladeras [despaβilaðéras] *f. pl.* Esmocadores.

despabilado, -da [despaβiláðo, -ða] *a.* Espavilat, eixerit.

despabilar [despaβilár] *t.* Espavilar, esmocar. *2 i.-prnl.* Espavilar, deixondir, eixorivir, esparpillar.

despacio [despáθjo] *adv.* A poc a poc, xino-xano.

despachado, -da [despatʃáðo, -ða] *a.* Descarat. *2* Desimbolt.

despachar [despatʃár] *t.* Despatxar, enllestir. *2 prnl.* Afanyar-se.

despacho [despátʃo] *m.* Despatx.

despachurrar [despatʃurrár] *t.-prnl.* Esbotzar, esclafar.

despampanante [despampanánte] *a.* Espaterrant, esbalaïdor.

despampanar [despampanár] *t.* Espaterrar.

despanzurrar [despanθurrár] *t.* Esventrar.

desparejado, -da [desparexáðo, -ða] *a.* Despariat, escadusser.

desparejar [desparexár] *t.* Desparellar, desapariar.

desparejo [desparéxo] *a.* Despariό.

desparpajo [desparpáxo] *m.* Desimboltura, desembaràs.

desparramamiento [desparramamjénto] *m.* Escampadissa, esbarriada.

desparramar [desparramár] *t.-prnl.* Escampar, esbarriar.

despasar [despasár] *t.* Despassar.

despatarrarse [despatarrárse] *prnl.* Escamarlar-se, eixancarrar-se.

despavorir [despaβorír] *i.-prnl.* Espaordir-se, esglaiar-se, corglaçar-se.

despectivamente [despeγtiβamente] *adv.* Despectivament.

despectivo, -va [despeγtiβo, -βa] *a.* Despectiu.

despecho [despétʃo] *m.* Despit.

despechugado, -da [despetʃuγáðo, -ða] *a.* Espitregat.

despedazar [despeðaθár] *t.* Espedaçar, trossejar, esbocinar.

despedida [despeðíða] *f.* Comiat, acomiadament.

despedir [despeðír] *t.* Acomiadar. *2* Llançar, despatxar. *3 prnl.* Acomiadar-se. ¶ CONJUG. com ***pedir.***

despegado, -da [despeγáðo, -ða] *a.* Esquerp.

despegar [despeγár] *t.-prnl.* Desenganxar. *2 i.* Enlairar-se, envolar-se (un avió). *3 prnl.* Desprendre's, desfer-se.

despegue [despéγe] *m.* Enlairament d'un avió.

despeinar [despei̯nár] *t.-prnl.* Despentinar, escabellar, descabellar.

despejado, -da [despexáðo, -ða] *a.* Eixerit, llest. *2* Clar, serè. *3* Desembarassat.

despejar [despexár] *t.* Desembarassar. *2* Aclarir. *3 prnl.* Aclarir-se, asserenar-se, estritllar-se.

despeluzar [despeluθár] *t.-prnl.* Escabellar. *2* Esborronar.

despeluznante [despeluθnánte] *a.* Esborronador.

despellejar [despeʎexár] *t.* Escorxar, espellar.

despender [despendér] *t.* Despendre.

despensa [despénsa] *f.* Rebost.

despensero, -ra [despenséro, -ra] *m.-f.* Reboster.

despeñadero [despeɲaðéro] *m.-a.* Timba, estimball, cingle, precipici.

despeñar [despeɲár] *t.-prnl.* Estimbar, espenyar, despenyar.

despepitar [despepitár] *t.* Espinyolar.

desperdiciar [desperðiθjár] *t.* Desaprofitar, malbaratar, malgastar.

desperdicio [desperðíθjo] *m.* Malbaratament. *2* Rebuig, deixalla, desferra, deixa.

desperdigar [desperðiγár] *t.-prnl.* Escampar, espargir.

desperezarse [despereθárse] *prnl.* Estirar-se.

desperezo [desperéθo] *m.* Estirament, estirada.

desperfecto [desperféγto] *m.* Desperfecte.

despertador [despertaðór] *m.* Despertador.

despertar [despertár] *t.-prnl.* Despertar, desvetllar. *2* Deixondir, eixorivir, esparpillar. ¶ CONJUG. com ***apretar.*** ‖ P. P.: ***despertado*** i ***despierto.***

despiadado, -da [despjaðáðo, -ða] *a.* Despietat.

despicarse [despikárse] *prnl.* Desfogar-se. *2* Revenjar-se.

despido [despíðo] *m.* V. DESPEDIDA.

despierto, -ta [despjérto, -ta] *a.* Despert. *2* Llest, eixerit.

despilfarrar [despilfarrár] *t.* Malversar, malbaratar.
despilfarro [despilfárro] *m.* Malversació, malbaratament.
despintar [despintár] *t.-prnl.* Despintar.
despiojar [despjoxár] *t.-prnl.* Espollar.
despistar [despistár] *t.-prnl.* Despistar.
despiste [despíste] *m.* Despistament.
desplacer [desplaθér] *t.* Desplaure. ¶ CONJUG. com ***agradecer.***
desplantar [desplantár] *t.* Desplantar.
desplazamiento [desplaθamjénto] *m.* Desplaçament.
desplazar [desplaθár] *t.-prnl.* Desplaçar.
desplegar [despleγár] *t.-prnl.* Desplegar. *2* Desfruncir. ¶ CONJUG. com ***apretar.***
despliegue [despljéγe] *m.* Desplegament.
desplomar [desplomár] *t.-prnl.* Desplomar.
desplome [desplóme] *m.* Acció de desplomar o desplomar-se.
desplumar [desplumár] *t.* Plomar.
despoblación [despoβlaθjón] *f.* Despoblació. *2* Despoblament.
despoblado [despoβláðo] *m.*Despoblat.
despoblar [despoβlár] *t.-prnl.* Despoblar. ¶ CONJUG. com ***desollar.***
despojar [despoxár] *t.-prnl.* Desposseir, despullar.
despojo [despóxo] *m.* Despullament. *2* Despulla, deixalla, desferra.
desposado, -da [desposáðo, -ða] *a., m.-f.* Nuvi (casat de nou). *2* Emmanillat.
desposar [desposár] *t.-prnl.* Esposar, casar.
desposeer [desposeér] *t.-prnl.* Desposseir.
desposeimiento [desposeimjénto] *m.* Despossessió.
desposorios [desposórjos] *m. pl.* Esposalles, casament.
déspota [déspota] *m.* Dèspota.
despótico, -ca [despótiko, -ka] *a.* Despòtic.
despotismo [despotizmo] *m.* Despotisme.
despotricar [despotrikár] *i.* Malparlar, maldir.
despreciable [despreθjáβle] *a.* Menyspreable.
despreciar [despreθjár] *t.* Menysprear.
desprecio [despréθjo] *m.* Menyspreu.
desprender [desprendér] *t.* Desprendre. *2 prnl.* Desprendre's, desfer-se, deseixir-se. *2* Esllavissar-se.
desprendido, -da [desprendiðo, -ða] *a.* Desprès.
desprendimiento [desprendimjénto] *m.* Despreniment, deseiximent. *2* Esllavissament, esllavissada.
despreocupación [despreocupaθjón] *f.* Despreocupació.
despreocupado, -da [despreokupáðo, -ða] *a.* Despreocupat.
despreocuparse [despreokupárse] *prnl.* Despreocupar-se, desencaboriar-se.
desprestigiar [desprestixjár] *t.-prnl.* Desprestigiar.
desprestigio [desprestíxjo] *m.* Desprestigi.
desprevenido, -da [despreβeniðo, -ða] *a.* Desprevingut.
desproporción [desproporθjón] *f.* Desproporció.
desproporcionado, -da [desproporθjonáðo, -ða] *a.* Desproporcionat.
desproporcionar [desproporθjonár] *t.* Desproporcionar.
despropósito [despropósito] *m.* Despropòsit, estirabot.
desproveer [desproβeér] *t.* Desproveir. ¶ CONJUG. P. P.: ***desproveido*** i ***desprovisto.***
desprovisto, -ta [desproβísto, -ta] *a.* Desproveït.
después [despwés] *adv.* Després, en acabat.
despuntar [despuntár] *t.* Espuntar, despuntar. *2 i.* Brostar (les plantes). *3* Traspuntar (el sol). *4* Sobresortir.
desquiciamiento [deskiθjamjénto] *m.* Desballestament.
desquiciar [deskiθjár] *t.-prnl.* Desengolfar, fer sortir de polleguera. *2* Desballestar.
desquijarar [deskixarár] *t.-prnl.* Desbarrar.
desquitar [deskitár] *t.-prnl.* Rescabalar. *2* Revenjar-se, rescabalar-se, resquitar-se.
desquite [deskíte] *m.* Rescabalament. *2* Revenja.
desrabotar [de(z)rraβotár] *t.* Escuar.
desrizar [de(z)rriθár] *t.-prnl.* Desarrissar.
destacamento [destakaménto] *m.* Destacament.
destacar [destakár] *t.* Destacar, assenyalar. *2 i.* Excel·lir, fer-se veure.
destajo [destáxo] *m.* Escarada, preu fet.
destapar [destapár] *t.-prnl.* Destapar.
destartalado [destartaláðo] *a.* Desmarxat, esgavellat.
destazar [destaθár] *t.* Esquarterar.
destellar [desteʎár] *i.* Resplendir.
destello [destéʎo] *m.* Resplendor, llampada. *2* Esparpell.
destemplanza [destemplánθa] *f.* Intempèrie. *2* Destrempança.
destemplar [destemplár] *t.-prn.* Destrempar.
destemple [destémple] *m.* Destrempament.

desteñir [desteɲir] *t.-i.* Destenyir. ¶ CONJUG. com ***ceñir.***
desternillarse [desterniʎárse] *prnl.* Trencar-se, rebentar-se (de riure).
desterrar [desterrár] *t.* Desterrar, bandejar. ¶ CONJUG. com ***apretar.***
destetar [destetár] *t.-prnl.* Desmamar, deslletar.
destete [destéte] *m.* Desmamament, deslletament.
destiempo (a) [destjémpo] loc. Fora de temps, a deshora.
destierro [desjérro] *m.* Desterrament, bandejament.
destilación [destilaθjón] *f.* Destil·lació.
destilador, -ra [destilaðór, -ra] *a., m.-f.* Destil·lador.
destilar [destilár] *t.-i.* Destil·lar.
destilería [destileria] *f.* Destil·leria.
destinación [destinaθjón] *f.* Destinació.
destinar [destinár] *t.* Destinar.
destinatario [destinatárjo] *m.-f.* Destinatari.
destino [destino] *m.* Destí. *2* Destinació. *3* Càrrec, plaça, col·locació. *4* Fat.
destitución [destituθjón] *f.* Destitució.
destituir [destitwir] *t.* Destituir. ¶ CONJUG. com ***huir.***
destornillador [destorniʎaðór] *m.* Tornavís, collador.
destornillar [destorniʎár] *t.* Descargolar, descollar.
destrabar [destraβár] *t.* Destravar.
destral [destrál] *m.* Destraló.
destrenzar [destrenθár] *t.-prnl.* Destrenar.
destreza [destréθa] *f.* Destresa. *2* Enginy.
destripar [destripár] *t.* Estripar, esbudellar.
destripaterrones [destripaterrónes] *m.* Aixafaterrossos.
destronar [destronár] *t.* Destronar.
destrozador, -ra [destroθaðór, -ra] *a.* Destrossador.
destrozar [destroθár] *t.* Destrossar, trossejar.
destrozo [destróθo] *m.* Destrossa.
destrucción [destruγθjón] *f.* Destrucció.
destructivo, -va [destruγtiβo, -βa] *a.* Destructiu.
destructor, -ra [destruγtór, -ra] *a., m.-f.* Destructor.
destruir [destrwir] *t.* Destruir. ¶ CONJUG. com ***huir.***
desudar [desuðár] *t.-prnl.* Dessuar.
desuello [deswéʎo] *m.* Escorxament. *2* fig. Desvergonyiment.
desuncir [desunθir] *t.* Desjunyir.
desunión [desunjón] *f.* Desunió.
desunir [desunir] *t.* Desunir.
desusado, -da [desusáðo, -ða] *a.* Desuet, desusat.
desuso [desúso] *m.* Desús, desuetud.
desvaído, -da [dezβaiðo, -ða] *a.* Canyiula, esprimatxat. *2* Pàl·lid, esmorteït (color).
desvainar [dezβaĭnár] *t.* Esclofollar, estavellar.
desvalido, -da [dezβaliðo, -ða] *a., m.-f.* Desvalgut.
desvalijar [dezβalixár] *t.* Desvalisar.
desvalorizar [dezβaloriθár] *t.* Desvalorar.
desván [dezβán] *m.* Golfa.
desvanecer [dezβaneθér] *t.* Esvair. *2 prnl.* Esvanir-se, esvair-se, defallir. ‖ CONJUG. com ***agradecer.***
desvanecimiento [dezβaneθimjénto] *m.* Esvaniment, esvaïment, basca, rodament de cap.
desvariar [dezβarjár] *i.* Desvariar, desvariejar.
desvarío [dezβario] *m.* Desvari.
desvelado, -da [dezβeláðo, -ða] *a.* Desvetllat.
desvelar [dezβelár] *t.-prnl.* Desvetllar. *2 prnl.* Mirar-s'hi.
desvelo [dezβélo] *m.* Desvetllament. *2* Afany.
desvencijado, -da [dezβenθixáðo, -ða] *a.* Desconjuntat.
desventaja [dezβentáxa] *f.* Desavantatge.
desventajoso, -sa [dezβentaxóso, -sa] *a.* Desavantatjós.
desventura [dezβentúra] *f.* Desventura, malaventura, malastrugança.
desventurado, -da [dezβenturáðo, -ða] *a.* Desventurat, malaventurat.
desvergonzado, -da [dezβerγonθáðo, -ða] *a., m.-f.* Desvergonyit, barrut.
desvergonzarse [dezβerγonθárse] *prnl.* Desvergonyir-se. ¶ CONJUG. com ***desollar.***
desvergüenza [dezβerγwénθa] *f.* Desvergonyiment.
desvestir [dezβestir] *t.-prnl.* Desvestir. ¶ CONJUG. com ***pedir.***
desviación [dezβjaθjón] *f.* Desviació, desviament.
desviar [dezβjár] *t.-prnl.* Desviar.
desvío [dezβio] *m.* Desviament. *2* Trencall (camí).
desvirgar [dezβirγár] *t.* Desponcellar.
desvirtuar [dezβirtwár] *t.-prnl.* Desvirtuar.
desvivirse [dezβiβirse] *prnl.* Escarrassar-se, desfer-se, matar-se, desviure's.
desvolvedor [dezβolβeðór] *m.* Collador.

detall (al) [detáʎ] loc. COM. Al detall.
detallar [detaʎár] *t.* Detallar.
detalle [detáʎe] *m.* Detall.
detallista [detaʎista] *m.* Detallista.
detective [deteγtiβe] *m.* Detectiu.
detector [deteγtór] *m.* Detector.
detención [detenθjón] *f.* Detenció. *2* Deteniment. *3* Aturament.
detener [detenér] *t.-prnl.* Detenir, deturar, aturar, parar. *2* Detenir, agafar, arrestar. ‖ CONJUG. com ***tener.***
detenidamente [deteniðamente] *adv.* Detingudament.
detenido, -da [deteniðo, -ða] *a., m.-f.* Detingut, agafat, arrestat.
detenimiento [detenimjénto] *m.* Deteniment, detenció.
detentador, -ra [detentaðór, -ra] *m.-f.* Detentor.
detentar [detentar] *t.* Detenir, retenir.
detergente [deterxénte] *a.-m.* Detergent.
deterioración [deterjoraθjón] *f.* Deterioració.
deteriorar [deterjorár] *t.-prnl.* Deteriorar, espatllar, fer malbé.
deterioro [deterjóro] *m.* Deteriorament, deterioració.
determinación [determinaθjón] *f.* Determinació, determini.
determinado, -da [determináðo, -ða] *a., m.-f.* Determinat.
determinante [determinánte] *a.-m.* Determinant.
determinar [determinár] *t.-prnl.* Determinar.
determinativo, -va [determinatiβo, -βa] *a.* Determinatiu.
determinismo [determinizmo] *m.* Determinisme.
detestable [detestáβle] *a.* Detestable.
detestar [detestár] *t.* Detestar.
detonación [detonaθjón] *f.* Detonació.
detonador [detonaðór] *m.* Detonant.
detonante [detonánte] . Detonant.
detonar [detonár] *i.* Detonar.
detracción [detraγθjón] *f.* Detracció.
detractar [detraγtár] *t.* Detractar.
detractor, -ra [detraγtór, -ra] *a., m.-f.* Detractor.
detrás [detrás] *adv.* Darrera, endarrera.
detrimento [detriménto] *m.* Detriment, menyscapte.
detrito [detrito] *m.* Detritus.
deuda [déŭða] *f.* Deute.
deudo, -da [déŭðo, -ða] *m.-f.* Parent.
deudor, -ra [deuðór, -ra] *a., m.-f.* Deutor.
devanadera [deβanaðéra] *f.* Debanadora.
devanar [deβanár] *t.* Debanar, cabdellar.
devanear [deβaneár] *i.* Desvariejar, desvariar, delirar.
devaneo [deβanéo] *m.* Desvari, deliri. *2* Amor passatger.
devastación [deβastaθjón] *m.* Devastació.
devastador, -ra [deβastaðór, -ra] *a., m.-f.* Devastador.
devastar [deβastár] *t.* Devastar.
devoción [deβoθjón] *f.* Devoció.
devocionario [deβoθjonárjo] *m.* Devocionari.
devolución [deβoluθjón] *f.* Devolució.
devolver [deβolβér] *t.* Tornar, retre, retornar. *2* Vomitar, perbocar. ¶ CONJUG. com ***moler.***
devorador, -ra [deβoraðór, -ra] *a., m.-f.* Devorador.
devorar [deβorár] *t.* Devorar, papar.
devotamente [deβo'tamente] *adv.* Devotament.
devoto, -ta [deβóto, -ta] *a., m.-f.* Devot.
deyección [dejeγθjón] *f.* Dejecció.
día [dia] *m.* Dia, jorn. ‖ ***Buenos días,*** bon dia. ‖ ***Al ~ siguiente,*** l'endemà.
diabetes [djaβétes] *f.* MED. Diabetis.
diabético, -ca [djaβétiko, -ka] *a., m.-f.* Diabètic.
diablejo [djaβléxo] *m.* Diable.
diablesa [djaβlésa] *f.* Diablessa.
diablillo [djaβliʎo] *m.* Diabló.
diablo [djáβlo] *m.* Diable, dimoni.
diablura [djaβlúra] *f.* Diableria, entremaliadura.
diabólico, -ca [djaβóliko, -ka] *a.* Diabòlic.
diaconato [djakonáto] *m.* Diaconat.
diaconisa [djakonisa] *f.* Diaconessa.
diácono [djákono] *m.* Diaca.
diadema [djaðéma] *f.* Diadema.
diáfano, -na [djáfano, -na] *a.* Diàfan.
diafragma [djafráγma] *m.* Diafragma.
diagnosticar [djaγnostikár] *t.* Diagnosticar.
diagnóstico, -ca [djaγnóstiko, -ka] *a.-m.* Diagnòstic.
diagonal [djaγonál] *a.-f.* Diagonal.
diagrama [djaγráma] *m.* Diagrama.
dialectal [djaleγtál] *a.* Dialectal.
dialéctico, -ca [djaléγtiko, -ka] *a.-m.* Dialèctic. *2 f.* Dialèctica.
dialecto [djaléγto] *m.* Dialecte.
diálisis [djálisis] *f.* Diàlisi.
diálogo [djáloγo] *m.* Diàleg.
diamante [djamánte] *m.* Diamant.
diamantino, -na [djamantino, -na] *a.* Diamantí.
diametral [djametrál] *a.* Diametral.
diámetro [djámetro] *m.* Diàmetre.
diana [djána] *f.* Diana.
diantre [djántre] *m.-interj.* fam. Diantre, diastre.

diapasón [djapasón] *m.* MÚS. Diapasó.
diapositiva [djapositiβa] *f.* Diapositiva.
diariamente [djàrjamente] *adv.* Diàriament.
diario, -ia [djárjo, -ja] *a.-m.* Diari.
diarrea [djarréa] *f.* Diarrea, corrípies.
diástole [djástole] *m.* FISIOL. Diàstole.
diatriba [djatriβa] *f.* Diatriba.
dibujante [diβuxánte] *a., m.-f.* Dibuixant.
dibujar [diβuxár] *t.-prnl.* Dibuixar.
dibujo [diβúxo] *m.* Dibuix.
dicción [diγθjón] *f.* Dicció.
diccionario [diγθjonário] *m.* Diccionari.
diciembre [diθjémbre] *m.* Desembre.
dicotiledóneo, -ea [dikotileðóneo, -ea] *a.* BOT. Dicotiledoni. *2 f.* Dicotiledònia.
dicotomía [dikotomía] *f.* Dicotomia.
dictado [diγtáðo] *m.* Dictat.
dictador [diγtaðór] *m.* Dictador.
dictadura [diγtaðúra] *f.* Dictadura.
dictamen [diγtámen] *m.* Dictamen.
dictaminar [diγtaminár] *i.* Dictaminar.
dictar [diγtár] *t.* Dictar.
dictatorial [diγtatorjál] *a.* Dictatorial.
dicterio [diγtérjo] *m.* Dicteri.
dicha [dítʃa] *f.* Felicitat, joia, benaurança.
dicharachero, -ra [ditʃaratʃéro, -ra] *a., m.-f.* Bromista, faceciós.
dicharacho [ditʃarátʃo] *m.* Estirabot, sortida.
dicho [dítʃo] *m.* Dita.
dichoso, -sa [ditʃóso, -sa] *a.* Sortós, feliç, benaurat. *2* fig. Ditxós.
didáctico, -ca [diðáγγtiko, -ka] *a.* Didàctic. *2 f.* Didàctica.
diecinueve [djeθinwéβe] *a.-m.* Dinou.
diecinueveavo, -va [djeθinweβeáβo, -βa] *a.-m.* Dinovè.
dieciochavo, -va [djeθjotʃáβo, -βa] *a.-m.* Divuité.
dieciocho [djeθjótʃo] *a.-m.* Divuit.
dieciséis [djeθiséĭs] *a.-m.* Setze.
dieciseisavo, -va [djeθiseĭsáβo, -βa] *a., m.-f.* Setzè.
diecisiete [djeθisjéte] *a.-m.* Disset.
diecisieteavo, -va [djeθisjeteáβo, -βa] *a.-m.* Dissetè.
diedro [djéðro] *a.-m.* Diedre.
diente [djénte] *m.* Dent. ‖ *~ de ajo,* grill d'all. ‖ BOT. *~ de león,* lletsó.
diéresis [djéresis] *f.* GRAM. Dièresi.
diestra [djéstra] *f.* Destra, dreta.
diestramente [djéstramente] *adv.* Destrament.
diestro, -tra [djéstro, -tra] *a.* Destre. ‖ ***A ~ y siniestro,*** a tort i a dret. *2 m.* TAUROM. Torero.
dieta [djéta] *f.* Dieta.
dietario [djetárjo] *m.* Dietari.
diez [djeθ] *a.-m.* Deu.
diezmar [djéθmar] *t.* Delmar.
diezmo [djéθmo] *m.* Delme.
difamación [difamaθjón] *f.* Difamació.
difamador, -ra [difamaðór, -ra] *a., m.-f.* Difamador.
difamante [difamánte] *a.* Difamant.
difamar [difamár] *t.* Difamar, bescantar, maldir.
diferencia [diferénθja] *f.* Diferència.
diferencial [diferenθjál] *a.-m.* Diferencial. *2 f.* MAT. Diferencial.
diferenciar [diferenθjár] *t.* Diferenciar.
diferente [diferénte] *a.* Diferent.
diferir [diferír] *i.-t.* Diferir, ajornar, perllongar. ¶ CONJUG. com ***sentir.***
difícil [difíθil] *a.* Difícil.
dificultad [difikultáð] *f.* Dificultat.
dificultar [difikultár] *t.* Dificultar.
dificultoso, -sa [difikultóso, -sa] *a.* Dificultós.
difteria [diftérja] *f.* MED. Diftèria.
difundir [difundír] *t.-prnl.* Difondre. ¶ CONJUG. P. P.: ***difundido*** i ***difuso.***
difunto, -ta [difúnto, -ta] *a., m.-f.* Difunt.
difusión [difusjón] *f.* Difusió.
difuso, -sa [difúso, -sa] *a.* Difús.
digerible [dixeríβle] *a.* Digerible.
digerir [dixerír] *t.* Digerir, pair. ¶ CONJUG. com ***sentir.***
digestión [dixestjón] *f.* Digestió.
digestivo, -va [dixestíβo, -βa] *a.-m.* Digestiu.
digital [dixitál] *a.* Digital. *2* BOT. Digital.
dígito [díxito] *a.-m.* Dígit.
dignarse [diγnárse] *prnl.* Dignar-se.
dignatario [diγnatárjo] *m.* Dignatari.
dignidad [diγniðáð] *f.* Dignitat.
dignificar [diγnifikár] *t.-prnl.* Dignificar.
digno, -na [díγno, -na] *a.* Digne.
digresión [diγresjón] *f.* Digressió.
dije [díxe] *m.* Penjoll (adorn).
dilación [dilaθjón] *f.* Dilació.
dilapidar [dilapiðár] *t.* Dilapidar.
dilatación [dilataθjón] *f.* Dilatació.
dilatado, -da [dilatáðo, -ða] *a.* Dilatat.
dilatar [dilatár] *t.-prnl.* Dilatar.
dilatorio, -ia [dilatórjo, -ja] *a.* Dilatori.
dilecto, -ta [diléγto, -ta] *a.* Dilecte.
dilema [diléma] *m.* Dilema.
diletante [diletánte] *a.* Diletant.
diligencia [dilixénθja] *f.* Diligència.
diligente [dilixénte] *a.* Diligent.
dilucidar [diluθiðár] *t.* Dilucidar, escatir.
dilución [diluθjón] *f.* Dilució.
diluir [dilwír] *t.-prnl.* Diluir. ¶ CONJUG. com ***huir.***
diluviar [diluβjár] *i.* Diluviar.

diluvio [dilúβjo] *m.* Diluvi.
dimanar [dimanár] *i.* Dimanar.
dimensión [dimensjón] *f.* Dimensió.
dimes y diretes [dímes i ðirétes] *loc.* Raons, romanços, nyic-i-nyac.
diminutivo, -va [diminutíβo, -βa] *a.-m.* Diminutiu.
diminuto, -ta [diminúto, -ta] *a.* Diminut.
dimisión [dimisjón] *f.* Dimissió.
dimisionario, -ia [dimisjonárjo, -ja] *a., m.-f.* Dimissionari.
dimitente [dimiténte] *a., m.-f.* Dimitent.
dimitir [dimitír] *t.* Dimitir.
dinamarqués, -sa [dinamarkés, -sa] *a., m.-f.* Danès.
dinámico, -ca [dinámiko, -ka] *a.* Dinàmic. *2 f.* Dinàmica.
dinamismo [dinamízmo] *m.* Dinamisme.
dinamita [dinamíta] *f.* Dinamita.
dínamo [dínamo] *f.* Dinamo.
dinamómetro [dinamómetro] *m.* Dinamòmetre.
dinasta [dinásta] *m.* Dinasta.
dinastía [dinastía] *f.* Dinastia, casal.
dineral [dinerál] *m.* Dineral.
dinero [dinéro] *m.* Diner, cèntims, diners.
dintel [dintél] *m.* Llinda.
diocesano, -na [djoθesáno, -na] *a., m.-f.* Diocesà.
diócesis [djóθesis] *f.* Diòcesi.
dioptría [djoβtría] *f.* Diòptria.
diorama [djoráma] *m.* Diorama.
Dios [djós] *m.* Déu. ‖ ***A ~ gracias,*** gràcies a Déu. ‖ ***~ mediante,*** ajudant Déu. ‖ ***A ~*** o ***adiós,*** adéu. ‖ ***Quedar con ~,*** a Déu-siau. ‖ ***¡~ mio!,*** Déu meu!
diosa [djósa] *f.* Deessa, dea.
diploma [diplóma] *m.* Diploma.
diplomacia [diplomáθja] *f.* Diplomàcia.
diplomático, -ca [diplomátiko, -ka] *a., m.-f.* Diplomàtic. *2 f.* Diplomàtica.
dipsomaníaco, -ca [diβsomaníako, -ka] *a.* Dipsomaníac.
díptero [díβtero] *a.-m.* Dípter.
díptico [díβtiko] *m.* Díptic.
diptongo [diβtóŋgo] *m.* GRAM. Diftong.
diputación [diputaθjón] *f.* Diputació.
diputado, -da [diputáðo, -ða] *m.-f.* Diputat.
diputar [diputár] *t.* Diputar.
dique [díke] *m.* Dic, resclosa.
dirección [direɣθjón] *f.* Direcció. *2* Adreça.
directivo, -va [direɣtíβo, -βa] *a., m.-f.* Directiu.
directo, -ta [diréɣto, -ta] *a.* Directe.
director, -ra [direɣtór, -ra] *a., m.-f.* Director.
directriz [direɣtríθ] *f.* GEOM. Directriu.
dirigente [dirixénte] *a., m.-f.* Dirigent.
dirigible [dirixíβle] *a.-m.* Dirigible.
dirigir [dirixír] *t.-prnl.* Dirigir, adreçar.
dirimente [diriménte] *a.* Diriment.
dirimir [dirimír] *t.* Dirimir.
discernimiento [disθernimjénto] *m.* Discerniment.
discernir [disθernír] *t.* Discernir. ¶ CONJUG. INDIC. Pres.: ***discierno, disciernes, discierne, disciernen.*** ‖ SUBJ. Pres.: ***discierna, disciernas, discierna, disciernan.*** ‖ IMPERAT.: ***discierne, discierna, disciernan.***
disciplina [disθiplína] *f.* Disciplina. *2 pl.* Deixuplines.
disciplinar [disθiplinár] *t.-prnl.* Disciplinar.
disciplinario, -ia [disθiplinárjo, -ja] *a.* Disciplinari.
disciplinazo [disθiplináθo] *m.* Cop de deixuplines.
discípulo, -la [disθípulo, -la] *m.-f.* Deixeble.
disco [dísko] *m.* Disc.
discóbolo [diskóβolo] *m.* Discòbol.
díscolo, -la [dískolo, -la] *a., m.-f.* Díscol.
disconformidad [diskonformiðáð] *f.* Disconformitat.
discontinuidad [diskontinwiðáð] *f.* Discontinuïtat.
discontinuo, -ua [diskontínwo, -wa] *a.* Discontinu.
discordancia [diskorðánθja] *f.* Discordança.
discordante [diskorðánte] *a.* Discordant. *2* Discordant, discorde.
discordar [diskorðár] *i.* Discordar. ¶ CONJUG. com ***desollar.***
discorde [diskórðe] *a.* Discorde. *2* MÚS. Discordant.
discordia [diskórðja] *f.* Discòrdia.
discreción [diskreθjón] *f.* Discreció.
discrecional [diskreθjonál] *a.* Discrecional.
discrepancia [diskrepánθja] *f.* Discrepància.
discrepar [diskrepár] *i.* Discrepar.
discreto, -ta [diskréto, -ta] *a.* Discret.
discriminación [diskriminaθjón] *f.* Discriminació.
discriminar [diskriminár] *t.* Discriminar.
disculpa [diskúlpa] *f.* Disculpa.
disculpar [diskulpár] *t.-prnl.* Disculpar.
discurrir [diskurrír] *i.* Discórrer, barrinar (pensant).
discursear [diskurseár] *i.* Discursejar.
discurso [diskúrso] *m.* Discurs.
discusión [diskusjón] *f.* Discussió.

discutible [diskutiβle] *a.* Discutible.
discutir [diskutír] *t.-i.* Discutir.
disecar [disekár] *t.* Dissecar.
diseminar [diseminár] *t.-prnl.* Disseminar.
disensión [disensjón] *f.* Dissensió.
disentería [disentería] *f.* MED. Disenteria.
disentimiento [disentimjénto] *m.* Dissentiment.
disentir [disentír] *i.* Dissentir. ¶ CONJUG. com ***sentir.***
diseñar [diseɲár] *t.* Dissenyar.
diseño [diséɲo] *m.* Disseny.
disertación [disertaθjón] *f.* Dissertació.
disertar [disertár] *i.* Dissertar.
diserto, -ta [disérto, -ta] *a.* Disert.
disfavor [disfaβór] *m.* Desfavor.
disforme [disfórme] *a.* Diforme. *2* Deforme.
disformidad [disformiðáð] *f.* Diformitat.
disfraz [disfráθ] *m.* Disfressa.
disfrazar [disfraθár] *t.* Disfressar.
disfrutar [disfrutár] *t.* Fruir, gaudir.
disfrute [disfrúte] *m.* Fruïció, gaudi, goig.
disfumino [disfumíno] *m.* Esfumí.
disgregar [disɣreɣár] *t.-prnl.* Disgregar.
disgustar [disʃustár] *t.-prnl.* Disgustar.
disgusto [dizɣústo] *m.* Disgust. ‖ ***A ~,*** a contra cor, a disgust.
disidencia [disiðénθja] *f.* Dissidència.
disidente [disiðénte] *a., m.-f.* Dissident.
disimulación [disimulaθjón] *f.* Dissimulació.
disimulado, -da [disimuláðo, -ða] *a.* Dissimulat.
disimulador, -ra [disimulaðór, -ra] *a., m.-f.* Dissimulador.
disimular [disimulár] *t.* Dissimular.
disimulo [disimúlo] *m.* Dissimulació.
disipación [disipaθjón] *f.* Dissipació.
disipado, -da [disipáðo, -ða] *a., m.-f.* Dissipat.
disipar [disipár] *t.-prnl.* Dissipar.
dislate [dizláte] *m.* Disbarat, barrabassada.
dislocación [dizlokaθjón] *f.* Dislocació.
dislocar [dizlokár] *t.-prnl.* Desllorigar, dislocar, desconjuntar.
disloque [dizlóke] *m.* fam. Extrem, súmmum. *2* Bogeria, desori.
disminución [dizminuθjón] *f.* Disminució.
disminuir [dizminwír] *i.-t.-prnl.* Disminuir, aflacar, minvar. ¶ CONJUG. com ***huir.***
disnea [diznéa] *f.* MED. Dispnea.
disociación [disoθjaθjón] *f.* Dissociació.
disociar [disoθjár] *t.-prnl.* Dissociar.
disolución [disoluθjón] *f.* Dissolució.
disoluto, -ta [disolúto, -ta] *a., m.-f.* Dissolut.
disolvente [disolβénte] *a.-m.* Dissolvent.
disolver [disolβér] *t.-prnl.* Dissoldre. ¶ CONJUG. com ***moler.***
disonancia [disonánθja] *f.* Dissonància.
disonante [disonánte] *a.* Dissonant.
disonar [disonár] *i.* Dissonar. ¶ CONJUG. com ***desollar.***
dispar [dispár] *a.* Dispari6, diferent.
disparador [disparaðór] *m.* Disparador.
disparar [disparár] *i.-t.-prnl.* Disparar, engegar, tirar.
disparatado, -da [disparatáðo, -ða] *a.* Desbaratat, forassenyat.
disparatar [disparatár] *i.* Desbaratar-se, descantellar.
disparate [disparáte] *m.* Disbarat, bestiesa.
disparidad [dispariðáð] *f.* Disparitat.
disparo [dispáro] *m.* Tret, engegada.
dispendio [dispéndjo] *m.* Dispendi.
dispendioso, -sa [dispendjóso, -sa] *a.* Dispendiós.
dispensa [dispénsa] *f.* Dispensa.
dispensar [dispensár] *t.* Dispensar.
dispensario [dispensárjo] *m.* Dispensari.
dispersar [dispersár] *t.-prnl.* Dispersar.
dispersión [dispersjón] *f.* Dispersió, esbarriada, escampall.
disperso, -sa [dispérso, -sa] *a., m.-f.* Dispers.
displicencia [displiθénθja] *f.* Displicència.
displicente [displiθénte] *a.* Displicent, malhumorat.
disponer [disponér] *i.-t.-prnl.* Disposar. ¶ CONJUG. com ***poner.***
disponibilidad [disponiβiliðáð] *f.* Disponibilitat.
disponible [disponíβle] *a.* Disponible.
disposición [disposiθjón] *f.* Disposició.
dispositivo, -va [dispositíβo, -βa] *a.-m.* Dispositiu.
dispuesto, -ta [dispwésto, -ta] *a.* Disposat, dispost, amatent.
disputa [dispúta] *f.* Disputa, raons. *2* Topada.
disputar [disputár] *i.-prnl.* Disputar, barallar.
disquisición [diskisiθjón] *f.* Disquisició.
distancia [distánθja] *f.* Distància.
distanciar [distanθjár] *t.-prnl.* Distanciar.
distante [distánte] *a.* Distant.
distar [distár] *i.* Distar.
distender [distendér] *t.-prnl.* Distendre. ¶ CONJUG. com ***defender.***
distensión [distensjón] *f.* Distensió.
distinción [distinθjón] *f.* Distinció.
distinguido, -da [distiŋgíðo, -ða] *a.* Distingit.
distinguir [distiŋgír] *t.-prnl.* Distingir.

distintivo, -va [distintiβo, -βa] *a.* Distintiu.
distinto, -ta [distinto, -ta] *a.* Distint.
distracción [distraγθjón] *f.* Distracció, badada.
distraer [distraér] *t.-prnl.* Distreure, torbar. *2 prnl.* ¶ CONJUG. com ***traer.***
distraído, -da [distraiðo, -ða] *a., m.-f.* Distret, badoc.
distribución [distriβuθjón] *f.* Distribució.
distribuir [distriβwir] *t.* Distribuir. ¶ CONJUG. com ***huir.***
distributivo, -va [distriβutiβo, -βa] *a.* Distributiu.
distrito [distrito] *m.* Districte.
disturbio [distúrβjo] *m.* Disturbi.
disuadir [diswaðir] *t.* Dissuadir.
disuasión [diswasjón] *f.* Dissuassió.
disuelto, -ta [diswélto, -ta] *a.* Dissolt.
disyunción [dizǰunθjón] *f.* Disjunció.
disyuntivo, -va [dizǰuntiβo, -βa] *a.* Disjuntiu.
diurético, -ca [djurétiko, -ka] *a.-m.* Diürètic.
diurno, -na [djúrno, -na] *a.* Diürn.
diva [diβa] *f.* Deessa. *2* Diva.
divagación [diβaγaθjón] *f.* Divagació.
divagar [diβaγár] *i.* Divagar.
diván [diβán] *m.* Divan.
divergencia [diβerxenθja] *f.* Divergència.
divergente [diβerxénte] *a.* Divergent.
divergir [diβerxir] *i.* Divergir.
diversidad [diβersiðáð] *f.* Diversitat.
diversión [diβersjón] *f.* Diversió, divertiment.
diverso, -sa [diβérso, -sa] *a.* Divers, vari.
divertido, -da [diβertiðo, -ða] *a.* Divertit.
divertimiento [diβertimjénto] *m.* Divertiment.
divertir [diβertir] *t.-prnl.* Divertir. ¶ CONJUG. GER.: ***divirtiendo.*** ‖ INDIC. Pres.: ***divierto, diviertes, divierte, divierten.*** | Indef.: ***divirtió, divirtieron.*** ‖ SUBJ. Pres.: ***divierta, diviertas, divierta, divirtamos, divirtáis, diviertan.*** | Imperf.: ***divirtiera*** o ***-iese, divirtieras*** o ***-ieses, divirtiera*** o ***-iese, divirtiéramos*** o ***-iésemos, divirtierais*** o ***-ieseis,*** divirtieran o ***-iesen.*** | Fut.: ***divirtiere, divirtieres, divirtiere, divirtiéramos, divirtiereis, divirtieren.*** ‖ IMPERAT.: ***divierte, divierta, divirtamos, diviertan.***
dividendo [diβiðéndo] *m.* MAT. Dividend
dividir [diβiðir] *t.-prnl.* Dividir. CONJUG. P. P.: ***dividido*** i ***diviso.***
divieso [diβjéso] *m.* MED. Furóncol.
divinidad [diβiniðáð] *f.* Divinitat.
divinizar [diβiniθár] *t.* Divinitzar.
divino, -na [diβino, -na] *a.* Diví.
divisa [diβisa] *f.* Divisa.
divisar [diβisár] *t.* Albirar, afigurar, entreveure.
divisible [diβisiβle] *a.* Divisible.
división [diβisjón] *f.* Divisió.
divisionario, -ia [diβisjonárjo, -ja] *a.* Divisionari.
divisor [diβisór] *a.-m.* Divisor.
divisorio [diβisórjo] *a.* Divisori.
divorciar [diβorθjár] *t.-prnl.* Divorciar.
divorcio [diβórθjo] *m.* Divorci.
divulgación [diβulγaθjón] *f.* Divulgació.
divulgar [diβulγár] *t.-prnl.* Divulgar, esbombar.
do [do] *m.* MÚS. Do.
dobla [dóβla] *f.* NUMISM. Dobla.
dobladillo [doβlaðiʎo] *m.* Vora, doblec. *2* Entorn.
doblaje [doβláxe] *m.* Doblatge (d'una pel·lícula).
doblamiento [doβlamjénto] *m.* Doblament, doblegada, vinclada.
doblar [doβlár] *t.* Doblar. *2* Doblegar, blegar. *3 t.-prnl.* Torçar, guerxar, flectir. *4 i.* Tombar (a la dreta...).
doble [dóβle] *a.-m.* Doble.
doblegadizo, -za [doβleγaðiθo, -θa] *a.* Doblegadís.
doblegar [doβleγár] *t.-prnl.* Plegar, doblegar. *2* Flectir.
doblez [doβléθ] *m.* Doblec. *2* Séc. *3* Duplicitat, falsia.
doblón [doβlón] *m.* NUMISM. Dobler.
doce [dóθe] *a.-m.* Dotze.
docena [doθéna] *f.* Dotzena.
docente [doθénte] *a.* Docent.
dócil [dóθil] *a.* Dòcil, manyac.
docilidad [doθiliðáð] *f.* Docilitat.
dock [doγ] *m.* Doc.
docto, -ta [dóγto, -ta] *a., m.-f.* Docte.
doctor, -ra [doγtór, -ra] *m.-f.* Doctor.
doctorado [doγtoráðo] *m.* Doctorat.
doctorar [doγtorár] *t.-prnl.* Doctorar.
doctrina [doγtrina] *f.* Doctrina.
doctrinal [doγtrinál] *a.* Doctrinal.
doctrinario, -ia [doγtrinárjo, -ja] *a.* , *m.-f.* Doctrinari.
documentación [dokumentaθjón] *f.* Documentació.
documental [dokumentál] *a.-m.* Documental.
documentar [dokumentár] *t.-prnl.* Documentar.
documento [dokuménto] *m.* Document.
dodecaedro [doðekaéðro] *m.* Dodecàedre.
dodecafónico, -ca [doðekafóniko, -ka] *a.* Dodecafònic.
dodecágono [doðekáγono] *m.* Dodecàgon.

Dodecaneso [doðekanéso] *n. pr. m.* Dodecanès.
dodecasílabo, -ba [doðekasílaβo, -βa] *a.-m.* Dodecasíl·lab.
dogal [doɣál] *m.* Dogal.
dogma [dóɣma] *m.* Dogma.
dogmático, -ca [doɣmátiko, -ka] *a., m.-f.* Dogmàtic.
dólar [dólar] *m.* Dòlar.
dolencia [dolénθja] *f.* Malaltia, xacra.
doler [dolér] *i.* Doldre, saber greu. *2* Fer mal, adolorir. *3 prnl.* Doldre's, plànyer-se. ¶ CONJUG. com ***moler***.
doliente [doljénte] *a.* Malalt. *2* Adolorit.
dolmen [dólmen] *m.* Dolmen.
dolo [dólo] *m.* Dol, engany.
dolor [dolór] *m.* Dolor, mal.
dolorido, -da [doloríðo, -ða] *a.* Adolorit. *2* Dolorit.
doloroso, -sa [doloróso, -sa] *a.* Dolorós.
doloso, -sa [dolóso, -sa] *a.* Dolós.
doma [dóma] *f.* Domadura, amansiment.
domador, -ra [domaðór, -ra] *m.-f.* Domador.
domadura [domaðúra] *f.* Domadura, amansiment.
domar [dómar] *t.* Domar, amansir.
domeñar [domeɲár] *t.* Domar. *2* Tominar.
domesticar [domestikár] *t.-prnl.* Domesticar, amansir.
domesticidad [domestiθiðáð] *f.* Domesticitat.
doméstico, -ca [doméstiko, -ka] *a., m.-f.* Domèstic.
domiciliar [domiθiljár] *t.-prnl.* Domiciliar.
domicilio [domiθíljo] *m.* Domicili, estatge.
dominación [dominaθjón] *f.* Dominació.
dominador, -ra [dominaðór, -ra] *a., m.-f.* Dominador.
dominante [dominánte] *a.-f.* Dominant.
dominar [dominár] *i.-t.-prnl.* Dominar.
domingo [domíŋgo] *m.* Diumenge.
dominguero, -ra [domiŋgéro, -ra] *a. fam.* Diumenger.
domínica [domínika] *f.* LITURG. Domínica.
dominical [dominikál] *a.* Dominical.
dominicano, -na [dominikáno, -na] *a., m.-f.* Dominicà.
dominico, -ca [domíniko, -ka] *a., m.-f.* Dominic.
dominio [domínjo] *m.* Domini.
dominó [dominó] *m. fr.* Dòmino.
domo [dómo] *m.* ARQ. Cúpula.
don [don] *m.* Do. *2* Senyor, en (tractament).
donación [donaθjón] *f.* Donació.
donador, -ra [donaðór, -ra] *a., m.-f.* Donador.
donaire [donáĭre] *m.* Gràcia. *2* Sortida, agudesa, facècia.
donairoso, -sa [donaĭróso, -sa] *a.* Graciós. *2* Faceciós.
donante [donánte] *a., m.-f.* Donant.
donar [donár] *t.* Donar.
donativo [donatíβo] *m.* Donatiu.
doncel [donθél] *m.* Donzell, minyó, fadrí.
doncella [donθéʎa] *f.* Donzella, damisel·la, fadrina, verge, poncella. *2* Minyona.
donde [dónde] *adv.* On.
dondequiera [dondekjéra] *adv.* Onsevulga. *2* Arreu.
dondiego [dondjéɣo] *m.* BOT. Flor de nit.
donoso, -sa [donóso, -sa] *a.* Que té ***donaire***.
doña [dóɲa] *f.* Senyora, la senyora, na (tractament).
doquier, -ra [dokjér, -ra] *adv.* V. DONDEQUIERA.
dorada [doráða] *f.* ICT. Orada.
dorado, -da [doráðo, -ða] *a.-m.* Daurat.
dorador [doraðór] *m.* Daurador.
doradura [doraðúra] *f.* Dauradura, daurat.
dorar [dorá] *t.* Daurar.
dórico, -ca [dóriko, -ka] *a.-m.* Dòric.
dormida [dormíða] *f.* Dormida.
dormidor, -ra [dormiðór, -ra] *a., m.-f.* Dormidor.
dormilón, -na [dormilón, -na] *a., m.-f.* Dormilega, toca-son.
dormir [dormír] *t.* Dormir. *2 prnl.* Adormir-se. ‖ ~ ***a pierna suelta,*** dormir com un soc. ¶ CONJUG. GER.: ***durmiendo.*** ‖ INDIC. Pres.: ***duermo, duermes, duerme, duermen.*** | Indef.: ***durmió, durmieron.*** ‖ SUBJ. Pres.: ***duerma, duermas, duerma, durmamos, durmáis, duerman.*** | Imperf.: ***durmiera*** o ***-iese, durmieras*** o ***-ieses, durmiera*** o ***-iese, durmiéramos*** o ***-iésemos, durmierais*** o ***-ieseis, durmieran*** o ***-iesen.*** | Fut.: ***durmiere, durmieres, durmiere, durmiéremos, durmiereis, durmieren.*** ‖ IMPERAT.: ***duerme, duerma, durmamos, duerman.***
dormitorio [dormitórjo] *m.* Dormitori, cambrada.
dorsal [dorsál] *a.* Dorsal.
dorso [dórso] *m.* Dors, esquena. *2* Revers.
dos [dos] *a.* Dos, dues. *2 m.* Dos.
doscientos, -as [dosθjéntos, -tas] *a. pl.* Dos-cents, dues-centes. *2 m.* Doscents.

dosel [dosél] *m.* Dosser, baldaquí, cobricel.
dosificar [dosifikár] *t.* Dosificar.
dosis [dósis] *f.* Dosi.
dotación [dotaθjón] *f.* Dotació.
dotado, -da [dotáðo, -ða] *a.* Dotat.
dotar [dotár] *t.* Dotar.
dote [dóte] *m.* o *f.* Dot (de la núvia). *2 f.* Dot (qualitat).
dovela [doβéla] *f.* ARQ. Dovella.
dozavo, -va [doθáβo, -βa] *a., m.-f.* Dotzè.
dracma [dráγma] *f.* Dracma.
draconiano, -na [drakonjáno, -na] *a.* Draconià.
draga [dráγa] *f.* Draga.
dragar [draγár] *t.* Dragar.
dragón [draγón] *m.* ZOOL. Dragó, drac. *2* BOT. Conillets, dragó. *3* Dragó (soldat).
drama [dráma] *m.* Drama.
dramático, -ca [dramátiko, -ka] *a., m.-f.* Dramàtic.
dramatizar [dramatiθár] *t.* Dramatitzar.
dramaturgo [dramatúrγo] *m.* Dramaturg.
drástico, -ca [drástiko, -ka] *a.* Dràstic.
drenaje [drenáxe] *m.* Drenatge.
drenar [drenár] *t.* Drenar.
dril [dríl] *m.* Dril.
droga [dróγa] *f.* Droga.
droguería [droγería] *f.* Drogueria.
droguero, -ra [droγéro, -ra] *m.-f.* Droguer.
dromedario [dromeðárjo] *m.* ZOOL. Dromedari.
drupa [drúpa] *f.* BOT. Drupa.
dual [dwal] *a.* Dual.
dualidad [dwaliðáð] *f.* Dualitat.
dualismo [dwalizmo] *m.* Dualisme.
dubitativo, -va [duβitatiβo, -βa] *a.* Dubitatiu.
ducado [dukáðo] *m.* Ducat.
dúctil [dúγtil] *a.* Dúctil.
ductilidad [duγtiliðáð] *f.* Ductilitat.
ducha [dútʃa] *f.* Dutxa.
duchar [dutʃár] *t.-prnl.* Dutxar.
ducho, -cha [dútʃo, -tʃa] *a.* Bregat.
duda [dúða] *f.* Dubte.
dudar [duðár] *i.-t.* Dubtar.
dudoso, -sa [duðóso, -sa] *a.* Dubtós.
duelo [dwélo] *m.* Duel. *2* Aflicció, dol.
duende [dwénde] *m.* Follet.
dueño, -ña [dwéɲo, ɲa] *m.-f.* Amo, senyor. *2 f.* Mestressa, madona, majordona.
dulce [dúlθe] *a.-m.* Dolç.
dulcedumbre [dulθeðúmbre] *f.* Dolçor, dolcesa.
dulcemente [dúlθemente] *adv.* Dolçament.
dulcera [dulθéra] *f.* Confitera.
dulcería [dulθería] *f.* Confiteria.
dulcificar [dulθifikár] *t.* Endolcir, dulcificar.
dulzaina [dulθáïna] *f.* MÚS. Dolçaina. *2* Massa d'una dolçor desagradable.
dulzón, -na [dulθón, -na] *a.* Esdolceït.
dulzor [dulθór] *m.* V. DULZURA.
dulzura [dulθúra] *f.* Dolçor, dolcesa.
duna [dúna] *f.* Duna.
dúo [dúo] *m.* Duo.
duodécimo, -ma [dwoðéθimo, -ma] *a., m.-f.* Dotzè.
duodeno [duoðéno] *m.* ANAT. Duodè.
duplicado [duplikáðo] *m.* Duplicat.
duplicar [duplikár] *t.-prnl.* Duplicar.
duplicidad [dupliθiðáð] *f.* Duplicitat.
duplo, -pla [dúplo, -pla] *a.-m.* Duple.
duque [dúke] *m.* Duc.
duquesa [dukésa] *f.* Duquessa.
durable [duráβle] *f.* Durable.
duración [duraθjón] *f.* Durada, duració.
duradero, -ra [duraðéro, -ra] *a.* Durable.
duramen [durámen] *m.* BOT. Duramen.
durante [duránte] *adv.* Durant.
durar [durár] *i.* Durar.
durazno [duráθno] *f.* BOT. Duran, préssec.
dureza [duréθa] *f.* Duresa, durícia.
durmiente [durmjénte] *a.* Dorment, jaient.
duro, -ra [dúro, -ra] *a.* Dur. *2 adv.* Durament. *3 m.* Duro. *4 interj.* Fort!
dux [duγs] *m.* Dux.

E

e [e] *f.* E (lletra).
e [e] *conj.* I (davant de *I* i *Hi*).
ea! [éa] *interj.* Eia!, apa!, hala!, au!
ebanista [eβanista] *m.* Ebenista.
ebanistería [eβanisteria] *f.* Ebenisteria.
ébano [éβano] *m.* BOT. Eben, banús.
ebonita [eβonita] *f.* Ebonita.
ebriedad [eβrjeðáð] *f.* Ebrietat.
ebrio, -ia [éβrjo, -ja] *a., m.-f.* Ebri, embriac, borratxo, begut, torrat.
ebullición [eβuʎiθjón] *f.* Ebullició.
ebúrneo, -ea [eβúrneo, -ea] *a.* Eburni.
eclecticismo [ekleγtiθizmo] *m.* Eclecticisme.
ecléctico, -ca [ekléγtiko, -ka] *a., m.-f.* Eclèctic.
eclesiástico, -ca [eklesjástiko, -ka] *a.-m.* Eclesiàstic.
eclipsar [ekliβsár] *t.-prnl.* Eclipsar.
eclipse [ekliβse] *m.* Eclipsi.
eco [éko] *m.* Eco, ressò, tornaveu.
economato [ekonomáto] *m.* Economat.
economía [ekonomia] *f.* Economia.
económico, -ca [ekonómiko, -ka] *a.* Econòmic.
economista [ekonomista] *a., m.-f.* Economista.
economizar [ekonomiθár] *t.* Economitzar.
ecónomo [ekónomo] *a.-m.* Ecònom.
ecuación [ekwaθjón] *f.* MAT. Equació.
ecuador [ekwaðór] *m.* Equador.
ecuánime [ekwánime] *a.* Equànime.
ecuanimidad [ekwanimiðáð] *f.* Equanimitat.
ecuatorial [ekwatorjál] *a.* Equatorial.
ecuatoriano, -na [ekwatorjáno, -na] *a., m.-f.* Equatorià.
ecuestre [ekwéstre] *a.* Eqüestre.
ecuménico, -ca [ekuméniko, -ka] *a.* Ecumènic.
eczema [eγθéma] *f.* MED. Éczema.
echar [etʃár] *t.* Llançar, llençar, tirar, gitar. *2* Abocar. *3* Treure, foragitar. *4* *prnl.* Ajeure's. ‖ ~ ***abajo,*** aterrar. ‖ ~ ***a correr,*** arrencar a córrer. ‖ ~ ***a perder,*** esguerrar, fer malbé. ‖ ~ ***de menos,*** trobar a mancar.
edad [eðáð] *f.* Edat.
edema [eðéma] *m.* MED. Edema.
edén [eðén] *m.* Edén.
edición [eðiθjón] *f.* Edició.
edicto [eðiγto] *m.* Edicte.
edículo [eðikulo] *m.* ARQ. Edícula.
edificación [eðifikaθjón] *f.* Edificació.
edificante [eðifikánte] *a.* Edificant.
edificar [eðifikár] *t.* Edificar, bastir.
edificio [eðifiθjo] *m.* Edifici.
edil [eðil] *m.* Edil, regidor.
editar [eðitár] *t.* Editar.
editor, -ra [eðitór, -ra] *a., m.-f.* Editor.
editorial [eðitorjál] *a., m.-f.* Editorial.
edredón [eðreðón] *m.* Edredó.
educación [edukaθjón] *f.* Educació.
educado, -da [eðukáðo, -ða] *a.* Educat.
educador, -ra [eðukaðór, -ra] *a., m.-f.* Educador.
educando, -da [eðukándo, -da] *a., m.-f.* Educand.
educar [eðukár] *t.* Educar.
educativo, -va [eðukatiβo, -βa] *a.* Educatiu.
efectista [efeγtista] *a.* Efectista.
efectividad [efeγtiβiðáð] *f.* Efectivitat.
efectivo, -va [efeγtiβo, -βa] *a.-m.* Efectiu. *2* Comptant, efectiu (diner).
efecto [eféγto] *m.* Efecte.
efectuar [efeγtwár] *t.-prnl.* Efectuar.
efemérides [efemériðes] *f. pl.* Efemèrides.
eferente [eferénte] *a.* Eferent.
efervescencia [eferβesθénθja] *f.* Efervescència.
efervescente [eferβesθénte] *a.* Efervescent.
eficacia [efikáθja] *f.* Eficàcia.
eficaz [efikáθ] *a.* Eficaç.
eficiente [efiθjénte] *a.* Eficient.

efigie [efixje] *f.* Efigie.
efímero, -ra [efimero, -ra] *a.* Efímer.
efluvio [eflúβjo] *m.* Efluvi.
efusión [efusjón] *f.* Efusió.
efusivo, -va [efusiβo, -βa] *a.* Efusiu.
égida [éxiða] *f.* Ègida.
egipcio, -ia [exiβθjo, -ja] *a., m.-f.* Egipci.
égloga [éγloγa] *f.* Ègloga.
egoísmo [eγoizmo] *m.* Egoisme.
egoísta [eγoista] *a., m.-f.* Egoista.
egregio, -ia [eγréxjo, -ja] *a.* Egregi.
¡eh! [e] *interj.* Eh!, ei!, ep!
eje [éxe] *m.* Eix. *2* Fusell. *3* Arbre.
ejecución [exekuθjón] *f.* Execució, acompliment.
ejecutante [exekutánte] *a., m.-f.* Executant.
ejecutar [exekutár] *t.* Executar.
ejecutivo, -va [exekutiβo, -βa] *a.* Executiu.
ejecutor, -ra [exekutór, -ra] *a., m.-f.* Executor.
ejecutoria [exekutórja] *f.* Executòria.
ejemplar [exemplár] *a.* Exemplar. *2 m.* Exemplar.
ejemplificar [exemplifikár] *t.* Exemplificar.
ejemplo [exémplo] *m.* Exemple.
ejercer [exerθér] *t.* Exercir.
ejercicio [exerθiθjo] *m.* Exercici.
ejercitante [exerθitánte] *a.* Exercitant.
ejercitar [exerθitár] *t.-prnl.* Exercitar.
ejército [exérθito] *m.* Exèrcit.
el [el] *art.* El (l').
él [el] *pron. pers.* Ell (l', 'l).
elaboración [elaβoraθjón] *f.* Elaboració.
elaborar [elaβorár] *t.* Elaborar.
elasticidad [elastiθiðáð] *f.* Elasticitat.
elástico, -ca [elástiko, -ka] *a.-m.* Elàstic.
elección [eleγθjón] *f.* Elecció.
electivo, -va [eleγtiβo, -βa] *a.* Electiu.
electo [eléγto] *m.* Electe.
elector, -ra [eleγtór, -ra] *a., m.-f.* Elector.
electoral [eleγtorál] *a.* Electoral.
electricidad [eleγtriθiðáð] *f.* Electricitat.
electricista [eleγtriθista] *a.-m.* Electricista.
eléctrico, -ca [eléγtriko, -ka] *a.* Elèctric.
electrificar [eleγtrifikár] *t.* Electrificar.
electrizar [eleγtriθár] *t.-prnl.* Electritzar.
electrocutar [eleγtrokutár] *t.* Electrocutar.
electrodo [eleγtróðo] *m.* ELEC. Elèctrode.
electrógeno [eleγtróxeno] *a.-m.* Electrogen.
electroimán [eleγtroimán] *m.* Electroimant.
electrólisis [eleγtrólisis] *f.* Electròlisi.
electrólito [eleγtrólito] *m.* QUÍM. Electròlit.
electrómetro [eleγtrómetro] *m.* Electròmetre.
electrón [eleγtrón] *m.* Electró.
electrónico, -ca [eleγtróniko, -ka] *a.* Electrònic. *2* Electrònica.
electroquímica [eleγtrokimika] *f.* Electroquímica.
electroscopio [eleγtroskópjo] *m.* Electroscopi.
electrostático, -ca [eleγtrostátiko, -ka] *a.* Electrostàtic. *2 f.* Electrostàtica.
elefante, -ta [elefánte, -ta] *a., m.-f.* ZOOL. Elefant.
elefantiasis [elefantjásis] *f.* MED. Elefantiasi.
elegancia [eleγánθja] *f.* Elegància.
elegante [eleγánte] *a., m.-f.* Elegant.
elegía [elexia] *f.* Elegia.
elegíaco, -ca [elexiako, -ka] *a.* Elegíac.
elegido, -da [elexiðo, -ða] *a., m.-f.* Elegit.
elegir [elexir] *t.* Elegir. ¶ CONJUG. com ***pedir***. ‖ P. P.: ***elegido*** i ***electo***.
elemental [elementál] *a.* Elemental.
elemento [elemento] *m.* Element.
elenco [eléŋko] *m.* Elenc.
elevación [eleβaθjón] *f.* Elevació, enlairament.
elevado, -da [eleβáðo, -ða] *a.* Elevat, enlairat, acimat.
elevador, -ra [eleβaðór, -ra] *a.-m.* Elevador.
elevar [eleβár] *t.-prnl.* Elevar, enlairar, apujar.
elidir [eliðir] *t.* Elidir.
eliminación [eliminaθjón] *f.* Eliminació.
eliminar [eliminár] *t.* Eliminar.
elipse [eliβse] *f.* GEOM. El·lipse.
elipsis [eliβsis] *f.* GRAM. El·lipsi.
elíptico, -ca [eliβtiko, -ka] *a.* El·líptic.
elíseo -ea [eliseo, -ea] *a.-m.* MIT. Elisi.
elision [elisjón] *f.* GRAM. Elisió.
élitro [élitro] *m.* ENTOM. Èlitre.
elixir [eliγsir] *m.* Elixir.
elocución [elokuθjón] *f.* Elocució.
elocuencia [elokwénθja] *f.* Eloqüència.
elocuente [elokwénte] *a.* Eloqüent.
elogiar [eloxjár] *t.* Elogiar. *2* Donar bombo.
elogio [elóxjo] *m.* Elogi.
elucidar [eluθiðár] *t.* Elucidar.
eludir [eluðir] *t.* Eludir.
ella [éʎa] *pron. pers.* Ella.
elle [éʎe] *f.* Ella (lletra castellana).
ello [éʎo] *pron.* Això, açò, ço.
ellos, -as [éʎos, -as] *pron. pl.* Ells.
emanación [emanaθjón] *f.* Emanació.
emanar [emanár] *i.* Emanar.
emancipación [emanθipaθjón] *f.* Emancipació.

emancipar [emanθipár] *t.-prnl.* Emancipar.
embadurnar [embaðurnár] *t.* Empastifar, untar.
embajada [embaxáða] *f.* Ambaixada.
embajador [embaxaðór] *m.* Ambaixador.
embajadora [embaxaðóra] *f.* Ambaixadora, ambaixadriu.
embalador [embalaðór] *m.* Embalador.
embalaje [embaláxe] *m.* Embalatge.
embalar [embalár] *i.-prnl.* Embalar.
embaldosado [embaldosáðo] *m.* Enrajolat.
embaldosar [embaldosár] *t.* Enrajolar.
embalsamamiento [embalsamamjénto] *m.* Embalsamament.
embalsamar [embalsamár] *t.* Embalsamar.
embalsar [embalsár] *t.-prnl.* Embassar.
embalse [embálse] *m.* Embassada, embassament.
embarazado, -da [embaraθáðo, -ða] *a.* Embarassat.
embarazar [embaraθár] *t.-prnl.* Embarassar. *2* Engavanyar.
embarazo [embaráθo] *m.* Embaràs. *2* Nosa, destorb.
embarazoso, -sa [embaraθóso, -sa] *a.* Embarassador.
embarcación [embarkaθjón] *f.* Embarcació.
embarcadero [embarkaðéro] *m.* Embarcador.
embarcar [embarkár] *t.-prnl.* Embarcar.
embarco [embárko] *m.* Embarcament.
embargar [embarɣár] *t.* Embargar.
embargo [embárɣo] *m.* Embargament. *2* Emparament. ‖ ***Sin ~,*** tanmateix.
embarque [embárke] *m.* Embarcament.
embarrancar [embarraŋkár] *i.-t.-prnl.* Embarrancar.
embarrar [embarrár] *t.-prnl.* Enfangar.
embastar [embastár] *t.* Embastar.
embaste [embáste] *m.* Embasta, basta.
embate [embáte] *m.* Embat, flat.
embaucador, -ra [embaŭkaðór, -ra] *a., m.-f.* Entabanador, enganyador, xarlatà.
embaucamiento [embaŭkamjénto] *m.* Ensarronada.
embaucar [embaŭkár] *t.* Entabanar, enganyar, ensarronar, engalipar.
embebecer [embeβeθér] *t.-prnl.* Embadalir. ¶ CONJUG. com ***agradecer.***
embeber [embeβér] *t.-prnl.* Embeure's, xopar.
embelesar [embelesár] *t.* Embadalir, encisar, corprendre, extasiar.
embeleso [embeléso] *m.* Embadaliment.
embellecer [embeʎeθér] *t.-prnl.* Embellir. *2* Agençar. ¶ CONJUG. com ***agradecer.***
embermejar [embermexár] *t.-i.* Envermellir.
emberrincharse [emberrintʃárse] *prnl.* Enravenxinar-se.
embestida [embestíða] *f.* Envestida, escomesa, abrivada, falconada.
embestir [embestír] *t.* Envestir, escometre. ¶ CONJUG. com ***pedir.***
embetunar [embetunár] *t.* Embetumar.
emblema [embléma] *m.-f.* Emblema.
embobado, -da [emboβáðo, -ða] *a.* Enfavat, aturat.
embobamiento [emboβamjénto] *m.* Embadaliment, badoqueria.
embobar [emboβár] *t.-prnl.* Encantar, embadocar, embadalir. *3 prnl.* Distreure's, badar.
embocadura [embokaðúra] *f.* Embocadura. *2* Bocam, tast (del vi). *3* Boca (d'escenari).
embocar [embokár] *t.* Embocar.
embodegar [emboðeɣár] *t.* Posar al celler.
embolia [embólja] *f.* MED. Embòlia.
émbolo [émbolo] *m.* Èmbol.
embolsar [embolsár] *t.* Embossar, embutxacar.
emborrachar [emborratʃár] *t.-prnl.* Emborratxar. *2 prnl.* Engatar-se.
emboscada [emboskáða] *f.* Emboscada.
emboscar [emboskár] *t.-prnl.* Emboscar.
embotadura [embotaðúra] *f.* Esmussament.
embotamiento [embotamjénto] *m.* Esmussament.
embotar [embotár] *t.-prnl.* Esmussar.
embotellado, -da [emboteʎáðo, -ða] *a.-m.* Embotellament.
embotellamiento [emboteʎamjénto] *m.* Embotellament. *2* Embús, embussament.
embotellar [emboteʎár] *t.* Embotellar.
embozado, -da [emboθáðo, -ða] *a.* Embocat.
embozar [emboθár] *t.-prnl.* Emboçar.
embozo [embóθo] *m.* Part de la capa, tapaboques, etc., amb què hom es cobreix el rostre. *2* Gira.
embragar [embraɣár] *t.* Embragar.
embrague [embráɣe] *m.* Embragatge.
embravecer [embraβeθér] *t.-prnl.* Embravir. ¶ CONJUG. com ***agradecer.***
embriagador, -ra [embrjaɣaðór, -ra] *a.* Embriagador.
embriagar [embrjaɣár] *t.-prnl.* Embriagar.
embriaguez [embrjaɣéθ] *f.* Embriaguesa, embriagament.

embrión [embrjón] *m.* Embrió.
embrionario, -ia [embrjonárjo, -ja] *a.* Embrionari.
embrollar [embroʎár] *t.-prnl.* Embrollar, embolicar.
embrollo [embróʎo] *m.* Embrolla, embull, embolic, garbuix, bullit, pastell.
embrollón, -na [embroʎón, -óna] *a., m.-f.* Embrollador, embrollaire, embolicaire.
embrujamiento [embruxamjénto] *m.* Embruixament.
embrujar [embruxár] *t.* Embruixar.
embrujo [embrúxo] *m.* Embruix.
embrutecer [embruteθér] *t.-prnl.* Embrutir. ¶ CONJUG. com ***agradecer.***
embrutecimiento [embruteθimjénto] *m.* Embrutiment.
embudo [embúðo] *m.* Embut.
embuste [embúste] *m.* Mentida, falòrnia, enganyifa, enganyatall.
embustero, -ra [embustéro, -ra] *a., m.-f.* Mentider.
embutido [embutíðo] *m.* Embotit.
embutir [embutír] *t.* Embotir, farcir, botir, entatxonar.
emergencia [emerxénθja] *f.* Emergència.
emerger [emerxér] *i.* Emergir. *2* Cimejar.
emético, -ca [emétiko, -ka] *a.-m.* Emètic.
emigración [emiɣraθjón] *f.* Emigració.
emigrado, -da [emiɣráðo, -ða] *a., m.-f.* Emigrat.
emigrante [emiɣránte] *a., m.-f.* Emigrant.
emigrar [emiɣrár] *i.* Emigrar.
eminencia [eminénθja] *f.* Eminència.
eminente [eminénte] *a.* Eminent.
eminentísimo, -ma [eminentísimo, -ma] *a.* Eminentíssim.
emir [emír] *m.* Emir.
emisario, -ia [emisárjo, -ja] *m.-f.* Emissari.
emisión [emisjón] *f.* Emissió.
emisor, -ra [emisór, -ra] *a., m.-f.* Emissor.
emitir [emitír] *t.* Emetre.
emoción [emoθjón] *f.* Emoció.
emocionante [emoθionánte] *a.* Emocionant.
emocionar [emoθjonár] *t.-prnl.* Emocionar.
emoliente [emoljénte] *a.-m.* Emolient.
emotividad [emotiβiðáð] *f.* Emotivitat.
emotivo, -va [emotíβo, -βa] *a.* Emotiu.
empachar [empatʃár] *t.-prnl.* Destorbar, embarassar. *2* Empatxar, enfitar.
empacho [empátʃo] *m.* Empatx, enfitament. *2* Embaràs, destorb, nosa. *3* Vergonya, timidesa, curtedat.
empadronamiento [empaðronamjénto] *m.* Empadronament.
empadronar [empaðronár] *t.* Empadronar.
empajar [empaxár] *t.-prnl.* Empallar.
empalagar [empalaɣár] *i.-prnl.* Embafar. *2* Fastiguejar.
empalago [empaláɣo] *m.* Embafament.
empalagoso, -sa [empalaɣóso, -sa] *a.* Embafador, apegalós. *2* Carregós.
empalar [empalár] *t.* Empalar.
empalizada [empaliθáða] *f.* Estacada.
empalmar [empalmár] *t.* Empalmar, endollar, entroncar. *2* Embrancar.
empalme [empálme] *m.* Acció i efecte d'empalmar. *2* Entroncament.
empanada [empanáða] *f.* Empanada.
empanar [empanár] *t.* Empanar.
empantanar [empantanár] *t.-prnl.* Empantanar. *2* Empantanegar.
empañar [empaɲár] *t.-prnl.* Bolcar, embolcallar. *2* Entelar, enllorar.
empapado, -da [empapáðo, -ða] *a.* Xop.
empapar [empapár] *t.-prnl.* Amarar, xopar, sucar.
empapelar [empapelár] *t.* Empaperar.
empaque [empáke] *m.* fig. Encarcarament.
empaquetar [empaketár] *t.* Empaquetar.
emparedado, -da [empareðáðo, -ða] *a.-m.* Emparedat. *2* Entrepà, badall.
emparedar [empareðár] *t.-prnl.* Aparedar, emparedar.
emparejar [emparexár] *t.* Aparionar, acoblar. *2* Anivellar, ajustar.
emparentar [emparentár] *i.* Emparentar. ¶ CONJUG. com ***apretar.***
emparrado [emparráðo] *m.* Emparrat.
emparrar [emparrár] *t.* Emparrar.
emparrillado, -da [emparriʎáðo, -ða] *a.-m.* Engraellat.
empastar [empastár] *t.* Empastar.
empaste [empáste] *m.* Empastament.
empatar [empatár] *t.* Empatar.
empate [empáte] *m.* Empat, igualtat.
empavesada [empaβesáða] *f.* Empavesada.
empavesar [empaβesár] *t.* Empavesar.
empecinamiento [empeθinamjénto] *m.* Entossudiment.
empedernido, -da [empeðerníðo, -ða] *a.* Empedreït, insensible.
empedernir [empeðernír] *t.-prnl.* Empedreir, endurir.
empedrado, -da [empeðráðo, -ða] *a.-m.* Empedrat.
empedrar [empeðrár] *t.* Empedrar. ¶ CONJUG. com ***apretar.***
empegar [empeɣár] *t.* Empegar.
empeine [empéine] *m.* Empenya (del peu). *2* Baix ventre.

empellar [empeʎár] *t.* Empènyer, empentar.
empellón [empeʎón] *m.* Empenta.
empeñado, -da [empeɲáðo, -ða] *a.* Aferrissat.
empeñar [empeɲár] *t.-prnl.* Empenyorar. *2 prnl.* Entestar-se. *3* Endeutar-se, entrampar-se.
empeño [empéɲo] *m.* Empenyorament. *2* Entestament. *3* Engatjament. *4* Pruïja.
empeoramiento [empeoramjénto] *m.* Empitjorament.
empeorar [empeorár] *t.-prnl.* Empitjorar. *2* Pitjorar.
empequeñecer [empekeɲeθér] *t.* Empetitir, enxiquir. ¶ CONJUG. com ***agradecer.***
emperador [emperaðór] *m.* Emperador.
emperatriz [emperatríθ] *f.* Emperadriu.
emperezar [empereθár] *i.-prnl.* Engandulir, emmandrir, emperesir, engorronir.
emperifollar [emperifoʎár] *t.-prnl.* Empolainar.
empernar [empernár] *t.* Empernar.
empero [empéro] *conj.* Però, tanmateix.
emperramiento [emperramjénto] *m.* Entossudiment.
emperrarse [emperrárse] *prnl.* fam. Entestar-se, entossudir-se.
empezar [empeθár] *i.-t.* Començar. ¶ CONJUG. com ***apretar.***
empinado, -da [empináðo, -ða] *a.* Dret, encimbellat. *2* Rost.
empinar [empinár] *t.-prnl.* Encimbellar. *2 prnl.* Posar-se de puntes. *3* Encabritar-se (els quadrúpedes).
empíreo, -ea [empíreo, -ea] *a.-m.* Empiri.
empírico, -ca [empíriko, -ka] *a., m.-f.* Empíric.
empirismo [empirízmo] *m.* Empirisme.
emplasto [emplásto] *m.* Emplastre, cataplasma.
emplazar [emplaθár] *t.* JUR. Citar. *2* Emplaçar.
empleado, -da [empleáðo, -ða] *a., m.-f.* Empleat.
emplear [empleár] *t.-prnl.* Emprar, usar. *2* Col·locar, ocupar. *3* Esmerçar, invertir.
empleo [empléo] *m.* Col·locació, ocupació, càrrec. *2* Esmerç, inversió. *3* Ús.
empobrecer [empoβreθér] *t.-prnl.* Empobrir. ¶ CONJUG. com ***agradecer.***
empobrecimiento [empoβreθimjénto] *m.* Empobriment.
empolvado, -da [empolβáðo, -ða] *a.* Empolvorat. *2* Empolsat.
empolvar [empolβár] *t.-prnl.* Empolsar. *2.* Empolvorar.
empollar [empoʎár] *t.* Covar. *2* fam. i sovint despectiu, empollar.
empollón, -na [empoʎón, -na] *a.* fam. Dit del qui estudia amb excés.
emponzoñar [emponθoɲár] *t.* Enverinar, emmetzinar.
emporcar [emporkár] *t.-prnl.* Emporcar, embrutar, emmerdar. ¶ CONJUG. com ***desollar.***
emporio [empórjo] *m.* Empori.
empotrar [empotrár] *t.* Encastar. *2* Collar.
emprendedor, -ra [emprendeðór, -ra] *a.* Emprenedor.
emprender [emprendér] *t.* Emprendre. *2* Envestir.
empresa [emprésa] *f.* Empresa.
empresario, -ia [empresárjo, -ja] *m.-f.* Empresari.
empréstito [empréstito] *m.* Emprèstit.
empringar [empriŋgár] *t.* Enllefiscar.
empujar [empuxár] *t.* Empènyer, pitjar, empentar.
empuje [empúxe] *m.* Arrencada, impuls. *2* Empenta, espenta.
empujón [empuxón] *m.* Empenta, espenta.
empuñadura [empuɲaðúra] *f.* Empunyadura, pom, puny.
empuñar [empuɲár] *t.* Empunyar.
emulación [emulaθjón] *f.* Emulació.
emular [emulár] *t.* Emular.
émulo, -la [émulo, -la] *a., m.-f.* Èmul.
emulsión [emulsjón] *f.* Emulsió.
en [en] *prep.* En. *2* A: ***Juan vive ~ Vic,*** en Joan viu a Vic.
enaguas [enáɣwas] *f. pl.* Enagos.
enajenación [enaxenaθjón] *f.* Alienació. *2* Demència, bogeria.
enajenar [enaxenár] *t.-prnl.* Alienar. *2* Embogir.
enaltecer [enalteθér] V. ENSALZAR.
enamoradizo, -za [enamoraðíθo, -θa] *a.* Enamoradís.
enamorado, -da [enamoráðo, -ða] *a., m.-f.* Enamorat.
enamoramiento [enamoramjénto] *m.* Enamorament.
enamorar [enamorár] *t.-prnl.* Enamorar.
enamoricarse [enamorikárse] *prnl.* fam. Enamoriscar-se, encaterinar-se.
enano, -na [enáno, -na] *a., m.-f.* Nan.
enarbolar [enarβolár] *t.* Enarborar, arborar.
enarcar [enarkár] *t.-prnl.* Arcar, arquejar. *2* Encercolar.
enardecer [enarðeθér] *t.-prnl.* Enardir, escalfar. *2* Abrivar. ¶ CONJUG. com ***agradecer.***
enardecimiento [enarðeθimjénto] *m.* Enardiment, abrandament.

encabalgar [eŋkaβalɣár] *i.* Encavalcar.
encaballar [eŋkaβaʎár] *i.-t.-prnl.* Encavallar, encavalcar.
encandilar [eŋkandilár] *t.-prnl.* Enlluernar. *2* fam. Aflamar (el foc).
encanecer [eŋkaneθér] *i.-prnl.* Canusir. ¶ CONJUG. com ***agradecer.***
encanijarse [eŋkanixárse] *prnl.* Esprimatxar-se.
encantado, -da [eŋkantáðo, -ða] *a.* Encantat. 2 Content, satisfet. *3* Fava, encantat.
encantador, -ra [eŋkantaðór, -ra] *a., m.-f.* Encantador, encisador.
encantamiento [eŋkantamjénto] *m.* Encantament.
encantar [eŋkantár] *t.* Encantar, encisar.
encantes [eŋkántes] *m. pl.* Encants (mercat).
encanto [eŋkánto] *m.* Encant, encantament, encís.
encañado [eŋkaɲáðo] *m.* Canonada. *2* Encanyissat, canyís.
encañar [eŋkaɲár] *t.* Encanyar.
encañonar [eŋkaɲonár] *t.* Encanonar. *2* Encanyar. *3* Acanalar. *4* Encarar (l'arma).
encapotar [eŋkapotár] *t.-prnl.* Encapotar. *2* Ennuvolar.
encapricharse [eŋkapritʃár-se] *prnl.* Encapritxar-se. *2* Encaterinar-se.
encapuchar [eŋkaputʃár] *t.-prnl.* Encaputxar.
encaramar [eŋkaramár] *t.-prnl.* Enfilar. *2* Encimbellar. *3* Pujar.
encarar [eŋkarár] *i.-t.-prnl.* Encarar.
encarcelamiento [eŋkarθelamjénto] *m.* Empresonament.
encarcelar [eŋkarθelár] *t.* Empresonar.
encarecer [eŋkareθér] *t.* Encarir. *2* Ponderar, exagerar. *3 i.-prnl.* Encarir-se. ¶ CONJUG. com ***agradecer.***
encarecidamente [eŋkareθiðamente] *adv.* Instantment.
encarecimiento [eŋkareθimjénto] *m.* Encariment.
encargado, -da [eŋkarɣáðo, -ða] *a., m.-f.* Encarregat.
encargar [eŋkarɣár] *t.* Encarregar, encomanar, comanar.
encargo [eŋkárɣo] *m.* Encàrrec, comesa, comanda.
encariñarse [eŋkariɲárse] *prnl.* Afeccionar-se, posar afecte.
encarnación [eŋkarnaθjón] *f.* Encarnació.
encarnado, -da [eŋkarnáðo, -ða] *a.-m.* Encarnat. *2* Vermell, roig.
encarnadura [eŋkarnaðúra] *f.* Encarnadura.
encarnar [eŋkarnár] *i.-prnl.* Encarnar.
encarnizadamente [eŋkarniθáðamente] *adv.* Aferrissadament, amb crueltat.
encarnizado, -da [eŋkarniθáðo, -ða] *a.* Acarnissat, aferrissat.
encarnizamiento [eŋkarniθamjénto] *m.* Acarnissament, aferrissament.
encarnizarse [eŋkarniθárse] *prnl.* Acarnissar-se, aferrissar-se.
encarrilar [eŋkarrilár] *t.-prnl.* Encarrilar, encarrerar.
encartar [eŋkartár] *t.-prnl.* Encartar, encaixar.
encartonar [eŋkartonár] *t.* Encartonar.
encasillado [eŋkasiʎáðo] *m.* Encasellat.
encasillar [eŋkasiʎár] *t.* Encasellar.
encasquetar [eŋkasketár] *t.-prnl.* Encasquetar.
encasquillarse [eŋkaskiʎárse] *prnl.-t.* Encasquetar-se.
encastillar [eŋkastiʎár] *t.* Encastellar.
encausar [eŋkaŭsár] *t.* Encausar.
encauzar [eŋkaŭθár] *t.* Encarrilar, endegar. *2* Canalitzar.
encéfalo [enθéfalo] *m.* ANAT. Encèfal.
encelarse [enθelárse] *t.* Engelosir.
encenagarse [enθenaɣárse] *prnl.* Enllotar-se.
encendedor, -ra [enθendeðór, -ra] *a., m.-f.* Encenedor.
encender [enθendér] *t.-prnl.* Encendre, abrandar, aflamar. ¶ CONJUG. com ***defener.***
encendido [enθendiðo] *a.* Encès. *2 f.* Encesa.
encerado, -da [enθeráðo, -ða] *a.* Encerat. *2 m.* Encerat. *3* Pissarra (d'escola).
encerar [enθerár] *t.* Encerar.
encerrar [enθerrár] *t.-prnl.* Tancar. *2* Encloure. ¶ CONJUG. com ***apretar.***
encerrona [enθerróna] *f.* Retir voluntari. *2* Parany, ensarronada.
encestar [enθestár] *t.* Encistellar. *2* ESPT. Encestar.
encía [enθia] *f.* ANAT. Geniva.
encíclica [enθiklika] *f.* Encíclica.
enciclopedia [enθiklopéðja] *f.* Enciclopèdia.
enciclopedismo [enθiklopeðismo] *m.* Enciclopedisme.
encierro [enθjérro] *m.* Tancament. *2* Correbou. *3* Clausura.
encima [enθima] *adv.* Sobre, damunt, dessobre, dalt.
encina [enθina] *f.* BOT. Alzina. *2* Aulina.
encinar [enθinár] *m.* Alzinar.
encinta [enθinta] *a.* Encinta.
encintado [enθintáðo] *m.* Vorada.
enclaustrar [eŋklaŭstrár] *t.-prnl.* Enclaustrar.

enclavar [eŋklaβár] *t.* Enclavar. *2* fig. Clavar.
enclenque [eŋkléŋke] *a., m.-f.* Neulit, desnerit, escanyolit, escarransit.
enclocar [eŋklokár] *i.-prnl.* Aclocarse. ¶ CONJUG. com ***desollar.***
encoger [eŋkoxér] *t.* Arronsar, encongir. *2 i.* Encongir-se, entornar-se. *3 prnl.* Encongir-se, arraulir-se, arrupir-se. *4* Esquifir-se. ¶ ~ ***de hombros,*** arronsar les espatlles.
encogido, -da [eŋkoxíðo, -ða] *a.* Encongit.
encogimiento [eŋkoximjénto] *m.* Encongiment, arronsament.
encojar [eŋkoxár] *t.-prnl.* Encoixir. *2 prnl.* Empiocar-se.
encolar [eŋkolár] *t.* Encolar.
encolerizar [eŋkoleriθár] *t.-prnl.* Encolerir, aïrar-se, enrabiar, enfellonir.
encomendar [eŋkomendár] *t.-i.-prnl.* Encomanar, comanar. ¶ CONJUG. com ***apretar.***
encomiar [eŋkomjár] *t.* Encomiar.
encomiástico, -ca [eŋkomjástiko, -ka] *a.* Encomiàstic.
encomienda [eŋkomjénda] *f.* Comenda. *2* Comanda.
encomio [eŋkómjo] *m.* Encomi.
enconamiento [eŋkonamjénto] *m.* Enverinament. 2 Rancúnia.
enconar [eŋkonár] *t.-prnl.* Enverinar, irritar.
encono [eŋkóno] *m.* Rancúnia, enverinament.
encontradizo, -za [eŋkontraðíθo, -θa] *a.* Trobadís.
encontrar [eŋkontrár] *t.-prnl.* Encontrar, topar. *2* Trobar. ¶ CONJUG. com ***desollar.***
encontronazo [eŋkontronáθo] *m.* Topada, trompada.
encopetado, -da [eŋkopetáðo, -ða] *a.* Presumit. *2* Enlairat, encimbellat.
encorar [eŋkorár] *t.-prnl.* Pellar.
encordarse [eŋkorðárse] *prnl.* ESPT. Encordar-se (en una cordada).
encortinar [eŋkortinár] *t.* Encortinar.
encorvar [eŋkorβár] *t.-prnl.* Encorbar, corbar.
encovar [eŋkoβár] *t.* Encauar.
encrespar [eŋkrespár] *t.-prnl.* Crespar, encrespar.
encrucijada [eŋkruθixáða] *f.* Cruïlla, encreuament.
encruelecer [eŋkrweleθér] *t.-prnl.* Encruelir. ¶ CONJUG. com ***agradecer.***
encuadernación [eŋkwaðernaθjón] *f.* Enquadernació, relligat, relligadura.
encuadernador, -ra [eŋkwaðernaðór, -ra] *m.-f.* Enquadernador, relligador.
encuadernar [eŋkwaðernár] *t.* Enquadernar, relligar.
encuadrar [eŋkwaðrár] *t.* Enquadrar, emmarcar. *2* Encaixar.
encubiertamente [eŋkuβjértamente] *adv.* D'amagat.
encubridor, -ra [eŋkuβriðór, -ra] *a.* Encobridor.
encubrimiento [eŋkuβrimjénto] *m.* Encobriment.
encubrir [eŋkuβrír] *t.* Encobrir, celar. ¶ CONJUG. P. P.: ***encubierto.***
encuentro [eŋkwéntro] *m.* Encontre, trobament. *2* Topada.
encuesta [eŋkwésta] *f.* Enquesta.
encumbrado, -da [eŋkumbráðo, -ða] *a.* Acimat, encastellat.
encumbramiento [eŋkumbramjénto] *m.* Encimbellament, enlairament.
encumbrar [eŋkumbrár] *t.-prnl.* Encimbellar, enlairar.
encharcar [entʃarkár] *t.-prnl.* Entollar, embassar.
enchufar [entʃufár] *i.-t.-prnl.* Endollar.
enchufe [entʃúfe] *m.* Endoll.
ende (por) [énde] *loc.* Per tant.
endeble [endéβle] *a.* Feble. *2* Minso. *3* Primparat.
endeblez [endeβléθ] *f.* Feblesa.
endecasílabo, -ba [endekasílaβo, -βa] *a., m.-f.* Hendecasíl·lab.
endemia [endémja] *f.* MED. Endèmia.
endémico, -ca [endémiko, -ka] *a.* Endèmic.
endemoniado, -da [endemonjáðo, -ða] *a., m.-f.* Endimoniat.
endentecer [endenteθér] *i.* Dentar. ¶ CONJUG. com ***agradecer.***
enderezador [endereθaðór] *m.* Adreçador.
enderezar [endereθár] *t.-i.-prnl.* Adreçar, dreçar.
endeudarse [endeŭdarse] *prnl.* Endeutar-se.
endiablado, -da [endjaβláðo, -ða] *a.* Endiablat. *2* Molt lleig.
endibia [endíβja] *f.* BOT. Endívia.
endiosamiento [endjosamjénto] *m.* Ensuperbiment, fums.
endiosar [endjosár] *t.-prnl.* Deïficar, divinitzar. *2 prnl.* Envanir-se, enfaristolar-se.
endocardio [endokárðjo] *m.* ANAT. Endocardi.
endocarpio [endokárpjo] *m.* BOT. Endocarp.
endomingarse [endomiŋgárse] *prnl.* Endiumenjar-se.

endosar [endosár] *t.* Endossar, encolomar.
endoso [endóso] *m.* Endós.
endrina [endrina] *f.* BOT. Aranyó.
endulzar [endulθár] *t.* Endolcir, dulcificar.
endurecer [endureθér] *t.-prnl.* Endurir, empedreir. ¶ CONJUG. com ***agradecer.***
endurecimiento [endureθimjénto] *m.* Enduriment, empedreïment.
enea [enéa] *f.* BOT. Boga.
enebro [enéβro] *m.* BOT. Ginebre.
enemigo, -ga [enemíγo, -γa] *a., m.-f.* Enemic.
enemistad [enemistáð] *f.* Enemistat.
enemistar [enemistár] *t.-prnl.* Enemistar, barallar, renyir.
energía [enerxia] *f.* Energia.
enérgico, -ca [enérxiko, -ka] *a.* Enèrgic.
energúmeno, -na [enerγúmeno, -na] *m.-f.* Energumen.
enero [enéro] *m.* Gener.
enervamiento [enerβamjénto] *m.* Enervament.
enervante [enerβánte] *a.* Enervant.
enervar [enerβár] *t.-prnl.* Enervar.
enésimo, -ma [enésimo, -ma] *a.* Enèsim.
enfadar [emfaðár] *t.-prnl.* Enfadar, enutjar.
enfado [emfáðo] *m.* Enuig, empipament.
enfadoso, -sa [emfaðóso, -sa] *a.* Enfadós, enutjós.
enfangar [emfaŋgár] *t.-prnl.* Enfangar.
énfasis [émfasis] *m.* Èmfasi.
enfático, -ca [emfátiko, -ka] *a.* Emfàtic.
enfermar [emfermár] *i.-t.-prnl.* Emmalaltir, posar-se malalt.
enfermedad [enfermeðáð] *f.* Malaltia, mal. *2* Malanança.
enfermería [emfermeria] *f.* Infermeria.
enfermero, -ra [emferméro, -ra] *m.-f.* Infermer.
enfermizo, -za [emfermiθo, -θa] *a.* Malaltís, pioc.
enfermo, -ma [emférmo, -ma] *a., m.-f.* Malalt.
enfervorizar [emferβoriθár] *t.* Enfervorir.
enfilar [emfilár] *t.* Afilerar. *2* Enfilar.
enfisema [emfiséma] *m.* MED. Emfisema.
enflaquecer [emflakeθér] *i.-t.-prnl.* Aflaquir, amagrir. ¶ CONJUG. com ***agradecer.***
enflaquecimiento [emflakeθimjénto] *m.* Aflaquiment, amagriment, aprimament.
enfocar [emfokár] *t.* Enfocar.
enfrascarse [emfraskárse] *prnl.* Ennavegar-se, embolicar-se, embrancar-se.
enfrentar [emfrentár] *t.* Enfrontar, afrontar.
enfrente [emfrénte] *adv.* Davant. ¶ ~ ***de,*** enfront de.
enfriamiento [emfriamjénto] *m.* Refredament. *2* Enfredoriment, refredat.
enfriar [emfriár] *i.-t.-prnl.* Refredar, enfredorir.
enfundar [emfundár] *t.* Enfundar.
enfurecer [emfureθér] *t.-prnl.* Enfurir, enfurismar, enfellonir, enfutismar-se. ¶ CONJUG. com ***agradecer.***
enfurruñarse [emfurruɲárse] *prnl.* Enfurrunyar-se, emmurriar-se.
engaitar [eŋgaĭtár] *t.* fam. Engalipar.
engalanar [eŋgalanár] *t.* Engalanar.
engallarse [eŋgaʎárse] *prnl.* Engallar-se, engallir-se.
enganchar [eŋgantʃár] *t.-prnl.* Enganxar.
enganche [eŋgántʃe] *m.* Enganxada, enganxament.
engañabobos [eŋgaɲaβóβos] . Enganyabadocs.
engañador, -ra [eŋgaɲaðór, -ra] *a.* Enganyador.
engañar [eŋgaɲár] *t.-prnl.* Enganyar, enredar.
engañifa [eŋgaɲifa] *f.* Enganyifa, enganyatall.
engaño [eŋgáɲo] *m.* Engany, enredada.
engañoso, -sa [eŋgaɲóso, -sa] *a.* Enganyós.
engarce [eŋgárθe] *m.* Enfilada, encadenament. *2* Encaix, encast.
engarzar [eŋgarθár] *t.* Enfilar, encadenar. *2* Encastar.
engastar [eŋgastár] *t.* Encastar.
engaste [eŋgáste] *m.* Encast.
engatusamiento [eŋgatusamjénto] *m.* Engalipada.
engatusar [eŋgatusár] *t.* Ensibornar, engalipar.
engavillar [eŋgaβiʎár] *t.* Agarbar.
engendrar [eŋxendrár] *t.* Engendrar.
engendro [eŋxéndro] *m.* Fetus. *2* Esguerro.
englobar [eŋgloβár] *t.* Englobar.
engolado, -da [eŋgoláðo, -ða] *a.* Engolat. *2* Presumptuós, petulant.
engolfar [eŋgolfár] *i.-prnl.* Engolfar-se, ennavegar-se.
engolosinar [eŋgolosinár] *t.-prnl.* Enllepolir, enllaminir.
engomar [eŋgomár] *t.* Engomar.
engordar [eŋgorðár] *i.-t.* Engreixar.
engorde [eŋgórðe] *m.* Engreix, engreixament.
engorro [eŋgórro] *m.* Destorb, enfarfec, nosa, embaràs.
engorroso, -sa [eŋgorróso, -sa] *a.* Enfarfegador.

engranaje [eŋgranáxe] *m.* MEC. Engranatge.
engranar [eŋgranár] *i.* Engranar. *2* fig. Travar.
engrandecer [eŋgrandeθér] *t.-prnl.* Engrandir. ¶ CONJUG. com ***agradecer.***
engrandecimiento [eŋgrandeθimjénto] *m.* Engrandiment.
engrapar [eŋgrapár] *t.* Engrapar.
engrasar [eŋgrasár] *t.-prnl.* Engreixinar, untar.
engrase [eŋgráse] *m.* Greixatge.
engreimiento [eŋgreĭmjénto] *m.* Estarrufament, envaniment.
engreír [eŋgreír] *t.-prnl.* Estarrufarse, envanir-se, estufar-se. ¶ CONJUG. com ***agradecer.***
engrosar [eŋgrosár] *i.-t.* Engrossir, engruixir. ¶ CONJUG. com ***desollar.***
engrudo [eŋgrúðo] *m.* Pastetes, engrut.
enguantar [eŋgwantár] *t.* Enguantar.
enguatar [eŋgwatár] *t.* Embuatar.
engullir [eŋguʎír] *t.* Engolir, englotir, empassar-se, endrapar, enviar. ¶ CONJUG. com ***mullir.***
enharinar [enarinár] *t.-prnl.* Enfarinar.
enhebillar [eneβiʎár] *t.* Ensivellar.
enhebrar [eneβrár] *t.* Enfilar.
enhestar [enestár] *t.-prnl.* Dreçar, encimbellar. ¶ CONJUG. P. P.: ***enhestado*** i ***enhiesto.***
enhiesto, -ta [enjésto, -ta] *a.* Dret, alzinat.
enhorabuena [enoraβwéna] *f.* Enhorabona.
enhoramala [enoramála] *adv.* A mala hora.
enhornar [enornár] *t.* Enfornar.
enigma [eniγma] *m.* Enigma.
enigmático, -ca [eniγmátiko, -ka] *a.* Enigmàtic.
enjabonar [eŋxaβonár] *t.* Ensabonar.
enjaezar [eŋxaeθár] *t.* Guarnir.
enjalbegar [eŋxalβeγár] *t.* Emblanquinar.
enjambre [eŋxámβre] *m.* Eixam, abeller.
enjaretar [eŋxaretár] *t.* fam. Engiponar.
enjaular [eŋxaŭlár] *t.* Engabiar.
enjoyar [eŋxoǰár] *t.* Enjoiar.
enjuagar [eŋxwaγár] *t.* Netejar la boca glopejant aigua o un altre líquid. *2* Esbaldir, esbandir.
enjuague [eŋxwáγe] *m.* Glopeig. *2* Esbaldida, esbandida.
enjugador, -ra [eŋxuγaðór, -ra] *a.-m.* Eixugador, assecador. *2* Escorreplats.
enjugar [eŋxuγár] *t.-prnl.* Eixugar, assecar, esponjar. ¶ CONJUG. P. P.: ***enjugado*** i ***enjuto.***
enjuiciar [eŋxwiθjár] *t.* Enjudiciar.
enjundia [eŋxúndja] *f.* Ensunya, greix. *2* fig. Força, vigor. *3* Presència.
enlazar [enlaθár] *i.-t.-prnl.* Enllaçar.
enlodar [enloðár] *t.-prnl.* Enllotar, enfangar.
enlodazar [enloðaθár] *t.* Enllotar, enfangar.
enloquecedor, -ra [enlokeθeðór, -ra] *a.* Embogidor, enfollidor.
enloquecer [enlokeθér] *t.-i.* Embogir, enfollir, trastocar, guillar. ¶ CONJUG. com ***agradecer.***
enlosar [enlosár] *t.* Enllosar.
enlucido [enluθíðo] *m.* Arrebossat.
enlucir [enluθír] *t.* Arrebossar, emblanquinar. *2* Enlluentir. ¶ CONJUG. com ***lucir.***
enlustrecer [enlustreθér] *t.* Enllustrar.
enlutado, -da [enlutáðo, -ða] *a.* Endolat.
enlutar [enlutár] *t.* Endolar.
enmaderar [emmaðerár] *t.* Enfustar.
enmangar [emmaŋgár] *t.* Manegar.
enmarañar [emmaraɲár] *t.* Embullar, embolicar, embrollar.
enmarillecerse [emmariʎeθérse] *prnl.* Esgrogueir-se.
enmascarado, -da [emmaskaráðo, -ða] *m.-f.* Disfressa, màscara (persona).
enmascarar [emmaskarár] *t.-prnl.* Disfresar.
enmelar [emmelár] *i.-t.* Emmelar. ¶ CONJUG. com ***apretar.***
enmendadura [emmendaðúra] *f.* Esmena.
enmendar [emmendár] *t.-prnl.* Esmenar. ¶ CONJUG. com ***apretar.***
enmienda [emmjénda] *f.* Esmena.
enmohecer [emmoeθér] *t.-prnl.* Rovellar (ferro). *2* Florir-se (fruita). ¶ CONJUG. com ***agradecer.***
enmudecer [emmuðeθér] *i.-t.* Emmudir. ¶ CONJUG. com ***agradecer.***
ennoblecer [ennoβleθér] *t.-prnl.* Ennoblir. ¶ CONJUG. com ***agradecer.***
enojar [enoxár] *t.-prnl.* Enutjar, enrabiar, empipar. *2 prnl.* Enfadar-se, aïrar-se.
enojo [enóxo] *m.* Enuig, enrabiada. *2* Molèstia, empipament.
enojoso, -sa [enoxóso, -sa] *a.* Enutjós, enfadós, empipador.
enorgullecer [enorγuʎeθér] *t.-prnl.* Enorgullir. ¶ CONJUG. com ***agradecer.***
enorme [enórme] *a.* Enorme.
enormidad [enormiðáð] *f.* Enormitat.
enquistarse [eŋkistárse] *prnl.* Enquistar-se.
enraizar [enrraiθár] *i.* Arrelar.
enramada [enrramáða] *f.* Enramada, brancatge.

enramar [enrramár] *i.-t.* Enramar.
enranciar [enrranθjár] *t.-prnl.* Enrancir.
enrarecer [enrrareθér] *i.-t.-prnl.* Enrarir. ¶ CONJUG. com ***agradecer.***
enrarecimiento [enrrareθimjénto] *m.* Enrariment.
enredadera [enrreðaðéra] *a.-f.* Enfiladissa (planta).
enredador, -ra [enrreðaðór, -ra] *a., m.-f.* Enredaire, embolicaire.
enredar [enrreðár] *t.-prnl.* Enredar. *2* Enxarxar. *3* Embolicar. *4* Empatollar-se.
enredijo [enrreðixo] *m.* Embrolla, embolic.
enredo [enrréðo] *m.* Embolic, garbuix, embull, tripijoc. *2* Enredada. *3* Trifulga. *4* Nosa.
enredoso, -sa [enrreðóso, -sa] *a.* Embolicat, embrollat.
enrejado [enrrexáðo] *m.* Reixat, engraellat.
enrejar [enrrexár] *t.* Enreixar.
enrevesado, -da [enrreβesáðo, -ða] *a.* Enrevessat.
enriquecer [enrrikeθér] *i.-t.-prnl.* Enriquir. ¶ CONJUG. com ***agradecer.***
enrocar [enrrokár] *i.-t.* Enrocar (escacs). ¶ CONJUG. com ***desollar.***
enrodrigar [enrroðriɣár] *t.* Enasprar.
enrojecer [enrroxeθér] *i.-t.-prnl.* Enrogir, envermellir. *2* Enrojolar-se. ¶ CONJUG. com ***agradecer.***
enrolar [enrrolár] *t.* Enrolar.
enrollar [enrroʎár] *t.* Enrotllar.
enronquecer [enroŋkeθér] *t.-prnl.* Enronquir, enrogallar-se. ¶ CONJUG. com ***agradecer.***
enronquecimiento [enrroŋkeθimjénto] *m.* Ronquera.
enroscar [enrroskár] *t.-prnl.* Enroscar, entortolligar.
enrubiar [enrruβjár] *t.* Enrossir.
ensacar [ensakár] *t.* Ensacar.
ensaimada [ensaĭmáðа] *f.* Ensaïmada.
ensalada [ensaláða] *f.* Amanida, ensalada, enciamada.
ensaladera [ensalaðéra] *f.* Enciamera.
ensalivar [ensaliβár] *t.* Ensalivar.
ensalmar [ensalmár] *t.* Eixarmar.
ensalmo [ensálmo] *m.* Eixarm.
ensalzamiento [ensalθamjénto] *m.* Exalçament, enaltiment.
ensalzar [ensalθár] *t.* Exalçar, enaltir.
ensambladura [ensamblaðúra] *f.* Encaix (entre fustes).
ensamblar [ensamblár] *t.* Engalzar, emmetxar.
ensanchamiento [ensantʃamjénto] *m.* Eixamplament.
ensanchar [ensantʃár] *t.-i.-prnl.* Eixamplar.
ensanche [ensántʃe] *m.* Eixampla.
ensangrentar [ensaŋgrentár] *t.-prnl.* Ensangonar, ensagnar. ¶ CONJUG. com ***apretar.***
ensañamiento [ensaɲamjénto] *m.* Acarnissament, aferrissament. *2* Rebeig.
ensañarse [ensaɲárse] *prnl.-t.* Acarnissar-se. *2* Rabejar-se.
ensartar [ensartár] *t.* Enfilar. *2* Enastar.
ensayar [ensaǰár] *t.* Assajar.
ensayista [ensaǰista] *m.* Assagista.
ensayo [ensáǰo] *m.* Assaig.
ensebar [enseβár] *t.* Enseuar.
ensenada [ensenáða] *f.* GEOGR. Cala, rada.
enseña [enséɲa] *f.* Ensenya. *2* Senyera.
enseñanza [enseɲánθa] *f.* Ensenyament, ensenyança.
enseñar [enseɲár] *t.* Ensenyar.
enseñorearse [enseɲoreárse] *prnl.* Ensenyorir-se.
enseres [enséres] *m. pl.* Eines, estris, utillatge.
ensillar [ensiʎár] *t.* Ensellar.
ensimismamiento [ensimizmamjénto] *m.* Embadaliment, abstracció.
ensimismarse [ensimizmárse] *prnl.* Embadalir-se, abstreure's. *2* Capficar-se.
ensoberbecer [ensoβerβeθér] *t.-prnl.* Ensuperbir. *2* Enfaristolar-se. ¶ CONJUG. com ***agradecer.***
ensoberbecimiento [ensoβerβeθimjénto] *m.* Ensuperbiment.
ensombrecer [ensombreθér] *t.-prnl.* Ombrejar. ¶ CONJUG. com ***agradecer.***
ensordecedor, -ra [ensorðeθeðór, -ra] *a.* Ensordidor, eixordador.
ensordecer [ensorðeθér] *i.-t.* Ensordir, eixordar. ¶ CONJUG. com ***agradecer.***
ensortijar [ensortixár] *t.-prnl.* Arrissar, rullar, cargolar.
ensuciamiento [ensuθjamiénto] *m.* Embrutament.
ensuciar [ensuθjár] *i.-t.-prnl.* Embrutar, embrutir, emmerdar.
ensueño [enswéɲo] *m.* Somni. *2* Somieig.
entablado [entaβláðo] *m.* Empostissat, cadafal.
entablamento [entaβlaménto] *m.* ARQ. Entaulament.
entablar [entaβlár] *t.* Empostar, empostissar. *2* Entaular.
entallar [entaʎár] *t.-i.-prnl.* Entallar.
entallecer [entaʎeθér] *i.* BOT. Brostar.
entapizar [entapiθár] *t.* Entapissar.
entarimado [entarimáðo] *m.* Empostissat.
entarimar [entarimár] *t.* Empostissar.
ente [énte] *m.* Ens, ésser. *2* fam. Barruf.

enteco, -ca [entéko, -ka] *a.* Malaltís, feble.
entelequia [entelékja] *f.* Entelèquia.
entendedor, -ra [entendeðór, -ra] *a., m.-f.* Entenedor.
entender [entendér] *i.-t.-prnl.* Entendre, capir, copsar. ¶ CONJUG. com ***defender.***
entendimiento [entendimjénto] *m.* Enteniment, magí.
entenebrecer [enteneβreθér] *t.-prnl.* Entenebrir. ¶ CONJUG. com ***agradecer.***
enteramente [entéramente] *adv.* Enterament, totalment, tot.
enterar [enterár] *t.-prnl.* Assabentar, fer saber.
entercarse [enterkárse] *prnl.* Entestar-se, entossudir-se, obstinar-se.
entereza [enteréθa] *f.* Enteresa.
enternecedor, -ra [enterneθeðór, -ra] *a.* Entendridor.
enternecer [enterneθér] *t.-prnl.* Entendrir. ¶ CONJUG. com ***agradecer.***
entero, -ra [entéro, -ra] *a.* Enter, sencer.
enterrador [enterraðór] *m.* Enterrador, fosser, enterramorts.
enterramiento [enterramjénto] *m.* Enterrament.
enterrar [enterrár] *t.-prnl.* Enterrar, colgar. ¶ CONJUG. com ***apretar.***
entibiar [entiβjár] *t.-prnl.* Entebeir.
entidad [entiðáð] *f.* Entitat.
entierro [entjérro] *m.* Enterrament.
entintar [entintár] *t.* Tintar.
entoldar [entoldár] *t.-prnl.* Envelar.
entomología [entomoloxía] *f.* Entomologia.
entonación [entonaθjón] *f.* Entonació.
entonado, -da [entonáðo, -ða] *a.* Entonat, tibat.
entonar [entonár] *t.-i.-prnl.* Entonar.
entonces [entónθes] *adv.* Llavors, aleshores. ¶ ***Desde ~,*** de llavors ença.
entontecer [entonteθér] *t.-prnl.* Embajanir. *2* Estabornir. ¶ CONJUG. com ***agradecer.***
entorchado [entortʃáðo] *m.* Entorxat.
entornar [entornár] *t.* Ajustar (la porta, etc.). ¶ ***~ los ojos,*** mig aclucar els ulls.
entorpecer [entorpeθér] *t.* Destorbar, entrebancar, dificultar. *2* Estabornir, enfosquir l'enteniment. ¶ CONJUG. com ***agradecer.***
entorpecimiento [entorpeθimjénto] *m.* Destorb, entrebanc. *2* Estaborniment.
entrada [entráða] *f.* Entrada.
entrambos, -as [entrámbos, -as] *a. pl.* Ambdós, ambdues.
entrampar [entrampár] *t.-prnl.* Entrampar.
entrante [entránte] *a., m.-f.* Entrant.
entraña [entráɲa] *f.* Entranya.
entrañable [entraɲáβle] *a.* Entranyable.
entrañar [entraɲár] *t.* Endinsar. *2* Encloure, comportar.
entrar [entrár] *i.-t.-prnl.* Entrar.
entre [éntre] *prep.* Entre, enmig de.
entreabrir [entreaβrir] *t.* Entreobrir. ¶ CONJUG. P. P.: ***entreabierto.***
entreacto [entreáɣto] *m.* Entreacte.
entrecano, -na [entrekáno, -na] *a.* De cabell gris.
entrecavar [entrekaβár] *t.* Entrecavar.
entrecejo [entreθéxo] *m.* Entrecella.
entrecortar [entrekortár] *t.* Entretallar.
entrecruzar [entrekruθár] *t.-prnl.* Encreuar, entrecreuar-se.
entredicho [entreðítʃo] *m.* Entredit.
entredós [entreðós] *m.* Entredós.
entrega [entréɣa] *f.* Lliurament, entrega, remesa.
entregar [entreɣár] *t.-prnl.* Lliurar, entregar, remetre.
entrelazar [entrelaθár] *t.* Entrellaçar.
entremés [entremés] *m.* Entremès. *2* TEAT. Interludi.
entremeter [entremetér] *t.* Mesclar, ficar. *2 prnl.* Entremetre's, maneflejar.
entremetido, -da [entremetiðo, -ða] *a., m.-f.* Manefla.
entremezclar [entremeθklár] *t.* Entremesclar.
entrenador, -ra [entrenaðór, -ra] *m.-f.* Entrenador.
entrenar [entrenár] *t.* Entrenar.
entrenudo [entrenúðo] *m.* Entrenús.
entreoír [entreoír] *t.* Entreoir.
entreoscuro, -ra [entreoskúro, -ra] *a.* Entrefosc.
entrepiernas [entrepjérnas] *f. pl.* Entrecuix.
entresacar [entresakár] *t.* Treure. *2* Triar. *3* Aclarir.
entresuelo [entreswélo] *m.* Entresol.
entresurco [entresúrko] *m.* Crestall.
entretalla [entretáʎa] *f.* Entretall, entretallament.
entretallar [entretaʎár] *t.* Entretallar.
entretanto [entretánto] *adv.* Entretant, mentrestant.
entretejer [entretéxer] *t.* Entreteixir.
entretela [entretéla] *f.* Entretela.
entretener [entretenér] *t.-prnl.* Entretenir. ¶ CONJUG. com ***tener.***
entretenido, -da [entreteniðo, -ða] *a.* Entretingut.
entretenimiento [entretenimjénto] *m.* Entreteniment.
entretiempo [entretjémpo] *m.* Entretemps, migtemps.

entrever [entreβér] *t.* Entreveure, entrellucar. ¶ CONJUG. com ***ver.***
entrevía [entreβía] *f.* Entrevia.
entrevista [entreβísta] *f.* Entrevista, interviu. *2* Assentada.
entrevistarse [entreβistárse] *prnl.* Entrevistar-se, interviuar.
entristecer [entristeθér] *t.-prnl.* Entristir. ¶ CONJUG. com ***agradecer.***
entroncamiento [entroŋkamjénto] *m.* Entroncament.
entronizar [entroniθár] *t.-prnl.* Entronitzar.
entuerto [entwérto] *m.* Tort, greuge, malifeta.
entumecer [entumeθér] *t.-prnl.* Encarcarar, enrampar, entumir. ¶ CONJUG. com ***agradecer.***
entumecimiento [entumeθimjénto] *m.* Entumiment.
entumirse [entumírse] *prnl.* Enrampar-se.
enturbiamiento [enturβjamjénto] *m.* Enterboliment.
enturbiar [enturβjár] *t.-prnl.* Enterbolir. ¶ ~ ***la cabeza,*** encaparrar.
entusiasmador, -ra [entusjazmaðór, -ra] *a.* Engrescador.
entusiasmar [entusjazmár] *t.-prnl.* Entusiasmar, engrescar.
entusiasmo [entusjázmo] *m.* Entusiasme, engrescament.
entusiasta [entusjásta] *a., m.-f.* Entusiasta.
enumeración [enumeraθjón] *f.* Enumeració.
enumerar [enumerár] *t.* Enumerar.
enunciado [enunθjáðo] *m.* Enunciat.
enunciar [enunθjár] *t.* Enunciar.
envainar [embaïnár] *t.* Embeinar.
envalentonar [embalentonár] *t.-prnl.* Envalentir-se.
envanecer [embaneθér] *t.-prnl.* Envanir, inflar. ¶ CONJUG. com ***agradecer.***
envanecimiento [embaneθimjénto] *m.* Envaniment.
envasar [embasár] *t.* Envasar.
envase [embáse] *m.* Envasament. *2* Envàs.
envejecer [embexeθér] *i.-t.-prnl.* Envellir. ¶ CONJUG. com ***agradecer.***
envejecimiento [embexeθimjénto] *m.* Envelliment.
envenenador, -ra [embenenaðór, -ra] *a., m.-f.* Emmetzinador.
envenenamiento [embenenamjénto] *m.* Emmetzinament, enverinament.
envenenar [embenenár] *t.-prnl.* Emmetzinar, enverinar.
enverdecer [emberðeθér] *i.* Reverdir.
envergadura [emberɣaðúra] *f.* Envergadura.
envergar [emberɣár] *t.* Envergar.
envés [embés] *m.* Revés, revers.
enviado [embjáðo] *m.* Propi, missatger.
enviar [embjár] *t.* Enviar, trametre.
enviciar [embiθjár] *i.-t.-prnl.* Viciar. *2* Aviciar.
envidia [embíðja] *f.* Enveja.
envidiable [embiðjáβle] *a.* Envejable.
envidiar [embiðjár] *t.* Envejar.
envidioso, -sa [embiðjóso, -sa] *a., m.-f.* Envejós.
envilecer [embileθér] *t.-prnl.* Envilir. ¶ CONJUG. com ***agradecer.***
envilecimiento [embileθimjénto] *m.* Enviliment.
envío [embío] *m.* Enviament, tramesa.
envirotado, -da [embirotáðo, -ða] *a.* Entonat.
enviscar [embiskár] *t.-prnl.* Envescar.
envite [embíte] *m.* Envit.
enviudar [embjuðár] *i.* Enviudar.
envoltorio [emboltórjo] *m.* Embolcall, paquet, fardell.
envoltura [emboltúra] *f.* Embolcall. *2 pl.* Bolquers.
envolvente [embolβénte] *a.* Envoltant.
envolver [embolβér] *t.-prnl.* Embolcallar, embolicar. *2* Envoltar. *3* Bolcar. ¶ CONJUG. com ***moler.***
enyesar [enjesár] *t.* Enguixar.
enzarzar [enθarθár] *t.* Enarçar, embardissar. *2 prnl.* Embolicar-se.
enzurronar [enθurronár] *t.* Ensarronar.
eñe [éɲe] *f.* Enya (lletra castellana).
épica [épika] *f.* Èpica.
epicarpio [epikárpjo] *m.* BOT. Epicarp.
epiceno [epiθéno] *a.* Epicè.
épico, -ca [épiko, -ka] *a.* Èpic.
epicúreo, -ea [epikúreo, -ea] *a., m.-f.* Epicuri.
epidemia [epiðémja] *f.* Epidèmia, marfuga, passa.
epidémico, -ca [epiðémiko, -ka] *a.* Epidèmic.
epidermis [epiðérmis] *f.* ANAT. Epidermis.
epifanía [epifanía] *f.* Epifania.
epiglotis [epiɣlótis] *f.* ANAT. Epiglotis.
epígrafe [epíɣrafe] *m.* Epígraf.
epigrama [epiɣráma] *m.* Epigrama.
epilepsia [epiléβsja] *f.* MED. Epilèpsia.
epiléptico, -ca [epiléβtiko, -ka] *a., m.-f.* Epilèptic.
epilogar [epiloɣár] *t.* Epilogar.
epílogo [epíloɣo] *m.* Epíleg.
episcopado [episkopáðo] *m.* Episcopat.
episcopal [episkopál] *a.* Episcopal.
episódico, -ca [episóðiko, -ka] *a.* Episòdic.

episodio [episóðjo] *m.* Episodi.
epístola [epístola] *f.* Epístola.
epistolar [epistolár] *a.* Epistolar.
epistolario [epistolárjo] *m.* Epistolari.
epitafio [epitáfjo] *m.* Epitafi.
epitalamio [epitalámjo] *m.* Epitalami.
epitelial [epitelejál] *a.* Epitelial.
epitelio [epitéljo] *m.* Epiteli.
epíteto [epíteto] *m.* Epítet.
epítome [epítome] *m.* Epítom.
época [época] *f.* Època.
epopeya [epopéja] *f.* Epopeia.
equidad [ekiðáð] *f.* Equitat.
equidistante [ekiðistánte] *a.* Equidistant.
equidistar [ekiðistár] *i.* Equidistar.
équidos [ékiðos] *m. pl.* Èquids.
equilátero, -ra [ekilátero, -ra] *a.* GEOM. Equilàter.
equilibrar [ekiliβrár] *t.-prnl.* Equilibrar.
equilibrio [ekilíβrjo] *m.* Equilibri.
equilibrista [ekiliβrísta] *a., m.-f.* Equilibrista.
equino, -na [ekíno, -na] *a.* Equí.
equinoccio [ekinóγθjo] *m.* ASTR. Equinocci.
equinodermos [ekinoðérmos] *m. pl.* Equinoderms.
equipaje [ekipáxe] *m.* Equipatge.
equipar [ekipár] *t.-prnl.* Equipar.
equiparar [ekiparár] *t.* Equiparar.
equipo [ekípo] *m.* Equip. *2* Equipament.
equívoco [ekíβoko] *m.* Malentès.
equitación [ekitaθjón] *f.* Equitació.
equitativo, -va [ekitatíβo, -βa] *a.* Equitatiu.
equivalencia [ekiβalénθja] *f.* Equivalència.
equivalente [ekiβalénte] *a.* Equivalent.
equivaler [ekiβalér] *i.* Equivaler. ¶ CONJUG. com ***valer***.
equivocación [ekiβokaθjón] *f.* Equivocació. *2* Equívoc.
equivocadamente [ekiβokáðamente] *adv.* Equivocadament.
equivocar [ekiβokár] *t.-prnl.* Equivocar.
equívoco, -ca [ekíβoko, -ka] *a.-m.* Equívoc.
era [éra] *f.* Era.
erario [erárjo] *m.* Erari.
ere [ére] *f.* Erra (lletra *r,* so suau).
erección [ereγθjón] *f.* Erecció.
eréctil [eréγtil] *a.* Erèctil.
erecto, -ta [eréγto, -ta] *a.* Erecte; reixinxolat.
eremita [eremíta] *m.* Eremita.
eremítico, -ca [eremítiko, -ka] *a.* Eremític.
erguido, -da [erγíðo, -ða] *a.* Cap alt. *2* Empinat. *3* Ert.
erguir [erγír] *t.-prnl.* Dreçar. ¶ CONJUG. GER.: ***irguiendo***. ‖ INDIC. Pres.: ***irgo*** o ***yergo, irgues*** o ***yergues, irgue*** o ***yergue, irguen*** o ***yerguen***. | Indef.: ***irguió, irguieron***. ‖ SUBJ. Pres.: ***irga*** o ***yerga, irgas*** o ***yergas, irga*** o ***yerga, irgamos*** o ***yergamos, irgáis*** o ***yergáis, irgan*** o ***yergan***. | Imperf.: ***irguiera*** o ***-iese, irguieras*** o ***-ieses, irguiera*** o ***-iese, irguiéramos*** o ***-iésemos, irguierais*** o ***-ieseis, irguieran*** o ***-iesen***. | Fut.: ***irguiere, irguieres, irguiere, irguiéremos, irguiereis, irguieren***. ‖ IMPERAT.: ***irgue*** o ***yergue, irga*** o ***yerga, irgamos*** o ***yergamos, irgan*** o ***yergan***.
erial [erjál] *a.-m.* Erm. *2 m.* Ermàs.
erigir [erixír] *t.-prnl.* Erigir, dreçar.
erisipela [erisipéla] *f.* MED. Erisipela.
erizar [eriθár] *t.-prnl.* Eriçar.
erizo [eríθo] *m.* Eriço. ‖ ~ ***de mar,*** eriço de mar.
ermita [ermíta] *f.* Ermita.
ermitaño, -ña [ermitáɲo, -ɲa] *m.-f.* Ermità. ‖ *m.* ZOOL. ***Cangrejo*** ~, bernat ermità.
erosión [erosjón] *f.* Erosió.
erosionar [erosjonár] *t.* Erosionar.
erótico, -ca [erótiko, -ka] *a.* Eròtic.
errabundo, -da [erraβúndo, -da] *a.* Errabund.
erradicar [erraðikár] *t.* Eradicar.
errante [erránte] *a.* Errant.
errar [errár] *i.-t.-prnl.* Errar, fallar. ¶ CONJUG. com ***apretar***.
errata [erráta] *f.* Errata, errada.
errático, -ca [errátiko, -ka] *a.* Erràtic.
erre [érre] *f.* Erra (lletra *r,* so fort). ‖ ~ ***que*** ~, tretze són tretze.
erróneo, -ea [erróneo, -ea] *a.* Erroni.
error [errór] *m.* Error, errada, erra, espifiada.
eructar [eruγtár] *i.* Eructar, rotar.
eructo [erúγto] *m.* Eructe, rot.
erudición [eruðiθjón] *f.* Erudició.
erudito, -ta [eruðíto, -ta] *a., m.-f.* Erudit.
erupción [eruβθjón] *f.* Erupció.
eruptivo, -va [eruβtíβo, -βa] *a.* Eruptiu.
esbeltez [ezβeltéθ] *f.* Esveltesa.
esbelto, -ta [ezβélto] *a.* Esvelt.
esbirro [ezβírro] *m.* Esbirro, galifardeu.
esbozar [ezβoθár] *t.* Esbossar, plomejar.
esbozo [ezβóθo] *m.* Esbós.
escabechar [eskaβetʃár] *m.* Escabetxar.
escabeche [eskaβétʃe] *m.* Escabetx.
escabechina [eskaβetʃína] *f.* fam. Escabetxina, escabetxada.
escabel [eskaβél] *m.* Escambell, tamboret.
escabroso, -sa [eskaβróso, -sa] *a.* Escabrós.

escabullirse [eskaβuʎírse] *prnl.* Escapolir-se, esquitllar-se, escapolar-se. ¶ CONJUG. com ***mullir.***
escacharrar [eskatʃarrár] *t.-prnl.* Esbocinar, esbotzar, espatllar.
escafandra [eskafándra] *f.* Escafandre.
escala [eskála] *f.* Escala.
escalada [eskaláða] *f.* Escalada.
escalador, -ra [eskalaðór, -ra] *a., m.-f.* Escalador.
escalafón [eskalafón] *m.* Escalafó.
escalar [eskalár] *t.* Escalar.
escaldadura [eskaldaðúra] *f.* Escaldada.
escaldar [eskaldár] *f.* Escaldar.
escaleno [eskaléno] *a.* GEOM. Escalé.
escalera [eskaléra] *f.* Escala.
escalinata [eskalináta] *f.* Escalinata.
escalo [eskálo] *m.* Escalada.
escalofrío [eskalofrio] *m.* Calfred, esgarrifança.
escalón [eskalón] *m.* Graó, esglaó, escaló.
escalonar [eskalonár] *t.* Esglaonar, escalonar.
escama [eskáma] *f.* Escama, escata.
escamar [eskamár] *t.* Escamar. *2* Escatar. *3* Escamnar.
escamocho [eskamótʃo] *m.* Bavalles (deixalles).
escamoso, -sa [eskamóso, -sa] *a.* Escamós, escatós.
escamotear [eskamoteár] *t.* Escamotejar.
escamoteo [eskamotéo] *m.* Escamoteig.
escampada [eskampáða] *f.* Interrupció de la pluja.
escampar [eskampár] *i.-t.* Cessar de ploure. *2* Desembarassar (un indret).
escanciar [eskanθjár] *t.* Abocar o servir el vi.
escandelera [eskandaléra] *f.* fam. Avalot, xivarri.
escandalizar [eskandaliθár] *t.-prnl.* Escandalitzar.
escándalo [eskándalo] *m.* Escàndol. ‖ ***Meter ~,*** fer escàndol.
escandaloso, -sa [eskandalóso, -sa] *a., m.-f.* Escandalós.
escandallo [eskandáʎo] *m.* Escandall.
escaño [eskáɲo] *m.* Escó, escon.
escapada [eskapáða] *f.* Escapada, escapament.
escapar [eskapár] *i.-prnl.* Escapar. *2 prnl.* Escapolar-se.
escaparate [eskaparáte] *m.* Aparador. *2* Escaparata.
escapatoria [eskapatórja] *f.* Escapatòria, escapador.
escape [eskápe] *m.* Escapada, escapador, escapament. *2* Capgirada. ‖ ***A ~,*** a corre-cuita, a la desesperada. ‖ ***Tubo de ~,*** escapador.
escapulario [eskapulárjo] *m.* Escapulari.
escaque [eskáke] *m.* Casella, casa (d'un escaquer). *2 pl.* Escacs.
escaqueado, -da [eskakeáðo, -ða] *a.* Escacat.
escara [eskára] *f.* MED. Escara.
escarabajear [eskaraβaxeár] *i.* Formiguejar (una multitud).
escarabajo [eskaraβáxo] *m.* ENTOM. Escarabat.
escaramujo [eskaramúxo] *m.* BOT. Gavarrera.
escaramuza [eskaramúθa] *f.* Escaramussa.
escarapela [eskarapéla] *f.* Escarapella (ensenya). *2* Renyina, disputa.
escarbar [eskarβár] *t.* Gratar, furgar.
escarcha [eskártʃa] *f.* Gebre, gebrada.
escarchar [eskartʃár] *t.* Preparar confitura de manera que el sucre hi cristallitzi. *2 i.* Gebrar.
escarda [eskárða] *f.* Aixadó, magalló, aixadell.
escarlata [eskarláta] *f.* Escarlata.
escarlatina [eskarlatina] *f.* MED. Escarlatina.
escarmentar [eskarmentár] *i.-t.-prnl.* Escarmentar, escamar. ¶ CONJUG. com ***apretar.***
escarmiento [eskarmjénto] *m.* Escarment.
escarnecer [eskarneθér] *t.* Escarnir. ¶ CONJUG. com ***agradecer.***
escarnio [eskárnjo] *m.* Escarni, escarniment.
escarola [eskaróla] *f.* Escarola.
escarpia [eskárpja] *f.* Escàrpia.
escarpín [eskarpín] *m.* Escarpí. *2* Peüc.
escasamente [eskásamente] *adv.* Escassament.
escasear [eskaseár] *i.-t.* Escassejar.
escasez [eskaséθ] *f.* Escassesa, escassetat.
escaso, -sa [eskáso, -sa] *a.* Escàs, esquifit, estret, prim, minso, rar. *2* Gasiu.
escatimar [eskatimár] *t.* Escatimar. *2* Plànyer.
escatología [eskatoloxia] *f.* Escatologia.
escayola [eskaȷóla] *f.* Escaiola, guix.
escena [esθéna] *f.* Escena.
escenario [esθenárjo] *m.* Escenari.
escénico, -ca [esθéniko, -ka] *a.* Escènic.
escenografía [esθenoɣrafía] *f.* Escenografia.
escepticismo [esθeβtiθizmo] *m.* Escepticisme.
escéptico, -ca [esθéβtiko, -ka] *a., m.-f.* Escèptic.
escisión [esθisjón] *f.* Escisió.
esclarecer [esklareθér] *t.* Esclarir. ¶ CONJUG. com ***agradecer.***

esclarecido, -da [esklareθiðo, -ða] *a.* Preclar.
esclavina [esklaβina] *f.* Esclavina.
esclavitud [esklaβituð] *f.* Esclavitud, esclavatge.
esclavizar [esklaβiθár] *t.* Esclavitzar.
esclavo, -va [esklàβo, -βa] *a.*, *m.-f.* Esclau.
esclerosis [esklerósis] *f.* Esclerosi.
esclerótica [esklerótika] *f.* ANAT. Escleròtica.
esclusa [esklúsa] *f.* Resclosa.
escoba [eskóβa] *f.* Escombra, granera.
escobada [eskoβàða] *f.* Escombrada. *2* Escombralls.
escobilla [eskoβiʎa] *f.* Escombra petita. *2* Brossa, escombrall.
escobillón [eskoβiʎón] *m.* Escovilló.
escobón [eskoβón] *m.* Esteranyinador. *2* Escombrall.
escocedura [eskoθeðúra] *f.* Coïssor, cremor.
escocer [eskoθèr] *i.* Coure, picar. ¶ CONJUG. com ***moler***.
escocés, -sa [eskoθés, -sa] *a.*, *m.-f.* Escocès.
escofina [eskofina] *f.* Raspa.
escoger [eskoxér] *t.* Escollir, triar.
escogido, -da [eskoxiðo, -ða] *a.* Escollit, selecte.
escolanía [eskolania] *f.* Escolania.
escolapio [eskolápjo] *m.* Esculapi.
escolar [eskolár] *a.* Escolar.
escolar [eskolár] *t.-prnl.* Escolar-se.
escolástico, -ca [eskolástiko, -ka] *a.*, *m.-f.* Escolàstic.
escolio [eskóljo] *m.* Escoli.
escolopendra [eskolopéndra] *f.* ENTOM. Escolopendra.
escolta [eskólta] *f.* Escorta.
escoltar [eskoltár] *t.* Escortar.
escollera [eskoʎéra] *f.* Escullera.
escollo [eskóʎo] *m.* Escull.
escombros [eskombros] *m. pl.* Runa, enderrocs.
esconder [eskondér] *t.-prnl.* Amagar, entaforar.
escondidas (a) [eskondiðas] loc. D'amagat, d'amagatotis.
escondite [eskondite] *m.* Amagatall, catau. *2* Fet, cuit (joc).
escondrijo [eskondrixo] *m.* Amagatall, catau.
escopeta [eskopéta] *f.* Escopeta.
escopetazo [eskopetáθo] *m.* Escopetada.
escopeteo [eskopetéo] *m.* Escopeteig.
escoplo [eskóplo] *m.* Enformador.
escorbuto [eskorβúto] *m.* MED. Escorbut.
escoria [eskórja] *f.* Escòria.
escorpión [eskorpjón] *m.* Escorpí.
escorzo [eskórθo] *m.* Escorç.
escota [eskóta] *f.* NÀUT. Escota.
escotadura [eskotaðúra] *f.* Escotat, escot.
escotar [eskotár] *t.* Escotar.
escote [eskóte] *m.* Escot, escotat.
escotilla [eskotiʎa] *f.* NÀUT. Escotilla.
escotillón [eskotiʎón] *m.* TEAT. Escotilló. *2* Trapa.
escozor [eskoθór] *m.* Coïssor, cremor, coentor.
escriba [eskriβa] *m.* Escriba.
escribanía [eskriβania] *f.* JUR. Escrivania.
escribano [eskriβáno] *m.* Escrivà.
escribiente [eskriβjénte] *m.* Escrivent.
escribir [eskriβir] *t.* Escriure. ¶ CONJUG. P. P.: ***escrito***.
escrito [eskrito] *m.* Escrit.
escritor, -ra [eskritór, -ra] *m.-f.* Escriptor.
escritorio [eskritórjo] *m.* Escriptori.
escritura [eskritúra] *f.* Escriptura.
escrófula [eskrófula] *f.* MED. Escròfula.
escrofuloso, -sa [eskrofulóso, -sa] *a.*, *m.-f.* Escrofulós.
escrúpulo [eskrúpulo] *m.* Escrúpol.
escrupulosidad [eskrupulosiðáð] *f.* Escrupulositat.
escrutador, -ra [eskrutaðór, -ra] *a.*, *m.-f.* Escrutador.
escrutar [eskrutár] *t.* Escrutar.
escrutinio [eskrutinjo] *m.* Escrutini.
escuadra [eskwáðra] *f.* Escaire, cartabó. *2* Esquadra, estol.
escuadrar [eskwaðrár] *t.* Escairar.
escuadrilla [eskwaðriʎa] *f.* Esquadra.
escuadrón [eskwaðrón] *m.* Esquadró.
escualidez [eskwaliðéθ] *f.* Magresa, magror. *2* Sutzura, brutícia.
escuálido, -da [eskwáliðo, -ða] *a.* Magre, escanyolit. *2* Brut, fastigós.
escucha [eskútʃa] *f.* Escolta.
escuchar [eskutʃár] *t.* Escoltar.
escudar [eskuðár] *t.-prnl.* Escudar.
escudero [eskuðéro] *m.* Escuder.
escudilla [eskuðiʎa] *f.* Escudella.
escudriñar [eskuðriɲár] *t.* Escodrinyar, escorcollar, esbrinar, furetejar.
escudo [eskúðo] *m.* Escut.
escuela [eskwéla] *f.* Escola, estudi.
escueto, -ta [eskwéto, -ta] *a.* Escarit, pelat.
esculpir [eskulpir] *t.* Esculpir.
escultor, -ra [eskultór, -ra] *m.-f.* Escultor.
escultura [eskultúra] *f.* Escultura.
escultural [eskulturál] *a.* Escultural.
escupidera [eskupiðéra] *f.* Escopidora.
escupidura [eskupiðúra] *f.* Escopina, escopinada.

escupir [eskupir] *i.-t.* Escopir.
escupitina [eskupitina] *f.* Gargall.
escurreplatos [eskurreplátos] *m.* Escorreplats.
escurridizo, -za [eskurriðiθo, -θa] *a.* Escorredís, fonedís. *2* Escorredor.
escurridor [eskurriðór] *m.* Escorredora.
escurriduras [eskurriðúras] *f. pl.* Escorrialles.
escurrimiento [eskurrimjénto] *m.* Escorriment.
escurrir [eskurrir] *t.* Escórrer. *2 prnl.* Escórrer-se. *3* Esmunyir-se, esquitllar-se.
escultismo [eskultizmo] *m.* Escoltisme.
esdrújulo, -la [ezðrúxulo, -la] *a.* Esdrúixol.
ese [ése] *f.* Essa (lletra).
ése, ésa, eso [ése, ésa, éso] *pron. dem.* Aqueix, eix, aqueixa, eixa, això. *2 a.* ***Ese, esa,*** aqueix. ‖ ***Ni por esas,*** de cap manera, ni així.
esencia [esénθja] *f.* Essència.
esencial [esenθjál] *a.* Essencial.
esfera [esféra] *f.* Esfera.
esférico, -ca [esfériko, -ka] *a.* Esfèric.
esfinge [esfiŋxe] *f.* MIT. Esfinx.
esfínter [esfinter] *m.* Esfínter.
esforzado, -da [esforθáðo, -ða] *a.* Coratjós.
esforzarse [esforθárse] *prnl.* Esforçar-se. ‖ CONJUG. com ***desollar.***
esfuerzo [esfwérθo] *m.* Esforç.
esfumar [esfumár] *t.-prnl.* Esfumar.
esfuminar [esfuminár] *t.* Esfumar.
esfumino [esfumino] *m.* Esfumí.
esgrafiar [ezγrafjár] *t.* Esgrafiar.
esgrima [ezγrima] *f.* Esgrima.
esgrimir [ezγrimir] *t.* Esgrimir, brandar, brandir.
eslabón [ezlaβón] *m.* Anella, malla. *2* Foguer.
eslavo, -va [ezláβo, -βa] *a., m.-f.* Eslau.
eslogan [ezlóγan] *m. angl.* Eslògan.
eslora [ezlóra] *f.* NÀUT. Eslora.
eslovaco, -ca [ezloβáko, -ka] *a., m.-f.* Eslovac.
esmaltador, -ra [ezmaltaðór, -ra] *m.-f.* Esmaltador.
esmaltar [ezmaltár] *t.* Esmaltar.
esmalte [ezmálte] *m.* Esmalt.
esmerado, -da [ezmeráðo, -ða] *a.* Acurat, curós.
esmeralda [ezmerálda] *f.* MINER. Maragda.
esmerarse [ezmerárse] *prnl.* Posar cura, mirar-s'hi.
esmeril [ezmeril] *m.* Esmeril.
esmerilar [ezmerilár] *t.* Esmerilar.
esmero [ezméro] *m.* Cura, mirament.
esmirriado, -da [ezmirrjáðo, -ða] *a.* Esmerlit.
esmoquín [ezmókin] *m. angl.* Smòking.
esnob [esnóβ] *a.* Esnob.
eso [éso] *pron. dem. n.* Això, açò, ço, daixonses. V. ESE.
esófago [esófaγo] *m.* ANAT. Esòfag.
esotérico, -ca [esotériko, -ka] *a.* Esotèric.
espacial [espaθjál] *a.* Espacial.
espaciar [espaθjár] *t.-prnl.* Espaiar.
espacio [espáθjo] *m.* Espai.
espacioso, -sa [espaθjóso, -sa] *a.* Espaiós. *2* Esbarjós.
espada [espáða] *f.* Espasa.
espadachín [espaðatʃin] *m.* Espadatxí.
espadaña [espaðáɲa] *f.* BOT. Espadanya, boga.
espadero [espaðéro] *m.* Espaser. *2* Ferrer de tall.
espadín [espaðin] *m.* Espasí.
espalda [espálda] *f.* Esquena, llom.
espaldar [espaldár] *m.* Espatllera, respatller.
espaldarazo [espaldaráθo] *m.* Esquenada.
espaldera [espaldéra] *f.* Respatller, espatllera.
espaldilla [espaldiʎa] *f.* Omòplat, escàpula. *2* Espatlla.
espaldudo, -da [espaldúðo, -ða] *a.* Espatllut.
espantadizo, -za [espantaðiθo, -θa] *a.* Espantadís, poruc.
espantajo [espantáxo] *m.* Espantall, babarota.
espantapájaros [espantapáxaros] *m.* Espantaocells, espantall, babarota.
espantar [espantár] *t.-prnl.* Espantar, esverar, esglaiar.
espanto [espánto] *m.* Espant, esverament, esglai, esparverament.
espantoso, -sa [espantóso, -sa] *a.* Espantós, esglaiador, esverador.
España [espáɲa] *n. pr.* Espanya.
español, -la [espaɲól, -la] *a., m.-f.* Espanyol.
esparadrapo [esparaðrápo] *m.* Esparadrap.
esparaván [esparaβán] *m.* ORNIT. Esparver.
esparceta [esparθéta] *f.* BOT. Trepadella.
esparcimiento [esparθimjénto] *m.* Escampada. *2* Esbargiment, esbarjo.
esparcir [esparθir] *t.-prnl.* Espargir, escampar. *2* Esbargir.
espárrago [espárraγo] *m.* Espàrrec. *2* Esparreguera.
espartano, -na [espartáno, -na] *a., m.-f.* Espartà.
espartería [esparteria] *f.* Esparteria.

espartero, -ra [espartéro, -ra] *m.-f.* Esparter.
esparto [espárto] *m.* Espart.
espasmo [espázmo] *m.* Espasme.
espasmódico, -ca [espazmóðiko, -ka] *a.* Espasmòdic.
espato [espáto] *m.* MINER. Espat.
espátula [espátula] *f.* Espàtula.
especia [espéθja] *f.* Espècia.
especial [espeθjál] *a.* Especial.
especialidad [espeθjaliðáð] *f.* Especialitat.
especialista [espeθjalista] *a., m.-f.* Especialista.
especializar [espeθjaliθár] *i.-prnl.* Especialitzar.
especie [espéθje] *f.* Espècie, mena, natura.
especificar [espeθifikár] *t.* Especificar.
específico, -ca [espeθifiko, -ka] *a.-m.* Específic.
espécimen [espéθimen] *m.* Espècimen.
espectacular [espeɣtakulár] *a.* Espectacular.
espectáculo [espeɣtákulo] *m.* Espectacle.
espectador, -ra [espeɣtaðór, -ra] *a., m.-f.* Espectador.
espectral [espeɣtrál] *a.* Espectral.
espectro [espéɣtro] *m.* Espectre.
especulación [espekulaθjón] *f.* Especulació.
especulador, -ra [espekulaðór, -ra] *a., m.-f.* Especulador.
especular [espekulár] *t.-i.* Especular.
especulativo, -va [espekulatiβo, -βa] *a.* Especulatiu.
espejarse [espexárse] *prnl.* Emmirallar-se.
espejear [espexeár] *i.* Mirallejar, relluir.
espejero [espexéro] *m.* Miraller.
espejismo [espexizmo] *m.* Miratge.
espejo r1[espéxo] *m.* Mirall, espill.
espejuelo [espexwélo] *m.* Mirallet. *2* Selenita.
espeleología [espeleoloxia] *f.* Espeleologia.
espeluznante [espeluθnánte] *a.* Esborronador, esgarrifós.
espeluznar [espeluθnár] *t.* Esborronar, horroritzar, esgarrifar.
espera [espéra] *f.* Espera.
esperanto [esperánto] *m.* Esperanto.
esperanza [esperánθa] *f.* Esperança.
esperanzar [esperanθár] *t.* Esperançar.
esperar [esperár] *t.* Esperar, expectar.
esperma [espérma] *m.-f.* Esperma.
espermatozoide [espermatoθóiðe] *m.* BIOL. Espermatozoide.
esperpento [esperpénto] *m.* fam. Carassa, carota, persona molt lletja.
espesar [espesár] *t.-prnl.* Espessir, espesseir.
espeso, -sa [espéso, -sa] *a.* Espès.
espesor [espesór] *m.* Espessor. *2* Gruix, gruixària.
espesura [espesúra] *f.* Espessor. *2* Tofa.
espetar [espetár] *t.* Enastar, clavar. *2* fig. Engegar.
espía [espia] *m.-f.* Espia.
espiar [espiár] *t.* Espiar.
espiga [espiɣa] *f.* Espiga. *2* Tija (de ferro). *3* Metxa.
espigado, -da [espiɣáðo, -ða] *a.* Espigat.
espigador, -ra [espiɣaðór, -ra] *m.-f.* Espigolador.
espigar [espiɣár] *t.* Espigolar. *2 i.-prnl.* Espigar-se.
espigón [espiɣón] *m.* Espigó. *2* Fibló.
espigueo [espiɣéo] *m.* Espigueig. *2* Espigolada.
espín [espin] *a.* ‖ ***Puerco ~,*** porc espí.
espina [espina] *f.* Espina, punxa. ‖ ***Dar mala ~,*** fer mal efecte. *2* Estellicó.
espinaca [espináka] *f.* BOT. Espinac.
espinal [espinál] *a.* Espinal.
espinar [espinár] *t.-i.-prnl.* Punxar, arçar.
espinazo [espináθo] *m.* Espinada, biga de l'esquena.
espingarda [espiŋgárða] *f.* Espingarda.
espinilla [espiniʎa] *f.* Canella, canyella (de la cama). *2* Barb.
espino [espino] *m.* BOT. Arç, espí. *2* Filferro amb pues.
espinoso, -sa [espinóso, -sa] *a.* Espinós.
espionaje [espjonáxe] *m.* Espionatge.
espira [espira] *f.* Espira.
espiración [espiraθjón] *f.* Espiració (de l'Esperit Sant). *2* Expiració (de l'aire inspirat).
espiral [espirál] *a.-f.* Espiral.
espirar [espirár] *t.-i.* Espirar (l'Esperit Sant). *2 t.-i.* Expirar (l'aire).
espiritismo [espiritizmo] *m.* Espiritisme.
espiritista [espiritista] *a., m.-f.* Espiritista.
espiritoso, -sa [espiritóso, -sa] *a.* Esperitós. *2* Espirituós.
espiritual [espiritwál] *a.* Espiritual.
espiritual [esperitwál] *a.* Espiritual.
espiritualidad [espiritwaliðáð] *f.* Espiritualitat.
espirituoso, -sa [espirituóso, -sa] *a.* Espirituós.
espita [espita] *f.* Aixeta.
esplendente [esplendénte] *a.* poèt. Esplendent.
esplendidez [esplendiðéθ] *f.* Esplendidesa.
espléndido, -da [espléndiðo, -ða] *a.* Esplèndid.

esplendor [esplendór] *m.* Esplendor.
esplendoroso, -sa [esplendoróso, -sa] *a.* Esplendorós.
espliego [espljéγo] *m.* BOT. Espígol.
espolear [espoleár] *t.* Esperonar.
espoleta [espoléta] *f.* Espoleta.
espolón [espolón] *m.* Esperó.
espolvorear [espolβoreár] *t.* Empolvorar. *2* Espolsar.
esponja [espóŋxa] *f.* Esponja.
esponjar [espoŋxár] *t.-prnl.* Esponjar, estufar.
esponsales [esponsáles] *m. pl.* Esposalles, prometatge.
espontaneidad [espontaneĭðáð] *f.* Espontaneïtat.
espontáneo, -ea [espontáneo, -ea] *a.* Espontani.
espora [espóra] *f.* Espora.
esporádico, -ca [esporáðiko, -ka] *a.* Esporàdic.
esportilla [esportiʎa] *f.* Cabasset.
esposado, -da [esposáðo, -ða] *a.* Emmanillat.
esposar [esposár] *t.* Emmanillar.
esposas [espósas] *f. pl.* Manilles.
esposo, -sa [espóso, -sa] *m.-f.* Espòs, marit. *2 f.* Muller, esposa.
espuela [espwéla] *f.* Esperó.
espuerta [espwérta] *f.* Esporta, cabàs, senalla.
espulgar [espulγár] *t.-prnl.* Espuçar.
espuma [espúma] *f.* Escuma, espuma. *2* Bromera, broma.
espumadera [espumaðéra] *f.* Escumadora, esbromadora.
espumajear [espumaxeár] *i.* Treure saliva i escuma per la boca.
espumajo [espumáxo] *m.* Saliva i bromera tretes abundosament per la boca.
espumar [espumár] *t.-i.* Escumar, esbromar, bromar.
espumarajo [espumaráxo] *m.* Saliva treta abundantment per la boca, bromera.
espumear [espumeár] *i.* Escumejar.
espumoso, -sa [espumóso, -sa] *a.* Escumós, espumós.
espurio, -ia [espúrjo, -ja] *a.* Espuri, bord, bastard.
espurrear [espurreár] *t.* Ruixar (amb la boca).
esputo [espúto] *m.* Esput.
esqueje [eskéxe] *m.* Esqueix.
esquela [eskéla] *f.* Esquela.
esqueleto [eskeléto] *m.* Esquelet. *2* Carcassa.
esquema [eskéma] *m.* Esquema.
esquemático, -ca [eskemátiko, -ka] *a.* Esquemàtic.
esquematizar [eskematiθár] *t.* Esquematitzar.
esquí [eskí] *m.* Esquí.
esquiador, -ra [eskjaðór, -ra] *m.-f.* Esquiador.
esquife [eskífe] *m.* NÀUT. Esquif.
esquila [eskíla] *f.* Esquella.
esquilador, -ra [eskilaðór, -ra] *a., m.-f.* Esquilador.
esquilar [eskilár] *t.* Esquilar.
esquileo [eskiléo] *m.* Esquilada. *2* Tosa (temps de tondre).
esquilmo [eskílmo] *m.* Esplet.
esquimal [eskimál] *a., m.-f.* Esquimal.
esquina [eskína] *f.* Cantonada, cantó.
esquinado, -da [eskináðo, -ða] *a.* Cantellós.
esquinazo [eskináθo] *m.* Cantonada. ‖ fig. ***Dar ~***, deixar plantat.
esquirla [eskírla] *f.* Inxa, resquill, esquerda.
esquirol [eskiról] *m.* Esquirol (obrer).
esquivar [eskiβár] *t.-prnl.* Esquivar.
esquivez [eskiβéθ] *f.* Esquivesa.
esquivo, -va [eskíβo, -βa] *a.* Esquiu.
estabilidad [estaβiliðáð] *f.* Estabilitat.
estabilizar [estaβiliθár] *t.* Estabilitzar.
estable [estáβle] *a.* Estable.
establecer [estaβleθér] *t.-prnl.* Establir. *2* Fermar. ¶ CONJUG. com ***agradecer***.
establecimiento [estaβleθimjénto] *m.* Establiment.
establo [estáβlo] *m.* Estable, establia.
estaca [estáka] *f.* Estaca.
estacada [estakáða] *f.* Estacada.
estacar [estakár] *t.* Estacar.
estacazo [estakáθo] *m.* Cop d'estaca, garrotada.
estación [estaθjón] *f.* Estació.
estacionamiento [estaθjonamjénto] *m.* Estacionament.
estacionar [estaθjonár] *t.-prnl.* Estacionar.
estacionario, -ia [estaθjonárjo, -ja] *a.* Estacionari.
estada [estáða] *f.* Estada, sojorn.
estadio [estáðjo] *m.* Estadi.
estadista [estaðísta] *m.* Estadista.
estadístico, -ca [estaðístiko, -ka] *a.* Estadístic.
estado [estáðo] *m.* Estat.
estafa [está
estafeta [estaféta] *f.* Estafeta.
estalactita [estalaγtíta] *f.* Estalactita.
estalagmita [estalaγmíta] *f.* Estalagmita.
estallar [estaʎár] *i.* Esclatar. *2* Esclafir. *3* Petar, espetegar.
estallido [estaʎíðo] *m.* Esclat. *2* Esclafit. *3* Espetec, pet.

estambre [estámbre] *m.* Estam.
estameña [estaméɲa] *f.* Estamenya.
estampa [estámpa] *f.* Estampa.
estampación [estampaθjón] *f.* Estampació, estampat.
estampado [estampáðo] *a., m.-f.* Estampat (teixit). *2* Estampació.
estampar [estampár] *t.* Estampar.
estampería [estampería] *f.* Estamperia.
estampía [estampía] *f.* ‖ ***Salir de ~,*** marxar o sortir d'una manera precipitada.
estampido [estampíðo] *m.* Esclafit, espetec, pet.
estampilla [estampíʎa] *f.* Estampilla.
estancamiento [estaŋkamjénto] *m.* Estancament.
estancar [estaŋkár] *t.-prnl.* Estancar.
estancia [estánθja] *f.* Estança. *2* Estada, sojorn. *3* Mas, masia. *4* Estatge. *5* Estrofa.
estanco, -ca [estáŋko, -ka] *a.-m.* Estanc.
estandarte [estandárte] *m.* Estendard, senyera.
estanque [estáŋke] *m.* Estany.
estanquero, -ra [estaŋkéro, -ra] *m.-f.* Estanquer.
estante [estánte] *a.-m.* Estant, prestatge, lleixa.
estantigua [estantíɣwa] *f.* Fantasma.
estañador [estaɲaðór] *m.* Estanyador. *2* Estanyapaelles.
estañar [estaɲár] *t.* Estanyar.
estaño [estáɲo] *m.* MINER. Estany.
estar [estár] *i.* Estar, ser, ésser, trobar-se. ¶ CONJUG. INDIC. Pres.: ***estoy, estás, está, están.*** | Indef.: ***estuve, estuviste, estuvo, estuvimos, estuvisteis, estuvieron.*** ‖ SUBJ. Pres.: ***esté, estés, esté, estén.*** | Imperf.: ***estuviera*** o ***-iese, estuvieras*** o ***-ieses, estuviera*** o ***-iese, estuviéramos*** o ***-iésemos, estuvierais*** o ***-ieseis, estuvieran*** o ***-iesen.*** | Fut.: ***estuviere, estuvieres, estuviere, estuviéremos, estuvieseis, estuvieren.*** ‖ IMPERAT.: ***está, esté, estéis.***
estarcir [estarθír] *t.* Estergir.
estatal [estatál] *a.* Estatal.
estático, -ca [estátiko, -ka] *a.* Estàtic. *2 f.* Estàtica.
estatismo [estatízmo] *m.* Estatisme.
estatua [estátwa] *f.* Estàtua.
estatuario, -ia [estatuárjo,]ja] *a., m.-f.* Estatuari.
estatuir [estatuír] *t.* Estatuir. ¶ CONJUG. com ***huir.***
estatura [estatúra] *f.* Estatura.
estatuto [estatúto] *m.* Estatut.
estay [estáĭ] *m.* MAR. Estai.
este [éste] *m.* Est.
éste, ésta, esto [éste, ésta, ésto] *pron. dem.* Aquest, aquesta, això. *2 a.* ***Este, esta,*** aquest. ‖ ***Esto mismo,*** àngela, això mateix. ‖ ***Esto es,*** àngela, això mateix. V. RESUM GRAMATICAL.
estela [estéla] *f.* MAR. Rastre d'una nau. *2* Estela (monument).
estelar [estelár] *a.* Estel·lar.
estenografía [estenoɣrafía] *f.* Estenografia.
estenógrafo, -fa [estenóɣrafo, -fa] *m.-f.* Estenògraf.
estentóreo, -ea [estentóreo, -ea] *a.* Estentori.
estepa [estépa] *f.* Estepa. *2* BOT. Estepa.
estepario, -ia [estepárjo, -ja] *a.* Estepari.
estera [estéra] *f.* Estora.
esterar [esterár] *t.* Estorar.
estercolar [esterkolár] *t.* Femar.
estercolero [esterkoléro] *m.* Femar (el lloc). *2* Femater (la persona).
estereotipar [estereotipár] *t.* Estereotipar.
esterero, -ra [esteréro, -ra] *m.-f.* Estorer.
estéril [estéril] *a.* Estèril.
esterilidad [esteriliðáð] *f.* Esterilitat.
esterilizar [esteriliθár] *t.* Esterilitzar.
esterilla [esteríʎa] *f.* Estoreta.
esterlina [esterlína] *a.-f.* Esterlina.
esternón [esternón] *m.* ANAT. Esternum.
estertor [estertór] *m.* Ranera.
esteta [estéta] *m.* Esteta.
estético, -ca [estétiko, -ka] *a.* Estètic. *2 f.* Estètica.
esteva [estéβa] *f.* AGR. Esteva.
estiaje [estiáxe] *m.* Nivell més baix de les aigües durant l'estiu. *2* Temps que dura.
estiba [estíβa] *f.* NÀUT. Estiba.
estibar [estiβár] *t.* Estibar.
estiércol [estjérkol] *m.* Fems.
estigma [estíɣma] *m.* Estigma.
estigmatizar [estiɣmatiθár] *t.* Estigmatitzar.
estilarse [estilárse] *prnl.* Estilar-se.
estilete [estiléte] *m.* Estilet.
estilista [estilísta] *a., m.-f.* Estilista.
estilita [estilíta] *a., m.-f.* Estilita.
estilizar [estiliθár] *t.* Estilitzar.
estilo [estílo] *m.* Estil.
estilográfica [estiloɣráfica] *f.* Estilogràfica.
estima [estíma] *f.* Estima.
estimable [estimáβle] *a.* Estimable.
estimación [estimaθjón] *f.* Estimació.
estimar [estimár] *t.* Estimar.
estimulante [estimulánte] *a.* Estimulant.
estimular [estimulár] *t.* Estimular.
estímulo [estímulo] *m.* Estímul, esperó.
estío [estío] *m.* Estiu.
estipendio [estipéndjo] *m.* Estipendi.

estípula [estipula] *f.* BOT. Estípula.
estipulación [estipulaθjón] *f.* Estipulació.
estipular [estipulár] *t.* Estipular.
estirado, -da [estiráðo, -ða] *a.* Estirat, tibat.
estirajar [estiraxár] *t.* Estiraganyar.
estirar [estirár] *t.-prnl.* Estirar, tibar. *2* Allargassar.
estirón [estirón] *m.* Estirada. *2* Estrebada.
estirpe [estirpe] *f.* Estirp, nissaga, casta.
estival [estiβál] *a.* Estival, estiuenc.
estocada [estokáða] *f.* Estocada.
estofa [estófa] *f.* Estofa.
estofado, -da [estofáðo, -ða] *a.-m.* Estofat.
estofar [estofár] *t.* Estofar.
estoicismo [estoiθizmo] *m.* Estoïcisme.
estoico, -ca [estóiko, -ka] *a., m.-f.* Estoic.
estola [estóla] *f.* Estola.
estolidez [estoliðéθ] *f.* Estolidesa.
estólido, -da [estóliðo, -ða] *a., m.-f.* Estòlid.
estoma [estóma] *m.* BOT. Estoma.
estomacal [estomakál] *a.* Estomacal.
estómago [estómaγo] *m.* ANAT. Estómac, païdor, ventrell.
estonio, -ia [estónjo, -ja] *a., m.-f.* Estonià.
estopa [estópa] *f.* Estopa.
estopón [estopón] *m.* Borràs.
estoque [estóke] *m.* Estoc.
estoquear [estokeár] *t.* Estoquejar.
estorbar [estorβár] *t.* Destorbar, torbar, entrebancar, fer nosa.
estorbo [estórβo] *m.* Destorb, nosa. *2* Enfarfec.
estornino [estornino] *m.* ORNIT. Estornell.
estornudar [estornuðár] *i.* Esternudar.
estornudo [estornúðo] *m.* Esternut.
estrabismo [estraβizmo] *m.* MED. Estrabisme.
estrado [estráðo] *m.* Estrada.
estrafalario, -ia [estrafalárjo, -ja] *a., m.-f.* Estrafolari, extravagant.
estragar [estraγár] *t.-prnl.* Esgotar.
estrago [estráγo] *m.* Estrall, destrucció.
estragón [estraγón] *m.* BOT. Estragó.
estrambote [estrambóte] *m.* Estrambot.
estrambótico, -ca [estrambótiko, -ka] *a.* Estrambòtic.
estramonio [estramónjo] *m.* BOT. Estramoni.
estrangul [estraŋgúl] *m.* MÚS. Inxa.
estrangulación [estraŋgulaθjón] *f.* Estrangulació.
estrangulador, -ra [estraŋgulaðór, -ra] *a.* Estrangulador.
estraperlo [estrapérlo] *m.* Estraperlo.
estratagema [estrataxéma] *f.* Estratagema, giny.
estratega [estratéγa] *m.* Estrateg.
estrategia [estratéxja] *f.* Estratègia.
estratégico, -ca [estratéxiko, -ka] *a., m.-f.* Estratègic.
estratificar [estratifikár] *t.-prnl.* Estratificar.
estrato [estráto] *m.* GEOL. Estrat. *2* METEOR. Estratus.
estratosfera [estratosféra] *f.* Estratosfera.
estraza [estráθa] *f.* Estrassa.
estrechamiento [estretʃamjénto] *m.* Estrenyiment, estreta.
estrechar [estretʃár] *t.-prnl.* Estrènyer, serrar.
estrechez [estretʃéθ] *f.* Estretor. *2* Escassetat.
estrecho, -cha [estrétʃo, -tʃa] *a.* Estret. *2* Esquifit. *3 m.* Estret.
estrechura [estretʃúra] *f.* Estretor.
estregar [estreγár] *t.* Refregar, fregar. ¶ CONJUG. com ***apretar.***
estregón [estreγón] *m.* Refrec, refregada, fregada.
estrella [estréʎa] *f.* Estrella, estel. ‖ *~ **fugaz,*** estel fugaç. ‖ ***Nacer con ~,*** néixer amb bona estrella.
estrellado, -da [estreʎáðo, -ða] *a.* Estrellat, estelat. ‖ ***Huevo ~,*** ou ferrat.
estrellamar [estreʎamár] *f.* Estrella de mar.
estrellar [estreʎár] *t.-prnl.* Estavellar.
estremecedor, -ra [estremeθeðór, -ra] *a.* Escruixidor, esgarrifós.
estremecer [estremeθér] *t.-prnl.* Escruixir, esgarrifar. *2 prnl.* Estremir-se, fremir. ¶ CONJUG. com ***agradecer.***
estremecimiento [estremeθimjénto] *m.* Estremiment, extremitud. *2* Esgarrifor, esgarrifança.
estrena [estréna] *f.* Estrena.
estrenar [estrenár] *t.-prnl.* Estrenar.
estreno [estréno] *m.* Estrena.
estreñido, -da [estreɲiðo, -ða] *a.* Restret.
estreñimiento [estreɲimjénto] *m.* Restrenyiment.
estreñir [estreɲir] *t.-prnl.* Restrènyer. ¶ CONJUG. com ***ceñir.***
estrépito [estrépito] *m.* Estrèpit, terrabastall.
estrepitoso, -sa [estrepitóso, -sa] *a.* Estrepitós.
estría [estria] *f.* Estria.
estriar [estriár] *t.* Estriar.
estribación [estriβaθjón] *f.* GEOGR. Contrafort, estrep.
estribar [estriβár] *i.* Descansar, recolzar, estrebar.

estribillo [estriβiʎo] *m.* Tornada.
estribo [estriβo] *m.* Estrep. *2* Marxapeu.
estribor [estriβór] *m.* NÀUT. Estribord.
estricnina [estriɣnina] *f.* QUÍM. Estricnina.
estricto, -ta [estriɣto, -ta] *a.* Estricte.
estridencia [estriðénθja] *f.* Estridència.
estridente [estriðénte] *a.* Estrident.
estridor [estriðór] *m.* Estridor.
estrofa [estrófa] *f.* Estrofa, estança.
estroncio [estrónθjo] *m.* MINER. Estronci.
estropajo [estropáxo] *m.* Fregall.
estropajoso, -sa [estropaxóso, -sa] *a.* Esparracat. *2* Farfallós.
estropeado, -da [estropeáðo, -ða] *a.* Esguerrat. *2* Malmès.
estropear [estropeár] *t.-prnl.* Espatllar, malmetre, estropellar, esguerrar, fer malbé.
estropicio [estropiθjo] *m.* Estrall. *2* Trencadissa.
estructura [estruɣtúra] *f.* Estructura.
estructurar [estruɣturár] *t.* Estructurar.
estruendo [estrwéndo] *m.* Estrèpit, terrabastall. *2* Pompa, aparat.
estruendoso, -sa [estrwenðóso, -sa] *a.* Estrepitós, sorollós.
estrujar [estruxár] *t.* Esprémer, prémer. *2* Escórrer. *3* Masegar, aixafar, rebregar, matxucar.
estrujón [estruxón] *m.* Espremuda, rebregada.
estuario [estwárjo] *m.* GEOGR. Estuari.
estucado [estukáðo] *m.* Estucat.
estucar [estukár] *t.* Estucar.
estuco [estúko] *m.* Estuc.
estuche [estútʃe] *m.* Estoig.
estudiante [estuðjánte] *m.* Estudiant. *2 f.* Estudianta.
estudiantil [estuðjantil] *a.* Estudiantí.
estudiantina [estuðjantina] *f.* Estudiantina.
estudiar [estuðjár] *t.* Estudiar.
estudio [estúðjo] *m.* Estudi.
estudioso, -sa [estuðjóso, -sa] *a.* Estudiós.
estufa [estúfa] *f.* Estufa.
estufilla [estufiʎa] *f.* Braseret. *2* Maniguet.
estufista [estufista] *m.* Fumista.
estulticia [estultiθja] *f.* Estultícia.
estulto, -ta [estúlto, -ta] *a.* Estult, ximple.
estupefacción [estupefaɣθjón] *f.* Estupefacció.
estupefaciente [estupefaθjénte] *a., m.-f.* Estupefaent.
estupefacto, -ta [estupefáɣto, -ta] *a.* Estupefacte.
estupendo [estupéndo] *a.* Estupend.
estupidez [estupiðéθ] *f.* Estupidesa, ximpleria.
estúpido, -da [estúpiðo, -ða] *a., m.-f.* Estúpid, gamarús, ceballot.
estupor [estupór] *m.* Estupor.
esturión [esturjón] *m.* ICT. Esturió.
etapa [etápa] *f.* Etapa.
etcétera [eðθétera] *f.* Etcètera.
éter [éter] *m.* Éter.
etéreo, -ea [etéreo, -ea] *a.* Eteri.
eternal [eternál] *a.* Eternal.
eternidad [eterniðáð] *f.* Eternitat.
eternizar [eterniθár] *t.-prnl.* Eternitzar.
eterno, -na [etérno, -na] *a.* Etern.
ético, -ca [étiko, -ka] *a.-m.* Ètic. *2 f.* Ètica.
etimología [etimoloxia] *f.* Etimologia.
etimólogo [etimóloɣo] *m.* Etimòleg.
etiología [etjoloxia] *f.* Etiologia.
etíope [etiope] *a., m.-f.* Etíop.
etiqueta [etikéta] *f.* Etiqueta.
étnico, -ca [éðniko, -ka] *a.* Ètnic.
etnografía [eðnoɣrafia] *f.* Etnografia.
etnología [eðnoloxia] *f.* Etnologia.
etrusco, ca [etrúsko, -ka] *a., m.-f.* Etrusc.
eucalipto [eŭkaliβto] *m.* BOT. Eucaliptus.
eucaristía [eŭkaristia] *f.* Eucaristia.
eucarístico, -ca [eŭkaristiko, -ka] *a.* Eucarístic.
eufemismo [eŭfemizmo] *m.* Eufemisme.
eufonía [eŭfonia] *f.* Eufonia.
euforia [eŭfórja] *f.* Eufòria.
eunuco [eŭnúko] *m.* Eunuc.
euritmia [eŭriðmja] *f.* Eurítmia.
europeísmo [eŭropeizmo] *m.* Europeisme.
europeo, -ea [eŭropéo, -ea] *a., m.-f.* Europeu.
éuscaro, -ra [éŭskaro, -ra] *a.-m.* Èuscar.
evacuación [eβakwaθjón] *f.* Evacuació.
evacuar [eβakwár] *t.* Evacuar.
evadir [eβaðir] *t.-prnl.* Evadir.
evaluación [eβalwaθjón] *f.* Avaluació.
evaluar [eβalwár] *t.* Avaluar. *2* Estimar.
evangélico, -ca [eβaŋxéliko, -ka] *a.* Evangèlic.
evangelio [eβaŋxéljo] *m.* Evangeli.
evangelista [eβaŋxelista] *m.* Evangelista.
evangelizar [eβaŋxeliθár] *t.* Evangelitzar.
evaporación [eβaporaθjón] *f.* Evaporació.
evaporar [eβaporár] *t.-prnl.* Evaporar.
evasión [eβasjón] *f.* Evasió.
evasivo, -va [eβasiβo, -βa] *a.* Evasiu. *2 f.* Evasiva.
evidencia [eβiðénθja] *f.* Evidència.
evidenciar [eβiðénθjár] *t.* Evidenciar.
evidente [eβiðénte] *a.* Evident.
evidentemente [eβiðentemente] *adv.* Evidentment.
evitar [eβitár] *t.* Evitar.

evocación [eβokaθjón] *f.* Evocació.
evocar [eβokár] *t.* Evocar.
evolución [eβoluθjón] *f.* Evolució.
evolucionar [eβoluθjonár] *i.* Evolucionar.
evolucionismo [eβoluθjonizmo] *m.* Evolucionisme.
evolutivo, -va [eβolutiβo, -βa] *a.* Evolutiu.
exabrupto [eɣsaβrúβto] *m.* Exabrupte.
exacción [eɣsaɣθjón] *f.* Exacció.
exacerbar [eɣsaθerβár] *t.-prnl.* Exacerbar.
exactitud [eɣsaɣtitúð] *f.* Exactitud.
exacto, -ta [eɣsáɣto, -ta] *a.* Exacte, clavat.
exactor [eɣsaɣtór] *m.* Exactor.
exageración [eɣsaxeraθjón] *f.* Exageració.
exagerado, -da [eɣsaxeráðo, -ða] *a.* Exagerat.
exagerar [eɣsaxerár] *t.* Exagerar.
exaltación [eɣsaltaθjón] *f.* Exaltació.
exaltado, -da [eɣsaltáðo, -ða] *a.* Exaltat.
exaltar [eɣsaltár] *t.-prnl.* Exaltar.
examen [eɣsámen] *m.* Examen.
examinador, -ra [eɣsaminaðór, -ra] *m.-f.* Examinador.
examinando, -da [eɣsaminándo, -da] *m.-f.* Examinand.
examinar [eɣsaminár] *t.-prnl.* Examinar.
exangüe [eɣsáŋgwe] *a.* Exsangüe.
exánime [eɣsánime] *a.* Exànime.
exasperación [eɣsasperaθjón] *f.* Exasperació.
exasperar [eɣsasperár] *t.-prnl.* Exasperar.
exaudir [eɣsaŭðir] *t.* Exaudir.
excavación [eskaβaθjón] *f.* Excavació.
excavar [eskaβár] *t.* Excavar. *2* Entrecavar.
excedencia [esθeðénθja] *f.* Excedència.
excedente [esθeðénte] *a.-m.* Excedent.
exceder [esθeðér] *t.-prnl.* Excedir, ultrapassar.
excelencia [esθelénθja] *f.* Excel·lència.
excelente [esθelénte] *a.* Excel·lent.
excelentísimo, -ma [esθelentisimo, -ma] *a.* Excel·lentíssim.
excelsitud [esθelsitúð] *f.* Excelsitud.
excelso, -sa [esθélso, -sa] *a.* Excels.
excentricidad [esθentriθiðáð] *f.* Excentricitat.
excéntrico, -ca [esθéntriko, -ka] *a., m.-f.* Excèntric.
excepción [esθeβθjón] *f.* Excepció. ‖ ***A ~ de,*** excepte. ‖ ***Con la ~ de,*** llevat de.
excepcional [esθeβθjonál] *a.* Excepcional.
excepto [esθéβto] *adv.* Excepte, llevat de, tret, tret de, enfora de.
exceptuar [esθeβtuár] *t.-prnl.* Exceptuar.
excesivo, -va [esθesiβo, -βa] *a.* Excessiu.
exceso [esθéso] *m.* Excés. *2* Escreix.
excitación [esθitaθjón] *f.* Excitació.
excitante [esθitánte] *a.-m.* Excitant.
excitar [esθitár] *t.-prnl.* Excitar.
exclamación [esklamaθjón] *f.* Exclamació.
exclamar [esklamár] *i.* Exclamar.
exclamativo, -va [esklamatiβo, -βa] *a.* Exclamatiu.
excluir [esklwir] *t.* Excloure. ¶ CONJUG. com ***huir.*** ‖ P. P.: ***excluido*** o ***excluso.***
exclusión [esklusjón] *f.* Exclusió.
exclusivo, -va [esklusiβo, -βa] *a.* Exclusiu. *2 f.* Exclusiva.
excomulgar [eskomulɣár] *t.* Excomunicar.
excomunión [eskomunjón] *f.* Excomunió.
excrecencia [eskreθénθja] *f.* Excrescència.
excremento [eskreménto] *m.* Excrement.
excretar [eskretár] *i.* Defecar. *2* Excretar.
excursión [eskursjón] *f.* Excursió.
excursionista [eskursjonista] *m.-f.* Excursionista.
excusa [eskúsa] *f.* Excusa. *2 pl.* fig. Brocs, cançons, romanços, excuses.
excusado, -da [eskusáðo, -ða] *a.* Excusat. *2 m.* Comuna.
excusar [eskusár] *t.-prnl.* Excusar.
execrable [eɣsekráβle] *a.* Execrable.
execración [eɣsekraθjón] *f.* Execració.
execrar [eɣsekrár] *t.* Execrar.
exención [eɣsenθjón] *f.* Exempció.
exento, -ta [eɣsénto, -ta] *a.* Exempt.
exequias [eɣsékjas] *f. pl.* Exèquies.
exfoliación [esfoljaθjón] *f.* Exfoliació.
exfoliar [esfoljár] *t.-prnl.* Exfoliar.
exhalación [eɣsalaθjón] *f.* Exhalació.
exhalar [eɣsalár] *t.-prnl.* Exhalar.
exhausto, -ta [eɣsáŭsto, -ta] *a.* Exhaust.
exhibición [eɣsiβiθjón] *f.* Exhibició.
exhibir [eɣsiβir] *t.-prnl.* Exhibir.
exhortación [eɣsortaθjón] *f.* Exhortació.
exhortar [eɣsortár] *t.* Exhortar.
exhorto [eɣsórto] *m.* Exhort.
exhumación [eɣsumaθjón] *f.* Exhumació.
exhumar [eɣsumár] *t.* Exhumar.
exigencia [eɣsixénθja] *f.* Exigència.
exigente [eɣsixénte] *a., m.-f.* Exigent.
exigir [eɣsixir] *t.* Exigir.
exigüidad [eɣsiɣwiðáð] *f.* Exigüitat.
exiguo, -ua [eɣsiɣwo, -ɣwa] *a.* Exigu.
exiliado, -da [eɣsiljáðo, -ða] *a., m.-f.* Exiliat.
exiliar [eɣsiljár] *t.* Exiliar.
exilio [eɣsiljo] *m.* Exili, desterrament.
eximio, -ia [eɣsimjo, -ja] *a.* Eximi.
eximir [eɣsimir] *t.-prnl.* Eximir. ¶ CONJUG. P. P.: ***eximido*** i ***exento.***

existencia [eɣsisténθja] *f.* Existència. *2 f. pl.* Estoc.
existente [eɣsisténte] *a.* Existent.
existir [eɣsistír] *i.* Existir.
éxito [éɣsito] *m.* Èxit, succés.
ex libris [eɣslíβris] *m.* Ex-libris.
éxodo [éɣsoðo] *m.* Èxode.
exonerar [eɣsonerár] *t.* Exonerar.
exorbitante [eɣsorβitánte] *a.* Exorbitant, orb.
exorcismo [eɣsorθízmo] *m.* Exorcisme.
exorcista [eɣsorθísta] *m.* Exorcista.
exorcizar [eɣsorθiθár] *t.* Exorcitzar.
exordio [eɣsórðjo] *m.* Exordi.
exótico, -ca [eɣsótiko, -ka] *a.* Exòtic.
expansibilidad [espansiβiliðáð] *f.* Expansibilitat.
expansión [espansjón] *f.* Expansió.
expansionarse [espansjonárse] *prnl.* Expansionar-se.
expansivo, -va [espansíβo, -βa] *a.* Expansiu.
expatriarse [espatrjárse] *prnl.* Expatriar-se.
expectación [espeɣtaθjón] *f.* Expectació.
expectativa [espeɣtatíβa] *f.* Expectativa.
expectoración [espeɣtoraθjón] *f.* Expectoració.
expectorar [espeɣtorár] *t.* Expectorar.
expedición [espeðiθjón] *f.* Expedició.
expedicionario, -ia [espeðiθjonárjo, -ja] *a., m.-f.* Expedicionari.
expedidor, -ra [espeðiðór, -ra] *m.-f.* Expedidor.
expediente [espeðjénte] *m.* Expedient.
expedir [espeðír] *t.* Expedir. ¶ CONJUG. com ***pedir.***
expeditivo, -va [espeðitíβo, -βa] *a.* Expeditiu.
expedito, -ta [espeðíto, -ta] *a.* Expedit.
expeler [espelér] *t.* Expel·lir. ¶ CONJUG. P. P.: ***expelido*** i ***expulso.***
expendedor, -ra [espendeðór, -ra] *a., m.-f.* Expenedor.
expender [espendér] *t.* Expendre.
expensas [espénsas] *f. pl.* Despeses, expenses. ‖ ***A ~,*** a costa de.
experiencia [esperjénθja] *f.* Experiència.
experimentado, -da [esperimentáðo, -ðŋ] *a.* Experimentat.
experimentador, -ra [esperimentaðór, -ra] *a., m.-f.* Experimentador.
experimental [esperimentál] *a.* Experimental.
experimentar [esperimentár] *t.* Experimentar.
experimento [esperiménto] *m.* Experiment.
experto, -ta [espérto, -ta] *a.-m.* Expert.
expiación [espjaθjón] *f.* Expiació.
expiar [espiár] *t.* Expiar.
expiatorio, -ia [espjatórjo, -ja] *a.* Expiatori.
expiración [espiraθjón] *f.* Expiració.
expirar [espirár] *i.* Expirar.
explanada [esplanáða] *f.* Esplanada.
explanar [esplanár] *t.* Esplanar.
explayarse [esplaǰárse] *prnl.* Esplaiarse.
explicación [esplikaθjón] *f.* Explicació.
explicar [esplikár] *t.-prnl.* Explicar.
explícito, -ta [esplíθito, -ta] *a.* Explícit.
exploración [esploraθjón] *f.* Exploració.
explorador, -ra [esploraðór, -ra] *a., m.-f.* Explorador. *2* Escolta (escoltisme).
explorar [esplorár] *t.* Explorar.
explosión [esplosjón] *f.* Explosió.
explosivo, -va [esplosíβo, -βa] *a.-m.* Explosiu.
explotación [esplotaθjón] *f.* Explotació.
explotador, -ra [esplotaðór, -ra] *a., m.-f.* Explotador.
explotar [esplotár] *t.* Explotar.
expoliación [espoljaθjón] *f.* Espoliació.
expoliar [espoljár] *t.* Espoliar.
exponente [esponénte] *a., m.-f.* Exponent.
exponer [esponér] *t.-prnl.* Exposar. ¶ CONJUG. com ***poner.***
exportación [esportaθjón] *f.* Exportació.
exportador, -ra [esportaðór, -ra] *a., m.-f.* Exportador.
exportar [esportár] *t.* Exportar.
exposición [esposiθjón] *f.* Exposició.
expósito, -ta [espósito, -ta] *a., m.-f.* Expòsit.
expositor, -ra [espositór, -ra] *a., m.-f.* Expositor.
expresamente [esprésamente] *adv.* Expressament, exprés.
expresar [espresár] *t.-prnl.* Expressar, exprimir. ¶ CONJUG. P. P.: ***expresado*** i ***expreso.***
expresión [espresjón] *f.* Expressió.
expresivo, -va [espresíβo, -βə] *a.* Expressiu.
expreso, -sa [espréso, -sa] *a.-m.* Exprés.
exprimidera [esprimiðéra] *f.* Espremedora.
exprimir [esprimír] *t.* Esprémer. *2* Exprimir.
expropiación [espropjaθjón] *f.* Expropiació.
expropiar [espropjár] *t.* Expropiar.
expugnar [espuɣnár] *t.* Expugnar.
expulsar [espulsár] *t.* Expulsar. ¶ CONJUG. P. P.: ***expulsado*** i ***expulso.***
expulsión [espulsjón] *f.* Expulsió.
expurgar [espurɣár] *t.* Expurgar.

expurgo [espúrγo] *m.* Expurgació.
exquisitez [eskisitéθ] *f.* Exquisitat.
exquisito, -ta [eskisito, -ta] *a.* Exquisit.
extasiarse [estasjárse] *prnl.* Extasiar-se.
éxtasis [éstasis] *m.* Èxtasi.
extático, -ca [estátiko, -ka] *a.* Extàtic.
extemporáneo, -ea [estemporáneo, -ea] *a.* Extemporani.
extender [estendér] *t.-prnl.* Estendre. ¶ CONJUG. com ***defender.*** ‖ ***P. P.: extendido*** i ***extenso.***
extensión [estensión] *f.* Extensió.
extensivo, -va [estensiβo, -βa] *a.* Extensiu.
extenso, -sa [esténso, -sa] *a.* Extens.
extenuar [estenwár] *t.-prnl.* Extenuar.
exterior [esterjór] *a.-m.* Exterior.
exteriorizar [esterjoriθár] *t.* Exterioritzar.
exterminar [esterminár] *t.* Exterminar.
exterminio [esterminjo] *m.* Extermini.
externado [esternáðo] *m.* Externat.
externamente [estérnamente] *adv.* Externament.
externo, -na [estérno, -na] *a., m.-f.* Extern.
extinción [estinθjón] *f.* Extinció.
extinguir [estiŋgir] *t.-prnl.* Extingir. *2* Amortir. ¶ CONJUG. P. P.: ***extinguido*** i ***extinto.***
extintor, -ra [estintór, -ra] *a.-m.* Extintor.
extirpación [estirpaθjón] *f.* Extirpació.
extirpar [estirpár] *t.* Extirpar.
extorsión [estorsjón] *f.* Extorsió.
extra [éstra] *a.-m.* Extra.
extracción [estraγθjón] *f.* Extracció.
extractar [estraγtár] *t.* Extractar.
extracto [estráγto] *m.* Extracte. *2* Extret.
extradición [estraðiθjón] *f.* Extradició.
extraer [estraér] *t.* Extreure. ¶ CONJUG. com ***traer.***
extralimitarse [estralimitárse] *prnl.-t.* Extralimitar-se.
extranjería [estraŋxeria] *f.* Estrangeria.
extraordinario, -ia [estraorðinárjo, -ja] *a.* Extraordinari.
extrarradio [estrarráðjo] *m.* Extraradi.
extravagancia [estraβaγánθja] *f.* Extravagància.
extravagante [estraβaγánte] *a.* Extravagant.
extraviar [estraβjár] *t.-prnl.* Extraviar, esbarriar.
extravío [estraβio] *m.* Pèrdua, desencaminament.
extremado, -da [estremáðo, -ða] *a.* Extremat.
extremar [estremár] *t.-prnl.* Extremar.
extremaunción [estremaŭnθjón] *f.* Extremaunció.
extremeño, -ña [estreméɲo, ɲa] *a.* Extremeny.
extremidad [estremiðáð] *f.* Extremitat. *2* Extremitud.
extremismo [estremizmo] *m.* Extremisme.
extremo, -ma [estrémo, -ma] *a.-m.* Extrem.
extremoso, -sa [estremóso,-sa] *a.* Extremós.
extrínseco, -ca [estrinseko, -ka] *a.* Extrínsec.
exuberancia [eγsuβeránθja] *f.* Exuberància.
exuberante [eγsuβeránte] *a.* Exuberant.
exudar [eγsuðár] *i.-t.* Exudar.
exultar [eγsultár] *i.* Exultar.
exvoto [eksβóto] *m.* Ex-vot.
eyaculación [ejakulaθjón] *f.* Ejaculació.
eyección [ejeγθjón] *f.* Ejecció.

F

fa [fa] *m.* MÚS. Fa.
fábrica [fáβrika] *f.* Fàbrica.
fabricación [faβrikaθjón] *f.* Fabricació.
fabricador, -ra [faβrikaðór, -ra] *a., m.-f.* Fabricador.
fabricante [faβrikánte] *m.* Fabricant.
fabricar [faβrikár] *t.* Fabricar.
fabril [faβríl] *a.* Fabril.
fábula [fáβula] *f.* Faula.
fabulista [faβulísta] *m.-f.* Fabulista.
fabuloso, -sa [faβulóso, -sa] *a.* Fabulós.
faca [fáka] *f.* Mena de coltell gran.
facción [faγθjón] *f.* Facció, banda. *2 pl.* Faiçó, faccions.
faccioso, -sa [faγθjóso, -sa] *a., m.-f.* Facciós.
faceta [faθéta] *f.* Faceta.
facial [faθjál] *a.* Facial.
fácil [fáθil] *a.* Fàcil, avinent.
facilidad [faθiliðáð] *f.* Facilitat.
facilitar [faθilitár] *t.* Facilitar.
fácilmente [fáθilmente] *adv.* Fàcilment.
facineroso [faθineróso] *a., m.-f.* Facinerós.
facistol [faθistól] *m.* Faristol.
facsímil [faγsímil] *m.* Facsímil.
factible [faγtíβle] *a.* Factible.
facticio, -ia [faγtíθjo, -ja] *a.* Factici.
factor [faγtór] *m.* Factor.
factoría [faγtoría] *f.* Factoria.
factótum [faγtótum] *m.* Factòtum.
factura [faγtúra] *f.* Factura.
facturación [faγturaθjón] *f.* Facturació.
facturar [faγturár] *t.* Facturar.
facultad [fakultáð] *f.* Facultat.
facultar [fakultár] *t.* Facultar.
facultativo, -va [fakultatíβo, -βa] *a.-m.* Facultatiu.
facundia [fakúndja] *f.* Facúndia.
facundo, -da [fakúndo, -da] *a.* Facundiós.
facha [fátʃa] *f.* Fatxa, fila, ganya.
fachada [fatʃáða] *f.* Façana, fatxada, enfront.
fachenda [fatʃénda] *a.-m.* Fatxenda.
fachendear [fatʃendeár] *i.* Fatxendejar.
faena [faéna] *f.* Feina.
fagocito [faγoθíto] *m.* BIOL. Fagòcit.
fagot [faγót] *m.* MÚS. Fagot.
faisán, -na [faĭsán, -ána] *m.-f.* ORNIT. Faisà.
faisanería [faĭsanería] *f.* Faisanera.
faja [fáxa] *f.* Faixa.
fajar [faxár] *t.* Faixar, enfaixar.
fajín [faxín] *m.* Faixí.
fajina [faxína] *f.* Feixina.
fajo [fáxo] *m.* Feix, lligall.
falacia [faláθja] *f.* Fal·làcia.
falange [faláŋxe] *f.* Falange.
falansterio [falanstérjo] *m.* Falansteri.
falaz [faláθ] *a.* Fal·laç.
falbalá [falβalá] *m.* Farbalà.
falda [fálda] *f.* Faldilla. *2* Falda (de muntanya).
faldear [faldeár] *t.* Faldejar.
faldero, -ra [faldéro, -ra] *a.* Falder.
faldón [faldón] *m.* Faldó. *2* Aiguavés (teulada).
falible [falíβle] *a.* Fal·lible.
falo [fálo] *m.* Fal·lus.
falsario, -ia [falsárjo, -ja] *a., m.-f.* Falsari.
falsear [falseár] *t.* Falsejar.
falsedad [falseðáð] *f.* Falsedat.
falsete [falséte] *m.* Falset.
falsía [falsía] *f.* Falsia.
falsificación [falsifikaθjón] *f.* Falsificació.
falsificar [falsifikár] *t.* Falsificar.
falsilla [falsíʎa] *f.* Guiador (d'escriure).
falso, -sa [fálso, -sa] *a.* Fals.
falta [fálta] *f.* Falta, falla, manca.
faltar [faltár] *i.* Faltar, mancar, fallir. || ***No faltaría más,*** no caldria sinó, no en caldria d'altra.
falto, -ta [fálto, -ta] *a.* Freturós, mancat.
falucho [falútʃo] *m.* NÀUT. Falutx.
falla [fáʎa] *f.* Falla.
fallar [faʎár] *t.-i.* Fallar, fallir. *2* Sentenciar, pronunciar.
fallecer [faʎeθér] *i.* Morir. ¶ CONJUG. com ***agradecer.***

fallecimiento [faʎeθimjénto] *m.* Mort, traspàs.
fallo [fáʎo] *m.* Veredicte, sentència. *2* Fallença.
fama [fáma] *f.* Fama, anomenada.
famélico, -ca [faméliko, -ka] *a.* Famèlic, famolenc, afamat.
familia [familja] *f.* Família.
familiar [familjár] *a.* Familiar.
familiaridad [familjariðáð] *f.* Familiaritat.
familiarizar [familjariθár] *t.-prnl.* Familiaritzar.
famoso, -sa [famóso, -sa] *a.* Famós.
fámulo, -la [fámulo, -la] *m.-f.* Fàmul.
fanal [fanál] *m.* MAR. Llanterna. *2* Campana (de vidre).
fanático, -ca [fanátiko, -ka] *a., m.-f.* Fanàtic.
fanatismo [fanatizmo] *m.* Fanatisme.
fanatizar [fanatiθár] *t.* Fanatitzar.
fandango [fandáŋgo] *m.* Fandango.
fandanguillo [fandaŋgiʎo] *m.* Cert cant flamenc.
fanega [faneɣa] *f.* Faneca.
fanerógamas [faneróɣamas] *f. pl.* BOT. Fanerògames.
fanfarria [famfárrja] *f.* Fanfàrria.
fanfarrón, -ona [famfarrón, -óna] *a., m.-f.* Fanfarró, fanfàrria.
fanfarronada [famfarronáða] *f.* Fanfarronada.
fanfarronear [famfarroneár] *i.* Fanfarronejar.
fanfarronería [famfarroneria] *f.* Fanfarroneria.
fangal [faŋgál] *m.* Fangar, fanguissar.
fango [fáŋgo] *m.* Fang, llot, llacada.
fangoso, -sa [faŋgóso, -sa] *a.* Fangós, llotós.
fantasear [fantaseár] *i.* Fantasiar.
fantasía [fantasia] *f.* Fantasia, somieig.
fantasioso, -sa [fantasjóso, -sa] *a.* Fantasiós.
fantasma [fantázma] *m.* Fantasma.
fantasmagoría [fantazmaɣoria] *f.* Fantasmagoria.
fantástico, -ca [fantástiko, -ka] *a.* Fantàstic.
fantoche [fantótʃe] *m.* Fantoxe. *2* Titella, ninot.
faquir [fakir] *m.* Faquir.
faradio [faráðjo] *m.* ELEC. Farad.
faralá [faralá] *m.* Farbalà.
faramalla [faramáʎa] *f.* Faramalla.
farándula [farándula] *f.* Faràndula.
farandulero, -ra [farandulėro, -ra] *m.-f.* Faranduler.
faraón [faraón] *m.* Faraó.
fardo [fárðo] *m.* Fardell. *2* Bala.
farfulla [farfúʎa] *f.* Barboteig.
farfullar [farfuʎár] *t.* Barbotejar.
farináceo, -ea [farináθeo, -ea] *a.* Farinaci.
faringe [fariŋxe] *f.* ANAT. Faringe, canyó.
faringitis [fariŋxitis] *f.* MED. Faringitis.
farisaico, -ca [farisáĭko, -ka] *a.* Farisaic.
fariseo [fariséo] *m.* Fariseu.
farmacéutico, -ca [farmaθéutiko, -ka] *a.-m.* Farmacèutic, apotecari.
farmacia [farmáθja] *f.* Farmacia, apotecaria.
fármaco [fármako] *m.* MED. Fàrmac.
faro [fáro] *m.* Far, farola.
farol [faról] *m.* Fanal, llum, llanterna. *2* Catxa. *3* Bluf. ‖ ***Tirarse un*** ~, fer-s'hi veure sense fonament.
farola [faróla] *f.* Fanal, llum.
farolear [faroleár] *i.* Faronejar, fer-s'hi veure.
farolero, -ra [farolėro, -ra] *a., m.-f.* Faroner, faranduler. *2* Fanaler.
farolillo [faroliʎo] *m.* Fanal.
farolón [farolón] *a.* Faroner.
farra [fárra] *f.* Marrinxa, xera, tabola, gresca.
fárrago [fárraɣo] *m.* Farrigo-farrago, barrija-barreja.
farragoso, -sa [farraɣóso, -sa] *a.* Enfarfegador.
farruco, -ca [farrúko, -ka] *a., m.-f.* Tossut.
farsa [fársa] *f.* Farsa.
farsante, -ta [farsánte, -ta] *m.-f.* Farsant.
fasces [fásθes] *f. pl.* Feix.
fascículo [fasθikulo] *m.* Fascicle.
fascinación [fasθinaθjón] *f.* Fascinació.
fascinar [fasθinár] *t.* Fascinar, ullprendre.
fascismo [fasθizmo] *m.* Feixisme.
fascista [fasθista] *a., m.-f.* Feixista.
fase [fáse] *f.* Fase.
fastidiar [fastiðjár] *t.-prnl.* Fastiguejar. *2* fig. Emprenyar. *3* Carregar, fúmer.
fastidio [fastiðjo] *m.* Fastig, enuig. *2* Fàstic.
fastidioso, -sa [fastiðjóso, -sa] *a.* Fastigós, enutjós, empipador, emprenyador.
fasto, -ta [fásto, -ta] *a.-m.* Fast.
fastuosidad [fastwosiðáð] *f.* Fastuositat.
fastuoso, -sa [fastwóso, -sa] *a.* Fastuós.
fatal [fatál] *a.* Fatal.
fatalidad [fataliðáð] *f.* Fatalitat.
fatalismo [fatalizmo] *m.* Fatalisme.
fatídico, -ca [fatiðiko, -ka] *a.* Fatídic.
fatiga [fatiɣa] *f.* Fatiga. *2 pl.* Fatics, neguits.
fatigador, -ra [fatiɣaðór, -ra] *a.* Fatigant.
fatigar [fatiɣár] *t.-prnl.* Fatigar, lassar. *2* Cruixir. *3* Encaparrar.

fatigoso, -sa [fatiγóso, -sa] *a.* Fatigós, cansat.
fatuidad [fatwiðáð] *f.* Fatuïtat.
fatuo, -ua [fátwo, -wa] *a.*, *m.-f.* Fatu. *2* Fat.
fauces [faŭθes] *f. pl.* Gola, gargamella.
fauna [fáŭna] *f.* Fauna.
fauno [fáŭno] *m.* MIT. Faune.
fausto, -ta [fáŭsto, -ta] *a.* Faust. *2 m.* Fast.
fautor, -ra [faŭtór, -ra] *m.-f.* Fautor.
favor [faβór] *m.* Favor.
favorable [faβoráβle] *a.* Favorable.
favorecer [faβoreθér] *t.* Afavorir. ¶ CONJUG. com ***agradecer.***
favoritismo [faβoritizmo] *m.* Favoritisme.
favorito, -ta [faβorito, -ta] *a.*, *m.-f.* Favorit.
faz [fáθ] *f.* Faç, semblant.
fe [fe] *f.* Fe.
fealdad [fealdáð] *f.* Lletgesa, lletjor.
febrero [feβréro] *m.* Febrer.
febrífugo [feβrifuγo] *a.-m.* Febrífug.
febril [feβril] *a.* Febril.
fecal [fekál] *a.* Fecal.
fécula [fékula] *f.* Fècula.
feculento, -ta [fekulénto, -ta] *a.* Feculent.
fecundación [fekundaθjón] *f.* Fecundació.
fecundar [fekundár] *t.* Fecundar.
fecundidad [fekundiðáð] *f.* Fecunditat.
fecundizar [fekundiθár] *t.* Fecundar. *2* Adobar.
fecundo, -da [fekúndo, -da] *a.* Fecund.
fecha [fétʃa] *f.* Data.
fechar [fetʃár] *t.* Datar.
fechoría [fetʃoria] *f.* Malifeta, malvestat.
federación [feðeraθjón] *f.* Federació.
federal [feðerál] *a.*, *m.-f.* Federal.
federar [feðerár] *t.* Federar.
fehaciente [feaθjénte] *a.* Fefaent.
feldespato [feldespáto] *m.* MINER. Feldspat.
felicidad [feliθiðáð] *f.* Felicitat, benaurança.
felicitación [feliθitaθjón] *f.* Felicitació.
felicitar [feliθitár] *t.-prnl.* Felicitar.
feligrés, -sa [feliγrés, -sa] *m.-f.* Feligrès, parroquià.
feligresía [feliγresia] *f.* Feligresia, parròquia.
felino, -na [felino, -na] *a.*, *m.-f.* Felí.
feliz [feliθ] *a.* Feliç.
felizmente [feliθmente] *adv.* Feliçment.
felonía [felonia] *f.* Traïció.
felpa [félpa] *f.* Pelfa. *2* Peluix. *3* fam. Allisada.
femenil [femenil] *a.* Femenívol.
femenino, -na [femenino, -na] *a.* Femení.
feminidad [feminiðáð] *f.* Feminitat.
fémur [fémur] *m.* ANAT. Fèmur.
fenecer [feneθér] *t.-i.* Finar, acabar, finir. ¶ CONJUG. com ***agradecer.***
fenicio, -ia [feniθjo, -ja] *a.*, *m.-f.* Fenici.
fénix [féniγs] *m.* MIT. Fènix.
fénico [féniko] *a.* QUÍM. Fènic.
fenomenal [fenomenál] *a.* Fenomenal.
fenómeno [fenómeno] *m.* Fenomen.
feo, -ea [féo, -éa] *a.* Lleig. *2 m.* Afront.
feracidad [feraθiðáð] *f.* Feracitat.
feraz [feráθ] *a.* Feraç.
féretro [féretro] *m.* Fèretre, taüt.
feria [férja] *f.* Fira. *2* Fèria.
ferial [ferjál] *a.* Ferial. *2 m.* Firal.
feriante [ferjánte] *a.*, *m.-f.* Firaire.
feriar [ferjár] *t.-i.* Firar.
ferino, -na [ferino, -na] *a.* Ferí. ‖ ***Tos ferina,*** tos ferina.
fermentación [fermentaθjón] *f.* Fermentació.
fermentar [fermentár] *i.-t.* Fermentar.
fermento [ferménto] *m.* Ferment.
ferocidad [feroθiðáð] *f.* Ferocitat, feresa.
feroz [feróθ] *a.* Feroç, ferotge.
férreo, -ea [férreo, -ea] *a.* Ferri.
ferrería [ferreria] *f.* Ferreria, farga.
ferretería [ferreteria] *f.* Ferreteria.
ferrocarril [ferrokarril] *m.* Ferrocarril, carril.
ferroviario, -ia [ferroβjárjo, -ja] *a.-m.* Ferroviari.
ferruginoso, -sa [ferruxinóso, -sa] *a.* Ferruginós.
fértil [fértil] *a.* Fèrtil.
fertilidad [fertiliðáð] *f.* Fertilitat.
fertilizar [fertiliθár] *t.* Fertilizar.
férula [férula] *f.* Fèrula.
férvido, -da [férβiðo, -ða] *a.* Fervent.
ferviente [ferβjénte] *a.* Fervent.
fervor [ferβór] *m.* Fervor.
fervorín [ferβorin] *m.* Prèdica breu.
fervoroso, -sa [ferβoróso, -sa] *a.* Fervorós.
festejador, -ra [festexaðór, -ra] *a.*, *m.-f.* Festejador.
festejar [festexár] *t.-prnl.* Festejar.
festejo [festéxo] *m.* Festeig, festa. *2 pl.* Festeigs.
festín [festin] *m.* Festí.
festival [festiβál] *m.* Festival.
festividad [festiβiðáð] *f.* Festivitat. *2* Diada.
festivo [festiβo] *a.* Festiu. *2* Joliu.
festón [festón] *m.* Fistó.
festonar [festonár] *t.* Fistonar.
festonear [festoneár] *t.* Fistonejar.
fetiche [fetitʃe] *m.* Fetitxe.
fetichismo [fetitʃizmo] *m.* Fetitxisme.
fetidez [fetiðéθ] *f.* Fetor, fetidesa.

fétido, -da [fétiðo, -ða] *a.* Fètid.
feto [féto] *m.* BIOL. Fetus.
feudal [feŭðál] *a.* Feudal.
feudalismo [feŭðalizmo] *m.* Feudalisme.
feudatario, -ia [feuðatárjo, -ja] *a., m.-f.* Feudatari.
fiado (al) fiáðo] *adv.* A fiar.
fiador, -ra [fiaðór, -ra] *m.-f.* Fiador.
fiambre [fjambre] *a.-m.* Carn freda.
fiambrera [fjambréra] *f.* Carmanyola, portaviandes.
fianza [fiánθa] *f.* Fiança.
fiar [fiár] *i.-t.* Fiar. *2* Confiar. *3 prnl.* Refiar-se.
fiasco [fjásko] *m. it.* Fiasco.
fibra [fiβra] *f.* Fibra.
fibroso, -sa [fiβróso, -sa] *a.* Fibrós.
ficción [fiγθjón] *f.* Ficció.
ficticio, -ia [fiγtiθjo, -ja] *a.* Fictici.
ficha [fitʃa] *f.* Fitxa.
fichero [fitʃéro] *m.* Fitxer.
fidedigno, -na [fiðeðiγno, -na] *a.* Fidedigne.
fideicomiso [fiðeĭkomiso] *m.* Fideïcomís.
fidelidad [fiðeliðáð] *f.* Fidelitat.
fideo [fiðéo] *m.* Fideu.
fiduciario, -ia [fiðuθjárjo, -ja] *a., m.-f.* Fiduciari.
fiebre [fjéβre] *f.* Febre.
fiel [fjél] *a., m.-f.* Fidel. *2 m.* Llengüeta, agulla (de balança). *3* Burot (cobrador).
fielato [fjeláto] *m.* Burots.
fieltro [fjéltro] *m.* Feltre.
fiera [fjéra] *f.* Fera.
fiereza [fjeréθa] *f.* Feresa.
fiero, -ra [fjéro, -ra] *a.* Fer, feréstec. *2 pl.* Bravates, amenaces.
fiesta [fjésta] *f.* Festa.
figulino, -na [fiγulino, -na] *a.* De terra cuita.
figura [fiγúra] *f.* Figura.
figuración [fiγuraθjón] *f.* Figuració, figurança.
figurado, -da [fiγuráðo, -ða] *a.* Figurat.
figurante, -ta [fiγurànte, -ta] *m.-f.* Figurant.
figurar [fiγurár] *i.-t.* Figurar. *2 prnl.* Afigurar-se.
figurativo, -va [fiγuratiβo, -βa] *a.* Figuratiu.
figurero, -ra [fiγuréro, -ra] *a., m.-f.* Figurista. *2* Ganyotaire.
figurín [fiγurin] *m.* Figurí.
figurón [fiγurón] *m.* fig. Patum. *2* MAR. Mascaró.
fijación [fixaθjón] *f.* Fixament, fixació. *2* Afixació (cartells).
fijador, -ra [fixaðór, -ra] *a.-m.* Fixador.
fijar [fixár] *t.-prnl.* Fixar. *2* Afixar (cartells). ¶ CONJUG. P. P.: ***fijado*** i ***fijo.***
fijeza [fixéθa] *f.* Fixesa.
fijo, -ja [fixo, -xa] *a.* Fix.
fila [fila] *f.* Fila, filera, rengle, renglera. *2* Corrua. *3* Tira.
filamento [filaménto] *m.* Filament.
filantropía [filantropia] *f.* Filantropia.
filántropo [filántropo] *m.* Filàntrop.
filarmónico, -ca [filarmóniko, -ka] *a., m.-f.* Filharmònic.
filatelia [filatélja] *f.* Filatèlia.
filete [filète] *m.* Filet.
filfa [filfa] *f.* Mentida, guatlla, bola.
filiación [filjaθjón] *f.* Filiació.
filial [filjál] *a., m.-f.* Filial.
filiar [filjár] *t.-prnl.* Filiar.
filibustero [filiβustéro] *m.* Filibuster.
filiforme [filifórme] *a.* Filiforme.
filigrana [filiγrána] *f.* Filigrana.
filipense [filipénse] *a., m.-f.* Felipó.
filípica [filipika] *f.* Filípica.
filipino, -na [filipino, -na] *a., m.-f.* Filipí.
filisteo, -ea [filistéo, -ea] *a., m.-f.* Filisteu.
film [film] *m.* V. FILME.
filmar [filmár] *t.* Filmar.
filme [filme] *m.* Film.
filo [filo] *m.* Tall, fil, llos.
filología [filoloxia] *f.* Filologia.
filólogo, -ga [filóloγo, -γa] *m.-f.* Filòleg.
filón [filón] *m.* Filó, mena.
filosofal [filosofál] *a.* Filosofal.
filosofar [filosofár] *i.* Filosofar.
filosofía [filosofia] *f.* Filosofia.
filósofo, -fa [filósofo, -fa] *m.-f.* Filòsof, filosop.
filoxera [filoγséra] *f.* ENTOM. Fil·loxera.
filtración [filtraθjón] *f.* Filtració.
filtrar [filtrár] *t.-i.-prnl.* Filtrar.
filtro [filtro] *m.* Filtre.
fimbria [fimbrja] *f.* Fímbria.
fin [fin] *m.* Fi *(m.),* finalitat. *2* Fi *(f.),* acabament, terme, acaballes. ‖ ***Al ~,*** a la fi. ‖ ***Al ~ y al cabo,*** al cap i a la fi, fet i fet, al capdavall. ‖ ***A ~ de que,*** a fi que. ‖ ***A fines de,*** a final de (mes, etc.).
finado, -da [fináðo, -ða] *m.-f.* Finat.
final [finál] *a.* Final. ‖ ***Al ~,*** al capdavall.
finalidad [finaliðáð] *f.* Finalitat, fi.
finalista [finalista] *m.-f.* Finalista.
finalizar [finaliθár] *i.-t.* Finalitzar. *2* Definir.
finalmente [finálmente] *adv.* Finalment.
financiero; -ra [finanθjéro, -ra] *a., m.-f.* Financer.
finanza [finánθa] *f.* Finança.
finca [fiŋka] *f.* Finca, possessió.
finés, -esa [finés, -esa] *a., m.-f.* Finès.
fineza [finéθa] *t.* Finesa.

fingido, -da [fiŋxiðo, -ða] *a.* Fingit.
fingimiento [fiŋximjénto] *m.* Fingiment.
fingir [fiŋxir] *t.* Fingir. ¶ CONJUG. P. P.: *fingido* i *ficto.*
finiquito [finikito] *m.* Quitament. *2* Àpoca. *3* Quitança.
finito, -ta [finito, -ta] *a.* Finit.
finlandés, -sa [finlandés, -sa] *a., m.-f.* Finlandès.
fino, -na [fino, -na] *a.* Fi. *2* Prim.
finura [finúra] *f.* Finor.
fiordo [fjórðo] *m.* Fiord.
firma [firma] *f.* Signatura, firma. *2* Signament.
firmamento [firmaménto] *m.* Firmament.
firmante [firmánte] *a., m.-f.* Signant, signatari.
firmar [firmár] *t.-prnl.* Signar, firmar.
firme [firme] *a.-adv.* Ferm. *2 m.* Paviment (terreny).
firmeza [firméθa] *f.* Fermesa.
fiscal [fiskál] *a.-m.* Fiscal.
fiscalizar [fiskaliθár] *t.* Fiscalitzar.
fisco [fisko] *m.* Fisc.
fisga [fizγa] *f.* Fitora. *2* Burla irònica d'algú.
fisgar [fizγár] *i.-t.-prnl.* Afitorar. *2* Tafanejar. *3 prnl.* Burlar-se.
físico, -ca [fisiko, -ka] *a.* Físic. *2 f.* Física.
fisiología [fisjoloxia] *f.* Fisiologia.
fisiólogo [fisjóloγo] *m.* Fisiòleg.
fisonomía [fisonomia] *f.* Fisonomia, fesomia, faiçó.
fisonomista [fisonomista] *a., m.-f.* Fisonomista.
fístula [fistula] *f.* MED. Fístula.
fisura [fisúra] *f.* Fissura.
fláccido, -da [fláγθiðo, -ða] *f.* Flàccid.
flaco [fláko] *a.* Flac. *2* Flac, xuclat.
flacura [flakúra] *f.* Flaquesa, flaquedat, flacor.
flagelación [flaxelaθjón] *f.* Flagel·lació.
flagelar [flaxelár] *t.-prnl.* Flagel·lar.
flagelo [flaxélo] *m.* Flagell.
flagrante [flaγránte] *a.* Flagrant.
flamante [flamánte] *a.* Flamant, nou de trinca, llampant.
flamear [flameár] *i.* Flamejar.
flamenco, -ca [flaméŋko, -ka] *a., m.-f.* Flamenc. *2 m.* ORNIT. Flamenc.
flan [flán] *m.* Flam.
flanco [fláŋko] *m.* Flanc.
flanquear [flaŋkeár] *t.* Flanquejar.
flaquear [flakeár] *i.* Flaquejar, fer figa.
flaqueza [flakéθa] *f.* Flaquedat.
flato [fláto] *m.* Flat.
flatulencia [flatulénθja] *f.* Flatulència.
flauta [fláŭta] *f.* MÚS. Flauta. *2* Flabiol.
flauteado, -da [flaŭteáðo, -ða] *a.* Aflautat.
flautín [flaŭtin] *m.* MÚS. Flautí.
flautista [flaŭtista] *m.-f.* Flautista.
fleco [fléko] *m.* Floc, serrell.
flecha [flétʃa] *f.* Fletxa, sageta.
flechar [fletʃár] *t.* Assagetar.
flechazo [fletʃáθo] *m.* Cop de sageta. *2* Enamorament.
flema [fléma] *m.* Flegma.
flemático [flemátiko] *a.* Flegmàtic.
flemón [flemón] *m.* MED. Flegmó.
flequillo [flekiʎo] *m.* Floc, serrel.
flexibilidad [fleγsiβiliðáð] *f.* Flexibilitat.
flexible [fleγsiβle] *a.-m.* Flexible.
flexión [fleγsjón] *f.* Flexió.
flexor, -ra [fleγsór, -ra] *a.* Flexor.
flirt [fliɪ] *m.* Flirt.
flirtear [flirteár] *i. ang.* Flirtejar.
flirteo [flirtéo] *m. ang.* Flirteig.
flojear [floxeár] *i.* Fluixejar.
flojedad [floxeðáð] *f.* Fluixedat, fluixesa.
flojel [floxél] *m.* Borrissol, plomissol.
flojera [floxéra] V. FLOJEDAD.
flojo, -ja [flóxo, -xa] *a.* Fluix. *2* Flasc.
flor [flór] *f.* Flor. ‖ *~ y nata,* flor i nata, floret.
flora [flóra] *f.* Flora.
floración [floraθjón] *f.* Floració.
floral [florál] *a.* Floral.
floreal [floreál] *m.* HIST. Floreal.
florear [floreár] *t.-i.* Florejar.
florecer [floreθér] *i.* Florir, florejar. ¶ CONJUG. com *agradecer.*
floreciente [floreθjénte] *a.* Florent, florescent.
florecimiento [floreθimjénto] *m.* Florida.
florentino, -na [florentino, -na] *a., m.-f.* Florentí.
florero [floréro] *m.* Florera, gerro.
florescencia [floresθénθja] *f.* Florescència.
florete [floréte] *m.* ESP. Floret.
floricultura [florikultúra] *f.* Floricultura.
florido, -da [floriðo, -ða] *a.* Florit.
florilegio [floriléxjo] *m.* Florilegi.
florín [florin] *m.* Florí.
florista [florista] *m.-f.* Florista.
florón [florón] *m.* Floró.
flota [flóta] *f.* MAR. Flota.
flotación [flotaθjón] *f.* Flotació.
flotador [flotaðór] *m.* Flotador.
flotante [flotánte] *a.* Flotant.
flotar [flotár] *i.* Surar, flotar.
flote [flóte] *m.* Flotació. ‖ *A ~,* sobre l'aigua.
flotilla [flotiʎa] *f.* MAR. Flotilla.
fluctuación [fluγtwaθjón] *f.* Fluctuació.
fluctuar [fluγtwár] *i.* Fluctuar.
fluidez [flwiðéθ] *f.* Fluïdesa.
fluido, -da [flwiðo, -ða] *a., m.-f.* Fluid.

fluir [fluir] *i.* Fluir. ¶ CONJUG. com ***huir.***
flujo [flúxo] *m.* Acció i efecte de fluir. *2* Flux (del mar). *3* Flux (elèctric).
flúor [flúor] *m.* QUÍM. Fluor.
fluorescencia [flworesθénθja] *f.* Fluorescència.
fluvial [fluβjál] *a.* Fluvial.
fluxión [fluɣsjón] *f.* Fluxió.
fobia [fóβja] *f.* Fòbia.
foca [fóka] *f.* ZOOL. Foca.
foco [fóko] *m.* Focus.
fofo, -fa [fófo, -fa] *a.* Fofo.
fogata [foɣáta] *f.* Fogata, foguera.
fogón [foɣón] *m.* Fogó.
fogonazo [foɣonáθo] *m.* Fogonada.
fogonero [foɣonéro] *m.* Fogoner.
fogosidad [foɣosiðáð] *f.* Fogositat.
fogoso, -sa [foɣóso, -sa] *a.* Fogós.
foguear [foɣeár] *t.* Foguejar.
foja [fóxa] *f.* ORNIT. Fotja.
foliación [foljaθjón] *f.* BOT. Foliació.
folículo [folíkulo] *m.* Fol·licle.
folio [fóljo] *m.* Foli.
folklore [folklóre] *m.* Folklore.
folklórico, -ca [folklóriko, -ka] *a.* Folklòric.
follaje [foʎáxe] *m.* Fullatge, fullam, brosta.
folletín [foʎetín] *m.* Fulletó.
folletinista [foʎetinista] *m.-f.* Fulletinista.
folleto [foʎéto] *m.* Opuscle.
follón [foʎón] *m.* Llufa. *2* Batibull.
fomentar [fomentár] *t.* Fomentar.
fomento [foménto] *m.* Foment.
fonación [fonaθjón] *f.* Fonació.
fonda [fónda] *f.* Fonda.
fondeadero [fondeaðéro] *m.* MAR. Ancoratge (lloc).
fondear [fondeár] *t.-i.* Fondejar, ancorar.
fondeo [fondéo] *m.* MAR. Ancoratge.
fondillos [fondiʎos] *m. pl.* Cul, darrera.
fondista [fondista] *m.-f.* Fondista.
fondo [fóndo] *m.* Fons. *2* Cul. *3* Sòl.
fonema [fonéma] *m.* Fonema.
fonético, -ca [fonétiko, -ka] *a.* Fonètic. *2 f.* Fonètica.
fónico [fóniko] *a.* Fònic.
fonógrafo [fonóɣrafo] *m.* Fonògraf.
fontana [fontána] *f.* poèt. Font, fontana.
fontanería [fontanería] *f.* Fontaneria.
fontanero, -ra [fontanéro, -ra] *a., m.-f.* Fontaner, lampista.
forajido [foraxíðo] *a., m.-f.* Bandit, facinerós, malfactor.
foráneo, -ea [foráneo, -ea] *a.* Forà.
forastero, -ra [forastéro, -ra] *a., m.-f.* Foraster.
forcejear [forθexeár] *i.* Forcejar.
forcejeo [forθexéo] *m.* Forcejament.
fórceps [fórθeps] *m.* MED. Fòrceps.
forense [forénse] *a.* Forense.
forestal [forestál] *a.* Forestal.
forja [fórxa] *f.* Forja.
forjador, -ra [forxaðór, -ra] *a., m.-f.* Forjador.
forjar [forxár] *t.* Forjar.
forma [fórma] *t.* Forma, faiçó.
formación [formaθjón] *f.* Formació.
formal [formál] *a.* Formal.
formalidad [formaliðáð] *f.* Formalitat.
formalizar [formaliθár] *t.-prnl.* Formalitzar.
formar [formár] *t.* Formar. *2* Congriar.
formidable [formiðáβle] *a.* Formidable.
formol [formól] *m.* QUÍM. Formol.
formón [formón] *m.* Enformador.
fórmula [fórmula] *f.* Fórmula.
formular [formulár] *t.* Formular.
formulario [formulárjo] *a.-m.* Formulari.
fornicación [fornikaθjón] *f.* Fornicació.
fornicar [fornikár] *i.* Fornicar.
fornido, -da [forníðo, -ða] *a.* Fornit, cepat.
foro [fóro] *m.* Fòrum.
forraje [forráxe] *m.* Farratge.
forrar [forrár] *t.* Folrar.
forro [fórro] *m.* Folre.
fortalecedor, -ra [fortaleθeðór, -ra] *a.* Enfortidor.
fortalecer [fortaleθér] *t.-prnl.* Enfortir. ¶ CONJUG. com ***agradecer.***
fortaleza [fortaléθa] *f.* Fortalesa, fortitud. *2* Fortalesa (fortificació).
fortificación [fortifikaθjón] *f.* Fortificació.
fortificar [fortifikár] *t.-prnl.* Fortificar.
fortín [fortín] *m.* Fortí.
fortuito, -ta [fortwíto, -ta] *a.* Fortuït.
fortuna [fortúna] *f.* Fortuna, astrugància.
forzado, -da [forθáðo, -ða] *a.-m.* Forçat.
forzar [forθár] *t.* Forçar. ¶ CONJUG. com ***desollar.***
forzoso, -sa [forθóso, -sa] *a.* Forçós.
forzudo, -da [forθúðo, -ða] *a.* Forçut.
fosa [fósa] *f.* Fossa.
fosfato [fosfáto] *m.* QUÍM. Fosfat.
fosforera [fosforéra] *f.* Capsa de llumins.
fosforescente [fosforesθénte] *a.* Fosforescent.
fosfórico, -ca [fosfóriko, -ka] *a.* Fosfòric.
fósforo [fósforo] *m.* Fòsfor. *2* Llumí, cerilla.
fósil [fósil] *a.-m.* Fòssil.
fosilizarse [fosiliθárse] *prnl.* Fossilitzar-se.
foso [fóso] *m.* Clot, sot. *2* Vall, fossat.
foto [fóto] *f.* Foto.
fotocopia [fotokópia] *f.* Fotocòpia.

fotogénico, -ca [fotoxéniko, -ka] *a.* Fotogènic.
fotograbado [fotoγraβáðo] *m.* Fotogravat.
fotografía [fotoγrafía] *f.* Fotografia.
fotografiar [fotoγrafjár] *t.* Fotografiar.
fotográfico, -ca [fotoγráfiko, -ka] *a.* Fotogràfic.
fotógrafo [fotóγrafo] *m.* Fotògraf.
fotosfera [fotosféra] *f.* Fotosfera.
fototipia [fototípja] *f.* Fototípia.
frac [fraγ] *m.* Frac.
fracasar [frakasár] *i.* Fracassar.
fracaso [frakáso] *m.* Fracàs.
fracción [fraγθjón] *f.* Fracció.
fraccionar [fraγθjonár] *t.* Fraccionar.
fraccionario, -ia [fraγθjonárjo, -ja] *a.* Fraccionari.
fractura [fraγtúra] *f.* Fractura, trencat.
fracturar [fraγturár] *t.-prnl.* Fracturar.
fragancia [fraγánθja] *f.* Fragància.
fragante [fraγánte] *a.* Fragant, flairant.
fragata [fraγáta] *f.* Fragata.
frágil [fráxil] *a.* Fràgil, brèvol.
fragilidad [fraxiliðáð] *f.* Fragilitat.
fragmentar [fraγmentár] *t.-prnl.* Fragmentar.
fragmento [fraγménto] *m.* Fragment.
fragor [fraγór] *m.* Fragor, fressa, brogit, bum-bum.
fragoroso, -sa [fraγoróso, -sa] *a.* Fragorós.
fragosidad [fraγosiðáð] *f.* Fragositat.
fragua [fráγwa] *f.* Fornal, farga.
fraguar [fraγwár] *t.* Forjar. *2* Ordir. *3* Congriar.
fraile [fráïle] *m.* Frare.
frailesco, -ca [fraïlésko, -ka] *a.* fam. Fraresc.
frailuno, -na [fraïlúno, -na] *a.* Fraresc.
frambuesa [frambwésa] *f.* BOT. Gerd.
francachela [fraŋkatʃéla] *f.* Xeflis.
francés, -esa [franθés, -ésa] *a., m.-f.* Francès.
franciscano, -na [franθiskáno, -na] *m.-f.* Franciscà.
francmasón, -na [fraŋmasón, -óna] *m.-f.* Francmaçó.
francmasonería [fraŋmasonería] *f.* Francmaçoneria.
franco, -ca [fráŋko, -ka] *a., m.-f.* Franc.
francófilo, -la [fraŋkófilo, -la] *a.* Francòfil.
francote, -ta [fraŋkóte, -ta] *a.* De caràcter franc, obert i sincer.
franela [franéla] *f.* Franel·la.
franja [fráŋxa] *f.* Franja.
franquear [fraŋkeár] *t.-prnl.* Franquejar. *2* Franquejar, afranquir.
franqueo [fraŋkéo] *m.* Franqueig.
franqueza [fraŋkéθa] *f.* Franquesa.
franquicia [fraŋkíθja] *f.* Franquícia.
frasco [frásko] *m.* Flascó.
frase [fráse] *f.* Frase.
frasear [fraseár] *t.* Frasejar.
fraseología [fraseoloxía] *f.* Fraseologia.
fraternal [fraternál] *a.* Fraternal.
fraternidad [fraterniðáð] *f.* Fraternitat, germanor.
fraternizar [fraterniθár] *i.* Fraternitzar.
fraterno, -na [fratérno, -na] *a.* Fratern.
fratricida [fratriθíða] *a., m.-f.* Fratricida.
fratricidio [fratriθíðjo] *m.* Fratricidi.
fraude [fráŭðe] *m.* Frau, barat.
fraudulento, -ta [fraŭðulénto, -ta] *a.* Fraudulent.
fray [fraĭ] *m.* Fra.
frazada [fraθáða] *f.* Flassada.
frecuencia [frekwénθja] *f.* Freqüència.
frecuentar [frekwentár] *t.* Freqüentar.
frecuente [frekwénte] *a.* Freqüent.
freno [fréno] *m.* Fre.
frenopático, -ca [frenopátiko, -ka] *a.-m.* Frenopàtic.
frente [frénte] *f.* Front (de la cara). *2 m.* Front (de batalla, etc.). *3 adv.* ~ ***a,*** enfront de, davant. ‖ ***Al*** ~, al capdavant.
fresa [frésa] *f.* BOT. Maduixa. *2* Maduixera.
fresa [frésa] *f.* MEC. Fresa.
fresadora [fresaðóra] *f.* Fresa.
fresal [fresál] *m.* Maduixerar.
fresar [fresár] *t.* MEC. Fresar.
fresca [fréska] *f.* Fresca.
frescachón, -ona [freskatʃón, -ona] *a.* Sa i fresc.
frescales [freskáles] *m.-f.* Persona fresca i desvergonyida.
fresco, -ca [frésko, -ka] *a.* Fresc. *2 m.* Fresca. *3* PINT. Fresc. ‖ ***Hacer*** ~, fresquejar.
frescor [freskór] *m.* Frescor.
frescura [freskúra] *f.* Frescor.
fresera [freséra] *f.* BOT. Maduixer, maduixera.
fresneda [freznéða] *f.* Freixeneda.
fresno [frézno] *m.* BOT. Freixe.
fresón [fresón] *m.* Maduixot.
fresquera [freskéra] *f.* Carner.
freza [fréθa] *f.* Fresa (dels peixos).
friable [friáβle] *a.* Friable.
frialdad [frjaldáð] *f.* Fredor.
fricandó [frikandó] *m.* CUI. *fr.* Fricandó.
fricativo, -va [frikatíβo, -βa] *a.* Fricatiu.
fricción [friγθjón] *f.* Fricció.
friccionar [friγθjonár] *t.* Friccionar.
friega [frjéγa] *f.* Frega.
frigidez [frixiðéθ] *f.* Frigidesa.

frigio, -ia [frixjo, -ja] *a., m.-f.* Frigi.
frigorífico, -ca [friγorífiko, -ka] *a., m.-f.* Frigorífic.
fríjol [fríxol] *m.* BOT. Fesol.
frío, -ía [frío, -ía] *a.* Fred. *2 m.* Fred, fredor.
friolento, -ta [frjolénto, -ta] *a.* V. FRIOLERO.
friolera [frjoléra] *f.* Bagatel·la, fotesa.
friolero, -ra [frjoléro, -ra] *a.* Fredolic, fredeluc.
friso [fríso] *m.* ARQ. Fris.
frisón, -na [frisón, -na] *a., m.-f.* Frisó.
fritada [fritáða] *f.* CUI. Freginat, fregit.
frito, -ta [fríto, -ta] *a.* Fregit. ‖ ***Huevo ~,*** ou ferrat.
fritura [fritúra] *f.* V. FRITADA.
frivolidad [friβoliðáð] *f.* Frivolitat.
frivolité [friβolité] *m.* Frivolité.
frívolo, -la [fríβolo, -la] *a.* Frívol.
fronda [frónda] *f.* BOT. Fronda. *2* Fronda, fullatge.
frondosidad [frondosiðáð] *f.* Frondositat.
frondoso, -sa [frondóso, -sa] *a.-m.* Frondós.
frontal [frontál] *a.-m.* Frontal.
frontera [frontéra] *f.* Frontera.
fronterizo, -za [fronteríθo, -θa] *a.* Fronterer.
frontero, -ra [frontéro, -ra] *a.* Fronter.
frontispicio [frontispíθjo] *m.* Frontispici, enfront.
frontón [frontón] *m.* Frontó.
frotamiento [frotamjénto] *m.* Fregada, fregadissa, fregament.
frotar [frotár] *t.-prnl.* Fregar.
frote [fróte] *m.* Refrec, fregament.
fructífero, -ra [fruγtífero, -ra] *a.* Fructífer.
fructificar [fruγtifikár] *i.* Fructificar, fruitar.
fructuoso, -sa [fruγtwóso, -sa] *a.* Fructuós, fruitós.
frugal [fruγál] *a.* Frugal.
frugalidad [fruγaliðáð] *f.* Frugalitat.
frugívoro, -ra [fruxíβoro, -ra] *a.* Frugívor.
fruición [frwiθjón] *f.* Fruïció, gaudi.
frunce [frúnθe] *m.* Frunzit.
fruncir [frunθír] *t.-prnl.* Arrufar. *2* Frunzir.
fruslería [fruzlería] *f.* Fotesa, bagatel·la.
frustración [frustraθjón] *f.* Frustració.
frustrar [frustrár] *t.-prnl.* Frustrar.
fruta [frúta] *f.* Fruita.
frutal [frutál] *a., m.-f.* Fruiter.
frutar [frutár] *i.* Fruitar.
frutero, -ra [frutéro, -ra] *a., m.-f.* Fruiter. *2 m.* Fruitera.
fruto [frúto] *m.* Fruit. ‖ ***Dar ~,*** fruitar.
fucilazo [fuθiláθo] *m.* Llampada.
fuco [fúko] *m.* BOT. Fucus.
fuego [fwéγo] *m.* Foc. ‖ ***~ fatuo,*** foc follet. ‖ ***~ graneado,*** foc nodrit. ‖ ***Fuegos artificiales,*** castell de focs.
fuelle [fwéʎe] *m.* Manxa. *2* Capota. *3* Plec (del vestit).
fuente [fwénte] *f.* Font, fontana. *2* Plata.
fuer [fwer] *m.* ***A ~ de,*** en virtut de.
fuera [fwéra] *adv.* Fora. ‖ ***Hacia ~,*** enfora. ‖ ***~ de,*** tret de.
fuero [fwéro] *m.* Fur.
fuerte [fwérte] *a.-adv.* Fort. *2 m.* Fort. ‖ ***Su ~ es el estudio,*** el seu fort és l'estudi. *3* MIL. Fort.
fuertemente [fwértemente] *adv.* Fortament.
fuerza [fwérθa] *f.* Força. *2 pl.* MIL. Forces. ‖ ***A la ~,*** por ~, a la força, per força.
fuga [fúγa] *f.* Fuga, fugida. *2* Escapament (de gas).
fugacidad [fuγaθiðáð] *f.* Fugacitat.
fugarse [fuγárse] *prnl.* Escapar-se, evadir-se.
fugaz [fuγáθ] *a.* Fugaç, fugisser.
fugitivo, -va [fuxitíβo, -βa] *a., m.-f.* Fugitiu.
fulano, -na [fuláno, -na] *m.-f.* En tal, tal, deixonses, quidam. ‖ ***~ y mengano; ~ y zutano,*** en tal i en tal altre, en Pau, en Pere i en Berenguera.
fular [fulár] *m.* Fulard.
fulcro [fúlkro] *m.* Fulcre.
fulgente [fulxénte] *a.* Fulgent, fúlgid.
fúlgido, -da [fúlxiðo, -ða] *a.* V. FULGENTE.
fulgor [fulγór] *m.* Fulgor, fulgència.
fulgurante [fulγuránte] *a.* Fulgurant.
fulgurar [fulγurár] *i.* Fulgurar.
fulminación [fulminaθjón] *f.* Fulminació.
fulminante [fulminánte] *a.* Fulminant.
fulminar [fulminár] *t.* Fulminar.
fumada [fumáða] *f.* Pipada.
fumadero [fumaðéro] *m.* Fumador.
fumador, -ra [fumaðór, -ra] *a.* Fumador.
fumar [fumár] *t.-i.-prnl.* Fumar.
fumarola [fumaróla] *f.* Fumarola.
fumigación [fumiγaθjón] *f.* Fumigació.
fumigar [fumiγár] *t.* Fumigar.
fumista [fumísta] *m.* Fumista.
funámbulo, -la [funámbulo, -la] *m.-f.* Funàmbul.
función [funθjón] *f.* Funció.
funcional [funθjonál] *a.* Funcional.
funcionamiento [funθjonamjénto] *m.* Funcionament.
funcionar [funθjonár] *i.* Funcionar. *2* Carburar (fig.).
funcionario [funθjonárjo] *m.* Funcionari.

funda [fúnda] *f.* Funda.
fundación [fundaθjón] *f.* Fundació.
fundador, -ra [fundaðór, -ra] *a., m.-f.* Fundador.
fundamental [fundamentál] *a.* Fonamental.
fundamentar [fundamentár] *t.* Fonamentar.
fundamento [fundaménto] *m.* Fonament.
fundar [fundár] *t.-prnl.* Fundar. *2* Fonamentar.
fundente [fundénte] *a.-m.* Fundent.
fundible [fundiβle] *a.* Capaç de fondre's.
fundición [fundiθjón] *f.* Foneria. *2* Fosa.
fundidor [fundiðór] *m.* Fonedor.
fundir [fundír] *t.-prnl.* Fondre.
funicular [funikulár] *a.* Funicular.
furgón [furɣón] *m.* Furgó.
furia [fúrja] *f.* Fúria, empenta.
furibundo, -da [furiβúndo, -da] *a.* Furibund.
furioso, -sa [furjóso, -sa] *a.* Furiós.
furor [furór] *m.* Furor.
furriel [furrjél] *m.* Furrier.
furtivo, -va [furtíβo, -βa] *a.* Furtiu.
furúnculo [furúŋkulo] *m.* MED. Furóncol.
fusa [fúsa] *f.* MÚS. Fusa.
fusible [fusíβle] *a.-m.* Fusible.
fusil [fusíl] *m.* Fusell.
fusilamiento [fusilamjénto] *m.* Afusellament.
fusilar [fusilár] *t.* Afusellar.
fusilero, -ra [fusiléro, -ra] *m.-f.* Fuseller.
fusión [fusjón] *f.* Fusió. *2* Fosa.
fusionar [fusjonár] *t.* Fusionar.
fusta [fústa] *f.* Tralla, xurriaques.
fuste [fúste] *m.* Fusta. *2* Pal d'una llança. *3* ARQ. Fust. *4* Tremp (caràcter).
fustigar [fustiɣár] *t.* Fustigar, fuetejar.
fútbol [fúðβol] *m.* Futbol.
futesa [futésa] *f.* Fotesa.
fútil [fútil] *a.* Fútil.
futilidad [futiliðáð] *f.* Futilitat.
futurismo [futurízmo] *m.* Futurisme.
futuro [futúro] *a.* Futur. *2 m.* Futur, esdevenidor, venidor.

G

gabacho, -cha [gaβátʃo, -tʃa] *a., m.-f.* Gavatx.
gabán [gaβán] *m.* Gavany.
gabardina [gaβarðina] *f.* Gavardina.
gabarra [gaβárra] *f.* NÀUT. Gavarra.
gabela [gaβéla] *f.* Gabella.
gabinete [gaβinéte] *m.* Gabinet.
gacela [gaθéla] *f.* ZOOL. Gasela.
gaceta [gaθéta] *f.* Gaseta.
gacetilla [gaθetiʎa] *f.* Gasetilla.
gacetillero [gaθetiʎéro] *m.* Gasetiller.
gacho, -cha [gátʃo, -tʃa] *a.* Jup, cot.
gachón, -ona [gatʃón, -óna] *a.* fam. Xamós.
gaditano, -na [gaðitáno, -na] *a., m.-f.* Gaditá.
gafa [gáfa] *f.* Gafa. *2 f. pl.* Ulleres.
gaita [gáĭta] *f.* MÚS. Gaita, cornamusa, sac de gemecs.
gaitero [gaĭtéro] *m.* Gaiter.
gaje [gáxe] *m.* Gatge.
gajo [gáxo] *m.* Branca despresa del tronc. *2* Gotim (raïm). *3* Penjoll (cireres). *4* Grill (taronja). *5* Pollegó (de forca).
gala [gála] *f.* Gala.
galafate [galafáte] *m.* Tinyeta.
galaico, -ca [galáĭko, -ka] *a.* Galaic.
galán [galán] *a.-m.* Galant.
galano, -na [galáno, -na] *a.* Galà, garrit.
galante [galánte] *a.* Galant.
galanteador [galanteaðór] *a., m.-f.* Galantejador.
galantear [galanteár] *t.* Galantejar, festejar.
galanteo [galantéo] *m.* Galanteig.
galantería [galanteria] *f.* Galanteria.
galanura [galanúra] *f.* Galania, gentilesa.
galápago [galápaɣo] *m.* ZOOL. Mena de tortuga. *2* Dental (de l'arada). *3* Gàrguil (motlle de teules).
galardón [galarðón] *m.* Guardó.
galardonar [galarðonár] *t.* Guardonar.
galaxia [galáɣsja] *f.* ASTR. Galàxia.
galbana [galβána] *f.* Galvana, mandra.
galena [galéna] *f.* MINER. Galena.
galeote [galeóte] *m.* NÀUT. Galiot.
galera [galéra] *f.* NÀUT. Galera. *2 pl.* Galeres.
galerada [galeráða] *f.* Galerada.
galería [galeria] *f.* Galeria.
galerna [galérna] *f.* METEOR. Galerna.
galés, -sa [galés, -sa] *a., m.-f.* Gal·lès.
galga [gálɣa] *f.* Galga.
galgo, -ga [gálɣo, -ɣa] *m.* ZOOL. Llebrer, gànguil. ‖ ***Echarle un ~,*** anar-li al darrera amb un flabiol sonant.
galicismo [galiθizmo] *m.* Gal·licisme.
gálico, -ca [gáliko, -ka] *a.-m.* Gàl·lic.
galileo, -ea [galiléo, -ea] *a., m.-f.* Galileu.
galimatías [galimatias] *m.* fam. Galimaties. *2* Orgue de gats.
galio [gáljo] *m.* MINER. Gal·li.
galo, -la [gálo, -la] *a., m.-f.* Gal.
galocha [galótʃa] *f.* Galotxa, esclop, soc.
galón [galón] *m.* Galó.
galopante [galopánte] *a.* Galopant.
galopar [galopár] *i.* Galopar.
galope [galópe] *m.* Galop.
galopín [galopin] *m.* Trinxeraire, descamisat.
galvánico, -ca [galβániko, -ka] *a.* Galvànic.
galvanizar [galβaniθár] *t.* Galvanitzar.
galvanoplastia [galβanoplástja] *f.* Galvanoplàstia.
galladura [gaʎaðúra] *f.* Gallada, grell.
gallardear [gaʎarðeár] *i.* Gallardejar.
gallardete [gaʎarðéte] *m.* Gallardet.
gallardía [gaʎarðia] *f.* Gallardia, airositat.
gallardo, -da [gaʎárðo, -ða] *a.* Gallard.
gallear [gaʎeár] *i.* Gallejar.
gallego, -ga [gaʎéɣo, -ɣa] *a., m.-f.* Gallec.
galleta [gaʎéta] *f.* Galeta. *2* Bescuit.
galletero, -ra [gaʎetéro, -ra] *m.-f.* Bescuiter.
gallina [gaʎina] *f.* Gallina. *2 m.* fig. Gallina, covard.

gallináceo, -ea [gaʎináθeo, -ea] *a.* Gal·linaci.
gallinero, -ra [gaʎinéro, -ra] *m.-f.* Gallinaire. *2 m.* Galliner.
gallo [gáʎo] *m.* Gall. ‖ ***Alzar uno el ~,*** gallejar, fer el valent. ‖ ***En menos que canta un ~,*** en un tres i no res.
gama [gáma] *f.* MÚS. Gamma.
gamada [gamáða] *a.* Gammada (creu).
gamba [gámba] *f.* ZOOL. Gamba.
gamberro, -rra [gambérro, -rra] *a., m.-f.* Trinxeraire.
gamella [gaméʎa] *f.* Gavadal.
gameto [gaméto] *m.* BIOL. Gàmeta.
gamma [gámma] *f.* Gamma.
gamo [gámo] *m.* ZOOL. Daina.
gamuza [gamúθa] *f.* ZOOL. Camussa, isard.
gana [gána] *f.* Gana, fam. ‖ ***De buena ~,*** de bon cor. ‖ ***De mala ~,*** de mal cor, a desgrat.
ganadería [ganaðería] *f.* Ramaderia.
ganadero, -ra [ganaðéro, -ra] *a., m.-f.* Ramader.
ganado [ganáðo] *m.* Bestiar. ‖ ~ ***mayor,*** bestiar gros. ‖ ~ ***menor,*** bestiar menut. ‖ ~ ***vacuno,*** bestiar boví.
ganador, -ra [ganaðór, -ra] *a., m.-f.* Guanyador.
ganancia [ganánθja] *f.* Guany.
ganancioso, -sa [gananθjóso, -sa] *a., m.-f.* Beneficiós.
ganapán [ganapán] *m.* Bastaix, camàlic.
ganar [ganár] *t.-i.* Guanyar.
ganchillo [gantʃiʎo] *m.* Ganxet.
gancho [gántʃo] *m.* Ganxo.
ganchudo, -da [gantʃúðo, -ða] *a.* Ganxut.
gandul, -la [gandúl, -la] *a.* Gandul, esquenadret.
gandulear [ganduleár] *i.* Gandulejar.
gandulería [gandulería] *f.* Ganduleria.
ganga [gáŋga] *f.* MINER. Ganga. *2* Ganga (sort), moma.
ganglio [gáŋgljo] *m.* ANAT. Gangli.
gangoso, -sa [gaŋgóso, -sa] *a., m.-f.* Que té veu de nas.
gangrena [gaŋgréna] *f.* Gangrena.
gangrenarse [gaŋgrenárse] *prnl.* Gangrenar-se.
ganguear [gaŋgeár] *i.* Parlar amb veu de nas.
gánguil [gáŋgil] *m.* Gànguil [vaixell].
ganoso, -sa [ganóso, -sa] *a.* Desitjós, delerós.
gansada [gansáða] *f.* Bestiesa.
ganso, -sa [gánso, sa] *m.-f.* Oc. *2* Ganso, gansoner.
ganzúa [ganθúa] *f.* Rossinyol (d'obrir panys).
gañido [gaɲiðo] *m.* Clapit, guinyol.
gañir [gaɲir] *i.* Clapir, esgüellar, guinyolar. ¶ CONJUG. com ***mullir.***
gañote [gaɲóte] *m.* Gargamella, ganyot.
garabatear [garaβateár] *i.-t.* Gargotejar.
garabato [garaβáto] *m.* Gargot, burot.
garaje [garáxe] *m.* Garatge.
garante [garánte] *a., m.-f.* Garant.
garantía [garantía] *f.* Garantia.
garantizar [garantiθár] *t.* Garantir.
garapiñar [garapiɲár] *t.* Garapinyar.
garbanzo [garβánθo] *m.* Cigró, ciuró. *2* Cigronera.
garbera [garβéra] *f.* Garbera.
garbo [gárβo] *m.* Aire, airositat.
garboso, -sa [garβóso, -sa] *a.* Airós, graciós.
garceta [garθéta] *f.* ORNIT. Martinet.
gardenia [garðénja] *f.* BOT. Gardènia.
garduña [garðúɲa] *f.* ZOOL. Fagina.
garete (al) [garéte] loc. A la deriva.
garfa [gárfa] *f.* Urpa.
garfio [gárfjo] *m.* Garfi, gafa.
gargajo [garγáxo] *m.* Gargall.
garganta [garγánta] *f.* Gola, gorja, gargamella, coll. *2* Congost, frau.
gargantada [garγantáða] *f.* Gorjada.
gargantilla [garγantiʎa] *f.* Collaret.
gárgaras [gárγaras] *f. pl.* Gàrgares.
gargarismo [garγarizmo] *m.* Gargarisme.
gargarizar [garγariθár] *i.* Gargaritzar.
gárgol [gárγol] *m.* Galze.
gárgola [gárγola] *f.* Gàrgola.
garita [garíta] *f.* Garita. *2* Caseta.
garito [garíto] *m.* Timba, casa de joc.
garlar [garlár] *i.* Garlar, xerrar.
garlopa [garlópa] *f.* Garlopa.
garnacha [garnátʃa] *f.* Garnatxa.
garra [gárra] *f.* Garra, urpa, arpa.
garrafa [garráfa] *f.* Garrafa.
garrafal [garrafál] *a.* Exorbitant.
garrapata [garrapáta] *f.* ENTOM. Paparra, llagasta.
garrapatear [garrapateár] *i.* Gargotejar.
garrapato [garrapáto] *m.* Gargot, nyap, bunyol.
garrido, -da [garriðo, -ða] *a.* Garrit.
garrocha [garrótʃa] *f.* TAUROM. Pica.
garrón [garrón] *m.* Garró.
garrotazo [garrotáθo] *m.* Garrotada.
garrote [garróte] *m.* Garrot, totxo. *2* Garrot (d'execució).
garrucha [garrútʃa] *f.* Corriola, politja.
gárrulo, -la [gárrulo, -la] *a.* Xerraire.
garza [gárθa] *f.* ORNIT. Garsa.
garzo, -za [gárθo, -θa] *a.* Blau clar, blavós.
gas [gas] *m.* Gas.
gasa [gása] *f.* Gasa.

gascón, -ona [gaskón, -óna] *a., m.-f.* Gascó.
gaseoso, -sa [gaseóso, -sa] *a.* Gasós. *2 f.* Gasosa.
gasificar [gasifikár] *t.* Gasificar.
gasógeno [gasóxeno] *m.* Gasogen.
gasolina [gasolína] *f.* Gasolina.
gasolinera [gasolinéra] *f.* Gasolinera.
gasómetro [gasómetro] *m.* Gasòmetre.
gastado, -da [gastáðo, -ða] *a.* Gastat.
gastador, -ra [gastaðór, -ra] *a., m.-f.* Gastador. *2 m.* MIL. Gastador.
gastar [gastár] *t.-prnl.* Gastar. *2 t.-i.* Desprendre.
gasto [gásto] *m.* Despesa.
gástrico, -ca [gástriko, -ka] *a.* Gàstric.
gastronomía [gastronomía] *f.* Gastronomia.
gatas (a) [gátas] loc. De quatre grapes, a rossegons.
gatear [gateár] *i.* Gatejar. *2 t.* Esgarrapar.
gatera [gatéra] *f.* Gatonera.
gatillo [gatiʎo] *m.* Gallet.
gato, -ta [gáto, -ta] *m.-f.* Gat, mix. *2 m.* Cric. *3 m.* Serjant.
gaucho, -cha [gáŭtʃo, -tʃa] *a., m.-f.* Gautxo.
gaveta [gaβéta] *f.* Calaix.
gavial [gaβjál] *m.* ZOOL. Gavial.
gaviero [gaβjéro] *m.* NÀUT. Gabier.
gavilán [gaβilán] *m.* ORNIT. Esparver.
gavilla [gaβiʎa] *f.* Garba, gavella. *2* Trepa, colla.
gavión [gaβjón] *m.* Gabió.
gaviota [gaβjóta] *f.* ORNIT. Gavina.
gayo, -ya [gájo, -ja] *a.* Gai. *2 m.* ORNIT. Gaig.
gazapera [gaθapéra] *f.* Cau, lloriguera.
gazapo [gaθápo] *m.* ZOOL. Llorigó. *2* Error.
gazmoñería [gaθmoɲería] *f.* Actitud hipòcritament modesta, devota..., camàndula.
gazmoño, -ña [gaθmóɲo, -ɲa] *a., m.-f.* Que actua amb ***gazmoñería,*** camanduler.
gaznápiro, -ra [gaθnápiro,-ra] *a., m.-f.* Beneit, talòs, totxo.
gaznate [gaθnáte] *m.* Gargamella, gola, ganyot.
gazpacho [gaθpátʃo] *m.* CUI. Gaspatxo.
gazuza [gaθúθa] *f.* fam. Cassussa.
ge [xe] *f.* Ge (lletra).
géiser [xéĭser] *m.* Guèiser.
gelatina [xelatína] *f.* Gelatina.
gelatinoso, -sa [xelatinóso, -sa] *a.* Gelatinós.
gélido, -da [xéliðo, -ða] *a.* Gèlid.
gema [xéma] *f.* MINER. Gemma. *2* Gemma (vegetal).
gemebundo [xemeβúndo] *a.* Gemegós, gemegaire.
gemelo, -la [xemélo, -la] *a., m.-f.* Bessó. *2 m.* Botó. *3 m. pl.* Binocle.
gemido [xemíðo] *m.* Gemec.
geminado, -da [xemináðo, -ða] *a.* Geminat.
gemir [xemír] *i.* Gemegar, gemir. ¶ CONJUG. com ***pedir.***
genciana [xenθjána] *f.* BOT. Genciana.
gendarme [xendárme] *m.* Gendarme.
genealogía [xenealoxía] *f.* Genealogia.
generalizar [xeneraliθár] *t.-prnl.* Generalitzar.
generar [xenerár] *t.* Generar.
generativo, -va [xeneratíβo, -βa] *a.* Generatiu.
generatriz [xeneratríθ] *a.-f.* Generatriu.
genérico, -ca [xenériko, -ka] *a.* Genèric.
género [xénero] *m.* Gènere.
generosidad [xenerosiðáð] *f.* Generositat.
generoso, -sa [xeneróso, -sa] *a.* Generós.
génesis [xénesis] *f.* Gènesi (origen). *2 m.* Gènesi (llibre).
genial [xenjál] *a.* Genial.
genialidad [xenjaliðáð] *f.* Genialitat.
genio [xénjo] *m.* Geni. *2* Jeia.
genital [xenitál] *a.* Genital.
genitivo [xenitíβo] *m.* Genitiu.
genitor [xenitór] *m.* Genitor.
genovés, -sa [xenoβés, -sa] *a., m.-f.* Genovès.
gente [xénte] *f.* Gent.
gentecilla [xenteθiʎa] *f.* Despect. Genteta.
gentil [xentíl] *a., m.-f.* Gentil.
gentileza [xentiléθa] *f.* Gentilesa.
gentilhombre [xentilómbre] *m.* Gentilhome.
gentilicio, -ia [xentilíθjo, -ja] *a.* Gentilici.
gentilidad [xentiliðáð] *f.* Gentilitat.
gentío [xentío] *m.* Gentada, gernació.
gentuza [xentúθa] *f.* Gentussa, trepa, gentalla.
genuflexión [xenufleɣsjón] *f.* Genuflexió.
genuino, -na [xenwíno, -na] *a.* Genuí.
geografía [xeoɣrafía] *f.* Geografia.
geógrafo [xeóɣrafo] *m.* Geògraf.
geología [xeoloxía] *f.* Geologia.
geólogo [xeóloɣo] *m.* Geòleg.
geómetra [xeómetra] *m.* Geòmetra.
geometría [xeometría] *f.* Geometria.
geométrico [xeométriko] *a.* Geomètric.
geranio [xeránjo] *m.* BOT. Gerani.
gerencia [xerénθja] *f.* Gerència.
gerente [xerénte] *m.* Gerent.
germánico, -ca [xermániko, -ka] *a.-m.* Germànic.
germanio [xermánjo] *m.* MINER. Germani.

germano, -na [xermáno, -na] *a., m.-f.* Germànic.
germen [xérmen] *m.* Germen.
germinación [xerminaθjón] *f.* Germinació.
germinar [xerminár] *i.* Germinar.
gerundense [xerundénse] *a., m.-f.* Gironí.
gerundio [xerúndjo] *m.* Gerundi.
gesta [xésta] *f.* Gesta.
gestación [xestaθjón] *f.* Gestació.
gesticulante [xestikulánte] *a.* Gesticulador.
gesticular [xestikulár] *i.* Gesticular.
gestión [xestjón] *f.* Gestió.
gestionar [xestjonár] *t.* Gestionar.
gesto [xésto] *m.* Gest.
gestor, -ra [xestór, -ra] *a., m.-f.* Gestor.
giba [xiβa] *f.* Gep, gepa.
gibelino, -na [xiβelíno, -na] *a., m.-f.* Gibel·lí.
giboso, -sa [xiβóso, -sa] *a.* Geperut.
giganta [xiɣánta] *f.* Geganta.
gigante [xiɣánte] *m.* Gegant. *2 a.* Gegantí, gegant.
gigantesco, -ca [xiɣantésko, -ka] *a.* Gegantesc, gegantí.
gigote [xiɣóte] *m.* CUI. Capolat.
gimnasia [ximnásja] *f.* Gimnàstica.
gimnasio [ximnásjo] *m.* Gimnàs.
gimnasta [ximnásta] *m.-f.* Gimnasta.
gimnástica [ximnástika] *f.* V. GIMNASTA.
gimnoto [ximnóto] *m.* ICT. Gimnot.
gimoteador, -ra [ximoteaðór, -ra] *a.* Gemegaire.
gimotear [ximoteár] *i.* Gemegar, somicar.
gimoteo [ximotéo] *m.* Gemegor, somicó, ploricó.
ginebra [xinéβra] *f.* Ginebra.
ginebrino, -na [xineβríno, -na] *a., m.-f.* Ginebrí.
gineceo [xineθéo] *m.* Gineceu.
ginecología [xinekoloxía] *f.* Ginecologia.
giralda [xirálda] *f.* Penell.
girar [xirár] *i.-t.* Girar. *2* Tombar (a la dreta, etc.). *3* Giravoltar, voltar.
girasol [xirasól] *m.* BOT. Gira-sol.
giratorio, -ia [xiratórjo, -ja] *a.* Giratori.
giro [xíro] *m.* Tomb. *2* Girada. *3* Gir (d'una frase, etc.).
gitanada [xitanáða] *f.* Gitanada.
gitanería [xitanería] *f.* Gitanalla. *2* Afalac.
gitano, -na [xitáno, -na] *a., m.-f.* Gitano.
glacial [glaθjál] *a.* Glacial.
glaciar [glaθjár] *m.* GEOG. Gelera, glacera. *2* Congesta.
gladiador [glaðjaðór] *m.* Gladiador.
glande [glánde] *m.* ANAT. Gland.
glándula [glándula] *f.* Glàndula.
glasé [glasé] *m.* Glacé.
glasear [glaseár] *t.* Setinar.
glauco, -ca [gláŭko, -ka] *a.* Glauc. *2 m.* ZOOL. Glauc.
gleba [gléβa] *f.* Gleva.
glicerina [gliθerína] *f.* Glicerina.
glicina [gliθína] *f.* BOT. Glicina.
global [gloβál] *a.* Global.
globo [glóβo] *m.* Globus.
globoso, -sa [gloβóso, -sa] *a.* Globós.
globular [gloβulár] *a.* Globular.
glóbulo [glóβulo] *m.* Glòbul.
glomérulo [glomérulo] *m.* Glomèrul.
gloria [glórja] *f.* Glòria.
gloriarse [glorjárse] *prnl.* Gloriar-se, gloriejar-se.
glorieta [glorjéta] *f.* Glorieta.
glorificación [glorifikaθjón] *f.* Glorificació.
glorificar [glorifikár] *t.* Glorificar.
glorioso, -sa [glorjóso, -sa] *a.* Gloriós.
glosa [glósa] *f.* Glosa, glossa.
glosador, -ra [glosaðór, -ra] *a., m.-f.* Glossador.
glosar [glosár] *t.* Glossar.
glosario [glosárjo] *m.* Glossari.
glotis [glótis] *f.* ANAT. Glotis.
glotón, -na [glotón, -na] *a., m.-f.* Golafre, golut, fart.
glotonería [glotonería] *f.* Golafreria.
glucosa [glukósa] *f.* QUÍM. Glucosa.
gluten [glúten] *m.* Gluten.
glutinoso, -sa [glutinóso, -sa] *a.* Glutinós.
gneis [neĭs] *m.* GEOL. Gneis.
gnomo [nómo] *m.* Gnom.
gnomon [nómon] *m.* Gnòmom.
gnóstico, -ca [nóstiko, -ka] *a., m.-f.* Gnòstic.
gobernable [goβernáβle] *a.* Governable.
gobernación [goβernaθjón] *f.* Governació, governament.
gobernador, -ra [goβernaðór, -ra] *a., m.-f.* Governador.
gobernalle [goβernáʎe] *m.* MAR. Governall.
gobernante [goβernánte] *a., m.-f.* Governant.
gobernar [goβernár] *t.-i.* Governar. ¶ CONJUG. com ***apretar***.
gobierno [goβjérno] *m.* Govern.
gobio [góβjo] *m.* ICT. Gobi.
goce [góθe] *m.* Gaudi, fruïció.
gol [gol] *m.* Gol.
gola [góla] *f.* Gola.
goleta [goléta] *f.* MAR. Goleta.
golf [golf] *m.* ESPT. Golf.
golfear [golfeár] *i.* Vagabundejar.
golfo [gólfo] *m.* GEOG. Golf.
golfo, -fa [gólfo, -fa] *m.-f.* Trinxeraire, trinxa, pòtol.

golondrina [golondrína] *f.* ORNIT. Oreneta.
golondrino [golondríno] *m.* MED. Malgrà (a l'aixella).
golosina [golosína] *f.* Llaminadura, llepolia.
golosinear [golosineár] *i.* Llaminejar.
goloso, -sa [golóso, -sa] *a., m.-f.* Llaminer, gormand.
golpe [gólpe] *m.* Cop. ‖ ***De ~ y porrazo,*** de cop i volta.
golpear [golpeár] *t.* Copejar, colpejar, tustar, picar.
gollería [goʎería] *f.* Requisit.
golletazo [goʎetáθo] *m.* Cop brusc donat al coll d'una ampolla per a trencar-la.
gollete [goʎéte] *m.* Coll d'un recipient, ampolla, etc.
goma [góma] *f.* Goma.
gomoso, -sa [gomóso, -sa] *a., m.-f.* Gomós.
góndola [góndola] *f.* NÀUT. Góndola.
gondolero [gondoléro] *m.* Gondoler.
gonfalón [gonfalón] *m.* Gonfanó, gamfaró.
gong [goŋ] *m.* MÚS. Gong.
gordinflón, -ona [gorðimflón, -óna] *a.* fam. Galtaplè, panxut.
gordo, -da [górðo, -ða] *a.* Gros, gras. *2 m.* Grossa (rifa).
gordura [gorðúra] *f.* Grassor.
gorgojo [gorγóxo] *m.* ENTOM. Corc.
gorgorito [gorγoríto] *m.* Refilet.
gorgoteo [gorγotéo] *m.* Gloc-gloc.
gorguera [gorγéra] *f.* Gorgera.
gorila [goríla] *m.* ZOOL. Goril·la.
gorja [górxa] *f.* Gorja.
gorjear [gorxeár] *i.* Refilar. *2* Xerrotejar (l'infant).
gorjeo [gorxéo] *m.* Refilada, refilet. *2* Xerroteig, xerradissa.
gorra [górra] *f.* Gorra. ‖ ***De ~,*** de gorra, d'arròs, de baldraga.
gorrinería [gorrinería] *f.* Cort. *2* fig. Porqueria, brutícia.
gorrino, -na [gorríno, -na] *m.-f.* Godall, garrí.
gorrión, -na [gorrión, -na] *m.-f.* ORNIT. Pardal.
gorrista [gorrísta] *a., m.-f.* Gorrer, arrossaire, gorrista.
gorro [górro] *m.* Casquet. *2* Còfia.
gorrón, -na [gorrón, -na] *a., m.-f.* Gorrer, arrossaire. *2* Còdol.
gota [góta] *f.* Gota.
gotear [goteár] *i.* Degotar, gotejar. *2* Regalimar.
gotera [gotéra] *f.* Gotera, degoter.
gótico, -ca [gótiko, -ka] *a.-m.* Gòtic.
gotoso, -sa [gotóso, -sa] *a., m.-f.* Gotós.
gozar [goθár] *t.* Gaudir, fruir.
gozne [góθne] *m.* Golfo. *2* Frontissa, xarnera.
gozo [góθo] *m.* Gaudi, goig, joia.
gozoso, -sa [goθóso, -sa] *a.* Gojós, joiós.
gozque [góθke] *m.* ZOOL. Gos peter.
grabado [graβáðo] *m.* Gravat.
grabador, -ra [graβadór, -ra] *m.-f.* Gravador.
grabar [graβár] *t.* Gravar.
gracejo [graθéxo] *m.* Graciositat.
gracia [gráθja] *f.* Gràcia. ‖ ***De ~,*** gratuïtament, gratis. ‖ ***En ~ a,*** per amor de. ‖ ***¡Gracias!,*** gràcies!, mercès!
grácil [gráθil] *a.* Gràcil.
gracioso, -sa [graθjóso, -sa] *a., m.-f.* Graciós, xamós.
grada [gráða] *f.* Graó. *2* Grada. *3* Graderia.
gradación [graðaθjón] *f.* Gradació.
gradería [graðería] *f.* Graderia.
grado [gráðo] *m.* Grau.
graduación [graðwaθjón] *f.* Graduació.
graduado, -da [graðwáðo, -ða] *a.* Graduat.
gradual [graðwál] *a.-m.* Gradual.
graduar [graðwár] *t.-prnl.* Graduar.
grafía [grafía] *f.* Grafia.
gráfico, -ca [gráfiko, -ka] *a.-m.* Gràfic.
grafito [grafíto] *m.* MINER. Grafit.
grafología [grafoloxía] *f.* Grafologia.
gragea [graxéa] *f.* Anís. *2* Píndola aplanada o ovalada recoberta de sucre, goma aràbiga, etc.
grajo [gráxo] *m.* ORNIT. Gralla.
grama [gráma] *f.* BOT. Gram.
gramática [gramátika] *f.* Gramàtica. ‖ ***~ parda,*** lletra menuda.
gramatical [gramatikál] *a.* Gramatical.
gramático, -ca [gramátiko, -ka] *a.* Gramatical. *2 m.* Gramàtic.
gramináceas [gramináθeas] *f. pl.* BOT. Graminàcies.
gramo [grámo] *m.* Gram.
gramófono [gramófono] *m.* Gramòfon.
gran [grán] *a.* Gran.
grana [grána] *f.* Grana.
granada [granáða] *f.* BOT. Magrana. *2* MIL. Granada.
granadero [granaðéro] *m.* MIL. Granader.
granadino, -na [granaðíno, -na] *a., m.-f.* Granadí. *2 f.* Granadina (xarop).
granado, -da [granáðo, -ða] *a.* Escollit, granat. *2 m.* BOT. Magraner.
granalla [granáʎa] *f.* Granalla.
granar [granár] *i.* Granar.
grande [gránde] *a.* Gran, gros. *2 m.* Gran (personatge). ‖ ***En ~,*** a l'engròs (apreciació).

grandeza [grandéθa] *f.* Grandesa, grandor.
grandilocuencia [grandilokwénθja] *f.* Grandiloqüència.
grandiosidad [grandjosiðáð] *f.* Grandiositat.
grandioso, -sa [grandjóso, -sa] *a.* Grandiós.
grandor [grandór] *m.* Grandor, grandària.
grandote, -ta [grandóte, -ta] *a.* fam. Grandolàs, grandàs.
grandullón, -na [granduʎón, -na] *a.* fam. Grandàs, grandolàs, ganàpia.
graneado, -da [graneáðo, -ða] *a.* Granellut. *2* Granejat.
granear [graneár] *t.* Granejar. *2* Sembrar.
granel (a) [granél] loc. A dojo. *2* Al detall, sense envasar o empaquetar.
granero [granéro] *m.* Graner.
granítico, -ca [granítiko, -ka] *a.* Granític.
granito [granito] *m.* Granit, ull de serp.
granívoro, -ra [graníβoro, -ra] *a.* Granívor.
granizada [graniθáða] *f.* Calamarsada. *2* Moltes coses que cauen abundantment. *3* Beguda gelada.
granizado [graniθáðo] *m.* Granissat.
granizar [graniθár] *i.-t.* Granissar. *2* Calamarsejar, pedregar.
granizo [graniθo] *m.* Calamarsa, granís.
granja [gráŋxa] *f.* Granja, masoveria.
granjear [graŋxeár] *t.-prnl.* Adquirir cabal traficant. *2* Aconseguir, captar, atreure.
granjería [graŋxeria] *f.* Guany, profit. *2* Producte.
granjero, -ra [graŋxéro, -ra] *m.-f.* Granger, masover.
grano [gráno] *m.* Gra.
granoso, -sa [granóso, -sa] *a.* Granellut.
granuja [granúxa] *f.* Pinyols de raïm. *2 m.* Trinxeraire, brètol.
granujada [granuxáða] *f.* Bretolada.
granujiento, -ta [granuxjénto, -ta] *a.* Granellut.
granular [granulár] *a.* Granular.
granular [granulár] *t.-prnl.* Granular.
gránulo [gránulo] *m.* Grànul.
grao [gráo] *m.* Grau.
grapa [grápa] *f.* Grapa, gafa.
grasa [grása] *f.* Greix.
grasiento [grasjénto] *a.* Greixós, llardós.
graso, -sa [gráso, -sa] *a.* Gras.
gratificación [gratifikaθjón] *f.* Gratificació.
gratificar [gratifikár] *t.* Gratificar.
gratis [grátis] *adv.* Gratis, de franc.
gratitud [gratitúð] *f.* Gratitud.
grato, -ta [gráto, -ta] *a.* Grat, plaent.
gratuito, -ta [gratwito, -ta] *a.* Gratuït.
grava [gráβa] *f.* Grava. *2* Reble.
gravamen [graβámen] *m.* Gravamen.
gravar [graβár] *t.* Gravar.
grave [gráβe] *a.* Greu.
gravedad [graβeðáð] *f.* Gravetat.
gravidez [graβiðéθ] *f.* Gravidesa.
grávido, -da [gráβiðo, -ða] *a.* Gràvid.
gravitación [graβitaθjón] *f.* Gravitació.
gravitar [graβitár] *i.* Gravitar.
gravoso, -sa [graβóso,-sa] *a.* Carregós.
graznar [graθnár] *i.* Grallar, cuclejar. *2* Clacar (l'oca).
graznido [graθniðo] *m.* Cucleig.
greca [gréka] *f.* Greca.
greda [gréða] *f.* Greda, terra d'escudelles.
gregario [greɣárjo] *a.* Gregari.
gregoriano, -na [greɣorjáno, -na] *a.* Gregorià.
gremio [grémjo] *m.* Gremi.
greña [gréɲa] *f.* Grenya.
greñudo, -da [greɲúðo, -ða] *a.* Grenyut.
gres [grés] *m.* Gres.
gresca [gréska] *f.* Gresca, gatzara.
grey [greĭ] *f.* Ramat, ramada. *2* Ramat (de fidels).
griego, -ga [grjéɣo, -ɣa] *a., m.-f.* Grec.
grieta [grjéta] *f.* Clivella, esquerda, escletxa, badall.
grifo [grifo] *m.* Aixeta. *2* MIT. Griu.
grillete [griʎéte] *m.* Grilló.
grillo [griʎo] *m.* Grill. *2 pl.* Grillons.
grima [grima] *f.* Desfici, esgarrifança. *2* Basarda, feredad, feresa.
gringo, -ga [griŋgo, -ga] *a., m.-f.* despect. Estranger (esp. nord-americà).
griñón [griɲón] *m.* Toca.
gripe [gripe] *f.* MED. Grip.
gris [gris] *a., m.-f.* Gris. *2 m.* fam. Taro.
grisáceo, -ea [grisáθeo, -θea] *a.* Grisenc.
grisú [grisú] *m.* Grisú.
gritar [gritár] *i.* Cridar. *2* Baladrejar. *3 i.-t.* Escridassar.
griterío [griterio] *m.* Cridòria, cridadissa. *2* Baladreig. *3* Aüc.
grito [grito] *m.* Crit.
gritón, -na [gritón, -na] *a.* Cridaner, cridaire.
grosella [groséʎa] *f.* Grosella.
grosería [groseria] *f.* Grolleria (qualitat de bast). *2* Grosseria (qualitat de descortès).
grosero, -ra [groséro, -ra] *a.* Groller, bròfec, ġraponer.
grosor [grosór] *m.* Grossor, grossària. *2* Gruixària, gruix.
grosura [grosúra] *f.* Part grasa de la carn, etc.

grotesco, -ca [grotésko, -ka] *a.* Grotesc.
grúa [grúa] *f.* MEC. Grua.
gruesa [grwésa] *f.* Grossa.
grueso, -sa [grwéso, -sa] *a.* Gros, gruixut. *2 m.* Gruix, gruixària.
grulla [grúʎa] *f.* ORNIT. Grua.
grumete [grumete] *m.* MAR. Grumet.
grumo [grúmo] *m.* Grumoll, grum.
grumoso, -sa [grumóso, -sa] *a.* Grumollós.
gruñido [gruɲiðo] *m.* Gruny.
gruñir [gruɲir] *i.* Grunyir, esgüellar. *2* Rondinar. *3* Reganyar. ¶ CONJUG. com ***mullir.***
gruñón, -ona [gruɲón, -óna] *a.* Rondinaire, reganyós.
grupa [grúpa] *f.* Gropa.
grupera [grupéra] *f.* Gropera.
grupo [grúpo] *m.* Grup, colla. *2* Estol, esbart. *3* Banda.
gruta [grúta] *f.* Gruta, balma.
guacamayo [gwakamáȷo] *m.* ORNIT. Guacamai.
guadaña [gwaðáɲa] *f.* AGR. Dalla.
guajira [gwaxira] *f.* Certa cançó popular cubana.
guajiro, -ra [gwaxiro, -ra] *m.-f.* Camperol cubà de raça blanca.
gualda [gwálda] *f.* BOT. Gavarró.
gualdo, -da [gwáldo, -da] *a.* Groc.
gualdrapa [gwaldrápa] *f.* Gualdrapa.
guanche [gwántʃe] *m.* Indígena de les Illes Canàries.
guano [gwáno] *m.* Guano.
guantazo [gwantáθo] *m.* Plantofada, morma.
guante [gwánte] *m.* Guant.
guantelete [gwanteléte] *m.* Guantellet.
guantería [gwanteria] *f.* Guanteria.
guantero, -ra [gwantéro, -ra] *m.-f.* Guanter.
guapamente [gwápamente] *adv.* Bellament.
guapeza [gwapéθa] *f.* Valentia. *2* Fatxenda, fatxenderia.
guapo, -pa [gwápo, -pa] *a.* fam. Bell, ben plantat. *2* Pinxo.
guarapo [gwarápo] *m.* Suc de la canya de sucre. *2* Beguda feta amb aquest suc.
guarda [gwárða] *m.-f.* Guarda. *2 pl.* Guardes (d'un llibre).
guardabarrera [gwarðaβarréra] *m.-f.* Guardabarrera.
guardabarros [gwarðaβárros] *m.* Parafang.
guardabosque [gwarðaβósque] *m.* Guardabosc.
guardacantón [gwarðakantón] *m.* Guardacantó.
guardacostas [gwarðakóstas] *m.* Guardacostes.
guardagujas [gwarðaɣúxas] *m.* Guardaagulles.
guardamuebles [gwarðamwéβles] *m.* Guardamobles.
guardapolvo [gwarðapólβo] *m.* Guardapols.
guardar [gwarðár] *t.-prnl.* Guardar, servar. *2* Desar.
guardarropa [gwarðarrópa] *m.* Guardaroba.
guardarropía [gwarðarropia] *f.* Guardaroba.
guardia [gwárðja] *f.* Guàrdia. ‖ *~ **de corps,*** guàrdia de corps.
guardián, -ana [gwarðján, -ána] *m.-f.* Guardià.
guarecer [gwareθér] *t.-prnl.* Arrecerar, aixoplugar, soplujar. ¶ CONJUG. com ***agradecer.***
guarida [gwariða] *f.* Cau, catau, aixopluc.
guarismo [gwarizmo] *m.* Guarisme.
guarnecer [gwarneθér] *t.* Guarnir, adornar.
guarnición [gwarniθjón] *f.* Guarnició. *2* Guarniment.
guarro, -rra [gwárro, -rra] *a.* V. COCHINO.
guasa [gwása] *f.* Burla, gresca.
guasón, -ona [gwasón, -óna] *a.* fam. Burleta, plaga.
guata [gwáta] *f.* Buata.
¡guay! [gwaĭ] *interj.* Ai!
guayaba [gwajáβa] *f.* BOT. Guaiaba.
guayabo [gwajáβo] *m.* BOT. Guaiaber.
gubernamental [guβernamentál] *a.* Governamental.
gubernativo, -va [guβernatiβo, -βa] *a.* Governatiu.
gubia [gúβja] *f.* Gúbia.
guedeja [geðéxa] *f.* Cabellera (llarga). *2* Crinera (del lleó, etc.).
güelfo, -fa [gwélfo, -fa] *a., m.-f.* Güelf.
guerra [gérra] *t.* Guerra.
guerrear [gerreár] *i.* Guerrejar.
guerrero, -ra [gerréro, -ra] *a., m.-f.* Guerrer. *2 f.* Guerrera.
guerrilla [gerriʎa] *f.* Guerrilla.
guerrillero [gerriʎéro] *m.* Guerriller.
guía [gia] *m.-f.* Guia, guiador. *2 f.* Guia, guiatge.
guiador, -ra [guiaðór, -ra] *a., m.-f.* Guiador.
guiar [giár] *t.-prnl.* Guiar, menar, acarrerar.
guija [gixa] *a.* Palet, còdol. *2* Guixa.
guijarro [gixárro] *m.* Palet, còdol, roc.
guijarroso, -sa [gixarróso, -sa] *a.* Pedregós.

guijo [gíxo] *m.* Grava.
guillotina [giʎotína] *f.* Guillotina.
guillotinar [giʎotinár] *t.* Guillotinar.
guinda [gínda] *f.* BOT. Guinda.
guindilla [gindíʎa] *f.* Bitxo. *2* fam. Bòfia.
guiñada [giɲáða] *f.* Ullet.
guiñapo [giɲápo] *m.* Parrac. *2* Desferra, rebrec (humà).
guiñar [giɲár] *t.-i.* Fer l'ullet.
guiño [gíɲo] *m.* Ullet.
guión [gión] *m.* Guió.
guipar [gipár] *i.-t.* fam. Clissar.
guirigay [giriɣáĭ] *m.* Guirigall.
guirlache [girlátʃe] *m.* Crocant.
guirnalda [girnálda] *f.* Garlanda.
guisa [gísa] *f.* Guisa, manera, faisó.
guisado [gisáðo] *m.* Guisat.
guisante [gisánte] *m.* BOT. Pèsol.
guisar [gisár] *t.* Guisar.
guiso [gíso] *m.* Guisat.
guisote [gisóte] *m.* Guisofi.
guita [gíta] *f.* Corda prima de cànem.
guitarra [gitárra] *f.* MÚS. Guitarra.
guitarrero [gitarréro] *m.-f.* Guitarrer. *2* Guitarrista.
guitarrillo [gitarríʎo] *m.* MÚS. Guitarró.
guitarrista [gitarrísta] *m.-f.* Guitarrista.
gula [gúla] *f.* Gola.
gumífero, -ra [gumífero, -ra] *a.* Gomífer.
gusanear [gusaneár] *i.* Formiguejar.
gusanera [gusanéra] *f.* fam. Fal·lera.
gusanillo [gusaníʎo] *m.* ***Matar el ~,*** matar el cuc.
gusano [gusáno] *m.* Cuc.
gusarapo [gusarápo] *m.-f.* Cuc, cuca.
gustación [gustaθjón] *f.* Tast, gustació.
gustar [gustár] *t.* Gustar, tastar. *2 i.* Agradar, plaure, venir de gust.
gustativo, -va [gustatíβo, -βa] *a.* Gustatiu.
gustillo [gustíʎo] *m.* Sentor, regust.
gusto [gústo] *m.* Gust. *2* Grat. ‖ ***A ~,*** de gust. ‖ ***Dar ~,*** donar bo.
gustosamente [gustósamente] *adv.* Gustosament.
gustoso, -sa [gustóso, -sa] *a.* Gustós, saborós.
gutapercha [gutapértʃa] *f.* Gutaperxa.
gutural [guturál] *a.* Gutural.

H

haba [áβa] *f.* Fava. *2* Favera.
habanero, -ra [aβanéro, -ra] *a., m.-f.* Havà. *2 f.* MÚS. Havanera.
habano, -na [aβáno, -na] *a.-m.* Havà.
habar [aβár] *m.* Favar.
haber [aβér] *aux.-t.* Haver. ¶ CONJUG. INDIC. Pres.: ***he, has, ha, hemos*** o ***habemos, han.*** | Indef.: ***hube, hubiste, hubo, hubimos, hubisteis, hubieron.*** | Fut.: ***habré, habrás, habrá, habremos, habréis, habrán.*** || SUBJ. Pres.: ***haya, hayas, haya, hayamos, hayáis, hayan.*** | Imperf.: ***hubiera*** o ***-iese, hubieras*** o ***-ieses, hubiéramos*** o ***-iésemos, hubierais*** o ***-ieseis, hubiera*** o ***-iese, hubieran*** o ***-iesen.*** | Fut.: ***hubiere, hubieres, hubiere, hubiéremos, hubiereis, hubiesen.*** || IMPERAT.: ***he, haya, hayamos, hayan.***
haber [aβér] *m.* Haver.
habichuela [aβitʃwéla] *f.* BOT. Mongeta, fesol. *2* Mongetera.
hábil [áβil] *a.* Hàbil.
habilidad [aβiliðáð] *f.* Habilitat.
habilidoso, -sa [aβiliðóso, -sa] *a.* Enginyós, traçut.
habilitar [aβilitár] *t.* Habilitar.
habitabilidad [aβitaβiliðáð] *f.* Habitabilitat.
habitación [aβitaθjón] *f.* Habitació. *2* Residència, estatge.
habitante [aβitánte] *m.* Habitant.
habitar [aβitár] *t.* Habitar, sojornar, residir, estar.
hábito [áβito] *m.* Hàbit. *2* Consuetud, habitud.
habitual [aβituál] *a.* Habitual, acostumat.
habituar [aβituár] *t.-prnl.* Habituar, acostumar.
habla [áβla] *f.* Parla, paraula, parlar.
hablado, -da [aβláðo, -ða] *a.* Parlat. || ***Bien ~,*** benparlat. || ***Mal ~,*** malparlat.
hablador, -ra [aβlaðór, -ra] *a., m.-f.* Parlador, enraonador, parler.
habladuría [aβlaðuría] *f.* Enraonia, parleria, murmuració.
hablar [aβlár] *i.-t.* Enraonar, parlar.
hablilla [aβliʎa] *f.* Enraonia, falòrnia.
hablista [aβlista] *m.-f.* Persona que parla bellament.
hacedero, -ra [aθeðéro, -ra] *a.* Faedor, possible.
hacedor, -ra [aθeðór, -ra] *m.-f.* Faedor.
hacendado, -da [aθendáðo, -ða] *a., m.-f.* Hisendat.
hacendista [aθéndista] *m.* Financer.
hacendoso, -sa [aθendóso,-sa] *a.* Feiner, recaptós.
hacer [aθér] *i.-t.-prnl.* Fer, fúmer (fam.). ¶ CONJUG. INDIC. Pres.: ***hago.*** | Indef.: ***hice, hiciste, hizo, hicimos, hicisteis, hicieron.*** | Fut.: ***haré, harás, hará, haremos, haréis, harán.*** || SUBJ. Pres.: ***haga, hagas, haga, hagamos, hagáis, hagan.*** | Imperf.: ***hiciera*** o ***-iese, hiciéramos*** o ***-iésemos, hicierais*** o ***-ieseis, hicieran*** o ***-iesen.*** | Fut.: ***hiciere, hicieres, hiciere, hiciéremos, hiciereis, hicieren.*** || IMPERAT.: ***haz, haga, hagamos, hagan.***
hacia [áθja] *prep.* Cap, cap a, devers, envers, vers.
hacienda [aθjénda] *f.* Hisenda. *2* Finances (ministeri).
hacina [aθina] *f.* Garbera.
hacinar [aθinár] *t.-prnl.* Garberar. *2* Amuntegar, apilar.
hacha [átʃa] *f.* Atxa (ciri). *2* Destral (eina).
hachazo [atʃáθo] *m.* Destralada, cop de destral.
hache [átʃe] *f.* Hac (lletra).
hachón [atʃón] *m.* Atxa, brandó. *2* Teiera.
hada [áða] *f.* Fada.
hado [áðo] *m.* Fat.
hagiografía [axjoγrafía] *f.* Hagiografia.
¡hala! [ála] *interj.* Hala!, apa!
halagador, -ra [alaγaðór, -ra] *a.* Afalagador, adulador, amanyagador.

halagar [alaɣár] *t.* Afalagar, amanyagar, amoixar. *2* Raspallar, adular.
halago [aláɣo] *m.* Afalac. *2* Magarrufa.
halagüeño, -ña [alaɣwéɲo, -ɲa] *a.* Falaguer, afalagador.
halar [alár] *t.* MAR. Sirgar.
halcón [alkón] *m.* ORNIT. Falcó.
halconero [alkonéro] *m.* Falconer.
halda [álda] *f.* Falda.
¡hale! [ále] *interj.* Apa!
hálito [álito] *m.* Hàlit. *2* Alè (dels animals). *3* Flat.
halo [álo] *m.* Halo.
hallar [aʎár] *t.* Trobar. *2* Ensopegar. *3 prnl.* Escaure's.
hallazgo [aʎaθɣo] *m.* Troballa.
hamaca [amáka] *f.* Hamaca.
hambre [ámbre] *f.* Gana. *2* Fam.
hambrear [ambreár] *i.* Ganejar, famejar. *2 t.* Afamar.
hambriento, -ta [ambrjénto, -ta] *a., m.-f.* Famolenc, afamat, famèlic.
hambrón, -ona [ambrón, -óna] *a., m.-f.* Ganut.
hampa [ámpa] *f.* Púrria, xusma, briva.
hampón [ampón] *a.-m.* Brivall.
hangar [aŋgár] *m.* Hangar.
haragán, -ana [araɣán, -ána] *a., m.-f.* Bergant, dropo.
haraganear [araɣaneár] *i.* Bergantejar, dropejar.
haraganería [araɣanería] *f.* Droperia, galloferia, berganteria.
harapiento, -ta [arapjénto, -ta] *a.* Esparracat, espellifat.
harapo [arápo] *m.* Parrac.
harén [arén] *m.* Harem.
harina [arína] *f.* Farina.
harinero, -ra [arinéro, -ra] *a.-m.* Fariner.
harinoso, -sa [arinóso, -sa] *a.* Farinós.
harmonio [armónjo] *m.* Harmònium.
harnero [arnéro] *m.* Garbell.
harpa [árpa] *f.* MÚS. Arpa.
harpía [arpía] *f.* Harpia.
harpillera [arpiʎéra] *f.* Arpillera, xarpellera.
hartar [artár] *t.-prnl.* Afartar, atipar, ataconar.
hartazgo [artaðɣo] *m.* Fart, empatx, fartanera, tip.
harto, -ta [árto, -ta] *a., m.-f.* Fart, tip. *2* fig. Fart, tip, cuit. *3 adv.* Prou, massa.
hartura [artúra] *f.* Empatx, fart, fartanera.
hasta [ásta] *prep.* Fins. *2* Fins, àdhuc. ‖ ~ ***luego,*** fins ara, fins després.
hastiar [astjár] *t.* Fastiguejar.
hastío [astío] *m.* Fastig, enuig. *2* Fàstic, tedi.
hastioso, -sa [astjóso, -sa] *a.* Fastijós, enutjós.
hatillo [atiʎo] *m.* Farcell, fardell.
hato [áto] *m.* Ramat. *2* Pleta. *3* despect. Colla, escamot.
haya [áɟa] *f.* BOT. Faig.
hayal [aɟál] *m.* Fageda.
hayedo [ajéðo] *m.* Fageda.
hayuco [aɟúko] *m.* BOT. Faja.
haz [aθ] *m.* Feix, garba. *2 f.* Faç.
haza [áθa] *f.* Feixa.
hazaña [aθáɲa] *f.* Proesa, gesta, feta.
hazmerreír [aðmerreír] *m.* Riota, rialla.
he aquí [eakí] loc. Heus (ací), vet (aquí).
hebdomadario, -ia [eβðomaðárjo, -ja] *a.* Hebdomadari.
hebilla [eβíʎa] *f.* Sivella.
hebra [eβra] *f.* Aguller (fil). *2* Bri, fil. *3* Rajolí.
hebraísta [eβraísta] *m.* Hebraista.
hebreo, -ea [eβréo, -éa] *a., m.-f.* Hebraic.
hebreo, -ea [eβréo, -éa] *a., m.-f.* Hebreu.
hebroso, -sa [eβróso, -sa] *a.* Fibrós.
hecatombe [ekatómbe] *f.* Hecatombe.
hectárea [eɣtárea] *f.* Hectàrea.
hectogramo [eɣtoɣrámo] *m.* Hectogram.
hectolitro [eɣtolítro] *m.* Hectolitre.
hectómetro [eɣtómetro] *m.* Hectòmetre.
hechicería [etʃiθería] *f.* Bruixeria, encantament.
hechicero, -ra [etʃiθéro, -ra] *a., m.-f.* Embruixador, encantador. *2* Encisador, encantador.
hechizar [etʃiθár] *t.* Embruixar, encantar. *2* Ullprendre, encisar.
hechizo, -za [etʃíθo, -θa] *a.* Artificiós, fingit. *2 m.* Embruix, embruixament, encantament, encís.
hecho, -cha [étʃo, -tʃa] *a.* Fet. *2* Avesat. *3 m.* Fet, feta.
hechura [etʃúra] *f.* Faiçó, forma, figura.
heder [eðér] *i.* Pudir, empudegar. ¶ CONJUG. com ***defender.***
hediondez [eðjóndéθ] *f.* Pudor, fetor.
hediondo [eðjóndo] *a.* Pudent, fètid.
hedonismo [eðonízmo] *m.* Hedonisme.
hedor [eðór] *m.* Fetor, pudor, ferum, fortor, baf.
hegemonía [exemonía] *f.* Hegemonia.
helada [eláða] *f.* Gelada, glaçada.
helado, -da [eláðo, -ða] *a.-m.* Gelat.
helar [elár] *t.-prnl.* Gelar, glaçar. ¶ CONJUG. com ***apretar.***
helecho [elétʃo] *m.* BOT. Falguera.
helénico, -ca [eléniko, -ka] *a.* Hel·lènic.
helenismo [elenízmo] *m.* Hel·lenisme.
heleno, -na [eléno, -na] *a., m.-f.* Hel·lènic.
helero [eléro] *m.* Gelera. *2* Congesta.

hélice [éliθe] *f.* GEOM., NÀUT. Hèlice, hèlix. *2* ANAT. Hèlix (de l'orella).
helicóptero [elikóβtero] *m.* Helicòpter.
helio [éljo] *m.* Heli.
heliograbado [eljoγraβáðo] *m.* Heliogravat.
heliotropo [eljotrópo] *m.* BOT. Heliotropi.
helminto [elminto] *m.* ZOOL. Helmint.
helvético, -ca [elβétiko, -ka] *a.* Helvètic.
hematíe [ematie] *m.* Hematia.
hematoma [ematóma] *m.* Hematoma.
hembra [émbra] *f.* Femella, fembra.
hembrilla [embriʎa] *f.* MEC. Baga.
hemiciclo [emiθiklo] *m.* Hemicicle.
hemiplejía [emiplexia] *f.* MED. Hemiplegia.
hemípteros [emiβteros] *m. pl.* Hemípters.
hemisferio [emisférjo] *m.* Hemisferi.
hemistiquio [emistikjo] *m.* Hemistiqui.
hemofilia [emofilja] *f.* Hemofília.
hemorragia [emorráxja] *f.* Hemorràgia.
henchimiento [entʃimjénto] *m.* Acció i efecte de ***henchir***. *2* Inflament.
henchir [entʃir] *t.* Omplir. *2* Inflar, botir, embotir. ¶ CONJUG. com ***pedir***.
hender [endér] *t.* Fendre, esberlar, esquerdar, clivellar, badar. ¶ CONJUG. com ***defender***.
hendidura [endiðúra] *f.* Esquerda, clivella, badall.
heno [éno] *m.* BOT. Fenc. *2* Fenàs.
hepático, -ca [epátiko, -ka] *a.* Hepàtic.
heráldico, -ca [eráldiko, -ka] *a.* Heràldic. *2 f.* Heràldica.
heraldo [eráldo] *m.* Herald.
herbáceo, -ea [erβáθeo, -ea] *a.* Herbaci.
herbaje [erβáxe] *m.* Herbam, herbatge (herba). *2* Herbatge (dret).
herbario [erβárjo] *m.* Herbari.
herbívoro, -ra [erβiβoro, -ra] *a.-m.* Herbívor.
herbolario [erβolárjo] *m.* Herbolari.
herborizar [erβoriθár] *i.* Herboritzar.
herboso, -sa [erβóso, -sa] *a.* Herbós.
hercúleo, -ea [erkúleo, -ea] *a.* Herculi.
heredad [ereðáð] *f.* Heretat, heretatge. *2* Possessió.
heredar [ereðár] *t.* Heretar.
heredero, -ra [ereðéro, -ra] *a., m.-f.* Hereu.
hereditario, -ia [ereðitárjo, -ja] *a.* Hereditari.
hereje [eréxe] *m.-f.* Heretge.
herejía [erexia] *f.* Heretgia.
herencia [erénθja] *f.* Herència, heretatge.
heresiarca [eresjárka] *m.* Heresiarca.
herético, -ca [erétiko, -ka] *a.* Herètic.
herida [eriða] *f.* Ferida, nafra.
herido, -da [eriðo, -ða] *a., m.-f.* Ferit.
herir [erir] *t.* Ferir, colpir. ¶ CONJUG. com ***sentir***.
hermafrodita [ermafroðita] *a.-m.* Hermafrodita.
hermana [ermána] *f.* Germana. *2* Sor, germana.
hermanamiento [ermanamjénto] *m.* Agermanament.
hermanar [ermanár] *t.-prnl.* Agermanar.
hermanastro, -tra [ermanástro, -tra] *m.-f.* Germanastre.
hermandad [ermandáð] *f.* Germandat. *2* Germanor.
hermano [ermáno] *m.* Germà.
hermético, -ca [ermétiko, -ka] *a.* Hermètic.
hermosamente [ermosaménte] *adv.* Bellament.
hermosear [ermoseár] *t.-prnl.* Embellir.
hermoso, -sa [ermóso, -sa] *a.* Formós, bell, bonic.
hermosura [ermosúra] *f.* Formosor, bellesa, boniquesa.
hernia [érnja] *f.* Hèrnia, trencadura.
herniado, -da [ernjáðo, -ða] *a.* Herniat.
héroe [éroe] *m.* Heroi.
heroicidad [eroïθiðáð] *f.* Heroïcitat.
heroína [eroina] *f.* Heroïna.
herpe [érpe] *m.* MED. Herpes.
herrada [erráða] *f.* Ferrada, galleda.
herrado, -da [erráðo, -ða] *a.* Ferrat.
herrador [erraðór] *m.* Ferrador.
herradura [erraðúra] *f.* Ferradura.
herraje [erráxe] *m.* Ferralla. *2* Ferramenta.
herramienta [erramjénta] *f.* Eina. *2* Ferramenta.
herrar [errár] *t.* Ferrar. ¶ CONJUG. com ***apretar***.
herrén [errén] *m.* Farratge.
herrería [erreria] *f.* Ferreria.
herrerillo [erreriʎo] *m.* ORNIT. Mallerenga.
herrero [erréro] *m.* Ferrer.
herrete [erréte] *m.* Capçat.
herretear [erreteár] *t.* Capçar.
herrumbre [errúmbre] *f.* Rovell. *2* Neula, rovell (del blat).
herrumbroso, -sa [errumbróso, -sa] *a.* Rovellat. *2* Rovellós.
hertziano, -na [erθjáno, -na] *a.* Hertzià.
hervidero [erβiðéro] *m.* Bull, bullida. *2* Bellugadissa.
hervir [erβir] *i.* Bullir. ¶ CONJUG. com ***sentir***.
hervor [erβór] *m.* Bullentor, bullida, bull, bullidera.
hervoroso, -sa [erβoróso, -sa] *a.* Ardorós.
heteróclito, -ta [eteróklito, -ta] *a.* Heteròclit.

heterodoxo, -xa [eteroðóɣso, -sa] *a., m.-f.* Heterodox.
heterogeneidad [eteroxeneĭðáð] *f.* Heterogeneïtat.
heterogéneo, -ea [eteroxéneo, -ea] *a.* Heterogeni.
hexágono, -na [eɣsáɣono, -na] *a.-m.* Hexàgon.
hexámetro [eɣsámetro] *m.* Hexàmetre.
hez [eθ] *f.* Pòsit, solatge. *2* Escòria. *3 pl.* Femta.
hiato [játo] *m.* Hiatus.
hibernal [iβernál] *a.* Hivernal.
híbrido, -da [iβriðo, -ða] *a.-m.* Híbrid.
hidalgo, -ga [iðálɣo, -ɣa] *a., m.-f.* Noble, cavaller.
hidalguía [iðalɣia] *f.* Noblesa, cavallerositat.
hidra [iðra] *f.* ZOOL. i MIT. Hidra.
hidratar [iðratár] *t.-prnl.* Hidratar.
hidrato [iðráto] *m.* QUÍM. Hidrat.
hidráulico, -ca [iðráŭliko, -ka] *a.* Hidràulic. *2 f.* Hidràulica.
hidroavión [iðroaβjón] *m.* Hidroavió.
hidrocarburo [iðrokarβúro] *m.* QUÍM. Hidrocarbur.
hidroeléctrico, -ca [iðroeléɣtriko, -ka] *a.* Hidroelèctric.
hidrófilo, -la [iðrófilo, -la] *a.* Hidròfil.
hidrofobia [iðrofóβja] *f.* Hidrofòbia.
hidrófobo, -ba [iðrófoβo, -βa] *a., m.-f.* Hidròfob, rabiós.
hidrógeno [iðróxeno] *m.* Hidrogen.
hidrografía [iðroɣrafia] *f.* Hidrografia.
hidrólisis [iðrólisis] *f.* Hidròlisi.
hidropesía [iðropesia] *f.* Hidropesia.
hidrópico, -ca [iðrópiko, -ka] *a., m.-f.* Hidròpic.
hidroterapia [iðroterápja] *f.* Hidroteràpia.
hiedra [jéðra] *f.* BOT. Heura.
hiel [jél] *f.* Fel.
hielo [jélo] *m.* Gel, glaç.
hiena [jéna] *f.* ZOOL. Hiena.
hierático, -ca [jerátiko, -ka] *a.* Hieràtic.
hierba [jérβa] *f.* Herba.
hierbabuena [jerβaβwéna] *f.* BOT. Menta.
hieroglífico, -ca [jeroɣlifiko, -ka] *a.-m.* V. JEROGLÍFICO.
hierro [jérro] *m.* Ferro.
hígado [iɣaðo] *m.* ANAT. Fetge.
higiene [ixjéne] *f.* Higiene.
higiénico, -ca [ixjéniko, -ka] *a.* Higiènic.
higienista [ixjenista] *a., m.-f.* Higienista.
hilatura [ilatúra] *f.* Filatura.
hilaza [iláθa] *f.* Filassa. *2* Fil.
hilera [iléra] *f.* Filera, rengle, renglera, corrua, fila. *2* CONSTR. Filada.
hilo [ilo] *m.* Fil. *2* Rajolí.
hilván [ilβán] *m.* Embasta, basta.
hilvanar [ilβanár] *t.* Embastar.
himen [imen] *m.* ANAT. Himen.
himeneo [imenéo] *m.* Himeneu.
himenópteros [imenóβteros] *m. pl.* ENTOM. Himenòpters.
himno [imno] *m.* Himne.
hincapié [iŋkapjé] *m.* Apuntalament, afermament. ‖ ***Hacer ~ en,*** refermar-se.
hincar [iŋkár] *t.* Clavar. *2* Recolzar. ‖ ***Hincarse de rodillas,*** agenollarse.
hincha [intʃa] *f.* fam. Tírria, mania, esquírria.
hinchado, -da [intʃáðo, -ða] *a.* Inflat. *2* Bufat, tibat.
hinchar [intʃár] *t.-prnl.* Inflar, embotir. *2* Embotornar, entumir. *3* Estarrufar. *4 prnl.* Bufar-se. *5* Embotifarrar-se.
hinchazón [intʃaθón] *f.* Inflor.
hiniesta [injésta] *f.* BOT. Ginesta. *2* Ginestera.
hinojo [inóxo] *m.* BOT. Fonoll.
hinojos [inóxos] *m. pl.* Genolls.
hipar [ipár] *i.* Singlotar.
hipérbaton [ipérβaton] *m.* Hipèrbaton.
hipérbola [ipérβola] *f.* GEOM. Hipèrbola.
hipérbole [ipérβole] *f.* RET. Hipèrbole.
hipertrofia [ipertrófja] *f.* Hipertròfia.
hípico, -ca [ipiko, -ka] *a.* Hípic.
hipido [ipiðo] *m.* Singlot.
hipnotismo [iβnotizmo] *m.* Hipnotisme.
hipnotizador, -ra [iβnotiθaðór, -ra] *a., m.-f.* Hipnotizador.
hipnotizar [iβnotiθár] *t.* Hipnotitzar.
hipo [ipo] *m.* Singlot.
hipocondríaco, -ca [ipokondriako, -ka] *a., m.-f.* Hipocondríac.
hipocresía [ipokresia] *f.* Hipocresia.
hipócrita [ipókrita] *a., m.-f.* Hipòcrita. *2* Colltort.
hipodérmico, -ca [ipoðérmiko, -ka] *a.* Hipodèrmic.
hipódromo [ipóðromo] *m.* Hipòdrom.
hipopótamo [ipopótamo] *m.* ZOOL. Hipopòtam.
hipotenusa [ipotenúsa] *f.* GEOM. Hipotenusa.
hipótesis [ipótesis] *f.* Hipòtesi.
hipotético, -ca [ipotétiko, -ka] *a.* Hipotètic.
hirsuto, -ta [irsúto, -ta] *a.* Hirsut.
hirviente [irβjénte] *a.* Bullent.
hisopada [isopáða] *f.* Asperges.
hisopo [isópo] *m.* BOT. Hisop. *2* Salpasser, hisop, asperges.
hispalense [ispalénse] *a., m.-f.* Sevillà.
hispánico, -ca [ispániko, -ka] *a.* Hispànic.
hispano, -na [ispáno, -na] *a., m.-f.* Hispà.

histeria [istérja] *f.* Histèria, histerisme.
histérico, -ca [istériko, -ka] *a.* Histèric.
histerismo [isterismo] *m.* MED. Histerisme.
histología [istoloxía] *f.* Histologia.
historia [istórja] *f.* Història. *2 pl.* Històries, romanços.
historiador, -ra [istorjaðór, -ra] *m.-f.* Historiador.
historial [istorjál] *m.* Historial.
historiar [istorjár] *t.* Historiar.
histórico, -ca [istóriko, -ka] *a.* Històric.
historieta [istorjéta] *f.* Historieta.
histrión [istrión] *m.* Histrió.
hito, -ta [íto, -ta] *a.-m.* Fita, boga. *2 m.* fig. Blanc (de tir), rodella. ‖ ***Calle*** o ***casa hita,*** carrer veí o casa veïna. ‖ ***Mirar de ~ en ~,*** mirar de fit a fit.
hocicar [oθikár] *t.* Furgar.
hocico [oθíko] *m.* Musell, morro.
hogaño [oγáɲo] *adv.* fam. Enguany.
hogar [oγár] *m.* Llar, fogar.
hoguera [oγéra] *f.* Foguera, fogata. *2* Foguerada.
hoja [óxa] *f.* BOT. Fulla. *2* Full (de paper). *3* Batent (de porta). ‖ ***No tener vuelta de ~,*** no tenir retop.
hojalata [oxaláta] *f.* Llauna.
hojalatería [oxalatería] *f.* Llauneria.
hojalatero [oxalatéro] *m.* Llauner.
hojaldre [oxáldre] *m.* Pasta de full, pasta fullada.
hojarasca [oxaráska] *f.* Fullaraca, fullam.
hojear [oxeár] *t.* Fullejar.
hojoso, -sa [oxóso, -sa] *a.* Fullós, fullat.
hojuela [oxwéla] *f.* Bunyol.
¡hola! [óla] *interj.* Hola!
holandés, -esa [olandés, -ésa] *a., m.-f.* Holandès.
holgado, -da [olγáðo, -ða] *a.* Ample, balder, folgat. *2* Desvagat, desenfeinat.
holganza [olγánθa] *f.* Desvagament, ociositat. *2* Folgança.
holgar [olγár] *i.-prnl.* Folgar. *2* Sobrar. ¶ CONJUG. com ***desollar.***
holgazán, -ana [olγaθán, -ána] *a., m.-f.* Gandul, dropo, buscagotoses, mandra.
holgazanear [olγaθaneár] *i.* Gandulejar, dropejar.
holgazanería [olγaθanería] *f.* Ganduleria, droperia, vagabunderia.
holgorio [olγórjo] *m.* Gresca, xerinola, tabola.
holgura [olγúra] *f.* Folgança. *2* Bullícia.
holocausto [olokáŭsto] *m.* Holocaust.
hollar [oʎár] *t.* Petjar, trepitjar, calcigar. ¶ CONJUG. com ***desollar.***
hollejo [oʎéxo] *m.* Pellerofa.
hollín [oʎín] *m.* Sutge.
holliniento, -ta [oʎinjénto, -ta] *a.* Sutjós.
hombrada [ombráða] *f.* Homenada.
hombradía [ombraðía] *f.* Homenia.
hombre [ómbre] *m.* Home. *2* fam. Marit.
hombrera [ombréra] *f.* Espatllera.
hombría [ombría] *f.* Homenia. ¶ ***~ de bien,*** bonhomia.
hombruno, -na [ombrúno, -na] *a.* Homenenc.
homenaje [omenáxe] *m.* Homenatge.
homeopatía [omeopatía] *f.* Homeopatia.
homérico, -ca [omériko, -ka] *a.* Homèric.
homicida [omiθíða] *a., m.-f.* Homicida.
homicidio [omiθíðjo] *m.* Homicidi.
homilía [omilía] *f.* Homilia.
hominicaco [ominikáko] *m.* fam. Cagacalces.
homogeneidad [omoxeneĭðáð] *f.* Homogeneïtat.
homogéneo, -ea [omoxéneo, -ea] *a.* Homogeni.
homólogo, -ga [omóloγo, -γa] *a.* Homòleg.
homónimo, -ma [omónimo, -ma] *a., m.-f.* Homònim.
honda [ónda] *f.* Fona.
hondero [ondéro] *m.* Foner.
hondo, -da [óndo, -da] *a.* Fons, pregon.
hondonada [ondonáða] *f.* Fondalada. *2* Clotada.
hondura [ondúra] *f.* Fondària, pregonesa.
honestidad [onestiðáð] *f.* Honestedat.
honesto, -ta [onésto, -ta] *a.* Honest.
hongo [óŋγo] *m.* BOT. Bolet. *2* Bolet (barret).
honor [onór] *m.* Honor.
honorabilidad [onoraβiliðáð] *f.* Honorabilitat.
honorable [onoráβle] *a.* Honorable.
honorario, -ia [onorárjo, -ja] *a., m.-f.* Honorari. *2 m. pl.* Honoraris.
honorífico, -ca [onorífiko, -ka] *a.* Honorífic.
honra [ónrra] *f.* Honra.
honradez [onrraðéθ] *f.* Honradesa.
honrado, -da [onrráðo, -ða] *a.* Honrat.
honrar [onrrár] *t.* Honrar, honorificar.
honrilla [onrriʎa] *f.* Picapunt.
honroso, -sa [onrróso, -sa] *a.* Honrós.
hopo [ópo] *m.* Tupè. *2* Cua peluda.
hora [óra] *f.* Hora.
horadar [oraðár] *t.* Foradar.
horario, -ia [orárjo, -ja] *a.-m.* Horari.
horca [órka] *f.* Forca.
horcadura [orkaðúra] *f.* Forcadura, forcat, entreforc.
horcajadas (a) [orkaxáðas] loc. Cama ací, cama allà; eixancarrat.
horcate [orkáte] *m.* Forcat.

horco [órko] *m.* Forc.
horcón [orkón] *m.* AGR. Forcat, forqueta.
horchata [ortʃáta] *f.* Orxata.
horchatería [ortʃateria] *f.* Orxateria.
horda [órða] *f.* Horda.
horizontal [oriθontál] *a.* Horitzontal.
horizonte [oriθónte] *m.* Horitzó.
horma [órma] *f.* Forma, motlle.
hormaza [ormáθa] *f.* Paret seca.
hormiga [ormíɣa] *f.* Formiga.
hormigón [ormiɣón] *m.* Formigó. ‖ ~ ***armado,*** ciment armat.
hormiguear [ormiɣeár] *i.* Formiguejar.
hormigueo [ormiɣéo] *m.* Formigueig, formigó. *2* Formigueig (de la multitud).
hormiguero [ormiɣéro] *m.* Formiguer. *2* Bellugadissa.
hormona [ormóna] *f.* Hormona.
hornacina [ornaθina] *f.* Fornícula, nínxol, capelleta, pastera.
hornada [ornáða] *f.* Fornada, cuita, fogonada.
hornaguera [ornaɣéra] *f.* Carbó de pedra.
hornero, -ra [ornéro, -ra] *m.-f.* Forner.
hornija [ornixxa] *f.* Fogot.
hornilla [orniʎa] *f.* Fogó.
hornillo [orniʎo] *m.* Forn petit.
horno [órno] *m.* Forn.
horóscopo [oróskopo] *m.* Horòscop.
horqueta [orkéta] *f.* Estaló. *2* Forca.
horquilla [orkiʎa] *f.* Forqueta, estaló. *2* Agulla de ganxo.
horrendo, -da [orréndo, -da] *a.* Horrible, horrorós, hòrrid.
hórreo [órreo] *m.* Graner, sitja.
horrible [orriβle] *a.* Horrible.
hórrido, -da [órriðo, -ða] *a.* Hòrrid.
horripilante [orripilánte] *a.* Horripilant, esborronador, esgarrifós.
horripilar [orripilár] *t.* Horripilar, esborronar, esglaiar, esgarrifar.
horrísono, -na [orrisono, -na] *a.* Horrísson.
horror [orrór] *m.* Horror.
horrorizar [orroriθár] *t.-prnl.* Horroritzar.
horroroso, -sa [orroróso, -sa] *a.* Horrorós, esgarrifós.
hortaliza [ortaliθa] *f.* Hortalissa.
hortelano, -na [orteláno, -na] *a.-m.* Hortolà.
hortense [orténse] *a.* Hortense.
hortensia [orténsja] *f.* BOT. Hortènsia.
hortera [ortéra] *f.* Escudella, cassola. *2 m.* fam. Saltataulells.
horticultura [ortikultúra] *f.* Horticultura.
hosco, -ca [ósko, -ka] *a.* Fosc. *2* Esquerp, sorrut, adust.
hospedaje [ospeðáxe] *m.* Allotjament, dispesa.
hospedar [ospeðár] *t.-prnl.* Allotjar, albergar.
hospedería [ospeðeria] *f.* Hostatgeria, hospederia.
hospedero, -ra [ospeðéro, -ra] *m.-f.* Dispeser.
hospicio [ospiθjo] *m.* Hospici.
hospital [ospitál] *m.* Hospital.
hospitalario, -ia [ospitalárjo, -ja] *a.* Hospitalari.
hospitalidad [ospitaliðáð] *f.* Hospitalitat.
hospitalizar [ospitaliθár] *t.* Hospitalitzar.
hostelero, -ra [osteléro, -ra] *m.-f.* Hostaler.
hostería [osteria] *f.* Hostal.
hostia [óstja] *f.* Hòstia.
hostigar [ostiɣár] *t.* Fustigar, fuetejar, xurriaquejar.
hostil [ostil] *a.* Hostil.
hostilidad [ostiliðáð] *f.* Hostilitat.
hostilizar [ostiliθár] *t.* Hostilitzar.
hotel [otél] *m.* Hotel.
hotelero, -ra [oteléro, -ra] *a., m.-f.* Hoteler.
hoy [oĭ] *adv.* Avui. ‖ ***De ~ en adelante,*** d'avui endavant. ‖ ~ ***por*** ~, per ara, de moment, ara per ara.
hoya [ója] *f.* Clota, fossa.
hoyada [ojáðə] *f.* Clotada.
hoyo [ójo] *m.* Clot, sot, forat. *2* Congost.
hoz [oθ] *f.* Falç. *2* GEOG. Congost.
hozar [oθár] *t.* Furgar.
hucha [útʃa] *f.* Guardiola.
huchear [utʃeár] *i.* Aquissar, aücar.
hueco, -ca [wéko, -ka] *a.* Buit, balmat, esponjós, tou. *2 m.* Buit.
huelga [wélɣa] *f.* Vaga.
huelguista [welɣista] *m.* Vaguista.
huella [wéʎa] *f.* Petja, petjada. *2* Ditada. *3* Empremta. *4* Trepig, trepitjada.
huérfano, -na [wérfano, -na] *a., m.-f.* Orfe.
huero, -ra [wéro, -ra] *a.* Buit, insípid. ‖ ***Huevo*** ~, aiguapoll, ou covarot.
huerta [wérta] *f.* Horta.
huerto [wérto] *m.* Hort.
huesa [wésa] *f.* Fossa, clot.
hueso [wéso] *m.* Os. *2* Pinyol.
huésped, -da [wéspeð, -ða] *m.-f.* Hoste.
hueste [wéste] *f.* Estol, host.
huesudo, -da [wesúðo, -ða] *a.* Ossut.
hueva [wéβa] *f.* Ouera (dels peixos).
huevera [weβéra] *f.* Ouera.
huevo [wéβo] *m.* Ou. ‖ ~ ***huero,*** aiguapoll, ou covarot. ‖ ~ ***frito,*** ~ ***estrellado,*** ou ferrat.
¡huf! [uf] *interj.* Uf!
hugonote, -ta [uɣonóte, -ta] *a., m.-f.* Hugonot.

huida [wíða] *f.* Fugida.
huidizo, -za [wiðíθo, -θa] *a.* Fugisser.
huir [uír] *i.-t.-prnl.* Fugir. *2* Escapolir-se. ¶ CONJUG. GER.: ***huyendo.*** ¶ INDIC. Pres.: ***huyo, huyes, huye, huyen.*** | Indef.: ***huyó, huyeron.*** || SUBJ. Pres.: ***huya, huyas, huya, huyamos, huyáis, huyan.*** | Imperf.: ***huyera*** o ***-yese, huyeras*** o ***-yeses, huyera*** o ***-yese, huyéramos*** o ***-yésemos, huyerais*** o ***-yeseis, huyeran*** o ***-yesen.*** | Fut.: ***huyere, huyeres, huyere, huyéremos, huyéreis, huyeren.*** || IMPERAT.: ***huye, huya, huyamos, huid, huyan.***
hule [úle] *m.* Hule.
hulla [úʎa] *f.* MINER. Hulla.
humanal [umanál] *a.* Humanal.
humanar [umanár] *t.-prnl.* Humanitzar.
humanidad [umaniðáð] *f.* Humanitat.
humanismo [umanísmo] *m.* Humanisme.
humanitario, -ia [umanitárjo, -ja] *a.* Humanitari.
humanizar [umaniθár] *t.-prnl.* Humanitzar.
humano, -na [umáno, -na] *a.* Humà.
humarazo [umaráθo] *m.* Fumarada.
humareda [umaréða] *f.* Fumera, fumarada.
humeante [umeánte] *a.* Fumejant.
humear [umeár] *i.-prnl.* Fumejar, fumar.
humedad [umeðáð] *f.* Humitat, mullena.
humedecer [umeðeθér] *t.-prnl.* Humitejar. ¶ CONJUG. com ***agradecer.***
húmedo, -da [úmeðo, -ða] *a.* Humit, rellent.
humera [uméra] *f.* fam. Borratxera, mona.
humeral [umerál] *a.-m.* Humeral.
húmero [úmero] *m.* ANAT. Húmer.
humildad [umildáð] *f.* Humilitat.
humilde [umílde] *a.* Humil.
humillación [umiʎaθjón] *f.* Humiliació.
humilladero [umiʎaðéro] *m.* Creu de terme.
humillante [umiʎánte] *a.* Humiliant.
humillar [umiʎár] *t.-prnl.* Humiliar. *2* Ajupir. *3 prnl.* Agemolir-se, rebaixar-se.
humillos [umíʎos] *m. pl.* Fums.
humo [úmo] *m.* Fum. *2* Baf. *3 pl.* Fums, vanitat. || ***A ~ de pajas,*** a la lleugera.
humor [umór] *m.* Humor.
humorada [umoráða] *f.* Humorada.
humorismo [umorísmo] *m.* Humorisme.
humorista [umorísta] *a., m.-f.* Humorista.
humorístico, -ca [umorístiko, -ka] *a.* Humorístic.
humoso, -sa [umóso, -sa] *a.* Fumós.
humus [úmus] *m.* AGR. Humus.
hundido, -da [undíðo, -ða] *a.* Enfonsat. *2* Ensotat.
hundimiento [undimjénto] *m.* Enfonsament, esfondrament.
hundir [undír] *t.-prnl.* Enfonsar, ensorrar. *2* Esfondrar. *3* Enclotar.
húngaro, -ra [úŋɣaro, -ra] *a., m.-f.* Hongarès.
huracán [urakán] *m.* Huracà.
huracanado, -da [urakanáðo, -ða] *a.* Huracanat.
huraño, -ña [uráɲo, -ɲa] *a.* Esquerp, sorrut, esquiu, malagradós.
hurgar [urɣár] *t.* Furgar, burxar.
hurgón [urɣón] *m.* Burxa.
hurgonada [urɣonáða] *f.* Burxada.
hurgonear [urɣoneár] *t.* Burxar, furgar.
hurí [urí] *f.* Hurí.
hurón [urón] *m.* ZOOL. Fura.
huronear [uroneár] *t.* Furetejar, furgar, remenar.
huronera [uronéra] *f.* Banastell.
¡hurra! [úrra] *interj.* Hurra!
hurtadillas (a) [urtaðíʎas] loc. D'amagat, d'amagatotis.
hurtar [urtár] *t.* Furtar, rampinyar.
hurto [úrto] *m.* Furt.
húsar [úsar] *m.* Hússar.
husmear [uzmeár] *t.-i.* Ensumar, flairar. *2 i.* Ferumejar.
husmeo [uzméo] *m.* Ensumada.
husmo [úzmo] *m.* Flus, ferum.
huso [úso] *m.* Fus. *2* Pua (de filatura).
¡huy! [uĭ] *interj.* Ui!

I

i [i] *f.* I (lletra).
ibérico, -ca [iβériko, -ka] *a.* Ibèric.
íbero, -ra [íβero, -ra] *a., m.-f.* Iber.
ibis [íβis] *f.* ORNIT. Ibis.
Ibiza [iβíθa] *n. pr.* Eivissa.
iceberg [iθeβérk] *m. angl.* Iceberg.
icono [ikóno] *m.* Icona.
iconoclasta [ikonoklásta] *a., m.-f.* Iconoclasta.
ictericia [iɣteríθja] *f.* MED. Icterícia.
ictiología [iɣtioloxía] *f.* Ictiologia.
ictiosauro [iɣtjosáŭro] *m.* Ictiosaure.
ida [íða] *f.* Anada. ‖ *~ **y vuelta,*** anada i tornada.
idea [iðéa] *f.* Idea. *2* Pensada.
ideal [iðeál] *a.-m.* Ideal.
idealismo [iðealízmo] *m.* Idealisme.
idealista [iðealísta] *a., m.-f.* Idealista.
idealizar [iðealiθár] *t.* Idealitzar.
idear [iðeár] *t.* Idear.
ideario [iðeárjo] *m.* Ideari.
idem [íðem] *adv.* Ídem.
idéntico [iðéntiko] *a.* Idèntic.
identidad [iðentiðáð] *f.* Identitat.
identificar [iðentifikár] *t.-prnl.* Identificar.
ideología [iðeoloxía] *f.* Ideologia.
ideólogo, -ga [iðeóloɣo, -ɣa] *m.-f.* Ideòleg.
idílico, -ca [iðíliko, -ka] *a.* Idíl·lic.
idilio [iðíljo] *m.* Idil·li.
idioma [iðjóma] *m.* Idioma.
idiomático, -ca [idjomátiko, -ka] *a.* Idiomàtic.
idiosincrasia [iðjosiŋkrásja] *f.* Idiosincràsia.
idiota [iðjóta] *a., m.-f.* Idiota.
idiotez [iðjotéθ] *f.* Idiotesa.
idiotismo [iðjotízmo] *m.* Idiotisme.
idólatra [iðólatra] *a., m.-f.* Idòlatra.
idolatrar [iðolatrár] *t.-i.* Idolatrar.
idolatría [iðolatría] *f.* Idolatria.
ídolo [íðolo] *m.* Ídol.
idóneo, -ea [iðóneo, -ea] *a.* Idoni.
iglesia [iɣlésja] *f.* Església.
ignaro, -ra [iɣnáro, -ra] *a.* Ignar.
ígneo, -ea [íɣneo, -ea] *a.* Igni.
ignición [iɣniθjón] *f.* Ignició.
ignominia [iɣnomínja] *f.* Ignomínia.
ignominioso, -sa [iɣnominjóso, -sa] *a.* Ignominiós.
ignorancia [iɣnoránθja] *f.* Ignorància.
ignorante [iɣnoránte] *a., m.-f.* Ignorant.
ignorar [iɣnorár] *t.* Ignorar.
ignoto, -ta [iɣnóto, -ta] *a.* Ignot.
igual [iɣwál] *a., m.-f.* Igual.
igualación [iɣwalaθjón] *f.* Igualació.
igualamiento [iɣwalamjénto] *m.* Igualament.
igualar [iɣwalár] *t.-i.-prnl.* Igualar.
igualdad [iɣwaldáð] *f.* Igualtat.
igualitario, -ia [iɣwalitárjo, -ja] *a.* Igualitari.
igualmente [iɣwalménte] *adv.* Igualment.
ijada [ixáða] *f.* Illada.
ijar [ixár] *m.* Illada.
ilación [ilaθjón] *f.* Il·lació.
ilegal [ileɣál] *a.* Il·legal.
ilegalidad [ileɣaliðáð] *f.* Il·legalitat.
ilegible [ilexíβle] *a.* Il·legible.
ilegitimidad [ilexitimiðáð] *f.* Il·legitimitat.
ilegítimo, -ma [ilexítimo, -ma] *a.* Il·legítim.
íleon [íleon] *m.* ANAT. Íleum.
ilerdense [ilerðénse] *a., m.-f.* Lleidatà.
ileso, -sa [iléso, -sa] *a.* Il·lès.
iletrado, -da [iletráðo, -ða] *a.* Illetrat.
ilíaco, -ca [ilíako, -ka] *a.* Ilíac.
ilícito, -ta [ilíθito, -ta] *a.* Il·lícit.
ilimitado, -da [ilimitáðo, -ða] *a.* Il·limitat.
ilion [ílion] *m.* ANAT. Ílium.
ilógico, -ca [ilóxiko, -ka] *a.* Il·lògic.
iluminación [iluminaθjón] *f.* Il·luminació. *2* Lluminària.
iluminador, -ra [iluminaðór, -ra] *a., m.-f.* Il·luminador.
iluminar [iluminár] *t.* Il·luminar.
ilusión [ilusjón] *f.* Il·lusió.

ilusionar [ilusjonár] *t.-prnl.* Il·lusionar.
ilusionista [ilusjonísta] *m.* Il·lusionista.
iluso, -sa [ilúso, -sa] *a., m.-f.* Il·lús.
ilusorio, -ia [ilusórjo, -ja] *a.* Il·lusori.
ilustración [ilustraθjón] *f.* Il·lustració.
ilustrar [ilustrár] *t.-prnl.* Il·lustrar.
ilustre [ilústre] *a.* Il·lustre.
imagen [imáxen] *f.* Imatge.
imaginable [imaxináβle] *a.* Imaginable.
imaginación [imaxinaθjón] *f.* Imaginació, magí.
imaginar [imaxinár] *t.* Imaginar. *2* Albirar. *3* Empescar-se.
imaginario, -ia [imaxinárjo, -ja] *a.* Imaginari.
imaginero [imaxinéro] *m.* Imaginaire, imatger.
imán [imán] *m.* Imant.
imantar [imantár] *t.* Imantar.
imbécil [imbéθil] *a.* Imbècil.
imbecilidad [imbeθiliðáð] *f.* Imbecilitat.
imberbe [imbérβe] *a.* Imberbe.
imborrable [imborráβle] *a.* Inesborrable.
imbricado, -da [imbrikáðo, -ða] *a.* Imbricat.
imbuir [imbuír] *t.* Imbuir. ¶ CONJUG. com ***huir***.
imitación [imitaθjón] *f.* Imitació.
imitador, -ra [imitaðór, -ra] *a., m.-f.* Imitador.
imitar [imitár] *t.* Imitar.
impaciencia [impaθjénθja] *f.* Impaciència. *2* Frisança.
impacientar [impaθjentár] *t.-prnl.* Impacientar. *2 prnl.* Frisar.
impaciente [impaθjénte] *a.* Impacient. *2* Frisós.
impacto [impáɣto] *m.* Impacte.
impalpable [impalpáβle] *a.* Impalpable.
impar [impár] *a.* Imparell, senar.
imparcial [imparθjál] *a.* Imparcial.
imparcialidad [imparθjaliðáð] *f.* Imparcialitat.
impartir [impartír] *t.* Impartir.
impasibilidad [impasiβiliðáð] *f.* Impassibilitat.
impasible [impasíβle] *a.* Impassible.
impávido, -da [impáβiðo, -ða] *a.* Impàvid.
impecable [impekáβle] *a.* Impecable.
impedimenta [impeðiménta] *f.* Impedimenta.
impedimento [impeðiménto] *m.* Impediment.
impedir [impeðír] *t.* Impedir, privar. ¶ CONJUG. com ***pedir***.
impelente [impelénte] *a.* Impel·lent.
impeler [impelér] *t.* Impel·lir.
impenetrable [impenetráβle] *a.* Impenetrable.
impenitencia [impeniténθja] *f.* Impenitència.
impenitente [impeniténte] *a., m.-f.* Impenitent.
impensadamente [impensaðaménte] *adv.* Impensadament.
impensado, -da [impensáðo, -ða] *a.* Impensat.
imperante [imperánte] *a.* Imperant.
imperar [imperár] *i.* Imperar.
imperativo, -va [imperatíβo, -βa] *a.-m.* Imperatiu.
imperceptible [imperθebtíβle] *a.* Imperceptible.
imperdible [imperðíβle] *a.-m.* Imperdible.
imperdonable [imperðonáβle] *a.* Imperdonable.
imperecedero, -ra [impereθeðéro, -ra] *a.* Imperible.
imperfección [imperfeɣθjón] *f.* Imperfecció.
imperfecto, -ta [imperféɣto, -ta] *a.* Imperfecte, imperfet.
imperial [imperjál] *a.* Imperial.
imperialismo [imperjalízmo] *m.* Imperialisme.
impericia [imperíθja] *f.* Imperícia.
imperio [impérjo] *m.* Imperi.
imperioso, -sa [imperjóso, -sa] *a.* Imperiós.
impermeabilizar [impermeaβiliθár] *t.* Impermeabilitzar.
impermeable [impermeáβle] *a.* Impermeable.
impersonal [impersonál] *a.* Impersonal.
impertérrito, -ta [impertérrito, -ta] *a.* Impertèrrit.
impertinencia [impertinénθja] *f.* Impertinència.
impertinente [impertinénte] *a.* Impertinent.
imperturbable [imperturβáβle] *a.* Impertorbable.
impetrar [impetrár] *t.* Impetrar.
ímpetu [ímpetu] *m.* Ímpetu, abrivament.
impetuosidad [impetwosiðáð] *f.* Impetuositat.
impetuoso, -sa [impetwóso, -sa] *a.* Impetuós, abrivat, furient.
impiedad [impjeðáð] *f.* Impietat, despietat.
impío, -ía [impío, -ía] *a., m.-f.* Impiu.
implacable [implakáβle] *a.* Implacable.
implantar [implantár] *t.* Implantar.
implicar [implikár] *t.* Implicar.
implícito, -ta [implíθito, -ta] *a.* Implícit.
imploración [imploraθjón] *f.* Imploració.
implorar [implorár] *t.* Implorar.

imponderable [imponderáβle] *a.-m.* Imponderable.
imponedor, -ra [imponeðór, -ra] *a., m.-f.* V. IMPONENTE.
imponente [imponénte] *a., m.-f.* Imponent, imposant. *2* Imposant (de diners).
imponer [imponér] *t.-prnl.* Imposar. ¶ CONJUG. com ***poner.***
impopular [impopulár] *a.* Impopular.
impopularidad [impopulariðáð] *f.* Impopularitat.
importación [importaθjón] *f.* Importació.
importador, -ra [importaðór, -ra] *a., m.-f.* Importador.
importancia [importánθja] *f.* Importància.
importante [importánte] *a.* Important.
importar [importár] *t.-i.* Importar.
importe [impórte] *m.* Import.
importunar [importunár] *t.* Importunar, amoïnar.
importunidad [importuniðáð] *f.* Importunitat.
importuno, -na [importúno, -na] *a.* Importú, amoïnós.
imposibilidad [imposiβiliðáð] *f.* Impossibilitat.
imposibilitar [imposiβilitár] *t.* Impossibilitar.
imposible [imposíβle] *a.-m.* Impossible.
imposición [imposiθjón] *f.* Imposició.
impostor, -ra [impostór, -ra] *a., m.-f.* Impostor.
impostura [impostúra] *f.* Impostura.
impotencia [impoténθja] *f.* Impotència.
impotente [impoténte] *a.* Impotent.
impracticable [impraγtikáβle] *a.* Impracticable.
imprecación [imprekaθjón] *f.* Imprecació.
imprecisión [impreθisjón] *f.* Imprecisió.
impreciso, -sa [impreθíso, -sa] *a.* Imprecís.
impregnar [impreγnár] *t.-prnl.* Impregnar.
impremeditado, -da [impremeðitáðo, -ða] *a.* Impremeditat.
imprenta [imprénta] *f.* Impremta.
imprescindible [impresθindíβle] *a.* Imprescindible.
impresión [impresjón] *f.* Impressió, impremta.
impresionante [impresjonánte] *a.* Impressionant, colpidor.
impresionar [impresjonár] *t.-prnl.* Impressionar, afectar. *2* Impressionar (un clixé).
impresionismo [impresjonízmo] *m.* PINT. Impressionisme.
impreso [impréso] *a.-m.* Imprès.
impresor [impresór] *m.* Impressor.
imprevisible [impreβisíβle] *a.* Imprevisible.
imprevisión [impreβisjón] *f.* Imprevisió.
imprevisto, -ta [impreβísto, -ta] *a.* Imprevist.
imprimir [imprimír] *t.* Imprimir. ¶ CONJUG. P. P.: ***impreso.***
improbable [improβáβle] *a.* Improbable.
ímprobo, -ba [ímproβo, -βa] *a.* Ímprobe.
improcedente [improθeðénte] *a.* Improcedent.
improductivo, -va [improðuγtíβo, -βa] *a.* Improductiu.
improperio [impropérjo] *m.* Improperi.
impropiedad [impropjeðáð] *f.* Impropietat.
impropio, -pia [imprópjo, -pja] *a.* Impropi.
improvisación [improβisaθjón] *f.* Improvisació.
improvisador, -ra [improβisaðór, -ra] *m.-f.* Improvisador.
improvisar [improβisár] *t.* Improvisar.
improviso [improβíso] *m.* Improvís. ‖ ***De ~***, d'improvís, de trascantó, de cop.
imprudencia [impruðénθja] *f.* Imprudència.
imprudente [impruðénte] *a., m.-f.* Imprudent.
impúber [impúβer] *a., m.-f.* Impúber.
impúdico, -ca [impúðiko, -ka] *a.* Impúdic, porc.
impudor [impuðór] *m.* Impudor.
impuesto [impwésto] *m.* Impost.
impugnación [impuγnaθjón] *f.* Impugnació.
impugnar [impuγnár] *t.* Impugnar.
impulsar [impulsár] *t.* Impulsar.
impulsión [impulsjón] *f.* Impulsió.
impulsivo, -va [impulsíβo, -βa] *a.* Impulsiu.
impulso [impúlso] *m.* Impuls, embranzida.
impune [impúne] *a.* Impune.
impunidad [impuniðáð] *f.* Impunitat.
impureza [impuréθa] *f.* Impuresa.
impurificar [impurifikár] *t.* Impurificar.
impuro, -ra [impúro, -ra] *a.* Impur.
imputable [imputáβle] *a.* Imputable.
imputar [imputár] *t.* Imputar. *2* Penjar.
inacabable [inakaβáβle] *a.* Inacabable.
inaccesible [inaγθesíβle] *a.* Inaccessible.
inacción [inaγθjón] *f.* Inacció.
inaceptable [inaθeβtáβle] *a.* Inacceptable.
inactividad [inaγtiβiðáð] *f.* Inactivitat.
inactivo, -va [inaγtíβo, -βa] *a.* Inactiu.
inadaptable [inaðaβtáβle] *a.* Inadaptable.

inadmisible [inaðmisiβle] *a.* Inadmissible.
inadvertencia [inaðβertènθja] *f.* Inadvertència.
inadvertido, -da [inaðβertiðo, -ða] *a.* Inadvertit, desapercebut.
inagotable [inaɣotáβle] *a.* Inesgotable, inexhaurible.
inaguantable [inaɣwantáβle] *a.* Inaguantable.
inajenable [inaxenáβle] *a.* Inalienable.
inalienable [inaljenáβle] *a.* Inalienable.
inalterable [inalteráβle] *a.* Inalterable.
inamovible [inamoβiβle] *a.* Inamovible.
inane [inàne] *a.* Va, insignificant, inútil.
inanición [inaniθjón] *f.* Inanició.
inanimado, -da [inanimáðo, -ða] *a.* Inanimat.
inapelable [inapeláβle] *a.* Inapel·lable.
inapetencia [inapetènθja] *f.* Inapetència.
inapetente [inapetènte] *a.* Inapetent, desganat, desmenjat.
inapreciable [inapreθjáβle] *a.* Inapreciable.
inarticulado, -da [inartikuláðo, -ða] *a.* Inarticulat.
inasequible [inasekiβle] *a.* Inassequible.
inatacable [inatakáβle] *a.* Inatacable.
inaudito, -ta [inaŭðito, -ta] *a.* Inaudit, inoït.
inauguración [inaŭɣuraθjón] *f.* Inauguració.
inaugurar [inaŭɣurár] *t.* Inaugurar.
inca [iŋka] *m.* Inca.
incalificable [iŋkalifikáβle] *a.* Inqualificable.
incandescente [iŋkandesθènte] *a.* Incandescent.
incansable [iŋkansáβle] *a.* Incansable.
incapacidad [iŋkapaθiðáð] *f.* Incapacitat.
incapacitar [iŋkapaθitár] *t.* Incapacitar.
incapaz [iŋkapáθ] *a.* Incapaç.
incautación [iŋkaŭtaθjón] *f.* Apoderament, segrest, confiscació.
incautarse [iŋkaŭtárse] *prnl.* Apoderar-se, emparar-se, confiscar.
incauto, -ta [iŋkáŭto, -ta] *a.* Incaut.
incendiar [inθendjár] *t.* Incendiar, calar-foc.
incendiario, -ia [inθendjárjo, -ja] *a., m.-f.* Incendiari.
incendio [inθèndjo] *m.* Incendi.
incensar [inθensár] *t.* Encensar. ¶ CONJUG. com ***apretar***.
incensario [inθensárjo] *m.* Encenser.
incentivo [inθentiβo] *a.-m.* Incentiu.
incertidumbre [inθertiðúmbre] *f.* Incertesa, incertitud.
incesante [inθesánte] *a.* Incessant.
incesto [inθèsto] *a.* Incest.
incestuoso, -sa [inθestuóso, -sa] *a.* Incestuós.
incidencia [inθiðènθja] *f.* Incidència.
incidental [inθiðentál] *a.* Incidental.
incidente [inθiðènte] *a., m.-f.* Incident.
incidir [inθiðir] *i.* Incidir.
incienso [inθjènso] *m.* Encens.
incierto, -ta [inθjèrto, -ta] *a.* Incert.
incineración [inθineraθjón] *f.* Incineració.
incinerar [inθinerár] *t.* Incinerar.
incipiente [inθipjènte] *a.* Incipient.
incisión [inθisjón] *f.* Incisió. *2* Trau.
incisivo, -va [inθisiβo, -βa] *a.* Incisiu. *2 m.* Incisiva (dents incisives).
inciso, -sa [inθiso, -sa] *a.-m.* Incís.
incitar [inθitár] *t.* Incitar, moure.
incivil [inθiβil] *a.* Incivil.
incivilizado, -da [inθiβiliθáðo, -ða] *a.* Incivilitzat.
inclemencia [iŋklemènθja] *f.* Inclemència.
inclemente [iŋklemènte] *a.* Inclement.
inclinación [iŋklinaθjón] *f.* Inclinació. *2* Jaient.
inclinado, -da [iŋklináðo, -ða] *a.* Inclinat.
inclinar [iŋklinár] *t.-prnl.* Inclinar. *2* Abocar-se. ‖ ~ ***la cabeza,*** acotar el cap.
ínclito, -ta [iŋklito, -ta] *a.* Ínclit.
incluir [iŋkluir] *t.* Incloure. ¶ CONJUG. com ***huir***. ‖ ***P. P.: incluido*** o ***incluso***.
inclusa [iŋklúsa] *f.* Borderia.
inclusión [iŋklusjón] *f.* Inclusió.
inclusive [iŋklusiβe] *adv.* Inclusivament.
inclusivo, -va [iŋklusiβo, -βa] *a.* Inclusiu.
incluso [iŋklúso] *adv.* Inclusivament, inclús, àdhuc.
incluso, -sa [iŋklúso, -sa] *a.* Inclús.
incoar [iŋkoár] *t.* JUR. Incoar.
incoercible [iŋkoerθiβle] *a.* Incoercible.
incógnito, -ta [iŋkóɣnito, -ta] *a.-m.* Incògnit. *2 f.* Incògnita.
incoherencia [iŋkoerènθja] *f.* Incoherència.
incoherente [iŋkoerènte] *a.* Incoherent.
incoloro, -ra [iŋkolóro, -ra] *a.* Incolor.
incólume [iŋkólume] *a.* Incòlume.
incombustible [iŋkombustiβle] *a.* Incombustible.
incomodar [iŋkomoðár] *t.-prnl.* Incomodar.
incomodidad [iŋkomoðiðáð] *f.* Incomoditat.
incómodo, -da [iŋkómoðo, -ða] *a.* Incòmode. *2* Desavinent.
incomparable [iŋkomparáβle] *a.* Incomparable.
incompatible [iŋkompatiβle] *a.*Incompatible.

incompetencia [iŋkompetènθja] *f.* Incompetència.
incompetente [iŋkompetènte] *a.* Incompetent.
incompleto, -ta [iŋkomplèto, -ta] *a.* Incomplet.
incomprendido, -da [iŋkomprendiðo, -ða] *a.* Incomprès.
incomprensible [iŋkomprensiβle] *a.* Incomprensible.
incomprensión [iŋkomprensjón] *f.* Incomprensió.
incomunicación [iŋkomunikaθjón] *f.* Incomunicació.
incomunicar [iŋkomunikár] *t.-prnl.* Incomunicar.
inconcebible [iŋkonθeβiβle] *a.* Inconcebible.
inconcuso, -sa [iŋkoŋkúso, -sa] *a.* Inconcús.
incondicional [iŋkondiθjonál] *a.* Incondicional.
inconexión [iŋkoneɣsjón] *f.* Inconnexió.
inconexo, -xa [iŋkonèɣso, -sa] *a.* Inconnex.
inconfesable [iŋkonfesáβle] *a.* Inconfessable.
inconfeso, -sa [iŋkonféso, -sa] *a.* Inconfés.
incongruencia [iŋkoŋgruènθja] *f.* Incongruència.
incongruente [iŋkoŋgruènte] *a.* Incongruent.
inconmensurable [iŋkommensuráβle] *a.* Incommensurable.
inconmovible [iŋkommoβiβle] *a.* Incommovible.
inconquistable [iŋkoŋkistáβle] *a.* Inconquistable.
inconsciencia [iŋkonsθjènθja] *f.* Inconsciència.
inconsciente [iŋkonsθjènte] *a.* Inconscient.
inconsecuencia [iŋkonsekuènθja] *f.* Inconseqüència.
inconsiderado, -da [iŋkonsiðeráðo, -ða] *a.* Inconsiderat.
inconsistencia [iŋkonsistènθja] *f.* Inconsistència.
inconsistente [iŋkonsistènte] *a.* Inconsistent.
inconsolable [iŋkonsoláβle] *a.* Inconsolable.
inconstancia [iŋkonstánθja] *f.* Inconstància.
inconstante [iŋkonstánte] *a., m.-f.* Inconstant.
inconsútil [iŋkonsútil] *a.* Inconsútil.
incontable [iŋkontáβle] *a.* Incomptable.
incontestable [iŋkontestáβle] *a.* Incontestable.
incontinencia [iŋkontinènθja] *f.* Incontinència.
incontinente [inkontinènte] *a.* Incontinent.
incontinenti [iŋkontinènti] *adv.* Encontinent, tot seguit.
incontrolable [iŋkontroláβle] *a.* Incontrolable.
incontrovertible [iŋkontroβertiβle] *adv.* Incontrovertible.
inconveniencia [iŋkomβenjènθja] *f.* Inconveniència.
inconveniente [iŋkomβenjènte] *a.* Inconvenient.
incoordinación [iŋkorðinaθjón] *f.* Incoordinació.
incorporación [iŋkorporaθjón] *f.* Incorporació.
incorporar [iŋkorporár] *t.-prnl.* Incorporar.
incorpóreo, -ea [iŋkorpóreo, -ea] *a.* Incorpori.
incorrección [iŋkorrèɣθjón] *f.* Incorrecció.
incorrecto, -ta [iŋkorrèɣto, -ta] *a.* Incorrecte.
incorregible [iŋkorrexiβle] *a.* Incorregible.
incorrupción [iŋkorruβθjón] *f.* Incorrupció.
incorruptible [iŋkorruβtiβle] *a.* Incorruptible.
incorrupto, -ta [iŋkorrúβto, -ta] *a.* Incorrupte.
incredulidad [iŋkreðuliðáð] *f.* Incredulitat.
incrédulo, -la [iŋkréðulo, -la] *a., m.-f.* Incrèdul.
increíble [iŋkreiβle] *a.* Increïble.
incrementar [iŋkrementár] *t.* Incrementar.
incremento [iŋkremènto] *m.* Increment.
increpar [iŋkrepár] *t.* Increpar.
incriminar [iŋkriminár] *t.* Incriminar.
incruento, -ta [iŋkrwènto, -ta] *a.* Incruent.
incrustación [iŋkrustaθjón] *f.* Incrustació.
incrustar [iŋkrustár] *t.-prnl.* Incrustar.
incubación [iŋkuβaθjón] *f.* Incubació.
incubadora [iŋkuβaðóra] *f.* Incubadora.
incubar [iŋkuβár] *t.* Incubar.
incuestionable [iŋkwestjonáβle] *a.* Inqüestionable.
inculcar [iŋkulkár] *t.* Inculcar.
inculpación [iŋkulpaθjón] *f.* Inculpació.
inculpar [iŋkulpár] *t.* Inculpar.

inculto, -ta [iŋkúlto, -ta] *a.* Inculte.
incultura [iŋkultúra] *f.* Incultura.
incumbencia [iŋkumbénθja] *f.* Incumbència.
incumbir [iŋkumbír] *i.* Incumbir.
incumplimiento [iŋkumplimjénto] *m.* Incompliment, mancament.
incunable [iŋkunáβle] *a.-m.* Incunable.
incurable [iŋkuráβle] *a.* Incurable, inguarible.
incuria [iŋkúrja] *f.* Incúria.
incurrir [iŋkurrír] *i.* Incórrer. *2* Encórrer. ¶ CONJUG. P. P.: ***incurrido*** o ***incurso.***
incursión [iŋkursjón] *f.* Incursió.
incurvado, -da [iŋkurβáðo, -ða] *a.* Incurvat.
indagación [indaγaθjón] *f.* Indagació.
indagar [indaγár] *t.* Indagar.
indebido, -da [indeβíðo, -ða] *a.* Indegut.
indecencia [indeθénθja] *f.* Indecència.
indecente [indeθénte] *a.* Indecent.
indecible [indeθíβle] *a.* Indicible.
indecisión [indeθisjón] *f.* Indecisió.
indeciso, -sa [indeθíso, -sa] *a.* Indecís.
indeclinable [indeklináβle] *a.* Indeclinable.
indecoroso, -sa [indekoróso, -sa] *a.* Indecorós.
indefectible [indefeγtíβle] *a.* Indefectible.
indefendible [indefendíβle] *a.* Indefensable.
indefenso, -sa [indefénso, -sa] *a.* Indefens.
indefinible [indefiníβle] *a.* Indefinible.
indefinido, -da [indefiníðo, -ða] *a.* Indefinit.
indeleble [indeléβle] *a.* Indeleble.
indemne [indémne] *a.* Indemne.
indemnidad [indemniðáð] *f.* Indemnitat.
indemnización [indemniθaθjón] *f.* Indemnització.
indemnizar [indemniθár] *t.-prnl.* Indemnitzar.
independencia [independénθja] *f.* Independència.
independiente [independjénte] *a.* Independent.
indescifrable [indesθifráβle] *a.* Indesxifrable.
indescriptible [indeskriβtíβle] *a.* Indescriptible.
indeseable [indeseáβle] *a., m.-f.* Indesitjable.
indestructible [indestruγtíβle] *a.* Indestructible.
indeterminación [indeterminaθjón] *f.* Indeterminació.
indeterminado, -da [indetermináðo, -ða] *a.* Indeterminat.
indiana [indjána] *f.* Indiana.
indiano, -na [indjáno, -na] *a., m.-f.* Indià.
indicación [indikaθjón] *f.* Indicació.
indicador, -ra [indikaðór, -ra] *a., m.-f.* Indicador.
indicar [indikár] *t.* Indicar, assenyalar.
indicativo, -va [indikatíβo, -βa] *a.-m.* Indicatiu.
índice [índiθe] *m.* Índex.
indicio [indíθjo] *m.* Indici.
índico, -ca [índiko, -ka] *a.* Índic.
indiferencia [indiferénθja] *f.* Indiferència.
indiferenciado, -da [indiferenθjáðo, -ða] *a.* Indiferenciat.
indiferente [indiferénte] *a.* Indiferent.
indígena [indíxena] *a., m.-f.* Indígena.
indigencia [indixénθja] *f.* Indigència.
indigente [indixénte] *a., m.-f.* Indigent.
indigestarse [indixestárse] *prnl.* Indigestar-se.
indigestión [indixestjo'n] *f.* Indigestió.
indigesto, -ta [indixe'sto, -ta] *a.* Indigest.
indignación [indiγnaθjo'n] *f.* Indignació.
indignante [indiγna'nte] *a.* Indignant.
indignar [indiγnár] *t.-prnl.* Indignar.
indignidad [indiγniðáð] *f.* Indignitat.
indigno, -na [indíγno, -na] *a.* Indigne.
índigo [índiγo] *m.* QUÍM. Indi.
indio, -ia [índjo, -ja] *a., m.-f.* Indi.
indirecto, -ta [indiréγto, -ta] *a.* Indirecte. *2 f.* Indirecta.
indisciplina [indisθiplína] *f.* Indisciplina.
indisciplinado, -da [indisθiplináðo, -ða] *a.* Indisciplinat.
indiscreción [indiskreθjón] *f.* Indiscreció.
indiscreto, -ta [indiskréto, -ta] *a., m.-f.* Indiscret.
indiscriminado, -da [indiskrimináðo, -ða] *a.* Indiscriminat.
indiscutible [indiskutíβle] *a.* Indiscutible.
indisoluble [indisolúβle] *a.* Indissoluble.
indispensable [indispensáβle] *a.* Indispensable.
indisponer [indisponér] *t.-prnl.* Indisposar. ¶ CONJUG. com ***poner.***
indisposición [indisposiθjón] *f.* Indisposició.
indispuesto, -ta [indispwésto, -ta] *a.* Indisposat.
indisputable [indisputáβle] *a.* Indisputable.
indistinto, -ta [indistínto, -ta] *a.* Indistint.
individual [indiβiðuál] *a.* Individual.
individualismo [indiβiðwalízmo] *m.* Individualisme.
individuo, -ua [indiβíðwo, -wa] *a., m.-f.* Individu.
indivisible [indiβisíβle] *a.* Indivisible.
indiviso, -sa [indiβíso, -sa] *a.* Indivís.

indócil [indóθil] *a.* Indòcil.
indocto, -ta [indóɣto, -ta] *a.* Indocte.
indocumentado, -da [indokumentáðo, -ða] *a.* Indocumentat.
indoeuropeo, -ea [indoeuropéo, -ea] *a., m.-f.* Indoeuropeu.
índole [indole] *f.* Índole, natural.
indolencia [indolénθja] *f.* Indolència.
indolente [indolénte] *a.* Indolent.
indomable [indomáβle] *a.* Indomable.
indómito, -ta [indómito, -ta] *a.* Indòmit.
inducción [induɣθjón] *f.* Inducció.
inducido, -da [induθiðo, -ða] *a.-m.* Induït.
inducir [induθir] *t.* Induir. ¶ CONJUG. com *conducir.*
inductivo, -va [induɣtiβo, -βa] *a.* Inductiu.
inductor, -ra [induɣtór, -ra] *a., m.-f.* Inductor.
indudable [induðáβle] *a.* Indubtable.
indulgencia [indulxénθja] *f.* Indulgència.
indulgente [indulxénte] *a.* Indulgent.
indultar [indultár] *t.* Indultar.
indulto [indúlto] *m.* Indult.
indumentaria [indumentárja] *f.* Indumentària.
industria [indústrja] *f.* Indústria.
industrial [industrjál] *a.-m.* Industrial.
industrializar [industrialiθár] *t.* Industrialitzar.
industriarse [industrjárse] *prnl.* Industriar-se.
industrioso, -sa [industrjóso, -sa] *a.* Industriós.
inédito, -ta [inéðito, -ta] *a.* Inèdit.
ineducado, -da [ineðukáðo, -ða] *a.* Ineducat.
inefable [inefáβle] *a.* Inefable.
ineficacia [inefikáθja] *f.* Ineficàcia.
ineficaz [inefikáθ] *a.* Ineficaç.
inelegante [ineleɣánte] *a.* Inelegant.
inelegible [inelexiβle] *a.* Inelegible.
ineludible [ineluðiβle] *a.* Ineludible.
inenarrable [inenarráβle] *a.* Inenarrable.
inepcia [inéβθja] *f.* Inèpcia.
inepto, -ta [inéβto, -ta] *a., m.-f.* Inepte.
inequívoco, -ca [inekiβoko, -ka] *a.* Inequívoc.
inercia [inérθja] *f.* Inèrcia.
inerme [inérme] *a.* Inerme.
inerte [inérte] *a.* Inert.
inervar [inerβár] *t.* Innervar.
inescrutable [ineskrutáβle] *a.* Inescrutable.
inesperado, -da [inesperáðo, -ða] *a.* Inesperat.
inestable [inestáβle] *a.* Inestable.
inestimable [inestimáβle] *a.* Inestimable.
inevitable [ineβitáβle] *a.* Inevitable.
inexactitud [ineɣsaɣtitúð] *f.* Inexactitud.
inexacto, -ta [ineɣsáɣto, -ta] *a.* Inexacte.
inexcusable [ineskusáβle] *a.* Inexcusable.
inexistencia [ineɣsisténθja] *f.* Inexistència.
inexistente [ineɣsisténte] *a.* Inexistent.
inexorable [ineɣsoráβle] *a.* Inexorable.
inexperiencia [inesperjénθja] *f.* Inexperiència.
inexperto, -ta [inespérto, -ta] *a., m.-f.* Inexpert.
inexplicable [inesplikáβle] *a.* Inexplicable.
inexplorado, -da [inesploráðo, -ða] *a.* Inexplorat.
inexpresivo, -va [inespresiβo, -βa] *a.* Inexpressiu.
inexpugnable [inespuɣnáβle] *a.* Inexpugnable.
inextenso, -sa [inesténso, -sa] *a.* Inextens.
inextinguible [inestiŋgiβle] *a.* Inextingible.
inextricable [inestrikáβle] *a.* Inextricable.
infalibilidad [imfaliβiliðáð] *f.* Infal·libilitat.
infalible [imfaliβle] *a.* Infal·lible.
infamante [imfamánte] *a.* Infamant.
infamar [imfamár] *t.* Infamar.
infamatorio, -ia [imfamatórjo, -ja] *a.* Imfamatori.
infame [imfáme] *a., m.-f.* Infame.
infamia [imfámja] *f.* Infàmia.
infancia [imfánθja] *f.* Infància, infantesa.
infanta [imfánta] *f.* Infanta.
infante [imfánte] *m.* Infant.
infantería [imfanteria] *f.* Infanteria.
infanticidio [imfantiθiðjo] *m.* Infanticidi.
infantil [imfantil] *a.* Infantil.
infarto [imfárto] *m.* MED. Infart.
infatigable [imfatiɣáβle] *a.* Infatigable.
infatuación [imfatwaθjón] *f.* Infatuació.
infatuar [imfatwár] *t.-prnl.* Infatuar.
infausto, -ta [imfáŭsto, -ta] *a.* Infaust, atziac.
infección [imfeɣθjón] *f.* Infecció.
infeccioso, -sa [imfeɣθjóso, -sa] *a.* Infecciós.
infectar [imfeɣtár] *t.-prnl.* Infectar. *2* Empudegar, entacar.
infecto, -ta [imféɣto, -ta] *a.* Infecte.
infecundo, -da [imfekúndo, -da] *a.* Infecund.
infelicidad [imfeliθiðáð] *f.* Infelicitat.
infeliz [imfeliθ] *a., m.-f.* Infeliç. *2* Beneitó.
inferior [imferjór] *a.* Inferior.
inferioridad [imferjoriðáð] *f.* Inferioritat.
inferir [imferir] *t.* Inferir. ¶ CONJUG. com *sentir.*

infernal [imfernál] *a.* Infernal.
infestar [imfestár] *t.-prnl.* Infestar.
inficionar [imfiθjonár] *t.* Entacar.
infidelidad [imfiðeliðáð] *f.* Infidelitat.
infiel [imfjél] *a., m.-f.* Infidel.
infierno [imfjérno] *m.* Infern.
infiltración [imfiltraθjón] *f.* Infiltració.
infiltrar [imfiltrár] *t.-prnl.* Infiltrar.
ínfimo, -ma [ímfimo, -ma] *a.* Ínfim.
infinidad [imfiniðáð] *f.* Infinitat.
infinitesimal [imfinitesimál] *a.* Infinitesimal.
infinitivo [imfinitíβo] *a.-m.* Infinitiu.
infinito, -ta [imfiníto, -ta] *a.-m.* Infinit.
infirmar [infirmár] *t.* Infirmar.
inflación [imflaθjón] *f.* Inflació, inflament, estarrufament. *2* Inflació.
inflamable [imflamáβle] *a.* Inflamable.
inflamación [imflamaθjón] *f.* Inflamació. *2* Abrandament.
inflamar [imflamár] *t.-prnl.* Inflamar. *2* Abrandar, aflamar, arborar.
inflamatorio, -ia [imflamatórjo, -ja] *a.* Inflamatori.
inflar [imflár] *t.-prnl.* Inflar.
inflexible [imfleɣsíβle] *a.* Inflexible.
inflexión [imfleɣsjón] *f.* Inflexió.
infligir [imflixír] *t.* Infligir.
inflorescencia [imfloresθénθja] *f.* Inflorescència.
influencia [imfluénθja] *f.* Influència.
influenciar [imfluenθjár] *t.* Influenciar.
influir [imfluír] *i.* Influir. ¶ CONJUG. com ***huir***.
influjo [imflúxo] *m.* Influx.
influyente [imfluǰénte] *a.* Influent.
infolio [imfóljo] *m.* Infòlio.
información [imformaθjón] *f.* Informació.
informal [imformál] *a., m.-f.* Informal.
informalidad [imformaliðáð] *f.* Informalitat.
informante [imformánte] *m.* Informant.
informar [imformár] *t.-i.-prnl.* Informar, assabentar.
informativo, -va [imformatíβo, -βa] *a.* Informatiu.
informe [imfórme] *a.-m.* Informe.
infortuna [imfortúna] *f.* Infortuna.
infortunado, -da [imfortunáðo, -ða] *a., m.-f.* Infortunat.
infortunio [imfortúnjo] *m.* Infortuni.
infracción [imfraɣθjón] *f.* Infracció.
infractor, -ra [imfraɣtór, -ra] *a., m.-f.* Infractor.
in fraganti [imfraɣánti] *adv.* En flagrant delicte.
infranqueable [imfraŋkeáβle] *a.* Infranquejable.
infrascrito, -ta [imfraskríto, -ta] *a.* Infrascrit.
infringir [imfriŋxír] *t.* Infringir.
infructuoso, -sa [imfruɣtuóso, -sa] *a.* Infructuós.
ínfula [ímfula] *f.* Ínfula. *2 pl.* Ínfules.
infundir [imfundír] *t.* Infondre. ¶ CONJUG. P. P.: ***infundido*** i ***infuso***.
infusión [imfusjón] *f.* Infusió.
infuso, -sa [imfúso, -sa] *a.* Infús.
infusorio [imfusórjo] *m.* ZOOL. Infusori.
ingeniar [iŋxenjár] *t.-prnl.* Enginyar.
ingeniería [iŋxenjería] *f.* Enginyeria.
ingeniero [iŋxenjéro] *m.* Enginyer.
ingenio [iŋxénjo] *m.* Enginy. *2* Giny. *3* Ingeni.
ingenioso, -sa [iŋxenjóso, -sa] *a.* Enginyós.
ingénito, -ta [iŋxénito, -ta] *a.* Ingènit.
ingente [iŋxénte] *a.* Ingent.
ingenuidad [iŋxenwiðáð] *f.* Ingenuïtat.
ingenuo, -ua [iŋxénwo, -wa] *a.* Ingenu.
ingerencia [iŋxerénθja] *f.* Ingerència.
ingerir [inxerír] *t.-prnl.* Ingerir. ¶ CONJUG. com ***sentir***.
Inglaterra [iŋglatérra] *n. pr.* Anglaterra.
ingle [íŋgle] *f.* ANAT. Engonal.
inglés, -esa [iŋglés, -ésa] *a., m.-f.* Anglès.
ingratitud [iŋgratitúð] *f.* Ingratitud.
ingrato, -ta [iŋgráto, -ta] *a.* Ingrat.
ingrávido, -da [iŋgráβiðo, -ða] *a.* Ingràvid.
ingrediente [iŋgreðjénte] *m.* Ingredient.
ingresar [iŋgresár] *i.-t.* Ingressar.
ingreso [iŋgréso] *m.* Ingrés. *2 m. pl.* Ingressos.
inguinal [iŋginál] *a.* Inguinal.
ingurgitar [iŋgurxitár] *t.* Ingurgitar.
inhábil [ináβil] *a.* Inhàbil.
inhabilidad [inaβiliðáð] *f.* Inhabilitat.
inhalación [inalaθjón] *f.* Inhalació.
inhabilitar [inaβilitár] *t.* Inhabilitar.
inhabitado, -da [inaβitáðo, -ða] *a.* Inhabitat.
inhalar [inalár] *t.* Inhalar.
inherente [inerénte] *a.* Inherent.
inhibición [iniβiθjón] *f.* Inhibició.
inhibir [iniβír] *t.-prnl.* Inhibir.
inhospitalario, -ria [inospitalárjo, -ja] *a.* Inhospitalari.
inhumación [inumaθjón] *f.* Inhumació, sepultura.
inhumanidad [inumaniðáð] *f.* Inhumanitat.
inhumano, -na [inumáno, -na] *a.* Inhumà.
inhumar [inumár] *t.* Inhumar.
iniciación [iniθjaθjón] *f.* Iniciació.
iniciador, -ra [iniθjaðór, -ra] *a., m.-f.* Iniciador.

inicial [iniθjál] *a.-f.* Inicial.
iniciar [iniθjár] *t.-prnl.* Iniciar.
iniciativa [iniθjatíβa] *f.* Iniciativa.
inicio [iníθjo] *m.* Inici.
inicuo, -ua [iníkwo, -wa] *a.* Inic.
inimaginable [inimaxináβle] *a.* Inimaginable.
inimitable [inimitáβle] *a.* Inimitable.
ininflamable [ininflamáβle] *a.* Ininflamable.
ininteligible [ininteliхíβle] *a.* Ininteligible.
ininterrumpido, -da [ininterrumpíðo, -ða] *a.* Ininterromput.
iniquidad [inikiðáð] *f.* Iniquitat.
injerencia [iŋxerénθja] *f.* Ingerència.
injerir [iŋxerír] *t.-prnl.* Ingerir. ¶ CONJUG. com *sentir.*
injertar [iŋxertár] *t.* Empeltar. ¶ CONJUG. P. P.: *injertado* i *injerto.*
injerto [iŋxérto] *m.* Empelt.
injuria [iŋxúrja] *f.* Injúria.
injuriar [iŋxurjár] *t.* Injuriar.
injurioso, -sa [iŋxurjóso, -sa] *a.* Injuriós.
injusticia [iŋxustíθja] *f.* Injustícia.
injustificado, -da [iŋxustifikáðo, -ða] *a.* Injustificat.
injusto, -ta [iŋxústo, -ta] *a.* Injust.
inmaculado, -da [immakuláðo, -ða] *a.* Immaculat.
inmanente [immanénte] *a.* Immanent.
inmaterial [immaterjál] *a.* Immaterial.
inmediaciones [immeðjaθjónes] *f. pl.* Voltants, encontorns, rodalies.
inmediato, -ta [immeðjáto, -ta] *a.* Immediat.
inmejorable [immexoráβle] *a.* Immillorable.
inmemorial [immemorjál] *a.* Immemorial.
inmensidad [immensiðáð] *f.* Immensitat.
inmenso, -sa [imménso, -sa] *a.* Immens.
inmerecido, -da [immereθíðo, -ða] *a.* Immerescut.
inmersión [immersjón] *f.* Immersió.
inmigración [immiγraθjón] *f.* Immigració.
inmigrante [immiγránte] *a., m.-f.* Immigrant.
inmigrar [immiγrár] *i.* Immigrar.
inminencia [imminénθja] *f.* Imminència.
inminente [imminénte] *a.* Imminent.
inmiscuir [immiskwír] *t.* Mesclar, barrejar. *2 prnl.* Immiscir-se, maneflejar. ¶ CONJUG. com *huir.*
inmobiliario, -ia [immoβiljárjo, -ja] *a.* Immobiliari. *2 f.* Immobiliària.
inmoderado, -da [immoðeráðo, -ða] *a.* Immoderat.
inmodestia [immoðéstja] *f.* Immodèstia.
inmolación [immolaθjón] *f.* Immolació.
inmolar [immolár] *t.-prnl.* Immolar.
inmoral [immorál] *a.* Immoral.
inmoralidad [immoraliðáð] *f.* Immoralitat.
inmortal [immortál] *a.* Immortal.
inmortalidad [immortaliðáð] *f.* Immortalitat.
inmortalizar [immortaliθár] *t.-prnl.* Immortalitzar.
inmóvil [immóβil] *a.* Immòbil.
inmovilidad [immoβiliðáð] *f.* Immobilitat.
inmovilizar [immoβiliθár] *t.* Immobilitzar.
inmueble [immwéβle] *a.-m.* Immoble.
inmundicia [immundíθja] *f.* Immundícia.
inmundo, -da [immúndo, -da] *a.* Immund.
inmune [immúne] *a.* Immune.
inmunidad [immuniðáð] *f.* Immunitat.
inmunizar [immuniθár] *t.* Immunitzar.
inmutable [immutáβle] *a.* Immutable.
inmutar [immutár] *t.-prnl.* Immutar.
innato, -ta [innáto, -ta] *a.* Innat.
innecesario, -ia [inneθesárjo, -ja] *a.* Innecessari.
innegable [inneγáβle] *a.* Innegable.
innoble [innóβle] *a.* Innoble.
innocuo, -ua [inókwo, -wa] *a.* Innocu.
innovación [innoβaθjón] *f.* Innovació.
innovador, -ra [innoβaðór, -ra] *a., m.-f.* Innovador.
innovar [innoβár] *t.* Innovar.
innumerable [innumeráβle] *a.* Innombrable, innumerable.
inobservancia [inoβserβánθja] *f.* Inobservança.
inocencia [inoθénθja] *f.* Innocència.
inocentada [inoθentáða] *f.* fam. Innocentada.
inocente [inoθénte] *a., m.-f.* Innocent, albat.
inocentón, -ona [inoθentón, -óna] *a.* Albat.
inocuidad [inokwiðáð] *a.* Innocuïtat.
inoculación [inokulaθjón] *f.* Inoculació.
inocular [inokulár] *t.-prnl.* Inocular.
inocuo, -cua [inókwo, -wa] *a.* Innocu.
inodoro, -ra [inoðóro, -ra] *a., m.-f.* Inodor.
inofensivo, -va [inofensíβo, -βa] *a.* Inofensiu.
inolvidable [inolβiðáβle] *a.* Inoblidable.
inopia [inópja] *f.* Inòpia.
inopinado, -da [inopináðo, -ða] *a.* Inopinat.
inoportunidad [inoportuniðáð] *f.* Inoportunitat.

inoportuno, -na [inoportúno, -na] *a.* Inoportú.
inorgánico, -ca [inorɣániko, -ka] *a.* Inorgànic.
inquebrantable [iŋkeβrantáβle] *a.* Infrangible, que roman sense trencar-se.
inquietante [iŋkjetánte] *a.* Amoïnador, inquietant.
inquietar [iŋkjetár] *t.-prnl.* Inquietar, amoïnar, enquimerar.
inquieto, -ta [iŋkjéto, -ta] *a.* Inquiet, neguitós, desficiós.
inquietud [iŋkjetúð] *f.* Inquietud. *2* Rosec.
inquilino, -na [iŋkilíno, -na] *m.-f.* Inquilí, llogater, estadant.
inquina [iŋkína] *f.* Malvolença, esquírria.
inquirir [iŋkirír] *t.* Inquirir. ¶ Conjug. com ***adquirir.***
inquisición [iŋkisiθjón] *f.* Inquisició.
inquisidor, -ra [iŋkisiðór, -ra] *a., m.-f.* Inquisidor.
inquisitorial [iŋkisitorjál] *a.* Inquisitorial.
insaciable [insaθjáβle] *a.* Insaciable, insadollable.
insalivación [insaliβaθjón] *f.* Insalivació.
insalubre [insalúβre] *a.* Insalubre.
insano, -na [insáno, -na] *a.* Insà.
inscribir [inskriβír] *t.* Inscriure. ¶ Conjug. P. p.: ***inscripto*** i ***inscrito.***
inscripción [inskriβθjón] *f.* Inscripció.
insecticida [inseɣtiθíða] *a., m.-f.* Insecticida.
insectívoro, -ra [inseɣtíβoro, -ra] *a.* Insectívor.
insecto [inséɣto] *m.* Insecte.
inseguridad [inseɣuriðáð] *f.* Inseguretat.
inseguro, -ra [inseɣúro, -ra] *a.* Insegur.
insensatez [insensatéθ] *f.* Insensatesa.
insensato, -ta [insensáto, -ta] *a., m.-f.* Insensat, forassenyat.
insensibilidad [insensiβiliðáð] *f.* Insensibilitat.
insensible [insensíβle] *a.* Insensible.
inseparable [inseparáβle] *a., m.-f.* Inseparable.
insepulto, -ta [insepúlto, -ta] *a.* Insepult.
inserción [inserθjón] *f.* Inserció.
insertar [insertár] *t.* Inserir. ¶ Conjug. P. p.: ***insertado*** i ***inserto.***
inserto, -ta [insérto, -ta] *a.* Inserit.
inservible [inserβíβle] *a.* Inservible.
insidia [insíðja] *f.* Insídia.
insidioso, -sa [insiðjóso, -sa] *a.* Insidiós.
insigne [insíɣne] *a.* Insigne.
insignia [insíɣnja] *f.* Insígnia.
insignificante [insiɣnifikánte] *a.* Insignificant.
insignificancia [insiɣnifikánθia] *f.* Insignificança. *2* Sotilesa.
insinceridad [insinθeriðáð] *f.* Insinceritat.
insincero, -ra [insinθéro, -ra] *a.* Insincer.
insinuante [insinuánte] *a.* Insinuant.
insinuar [insinuár] *t.-prnl.* Insinuar.
insipidez [insipiðéθ] *f.* Insipidesa, fador.
insípido, -da [insípiðo, -ða] *a.* Insípid, fat.
insistencia [insisténθja] *f.* Insistència.
insistente [insisténte] *a.* Insistent.
insistir [insistír] *i.* Insistir.
insociable [insoθjáβle] *a.* Insociable.
insolación [insolaθjón] *f.* Insolació. *2* Solellada.
insolencia [insolénθja] *f.* Insolència.
insolentarse [insolentárse] *prnl.* Insolentar-se.
insolente [insolénte] *a., m.-f.* Insolent, atrevit.
insólito, -ta [insólito, -ta] *a.* Insòlit.
insoluble [insolúβle] *a.* Insoluble.
insolvencia [insolβénθja] *f.* Insolvència.
insolvente [insolβénte] *a., m.-f.* Insolvent.
insomnio [insómnjo] *m.* Insomni.
insondable [insondáβle] *a.* Insondable.
insoportable [insoportáβle] *a.* Insuportable.
inspección [inspeɣθjón] *f.* Inspecció.
inspeccionar [inspeɣθjonár] *t.* Inspeccionar.
inspector, -ra [inspeɣtór, -ra] *a., m.-f.* Inspector.
inspiración [inspiraθjón] *f.* Inspiració.
inspirar [inspirár] *t.-prnl.* Inspirar.
instalación [instalaθjón] *f.* Instal·lació.
instalar [instalár] *t.-prnl.* Instal·lar.
instancia [instánθja] *f.* Instància.
instantáneo, -ea [instantáneo, -ea] *a.* Instantani.
instante [instánte] *m.* Instant.
instar [instár] *i.* Instar.
instaurar [instaŭrár] *t.* Instaurar.
instigación [instiɣaθjón] *f.* Instigació.
instigar [instiɣár] *t.* Instigar.
instilar [instilár] *t.* Instil·lar.
instintivo, -va [instintíβo, -βa] *a.* Instintiu.
instinto [instínto] *m.* Instint.
institución [instituθjón] *f.* Institució.
instituir [instituír] *t.* Instituir. ¶ Conjug. com ***huir.***
instituto [institúto] *m.* Institut.
institutor, -ra [institutór, -ra] *a., m.-f.* Institutor.
institutriz [institutríθ] *f.* Institutriu.
instrucción [instruɣθjón] *f.* Instrucció.
instructivo, -va [instruɣtíβo, -βa] *a.* Instructiu.
instructor, -ra [instruɣtór, -ra] *a., m.-f.* Instructor.
instruir [instruír] *t.-prnl.* Instruir. ¶ Conjug. com ***huir.***

instrumental [instrumentál] *a.* Instrumental, adreç.
instrumento [instruménto] *m.* Instrument.
insubordinación [insuβorðinaθjón] *f.* Insubordinació.
insubordinar [insuβorðinár] *t.-prnl.* Insubordinar.
insuficiencia [insufiθjénθja] *f.* Insuficiència.
insuficiente [insufiθjénte] *a.* Insuficient.
insufrible [insufríβle] *a.* Insofrible.
insular [insulár] *a., m.-f.* Insular, illenc.
insulsez [insulséθ] *f.* Fador, fadesa, insipidesa.
insulso, -sa [insúlso, -sa] *a.* Insuls, fat.
insultante [insultánte] *a.* Insultant.
insultar [insultár] *t.* Insultar.
insulto [insúlto] *m.* Insult.
insumiso, -sa [insumíso, -sa] *a.* Insubmís.
insuperable [insuperáβle] *a.* Insuperable.
insurgente [insurxénte] *a., m.-f.* Insurgent.
insurrección [insurreγθjón] *f.* Insurrecció.
insurreccionar [insurreγθjonár] *t.-prnl.* Insurreccionar.
insurrecto, -ta [insurréγto, -ta] *a., m.-f.* Insurrecte.
insustancial [insustanθjál] *a.* Insubstancial.
insustituible [insustituíβle] *a.* Insubstituïble.
intacto, -ta [intáγto, -ta] *a.* Intacte.
intachable [intatʃáβle] *a.* Irreprotxable.
intangible [intaŋxíβle] *a.* Intangible.
integración [inteγraθjón] *f.* Integració.
integral [inteγrál] *a.-f.* Integral.
integrar [inteγrár] *t.* Integrar.
integridad [inteγriðáð] *f.* Integritat.
íntegro, -ra [ínteγro, -ra] *a.* Íntegre.
intelectivo, -va [inteleγtíβo, -βa] *a.* Intel·lectiu.
intelecto [inteléγto] *m.* Intel·lecte.
intelectual [inteleγtwál] *a., m.-f.* Intel·lectual.
inteligencia [intelixénθja] *f.* Intel·ligència.
inteligente [intelixénte] *a.* Intel·ligent, entenent.
inteligible [intelixíβle] *a.* Intel·ligible, entenedor.
intemperancia [intemperánθja] *f.* Intemperància.
intemperie [intempérje] *f.* Intempèrie.
intempestivo, -va [intempestíβo, -βa] *a.* Intempestiu.
intención [intenθjón] *f.* Intenció.
intencionado, -da [intenθjonáðo, -ða] *a.* Intencionat.
intendencia [intendénθja] *f.* Intendència.
intendente [intendénte] *m.* Intendent.
intensidad [intensiðáð] *f.* Intensitat.
intensificar [intensifikár] *t.-prnl.* Intensificar.
intensivo, -va [intensíβo, -βa] *a.* Intensiu.
intenso, -sa [inténso, -sa] *a.* Intens.
intentar [intentár] *t.* Intentar, cercar.
intento [inténto] *m.* Intent.
intentona [intentóna] *f.* Temptativa temerària.
intercalar [interkalár] *t.* Intercalar.
intercambiar [interkambjár] *t.* Bescanviar, intercanviar.
intercambio [interkámbjo] *m.* Intercanvi.
interceder [interθeðér] *i.* Intercedir, advocar, mitjançar.
interceptar [interθeβtár] *t.* Interceptar.
intercesión [interθesjón] *f.* Intercessió.
intercesor, -ra [interθesór, -ra] *a., m.-f.* Intercessor, mitjancer. *2 f.* Advocada.
intercostal [interkostál] *a.* Intercostal.
interdecir [interðeθír] *t.* Interdir. ¶ CONJUG. com ***decir.***
interdicción [interðiγθjón] *f.* Interdicció.
interés [interés] *m.* Interès. *2* Zel.
interesado, -da [interesáðo, -ða] *a., m.-f.* Interessat.
interesante [interesánte] *a.* Interessant.
interesar [interesár] *t.-prnl.* Interessar.
interfecto, -ta [interféγto, -ta] *a.* Interfecte.
interferencia [interferénθja] *f.* Interferència.
interferir [interferír] *t.* Interferir.
interín [interín] *m.* Ínterim.
interinidad [interiniðáð] *f.* Interinitat.
interino, -na [interíno, -na] *a., m.-f.* Interí.
interior [interiór] *a.-m.* Interior.
interioridad [interioriðáð] *f.* Interioritat. *2 f. pl.* Interioritats.
interjección [interxeγθjón] *f.* GRAM. Interjecció.
interlínea [interlínea] *f.* Interlínia.
interlocutor, -ra [interlokutór, -ra] *m.-f.* Interlocutor.
interludio [interlúðjo] *m.* MÚS. Interludi.
intermediario, -ia [intermeðjárjo, -ia] *a., m.-f.* Intermediari.
intermedio [interméðjo] *m.* Intermedi, entremig.
interminable [intermináβle] *a.* Interminable.
intermisión [intermisjón] *f.* Intermissió.
intermitencia [intermiténθja] *f.* Intermitència.

intermitente [intermitènte] *a.* Intermitent.
internacional [internaθjonàl] *a.* Internacional.
internado [internàðo] *m.* Internat.
internar [internàr] *t.-i.-prnl.* Internar. *2* Endinsar.
interno, -na [intèrno, -na] *a., m.-f.* Intern.
interpelación [interpelaθjòn] *f.* Interpel·lació.
interpelar [interpelàr] *t.* Interpel·lar.
interpolación [interpolaθjòn] *f.* Interpolació.
interponer [interponèr] *t.-prnl.* Interposar. ¶ CONJUG. com ***poner.***
interposición [interposiθjòn] *f.* Interposició.
interpretación [interpretaθjòn] *f.* Interpretació.
interpretar [interpretàr] *t.* Interpretar.
intérprete [intèrprete] *m.-f.* Intèrpret.
interregno [interrèγno] *m.* Interregne.
interrogación [interroγaθjòn] *f.* Interrogació.
interrogante [interroγànte] *a., m.-f.* Interrogador. *2 m.* Interrogant.
interrogar [interroγàr] *t.* Interrogar.
interrogativo, -va [interroγatìβo, -βa] *a.* Interrogatiu.
interrogatorio [interroγatòrjo] *m.* Interrogatori.
interrumpir [interrumpìr] *t.-prnl.* Interrompre.
interrupción [interruβθjòn] *f.* Interrupció.
interruptor, -ra [interruβtòr, -ra] *a., m.-f.* Interruptor. *2 m.* Interruptor.
intersección [interseγθjòn] *f.* Intersecció.
intersticio [interstìθjo] *m.* Interstici.
intervalo [interβàlo] *m.* Interval.
intervención [interβenθjòn] *f.* Intervenció.
intervenir [interβenìr] *i.-t.* Intervenir. ¶ CONJUG. com ***venir.***
interventor, -ra [interβentòr, -ra] *a., m.-f.* Interventor.
interviú [interβjù] *m.* Interviu.
interviuar [interβiwàr] *t.* Interviuar.
intestado, -da [intestàðo, -ða] *a., m.-f.* Intestat.
intestinal [intestinàl] *a.* Intestinal.
intestino, -na [intestìno, -na] *a.* Intestí. *2 m.* Budell, intestí.
intimación [intimaθjòn] *f.* Intimació.
intimar [intimàr] *i.-t.-prnl.* Intimar.
intimidación [intimiðaθjòn] *f.* Intimidació, atemoriment.
intimidad [intimiðàð] *f.* Intimitat.
intimidar [intimiðàr] *t.-prnl.* Intimidar, acovardar, acoquinar.
íntimo, -ma [ìntimo, -ma] *a.* Íntim.
intitular [intitulàr] *t.* Intitular.
intolerable [intoleràβle] *a.* Intolerable.
intolerancia [intoleranθja] *f.* Intolerància.
intoxicación [intoγsikaθjòn] *f.* Intoxicació.
intoxicar [intoγsikàr] *t.-prnl.* Intoxicar.
intranquilidad [intraŋkiliðàð] *f.* Intranquil·litat.
intranquilizar [intraŋkiliθàr] *t.-prnl.* Intranquil·litzar. *2* Amoïnar.
intranquilo, -la [intraŋkìlo, -la] *a.* Intranquil, amoïnat.
intransferible [intransferìβle] *a.* Intransferible.
intransigente [intransixènte] *a.* Intransigent.
intransitable [intransitàβle] *a.* Intransitable.
intransitivo, -va [intransitìβo, -βa] *a.-m.* Intransitiu.
intratable [intratàβle] *a.* Intractable.
intrépidamente [intrèpiðamente] *adv.* Intrèpidament, ardidament.
intrepidez [intrepiðèθ] *f.* Intrepidesa, ardidesa, ardiment.
intrépido, -da [intrèpiðo, -ða] *a.* Intrèpid, ardit.
intriga [intrìγa] *f.* Intriga.
intrigante [intriγànte] *a., m.-f.* Intrigant.
intrigar [intriγàr] *i.-t.* Intrigar.
intrincado, -da [intriŋkàðo, -ða] *a.* Intrincat.
intríngulis [intrìŋgulis] *m.* Entrellat.
intrínseco, -ca [intrìnseko, -ka] *a.* Intrínsec.
introducción [introðuγθjòn] *f.* Introducció.
introducir [introðuθìr] *t.-prnl.* Introduïr. ¶ CONJUG. com ***conducir.***
introductor, -ra [introðuγtòr, -ra] *a., m.-f.* Introductor.
intromisión [intromisjòn] *f.* Intromissió.
introspección [introspeγθjòn] *f.* Introspecció.
intrusión [intrusjòn] *f.* Intrusió.
intruso, -sa [intrùso, -sa] *a., m.-f.* Intrús.
intuición [intuiθjòn] *f.* Intuïció.
intuir [intuìr] *t.* Intuir. ¶ CONJUG. com ***huir.***
inundación [inundaθjòn] *f.* Inundació.
inundar [inundàr] *t.-prnl.* Inundar. *2* Negar.
inusitado, -da [inusitàðo, -ða] *a.* Inusitat.
inútil [inùtil] *a.* Inútil.
inutilidad [inutiliðàð] *f.* Inutilitat.
inutilizar [inutiliθàr] *t.* Inutilitzar.

invadir [imbaðir] *t.* Envair.
invalidar [imbaliðár] *t.* Invalidar.
inválido, -da [imbáliðo, -ða] *a., m.-f.* Invàlid.
invariable [imbarjáβle] *a.* Invariable.
invasión [imbasjón] *f.* Invasió, envaïment.
invasor, -ra [imbasór, -ra] *a., m.-f.* Invasor.
invectiva [imbeɣtíβa] *f.* Invectiva.
invencible [imbenθíβle] *a.* Invencible.
invención [imbenθjón] *f.* Invenció.
inventar [imbentár] *t.* Inventar. *2* Empescar-se.
inventariar [imbentarjár] *t.* Inventariar.
inventario [imbentárjo] *m.* Inventari.
inventivo, -va [imbentíβo, -βa] *a.* Inventiu. *2 f.* Inventiva.
invento [imbénto] *m.* Invent.
inventor, -ra [imbentór, -ra] *a., m.-f.* Inventor.
invernáculo [imbernákulo] *m.* Hivernacle.
invernadero [imbernaðéro] *m.* Hivernacle.
invernal [imbernál] *a.* Hivernal.
invernar [imbernár] *i.* Hivernar.
invernizo, -za [imberníθo, -θa] *a.* Hivernenc.
inverosímil [imberosímil] *a.* Inversemblant.
inversión [imbersjón] *f.* Inversió. *2* Esmerç.
inverso, -sa [imbérso, -sa] *a.* Invers.
invertebrado, -da [imberteβráðo, -ða] *a.-m.* Invertebrat.
invertir [imbertír] *t.* Invertir. *2* Esmerçar. ¶ CONJUG. com ***divertir.***
investidura [imbestiðúra] *f.* Investidura.
investigación [imbestiɣaθjón] *f.* Investigació.
investigar [imbestiɣár] *t.* Investigar.
investir [imbestír] *t.* Investir. ¶ CONJUG. com ***pedir.***
inveterado, -da [imbeteráðo, -ða] *a.* Inveterat.
invicto, -ta [imbíɣto, -ta] *a.* Invicte.
invierno [imbjérno] *m.* Hivern.
inviolable [imbjoláβle] *a.* Inviolable.
invisible [imbisíβle] *a.* Invisible.
invitación [imbitaθjón] *f.* Invitació.
invitado, -da [imbitáðo, -ða] *a., m.-f.* Invitat.
invitar [imbitár] *t.-prnl.* Invitar.
invocación [imbokaθjón] *f.* Invocació.
invocar [imbokár] *t.* Invocar.
involucrar [imbolukrár] *t.* Involucrar.
involuntario, -ia [imboluntárjo, -ja] *a.* Involuntari.
invulnerable [imbulneráβle] *a.* Invulnerable.
inyección [inɟeɣθjón] *f.* Injecció.
inyectable [inɟeɣtáβle] *a.-m.* Injectable.
inyectar [inɟeɣtár] *t.* Injectar.
ion [ion] *m.* Ió.
ir [ir] *i.-prnl.* Anar. *2* Venir: ***voy a tu casa,*** vinc a casa teva. ¶ ~ ***en grande,*** granejar. ¶ CONJUG. INDIC. Pres.: ***voy, vas, va, vamos, vais, van.*** | Imperf.: ***iba, ibas, iba, ibamos, íbais, iban.*** | Indef.: ***fui, fuiste, fue, fuimos, fuisteis, fueron.*** ¶ SUBJ. Pres.: ***vaya, vayas, vaya, vayamos, vayais, vayan.*** | Imperf.: ***fuera*** o ***fuese, fuéramos*** o ***fuésemos, fuerais*** o ***fueseis, fueran*** o ***fuesen.*** | Fut.: ***fuere, fueres, fuere, fuéremos, fuereis, fueren.*** || IMPERAT.: ***ve, vaya, vayamos, id, vayan.***
ira [íra] *f.* Ira.
iracundo, -da [irakúndo, -da] *a.* Iracund.
irascible [irasθíβle] *a.* Irascible.
iridio [iríðjo] *m.* Iridi.
iris [íris] *m.* Iris. || ***Arco ~,*** arc de sant Martí, arc iris.
irisar [irisár] *i.* Irisar.
irlandés, -sa [irlandés, -ésa] *a., m.-f.* Irlandès.
ironía [ironía] *f.* Ironia.
irónico, -ca [iróniko, -ka] *a.* Irònic.
irracional [irraθjonál] *a.* Irracional.
irradiación [irraðjaθjón] *f.* Irradiació.
irradiar [irraðjár] *t.* Irradiar.
irrazonable [irraθonáβle] *a.* Desenraonat.
irreal [irreál] *a.* Irreal.
irrealizable [irrealiθáβle] *a.* Irrealitzable.
irrebatible [irreβatíβle] *a.* Irrebatible.
irrecusable [irrekusáβle] *a.* Irrecusable.
irreductible [irreðuɣtíβle] *a.* Irreductible.
irreflexión [irrefleɣsjón] *f.* Irreflexió.
irreflexivo, -va [irrefleɣsíβo, -βa] *a.* Irreflexiu.
irrefutable [irrefutáβle] *a.* Irrefutable.
irregular [irreɣulár] *a.* Irregular.
irregularidad [irreɣulariðáð] *f.* Irregularitat.
irreligioso, -sa [irrelixjóso, -sa] *a.* Irreligiós.
irremediable [irremeðjáβle] *a.* Irremeiable.
irremisible [irremisíβle] *a.* Irremissible.
irreparable [irreparáβle] *a.* Irreparable.
irreprensible [irreprensíβle] *a.* Irreprensible.
irreprochable [irreprotʃáβle] *a.* Irreprotxable.
irresistible [irresistíβle] *a.* Irresistible.
irresoluto, -ta irresolúto, -ta] *a.* Irresolut.
irrespetuoso, -sa [irrespetuóso, -sa] *a.* Irrespectuós.

irrespirable [irrespiráβle] *a.* Irrespirable.
irresponsable [irresponsáβle] *a.* Irresponsable.
irrestañable [irrestaɲáβle] *a.* Inestroncable.
irreverencia [irreβerénθja] *f.* Irreverència.
irrevocable [irreβokáβle] *a.* Irrevocable.
irrigación [irriɣaθjón] *f.* Irrigació.
irrigar [irriɣár] *t.* Irrigar.
irrisión [irrisjón] *f.* Irrisió.
irrisorio, -ia [irrisórjo, -ja] *a.* Irrisori.
irritación [irritaθjón] *f.* Irritació. *2* Ràbia.
irritar [irritár] *t.* Irritar. *2* Enfurismar.
irrogar [irroɣár] *t.-prnl.* Irrogar.
irrompible [irrompíβle] *a.* Irrompible.
irrumpir [irrumpír] *i.* Irrompre.
irrupción [irruβθjón] *f.* Irrupció.
isabelino, -na [isaβelíno, -na] *a.* Isabel·lí.
isla [ízla] *f.* Illa.
islam [izlám] *m.* Islam.
islamismo [izlamízmo] *m.* Islamisme.
isleño, -ña [izléɲo, -ɲa] *a., m.-f.* Illenc.
islote [izlóte] *m.* Illot.
isósceles [isósθeles] *a.* GEOM. Isòsceles.
israelita [i(z)rraelíta] *a., m.-f.* Israelita.
istmo [ízmo] *m.* GEOG. Istme.
italiano, -na [italjáno, -na] *a., m.-f.* Italià.
itinerario, -ia [itinerárjo, -ja] *a.-m.* Itinerari.
izar [iθár] *t.* Hissar.
izquierdista [iθkjerðísta] *m.* Esquerrà.
izquierdo, -da [iθkjérðo, -ða] *a.* Esquerre. *2 f.* Esquerra.

J

jabalí [xaβali] *m.* ZOOL. Senglar, porc senglar.
jabalina [xaβalina] *f.* ZOOL. Femella del senglar. *2* Javelina.
jabato [xaβáto] *m.* Petit de senglar.
jabeque [xaβéke] *m.* NÀUT. Xabec.
jable [xáβle] *m.* Galze.
jabón [xaβón] *m.* Sabó.
jabonado [xaβonáðo] *m.* Ensabonada.
jabonadura [xaβonaðúra] *f.* Ensabonada. *2* Sabonera.
jabonar [xaβonár] *t.* Ensabonar.
jabonería [xaβonería] *f.* Saboneria.
jabonero, -ra [xaβonéro, -ra] *a., m.-f.* Saboner. *2 f.* Sabonera.
jabonoso, -sa [xaβonóso, -sa] *a.* Sabonós.
jaca [xáka] *f.* Haca.
jacarandoso, -sa [xakarandóso, -sa] *a.* Tabolaire, desimbolt.
jácena [xáθena] *f.* ARQ. Jàssera.
jaco [xáko] *m.* Rossí.
jacobino, -na [xakoβino, -na] *a., m.-f.* Jacobí.
jactancia [xaktánθja] *f.* Jactància. *2* Ufana.
jactancioso, -sa [xaktanθjóso, -sa] *a., m.-f.* Jactador.
jactarse [xaktárse] *prnl.-t.* Jactar-se.
jaculatoria [xakulatórja] *f.* Jaculatòria.
jade [xáðe] *m.* Jade.
jadear [xaðeár] *i.* Panteixar, bleixar, esbufegar.
jadeo [xaðéo] *m.* Panteix, bleix, esbufec, fatic.
jaez [xaéθ] *m.* Guarnició, arreus.
jaguar [xaγwár] *m.* ZOOL. Jaguar.
jalar [xalár] *t.* V. HALAR.
jalea [xaléa] *f.* Gelea.
jalear [xaleár] *t.* Aücar.
jaleo [xaléo] *m.* Aüc. *2* Xivarri, rebombori.
jalón [xalón] *m.* Jaló.
jalonar [xalonár] *t.* Jalonar.
jamás [xamás] *adv.* Mai. ‖ ***Nunca ~,*** mai per mai.
jamba [xámba] *f.* ARQ. Brancal.
jamelgo [xamélγo] *m.* Rossí.
jamón [xamón] *m.* Pernil. ‖ ***Y un ~,*** un be negre!
jándalo, -la [xándalo, -la] *a., m.-f.* fam. Andalús.
japonés, -esa [xaponés, -ésa] *a., m.-f.* Japonès.
jaque [xáke] *m.* Escac, xec. ‖ ***~ y mate,*** escac i mat.
jaqueca [xakéka] *f.* Migranya.
jara [xára] *f.* BOT. Estepa.
jarabe [xaráβe] *m.* Xarop.
jaral [xarál] *m.* BOT. Estepar.
jaramago [xaramáγo] *m.* BOT. Ravenissa.
jarana [xarána] *f.* Barrila, batibull, tabola, marrinxa, xerinola.
jaranear [xaraneár] *i.* Fer barrila, fer tabola.
jaranero, -ra [xaranéro, -ra] *a.* Barrilaire, tabolaire.
jarcias [xárθjas] *f. pl.* NÀUT. Ormeigs.
jardín [xarðin] *m.* Jardí.
jardinera [xardinéra] *f.* Jardinera.
jardinería [xarðinería] *f.* Jardineria.
jardinero [xarðinéro] *m.* Jardiner.
jareta [xaréta] *f.* Beina per a passar-hi una veta.
jarifo, -fa [xarifo, -fa] *a.* Empolainat.
jarra [xárra] *f.* Gerra.
jarretera [xarretéra] *f.* Lligacama, garrotera.
jarro [xárro] *m.* Gerro.
jarrón [xarrón] *m.* Gerro.
jaspe [xáspe] *m.* Jaspi.
jaspear [xaspeár] *t.* Jaspiar.
jaula [xáŭla] *f.* Gàbia.
jauría [xaŭría] *f.* Canilla, gossada.
jayán [xaɟán] *m.* Homenàs, pallard.
jaz [xaθ] *m.* Jazz.
jazmín [xaðmin] *m.* BOT. Gessamí, llessamí.
jebe [xéβe] *m.* QUÍM. Alum.
jedive [xeðiβe] *m.* Títol de virrei d'Egipte.

jefatura [xefatúra] *f.* Direcció. *2* Prefectura.
jefe [xéfe] *m.* Cap, capitost, capdavanter.
jengibre [xeŋxíβre] *m.* BOT. Gingebre.
jerarca [xerárka] *m.* Jerarca.
jerarquía [xerarkía] *f.* Jerarquia.
jerárquico, -ca [xerárkiko, -ka] *a.* Jeràrquic.
jerez [xeréθ] *m.* Xerès.
jerga [xérɣa] *f.* Gerga (tela). *2* Argot.
jergón [xerɣón] *m.* Màrfega, marfegó.
jerigonza [xeriɣónθa] *f.* Argot.
jeringa [xeringa] *f.* Xeringa.
jeringar [xeriŋgár] *t.* Xeringar.
jeringuilla [xeriŋgiʎa] *f.* BOT. Xeringuilla.
jeroglífico, -ca [xeroɣlífiko, -ka] *a.-m.* Jeroglífic.
jersey [xerséĭ] *m.* Jersei, suèter.
jesuita [xesuíta] *a.-m.* Jesuïta.
jet [jet] *m. fr.* Jet (avió).
jeta [xéta] *f.* fam. Morro.
jibia [xíβia] *f.* ZOOL. Sípia.
jibión [xiβjón] *m.* Os de sípia.
jícara [xíkara] *f.* Xicra.
jilguero [xilɣéro] *m.* ORNIT. Cadernera, cardina.
jinete [xinéte] *m.* Genet, cavaller.
jira [xíra] *f.* Forada, fontada, sortida. *2* Volta (viatge).
jirafa [xiráfa] *f.* Girafa.
jirón [xirón] *m.* Pelleringa. *2* Esqueix.
jocoserio, -ia [xokosérjo, -ja] *a.* Jocoseriós.
jocoso, -sa [xokóso, -sa] *a.* Jocós.
jofaina [xofáĭna] *f.* Palangana, rentamans.
jolgorio [xolɣórjo] *m.* Diversió, jarana, tabola. *2* Alegria.
jornada [xornáða] *f.* Jornada, diada.
jornal [xornál] *m.* Jornal.
jornalero, -ra [xornaléro, -ra] *m.-f.* Jornaler, bracer.
joroba [xoróβa] *f.* Gep, gepa.
jorobado, -da [xoroβáðo, -ða] *a., m.-f.* Geperut.
jorobar [xoroβár] *t.* fig. Molestar, fastiguejar.
jota [xóta] *f.* Jota (lletra). || ***No entender ni ~,*** no entendre-hi ni un borrall. *2* Jota (dansa).
joven [xóβen] *a.* Jove.
jovial [xoβjál] *a.* Jovial.
joya [xóǰa] *f.* Joia, joiell.
joyel [xoǰél] *m.* Joiell.
joyería [xoǰería] *f.* Joieria, argenteria.
joyero, -ra [xoǰéro, -ra] *m.-f.* Joier, argenter.
juanete [xwanéte] *m.* ANAT. Galindó.
jubilación [xuβilaθjón] *f.* Jubilació.
jubilar [xuβilár] *a.* Jubilar.
jubilar [xuβilár] *t.-i.-prnl.* Jubilar.
jubileo [xuβiléo] *m.* Jubileu.
júbilo [xúβilo] *m.* Joia.
jubiloso, -sa [xuβilóso, -sa] *a.* Joiós.
jubón [xuβón] *m.* Gipó.
judaico, -ca [xuðáĭko, -ka] *a.* Judaic.
judaísmo [xúðaizmo] *m.* Judaisme.
judería [xuðería] *f.* Jueria, call.
judía [xuðía] *f.* Mongeta, fesol.
judicial [xuðiθjál] *a.* Judicial.
judiciario, -ia [xuðiθjárjo, -ja] *a.-m.* Judiciari.
judío, -ía [xuðío, -ía] *a., m.-f.* Jueu.
juego [xwéɣo] *m.* Joc. || ***~ de prendas,*** joc de penyores.
juerga [xwérɣa] *f.* Barrila, gresca, gatzara, xala. *2* Disbauxa.
juerguista [xwerɣísta] *m.-f.* Barrilaire.
jueves [xwéβes] *m.* Dijous. || ***No es cosa del otro ~,*** no és res de l'altre món.
juez [xwéθ] *m.* Jutge.
jugada [xuɣáða] *f.* Jugada.
jugador, -ra [xuɣaðór, -ra] *a., m.-f.* Jugador.
jugar [xuɣár] *i.-t.* Jugar. ¶ CONJUG. INDIC. Pres.: ***juego, juegas, juega, juegan.*** || SUBJ. Pres.: ***juegue, juegues, juegue, jueguen.*** || IMPERAT.: ***juega, juegue, jueguen.***
jugarreta [xuɣarréta] *f.* Mala jugada. *2* Mala passada.
juglar [xuɣlár] *m.* Joglar.
jugo [xúɣo] *m.* Suc. || ***Echar ~,*** suquejar.
jugoso, -sa [xuɣóso, -sa] *a.* Sucós.
juguete [xuɣéte] *m.* Joguina.
juguetear [xuɣeteár] *i.* Joguinejar.
juguetón, -ona [xuɣetón, -óna] *a.* Juganer. *2* Enjogassat.
juicio [xwíθjo] *m.* Judici. *2* Senderi, seny, albir, solta.
juicioso, -sa [xwiθjóso, -sa] *a.* Judiciós, assenyat.
julio [xúljo] *m.* Juliol.
jumento [xuménto] *m.* Ase, ruc, burro.
juncia [xúnθja] *f.* BOT. Jonça.
junco [xúŋko] *m.* BOT. Jonc.
jungla [xúŋgla] *f.* Jungla.
junio [xúnjo] *m.* Juny.
juntamente [xuntaménte] *adv.* Juntament, ensems.
juntar [xuntár] *t.-prnl.* Ajuntar, aplegar. *2* Ajustar (la porta). *3* Confegir. ¶ CONJUG. P. P.: ***juntado*** i ***junto.***
junto, -ta [xúnto, -ta] *a.* Junt. *2 pl.* Plegats, junts. *3 f.* Junta. *4* Juntura. *5 adv.* Junt, juntament. || ***~ a,*** tocant, prop de.
juntura [xuntúra] *f.* Junt, afegit, junta. *2* Juntura.

jura [xúra] *f.* Jura.
jurado, -da [xuráðo, -ða] *a.-m.* Jurat.
juramentar [xuramentár] *t.* Prendre jurament a algú. *2 prnl.* Juramentar-se.
juramento [xuraménto] *m.* Jurament. *2* Renec.
jurar [xurár] *t.* Jurar. *2 i.* Renegar.
jurásico, -ca [xurásiko, -ka] *a.-m.* Juràssic.
jurídico, -ca [xuríðiko, -ka] *a.* Jurídic.
jurisconsulto [xuriskonsúlto] *m.* Jurisconsult.
jurisdicción [xurizdiyθjón] *f.* Jurisdicció.
jurisprudencia [xurispruðénθja] *f.* Jurisprudència.
jurista [xurista] *m.* Jurista.
justa [xústa] *f.* Justa.
justeza [xustéθa] *f.* Justesa.
justicia [xustiθja] *f.* Justícia.
justiciero, -ra [xustiθjéro, -ra] *a.-m.* Justicier.
justificación [xustifikaθjón] *f.* Justificació.
justificante [xustifikánte] *a.* Justificant.
justificar [xustifikár] *t.-prnl.* Justificar.
justificativo, -va [xustifikatiβo, -βa] *a.* Justificatiu.
justo, -ta [xústo, -ta] *a.-adv.* Just.
juvenil [xuβenil] *a.* Juvenil, jovenívol.
juventud [xuβentúð] *f.* Joventut, jovenesa. *2* Jovent, jovenalla.
juzgado [xuðγáðo] *m.* Jutjat.
juzgar [xuðγár] *t.* Jutjar, judicar.

K

ka [ka] *f.* Ca (lletra).
kaiser [kàĭser] *m.* Kàiser.
kantismo [kantizmo] *m.* Kantisme.
kilo [kilo] *m.* Quilo.
kilográmetro [kiloɣràmetro] *m.* Quilogràmetre.
kilogramo [kiloɣràmo] *m.* Quilogram.
kilolitro [kilolitro] *m.* Quilolitre.
kilómetro [kilòmetro] *m.* Quilòmetre.
kilowatio [kiloβàtjo] *m.* Quilovat.
kiosko [kjòsko] *m.* Quiosc.
krausismo [kraŭsizmo] *m.* Krausisme.

L

la [la] *art., pron. pers.* La, l'.
la [la] *m.* MÚS. La.
laberíntico, -ca [laβerintiko, -ka] *a.* Laberíntic.
laberinto [laβerinto] *m.* Laberint.
labiado, -da [laβjáðo, -ða] *a.* Labiat.
labial [laβjál] *a.* Labial.
labihendido, -da [laβiendiðo, -ða] *a.* Llavifès.
lábil [láβil] *a.* Làbil.
labio [láβjo] *m.* Llavi.
labor [laβór] *f.* Labor, tasca, feina.
laborable [laβoráble] *a.* Laborable.
laborar [laβorár] *t.* Llaurar. *2 i.* Laborar.
laboratorio [laβoratórjo] *m.* Laboratori.
laborear [laβoreár] *t.* Llavorar.
laboreo [laβoréo] *m.* Cultiu de la terra.
laboriosidad [laβorjosiðáð] *f.* Laboriositat.
laborioso, -sa [laβorjóso, -sa] *a.* Laboriós.
labrador, -ra [laβraðór, -ra] *a., m.-f.* Llaurador. *2* Pagès.
labrantío, -ía [laβrantio, -ia] *a.* Conradís. *2 m.* Terra de conreu, conradís.
labranza [laβránθa] *f.* Conreu, llaurada. *2* Terres de conreu.
labrar [laβrár] *t.* Conrear, llaurar. *2* Llavorar (la pedra, plata, etc.).
labriego, -ga [laβrjéγo, -γa] *m.-f.* Pagès, camperol.
laca [láka] *f.* Laca.
lacar [lakár] *t.* Lacar.
lacayo [lakájo] *m.* Lacai.
lacayuno, -na [lakajúno, -na] *a.* Servil.
lacerar [laθerár] *t.* Lacerar, ferir.
lacería [laθeria] *f.* Llaceries.
lacero [laθéro] *m.* Llacer.
lacio, -ia [láθjo, -ja] *a.* Pansit, marcit. *2* Flàccid (el cabell, etc.).
lacónico, -ca [lakóniko, -ka] *a.* Lacònic.
laconismo [lakonizmo] *m.* Laconisme.
lacra [lákra] *f.* Xacra, tara, nafra.
lacrar [lakrár] *t.* Danyar. *2* Lacrar (amb lacre).
lacre [lákre] *m.* Lacre.
lacrimal [lakrimál] *a.* Lacrimal.
lacrimoso, -sa [lakrimóso, -sa] *a.* Llagrimós.
lactación [laγtaθjón] *f.* Alletament, lactació.
lactancia [laγtánθja] *f.* Alletament.
lactar [laktár] *t.-i.* Alletar.
lácteo, -ea [láγteo, -ea] *a.* Lacti.
lacticinio [laγtiθinjo] *m.* Lacticini.
láctico, -ca [láγtiko, -ka] *a.* Làctic.
lacustre [lakústre] *a.* Lacustre.
ladear [laðeár] *i.-t.-prnl.* Decantar. *2* Faldejar (una muntanya).
ladeo [laðéo] *m.* Decantament.
ladera [laðéra] *f.* Falda (de muntanya), faldar, vessant.
ladilla [laðiʎa] *f.* ENTOM. Cabra.
ladino, -na [laðino, -na] *a.-m.* Astut, murri.
lado [láðo] *m.* Costat. *2* Cantó. *3* Banda. ‖ ***De ~,*** de cantó, de gairell. ‖ ***Dejar a un ~,*** deixar de costat.
ladra [láðra] *f.* Bordadissa, bordada.
ladrar [laðrár] *i.* Lladrar, bordar.
ladrido [laðriðo] *m.* Lladruc.
ladrillar [laðriʎár] *m.* Bòbila.
ladrillero, -ra [laðriʎéro, -ra] *m.-f.* Rajoler.
ladrillo [laðriʎo] *m.* Rajol, rajola. *2* Maó, totxo. *3* Pitxolí.
ladrón, -ona [laðrón, -óna] *m.-f.* Lladre.
ladronera [laðronéra] *f.* Lladronera. *2* Lladronici.
ladronzuelo [laðronθwélo] *m.* Pispa, afaneta.
lagar [laγár] *m.* Cup, tina. *2* Trull.
lagarta [laγárta] *f.* ZOOL. Llangardaix femella. *2* fig. Dona astuta i dissimulada.
lagartija [laγartixa] *f.* ZOOL. Sargantana.
lagarto [laγárto] *m.* ZOOL. Llangardaix.
lago [láγo] *m.* Llac, estany.

lagotear [laγoteár] *i.* Llagotejar.
lágrima [láγrima] *f.* Llàgrima.
lagrimal [laγrimál] *a.* Lacrimal.
lagrimear [laγrimeár] *i.* Llagrimejar.
lagrimeo [laγriméo] *m.* Llagrimeig.
lagrimoso, -sa [laγrimóso, -sa] *a.* Llagrimós.
laguna [laγúna] *f.* Llacuna.
laicismo [laĭθízmo] *m.* Laïcisme.
laico, -ca [láĭko, -ka] *a., m.-f.* Laic.
lama [láma] *f.* Llot.
lama [láma] *m.* Lama.
lamedura [lameðúra] *f.* Llepada.
lamentable [lamentáβle] *a.* Lamentable.
lamentación [lamentaθjón] *f.* Lamentació, complanta.
lamentar [lamentár] *t.-prnl.* Lamentar, sentir, saber greu. *2 prnl.* Plànyer-se.
lamento [laménto] *m.* Lament, plany, complanta.
lamer [lamér] *t.* Llepar.
lamerón, -ona [lamerón, -óna] *a.* Llèpol, llaminer.
lametón [lametón] *m.* Llepaire, llepa.
lámina [lámina] *f.* Làmina. *2* Fullola.
laminado [lamináðo] *m.* Laminat.
laminador [laminaðór] *m.* Laminador.
laminar [laminár] *a.* Laminar.
laminar [laminár] *t.* Laminar.
laminero, -ra [laminéro, -ra] *a., m.-f.* Laminador.
lámpara [lámpara] *f.* Llum. *2* Llàntia. *3* Bombeta.
lamparero, -ra [lamparéro, -ra] *m.-f.* Lampista.
lamparilla [lamparíʎa] *f.* Llantió. *2* Animeta (d'una llàntia).
lamparón [lamparón] *m.* Taca, llàntia.
lampiño, -ña [lampíɲo, -ɲa] *a.* Barbamec.
lampista [lampísta] *m. fr.* Lampista.
lana [lána] *f.* Llana.
lanar [lanár] *a.* De llana (bestià).
lance [lánθe] *m.* Llançament. *2* Calada (de trema). *3* Tràfec. *4* Encontre, renyina. ‖ ***De ~,*** d'ocasió. ‖ ***~ de honor,*** duel.
lancero [lanθéro] *m.* MIL. Llancer. *2 pl.* Llancers (ball).
lanceta [lanθéta] *f.* Llanceta.
lancinante [lanθinánte] *a.* Lancinant.
lancha [lántʃa] *f.* NÀUT. Llanxa.
landa [lánda] *f.* Landa.
lanería [lanería] *f.* Llaneria.
lanero, -ra [lanéro, -ra] *a.-m.* Llaner.
langosta [lanγósta] *f.* ENTOM. Llagosta. *2* Llagosta (de mar).
langostino [lanγostíno] *m.* ZOOL. Llagostí.
languidecer [lanγiðeθér] *i.* Llanguir, migrar-se. ¶ CONJUG. com ***agradecer.***
languidez [lanγiðéθ] *f.* Llangor, llanguiment.
lánguido, -da [lánγiðo, -ða] *a.* Lànguid.
lanilla [laníʎa] *f.* Borrissol.
lanudo, -da [lanúðo, -ða] *a.* Llanut. *2* Llanós.
lanuginoso, -sa [lanuxinóso, -sa] *a.* Lanuginós.
lanza [lánθa] *f.* Llança.
lanzada [lanθáða] *f.* Llançada.
lanzador, -ra [lanθaðór, -ra] *a., m.-f.* Llançador. *2 f.* Llançadora.
lanzafuego [lanθafwéγo] *m.* Botafoc.
lanzallamas [lanθaʎámas] *f. pl.* MIL. Llançaflames.
lanzamiento [lanθamjénto] *m.* Llançament. *2* Engegada. *3* Git. *4* Aviada.
lanzar [lanθár] *t. prnl.* Llançar. *2* Tirar. *3* Engegar. *4* Etzibar. *5* Avarar.
lanzazo [lanθáθo] *m.* Llançada.
laña [láɲa] *f.* Grapa.
lañar [laɲár] *t.* Ajuntar (amb grapes).
lapa [lápa] *f.* Tel, crespó. *2* ZOOL. Pegellida.
lapicero [lapiθéro] *m.* Llapis.
lápida [lápiða] *f.* Làpida.
lapidar [lapiðár] *t.* Lapidar.
lapidario, -ia [lapiðárjo, -ja] *a.-m.* Lapidari.
lápiz [lápiθ] *m.* Llapis.
lapón, -ona [lapón, -óna] *a., m.-f.* Lapó.
lapso [láβso] *m.* Lapse.
lar [lár] *m.* Llar, fogar.
lardero (jueves) [larðéro] *a.* Dijous gras, dijous llarder.
lardo [lárðo] *m.* Llard, greix, sagí.
largar [larγár] *t.* Afluixar, deixar anar. *2 prnl.* Marxar, escapolir-se, tocar el dos. *3* MAR. Desplegar (veles).
largas [lárγas] *f. pl.* ‖ ***Dar ~ a,*** donar allargues, donar allargs.
largo, -ga [lárγo, -γa] *a.* Llarg. *2 m.* Llargada, llarg. ‖ ***A la larga,*** a la llarga. ‖ ***¡~ de aquí!,*** fora d'aquí!
larguero [larγéro] *m.* Travesser.
largueza [larγéθa] *f.* Llarguesa, liberalitat.
larguirucho, -cha [larγirútʃo, -tʃa] *a.* Llargarut. *2* Esllanguit.
largura [larγúra] *f.* Llargada, llargària.
laringe [laríŋxe] *f.* ANAT. Laringe, larinx.
laríngeo, -ea [laríŋxeo, -ea] *a.* Laringi.
larva [lárβa] *f.* Larva.
larvado, -da [larβáðo, -ða] *a.* Larvat.
las [las] *art., pron. pers.* Les.

lasca [láska] *f.* Resquill (de pedra).
lascivia [lasθiβja] *f.* Lascívia.
lascivo, -va [lasθiβo, -βa] *a.* Lasciu.
lasitud [lasitúð] *f.* Lassitud.
lástima [lástima] *f.* Llàstima. *2 interj.* Malaguanyat!
lastimar [lastimár] *t.-prnl.* Fer mal, malmetre, danyar. *2 t.* Plànyer.
lastimero, -ra [lastiméro, -ra] *a.* Planyívol, llastimós.
lastimoso, -sa [lastimóso, -sa] *a.* Llastimós.
lastra [lástra] *f.* Llosa.
lastrar [lastrár] *t.-prnl.* Llastrar.
lastre [lástre] *m.* Llast.
lata [láta] *f.* Llauna. *2* Llata (fusta). *3* Lata (discurs pesat).
latente [laténte] *a.* Latent.
lateral [laterál] *a.* Lateral.
latido [latiðo] *m.* Batec, batement. *2* Clapit.
latifundio [latifúndjo] *m.* Latifundi.
latigazo [latiγáθo] *m.* Fuetada, xurriacada, flingantada.
látigo [látiγo] *m.* Fuet, tralla, xurriaques.
latín [latín] *m.* Llatí.
latinajo [latináxo] *m.* Llatinada.
latinista [latinista] *m.-f.* Llatinista.
latino, -na [latino, -na] *a., m.-f.* Llatí.
latir [latir] *i.* Bategar, batre, polsar. *2* Clapir.
latitud [latitúð] *f.* Latitud.
lato, -ta [láto, -ta] *a.* Lat, dilatat.
latón [latón] *m.* Llautó.
latoso, -sa [latóso, -sa] *a.* Pesat.
latría [latria] *f.* Latria.
latrocinio [latroθinjo] *m.* Lladrocini.
laúd [laúð] *m.* MÚS. Llaüt. *2* NÀUT. Llagut.
laudable [laŭdáβle] *a.* Laudable, lloable.
laudatorio, -ia [laŭðatórjo, -ja] *a.* Laudatori.
laudes [láŭðes] *f. pl.* Laudes.
laurear [laureár] *t.* Llorejar.
laurel [laŭrél] *m.* Llorer, llor.
lauro [láŭro] *m.* BOT. Llorer, llar. *2* fig. Llorer (premi).
lauroceraso [laŭroθeráso] *m.* BOT. Llorer reial.
lava [láβa] *f.* Lava.
lavabo [laβáβo] *m.* Lavabo.
lavadero [laβaðéro] *m.* Safareig, rentador, rentadora.
lavado [laβáðo] *m.* Rentat. *2* Lavament.
lavador, -ra [laβaðór, -ra] *m.-f.* Rentador. *2 f.* Rentadora.
lavamanos [laβamános] *m.* Rentamans.
lavandera [laβandéra] *f.* Bugadera, rentadora.
lavandería [laβanderia] *f.* Bugaderia.
lavandero, -ra [laβandéro, -ra] *m.-f.* Bugader.
lavándula [laβándula] *f.* BOT. Espígol.
lavar [laβár] *t.-prnl.* Rentar. *2* Lavar (un dibuix).
lavativa [laβatiβa] *f.* Lavativa.
lavatorio [laβatórjo] *m.* LITÚRG. Lavatori.
lavotear [laβoteár] *t.* Rentussejar.
laxante [laγsánte] *a.-m.* Laxant.
laxar [laγsár] *t.* Laxar.
laxitud [laγsitúð] *f.* Laxitud.
laxo, -xa [láγso, -sa] *a.* Lax.
laya [lája] *f.* AGR. Fanga, àrpies. *2* Mena, índole.
layar [lajár] *t.* Fangar.
lazada [laθáða] *f.* Llaçada.
lazareto [laθaréto] *m.* Llatzeret.
lazarillo [laθariʎo] *m.* Pigall.
lazo [láθo] *m.* Llaç, llaçada, baga. *2* Llacera, trampa.
le [le] *pron. pers.* DATIU: li; ACUSATIU: lo, 'l, el, l'.
leal [leál] *a., m.-f.* Lleial.
lealtad [lealtáð] *f.* Lleialtat.
lebrato [leβráto] *m.* Llebrató.
lebrel [leβrél] *a., m.-f.* Llebrer.
lebrillo [leβriʎo] *m.* Gibrell.
lección [leγθjón] *f.* Lliçó.
lector, -ra [leγtór, -ra] *a., m.-f.* Llegidor, lector.
lectura [leγtúra] *f.* Lectura.
lechada [letʃáða] *f.* Lletada.
lechal [letʃál] *a., m.-f.* Lletó, tendral (animal).
leche [létʃe] *f.* Llet.
lechecillas [letʃeθiʎas] *f. pl.* Lletó.
lechería [letʃeria] *f.* Lleteria.
lechero, -ra [letʃéro, -ra] *a., m.-f.* Lleter.
lechetrezna [letʃetréðna] *f.* BOT. Lleterola, llet de bruixa.
lechigada [letʃiγáða] *f.* Llorigada.
lecho [létʃo] *m.* Llit, jaç. *2* GEOL. Capa, sostre, mare (d'un riu), llera.
lechón [letʃón] *m.* Garrí, porcell, godall, lletó.
lechona [letʃóna] *f.* Truja, bacona.
lechoso, -sa [letʃóso, -sa] *a.* Lletós.
lechuga [letʃúγa] *f.* Enciam. ‖ ***Más fresco que una ~,*** més fresc que una rosa.
lechugino [letʃuγino] *a.-m.* Gomós, petimetre.
lechuza [letʃúθa] *f.* ORNIT. Òliba.
leer [leér] *t.* Llegir.
legación [leγaθjón] *f.* Legació.
legado [leγáðo] *m.* Llegat, deixa. *2* Legat (enviat).
legajo [leγáxo] *m.* Lligall.
legal [leγál] *a.* Legal.

legalidad [leγaliðáð] *f.* Legalitat.
legalizar [leγaliθár] *t.* Legalitzar.
legaña [leγáɲa] *f.* Lleganya.
legañoso, -sa [leγaɲóso, -sa] *a.* Lleganyós.
legar [leγár] *t.* Llegar. *2* Enviar un legat.
legendario, -ia [lexendárjo, -ja] *a.-m.* Llegendari.
legible [lexiβle] *a.* Llegible, llegidor.
legión [lexjón] *f.* Legió.
legionario, -ia [lexjonárjo, -ja] *a.-m.* Legionari.
legislación [lexizlaθjón] *f.* Legislació.
legislador, -ra [lexizlaðór, -ra] *a., m.-f.* Legislador.
legislar [lexizlár] *i.* Legislar.
legislativo, -va [lexizlatiβo, -βa] *a.* Legislatiu.
legislatura [lexizlatúra] *f.* Legislatura.
legítima [lexítima] *f.* JUR. Llegítima.
legitimar [lexitimár] *t.* Legitimar.
legitimidad [lexitimiðáð] *f.* Legitimitat.
legítimo, -ma [lexítimo, -ma] *a.* Legítim.
lego, -ga [léγo, -γa] *a., m.-f.* Llec.
legón [leγón] *m.* Magall.
legua [léγwa] *f.* Llegua.
leguleyo [leγuléjo] *m.* Picaplets.
legumbre [leγúmbre] *f.* BOT. Llegum.
leguminoso, -sa [leγuminóso, -sa] *a.* Lleguminós. *2 f. pl.* Lleguminoses.
leíble [leiβle] *a.* Llegible, llegidor.
leída [leiða] *f.* Llegida.
leído, -da [leiðo, -ða] *a.* Saberut, lletrut.
lejanía [lexania] *f.* Llunyària (distància). *2* Llunyania (qualitat de llunyà).
lejano, -na [lexáno, -na] *a.* Llunyà.
lejía [lexia] *f.* Lleixiu.
lejos [léxos] *adv.* Lluny.
lelo, -la [lélo, -la] *a., m.-f.* Liró, ximple.
lema [léma] *m.* Lema.
lemosín [lemosin] *m.-f.* Llemosí.
lencería [lenθeria] *f.* Llenceria.
lengua [léŋgwa] *f.* Llengua. ‖ ~ ***de Oc,*** llengua d'Oc.
lenguado [leŋgwáðo] *m.* ICT. Llenguado.
lenguaje [leŋgwáxe] *m.* Llenguatge, parlar.
lenguaraz [leŋgwaráθ] *a.* Llengut.
lengüeta [leŋgwéta] *f.* Llengüeta.
lengüetada [leŋgwetáða] *f.* Llepada.
lenidad [leniðáð] *f.* Lenitat.
lenitivo, -va [lenitiβo, -βa] *a.-m.* Lenitiu.
lente [lénte] *m.* Lent. *2 pl.* Pinça-nas, ulleres.
lenteja [lentéxa] *f.* BOT. Llentilla.
lentejuela [lentexwéla] *f.* Lluentó.
lenticular [lentikulár] *a.* Lenticular.
lentisco [lentisko] *m.* BOT. Mata.
lentitud [lentitúð] *f.* Lentitud.
lento, -ta [lénto, -ta] *a.* Lent, triganer, maimó.
leña [léɲa] *f.* Llenya. *2* fam. Llenya, pallissa, allisada.
leñador, -ra [leɲaðór, -ra] *m.-f.* Llenyataire, destraler.
leñera [leɲéra] *f.* Llenyer.
leño [léɲo] *m.* Tronc, buscall. *2* Fusta. *3* fig. Talòs.
leñoso, -sa [leɲóso, -sa] *a.* Llenyós.
leo [léo] *m.* ASTR. Lleó.
león, -ona [león, -óna] *m.-f.* Lleó. ‖ ***Pie de ~,*** edelweiss.
leonado, -da [leonáðo, -ða] *a.-m.* Lleonat.
leonera [leonéra] *f.* Lleonera.
leonés, -esa [leonés, -ésa] *a., m.-f.* Lleonès.
leonino, -na [leonino, -na] *a.* Lleoní.
leopardo [leopárðo] *m.* Lleopard.
lepidópteros [lepiðóβteros] *m. pl.* ENTOM. Lepidòpters.
lepra [lépra] *f.* Lepra.
leproso, -sa [lepróso, -sa] *a.* Leprós.
lerdo, -da [lérðo, -ða] *a.* Pesat, feixuc. *2* Llosc.
Lérida [lériða] *n. pr.* Lleida.
leridano, -na [leriðáno, -na] *a., m.-f.* Lleidatà.
les [les] pron. pers. Los, 'ls, els.
lesión [lesjón] *f.* Lesió.
lesionar [lesjonár] *t.* Lesionar.
leso, -sa [léso, -sa] *a.* Les.
letal [letál] *a.* Letal.
letanía [letania] *f.* Lletania.
letárgico, -ca [letárxiko, -ka] *a.* Letàrgic.
letargo [letárγo] *m.* Letargia.
letra [létra] *f.* Lletra.
letrado, -da [letráðo, -ða] *a.* Lletrat. *2 m.-f.* Advocat.
letrero [letréro] *m.* Rètol.
letrilla [letriʎa] *f.* LIT. Posada.
letrina [letrina] *f.* Letrina. *2* Bassa.
leucemia [leŭθemja] *f.* MED. Leucèmia.
leucocito [leŭkoθito] *m.* BIOL. Leucòcit.
leudar [leŭðár] *t.* Posar llevat a la massa. *2 prnl.* Llevar (fermentar una pasta).
leva [léβa] *f.* Lleva.
levadizo, -za [leβaðiθo, -θa] *a.* Llevadís.
levadura [leβaðúra] *f.* Llevat.
levantamiento [leβantamjénto] *m.* Alçament, aixecament.
levantar [leβantár] *t.-prnl.* Aixecar, alçar, elevar. ‖ ~ ***los manteles,*** desparar la taula.
levante [leβánte] *m.* Llevant, est, orient.
levantino, -na [leβantino, -na] *a., m.-f.* Llevantí.
levantisco, -ca [leβantisko, -ka] *a.* Turbulent, cap calent.
levar [leβár] *t.* MAR. Llevar (àncores).

leve [léβe] *a.* Lleu.
levita [leβita] *m.* Levita.
léxico [léɣsiko] *m.* Lèxic.
lexicografía [leɣsikoɣrafía] *f.* Lexicografia.
lexicón [leɣsikón] *m.* Lèxic (diccionari).
ley [leĭ] *f.* Llei.
leyenda [lejénda] *f.* Llegenda.
lezna [léðna] *f.* Alena.
lía [lia] *f.* Corda d'espart. *2* Solatge.
liana [liána] *f.* BOT. Liana.
liar [liár] *t.* Lligar. *2* Embolicar, embullar, enxarxar.
libación [liβaθjón] *f.* Libació.
libar [liβár] *t.* Libar.
libelo [liβélo] *m.* Libel.
libélula [liβélula] *f.* ENTOM. Libèl·lula, espiadimonis.
líber [liβer] *m.* BOT. Liber.
liberación [liβeraθjón] *f.* Alliberació, alliberament, deslliurança, deslliurament.
liberal [liβerál] *a.-m.* Liberal, lliberal.
liberalidad [liβeraliðáð] *f.* Liberalitat.
liberar [liβerár] *t.-prnl.* Alliberar, llibertar, deslliurar.
libérrimo, -ma [liβérrimo, -ma] *a.* Completament lliure.
libertad [liβertáð] *f.* Llibertat.
libertador, -ra [liβertaðór, -ra] *a., m.-f.* Alliberador, deslliurador.
libertar [liβertár] *t.* Alliberar, llibertar, deslliurar. *2* Afranquir.
libertinaje [liβertináxe] *m.* Llibertinatge, disbauxa.
libertino, -na [liβertino, -na] *a., m.-f.* Llibertí.
liberto, -ta [liβérto, -ta] *a., m.-f.* Llibert.
libidinoso, -sa [liβiðinóso, -sa] *a.* Libidinós.
líbido [liβiðo] *f.* Líbido.
libio, -ia [liβjo, -ja] *a., m.-f.* Libi.
libra [liβra] *f.* Lliura.
librador, -ra [liβraðór, -ra] *a., m.-f.* Lliurador.
libramiento [liβramjénto] *m.* Lliurament, deslliurament.
libranza [liβránθa] *f.* Lliurament.
librar [liβrár] *t.-prnl.* Lliurar. *2* Alliberar, deslliurar.
libre [liβre] *a.* Lliure, franc. ‖ ***Tiempo ~,*** lleure.
librea [liβréa] *f.* Lliurea.
librecambio [liβrekámbjo] *m.* Lliure canvi.
libremente [liβreménte] *adv.* Lliurement.
librería [liβrería] *f.* Llibreria. *2* Llibreteria.
librero [liβréro] *m.* Llibrer, llibreter.
libreta [liβréta] *f.* Llibreta.
libreto [liβréto] *m.* TEAT. Llibret.
librillo [liβriʎo] *m.* Llibret.
libro [liβro] *m.* Llibre. *2* Llibre (en els rumiants).
licencia [liθénθja] *f.* Llicència.
licenciado, -da [liθenθjáðo, -ða] *a., m.-f.* Licenciat.
licenciamiento [liθenθjamjénto] *m.* Licenciament.
licenciar [liθenθjár] *t.-prnl.* Licenciar.
licenciatura [liθenθjatúra] *f.* Llicenciatura.
licencioso, -sa [liθenθjóso, -sa] *a.* Llicenciós.
liceo [liθéo] *m.* Liceu.
licitar [liθitár] *t.* Licitar.
lícito, -ta [liθito, -ta] *a.* Lícit.
licitud [liθitúð] *f.* Licitud.
licor [likór] *m.* Licor.
licorera [likoréra] *f.* Licorera.
licuación [likwaθjón] *f.* Liquació.
licuar [likwár] *t.-prnl.* Liquar.
licuefacción [likwefaɣθjón] *f.* Liqüefacció.
lid [lið] *f.* Lluita, renyina, disputa.
lidia [liðja] *f.* Lluita, baralla, renyina.
lidiar [liðjár] *i.* Batallar, lluitar. *2* TAUROM. Torejar.
liebre [ljéβre] *f.* ZOOL. Llebre.
lienzo [ljénθo] *m.* Llenç. *2* Tela (de pintor). *3* Pany (de paret).
liga [liɣa] *f.* Lliga. *2* Lligacama, camalliga. *3* Vesc. *4* Aliatge.
ligado [liɣáðo] *m.* Lligat.
ligadura [liɣaðúra] *f.* Lligada. *2* Lligam.
ligamento [liɣaménto] *m.* Lligament.
ligar [liɣár] *t.* Lligar, aliar.
ligazón [liɣaθón] *f.* Lliga.
ligereza [lixeréθa] *f.* Lleugeresa.
ligero, -ra [lixéro, -ra] *a.* Lleuger. *2* Lleu.
lignito [liɣnito] *m.* MINER. Lignit.
ligustro [liɣústro] *m.* BOT. Olivella.
lija [lixa] *f.* ICT. Àngel. ‖ ***Papel de ~,*** paper de vidre.
lila [lila] *f.* BOT. Lilà.
liliáceo, -ea [liljáθeo, -ea] *a.* Liliaci. *2 f. pl.* Liliàcies.
liliputiense [liliputjénse] *a., m.-f.* Lil·liputenc.
lima [lima] *f.* Llima (eina). *2* Llimina.
limaduras [limaðúras] *f. pl.* Llimadures.
limar [limár] *t.* Llimar.
limaza [limáθa] *f.* ZOOL. Llimac.
limbo [limbo] *m.* Llimbs. *2* Caire. *3* Limbe (d'una fulla).
limero [liméro] *m.* BOT. Llimoner.
liminar [liminár] *a.* Liminar.
limitación [limitaθjón] *f.* Limitació.
limitar [limitár] *t.* Limitar, fronterejar.

límite [límite] *m.* Límit.
limítrofe [limítrofe] *a.* Limítrof.
limo [límo] *m.* Llim, fang.
limón [limón] *m.* Llimona.
limonada [limonáðа] *f.* Llimonada.
limonero [limonéro] *m.* Llimoner. *2* Escaler (animal de tir).
limosna [limózna] *f.* Almoina.
limosnero, -ra [limoznéro, -ra] *a.* Caritatiu. *2 m.* Almoiner.
limpiabarros [limpiaβárros] *m.* Escurapeus.
limpiabotas [limpjaβótas] *m.* Enllustrador.
limpiachimeneas [limpjatʃimenéas] *m.* Escura-xemeneies.
limpiadura [limpjaðúra] *f.* Neteja.
limpiaplumas [limpjaplúmas] *m.* Eixugaplomes.
limpiar [limpjár] *t.-prnl.* Netejar. *2* Escurar. *3* Bugadejar.
limpiaúñas [limpjaúɲas] *m.* Escuraungles.
limpidez [limpiðéθ] *f.* Limpidesa.
límpido, -da [límpiðo, -ða] *a.* Límpid.
limpieza [limpjéθa] *f.* Neteja. *2* Bugada. *3* Netedat, condícia, endreça.
limpio, -ia [límpjo, -ja] *a.* Net.
linaje [lináxe] *m.* Llinatge, nissaga.
linajudo, -da [linaxúðo, -ða] *a., m.-f.* De llinatge antic i il·lustre.
linaza [lináθa] *f.* Llinosa.
lince [línθe] *m.* ZOOL. Linx. *2* fig. Eixerit, fura.
linchamiento [lintʃamjénto] *m.* Linxament.
linchar [lintʃár] *t.* Linxar.
lindante [lindánte] *a.* Contigu.
lindar [lindár] *i.* Confinar, termenejar, fronterejar.
linde [línde] *m.-f.* Partió, fita, límit.
lindeza [lindéθa] *f.* Boniquesa. *2* Facècia, acudit.
lindo, -da [líndo, -da] *a.* Bonic, bufó, xamós. ‖ ***De lo ~***, molt.
línea [línea] *f.* Línia, ratlla.
lineal [lineál] *a.* Lineal.
linear [lineár] *a.* Linear.
linfa [límfa] *f.* BIOL. Limfa.
linfático, -ca [limfátiko, -ka] *a., m.-f.* Limfàtic.
lingote [liŋgóte] *m.* Lingot.
lingual [liŋgwál] *a.* Lingual.
lingüista [liŋgwísta] *m.* Lingüista.
lingüístico, -ca [liŋgwístiko, -ka] *a.-f.* Linguístic.
linimento [liniménto] *m.* Liniment.
lino [líno] *m.* BOT. Lli.
linóleo [linóleo] *m.* Linòleum.
linotipia [linotípja] *f.* Linotip.
linotipista [linotipísta] *m.-f.* Linotipista.
linterna [lintérna] *f.* Llanterna. *2* ARQ., MEC. Llanternó.
lío [lío] *m.* Paquet, farcell, lligall, fardell. *2* fig. Embolic, pastell, garbuix, embull, batibull. ‖ ***Hacerse un ~***, fer-se un garbuix, un embolic.
lionés, -esa [ljonés, -ésa] *a., m.-f.* Lionès. *2 f.* Lionesa.
lioso, -sa [ljóso, -sa] *a.* fam. Embrollador, embrollaire, embolicaire.
liquen [líken] *m.* BOT. Liquen.
liquidación [likiðaθjón] *f.* Liquidació.
liquidar [likiðár] *t.-prnl.* Liquidar.
líquido, -da [líkiðo, -ða] *a.-m.* Líquid.
lira [líra] *f.* MÚS. Lira.
lírico, -ca [líriko, -ka] *a.-m.* Líric. *2 f.* Lírica.
lirio [lírjo] *m.* BOT. Lliri. ‖ ***~ azul***, grejol.
lirismo [lirízmo] *m.* Lirisme.
lirón [lirón] *m.* ZOOL. Liró. *2* fig. Liró.
lis [lís] *f.* BOT., HERÀLD. Lis, flor de lis.
lisamente [lisaménte] *adv.* Llisament.
lisiado, -da [lisjáðo, -ða] *a., m.-f.* Esguerrat.
lisiar [lisjár] *t.-prnl.* Esguerrar, espatllar, baldar.
liso, -sa [líso, -sa] *a.* Llis.
lisonja [lisónxa] *f.* Afalac.
lisonjear [lisonxeár] *t.* Afalagar, llagotejar.
lisonjero, -ra [lisonxéro, -ra] *a., m.-f.* Adulador, llagoter. *2* Falaguer, afalagador.
lista [lísta] *f.* Llista. *2* Llenca.
listado, -da [listáðo, -ða] *a.* Llistat.
listo, -ta [lísto, -ta] *a.* Llest, enllestit, acabat. *2* Eixerit, llest, despert.
listón [listón] *m.* Llistó.
lisura [lisúra] *f.* Llisor.
litera [litéra] *f.* Llitera.
literal [literál] *a.* Literal.
literario, -ia [literárjo, -ja] *a.* Literari.
literato, -ta [literáto, -ta] *m.-f.* Literat.
literatura [literatúra] *f.* Literatura.
litigante [litiɣánte] *a., m.-f.* Litigant.
litigar [litiɣár] *t.* Litigar.
litigio [litíxjo] *m.* Litigi.
litigioso, -sa [litixjóso, -sa] *a.* Litigiós.
litio [lítjo] *m.* MINER. Liti.
litografía [litoɣrafía] *f.* Litografia.
litografiar [litoɣrafjár] *t.* Litografiar.
litógrafo [litóɣrafo] *m.* Litògraf.
litoral [litorál] *a.-m.* Litoral.
litro [lítro] *m.* Litre.
lituano, -na [lituáno, -na] *a., m.-f.* Lituà.
liturgia [litúrxja] *f.* Litúrgia.
litúrgico, -ca [litúrxiko, -ka] *a.* Litúrgic.

liviandad [liβjandáð] *f.* Lleugeresa, feblesa.
liviano, -na [liβjáno, -na] *a.* Lleuger, feble.
lividez [liβiðéθ] *f.* Lividesa.
lívido, -da [líβiðo, -ða] *a.* Lívid.
livor [liβór] *m.* Color lívid, violaci. *2* fig. Malignitat, enveja.
liza [líθa] *f.* Lliça, born, palestra.
lo [lo] *art.* El, l', *2 pron. pers.* Lo, el l', ho.
loa [lóa] *f.* Lloança.
loable [loáβle] *a.* Lloable, laudable.
loar [loár] *t.* Lloar.
loba [lóβa] *f.* Lloba.
lobanillo [loβaníʎo] *m.* Llúpia.
lobato [loβáto] *m.* Llobató.
lobezno [loβéðno] *m.* Llobató.
lobina [loβína] *f.* ICT. V. LUBINA.
lobo [lóβo] *m.* ZOOL. Llop. ‖ ~ ***cerval,*** ~ ***cervario,*** linx, llop cerver. ‖ ~ ***de mar,*** llop de mar.
lóbrego, -ga [lóβreγo, -γa] *a.* Llòbrec.
lobreguez [loβreγéθ] *f.* Foscor, tenebra, obscuritat.
lobulado, -da [loβuláðo, -ða] *a.* Lobulat.
lóbulo [lóβulo] *m.* Lòbul.
lobuno [loβúno] *a.* Relatiu al llop.
local [lokál] *a.-m.* Local.
localidad [lokaliðáð] *f.* Localitat.
localizar [lokaliθár] *t.* Localitzar.
loción [loθjón] *f.* Loció.
loco, -ca [lóko, -ka] *a., m.-f.* Boig, foll. *2* fam. Guillat. ‖ ***Ir a lo*** ~, anar de bòlit. ‖ ***Cada*** ~ ***con su tema,*** cadascú per on l'enfila.
locomoción [lokomoθjón] *f.* Locomoció.
locomotor, -ra [lokomotór, -ra] *a.* Locomotor. *2 f.* Locomotora.
locuacidad [lokwaθiðáð] *f.* Loquacitat.
locuaz [lokwáθ] *a.* Loquaç.
locución [lokuθjón] *f.* Locució.
locura [lokúra] *f.* Bogeria, follia.
locutor, -ra [lokutór, -ra] *m.-f.* Locutor.
locutorio [lokutórjo] *m.* Locutori, parlador.
lodazal [loðaθál] *m.* Fangar.
lodo [lóðo] *m.* Llot, fang.
logaritmo [loγaríðmo] *m.* Logaritme.
logia [lóxja] *f.* Lògia.
lógico, -ca [lóxiko, -ka] *a.* Lògic. *2 f.* Lògica.
lograr [loγrár] *t.* Atènyer, aconseguir, assolir.
logrero, -ra [loγréro, -ra] *m.-f.* Llogrer.
logro [lóγro] *m.* Aconseguiment, assoliment. *2* Llogre.
loma [lóma] *f.* Tissal. *2* Carena, crestall.
lombarda [lombárða] *f.* Bombarda. *2* Bleda vermella.
lombriz [lombríθ] *f.* Cuc. ‖ ~ ***de tierra,*** cuc de terra.
lomo [lómo] *m.* Llom. *2* Esquena, llom (d'un llibre). ‖ ~ ***bajo,*** mitjana.
lona [lóna] *f.* Lona.
loncha [lóntʃa] *f.* Llenca. *2* Penca.
londinense [londinénse] *a., m.-f.* Londinenc.
longanimidad [loŋganimiðáð] *f.* Longanimitat.
longaniza [loŋganíθa] *f.* Botifarra.
longevidad [loŋxeβiðáð] *f.* Longevitat.
longevo, -va [loŋxéβo, -βa] *a.* Vell, ancià, de molta edat.
longitud [loŋxitúd] *f.* Longitud, llargada.
longitudinal [loŋxituðinál] *a.* Longitudinal.
lonja [lóŋxa] *f.* Llotja. *2* Llonza, penca.
lontananza [lontanánθa] *f.* Llunyania.
loor [loór] *m.* Llaor, lloança.
loquear [lokeár] *i.* Bogejar.
loquero [lokéro] *m.* Infermer (de bojos).
lord [lór] *m.* Lord.
loriga [loríγa] *f.* Lloriga.
loro [lóro] *m.* ORNIT. Lloro.
los [los] *art.* Els. *2 pron. pers.* Los, 'ls, els.
losa [lósa] *f.* Llosa, llamborda, llosana.
losar [losár] *t.* V. ENLOSAR.
lote [lóte] *m.* Lot.
lotería [lotería] *f.* Loteria.
lotero, -ra [lotéro, -ra] *m.-f.* Bitlletaire.
loto [lóto] *m.* BOT. Lotus.
loza [lóθa] *f.* Pisa.
lozanear [loθaneár] *i.-prnl.* Ufanejar.
lozanía [loθanía] *f.* Ufana, ufanor.
lozano, -na [loθáno, -na] *a.* Ufanós, esponerós, gemat.
lubina [luβína] *f.* ICT. Llobarro.
lúbrico, -ca [lúβriko, -ka] *a.* Lúbric.
lubrificación [luβrifikaθjón] *f.* Lubrificació.
lubrificar [luβrifikár] *t.* Lubrificar.
lucero [luθéro] *m.* Llumener. *2* Estel de l'alba, estel.
lucidez [luθiðéθ] *f.* Lucidesa.
lúcido, -da [lúθiðo, -ðə] *a.* Lúcid, lluent.
lúcido, -da [lúθiðo, -ða] *a.* Lluït. *2* iròn. Galdós.
luciente [luθjénte] *a.* Lluent.
luciérnaga [luθjérnaγa] *f.* ENTOM. Lluerna, cuca de llum.
lucífugo, -ga [luθífuγo, -γa] *a.* Lucífug.
lucimiento [luθimjénto] *m.* Lluïment.
lucio [lúθjo] *m.* ICT. Lluç de riu. *2* Aiguall.
lución [luθjón] *m.* ZOOL. Llisona, serp de vidre, noia.
lucir [luθír] *i.* Lluir, brillar. *2 t.* Lluir. *3 prnl.* Lluir-se. ¶ CONJUG. INDIC. Pres.:

luzco. ‖ SUBJ. Pres.: ***luzca, luzcas, luzca, luzcamos, luzcáis, luzcan.*** ‖ IMPERAT.: ***luzca, luzcamos, luzcan.***
lucrarse [lukrárse] *prnl.* Lucrar.
lucrativo, -va [lukratiβo, -βa] *a.* Lucratiu.
lucro [lúkro] *m.* Lucre, guany.
luctuoso, -sa [luktuóso, -sa] *a.* Luctuós.
lucubración [lukuβraθjón] *f.* Elucubració.
lucha [lútʃa] *f.* Lluita. *2* Brega.
luchador, -ra [lutʃaðór, -ra] *m.-f.* Lluitador.
luchar [lutʃár] *i.* Lluitar.
ludibrio [luðiβrjo] *m.* Ludibri.
ludir [luðir] *t.* Fregar.
luego [lwéγo] *adv.* Aviat, adés, tot seguit, tantost, després, acabat, llavors. ‖ ***Desde ~,*** és clar, naturalment, no cal dir. *2 conj.* Doncs. ‖ ***Pienso, ~ existo,*** penso, doncs sóc.
luengo, -ga [lwéŋγo, -γa] *a.* Llarg.
lugar [luγár] *m.* Lloc, indret, banda. ‖ ***En ~ de,*** en lloc de, en comptes de.
lugareño, -ña [luγaréɲo, -ɲa] *a., m.-f.* Llogarrenc.
lugarteniente [luγartenjénte] *m.* Lloctinent.
lúgubre [lúγuβre] *a.* Lúgubre.
lujo [lúxo] *m.* Luxe.
lujoso, -sa [luxóso, -sa] *a.* Luxós.
lujuria [luxúrja] *f.* Luxúria.
lujuriante [luxurjánte] *a.* Luxuriant.
lujurioso, -sa [luxurjóso, -sa] *a., m.-f.* Luxuriós.
lumbago [lumbáγo] *m.* Lumbago.
lumbar [lumbár] *a.* Lumbar.
lumbre [lúmbre] *f.* Foc, foguera. *2* fig. Claror. *3* Lluerna (de claraboia).
lumbrera [lumbréra] *f.* Llumener. *2* Lluerna.
luminar [luminár] *m.* Llumener.
luminaria [luminárja] *f.* Lluminària.
luminoso, -sa [luminóso, -sa] *a.* Lluminós.
luna [lúna] *f.* Lluna.
lunar [lunár] *a.* Piga, lunar.
lunático, -ca [lunátiko, -ka] *a., m.-f.* Llunàtic.
lunes [lúnes] *m.* Dilluns.
lupa [lúpa] *f.* Lupa.
lupanar [lupanár] *m.* Bordell.
lúpulo [lúpulo] *m.* BOT. Llúpul.
luquete [lukéte] *m.* Lluquet. *2* Rodanxa (de llimona, etc.).
lusitano, -na [lusitáno, -na] *a., m.-f.* Lusità.
lustrar [lustrár] *t.* Brunyir, enllustrar.
lustro [lústro] *m.* Lustre.
lustroso, -sa [lustróso, -sa] *a.* Llustrós.
luteranismo [luteranismo] *m.* Luteranisme.
luterano, -na [luteráno, -na] *a., m.-f.* Luterà.
luto [lúto] *m.* Dol.
luxación [luγsaθjón] *f.* Luxació.
luxemburgués, -esa [luγsemburγés, -ésa] *a., m.-f.* Luxemburguès.
luz [luθ] *f.* Llum, claror. *2* Llum (cosa que fa llum). *3* Llum (espai buit). ‖ ***Entre dos luces,*** entre dos llustres. ‖ ***A todas luces,*** sense cap dubte. ‖ ***Dar a ~,*** donar a llum. ‖ ***Media ~,*** entrellum.

LL

llaga [ʎáɣa] *f.* Nafra, plaga, ferida.
llagar [ʎaɣár] *t.-prnl.* Nafrar, ferir.
llama [ʎáma] *f.* Flama, flam. *2* ZOOL. Llama.
llamada [ʎamáða] *f.* Crida, pic, truc.
llamador, -ra [ʎamaðór, -ra] *m.-f.* Avisador. *2* Anella, armella, picaporta.
llamamiento [ʎamamjénto] *m.* Crida.
llamar [ʎamár] *t.* Cridar, anomenar. *2* Trucar, demanar. *3 prnl.* Dir-se, anomenar-se.
llamarada [ʎamaráða] *f.* Flamarada.
llamativo, -va [ʎamatíβo, -βa] *a., m.-f.* Cridaner.
llameante [ʎameánte] *a.* Flamejant.
llamear [ʎameár] *i.* Flamejar.
llanada [ʎanáða] *f.* GEOGR. Plana, pla.
llaneza [ʎanéθa] *f.* Senzillesa, simplicitat.
llano, -na [ʎáno, -na] *a.* Pla, planer. *2* Franc, senzill. *3 m.* Pla.
llanta [ʎánta] *f.* Llanta, llanda.
llantén [ʎantén] *m.* BOT. Plantatge.
llanto [ʎánto] *m.* Plor, ploralla, plany.
llanura [ʎanúra] *f.* GEOGR. Plana, planura.
llares [ʎáres] *f. pl.* Clemàstecs, calderers.
llave [ʎáβe] *f.* Clau.
llavero [ʎaβéro] *m.* Clauer.
llavín [ʎaβín] *m.* Clavó.
llegada [ʎeɣáða] *f.* Arribada.
llegar [ʎeɣár] *i.-prnl.* Arribar. *2* Aplegar, atènyer. || ~ ***a ser,*** esdevenir.
llenar [ʎenár] *t.-prnl.* Omplir, emplenar. || ~ ***el ojo,*** agradar.
lleno, -na [ʎéno, -na] *a.* Ple. *2* Curull, cafit. *3 m.* Ple, plena. || ~ ***a rebosar,*** ple a vessar.
llenura [ʎenúra] *f.* Plenitud. *2* Abundor, balquena.
llevadero, -ra [ʎeβaðéro, -ra] *a.* Comportable, tolerable, suportable.
llevar [ʎeβár] *t.* Portar, dur. *2* Menar, emmenar. *3* Suportar. *4 prnl.* Emportar-se, endur-se. || ***Llevarse bien,*** avenir-se.
lloradera [ʎoraðéra] *f.* Ploralla.
llorador, -ra [ʎoraðór, -ra] *a., m.-f.* Plorador.
llorar [ʎorár] *t.-i.* Plorar.
lloriquear [ʎorikeár] *i.* Ploramiquejar, somiquejar.
lloriqueo [ʎorikéo] *m.* Ploricó.
lloro [ʎóro] *m.* Plor.
llorón, -ona [ʎorón, -óna] *a., m.-f.* Ploraner, ploraire, ploramiques.
lloroso, -sa [ʎoróso, -sa] *a.* Plorós, llagrimós.
llover [ʎoβér] *i.* Ploure. *2 t.* fig. Ploure. ¶ CONJUG. INDIC. Pres.: ***llueve.*** || SUBJ. Pres.: ***llueva.***
llovizna [ʎoβíθna] *f.* Plugim, roina, plovisqueig, ruixim.
lloviznar [ʎoβiθnár] *i.* Plovisquejar, roinejar, ploviscar, gotejar.
lluvia [ʎúβja] *f.* Pluja, ploguda.
lluvioso, -sa [ʎuβjóso, -sa] *a.* Plujós, emplujat.

M

maca [máka] *f.* Macadura. *2* Maganya.
macabro, -bra [makáβro, -βra] *a.* Macabre.
macaco [makáko] *m.* ZOOL. Macaco.
macadán makaðán] *m.* CONSTR. Macadam.
macanudo, -da [makanúðo, -ða] *a.* Formidable.
macarrón [makarrón] *m.* Macarró.
macarrónico, -ca [makarróniko, -ka] *a.* Macarrònic.
macarse [makárse] *prnl.* Macar-se.
maceración [maθeraθjón] *f.* Maceració.
macerar [maθerár] *t.* Macerar.
macero [maθéro] *m.* Macer, porrer.
maceta [maθéta] *f.* Maceta (eina). *2* Test, torreta.
macizo, -za [maθiθo, -θa] *a.-m.* Massís.
mácula [mákula] *f.* Màcula.
macular [makulár] *t.* Macular.
machaca [matʃáka] *f.* Piconadora (de pedra). *2 m.-f.* fig. Pesat.
machacador, -ra [matʃakaðór, -ra] *a., m.-f.* Piconador.
machacar [matʃakár] *t.* Picolar, aixafar. *2* Piconar. *3* Amaçar.
machacón, -ona [matʃakón, -óna] *a., m.-f.* Pesat, porfidiós.
machamartillo (a) [matʃamartiʎo] loc. Amb gran solidesa.
machaqueo [matʃakéo] *m.* Esmicolament. *2* Insistència porfidiosa.
machete [matʃéte] *m.* Matxet.
machiega [matʃiéγa] *a.* ENTOM. Abella (reina).
machihembrar [matʃiembrár] *t.* Emmetxar, encadellar.
macho [mátʃo] *a.-m.* Mascle. *2* Mul.
machón [matʃón] *m.* V. MACHO.
machucadura [matʃukaðúra] *f.* Macadura.
machucar [matʃukár] *t.* Macar. *2* Rebregar, matxucar.
machucho, -cha [matʃútʃo, -tʃa] *a.* Assossegat, assenyat. *2* Fet, madur. *3* Cepat.
madeja [maðéxa] *f.* Madeixa, troca.
madera [maðéra] *f.* Fusta.
maderaje [maðeráxe] *m.* CONST. Fustam.
madero [maðéro] *m.* Fusta. *2* Tauló, biga.
madona [maðóna] *f.* Madona.
mador [maðór] *m.* Entresuor.
madrastra [maðrástra] *f.* Madrastra.
madraza [maðráθa] *f.* fam. Marassa.
madre [máðre] *f.* Mare.
madreperla [maðrepérla] *f.* ZOOL. Mareperla.
madrépora [maðrépora] *f.* ZOOL. Madrèpora.
madreselva [maðresélβa] *f.* BOT. Mareselva, xuclamel, lligabosc.
madrigal [maðriγál] *m.* Madrigal.
madriguera [maðriγéra] *f.* Cau, lloriguera.
madrileño, -ña [maðriléɲo, -ɲa] *m.-f.* Madrileny.
madrina [maðrína] *f.* Padrina.
madrinazgo [maðrináθγo] *m.* Padrinatge (de padrina).
madroño [maðróɲo] *m.* BOT. Arboç. *2* Cirera d'arboç.
madrugada [maðruγáða] *f.* Matinada. ‖ ***De ~***, de bon matí.
madrugador, -ra [maðruγaðór, -ra] *a., m.-f.* Matiner, matinador.
madrugar [maðruγár] *i.* Matinejar, matinar.
madrugón, -ona [maðruγón, -óna] *a.* Matinador. *2 m.* Aixecada de matinada.
madurar [maðurár] *i.-t.* Madurar.
madurez [maðuréθ] *f.* Maduresa.
maduro, -ra [maðúro, -ra] *a.* Madur.
maestranza [maestránθa] *f.* Mestrança.
maestre [maéstre] *m.* Mestre (d'una orde militar).
maestría [maestría] *f.* Mestria. *2* Mestratge.
maestro, -tra [maéstro, -tra] *a.* Mestre. *2 m.* Mestre.
magia [máxja] *f.* Màgia, màgica.

magiar [maxjár] *a., m.-f.* Magiar.
mágica [máxika] *f.* V. MAGIA.
mágico, -ca [máxiko, -ka] *a.-m.* Màgic.
magin [maxin] *m.* Magí.
magisterio [maxistérjo] *m.* Magisteri. *2* Mestratge.
magistrado [maxistráðo] *m.* Magistrat.
magistral [maxistrál] *a.* Magistral.
magistratura [maxistratúra] *f.* Magistratura.
magnánimo, -ma [maɣnánimo, -ma] *a.* Magnànim.
magnate [maɣnáte] *m.* Magnat.
magnesia [maɣnésja] *f.* Magnèsia.
magnesio [maɣnésjo] *m.* Magnesi.
magnético, -ca [maɣnétiko, -ka] *a.* Magnètic.
magnetismo [maɣnetizmo] *m.* Magnetisme.
magnetizador, -ra [maɣnetiθaðór, -ra] *m.-f.* Magnetizador.
magnetizar [maɣnetiθár] *t.* Magnetitzar.
magnetófono [maɣnetófono] *m.* Magnetòfon.
magnificar [maɣnifikár] *t.* Magnificar.
magnificencia [maɣnifiθénθja] *f.* Magnificència.
magnífico, -ca [maɣnífiko, -ka] *a.* Magnífic, superb.
magnitud [maɣnitúð] *f.* Magnitud, grandària, grandor.
magno, -na [máɣno, -na] *a.* Magne.
magnolia [maɣnólja] *f.* BOT. Magnòlia.
mago, -ga [máɣo, -ɣa] *a., m.-f.* Mag, màgic.
magra [máɣra] *f.* Llenca de pernil.
magro, -gra [máɣro, -ɣra] *a.* Magre.
maguey [maɣéĭ] *m.* BOT. Atzavara, pita.
magulladura [maɣuʎaðúra] *f.* Macadura, masegada.
magullamiento [maɣuʎamjénto] *m.* Masegada.
magullar [maɣuʎár] *t.* Masegar, macar.
mahometano, -na [maometáno, -na] *a., m.-f.* Mahometà.
mahometismo [maometizmo] *m.* Mahometisme.
mahonesa [maonésa] *f.* CUI. Maionesa.
maido [maiðo] *m.* Miol, mèu.
maitines [maĭtines] *m. pl.* Matines.
maíz [maiθ] *m.* BOT. Blat de moro, moresc, panís.
maizal [maĭθál] *m.* Blatdemorar.
majadería [maxaðeria] *f.* Bajanada, bestiesa.
majadero, -ra [maxaðéro, -ra] *a., m.-f.* Neci, ximple, tocacampanes. *2 m.* Mà de morter, maça. *3* Boixet.
majagranzas [maxaɣránθas] *m.* Pocasolta.
majar [maxár] *t.* Matxucar. *2* Enutjar, molestar.
majestad [maxestáð] *f.* Majestat.
majestuosidad [maxestwosiðáð] *f.* Majestuositat.
majestuoso, -sa [maxestwóso, -sa] *a., m.-f.* Majestuós.
majeza [maxéθa] *f.* fam. Fatxenderia.
majo, -ja [máxo, -xa] *a., m.-f.* Fatxenda. *2* Mudat, luxós. *3* Bufó, gentil.
majoleto [maxoléto] *m.* BOT. Espí blanc, arç blanc.
mal [mal] V. MALO. *a.* Mal. *2 m.* Mal. *3 adv.* Malament, mal. ‖ ***Tomar a ~,*** malprendre. ‖ ***!~ haya!*** malviatge!
malabar [malaβár] *a., m.-f.* Malabar.
malabarista [malaβarista] *m.-f.* Malabarista.
malaconsejar [malakonsexár] *t.* Malaconsellar.
malacostumbrar [malakostumbrár] *t.* Malavesar.
malagueño, -ña [malaɣéɲo, -ɲa] *a., m.-f.* Malagueny.
malamente [malaménte] *adv.* Malament, mal.
malandanza [malandánθa] *f.* Malaca, dissort.
malaquita [malakita] *f.* MINER. Malaquita.
malaria [malárja] *f.* MED. Malària.
malavenido, -da [malaβeniðo, -ða] *a.* Malavingut.
malaventura [malaβentúra] *f.* Malaventura, malastrugança.
malaventurado, -da [malaβenturáðo, -ða] *a.* Malaventurat, malaurat.
malayo, -ya [malájo, -ja] *a., m.-f.* Malai.
malbaratar [malβaratár] *t.* Malbaratar.
malcarado, -da [malkaráðo, -ða] *a.* Malcarat.
malcontento, -ta [malkonténto, -ta] *a., m.-f.* Malcontent, descontent.
malcriado, -da [malkriáðo, -ða] *a.* Malcriat.
malcriar [malkriár] *t.* Malcriar.
maldad [maldáð] *f.* Maldat, dolenteria. *2* Malesa, malvestat, maldat.
maldecir [maldeθir] *t.* Maleir. *2 i.* Maldir. ¶ CONJUG. com ***bendecir.***
maldiciente [maldiθjénte] *a., m.-f.* Maldient.
maldición [maldiθjón] *f.* Maledicció.
maldito, -ta [maldito, -ta] *a., m.-f.* Maleït.
maleabilidad [maleaβiliðað] *f.* Mal·leabilitat.
maleable [maleáβle] *a.* Mal·leable.
maleante [maleánte] *a., m.-f.* Que fa mal, maligne, pervers, dolent.

malear [maleár] *t.-prnl.* Malejar, fer malbé.
malecón [malekón] *m.* Mur, terraplè, marge.
maledicencia [malediθénθja] *f.* Maledicència.
maleficiar [malefiθjár] *t.* Maleficiar.
maleficio [malefíθjo] *m.* Malefici.
maléfico, -ca [maléfiko, -ka] *a.* Malèfic.
malestar [malestár] *m.* Malestar.
maleta [maléta] *f.* Maleta.
maletero [maletéro] *m.* Maleter.
maletín [maletín] *m.* Maletí.
malevolencia [maleβolénθja] *f.* Malevolència, malvolença.
malévolo, -la [maléβolo, -la] *a., m.-f.* Malèvol.
maleza [male'θa] *f.* Malesa, brossa, broll, farda.
malgastar [malγastár] *t.* Malgastar.
malhablado, -da [malaβláðo, -ða] *a., m.-f.* Malparlat.
malhechor, -ra [maletʃór, -ra] *a., m.-f.* Malfactor.
malherir [malerír] *t.* Malferir. ¶ CONJUG. com ***sentir.***
malhumorado, -da [malumoráðo, -ða] *a.* Malhumorat.
malicia [malíθja] *t.-prnl.* Malícia.
maliciar [maliθjár] *t.-prnl.* Maliciar, malpensar. *2* Malejar.
malicioso, -sa [maliθjóso, -sa] *a., m.-f.* Maliciós.
malignidad [maliγniðáð] *f.* Malignitat.
maligno, -na [malíγno, -na] *a., m.-f.* Maligne.
malilla [malíʎa] *f.* Manilla, mala.
malintencionado, -da [malintenθjonáðo, -ða] *a., m.-f.* Malintencionat.
malmandado, -da [malmandáðo, -ða] *a.* Malcreient, desobedient.
malmirar [malmirár] *t.* Malmirar.
malo, -la [málo, -la] *a.* Dolent, mal. *2* Malalt.
malogrado, -da [maloγráðo, -ða] *a.* Malaguanyat.
malograr [maloγrár] *t.* Frustrar, perdre, esguerrar.
malogro [malóγro] *m.* Frustració, pèrdua, esguerro.
maloliente [maloljénte] *a.* Pudent.
malparado, -da [malparáðo, -ða] *a.* Malparat, malmès.
malparar [malparár] *t.* Maltractar, menyscabar.
malpensado, -da [malpensáðo, -ða] *a.* Malpensat.
malquerencia [malkerénθja] *f.* Malvolença, malevolència.
malquistar [malkistár] *t.-prnl.* Desavenir, enemistar.
malquisto, -ta [malkísto, -ta] *a.* Malvist, malavingut, desavingut.
malsano, -na [malsáno, -na] *a.* Malsà.
malsonante [malsonánte] *a.* Malsonant.
maltratamiento [maltratamjénto] *m.* Maltractament.
maltratar [maltratár] *t.* Maltractar, malmenar, espatllar, malmetre, aporrinar, atracallar.
maltrato [maltráto] *m.* Maltractament, maltracte.
maltrecho, -cha [maltrétʃo, -tʃa] *a.* Maltractat, malmès, malparat.
malucho, -cha [malútʃo, -tʃa] *a.* fam. Empiocat.
malva [málβa] *f.* BOT. Malva.
malvado, -da [malβáðo, -ða] *a., m.-f.* Malvat, pervers.
malvasía [malβasía] *f.* Malvasia.
malvender [malβendér] *t.* Malvendre.
malversación [malβersaθjón] *f.* Malversació.
malversador, -ra [malβersaðór, -ra] *a., m.-f.* Malversador.
malversar [malβersár] *t.* Malversar.
malvís [malβís] *m.* ORNIT. Tord.
malvivir [malβiβír] *m.* Malviure.
malla [máʎa] *f.* Malla.
mallo [máʎo] *m.* Maça, mall.
mallorquín, -na [maʎorkín, -na] *a., m.-f.* Mallorquí.
mallot [maʎót] *m. fr.* Mallot.
mama [máma] *f.* Mamella, mama.
mamá [mamá] *f.* Mamà, mama.
mamador, -ra [mamaðór, -ra] *a.* Mamador.
mamar [mamár] *t.* Mamar, xumar.
mamarrachada [mamarratʃáða] *f.* Mamarratxada.
mamarracho [mamarrátʃo] *m.* Mamarratxo.
mameluco [mamelúko] *m.* Mameluc.
mamífero, -ra [mamífero, -ra] *a., m.-f.* Mamífer.
mamola [mamóla] *f.* Moixaina feta sota el mentó.
mamón, -ona [mamón, -óna] *a., m.-f.* Mamador.
mamotreto [mamotréto] *m.* Patracol.
mampara [mampára] *f.* Mampara. *2* Contraporta.
mamparo [mampáro] *m.* MAR. Envà (de vaixell).
mamporro [mampórro] *m.* fam. Caparrada (cop).
mampostería [mampostería] *f.* Paret seca.
mamut [mamút] *m.* ZOOL. Mamut.

maná [maná] *m.* Mannà.
manada [manáðа] *f.* Ramada, ramat. *2* Manat, manoll (d'herba...).
manantial [manantjál] *m.* Deu, font, brollador.
manar [manár] *i.-t.* Brollar, rajar.
manatí [manatí] *m.* ZOOL. Manatí.
manceba [manθéβa] *f.* Concubina, barjaula, amistançada.
mancebo [manθéβo] *m.* Minyó. *2* Fadrí.
mancera [manθéra] *f.* AGR. Esteva.
mancilla [manθíʎa] *f.* Màcula, taca. *2* Deshonra.
manco, -ca [máŋko, -ka] *a., m.-f.* Manc.
mancomunidad [maŋkomuniðáð] *f.* Mancomunitat.
mancha [mántʃa] *f.* Taca, màcula. *2* Clap, clapa. *3* fig. Medalla.
manchado, -da [mantʃáðo, -ða] *a.* Clapat.
manchar [mantʃár] *t.-prnl.* Tacar, sollar, embrutar.
manchego, -ga [mantʃéɣo, -ɣa] *a., m.-f.* Relatiu a la Manxa. *2* Nom d'un formatge de la Manxa.
manda [mánda] *f.* Deixa, llegat.
mandado [mandáðo] *m.* Comandament, manament. *2* Comissió, encàrrec.
mandamiento [mandamjénto] *m.* Manament.
mandante [mandánte] *a., m.-f.* Mandant.
mandar [mandár] *t.-i.* Manar, comandar. *2* Enviar, trametre. *3* Encarregar.
mandarín [mandarín] *m.* Mandarí.
mandarina [mandarína] *f.* BOT. Mandarina.
mandatario [mandatárjo] *m.* Mandatari.
mandato [mandáto] *m.* Mandat.
mandíbula [mandíβula] *f.* ANAT. Mandíbula, barra.
mandioca [mandjóka] *f.* BOT. Mandioca.
mando [mándo] *m.* Comandament.
mandoble [mandóβle] *m.* fig. Arrambatge, allisada.
mandolina [mandolína] *f.* MÚS. Mandolina.
mandón, -ona [mandón, -óna] *a., m.-f.* Manaire.
mandrágora [mandráɣora] *f.* BOT. Mandràgora.
mandria [mándrja] *a., m.-f.* Apocat.
mandril [mandríl] *m.* ZOOL. Mandril. *2* Mandrí (instrument).
manecilla [maneθíʎa] *f.* Maneta. *2* Busca, minutera (de rellotge). *3* Gafet.
manejable [manexáβle] *a.* Manejable.
manejar [manexár] *t.-prnl.* Manejar.
manejo [manéxo] *m.* Maneig.
manera [manéra] *f.* Manera, faisó.
manes [mánes] *m. pl.* MIT. Manes.
manga [máŋga] *f.* Màniga, mànega. *2* Mànega (de regar).
manganeso [maŋganéso] *m.* Manganès.
manganilla [maŋganíʎa] *f.* Ardit, enganyifa.
mango [máŋgo] *m.* Mànec.
mangonear [maŋgoneár] *i.* Maneflejar, manifassejar.
mangonero, -ra [maŋgonéro, -ra] *a.* Manifasser.
mangosta [maŋgósta] *f.* ZOOL. Mangosta.
manguera [maŋgéra] *f.* Mànega.
manguito [maŋgíto] *m.* Maniguet, maneguí.
maní [maní] *m.* BOT. Cacauet.
manía [manía] *f.* Mania. *2* Ceba, dèria.
maníaco, -ca [maníako, -ka] *a., m.-f.* Maníac.
maniatar [manjatár] *t.* Lligar de mans.
maniático, -ca [manjátiko, -ka] *a., m.-f.* Maniàtic.
manicomio [manikómjo] *m.* Manicomi.
manicuro, -ra [manikúro, -ra] *m.-f.* Manicur. *2 f.* Manicura.
manida [maníða] *f.* Cau, catau.
manido, -da [maníðo, -ða] *a.* Es diu de la carn que ja comença a fer pudor. *2* fig. Molt usat.
manifestación [manifestaθjón] *f.* Manifestació.
manifestante [manifestánte] *m.-f.* Manifestant.
manifestar [manifestár] *t.-prnl.* Manifestar, patentitzar. ¶ CONJUG. com ***apretar.*** ‖ P. P.: ***manifestado*** i ***manifiesto.***
manifiesto, -ta [manifjésto, -ta] *a.* Manifest, palès. *2 m.* Manifest.
manija [maníxa] *f.* Maneta, mànec. *2* Abraçadora. *3* Manubri.
manilla [maníʎa] *f.* Manilla.
manillar [maniʎár] *m.* Manillar.
maniobra [manjóβra] *f.* Maniobra.
maniobrar [manjoβrár] *i.* Maniobrar.
manipulación [manipulaθjón] *f.* Manipulació.
manipulador, -ra [manipulaðór, -ra] *a., m.-f.* Manipulador.
manipular [manipulár] *t.* Manipular. *2* Manifassejar, maniobrar.
manípulo [manípulo] *m.* Maniple.
maniqueo, -ea [manikéo, -éa] *a., m.-f.* Maniqueu.
maniquí [manikí] *m.-f.* Maniquí.
manir [manír] *t.* Assaonar (carn...).
manirroto, -ta [manirróto, -ta] *a., m.-f.* Mà foradada.
manivela [maniβéla] *f.* Maneta.
manjar [maŋxár] *m.* Menja, menjar.
mano [máno] *f.* Mà. *2* Passada, capa (pin-

tura). *3* Costat, banda. *4* Busca (rellotge). *5* Volta (joc cartes). ‖ ***De bajo ~***, de sota mà. ‖ ***Echar una ~***, donar un cop de mà. ‖ ***Cargar la ~***, fer-ne un gra massa. ‖ ***De segunda ~***, de segona mà. ‖ ***Estar ~ sobre ~***, estar-se amb les mans plegades. ‖ ***Poner ~ manos a la obra***, posar fil a l'agulla.

manojo [manóxo] *m.* Manat, manoll, manyoc.

manómetro [manómetro] *m.* Manòmetre.

manopla [manópla] *f.* Manyopla.

manosear [manoseár] *t.* Grapejar, graponejar, potinejar.

manoseo [manoséo] *m.* Grapejament.

manotada [manotáða] *f.* Manotada.

manotazo [manotáθo] *m.* Manotada.

manotear [manoteár] *t.* Manotejar. *2 i.* Manejar.

mansalva (a) [mansálβa] loc. A mansalva.

mansedumbre [manseðúmbre] *f.* Mansuetud.

mansión [mansjón] *f.* Mansió, sojorn, casa.

manso, -sa [mánso, -sa] *a.* Mans, mansoi, manyac.

manta [mánta] *f.* Manta, flassada, abrigall. ‖ ***Liarse la ~ a la cabeza***, fer un cop de cap.

mantear [manteár] *t.* Mantejar (donar), fer la baca.

manteca [mantéka] *f.* Mantega. *2* Llard.

mantecada [mantekáða] *f.* Mantegada.

mantecado [mantekáðo] *m.* Gelat de crema. *2* Cert pastís fet amb llard.

mantecón [mantekón] *a.-m.* fam. Adeliciat.

mantecoso, -sa [mantekóso, -sa] *a.* Mantegós.

mantel [mantél] *m.* Tovalles, estovalles.

mantelería [manteleria] *f.* Joc de taula.

manteleta [manteléta] *f.* Manteleta.

mantelete [manteléte] *m.* Mantellet.

mantenedor [manteneðór] *m.* Mantenidor.

mantener [mantenér] *t.* Mantenir. ¶ CONJUG. com ***tener***.

mantenimiento [mantenimjénto] *m.* Manteniment. *2* fam. Manduca.

manteo [mantéo] *m.* Manteu. *2* Mantejament.

mantequera [mantekéra] *f.* Manteguera.

mantequilla [mantekiʎa] *f.* Mantega.

mantilla [mántiʎa] *f.* Mantellina. *2* Bolquer.

mantillo [mantiʎo] *m.* Humus.

manto [mánto] *m.* Mantell.

mantón [mantón] *m.* Mantó, espatller, guardaespatlles, mocador.

manual [manwál] *a.-m.* Manual.

manubrio [manúβrjo] *m.* Manubri, maneta.

manufactura [manufaɣtúra] *f.* Manufactura.

manufacturar [manufaɣturár] *t.* Manufacturar.

manumitir [manumitir] *t.* Alforrar.

manuscrito, -ta [manuskrito, -ta] *a.-m.* Manuscrit.

manutención [manutenθjón] *f.* Manutenció.

manzana [manθána] *f.* Poma. *2* Illa (de cases).

manzanar [manθanár] *m.* Pomerar.

manzanilla [manθaniʎa] *f.* Mançanilla. *2* Pom (de llit). *3* Camamilla.

manzano [manθáno] *m.* Pomer, pomera.

maña [mápa] *f.* Manya, traça, enginy.

mañana [mapána] *f.* Matí. *2 m.* Demà. *3 adv.* Demà. ‖ ***Pasado ~***, demà passat. ‖ ***~ por la ~***, demà al matí.

mañanita [mapanita] *f.* Matiné.

mañero, -ra [mapéro, -ra] *a.* Astut, garneu.

maño, -ña [mápo, -pa] *m.-f.* fam. Aragonès.

mañoso, -sa [mapóso, -sa] *a.* Manyós, traçut, enginyós.

mapa [mápa] *m.* Mapa.

mapamundi [mapamúndi] *m.* Mapamundi.

maque [máke] *m.* Laca.

maqueta [makéta] *f.* Maqueta.

maquiavélico, -ca [makjaβéliko, -ka] *a.* Maquiavèl·lic.

maquiavelismo [makjaβelizmo] *m.* Maquiavel·lisme.

maquillaje [makiʎáxe] *m.* Maquillatge.

maquillar [makiʎár] *t.-prnl.* Maquillar.

máquina [mákina] *f.* Màquina.

maquinación [makinaθjón] *f.* Maquinació, giny.

maquinal [makinál] *a.* Maquinal.

maquinar [makinár] *t.* Maquinar.

maquinaria [makinárja] *f.* Maquinària.

maquinista [makinista] *m.-f.* Maquinista.

mar [mar] *m.-f.* Mar. ‖ ***La ~ de***, d'allò més. ‖ ***~ de fondo***, mar de fons, maror.

marabú [maraβú] *m.* ORNIT. Marabú.

maraña [marápa] *f.* Brolla (bosc). *2* Embull (fils). *3* Embrolla (afer).

marasmo [marázmo] *m.* Marasme.

maravedí [maraβeði] *m.* NUM. Maravedís.

maravilla [maraβiʎa] *f.* Meravella. *2* BOT. Boixac. ‖ ***A las mil maravillas***, d'allò més bé.

maravillar [maraβiʎár] *t.-prnl.* Meravellar.

maravilloso, -sa [maraβiʎóso, -sa] *a.* Meravellós.
marbete [marβéte] *m.* Etiqueta.
marca [márka] *f.* Marca. *2* Rècord.
marcar [markár] *t.* Marcar.
marcial [marθjál] *a.* Marcial.
marcialidad [marθjaliðáð] *f.* Marcialitat.
marciano, -na [marθjáno, -na] *a.-m.* Marcià.
marco [márko] *m.* Marc.
marcha [márt∫a] *f.* Marxa. *2* Marxa, partença. *3* Anadura. ‖ ***Puesta en ~,*** posta en marxa, engegada. ‖ ***Poner en ~,*** engegar.
marchar [mart∫ár] *i.-prnl.* Marxar (caminar). *2* Marxar, anar-se'n.
marchitar [mart∫itár] *t.-prnl.* Pansir, marcir, emmusteir.
marchito, -ta [mart∫ito, -ta] *a.* Pansit.
marea [maréa] *f.* Marea. *2* Maresme. *3* Marinada.
mareaje [mareáxe] *m.* MAR. Marinatge.
marear [mareár] *t.-prnl.* Marejar.
marejada [marexáða] *f.* Marejada, maror, tràngol.
mare mágnum [maremáɣnum] *m.* fam. Maremàgnum.
mareo [maréo] *m.* Mareig.
marfil [marfil] *m.* Marfil, vori, ivori.
marfileño, -ña [marfiléɲo, -ɲa] *a.* Eburni.
marga [márɣa] *f.* GEOL. Marga.
margarina [marɣarina] *f.* Margarina.
margarita [marɣarita] *f.* BOT. Margarida.
margen [márxen] *m.-f.* Marge. *2* Vora, riba.
marginal [marxinál] *a.* Marginal.
marginar [marxinár] *t.* Marginar.
margoso, -sa [marɣóso, -sa] *a.* Margós.
maría [maria] *n. pr. f.* Maria.
maría Ángeles [maria ánxeles] *n. pr. f.* Maria-Àngels.
mariano, -na [marjáno, -na] *a.* Marià.
marica [marika] *f.* fam. Marieta.
maridaje [mariðáxe] *m.* Maridatge.
maridar [mariðár] *i.-t.* Maridar.
marido [mariðo] *m.* Marit, home, espòs.
marimacho [marimát∫o] *m.* fam. Gallimarsot.
marina [marina] *f.* Marina. *2* Marina, litoral.
marinería [marineria] *f.* Marineria.
marinero, -ra [marinéro, -ra] *a.-m.* Mariner. *2 f.* Marinera.
marino, -na [marino, -na] *a.-m.* Marí, mariner.
mariposa [maripósa] *f.* ENTOM. Papallona. *2* Xinxeta, animeta.
mariposear [mariposeár] *i.* Papallonejar.
mariquita [marikita] *f.* ENTOM. Marieta.
marisabidilla [marisaβiðiʎa] *f.* Saberuda.
mariscal [mariskál] *m.* Mariscal.
marisco [marisko] *m.* Marisc.
marisma [marizma] *f.* Aiguamoll, maresme.
marista [marista] *a., m.-f.* Marista.
marital [maritál] *a.* Marital.
marítimo, -ma [maritimo, -ma] *a.* Marítim.
marjoleto [marxoléto] *m.* BOT. Arç.
marmita [marmita] *f.* Marmita.
marmitón [marmitón] *m.* Marmitó.
mármol [mármol] *m.* Marbre.
marmolista [marmolista] *m.* Marbrista.
marmóreo, -ea [marmóreo, -ea] *a.* Marmori.
marmota [marmóta] *f.* ZOOL. Marmota.
maroma [maróma] *f.* Maroma, rest.
marqués, -esa [markés, -ésa] *m.* Marquès.
marquesado [markesáðo] *m.* Marquesat.
marquesina [markesina] *f.* Marquesina.
marquetería [marketeria] *f.* Marqueteria.
marrajo, -ja [marráxo, -xa] *a.* ICT. Marraix, tauró. *2* fig. Gat vell.
marramao [marramáo] *m.* Marrameu.
marrana [marrána] *f.* Truja, verra, porca, bacona.
marranada [marranáða] *f.* Marranada, porcada.
marrano [marráno] *m.* Porc, verro, bacó. *2* Marrà (persona).
marrar [marrár] *i.* Marrar.
marrasquino [marraskino] *m.* Marrasquí.
marro [márro] *m.* Cert joc d'infants. *2* Rescats (joc).
marroquí [marroki] *a., m.-f.* Marroquí.
marroquinería [marrokineria] *f.* Marroquineria.
marrullería [marruʎeria] *f.* Astúcia, arteria.
marrullero, -ra [marruʎéro, -ra] *a.* Que actua amb ***marrullería.***
marsellés, -esa [marseʎés, -ésa] *a., m.-f.* Marsellès.
marsupial [marsupjál] *a., m.-f.* Marsupial.
marta [márta] *f.* ZOOL. Marta.
martagón, -ona [martaɣón, -óna] *m.-f.* fam. Astut, viu.
martes [mártes] *m.* Dimarts.
martillar [martiʎár] *t.* Martellejar, amartellar.
martillazo [martiʎáθo] *m.* Martellada, cop de martell.
maricastaña [marikastáɲa] *n. pr.* ‖ ***En tiempo de ~,*** en temps molt remots.
martilleo [martiʎéo] *m.* Martelleig.
martillo [martiʎo] *m.* Martell.

martín pescador [martimpeskaðór] *m.* ORNIT. Blauet, botiguer.
martinete [martinéte] *m.* MEC. Martinet. *2* ORNIT. Martinet.
martingala [martiŋgála] *f.* Martingala.
mártir [mártir] *m.-f.* Màrtir.
martirio [martirjo] *m.* Martiri.
martirizar [martiriθár] *t.* Martiritzar.
martirologio [martirolóxjo] *m.* Martirologi.
marxismo [marsizmo] *m.* Marxisme.
marxista [marsista] *a., m.-f.* Marxista.
marzo [márθo] *m.* Març.
mas [mas] *conj.* Però, mes.
más [mas] *adv.* Més. ‖ ***A lo ~,*** a tot estirar. ‖ ***~ bien,*** més aviat. ‖ ***Poco ~ o menos,*** més o menys.
masa [mása] *f.* Massa.
masada [masáða] *f.* Masoveria. *2* Hisenda, masia.
masaje [masáxe] *m.* Massatge.
masajista [masaxista] *m.-f.* Massatgista.
mascar [maskár] *t.* Mastegar.
máscara [máskara] *f.* Màscara, careta, carota.
mascarada [maskaráða] *f.* Mascarada.
mascarilla [maskariʎa] *f.* Careta. *2* Màscara (de cadàver).
mascarón [maskarón] *m.* Mascaró, carassa.
mascota [maskóta] *f.* Mascota.
masculino, -na [maskulino, -na] *a.* Masculí.
mascullar [maskuʎár] *t.* Remugar, remuguejar, mastegar les paraules, barbotejar.
masilla [masiʎa] *f.* Massilla, màstic.
masivo, -va [masiβo, -βa] *a.* MED. Massiu.
masón, na [masón, -óna] *m.-f.* Francmaçó.
masonería [masoneria] *f.* Francmaçoneria.
mastelero [masteléro] *m.* NÀUT. Masteler.
masticación [mastikaθjón] *f.* Masticació.
masticar [mastikár] *t.* Mastegar.
mástil [mástil] *m.* Pal, arbre (de nau, etc.).
mastín [mastin] *a., m.-f.* Mastí.
mastodonte [mastodónte] *m.* Mastodont.
mastuerzo [mastwérθo] *m.* BOT. Moritort, créixens.
masturbación [masturβaθjón] *f.* Masturbació.
masturbarse [masturβárse] *prnl.* Masturbar-se.
mata [máta] *f.* Mata. *2* Tofa (de cabells, etc.).
matacandelas [matakandélas] *m.* Apagallums.
matachín [matatʃin] *m.* Escorxador.
matadero [mataðéro] *m.* Escorxador. *2* Matament.
matador, -ra [mataðór, -ra] *a., m.-f.* Matador.
matadura [mataðúra] *f.* Matadura.
matalobos [matalóβos] *m.* BOT. Acònit.
matalón, -ona [matalón, -óna] *a.* Arrossinat. *2 m.* Rossí.
matamoros [matamóros] *m.* Pinxo, perdonavides, valent.
matamoscas [matamóskas] *m.* Matamosques.
matanza [matánθa] *f.* Matança.
matar [matár] t.-prnl. Matar, occir. *2* fig. Pelar.
matarife [matarife] *m.* Escorxador, matador.
matasanos [matasános] *m.* fam. Curandero.
matasellos [mataséʎos] *m.* Mata-segells.
matatías [matatias] *m.* fig. Escanyapobres.
mate [máte] *a.* Mat. *2 m.* Mat (en escacs). *3* BOT. Mate.
matemático, -ca [matemátiko, -ka] *a., m.-f.* Matemàtic. *2 f.* Matemàtica.
materia [matérja] *f.* Matèria. ‖ ***~ prima,*** matèria primera.
material [materjál] *a.-m.* Material.
materialidad [materjaliðáð] *f.* Materialitat.
materialismo [materjalizmo] *m.* Materialisme.
materialista [materjalista] *a., m.-f.* Materialista.
maternal [maternál] *a.* Maternal.
maternidad [materniðáð] *f.* Maternitat.
materno, -na [matérno, -na] *a.* Matern.
matidez [matiðéθ] *f.* Matidesa.
matinal [matinál] *a.* Matinal.
matiz [matiθ] *m.* Matís.
matizar [matiθár] *t.* Matisar.
matón [matón] *m.* Pinxo, perdonavides, gall.
matorral [matorrál] *m.* Matoll. *2* Matossar, garriga.
matraca [matráka] *f.* Matraca. *2* Tenebres (instrument).
matraz [matráθ] *m.* QUÍM. Matràs.
matricidio [matriθiðjo] *m.* Matricidi.
matrícula [matrikula] *f.* Matrícula.
matricular [matrikulár] *t.* Matricular.
matrimonial [matrimonjál] *a.* Matrimonial.
matrimonio [matrimónjo] *m.* Matrimoni.
matritense [matriténse] *a., m.-f.* Madrileny.
matriz [matriθ] *f.* Matriu.

matrona [matróna] *f.* Matrona.
matute [matúte] *m.* Matuta.
matutino, -na [matutino, -na] *a.* Matutí.
maula [máŭla] *f.* Maula.
maullar [maŭʎár] *i.* Miolar.
maullido [maŭʎiðo] *m.* Miol, mèu.
máuser [máŭser] *m.* Màuser.
mausoleo [maŭsoléo] *m.* Mausoleu.
maxilar [maɣsilár] *a.-m.* Maxil·lar.
máxime [máɣsime] *adv.* Sobretot.
máximo, -ma [máɣsimo, -ma] *a.-m.* Màxim. *2 f.* Màxima.
máximum [máɣsimum] *m.* Màximum.
maya [máʝa] *f.* BOT. Reina margarida.
mayar [maʝár] *i.* Miolar.
mayo [máʝo] *m.* Maig.
mayólica [maʝólika] *f.* Majòlica.
mayonesa [maʝonésa] *f.* Maionesa.
mayor [maʝór] *a.-m.* Major. ‖ ***Al por ~,*** a l'engròs.
mayoral [maʝorál] *m.* Majoral.
mayorazga [maʝoráðɣa] *f.* Pubilla.
mayorazgo [maʝoráðɣo] *m.* Patrimoni. *2* Primogenitura. *3* Primogènit, hereu.
mayordomo [maʝorðómo] *m.* Majordom.
mayoría [maʝoría] *f.* Majoria.
mayoridad [maʝoriðáð] *f.* Majoritat.
mayorista [maʝorista] *m.* Majorista.
mayormente [maʝórmente] *adv.* Majorment.
mayúsculo, -la [maʝúskulo, -la] *a.* Majúscul.
maza [máθa] *f.* Maça.
mazapán [maθapán] *f.* Massapà.
mazar [maθár] *t.* Batre.
mazazo [maθáθo] *m.* Maçada.
mazmorra [maðmórra] *f.* Masmorra.
mazo [máθo] *m.* Maça, mall.
mazorca [maθórka] *f.* Panotxa.
mazorral [maθorrál] *a.* Matusser.
me [me] *pron. pers.* Em, -me, m', 'm.
meadero [meaðéro] *m.* fam. Pixador.
meados [meáðos] *m. pl.* Pixats, orina.
meato [meáto] *m.* Meat.
¡mecachis! [mekátʃis] V. ¡CARAMBA!
mecánica [mekánika] *f.* Mecànica.
mecánico, -ca [mekániko, -ka] *a.-m.* Mecànic.
mecanismo [mekanismo] *m.* Mecanisme.
mecanizar [mekaniθár] *t.* Mecanitzar.
mecanografía [mekanoɣrafía] *f.* Mecanografia.
mecanógrafo, -fa [mekanóɣrafo, -fa] *m.-f.* Mecanògraf.
mecedor, -ra [meθeðór, -ra] *a., m.-f.* Gronxador. *2 f.* Balancí.
mecedura [meθeðúra] *f.* Bressoleig.
mecenas [meθénas] *m.* Mecenas.
mecer [meθér] *t.-prnl.* Bressar, bressolar, gronxar. *2* Remenar (un líquid).
mecha [métʃa] *f.* Ble. *2* Metxa.
mechero [metʃéro] *m.* Blenar. *2* Bec. *3* Encenedor.
mechón [metʃón] *m.* Floc, manyoc. *2* Ble.
medalla [meðáʎa] *f.* Medalla.
medallón [meðaʎón] *m.* Medalló.
médano [méðano] *m.* Duna. *2* Pilot de sorra quasi a flor d'aigua.
media [méðja] *f.* Mitja, calça.
mediacaña [medjakáɲa] *f.* Mitjacanya.
mediación [meðjaθjón] *f.* Mediació.
mediado, -da [meðjáðo, -ða] *a.* A mitjan.
mediador, -ra [meðjaðór, -ra] *a., m.-f.* Mitjancer, mediador.
medianería [meðjanería] *f.* Paret mitgera.
medianero, -ra [meðjanéro, -ra] *a., m.-f.* Mitjancer, mediador. *2* Mitger.
medianía [meðjanía] *f.* Mitjania.
mediano, -na [meðjáno, -na] *a.* Mitjà, intermedi. *2 f.* Mitjana.
medianoche [meðjanótʃe] *f.* Mitjanit.
mediante [meðjánte] *adv.* Mitjançant.
mediar [meðjár] *i.* Mitjançar.
mediato, -ta [meðjáto, -ta] *a.* Mediat.
médica [méðika] *t.* fam. Metgessa.
medicación [meðikaθjón] *f.* Medicació.
medicamento [meðikaménto] *m.* Medicament.
medicina [meðiθína] *f.* Medicina (professió). *2* Medecina (medicament).
medicinal [meðiθinál] *a.* Medicinal.
medición [meðiθjón] *f.* Mesurament, mesura.
médico, -ca [méðiko, -ka] *a.* Mèdic. *2 m.* Metge.
medida [meðíða] *f.* Mida, mesura, mesurament.
medidor, -ra [meðiðór, -ra] *a., m.-f.* Mesurador.
medieval [meðjeβál] *a.* Medieval.
medio, -ia [méðjo, -ja] *a.* Mig, mitjà. *2 m.* Medi, mitjà. ‖ ***Término ~,*** terme mitjà. ‖ ***En ~,*** enmig de, entremig.
mediocre [meðjókre] *a.* Mediocre.
mediocridad [meðjokriðáð] *f.* Mediocritat.
mediodía [meðjoðía] *m.* Migdia, migjorn.
medioeval [meðjoeβál] V. MEDIEVAL.
medir [meðír] *t.-prnl.* Mesurar, amidar. ¶ CONJUG. com ***pedir.***
meditabundo, -da [meðitaβúndo, -da] *a.* Meditabund, pensarós, consirós.
meditación [meðitaθjón] *f.* Meditació.
meditar [meðitár] *i.-t.* Meditar.
meditativo [meðitatíβo] *a.* Meditatiu.
mediterráneo, -ea [meðiterráneo, -ea] *a.* Mediterrani.
medium [méðjum] *m.* Mèdium, medi.
medo, -da [méðo, -ða] *a., m.-f.* Mede.

medrar [meðrár] *i.* Prosperar, millorar, fer- se, campar.
medro [méðro] *m.* Millora, puja, progrés.
medroso, -sa [meðróso, -sa] *a., m.-f.* Temerós, poruc.
médula [méðula] *f.* Medul·la.
medular [meðulár] *a.* Medul·lar.
medusa [meðúsa] *f.* ZOOL. Medusa.
mefistofélico, -ca [mefistofélico, -ka] *a.* Mefistofèlic.
megalítico, -ca [meɣalítiko, -ka] *a.* Megalític.
mego, -ga [méɣo, -ɣa] *a.* Manyac.
mejicano, -na [mexikáno, -na] *a., m.-f.* Mexicà.
mejilla [mexíʎa] *f.* Galta.
mejillón [mexiʎón] *m.* ZOOL. Musclo.
mejor [mexór] *a.* o *adv.* Millor. ‖ ***Volver ~,*** abonir.
mejora [mexóra] *f.* Millora.
mejorana [mexorána] *f.* BOT. Mejorana.
mejorar [mexorár] *i.-t.-prnl.* Millorar. *2* Abonir, adobar.
mejoría [mexoría] *f.* Millora. *2* Milloria.
mejunje [mexúŋxe] *m.* Potinga.
melado, -da [meláðo, -ða] *a.* Melat.
melancolía [melaŋkolía] *f.* Malenconia, melangia, marriment.
melancólico, -ca [melaŋkóliko, -ka] *a.* Malenconiós, melangiós.
melaza [meláθa] *f.* Melassa.
melena [meléna] *f.* Cabellera. *2* Grenya. *3* Crinera.
melenudo, -da [melenúðo, -ða] *a.* Cabellut.
melífero, -ra [melífero, -ra] *a.* Mel·lífer.
melifluo, -ua [melíflwo, -wa] *a.* Mel·liflu.
melindre [melíndre] *m.* Melindro. *2* Coconeria.
melindroso, -sa [melindróso, -sa] *a., m.-f.* Melindrós, cosó.
melisa [melísa] *f.* BOT. Tarongina.
melocotón [melokotón] *m.* BOT. Préssec. *2* Melicotó. *3* Presseguer.
melocotonero [melokotonéro] *m.* BOT. Presseguer.
melodía [meloðía] *f.* MÚS. Melodia.
melódico, -ca [melóðiko, -ka] *a.* Melòdic.
melodioso, -sa [meloðjóso, -sa] *a.* Melodiós.
melodrama [meloðráma] *m.* Melodrama.
melodreña [meloðréɲa] *a.* Esmoladora (pedra).
melómano, -na [melómano, -na] *m.-f.* Melòman.
melón [melón] *m.* BOT. Meló. ‖ ***~ de agua,*** síndria.
melonar [melonár] *m.* Melonar.
melonero, -ra [melonéro, -ra] *m.-f.* Melonaire.
meloso, -sa [melóso, -sa] *a.* Melós.
mella [méʎa] *f.* Osca. *2* Dany.
mellar [meʎár] *t.-prnl.* Oscar, escantellar.
mellizo, -za [meʎíθo, -θa] *a., m.-f.* Bessó.
membrana [membrána] *f.* Membrana, tel.
membrete [membréte] *m.* Anotació, advertiment. *2* Capçalera (d'un escrit).
membrillo [membríʎo] *m.* BOT. Codonyer. *2* Codony. *3* Codonyat, confitura de codony. ‖ ***Carne de ~,*** codonyat.
membrudo, -da [membrúðo, -ða] *a.* Membrut.
memo, -ma [mémo, -ma] *a., m.-f.* Taujà, toix, ximple, totxo.
memorable [memoráβle] *a.* Memorable.
memorándum [memorándum] *m.* Memoràndum.
memoria [memórja] *f.* Memòria. *2 pl.* Records, expressions, memòries.
memorial [memorjál] *m.* Memorial.
memorión [memorjón] *m.-f.* Memoriós.
mena [ména] *f.* Mena.
menaje [menáxe] *m.* Parament (d'una casa).
mención [menθjón] *f.* Menció, esment.
mencionar [menθjonár] *t.* Mencionar, esmentar.
mendaz [mendáθ] *a., m.-f.* Mentider.
mendicante [mendikánte] *a., m.-f.* Mendicant.
mendicidad [mendiθiðáð] *f.* Mendicitat.
mendigar [mendiɣár] *i.-t.* Captar, mendicar, pidolar.
mendigo, -ga [mendíɣo, -ɣa] *m.-f.* Captaire, mendicant.
mendrugo [mendrúɣo] *m.* Rosegó.
menear [meneár] *t.-prnl.* Moure, bellugar, sacsejar. *2* Fer anar, manejar. *3* Remenar, anquejar. *4 prnl.* Afanyar-se.
meneo [menéo] *m.* Remenament. *2* Trontoll.
menester [menestér] *m.* Menester.
menesteroso, -sa [menesteróso, -sa] *a., m.-f.* Necessitat, freturós.
menestra [menéstra] *f.* Minestra.
menestral, -la [menestrál, -la] *m.-f.* Menestral.
mengano, -na [meŋgáno, -na] *m.-f.* En tal, en tal altre. ‖ ***Fulano y ~,*** en tal i en tal altre.
mengua [méŋgwa] *f.* Minva, aflacament.
menguado, -da [meŋgwáðo, -ða] *a., m.-f.* Covard. *2* Enze. *3* Mesquí, roí.
menguante [meŋgwánte] *a.* Minvant. *2 f.* Minva (dels rius). ‖ ***Cuarto ~,*** quart minvant.
menguar [meŋgwár] *i.* Minvar, aflacar, baixar.

menhir [menir] *m.* Menhir.
meninge [meniŋxe] *f.* ANAT. Meninge.
meningitis [meniŋxitis] *f.* Meningitis.
menisco [menisko] *m.* Menisc.
menjurje [meŋxúrxe] V. MEJUNJE.
menor [menór] *a.* Menor, més petit. *2 m.-f.* Menor d'edat.
menoría [menoria] *f.* Minoritat.
menorquín, -ína [menorkin, -ina] *a., m.-f.* Menorquí.
menos [ménos] *adv.* Menys. ‖ ***Echar de ~,*** trobar a faltar. ‖ ***Al ~, por lo ~,*** almenys, si més no. ‖ ***Venir a ~,*** anar de mal borràs. ‖ ***~ mal,*** encara bo, sort que.
menoscabar [menoskaβár] *t.* Menyscabar.
menoscabo [menoskáβo] *m.* Minva, menyscabament.
menospreciar [menospreθjár] *t.* Menysprear, desdenyar.
menosprecio [menospréθjo] *m.* Menyspreu.
mensaje [mensáxe] *m.* Missatge.
mensajería [mensaxeria] *f.* Missatgeria.
mensajero, -ra [mensaxéro, -ra] *m.-f.* Missatger.
menstruación [menstrwaθjón] *f.* Menstruació.
mensual [menswál] *a.* Mensual.
mensualidad [menswaliðáð] *f.* Mensualitat, mesada.
ménsula [ménsula] *f.* ARQ. Mènsula.
menta [ménta] *f.* BOT. Menta.
mental [mentál] *a.* Mental.
mentalidad [mentaliðáð] *f.* Mentalitat.
mentar [mentár] *t.* Esmentar, fer esment. ‖ CONJUG. com ***apretar.***
mente [ménte] *f.* Ment.
mentecato, -ta [mentekáto, -ta] *a.* Bajà, fleuma.
mentidero [mentiðéro] *m.* Lloc on s' apleguen els desvagats.
mentido, -da [mentiðo, -ða] *a.* Mentider, enganyós.
mentir [mentir] *i.* Mentir. ¶ CONJUG. com ***sentir.***
mentira [mentira] *f.* Mentida, bòfia, falòrnia.
mentirillas (de) [mentiriʎas] loc. De per riure.
mentiroso, -sa [mentiróso, -sa] *a., m.-f.* Mentider.
mentís [mentis] *m.* Desmentiment.
menudear [menuðeár] *i.-t.* Sovintejar.
menudencia [menuðénθjà] *f.* Menudesa, fotesa.
menudeo [menuðéo] *m.* Sovinteig. *2* Venda al detall.
menudo, -da [menúðo, -ða] *a.* Menut. *2 m. pl.* Menuts. ‖ ***A ~,*** sovint.
meñique [meɲike] *m.* Dit petit.
meollo [meóʎo] *m.* Cervell. *2* Moll. *3* fig. Substància, suc, seny.
meón, -ona [meón, -óna] *m.-f.* Pixaner.
mequetrefe [meketréfe] *m.* fam. Manefla.
meramente [méramente] *adv.* Merament.
mercadear [merkaðeár] *i.* Mercadejar.
mercadería [merkaðeria] *f.* Mercaderia.
mercado [merkáðo] *m.* Mercat, plaça.
mercancía [merkanθia] *f.* Mercaderia.
mercante [merkánte] *a.* Mercant.
mercantil [merkantil] *a.* Mercantil.
mercar [merkár] *t.* Comprar.
merced [merθéð] *f.* Mercè, gràcia.
mercedario, -ia [merθeðárjo, -ja] *a., m.-f.* Mercenari (de la Mercè).
mercenario, -ia [merθenárjo, -ja] *a., m.-f.* Mercenari.
mercería [merθeria] *f.* Merceria.
mercerizar [merθeriθár] *t.* Merceritzar.
mercurio [merkúrjo] *m.* MET. Mercuri.
merecedor, -ra [mereθeðór, -ra] *a.* Mereixedor.
merecer [mereθér] *t.-i.* Merèixer. ¶ CONJUG. com ***agradecer.***
merecido [mereθiðo] *m.* Càstig. ‖ ***Llevó su ~,*** no se'n va anar de buit.
merendar [merendár] *i.-prnl.* Berenar.
merendero [merendéro] *m.* Cantina.
merengue [meréŋge] *m.* Merenga.
meretriz [meretriθ] *f.* Meretriu.
mergo [méryo] *m.* ORNIT. Cormorà, ànec volador.
meridiano, -na [meriðjáno, -na] *a.-m.* Meridià.
meridional [merjðjonál] *a.* Meridional.
merienda [merjénda] *f.* Berenar.
merino, -na [merino, -na] *a-m.* Merí.
mérito [mérito] *m.* Mèrit.
meritorio, -ia [meritórjo, -ja] *a.-m.* Meritori.
merlón [merlón] *m.* FORT. Marlet.
merluza [merlúθa] *f.* ICT. Lluç.
merma [mérma] *f.* Minva.
mermar [mermár] *t.-i.-prnl.* Minvar, aflacar.
mermelada [mermeláða] *f.* Melmelada.
mero [méro] *m.* ICT. Nero.
mero, -ra [méro, -ra] *a.* Mer.
merodear [meroðeár] *i.* Rampinyar. *2* Rodar, vagar.
merodeo [meroðéo] *m.* Pillatge.
mes [mes] *m.* Mes.
mesa [mésa] *f.* Taula. *2* Mesa (d'assemblees, d'altar, etc.). ‖ ***~ redonda,*** taula rodona. ‖ ***Poner la ~,*** parar taula. ‖ ***Quitar la ~,*** desparar taula.
mesada [mesáða] *f.* Mesada.
mesar [mesár] *t.-prnl.* Arrencar (els cabells) .

mesilla [mesiʎa] *f.* Tauleta.
mesón [mesón] *m.* Hostal.
mesonero, -ra [mesonéro, -ra] *m.-f.* Hostaler.
mestizar [mestiθár] *t.* Adulterar.
mestizo, -za [mestiθo, -θa] *a., m.-f.* Mestís.
mesura [mesúra] *f.* Mesura.
mesurar [mesurár] *t.-prnl.* Moderar.
meta [méta] *f.* Meta.
metafísico, -ca [metafísiko, -ka] *a.-m.* Metafísic. *2 f.* Metafísica.
metáfora [metáfora] *f.* Metàfora.
metafórico, -ca [metafóriko, -ka] *a.* Metafòric.
metal [metál] *m.* Metall. ‖ ~ ***blanco,*** metall blanc.
metálico, -ca [metáliko, -ka] *a.* Metàl·lic.
metalizar [metaliθár] *t.-prnl.* Metal·litzar.
metaloide [metalóĭðe] *m.* Metal·loide.
metalurgia [metalúrxja] *f.* Metal·lúrgia.
metalúrgico, -ca [metalúrxiko, -ka] *a.-m.* Metal·lúrgic.
metamorfosear [metamorfoseár] *t.* Metamorfosar.
metamorfosis [metamorfósis] *f.* Metamorfosi.
metano [metáno] *a.* QUÍM. Metà.
metempsicosis [metemsikósis] *f.* Metempsicosi.
meteórico, -ca [meteóriko, -ka] *a.* Meteòric.
meteorito [meteorito] *m.* Meteorit.
meteoro [meteóro] *m.* Meteor.
meteorología [meteoroloxia] *f.* Meteorologia.
meter [metér] *t.-prnl.* Ficar, encabir, entaforar. *2* Posar. *3* Fer. ‖ ~ ***miedo,*** fer por. ‖ ~ ***ruido,*** fer soroll. ‖ ***Meterse fraile,*** fer-se frare. ‖ ~ ***la pata,*** ficar els peus a la galleda. ‖ ***Meterse a,*** posar-se a, disposar-se a.
meticuloso, -sa [metikulóso, -sa] *a.* Meticulós.
metido, -da [metiðo, -ða] *a.* Abundant en certes coses, cafit.
metilo [metilo] *m.* QUÍM. Metil.
metódico, -ca [metóðiko, -ka] *a.* Metòdic.
metodismo [metoðizmo] *m.* Metodisme.
metodizar [metoðiθár] *t.* Metoditzar.
método [métoðo] *m.* Mètode.
metonimia [metonimja] *f.* Metonímia.
metralla [metráʎa] *f.* Metralla.
métrico, -ca [métriko, -ka] *a.* Mètric. *2 f.* Mètrica.
metro [métro] *m.* Metre. *2* Metro (forma abreujada de metropolità).
metrónomo [metrónomo] *m.* MÚS. Metrònom.
metrópoli [metrópoli] *f.* Metròpoli.
metropolitano, -na [metropolitáno, -na] *a.-m.* Metropolità.
mezcla [méθkla] *f.* Mescla, barreja.
mezclar [meθklár] *t.-prnl.* Mesclar, barrejar.
mezcolanza [meθkolánθa] *f.* Mescladissa, barreja, enfarfec, barrija-barreja.
mezquindad [meθkindáð] *f.* Mesquinesa, roïndat, ranciesa, gasiveria.
mezquino, -na [meθkino, -na] *a.* Mesquí, gasiu, escarransit, roí, rata.
mezquita [meθkita] *f.* Mesquita.
mí [mi] *pron. pers.* Mi. *2 a. pos.* El meu, mon.
mi [mi] *m.* MÚS. Mi.
miaja [miáxa] V. MIGAJA.
miasma [miázma] *m.* Miasma.
miau [mjaŭ] *m.* Mèu.
mica [mika] *f.* MINER. Mica.
micción [miɣθjón] *f.* Micció.
mico [miko] *m.* Mico.
microbio [mikróβjo] *m.* Microbi.
microcosmo [mikrokósmo] *m.* Microcosmos.
microfilm [mikrofilm] *m.* Microfilm.
micrófono [mikrófono] *m.* Micròfon.
micrón [mikrón] *m.* Micró.
microorganismo [mikroryanizmo] *m.* Microorganisme.
microscópico, -ca [mikroskópiko, -ka] *a.* Microscòpic.
microscopio [mikroskópjo] *m.* Microscopi.
miedo [mjéðo] *m.* Por, basarda.
miedoso, -sa [mjeðóso, -sa] *a., m.-f.* Poruc.
miel [mjél] *f.* Mel.
miembro [mjémbro] *m.* Membre.
mientes [mjéntes] *f. pl.* ‖ ***Parar ~ en,*** parar esment, posar esment.
mientras [mjéntras] *adv.* Mentre. ‖ ~ ***tanto,*** mentrestant.
miércoles [mjérkoles] *m.* Dimecres.
mierda [mjérða] *f.* Merda, cagarro.
mies [mjes] *f.* Messes.
miga [miɣa] *f.* Molla. *2* fig. Suc.
migaja [miɣáxa] *f.* Engruna. *2* Mica. *3* Resquitx.
migar [miɣár] *t.* Engrunar, esbocinar, esmicolar.
migración [miɣraθjón] *f.* Migració.
migraña [miɣrápa] *f.* MED. Migranya.
migratorio, -ria [miɣratórjo, -ja] *a.* Migratori.
mijo [mixo] *m.* BOT. Mill. ‖ ~ ***menor,*** panís.
mil [mil] *a.-m.* Mil.
milagro [miláɣro] *m.* Miracle.

milagroso, -sa [milaγróso, -sa] *a.* Miraculós.
Milán [milán] *n. pr.* Milà.
milano [miláno] *m.* ORNIT. Milà.
milenario, -ia [milenárjo, -ja] *a.-m.* Millenari.
milenio [milénjo] *m.* Període de mil anys. Mil·lenni *2* Mil·lenari.
milésimo, -ma [milésimo, -ma] *a., m.-f.* Mil·lèsim.
Mileto [miléto] *n. pr. m.* Milet.
milhombres [milómbres] *m. pl.* Milhomes.
miliar [miljár] *a.* Miliar.
milicia [miliθja] *f.* Milícia.
miliciano, -na [miliθjáno, -na] *a.* Milicià.
miligramo [miliγrámo] *m.* Mil·ligram.
mililitro [mililítro] *m.* Mil·lilitre.
milímetro [milímetro] *m.* Mil·límetre.
militante [militánte] *a.* Militant.
militar [militár] *i.* Militar.
militar [militár] *a.-m.* Militar.
militarismo [militarízmo] *m.* Militarisme.
militarizar [militariθár] *t.* Militaritzar.
miloca [milóka] *f.* ORNIT. Miloca.
milord [milór] *m.* Milord.
milpiés [milpjés] *m.* ENTOM. Panerola.
milla [míʎa] *f.* Milla.
millar [miʎár] *m.* Miler.
millón [miʎón] *m.* Milió.
millonada [miʎonáða] *f.* Milionada.
millonario, -ia [miʎonárjo, -ja] *a., m.-f.* Milionari.
millonésimo, -ma [miʎonésimo, -ma] *a., m.-f.* Milionèsim.
mimar [mimár] *t.* Amoixar, afalagar, acaronar. *2* Aviciar.
mimbre [mímbre] *m.* o *f.* BOT. Vímet.
mimbrear [mimbreár] *i.-prnl.* Vinclar, doblegar.
mimbreño, -ña [mimbréɲo, -ɲa] *a.* De la naturalesa del vímet. *2* Esvelt.
mimbrera [mimbréra] *f.* BOT. Vimetera.
mimetismo [mimetízmo] *m.* Mimetisme.
mímico, -ca [mímiko, -ka] *a.* Mímic. *2 f.* Mímica.
mimo [mímo] *m.* Mim. *2* Moixaina, carícia. *3* Aviciadura.
mimosa [mimósa] *f.* BOT. Mimosa.
mimoso, -sa [mimóso, -sa] *a.* Melindrós, delicat, cosó.
mina [mína] *f.* Mina.
minar [minár] *t.* Minar.
minarete [minaréte] *m. fr.* Minaret.
mineral [minerál] *a.-m.* Mineral.
mineralizar [mineraliθár] *t.-prnl.* Mineralitzar.
mineralogía [mineraloxía] *f.* Mineralogia.
minería [minería] *f.* Mineria.
minero, -ra [minéro, -ra] *a.* Miner. *2 m.* Miner, minaire.
mingo [míŋgo] *m.* Mingo.
miniar [minjár] *t.* Miniar.
miniatura [minjatúra] *f.* Miniatura.
miniaturista [minjaturísta] *a., m.-f.* Miniaturista.
minifalda [minifálda] *f.* Minifaldilla.
minimizar [minimiθár] *t.* Minimitzar.
mínimo, -ma [mínimo, -ma] *a.-m.* Mínim. *2 f.* MÚS. Mínima.
minino, -na [miníno, -na] *m.-f.* fam. Mix.
minio [mínjo] *m.* Mini.
ministerial [ministerjál] *a., m.-f.* Ministerial.
ministerio [ministérjo] *m.* Ministeri.
ministro [minístro] *m.* Ministre.
minorar [minorár] *t.-prnl.* Minorar.
minoría [minoría] *f.* Minoria, minoritat.
minoridad [minoriðáð] *f.* Minoritat.
minucia [minúθja] *f.* Minúcia.
minuciosidad [minuθjosiðáð] *f.* Minuciositat.
minucioso, -sa [minuθjóso, -sa] *a.* Minuciós.
minué [minué] *m.* MÚS. Minuet.
minúsculo, -la [minúskulo, -la] *a.-f.* Minúscul.
minuta [minúta] *f.* Minuta.
minutero [minutéro] *m.* Minutera, busca (de rellotge).
minutisa [minutísa] *f.* BOT. Clavell de pom.
minuto, -ta [minúto, -ta] *a.* Menut. *2 m.* Minut.
mío, mía [mío, mía] *a. pos.* Meu. ‖ ***El ~,*** el meu.
miope [miópe] *a., m.-f.* Miop.
miopía [miopía] *f.* Miopia.
miosota [mjosóta] *f.* BOT. Miosotis.
mira [míra] *f.* Mira. ‖ ***Estar a la ~,*** estar a l'aguait.
mirabel [miraβél] *m.* BOT. Mirambell.
mirada [miráða] *f.* Mirada, esguard.
mirado, -da [miráðo, -ða] *m.* Mirat
mirador, -ra [miraðór, -ra] *a.-m.* Mirador.
miraguano [miraγwáno] *m.* Miraguano.
miramiento [miramjénto] *m.* Mirament.
miranda [miránda] *f.* Miranda.
mirar [mirár] *t.* Mirar, esguardar, guaitar.
miríada [miríaða] *f.* Miríade.
miriámetro [miriámetro] *m.* Miriàmetre.
miriápodos [miriápoðos] *m. pl.* Miriàpodes.
mirífico, -ca [mirífiko, -ka] *a.* Mirífic.
mirilla [miríʎa] *f.* Espiell. *2* Mira.
miriñaque [miriɲáke] *m.* Mirinyac.

mirlo [mirlo] *m.* ORNIT. Merla, merlot (mascle).
mirón, -ona [mirón, -óna] *a., m.-f.* Badoc.
mirra [mirra] *f.* Mirra.
mirto [mirto] *m.* BOT. Murtra.
mis [mis] *a. pos.* Mos, mes, els meus, les meves.
misa [misa] *f.* Missa.
misal [misál] *m.* Missal.
misantropía [misantropía] *f.* Misantropia.
misántropo [misántropo] *m.* Misantrop.
miscelánea [misθelánea] *a.* Miscel·lània.
miserable [miseráβle] *a.* Miserable.
miseria [misérja] *f.* Misèria.
misericordia [miserikórðja] *f.* Misericòrdia.
misericordioso, -sa [miserikorðjóso, -sa] *a., m.-f.* Misericordiós.
mísero, -ra [mísero, -ra] *a.* Míser.
misión [misjón] *f.* Missió.
misionero, -ra [misjonéro, -ra] *a., m.-f.* Missioner.
misiva [misíβa] *f.* Missiva.
mistela [mistéla] *f.* Mistela.
misterio [mistérjo] *m.* Misteri.
misterioso, -sa [misterjóso, -sa] *a.* Misteriós.
misticismo [mistiθízmo] *m.* Misticisme.
místico, -ca [místiko, -ka] *a., m.-f.* Místic.
mistificar [mistifikár] *t.* Mistificar.
mistral [mistrál] *a.-m.* METEOR. Mestral.
mitad [mitáð] *f.* Meitat. *2* Mig.
mítico, -ca [mítiko, -ka] *a.* Mític.
mitigar [mitiɣár] *t.-prnl.* Mitigar. *2* Amorosir, ablanir, amansir.
mitin [mitin] *m.* Míting.
mito [mito] *m.* Mite.
mitología [mitoloxía] *f.* Mitologia.
mitón [mitón] *m.* Mitena.
mitra [mitra] *f.* Mitra.
mitrado, -da [mitráðo, -ða] *a.* Mitrat.
mixtión [mistjón] *f.* Mixtió.
mixto, -ta [misto, -ta] *a.* Mixt. *2 m.* Llumí.
mixtura [mistúra] *f.* Mixtura.
mnemotecnia [memotéɣnja] *f.* Mnemotècnia.
mobiliario, -ia [moβiljárjo, -ja] *a.-m.* Mobiliari.
moblaje [moβláxe] *m.* Moblatge.
moca [móka] *m.* Moca (cafè).
mocar [mokár] *t.-prnl.* Mocar.
mocear [moθeár] *i.* Jovenejar.
mocedad [moθeðáð] *f.* Joventut, jovenesa. *2* Solteria.
mocerío [moθerío] *m.* Jovenalla.
moción [moθjón] *f.* Moció.
moco [móko] *m.* Moc, mucus. ‖ ***No ser ~ de pavo,*** no ésser cosa de no res.
mocoso, -sa [mokóso, -sa] *a.* Mocós. *2 m.-f.* Galifardeu, criatura, mocós.
mochila [motʃíla] *f.* Motxilla.
mocho, -cha [mótʃo, -tʃa] *a.* Escornat.
mochuelo [motʃwélo] *m.* ORNIT. Mussol. ‖ ***Cargar el ~,*** carregar els neulers, carregar el mort.
moda [móða] *f.* Moda.
modal [moðál] *a.* Modal. *2 m. pl.* Maneres.
modalidad [moðaliðáð] *f.* Modalitat.
modelado [moðeláðo] *m.* Modelatge.
modelar [moðelár] *t.-prnl.* Modelar.
modélico, -ca [moðéliko, -ka] *a.* Modèlic.
modelo [moðélo] *m.* Model.
moderación [moðeraθjón] *f.* Moderació, mesura.
moderado, -da [moðeráðo, -ða] *a., m.-f.* Moderat, temperat.
moderador, -ra [moðeraðór, -ra] *a., m.-f.* Moderador.
moderar [moðerár] *t.-prnl.* Moderar. *2* Alentir.
modernidad [moðerniðáð] *f.* Modernitat.
modernismo [moðernízmo] *m.* Modernisme.
modernizar [moðerniθár] *t.-prnl.* Modernitzar.
moderno, -na [moðérno, -na] *a.-m.* Modern.
modestia [moðéstja] *f.* Modèstia.
modesto, -ta [moðésto, -ta] *a., m.-f.* Modest.
módico, -ca [móðiko, -ka] *a.* Mòdic.
modificación [moðifikaθjón] *f.* Modificació.
modificar [moðifikár] *t.-prnl.* Modificar.
modillón [moðiʎón] *m.* ARQ. Permòdol.
modismo [moðízmo] *m.* GRAM. Modisme.
modista [moðísta] *m.-f.* Modista.
modisto [moðísto] *m.* Modista (home).
modo [móðo] *m.* Mode, manera, faisó, guisa. ‖ ***De otro ~,*** altrament. ‖ ***De ningún ~,*** de cap manera. ‖ ***De ~ que,*** de manera que.
modorra [moðórra] *f.* Ensopiment, nyonya.
modorrar [moðorrár] *t.* Ensopir.
modoso, -sa [moðóso, -sa] *a.* Cortès, primmirat.
modular [moðulár] *i.-t.* Modular.
módulo [móðulo] *m.* Mòdul.
mofa [mófa] *f.* Mofa, rialla, riota.
mofar [mofár] *i.-prnl.* Mofar-se.
mofeta [moféta] *f.* Mofeta.
mofletudo, -da [mofletúðo, -ða] *a.* Galtut, galtaplè.
mogollón (de) [moɣoʎón] loc. De baldraga.

mogote [moγóte] *m.* Pujol.
mohín [moín] *m.* Ganyota.
mohína [moína] *f.* Enuig, tristesa.
mohíno, -na [moíno, -na]. Amoïnat, trist, moix.
moho [móo] *m.* Florit, floridura. *2* Rovell. *3* Llapó.
mohoso, -sa [moóso, -sa] *a.* Florit. *2* Rovellat.
mojadura [moxaðúra] *f.* Mullada, remullada.
mojama [moxáma] *f.* Moixama.
mojar [moxár] *t.-i.* Mullar. *2* Sucar.
mojardón [moxarðón] *m.* BOT. Cama-sec, moixerdó.
mojiganga [moxiγáŋga] *f.* Moixiganga.
mojigatería [moxiγatería] *f.* Gatamoixeria. *2* Beateria.
mojigato, -ta [moxiγáto, -ta] *a., m.-f.* Gata moixa, gata maula, beat, nyaunyau.
mojón [moxón] *m.* Fita, terme. *2* Cagarro.
molar [molár] *a.-m.* Molar. *2 m.* Molar, queixal.
molde [mólde] *m.* Motlle.
moldear [moldeár] *t.* Emmotllar, motllurar.
moldura [moldúra] *f.* Motllura.
mole [móle] *f.* Mola, munt.
molécula [molékula] *f.* Molècula.
molecular [molekulár] *a.* Molecular.
moledor, -ra [moleðór, -ra] *a., m.-f.* Molador. *2* fam. Fatigant, carregós, amoïnós.
moledura [moleðúra] *f.* Mòlta.
moleña [moléɲa] *f.* Pedrenyera.
moler [molér] *t.* Moldre. *2* Massegar, cruixir. *3* fam. Carregar, amoïnar. ¶ CONJUG. INDIC. Pres.: ***muelo, mueles, muele, muelen.*** ‖ SUBJ. Pres.: ***muela, muelas, muela, muelan.*** ‖ IMPERAT.: ***muele, muela, muelan.***
molestar [molestár] *t.* Molestar, amoïnar.
molestia [moléstja] *f.* Molèstia.
molesto, -ta [molésto, -ta] *a.* Molest, amoïnador.
molicie [moliθje] *f.* Mol·lície, flonjor.
molido, -da [molíðo, -ða] *a.* Cruixit.
molificar [molifikár] *t.-prn.* Mol·lificar.
molimiento [molimjénto] *m.* Mòlta. *2* Fatiga, cansament, cruiximent, matament.
molinero, -ra [molinéro, -ra] *a., m.-f.* Moliner.
molinete [molinéte] *m.* Molinet. *2* Aspirador (de vidriera).
molinillo [moliníʎo] *m.* Molí.
moltura [moltúra] *f.* Mòlta.
molturar [molturár] *t.* Moldre.
molusco [molúsko] *m.* ZOOL. Mol·lusc.
mollar [moʎár] *a.* Mollar.
molledo [moʎéðo] *m.* Tou, palpís. *2* Molla (de pa).
molleja [moʎéxa] *f.* Pedrer.
mollera [moʎéra] *f.* Clepsa, closca. *2* fig. Cervell. ‖ ***Duro de ~***, dur de closca, dur de clepsa.
mollete [moʎéte] *m.* Borrego.
momentáneo, -ea [momentáneo, -ea] *a.* Momentani.
momento [moménto] *m.* Moment.
momería [momería] *f.* Pantomima.
momia [mómja] *f.* Mòmia.
momificar [momifikár] *t.-prnl.* Momificar.
momio [mómjo] *m.* Moma, ganga. ‖ ***De ~***, gratis.
mona [móna] *f.* ZOOL. Mona. *2* fig. Mona.
monacal [monakál] *a.* Monacal.
monacato [monakáto] *m.* Monaquisme.
monería [monería] *f.* Monada, postura, gest.
monetario, -ia [monetárjo, -ja] *a.-m.* Monetari.
mongol, -la [moŋgól, -la] *a.* Mongol, mongòlic.
mongólico, -ca [moŋgóliko, -ka] *a.-m.* Mongòlic.
moniato [monjáto] *m.* BOT. Moniato, batata.
monigote [moniγóte] *m.* Ninot.
monises [monises] *m. pl.* Diners. ‖ ***Tener ~***, tenir diners.
monicaco [monikáko] V. HOMINICACO.
monitor [monitór] *m.* Monitor.
monja [mónxa] *f.* Monja.
monje [mónxe] *m.* Monjo.
monjil [monxíl] *a.-m.* Mongívol.
mono, -na [móno, -na] *a.* Bufó. *2 m.* Mona (simi). *3* Granota (vestit).
monocotiledóneas [monokotileðóneas] *f. pl.* BOT. Monocotiledònies.
monóculo [monókulo] *m.* Monocle.
monogamia [monoγámja] *f.* Monogàmia.
monógamo, -ma [monóγamo, -ma] *a.* Monògam.
monografía [monoγrafía] *f.* Monografia.
monolito [monolíto] *m.* Monòlit.
monólogo [monóloγo] *m.* Monòleg.
monomanía [monomanía] *f.* Monomania.
monomaníaco, -ca [monomaníako, -ka] *a.* Monomaníac.
monomio [monómjo] *m.* MAT. Monomi.
monoplano [monopláno] *m.* Monoplà.
monopolio [monopóljo] *m.* Monopoli.
monopolizar [monopoliθár] *t.* Monopolitzar.

monosílabo, -ba [monosilaβo, -βa] *a.-m.* Monosíl·lab.
monoteísmo [monoteizmo] *m.* Monoteisme.
monotonía [monotonia] *f.* Monotonia.
monótono, -na [monótono, -na] *a.* Monòton.
monseñor [monseɲór] *m.* Monsenyor.
monserga [monsérɣa] *f.* fam. Galimaties.
monstruo [mónstrwo] *m.* Monstre.
monstruosidad [monstrwosiðáð] *f.* Monstruositat.
monstruoso, -sa [monstrwóso, -sa] *a.* Monstruós.
monta [mónta] *f.* Muntada. *2* Suma.
montacargas [montakárɣas] *m.* Muntacàrregues.
montado, -da [montáðo, -ða] *a.* Encavalcat.
montador [montaðór] *m.* Muntador.
montadura [montaðúra] *f.* Muntada. *2* Sella. *3* Muntura.
montaje [montáxe] *m.* Muntatge, muntura.
montante [montánte] *m.* Muntant.
montaña [montáɲa] *f.* Muntanya.
montañés, -esa [montaɲés, -ésa] *a., m.-f.* Muntanyès, muntanyenc.
montañoso, -sa [montaɲóso, -sa] *a.* Muntanyós.
montar [montár] *i.-t.* Muntar (a cavall). *2 i.* Tenir (alguna cosa) importància, consideració. *3 t.* Pujar (a un preu, quantitat, etc.). ‖ *~ **en cólera,*** enfadar-se.
montaraz [montaráθ] *a.* Ferèstec, muntanyenc, muntanyès, bosquerol, muntès.
monte [mónte] *m.* Muntanya, mont, munt. ‖ *~ **alto,*** bosc. ‖ *~ **bajo,*** garriga, brolla. ‖ *~ **de piedad,*** mont de pietat.
montea [montéa] *f.* Batuda (de caça).
montepío [montepio] *m.* Germandat, societat de socors mutus.
montería [monteria] *f.* Munteria.
montero, -ra [montéro, -ra] *m.-f.* Munter.
montés [montés] *a.* Muntès, munter.
montículo [montikulo] *m.* Monticle, turó.
monto [mónto] *m.* Import.
montón [montón] *m.* Munt, pilot, pila, estiba.
montuno, -na [montúno, -na] *a.* Muntanyenc, muntanyès.
montuoso, -sa [montuóso, -sa] *a.* Muntanyós.
montura [montúra] *f.* Muntura.
monumental [monumentál] *a.* Monumental.
monumento [monuménto] *m.* Monument.
monzón [monθón] *m.* METEOR. Monsó.
moño [móɲo] *m.* Castanya (dels cabells). *2* Plomall, cresta. ‖ ***Ponerse moños,*** fer-s'hi veure.
moquear [mokeár] *i.* Moquejar.
moquero [mokéro] *m.* Mocador.
moqueta [mokéta] *f.* Moqueta.
moquita [mokita] *f.* Candela (del nas).
mora [móra] *f.* BOT. Móra.
morada [moráða] *f.* Casa, sojorn. *2* Estada.
morado, -da [moráðo, -ða] *a., m.-f.* Morat.
morador, -ra [moraðór, -ra] *a., m.-f.* Habitant, estadant, resident.
moradux [moraðúɣs] *m.* BOT. Moraduix, marduix.
moral [morál] *a.-f.* Moral.
moral [morál] *m.* BOT. Morera.
moraleja [moraléxa] *f.* Moralitat.
moralidad [moraliðáð] *f.* Moralitat.
moralista [moralista] *m.-f.* Moralista.
moralizar [moraliθár] *t.-i.* Moralitzar.
morar [morár] *i.* Estar-se, sojornar, habitar.
moratoria [moratórja] *f.* Moratòria.
mórbido, -da [mórβiðo, -ða] *a.* Mòrbid.
morbo [mórβo] *m.* Malaltia.
morbosidad [morβosiðáð] *f.* Morbositat.
morboso, -sa [morβóso, -sa] *a.* Morbós.
morcilla [morθiʎa] *f.* Certa clase de botifarra. *2* Bola (per a matar gossos).
mordacidad [morðaθiðáð] *f.* Mordacitat.
mordaz [morðáθ] *a.* Mordaç.
mordaza [morðáθa] *f.* Mordassa.
mor de (por) [mórðe] loc. Per amor de, a causa de, per culpa de.
mordedura [morðeðúra] *f.* Mossegada, mossec, queixalada.
mordente [morðénte] *m.* Mordent.
morder [morðér] *t.* Mossegar, queixalar. ¶ CONJUG. com ***moler.***
mordiente [morðjénte] *m.* Mordent.
mordiscar [morðiskár] *t.* Mossegar. *2* V. MORDISQUEAR.
mordisco [morðisko] *m.* Mos. *2* Mossegada, queixalada.
mordisquear [morðiskeár] *t.* Mossegar lleugerament o poc i diverses vegades.
morena [moréna] *f.* ICT. Morena. *2* Pa morè.
moreno, -na [moréno, -na] *a., m.-f.* Morè, bru.
morera [moréra] *f.* BOT. Morera.
morería [moreria] *f.* Moreria.
moretón [moretón] *m.* fam. Sangtraït.
morfina [morfina] *f.* Morfina.
morfología [morfoloxia] *f.* Morfologia.
moribundo, -da [moriβúndo, -da] *a., m.-f.* Moribund.

morigerado, -da [morixeráðo, -ða] *a.* Morigerat.
morigerar [morixerár] *t.* Morigerar.
morilla [moriʎa] *f.* BOT. Rabassola, múrgola.
morillo [moriʎo] *m.* Capfoguer, mossa (de llar).
morir [morir] *t.-prnl.* Morir. ¶ CONJUG. GER.: ***muriendo.*** ‖ P. P.: ***muerto.*** ‖ INDIC. Pres.: ***muero, mueres, muere, mueren.*** | Indef.: ***murió, murieron.*** ‖ SUBJ. Pres.: ***muera, mueras, muera, muramos, muráis, mueran.*** | Imperf.: ***muriera*** o ***-iese, murieras*** o ***-ieses, muriera*** o ***-iese, muriéramos*** o ***-iésemos, muriérais*** o ***ieseis, murieran*** o ***-iesen.*** | Fut.: ***muriere, murieres, muriere, muriésemos, murieseis, muriesen.*** ‖ IMPERAT.: ***muere, muera, muramos, mueran.***
morisco, -ca [morisko, -ka] *a., m.-f.* Morisc.
moro, -ra [móro, -ra] *a., m.-f.* Moro, moresc. ‖ ***Haber moros en la costa,*** haver-hi roba estesa.
morosidad [morosiðáð] *f.* Morositat.
moroso, -sa [moróso, -sa] *a.* Morós.
morrada [morráða] *f.* Morrada.
morral [morrál] *m.* Morral. *2* Sarró.
morralla [morráʎa] *f.* Xanguet (peix). *2* Gentalla (persones).
morriña [morriɲa] *f.* Marfuga (malaltia). *2* fig. Marriment, enyorança.
morrión [morrjón] *m.* Morrió.
morro [mórro] *m.* Morro. *2* Morrot.
morrocotudo, -da [morrokotúðo, -ða] *a.* fam. Formidable, espaterrant. *2* Difícil.
morrongo, -ga [morróŋgo, -ga] *m.-f.* fam. Mix.
morrudo, -da [morrúðo, -ða] *a.* Morrut.
morsa [mórsa] *f.* ZOOL. Morsa.
mortadela [mortaðéla] *f.* Mortadel·la.
mortaja [mortáxa] *f.* Mortalla.
mortal [mortál] *a.* Moridor, mortal.
mortalidad [mortaliðáð] *f.* Mortalitat.
mortandad [mortandáð] *f.* Mortaldat.
mortecino, -na [morteθino, -na] *a.* Somort.
morterete [morteréte] *m.* Morteret.
mortero [mortéro] *m.* Morter.
mortífero, -ra [mortifero, -ra] *a.* Mortífer.
mortificación [mortifikaθjón] *f.* Mortificació.
mortificar [mortifikár] *t.-prnl.* Mortificar.
mortuorio, -ia [mortuórjo, -ja] *a.-m.* Mortuori.
morucho [morútʃo] *m.* TAUROM. Jònec embolat.
morueco [morwéko] *m.* ZOOL. Marrà.
moruno, -na [morúno, -na] *a.-m.* Morú, moresc, moro.
mosaico, -ca [mosáĭko, -ka] *a.-m.* Mosaic.
mosca [móska] *f.* Mosca. ‖ ~ ***muerta,*** gata maula. ‖ ***Por si las ~,*** per si de cas.
moscarda [moskárða] *f.* ENTOM. Mosca vironera, mosca saballonera.
moscatel [moskatél] *a.-m.* Moscatell.
moscón [moskón] *m.* ENTOM. Mosca vironera.
moscona [moskóna] *f.* Barjaula.
moscovita [moskoβita] *a., m.-f.* Moscovita.
mosén [mosén] *m.* Mossèn.
mosqueado, -da [moskeáðo, -ða] *a.* Com esquitxat de taques.
mosquear [moskeár] *t.-prnl.* Mosquejar, ventar les mosques. *2 prnl.* Picar-se.
mosquero [moskéro] *m.* Mosquer.
mosqueta [moskéta] *f.* BOT. Rosa vera.
mosquetero [mosketéro] *m.* Mosqueter.
mosquetón [mosketón] *m.* Mosquetó.
mosquita [moskita] *f.* fig Mosca morta.
mosquitera [moskitéra] *f.* Mosquitera.
mosquitero [moskitéro] *m.* Mosquitera, mosquer.
mosquito [moskito] *m.* Mosquit.
mostacho [mostátʃo] *m.* Mostatxo, bigoti.
mostaza [mostáθa] *f.* Mostassa.
mosto [mósto] *m.* Most.
mostrador, -ra [mostraðór, -ra] *a., m.-f.* Mostrador. *2* Taulell.
mostrar [mostrár] *t.-prnl.* Mostrar. ¶ CONJUG. com ***desollar.***
mostrenco [mostréŋko] *a.* Sense amo, sense casa. *2* fig. Toix, estúpid.
mota [móta] *f.* Brossa, busca, volva. *2* Grop, nus. *3* Mota.
mote [móte] *m.* Motiu, malnom.
moteado, -da [moteáðo, -ða] *a.* Clapat.
motear [moteár] *t.* Clapejar.
motejar [motexár] *t.* Motejar.
motete [motéte] *m.* MÚS. Motet.
motín [motin] *m.* Motí, avalot.
motivar [motiβár] *t.* Motivar.
motivo [motiβo] *m.* Motiu.
motocicleta [motoθikléta] *f.* Motocicleta.
motociclista [motoθiklista] *m.-f.* Motociclista.
motón [motón] *m.* NÀUT. Bossell.
motor, -ra [motór, -ra] *a.-m.* Motor.
motorizar [motoriθár] *t.* Motoritzar.
motriz [motriθ] *a.-f.* Motriu.
movedizo, -za [moβeðiθo, -θa] *a.* Movedís.
mover [moβér] *t.-prnl.* Moure, bellugar. *2* Fer anar. *3* Manejar. ¶ CONJUG. com ***moler.***

movible [moβiβle] *a.* Movible.
móvil [móβil] *a.-m.* Mòbil.
movilidad [moβiliðáð] *f.* Mobilitat.
movilizar [moβiliθár] *t.* Mobilitzar.
movimiento [moβimjénto] *a.* Moviment.
moyuelo [moǰwélo] *m.* Segonet.
moza [móθa] *f.* Minyona, fadrina, mossa. *2* Concubina. *3* Picador (de rentar).
mozalbete [moθalβéte] *m.* Minyó, vailet, xic.
mozárabe [moθáraβe] *a., m.-f.* Mossàrab.
mozo, -za [móθo, -θa] *a.* Jove. *2* Solter. *3 m.* Fadrí, minyó, al·lot. *4* Mosso. *5* Cambrer. ‖ ~ ***de cuerda,*** camàlic, bastaix.
mozuelo, -la [moθwélo, -la] *m.-f.* Xicot, vailet.
mu (ir a la) [mu] loc. Fer non-non.
muceta [muθéta] *f.* ICT. Museta.
mucílago [muθílaγo] *m.* Mucílag.
mucosidad [mukosiðáð] *f.* Mucositat.
mucoso, -sa [mukóso, -sa] *a.-f.* Mucós.
muchacho, -cha [mutʃátʃo, -tʃa] *m.-f.* Noi, xicot, minyó, al·lot, vailet, xic. *2 f.* Minyona (criada).
muchedumbre [mutʃeðúmbre] *f.* Gentada, munió, gernació, collada.
mucho, -cha [mútʃo, -tʃa] *a.-pron.-adv.* Molt, força, gaire, qui-sap-lo.
muda [múða] *f.* Muda. *2* Mudada.
mudable [muðáβle] *a.* Mudable.
mudanza [muðánθa] *f.* Mudança.
mudar [muðár] *t.-prnl.* Mudar. *2* Trasmudar.
mudéjar [muðéxar] *a., m.-f.* Mudèjar.
mudez [muðéθ] *f.* Mudesa.
mudo, -da [múðo, -ða] *a., m.-f.* Mut.
mueblaje [mweβláxe] *m.* Mobiliari.
mueble [mwéβle] *a.* Moble.
mueblista [mweβlista] *a., m.-f.* Moblista.
mueca [mwéka] *f.* Ganyota, llangota, carassa, ganyot.
muela [mwéla] *f.* Mola. *2* Queixal. *3* Mola (cim). ‖ ~ ***del juicio,*** queixal del seny.
muelle [mwéʎe] *a.* Moll, tou, flonjo, bla. *2 m.* Molla. *3 m.* Moll, andana.
muérdago [mwérðaγo] *m.* Vesc.
muermo [mwérmo] *m.* Brom.
muerte [mwérte] *f.* Mort.
muesca [mwéska] *f.* Osca, galze.
muestra [mwéstra] *f.* Mostra.
muestrario [mwestrárjo] *m.* Mostrari.
mufla [múfla] *f.* Mufla.
mugido [muxíðo] *m.* Mugit, bramul, braol.
mugir [muxír] *i.* Mugir, bramular, braolar.
mugre [múγre] *f.* Engrut, greixum, quisca.
mugriento, -ta [muγrjénto, -ta] *a.* Greixós, llardós.
muguete [muγéte] *m.* BOT. Muguet, lliri de maig.
mujer [muxér] *f.* Dona. *2* Muller.
mujeriego, -ga [muxerjéγo, -γa] *a.-m.* Doner, fembrer.
mujerío [muxerío] *m.* Donam.
mújol [múxol] *m.* ICT. Llíssera.
mula [múla] *f.* Mula.
muladar [mulaðár] *m.* Femer.
mular [mulár] *a.* Mular.
mulato, -ta [muláto, -ta] *a., m.-f.* Mulato.
mulero [muléro] *m.* Muler.
muleta [muléta] *f.* Crossa. *2* TAUROM. Muleta.
muletero [muletéro] *m.* Muler.
muletilla [muletíʎa] *f.* Frase o paraula que una persona repeteix abusivament.
muleto, -ta [muléto, -ta] *m.-f.* Mulat.
mulo [múlo] *m.* ZOOL. Mul.
multa [múlta] *f.* Multa, ban.
multar [multár] *t.* Multar.
multicolor [multikolór] *a.* Multicolor.
múltiple [múltiple] *a.* Múltiple.
multiplicación [multiplikaθjón] *f.* Multiplicació.
multiplicador, -ra [multiplikaðór, -ra] *a., m.-f.* Multiplicador.
multiplicar [multiplikár] *t.-prnl.-i.* Multiplicar.
multiplicidad [multipliθiðáð] *f.* Multiplicitat.
múltiplo, -pla [múltiplo, -pla] *a.-m.* MAT. Múltiple.
multitud [multitúð] *f.* Multitud, munió.
mullir [muʎír] *t.* Estovar, ablanir. *2* Entrecavar. ¶ CONJUG. GER.: ***mullendo.*** ¶ INDIC. Indef.: ***mulló, mulleron.*** ‖ SUBJ. Imperf.: ***mullera*** o ***-ese,*** etc. ‖ Fut.: ***mullere,*** etc.
mundanal [mundanál] *a.* Mundanal.
mundanidad [mundaniðáð] *f.* Mundanitat.
mundano, -na [mundáno, -na] *a.* Mundà.
mundial [mundjál] *a.* Mundial.
mundillo [mundíʎo] *m.* Coixí (de puntes). *2* Petit món (d'artistes, etc.). *3* BOT. Évol, mató de monja.
mundo [múndo] *m.* Món. *2* Bagul. ‖ ***Todo el ~,*** tothom.
munición [muniθjón] *f.* Munició.
municipal [muniθipál] *a.-m.* Municipal.
municipalidad [muniθipaliðáð] *f.* Municipalitat.
municipalizar [muniθipaliθár] *t.* Municipalitzar.
municipio [muniθipjo] *m.* Municipi.
munificencia [munifiθénθja] *f.* Munificència.

munífico, -ca [munífiko, -ka] *a.* Munífic.
muñeca [muɲéka] *f.* Canell. *2* Nina. *3* Monyeca. *4* Monyó.
muñeco [muɲéko] *m.* Ninot.
muñeira [muɲéira] *f.* Una dansa gallega.
muñón [muɲón] *m.* Monyó.
murajes [muráxes] *m. pl.* BOT. Morrons.
mural [murál] *a.* Mural.
muralla [muráʎa] *f.* Muralla.
murar [murár] *t.* Emmurallar.
murciano, -na [murθjáno, -na] *a., m.-f.* Murcià.
murciélago [murθjélaɣo] *a.* Rata-pinyada, rata-penada, rat-penat.
murga [múrɣa] *f.* Xaranga. *2* fig. Lata.
murmujear [murmuxeár] *i.-t.* Murmurar.
murmullar [murmuʎár] *i.* V. MURMURAR.
murmullo [murmúʎo] *m.* Murmuri. *2* Bonior.
murmuración [murmuraθjón] *f.* Murmuració.
murmurador, -ra [murmuraðór, -ra] *a., m.-f.* Murmurador.
murmurar [murmurár] *i.* Murmurar, botzinar, malparlar, mormolar.
murmureo [murmuréo] *m.* Bonior.
murmurio [murmúrjo] *m.* Murmuri.
muro [múro] *m.* Mur.
murria [múrrja] *f.* fam. Marriment.
musa [músa] *f.* MIT. Musa.
musaraña [musaráɲa] *f.* ZOOL. Musaranya. *2* Cuca. ‖ ***Mirar a las musarañas,*** mirar la lluna.
musco, -ca [músko, -ka] *a.* Musc.
muscular [muskulár] *a.* Muscular.
musculatura [muskulatúra] *f.* Musculatura.
músculo [múskulo] *m.* Múscul.
muselina [muselína] *f.* Mussolina.
museo [muséo] *m.* Museu.
musgaño [muzɣáɲo] *m.* ZOOL. Musaranya.
musgo [múzɣo] *m.* Molsa.
musgoso, -sa [muzɣóso, -sa] *a.* Molsós.
música [músika] *f.* Música. *2* Musica.
musical [musikál] *a.* Musical.
músico, -ca [músiko, -ka] *a., m.-f.* Músic.
musitar [musitár] *i.* Xiuxiuejar, mussitar.
muslo [múslo] *m.* Cuixa.
mustio, -ia [mústjo, -ja] *a.* Musti, mústic, marcit, pansit, moix.
musulmán, -na [musulmán, -ána] *a., m.-f.* Musulmà.
mutabilidad [mutaβiliðáð] *f.* Mutabilitat.
mutación [mutaθjón] *f.* Mutació.
mutilación [mutilaθjón] *f.* Mutilació.
mutilado, -da [mutiláðo, -ða] *a., m.-f.* Mutilat, esguerrat.
mutilar [mutilár] *t.* Mutilar.
mutis [mútis] *m.* TEAT. Mutis.
mutismo [mutízmo] *m.* Mutisme.
mutual [mutuál] *a.* Mutual.
mutualidad [mutwaliðáð] *f.* Mutualitat.
mutuo, -ua [mútwo, -wa] *a.* Mutu.
muy [mwí] *adv.* Molt, força, ben.
muzárabe [muθáraβe] V. MOZÁRABE.

N

naba [náβa] *m.* nap rodó.
nabo [náβo] *m.* nap.
nácar [nákar] *m.* nacra.
nacarado, -da [nakaráðo, -ða] *a.* nacrat.
nacarino [nakarino] *a.* nacrat.
nacencia [naθénθja] *f.* MED. Excrescència.
nacer [naθér] *i.* néixer. ¶ CONJUG. com *agradecer.* ‖ P. P.: ***nacido*** i ***nato.***
naciente [naθjénte] *m.* naixent. *2* Ixent (el sol).
nacimiento [naθimjénto] *m.* naixement, naixença. *2* Pessebre.
nación [naθjón] *f.* nació.
nacional [naθjonál] *a.* nacional.
nacionalidad [naθjonaliðáð] *f.* nacionalitat.
nacionalismo [naθjonalizmo] *m.* nacionalisme.
nacionalizar [naθjonaliθár] *t.-prnl.* nacionalitzar.
nada [náða] *f.* no-res. *2 pron. indef.* Res, re. *3 adv.* Gens. ‖ ~ ***menos,*** no menys, si més no.
nadaderas [naðaðéras] *f. pl.* Suros, carbasses de nedar.
nadador, -ra [naðaðór, -ra] *a., m.-f.* nedador.
nadar [naðár] *i.* nedar.
nadería [naðeria] *f.* Fotesa, petitesa.
nadie [náðje] *pron. indef.* ningú.
nado (a) [náðo] loc. Nedant.
nafta [náfta] *f.* nafta.
naipe [náĭpe] *m.* Carta (de joc).
nalga [nálɣa] *f.* natja, anca.
nalgada [nalɣáða] *f.* natjada.
nalgatorio [nalɣatórjo] *m.* natgera.
nana [nána] *f.* Cançó de bressol.
napolitano, -na [napolitáno, -na] *a., m.-f.* napolità.
naranja [naráŋxa] *f.* Taronja. ‖ ***naranjas de la China!,*** demà m'afaitaràs!
naranjada [naraŋxáða] *f.* Taronjada.
naranjado, -da [naraŋxáðo, -ða] *a.* Ataronjat.
naranjal [naraŋxál] *m.* Tarongerar.
narcótico, -ca [narkótiko, -ka] *a., m.-f.* MED. Narcòtic.
narcotizar [narkotiθár] *t.* Narcotitzar.
nardo [nárðo] *m.* BOT. Nard, vara de Jessè.
narguile [narɣile] *m.* Narguil.
narigón, -ona [nariɣón, -óna] *a.* Nassut.
narigudo, -da [nariɣúðo, -ða] *a.* Nassut.
nariz [nariθ] *f.* ANAT. Nas. ‖ ***Hablar por las narices,*** fer veu de nas. ‖ ***Hinchársele (a alguno) las narices,*** pujar (a algú) la mosca al nas. ‖ ~ ***respingona,*** nas arromangat.
narración [narraθjón] *f.* Narració.
narrador, -ra [narraðór, -ra] *a., m.-f.* Narrador.
narrar [narrár] *t.* Narrar.
narval [narβál] *m.* ZOOL. Narval.
nasa [nása] *f.* Nansa.
nasal [nasál] *a.* Nasal.
nasalizar [nasaliθár] *t.* Nasalitzar.
nata [náta] *f.* Nata.
natación [nataθjón] *f.* Natació.
natal [natál] *a.-m.* Natal.
natalicio [nataliθjo] *a.-m.* Natalici.
natalidad [nataliðáð] *f.* Natalitat.
natatorio, -ia [natatórjo, -ja] *a.* Natatori.
natillas [natiʎas] *f. pl.* Crema.
natividad [natiβiðáð] *f.* Nativitat.
nativo, -va [natiβo, -βa] *a., m.-f.* Natiu.
nato, -ta [náto, -ta] *a.* Nat.
natura [natúra] *f.* V. NATURALEZA.
natural [naturál] *a.* Natural.
naturaleza [naturaléθa] *f.* Natura, naturalesa.
naturalidad [naturaliðáð] *f.* Naturalitat.
naturalismo [naturalizmo] *m.* Naturalisme.
naturalista [naturalista] *a., m.-f.* Naturalista.
naturalizar [naturaliθár] *t.-prnl.* Naturalitzar.
naturalmente [naturálmente] *adv.* Naturalment.

naufragar [naŭfraγár] *i.* Naufragar.
naufragio [naŭfráxjo] *m.* Naufragi.
náufrago, -ga [náŭfraγo, -γa] *a., m.-f.* Nàufrag.
náusea [náŭsea] *f.* Nàusea, basqueig. *2 pl.* Basca.
nauseabundo, -da [naŭseaβúndo, -da] *a.* Nauseabund.
nausear [naŭseár] *i.* Tenir nàusees.
nauta [náŭta] *m.* POÈT. Nauta.
náutico, -ca [náŭtiko, -ka] *a.* Nàutic.
navaja [naβáxa] *f.* Navalla.
navajazo [naβaxáθo] *m.* Ganivetada.
naval [naβál] *a.* Naval.
navarro, -rra [naβárro, -rra] *a., m.-f.* Navarrès.
nave [náβe] *f.* Nau. *2* Navili.
navegable [naβeγáβle] *a.* Navegable.
navegación [naβeγaθjón] *f.* Navegació.
navegante [naβeγánte] *m.* Navegant.
navegar [naβeγár] *i.* Navegar.
naveta [naβéta] *f.* Naveta.
navidad [naβiðáð] *n. pr. f.* Nadal.
navideño, -ña [naβiðéɲo, -ɲa] *a.* Nadalenc.
naviero, -ra [naβjéro, -ra] *a., m.-f.* Navilier.
navío [naβío] *m.* Navili, nau. *2* Bastiment.
náyade [nájaðe] *f.* MIT. Nàiade.
nazareno, -na [naθaréno, -na] *a., m.-f.* Natzarè.
neblina [neβlína] *f.* Boirassa.
nebulosa [neβulósa] *f.* Nebulosa.
nebulosidad [neβulosiðáð] *f.* Nebulositat.
nebuloso, -sa [neβulóso, -sa] *a.* Nebulós, boirós.
necedad [neθeðáð] *f.* Neciesa, bestiesa, ximpleria, burrada, animalada, bajanada.
necesario, -ia [neθesárjo, -ja] *a.* Necessari. ‖ ***Ser ~***, caldre.
neceser [neθesér] *m. fr.* Necesser.
necesidad [neθesiðáð] *f.* Necessitat.
necesitado, -da [neθesitáðo, -ða] *a., m.-f.* Necessitat, freturós.
necesitar [neθesitár] *t.* Necessitar, freturar, menester.
necio, -ia [néθjo, -ja] *a., m.-f.* Neci, obtús, ximple, bajà.
necrófago, -ga [nekrófaγo, -γa] *a., m.-f.* Necròfag.
necrología [nekroloxía] *f.* Necrologia.
necrópolis [nekrópolis] *f.* Necròpolis.
néctar [néγtar] *m.* Nèctar.
neerlandés, -esa [nerlandés, -ésa] *a., m.-f.* Neerlandès.
nefando, -da [nefándo, -da] *a.* Nefand.
nefasto, -ta [nefásto, ta] *a.* Nefast.
nefrítico, -ca [nefrítiko, -ka] *a.* Nefrític.
negable [neγáβle] *a.* Negable.
negación [neγaθjón] *f.* Negació.
negado, -da [neγáðo, -ða] *a.* Negat.
negar [neγár] *t.-prnl.* Negar. ¶ CONJUG. com ***apretar***.
negativo, -va [neγatíβo, -βa] *a.-m.* Negatiu. *2 f.* Negativa.
negligencia [neγlixénθja] *f.* Negligència, descurança.
negligente [neγlixénte] *a.* Negligent, descurós.
negociación [neγoθjaθjón] *f.* Negociació.
negociado [neγoθjáðo] *m.* Negociat.
negociante [neγoθjánte] *m.* Negociant.
negociar [neγoθjár] *i.* Negociar.
negocio [neγóθjo] *m.* Negoci, afer.
negrear [neγreár] *i.* Negrejar.
negrero, -ra [neγréro, -ra] *a., m.-f.* Negrer.
negro, -gra [néγro, -γra] *a., m.-f.* Negre.
negroide [neγróĭðe] *a.* Negroide.
negrura [neγrúra] *f.* Negror.
negruzco, -ca [neγrúθko, -ka] *a.* Negrós.
neguijón [neγixón] *m.* Càries dentària.
negus [néγus] *m.* Negus.
nene, -na [néne, -na] *m.-f.* fam. Nin, nen.
nenúfar [nenúfar] *m.* BOT. Nenúfar.
neoclasicismo [neoklásiθízmo] *m.* Neoclassicisme.
neoclásico, -ca [neoklásiko, -ka] *a.* Neoclàssic.
neolítico, -ca [neolítiko, -ka] *a.-m.* Neolític.
neologismo [neloxízmo] *m.* Neologisme.
neón [neón] *m.* Neó.
neoyorquino, -na [neojorkíno, -na] *a., m.-f.* Novaiorquí.
nepotismo [nepotízmo] *m.* Nepotisme.
nervadura [nerβaðúra] *f.* ARQ. Nervadura.
nervio [nérβjo] *m.* Nervi.
nerviosidad [nerβiosiðáð] *f.* Nerviositat.
nervioso, -sa [nerβjóso, -sa] *a.* Nerviós.
nervudo, -da [nerβúðo, -ða] *a.* Nerviüt.
netamente [netámente] *adv.* Netament.
neto, -ta [néto, -ta] *a.* Net.
neumático, -ca [neŭmátiko, -ka] *a.-m.* Pneumàtic.
neumonía [neŭmonía] *f.* MED. Pneumònia.
neuralgia [neŭrálxja] *f.* Neuràlgia.
neurálgico, -ca [neŭrálxiko, -ka] *a.* Neuràlgic.
neurastenia [neŭrasténja] *f.* MED. Neurastènia.
neurasténico, -ca [neŭrasténiko, -ka] *a., m.-f.* MED. Neurastènic.
neurología [neŭroloxía] *f.* Neurologia.

neurona [neŭróna] *f.* Neurona.
neurosis [neŭrósis] *f.* MED. Neurosi.
neurótico, -ca [neurótiko, -ka] *a., m.-f.* Neuròtic.
neutral [neŭtrál] *a.* Neutral.
neutralidad [neŭtraliðáð] *f.* Neutralitat.
neutralizar [neŭtraliθár] *t.* Neutralitzar.
neutro, -tra [néŭtro, -tra] *a.* Neutre.
nevada [neβáða] *f.* Nevada.
nevar [neβár] *i.* Nevar. *2* fig. Nevar. ¶ CONJUG. INDIC. Pres.: ***nievo, nievas, nieva, nievan.*** ‖ SUBJ. Pres.: ***nieve, nieves, nieve, nieven.*** ‖ IMPERAT.: ***nieva, nieve, nieven.***
nevasca [neβáska] *f.* Acció de nevar. *2* Torb.
nevera [neβéra] *f.* Nevera.
nevisca [neβíska] *f.* Borrascall.
nevoso, -sa [neβóso, -sa] *a.* Nevós.
nexo [neγso] *m.* Nexe.
ni [ni] *conj.* Ni.
nicotina [nikotína] *f.* Nicotina.
nicho [nitʃo] *m.* Nínxol.
nidada [niðáða] *f.* Niuada, niada.
nidificar [niðifikár] *i.* Nidificar.
nido [niðo] *m.* Niu.
niebla [njéβla] *f.* Boira, broma, neula. *2* Boirina.
nieto, -ta [njéto, -ta] *m.-f.* Nét.
nieve [njéβe] *f.* Neu.
nigromancia [niγrománθja] *f.* Nigromància.
nihilismo [niilízmo] *m.* Nihilisme.
nimbar [nimbár] *t.* Nimbar, aureolar.
nimbo [nimbo] *m.* Nimbe, aurèola. *2* METEOR. Nimbus.
nimiedad [nimjeðáð] *f.* Nimietat.
nimio, -ia [nimjo, -ja] *a.* Nimi.
ninfa [nimfa] *f.* MIT. Nimfa, nàiade.
ningún [niŋgún] *a.-pron.* V. NINGUNO.
ninguno, -na [niŋgúno, -na] *a.-pron. indef.* Cap. *2 pron. indef.* Ningú.
niña [niɲa] *f.* Nena. *2* Nineta, nina, pupil·la.
niñada [niɲáða] *f.* Criaturada, canallada.
niñera [niɲéra] *f.* Mainadera.
niñería [niɲería] *f.* V. NIÑADA.
niñero, -ra [niɲéro, -ra] *a.* Criaturer.
niñez [niɲéθ] *f.* Infantesa, infància.
niño, -ña [niɲo, -ɲa] *a., m.-f.* Nen, nin, marrec (fam.).
nipón, -na [nipón, -na] *a., m.-f.* Nipó, japonès.
níquel [níkel] *m.* MET. Níquel.
niquelado [nikeláðo] *m.* Niquelat.
niquelar [nikelár] *t.* Niquelar.
níscalo [nískalo] *m.* BOT. Pinetell, rovelló.
níspero [níspero] *m.* BOT. Nesprer. *2* Nespra.
nitidez [nitiðéθ] *f.* Nitidesa.
nítido, -da [nítiðo, -ða] *a.* Nítid.
nitrato [nitráto] *m.* Nitrat.
nitrógeno [nitróxeno] *m.* Nitrogen, azot.
nitroglicerina [nitroγliθerína] *f.* Nitroglicerina.
nivel [niβél] *m.* Nivell.
nivelación [niβelaθjón] *f.* Anivellament.
nivelar [niβelár] *t.* Anivellar.
níveo, -ea [níβeo, -ea] *a.* poèt. Nivi.
nivoso, -sa [niβóso, -sa] *a.* Nevós.
Niza [níθa] *n. pr.* Niça.
no [no] *adv.* No, no... pas.
nobiliario, -ia [noβiljárjo, -ja] *a., m.-f.* Nobiliari.
noble [nóβle] *a.-m.* Noble.
nobleza [noβléθa] *f.* Noblesa.
noción [noθjón] *f.* Noció.
nocivo, -va [noθíβo, -βa] *a.* Nociu.
noctámbulo, -la [noγtámbulo, -la] *a.* Noctàmbul.
nocturno, -na [noγtúrno, -na] *a.-m.* Nocturn.
noche [nótʃe] *f.* Nit. ‖ ~ ***toledana,*** nit del lloro. ‖ ***De la ~ a la mañana,*** de la nit al dia. ‖ ***Buenas noches,*** bona nit, bona nit i bona hora. ‖ ***Esta ~,*** anit, aquesta nit.
Nochebuena [notʃeβwéna] *n. pr.* Nit de Nadal.
nodriza [noðríθa] *f.* Dida, nodrissa.
nódulo [nóðulo] *m.* Nòdul.
nogal [noγál] *m.* BOT. Noguera.
nogalina [noγalína] *f.* Color que s'obté de la closca de la nou.
nómada [nómaða] *a.* Nòmada.
nombradía [nombraðía] *f.* Anomenada.
nombrado, -da [nombráðo, -ða] *a.* Famós.
nombramiento [nombramjénto] *m.* Nomenament.
nombrar [nombrár] *t.* Anomenar. *2* Nomenar.
nombre [nómbre] *m.* Nom. *2* fig. Malnom, motiu.
nomenclátor [nomenklátor] *m.* Nomenclàtor.
nomenclatura [nomenklatúra] *f.* Nomenclatura.
nomeolvides [nomeolβíðes] *f.* BOT. Miosotis.
nómina [nómina] *f.* Nòmina.
nominal [nominál] *a.* Nominal.
nominativo, -va [nominatíβo, -βa] *a.-m.* Nominatiu.
non [non] *a.* Senar, imparell. ‖ ***Pares y nones,*** parells i senars. ‖ ***Decir nones,*** dir que no.
nona [nóna] *f.* Nona.
nonada [nonáða] *f.* Fotesa, bagatel·la.

nonagenario, -ria [nonaxenárjo, -ja] *a., m.-f.* Nonagenari.
nonagésimo, -ma [nonaxésimo, -ma] *a., m.-f.* Norantè.
nono, -na [nóno, -na] *a.* Novè.
nopal [nopál] *m.* BOT. Figuera de moro, nopal.
noramala [noramála] *adv.* V. ENHORAMALA.
nordeste [norðéste] *m.* Nord-est.
noria [nórja] *f.* Sínia.
norma [nórma] *f.* Norma.
normal [normál] *a.-f.* Normal.
normalidad [normaliðáð] *f.* Normalitat.
normalizar [normaliθár] *t.* Normalitzar.
normando, -da [normándo, -da] *a., m.-f.* Normand.
normativo, -va [normatiβo, -βa] *a.* Normatiu.
noroeste [noroéste] *m.* Nord-oest. *2* METEOR. Mestral.
norte [nórte] *m.* Nord.
norteamericano, -na [norteamerikáno, -na] *a., m.-f.* Nord-americà.
norteño, -ña [nortéɲo, -ɲa] *a.* Del nord.
noruego, -ga [norwéɣo, -ɣa] *a., m.-f.* Noruec.
nos [nos] *pron. pers.* Ens, -nos, 'ns. *2* Nos (majestàtic).
nosotros, -as [nosótros, -as] *pron. pers.* Nosaltres.
nostalgia [nostálxja] *f.* Nostàlgia, enyorança.
nostálgico, -ca [nostálxiko, -ka] *a.* Nostàlgic. *2* Enyorós.
nota [nóta] *f.* Nota.
notabilidad [notaβiliðáð] *f.* Notabilitat.
notable [notáβle] *a.-m.* Notable.
notación [notaθjón] *f.* Notació.
notar [notár] *t.* Notar. *2* Notar, adonar-se, remarcar.
notaría [notaria] *f.* Notaria.
notariado [notarjáðo] *m.* Notariat.
notarial [notarjál] *a.* Notarial.
notario [notárjo] *m.* Notari.
noticia [notiθja] *f.* Notícia.
noticiario [notiθjárjo] *m.* Noticiari.
noticiero [notiθjéro] *m.* Notificador, novatxer.
noticioso, -sa [notiθjóso, -sa] *a.* Sabedor.
notificación [notifikaθjón] *f.* Notificació.
notificar [notifikár] *t.* Notificar.
notoriedad [notorjeðáð] *f.* Notorietat.
notorio, -ia [notórjo, -ja] *a.* Notori.
novador, -ra [noβaðór, -ra] *m.-f.* Novator.
novatada [noβatáða] *f.* Broma pesada feta als novençans. *2* Ensopegada feta per un principiant.
novato, -ta [noβáto, -ta] *a. m.-f.* Novençà, novell.
novecientos, -as [noβeθjéntos, -as] *a. pl.* Nou-cents.
novedad [noβeðáð] *f.* Novetat.
novel [noβél] *a.* Novell.
novela [noβéla] *f.* Novel·la.
novelero, -ra [noβeléro, -ra] *a., m.-f.* Novatxer.
novelesco, -ca [noβelesko, -ka] *a.* Novellesc.
novelista [noβelista] *m.-f.* Novel·lista.
novena [noβéna] *f.* Novena.
noveno, -na [noβéno, -na] *a., m.-f.* Novè.
noventa [noβénta] *a.-m.* Noranta.
noventavo, -va [noβentáβo, -βa] *a.-m.* Norantè.
noviazgo [noβjáθɣo] *m.* Prometatge.
noviciado [noβiθjáðo] *m.* Noviciat.
novicio, -ia [noβiθjo, -ja] *a., m.-f.* Novici.
noviembre [noβjémbre] *m.* Novembre.
novilunio [noβilúnjo] *m.* Noviluni.
novillada [noβiʎáða] *f.* Cursa de jònecs, de vedells.
novillero [noβiʎéro] *m.* Torero.
novillo, -lla [noβiʎo, -ʎa] *m.-f.* Vedell, jònec. ‖ ***Hacer novillos,*** fer campana.
novio, -ia [nóβjo, -ja] *m.-f.* Promès. *2* Nuvi.
novísimo, -ma [noβisimo, -ma] *a.* Molt nou. *2 m. pl.* Darreries.
nubarrón [nuβarrón] *m.* METEOR. Grop, gropada. *2 pl.* Nuvolada.
nube [núβe] *f.* Núvol.
núbil [núβil] *a.* Núbil.
nublarse [nuβlárse] *prnl.* Embromar-se, ennuvolar-se.
nuboso, -sa [nuβóso, -sa] *a.* Nebulós.
nuca [núka] *f.* Nuca.
núcleo [núkleo] *m.* Nucli.
nudillo [nuðiʎo] *m.* Nus dels dits.
nudo [núðo] *m.* Nus.
nudo, -da [núðo, -ða] *a.* Nu.
nudoso, -sa [nuðóso, -sa] *a.* Nuós.
nuera [nwéra] *f.* Nora, jove.
nuestro, -tra [nwéstro, -tra] *a. pos.* Nostre, el nostre. *2 pron. pos.* ***El ~,*** el nostre.
nueva [nwéβa] *f.* Nova, notícia.
nueve [nwéβe] *a.-m.* Nou.
nuevo, -va [nwéβo, -βa] *a.* Nou. ‖ ***De ~,*** de nou, de bell nou.
nuez [nweθ] *f.* BOT. Nou.
nueza [nwéθa] *f.* BOT. Carbassina.
nulidad [nuliðáð] *f.* Nul·litat.
nulo, -la [núlo, -la] *a.* Nul.
numen [númen] *m.* MIT. Numen.
numeración [numeraθjón] *f.* Numeració.
numerador [numeraðór] *m.* Numerador.

numeral [numerál] *a.* Numeral.
numerar [numerár] *t.* Numerar.
numerario, -ia [numerárjo, -ja] *a.-m.* Numerari.
numérico, -ca [numériko, -ka] *a.* Numèric.
número [número] *m.* MAT. Número, nombre.
numeroso, -sa [numeróso, -sa] *a.* Nombrós.
numismático, -ca [numizmátiko, -ka] *a.-m.* Numismàtic.
nunca [núŋka] *adv.* Mai, jamai. ‖ ~ jamás, mai per mai.
nunciatura [nunθjatúra] *f.* Nunciatura.
nuncio [núnθjo] *m.* Nunci.
nupcial [nuβθjál] *a.* Nupcial.
nupcias [núβθjas] *f. pl.* Noces, núpcies.
nutria [nútrja] *f.* ZOOL. Llúdria, llúdriga.
nutricio, -ia [nutriθjo, -ja] *a.* Nutrici.
nutrición [nutriθjón] *f.* Nutrició.
nutrimiento [nutrimjénto] *m.* Nodriment.
nutrir [nutrír] *t.-prnl.* Nodrir.
nutritivo, -va [nutritíβo, -βa] *a.* Nutritiu.

Ñ

ñoñería [ɲoɲería] *f.* Gatamoixeria.

ñoño, -ña [ɲóɲo, -ɲa] *a.* Nyau nyau, apocat.

O

o [o] *f.* O (lletra).
o [o] *conj.* O.
oasis [oásis] *m.* Oasi.
obcecación [oβθekaθjón] *f.* Obcecació.
obcecar [oβθekár] *t.-prnl.* Obcecar, encegar.
obedecer [oβeðeθér] *t.* Obeir, creure. ¶ CONJUG. com ***agradecer.***
obediencia [oβeðjénθja] *f.* Obediència.
obediente [oβeðjénte] *a.* Obedient.
obelisco [oβelisko] *m.* Obelisc.
obertura [oβertúra] *f.* MÚS. Obertura.
obesidad [oβesiðáð] *f.* Obesitat.
obeso, -sa [oβéso, -sa] *a.* Obès.
óbice [óβiθe] *m.* Obstacle, impediment.
obispado [oβispáðo] *m.* Bisbat.
obispo [oβispo] *m.* Bisbe.
óbito [óβito] *m.* Òbit.
objeción [oβxeθjón] *f.* Objecció.
objetar [oβxetár] *t.* Objectar.
objetivo, -va [oβxetiβo, -βa] *a.-m.* Objectiu.
objeto [oβxéto] *m.* Objecte.
oblación [oβlaθjón] *f.* Oblació.
oblea [oβléa] *f.* Hòstia.
oblicuidad [oβlikwiðáð] *f.* Obliqüitat.
oblicuo, -cua [oβlikwo, -wa] *a.* Oblic.
obligación [oβliγaθjón] *f.* Obligació.
obligado, -da [oβliγáðo, -ða] *a.* Obligat.
obligar [oβliγár] *t.-prnl.* Obligar.
obligatorio, -ia [oβliγatórjo, -ja] *a.* Obligatori.
obliterar [oβliterár] *t.-prnl.* MED. Obliterar.
oblongo, -ga [oβlóŋgo, -ga] *a.* Oblong.
oboe [oβóe] *m.* MÚS. Oboè.
óbolo [óβolo] *m.* Òbol.
obra [óβra] *f.* Obra. *2* Feina, tasca, labor.
obrador [oβraðór] *m.* Obrador. *2* Taller. *3* Botiga.
obrar [oβrár] *i.-t.* Obrar.
obrerismo [oβrerizmo] *m.* Obrerisme.
obrero, -ra [oβréro, -ra] *a., m.-f.* Obrer.
obscenidad [oβsθeniðáð] *f.* Obscenitat.
obsceno, -na [oβsθéno, -na] *a.* Obscè.
obscurantismo [oβskurantizmo] *m.* Obscurantisme.
obscurecer [oβskureθér] *t.-prnl.* Obscurir, enfosquir. *2 i.* Fosquejar, fer-se fosc. ¶ CONJUG. com ***agradecer.***
obscuro, -ra [oβscuro, -ra] *a.* Obscur, fosc. || ***A obscuras,*** a les fosques.
obsequiar [oβsekjár] *t.* Obsequiar, regalar.
obsequio [oβsékjo] *m.* Obsequi.
obsequioso, -sa [oβsekióso, -sa] *a.* Obsequiós.
observación [oβserβaθjón] *f.* Observació.
observador, -ra [oβserβaðór, -ra] *a., m.-f.* Observador.
observancia [oβserβánθja] *f.* Observança.
observar [oβsérβar] *t.* Observar, servar. *2* Remarcar.
observatorio [oβserβatórjo] *m.* Observatori.
obsesión [oβsesjón] *f.* Obsessió.
obsesionar [oβsesjonár] *t.* Obsessionar.
obsesivo, -va [oβsesiβo, -βa] *a.* Obsessiu.
obstaculizar [oβstakuliθár] *t.* Obstaculitzar.
obstáculo [oβstákulo] *m.* Obstacle.
obstante (no) [oβstánte] *adv.* Així i tot, no obstant això, malgrat tot.
obstar [oβstár] *i.* Obstar.
obstinación [oβstinaθjón] *f.* Obstinació, tossuderia, entestament, entossudiment.
obstinado, -da [oβstináðo, -ða] *a.* Obstinat.
obstinarse [oβstinárse] *prnl.* Obstinar-se, entestar-se, entossudir-se, aferrar-se.
obstrucción [oβstruγθjón] *f.* Obstrucció.
obstruir [oβstruir] *t.-prnl.* Obstruir. ¶ CONJUG. com ***huir.***
obtención [oβtenθjón] *f.* Obtenció.
obtener [oβtenér] *t.* Obtenir, haver, heure.

obturación [oβturaθjón] *f.* Obturació.
obturador, -ra [oβturaðór, -ra] *a.-m.* Obturador.
obturar [oβturár] *t.-prnl.* Obturar.
obtuso, -sa [oβtúso, -sa] *a.* Obtús.
obús [oβús] *m.* ARTILL. Obús.
obviar [oβjár] *t.* Obviar.
obvio, -ia [óβjo, -ja] *a.* Obvi.
oca [óka] *f.* Oca.
ocasión [okasjón] *f.* Ocasió. *2* Avinentesa. ‖ ***De ~***, d'ocasió.
ocasional [okasjonál] *a.* Ocasional.
ocasionar [okasjonár] *t.* Ocasionar.
ocaso [okáso] *m.* Ocàs, posta.
occidental [oγθiðentál] *a.* Occidental.
occidente [oγθiðénte] *m.* Occident, ponent.
occipital [oγθipitál] *a.-m.* Occipital.
occipucio [oγθipúθjo] *m.* Occípit, tos.
occitano, -na [oγθitáno, -na] *a., m.-f.* Occità.
oceánico, -ca [oθeániko, -ka] *a.* Oceànic.
océano [oθéano] *m.* Oceà.
ocio [óθjo] *m.* Oci, lleure.
ociosidad [oθjosiðáð] *f.* Ociositat.
ocioso, -sa [oθjóso, -sa] *a., m.-f.* Ociós. *2* Ociós, desenfeinat.
oclusión [oklusjón] *f.* Oclusió.
ocre [ókre] *a.-m.* Ocre.
octagonal [oγtaγonál] *a.* Octagonal, octogonal.
octágono, -na [oγtáγono, -na] *a.-m.* Octàgon.
octava [oγtáβa] *f.* Octava, vuitada. *2* Capvuitada, octava.
octavilla [oγtaβiʎa] *f.* Full volant.
octavo, -va [oγtáβo, -βa] *a., m.-f.* Vuitè. ‖ ***En ~***, en octau.
octogenario, -ia [oγtoxenárjo, -ja] *a., m.-f.* Octogenari.
octogésimo, -ma [oγtoxésimo, -ma] *a., m.-f.* Vuitantè.
octosílabo, -ba [oγtosílaβo, -βa] *a.* Octosíl·lab.
octubre [oγtúβre] *m.* Octubre.
ocular [okulár] *a.-m.* Ocular.
oculista [okulísta] *m.-f.* Oculista.
ocultación [okultaθjón] *f.* Ocultació.
ocultar [okultár] *t.-prnl.* Ocultar, celar, amagar.
ocultismo [okultismo] *m.* Ocultisme.
oculto, -ta [okúlto, -ta] *a.* Ocult.
ocupación [okupaθjón] *f.* Ocupació.
ocupante [okupánte] *a., m.-f.* Ocupador.
ocupar [okupár] *t.-prnl.* Ocupar.
ocurrencia [okurrénθja] *f.* Ocurrència. *2* Acudit, sortida. *3* Pensada.
ocurrente [okurrénte] *a.* Ocurrent.
ocurrir [okurrír] *i.* Ocórrer, esdevenir-se. *2 prnl.* Acudir-se, ocórrer-se.
ochavo [otʃáβo] *m.* Xavo.
ochenta [otʃénta] *a.-m.* Vuitanta.
ochentón, -ona [otʃentón, -óna] *a., m.-f.* Vuitantí.
ocho [ótʃo] *a.-m.* Vuit.
ochocientos, -as [otʃoθjéntos, -as] *a.-m.* Vuit-cents.
oda [óða] *f.* Oda.
odiar [oðjár] *t.* Odiar.
odio [óðjo] *m.* Odi.
odioso, -sa [oðjóso, -sa] *a.* Odiós.
odisea [oðiséa] *f.* Odissea.
odorífero, -ra [oðorífero, -ra] *a.* Odorífer.
odre [óðre] *m.* Bot, odre.
oeste [oéste] *m.* Oest.
ofender [ofendér] *t.-prnl.* Ofendre, picar-se.
ofensa [ofénsa] *f.* Ofensa.
ofensivo, -va [ofensíβo, -βa] *a.* Ofensiu.
ofensor, -ra [ofensór, -ra] *a., m.-f.* Ofensor.
oferta [oférta] *f.* Oferta.
ofertorio [ofertórjo] *m.* Ofertori.
oficial [ofiθjál] *a.-m.* Oficial.
oficiala [ofiθjála] *f.* Oficiala.
oficialidad [ofiθjaliðáð] *f.* Oficialitat.
oficiante [ofiθjánte] *m.* Oficiant.
oficiar [ofiθjár] *i.* Oficiar.
oficina [ofiθína] *f.* Oficina.
oficio [ofíθjo] *m.* Ofici.
oficiosidad [ofiθjosiðáð] *f.* Oficiositat.
oficioso, -sa [ofiθjóso, -sa] *a.* Oficiós.
ofidios [ofíðjos] *m. pl.* ZOOL. Ofidis.
ofrecer [ofreθér] *t.-prnl.* Oferir. ¶ CONJUG. com ***agradecer***.
ofrenda [ofrénda] *f.* Ofrena.
ofrendar [ofrendár] *t.* Ofrenar.
ofuscación [ofuskaθjón] *f.* Ofuscació.
ofuscamiento [ofuskamjénto] *m.* Ofuscament.
ofuscar [ofuskár] *t.-prnl.* Ofuscar. *2* Encegar, obcecar.
ogro [óγro] *m.* Ogre.
¡oh! [o] *interj.* Oh!
oíble [oíβle] *a.* Oïble.
oídas (de) [oíðas] loc. De sentir-ho dir.
oídio [oíðjo] *m.* BOT. Oídium.
oído [oíðo] *m.* Oïda, orella. ‖ ***Al ~***, a cau d'orella. ‖ ***De ~***, d'orella.
oidor, -ra [oiðór, -ra] *m.-f.* Oïdor.
oír [oír] *t.* Oir, sentir. ¶ CONJUG. GER.: ***oyendo***. ‖ ‖ INDIC. Pres.: ***oigo, oyes, oye, oyen***. ‖ SUBJ. Pres.: ***oiga, oigas, oiga, oigamos, oigáis, oigan***. ‖ IMPERAT.: ***oye, oiga, oigamos, oigan***.
ojal [oxál] *m.* Trau.
¡ojalá! [oxalá] *interj.* Tant de bo!
ojaranzo [oxaránθo] *m.* BOT. Baladre.
ojeada [oxeáða] *f.* Ullada, cop d'ull, llambregada.

ojear [oxeár] *t.* Ullar, llambregar. *2* Escartejar.
ojeras [oxéras] *f. pl.* Ulleres.
ojeriza [oxeríθa] *f.* Tírria, esquírria, bola.
ojeroso, -sa [oxeróso, -sa] *a.* Ullerós.
ojete [oxéte] *m.* Ullet.
ojiva [oxíβa] *f.* Ogiva.
ojival [oxiβál] *a.* Ogival.
ojo [óxo] *m.* Ull. *2* Forat. *3* Lluc. *4 interj.* Compte! ‖ ***A ~,*** a ull, a bell ull. ‖ ***~ de pollo,*** ull de poll. ‖ ***A ojos cerrados,*** a ulls clucs. ‖ ***Llenar el ~,*** agradar.
ola [óla] *f.* Ona, onada.
¡olé! [olé] *interj.* Bravo! Molt bé!
oleada [oleáða] *f.* Onada.
oleaginoso, -sa [oleaxinóso, -sa] *a.* Oleaginós.
oleaje [oleáxe] *m.* Onades.
óleo [óleo] *m.* Oli.
oleoducto [oleoðúyto] *m.* Oleoducte.
oliente [oljénte] *a.* Olorós.
oligarquía [oliyarkía] *f.* Oligarquia.
olimpíada [olimpíaða] *f.* Olimpíada.
olímpico, -ca [olímpiko, -ka] *a.* Olímpic.
oliscar [oliskár] *i.-t.* Ferumejar, flairar.
oliva [olíβa] *f.* Oliva.
oliváceo, -ea [oliβáθeo, -ea] *a.* Olivaci.
olivar [oliβár] *m.* Oliverar.
olivo [olíβo] *m.* Olivera.
olmeda [olméða] *f.* Omeda.
olmo [ólmo] *m.* BOT. Om.
olor [olór] *m.* Olor, flaire, sentor.
oloroso, -sa [oloróso, -sa] *a.* Olorós.
olvidadizo, -za [olβiðaðíθo, -θa] *a.* Oblidadís.
olvidar [olβiðár] *t.-prnl.* Oblidar. *2* Descuidar-se.
olvido [olβíðo] *m.* Oblit, descuit.
olla [óʎa] *f.* Olla. *2* Carn d'olla, olla.
ollero, -ra [oʎéro, -ra] *m.-f.* Ollaire, terrissaire.
ombligo [omblíyo] *m.* Llombrígol, melic.
omega [oméya] *f.* Omega.
omisión [omisjón] *f.* Omissió.
omiso, -sa [omíso, -sa] *a.* Omís.
omitir [omitír] *t.* Ometre, negligir.
ómnibus [ómniβus] *m.* Òmnibus.
omnímodo, -da [omnímoðo, -ða] *a.* Omnímode.
omnipotencia [omnipoténθja] *f.* Omnipotència.
omnipotente [omnipoténte] *a.* Omnipotent.
omnisciencia [omnisθjénθja] *f.* Omnisciència.
omnívoro, -ra [omníβoro, -ra] *a.* Omnívor.
omóplato [omóplato] *m.* ANAT. Omòplat.
once [ónθe] *a.-m.* Onze.
onda [ónda] *f.* Ona. *2* Onda.
ondear [ondeár] *i.* Onejar (la bandera). *2* Ondejar (el cabell).
ondeo [ondéo] *m.* Oneig.
ondulación [ondulaθjón] *f.* Ondulació.
ondulante [ondulánte] *a.* Ondulant.
ondular [ondulár] *i.-t.* Ondular.
oneroso, -sa [oneróso, -sa] *a.* Onerós.
ónice [óniθe] *f.* MINER. Ònix.
onomástico, -ca [onomástiko, -ka] *a.* Onomàstic.
onomatopeya [onomatopéja] *f.* Onomatopeia.
onza [ónθa] *f.* Unça.
onzavo, -va [onθáβo, -βa] *a.-m.* Onzè.
opacidad [opaθiðáð] *f.* Opacitat.
opaco, -ca [opáko, -ka] *a.* Opac.
opalino, -na [opalíno, -na] *a.* Opalí.
ópalo [ópalo] *m.* MINER. Òpal.
opción [oβθjón] *f.* Opció.
ópera [ópera] *f.* Òpera.
operación [operaθjón] *f.* Operació.
operador, -ra [operaðór, -ra] *a., m.-f.* Operador.
operar [operár] *i.-t.* Operar.
operario, -ia [operárjo, -ja] *m.-f.* Operari.
opérculo [opérkulo] *m.* Opercle.
opereta [operéta] *f.* Opereta.
opinable [opináβle] *a.* Opinable.
opinar [opinár] *i.* Opinar.
opinión [opinjón] *f.* Opinió, parer.
opio [ópjo] *m.* Opi.
opíparo, -ra [opíparo, -ra] *a.* Opípar.
oponer [oponér] *t.-prnl.* Oposar. ¶ CONJUG. como ***poner.***
oponible [oponíβle] *a.* Oposable.
oportunidad [oportuniðáð] *f.* Oportunitat, avinentesa.
oportunismo [oportunízmo] *m.* Oportunisme.
oportunista [oportunísta] *a., m.-f.* Oportunista.
oportuno, -na [oportúno, -na] *a.* Oportú, avinent, expedient.
oposición [oposiθjón] *f.* Oposició.
opositor, -ra [opositór, -ra] *m.-f.* Opositor.
opresión [opresjón] *f.* Opressió.
opresivo, -va [opresíβo, -βa] *a.* Opressiu.
opresor, -ra [opresór, -ra] *a., m.-f.* Opressor.
oprimir [oprimír] *t.* Oprimir.
oprobio [opróβjo] *m.* Oprobi.
oprobioso, -sa [oproβjóso, -sa] *a.* Oprobiós.
optar [oβtár] *i.-t.* Optar.
óptico, -ca [óβtiko, -ka] *a.-m.* Òptic. *2 f.* Òptica.

optimismo [oβtimismo] *m.* Optimisme.
optimista [oβtimista] *a., m.-f.* Optimista.
óptimo, -ma [óβtimo, -ma] *a.* Òptim.
opuesto, -ta [opwésto, -ta] *a.* Oposat.
opugnar [opuɣnár] *t.* Opugnar.
opulencia [opulénθja] *f.* Opulència.
opulento, -ta [opulénto, -ta] *a.* Opulent.
opúsculo [opúskulo] *m.* Opuscle.
oquedad [okeðáð] *f.* Buit.
ora [óra] *conj.* Adés, ara.
oración [oraθjón] *f.* Oració.
oráculo [orákulo] *m.* Oracle.
orador, -ra [oraðór, -ra] *m.-f.* Orador.
oral [orál] *a.* Oral.
orangután [oranɣután] *m.* ZOOL. Orangutan.
orar [orár] *i.* Orar.
oratoria [oratórja] *f.* Oratòria.
oratorio, -ia [oratórjo, -ja] *a.-m.* Oratori.
orbe [órβe] *m.* Orbe.
orbicular [orβikulár] *a.* Orbicular.
órbita [órβita] *f.* Òrbita.
órdago (de) [órðaɣo] loc. Fora de mida, espaterrant.
orden [órðen] *m.* Ordre. *2 f.* Orde, ordre. *3* Endreça. ‖ ***Sin ~ ni concierto,*** en doina.
ordenación [orðenaθjón] *f.* Ordenació.
ordenada [orðenáða] *f.* Ordenada.
ordenador [ordenaðór] *a., m.-f.* Ordenador.
ordenando [orðenándo] *m.* Ordenand.
ordenanza [orðenánθa] *m.-f.* Ordenança. *2 pl.* Ordinacions.
ordenar [orðenár] *t.-prnl.* Ordenar, endreçar.
ordeñadora [orðeɲaðóra] *f.* Munyidora.
ordeñar [orðeɲár] *t.* Munyir.
ordinal [orðinál] *a.* Ordinal.
ordinario, -ia [orðinárjo, -ja] *a.-m.* Ordinari.
orégano [oréɣano] *m.* BOT. Orenga.
oreja [oréxa] *f.* Orella. ‖ ***Con las ~ gachas,*** amb la cua entre cames.
orejudo, -da [orexúðo, -ða] *a.* Orellut.
oreo [oréo] *m.* Oreig.
orfandad [orfandáð] *f.* Orfandat, orfenesa.
orfebre [orféβre] *m.* Orfebre.
orfebrería [orfeβreria] *f.* Orfebreria.
orfeón [orfeón] *m.* MÚS. Orfeó.
orfeonista [orfeonista] *m.-f.* Orfeonista.
organdí [orɣandí] *m.* Organdí.
orgánico, -ca [orɣániko, -ka] *a.* Orgànic.
organillo [orɣaniʎo] *m.* Orgue de maneta.
organismo [orɣanismo] *m.* Organisme.
organista [orɣanista] *m.-f.* Organista.
organización [orɣaniθaθjón] *f.* Organització.
organizador, -ra [orɣaniθaðór, -ra] *a.* Organitzador.
organizar [orɣaniθár] *t.-prnl.* Organitzar.
órgano [órɣano] *m.* Orgue (instrument). *2* Òrgan.
orgasmo [orɣázmo] *m.* Orgasme.
orgía [orxia] *f.* Orgia, disbauxa.
orgullo [orɣúʎo] *m.* Orgull.
orgulloso, -sa [orɣuʎóso, -sa] *a., m.-f.* Orgullós.
orientación [orjentaθjón] *f.* Orientació.
oriental [orjentál] *a., m.-f.* Oriental.
orientar [orjentár] *t.-prnl.* Orientar.
oriente [orjénte] *m.* Orient.
orificio [orifíθjo] *m.* Orifici.
oriflama [oriflàma] *f.* Oriflama.
origen [orixen] *m.* Origen.
original [orixinál] *a., m.-f.* Original. *2 m.* IMPR. Original.
originalidad [orixinaliðáð] *f.* Originalitat.
originar [orixinár] *t.-prnl.* Originar.
originario, -ia [orixinárjo, -ja] *a.* Originari.
orilla [oríʎa] *f.* Marge, riba, vora, vorada. *2* Vora (d'una roba). *3* Vorera, voravia (d'un carrer).
orillar [oriʎár] *t.* Endegar (un assumpte). *2* Vorejar (un cingle). *3* Voretar (un mocador) .
orillo [oríʎo] *m.* Voraviu.
orín [orín] *m.* Rovell (òxid). *2 m. pl.* Orina.
orina [orína] *f.* Orina.
orinal [orinál] *m.* Orinal, gibrelleta, bací.
orinar [orinár] *i.-t.-prnl.* Orinar.
oriniento, -ta [orinjénto, -ta] *a.* Rovellat.
oriundo [orjúndo] *a.* Oriünd.
orla [órla] *f.* Orla.
ornamentación [ornamentaθjón] *f.* Ornamentació.
ornamento [ornaménto] *m.* Ornament.
ornar [ornár] *t.-prnl.* Ornar.
ornato [ornáto] *m.* Ornament, abillament.
ornitología [ornitoloxía] *f.* Ornitologia.
oro [óro] *m.* Or. ‖ ***Prometer el ~ y el moro,*** prometre la lluna en un cove.
orografía [oroɣrafía] *f.* Orografia.
orondo, -da [oróndo, -da] *a.* Ventrut. *2* fam. Reixinxolat.
oropel [oropél] *m.* Oripell.
orozuz [oroθúθ] *m.* BOT. Regalèsia.
orquesta [orkésta] *f.* Orquestra.
orquestar [orkestár] *t.* Orquestrar.
orquídea [orkíðea] *f.* BOT. Orquídia.
ortega [ortéɣa] *f.* ORNIT. Xurra.
ortiga [ortíɣa] *f.* BOT. Ortiga.
orto [órto] *m.* Sortida (d'un astre).
ortodoxia [ortodóɣsia] *f.* Ortodòxia.

ortodoxo, -xa [ortodóγso, -γsa] *a., m.-f.* Ortodox.
ortografía [ortoγrafía] *f.* Ortografia.
ortográfico, -ca [ortoγráfiko, -ka] *a.* Ortogràfic.
ortopedia [ortopéðja] *f.* Ortopèdia.
ortopédico, -ca [ortopéðiko, -ka] *a., m.-f.* Ortopèdic.
ortópteros [ortóβteros] *m. pl.* ENTOM. Ortòpters.
oruga [orúγa] *f.* ENTOM. Eruga.
orujo [orúxo] *m.* Pell de raïm espremut. *2* Pinyola.
orza [órθa] *f.* Pot de vidre. *2* MAR. Orsa.
orzuelo [orθwélo] *m.* Mussol (furòncol).
os [os] *pron. pers.* Us, vos.
osa [ósa] *f.* Óssa.
osadía [osaðía] *f.* Gosadia, ardidesa, ardiment, atreviment.
osado, -da [osáðo, -ða] *a.* Gosat, agosarat, ardit, atrevit.
osamenta [osaménta] *f.* Ossada, ossam, ossera.
osar [osár] *i.* Gosar, atrevir-se.
osario [osárjo] *m.* Ossera.
oscilación [osθilaθjón] *f.* Oscil·lació.
oscilar [osθilár] *i.* Oscil·lar. *2* Zumzejar.
oscilatorio, -ria [osθilatórjo, -ja] *a.* Oscillatori.
ósculo [óskulo] *m.* Òscul, petó.
óseo, -ea [óseo, -ea] *a.* Ossi.
osificarse [osifikárse] *prnl.* Ossificar-se.
ósmosis [ósmosis] *f.* Osmosi.
oso [óso] *m.* ZOOL. Ós.
ostensible [ostensíβle] *a.* Ostensible.
ostentación [ostentaθjón] *f.* Ostentació.
ostentar [ostentár] *t.* Ostentar.
ostentoso, -sa [ostentóso, -sa] *a.* Ostentós.
ostra [óstra] *f.* ZOOL. Ostra.
ostracismo [ostraθízmo] *m.* Ostracisme.
osudo, -da [osúðo, -ða] *a.* Ossut.
otear [oteár] *t.* Atalaiar, guaitar.
otero [otéro] *m.* Altura, turó.
otomano, -na [otománo, -na] *a., m.-f.* Otomà. *2 f.* Otomana.
otoñal [otoɲál] *a.* Autumnal, tardorenc.
otoño [otóɲo] *m.* Tardor.
otorgamiento [otorγamjénto] *m.* Atorgament.
otorgar [otorγár] *t.* Atorgar.
otro, -tra [ótro, -tra] *a.* Altre. *2 pron.* Un altre, altri.
otrosí [otrosí] *adv.* Endemés, d'altra banda.
ova [óβa] *f.* BOT. Boga.
ovación [oβaθjón] *f.* Ovació.
ovacionar [oβaθjonár] *t.* Ovacionar.
oval [oβál] *a.* Oval, ovalat.
ovalado, -da [oβaláðo, -ða] *a.* Ovalat.
ovalar [oβalár] *t.* Ovalar.
óvalo [óβalo] *m.* Oval.
ovario [oβárjo] *m.* ANAT., BOT. Ovari.
oveja [oβéxa] *f.* ZOOL. Ovella.
ovejuno, -na [oβexúno, -na] *a.* Ovellenc.
overa [oβéra] *f.* Ouera (de les aus).
oviducto [oβiðúγto] *m.* Oviducte.
ovillar [oβiʎár] *i.-prnl.* Cabdellar.
ovillo [oβíʎo] *m.* Cabdell.
ovino, -na [oβíno, -na] *a.* Oví.
ovíparo, -ra [oβíparo, -ra] *a.* Ovípar.
ovoide [oβóïðe] *a.* Ovoide.
ovoideo [oβóïðeo] *a.* Ovoide.
óvolo [óβolo] *m.* ARQ. Oval.
ovulación [oβulaθjón] *f.* Ovulació.
óvulo [óβulo] *m.* BIOL. Òvul.
oxear [oγseár] *t.* Arruixar.
oxidación [oγsiðaθjón] *f.* Oxidació.
oxidar [oγsiðár] *t.-prnl.* Oxidar.
óxido [óγsiðo] *m.* Òxid.
oxigenar [oγsixenár] *t.-prnl.* Oxigenar.
oxígeno [oγsíxeno] *m.* Oxigen.
¡oxte! [óste] *interj.* Uix!
oyente [oʝénte] *a., m.-f.* Oient, oïdor.
ozono [oθóno] *m.* Ozó.

P

pabellón [paβeʎón] *m.* Pavelló.
pábilo [páβilo] *m.* Ble, cremallot, caramell.
pábulo [páβulo] *m.* Pàbul.
paca [páka] *f.* ZOOL. Paca. *2* Paca (de cotó, etc.).
pacato, -ta [pakáto, -ta] *a.* Tranquil, pacífic.
pacer [paθér] *i.-t.* Pasturar. ¶ CONJUG. com ***agradecer.***
paciencia [paθjénθja] *f.* Paciència.
paciente [paθjénte] *a.-m.* Pacient.
pacienzudo, -da [paθjénθuðo, -ða] *a.* Molt pacient.
pacificación [paθifikaθjón] *f.* Pacificació.
pacificador, -ra [paθifikaðór, -ra] *a.* Pacificador.
pacificar [paθifikár] *t.* Pacificar.
pacífico, -ca [paθífiko, -ka] *a.* Pacífic.
pacifismo [paθifízmo] *m.* Pacifisme.
pacotilla [pakotíʎa] *f.* Pacotilla.
pactar [paγtár] *t.* Pactar.
pacto [páγto] *m.* Pacte.
pachón, -na [patʃón, -na] *a.-m.* Perdiguer (gos).
pachorra [patʃórra] *f.* Flema, indolència.
pachucho, -cha [patʃútʃo, -tʃa] *a.* Excessivament madur. *2* fig. Que està lleugerament feble o malalt. *3* Es diu d'una persona grossa i pesada.
padecer [paðeθér] *t.* Patir, sofrir. ¶ CONJUG. com ***agradecer.***
padecimiento [paðeθimjénto] *m.* Patiment, sofriment.
padrastro [paðrástro] *m.* Padrastre. *2* Repeló.
padrazo [paðráθo] *m.* fam. Paràs.
padre [páðre] *m.* Pare. ‖ ***De ~ y muy señor mío,*** de ca l'ample.
padrenuestro [paðrenwéstro] *m.* Parenostre.
padrinazgo [paðrináðγo] *m.* Padrinatge.
padrino [paðríno] *m.* Padrí.
padrón [paðrón] *m.* Padró [cens]. *2* Pedró (monument).
paella [paéʎa] *f.* Paella (arròs).
¡paf! [paf] *interj.* Paf!
paga [páγa] *f.* Paga, pagament.
pagadero, -ra [paγaðéro, -ra] *a.* Pagador.
pagador, -ra [paγaðór, -ra] *a., m.-f.* Pagador.
pagaduría [paγaðuría] *f.* Pagadoria.
paganismo [paγanízmo] *m.* Paganisme.
paganizar [paγaniθár] *i.* Paganitzar.
pagano, -na [paγáno, -na] *a., m.-f.* Pagà.
pagar [paγár] *t.* Pagar. ‖ ***~ por adelantado,*** bestreure, pagar a la bestreta. ‖ ***~ los platos rotos,*** pagar els plats trencats, pagar la festa.
pagaré [paγaré] *m.* Pagaré.
pagaya [paγája] *f.* Rem curt d'origen filipí.
pagel [paxél] *m.* ICT. Pagell.
página [páxina] *f.* Pàgina, plana.
pago [páγo] *m.* Pagament, paga. ‖ ***Suspensión de pagos,*** suspensió de pagaments. ‖ ***~ a cuenta,*** acompte.
pagoda [paγóða] *f.* Pagoda.
pagro [páγro] *m.* ICT. Pagre.
país [país] *m.* País.
paisaje [paĭsáxe] *m.* Paisatge.
paisajista [paĭsaxísta] *a., m.-f.* Paisatgista.
paisano, -na [paĭsáno, -na] *a., m.-f.* Paisà. *2* Pagès, camperol. *3 m.* Paisà.
paja [páxa] *f.* Palla. *2* Fullaraca, farda. *3* Bri, busca.
pajar [paxár] *m.* Paller, pallissa.
pajarera [paxaréra] *f.* Gàbia, gabial, ocellera.
pajarería [paxarería] *f.* Ocellada.
pajarero, -ra [paxaréro, -ra] *a.-m.* Ocellaire.
pajarita [paxaríta] *f.* Ocell de paper. ‖ ***Cuello de ~,*** coll d'aletes.
pájaro [páxaro] *m.* Ocell, au, moixó. *2* fig. Astut, peça, garneu.
pajaza [paxáθa] *f.* Rosegalls, bavalles (de palla).

paje [páxe] *m.* Patge.
pajizo, -za [paxíθo, -θa] *a.* Pallós, de palla.
pala [pála] *f.* Pala.
palabra [paláβra] *f.* Paraula, mot.
palabrería [palaβrería] *f.* Parleria, enraonia.
palabrota [palaβróta] *f.* Paraulada.
palaciego, -ga [palaθjéγo, -γa] *a., m.-f.* Palatí.
palacio [paláθjo] *m.* Palau.
palada [paláða] *f.* Palada.
paladar [palaðár] *m.* Paladar. *2* fig. Tast, gust, sabor, paladar.
paladear [palaðeár] *t.* Paladejar.
paladín [palaðín] *m.* Paladí.
paladino, -na [palaðíno, -na] *a.* Palès.
paladio [paláðjo] *m.* MINER. Pal·ladi.
palafito [palafíto] *m.* Palafit.
palafrén [palafrén] *m.* Palafrè.
palanca [paláŋka] *f.* Palanca, alçaprem. *2* Perpal.
palangana [palaŋgána] *f.* Palangana, rentamans.
palanganero [palaŋganéro] *m.* Palanganer.
palangre [paláŋgre] *m.* MAR. Palangre.
palastro [palástro] *m.* Palastre.
palatal [palatál] *a.* Palatal.
palatino, -na [palatíno, -na] *a.-m.* Palatí.
palco [pálko] *m.* TEAT. Llotja.
palenque [paléŋke] *m.* Clos, tanca, tancat. *2* Lliça, born.
paleografía [paleoγrafía] *f.* Paleografia.
paleolítico, -ca [paleolítiko, -ka] *a.-m.* Paleolític.
paleontología [paleontoloxía] *f.* Paleontologia.
palestra [paléstra] *f.* Palestra.
paleta [paléta] *f.* Paleta.
paletada [paletáða] *f.* Paletada.
paletilla [paletíʎa] *f.* Escàpula, omòplat.
paleto, -ta [paléto, -ta] *m.* Pagès, rústic, taujà.
paliar [paljár] *t.* Pal·liar.
paliativo, -va [paljatíβo, -βa] *a.-m.* Pal·liatiu.
palidecer [paliðeθér] *i.* Empal·lidir, esblanquir, esblaimar-se. ‖ CONJUG. com ***agradecer***.
palidez [paliðéθ] *f.* Pal·lidesa.
pálido, -da [páliðo, -ða] *a.* Pàl·lid.
paliducho, -cha [paliðútʃo, -tʃa] *a.* Esgrogueït.
palillero [paliʎéro] *m.* Portaescuradents.
palillo [palíʎo] *m.* Escuradents. *2* Boixet. *3* Baqueta, maneta (de timbal). *4 pl.* Castanyoles.
palio [páljo] *m.* Tàlem, pal·li, cobricel.
palique [palíke] *m.* Xerrameca, taba.
palisandro [palisándro] *m.* Palissandre.
paliza [palíθa] *f.* Pallissa, allisada, batussa, fart de llenya, batuda, tonyina.
palizada [paliθáða] *f.* Tanca, estancada.
palma [pálma] *f.* BOT. Palma. *2* Palmera. *3* Palma, palmell (de la mà). *4 pl.* Aplaudiments.
palmada [palmáða] *f.* Cop amb la palma de la mà. *2* Pic de mans.
palmar [palmár] *a.* Palmar. *2 m.* Palmerar.
palmario, -ia [palmárjo, -ja] *a.* Palmari.
palmatoria [palmatórja] *f.* Portabugia.
palmeado, -da [palmeáðo, -ða] *a.* Palmat.
palmera [palméra] *f.* Palmera.
palmeral [palmerál] *m.* Palmerar.
palmeta [palméta] *f.* Palmeta.
palmetazo [palmetáθo] *m.* Palmetada.
palmípedas [palmípeðas] *f. pl.* Palmípedes.
palmito [palmíto] *m.* BOT. Margalló.
palmo [pálmo] *m.* Pam.
palmón [palmón] *m.* Palmó.
palmotear [palmoteár] *i.* Picar de mans.
palmoteo [palmotéo] *m.* Picament de mans.
palo [pálo] *m.* Pal, garrot, bastó, buscall. *2* Arbre. *3* Bastonada. *4* Coll (joc de cartes).
paloma [palóma] *f.* Colom. *2* Coloma. ‖ ~ ***torcaz,*** tudó. ‖ ~ ***silvestre,*** xixell, colom salvatge.
palomar [palomár] *a.-m.* Colomar, colomer.
palomilla [palomíʎa] *f.* ENTOM. Papalló. *2* Cadireta, permòdol.
palomina [palomína] *f.* Colomassa.
palomino [palomíno] *f.* Colomí.
palomo [palómo] *m.* Colom.
palotada [palotáða] *f.* Cop de baqueta.
palote [palóte] *m.* Baqueta (de timbal). *2* Pal (d'escriptura).
palpable [palpáβle] *a.* Palpable.
palpar [palpár] *t.* Palpar, palpejar.
palpitación [palpitaθjón] *f.* Palpitació.
palpitante [palpitánte] *a.* Palpitant.
palpitar [palpitár] *i.* Palpitar, bategar.
palúdico, -ca [palúðiko, -ka] *a.* Palúdic.
paludismo [paluðízmo] *m.* Paludisme.
palurdo, -da [palúrðo, -ða] *a., m.-f.* Pallús.
palustre [palústre] *a.* Palustre. *2 m.* Paleta.
pamema [paméma] *f.* Falòrnia.
pampa [pámpa] *f.* Pampa.
pámpano [pámpano] *m.* Grífol. *2* Pàmpol.
pamplina [pamplína] *f.* BOT. Picapoll, morrons. *2* Camàndula, afalac.

pamplinada [pamplináðа] *f.* V. PAMPLINA.
pan [pan] *m.* Pa.
pana [pána] *f.* Pana, vellut.
panacea [panaθéa] *f.* Panacea.
panadear [panaðeár] *t.* Fer pa.
panadería [panaðería] *f.* Forn, fleca.
panadero, -ra [panaðéro, -ra] *m.-f.* Forner, flequer.
panadizo [panaðíθo] *m.* Panadís, voltadits, rodadits.
panal [panál] *m.* Bresca.
panarra [panárra] *m.* fam. Matapà.
pancarta [paŋkárta] *f.* Pancarta.
pancista [panθísta] *a., m.-f.* Panxacontent.
páncreas [páŋkreas] *m.* ANAT. Pàncreas.
pandereta [panderéta] *f.* Pandereta.
pandero [pandéro] *m.* Pandero.
pandilla [pandíʎa] *f.* Trepa, escamot.
panecillo [paneθíʎo] *m.* Panet.
panegírico, -ca [panexíriko, -ka] *a.-m.* Panegíric.
panegirista [panexirísta] *m.* Panegirista.
panel [panél] *m.* Pany (de paret), panell.
pánfilo, -la [pámfilo, -la] *a., m.-f.* Pàmfil, bleda.
pangolín [paŋgolín] *m.* ZOOL. Pangolí.
paniaguado [panjaγwáðo] *m.* Mosso, criat.
pánico [pániko] *m.* Pànic.
panificación [panifikaθjón] *f.* Panificació.
panificar [panifikár] *t.* Panificar.
panizo [paníθo] *m.* BOT. Panís.
panocha [panótʃa] *f.* Panotxa.
panoli [panóli] *a.* Tanoca.
panoplia [panóplja] *f.* Panòplia.
panorama [panoráma] *m.* Panorama.
pantagruélico, -ca [pantaγrwéliko, -ka] *a.* Pantagruèlic.
pantalón [pantalón] *m.* Pantalon, calça.
pantalla [pantáʎa] *f.* Pantalla. *2* Pàmpol (de llum).
pantano [pantáno] *m.* Pantà.
pantanoso, -sa [pantanóso, -sa] *a.* Pantanós.
panteísmo [panteízmo] *m.* Panteisme.
panteón [panteón] *m.* Panteó.
pantera [pantéra] *f.* Pantera.
pantógrafo [pantóγrafo] *m.* Pantògraf.
pantomima [pantomíma] *f.* Pantomima.
pantorrilla [pantorríʎa] *f.* Panxell, tou de la cama.
pantufla [pantúfla] *f.* Plantofa.
panza [pánθa] f. Panxa, garjola (fam.).
panzada [panθáða] *f.* Panxada.
panzudo, -da [panθúðo, -ða] *a.* Panxut.
pañal [paɲál] *m.* Bolquer.
pañero, -ra [paɲéro, -ra] *m.-f.* Draper.
pañete [paɲéte] *m.* Baieta.
paño [páɲo] *m.* Drap. ‖ ~ *de cocina,* eixugamà.
pañoleta [paɲoléta] *f.* Espatller, mocador d'espatlles.
pañuelo [paɲwélo] *m.* Mocador.
papa [pápa] *m.* Papa.
papa [pápa] *f.* Patata. *2 f. pl.* Farinetes, sopes.
papá [papá] *m.* Papà, papa.
papada [papáða] *f.* Papada, sotabarba, barballera.
papado [papáðo] *m.* Papat.
papagayo [papaγájo] *m.* ORNIT. Papagai.
papal [papál] *a.* Papal.
papalina [papalína] *f.* Còfia. *2* Pítima, mantellina.
papanatas [papanátas] *m.* Tocasons, pau.
papar [papár] *t.* Papar.
papaveráceas [papaβeráθeas] *a.* BOT. Papaveràcies.
papaya [papája] *f.* BOT. Papaia.
papazgo [papáθγo] *m.* V. PAPADO.
papel [papél] *m.* Paper. ‖ ~ *de lija,* paper de vidre. ‖ ~ *secante,* paper assecant.
papelera [papeléra] *f.* Paperera.
papelería [papelería] *f.* Papereria. *2* Paperam, paperassa.
papelero, -ra [papeléro, -ra] *a., m.-f.* Posturer. *2 m.* Paperer.
papeleta [papeléta] *f.* Papereta.
papelorio [papelórjo] *m.* Paperassa.
papera [papéra] *f.* Papada. *2* Galtera (malaltia).
papila [papíla] *f.* Papil·la.
papilla [papíʎa] *f.* Farinetes, sopes de nens petits.
papiro [papíro] *m.* Papir.
papirotada [papirotáða] *f.* Cop donat amb el dit doblegat.
papirotazo [papirotáθo] *m.* V. PAPIROTADA.
papisa [papísa] *f.* Papessa.
papista [papísta] *a., m.-f.* Papista.
papo [pápo] *m.* Pap.
paquebote [pakeβóte] *m.* Paquebot.
paquete [pakéte] *m.* Paquet.
paquetería [paketería] *f.* Paqueteria.
par [par] *a.* Parió, parell. *2 m.* Parell. ‖ ***Pares y nones,*** parells i senars.
para [pára] *prep.* Per a. *2* Per. ‖ ***¿~ qué?,*** per què? ‖ ~ ***que,*** perquè, per tal que.
parabién [paraβjén] *m.* Enhorabona.
parábola [paráβola] *f.* Paràbola.
parabrisa [paraβrísa] *m.* Parabrisa.
paracaídas [parakaíðas] *m.* Paracaigudes.
parachoques [paratʃókes] *m.* Paraxocs, topall.
parada [paráða] *f.* Parada, arrest, atura-

ment (acció). *2* Parada (lloc). *3* MIL. Parada, mostra.
paradero [paraðéro] *m.* Parador.
paradigma [paraðiγma] *m.* Paradigma.
paradisíaco, -ca [paraðisíako, -ka] *a.* Paradisíac.
parado, -da [paráðo, -ða] *a.* Aturat. *2* Desvagat.
paradoja [paraðóxa] *f.* Paradoxa.
paradójico, -ca [paraðóxiko, -ka] *a.* Paradoxal.
parador, -ra [paraðór, -ra] *a.-m.* Parador.
parafina [parafína] *f.* QUÍM. Parafina.
parafrasear [parafraseár] *t.* Parafrasejar.
paráfrasis [paráfrasis] *f.* Paràfrasi.
paraguas [paráγwas] *m.* Paraigua.
paraguayo, -ya [paraγwájo, -ja] *a., m.-f.* Paraguaià.
paragüero, -ra [paraγwéro, -ra] *m.-f.* Paraigüer.
parahúso [paraúso] *m.* Trepant.
paraíso [paraíso] *m.* Paradís.
paraje [paráxe] *m.* Paratge, indret, lloc.
paralelepípedo [paralelepípeðo] *m.* GEOM. Paral·lelepípede.
paralelismo [paralelízmo] *m.* Paral·lelisme.
paralelo, -la [paralélo, -la] *a.-m.* Paral·lel. *2 f. pl.* Paral·leles.
paralelogramo [paraleloγrámo] *m.* Parallelogram.
parálisis [parálisis] *f.* Paràlisi.
paralítico, -ca [paralítiko, -ka] *a., m.-f.* Paralític.
paralizar [paraliθár] *t.-prnl.* Paralitzar.
paramento [paraménto] *m.* Parament.
paramera [paraméra] *f.* Ermàs.
páramo [páramo] *m.* Erm.
parangón [paraŋgón] *m.* Parangó.
parangonar [paraŋgonár] *t.* Parangonar.
paraninfo [paranímfo] *m.* Paranimf.
parapetarse [parapetárse] *prnl.* Parapetar-se.
parapeto [parapéto] *m.* Parapet.
parar [parár] *i.-prnl.* Parar, aturar, arrestar.
pararrayos [pararrájos] *m.* Parallamps.
parásito, -ta [parásito, -ta] *a., m.-f.* Paràsit.
parasol [parasól] *m.* Para-sol, ombrel·la.
parca [párka] *f.* Parca.
parcela [parθéla] *f.* Parcel·la.
parcelar [parθelár] *t.* Parcel·lar.
parcial [parθjál] *a.* Parcial. *2 a., m.-f.* Partidari.
parcialidad [parθjaliðáð] *f.* Parcialitat.
parco, -ca [párko, -ka] *a.* Parc.
parche [pártʃe] *m.* Pegat. *2* Pell (de timbal).
pardear [parðeár] *i.* Terrejar (color).
¡pardiez! [parðiéθ] *interj.* Per Déu!
pardillo [parðiʎo] *m.* ORNIT. Passerell.
pardo, -da [párðo, -ða] *a.-m.* Terrós.
pardusco, -ca [parðúsko, -ka] *a.* Tirant a terrós.
pareado [pareáðo] *m.* Apariat.
parear [parear] *t.* Apariar, aparionar, aparellar.
parecer [pareθér] *i.* Semblar, parèixer. *2 prnl.* Assemblar-se, retirar. ¶ CONJUG. com ***agradecer.***
parecido, -da [pareθíðo, -ða] *a.* Semblant. *2 m.* Semblança, retirada.
pared [paréð] *f.* Paret, mur.
paredón [pareðón] *m.* Paredassa.
pareja [paréxa] *f.* Parella.
parejo, -ja [paréxo, -xa] *a.* Parell, parió. *2* Llis, pla.
parentela [parentéla] *f.* Parentela.
parentesco [parentésko] *m.* Parentiu.
paréntesis [paréntesis] *m.* Parèntesi.
pareo [paréo] *m.* Aparellament, acoblament.
paria [párja] *m.-f.* Pària.
paridad [pariðáð] *f.* Paritat.
pariente, -ta [parjénte, -ta] *a., m.-f.* Parent. ‖ ~ ***lejano,*** entreparent.
parietal [parjetál] *a.-m.* Parietal.
parietaria [parjetárja] *f.* BOT. Rocamorella.
parigual [pariγwál] *a.* Pastat, clavat.
parihuela [pariwéla] *f.* Baiard.
parir [parír] *i.* Parir, infantar.
parisiense [parisjénse] *a., m.-f.* Parisenc.
parisino, -na [parisíno, -na] *a., m.-f.* V. PARISIENSE.
parlamentar [parlamentár] *i.* Parlamentar.
parlamentario, -ia [parlamentárjo; -ja] *a.-m.* Parlamentari.
parlamento [parlaménto] *m.* Parlament.
parlanchín, -ina [parlantʃín, -ína] *a., m.-f.* Xerraire, llenguallarg.
parlante [parlánte] *a.* Parlant.
parlería [parlería] *f.* Parlera, xerrera.
parlero, -ra [parléro, -ra] *a.* Parler, enraonador.
parlotear [parloteár] *i.* Parlotejar.
parloteo [parlotéo] *m.* Parleria, xerrameca, xerradissa, rall.
Parnaso [parnáso] *m.* Parnàs.
parné [parné] *f.* fam. Calé (diner).
paro [páro] *m.* Aturament, parada, arrest. *2* Atur (laboral).
parodia [paróðja] *f.* Paròdia.
parodiar [paroðjár] *t.* Parodiar.
paroxismo [paroγsízmo] *m.* Paroxisme.
parpadear [parpaðeár] *i.* Parpellejar.

parpadeo [parpaðéo] *m.* Parpelleig.
párpado [párpaðo] *m.* Parpella.
parque [párke] *m.* Parc.
parqué [parké] *m. fr.* Parquet.
parquedad [parkeðáð] *f.* Parquedat.
parra [párra] *f.* Parra. *2* Cassola.
párrafo [párrafo] *m.* Paràgraf.
parral [parrál] *m.* Parral, emparrat.
parranda [parránda] *f.* fam. Gresca, tabola. ‖ ***Andar de ~,*** anar-se a divertir, especialment a la nit.
parricida [parriθíða] *a., m.-f.* Parricida.
parricidio [parriθíðjo] *m.* Parricidi.
parrilla [parrílla] *f.* Graella.
párroco [párroko] *m.* Rector.
parroquia [parrókja] *f.* Parròquia.
parroquial [parrokjál] *a.* Parroquial.
parroquiano, -na [parrokjáno, -na] *m.-f.* Parroquià.
parsimonia [parsimónia] *f.* Parsimònia.
parte [párte] *f.* Part. *2* Banda, bandada. ‖ ***Por otra ~,*** endemés, d'altra banda. ‖ ***En ninguna ~,*** enlloc. ‖ ***Por todas partes,*** arreu. *3 m.* Comunicat.
partera [partéra] *f.* Llevadora.
parterre [partérre] *m.* Parterre.
partición [partiθjón] *f.* Partició.
participación [partiθipaθjón] *f.* Participació.
participante [partiθipánte] *a., m.-f.* Participant.
participar [partiθipár] *i.-t.* Participar.
partícipe [partíθipe] *a., m.-f.* Partícip.
participio [partiθípjo] *m.* Participi.
partícula [partíkula] *f.* Partícula.
particular [partikulár] *a.-m.* Particular.
particularidad [partikulariðáð] *f.* Particularitat.
particularizar [partikulariθár] *t.-prnl.* Particularitzar.
partida [partíða] *f.* Partida. *2* Partida, partença.
partidario, -ia [partiðárjo, -ja] *a., m.-f.* Partidari.
partido, -da [partíðo, -ða] *a.-m.* Partit.
partir [partír] *t.* Partir (dividir). *2* Anar-se'n, marxar, partir.
partitivo, -va [partitíβo, -βa] *a.* Partitiu.
partitura [partitúra] *f.* MÚS. Partitura.
parto [párto] *m.* Part, parida, deslliurament.
parturienta [parturjénta] *a.-f.* Partera.
parva [párβa] *f.* Parva. *2* Batuda (estesa a l'era).
parvedad [parβeðáð] *f.* Parvitat. *2* Parva.
parvo, -va [párβo, -βa] *a.* Petit.
párvulo, -la [párβulo, -la] *a., m.-f.* Pàrvul.
pasa [pása] *f.* Pansa.
pasacalle [pasakáʎe] *m.* MÚS. Marxa popular de compàs molt viu.
pasada [pasáða] *f.* Passada.
pasadera [pasaðéra] *f.* Passera, palanca.
pasadero, -ra [pasaðéro, -ra] *a.* Passador.
pasadizo [pasaðíθo] *m.* Passadís.
pasado [pasáðo] *m.* Passat.
pasador, -ra [pasaðór, -ra] *a., m.-f.* Passador. *2 m.* Passador.
pasaje [pasáxe] *m.* Passatge.
pasajero, -ra [pasaxéro, -ra] *a., m.-f.* Passatger.
pasamanería [pasamanería] *f.* Passamaneria.
pasamanero [pasamanéro] *m.* Passamaner.
pasamano [pasamáno] *m.* Passamà.
pasante [pasánte] *m.* Passant.
pasaporte [pasapórte] *m.* Passaport.
pasar [pasár] *i.-t.* Passar. *2* Esdevenir-se. ‖ ***~ de la raya; ~ de castaño oscuro,*** passar de mida, de taca d'oli, fer-ne un gra massa. ‖ ***~ por el tubo,*** passar per l'adreçador. ‖ ***Pasarse de listo,*** fer el viu.
pasarela [pasaréla] *f.* Passarel·la.
pasatiempo [pasatjémpo] *m.* Passatemps.
pascua [páskwa] *f.* Pasqua.
pascual [páskwál] *a.* Pasqual.
pase [páse] *m.* Permís, autorització (de passar).
paseante [paseánte] *a., m.-f.* Passejant.
pasear [paseár] *t.-prnl.* Passejar.
paseo [paséo] *m.* Passeig, passejada, sortida. ‖ ***Dar un ~,*** fer una passejada.
pasible [pasíβle] *a.* Passible.
pasillo [pasíʎo] *m.* Passadís, corredor. *2* Pas.
pasión [pasjón] *f.* Passió.
pasionaria [pasjonárja] *f.* BOT. Passionera.
pasional [pasjonál] *a.* Passional.
pasividad [pasiβiðáð] *f.* Passivitat.
pasivo, -va [pasíβo, -βa] *a.-m.* Passiu.
pasmar [pazmár] *t.-prnl.* Esbalair, meravellar.
pasmarote [pazmaróte] *m.* fam. Estaquirot.
pasmo [pázmo] *m.* Esbalaïment.
pasmoso, -sa [pazmóso, -sa] *a.* Esbalaïdor, meravellós.
paso [páso] *m.* Pas. *2* Passa. ‖ ***De ~,*** de passada, de pas. ‖ ***~ a ~,*** xino-xano.
pasquín [paskín] *m.* Pasquí.
pasta [pásta] *f.* Pasta.
pastar [pastár] *i.-t.* Pasturar.
pastel [pastél] *m.* Pastís. *2* Pastel (pintura). *3* IMPR. Pastell. *4* Pasterada. *5* Patota (a cartes).
pastelería [pastelería] *f.* Pastisseria, confiteria.

pastelero, -ra [pastelèro, -ra] *m.-f.* Pastisser. *2* fig. Embrollaire.
pasterizar [pasteriθàr] *t.* Pasteuritzar.
pastilla [pastiʎa] *f.* Pastilla.
pastizal [pastiθàl] *m.* Pasturatge, pastiu, pastura.
pasto [pàsto] *m.* Pastura. ‖ ***A todo ~,*** a dojo.
pastor, -ra [pastòr, -ra] *m.-f.* Pastor.
pastoral [pastoràl] *a.-f.* Pastoral, pastorívol.
pastorear [pastoreàr] *t.* Pasturar.
pastoreo [pastorèo] *m.* Pastura.
pastoril [pastoril] *a.* Pastorívol, pastoral.
pastoso, -sa [pastòso, -sa] *a.* Pastós.
pata [pàta] *f.* Pota. *2* Petge. *3* Cama. *4* Garra. ‖ ***Meter la ~,*** ficar la pota, ficar els peus a la galleda.
pataca [patàka] *f.* BOT. Nyàmera.
patada [patàða] *m.* Potada, cop de peu, puntada de peu. ‖ ***A patadas,*** a palades, a balquena.
patagón, -ona [pataγòn, -òna] *a., m.-f.* Patagó (de Patagònia).
patalear [pataleàr] *i.* Espeternegar, pernejar. *2* Picar de peus.
pataleo [patalèo] *m.* Picament de peus, espeternec.
pataleta [patalèta] *m.* Rebequeria.
patán [patàn] *m.* Taujà, pagerol.
patata [patàta] *f.* Patata, trumfa. *2* Patatera.
patatús [patatùs] *m.* Patatum, pataplum.
patear [pateàr] *t.* Picar de peus. *2* Trepitjar. *3* Atracallar. *4* Rebentar.
patena [patèna] *f.* Patena.
patentar [patentàr] *t.* Patentar.
patente [patènte] *a.* Patent, palès. *2 f.* Patent.
patentizar [patentiθàr] *t.* Patentitzar.
pateo [patèo] *m.* V. PATALEO.
paternal [paternàl] *a.* Paternal.
paternidad [paterniðàð] *f.* Paternitat.
paterno, -na [patèrno, -na] *a.* Patern. *2* Pairal.
pateta [patèta] *m.* fam. En banyeta.
patético, -ca [patètiko, -ka] *a.* Patètic.
patibulario, -ia [patiβulàrjo, -ja] *a.* Patibulari.
patíbulo [patiβulo] *m.* Patíbul.
paticojo, -ja [patikòxo, -xa] *a., m.-f.* Coix.
patidifuso, -sa [patiðifùso, -sa] *a.* fig. Cama-segat.
patilla [patiʎa] *f.* Patilla.
patín [patin] *m.* Patí, patinador.
pátina [pàtina] *f.* Pàtina.
patinador, -ra [patinaðòr, -ra] *m.-f.* Patinador.
patinaje [patinàxe] *m.* Patinatge, patinada.
patinar [patinàr] *t.* Cobrir de pàtina.
patinar [patinàr] *i.* Patinar.
patio [pàtjo] *m.* Pati. *2* Eixida. *3* Celobert. *4* Lliça. *5* Barri.
patitieso [patitjèso] *a.* Cama-segat, garratibat.
patituerto [patitwèrto] *a.* Camatort.
patizambo, -ba [patiθàmbo] *a.* Sancallós.
pato [pàto] *m.* ZOOL. Ànec. ‖ ***Pagar el ~,*** pagar els plats trencats.
patochada [patotʃàða] *f.* Patafi, bunyol, disbarat.
patología [patoloxia] *f.* Patologia.
patoso, -sa [patòso, -sa] *a.* Que camina com un ànec o té poca habilitat a fer alguna cosa.
patraña [patràɲa] *f.* Falòrnia, bola.
patria [pàtrja] *f.* Pàtria.
patriarca [patrjàrka] *m.* Patriarca.
patrimonio [patrimònjo] *m.* Patrimoni.
patrio [pàtrjo] *a.* Patri.
patriota [patrjòta] *m.-f.* Patriota.
patriotero, -ra [patrjotèro, -ra] *a., m.-f.* Patrioter.
patriótico, -ca [patrjòtiko, -ka] *a.* Patriòtic.
patriotismo [patrjotizmo] *m.* Patriotisme.
patrocinar [patroθinàr] *t.* Patrocinar.
patrocinio [patroθinjo] *m.* Patrocini.
patrón, -ona [patròn, -òna] *m.-f.* Patró. *2* Dispeser. *3 m.* Patró (de vaixell). *4* Patró (model). *5 f.* Mestressa.
patronal [patronàl] *a.* Patronal.
patronato [patronàto] *m.* Patronat.
patronímico, -ca [patronimiko, -ka] *a.* Patronímic.
patrono, -na [patròno, -na] *m.-f.* Patró.
patrulla [patrùʎa] *f.* Patrulla.
patrullar [patruʎàr] *i.* Patrullar.
patudo, -da [patùðo, -ða] *a.* Peugròs.
patulea [patulèa] *f.* Patuleia, trepa.
patullar [patuʎàr] *i.* Trepitjar amb força i sense to ni so. *2* fig. Maldar. *3* fam. Xerrar.
paúl [paùl] *a., m.-f.* Paül.
paulatino, -na [paŭlatino, -na] *a.* Pausat, lent, que actua de mica en mica.
pauperismo [paŭperizmo] *m.* Pauperisme.
pausa [pàŭsa] *f.* Pausa.
pausado, -da [paŭsàðo, -ða] *a.* Pausat.
pauta [pàŭta] *f.* Pauta, regla.
pava [pàβa] *f.* ORNIT. Polla díndia. ‖ ***Pelar la ~,*** festejar.
pavada [paβàða] *f.* Beneiteria.
pavana [paβàna] *f.* MÚS. Pavana.
pavés [paβès] *m.* Pavès.

pavesa [paβésa] *f.* Cremallot.
pavimentar [paβimentár] *t.* Pavimentar.
pavimento [paβiménto] *m.* Paviment.
pavipollo [paβipóʎo] *m.* ORNIT. Titet, poll de gall dindi.
pavo [páβo] *m.* ORNIT. Gall dindi, indiot. ‖ ~ ***real***, pavó, paó.
pavón [paβón] *f.* ORNIT. Paó. *2* Pavó (vernís).
pavonar [paβonár] *t.* Empavonar.
pavonearse [paβoneárse] *prnl.* Vanar-se, estarrufar-se.
pavor [paβór] *m.* Paüra, basarda, esglai, feredat, feresa.
pavoroso, -sa [paβoróso, -sa] *a.* Paorós.
pavura [paβúra] *f.* V. PAVOR.
payasada [pajasáða] *f.* Pallassada.
payaso [pajáso] *m.* Pallasso.
payés, -esa [pajés, -ésa] *m.-f.* Pagès, camperol.
paz [paθ] *f.* Pau.
pazguato, -ta [paθɣwáto, -ta] *a., m.-f.* Babau, badoc.
pe [pe] *f.* Pe (lletra).
peaje [peáxe] *m.* Peatge.
peana [peána] *f.* Peanya.
peatón, -ona [peatón, -óna] *m.* Vianant, peató.
peca [péka] *f.* Piga.
pecado [pekáðo] *m.* Pecat.
pecador, -ra [pekaðór, -ra] *a., m.-f.* Pecador.
pecaminoso, -sa [pekaminóso, -sa] *a.* Pecaminós.
pecar [pekár] *i.* Pecar.
pececillo [peθeθíʎo] *m.* Peixet.
pecera [peθéra] *f.* Peixera.
pecíolo [peθíolo] *m.* Pecíol.
pécora [pékora] *f.* Pècora. ‖ ***Mala*** ~, mala pècora.
pecoso, -sa [pekóso, -sa] *a.* Pigat, pigallós.
pectoral [peɣtorál] *a.-m.* Pectoral.
pecuario, -ia [pekwárjo, -ja] *a.* Pecuari.
peculiar [pekuljár] *a.* Peculiar.
peculiaridad [pekuljariðáð] *f.* Peculiaritat.
peculio [pekúljo] *m.* Peculi.
pecunia [pekúnja] *f.* Pecúnia.
pecuniario, -ia [pekunjárjo, -ja] *a.* Pecuniari.
pechera [petʃéra] *f.* Pitrera. *2* Pitral. *3* Tapacoll.
pechero [petʃéro] *m.* Pitet.
pechina [petʃína] *f.* Petxina.
pecho [pétʃo] *m.* Pit.
pechuga [petʃúɣa] *f.* Pit.
pedagogía [peðaɣoxía] *f.* Pedagogia.
pedagogo [peðaɣóɣo] *m.* Pedagog.
pedal [peðál] *m.* Pedal, marxapeu.
pedalear [peðaleár] *i.* Pedalejar.
pedante [peðánte] *a., m.-f.* Pedant.
pedantería [peðantería] *f.* Pedanteria.
pedazo [peðáθo] *m.* Tros, bocí, mos. ‖ ***Romperse en mil pedazos***, fer-se miques.
pedernal [peðernál] *m.* Pedra foguera, pedrenyera.
pedestal [peðestál] *m.* Pedestal.
pedestre [peðéstre] *a.* Pedestre.
pediatra [peðjátra] *m.* Pediatre.
pedido [peðíðo] *m.* COM. Comanda.
pedigüeño, -ña [peðiɣwéɲo, -ɲa] *a.* Demanaire.
pedimento [peðiménto] *m.* Demanda.
pedir [peðír] *t.* Demanar. *2* Captar. ‖ ~ ***prestado***, emmanllevar, manllevar. ¶ CONJUG. GER.: ***pidiendo.*** ‖ INDIC. Pres.: ***pido, pides, pide, piden.*** | Indef.: ***pidió, pidieron.*** ¶ SUBJ. Pres.: ***pida, pidas, pida, pidamos, pidáis, pidan.*** | Imperf.: ***pidiera*** o ***-iese, pidieras*** o ***-ieses, pidiera*** o ***-iese, pidiéramos*** o ***-iésemos, pidierais*** o ***-ieseis, pidieran*** o ***-iesen.*** | Fut.: ***pidiere, pidieres, pidiere, pidiéremos, pidiéreis, pidieren.*** ‖ IMPERAT.: ***pide, pida, pidamos, pidan.***
pedo [péðo] *m.* Pet.
pedorrero [peðorréro] *a., m.-f.* Petaner.
pedrada [peðráða] *f.* Pedrada.
pedrea [peðréa] *f.* Apedregada. *2* Pedregada.
pedregal [peðreɣál] *m.* Pedregar.
pedregoso, -sa [peðreɣóso, -sa] *a.* Pedregós.
pedrera [peðréra] *f.* Pedrera.
pedrería [peðrería] *f.* Pedreria.
pedrisco [peðrísko] *m.* Pedra (caiguda dels núvols).
pedrusco [peðrúsko] *m.* Pedra, roc.
pedúnculo [peðúŋkulo] *m.* Peduncle.
peer [peér] *i.-prnl.* Petar.
pega [péɣa] *f.* Enganxament, enganxada. *2* Substància que enganxa. *3* Contratemps, entrebanc.
pegadizo, -za [peɣaðíθo, -θa] *f.* Enganxós. *2* Apegalós. *3* Encomanadís, contagiós.
pegadura [peɣaðúra] *f.* Enganxament, enganxada.
pegajoso, -sa [peɣaxóso, -sa] *a.* Enganxós, agafatós, agafós. *2* Apegalós.
pegar [peɣár] *t.-prnl.* Enganxar. *2* Pegar (castigar). *3* Etzibar (una bufetada, etc.). *4* Encomanar (contagiar). *5* Calar (foc). *6* Lligar (anar bé), escaure. *7* Fer (salts, crits, etc.).
pego [péɣo] *m.* Patota.
pegote [peɣóte] *m.* Pegat, pegot.

peguntar [peɣuntár] *t.* Marcar amb pega.
peinado [peĭnáðo] *a.-m.* Pentinat.
peinador, -ra [peĭnaðór, -ra] *a., m.-f.* Pentinador.
peinar [peĭnár] *t.-prnl.* Pentinar.
peine [peĭne] *m.* Pinta. *2* Pinte.
peinero [peĭnéro] *m.* Pintaire.
peineta [peĭnéta] *f.* Pinta.
peje [péxe] *m.* Peix. *2* Home astut i perspicaç.
pejesapo [pexesápo] *m.* ICT. Rap.
peladilla [pelaðiʎa] *f.* Confit (ametlla). *2* Palet (de riera).
pelado, -da [peláðo, -ða] *a.* Pelat.
peladura [pelaðúra] *f.* Pelada. *2* Pela.
pelagatos [pelaɣátos] *m.* Pelacanyes.
pelagra [peláɣra] *f.* MED. Pel·lagra.
pelaje [peláxe] *m.* Pelatge.
pelambre [pelámbre] *m.* Pèl, pelatge.
pelambrera [pelambréra] *f.* Pelussera.
pelandusca [pelanduska] *f.* Bandarra, meuca.
pelar [pelár] *t.* Pelar.
pelazga [peláθɣa] *f.* Agarrada.
peldaño [peldáɲo] *m.* Graó, esglaó, escaló.
pelea [peléa] *f.* Baralla, batussa, agarrada.
pelear [peleár] *i.* Lluitar. *2 prnl.* Barallar-se, esbatussar-se, renyir.
pelele [peléle] *m.* Ninot.
peletería [peleteria] *f.* Pelleteria, pellisseria.
peletero [peletéro] *m.* Pelleter. *2* Pellaire.
peliagudo, -da [peljaɣúðo, -ða] *a.* Difícil, costerut.
peliblanco, -ca [peliβláŋko, -ka] *a.* Cabellblanc, pèl-blanc.
pelícano [pelikano] *m.* ORNIT. Pelicà.
película [pelikula] *f.* Pel·lícula.
peligrar [peliɣrár] *i.* Perillar.
peligro [peliɣro] *m.* Perill.
peligroso, -sa [peliɣróso, -sa] *a.* Perillós.
pelillo [peliʎo] *m.* fam. fig. Cabòria.
pelirrojo, -ja [pelirróxo, -xa] *a.* Pèl roig.
pelirrubio, -ia [pelirrúβjo, -ja] *a.* Ros.
pelmazo [pelmáθo] *m.* Babau, maimó.
pelo [pélo] *m.* Pèl. *2* Cabell. || ***Al ~,*** com l'anell al dit. || ***A ~,*** a pèl. || ***Por los pelos,*** per les puntes dels cabells. || ***Con pelos y señales,*** amb tots els ets i uts.
pelón, -ona [pelón, -óna] *a., m.-f.* Cap pelat.
peloso, -sa [pelóso, -sa] *a.* Pelós.
pelota [pelóta] *f.* Pilota.
pelotari [pelotári] *m.-f.* Pilotaire.
pelotazo [pelotáθo] *m.* Pilotada.
pelote [pelóte] *m.* Crin, clin.
pelotear [peloteár] *i.-t.* Pilotejar.
peloteo [pelotéo] *m.* Piloteig.
pelotera [pelotéra] *f.* Renyina, baralla, batussa.
pelotilla [pelotiʎa] *f.* fig. fam. || ***Hacer la ~,*** fer la gara-gara, llepar.
pelotillero, -ra [pelotiʎéro, -ra] *a.* Llepa, llepaire.
pelotón [pelotón] *m.* Escamot. *2* Ble, floc, manyoc (de cabells).
peluca [pelúka] *m.* Perruca.
peludo, -da [pelúðo, -ða] *a.* Pelut, pilós.
peluquería [pelukeria] *f.* Perruqueria. *2* Barberia.
peluquero, -ra [pelukéro, -ra] *m.-f.* Perruquer. *2 m.* Barber.
peluquín [pelukín] *m.* Perruquí.
pelusa [pelúsa] *f.* BOT. Pelussa.
pelvis [pélβis] *f.* ANAT. Pelvis.
pella [péʎa] *f.* Massa en forma de pilota. *2* Mota (de terra). *3* Capça (de col). *4* Sagí, bola de llard.
pelleja [peʎéxa] *f.* Pell, pelleringa. *2* Bagassa.
pellejería [peʎexeria] *f.* Pellisseria. *2* Cuireteria. *3* Pellam.
pellejero, -ra [peʎexéro, -ra] *m.* Boter.
pellejo [peʎéxo] *m.* Pell. *2* Bot. *3* fig. Begut.
pellico [peʎiko] *m.* Samarra.
pellija [peʎixa] *f.* Pellissa.
pellizcar [peʎiθkár] *t.-prnl.* Pessigar, pinçar.
pellizco [peʎiθko] *m.* Pessic, pessigada.
pena [péna] *f.* Pena. *2* Dolença. || ***A duras penas,*** amb prou feines.
penacho [penátʃo] *m.* Plomall.
penado, -da [penáðo, -ða] *a.* Penat, penós. *2 m.-f.* Condemnat.
penal [penál] *a.-m.* Pena.
penalidad [penaliðáð] *f.* Penalitat.
penar [penár] *t.* Condemnar, penar. *2 i.* Patir, penar, sofrir.
penca [péŋka] *f.* Penca.
penco [péŋko] *m.* Ròssa.
pendencia [pendénθja] *f.* Baralla, renyina, batussa.
pendenciero, -ra [pendenθjéro, -ra] *a.* Cerca-bregues, cerca-raons, buscaraons, renyinós.
pender [pendér] *i.* Penjar. *2* Dependre.
pendiente [pendjénte] *m.* Arracada, penjoll. *2 f.* Pendís, pendent, rost, baixada. *3 a.* Pendent, penjant.
péndola [péndola] *f.* Pèndol, pèndola.
pendolista [pendolista] *m.* Escrivà.
pendón [pendón] *m.* Penó, pendó. *2* Senyera.
péndulo [péndulo] *m.* Pèndol.
peneque [penéke] *a.* fam. Gat, borratxo.

penetración [penetraθjón] *f.* Penetració.
penetrante [penetránte] *a.* Penetrant.
penetrar [penetrár] *t.-prnl.* Penetrar.
penicilina [peniθilína] *f.* Penicilina.
península [península] *f.* GEOGR. Península.
peninsular [peninsulár] *a., m.-f.* Peninsular.
penique [peníke] *m.* Penic.
penitencia [peniténθja] *f.* Penitència.
penitenciaría [penitenθjaría] *f.* Penitenciaria.
penitenciario, -ia [penitenθjárjo, -ja] *a.* Penitenciari.
penitente [peniténte] *a., m.-f.* Penitent.
penoso, -sa [penóso, -sa] *a.* Penós, penat.
pensador, -ra [pensaðór, -ra] *a.-m.* Pensador.
pensamiento [pensamjénto] *m.* Pensament, pensada, pensa.
pensar [pensár] *t.* Pensar. *2* Cuidar. ¶ CONJUG. com ***apretar.***
pensativo, -va [pensatíβo, -βa] *a.* Pensarós, consirós.
pensión [pensjón] *f.* Pensió, dispesa.
pensionado [pensjonáðo] *m.* Pensionat.
pensionar [pensjonár] *t.* Pensionar.
pensionista [pensjonísta] *m.-f.* Pensionista.
pentagonal [pentaγonál] *a.* Pentagonal.
pentágono, -na [pentáγono, -na] *a.-m.* Pentàgon.
pentagrama [pentaγráma] *m.* MÚS. Pentagrama.
Pentecostés [pentekostés] *n.* Pentecosta.
penúltimo, -ma [penúltimo, -ma] *a.* Penúltim.
penumbra [penúmbra] *f.* Penombra.
penuria [penúrja] *f.* Penúria.
peña [péɲa] *f.* Penya, penyal.
peñascal [peɲaskál] *m.* Penyalar.
peñasco [peɲásko] *m.* Penyal.
péñola [péɲola] *f.* Ploma (d'escriure).
peñón [peɲón] *m.* Penyal.
peón [peón] *m.* Caminant. *2* Peó (soldat, etc.). *3* Manobre, peó, bracer. *4* Baldufa. ‖ ~ ***caminero,*** caminaire, peó caminer.
peonía [peonía] *f.* BOT. Peònia.
peonza [peónθa] *f.* Baldufa. *2* fig. Ballaruga.
peor [peór] *a.-adv.* Pitjor.
peoría [peoría] *f.* Pitjoria.
pepino [pepíno] *m.* BOT. Cogombre. ‖ ***No importar un ~,*** no importar gens (alguna cosa, a algú).
pepita [pepíta] *f.* Grana del meló, síndria, pera, poma, etc.
pequeñez [pekeɲéθ] *f.* Petitesa, menudesa. *2* Mesquinesa, baixesa.
pequeño, -ña [pekéɲo, -ɲa] *a.* Petit, menut.
pera [péra] *f.* Pera. ‖ ***Pedir peras al olmo,*** demanar la lluna en un cove.
peral [perál] *m.* Perer, perera.
perantón [perantón] *m.* fam. Gànguil.
peralte [perálte] *m.* CONSTR. Peralt.
perca [pérka] *f.* ICT. Perca.
percal [perkál] *m.* Percala.
percalina [perkalína] *f.* Percalina.
percance [perkánθe] *m.* Percaç, contratemps, tropell.
percatarse [perkatárse] *prnl.* Adonar-se, atalaiar-se.
percebe [perθéβe] *m.* ZOOL. Percebe.
percepción [perθeβθjón] *f.* Percepció.
perceptible [perθeβtíβle] *a.* Perceptible.
percibir [perθiβír] *t.* Percebre, sentir. *2* Apercebre (conèixer).
percibo [perθíβo] *m.* Percepció.
percusión [perkusjón] *f.* Percussió.
percusor [perkusór] *m.* Percussor.
percutir [perkutír] *t.* Percudir.
percutor [perkutór] *m.* Percussor.
percha [pértʃa] *f.* Perxa. *2* Penja-robes. *3* Perxera. *4* Rastell.
perchero [pertʃéro] *m.* Penja-robes.
percherón, -ona [pertʃerón, -óna] *a., m.-f.* Perxeró.
perdedor, -ra [perðeðór, -ra] *a., m.-f.* Perdedor.
perder [perðér] *t.-prnl.* Perdre. ¶ CONJUG. com ***defender.***
perdición [perðiθjón] *f.* Perdició.
pérdida [pérðiða] *f.* Pèrdua.
perdidamente [perðiðaménte] *adv.* Perdudament.
perdidizo, -za [perðiðíθo, -θa] *a.* Fonedís.
perdido, -da [perðíðo, -ða] *a.-m.* Perdut.
perdigar [perðiγár] *t.* CUI. Sofregir.
perdigón [perðiγón] *m.* Perdigó. *2* ORNIT. Perdigó, perdigot.
perdigonada [perðiγonáða] *f.* Perdigonada.
perdiguero, -ra [perðiγéro, -ra] *a.-m.* Perdiguer.
perdiz [perðíθ] *f.* ORNIT. Perdiu.
perdón [perðón] *m.* Perdó.
perdonar [perðonár] *t.* Perdonar.
perdonavidas [perðonaβíðas] *m.* fig. Perdonavides, gall.
perdulario, -ia [perðulárjo, -ja] *a., m.-f.* Perdulari.
perdurable [perðuráβle] *a.* Perdurable.
perdurar [perðurár] *i.* Perdurar.
perecer [pereθér] *i.* Perir, morir, finar. ¶ CONJUG. com ***agradecer.***
peregrinación [pereγrinaθjón] *f.* Peregrinació. *2* Pelegrinatge.

peregrinaje [pereɣrináxe] *m.* Peregrinació.
peregrinar [pereɣrinár] *i.* Peregrinar.
peregrino, -na [pereɣrino, -na] *a., m.-f.* Pelegrí. *2 a.* Pelegrí (rar).
perejil [perexil] *m.* BOT. Julivert.
perendengue [perendéŋge] *m.* Arracada. *2* Galindaina.
perenne [perénne] *a.* Perenne.
perennidad [perenniðáð] *f.* Perennitat.
perentorio, -ia [perentórjo, -ja] *a.* Peremptori.
pereza [peréθa] *f.* Peresa, mandra, galvana.
perezoso, -sa [pereθóso, -sa] *a., m.-f.* Peresós, mandrós.
perfección [perfeɣθjón] *f.* Perfecció.
perfeccionar [perfeɣθjonár] *t.-prnl.* Perfeccionar.
perfecto, -ta [perféɣto, -ta] *a.* Perfecte.
perfidia [perfiðia] *f.* Perfídia.
pérfido, -da [pérfiðo, -ða] *a.* Pèrfid.
perfil [perfil] *m.* Perfil.
perfilar [perfilár] *t.* Perfilar.
perforación [perforaθjón] *f.* Perforació.
perforar [perforár] *t.* Perforar.
perfumador [perfumaðór] *m.* Perfumador.
perfumar [perfumár] *t.* Perfumar.
perfume [perfúme] *m.* Perfum.
perfumería [perfumeria] *f.* Perfumeria.
perfumista [perfumista] *m.-f.* Perfumista.
pergamino [perɣamino] *m.* Pergamí.
pergeñar [perxeɲár] *t.* fam. Conjuminar, engiponar, endegar.
pergeño [perxéɲo] *m.* fam. Traça, aparença.
pérgola [pérɣola] *f.* Pèrgola.
pericardio [perikárðjo] *m.* ANAT. Pericardi.
pericarpio [perikárpjo] *m.* BOT. Pericarp.
pericia [periθja] *f.* Perícia.
periferia [periférja] *f.* Perifèria.
perifollo [perifóʎo] *m.* BOT. Cerfull. *2 pl.* Galindaines.
perífrasis [perifrasis] *f.* Perífrasi.
perilla [periʎa] *f.* Pera (adorn). ‖ ***De ~***, de primera, com l'anell al dit.
periódico, -ca [perjóðiko, -ka] *a.-m.* Periòdic.
periodismo [perjoðizmo] *m.* Periodisme.
periodista [perjoðista] *m.* Periodista.
período [perioðo] *m.* Període.
periostio [perióstjo] *m.* ANAT. Periosti.
peripecia [peripéθja] *f.* Peripècia.
periplo [periplo] *m.* Periple.
peripuesto, -ta [peripwésto, -ta] *a.* Empolainat.
periquete (en un) [perikéte] loc. En un tres i no res.
periquito [perikito] *m.* ORNIT. Periquito.
periscopio [periskópjo] *m.* Periscopi.
peristilo [peristilo] *m.* BOT. Peristil.
peritación [peritaθjón] *f.* Peritatge.
peritaje [peritáxe] *m.* Peritatge.
perito, -ta [perito, -ta] *a.-m.* Perit.
peritoneo [peritonéo] *m.* ANAT. Peritoneu.
peritonitis [peritonitis] *f.* MED. Peritonitis.
perjudicar [perxuðikár] *t.* Perjudicar.
perjudicial [perxuðiθjál] *a.* Perjudicial.
perjuicio [perxwiθjo] *m.* Perjudici.
perjurar [perxurár] *i.-prnl.* Perjurar.
perjurio [perxúrjo] *m.* Perjuri.
perjuro, -ra [perxúro, -ra] *a., m.-f.* Perjur.
perla [pérla] *f.* Perla.
perlado, -da [perláðo, -ða] *a.* Perlat.
perlino, -na [perlino, -na] *a.* Perlí.
permanecer [permaneθér] *i.* Restar, romandre. ¶ CONJUG. com ***agradecer***.
permanencia [permanénθja] *f.* Permanència.
permanente [permanénte] *a.* Permanent.
permeable [permeáβle] *a.* Permeable.
permisión [permisjón] *f.* Permissió, permís.
permiso [permiso] *m.* Permís, permissió.
permitir [permitir] *t.-prnl.* Permetre.
permuta [permúta] *f.* Permuta, barat.
permutación [permutaθjón] *f.* Permutació.
permutar [permutár] *t.* Permutar, baratar.
pernada [pernáða] *f.* Pernada, camada, espeternec.
pernear [perneár] *i.* Pernejar, espeternegar, espernegar. *2* Escarrassar-se.
pernera [pernéra] *f.* Camal.
pernicioso, -sa [perniθjóso, -sa] *a.* Perniciós.
pernil [pernil] *m.* Pernil.
pernio [pérnjo] *m.* Pern, polleguera, golfo.
perniquebrar [pernikeβrár] *t.* Camatrencar.
perno [pérno] *m.* Pern.
pernoctar [pernoɣtár] *i.* Pernoctar.
pero [péro] *conj.* Però, mes.
perogrullada [peroɣruʎáða] *f.* Bajanada.
perol [peról] *m.* Perol.
peroné [peroné] *m.* ANAT. Peroné.
peroración [peroraθjón] *f.* Peroració.
perorar [perorár] *i.* Perorar.
perorata [peroráta] *f.* Peroració enutjosa.
perpendicular [perpendikulár] *a., m.-f.* Perpendicular.
perpetrar [perpetrár] *t.* Perpetrar.
perpetuar [perpetuár] *t.-prnl.* Perpetuar.

perpetuidad [perpetwiðáð] *f.* Perpetuïtat.
perpetuo, -ua [perpétwo, -twa] *a.* Perpetu.
perplejidad [perplexiðáð] *f.* Perplexitat.
perplejo, -ja [perpléxo, -xa] *a.* Perplex.
perra [pérra] *f.* Gossa. *2* fig. Mona, pítima. *3* Rebequeria. ‖ *~ **chica,*** peça de cinc cèntims. ‖ *~ **gorda,*** peça de deu cèntims.
perrera [perréra] *f.* Gossera.
perrería [perreria] *f.* Gossada. *2* fig. Rebequeria. *3* Bretolada.
perro [pérro] *m.* ZOOL. Gos, ca. ‖ ***Ser ~ viejo,*** ésser gat vell. ‖ ***Muerto el ~ se acabó la rabia,*** morta la cuca, mort el verí.
perruno, -na [perrúno, -na] *a.* Caní.
persa [pérsa] *a., m.-f.* Persa, pèrsic.
persecución [persekuθjón] *f.* Persecució, encalç.
perseguidor, -ra [perseɣiðór, -ra] *a., m.-f.* Perseguidor, persecutor.
perseguimiento [perseɣimjénto] *m.* V. PERSECUCIÓN.
perseguir [perseɣir] *t.* Perseguir, empaitar, encalçar, estalonar. ¶ CONJUG. com ***pedir.***
perseverancia [perseβeránθja] *f.* Perseverança.
perseverar [perseβerár] *i.* Perseverar.
persiana [persjána] *f.* Persiana.
pérsico, -ca [pérsiko, -ka] *a.* Pèrsic.
persignar [persiɣnár] *t.-prnl.* Persignar.
persistencia [persisténθja] *f.* Persistència.
persistente [persisténte] *a.* Persistent.
persistir [persistir] *i.* Persistir.
persona [persóna] *f.* Persona.
personaje [personáxe] *m.* Personatge.
personal [personál] *a.-m.* Personal.
personalidad [personaliðáð] *f.* Personalitat.
personarse [personárse] *prnl.* Presentarse.
personificar [personifikár] *t.* Personificar.
perspectiva [perspeɣtiβa] *f.* Perspectiva.
perspicacia [perspikáθja] *f.* Perspicàcia.
perspicaz [perspikáθ] *a.* Perspicaç.
persuadir [perswaðir] *t.-prnl.* Persuadir.
persuasión [perswasjón] *f.* Persuasió.
persuasivo, -va [perswasiβo, -βa] *a.* Persuasiu.
pertenecer [perteneθér] *i.* Pertànyer. ¶ CONJUG. com ***agradecer.***
pertenencia [pertenenθja] *f.* Pertinença.
pértiga [pértiɣa] *f.* Perxa.
pértigo [pértiɣo] *m.* Espigó, timó.
pertiguero [pertiɣéro] *m.* Macer.
pertinaz [pertináθ] *a.* Pertinaç, porfidiós.
pertinente [pertinénte] *a.* Pertinent.
pertrechar [pertretʃár] *t.* Abastar, fornir.
pertrechos [pertrétʃos] *m. pl.* Pertrets, ormeigs.
perturbación [perturβaθjón] *f.* Pertorbació.
perturbar [perturβár] *t.-prnl.* Pertorbar.
peruano, -na [peruáno, -na] *a., m.-f.* Peruà.
perversidad [perβersiðáð] *f.* Perversitat.
perversión [perβersjón] *f.* Perversió.
perverso, -sa [perβérso, -sa] *a., m.-f.* Pervers.
pervertir [perβertir] *t.-prnl.* Pervertir. ¶ CONJUG. com ***sentir.***
pesa [pésa] *f.* Pes.
pesacartas [pesakártas] *m.* Pesacartes.
pesada [pesáða] *f.* Pesada.
pesadez [pesaðéθ] *f.* Pesadesa, feixuguesa.
pesadilla [pesaðiʎa] *f.* Opressió. *2* Malson.
pesado, -da [pesáðo, -ða] *a.* Pesat, feixuc, pesant.
pesadumbre [pesaðúmbre] *f.* Pesar, pena. *2* Pesadesa.
pésame [pésame] *m.* Condol. ‖ ***Dar el ~,*** donar el condol.
pesantez [pesantéθ] *f.* Pesadesa, pesantor.
pesar [pesár] *i.-t.* Pesar.
pesar [pesár] *m.* Pesar, recança, greu. ‖ ***A ~ de,*** malgrat.
pesaroso, -sa [pesaróso, -sa] *a.* Pesarós.
pesca [péska] *f.* Pesca.
pescadería [peskaðeria] *f.* Pescateria, peixateria.
pescadero, -ra [peskaðéro, -ra] *m.-f.* Peixater, -ra.
pescadilla [peskaðiʎa] *f.* ICT. Llúcera.
pescado [peskáðo] *m.* Peix.
pescador, -ra [peskaðór, -ra] *a., m.-f.* Pescador.
pescante [peskánte] *m.* Pescant.
pescar [peskár] *t.* Pescar.
pescozón [peskoθón] *m.* Clatellot, clatellada.
pescuezo [peskwéθo] *m.* Bescoll, clatell.
pesebre [peséβre] *m.* Menjadora.
peseta [peséta] *f.* Pesseta, pela (fam.).
pesetero [pesetéro] *a.* Pesseter.
pesimismo [pesimizmo] *m.* Pessimisme.
pesimista [pesimista] *a., m.-f.* Pessimista.
pésimo, -ma [pésimo, -ma] *a.* Pèssim.
peso [péso] *m.* Pes.
pespuntar [pespuntár] *t.* Repuntar.
pespunte [pespúnte] *m.* Repunt.
pespuntear [pespunteár] *t.* V. PESPUNTAR.
pesquería [peskeria] *f.* Pesquera.
pesquis [péskis] *m.* Senderi, enginy, cap.

pesquisa [peskísa] *f.* Perquisició.
pestaña [pestáɲa] *f.* Pestanya.
pestañear [pestaɲeár] *i.* Pestanyejar.
peste [péste] *f.* Pesta. *2* Pudor. ‖ ***Echar pestes,*** dir penjaments.
pestífero, -ra [pestífero, -ra] *a.* Pestífer, pestilent.
pestilencia [pestilénθja] *f.* Pestilència, fortor, pesta.
pestilente [pestilénte] *a.* Pestilent, pestífer.
pestillo [pestíʎo] *m.* Pestell, baldó, balda.
pestiño [pestíɲo] *m.* Bunyol de mel.
pesuño [pesúɲo] *m.* Unglot.
petaca [petáka] *f.* Petaca.
pétalo [pétalo] *m.* Pètal.
petardear [petarðeár] *t.* Petardejar. *2* fam. Estafar.
petardista [petardísta] *a., m.-f.* Estafador.
petardo [petárðo] *m.* Petard.
petate [petáte] *m.* Farcell del llit i la roba d'un mariner, soldat, pres. *2* fig. Tifa.
peteneras [petenéras] *f. pl.* Aire popular andalús.
petición [petiθjón] *f.* Petició.
peticionario, -ia [petiθjonárjo, -ja] *a., m.-f.* Peticionari.
petimetre, -tra [petimétre, -tra] *m.-f.* Petimetre.
petirrojo [petirróxo] *m.* ORNIT. Pit-roig, barba-roig.
petitorio, -ia [petitórjo, -ja] *a.* Petitori.
peto [péto] *m.* Pitet. *2* Plastró.
petral [petrál] *m.* Pitral.
pétreo, -ea [pétreo, -ea] *a.* Petri.
petrificar [petrifikár] *t.-prnl.* Petrificar.
petróleo [petróleo] *m.* Petroli.
petrolero, -ra [petroléro, -ra] *a.-m.* Petroler.
petulancia [petulánθja] *f.* Petulància.
petulante [petulánte] *a.* Petulant.
petunia [petúnja] *f.* BOT. Petúnia.
peyorativo, -va [pejoratíβo, -βa] *a.* Pejoratiu.
pez [péθ] *m.* Peix. *2 f.* Pega.
pezón [peθón] *m.* Mugró.
pezuña [peθúɲa] *f.* Peülla, unglot, grapa.
pi [pi] *f.* Pi.
piada [piáða] *f.* Piulada.
piadoso, -sa [pjaðóso, -sa] *a.* Piadós. *2* Pietós.
piafar [pjafár] *i.* Piafar.
pianista [pjanísta] *m.-f.* Pianista.
piano [pjáno] *m.* MÚS. Piano.
piar [piár] *i.* Piular.
piara [pjára] *f.* Ramat de porcs, porcada, marranada.
piastra [pjástra] *f.* Piastra.
pica [píka] *f.* Pica.
picacho [pikátʃo] *m.* Pic, pollegó.
picada [pikáða] *f.* Picada.
picadero [pikaðéro] *m.* Picador.
picadillo [pikaðíʎo] *m.* CUI. Picada, capolat.
picador [pikaðór] *m.* TAUROM. Picador. *2* Piló (de cuina).
picadura [pikaðúra] *f.* Picadura.
picajoso, -sa [pikaxóso, -sa] *a., m.-f.* Picallós.
picamaderos [pikamaðéros] *m.* ORNIT. Pica-soques, pigot.
picante [pikánte] *a.* Picant, coent.
picapedrero [pikapeðréro] *m.* Picapedrer.
picapica [pikapíka] *f.* BOT. Picapica.
picapleitos [pikapléĭtos] *m.* Picaplets.
picaporte [pikapórte] *m.* Picaporta, balda, baldó.
picar [pikár] *t.-i.-prnl.* Picar. *2* Fiblar.
picardía [pikarðía] *f.* Picardia.
picaresco, -ca [pikarésko, -ka] *a.* Picaresc.
pícaro, -ra [píkaro, -ra] *a., m.-f.* Murri.
picatoste [pikatóste] *m.* CUI. Rosta, torrada (amb mantega).
picaza [pikáθa] *f.* ORNIT. Garsa.
picazón [pikaθón] *f.* Picor, pruïja, rabior, coentor.
pico [píko] *m.* Bec. *2* Broc. *3* Pic (eina i cim). *4* Escaig. *5* Corn. ‖ ***Cerrar el ~,*** fer moixoni.
picón, -ona [pikón, -óna] *a.* Picó.
picor [pikór] *m.* Picor, picantor, coïssor.
picoso, -sa [pikóso, -sa] *a.* Gravat.
picota [pikóta] *f.* Picota.
picotazo [pikotáθo] *m.* Picada.
picotear [pikoteár] *t.* Picotejar, espicassar. *2* Xerrar.
pictórico, -ca [piγtóriko, -ka] *a.* Pictòric.
picudo, -da [pikúðo, -ða] *a.* Bequerut, punxegut.
pichón [pitʃón] *m.* Colomí.
pie [pje] *m.* Peu. *2* Pota. *3* Petge. ‖ ***De ~, en ~,*** dempeus, dret, a peu dret. ‖ ***A ~ juntillas,*** a peus junts. ‖ ***Con pies de plomo,*** amb peus de plom. ‖ ***Pies, para qué os quiero,*** cames, ajudeu-me. ‖ ***No dar ~ con bola,*** no tocar pilota.
piedad [pjeðáð] *f.* Pietat.
piedra [pjéðra] *f.* Pedra, roc.
piel [pjél] *f.* Pell. *2* Pell, pela. *3* Escorça.
piélago [pjélaγo] *m.* Pèlag.
pienso [pjénso] *m.* Pinso.
pierna [pjérna] *f.* Cama, gamba. *2* Cuixa.
pieza [pjéθa] *f.* Peça.
pifia [pífja] *f.* Pífia, espifiada.
pifiar [pifjár] *t.* Espifiar.
pigmento [piγménto] *m.* Pigment.

pigmeo [piɣméo] *a., m.-f.* Pigmeu.
pijama [pixáma] *m.* Pijama.
pila [píla] *f.* Pica (d'aigua). *2* Pila, estiba, munt. *3* Pilar, pilastra.
pilar [pilár] *m.* Pilar.
pilastra [pilástra] *f.* Pilastra.
píldora [píldora] *f.* Píndola.
pilón [pilón] *m.* Pica, abeurador. *2* Morter. *3* Piló.
píloro [píloro] *m.* ANAT. Pílor.
piloso, -sa [pilóso, -sa] *a.* Pilós.
pilotaje [pilotáxe] *m.* Pilotatge.
pilotar [pilotár] *t.* Pilotejar.
pilote [pilóte] *m.* Estaca.
pilotear [piloteár] *t.* Pilotejar.
piloto [pilóto] *m.* Pilot.
piltrafa [piltráfa] *f.* Pelleringa.
pillada [piʎáða] *f.* Pillada.
pillaje [piʎáxe] *m.* Pillatge.
pillar [piʎár] *t.* Pillar. *2* Atrapar. *3* fig. Enganyar, agafar, enganxar.
pillastre [piʎástre] *m.* V. PILLO.
pillete [piʎéte] *m.* V. PILLO.
pillo, -lla [piʎo, -ʎa] *a.-m.* Murri, pillet.
pilluelo, -la [piʎwélo, -la] *m.-f.* V. PILLO.
pimentero [pimentéro] *m.* BOT. Pebrer.
pimentón [pimentón] *m.* Pebre vermell.
pimienta [pimjénta] *m.* Fruit del pebrer. *2* Pebre, piment.
pimiento [pimjénto] *m.* BOT. Pebrot. *2* Pebroter. *3* Bitxo.
pimpinela [pimpinéla] *f.* BOT. Pimpinella.
pimpollo [pimpóʎo] *m.* Pimpoll. *2* Plançó. *3* Grífol, tany. *4* Capoll (de rosa).
pinabete [pinaβéte] *m.* BOT. Avet.
pinacoteca [pinakotéka] *f.* Pinacoteca.
pináculo [pinákulo] *m.* Pinacle.
pinar [pinár] *m.* Pineda.
pincel [pinθél] *m.* Pinzell.
pincelada [pinθeláða] *f.* Pinzellada. *2* Llepada.
pinchar [pintʃár] *t.* Punxar, burxar, punyir.
pinchazo [pintʃáθo] *m.* Punxada, burxada, punyida.
pinche [pintʃe] *m.* Marmitó, rentaplats.
pincho [pintʃo] *m.* Punxa. *2* Burxa.
pindonguear [pindoŋgeár] *i.* Rondar.
pineda [pinéða] *f.* Pineda.
ping-pong [pimpóŋ] *m.* Ping-pong.
pingajo [piŋgáxo] *m.* Parrac, pelleringa, pellingot.
pingo [píŋgo] *m.* Parrac, pellingot.
pingüe [píŋgwe] *a.* Gras. *2* Abundós, òptim, fèrtil.
pingüino [piŋgwíno] *m.* ORNIT. Pingüí.
pinito [piníto] *m. pl.* Tentines. ‖ ***Hacer pinitos,*** fer els primers passos en una professió artística, etc.
pinjante [piŋxánte] *m.* Penjoll (joia).
pino [píno] *m.* BOT. Pi.
pino, -na [píno, -na] *a.* Empinat, costerut.
pinocha [pinótʃa] *f.* BOT. Fulles del pi.
pinta [pínta] *f.* Pinta (taca). *2* Pinta, tirat (aspecte).
pintada [pintáða] *f.* ORNIT. Pintada.
pintado, -da [pintáðo, -ða] *a.* Pintat.
pintamonas [pintamónas] *m.-f.* Pintor poc hàbil.
pintar [pintár] *t.-prnl.* Pintar.
pintarrajear [pintarraxeár] *t.* Malpintar.
pintarrajo [pintarráxo] *m.* Pintura mal traçada i de colors inadequats.
pintor, -ra [pintór, -ra] *m.-f.* Pintor.
pintoresco, -ca [pintorésko, -ka] *a.* Pintoresc.
pintura [pintúra] *f.* Pintura.
pinturero, -ra [pinturéro, -ra] *a.* Presumit, presumptuós.
pinzas [pínθas] *f. pl.* Pinces.
pinzón [pinθón] *m.* ORNIT. Pinsà.
piña [píɲa] *f.* Pinya.
piñón [piɲón] *m.* Pinyó.
piñonero, -ra [piɲonéro, -ra] *a.-m.* Pinyoner.
pío [pío] *m.* Piu, piu-piu.
pío, -ía [pío, -ía] *a.* Piadós, devot, pietós.
piojo [pióxo] *m.* ENTOM. Poll.
piojoso, -sa [pjoxóso, -sa] *a., m.-f.* Pollós.
pipa [pípa] *f.* Bóta (de vi). *2* Pipa (per fumar).
pipeta [pipéta] *f.* Pipeta.
pipí [pipí] *m.* Pipí.
pipirigallo [pipiriɣáʎo] *m.* BOT. Trepadella.
pique [píke] *m.* Rancor, ressentiment. *2* Amor propi, punt.
pique (a) [píke] loc. A fons. ‖ ***Echar ~,*** enfonsar. ‖ ***Irse ~,*** enfonsar-se.
piqué [piké] *m.* Piqué.
piquero [pikéro] *m.* Piquer.
piqueta [pikéta] *f.* Picot.
piquete [pikéte] *m.* Piquet.
pira [píra] *f.* Pira.
piragua [piráɣwa] *f.* Piragua.
piramidal [piramiðál] *a.* Piramidal.
pirámide [pirámiðe] *f.* Piràmide.
pirata [piráta] *m.* Pirata.
piratear [pirateár] *i.* Piratejar.
piratería [piratería] *f.* Pirateria.
pirenaico, -ca [pirenáiko, -ka] *a.* Pirinenc, pirenaic.
pirita [piríta] *f.* MINER. Pirita.
pirograbado [piroɣraβáðo] *m.* Pirogravat.
piropear [piropeár] *t.* Dir amoretes, tirar floretes.
piropo [pirópo] *m.* Amoreta, floreta.
pirotecnia [piroteɣnja] *f.* Pirotècnia.

pirotécnico [pirotéɣniko] *m.* Pirotècnic.
pirrarse [pirrárse] *prnl.* Delir-se.
pisada [pisáðа] *f.* Trepitjada. *2* Petjada, petja, potada.
pisapapeles [pisapapéles] *a.* Petjapapers.
pisar [pisár] *t.* Trepitjar, pitjar, calcigar, petjar. ‖ *~ **los talones,*** estalonar.
piscicultura [pisθikultúra] *f.* Piscicultura.
piscina [pisθína] *f.* Piscina.
piscolabis [piskoláβis] *m.* Queixalada, ressopó.
piso [píso] *m.* Pis. *2* Sòl, terra.
pisón [pisón] *m.* Picó (eina).
pisotear [pisoteár] *t.* Trepitjar, calcigar.
pisoteo [pisotéo] *m.* Trepig.
pisotón [pisotón] *m.* Trepitjada.
pista [písta] *f.* Pista.
pistachero [pistatʃéro] *m.* BOT. Festuc.
pistacho [pistátʃo] *m.* Festuc.
pistilo [pistílo] *m.* BOT. Pistil.
pisto [písto] *m.* CUI. Brou. *2* Samfaina. ‖ ***Darse** ~,* fer-s'hi veure.
pistola [pistóla] *f.* Pistola.
pistolera [pistoléra] *f.* Pistolera.
pistolero [pistoléro] *m.* Pistoler.
pistolete [pistoléte] *m.* Pistolet.
pistón [pistón] *m.* Pistó.
pita [píta] *f.* BOT. Atzavara, pita. *2* Xiulada.
pitaco [pitáko] *m.* Espigot.
pitada [pitáða] *f.* Xiulet. *2* Xiulada.
pitanza [pitánθa] *f.* Pitança.
pitaña [pitáɲa] *f.* Lleganya.
pitar [pitár] *i.* Xiular. *2* fig. Rutllar.
pitido [pitíðo] *m.* Xiulet. *2* Piulet (d'ocell).
pitillera [pitiʎéra] *f.* Cigarrera, portacigarretes.
pitillo [pitíʎo] *m.* Cigarret, cigarreta.
pítima [pítima] *f.* fam. Pítima.
pito [píto] *m.* Xiulet. *2* Siurell. ‖ ***Entre pitos y flautas,*** entre naps i cols i xerevies.
pitón [pitón] *m.* ZOOL. Pitó.
pitón [pitón] *m.* Galet, broc petit. *2* Brotó.
pitonisa [pitonísa] *f.* Pitonissa.
pitorrearse [pitorreárse] *prnl.* Passejar-se, rifar-se, trufar-se.
pitorreo [pitorréo] *m.* Passejada, rifada.
pitorro [pitórro] *m.* Galet, broc petit (de càntir).
pituso, -sa [pitúso, -sa] *a., m.-f.* Bufó.
pizarra [piθárra] *f.* Pissarra.
pizarrín [piθarrín] *m.* Pissarrí.
pizca [píθka] *f.* Mica, borrall, engruna, bri, gota, espurna, esquitx.
pizpireta [piθpiréta] *a.* Eixerida, argent viu.
placa [pláka] *f.* Placa.
pláceme [pláθeme] *m.* Enhorabona.
placentero, -ra [plaθentéro, -ra] *a.* Agradable, plaent.
placer [plaθér] *m.* Plaer, gaudi.
placer [plaθér] *t.* Plaure. ¶ CONJUG. INDIC. Pres.: ***plazco.*** | Indef.: ***plació*** o ***plugo, placieron*** o ***pluguieron.*** ‖ SUBJ. Pres.: ***plazca, plazcas, plazca, plega*** o ***plegue, plazcamos, plazcáis, plazcan.*** | Imperf.: ***placiera*** o ***pluguiera*** o ***placiese*** o ***pluguiese,*** etc. | Fut.: ***placiere*** o ***pluguiere.*** ‖ IMPERAT.: ***plazca, plazcamos, plazcan.***
placible [plaθíβle] *a.* Agradable, plaent.
placidez [plaθiðéθ] *f.* Placidesa.
plácido, -da [pláθiðo, -ða] *a.* Plàcid.
plaga [pláɣa] *f.* Plaga, flagell.
plagar [plaɣár] *t.-prnl.* Emplenar, omplir, farcir, cosir. *2* fig. Empestar.
plagiar [plaxjár] *t.* Plagiar.
plagiario, -ia [plaxjárjo, -ja] *a., m.-f.* Plagiari.
plagio [pláxjo] *m.* Plagi.
plan [plan] *m.* Pla.
plana [plána] *f.* Plana (pàgina). *2* Plana, planura.
plancha [plántʃa] *f.* Planxa. *2* Fullola.
planchadora [plantʃaðóra] *f.* Planxadora.
planchar [plantʃár] *t.* Planxar.
planeador [planeaðór] *m.* Planador.
planear [planeár] *t.-i.* Planejar. *2* Planar (avió).
planeta [planéta] *m.* Planeta.
planetario, -ria [planetárjo, -ja] *a.* Planetari.
planicie [planíθje] *f.* Planícia, plana, planura.
planisferio [planisférjo] *m.* Planisferi.
plano, -na [pláno, -na] *a.* Pla. *2 m.* Pla, plànol.
planta [plánta] *f.* Planta.
plantación [plantaθjón] *f.* Plantació.
plantado, -da [plantáðo, -ða] *a.* Plantat. ‖ ***Bien** ~,* ben plantat.
plantador, -ra [plantaðór, -ra] *m.-f.* Plantador.
plantar [plantár] *t.* Plantar.
planteamiento [planteamjénto] *m.* Plantejament.
plantear [planteár] *t.* Plantejar.
plantel [plantél] *m.* Planter.
plantificar [plantifikár] *t.* Plantificar.
plantígrado, -da [plantíɣraðo, -ða] *a.-m.* Plantígrad.
plantilla [plantíʎa] *f.* Plantilla.
plantío [plantío] *m.* Plantació.
plantón [plantón] *m.* Plançó. ‖ ***Estar de** ~,* estar de facció.
plañidera [plaɲiðéra] *f.* Ploranera, ploradora.

plañidero, -ra [plaɲiðéro, -ra] *a.* Planyívol.
plañido [plaɲíðo] *m.* Plany.
plasma [plázma] *m.* Plasma.
plasmar [plazmár] *t.* Plasmar.
plasta [plásta] *m.* fig. Nyap, bunyol, patafi.
plástico, -ca [plástiko, -ka] *a.* Plàstic. *2 m.* Plàstic.
plata [pláta] *f.* Plata, argent.
plataforma [platafórma] *f.* Plataforma.
platal [platál] *m.* Dineral.
platanar [platanár] *m.* Platanar.
plátano [plátano] *m.* BOT. Plàtan. *2* Banana. *3* Bananer.
platea [platéa] *f.* Platea.
plateado, -da [plateáðo, -ða] *a.* Platejat, argentat. *2 m.* Acció d'argentar.
platear [plateár] *t.* Platejar, argentar.
platelmintos [platelmíntos] *m.* ZOOL. Platihelmints.
plateresco, -ca [platerésko, -ka] *a.-m.* Plateresc.
platería [platería] *f.* Argenteria.
platero [platéro] *m.* Argenter.
plática [plátika] *f.* Prèdica. *2* Assentada, xerrada.
platicar [platikár] *t.* Predicar. *2* Enraonar, fer-la petar.
platija [platíxa] *f.* ICT. Palaia.
platillo [platíʎo] *m.* Plat petit. *2* Balançó. *3* MÚS. *pl.* Platerets.
platina [platína] *f.* Platina.
platino [platíno] *m.* Platí.
plato [pláto] *m.* Plat.
platónico, -ca [platóniko, -ka] *a.* Platònic.
plausible [plaŭsíβle] *a.* Plausible.
playa [plája] *f.* Platja.
playera [plajéra] *f.* MÚS. Cant popular andalús.
plaza [pláθa] *f.* Plaça.
plazo [pláθo] *m.* Terme, termini.
pleamar [pleamár] *f.* Plenamar.
plebe [pléβe] *f.* Plebs.
plebeyo, -ya [pleβéjo, -ja] *a., m.-f.* Plebeu.
plebiscito [pleβisθíto] *m.* Plebiscit.
plegadera [pleɣaðéra] *f.* Plegadora, tallapapers.
plegado [pleɣáðo] *a.-m.* Plegat.
plegar [pleɣár] *t.-prnl.* Plegar, blegar. *2 i.* Plegar (de treballar). ¶ CONJUG. com ***apretar.***
plegaria [pleɣárja] *f.* Pregària.
pleitear [pleĭteár] *t.* Pledejar.
pleito [pléĭto] *m.* Plet.
plenario, -ia [plenárjo, -ja] *a.* Plenari.
plenamar [plenamár] *f.* Plenamar.
plenilunio [plenilúnjo] *m.* Pleniluni.
plenipotenciario, -ia [plenipotenθjárjo, -ja] *a., m.-f.* Plenipotenciari.
plenitud [plenitúd] *f.* Plenitud. *2* Esplet.
pleno, -na [pléno, -na] *a.-m.* Ple.
pleonasmo [pleonásmo] *m.* Pleonasme.
plétora [plétora] *f.* Plètora.
pleura [pléŭra] *f.* ANAT. Pleura.
pleuresía [pleuresía] *f.* MED. Pleuresia.
pléyade [pléjaðe] *f.* Plèiade.
pliego [pljéɣo] *m.* Plec.
pliegue [pljéɣe] *m.* Plec, doblec, séc.
plisar [plisár] *t.* Prisar.
plomada [plomáða] *f.* Plomada.
plomero [ploméro] *m.* Plomaire.
plomizo, -za [plomíθo, -θa] *a.* Plumbós, de plom.
plomo [plómo] *m.* Plom.
pluma [plúma] *f.* Ploma.
plumada [plumáða] *f.* Plomada.
plumaje [plumáxe] *m.* Plomatge. *2* Plomall.
plumeado [plumeáðo] *m.* Treball a la ploma.
plumear [plumeár] *t.* Plomejar.
plumero [pluméro] *m.* Plomall. ‖ ***Vérsele el ~,*** veure-se-li el llautó.
plumilla [plumíʎa] *f.* Tremp.
plumón [plumón] *m.* Plomissol. *2* Borró.
plural [plurál] *a.-m.* Plural.
pluralidad [pluraliðáð] *f.* Pluralitat.
plus [plus] *m.* Plus.
pluscuamperfecto [pluskwamperféɣto] *m.* Plusquamperfet.
plusvalía [pluzβalía] *f.* Plus-vàlua.
plutocracia [plutokráθja] *f.* Plutocràcia.
plutócrata [plutókrata] *m.-f.* Plutòcrata.
pluvial [pluβjál] *a., m.-f.* Pluvial.
pluviómetro [pluβjómetro] *m.* Pluviòmetre.
población [poβlaθjón] *f.* Població, poblat. *2* Poblament.
poblacho [poβlátʃo] *m.* Poble desmarxat.
poblado [poβláðo] *m.* V. POBLACIÓN.
poblador, -ra [poβlaðór, -ra] *a., m.-f.* Poblador.
poblamiento [poβlamjénto] *m.* Poblament.
poblar [poβlár] *t.-prnl.-i.* Poblar. ¶ CONJUG. com ***desollar.***
pobre [póβre] *a., m.-f.* Pobre. *2 a.* Tronat.
pobrete, -ta [poβréte, -ta] *a., m.-f.* Pobrissó.
pobretón, -ona [poβretón, -óna] *a., m.-f.* Pobrissó.
pobreza [poβréθa] *f.* Pobresa.
pocilga [poθílɣa] *f.* Cort, cortina.
pócima [póθima] *f.* Potinga.
poción [poθjón] *f.* Poció

poco, -ca [póko, -ka] *a.-adv.* Poc. *2 m.* Poc, mica. || ~ *a* ~, a poc a poc. || *A* ~, al cap de poc. || ~ *más o menos*, poc més, poc menys. || ~ *ha, suara, adés. V.* RESUM GRAMATICAL.

poda [póða] *f.* Poda.

podadera [poðaðéra] *f.* Podadora, podall.

podagra [poðáγra] *f.* MED. Poagre.

podar [poðár] *t.* Esporgar, podar, escatir.

podenco [poðéŋko] *a., m.-f.* Gos coniller.

poder [poðér] *m.* Poder.

poder [poðér] *t.-i.* Poder. ¶ CONJUG. GER.: *pudiendo.* || INDIC. Pres.: *puedo, puedes, puede, pueden.* Indef.: *pude, pudiste, pudo, pudimos, pudisteis, pudieron.* | Fut.: *podré, podrás, podrá, podremos, podréis, podrán.* || SUBJ. Pres.: *pueda, puedas, pueda, puedan.* | Imperf.: *pudiera* o *-iese, pudieras* o *-ieses, pudiera* o *-iese, pudiéramos* o *-iésemos, pudierais* o *-ieseis, pudieran* o *-iesen.* | Fut.: *pudiere, pudieres, pudiere, pudiéremos, pudiereis, pudieren.* ¶ IMPERAT.: *puede, pueda, pueden.*

poderío [poðerío] *m.* Poder, potestat. *2* Cabal. *3* Força.

poderoso, -sa [poðeróso, -sa] *a., m.-f.* Poderós, apoderat.

podón [poðón] *m.* Podall.

podredumbre [poðreðúmbre] *f.* Podridura.

podrir [poðrír] *t.-prnl.* V. PUDRIR.

poema [poéma] *m.* Poema.

poesía [poesía] *f.* Poesia.

poeta [poéta] *m.* Poeta.

poetastro [poetástro] *m.* Poetastre.

poético, -ca [poétiko, -ka] *a., m.-f.* Poètic. *2 f.* Poètica.

poetisa [poetísa] *f.* Poetessa.

poetizar [poetiθár] *i.-t.* Poetitzar.

polaco, -ca [polako, -ka] *a., m.-f.* Polonès.

polaina [poláĭna] *f.* Polaina, calçó.

polar [polár] *a.* Polar.

polarizar [polariθár] *t.-prnl.* Polaritzar.

polca [pólka] *f.* Polca.

polea [poléa] *f.* Politja, corriola.

polémico, -ca [polémiko, -ka] *a.* Polèmic. *2 f.* Polèmica.

polemista [polemísta] *m.-f.* Polemista.

polen [pólen] *m.* Pol·len.

policía [poliθía] *f.* Policia, bòfia (fam.). *2 m.* Policia.

policíaco, -ca [poliθíako, -ka] *a.* Policíac.

policromo, -ma [polikrómo, -ma] *a.* Policrom.

polichinela [politʃinéla] *m.* Putxinel·li, titella.

poliedro [poljéðro] *m.* GEOM. Políedre.

polifásico, -ca [polifásiko, -ka] *a.* ELEC. Polifàsic.

polifonía [polifonía] *f.* MÚS. Polifonia.

polifónico, -ca [polifóniko, -ka] *a.* MÚS. Polifònic.

poligamia [poliγámja] *f.* Poligàmia.

polígamo, -ma [políγamo, -ma] *a., m.-f.* Polígam.

políglotо, -ta [políγloto, -ta] *a., m.-f.* Poliglot.

polígono [políγono] *m.* Polígon.

polilla [políʎa] *f.* ENTOM. Arna.

polinesio, -ia [polinésjo, -ja] *a., m.-f.* Polinesi.

polinomio [polinómjo] *m.* MAT. Polinomi.

polípero [polípero] *m.* Polípor.

pólipo [pólipo] *m.* Pòlip.

polisílabo, -ba [polisílaβo, -βa] *a.-m.* Polisíl·lab.

polisón [polisón] *m. fr.* Polisson.

politécnico, -ca [politéγniko, -ka] *a.* Politècnic.

politeísmo [politeízmo] *m.* Politeisme.

política [polítika] *f.* Política.

politicastro [politikástro] *m.* Politicastre.

político, -ca [polítiko, -ka] *a.* Polític.

póliza [póliθa] *f.* Pòlissa.

polizón [poliθón] *m.* Polissó.

polizonte [poliθónte] *m.* fam. Bòfia, policia.

polo [pólo] *m.* Pol. *2* Polo.

poltrón, -ona [poltrón, -óna] *a.* Dropo, poltró.

poltronería [poltronería] *f.* Droperia, poltroneria.

polvareda [polβaréða] *f.* Polseguera.

polvera [polβéra] *f.* Polvorera.

polvillo [polβíʎo] *m.* Polsim.

polvo [pólβo] *f.* Pols. *2 pl.* Pols, pòlvores.

pólvora [pólβora] *f.* Pólvora.

polvorear [polβoreár] *t.* Empolsar, empolsegar.

polvoriento, -ta [polβorjénto, -ta] *a.* Polsós, polsegós.

polvorín [polβorín] *m.* Polvorí.

polvorón [polβorón] *m.* Mena de galeta que es fa pols quan la menges.

polvoroso, -sa [polβoróso, -sa] *a.* Polsegós, polsós.

polla [póʎa] *f.* Polla.

pollada [poʎáða] *f.* Llocada.

pollera [poʎéra] *f.* Pollera.

pollero, -ra [poʎéro, -ra] *m.-f.* Gallinaire.

pollino, -na [poʎíno, -na] *m.-f.* Pollí.

pollito, -ta [poʎíto, -ta] *m.-f.* fam. Mocós, marrec.

pollo [póʎo] *m.* Pollastre. *2* Poll. *3* fig. Jove.

polluelo [poʎwélo] *m.* Poll, pollet.
pomada [pomáðа] *f.* Pomada.
pómez [pómeθ] *f.* Tosca (pedra).
pomo [pómo] *m.* Pom.
pompa [pómpa] *f.* Pompa, fast.
pomponearse [pomponeárse] *prnl.* Vanar-se, fatxendejar.
pomposo, -sa [pompóso, -sa] *a.* Pompós.
pómulo [pómulo] *m.* ANAT. Pòmul.
poncil [ponθíl] *m.* BOT. Alamboner. *2* Alambó.
ponche [póntʃe] *m.* Ponx.
poncho [póntʃo] *m.* Espècie de capa amb una obertura central per on passa el cap.
ponderación [ponderaθjón] *f.* Ponderació.
ponderado, -da [ponderáðo, -ða] *a.* Ponderat.
ponderar [ponderár] *t.* Ponderar.
ponedero [poneðéro] *a.* Ponedor. *2 m.* Ponedor.
ponedor, -ra [poneðór, -ra] *a.* Ponedor.
ponencia [ponénθja] *f.* Ponència.
ponente [ponénte] *a., m.-f.* Ponent.
poner [ponér] *t.* Posar. *2* Pondre. *3 prnl.* Pondre's, tornar-se. ‖ ~ ***en marcha,*** fer anar, disparar (un mecanisme). ¶ CONJUG. P. P.: ***puesto.*** ¶ INDIC. Pres.: ***pongo.*** | Indef.: ***puse, pusiste, puso, pusimos, pusisteis, pusieron.*** | Fut.: ***pondré, pondrás, pondrá, pondremos, pondréis, pondrán.*** ‖ SUBJ. Pres.: ***ponga, pongas, ponga, pongamos, pongáis, pongan.*** | Imperf.: ***pusiera*** o ***-iese,*** etc. | Fut.: ***pusiere,*** etc. ‖ IMPERAT.: ***pon, ponga, pongamos, pongan.***
poniente [ponjénte] *m.* Ponent, occident.
pontificado [pontifikáðo] *m.* Pontificat.
pontificar [pontifikár] *i.* Pontificar.
pontífice [pontífiθe] *m.* Pontífex. ‖ ***Sumo*** ~, Sant Pare, Papa.
pontificio, -ia [pontifíθjo, -ja] *a.* Pontifici.
pontón [pontón] *m.* Pontó.
ponzoña [ponθóɲa] *f.* Metzina, verí.
ponzoñoso, -sa [ponθoɲóso, -sa] *a.* Metzinós, verinós.
popa [pópa] *f.* NÀUT. Popa.
pope [pópe] *m.* Pope.
populacho [populátʃo] *m.* Populatxo.
popular [populár] *a.* Popular.
popularidad [populariðáð] *f.* Popularitat.
popularizar [populariθár] *t.-prnl.* Popularitzar.
populoso, -sa [populóso, -sa] *a.* Populós.
poquedad [pokeðáð] *f.* Poquesa, poquedat.
póquer [póker] *m.* Pòquer.
por [por] *prep.* Per. ‖ ~ ***medio de,*** per mitjà de. ‖ ~ ***lo que toca a,*** tocant a. ‖ ~ ***más que,*** per més que. ‖ ***¿~ qué?,*** per què?
porcelana [porθelána] *f.* Porcellana.
porcentaje [porθentáxe] *m.* Percentatge.
porcino, -na [porθíno, -na] *f.* Porquí, porcí.
porción [porθjón] *f.* Porció.
porcuno, -na [porkúno, -na] *a.* Porquí.
porche [pórtʃe] *m.* Porxo.
pordiosear [porðjoseár] *i.-t.* Captar, pidolar.
pordiosero, -ra [porðjoséro, -ra] *m.-f.* Captaire.
porfía [porfía] *f.* Porfídia. ‖ ***A*** ~, sense parar.
porfiado, -da [porfjáðo, -ða] *a.* Porfidiós, testarrut.
porfiar [porfjár] *i.* Porfidiejar. *2* Ficar la banya.
pórfido [pórfiðo] *m.* MINER. Pòrfir.
pormenor [pormenór] *m.* Detall.
pornografía [pornoɣrafía] *f.* Pornografia.
poro [póro] *m.* Porus.
porosidad [porosiðáð] *f.* Porositat.
poroso, -sa [poróso, -sa] *a.* Porós.
porque [pórke] *conj.* Perquè, per tal com, car.
porqué [porké] *m.* fam. Perquè.
porquería [porkería] *f.* Porqueria, potineria. *2* Ronya.
porqueriza [porkeríθa] *f.* Cort (de porcs).
porra [pórra] *f.* Porra.
porrada [porráða] *f.* Cop de porra. *2* Patacada. *3* fig. Disbarat, munió.
porrazo [porráθo] *m.* Garrotada. *2* Trompada, patacada.
porreta (en) [porréta] loc. fam. Conill, despullat.
porrillo (a) [porríʎo] loc. A balquena.
porrón [porrón] *m.* Porró.
portaaviones [portaβjónes] *m.* Portaavions.
portada [portáða] *f.* Portada. *2* Portada, portalada.
portador, -ra [portaðór, -ra] *a., m.-f.* Portador.
portal [portál] *m.* Portal.
portalón [portalón] *m.* Portal. *2* Portaló.
portamonedas [portamonéðas] *m.* Portamonedes.
portante [portánte] *m.* Portant, ambladura.
portarse [portárse] *prnl.* Portar-se.
portátil [portátil] *a.* Portàtil.
portavoz [portaβóθ] *m.* Portaveu.
portazo [portáθo] *m.* Cop de porta.
porte [pórte] *m.* Port (transport). *2* Port (aire). *3* Comportament. *4 pl.* Ports.

porteador [porteaðór] *m.* Persona que té l'ofici de transportar càrregues.
portear [porteár] *t.* Traginar.
portento [porténto] *m.* Portent.
portentoso, -sa [portentóso, -sa] *a.* Portentós.
portería [portería] *f.* Porteria.
portero, -ra [portéro, -ra] *a., m.-f.* Porter.
portezuela [porteθwéla] *f.* Portella.
pórtico [pórtiko] *m.* Pòrtic.
portilla [portiʎa] *f.* Portell.
portillo [portiʎo] *m.* Portell, call. *2* Portella.
portón [portón] *m.* Contraporta.
portorriqueño, -ña [portorrikéɲo, -ɲa] *a.* Porto-riqueny.
portuario, -ia [portuárjo, -ja] *a.* Portuari.
portugués, -sa [portuɣés, -sa] *a., m.-f.* Portuguès.
porvenir [porβenir] *m.* Avenir, esdevenidor, futur.
pos (en) [pos] loc. A l'encalç.
posada [posáða] *f.* Posada, hostal, fonda.
posaderas [posaðéras] *f. pl.* Anques, natgera.
posadero, -ra [posaðéro, -ra] *m.-f.* Fondista, hostaler.
posar [posár] *i.-t.-prnl.* Posar, allotjar-se. *2 prnl.* Assolar-se, deposar (un líquid).
posdata [pozðáta] *f.* Postdata.
poseedor, -ra [poseeðór, -ra] *a., m.-f.* Posseïdor.
poseer [poseér] *t.-prnl.* Posseir, haver. ¶ CONJUG. P. P.: ***poseído*** i ***poseso.***
posesión [posesjón] *f.* Possessió.
posesionar [posesjonár] *t.-prnl.* Possessionar.
posesivo, -va [posesiβo, -βa] *a.-m.* Possessiu.
poseso, -sa [poséso, -sa] *a., m.-f.* Endimoniat, esperitat.
posesor, -ra [posesór, -ra] *a., m.-f.* Possessor.
posibilidad [posiβiliðáð] *f.* Possibilitat.
posibilitar [posiβilitár] *t.* Possibilitar.
posible [posiβle] *a.* Possible.
posición [posiθjón] *f.* Posició.
positivismo [positiβizmo] *m.* FIL. Positivisme.
positivo [positiβo] *a.* Positiu.
posma [pózma] *a., m.-f.* Maimó.
poso [póso] *m.* Pòsit, solatge. *2* Marro.
posponer [posponér] *t.* Posposar. ¶ CONJUG. com ***poner.***
posta [pósta] *f.* Posta. ‖ ***A ~,*** a posta, expressament.
postal [postál] *a.-f.* Postal.
postdata [posðáta] *f.* Postdata.
poste [póste] *m.* Pal.
postergar [posterɣár] *t.* Postergar.
posteridad [posteriðáð] *f.* Posteritat.
posterior [posterjór] *a.* Posterior.
posteriori (a) [posterjóri] loc. A posteriori.
postigo [postiɣo] *m.* Finestró, porticó.
postilla [postiʎa] *f.* Crosta (d'una ferida).
postín [postin] *m.* Fatxenderia, presumpció, vanitat.
postizo, -za [postiθo, -θa] *a.* Postís.
postor [postór] *m.* Postor.
postrar [postrár] *t.* Prostrar. *2 prnl.* Prosternar-se.
postre [póstre] *m.* Postres, llevants. ‖ ***A la ~,*** al capdavall.
postrer [postrér] *a.* V. POSTRERO.
postrero, -ra [postréro, -ra] *a., m.-f.* Darrer, postrem.
postrimer [postrimér] *a.* V. POSTRERO.
postrimería [postrimeria] *f.* Darreria. *2 pl.* Acaballes. *3* Darreries.
postrimero, -ra [postriméro, -ra] *a., m.-f.* V. POSTRERO.
postulación [postulaθjón] *f.* Postulació.
postulado [postuláðo] *m.* Postulat.
postulante [postulánte] *a., m.-f.* Postulant.
postular [postulár] *t.* Postular.
póstumo, -ma [póstumo, -ma] *a.* Pòstum.
postura [postúra] *f.* Positura, postura.
potable [potáβle] *a.* Potable.
potaje [potáxe] *m.* Potatge.
potasa [potása] *f.* QUÍM. Potassa.
potasio [potásjo] *m.* MINER. Potassi.
pote [póte] *m.* Pot. *2* Test.
potencia [potenθja] *f.* Potència.
potencial [potenθjál] *a.-m.* Potencial.
potentado [potentáðo] *m.* Potentat.
potente [poténte] *a.* Potent.
poterna [potérna] *f.* FORT. Poterna.
potestad [potestáð] *f.* Potestat.
potestativo, -va [potestatiβo, -βa] *a.* Potestatiu.
potingue [potiŋɣe] *m.* fam. Potinga.
potísimo [potisimo] *a.* Molt poderós, molt principal.
potra [pótra] *f.* ZOOL. Poltra. *2* fam. Sort, xamba. *3* Trencadura, hèrnia.
potranca [potráŋka] *f.* Poltra jove.
potro [pótro] *m.* ZOOL. Poltre.
poyo [pójo] *m.* Pedrís.
poza [póθa] *f.* Toll, bassa.
pozal [poθál] *m.* Poal, galleda. *2* Brocal.
pozo [póθo] *m.* Pou.
práctica [práɣtika] *f.* Pràctica.
practicable [praɣtikáβle] *a.* Practicable.
practicante [praɣtikánte] *a., m.-f.* Practicant.

practicar [praγtikár] *t.* Practicar.
práctico, -ca [práγtiko, -ka] *a.* Pràctic.
pradera [praðéra] *f.* Prada, praderia.
pradería [praðeria] *f.* Praderia, prada.
prado [práðo] *m.* Prat.
pragmático, -ca [praγmátiko, -ka] *a., m.-f.* Pragmàtic. *2 f.* Pragmàtica.
preámbulo [preámbulo] *m.* Preàmbul.
prebenda [preβénda] *f.* Prebenda.
prebendado [preβenðáðo] *m.* Prebendat.
preboste [preβóste] *m.* Prebost.
precario, -ia [prekárjo, -ja] *a.* Precari.
precaución [prekaŭθjón] *f.* Precaució.
precaver [prekaβér] *t.-prnl.* Prevenir. *2 prnl.* Prevenir-se, capguardar-se.
precedencia [preθeðénθja] *f.* Precedència.
precedente [preθeðénte] *a.-m.* Precedent.
preceder [preθeðér] *t.* Precedir, antecedir.
preceptivo, -va [preθeβtíβo, -βa] *a.* Preceptiu. *2 f.* Preceptiva.
precepto [preθéβto] *m.* Precepte.
preceptor, -ra [preθeβtór, -ra] *m.-f.* Preceptor.
preceptuar [preθeβtuár] *t.* Preceptuar.
preces [préθes] *f. pl.* Precs, súpliques.
precesión [preθesjón] *f.* Precessió.
preciar [preθjár] *t.-prnl.* Prear. *2 prnl.* Prear-se.
precintar [preθintár] *t.* Precintar.
precinto [preθínto] *m.* Precinte.
precio [préθjo] *m.* Preu.
preciosidad [preθjosiðáð] *f.* Preciositat.
preciosismo [preθjosismo] *m.* Preciosisme.
precioso, -sa [preθjóso, -sa] *a.* Preciós.
precipicio [preθipíθjo] *m.* Precipici.
precipitación [preθipitaθjón] *f.* Precipitació.
precipitado, -da [preθipitáðo, -ða] *a.-m.* Precipitat.
precipitante [preθipitánte] *a.-m.* Precipitant.
precipitar [preθipitár] *t.-prnl.* Precipitar.
precisar [preθisár] *t.* Precisar.
precisión [preθisjón] *f.* Precisió.
preciso, -sa [preθíso, -sa] *a.* Precís. ‖ ***Ser*** ~, caldre.
precitado, -da [preθitáðo, -ða] *a.* Precitat.
preclaro, -ra [prekláro, -ra] *a.* Preclar.
precocidad [prekoθiðáð] *f.* Precocitat.
preconizar [prekoniθár] *t.* Preconitzar.
precoz [prekóθ] *a.* Precoç.
precursor, -ra [prekursór, -ra] *a.* Precursor.
predecesor, -ra [preðeθesór, -ra] *a.* Predecessor.
predecir [preðeθír] *t.* Predir. ¶ CONJUG. com ***decir***.
predestinación [preðestinaθjón] *f.* Predestinació.
predestinar [preðestinár] *t.* Predestinar.
predeterminar [preðeterminár] *t.* Predeterminar.
prédica [préðika] *f.* Prèdica.
predicación [preðikaθjón] *f.* Predicació.
predicado [preðikáðo] *m.* Predicat.
predicador, -ra [preðikaðór, -ra] *a., m.-f.* Predicador.
predicamento [preðikaménto] *m.* Predicament.
predicar [preðikár] *t.* Predicar.
predicción [preðiγθjón] *f.* Predicció.
predilección [preðileγθjón] *f.* Predilecció.
predilecto, -ta [preðiléγto, -ta] *a.* Predilecte.
predio [préðjo] *m.* Predi.
predisponer [preðisponér] *t.* Predisposar. ¶ CONJUG. com ***poner***.
predisposición [preðisposiθjón] *f.* Predisposició.
predominar [preðominár] *i.-t.* Predominar.
predominio [preðomínjo] *m.* Predomini.
preeminencia [preminénθja] *f.* Preeminència.
preeminente [preminénte] *a.* Preeminent.
preestablecer [prestaβleθér] *t.* Preestablir.
preexistente [preγsisténte] *a.* Preexistent.
prefacio [prefáθjo] *m.* Prefaci.
prefecto [preféγto] *m.* Prefecte.
prefectura [prefeγtúra] *f.* Prefectura.
preferencia [preferénθja] *f.* Preferència.
preferente [preferénte] *a.* Preferent.
preferible [preferíβle] *a.* Preferible.
preferir [preferír] *t.* Preferir. ¶ CONJUG. com ***sentir***.
prefijo, -ja [prefíxo, -xa] *a.-m.* Prefix.
pregón [preγón] *m.* Crida, pregó.
pregonar [preγonár] *t.* Pregonar.
pregonero [preγonéro] *m.* Pregoner, nunci, cridador.
pregunta [preγúnta] *f.* Pregunta.
preguntar [preγuntár] *t.* Preguntar.
preguntón, -ona [preγuntón, -óna] *a., m.-f.* Preguntaire.
prehistoria [preistórja] *f.* Prehistòria.
prejuicio [prexwíθjo] *m.* Prejudici.
prejuzgar [prexuðγár] *t.* Prejutjar.
prelación [prelaθjón] *f.* Prelació.
prelado [preláðo] *m.* Prelat.
preliminar [preliminár] *a.* Preliminar.
preludiar [preluðjár] *i.-t.* Preludiar.
preludio [prelúðjo] *m.* Preludi.
prematuridad [prematuriðáð] *f.* Prematuritat.
prematuro, -ra [prematúro, -ra] *a.* Prematur.

premeditación [premeðitaθjón] *f.* Premeditació.
premeditar [premeðitár] *t.* Premeditar.
premiar [premjár] *t.* Premiar.
premio [prémjo] *m.* Premi.
premioso, -sa [premjóso, -sa] *a.* Estret. *2* Apressant. *3* Ganso.
premisa [premísa] *f.* Premissa.
premura [premúra] *f.* Pressa, cuita, urgència. *2* Destret.
prenda [prénda] *f.* Gatge, penyora. *2* Peça de roba. *3* fig. *pl.* Qualitats (d'una persona).
prendado, -da [prendáðo, -ða] *a.* Cor-robat.
prendarse [prendárse] *prnl.* Agradar-se, enamorar-se, corprendre's.
prender [prendér] *t.-i.* Prendre. *2* Agafar (presoner). ¶ CONJUG. P. P.: ***prendido*** i ***preso.***
prendería [prendería] *f.* Botiga de roba-vellaire.
prendero, -ra [prendéro, -ra] *m.-f.* Roba-vellaire.
prensa [prénsa] *f.* Premsa.
prensado [prensáðo] *m.* Premsat.
prensar [prensár] *t.* Premsar.
prensil [prensíl] *a.* Prènsil.
prensión [prensjón] *f.* Prensió.
prensista [prensísta] *m.* Premsista.
preñado, -da [preɲáðo, -ða] *a.-m.* Prenyat. *2 a.-f.* Prenys.
preñar [preɲár] *t.* Prenyar, emprenyar.
preñez [preɲéθ] *f.* Prenyat.
preocupación [preokupaθjón] *f.* Preocupació, cabòria, mal de cap.
preocupado, -da [preokupáðo, -ða] *a.* Amoïnat, consirós.
preocupar [preokupár] *t.-prnl.* Preocupar, amoïnar. *2* Encaparrar. *3 prnl.* Encaboriar-se, capficar-se.
preparación [preparaθjón] *f.* Preparació.
preparado, -da [preparáðo, -ða] *a.-m.* Preparat.
preparar [preparár] *t.-prnl.* Preparar. *2* Abillar, aparellar.
preparativo, -va [preparatíβo, -βa] *a.* Preparatiu. *2 m. pl.* Preparatius.
preparatorio, -ia [preparatórjo, -ja] *a.* Preparatori.
preponderancia [preponðeránθja] *f.* Preponderància.
preponderar [preponderár] *i.* Preponderar.
preposición [preposiθjón] *f.* Preposició.
prepotente [prepoténte] *a.* Prepotent.
prepucio [prepúθjo] *m.* ANAT. Prepuci.
prerrogativa [prerroɣatíβa] *f.* Prerrogativa.
presa [présa] *f.* Presa. *2* Resclosa, presa.
presagiar [presaxjár] *t.* Presagiar.
presagio [presáxjo] *m.* Presagi.
presbiterado [presβiteráðo] *m.* Presbiterat.
presbiterio [presβitérjo] *m.* Presbiteri.
presbítero [presβítero] *m.* Prevere.
presciencia [presθjénθja] *f.* Presciència.
prescindir [presθindír] *i.* Prescindir.
prescribir [preskriβír] *t.-i.* Prescriure. ¶ CONJUG. P. P.: ***prescripto*** o ***prescrito.***
prescripción [preskriβθjón] *f.* Prescripció.
presea [preséa] *f.* Joiell, joia.
presencia [presénθja] *f.* Presència.
presenciar [presenθjár] *t.* Presenciar.
presentación [presentaθjón] *f.* Presentació.
presentar [presentár] *t.-prnl.* Presentar.
presente [presénte] *a.-m.* Present.
presentimiento [presentimjénto] *m.* Pressentiment.
presentir [presentír] *t.* Pressentir. ¶ CONJUG. com ***sentir.***
preservación [preserβaθjón] *f.* Preservació.
preservar [preserβár] *t.-prnl.* Preservar.
preservativo, -va [preserβatíβo, -βa] *a.-m.* Preservatiu.
presidario [presiðárjo] *m.* V. PRESIDIARIO.
presidencia [presiðénθja] *f.* Presidència.
presidencial [presiðenθjál] *a.* Presidencial.
presidente, -ta [presiðénte, -ta] *m.-f.* President.
presidiario [presiðjárjo] *m.* Presidiari.
presidio [presíðjo] *m.* Presidi.
presidir [presiðír] *t.* Presidir.
presilla [presíʎa] *f.* Bagueta. *2* Repunt.
presión [presjón] *f.* Pressió.
preso, -sa [préso, -sa] *a., m.-f.* Pres.
prestación [prestaθjón] *f.* Prestació.
prestamista [prestamísta] *m.-f.* Prestador.
préstamo [préstamo] *m.* Préstec.
prestancia [prestánθja] *f.* Excel·lència.
prestar [prestár] *t.-i.-prnl.* Prestar.
presteza [prestéθa] *f.* Prestesa.
prestidigitación [prestiðixitaθjón] *f.* Prestidigitació.
prestidigitador, -ra [prestiðixitaðór, -ra] *m.-f.* Prestidigitador.
prestigioso, -sa [prestixjóso, -sa] *a.* Prestigiós.
presto, -ta [présto, -ta] *a.* Prest, prompte, dispost, amatent. *2 adv.* Tot seguit, promptament.
presumido, -da [presumíðo, -ða] *a.* Presumit.
presumir [presumír] *t.* Presumir. ¶ CONJUG. P. P.: ***presumido*** i ***presunto.***

presunción [presunθjón] *f.* Presumpció, fatxenda.
presunto, -ta [presúnto, -ta] *a.* Presumpte.
presuntuosidad [presuntwosiðáð] *f.* Presumptuositat.
presuntuoso, -sa [presuntuóso, -sa] *a.* Presumptuós, pretensiós.
presuponer [presuponér] *t.* Pressuposar. ¶ CONJUG. com ***poner.***
presupuesto, -ta [presupwésto, -ta] *m.* Pressupost.
presuroso, -sa [presuróso, -sa] *a.* Apressat.
pretender [pretendér] *t.* Pretendre. ¶ CONJUG. P. P.: ***pretendido*** i ***pretenso.***
pretendiente [pretendjénte] *a.-m.* Pretendent.
pretensión [pretensjón] *f.* Pretensió.
preterición [preteriθjón] *f.* Preterició.
preterir [preterír] *t.* Preterir.
pretérito, -ta [pretérito, -ta] *a.-m.* Pretèrit.
pretextar [preteɣstár] *t.* Pretextar.
pretexto [pretéɣsto] *m.* Pretext. *2 pl.* Brocs.
pretil [pretíl] *m.* Ampit, barana.
pretina [pretína] *f.* Cinturó. *2* Trinxa.
pretor [pretór] *m.* Pretor.
pretoriano, -na [pretorjáno, -na] *a.-m.* Pretorià.
pretorio [pretórjo] *m.* Pretori.
prevalecer [preβaleθér] *i.* Prevaler. ¶ CONJUG. com ***agradecer.***
prevaricación [preβarikaθjón] *f.* Prevaricació.
prevaricar [preβarikár] *i.* Prevaricar.
prevención [preβenθjón] *f.* Prevenció.
prevenir [preβenír] *t.-prnl.* Prevenir. ¶ CONJUG. com ***venir.***
preventivo, -va [preβentíβo, -βa] *a.* Preventiu.
prever [preβér] *t.* Preveure. ¶ CONJUG. com ***ver.***
previo, -ia [préβjo, -ja] *a.* Previ.
previsión [preβisjón] *f.* Previsió.
previsor, -ra [preβisór, -ra] *a.-f.* Previsor.
prez [preθ] *f.* Honor, glòria, estima.
prieto, -ta [prjéto, -ta] *a.* Estret, serrat, atapeït. *2* fig. Rata, gasiu.
prima [príma] *f.* Prima.
primacía [primaθía] *f.* Primacia.
primada [primáða] *f.* Rifada, enganyifa.
primado, -da [primáðo] *m.* Primat.
primario, -ia [primárjo, -ja] *a.* Primari.
primate [primáte] *m.* Primat, pròcer. *2 pl.* ZOOL. Primats.
primavera [primaβéra] *f.* Primavera.
primaveral [primaβerál] *a.* Primaveral.
primer [primér] *a.* Apòcope de ***primero.***
primeramente [primeraménte] *adv.* Primerament.
primerizo, -za [primeríθo, -θa] *a.* Novençà. *2 f.* Femella que pareix per primera vegada.
primero, -ra [priméro, -ra] *a.* Primer.
primicia [primíθja] *f.* Primícia.
primitivismo [primitiβísmo] *m.* Primitivisme.
primitivo, -va [primitíβo, -βa] *a.* Primitiu.
primo, -ma [prímo, -ma] *a.* Primer. ‖ ***Número ~,*** nombre primer. *2 m.-f.* Cosí. ‖ ***~ hermano,*** cosí germà. *3* fig. fam. Babau, neci. *4 adv.* Primerament.
primogénito, -ta [primoxénito, -ta] *a., m.-f.* Primogènit.
primogenitura [primoxenitúra] *f.* Primogenitura.
primor [primór] *m.* Boniquesa, finor, polidesa.
primordial [primorðjál] *a.* Primordial.
primoroso, -sa [primoróso, -sa] *a.* Primoter.
princesa [prinθésa] *f.* Princesa.
principado [prinθipáðo] *m.* Principat.
principal [prinθipál] *a.-m.* Principal, cabdal.
príncipe [prínθipe] *m.* Príncep.
principesco, -ca [priniipésko, -ka] *a.* Principesc.
principiante [prinθipjánte] *a., m.-f.* Principiant. *2* Aprenent.
principiar [prinθipjár] *t.-prnl.* Principiar.
principio [prinθípjo] *m.* Principi. *2* Entrant (plat).
pringar [priŋgár] *t.-prnl.* Enllardar, untar, sucar.
pringoso, -sa [priŋgóso, -sa] *a.* Llardós, greixós.
pringue [príŋge] *m.-f.* Greix, greixum.
prior, -ra [priór, -ra] *m.-f.* Prior.
priorato [prioráto] *m.* Priorat.
priori (a) [prióri] loc. A priori.
prioridad [prioriðáð] *f.* Prioritat.
prisa [prísa] *f.* Pressa, cuita. ‖ ***A toda ~,*** a corre-cuita, a la desesperada.
prisión [prisjón] *m.* Presó, garjola (fam.).
prisionero, -ra [prisjonéro, -ra] *m.-f.* Presoner.
prisma [prízma] *m.* Prisma.
prismático, -ca [prizmátiko, -ka] *a.* Prismàtic.
prístino, -na [prístino, -na] *a.* Primitiu.
privación [priβaθjón] *f.* Privació.
privada [priβáða] *f.* Latrina, comuna.
privado, -da [priβáðo, -ða] *a.* Privat.
privanza [priβánθa] *f.* Privadesa.
privar [priβár] *t.-prnl.* Privar. ‖ ***~ -se de,*** estar-se de.

privativo, -va [priβatiβo, -βa] *a.* Privatiu.
privilegiado, -da [priβilexjáðo, -ða] *a.* Privilegiat.
privilegio [priβiléxjo] *m.* Privilegi.
pro [pro] *m.-f.* ‖ ***Hombre de ~,*** home de bé, d'upa. ‖ ***Buena ~,*** bon profit. ‖ ***El ~ y el contra,*** el pro i el contra.
proa [próa] *f.* NÀUT. Proa.
probabilidad [proβaβiliðáð] *f.* Probabilitat.
probable [proβáβle] *a.* Probable. *2* Provable.
probador [proβaðór] *m.* Emprovador.
probar [proβár] *t.-i.* Provar. *2* Tastar. *3* Emprovar. ¶ CONJUG. com ***contar.***
probatorio, -ia [proβatórjo, -ja] *a.* Probatori.
probeta [proβéta] *f.* Proveta.
probidad [proβiðáð] *f.* Probitat.
problema [proβléma] *m.* Problema.
problemático, -ca [proβlemátiko, -ka] *a.* Problemàtic. *2 f.* Problemàtica.
proboscidios [proβosθíðjos] *a., m.-f.* ZOOL. Proboscidis.
procacidad [prokaθiðáð] *f.* Procacitat.
procaz [prokáθ] *a.* Procaç.
procedencia [proθeðénθja] *f.* Procedència.
procedente [proθeðénte] *a.* Procedent.
proceder [proθeðér] *i.* Procedir.
proceder [proθeðér] *m.* Comportament, capteniment.
procedimiento [proθeðimjénto] *m.* Procediment.
prócer [próθer] *a.-m.* Pròcer.
procesar [proθesár] *t.* JUR. Processar.
procesión [proθesjón] *f.* Processó.
procesional [proθesjonál] *a.* Processional.
proceso [proθéso] *m.* Procés.
proclama [prokláma] *f.* Proclama.
proclamación [proklamaθjón] *f.* Proclamació.
proclamar [proklamár] *t.* Proclamar.
procomún [prokomún] *m.* Bé comú.
procónsul [prokónsul] *m.* Procònsol.
procrear [prokreár] *t.* Procrear.
procurador [prokuraðór] *m.* Procurador.
procurar [prokurár] *t.* Procurar, maldar.
prodigalidad [proðiγaliðáð] *f.* Prodigalitat.
prodigar [proðiγár] *t.-prnl.* Prodigar.
prodigio [proðíxjo] *m.* Prodigi.
prodigioso, -sa [proðixjóso, -sa] *a.* Prodigiós.
pródigo, -ga [próðiγo, -γa] *a., m.-f.* Pròdig.
producción [proðuγθjón] *f.* Producció.
producir [proðuθír] *t.* Producir. ¶ CONJUG. com ***conducir.*** ‖ P. P.: ***producido*** i ***producto.***

productivo, -va [proðuγtíβo, -βa] *a.* Productiu.
producto [proðúγto] *m.* Producte.
productor, -ra [proðuγtór, -ra] *a., m.-f.* Productor.
proemio [proémjo] *m.* Proemi.
proeza [proéθa] *f.* Proesa.
profanación [profanaθjón] *f.* Profanació.
profanar [profanár] *t.* Profanar.
profano, -na [profáno, -na] *a.* Profà.
profecía [profeθía] *f.* Profecia.
proferir [proferír] *t.* Proferir. ¶ CONJUG. com ***sentir.***
profesar [profesár] *t.* Professar.
profesión [profesjón] *f.* Professió.
profesional [profesjonál] *a., m.-f.* Professional.
profeso, -sa [proféso, -sa] *a., m.-f.* Profès. ‖ ***Ex ~,*** exprés.
profesor, -ra [profesór, -ra] *m.-f.* Professor.
profesorado [profesoráðo] *m.* Professorat.
profeta [proféta] *m.* Profeta.
profético, -ca [profétiko, -ka] *a.* Profètic.
profetisa [profetísa] *f.* Profetessa.
profetizar [profetiθár] *t.* Profetitzar.
prófugo, -ga [prófuγo, -γa] *a.-m.* Pròfug.
profundidad [profundiðáð] *f.* Profunditat, fondària.
profundizar [profundiθár] *t.-i.* Aprofundir, profunditzar.
profundo, -da [profúndo, -da] *a.* Profund, pregon, fondo.
profusión [profusjón] *f.* Profusió.
profuso, -sa [profúso, -sa] *a.* Profús.
progenie [proxénje] *f.* Progènie.
progenitor [proxenitór] *m.* Progenitor.
programa [proγráma] *m.* Programa.
progresar [proγresár] *i.* Progressar.
progresión [proγresjón] *f.* Progressió.
progresista [proγresísta] *m.-f.* Progressista.
progresivo, -va [proγresíβo, -βa] *a.* Progressiu.
progreso [proγréso] *m.* Progrés.
prohibir [proiβír] *t.* Prohibir, defendre.
prohijar [proixár] *t.* Afillar.
prohombre [proómbre] *m.* Prohom.
prójimo [próximo] *m.* Proïsme.
prole [próle] *f.* Prole, fillada.
proletariado [proletarjáðo] *m.* Proletariat.
proletario, -ia [proletárjo, -ja] *a.-m.* Proletari.
proliferación [proliferaθjón] *f.* Proliferació.
prolífico, -ca [prolífiko, -ka] *a.* Prolífic.
prolijo, -ja [prolíxo, -xa] *a.* Prolix.

prologar [proloγár] *t.* Prologar.
prólogo [próloγo] *m.* Pròleg.
prolongación [proloŋgaθjón] *f.* Prolongació.
prolongar [proloŋgár] *t.-prnl.* Prolongar, perllongar.
promedio [proméðjo] *m.* Mitjana. *2* Terme mitjà, mitjana.
promesa [promésa] *f.* Promesa. *2* Prometença.
prometedor, -ra [prometeðór, -ra] *a., m.-f.* Prometedor.
prometer [prometér] *t.-i.-prnl.* Prometre.
prometido, -da [prometiðo, -ða] *m.-f.* Promès.
prominencia [prominénθja] *f.* Prominència.
prominente [prominénte] *a.* Prominent.
promiscuidad [promiskwiðáð] *f.* Promiscuïtat.
promisión [promisjón] *f.* Promissió.
promoción [promoθjón] *f.* Promoció.
promontorio [promontórjo] *m.* Promontori.
promotor, -ra [promotór, -ra] *a., m.-f.* Promotor.
promover [promoβér] *t.* Promoure. ¶ CONJUG. com ***moler.***
promulgación [promulγaθjón] *f.* Promulgació.
promulgar [promulγár] *t.* Promulgar.
pronombre [pronómbre] *m.* Pronom.
pronominal [pronominál] *a.* Pronominal.
pronosticar [pronostikár] *t.* Pronosticar.
pronóstico [pronóstiko] *m.* Pronòstic.
prontitud [prontitúð] *f.* Promptitud.
pronto, -ta [prónto, -ta] *a.* Prompte, amatent, prest. *2 m.* Sobtada, rampell. *3 adv.* Aviat. ‖ ***De ~,*** de cop.
pronunciación [pronunθjaθjón] *f.* Pronunciació.
pronunciamiento [pronunθjamjénto] *f.* Pronunciament.
pronunciar [pronunθjár] *t.* Pronunciar, proferir.
propagación [propaγaθjón] *f.* Propagació.
propaganda [propaγánda] *f.* Propaganda.
propagar [propaγár] *t.-prnl.* Propagar.
propalar [propalár] *t.* Propalar, esbombar.
propasarse [propasárse] *prnl.* Excedir-se.
propensión [propensjón] *f.* Propensió.
propenso, -sa [propénso, -sa] *a.* Propens.
propiciar [propiθjár] *t.* Propiciar.
propiciatorio, -ia [propiθjatórjo, -ja] *a.* Propiciatori.
propicio, -ia [propiθjo, -ja] *a.* Propici.
propiedad [propieðáð] *f.* Propietat.
propietario, -ia [propietárjo, -ja] *a., m.-f.* Propietari.
propina [propina] *f.* Propina.
propinar [propinár] *t.* Propinar. *2* Clavar (una pallissa, etc.).
propincuo, -cua [propiŋkwo, -kwa] *a.* Propinc, pròxim.
propio, -ia [própjo, -ja] *a.* Propi, adient.
proponente [proponénte] *a.* Proponent.
proponer [proponér] *t.-prnl.* Proposar. ¶ CONJUG. com ***poner.***
propender [propendér] *t.* Propendir. ¶ CONJUG. P. P.: ***propendido*** i ***propenso.***
proporción [proporθjón] *f.* Proporció.
proporcional [proporθjonál] *a.* Proporcional.
proporcionar [proporθjonár] *t.-prnl.* Proporcionar.
proposición [proposiθjón] *f.* Proposició.
propósito [propósito] *m.* Propòsit.
propuesta [propwésta] *f.* Proposta.
propugnar [propuγnár] *t.* Propugnar.
propulsar [propulsár] *t.* Propulsar.
propulsor [propulsór] *a., m.-f.* Propulsor.
prórroga [prórroγa] *f.* Pròrroga.
prorrogar [prorroγár] *t.* Prorrogar.
prorrumpir [prorrumpir] *i.* Prorrompre, esclatar.
prosa [prósa] *f.* Prosa.
prosaico, -ca [prosáĭko, -ka] *a.* Prosaic.
prosapia [prosápja] *f.* Prosàpia.
proscenio [prosθénjo] *m.* Prosceni.
proscribir [proskriβir] *t.* Proscriure. ¶ CONJUG. P. p.: ***proscripto*** o ***proscrito.***
proscripción [proskriβθjón] *f.* Proscripció.
proscrito, -ta [proskrito, -ta] *a., m.-f.* Proscrit.
prosecución [prosekuθjón] *f.* Prossecució.
proseguir [proseγir] *i.-t.* Prosseguir. ¶ CONJUG. com ***pedir.***
proselitismo [proselitismo] *m.* Proselitisme.
prosélito [prosélito] *m.* Prosèlit.
prosista [prosista] *m.-f.* Prosista.
prosodia [prosóðja] *f.* Prosòdia.
prosódico, -ca [prosóðiko, -ka] *a.* Prosòdic.
prosopopeya [prosopopéja] *f.* Prosopopeia.
prospecto [prospéγto] *m.* Prospecte.
prosperar [prosperár] *t.-i.* Prosperar.
prosperidad [prosperiðáð] *f.* Prosperitat.
próspero, -ra [próspero, -ra] *a.* Pròsper.
próstata [próstata] *f.* ANAT. Pròstata.
prosternarse [prosternárse] *prnl.* Prosternar-se.
prostitución [prostituθjón] *f.* Prostitució.
prostituir [prostituir] *t.-prnl.* Prostituir. ¶

CONJUG. com ***huir.*** || P. P.: ***prostituido*** i ***prostituto.***
protagonista [protaγonista] *m.-f.* Protagonista.
protección [proteγθjón] *f.* Protecció.
proteccionismo [proteγθjonizmo] *m.* Proteccionisme.
protector, -ra [proteγtór, -ra] *a.*, *m.-f.* Protector.
protectorado [proteγtoráðo] *m.* Protectorat.
proteger [protexér] *t.-prnl.* Protegir.
proteína [proteina] *f.* Proteïna.
protesta [protésta] *f.* Protesta.
protestante [protestánte] *a.*, *m.-f.* Protestant.
protestantismo [protestántizmo] *m.* Protestantisme.
protestar [protestár] *t.-i.* Protestar.
protocolo [protokólo] *m.* Protocol.
protomártir [protomártir] *m.* Protomàrtir.
protón [protón] *m.* Protó.
protoplasma [protoplázma] *m.* Protoplasma.
prototipo [prototipo] *m.* Prototipus.
protuberancia [protuβeránθja] *f.* Protuberància.
provecto, -ta [proβéγto, -ta] *a.* Provecte.
provecho [proβétʃo] *m.* Profit.
provechoso, -sa [proβetʃóso, -sa] *a.* Profitós.
proveedor, -ra [proβeeðór, -ra] *m.-f.* Proveïdor, assortidor.
proveer [proβeér] *t.-prnl.* Proveir, fornir.
provenir [proβenír] *i.* Provenir. ¶ CONJUG. com ***venir.***
Provenza [proβénθa] *n. pr.* Provença.
provenzal [proβenθál] *a.*, *m.-f.* Provençal.
proverbial [proβerβjál] *a.* Proverbial.
proverbio [proβérβjo] *m.* Proverbi, refrany.
providencia [proβiðénθja] *f.* Providència.
providencial [proβiðenθjál] *a.* Providencial.
providente [proβiðénte] *a.* Provident.
provincia [proβinθja] *f.* Província.
provincial [proβinθjál] *a.*, *m.-f.* Provincial.
provinciano, -na [proβinθjáno, -na] *a.*, *m.-f.* Provincià.
provisión [proβisjón] *f.* Provisió, assortiment, forniment, estoc.
provisional [proβisjonál] *a.* Provisional.
provisor [proβisór] *m.* Provisor, proveïdor.
provocación [proβokaθjón] *f.* Provocació.
provocar [proβokár] *t.* Provocar.
provocativo, -va [proβokatíβo, -βa] *a.* Provocatiu.
proximidad [proγsimiðáð] *f.* Proximitat.
próximo, -ma [próγsimo, -ma] *a.* Pròxim, proper. *2* Vinent.
proyección [projeγθjón] *f.* Projecció.
proyectar [projeγtár] *t.* Projectar.
proyectil [projeγtil] *m.* Projectil.
proyecto [projéγto] *m.* Projecte.
prudencia [pruðénθja] *f.* Prudència.
prudencial [pruðenθjál] *a.* Prudencial.
prudente [pruðénte] *a.* Prudent. *2* Enteniment at.
prueba [prwéβa] *f.* Prova.
prurito [prurito] *m.* Pruïja.
prusiano, -na [prusjáno, -na] *a.*, *m.-f.* Prussià.
psicoanálisis [sikoanálisis] *m.* Psicoanàlisi.
psicología [sikoloxía] *f.* Psicologia.
psicólogo [sikóloγo] *m.* Psicòleg.
psicosis [sikósis] *f.* Psicosi.
psiquiatra [sikjátra] *m.* Psiquiatre.
psiquiatría [sikjatría] *f.* Psiquiatria.
psíquico, -ca [síkiko, -ka] *a.* Psíquic.
púa [púa] *f.* Pua.
púber, -ra [púβer, -ra] *a.*, *m.-f.* Púber.
pubertad [puβertáð] *f.* Pubertat.
pubis [púβis] *m.* ANAT. Pubis.
publicación [puβlikaθjón] *f.* Publicació.
publicano [puβlikáno] *m.* Publicà.
publicar [puβlikár] *t.* Publicar.
publicidad [puβliθiðáð] *f.* Publicitat.
publicista [puβliθista] *m.-f.* Publicista.
público, -ca [púβlico, -ka] *a.-m.* Públic.
puchera [putʃéra] *f.* fam. Tupina.
puchero [putʃéro] *m.* Olla, tupí. *2* Olla, carn d'olla. || ***Hacer pucheros,*** fer el petarrell.
púches [pútʃes] *m. pl.-f. pl.* Farinetes.
pucheritos [putʃeritos] *m. pl.* Petarrell.
pudibundo, -da [puðiβúndo, -da] *a.* Pudibund.
pudicicia [puðiθiθja] *f.* Pudicícia.
púdico, -ca [púðiko, -ka] *a.* Púdic.
pudiente [puðjénte] *a.*, *m.-f.* Ric, acabalat.
pudor [puðór] *m.* Pudor.
pudoroso, -sa [puðoróso, -sa] *a.* Pudorós.
pudrición [puðriθjón] *f.* Podriment.
pudridero [puðriðéro] *m.* Canyet.
pudrir [puðrír] *t.-prnl.* Podrir. ¶ CONJUG. P. P.: ***podrido.***
pueblerino, -na [pweβlerino, -na] *a.* Pobletà.
pueblo [pwéβlo] *m.* Poble.
puente [pwénte] *m.* Pont.
puerco, -ca [pwérko, -ka] *a.* Porc. *2 m.* Porc. *3 f.* Porca, truja. || ~ ***espín,*** porc espí.

puericultura [pwerikultúra] *f.* Puericultura.
pueril [pweríl] *a.* Pueril.
puerilidad [pweriliðáð] *f.* Puerilitat.
puerro [pwérro] *m.* BOT. Porro.
puerta [pwérta] *f.* Porta. *2* Batent. ‖ ***Dar con la ~ en las narices,*** tancar la porta al nas.
puertaventana [pwertaβentána] *f.* Porticó, finestró.
puerto [pwérto] *m.* Port.
pues [pwes] *conj.* Ja que, perquè, puix, puix que, car. ‖ ***No salgo ~ llueve,*** no surto ja que plou. *2* Doncs. ‖ ***¿No tienes hambre? ~ no comas,*** no tens gana? Doncs no mengis.
puesta [pwésta] *f.* Posta, ocàs. *2* Posta (en marxa).
puesto, -ta [pwésto, -ta] *a.* Posat. ‖ ***~ que,*** puix que, per tal com. *2 m.* Lloc, indret, parada. *3* MIL. Post.
¡puf! [puf] *interj.* Ecs!
púgil [púxil] *m.* Púgil.
pugilato [puxiláto] *m.* Pugilat.
pugna [púγna] *f.* Pugna.
pugnar [puγnár] *i.* Pugnar.
puja [púxa] *f.* COM. Puja. *2* Dita (oferta).
pujador, -ra [puxaðór, -ra] *m.-f.* COM. Més-donant.
pujante [puxánte] *a.* Puixant.
pujanza [puxánθa] *f.* Puixança.
pulcritud [pulkritúð] *f.* Pulcritud.
pulcro, -cra [púlkro, -kra] *a.* Pulcre.
pulga [púlγa] *f.* ENTOM. Puça.
pulgada [pulγáða] *f.* Polzada.
pulgar [pulγár] *a.-m.* Polze, dit gros.
pulgarada [pulγaráða] *f.* Polsada.
pulgón [pulγón] *m.* ENTOM. Pugó.
pulidez [puliðéθ] *f.* Polidesa.
pulido, -da [puliðo, -ða] *a.* Polit.
pulidor, -ra [puliðór, -ra] *a., m.-f.* Polidor. *2 m.* Polidor (eina).
pulimentar [pulimentár] *t.* Polir.
pulimento [puliménto] *m.* Poliment.
pulir [pulír] *t.* Polir. *2* Afinar.
pulmón [pulmón] *m.* ANAT. Pulmó.
pulmonar [pulmonár] *a.* Pulmonar.
pulmonía [pulmonía] *f.* MED. Pulmonia.
pulpa [púlpa] *f.* Polpa, moll, tou.
pulpejo [pulpéxo] *m.* Tou (del dit o de la mà).
púlpito [púlpito] *m.* Trona.
pulpo [púlpo] *m.* ZOOL. Pop.
pulsación [pulsaθjón] *f.* Pulsació.
pulsar [pulsár] *t.-i.* Polsar.
pulsera [pulséra] *f.* Polsera.
pulso [púlso] *m.* Pols.
pulular [pululár] *i.* Pul·lular.
pulverizador [pulβeriθaðór] *m.* Polvoritzador.
pulverizar [pulβeriθár] *t.-prnl.* Polvoritzar.
pulverulento, -ta [pulβerulénto, -ta] *a.* Pulverulent.
pulla [púʎa] *f.* Pulla.
¡pum! [pum] *interj.* Pum!, Bum!
puma [púma] *m.* ZOOL. Puma.
punción [punθjón] *f.* CIR. Punció.
pundonor [pundonór] *m.* Punt d'honor, punt.
pundonoroso, -sa [pundonoróso, -sa] *a.* Puntós.
punible [puníβle] *a.* Punible.
punición [puniθjón] *f.* Punició.
púnico, -ca [púniko, -ka] *a.* Púnic.
punta [púnta] *f.* Punta, punxa.
puntada [puntáða] *f.* Puntada.
puntal [puntál] *m.* Puntal.
puntapié [puntapjé] *m.* Puntada de peu.
puntear [punteár] *t.* Puntejar.
puntera [puntéra] *f.* Puntera. *2* Puntada de peu.
puntería [puntería] *f.* Punteria.
puntero [puntéro] *m.* Punter, busca, apuntador. *2* Punter (eina).
puntiagudo, -da [puntjaγúðo, -ða] *a.* Punxegut.
puntilla [puntíʎa] *f.* Punta, randa. *2* TAUROM. Puntilla. ‖ ***De puntillas,*** de puntetes.
puntillazo [puntiʎáθo] *m.* fam. Puntada de peu.
puntillo [puntíʎo] *m.* Punt, picapunt, amor propi.
puntilloso, -sa [puntiʎóso, -sa] *a.* Puntós.
punto [púnto] *m.* Punt. ‖ ***~ en boca,*** muts i a la gàbia. *2* Pic.
puntuación [puntwaθjón] *f.* Puntuació.
puntual [puntuál] *a.* Puntual.
puntualidad [puntwaliðáð] *f.* Puntualitat.
puntualizar [puntwaliθár] *t.* Puntualitzar.
puntuar [puntuár] *t.* Puntuar.
punzada [punθáða] *f.* Punxada, punyida, fiblada.
punzante [punθánte] *a.* Punyent, punxant.
punzar [punθár] *t.* Punxar, punyir, picar.
punzón [punθón] *m.* Punxó, burí.
puñada [puɲáða] *f.* Cop de puny.
puñado [puɲáðo] *m.* Grapat.
puñal [puɲál] *m.* Punyal.
puñalada [puɲaláða] *f.* Punyalada.
puñetazo [puɲetáθo] *m.* Cop de puny, pinyac.
puño [púɲo] *m.* Puny.
pupa [púpa] *f.* Pansa, crosta.
pupila [pupíla] *f.* ANAT. Pupil·la, nineta.
pupilaje [pupiláxe] *m.* Pupil·latge. *2* Dispesa.

pupilo, -la [pupílo, -la] *m.-f.* Pupil.
pupitre [pupítre] *m.* Pupitre.
puré [puré] *m.* CUI. Puré.
pureza [puréθa] *f.* Puresa.
purga [púrɣa] *f.* Purga.
purgación [purɣaθjón] *f.* Purgació.
purgante [purɣánte] *a.-m.* Purgant.
purgar [purɣár] *t.-prnl.* Purgar.
purgatorio [purɣatórjo] *m.* Purgatori.
purificación [purifikaθjón] *f.* Purificació.
purificar [purifikár] *t.-prnl.* Purificar.
purista [purísta] *a., m.-f.* Purista.
puritano, -na [puritáno, -na] *a., m.-f.* Purità.
puro, -ra [púro, -ra] *a.* Pur. *2 m.* Cigar.
púrpura [púrpura] *f.* Porpra, púrpura.
purpúreo, -ea [purpúreo, -ea] *a.* Purpuri.
purpurina [purpurína] *f.* Purpurina.
purpurino, -na [purpuríno, -na] *a.* V. PURPÚREO.
purulento, -ta [purulénto, -ta] *a.* Purulent.
pus [pus] *m.* Pus.
pusilánime [pusilánime] *a., m.-f.* Pusil·lànime.
pusilanimidad [pusilanimiðáð] *f.* Pusil·lanimitat.
pústula [pústula] *f.* Pústula.
putrefacción [putrefaɣθjón] *f.* Putrefacció.
putrefacto, -ta [putrefáɣto, -ta] *a.* Putrefacte.
pútrido, -da [pútriðo, -ða] *a.* Pútrid.
puya [púǰa] *f.* Punta de pica.
puyazo [puǰáθo] *m.* Cop de pica.

Q

que [ke] *pron. rel.* Que, què, qui, el qual. ‖ ***El ~,*** qui. *2 conj.* Que, car, perquè.
qué [ke] *pron. interrog.* Què, quin. *2 adj. interrog.* Quin.
quebrada [keβráða] *f.* GEOG. Gorja.
quebradero [keβraðéro] *m.* fam. Trencaclosques. ‖ ***~ de cabeza,*** maldecap.
quebradizo [keβraðiθo] *a.* Trencadís, trenquívol.
quebrado, -da [keβráðo, -ða] *a., m.-f.* Trencat. *2 m.* Trencat.
quebraja [keβráxa] *f.* Clivella, esquerda.
quebrantahuesos [keβrantawésos] *m.* ORNIT. Trencalòs.
quebrantamiento [keβrantamjénto] *m.* Trencament, capolament, escalfada.
quebrantar [keβrantár] *t.-prnl.* Trencar.
quebranto [keβránto] *m.* Trencament. *2* Crebant.
quebrar [keβrár] *t.-prnl.* Rompre, trencar, esquerdar. *2* fig. Fallir. ¶ CONJUG. com ***apretar.***
queda [kéða] *f.* Queda.
quedamente [kéðamente] *adv.* En veu baixa.
quedar [keðár] *i.-prnl.* Quedar, restar, romandre.
quedo, -da [kéðo, -ða] *a.* Quiet, tranquil. *2 adv.* En veu baixa.
quehacer [keaθér] *m.* Tasca, quefer, afer.
queja [kéxa] *f.* Queixa. *2* Clam.
quejarse [kexárse] *prnl.* Queixar-se, plànyer-se, doldre's. *2* Clamar.
quejicoso, -sa [kexikóso, -sa] *a.* Gemegaire, gemegós.
quejido [kexiðo] *m.* Queixa, gemec, plany.
quejoso, -sa [kexóso, -sa] *a.* Queixós.
quejumbroso [kexumbróso, -sa] *a.* Gemegaire, gemegós.
quemarropa (a) [kemarrópa] loc. A boca de canó, a frec de roba.
quema [kéma] *f.* Crema, cremada.
quemador, -ra [kemaðór, -ra] *a., m.-f.* Cremador. *2 m.* Cremador.
quemadura [kemaðúra] *f.* Cremada.
quemar [kemár] *t.-i.-prnl.* Cremar.
quemazón [kemaθón] *f.* Cremor, coentor, coïssor.
querella [keréʎa] *f.* Querella.
querellante [kereʎánte] *a., m.-f.* Querellant.
querellarse [kereʎárse] *prnl.* Querellar-se.
querencia [kerénθja] *f.* Volença, benevolença. *2* Tirada.
querer [kerér] *m.* Amor, estimació.
querer [kerér] *t.* Voler. ‖ ***~ es poder,*** fa més el qui vol que qui pot. *2* Estimar, amar. ¶ CONJUG. INDIC. Pres.: ***quiero, quieres, quiere, quieren.*** | Indef.: ***quise, quisiste, quiso, quisimos, quisisteis, quisieron.*** | Fut.: ***querré,*** etc. ‖ SUBJ. Pres.: ***quiera, quieras, quiera, quieran.*** | Imperf.: ***quisiera*** o ***-iese,*** etc. | Fut.: ***quisiere,*** etc. ‖ IMPERAT.: ***quiere, quiera, quieran.***
querido, -da [keriðo, -ða] *a.* Estimat, benvolgut. *2 m.-f.* Amant, amistançat.
querubín [keruβin] *m.* Querubí.
quesera [keséra] *f.* Formatgera.
quesería [keseria] *f.* Formatgeria.
quesero, -ra [keséro, -ra] *m.* Formatger. *2 f.* Formatgera.
queso [késo] *m.* Formatge.
quevedos [keβéðos] *m. pl.* Pinça-nas.
¡quiá! [kiá] *interj.* Ca!
quicio [kiθjo] *m.* Polleguera. ‖ ***Sacar de ~,*** fer sortir de polleguera.
quid [kið] *m.* Quid.
quidam [kiðam] *m.* despect. Quídam.
quiebra [kjéβra] *f.* Trenc, trencat. *2* Clivella. *3* COM. Fallida, crac.
quien [kjén] *pron. rel. interrog., indef.* Qui. *2* Qual.
quienquier [kjeŋkjér] *pron.* V. QUIENQUIERA.

quienquiera [kjeŋkjéra] *pron.* Qualsevol, qualsevulla.
quieto, -ta [kjéto, -ta] *a.* Quiet.
quietud [kjetúð] *f.* Quietud.
quijada [kixáða] *f.* Barra, mandíbula.
quijotada [kixotáða] *f.* Quixotada.
quijote [kixóte] *m.* Quixot. *2* Cuixal (d'armadura).
quijotismo [kixotízmo] *m.* Quixotisme.
quilate [kiláte] *m.* Quirat.
quilo [kílo] *m.* FISIOL. Quil. *2* V. KILO.
quilogramo [kiloɣrámo] *m.* Quilogram.
quilómetro [kilómetro] *m.* Quilòmetre.
quilla [kíʎa] *f.* MAR. Quilla, carena.
quimera [kiméra] *f.* Quimera.
quimérico, -ca [kimériko, -ka] *a.* Quimèric.
químico, -ca [kímiko, -ka] *a.* Químic. *2 m.-f.* Químic. *3 f.* Química.
quimo [kímo] *m.* FISIOL. Quim.
quimono [kimóno] *m.* Quimono.
quina [kína] *f.* Quina.
quincalla [kiŋkáʎa] *f.* Quincalla.
quincallería [kiŋkaʎería] *f.* Quincalleria.
quincallero, -ra [kiŋkaʎéro, -ra] *m.-f.* Quincallaire.
quince [kínθe] *a.-m.* Quinze.
quincena [kinθéna] *f.* Quinzena.
quincenal [kinθenál] *a.* Quinzenal.
quincuagenario, -ia [kiŋkwaxenárjo, -ja] *a., m.-f.* Quincagenari.
quincuagésimo, -ma [kiŋkwaxésimo, -ma] *a., m.-f.* Cinquantè.
quinientos, -as [kinjéntos, -as] *a.-m.* Cinc-cents.
quinina [kinína] *f.* Quinina.
quino [kíno] *m.* BOT. Cincona.
quinqué [kiŋké] *m.* Quinqué.
quinquenal [kiŋkenál] *a.* Quinquennal.
quinquenio [kiŋkénjo] *m.* Quinquenni.
quinta [kínta] *f.* Vil·la, torre. *2* MIL. Lleva, quinta. *3* MÚS. Quinta.
quintaesencia [kintaesénθja] *f.* Quinta essència.
quintal [kintál] *m.* Quintar.
quintar [kintár] *m.* Quintar.
quinteto [kintéto] *m.* Quintet.
quinto, -ta [kínto, -ta] *a., m.-f.* Cinquè, quint. *2 m.* Quint (soldat).
quíntuplo, -pla [kíntuplo, -pla] *a.-m.* Quíntuple.
quinzavo, -va [kinθáβo, -βa] *a., m.-f.* Quinzè.
quiosco [kjósko] *m.* Quiosc.
quiquiriquí [kikirikí] *m.* Quiquiriquic.
quirófano [kirófano] *m.* Quiròfan.
quiromancia [kirománθja] *f.* Quiromància.
quiromántico, -ca [kiromántiko, -ka] *a., m.-f.* Quiromàntic.
quirúrgico, -ca [kirúrxiko, -ka] *a.* Quirúrgic.
quisicosa [kisikósa] *f.* fam. Entrellat.
quisque (cada) [kíske] loc. fam. Cadascun, cadascú.
quisquilloso, -sa [kiskiʎóso, -sa] *a., m.-f.* Escarafallós, primmirat, repelós, puntós.
quiste [kíste] *m.* Quist.
quisto, -ta [kísto, -ta] *a.* ***Bien ~,*** benvist. ‖ ***Mal ~,*** malvist.
quitamanchas [kitamántʃas] *m.-f.* Tintorer. *2 m.* Llevataques.
quitanieves [kitanjéβes] *m.* Draganeu.
quitanza [kitánθa] *f.* Quitança.
quitar [kitár] *t.-prnl.* Treure, llevar. *2* Prendre, afaitar (fam.).
quitasol [kitasól] *m.* Ombrel·la. *2* Parasol.
quite [kíte] *m.* ‖ ***Estar al ~,*** estar amatent.
quito, -ta [kíto, -ta] *a.* Quiti.
quizá(s) [kiθá(s)] *adv.* Potser.
quorum [kwórum] *m.* Quòrum.

R

rabadán [rraβaðán] *m.* Rabadà.
rabadilla [rraβaðiʎa] *f.* Rabada, carpó.
rábano [rráβano] *m.* BOT. Rave.
rabear [rraβeár] *i.* Cuejar, cuetejar.
rabera [rraβéra] *f.* Darrera, cua.
rabí [rraβí] *m.* Rabí.
rabia [rráβja] *f.* Ràbia. ‖ ***Dar ~,*** [fer ràbia.
rabiar [rraβjár] *i.* Enrabiar-se, enfadar-se. *2* Delir-se.
rábico, -ca [rráβiko, -ka] *a.* Ràbic.
rabicorto [rraβikórto] *a.* Cuacurt.
rabieta [rraβjéta] *f.* Enrabiada. *2* Rebequeria.
rabilargo, -ga [rraβiláryo, -γa] *a.* Cuallarg.
rabino [rraβíno] *m.* Rabí.
rabión [rraβjón] *m.* Ràpid (d'un riu).
rabioso, -sa [rraβjóso, -sa] *a., m.-f.* Rabiós, rabiüt. *2* Foll.
rabiza [rraβiθa] *f.* Cimerol (de canya de pescar).
rabo [rráβo] *m.* Cua. ‖ ***De cabo a ~,*** de cap a cap.
racimo [rraθímo] *m.* Raïm.
racimoso, -sa [rraθimóso, -sa] *a.* Raïmós.
raciocinar [rraθjoθinár] *i.* Raciocinar.
raciocinio [raθjoθínjo] *m.* Raciocini.
ración [rraθjón] *f.* Ració.
racional [rraθjonál] *a., m.-f.* Racional.
racionalismo [rraθjonalízmo] *m.* Racionalisme.
racionar [rraθjonár] *t.* Racionar.
racha [rrátʃa] *f.* Ràfega, ratxa.
rada [rráða] *f.* Rada.
radar [rraðár] *m.* Radar.
radiación [rraðjaθjón] *f.* Radiació.
radiactividad [rraðjaγtiβiðáð] *f.* Radioactivitat.
radiactivo, -va [rraðjaγtíβo, -βa] *a.* Radioactiu.
radial [rraðjál] *a.* Radial.
radiante [rraðjánte] *a.* Radiant.
radiar [rraðjár] *i.-t.* Radiar.
radical [rraðikál] *a.-m.* Radical.
radicar [rraðikár] *i.-prnl.* Radicar.
radícula [rraðíkula] *f.* Radícula.
radio [rráðjo] *m.* GEOM. Radi.
radio [rráðjo] *f.* Ràdio.
radiodifusión [rraðjoðifusjón] *f.* Radiodifusió.
radioescucha [rraðjoeskútʃa] *m.-f.* Radiooient.
radiofonía [rraðjofonía] *f.* Radiofonia.
radiografía [rraðjoγrafía] *f.* Radiografia.
radiografiar [rraðjoγrafiár] *t.* Radiografiar.
radiograma [rraðjoγráma] *m.* Radiograma.
radiólogo [rraðjóloγo] *m.* Radiòleg.
radioscopia [rradjoskópja] *f.* Radioscòpia.
radioso, -sa [rraðjóso, -sa] *a.* Radiós, radiant.
radioterapia [rraðjoterápja] *f.* Radioteràpia.
radioyente [rraðjoǰénte] *m.-f.* Radiooient.
raedera [rraeðéra] *f.* AGR. Rascle.
raedura [rraeðúra] *f.* Raspadura, ratlladura.
raer [rraér] *t.* Raure, raspar. *2* fig. Extirpar. ¶ CONJUG. com ***caer.***
ráfaga [rráfaγa] *f.* Ràfega, bufarut.
rafia [rráfja] *f.* BOT. Ràfia.
raicilla [rraiθíʎa] *f.* Radícula.
raído, -da [rraíðo, -ða] *a.* Gastat, pelat. *2* Deslluït.
raigambre [rraiγámbre] *f.* Arrelam, arrelament.
raíz [rraíθ] *f.* Arrel, rel. ‖ ***A ~ de,*** arran de. ‖ ***Echar raíces,*** posar arrels.
raja [rráxa] *f.* Estella. *2* Tall, esquerda. *3* Tallada (de meló), penca.
rajá [rraxá] *m.* Rajà.
rajar [rraxár] *t.* Tallar, partir, esberlar, esquerdar. *2 prnl.* Arronsar-se.
rajatabla (a) [rraxatáβla] loc. Rigorosament, costi el que costi.

ralea [rraléa] *f.* Mena, casta.
ralear [rraleár] *i.* Esclarissar-se.
ralo, -la [rrálo, -la] *a.* Clar, esclarissat.
rallador [rraʎaðór] *m.* CUI. Ratllador.
ralladura [rraʎaðúra] *f.* Ratlladura.
rallar [rraʎár] *t.* Ratllar.
rallo [rráʎo] *m.* Ratllador.
rama [rráma] *f.* Branca. *2* Rama, cimal. *3* Floca. ‖ ***En ~,*** en floca.
ramadán [rramaðán] *m.* Ramadà.
ramaje [rramáxe] *m.* Brancatge. *2* Ramatge, ramada, capçada.
ramal [rramál] *m.* Ronsal, ramal, braçal. *2* Branca.
rambla [rrámbla] *f.* Rambla. *2* Riera.
ramblazo [rrambláθo] *m.* Rieral.
rameado, -da [rrameáðo, -ða] *a.* Ramejat.
ramera [rraméra] *f.* Meuca, bagassa, bandarra, barjaula.
ramificación [rramifikaθjón] *f.* Ramificació.
ramificarse [rramifikárse] *prnl.* Ramificar-se.
ramilla [rramíʎa] *f.* Branquilló.
ramillete [rramiʎéte] *m.* Pom, pomell, toia.
ramilletero, -ra [rramiʎetéro, -ra] *f.* Rameller.
ramio [rrámjo] *m.* BOT. Rami.
ramo [rrámo] *m.* Ram, toia. *2* Rama, branca. *3* Ram (gremi).
ramojo [rramóxo] *m.* Brosta.
ramoso, -sa [rramóso, -sa] *a.* Brancut.
rampa [rrámpa] *f.* Rampa.
ramplón, -na [rramplón, -na] *a.* fig. Groller, xaró.
rana [rrána] *f.* ZOOL. Granota.
rancajo [rraŋkáxo] *m.* Estella, punxa.
ranciedad [rranθjeðáð] *f.* Ranciesa.
rancio, -ia [rránθjo, -ja] *a.* Ranci. *2* Sabent.
ranchero [rrantʃéro] *m.* Ranxer.
rancho [rrántʃo] *m.* Ranxo.
randa [rránda] *f.* Randa. *2 m.* fam. Bandarra.
ranúnculo [rranúŋkulo] *m.* BOT. Ranuncle.
ranura [rranúra] *f.* Ranura, galze, solc.
raño [rráɲo] *m.* ICT. Cap-roig.
rapacidad [rrapaθiðáð] *f.* Rapacitat.
rapadura [rrapaðúra] *f.* Rapada.
rapapolvo [rrapapólβo] *m.* Arrambatge, reny.
rapar [rrapár] *t.* Rapar. *2* fig. Arrancar.
rapaz [rrapáθ] *a.* Rapaç. *2 m.-f.* Vailet, bordegàs, brivall.
rapazuelo, -la [rrapaθwélo, -la] *m.-f.* Bordegàs.
rape [rrápe] *m.* ICT. Rap. *2* Rapada. ‖ ***Al ~,*** arran (el cabell).
rapé [rrapé] *m.* Rapè.
rapidez [rrapiðéθ] *f.* Rapidesa.
rápido [rrápiðo] *a.-m.* Ràpid.
rapiña [rrapíɲa] *f.* Rapinya.
rapiñar [rrapiɲár] *t.* fam. Rapinyar.
rapónchigo [rapóntʃiγo] *m.* BOT. Repunxons.
raposa [rrapósa] *f.* ZOOL. Guineu, guilla.
rapsoda [rraβsóða] *m.* Rapsode.
rapsodia [rraβsóðja] *f.* Rapsòdia.
raptar [rraβtár] *t.* Raptar.
rapto [rráβto] *m.* Rapte. *2* Arravatament, èxtasi.
raptor, -ra [rraβtór, -ra] *a., m.-f.* Raptor.
raqueta [rrakéta] *f.* Raqueta.
raquídeo [rrakíðeo] *a.* Raquidi.
raquis [rrákis] *m.* ANAT., BOT. Raquis.
raquítico, -ca [rrakítiko, -ka] *a.* Raquític.
raquitismo [rrakitízmo] *m.* MED. Raquitisme.
rarefacción [rrarefaγθjón] *f.* Rarefacció.
rareza [rraréθa] *f.* Raresa.
rarificar [rrarifikár] *t.-prnl.* Rarificar, enrarir.
raro, -ra [rráro, -ra] *a.* Rar, estrany, peregrí.
ras [rras] *m.* ‖ ***A ~,*** arran.
rasante [rrasánte] *a.-f.* Rasant.
rasar [rrasár] *t.* Rasar.
rascacielos [rraskaθjélos] *a.* Gratacel.
rascadera [rraskaðéra] *f.* Rasqueta, rascador.
rascador [rraskaðór] *m.* Rascador.
rascadura [rraskaðúra] *f.* Rascada.
rascar [rraskár] *t.-prnl.* Rascar, gratar.
rascatripas [rraskatrípas] *m.-f.* Mal violinista.
rascón [rraskón] *m.* ORNIT. Rascla.
rasero [rraséro] *m.* Arrasador.
rasgado, -da [rrazγáðo, -ða] *a.* Molt obert (balcó, finestra). ‖ ***Ojos rasgados,*** ulls, la comissura de les parpelles dels quals és allargada.
rasgar [rrazγár] *t.* Esquinçar, estripar.
rasgo [rrázγo] *m.* Tret, gest. *2* Trac.
rasgón [rrazγón] *m.* Esquinç, estrip, esqueix.
rasguear [rrazγeár] *t.* Puntejar (la guitarra).
rasgueo [rrazγéo] *m.* Acció de puntejar.
rasguñar [rrazγuɲár] *t.* Esgarrapar, esgarrinxar.
rasguño [rrazγúɲo] *m.* Esgarrapada, esgarrinxada, pelada, rascada.
raso, -sa [rráso, -sa] *a.* Ras. *2 m.* Cert teixit de seda. ‖ ***Al ~,*** al ras.
raspa [rráspa] *f.* Aresta (d'espiga). *2* Espina (de peix).

raspador [rraspaðór] *m.* Raspador.
raspadura [rraspaðúra] *f.* Raspadura.
raspajo [rraspáxo] *m.* Rapa.
raspar [rraspár] *t.* Raspar.
raspear [rraspeár] *i.* Espurnejar, esquitxar.
rasposo, -sa [rraspóso, -sa] *a.* Raspós.
rasqueta [rraskéta] *f.* Rasqueta.
rastra [rrástra] *f.* Rastre. *2* Arrossegall, ròssec. *3* AGR. Rascle. *4* Tiràs. ‖ ***A rastras,*** a rossegons.
rastrear [rrastreár] *t.* Rastrejar. *2* Rasclar. *3* Terrejar (volar baix). *4* Sotjar.
rastrero [rrastréro] *a.* Baix, vil, menyspreable.
rastrillar [rrastriʎár] *t.* Rasclar.
rastrillo [rrastriʎo] *m.* AGR. Rastell. *2* Rampí. *3* Pinte.
rastro [rrástro] *m.* AGR. Rascle, rampí. *2* Rastre, flat. *3* Escorxador.
rastrojar [rrastroxár] *t.* Rostollar.
rastrojo [rrastróxo] *m.* Rostoll.
rasurar [rrasurár] *t.* Rasurar.
rata [rráta] *f.* ZOOL. Rata.
ratafía [rratafía] *f.* Ratafia.
ratania [rratánja] *f.* BOT. Ratània.
ratería [rratería] *f.* Rateria, gasiveria. *2* Afanada, furt, cisa.
ratero, -ra [rratéro, -ra] *a., m.-f.* Afanador, afaneta, pispa.
ratificación [rratifikaθjón] *f.* Ratificació.
ratificar [rratifikár] *t.-prnl.* Ratificar.
rato [rráto] *m.* Estona. ‖ ***A ratos,*** a estones. ‖ ***Pasar el ~,*** passar l'estona.
ratón [rratón] *m.* ZOOL. Rata, ratolí.
ratonar [rratonár] *t.* Ratar.
ratonera [rratonéra] *f.* Ratera.
rauco, -ca [rráŭko, -ka] *a.* poèt. ronc.
raudal [rraŭðál] *m.* Doll, bram. *2* Devessall.
raudo, -da [rráŭðo, -ða] *a.* poèt. Rabent, furient.
raya [rráǰa] *f.* Ratlla. ‖ ***Pasarse de la ~,*** fer-ne un gra massa. *2* Clenxa. *3* Rajada (peix).
rayadillo [rraǰaðiʎo] *m.* Vions.
rayano, -na [rraǰáno, -na] *a.* Fronterer.
rayar [rraǰár] *t.* Ratllar. *2* Confinar. *3* Apuntar (l'albada). *4* fig. Fregar.
rayo [rráǰo] *m.* FÍS. Raig. *2* Llamp.
raza [rráθa] *f.* Raça.
razia [rráθja] *f.* Ràtzia.
razón [rraθón] *f.* Raó. *2 pl.* fig. Cançons.
razonable [rraθonáβle] *a.* Raonable.
razonador, -ra [rraθonaðór, -ra] *a.* Raonador.
razonamiento [rraθonamjénto] *m.* Raonament.
razonar [rraθonár] *i.-t.* Raonar.
re [rre] *m.* MÚS. Re.
reabsorción [rreaβsorθjón] *f.* Reabsorció.
reacción [rreaγθjón] *f.* Reacció.
reaccionar [rreaγθjonár] *i.* Reaccionar.
reaccionario, -ia [rreaγθjonárjo, -ja] *a., m.-f.* Reaccionari.
reacio [rreáθjo] *a.* Rebec, tossut, repropi.
reactivo, -va [rreaγtíβo, -βa] *a.-m.* Reactiu.
real [rreal] *a.* Real. *2* Reial, regi. *3 m.* Ral (moneda).
realce [rreálθe] *m.* B. ARTS. Realç, relleu. *2* Realçament.
realeza [rrealéθa] *f.* Reialesa.
realidad [rrealiðáð] *f.* Realitat.
realismo [rrealizmo] *m.* Realisme.
realista [rrealista] *a., m.-f.* Realista.
realización [rrealiθaθjón] *f.* Realització.
realizar [rrealiθár] *t.-prnl.* Realitzar.
realzar [rrealθár] *t.-prnl.* Realçar.
reanimar [rreanimár] *t.-prnl.* Reanimar. *2* Retornar, revifar.
reanudar [rreanuðár] *t.* Reprendre, tornar a començar.
reaparecer [rreapareθér] *i.* Reaparèixer. ¶ CONJUG. com ***agradecer.***
reapertura [rreapertúra] *f.* Reobertura.
rearmar [rrearmár] *t.* Rearmar.
rearme [rreárme] *m.* Rearmament.
reata [rreáta] *f.* Rècula. ‖ ***De ~,*** de rècula.
reavivar [rreaβiβár] *t.* Reanimar.
rebaba [rreβáβa] *f.* Rebava.
rebaja [rreβáxa] *f.* Rebaixa.
rebajamiento [rreβaxamjénto] *m.* Rebaixament, rebaix.
rebajar [rreβaxár] *t.-prnl.* Rebaixar.
rebajo [rreβáxo] *m.* Rebaix, galze.
rebalsar [rreβalsár] *t.-prnl.* Embassar.
rebanada [rreβanáða] *f.* Llesca.
rebañar [rreβaɲár] *t.* Escurar. *2* Agabellar.
rebaño [rreβáɲo] *m.* Ramat.
rebasar [rreβasár] *t.* Ultrapassar, excedir.
rebatir [rreβatír] *t.* Rebatre, refutar.
rebato [rreβáto] *m.* Sometent. *2* Escomesa.
rebeco [rreβéko] *m.* ZOOL. Isard, camussa.
rebelarse [rreβelárse] *prnl.* Rebel·lar-se.
rebelde [rreβélde] *a., m.-f.* Rebel, rebec.
rebeldía [rreβeldía] *f.* Rebel·lia.
rebelión [rreβeljón] *f.* Rebel·lió.
rebenque [rreβéŋke] *m.* Fuet, xurriaques, assot.
reblandecer [rreβlandeθér] *t.* Reblandir, estovar, remollir. ¶ CONJUG. com ***agradecer.***
rebollo [rreβóʎo] *m.* BOT. Reboll.
rebolludo, -da [rreβoʎúðo, -ða] *a.* Rabassut.

reborde [rreβórðe] *m.* Vora, cantell, reforç.
rebosadero [rreβosaðéro] *m.* Sobreeixidor.
rebosar [rreβosár] *i.-prnl.* Sobreeixir, vessar. ‖ ***A ~,*** a vessar.
rebotar [rreβotár] *i.* Rebotre, rebotar.
rebote [rreβóte] *m.* Rebot, retop.
rebotica [rreβotika] *f.* Rebotiga.
rebozar [rreβoθár] *t.-prnl.* Arrebossar.
rebozo [rreβóθo] *m.* Excusa. ‖ ***Sin ~,*** sense embuts.
rebufar [rreβufár] *i.* Rebufar, esbufegar.
rebullicio [rreβuʎiθjo] *m.* Saragata, bullanga, aldarull.
rebullir [rreβuʎir] *i.-prnl.* Rebullir. ¶ CONJUG. com ***mullir.***
rebusca [rreβúska] *f.* Recerca.
rebuscar [rreβuskár] *t.* Recercar.
rebuznar [rreβuθnár] *i.* Bramar.
rebuzno [rreβúθno] *m.* Bram.
recabar [rrekaβár] *t.* Recaptar, aconseguir.
recadero [rrekaðéro] *m.-f.* Recader, ordinari.
recado [rrekáðo] *m.* Encàrrec, comanda. *2* Recapte. *3 pl.* Records, expressions.
recaer [rrekaér] *i.* Recaure.
recaída [rrekaiða] *f.* Recaiguda.
recalar [rrekalár] *t.* MAR. Recalar.
recalcar [rrekalkár] *t.* Recalcar.
recalcitrante [rrekalθitránte] *a.* Recalcitrant.
recalentar [rrekalentár] *t.-prnl.* Rescalfar. ¶ CONJUG. com ***apretar.***
recamar [rekamár] *t.* Recamar.
recámara [rrekámara] *f.* Recambra. *2* Cambró.
recambio [rrekámbjo] *m.* Recanvi.
recapacitar [rrekapaθitár] *t.* Rumiar, reconsiderar.
recapitular [rrekapitulár] *t.* Recapitular.
recargar [rrekarɣár] *t.* Recarregar. *2* Enfarfegar.
recargo [rrekárɣo] *m.* Recàrrec.
recatado, -da [rrekatáðo, -ða] *a.* Púdic.
recatar [rrekatár] *t.* Encobrir, amagar.
recato [rrekáto] *m.* Reserva, pudicícia.
recaudación [rrekaŭðaθjón] *f.* Recaptació.
recaudador [rrekaŭðaðór] *m.* Recaptador.
recaudar [rrekaŭðár] *t.* Recaptar.
recaudo [rrekáŭðo] *m.* V. RECAUDACIÓN.
recelar [rreθelár] *t.-prnl.* Recelar, maliciar.
recelo [rreθélo] *m.* Recel, aprensió.
receloso, -sa [rreθelóso, -sa] *a.* Recelós.
recensión [rreθensjón] *f.* Recensió.
recepción [rreθeβθjón] *f.* Recepció.
receptáculo [rreθeβtákulo] *m.* Receptacle.
receptor [rreθeβtór] *a., m.-f.* Receptor.
receta [rreθéta] *f.* Recepta.
recetar [rreθetár] *t.* Receptar.
reciamente [rréθjamente] *adv.* Amb molta força.
recibidero, -ra [rreθiβiðéro, -ra] *a.* Rebedor.
recibimiento [rreθiβimjénto] *m.* Rebuda.
recibir [rreθiβir] *t.-i.* Rebre.
recibo [rreθiβo] *m.* Rebut.
recidiva [rreθiðiβa] *f.* Recidiva.
reciedumbre [rreθjeðúmbre] *f.* Fortalesa, fermesa.
recién [rreθjén] *adv.* Recentment. ‖ ~ ***nacido,*** nou nat, nadó.
reciente [rreθjénte] *a.* Recent.
recientemente [rréθjentemente] *adv.* Recentment.
recinto [rreθinto] *m.* Recinte, clos.
recio, -ia [rréθjo, -ja] *a.* Ferm, robust, massís. *2* Gruixut, gros. *3* Aspre, rude. *4 adv.* Fortament: ***hablar ~,*** parlar vigorosament.
recipiente [rreθipjénte] *m.* Recipient, atuell.
reciprocidad [rreθiproθiðáð] *f.* Reciprocitat.
recíproco, -ca [rreθiproko, -ka] *a.* Recíproc.
recitación [rreθitaθjón] *f.* Recitació.
recitado [rreθitáðo] *m.* Recitat.
recital [rreθitál] *m.* Recital.
recitar [rreθitár] *t.* Recitar.
reclamación [rreklamaθjón] *f.* Reclamació.
reclamante [rreklamánte] *a., m.-f.* Reclamant.
reclamar [rreklamár] *t.-i.* Reclamar. *2* Reclamar, brillar (les aus).
reclamo [rreklámo] *m.* Reclam, botet, enze.
reclinar [rreklinár] *t.-prnl.* Reclinar.
reclinatorio [rreklinatórjo] *m.* Reclinatori, agenollador, pregadéu.
recluir [rrekluir] *t.-prnl.* Recloure. ¶ CONJUG. com ***huir.*** ‖ P. P.: ***recluido*** i ***recluso.***
reclusión [rreklusjón] *f.* Reclusió.
recluso, -sa [rreklúso, -sa] *a., m.-f.* Reclús.
recluta [rreklúta] *f.* Reclutament. *2* Recluta.
reclutamiento [rreklutamjénto] *m.* Reclutament.
reclutar [rreklutár] *t.* Reclutar.
recobrar [rrekoβrár] *t.* Recobrar, recuperar. *2 prnl.* Recuperar-se, refer-se.

recobro [rrekóβro] *m.* Recobrament. *2* Recuperació.
recocer [rrekoθér] *t.* Recoure. ¶ CONJUG. com ***moler.***
recocina [rrekoθína] *f.* Recuina.
recodo [rrekóðo] *m.* Recolze, recolzada, colzada, tombant.
recogedor, -ra [rrekoxeðór, -ra] *a.-m.* Arreplegador, collidor.
recoger [rrekoxér] *t.* Recollir, collir, arramassar, arreplegar, replegar. *2* Trossar (el vestit).
recogida [rrekoxíða] *f.* Recollida. *2* Segrest. *3* Collita.
recogimiento [rrekoximjénto] *m.* Recolliment.
recolección [rrekoleyθjón] *f.* Collita, recol·lecció.
recolectar [rrekoleytár] *t.* Recol·lectar, collir.
recoleto, -ta [rrekoléto, -ta] *a., m.-f.* Recol·lecte.
recomendación [rrekomendaθjón] *f.* Recomendació.
recomendar [rrekomendár] *t.-prnl.* Recomanar. ¶ CONJUG. com ***apretar.***
recompensa [rrekompénsa] *f.* Recompensa.
recompensar [rrekompensár] *t.* Recompensar.
recomponer [rrekomponér] *t.* Recompondre, reparar, apariar. ¶ CONJUG. com ***poner.***
reconcentrar [rrekonθentrár] *t.-prnl.* Reconcentrar.
reconciliación [rrekonθiljaθjón] *f.* Reconciliació.
reconciliar [rrekonθiljár] *t.-prnl.* Reconciliar.
reconcomerse [rrekoŋkomérse] *prnl.* Frisar.
reconcomio [rrekoŋkómjo] *m.* fam. Frisança.
recóndito, -ta [rrekóndito, -ta] *a.* Recòndit.
reconocer [rrekonoθér] *t.* Reconèixer. *2* Apercebre. ¶ CONJUG. com ***agradecer.***
reconocido, -da [rrekonoθíðo, -ða] *a.* Reconegut.
reconocimiento [rrekonoθimjénto] *m.* Reconeixement.
reconquista [rrekoŋkísta] *f.* Reconquesta, reconquista.
reconquistar [rrekoŋkistár] *t.* Reconquerir, reconquistar.
reconsiderar [rrekonsiðerár] *t.* Reconsiderar.
reconstitución [rrekostituθjón] *f.* Reconstitució.
reconstituir [rrekonstituír] *t.* Reconstituir. ¶ CONJUG. com ***huir.***
reconstituyente [rrekonstitujénte] *a.* Reconstituent. *2 m.* Reforçament, reconstituent.
reconstrucción [rrekonstruyθjón] *f.* Reconstrucció.
reconstruir [rrekonstruír] *t.* Reconstruir. ¶ CONJUG. com ***huir.***
recontar [rrekontár] *t.* Recomptar. ¶ CONJUG. com ***desollar.***
reconvención [rrekombenθjón] *f.* Reconvenció.
reconvenir [rrekombenír] *t.* Reconvenir. ¶ CONJUG. com ***venir.***
recopilación [rrekopilaθjón] *f.* Recopilació.
recopilar [rrekopilár] *t.* Recopilar.
récord [rrèkor] *m. angl.* Rècord.
recordación [rrekorðaθjón] *f.* Recordació.
recordar [rrekorðár] *t.-prnl.* Recordar. *2* Fer avinent. ¶ CONJUG. com ***contar.***
recordatorio [rrekorðatórjo] *m.* Recordatori.
recorrer [rrekorrér] *t.* Recórrer.
recorrido [rrekorríðo] *m.* Recorregut.
recortar [rrekortár] *t.* Retallar.
recorte [rrekórte] *m.* Retall.
recoser [rrekosér] *t.* Recosir.
recostar [rrekostár] *t.-prnl.* Recolzar, ajeure, reclinar. ¶ CONJUG. com ***desollar.***
recoveco [rrekoβéko] *m.* Giragonsa.
recovero, -ra [rrekoβéro, -ra] *m.-f.* Bricallaire.
recreación [rrekreaθjón] *f.* Recreació. *2* Recreació, esplai, esbarjo.
recrear [rrekreár] *t.-prnl.* Recrear.
recreativo, -va [rrekreatíβo, -βa] *a.* Recreatiu.
recreo [rrekréo] *m.* Recreació, esbarjo, esbargiment, esplai.
recriminación [rrekriminaθjón] *f.* Recriminació.
recriminar [rrekriminár] *t.* Recriminar.
recrudecer [rrekruðeθér] *i.-prnl.* Recruar. ¶ CONJUG. com ***agradecer.***
rectangular [rreytaŋgulár] *a.* Rectangular.
rectángulo, [rreytáŋgulo] *a.-m.* Rectangle.
rectificación [rreytifikaθjón] *f.* Rectificació.
rectificar [rreytifikár] *t.* Rectificar.
rectilíneo, -ea [rreytilíneo, -ea] *a.* Rectilini.
rectitud [rreytitúð] *f.* Rectitud, dretura.
recto, -ta [rréyto, -ta] *a.* Recte, dret, dreturer. *2 m.* ANAT. Recte.

rector, -ra [rreγtór, -ra] *a.* Rector. *2 m.* Rector.
rectorado [rreγtoráðo] *m.* Rectorat.
rectoral [rreγtorál] *a.* Rectoral.
rectoría [rreγtoría] *f.* Rectoria.
recua [rrékwa] *f.* Rècula, corrua, colla.
recubrir [rrekuβrír] *t.* Recobrir. *2* Cobrir enterament.
recuento [rrekwénto] *m.* Recompte.
recuerdo [rrekwérðo] *m.* Record. *2 pl.* Records, salutacions.
recuesto [rrekwésto] *m.* Pendent, declivi.
recular [rrekulár] *i.* Recular.
reculones (a) [rrekulónes] loc. A reculons, a recules.
recuperación [rrekuperaθjón] *f.* Recuperació, recobrament. *2* Represa.
recuperar [rrekuperár] *t.-prnl.* Recuperar, recobrar.
recurrir [rrekurrír] *i.* Recórrer.
recurso [rrekúrso] *m.* Recurs. *2 pl.* Recursos, mitjans.
recusar [rrekusár] *t.* Recusar.
rechazar [rretʃaθár] *t.* Rebutjar. *2* Rebotar, rebotre.
rechazo [rretʃáθo] *m.* Rebot, retop. ‖ ***De ~***, de rebot.
rechifla [rretʃífla] *f.* Xiulada. *2* Befa.
rechiflar [rretʃiflár] *t.* Xiular. *2 prnl.* Befar-se.
rechinamiento [rretʃinamjénto] *m.* Grinyol, carrisqueig, garranyic. *2* Cruixit.
rechinar [rretʃinár] *i.* Grinyolar, carrisquejar. *2* Cruixir. *3* Rondinar.
rechinido [rretʃiníðo] *m.* V. RECHINAMIENTO.
rechoncho, -cha [rretʃóntʃo, -tʃa] *a.* fam. Rodanxó, rabassut.
rechupete (de) [rretʃupéte] loc. fam. D'allò més bo.
red [rreð] *f.* Xarxa, filat. *2* Ret.
redacción [rreðaγθjón] *f.* Redacció.
redactar [rreðaγtár] *t.* Redactar.
redactor, -ra [rreðaγtór, -ra] *m.-f.* Redactor.
redada [rreðáða] *f.* Agafada, calada.
redaño [rreðáɲo] *m.* Sagí.
redargüir [rreðarγuír] *t.* Redargüir. ¶ CONJUG. com ***huir***.
redecilla [rreðeθíʎa] *f.* Ret.
rededor [rreðeðór] *m.* Entorn, voltant. ‖ ***Al*** o ***en ~***, al voltant, entorn de.
redención [rreðenθjón] *f.* Redempció.
redentor, -ra [rreðentór, -ra] *a., m.-f.* Redemptor.
redicho, -cha [rreðítʃo, -tʃa] *a.* Amanerat, afectat (en el parlar).
redil [rreðíl] *m.* Cleda, pleta, corral.
redimir [rreðimír] *t.-prnl.* Redimir.
rédito [rréðito] *m.* COM. Rèdit.
redivivo, -va [rreðiβíβo, -βa] *a.* Rediviu.
redoblante [rreðoβlánte] *m.* MÚS. Redoblant.
redoblar [rreðoβlár] *t.-prnl.* Redoblar. *2* Reblar.
redoble [rreðóβle] *m.* Redoblament. *2* Toc.
redoma [rreðóma] *f.* Fiola.
redomado, -da [rreðomáðo, -ða] *a.* Astut, murri, garneu.
redonda [rreðónda] *f.* Rodona. ‖ ***A la ~***, al voltant.
redondear [rreðondeár] *t.* Arrodonir.
redondez [rreðondéθ] *f.* Rodonesa.
redondilla [rreðondíʎa] *f.* LIT. Quarteta. *2* Tipus de lletra vertical i circular.
redondo, -da [rreðóndo, -da] *a.* Rodó. ‖ ***En ~***, en rodó.
redopelo (a) [rreðopélo] loc. A repèl, a contrapèl.
redrojo [rreðróxo] *m.* Gotim, carroll. *2* Segona flor. *3* fig. Escarransit.
reducción [rreðuγθjón] *f.* Reducció.
reducido, -da [rreðuθíðo, -ða] *a.* Reduït.
reducir [rreðuθír] *t.* Reduir. ¶ CONJUG. com ***conducir***.
reductible [rreðuγtíβle] *a.* Reductible.
reducto [rreðúγto] *m.* Reducte.
redundante [rreðundánte] *a.* Redundant.
redundar [rreðundár] *i.* Redundar.
reedificar [rreeðifikár] *t.* Reedificar.
reeditar [rreeðitár] *t.* Reeditar.
reeducar [rreeðukár] *t.* Reeducar.
reelección [rreeleγθjón] *f.* Reelecció.
reelegir [reelexír] *t.* Reelegir. ¶ CONJUG. com ***pedir***. ‖ P. P.: ***reelegido*** i ***reelecto***.
reembarcar [rreembarkár] *t.-prnl.* Reembarcar.
reembolsar [rrembolsár] *t.-prnl.* Reembossar.
reembolso [rreembólso] *m.* Reembossament.
reemplazar [rreemplaθár] *t.* Reemplaçar.
reemplazo [rreempláθo] *m.* Reemplaçament. *2* MIL. Lleva.
reenganchar [rreeŋgantʃár] *t.-prnl.* MIL. Reenganxar.
reexpedir [rreespeðír] *t.* Reexpedir. ¶ CONJUG. com ***pedir***.
reexportar [rreesportár] *t.* Reexportar.
refacción [rrefaγθjón] *f.* Refecció.
refajo [rrefáxo] *m.* Faldelli.
refección [rrefeγθjón] *f.* Refecció.
refectorio [rrefeγtórjo] *m.* Refectori, refetor.
referencia [rreferénθja] *f.* Referència.
referéndum [rreferéndum] *m.* Referèndum.

referente [rreferénte] *a.* Referent.
referir [rreferír] *t.-prnl.* Referir. ¶ CONJUG. com ***sentir.***
refilón (de) [rrefilón] loc. D'esquitllada, d'esquitllentes.
refinación [rrefinaθjón] *f.* Refinatge.
refinamiento [rrefinamjénto] *m.* Refinament.
refinar [rrefinár] *t.* Refinar.
refinería [rrefinería] *f.* Refineria.
refino, -na [rrefíno, -na] *a.* Refí. *2 m.* Refinatge.
reflector, -ra [rrefleɣtór, -ra] *a.-m.* Reflector.
reflejar [rreflexár] *i.* Reflectir, emmirallar.
reflejo, -ja [rrefléxo, -xa] *a.-m.* Reflex.
reflexión [rrefleɣsjón] *f.* Reflexió.
reflexionar [rrefleɣsjonár] *t.* Reflexionar.
reflexivo, -va [rrefleɣsíβo, -βa] *a.* Reflexiu.
reflorecer [rrefloreθér] *i.* Reflorir.
refluir [rrefluír] *i.* Refluir. ¶ CONJUG. com ***huir.***
reflujo [rreflúxo] *m.* Reflux.
refocilar [rrefoθilár] *t.* Refocil·lar.
reforma [rrefórma] *f.* Reforma.
reformar [rreformár] *t.-prnl.* Reformar.
reformatorio [rreformatórjo] *a.-m.* Reformatori.
reformista [rreformísta] *a., m.-f.* Reformista.
reforzar [rreforθár] *t.-prnl.* Reforçar. ¶ CONJUG. com ***desollar.***
refracción [rrefraɣθjón] *f.* Refracció.
refractar [rrefraɣtár] *t.-prnl.* FÍS. Refractar, refringir.
refractario [rrefraɣtárjo] *f.* Refractari.
refrán [rrefrán] *m.* Refrany, adagi. *2* Tornada.
refranero [rrefranéro] *m.* Refranyer.
refregar [rrefreɣár] *t.-prnl.* Refregar. ¶ CONJUG. com ***apretar.***
refregón [rrefreɣón] *m.* Refregada, refrec.
refrenar [rrefrenár] *t.-prnl.* Refrenar.
refrendar [rrefrendár] *t.* Confirmar, avalar, ratificar.
refrescante [rrefreskánte] *a.* Refrescant.
refrescar [rrefreskár] *t.-prnl.* Refrescar. *2 i.* Fredejar.
refresco [rrefrésko] *m.* Refresc.
refriega [rrefrjéɣa] *f.* Batussa, combat, baralla.
refrigeración [rrefrixeraθjón] *f.* Refrigeració.
refrigerador [rrefrixeraðór] *a.-m.* Refrigerador.
refrigerar [rrefrixerár] *t.* Refrigerar.
refrigerio [rrefrixérjo] *m.* Refrigeri.
refringente [rrefriŋxénte] *a.* Refringent.
refringir [rrefriŋxír] *t.-prnl.* FÍS. Refringir, refractar.
refrito [rrefríto] *m.* CUI. Rescalfat. *2 a.* Refregit.
refuerzo [rrefwérθo] *m.* Reforç.
refugiar [rrefuxjár] *t.-prnl.* Refugiar.
refugio [rrefúxjo] *m.* Refugi, aixopluc.
refulgente [rrefulxénte] *a.* Refulgent.
refulgir [rrefulxír] *i.* Refulgir.
refundir [rrefundír] *t.-i.* Refondre.
refunfuñar [rrefumfuɲár] *i.* Rondinar, botzinar, remugar, remuguejar.
refunfuño [rrefumfúɲo] *m.* Rondineig, remugueig.
refutación [rrefutaθjón] *f.* Refutació.
refutar [rrefutár] *t.* Refutar.
regadera [rreɣaðéra] *f.* Regadora.
regadío, -ía [rreɣaðío, -ía] *a.-m.* Regadiu.
regala [rreɣála] *f.* NÀUT. Regala.
regalado, -da [rreɣaláðo, -ða] *a.* Regalat.
regalar [rreɣalár] *t.-prnl.* Regalar.
regalía [rreɣalía] *f.* Regalia.
regaliz [rreɣalíθ] *m.* BOT. Regalèssia.
regalo [rreɣálo] *m.* Regal.
regalón, -ona [rreɣalón, -óna] *a.-m.* fam. Regalat.
regañadientes (a) [rreɣaɲaðjéntes] loc. De mala gana, a contracor.
regañar [rreɣaɲár] *i.* Reganyar. *2 t.* Renyar.
regaño [rreɣáɲo] *m.* Regany. *2* Reny.
regañón, -ona [rreɣaɲón, -óna] *a., m.-f.* Reganyós, rondinaire, renyinós.
regar [rreɣár] *t.* Regar. ¶ CONJUG. com ***apretar.***
regata [rreɣáta] *f.* Regata.
regate [rreɣáte] *m.* Acció d'esquivar, amb un moviment del cos, l'encontre amb un objecte o persona.
regatear [rreɣateár] *t.-i.* Regatejar.
regateo [rreɣatéo] *m.* Regateig.
regato [rreɣáto] *m.* Còrrec, corregall.
regatón, -ona [rreɣatón, -óna] *a., m.-f.* Regatejador. *2 m.* Virolla.
regazo [rreɣáθo] *m.* Falda.
regencia [rrexénθja] *f.* Regència.
regeneración [rrexeneraθjón] *f.* Regeneració.
regenerar [rrexenerár] *t.-prnl.* Regenerar.
regentar [rrexentár] *t.* Regentar.
regente [rrexénte] *m.-f.* Regent.
regicida [rrexiθíða] *a., m.-f.* Regicida.
regicidio [rrexiθíðjo] *m.* Regicidi.
regidor, -ra [rrexiðór, -ra] *a., m.-f.* Regidor.
régimen [rréximen] *m.* Règim.

regimiento [rreximjénto] *m.* Regiment.
regio, -ia [rréxjo, -ja] *a.* Regi.
región [rrexjón] *f.* Regió, contrada.
regional [rrexjonál] *a.* Regional.
regir [rrexír] *t.* Regir. *2* Vigir. ¶ CONJUG. com ***pedir.***
registrador, -ra [rrexistraðór, -ra] *a.* Registrador. *2* Escorcollador.
registrar [rrexistrár] *t.* Registrar, enregistrar. *2* Escorcollar.
registro [rrexístro] *m.* Registre. *2* Escorcoll.
regla [rréɣla] *f.* Regla. *2* Regle.
reglado, -da [rreɣláðo, -ða] *a.* Arreglat.
reglamentar [rreɣlamentár] *t.* Reglamentar.
reglamento [rreɣlaménto] *m.* Reglament.
regocijado [rreɣoθixáðo] *a.* Festiu, joiós.
regocijar [rreɣoθixár] *t.-prnl.* Alegrar, festejar.
regocijo [rreɣoθíxo] *m.* Joia.
regodearse [rreɣoðeárse] *prnl.* fam. Adelitar-se, delectar-se, complaure's.
regodeo [rreɣoðéo] *m.* Adelitament. *2* fam. Xala.
regolfar [rreɣolfár] *i.* Regolfar. ¶ CONJUG. com ***desollar.***
regordete, -ta [rreɣorðéte, -ta] *a.* Rodanxó.
regresar [rreɣresár] *i.* Regressar, tornar, retornar.
regresión [rreɣresjón] *f.* Regressió.
regreso [rreɣréso] *m.* Regrés, tornada.
regüeldo [rreɣwéldo] *m.* Rot.
reguera [rreɣéra] *f.* Canal. *2* Reguera.
reguero [rreɣéro] *m.* Reguer, regueró. *2* Reguera.
regulador, -ra [rreɣulaðór, -ra] *a.-m.* Regulador.
regular [rreɣulár] *a.* Regular.
regular [rreɣulár] *t.* Regular.
regularidad [rreɣulariðáð] *f.* Regularitat.
regularizar [rreɣulariθár] *t.* Regularitzar.
regularmente [rreɣulármente] *adv.* Regularment.
régulo [rréɣulo] *m.* Règul, reietó.
regurgitación [rreɣurxitaθjón] *f.* Regurgitació.
regurgitar [rreɣurxitár] *i.* Regurgitar.
rehabilitar [rreaβilitár] *t.-prnl.* Rehabilitar.
rehacer [rreaθér] *t.-prnl.* Refer. ¶ CONJUG. com ***hacer.***
rehecho, -cha [reétʃo, -tʃa] *a.* Refet.
rehén [rreén] *m.* Ostatge. *2* Ostatges.
rehilete [rreiléte] *m.* Fletxa, dard (de joc).
rehogar [rreoɣár] *t.* Ofegar.
rehuir [rreuír] *t.-prnl.* Defugir, refusar. ¶ CONJUG. com ***huir.***
rehusar [rreusár] *t.* Refusar, rebutjar.
reidor, -ra [rreiðór, -ra] *a., m.-f.* Rialler.
reimpresión [rreimpresjón] *f.* Reimpressió.
reimprimir [rreimprimír] *t.* Reimprimir.
reina [rréĭna] *f.* Reina, regina.
reinado [rreĭnáðo] *m.* Regnat.
reinar [rreĭnár] *i.* Regnar.
reincidencia [rreĭnθiðénθja] *f.* Reincidència.
reincidente [rreĭnθiðénte] *a., m.-f.* Reincident.
reincidir [rreĭnθiðír] *i.* Reincidir.
reincorporar [rreĭŋkorporár] *t.-prnl.* Reincorporar.
reino [rréĭno] *m.* Regne, reialme.
reintegrar [rreĭnteɣrár] *t.-prnl.* Reintegrar.
reír [rreír] *i.-prnl.* Riure. ¶ CONJUG. GER.: ***riendo.*** ‖ INDIC. Pres.: ***río, ríes, ríe, ríen.*** | Indef.: ***rió, rieron.*** ‖ SUBJ. Pres.: ***ría, rías, ría, riamos, riáis, rían.*** | Imperf.: ***riera*** o ***-iese***, etc. | Fut.: ***riere***, etc. | IMPERAT.: ***ríe, ría, riamos, rían.***
reiterar [rreĭterár] *t.* Reiterar.
reivindicación [rreĭβindikaθjón] *f.* Reivindicació.
reivindicar [rreĭβindikár] *t.-prnl.* Reivindicar.
reja [rréxa] *f.* Reixa, reixat. *2* Rella.
rejilla [rrexíʎa] *f.* Reixeta.
rejo [rréxo] *m.* Punxó, agulló.
rejón [rrexón] *m.* TAUROM. Llança curta.
rejoneador [rrexoneaðór] *m.* TAUROM. El qui toreja a cavall.
rejuvenecer [rrexuβeneθér] *i.-prnl.* Rejovenir. ¶ CONJUG. com ***agradecer.***
relación [rrelaθjón] *f.* Relació. *2* Coneixença (de persones).
relacionar [rrelaθjonár] *t.* Relacionar.
relajación [rrelaxaθjón] *f.* Relaxació.
relajamiento [rrelaxamjénto] *m.* Relaxament.
relajar [rrelaxár] *t. prnl.* Relaxar.
relamerse [rrelamérse] *prnl.* Llepar-se els llavis. *2* Jactar-se, vanagloriar-se.
relámpago [rrelámpaɣo] *m.* Llampec.
relampagueante [rrelampaɣeánte] *a.* Llampegant, llampeguejant.
relampaguear [rrelámpaɣeár] *i.* Llampegar, llampeguejar.
relatar [rrelatár] *t.* Relatar, narrar, contar.
relativo, -va [rrelatíβo, -βa] *a.-m.* Relatiu.
relato [rreláto] *m.* Relat, relació, narració.
relator, -ra [rrelatór, -ra] Relator.
releer [rreleér] *t.* Rellegir.

relegar [rreleɣár] *t.* Relegar.
relente [rrelénte] *m.* Rellent, serena.
relevante [rreleβánte] *a.* Rellevant.
relevar [rreleβár] *t.-i.* Rellevar.
relevo [rreléβo] *m.* Relleu.
relicario [rrelikárjo] *m.* Reliquiari.
relieve [rreljéβe] *m.* Relleu.
religión [rrelixjón] *f.* Religió.
religiosidad [rrelixiosiðáð] *f.* Religiositat.
religioso, -sa [rrelixjóso, -sa] *a., m.-f.* Religiós.
relinchar [rrelintʃár] *i.* Renillar.
relincho [rrelíntʃo] *m.* Renill.
relinga [rrelíŋga] *f.* Ralinga.
reliquia [rrelíkja] *f.* Relíquia.
reloj [rrclóx] *m.* Rellotge.
relojería [rreloxería] *f.* Rellotgeria.
relojero, -ra [rreloxéro, -ra] *m.-f.* Rellotger.
reluciente [rreluθjénte] *a.* Relluent.
relucir [rreluθír] *i.* Relluir. ¶ CONJUG. com ***lucir.***
relumbrar [rrelumbrár] *i.* Resplendir, relluir.
relumbrón [rrelumbrón] *m.* Resplendor, llampec. *2* Oripell.
rellano [rreʎáno] *m.* Replà.
rellenar [rreʎenár] *t.-prnl.* Farcir. *2* Omplir.
relleno, -na [rreʎéno, -na] *a.* Farcit, cafit. *2 m.* Farciment, farcit.
remachar [rrematʃár] *t.* Reblar.
remanente [rremanénte] *m.* Romanent.
remangar [rremaŋgár] *t.-prnl.* Vegeu ARREMANGAR.
remango [rremáŋgo] *m.* V. ARREMANGO.
remansarse [rremansárse] *prnl.* Entollar-se, embassar-se.
remanso [rremánso] *m.* Rabeig (de l'aigua) . *2* Flema, calma.
remar [rremár] *i.* Remar.
remarcar [rremarkár] *t.* Remarcar.
rematado, -da [rrematáðo, -ða] *a.* Rematat. *2* Estar perdut, sense remei.
rematar [rrematár] *t.* Rematar.
remate [rremáte] *m.* Coronament. *2* Cim. *3* Subhasta. *4* ESPT. Rematada. ‖ ***De ~,*** rematat.
remedar [rremeðár] *t.* Escarnir, estrafer, contrafer.
remediar [rremeðjár] *t.* Remeiar.
remedio [rreméðjo] *m.* Remei.
remedo [rreméðo] *m.* Escarniment, imitació.
remellado, -da [rremeʎáðo, -ða] *a.* Llavifès.
rememorar [rrememorár] *t.* Rememorar.
remendar [rremendár] *t.* Adobar, apariar, ataconar, adobassar, apanyar. ¶ CONJUG. com ***apretar.***
remendón, -na [rremendón, -na] *a., m.-f.* Ataconador, pegot.
remero, -ra [rreméro, -ra] *m.-f.* Remer.
remesa [rremésa] *f.* Remesa, tramesa, enviament, partida.
remiendo [rremjéndo] *m.* Adob, pedaç.
remilgado, -da [rremilɣáðo, -ða] *a.* Posturer, melindrós.
remilgo [rremílɣo] *m.* Postures, melindros.
reminiscencia [rreminisθénθja] *f.* Reminiscència.
remirado, -da [rremiráðo, -ða] *a.* Remirat, primmirat.
remisión [rremisjón] *f.* Remissió, remesa. *2* Tramesa.
remiso [rremíso] *a.* Remís, indolent.
remitente [rremiténte] *a., m.-f.* Remitent.
remitir [rremitír] *i.-t.-prnl.* Remetre.
remo [rrémo] *m.* Rem.
remoción [rremoθjón] *f.* Remoció, remoguda.
remojar [rremoxár] *t.* Remullar. *2* Rabejar, xopar. *3* Abeurar.
remojo [rremóxo] *m.* Remull. *2* Rabeig.
remojón [rremoxón] *m.* Remullada, banyada.
remolacha [rremolátʃa] *f.* BOT. Remolatxa.
remolcador, -ra [rremolkaðór, -ra] *a.-m.* Remolcador.
remolcar [rremolkár] *t.* Remolcar.
remolinar [rremolinár] *i.-prnl.* Arremolinar.
remolino [rremolíno] *m.* Remolí, bufarut, xuclador. *2* Aldarull, motí.
remolón, -a [rremolón, -óna] *a.* Ronsa, cançoner, ronsejaire.
remolonear [rremoloneár] *i.-prnl.* Ronsejar, gansejar.
remolque [rremólke] *m.* Remolc.
remonta [rremónta] *f.* Remunta.
remontar [rremontár] *t.-prnl.* Remuntar.
remoquete [rremokéte] *m.* Revés, mastegot.
rémora [rrémora] *f.* ICT. Rèmora. *2* fig. Rèmora (obstacle).
remorder [rremorðér] *t.* Remordir. ¶ CONJUG. com ***moler.***
remordimiento [rremorðimjénto] *m.* Remordiment, rosec.
remoto, -ta [rremóto, -ta] *a.* Remot.
remover [rremoβér] *t.-prnl.* Remoure, somoure. *2* Remenar. ¶ CONJUG. com ***moler.***
remozar [rremoθár] *t.-prnl.* Rejovenir.
rempujar [rrempuxár] *t.* V. EMPUJAR.
rempujón [rrempuxón] *m.* V. EMPUJÓN.
remuneración [rremuneraθjón] *f.* Remuneració.

remunerar [rremunerár] *t.* Remunerar.
renacer [rrenaθér] *i.* Renéixer, renàixer. ¶ CONJUG. com ***agradecer.***
renacimiento [rrenaθimjénto] *m.* Renaixement, renaixença.
renacuajo [rrenakwáxo] *m.* ZOOL. Capgros, cullereta, cullerot.
renal [rrenál] *a.* Renal.
renano, -na [rrenáno, -na] *a.* Renà.
rencilla [rrenθiʎa] *f.* Renyina, rancúnia.
rencilloso, -sa [rrenθiʎóso, -sa] *a.* Renyinós.
rencor [rreŋkór] *m.* Rancor, rancúnia.
rencoroso, -sa [rreŋkoróso, -sa] *a.* Rancorós.
rendibú [rrendiβú] *m.* Acatament, compliment.
rendición [rrendiθjón] *f.* Rendició.
rendija [rrendixa] *f.* Escletxa, clivella, esquerda.
rendido, -da [rrendiðo, -ða] *a.* Rendit. *2* Submís, obsequiós.
rendimiento [rrendimjénto] *m.* Rendiment.
rendir [rrendir] *t.-prnl.* Rendir. *2* Retre. ¶ CONJUG. com ***pedir.***
renegado, -da [rreneγáðo, -ða] *a., m.-f.* Renegat, caragirat.
renegar [rreneγár] *i.-t.* Renegar. ¶ CONJUG. com ***apretar.***
renglón [rreŋglón] *m.* Ratlla. *2* Rengló. ‖ ***A ~ seguido,*** tot seguit, a continuació.
reniego [rrenjéγo] *m.* Renec, blasfèmia.
reno [rréno] *m.* ZOOL. Ren.
renombrado, -da [rrenombráðo, -ða] *a.* Anomenat, famós.
renombre [rrenómbre] *m.* Cognom, sobrenom. *2* Anomenada, renom.
renovación [rrenoβaθjón] *f.* Renovació.
renovar [rrenoβár] *t.-prnl.* Renovar. ¶ CONJUG. com ***desollar.***
renta [rrénta] *f.* Renda.
rentar [rrentár] *t.* Rendir, retre.
rentista [rrentista] *m.-f.* Rendista.
renuevo [rrenwéβo] *m.* Plançó, rebrot, grífol, fillol, lluc.
renuncia [rrenúnθja] *f.* Renúncia.
renunciamiento [rrenunθjamjénto] *m.* Renunciament.
renunciar [rrenunθjár] *t.* Renunciar.
renuncio [rrenúnθjo] *m.* Renunci.
renvalso [rrenβálso] *m.* Galze.
reñir [rreɲir] *i.-t.* Renyir. *2* Barallar-se. *3 t.* Renyar.
reo, -ea [rréo, -ea] *a., m.-f.* Reu.
reojo (de) [rreóxo] loc. De reüll, de cua d'ull.
reorganización [rreorγaniθaθjón] *t.* Reorganització.
reorganizar [rreorγaniθár] *t.* Reorganitzar.
reóstato [rreóstato] *m.* ELEC. Reòstat.
repanchigarse [rrepantʃiγárse] *prnl.* V. REPANTIGARSE.
repantigarse [rrepantiγárse] *prnl.* Repapar-se, aclofar-se.
reparación [rreparaθjón] *f.* Reparació.
reparador, -ra [rreparaðór, -ra] *a., m.-f.* Reparador.
reparar [rreparár] *t.-i.* Reparar. *2* Remarcar, adonar-se.
reparo [rrepáro] *m.* Adob, reparació. *2* Empara. *3* Inconvenient, trava. *4* Objecció.
reparón, -ona [rreparón, -óna] *a., m.-f.* V. REPARADOR.
repartición [rrepartiθjón] *f.* Repartició, repartiment.
repartidor, -ra [rrepartiðór, -ra] *m.-f.* Repartidor.
repartimiento [rrepartimjénto] *m.* Repartiment, repartició.
repartir [rrepartir] *t.* Repartir.
reparto [rrepárto] *m.* V. REPARTIMIENTO.
repasar [rrepasár] *t.-i.* Repassar.
repasata [rrepasáta] *f.* fam. Reny, reprensió.
repaso [rrepáso] *m.* Repàs, repassada.
repatriación [rrepatrjaθjón] *f.* Repatriació.
repatriar [rrepatrjár] *t.-prnl.* Repatriar.
repecho [rrepétʃo] *m.* Repetjó, pujadeta. ‖ ***A ~,*** costa amunt.
repelente [rrepelénte] *a.* Repel·lent.
repeler [rrepelér] *t.* Repel·lir.
repelo [rrepélo] *m.* Repèl. *2* Repeló. *3* fig. Renyina. *4* fig. Angúnia.
repelón [rrepelón] *m.* Carrera (de les mitges).
repeloso, -sa [rrepelóso, -sa] *a.* Repelós, revés.
repente [rrepénte] *m.* fam. Sobtada. ‖ ***De ~,*** de sobte, de cop, tot d'un plegat.
repentinamente [rrepeninamente] *adv.* V. DE REPENTE.
repentino, -na [rrepentino, -na] *a.* Sobtat.
repercusión [rreperkusjón] *f.* Repercussió.
repercutir [rreperkutir] *i.-t.-prnl.* Repercutir.
repertorio [rrepertórjo] *m.* Repertori.
repesar [rrepesár] *t.* Repesar.
repetición [rrepetiθjón] *f.* Repetició. *2* Repetida.
replegar [rrepleγár] *t.-prnl.* Replegar. ¶ CONJUG. com ***apretar.***
repleto, -ta [rrepléto, -ta] *a.* Replet, curull, cafit, tip.

réplica [rréplika] *f.* Rèplica.
replicar [rreplikár] *i.-t.* Replicar.
repliegue [rrepljéɣe] *m.* Replec.
repoblar [rrepoβlár] *t.* Repoblar. ¶ CONJUG. com ***desollar.***
repollar [rrepoʎár] *i.-prnl.* Cabdellar (la col, etc.).
repollo [rrepóʎo] *m.* BOT. Col. *2* Cabdell, capça.
repolludo, -da [rrepoʎúðo, -ða] *a.* Cabdellat.
reponer [rreponér] *t.* Reposar. *2 prnl.* Refer-se. ¶ CONJUG. com ***poner.***
reportar [rreportár] *t.* Reportar. *2 prnl.* Captenir-se.
reporte [rrepórte] *m.* Report.
reportero, -ra [rreportéro, -ra] *a., m.-f.* Reporter, repòrter.
reposado, -da [rreposáðo, -ða] *a.* Reposat.
reposar [rreposár] *i.-prnl.* Reposar. *2* Jeure.
reposo [rrepóso] *m.* Repòs.
repostería [rreposteria] *f.* Confiteria, pastisseria.
repostero [rrepostéro] *t.* Reprendre, renyar, reptar.
reprensible [rreprensiβle] *a.* Reprensible.
reprensión [rreprensjón] *f.* Reprensió, reny.
represa [rreprésa] *f.* Estancament.
represalia [rrepresálja] *f.* Represàlia.
represar [rrepresár] *t.* Estancar (l'aigua). *2* Reprimir.
representación [rrepresentaθjón] *f.* Representació.
representante [rrepresentánte] *m.-f.* Representant.
representar [rrepresentár] *t.-prnl.* Representar.
representativo, -va [rrepresentatiβo, -βa] *a.* Representatiu.
represión [rrepresjón] *f.* Repressió.
represivo, -va [rrepresiβo, -βa] *a.* Repressiu.
reprimenda [rrepriménda] *f.* Reprimenda, arrambatge, esbronc.
reprimir [rreprimir] *t.-prnl.* Reprimir.
reprobable [rreproβáβle] *a.* Reprovable.
reprobación [rreproβaθjón] *f.* Reprovació.
reprobador, -ra [rreproβaðór, -ra] *a.* Reprovador.
reprobar [rreproβár] *t.* Reprovar, blasmar. ¶ CONJUG. com ***desollar.***
réprobo, -ba [rréproβo, -βa] *a., m.-f.* Rèprobe.
reprochar [rreprotʃár] *t.-prnl.* Reprotxar, retreure, blasmar.
reproche [rreprótʃe] *m.* Reprotxe, retret, blasme.
reproducción [rreproðuɣθjón] *f.* Reproducció.
reproducir [rreproðuθir] *t.-prnl.* Reproduir. ¶ CONJUG. com ***conducir.***
reproductor, -ra [rreproðuɣtór, -ra] *a., m.-f.* Reproductor.
repropio, -ia [rrepròpjo, -ja] *a.* Repropi, guit.
reptar [rreβtár] *i.* Arrossegar-se.
reptil [rreβtil] *m.* Rèptil.
república [rrepúβlika] *f.* República.
republicano, -na [rrepuβlikáno, -na] *a., m.-f.* Republicà.
repudiar [rrepuðjár] *t.* Repudiar.
repudio [rrepúðjo] *m.* Repudi.
repudrir [rrepuðrir] *t.-prnl.* Repodrir. *2 prnl.* Migrar-se. ¶ CONJUG. com ***pudrirse.***
repuesto, -ta [rrepwésto, -ta] *a.* Refet. *2 m.* Rebost. ‖ ***De ~,*** de recanvi.
repugnancia [rrepuɣnánθja] *f.* Repugnància.
repugnante [rrepuɣnánte] *a.* Repugnant.
repugnar [rrepuɣnár] *t.-i.* Repugnar.
repujado [rrepuxáðo] *m.* Repujat, embotit.
repujar [rrepuxár] *t.* Repujar, embotir.
repulgar [rrepulɣár] *t.* Doblegar, voretar.
repulgo [rrepúlɣo] *m.* Doblec.
repulir [rrepulir] *t.-prnl.* Repolir.
repulsa [rrepúlsa] *f.* Repulsa.
repulsión [rrepulsjón] *f.* Repulsió.
repulsivo, -va [rrepulsiβo, -βa] *a.* Repulsiu.
repullo [rrepúʎo] *m.* Fletxa. *2* Ensurt, sobresalt.
repuntarse [rrepuntárse] *prnl.* Repuntar, captrencar-se (el vi). *2* Contrapuntar-se (dues persones).
reputación [rreputaθjón] *f.* Reputació.
reputar [rreputár] *t.* Reputar.
requebrar [rrekeβrár] *t.* Galantear. *2* Adular. *3* Trencar de nou. ¶ CONJUG. com ***apretar.***
requemar [rrekemár] *t.-prnl.* Recremar.
requerimiento [rrekerimjénto] *m.* Requeriment.
requerir [rrekerir] *t.* Requerir. ¶ CONJUG. com ***sentir.*** ‖ P. P.: ***requerido*** i ***requisito.***
requesón [rrekesón] *m.* Mató, recuit.
requetebién [rreketeβjén] *a.* Rebé, molt bé.
requiebro [rrekjéβro] *m.* Floreta, galantería, amoreta.
réquiem [rrékiem] *m.* Rèquiem.
requilorio [rrekilórjo] *m.* Embuste (en parlar).

requisa [rrekísa] *f.* Requisa.
requisar [rrekisár] *t.* Requisar.
requisición [rrekisiθjón] *f.* V. REQUISA.
requisito [rrekisíto] *m.* Requisit.
res [rres] *f.* Cap de bestiar.
resabiar [rresaβjár] *t.-prnl.* Aviciar.
resabio [rresáβjo] *m.* Regust. *2* Vici, deixa.
resaca [rresáka] *f.* Ressaca.
resalado, -da [rresaláðo, -ða] *a.* Molt graciós, saladíssim (dit d'una persona).
resaltar [rresaltár] *i.* Ressaltar. *2* Ressortir.
resalto [rresálto] *m.* Ressalt, relleu. *2* Rebot.
resarcimiento [rresarθimjénto] *m.* Rescabalament.
resarcir [rresarθír] *t.-prnl.* Rescabalar.
resbaladizo, -za [rrezβalaðíθo, -θa] *a.* Relliscós.
resbalar [rrezβalár] *i.-prnl.* Relliscar, lliscar.
resbalón [rrezβalón] *m.* Relliscada.
resbaloso [rrezβalóso] *m.* V. RESBALADIZO.
rescatar [rreskatár] *t.* Rescatar.
rescate [rreskáte] *m.* Rescat.
rescindir [rresθindír] *t.* Rescindir.
rescisión [rresθisjón] *f.* Rescissió.
rescoldo [rreskóldo] *m.* Caliu. *2* Recel.
resecar [rresekár] *t.-prnl.* Ressecar, eixarreir. *2* Corsecar.
reseco [rreséko] *a.-m.* Ressec, eixarreït. *2* Flac.
resentido, -da [rresentíðo, -ða] *a.* Ressentit.
resentimiento [rresentimjénto] *m.* Ressentiment.
resentirse [rresentírse] *prnl.* Ressentir-se. *2.* Condolir-se. ¶ CONJUG. com ***sentir.***
reseña [rreséɲa] *f.* Ressenya.
reseñar [rreseɲár] *t.* Ressenyar.
reserva [rresérβa] *f.* Reserva.
reservadamente [rreserβáðamente] *adv.* Reservadament.
reservar [rreserβár] *t.-prnl.* Reservar.
reservista [rreserβísta] *a., m.-f.* MIL. Reservista.
resfriado [rresfriáðo] *m.* Refredat, cadarn, cop d'aire.
resfriar [rresfriár] *t.-prnl.* Refredar. *2 i.* Refredejar.
resfrío [rresfrío] *m.* V. RESFRIADO.
resguardar [rresɣwarðár] *t.-prnl.* Resguardar, arrecerar.
resguardo [rresɣwárðo] *m.* Resguard.
residencia [rresiðénθja] *f.* Residència.
residente [rresiðénte] *a.* Resident.
residir [rresiðír] *i.* Residir. *2* Raure.
residuo [rresíðwo] *m.* Residu. *2* Deixalla. *3 pl.* Triadures.
resignación [rresiɣnaθjón] *f.* Resignació.
resignar [rresiɣnár] *t.-prnl.* Resignar.
resina [rresína] *f.* Resina, reïna.
resinoso, -sa [rresinóso, -sa] *a.* Resinós, reïnós.
resistencia [rresisténθja] *f.* Resistència.
resistente [rresisténte] *a.* Resistent.
resistir [rresistír] *i.-t.-prnl.* Resistir. *2 t.* Sofrir.
resma [rrésma] *f.* Raima.
resoluble [rresolúβle] *a.* Resoluble.
resolución [rresoluθjón] *f.* Resolució.
resolver [rresolβér] *t.-prnl.* Resoldre. ¶ CONJUG. com ***moler.***
resollar [rresoʎár] *i.* Bleixar, alenar, esbufegar.
resonancia [rresonánθja] *f.* Ressonància, ressò.
resonante [rresonánte] *a.* Ressonant.
resonar [rresonár] *i.* Ressonar. ¶ CONJUG. com ***desollar.***
resoplar [rresoplár] *i.* Esbufegar.
resoplido [rresoplíðo] *m.* Esbufec.
resorber [rresorβér] *t.* Reabsorbir.
resorción [rresorθjón] *f.* Reabsorció.
resorte [rresórte] *m.* Ressort.
respaldar [rrespaldár] *t.* Protegir. *2 prnl.* Recolzar-se.
respaldo [rrespáldo] *m.* Respatller, espatller, espatllera.
respectar [rrespektár] *i.* Respectar.
respectivo, -va [rrespeɣtíβo, -βa] *a.* Respectiu.
respecto [rrespéɣto] *m.* Respecte. ‖ ~ ***a,*** quant a, respecte a.
respetar [rrespetár] *t.* Respectar.
respeto [rrespéto] *m.* Respecte.
respetuoso, -sa [rrespetuóso, -sa] *a.* Respectuós.
respingar [rrespiŋgár] *i.* Grunyir. *2* Rondinar, botzinar.
respingón [rrespiŋgón] *m.* Repeló.
respingo [respíŋgo] *m.* Revolada. *2* Rebuf.
respingona [rrespiŋgóna] *a.* fam. ***Nariz*** ~, nas arremangat.
respiración [rrespiraθjón] *f.* Respiració.
respiradero [rrespiraðéro] *m.* Respirador.
respirar [rrespirár] *i.-t.* Respirar, alenar.
respiratorio, -ia [rrespiratórjo, -ja] *a.* Respiratori.
respiro [rrespíro] *m.* Respir. *2* fig. Respit, descans.
resplandecer [resplandeθér] *i.* Resplendir. ¶ CONJUG. com ***agradecer.***
resplandeciente [rresplandeθjénte] *a.* Resplendent.

resplandor [rresplandór] *m.* Resplendor, claror, esclat.
responder [rrespondér] *t.-i.* Respondre. *2* Replicar.
respondón, -ona [rrespondón, -óna] *a., m.-f.* Replicaire.
responsabilidad [rresponsaβiliðáð] *f.* Responsabilitat.
responsable [rresponsáβle] *a.* Responsable.
responso [rrespónso] *m.* LITÚRG. Respons, absolta.
responsorio [rresponsórjo] *m.* LITÚRG. Responsori.
respuesta [rrespwésta] *f.* Resposta, contesta.
resquebrajar [rreskeβraxár] *t.-prnl.* Badar, esquerdar, esberlar, clivellar.
resquemar [rreskemár] *t.-prnl.* Coure, picar. *2* Recremar.
resquemo [rreskémo] *m.* Coïssor, cremor. *2* Olor i gust de cremat.
resquemor [rreskemór] *m.* Coïssor, picantor. *2* Ressentiment.
resquicio [rreskíθjo] *m.* Escletxa.
resta [rrésta] *f.* MAT. Resta.
restablecer [rrestaβleθér] *t.-prnl.* Restablir. *2 prnl.* Refer-se. ¶ CONJUG. com ***agradecer.***
restablecimiento [rrestaβleθimjénto] *m.* Restabliment.
restallar [rrestaʎár] *i.* Petar (la tralla), esclafir.
restante [rrestánte] *m.* Restant, resta, romanent.
restañar [rrestaɲár] *t.* Estroncar.
restar [rrestár] *t.* Restar.
restauración [rrestaŭraθjón] *f.* Restauració.
restaurador, -ra [rrestaŭraðór, -ra] *a., m.-f.* Restaurador, restaurant.
restaurante [rrestaŭránte] *a.-m.* Restaurant.
restaurar [rrestaŭrár] *t.* Restaurar.
restitución [rrestituθjón] *f.* Restitució.
restituir [rrestituír] *t.-prnl.* Restituir, retre, tornar. ¶ CONJUG. com ***huir.***
resto [rrésto] *m.* Resta, restant. *2 pl.* Resquícies. *3* Despulles, desferra.
restregar [rrestreγár] *t.* Refregar. ¶ CONJUG. com ***apretar.***
restregón [rrestreγón] *m.* Refregada, refrec, fregada.
restricción [rrestriγθjón] *f.* Restricció.
restricto, -ta [rrestríγto, -ta] *a.* Restringit.
restringir [rrestriŋxír] *t.* Restringir, restrènyer.
restriñimiento [rrestriɲimjénto] *m.* Restrenyiment.
restriñir [rrestriɲír] *t.* Restrènyer. ¶ CONJUG. com ***mullir.***
resucitar [rresuθitár] *t.-i.* Ressuscitar.
resuello [rreswéʎo] *m.* Esbufec, bufec. *2* Respir, respiració.
resulta [rresúlta] *f.* Resulta.
resultado [rresultáðo] *m.* Resultat.
resultar [rresultár] *t.* Resultar.
resumen [rresúmen] *m.* Resum.
resumir [rresumír] *t.-prnl.* Resumir.
resurgir [rresurxír] *t.* Ressorgir.
resurrección [rresurreγθjón] *f.* Resurrecció.
retablo [rretáβlo] *m.* Retaule.
retador, -ra [rretaðór, -ra] *a.-m.* Reptador, desafiador.
retaguardia [rretaγwárðja] *f.* Rereguarda.
retahíla [rretaíla] *f.* Reguitzell, tirallonga, renglera.
retal [rretál] *m.* Retall.
retama [rretáma] *f.* BOT. Ginesta. *2* Ginestera.
retamar [rretamár] *m.* Ginestar.
retar [rretár] *t.* Reptar, desafiar.
retardar [rretarðár] *t.-prnl.* Retardar, entrigar.
retardo [rretárðo] *m.* Retard.
retazo [rretáθo] *m.* Retall.
retejar [rretexár] *t.* Reparar (una teulada).
retemblar [rretemblár] *i.* Tremolejar. ¶ CONJUG. com ***apretar.***
retén [rretén] *m.* Prevenció. *2* Reforç, reserva, recanvi.
retención [rretenθjón] *f.* Retenció.
retener [rretenér] *t.* Retenir. ¶ CONJUG. com ***tener.***
retentiva [rretentíβa] *f.* Retentiva.
reticencia [rretiθénθja] *f.* Reticència.
reticente [rretiθénte] *a.* Reticent.
retículo [rretíkulo] *m.* Reticle.
retina [rretína] *f.* ANAT. Retina.
retintín [rretintín] *m.* Dring. *2* Sorna, ironia.
retiñir [rretiɲír] *i.* Dringar. ¶ CONJUG. com ***mullir.***
retirada [rretiráða] *f.* Retirada.
retirar [rretirár] *t.-prnl.* Retirar, enretirar. *2* Desar.
retiro [rretíro] *m.* Retir, recés, retret.
reto [rréto] *m.* Repte.
retocar [rretokár] *t.* Retocar.
retoñar [rretoɲár] *i.* Rebrotar, ullar (les plantes).
retoño [rretóɲo] *m.* Rebrot.
retoque [rretóke] *m.* Retoc.
retorcer [rretorθér] *t.-prnl.* Retòrcer, retorçar. *2* Recargolar. ¶ CONJUG. com ***moler.*** ‖ P. P.: ***retorcido*** i ***retuerto.***

retorcimiento [rretorθimjénto] *m.* Retorciment, recargolament.
retórico, -ca [rretóriko, -ka] *a.-m.* Retòric. *2 f.* Retòrica.
retornar [rretornár] *t.-i.* Retornar.
retorno [rretórno] *m.* Retorn, tornada.
retorta [rretórta] *f.* Retorta.
retortijón [rretortixón] *m.* Recargolament, retortilló, retorciment.
retozar [rretoθár] *i.* Saltironar, guimbar.
retozo [rretóθo] *m.* Acció i efecte de ***retozar,*** saltiró.
retozón, -ona [rretoθón, -óna] *a.* Enjogassat.
retracción [rretraɣθjón] *f.* Retracció.
retractación [rretraɣtaθjón] *f.* Retractació.
retractar [rretraɣtár] *t.-prnl.* Retractar.
retráctil [rretráɣtil] *a.* Retràctil.
retraer [rretraér] *t.-prnl.* Retreure. *2* Desar-se. ¶ CONJUG. com ***traer.***
retraimiento [rretraimjénto] *m.* Retraïment.
retrasar [rretrasár] *t.-prnl.* Retardar. *2 prnl.* Entrigar-se.
retraso [rretráso] *m.* Retard.
retratar [rretratár] *t.* Retratar.
retratista [rretratista] *m.-f.* Retratista.
retrato [rretráto] *m.* Retrat.
retrechero, -ra [rretretʃéro, -ra] *a.* fam. Que té molt atractiu. *2* Maula.
retreta [rretréta] *f.* MIL. Retreta.
retrete [rretréte] *m.* Comuna, privada.
retribución [rretriβuθjón] *f.* Retribució.
retribuir [rretriβuir] *t.* Retribuir. ¶ CONJUG. com ***huir.***
retroactivo, -va [rretroaɣtiβo, -βa] *a.* Retroactiu.
retroceder [rretroθeðér] *i.* Retrocedir, recular.
retroceso [rretroθéso] *m.* Retrocés, reculada.
retrogradar [rretroɣraðár] *i.* ASTR. Retrogradar.
retrógrado, -da [rretróɣraðo, -ða] *a.* Retrògrad.
retrospectivo, -va [rretrospeɣtiβo, -βa] *a.* Retrospectiu.
retrovisor [rretroβisór] *m.* Retrovisor.
retruécano [rretrwékano] *m.* Un joc de paraules.
retruque [rretrúke] *m.* Retruc, retop (en el billar).
retumbante [rretumbánte] *a.* Ressonant, retrunyidor. *2* Eixordador.
retumbar [rretumbár] *i.* Ressonar, retrunyir, eixordar.
retumbo [rretúmbo] *m.* Ressò, retruny.
reuma [rréŭma] *m.* o *f.* MED. Reuma.
reumático, -ca [rreumátiko, -ka] *a., m.-f.* Reumàtic.
reumatismo [rreumatízmo] *m.* Reumatisme.
reunión [rreunjón] *f.* Reunió, aplec.
reunir [rreunír] *t.-prnl.* Reunir. *2* Aplegar.
reválida [rreβáliða] *f.* Revàlida.
revalidación [rreβaliðaθjón] *f.* Revalidació.
revalidar [rreβaliðár] *t.-prnl.* Revalidar.
revancha [rreβántʃa] *f.* Revenja.
revelación [rreβelaθjón] *f.* Revelació.
revelador, -ra [rreβelaðór, -ra] *a.-m.* Revelador.
revelar [rreβelár] *t.-prnl.* Revelar.
revendedor, -ra [rreβendeðór, -ra] *a., m.-f.* Revenedor.
revender [rreβendér] *t.* Revendre.
revenir [rreβenir] *i.* Revenir.
reventadero [rreβentaðéro] *m.* Rost, pujada molt dura. *2* Rebentament.
reventar [rreβentár] *i.-prnl.* Esbotzar, rebentar, esclatar. *2* Esbotifarrar. ¶ CONJUG. com ***apretar.***
reventón [rreβentón] *m.* Rebentada. *2* Rebentament.
rever [rreβér] *t.* Reveure. ¶ CONJUG. com ***ver.***
reverberación [rreβerβeraθjón] *f.* Reverberació.
reverberar [rreβerβerár] *i.* Reverberar.
reverbero [rreβerβéro] *m.* Reverber.
reverdecer [rreβerðeθér] *i.-t.* Reverdir. *2* Fullar, verdejar. ¶ CONJUG. com ***agradecer.***
reverencia [rreβerénθja] *f.* Reverència.
reverencial [rreβerenθjál] *a.* Reverencial.
reverenciar [rreβerenθjár] *t.* Reverenciar.
reverendo, -da [rreβeréndo, -da] *a., m.-f.* Reverend.
reverente [rreβerénte] *a.* Reverent.
reversible [rreβersíβle] *a.* Reversible.
reverso [rreβérso] *m.* Revers.
revés [rreβés] *m.* Revés. *2* Bolet (cop). ‖ ***Al ~,*** al revés, del revés, a l'inrevés.
revesado, -da [rreβesáðo, -ða] *a.* Revés.
revestimiento [rreβestimjénto] *m.* Revestiment.
revestir [rreβestír] *t.-prnl.* Revestir. ¶ CONJUG. com ***pedir.***
revisar [rreβisár] *t.* Revisar.
revisión [rreβisjón] *f.* Revisió.
revisor, -ra [rreβisór, -ra] *a.-m.* Revisor.
revista [rreβista] *f.* Revista.
revistar [rreβistár] *t.* Revistar.
revivir [rreβiβír] *i.* Reviure.
revocación [rreβokaθjón] *f.* Revocació.

revocar [rreβokár] *t.* Revocar. *2* Arrebossar (una paret).
revolar [rreβoḷár] *i.-prnl.* Revolar. ¶ CONJUG. com ***desollar.***
revolcar [rreβolkár] *t.-prnl.* Revolcar. ¶ CONJUG. com ***desollar.***
revolcón [rreβolkón] *m.* Rebolcada. *2* fig. Rebentada.
revolotear [rreβoloteár] *i.-t.* Voletejar.
revoloteo [rreβolotéo] *m.* Acció i efecte de ***revolotear.***
revoltijo [rreβoltíxo] *m.* Embolic, embull, garbull, poti-poti, garbuix. *2* Samfaina.
revoltillo [rreβoltíʎo] *m.* V. REVOLTIJO.
revoltoso, -sa [rreβoltóso, -sa] *a., m.-f.* Revoltós. *2* Trapella. *3* Tortuós.
revolución [rreβoluθjón] *f.* Revolució.
revolucionar [rreβoluθjonár] *t.* Revolucionar.
revolucionario, -ia [rreβoluθjonárjo, -ja] *a., m.-f.* Revolucionari.
revólver [rreβólβer] *m.* Revòlver.
revolver [rreβolβér] *t.-prnl.* Remenar, barrejar. *2* Remoure, sollevar, regirar. ¶ CONJUG. com ***moler.***
revoque [rreβóke] *m.* Arrebossat (de parets). *2* Morter (per a arrebossar).
revuelo [rreβwélo] *m.* Revolada. *2* Rebombori, renou, tràngol.
revuelta [rreβwélta] *f.* Revolta, motí. *2* Revolt, giragonsa.
revuelto, -ta [rreβwélto, -ta] *a.* Revolt.
revulsivo, -va [rreβulsíβo, -βa] *a.* Revulsiu.
rey [rreĭ] *m.* Rei.
reyerta [rreɟérta] *f.* V. RIÑA.
reyezuelo [rreɟeθwélo] *m.* Reietó, règul.
rezaga [rreθáγa] *f.* Ressaga.
rezagado, -da [rreθaγáðo, -ða] *a., m.-f.* Ressaguer.
rezagar [rreθaγár] *t.* Endarrerir. *2 prnl.* Ressagar-se.
rezar [rreθár] *t.-i.* Resar, pregar. ‖ **~ *con,*** adir-se, escaure.
rezo [rréθo] *m.* Rés.
rezón [rreθón] *m.* NÀUT. Ruixó.
rezongar [rreθoŋgár] *i.* Rondinar, botzinar, remugar, reganyar.
rezongón, -ona [rreθoŋgón, -óna] *a.* Rondinaire, botzinaire.
rezumar [rreθumár] *i.-prnl.* Traspuar, regalar.
ría [rría] *f.* Ria.
riachuelo [rriatʃwélo] *m.* Rierol.
riada [rriáða] *f.* Riuada, riada, rierada.
ribazo [rriβáθo] *m.* Riba, marge.
ribera [rriβéra] *f.* Riba, ribera.
ribereño, -ña [rriβeréɲo, -ɲa] *a., m.-f.* Riberenc.
ribete [rriβéte] *m.* Ribet, viu, voraviu.
ribetear [rriβeteár] *t.* Enribetar.
ricamente [rrikaménte] *adv.* Ricament.
ricino [rriθíno] *m.* BOT. Ricí. ‖ ***Aceite de* ~,** oli de ricí.
rico, -ca [rríko, -ka] *a., m.-f.* Ric.
ridiculez [rriðikuléθ] *f.* Ridiculesa.
ridiculizar [rriðikuliθár] *t.* Ridiculitzar.
ridículo, -la [rriðíkulo, -la] *a.-m.* Ridícul.
riego [rrjéγo] *m.* Regatge, reg.
riel [rriél] *m.* Riell. *2* Rail.
rienda [rrjénda] *f.* Regna, brida. ‖ ***A* ~ *suelta,*** a lloure.
riesgo [rrjézγo] *m.* Risc.
rifa [rrífa] *f.* Rifa.
rifar [rrifár] *t.-i.-prnl.* Rifar.
rifeño, -ña [rriféɲo, -ɲa] *a., m.-f.* Rifeny.
rifle [rrífle] *m.* Rifle.
rigidez [rrixiðéθ] *f.* Rigidesa.
rígido, -da [rríxiðo, -ða] *a.* Rígid, encarcarat, enterc.
rigodón [rriγoðón] *m.* Rigodons.
rigor [rriγór] *m.* Rigor.
rigorismo [rriγorízmo] *m.* Rigorisme.
riguroso, -sa [rriγuróso, -sa] *a.* Rigorós.
rima [rríma] *f.* Rima. *2* Rima, rimer (pila).
rimar [rrimár] *t.-i.* LIT. Rimar.
rimbombante [rrimbombánte] *a.* Ressonant. *2* fam. Ostentós, cridaner.
rimero [rriméro] *m.* Rimer, rima, pila.
rincón [rriŋkón] *m.* Racó.
rinconada [rriŋkonáða] *f.* Raconada.
rinconero, -ra [rriŋkonéro, -ra] *a.* Raconer. *2 f.* Raconera.
ringlera [rriŋgléra] *f.* Rengle, renglera.
rinoceronte [rrinoθerónte] *m.* ZOOL. Rinoceront.
riña [rríɲa] *f.* Renyina, baralla, batussa, brega, agarrada, sarau.
riñón [rriɲón] *m.* ANAT. Ronyó.
río [rrío] *m.* Riu.
ripio [rrípjo] *m.* Reble.
riqueza [rrikéθa] *f.* Riquesa.
risa [rrísa] *f.* Rialla, riure. ‖ ***Desternillarse de* ~,** cargolar-se de riure.
risco [rrísko] *m.* Angle. *2* Mena de bunyol.
riscoso, -sa [rriskóso, -sa] *a.* Encinglerat.
risible [rrisíβle] *a.* Risible.
risotada [rrisotáða] *f.* Riallada.
ristra [rrístra] *f.* Enfilall, forc, forcat.
ristre [rrístre] *m.* Rest (de l'armadura).
risueño, -ña [rriswéɲo, -ɲa] *a.* Rialler, rioler, somrient.
rítmico, -ca [rrítmiko, -ka] *a.* Rítmic.
ritmo [rrítmo] *m.* Ritme.
rito [rríto] *m.* Ritu.
ritual [rritwál] *a.-m.* Ritual.

rival [rriβál] *m.-f.* Rival.
rivalidad [rriβaliðáð] *f.* Rivalitat.
rivalizar [rriβaliθár] *i.* Rivalitzar.
riza [rríθa] *f.* Bavalles, rosegalls (que deixa el bestiar).
rizado [rriθáðo] *m.* Arrissada.
rizar [rriθár] *t.-prnl.* Arrissar, cargolar. *2* NÀUT. Rissar.
rizo [rríθo] *m.* Rínxol, rull, ris, cargol. *2* NÀUT. Ris.
róbalo [rróβalo] *m.* Llobarro.
robar [rroβár] *t.* Robar, furtar. *2* fig. Afaitar.
roblar [rroβlár] *t.* Roblar.
roble [rróβle] *m.* BOT. Roure.
robledal [rroβleðál] *m.* Roureda.
roblón [rroβlón] *m.* Rebló.
robo [rróβo] *m.* Robatori, robament, furt, roberia.
robustecer [rroβusteθér] *t.-prnl.* Enrobustir, envigorir. ¶ CONJUG. com ***agradecer.***
robustez [rroβustéθ] *f.* Robustesa.
robusto, -ta [rroβústo, -ta] *a.* Robust, cepat.
roca [rróka] *f.* Roca.
roce [rróθe] *m.* Frec, fregada. *2* Tracte.
rociada [rroθjáða] *f.* Ruixada.
rociar [rroθjár] *i.* Ruixar.
rocín [rroθín] *m.* Rossí.
rocinante [rroθinánte] *m.* Róssa (cavall).
rocío [rroθío] *m.* Rosada, rou. *2* Ruixim.
rococó [rrokokó] *a.* Rococó.
rocoso, -sa [rrokóso, -sa] *a.* Rocallós, rocós.
roda [rróða] *f.* Roda.
rodaballo [rroðaβáʎo] *m.* ICT. Rèmol. *2* Turbot.
rodada [rroðáða] *f.* Rodera.
rodado, -da [rroðáðo, -ða] *a.* Rodat. *2* Clapat.
rodaja [rroðáxa] *f.* Rodanxa.
rodaja [rroðáxa] *m.* Rodatge. *2* Rodam.
rodapié [rroðapjé] *m.* Entornpeu.
rodar [rroðár] *i.* Rodar. *2* Rodolar. *3* Rutllar. *4* Rodar (un film). ¶ CONJUG. com ***desollar.***
rodear [rroðeár] *i.* Rodejar, voltar, envoltar. *2* Rodar, marrar.
rodela [rroðéla] *f.* Rodella.
rodeo [rroðéo] *m.* Rodeig. *2* Marrada. ‖ ***Dar un ~,*** fer marrada. ‖ ***Hablar sin rodeos,*** parlar sense embuts.
rodera [rroðéra] *f.* Rodera.
rodete [rroðéte] *m.* Rodet. *2* Rotllana.
rodilla [rroðíʎa] *f.* Genoll.
rodillera [rroðiʎéra] *f.* Genollera.
rodillo [rroðíʎo] *m.* Corró.
rododendro [rroðoðéndro] *m.* BOT. Gavet, rododèndron.
rodrigar [rroðriγár] *t.* Asprar, enasprar.
rodrigón [rroðriγón] *m.* Aspre.
roedor, -ra [rroeðór, -ra] *a.-m.* Rosegador. *2 pl.* Rosegadors.
roedura [rroeðúra] *f.* Rosegada, rosec. *2* Ratadura.
roer [rroér] *t.* Rosegar, ratar. ¶ CONJUG. GER.: ***royendo.*** ‖ INDIC. Pres.: ***roo, roigo*** o ***royo.*** ‖ SUBJ. Pres.: ***roa, roiga*** o ***roya; roas, roigas*** o ***royas; roa, roiga*** o ***roya; roamos, roigamos*** o ***royamos; roáis, roigáis*** o ***royáis; roan, roigan*** o ***royan.*** ‖ IMPERAT.: ***roa, roiga*** o ***roya; roamos, roigamos*** o ***royamos; roan, roigan*** o ***royan.***
rogar [rroγár] *t.* Pregar. ¶ CONJUG. com ***desollar.***
rojez [rroxéθ] *f.* Rojor, vermellor.
rojizo, -za [rroxíθo, θa] *a.* Rogenc, vermellenc. *2* Rogent (esp. el cel).
rojo, -ja [rróxo, -xa] *a.-m.* Roig, vermell.
rol [rról] *m.* Rol.
rollizo, -za [rroʎíθo, -θa] *a.-m.* Rodanxó. *2* Robust.
rollo [rróʎo] *m.* Rotlle. *2* Corró.
romadizo [rromaðíθo] *m.* MED. Coriza.
romana [rromána] *f.* Romana.
romance [rrománθe] *a.-m.* Romanç.
romancero [rromanθéro] *m.* Cançoner.
románico, -ca [rrromániko, -ka] *a.* Romànic.
romanista [rromanísta] *a., m.-f.* Romanista.
romano, -na [rrománo, -na] *a., m.-f.* Romà.
romanticismo [rromantiθízmo] *m.* Romanticisme.
romántico, -ca [rromántiko, -ka] *a., m.-f.* Romàntic.
romanza [rrománθa] *f.* MÚS. Romança.
rombo [rrómbo] *m.* Rombe.
romboedro [rromboéðro] *m.* Rombòedre.
romería [rromería] *f.* Romeria, romiatge. *2* Aplec.
romero, -ra [rroméro, -ra] *m.-f.* Romeu.
romo, -ma [rrómo, -ma] *a.* Rom, obtús.
rompecabezas [rrompekaβéθas] *m.* Trencaclosques.
rompedor, -ra [rrompeðór, -ra] *a., m.-f.* Trencador.
rompehielos [rrompejélos] *m.* Trencaglaç.
rompeolas [rrompeólas] *m.* Escullera.
romper [rrompér] *t.-prnl.* Rompre, trencar, esclafar, espinyar.
rompiente [rrompjénte] *m.* Rompent, trencant.
rompimiento [rrompimjénto] *m.* Rompiment, trencament.

ron [rrón] *m.* Rom.
roncar [rroŋkár] *i.* Roncar.
roncear [rronθeár] *i.* Ronsejar, romancejar, gansejar.
roncería [rronθeria] *f.* Ronseria, romanceria, gansoneria.
roncero, -ra [rronθéro, -ra] *a.* Ronsejaire, cançoner, ronsa.
ronco, -ca [rróŋko, -ka] *a.* Ronc, rauc.
roncha [rróntʃa] *f.* Rodanxa. *2* Butllofa. *3* Estafa.
ronda [rrónda] *f.* Ronda, passada.
rondador [rrondaðór] *a., m.-f.* Rondaire.
rondar [rrondár] *i.-prnl.* Rondar.
rondeña [rrondéɲa] *f.* MÚS. Cert aire popular andalús.
rondó [rrondó] *m.* MÚS. Rondó.
rondón (de) [rrondón] loc. D'una revolada.
ronquera [rroŋkéra] *f.* Ronquera.
ronquido [rroŋkiðo] *m.* Ronc.
ronronear [rronrroneár] *i.* Fer el gat el seu ronc, que denota contentació.
ronroneo [rronrronéo] *m.* Ronc propi del gat.
ronzal [rronθál] *m.* Ronsal.
ronzar [rronθár] *t.* Rosegar, mastegar (fent cruixir).
roña [rróɲa] *f.* Ronya, quisca.
roñoso, -sa [rroɲóso, -sa] *a.* Ronyós.
ropa [rrópa] *f.* Roba.
ropaje [rropáxe] *m.* Draperia, vestidura.
ropavejería [rropaβexeria] *f.* Botiga de robavellaire.
ropavejero, -ra [rrpaβexéro, -ra] *m.-f.* Robavellaire.
ropero [rropéro] *m.* Guarda-roba, rober.
roqueño, -ña [rrokéɲo, -ɲa] *a.* Rocós.
roquero, -ra [rrokéro, -ra] *a.* Roquer.
roquete [rrokéte] *m.* Roquet.
rosa [rrósa] *a., m.-f.* Rosa.
rosado [rrosáðo] *a.* Rosat.
rosal [rrosál] *m.* Roser.
rosaleda [rrosaléða] *f.* Roserar.
rosario [rrosárjo] *m.* Rosari.
rosbif [rrozβif] *m.* CUI. Rosbif.
rosca [rróska] *f.* Rosca. *2* Tortell.
roscar [rroskár] *t.* Roscar.
roscón [rroskón] *m.* Tortell.
Rosellón [rroseʎón] *n. pr.* Rosselló.
róseo [rróseo] *a.* Rosaci, rosat.
roséola [rroséola] *f.* MED. Rosa.
rosetón [rrosetón] *m.* ARQ. Rosassa, rosetó, rosa.
rosillo, -lla [rrosiʎo, -ʎa] *a.* Rogenc.
rosoli [rrosóli] *m.* Rosolis.
rosquilla [rroskiʎa] *f.* Rosquilla.
rostral [rrostrál] *a.* Rostral.
rostro [rróstro] *m.* Rostre, visatge.
rota [rróta] *f.* Rota. *2* Rumb. *3* Derrota.
rotación [rrotaθjón] *f.* Rotació, rodament.
rotativo, -va [rrotatiβo, -βa] *a.* Rotatiu. *2 f.* Rotativa.
rotatorio, -ia [rrotatórjo, -ja] *a.* Rotatori.
roto, -ta [rróto, -ta] *a., m.-f.* Trencat. *2* Perdut, esparracat.
rotonda [rrotónda] *f.* Rotonda.
rótula [rrótula] *f.* ANAT. Ròtula.
rotular [rrotulár] *t.* Retolar.
rótulo [rrótulo] *m.* Rètol, cartell.
rotundamente [rrotúndamente] *adv.* Rotundament.
rotundo, -da [rrotúndo, -da] *a.* Rotund.
rotura [rrotúra] *f.* Ruptura, rompiment, trencament, trencat, trencada.
roturación [rroturaθjón] *f.* AGR. Rompuda.
roturar [rroturár] *t.* AGR. Rompre.
roya [rróǰa] *f.* Rovell (de plantes).
rozadura [rroθaðúra] *f.* Rascada, frec, fregada, refregada, pelada.
rozar [rroθár] *t.-i.* Fregar, refregar. *2 t.* Raure. *3* Eixarmar. *4 prnl.* Tocar-se, fer-se (fig.).
rubeta [rruβéta] *f.* ZOOL. Reineta.
rubí [rruβi] *m.* MINER. Robí.
rubia [rrúβja] *f.* BOT. Roja.
rubicundo, -da [rruβikúndo, -da] *a.* Rubicund.
rubidio [rruβiðjo] *m.* MINER. Rubidi.
rubio, -ia [rrúβjo, -ja] *a., m.-f.* Ros.
rublo [rrúβlo] *m.* Ruble.
rubor [rruβór] *m.* Rubor, vermellor.
ruborizarse [rruβoriθárse] *prnl.* Ruboritzar-se, envermellir.
ruboroso, -sa [rruβoróso, -sa] *a.* Ruborós.
rúbrica [rrúβrika] *f.* Rúbrica.
rubricar [rruβrikár] *t.* Rubricar.
rubro, -ra [rrúβro, -ra] *a.* Roig, vermell.
rucio, -ia [rrúθjo, -ja] *a., m.-f.* Cendrós, grisenc.
ruda [rrúða] *f.* BOT. Ruda.
rudamente [rrúðamente] *adv.* Rudement.
rudeza [rruðéθa] *f.* Rudesa.
rudimentario, -ia [rruðimentárjo, -ja] *a.* Rudimentari.
rudimento [rruðiménto] *m.* Rudiment.
rudo, -da [rrúðo, -ða] *a.* Rude, aspre.
rueca [rrwéka] *f.* Filosa.
rueda [rrwéða] *f.* Roda, rutlla.
ruedo [rrwéðo] *m.* Rodada, volt. *2* Cercle, rodona. *3* Lliça.
ruego [rrwéγo] *m.* Prec.
rufián [rrufján] *m.* Rufià, alcavot.
rugby [rrúγβi] *m.* ESPT. Rugby.
rugido [rruxiðo] *m.* Bramul, bruel, rugit, bufor.

rugir [rruxír] *i.* Bruelar, bramular, rugir, bramar.
rugosidad [rruγosiðáð] *f.* Rugositat.
rugoso, -sa [rruγóso, -sa] *a.* Rugós.
ruibarbo [rrwiβárβo] *m.* BOT. Ruibarbre.
ruido [rrwíðo] *m.* Soroll, fressa, brogit.
ruidoso, -sa [rrwiðóso, -sa] *a.* Sorollós, fressós.
ruin [rrwin] *a.* Roí.
ruina [rrwína] *f.* Ruïna.
ruindad [rrwindáð] *f.* Roïndat, roïnesa.
ruinoso, -sa [rrwinóso, -sa] *a.* Ruïnós.
ruiseñor [rrwiseɲór] *m.* ORNIT. Rossinyol.
ruleta [rruléta] *f.* Ruleta.
rulo [rrúlo] *m.* Corró.
rumano, -na [rrumáno, -na] *a., m.-f.* Romanès.
rumbo [rrúmbo] *m.* Rumb.
rumboso, -sa [rrumbóso, -sa] *a.* fam. Rumbós.
rumia [rrúmja] *f.* Remugament.
rumiante [rrumjánte] *a.-m.* Ruminant. 2. Remugant.
rumiar [rrumjár] *t.* Remugar. *2* Rumiar, barrinar.
rumor [rrumór] *m.* Rumor. *2* Remor, brogit.
rumorearse [rrumoreárse] *prnl.* Córrer la veu, córrer el rumor, dir-se.
runrún [rrunrrún] *m.* Rum-rum.
runrunearse [rrunrruneárse] *prnl.* Córrer la veu, córrer el rumor.
rupestre [rrupéstre] *a.* Rupestre.
rupia [rrúpja] *f.* Rupia.
ruptura [rruβtúra] *f.* Ruptura, trencament.
rural [rrurál] *a.* Rural.
rusco [rrúsko] *m.* BOT. Rusc marí.
Rusia [rrúsja] *n. pr.* Rússia.
ruso, -sa [rrúso, -sa] *a., m.-f.* Rus.
rústico, -ca [rrústiko, -ka] *a.* Rústic. *2* Rústec. ‖ ***En rústica,*** en rústica.
ruta [rrúta] *f.* Ruta.
rutilante [rrutilánte] *a.* Rutilant.
rutilar [rrutilár] *i.* Rutilar.
rutina [rrutína] *f.* Rutina.
rutinario, -ia [rrutinárjo, -ja] *a., m.-f.* Rutinari.

S

sábado [sáβaðo] *m.* Dissabte.
sábalo [sáβalo] *m.* ICT. Alosa, saboga.
sábana [sáβana] *f.* Llençol.
sabana [saβána] *f.* GEOG. Sabana.
sabandija [saβandixa] *f.* Cuca, rèptil. *2* fig. Llimac, persona perversa.
sabanilla [saβaníʎa] *f.* Tovalla.
sabañón [saβaɲón] *m.* Penelló.
sabático, -ca [saβátiko, -ka] *a.* Sabàtic.
sabedor, -ra [saβeðór, -ra] *a.* Sabedor.
sabelotodo [saβelotóðo] *m.* Set-ciències.
saber [saβér] *t.-i.* Saber. *2 i.* Tenir gust: ***sabe a...***, té gust de... ¶ CONJUG. INDIC. Pres.: ***sé.*** | Indef.: ***supe, supiste, supo, supimos, supisteis, supieron.*** | Fut.: ***sabré, sabrás, sabrá, sabremos, sabréis, sabrán.*** || SUBJ. Pres.: ***sepa, sepas, sepa, sepamos, sepáis, sepan.*** | Imperf.: ***supiera*** o ***-iese,*** etc. | Fut.: ***supiere,*** etc. || IMPERAT.: ***sepa, sepamos, sepan.***
saber [saβér] *m.* Saber.
sabidillo, -lla [saβiðiʎo, -ʎa] *a.* Set-ciències, saberut.
sabido, -da [saβiðo, -ða] *a.* Sabent.
sabiduría [saβiðuría] *f.* Saviesa.
sabiendas (a) [saβjéndas] loc. Sabentment, a dretes.
sabihondo, -da [saβjóndo, -da] *a., m.-f.* Saberut, set-ciències, lletrut.
sabio, -ia [sáβjo, -ja] *a., m.-f.* Savi.
sablazo [saβláθo] *m.* Cop de sabre, estocada.
sable [sáβle] *m.* Sabre.
saboga [saβóɣa] *f.* ICT. Saboga.
sabor [saβór] *m.* Sabor. *2* Tast, bocam.
saborear [saβoreár] *t.* Assaborir, paladejar.
sabotaje [saβotáxe] *m.* Sabotatge.
sabroso, -sa [saβróso, -sa] *a.* Saborós, gustós.
sabuco [saβúko] *m.* BOT. Saüc, saüquer.
sabueso, -sa [saβwéso, -sa] *a.-m.* Coniller (gos).
saca [sáka] *f.* Treta. *2* Saca.
sacabocados [sakaβokáðos] *m.* Trucador.
sacacorchos [sakakórtʃos] *m.* Llevataps, tirabuixó.
sacadineros [sakaðinéros] *m.* Enganyabadocs, escurabosses, papadiners.
sacamanchas [sakamántʃas] *m.* Llevataques.
sacamuelas [sakamwélas] *m.* Arrencaqueixals, xarlatà.
sacanete [sakanéte] *m.* Canet (joc).
sacar [sakár] *t.* Treure, llevar. *2 i.* ESPT. Sacar.
sacarino, -na [sakarino, -na] *a.* Sacarí. *2 f.* Sacarina.
sacerdocio [saθerðóθjo] *m.* Sacerdoci.
sacerdotal [saθerðotál] *a.* Sacerdotal.
sacerdote [saθerðóte] *m.* Sacerdot.
sacerdotisa [saθerðotisa] *f.* Sacerdotessa.
saciado, -da [saθjáðo, -ða] *a.* Sadollat, tip.
saciar [saθjár] *t.-prnl.* Sadollar, saciar. *2* Afartar, atipar. *3* Desassedegar.
saciedad [saθjeðáð] *f.* Sacietat.
saco [sáko] *m.* Sac.
sacramental [sakramentál] *a.* Sacramental. *2 m.* Sagramental.
sacramentar [sakramentár] *t.* Sagramentar.
sacramento [sakraménto] *m.* Sagrament.
sacrificar [sakrifikár] *t.-prnl.* Sacrificar.
sacrificio [sakrifíθjo] *m.* Sacrifici.
sacrilegio [sakriléxjo] *m.* Sacrilegi.
sacrílego, -ga [sakríleɣo, -ɣa] *a.* Sacríleg.
sacristán, -ana [sakristán, -ána] *m.-f.* Sagristà. *2 f.* Sagristana (dona del sagristà).
sacristía [sakristía] *f.* Sagristia.
sacro, -cra [sákro, -kra] *a.* Sacre, sagrat. *2 m.* ANAT. Sacre.
sacrosanto, -ta [sakrosánto, -ta] *a.* Sacrosant.
sacudida [sakuðiða] *f.* Sacsejada, sotrac, sotragada, batzegada. *2* Espolsada.
sacudidor, -ra [sakuðiðór, -ra] *a.* Espolsador. *2 m.* Espolsadora.

sacudimiento [sakuðimjénto] *m.* Sotragueig, sotrac. *2* Sacseig, espolsada.
sacudir [sakuðir] *t.-prnl.* Sacsejar, sotragar, batzegar. *2* Batre, estomacar, estovar. *3* Espolsar. *4 prnl.* Esbatussar-se.
sádico, -ca [sáðiko, -ka] *a.* Sàdic.
sadismo [saðizmo] *m.* Sadisme.
saeta [saéta] *f.* Sageta. *2* Busca, minutera, agulla.
saetera [saetéra] *f.* Espitllera.
sáfico, -ca [sáfiko, -ka] *a.-m.* Sàfic.
sagacidad [saγaθiðáð] *f.* Sagacitat. *2* Murrieria.
sagaz [saγáθ] *a.* Sagaç, avisat, despert, murri.
sagita [saxita] *f.* GEOM. Sagita.
sagitario [saxitárjo] *m.* Sagitari.
sagrado, -da [saγráðo, -ða] *a.* Sagrat.
sagrario [saγrárjo] *m.* Sagrari.
sahumar [saumár] *t.-prnl.* Sufumigar.
sahumerio [saumérjo] *m.* Sufumigació.
saín [sain] *m.* Sagí, saïm, llard.
sainete [saĭnéte] *m.* TEAT. Sainet.
sajar [saxár] *t.* CIR. Tallar.
sajón, -ona [saxón, -óna] *a., m.-f.* Saxó.
sal [sal] *f.* Sal.
sala [sála] *f.* Sala.
salacidad [salaθiðáð] *f.* Salacitat.
saladar [salaðár] *m.* Salina.
saladero [salaðéro] *m.* Salador.
salado, -da [saláðo, -ða] *a.* Salat.
saladura [salaðúra] *f.* Saladura.
salamandra [salamándra] *f.* ZOOL. Salamandra. *2* Salamandra (estufa).
salamanquesa [salamaŋkésa] *f.* ZOOL. Dragó.
salar [salár] *t.* Salar.
salario [salárjo] *m.* Sou, salari.
salaz [saláθ] *a.* Salaç.
salazón [salaθón] *f.* Salaó, saladura.
salce [sálθe] *m.* BOT. Salze.
salchicha [saltʃitʃa] *f.* Salsitxa.
salchichería [saltʃitʃeria] *f.* Cansaladeria.
salchichón [saltʃitʃón] *m.* Llonganissa.
saldar [saldár] *t.* Saldar.
saldo [sáldo] *m.* Saldo.
saledizo [saleðiθo] V. SALIENTE.
salero [saléro] *m.* Saler. *2* Gràcia, aire, sal, agudesa.
saleroso, -sa [saleróso, -sa] *a.* Graciós, agut, airós, salat (fig.).
salesiano, -na [salesjáno, -na] *a.* Salesià.
salicilato [saliθiláto] *m.* QUÍM. Salicilat.
sálico, -ca [sáliko, -ka] *a.* Sàlic.
salida [saliða] *f.* Sortida, eixida.
salidizo [saliðiθo] *m.* ARQ. Volada.
saliente [saljénte] *a.-m.* Sortint.
salino, -na [salino, -na] *a.* Salí. *2* Salina.
salir [salir] *i.* Sortir, eixir. *2* Vessar, sobreeixir. ‖ ~ ***airoso,*** sortir airós, deseixir-se. ¶ CONJUG. INDIC. Pres.: ***salgo.*** | Fut.: ***saldre, saldrás, saldrá, saldremos, saldréis, saldrán.*** ‖ SUBJ. Pres.: ***salga, salgas, salga, salgamos, salgáis, salgan.*** ‖ IMPERAT.: ***sal, salga, salgamos, salgan.***
salitre [salitre] *m.* Salnitre, nitre.
saliva [saliβa] *f.* Saliva.
salival [saliβál] *a.* Salival.
salivar [saliβár] *i.* Salivejar, salivar.
salmantino, -na [salmantino, -na] *a., m.-f.* Salmantí.
salmo [sálmo] *m.* Salm.
salmodia [salmóðja] *f.* Salmòdia.
salmodiar [salmoðjár] *i.* Salmodiar.
salmón [salmón] *m.* ICT. Salmó.
salmonete [salmonéte] *m.* ICT. Roger, moll.
salmuera [salmwéra] *f.* Salmorra.
salobre [salóβre] *a.* Salabrós.
salobreño, -ña [saloβréɲo, -ɲa] *a.* Salí.
salobridad [saloβriðáð] *f.* Salabror.
salomónico, -ca [salomóniko, -ka] *a.* Salomònic. *2 f.* ARQ. Salomònica (columna).
salón [salón] *m.* Saló.
salpicadura [salpikaðúra] *f.* Esquitxada. *2* Esquitx, espurna. *3* Salpicó.
salpicar [salpikár] *t.* Esquitxar. *2* Salpicar (espargir amb sal).
salpicón [salpikón] *m.* Esquitx, esquitxada.
salpimentar [salpimentár] *t.* Salpebrar. ¶ CONJUG. com ***apretar.***
salpullido [salpuʎiðo] *m.* Granellada, granissada (de la pell).
salsa [sálsa] *f.* Salsa.
salsera [salséra] *f.* Salsera.
salsifí [salsifi] *m.* BOT. Sarbeta.
saltador, -ra [saltaðór, -ra] *a., m.-f.* Saltador.
saltamontes [saltamóntes] *m.* ENTOM. Llagosta.
saltar [saltár] *i.-prnl.* Saltar.
saltarín, -ina [saltarin, -ina] *a.* Saltador.
salteador [salteaðór] *m.* Saltejador.
saltear [salteár] *t.* Saltejar.
salterio [saltérjo] *m.* Salteri, saltiri.
saltimbanqui [saltimbáŋki] *m.* fam. Saltimbanqui.
salto [sálto] *m.* Salt, bot. *2* Estrompassada.
saltón, -ona [saltón, -óna] *a.* Saltador. ‖ ***Ojos saltones,*** ulls que sobresurten.
salubre [salúβre] *a.* Salubre.
salubridad [saluβriðáð] *f.* Salubritat.
salud [salúð] *f.* Salut.
saludable [saluðáβle] *a.* Saludable.

saludador [saluðaðór] *m.* Saludador.
saludar [saluðár] *t.* Saludar.
saludo [salúðo] *m.* Salutació, salut.
salutación [salutaθjón] *f.* Salutació.
salutífero, -ra [salutífero, -ra] *a.* Salutífer.
salva [sálβa] *f.* Salva.
salvación [salβaθjón] *f.* Salvació.
salvado [salβáðo] *m.* Segó.
salvador, -ra [salβaðór, -ra] *a., m.-f.* Salvador.
salvaguardar [salβaɣwarðár] *t.* Salvaguardar.
salvaguardia [salβaɣwárðja] *f.* Salvaguarda.
salvajada [salβaxáða] *f.* Salvatgeria, salvatjada.
salvaje [salβáxe] *a.* Salvatge, ferotge. *2 m.-f.* Salvatge.
salvajería [salβaxería] *f.* V. SALVAJADA.
salvajina [salβaxína] *f.* Salvatgina.
salvajismo [salβaxízmo] *m.* Salvatgisme.
salvamanteles [salβamantéles] *m.* Estalvis.
salvamento [salβaménto] *m.* Salvament.
salvar [salβár] *t.-prnl.* Salvar. ‖ ***Sálvese quien pueda,*** campi qui pugui.
salvavidas [salβaβíðas] *m.* Salvavides.
salve [sálβe] *f.* Salve.
salvedad [salβeðáð] *f.* Descàrrec, excepció.
salvia [sálβja] *f.* BOT. Sàlvia.
salvilla [salβiʎa] *f.* Sotacopa.
salvo, -va [sálβo, -βa] *a.* Estalvi, il·lès. *2 adv.* Llevat de. ‖ ***A ~,*** fora de perill. ‖ ***Sano y ~,*** sa i estalvi.
salvoconducto [salβokondúɣto] *m.* Salconduit.
sambenito [sambeníto] *m.* Penjament.
san [san] *a.* Sant.
sanable [sanáβle] *a.* Sanable, guarible.
sanar [sanár] *t.-i.* Sanar, guarir.
sanatorio [sanatórjo] *m.* Sanatori.
sanción [sanθjón] *f.* Sanció.
sancionar [sanθjonár] *t.* Sancionar.
sandalia [sandálja] *f.* Sandàlia.
sándalo [sándalo] *m.* BOT. Sàndal.
sandez [sandéθ] *f.* Bajanada, neciesa.
sandía [sandía] *f.* BOT. Síndria, xíndria.
sandio, -ia [sándjo, -ja] *a., m.-f.* Bajà, neci.
sandunga [sandúŋga] *f.* fam. Gràcia.
sandwich [sáŋgwitʃ] *m. angl.* Sandvitx.
saneamiento [saneamjénto] *m.* Sanejament.
sanear [saneár] *t.* Sanejar.
sangrador [saŋgraðór] *m.* Sagnador.
sangradura [saŋgraðúra] *f.* Sagnia.
sangrar [saŋgrár] *t.* Sagnar.
sangre [sáŋgre] *f.* Sang. ‖ ***A ~ y fuego,*** a mata-degolla.
sangría [saŋgría] *f.* Sagnia.
sangriento, -ta [saŋgrjénto, -ta] *a.* Sangonent, sanguinolent.
sanguijuela [saŋgixwéla] *f.* ZOOL. Sangonera.
sanguina [saŋgína] *f.* PINT. Sanguina.
sanguinario, -ia [saŋginárjo, -ja] *a.* Sanguinari.
sanguíneo, -ea [saŋgíneo, -ea] *a.* Sanguini.
sanguinolento, -ta [saŋginolénto, -ta] *a.* Sanguinolent, sangonent.
sanidad [saniðáð] *f.* Sanitat.
sanitario, -ia [sanitárjo, -ja] *a.-m.* Sanitari.
sano, -na [sáno, -na] *a.* Sa.
sánscrito, -ta [sánskrito, -ta] *a.-m.* Sànscrit.
sanseacabó [sanseakaβó] *interj.* fam. Tururut, s'ha acabat.
santabárbara [santaβárβara] *f.* Santabàrbara.
santateresa [santaterésa] *f.* ENTOM. Pregadéu.
santiamén (en un) [santjamén] loc. En un dir Jesús, en un tres i no res.
santidad [santiðáð] *f.* Santedat.
santificación [santifikaθjón] *f.* Santificació.
santificante [santifikánte] *a.* Santificant.
santificar [santifikár] *t.-prnl.* Santificar.
santiguador, -ra [santiɣwaðór, -ra] *m.-f.* Senyador.
santiguar [santiɣwár] *t.-prnl.* Senyar.
santiguarse [santiɣwárse] *prnl.* Senyar-se.
santísimo, -ma [santísimo, -ma] *a. n. pr.* Santíssim.
santo, -ta [sánto, -ta] *a., m.-f.* Sant. ‖ ***~ y seña,*** sant i senya.
santoral [santorál] *m.* Santoral.
santuario [santwárjo] *m.* Santuari.
santurrón, -ona [santurrón, -óna] *a.* Beat.
santurronería [santurronería] *f.* Beateria.
saña [sáɲa] *f.* Aferrissament, furor, ira, ràbia.
sañudo, -da [saɲúðo, -ða] *a.* Rabiüt, aferrissat, rabiós.
sápido, -da [sápiðo, -ða] *a.* Sàpid.
sapiencia [sapjénθja] *f.* Sapiència, saviesa.
sapo [sápo] *m.* ZOOL. Gripau, galàpet.
saponaria [saponárja] *f.* BOT. Saponària, herba sabonera.
saponificar [saponifikár] *t.-prnl.* Saponificar.
sapote [sapóte] *m.* V. ZAPOTE.
saque [sáke] *m.* ESPT. Sacada.
saqueador, -ra [sakeaðór, -ra] *a., m.-f.* Saquejador.

saquear [sakeár] *t.* Saquejar.
saqueo [sakéo] *m.* Saqueig, sac.
sarampión [sarampjón] *m.* MED. Xarampió.
sarao [saráo] *m.* Sarau.
sarcasmo [sarkázmo] *m.* Sarcasme.
sarcástico, -ca [sarkástiko, -ka] *a.* Sarcàstic.
sarcófago [sarkófaɣo] *m.* Sarcòfag.
sardana [sarðána] *f.* Sardana.
sardanés, -esa [sarðanés, -ésa] *a., m.-f.* Cerdà.
sardina [sarðina] *f.* ICT. Sardina.
sardinal [sarðinál] *m.* Sardinal.
sardinel [sarðinél] *m.* ARQ. Sardinell.
sardinero, -ra [sarðinéro, -ra] *a.* Sardiner. *2 m.-f.* Sardinaire.
sardo, -da [sárðo, -ða] *a., m.-f.* Sard.
sardónico, -ca [sarðóniko, -ka] *a.* Sardònic.
sarga [sárɣa] *f.* Sarja.
sargento [sarxénto] *m.* Sergent.
sarmentoso, -sa [sarmentóso, -sa] *a.* Sarmentós.
sarmiento [sarmjénto] *m.* Sarment, redolta, tòria.
sarna [sárna] *f.* Ronya, sarna.
sarnoso, -sa [sarnóso, -sa] *a., m.-f.* Ronyós, sarnós.
sarpullido [sarpuʎiðo] *m.* V. SALPULLIDO.
sarraceno, -na [sarraθéno, -na] *a., m.-f.* Sarraí.
sarracina [sarraθina] *f.* Avalot.
sarro [sárro] *m.* Tosca (de les gerres, les dents, etc.).
sarta [sárta] *f.* Enfilall, tirallonga.
sartén [sartén] *f.* Paella.
sartenada [sartenáða] *f.* Paellada.
sastra [sástra] *f.* Sastressa.
sastre [sástre] *m.* Sastre.
sastrería [sastreria] *f.* Sastreria.
sastresa [sastrésa] *f.* Sastressa.
satánico, -ca [satániko, -ka] *a.* Satànic.
satélite [satélite] *m.* Satèl·lit.
satén [satén] *m.* Setí.
satinar [satinár] *t.* Setinar.
sátira [sátira] *f.* Sàtira.
satírico, -ca [satiriko, -ka] *a.* Satíric.
satirizar [satiriθár] *i.-t.* Satiritzar.
satisfacción [satisfaɣθjón] *f.* Satisfacció.
satisfacer [satisfaθér] *t.-i.-prnl.* Satisfer.
satisfactorio, -ia [satisfaɣtórjo, -ja] *a.* Satisfactori.
satisfecho, -cha [satisfétʃo, -tʃa] *a.* Satisfet.
sátrapa [sátrapa] *m.* Sàtrapa.
saturar [saturár] *t.* Saturar.
sauce [sáŭθe] *m.* BOT. Salze. ‖ ~ ***llorón,*** desmai.
sauceda [saŭθéða] *f.* Salzeda.
saúco [saúko] *m.* BOT. Saüquer, saüc.
sauquillo [saŭkiʎo] *m.* BOT. Évol.
saurios [sáŭrjos] *m. pl.* ZOOL. Saures.
savia [sáβja] *f.* BOT. Saba.
saxífraga [saɣsifraɣa] *f.* BOT. Saxífraga.
saxofón [saɣsofón] *m.* MÚS. Saxofon.
saxófono [saɣsófono] *m.* MÚS. Saxofon.
saya [sája] *f.* Faldilla.
sayal [saját] *m.* Sargil.
sayo [sájo] *m.* Casaca.
sayón [sajón] *m.* Esbirro, galifardeu. *2* Botxí.
sazón [saθón] *f.* Saó, assaonament.
sazonar [saθonár] *t.-prnl.* Assaonar, amanir.
se [se] *pron. pers.* Es, se, s', 's. *2* Hi. ‖ ***Dáselo,*** dóna-l'hi. *3 pron. indef.* Es, hom.
sebáceo, -ea [seβáθeo, -ea] *a.* Sebaci.
sebo [séβo] *m.* Sèu.
secadero, -ra [sekaðéro, -ra] *m.-a.* Assecador.
secadora [sekaðóra] *f.* Màquina per a eixugar.
secamiento [sekamjénto] *m.* Assecament.
secano [sekáno] *m.* Secà.
secansa [sekánsa] *f.* Secança (cartas).
secante [sekánte] *a.-m.* Assecant. *2* GEOM. Secant.
secar [sekár] *t.-prnl.* Assecar, eixugar. *2* Corsecar.
sección [seɣθjón] *f.* Secció.
seccionar [seɣθjonár] *t.* Seccionar.
secesión [seθesjón] *f.* Secessió.
seco, -ca [séko, -ka] *a.* Sec, eixut.
secreción [sekreθjón] *f.* Secreció.
secretar [sekretár] *t.* Secretar.
secretaría [sekretaria] *f.* Secretaria.
secretariado [sekretarjáðo] *m.* Secretariat.
secretario, -ia [sekretárjo, -ja] *m.-f.* Secretari.
secreter [sekretér] *m. fr.* Secreter.
secreto, -ta [sekréto, -ta] *a.-m.* Secret.
secretor, -ra [sekretór, -ra] *a.* Secretor.
secta [séɣta] *f.* Secta.
sectario, -ia [seɣtárjo, -ja] *a., m.-f.* Sectari.
sector [seɣtór] *m.* Sector.
secuaz [sekwáθ] *a.* Sequaç.
secuela [sekwéla] *f.* Seqüela.
secuestrar [sekwestrár] *t.* Segrestar.
secuestro [sekwéstro] *m.* Segrest.
secular [sekulár] *a., m.-f.* Secular.
secularizar [sekulariθár] *t.-prnl.* Secularitzar.
secundar [sekundár] *t.* Secundar.
secundario, -ia [sekundárjo, -ja] *a.* Secundari.

sed [sed] *f.* Set.
seda [séða] *f.* Seda.
sedal [seðál] *m.* Llinya. *2* CIR. Sedeny, sedal.
sedante [seðánte] *a.* Sedant.
sede [séðe] *f.* Seu.
sedentario, -ia [seðentárjo, -ja] *a.* Sedentari.
sedería [seðería] *f.* Sederia.
sedición [seðiθjón] *f.* Sedició.
sedicioso, -sa [seðiθjóso, -sa] *a.* Sediciós, revoltós.
sediento [seðjénto, -ta] *a.* Assedegat, sedejant.
sedimentar [seðimentár] *t.-prnl.* Sedimentar, deposar, dipositar.
sedimento [seðiménto] *m.* Sediment.
sedoso, -sa [seðóso, -sa] *a.* Sedós.
seducción [seðuɣθjón] *f.* Seducció.
seducir [seðuθír] *t.* Seduir. ¶ CONJUG. com ***conducir.***
seductor, -ra [seðuɣtór, -ra] *a., m.-f.* Seductor.
segador [seɣaðór] *a., m.-f.* Segador.
segar [seɣár] *t.* Segar. ¶ CONJUG. com ***apretar.***
seglar [seɣlár] *a., m.-f.* Seglar.
segmento [seɣménto] *m.* Segment.
segregación [seɣreɣaθjón] *f.* Segregació.
segregar [seɣreɣár] *t.* Segregar. ‖ *~ **saliva,*** ensalivar.
seguida [seɣíða] *f.* Seguit, seguida. ‖ ***En*** *~*, de seguida, tantost.
seguidilla [seɣiðíʎa] *f.* Seguidilla.
seguido, -da [seɣíðo, -ða] *a.* Seguit.
seguidor, -ra [seɣiðór, -ra] *a., m.-f.* Seguidor.
seguimiento [seɣimjénto] *m.* Seguiment.
seguir [seɣír] *t.* Seguir. ¶ CONJUG. com ***pedir.***
según [seɣún] *prep.* Segons, segons com.
segundero [seɣundéro] *m.* Busca que assenyala els segons.
segundo, -da [seɣúndo, -da] *a.-m.* Segon.
segundón [seɣundón] *m.* Fadristern, cabaler.
segur [seɣúr] *f.* Destral. *2* Falç.
seguramente [seɣúramente] *adv.* Segurament.
seguridad [seɣuriðáð] *f.* Seguretat.
seguro, -ra [seɣúro, -ra] *a.* Segur. *2 m.* Assegurança.
seis [seĭs] *a.-m.* Sis.
seisavo [seĭsáβo] *a.-m.* Sisè.
seiscientos, -as [seĭsθjéntos, -as] *a.-m.* Siscents.
selacios [seláθjos] *m. pl.* ICT. Selacis.
selección [seleɣθjón] *f.* Selecció. *2* Floret.
seleccionar [seleɣθjonár] *t.* Seleccionar.
selectivo, -va [seleɣtíβo, -βa] *a.* Selectiu.
selecto, -ta [seléɣto, -ta] *a.* Selecte.
selenio [selénjo] *m.* MINER. Seleni.
selva [sélβa] *f.* Selva.
selvático, -ca [selβátiko, -ka] *a.* Selvàtic.
selenita [selenita] *m.-f.* Selenita.
sellar [seʎár] *t.* Sellar.
sello [séʎo] *m.* Segell. *2* Catxet.
semáforo [semáforo] *m.* Semàfor.
semana [semána] *f.* Setmana. *2* Setmanada. ‖ *~ **próxima,*** setmana entrant.
semanal [semanál] *a.* Setmanal.
semanario, -ia [semanárjo, -ja] *a.-m.* Setmanari.
semblante [semblánte] *m.* Semblant, aparença. *2* Cara, rostre.
semblanza [semblánθa] *f.* Semblança.
sembradío, -ía [sembraðío, -ía] *a.* Sementici.
sembrador, -ra [sembraðór, -ra] *a., m.-f.* Sembrador.
sembrar [sembrár] *t.* Sembrar. ¶ CONJUG. com ***apretar.***
semejante [semexánte] *a., m.-f.* Semblant.
semejanza [semexánθa] *f.* Semblança.
semen [sémen] *m.* FISIOL. Semen.
semental [sementál] *a.-m.* Semental. *2* Llavorer.
sementera [sementéra] *f.* Sembra.
semestral [semestrál] *a.* Semestral.
semestre [seméstre] *m.* Semestre.
semicírculo [semiθírkulo] *m.* Semicercle.
semicircunferencia [semiθirkumferénθja] *f.* Semicircumferència.
semicorchea [semikortʃéa] *f.* MÚS. Semicorxera.
semifusa [semifúsa] *f.* MÚS. Semifusa.
semilla [semíʎa] *f.* Llavor, sement, semença, grana.
semillero [semiʎéro] *m.* Planter.
seminario [seminárjo] *m.* Seminari.
seminarista [seminarísta] *m.* Seminarista.
semita [semíta] *a., m.-f.* Semita.
semítico, -ca [semítiko, -ka] *a.* Semític.
semitono [semitóno] *m.* MÚS. Semitò.
sémola [sémola] *f.* Sèmola.
sempiterno, -na [sempitérno, -na] *a.* Sempitern.
senado [senáðo] *m.* Senat.
senador [senaðór] *m.* Senador.
senatorial [senatorjál] *a.* Senatorial.
sencillez [senθiʎéθ] *f.* Senzillesa.
sencillo, -lla [senθíʎo, -ʎa] *a.* Senzill. *2* Franc, planer. *3* Senar (nombre).
senda [sénda] *f.* Sendera, viarany, corriol.
sendos, -as [séndos, -as] *a. pl.* Sengles.
senectud [seneɣtúd] *f.* Senectut.
senil [seníl] *a.* Senil.

senilidad [seniliðáð] *f.* Senilitat.
seno [séno] *m.* Si, sina. *2* GEOM. Sinus.
sensación [sensaθjón] *f.* Sensació.
sensacional [sensaθjonál] *a.* Sensacional.
sensatamente [sensátamente] *adv.* Assenyadament.
sensatez [sensatéθ] *f.* Seny, sensatesa.
sensato, -ta [sensáto, -ta] *a.* Assenyat, sensat, entenimentat.
sensibilidad [sensiβiliðáð] *f.* Sensibilitat.
sensibilizar [sensiβiliθár] *t.* Sensibilitzar.
sensible [sensíβle] *a.* Sensible.
sensitivo, -va [sensitíβo, -βa] *a.* Sensitiu.
sensorial [sensorjál] *a.* Sensorial.
sensual [senswál] *a.* Sensual.
sensualidad [senswaliðáð] *f.* Sensualitat.
sentada [sentáða] *f.* Assentada.
sentado, -da [sentáðo, -ða] *a.* Assegut. *2* Assentat. *3* Assenyat.
sentar [sentár] *t.* Asseure. *2* Assentar. *3 i.* Escaure. *4 prnl.* Asseure's, seure. ¶ CONJUG. com ***apretar***.
sentencia [senténθja] *f.* Sentència.
sentenciar [sentenθjár] *t.* Sentenciar.
sentencioso, -sa [sentenθjóso, -sa] *a.* Sentenciós.
sentido, -da [sentíðo, -ða] *a.-m.* Sentit.
sentimental [sentimentál] *a.* Sentimental.
sentimentalismo [sentimentalízmo] *m.* Sentimentalisme.
sentimiento [sentimjénto] *m.* Sentiment.
sentina [sentína] *f.* Sentina.
sentir [sentír] *t.-prnl.* Sentir, oír. ¶ CONJUG. GER.: ***sintiendo.*** ‖ INDIC. Pres.: ***siento, sientes, siente, sienten.*** | Indef.: ***sintió, sintieron.*** ‖ SUBJ. Pres.: ***sienta, sientas, sienta, sintamos, sintáis, sientan.*** | Imperf.: ***sintiera*** o ***-iese,*** etc. | Fut.: ***sintiere,*** etc. ‖ IMPERAT.: ***siente, sienta, sintamos, sientan.***
sentir [sentír] *m.* Sentiment. *2* Parer.
seña [séɲa] *f.* Senya. *2 pl.* Senyes, adreça.
señal [seɲál] *f.* Senyal. *2* Empremta.
señalar [seɲalár] *t.* Senyalar (amb una marca, ferida, etc.). *2* Assenyalar (amb el dit). *3* Signar. *4 prnl.* Fer-se notar.
señero, -ra [seɲéro, -ra] *a.* Senyaler. *2* Solitari. *3* Capdavanter, cap de brot.
señor, -ra [seɲór, -ra] *a., m.-f.* Senyor. *2* Amo.
señorear [seɲoreár] *t.-prnl.* Senyorejar.
señoría [seɲoría] *f.* Senyoria, senyoriu.
señorial [seɲoriál] *a.* Senyorial.
señorío [seɲorío] *m.* Senyoriu, senyoria.
señorito, -ta [seɲoríto, -ta] *m.-f.* Senyoret.
señorón, -ona [seɲorón, -óna] *a.* Senyoràs.
señuelo [seɲwélo] *m.* Reclam, enze.
seo [séo] *f.* Seu (episcopal).
sépalo [sépalo] *m.* BOT. Sèpal.
separación [separaθjón] *f.* Separació, destriament.
separar [separár] *t.-prnl.* Separar, departir, destriar. *2* Descompartir. *3* Eixamplar.
separatismo [separatízmo] *m.* Separatisme.
separatista [separatísta] *a., m.-f.* Separatista.
sepelio [sepéljo] *m.* Sepeli.
sepia [sépja] *f.* ICT. Sípia, sèpia.
septenario, -ia [seβtenárjo, -ja] *a., m.-f.* Septenari.
septentrión [seβtentrjón] *m.* Septentrió.
septentrional [seβtentrjonál] *a.* Septentrional.
septicemia [seβtiθémja] *f.* MED. Septicèmia.
séptico, -ca [séβtiko, -ka] *a.* Sèptic.
septiembre [séβtjémbre] *m.* Setembre.
séptimo, -ma [séβtimo, -ma] *a., m.-f.* Setè.
septuagésimo, -ma [seβtwaxésimo, -ma] *a., m.-f.* Setantè.
séptuplo, -pla [séβtuplo, -pla] *a.-m.* Sèptuple.
sepulcral [sepulkrál] *a.* Sepulcral.
sepulcro [sepúlkro] *m.* Sepulcre.
sepultar [sepultár] *t.* Sepultar, soterrar.
sepultura [sepultúra] *f.* Sepultura.
sepulturero [sepulturéro] *m.* Enterramorts, fosser, enterrador.
sequedad [sekeðáð] *f.* Sequedat. *2* Secor.
sequía [sekía] *f.* Secada, eixut.
séquito [sékito] *m.* Seguici, acompanyament. *2* Corrua.
ser [ser] *m.* Ésser, ser.
ser [ser] *i.* Ésser, ser. ¶ CONJUG. GER.: ***siendo.*** ‖ P. P.: ***sido.*** ‖ INDIC. Pres.: ***soy, eres, es, somos, sois, son.*** | Imperf.: ***era, eras, era, éramos, erais, eran.*** | Indef.: ***fui, fuiste, fue, fuimos, fuisteis, fueron.*** ‖ SUBJ. Pres.: ***sea, seas, sea, seamos, seáis, sean.*** | Imperf.: ***fuera*** o ***-ese,*** etc. | Fut.: ***fuere,*** etc. ‖ IMPERAT.: ***sé, sea, seamos, sean.***
sera [séra] *f.* Sarrió.
seráfico, -ca [seráfiko, -ka] *a.* Seràfic.
serafín [serafín] *m.* Serafí.
serba [sérβa] *f.* BOT. Serva.
serbal [serβál] *m.* BOT. Server, servera.
serena, -no [seréna, -no] *f.-m.* Serena.
serenar [serenár] *t.-prnl.* Asserenar. *2* Estritllar-se (el cel).
serenata [serenáta] *f.* Serenata.
serenidad [sereniðáð] *f.* Serenitat, serenor.

sereno, -na [seréno, -na] *a.* Serè. *2 m.* Vigilant nocturn, sereno (col.).
serial [serjál] *a.-m.* Serial.
sericultura [serikultúra] *f.* Sericultura.
serie [sérje] *f.* Sèrie, tongada. *2* Colla.
seriedad [serjeðáð] *f.* Serietat.
serio, -ia [sérjo, -ja] *a.* Seriós. ‖ ***En ~,*** de debò.
sermón [sermón] *m.* Sermó, prèdica.
serpentear [serpenteár] *i.* Serpentejar.
serón [serón] *m.* Sàrria.
seroso, -sa [seróso, -sa] *a.* Serós.
serpear [serpeár] *i.* Serpejar.
serpentear [serpenteár] *i.* Serpentejar, anguilejar.
serpentín [serpentín] *m.* Serpentí.
serpentino, -na [serpentíno, -na] *a.* Serpentí.
serpiente [serpjénte] *f.* ZOOL. Serp, serpent.
serpol [serpól] *m.* BOT. Serpoll.
serrado, -da [serráðo, -ða] *a.* Serrat.
serranía [serranía] *f.* Muntanya (regió muntanyosa).
serrín [serrín] *m.* Serradures.
serrucho [serrútʃo] *m.* Xerrac.
serventesio [serβentésjo] *m.* poèt. Sirventès.
servible [serβíβle] *a.* Servible.
servicial [serβiθjál] *a.* Servicial.
servicio [serβíθjo] *m.* Servei.
servidor, -ra [serβiðór, -ra] *m.-f.* Servidor.
servidumbre [serβiðúmbre] *f.* Servitud. *2* Servei.
servil [serβíl] *a.* Servil.
servilismo [serβilízmo] *m.* Servilisme.
servilleta [serβiʎéta] *f.* Tovalló.
servilletero [serβiʎetéro] *m.* Argolla, anella (del tovalló).
serviola [serβjóla] *f.* NÀUT. Serviola.
servir [serβír] *t.-i.-prnl.* Servir. ¶ CONJUG. com ***pedir.***
sésamo [sésamo] *m.* BOT. Sèsam.
sesear [seseár] *i.* Pronunciar, en castellà, la «c» com la «s».
sesenta [sesénta] *a.-m.* Seixanta.
sesentavo, -va [sesentáβo, -βa] *a., m.-f.* Seixantè.
seseo [seséo] *m.* Acció i efecte de ***sesear.***
sesera [seséra] *f.* Part del cap de l'animal que conté el cervell.
sesgadura [sezɣaðúra] *f.* Esbiaixada.
sesgar [sezɣár] *t.* Esbiaixar.
sesgo, -ga [sézɣo, -ɣa] *a.-m.* Biaix, gaia. *2* Tirat, carés, aspecte.
sesión [sesjón] *f.* Sessió.
seso [séso] *m.* Cervell. *2* Senderi.
sestear [sesteár] *i.* Sestejar, sestar, fer la sesta.
sesudo, -da [sesúðo, -ða] *a.* Assenyat, sensat.
seta [séta] *f.* Bolet.
setecientos, -as [seteθjéntos, -as] *a.* Setcents.
setenta [seténta] *a.-m.* Setanta.
setentavo, -va [setentáβo, -βa] *a.-m.* Setantè.
setiembre [setjémbre] *m.* Setembre.
seto [séto] *m.* Clos, cleda. ‖ ***~ vivo,*** bardissa formant tanca.
seudónimo, -ma [seŭðónimo, -ma] *a.-m.* Pseudònim.
severidad [seβeriðáð] *f.* Severitat.
severo, -ra [seβéro, -ra] *a.* Sever.
sevillano, -na [seβiʎáno, -na] *a., m.-f.* Sevillà.
sexagenario, -ia [seɣsaxenárjo, -ja] *a., m.-f.* Sexagenari.
sexagésimo, -ma [seɣsaxésimo, -ma] *a., m.-f.* Seixantè.
sexo [séxo] *m.* Sexe.
sexta [séɣsta] *f.* Sexta.
sextante [seɣstánte] *m.* Sextant.
sexto, -ta [séxto, -ta] *a., m.-f.* Sisè.
séxtuplo [séɣstuplo] *a., m.-f.* Sèxtuple.
sexual [seɣswál] *a.* Sexual.
sexualidad [seɣswaliðáð] *f.* Sexualitat.
sha [sa] *m.* Xa (de Pèrsia).
sí [si] *pron. pers.* Si. *2 adv.* Sí.
si [si] *m.* MÚS. Si.
si [si] *conj.* Si.
siamés, -sa [sjamés, -ésa] *a., m.-f.* Siamès.
sibarita [siβaríta] *a., m.-f.* Sibarita.
sibila [siβíla] *f.* Sibil·la.
sibilante [siβilánte] *a.* Sibilant.
sicario [sikárjo] *m.* Sicari.
sicofanta [sikofánta] *m.* Sicofanta.
sicómoro [sikómoro] *m.* BOT. Sicòmor.
sideral [siðerál] *a.* Sideral, sideri.
siderurgia [siðerúrxja] *f.* Siderúrgia.
siderúrgico, -ca [siðerúrxiko, -ka] *a.* Siderúrgic.
sidra [síðra] *f.* Sidra.
siega [sjéɣa] *f.* Sega.
siembra [sjémbra] *f.* Sembra.
siempre [sjémpre] *adv.* Sempre, tothora, tostemps.
siempreviva [sjempreβíβa] *f.* BOT. Semperviva.
sien [sjén] *f.* Templa, pols.
sierpe [sjérpe] *f.* Serp, serpent.
sierra [sjérra] *f.* Serra.
siervo, -va [sjérβo, -βa] *m.-f.* Servent. *2* Serf.
siesta [sjésta] *f.* Migdiada, sesta.
siete [sjéte] *a.-m.* Set. *2 m.* Set (esquinç).
sietemesino, -na [sjetemesíno, -na] *a., m.-f.* Setmesó.

sífilis [sífilis] *f.* MED. Sífilis.
sigilo [sixílo] *m.* Secret d'una cosa o notícia de caràcter generalment professional, sacramental, etc.
sigiloso, -sa [sixilóso, -sa] *a.* Que guarda el secret propi del ***sigilo.***
sigla [síɣla] *f.* Sigla.
siglo [síɣlo] *m.* Segle.
signatario, -ia [siɣnatárjo, -ja] *a., m.-f.* Signatari, signant.
signatura [siɣnatúra] *f.* Signatura.
significación [siɣnifikaθjón] *f.* Significació.
significado, -da [siɣnifikáðo, -ða] *a.-m.* Significat.
significar [siɣnifikár] *t.-i.* Significar.
significativo, -va [siɣnifikatíβo, -βa] *a.* Significatiu.
signo [síɣno] *m.* Signe.
siguiente [siɣjénte] *a.* Següent.
sílaba [sílaβa] *f.* Sil·laba.
silabario [silaβárjo] *m.* Sil·labari.
silabear [silaβeár] *i.* Sil·labejar, confegir.
silábico, -ca [siláβiko, -ka] *a.* Sil·làbic.
silba [sílβa] *f.* Xiulada.
silbar [silβár] *i.-t.* Xiular.
silbato [silβáto] *m.* Xiulet.
silenciar [silenθjár] *t.* Silenciar.
silencio [silénθjo] *m.* Silenci.
silencioso, -sa [silenθjóso, -sa] *a.* Silenciós.
sílex [síleɣs] *m.* MINER. Sílex.
silicato [silikáto] *m.* QUÍM. Silicat.
sílice [síliθe] *f.* Sílex. *2* Sílice.
silicio [silíθjo] *m.* Silici.
silicua [sílikwa] *f.* BOT. Silíqua.
silo [sílo] *m.* Sitja.
silogismo [siloxízmo] *m.* Silogisme.
silueta [silwéta] *f.* Silueta.
silúrico, -ca [silúriko, -ka] *a.-m.* Silúric.
siluro [silúro] *m.* ICT. Silur.
silva [sílβa] *f.* LIT. Silva.
silvestre [silβéstre] *a.* Silvestre. *2* Boscà, bosquerol.
silvicultura [silβikultúra] *f.* Silvicultura.
silla [síʎa] *f.* Cadira. *2* Sella.
sillar [siʎár] *m.* Carreu.
sillería [siʎería] *f.* Cadiratge, cadirat, joc de cadires.
sillero, -ra [siʎéro, -ra] *m.-f.* Cadiraire.
sillico [síʎiko] *m.* Bací, orinal.
sillín [siʎín] *m.* Selleta, selleró, seient.
sillón [siʎón] *m.* Cadira de braços, butaca, poltrona.
sima [síma] *f.* Avenc.
simbiosis [simbjósis] *f.* BIOL. Simbiosi.
simbólico, -ca [simbóliko, -ka] *a.* Simbòlic.
simbolizar [simboliθár] *t.-i.* Simbolitzar.
símbolo [símbolo] *m.* Símbol.
simetría [simetría] *f.* Simetria.
simétrico, -ca [simétriko, -ka] *a.* Simètric.
simiente [simjénte] *f.* Sement, llavor.
simiesco, -ca [simjésko, -ka] *a.* Simiesc.
símil [símil] *a.-m.* Símil.
similar [similár] *a.* Similar.
similitud [similitúð] *f.* Similitud.
simio [símjo] *m.* ZOOL. Simi.
simonía [simonía] *f.* Simonia.
simpatía [simpatía] *f.* Simpatia.
simpático, -ca [simpátiko, -ka] *a.* Simpàtic.
simpatizar [simpatiθár] *i.* Simpatitzar.
simple [símple] *a.-m.* Simple. *2* Beneitó, ximple.
simpleza [simpléθa] *f.* Beneiteria, ximpleria.
simplicidad [simpliθiðáð] *f.* Simplicitat.
simplificar [simplifikár] *t.* Simplificar.
simplón, -ona [simplón, -óna] *a., m.-f.* Taujà.
simular [simulár] *t.* Simular.
simultanear [simultaneár] *t.* Fer dues o més coses alhora.
simultáneo, -ea [simultáneo, -ea] *a.* Simultani.
simún [simún] *m.* METEOR. Simun.
sin [sin] *prep.* Sense, sens.
sinagoga [sinaɣóɣa] *f.* Sinagoga.
sinapismo [sinapízmo] *m.* MED. Sinapisme.
sincerar [sinθerár] *t.-prnl.* Sincerar.
sinceridad [sinθeriðáð] *f.* Sinceritat.
sincero, -ra [sinθéro, -ra] *a.* Sincer.
síncopa [síŋkopa] *f.* GRAM., MÚS. Síncope.
sincopar [siŋkopár] *t.* Sincopar.
síncope [síŋkope] *m.* MED. Síncope, sobrecor, treball. *2* GRAM. Síncope.
sincretismo [siŋkretízmo] *m.* Sincretisme.
sincronizar [siŋkroniθár] *t.* Sincronitzar.
sindéresis [sindéresis] *f.* Sindèresi.
sindical [sindikál] *a.* Sindical.
sindicalismo [sindikalízmo] *m.* Sindicalisme.
sindicar [sindikár] *t.-prnl.* Sindicar.
sindicato [sindikáto] *m.* Sindicat.
síndico [síndiko] *m.* Síndic.
sinecura [sinekúra] *f.* Sinecura.
sinfín [simfín] *m.* Infinitat.
sinfonía [simfonía] *f.* MÚS. Simfonia.
sinfónico, -ca [simfóniko, -ka] *a.* Simfònic.
singlar [siŋglár] *i.* Singlar.
singular [siŋgulár] *a.-m.* Singular.
singularidad [siŋgulariðáð] *f.* Singularitat.
singularizar [siŋgulariθár] *t.-prnl.* Singularitzar.

siniestro, -tra [sinjéstro, -tra] *a.-m.* Sinistre.
sino [sino] *m.* Fat.
sino [sinó] *conj.* Sinó.
sínodo [sinoðo] *m.* Sínode.
sinonimia [sinonimja] *f.* Sinonímia.
sinónimo, -ma [sinónimo, -ma] *a.-m.* Sinònim.
sinóptico, -ca [sinóβtiko, -ka] *a.* Sinòptic.
sinrazón [sinraθón] *f.* Tort, desraó.
sinsabor [sinsaβór] *m.* Dessabor, insipidesa.
sinsubstancia [sinsuβstánθja] *m.-f.* fig. fam. Poca-solta.
sintaxis [sintáγsis] *f.* Sintaxi.
síntesis [síntesis] *f.* Síntesi.
sintético, -ca [sintétiko, -ka] *a.* Sintètic.
sintetizar [sintetiθár] *t.* Sintetitzar.
síntoma [síntoma] *m.* Símptoma.
sintomático, -ca [sintomátiko, -ka] *a.* Simptomàtic.
sintonía [sintonia] *f.* Sintonia.
sintonizar [sintoniθár] *t.* Sintonitzar.
sinuosidad [sinwosiðáð] *f.* Sinuositat, replec, giragonsa.
sinuoso, -sa [sinwóso, -sa] *a.* Sinuós.
sinusitis [sinusitis] *f.* MED. Sinusitis.
sinvergüenza [simberγwénθa] *a., m.-f.* Poca-vergonya, desvergonyit, bandarra.
siquiera [sikjéra] *adv.* Tan solament, almenys, si més no. *2 conj.* Encara que, baldament.
sirena [siréna] *f.* Sirena.
sirga [sirγa] *m.* MAR. Sirga.
sirgar [sirγár] *t.* MAR. Sirgar.
siríaco, -ca [siriako, -ka] *a., m.-f.* Siríac, sirià.
sirio, -ia [sirjo, -ja] *a., m.-f.* Sirià.
siroco [siróko] *m.* METEOR. Xaloc, sud-est.
sirvienta [sirβjénta] *f.* Minyona, criada, serventa.
sirviente [sirβjénte] *a., m.-f.* Criat, servent, servidor, mosso.
sisa [sisa] *f.* Cisa. *2* Pinça, cisa.
sisar [sisár] *t.* Cisar.
sisear [siseár] *t.-i.* Pronunciar la s d'una manera repetida en senyal de desaprovació o per cridar algú.
siseo [siséo] *m.* Acció i efecte de ***sisear.***
sísmico, -ca [sismiko, -ka] *a.* Sísmic.
sismógrafo [sismóγrafo] *m.* Sismògraf.
sistema [sistéma] *m.* Sistema.
sistemático, -ca [sistemátiko, -ka] *a.* Sistemàtic.
sistematizar [sistematiθár] *t.* Sistematitzar.
sístole [sistole] *f.* ANAT. Sístole.
sistro [sistro] *m.* MÚS. Sistre.
sitiador, -ra [sitjaðór, -ra] *a., m.-f.* Assetjant.
sitial [sitjál] *m.* Setial.
sitiar [sitjár] *t.* Assetjar.
sitio [sitjo] *m.* Lloc, plaça. *2* Setge.
sito, -ta [sito, -ta] *a.* Siti, situat.
situación [sitwaθjón] *f.* Situació.
situado, -da [sitwáðo, -ða] *a.* Situat.
situar [sitwár] *t.* Situar, emplaçar.
slip [eslip] *m.* Eslip.
so [so] *prep.* Sota.
soba [sóβa] *f.* Maurada.
sobaco [soβáko] *m.* ANAT. Aixella, axil·la.
sobar [soβár] *t.* Maurar, amanyogar. *2* Toquetejar.
soberanía [soβeranía] *f.* Sobirania.
soberano, -na [soβeráno, -na] *a., m.-f.* Sobirà.
soberbia [soβérβja] *f.* Supèrbia.
soberbio, -ia [soβérβjo, -ja] *a.* Superbiós, soberg, superb.
sobornación [soβornaθjón] *f.* Subornació.
sobornar [soβornár] *t.* Subornar, ensibornar.
soborno [soβórno] *m.* Suborn, subornament.
sobra [sóβra] *f.* Sobra, excés. *2 pl.* Deixes, deixalles, resquícies.
sobradamente [soβráðamente] *adv.* De sobra.
sobradillo [soβraðiʎo] *m.* Barbacana.
sobrante [soβránte] *a.-m.* Sobrant.
sobrar [soβrár] *t.-i.* Sobrar.
sobrasada [soβrasáða] *f.* Sobrassada.
sobre [sóβre] *prep.* Sobre, damunt, al dessobre. *2 m.* Sobre.
sobreabundancia [soβreaβundánθja] *f.* Sobreabundància.
sobreagudo, -da [soβreaγúðo, -ða] *a.* MÚS. Sobreagut.
sobrealimentar [soβrealimentár] *t.* Sobrealimentar.
sobrecama [soβrekáma] *f.* Cobrellit, cobertor.
sobrecarga [soβrekárγa] *f.* Sobrecàrrega.
sobrecargar [soβrekarγár] *t.* Sobrecarregar.
sobrecargo [soβrekárγo] *m.* Sobrecàrrec.
sobrecoger [soβrekoxér] *t.-prnl.* Sobreprendre, sobtar. *2* Estamordir. *3* Corglaçar-se.
sobrecubierta [soβrekuβjérta] *f.* Sobrecoberta.
sobreexcitar [soβreγsθitár] *t.-prnl.* Sobrexcitar.
sobrehilar [soβreilár] *t.* Sobrefilar.
sobrehumano, -na [soβreŭmáno, -na] *a.* Sobrehumà.
sobrellevar [soβreʎeβár] *t.* Suportar.

sobremanera [soβremanéra] *adv.* En gran manera, molt.
sobremesa [soβremésa] *f.* Cobretaula. *2* Sobretaula.
sobrenadar [soβrenaðár] *i.* Sobrenedar.
sobrenatural [soβrenaturál] *a.* Sobrenatural.
sobrenombre [soβrenómbre] *m.* Sobrenom. *2* Malnom.
sobrentender [soβrentendér] *t.-prnl.* Sobreentendre. ¶ CONJUG. com ***defender.***
sobrepasar [soβrepasár] *t.* Sobrepassar, sobrepujar.
sobrepelliz [soβrepeʎiθ] *f.* Sobrepellís.
sobreponer [soβreponér] *t.-prnl.* Sobreposar. ¶ CONJUG. com ***poner.***
sobreprecio [soβrepréθjo] *m.* Sobrepreu.
sobrepujar [soβrepuxár] *t.* Sobrepujar.
sobresaliente [soβresaljénte] *a., m.-f.* Sobresortint, soberg. *2 m.* Excel·lent.
sobresalir [soβresalír] *i.* Sobresortir, excel·lir, cimejar, ressortir.
sobresaltar [soβresaltár] *t.-prnl.* Sobresaltar.
sobresalto [soβresálto] *m.* Sobresalt, esglai, ensurt.
sobrescribir [soβreskriβír] *t.* Sobrescriure.
sobrescrito, -ta [soβreskríto, -ta] *m.-f.* Sobrescrit.
sobreseer [soβreseér] *i.-t.* JUR. Sobreseure.
sobrestante [sobrestánte] *m.* Sobrestant.
sobresueldo [soβreswéldo] *m.* Sobresou.
sobretodo [soβretóðo] *m.* Sobretot (vestit).
sobrevenir [soβreβenír] *i.* Sobrevenir. ¶ CONJUG. com ***venir.***
sobrevivir [soβreβiβír] *i.* Sobreviure.
sobrexcitar [soβreγsθitár] *t.-prnl.* Sobreexcitar.
sobriedad [soβrjeðáð] *f.* Sobrietat.
sobrino, -na [soβríno, -na] *m.-f.* Nebot.
sobrio, -ia [sóβrjo, -ja] *a.* Sobri.
socavón [sokaβón] *m.* Balma excavada.
socaliña [sokalíɲa] *f.* Tracamanya, maula.
socarrar [sokarrár] *t.-prnl.* Socarrar, socarrimar.
socarrón, -ona [sokarrón, -óna] *a., m.-f.* Garneu, sorneguer.
socavar [sokaβár] *t.* Soscavar.
sociabilidad [soθjaβiliðáð] *f.* Sociabilitat.
sociable [soθjáβle] *a.* Sociable.
social [soθjál] *a.* Social.
socialismo [soθjalízmo] *m.* Socialisme.
socialista [soθjalísta] *a., m.-f.* Socialista.
socializar [soθjaliθár] *t.* Socialitzar.
sociedad [soθjeðáð] *f.* Societat.
societario, -ia [soθjetárjo, -ja] *a.* Societari.
socio, -ia [sóθjo, -ja] *m.-f.* Soci.
sociología [soθjoloxía] *f.* Sociologia.
sociólogo, -ga [soθjóloγo, -γa] *m.-f.* Sociòleg.
socorrer [sokorrér] *t.* Socórrer, acórrer.
socorro [sokórro] *m.* Socors.
soda [sóða] *f.* Soda.
sódico, -ca [sóðiko, -ka] *a.* Sòdic.
sodio [sóðjo] *m.* MINER. Sodi.
soez [soéθ] *a.* Groller.
sofá [sofá] *m.* Sofà.
sofión [sofjón] *m.* Rebuf.
sofisma [sofízma] *m.* Sofisme.
sofista [sofísta] *m.* Sofista.
sofisticar [sofistikár] *t.* Sofisticar.
soflama [sofláma] *f.* Calrada. *2* fig. Engalipada, enganyatall. *3* fig. Predicot.
sofocación [sofokaθjón] *f.* Sufocació, acalorada.
sofocante [sofokánte] *a.* Sufocant.
sofocar [sofokár] *t.-prnl.* Sufocar. *2* Extingir.
sofoco [sofóko] *m.* Sufocació. *2* Rebuf.
sofocón [sofokón] *m.* fam. Rebuf.
sofreír [sofreír] *t.* Sofregir. ¶ CONJUG. com ***reír.*** ‖ P. P.: ***sofreído*** i ***sofrito.***
sofrenada [sofrenáða] *f.* Sofrenada.
sofrenar [sofrenár] *t.* Sofrenar.
sofrito [sofríto] *m.* Sofregit.
soga [sóγa] *f.* Soga, llibant.
soja [sóxa] *f.* BOT. Soja.
sojuzgar [soxuθγár] *t.* Subjugar.
sol [sol] *m.* Sol.
sol [sol] *m.* MÚS. Sol.
solado [soláðo] *m.* Enrajolat.
solador [solaðór] *m.* Enrajolador.
solamente [sólamente] *adv.* Solament, només.
solanera [solanéra] *f.* Assolellada.
solano [soláno] *m.* METEOR. Llevant, blaneig.
solapa [solápa] *f.* Solapa.
solapado, -da [solapáðo, -ða] *a.* Sorneguer.
solar [solár] *m.* Solar. *2* Casal (pairal).
solar [solár] *a.* Solar.
solariego, -ga [solarjéγo, -γa] *a.* Pairal.
solaz [soláθ] *m.* Solaç, esbarjo, esbargiment.
solazar [solaθár] *t.-prnl.* Solaçar.
soldada [soldáða] *f.* Soldada.
soldadesca [soldaðéska] *f.* Soldadesca. *2* Patuleia.
soldado [soldáðo] *m.* Soldat.
soldador [soldaðór] *m.* Soldador.
soldadura [soldaðúra] *f.* Soldadura.
soldar [soldár] *t.* Soldar. ¶ CONJUG. com ***desollar.***
solear [soleár] *t.-prnl.* Assolellar, solejar.

solecismo [soleθízmo] *m.* GRAM. Solecisme.
soledad [soleðáð] *f.* Soledat, solitud.
soledoso, -sa [soleðóso, -sa] *a.* Enyorós.
solemne [solémne] *a.* Solemne.
solemnidad [solemniðáð] *f.* Solemnitat.
solemnizar [solemniθár] *t.* Solemnitzar.
soler [solér] *i.* Soler, acostumar. ¶ CONJUG. com ***moler.***
solera [soléra] *f.* Solera. *2* Mare del vi.
soleta [soléta] *f.* Soleta.
solevantar [soleβantár] *t.-prnl.* Sollevar.
solfa [sólfa] *f.* Solfa.
solfear [solfeár] *t.* Solfejar.
solfeo [solféo] *m.* Solfeig.
solicitación [soliθitaθjón] *f.* Sol·licitació.
solicitar [soliθitár] *t.* Sol·licitar.
solícito, -ta [solíθito, -ta] *a.* Sol·lícit.
solicitud [soliθitúð] *f.* Sol·licitud.
solidaridad [soliðariðáð] *f.* Solidaritat.
solidario, -ia [soliðárjo, -ja] *a.* Solidari.
solideo [soliðéo] *m.* Solideu.
solidez [soliðéθ] *f.* Solidesa.
solidificar [soliðifikár] *t.-prnl.* Solidificar.
sólido, -da [sóliðo, -ða] *a.-m.* Sòlid.
soliloquio [solilókjo] *m.* Soliloqui.
solio [sóljo] *m.* Soli.
solípedo, -da [solípeðo, -ða] *a., m.-f.* Solípede.
solista [solísta] *m.-f.* Solista.
solitario, -ia [solitárjo, -ja] *a.-m.* Solitari. *2 f.* Tènia, solitari.
sólito, -ta [sólito, -ta] *a.* Sòlit.
soliviantar [soliβjántar] *t.-prnl.* Avalotar, somoure.
solo, -la [sólo, -la] *a.* Sol.
sólo [sólo] *adv.* Només, sols, solament. *2 conj.* ~ ***que,*** sinó. *3 m.* MÚS. Solo.
solomillo [solomíʎo] *m.* Llom.
solsticio [solstíθjo] *m.* ASTRON. Solstici.
soltar [soltár] *t.-prnl.* Deixar anar, deslligar. *2* Afluixar, amollar. *3* Engegar, avarar. *4* Etzibar. *5* Esclatar. ¶ CONJUG. com ***desollar.*** | P. P.: ***soltado*** i ***suelto.***
soltería [soltería] *f.* Solteria.
soltero, -ra [soltéro, -ra] *a., m.-f.* Solter, fadrí.
solterón, -ona [solterón, -óna] *a., m.-f.* Conco. *2 f.* Conca.
soltura [soltúra] *f.* Soltesa, deseiximent. *2* Aviada.
soluble [solúβle] *a.* Soluble.
solución [soluθjón] *f.* Solució. *2* fig. Desllorigador.
solucionar [soluθjonár] *t.* Solucionar.
solvencia [solβénθja] *f.* Solvència.
solventar [solβentár] *t.* Resoldre, solucionar.
solvente [solβénte] *a.* Solvent.
sollamar [soʎamár] *t.* Socarrar, flamejar.
sollo [sóʎo] *m.* ICT. Esturió.
sollozar [soʎoθár] *i.* Sanglotar, sanglotejar.
sollozo [soʎóθo] *m.* Sanglot.
somatén [somatén] *m.* Sometent.
somático, -ca [somátiko, -ka] *a.* Somàtic.
sombra [sómbra] *f.* Ombra.
sombrajo [sombráxo] *m.* Encanyissada, cobert (de branques).
sombrear [sombreár] *t.* Ombrejar.
sombrerazo [sombreráθo] *m.* Barretada.
sombrerería [sombrerería] *f.* Barreteria, capelleria.
sombrerero [sombreréro] *m.* Capeller, barretaire.
sombrero [sombréro] *m.* Barret, capell.
sombrilla [sombríʎa] *f.* Ombrel·la.
sombrío, -ía [sombrío, -ía] *a.* Ombrívol. *2 f.* Bac.
somero, -ra [soméro, -ra] *a.* Som. *2* Simple, superficial, lleuger.
someter [sometér] *t.-prnl.* Sotmetre.
somnífero, -ra [somnífero, -ra] *a., m.-f.* Somnífer.
somnolencia [somnolénθja] *f.* Somnolència.
somorgujo [somorɣúxo] *m.* ORNIT. Cabussot.
son [son] *m.* So.
sonado, -da [sonáðo, -ða] *a.* Famós.
sonaja [sonáxa] *f.* Sonall. *2 pl.* Sonalls.
sonambulismo [sonambulízmo] *m.* Somnambulisme.
sonámbulo, -la [sonámbulo, -la] *a., m.-f.* Somnàmbul.
sonante [sonánte] *a.* Sonant.
sonar [sonár] *i.* Sonar. *2* Mocar. *3 prnl.* Mocar-se. ¶ CONJUG. com ***desollar.***
sonata [sonáta] *f.* MÚS. Sonata.
sonda [sónda] *f.* Sonda. *2* Sondeig.
sondar [sondár] *t.* Sondar, sondejar.
sondear [sondeár] *t.* Sondejar, sondar.
sondeo [sondéo] *m.* Sondeig.
soneto [sonéto] *m.* Sonet.
sonido [soníðo] *m.* So.
sonoridad [sonoriðáð] *f.* Sonoritat.
sonoro, -ra [sonóro, -ra] *a.* Sonor.
sonreír [sonrreír] *i.-prnl.* Somriure. ¶ CONJUG. com ***reír.***
sonriente [sonrrjénte] *a., m.-f.* Somrient.
sonrisa [sonrrísa] *f.* Somriure.
sonrojar [sonrroxár] *t.-prnl.* Enrojolar-se, ruboritzar, enrogir.
sonrojo [sonrróxo] *m.* Enrojolament, rojor, rubor. *2* Miquel, rebuf.
sonrosar [sonrrosár] *t.-prnl.* Enrosir.
sonsacar [sonsakár] *t.* Sostreure.

sonsonete [sonsonéte] *m.* Cantarella.
soñador, -ra [soɲaðór, -ra] *m.-f.* Somniador, somiador.
soñar [soɲár] *t.-i.* Somniar, somiar. ¶ CONJUG. com ***desollar.***
soñolencia [soɲolènθja] *f.* Somnolència.
soñoliento, -ta [soɲoljénto, -ta] *a.* Ensonyat, somnolent.
sopa [sópa] *f.* Sopa. *2* Escudella.
sopapear [sopapeár] *t.* Bufetejar.
sopapo [sopápo] *m.* Bufetada, mastegot.
sopera [sopéra] *f.* Sopera.
sopesar [sopesár] *t.* Sospesar.
sopetear [sopeteár] *t.* Remullar (el pa en la sopa).
sopetón (de) [sopetón] loc. De sobte, de cop, sobtadament.
soplamocos [soplamókos] *m.* fam. Mastegot, màstec.
soplar [soplár] *i.-t.* Bufar. *2* Manxar. *3* fig. Xerrar (indegudament).
soplete [sopléte] *m.* Bufador.
soplido [sopliðo] *m.* Bufada.
soplillo [sopliʎo] *m.* Ventall, ventafocs, ventador.
soplo [sóplo] *m.* Bufada, buf.
soplón, -ona [soplón, -óna] *a., m.-f.* Espieta, delator.
soplonear [sોploneár] *i.-t.* V. SOPLAR.
soponcio [sopónθjo] *m.* fam. Desmai, treball.
sopor [sopór] *m.* Sopor.
soporífero, -ra [soporífero, -ra] *a.-m.* Soporífer.
soportable [soportáβle] *a.* Suportable. *2* Comportable.
soportal [soportál] *m.* Porxo.
soportar [soportár] *t.* Suportar.
soporte [sopórte] *m.* Suport.
soprano [sopráno] *m.* MÚS. Soprano.
sor [sor] *f.* Sor.
sorber [sorβér] *t.* Xarrupar.
sorbete [sorβéte] *m.* Refresc gelat.
sorbo [sórβo] *m.* Xarrupeig. *2* Xarrup, glop, glopada.
sordera [sorðéra] *f.* Sordesa.
sordina [sorðina] *f.* Sordina.
sordo, -da [sórðo, -ða] *a., m.-f.* Sord.
sordomudo, -da [sorðomúðo, -ða] *a., m.-f.* Sord-mut.
sorna [sórna] *f.* Sorna.
sorprendente [sorprendénte] *a.* Sorprenent.
sorprender [sorprendér] *t.* Sorprendre. *2* Enxampar, atrapar. *3* Sobtar, reprendre.
sorpresa [sorprésa] *f.* Sorpresa.
sortear [sorteár] *t.* Sortejar.
sorteo [sortéo] *m.* Sorteig.
sortija [sortíxa] *f.* Anell. *2* Rull, rínxol.
sortilegio [sortiléxjo] *m.* Sortilegi.
sosa [sósa] *f.* Sosa.
sosegado, -da [soseɣáðo, -ða] *a.* Assossegat, reposat.
sosegar [soseɣár] *t.* Assossegar, amainar. *2 prnl.* Reposar. ¶ CONJUG. com ***apretar.***
sosería [soseria] *f.* Fador, insipidesa, fadesa.
sosiego [sosjéɣo] *m.* Assossec.
soslayar [soslaǰár] *t.* Esquivar.
soslayo, -ya [sosláǰo, -ǰa] *a.* Oblic. ‖ ***Al ~, de ~,*** d'esquitllentes, de cantell, de gairell.
soso, -sa [sóso, -sa] *a.* Fat, insípid, sonso.
sospecha [sospétʃa] *f.* Sospita.
sospechar [sospetʃár] *t.* Sospitar, malpensar.
sospechoso, -sa [sospetʃóso, -sa] *a., m.-f.* Sospitós.
sostén [sostén] *m.* Sosteniment. *2* Sostenidors.
sostener [sostenér] *t.* Sostenir, estalonar. ¶ CONJUG. com ***tener.***
sostenido, -da [sosteníðo, -ða] *a.-m.* MÚS. Sostingut.
sostenimiento [sostenimjénto] *m.* Sosteniment.
sota [sóta] *f.* Sota.
sotabanco [sotaβáŋko] *m.* Sotabanc.
sotabarba [sotaβárβa] *f.* Sotabarba.
sotana [sotána] *f.* Sotana.
sótano [sótano] *m.* Soterrani.
sotavento [sotaβénto] *m.* MAR. Sotavent.
soterrar [soterrár] *t.* Soterrar. ¶ CONJUG. com ***apretar.***
soto [sóto] *m.* Devesa, boscatge.
soviet [soβjét] *m.* Soviet.
soviético, -ca [soβjétiko, -ka] *a.* Soviètic.
su, sus [su, sus] *a. pos.* El seu, la seva, son, sa (d'ell, d'ella). *2* Llur, llurs (d'ells, d'elles).
suave [swáβe] *a.* Suau. *2* Flonjo. *3* Manyac.
suavidad [swaβiðáð] *f.* Suavitat.
suavizador, -ra [swaβiθaðór, -ra] *m.-a.* Suavitzador.
suavizar [swaβiθár] *t.* Suavitzar. *2* Amorosir, ablanir.
sub- [sup] Sub- (prefix).
subalterno [suβaltérno] *a., m.-f.* Subaltern.
subarrendar [suβarrendár] *t.* Sots-arrendar. ¶ CONJUG. com ***apretar.***
subarriendo [suβarrjéndo] *m.* Sots-arrendament.
subasta [suβásta] *f.* Subhasta.
subastar [suβastár] *t.* Subhastar.

subconsciente [suβkonsθjénte] *a.* Subconscient.
subcutáneo, -ea [suβkutáneo, -ea] *a.* Subcutani.
subdiácono [suβðjákono] *m.* Sots-diaca.
subdirector, -ra [suβðireγtór, -ra] *m.-f.* Sots-director.
súbdito, -ta [súβðito, -ta] *m.-f.* Súbdit.
subdividir [suβðiβiðir] *t.-prnl.* Subdividir.
subdivisión [suβðiβisjón] *f.* Subdivisió.
subida [suβiða] *f.* Pujada. *2* Alça, puja.
subido, -da [suβiðo, -ða] *a.* Pujat. *2* Fort. *3* Elevat.
subir [suβir] *i.* Pujar, muntar. *2* Apujar.
súbitamente [súβitamente] *adv.* Sobtadament.
súbito [súβito] *a.* Sobtat. *2 adv.* Sobtadament. ‖ ***De ~,*** sobtadament.
subjetivo, -va [suβxetiβo, -βa] *a.* Subjectiu.
subjuntivo, -va [suβxúntiβo, -βa] *a.-m.* Subjuntiu.
sublevación [suβleβaθjón] *f.* Aixecament.
sublevar [suβleβár] *t.-prnl.* Aixecar-se.
sublimado [suβlimáðo] *m.* QUÍM. Sublimat.
sublime [suβlime] *a.* Sublim.
sublimidad [suβlimiðáð] *f.* Sublimitat.
submarino, -na [suβmarino, -na] *a.-m.* Submarí.
submúltiplo, -pla [suβmúltiplo, -pla] *a.* MAT. Submúltiple.
subnormal [suβnormál] *a., m.-f.* Subnormal. *2 f.* GEOM. Subnormal.
suboficial [suβofiθjál] *m.* Sots-oficial.
subordinación [suβorðinaθjón] *f.* Subordinació.
subordinado, -da [suβorðináðo, -ða] *a., m.-f.* Subordinat.
subordinar [suβorðinár] *t.-prnl.* Subordinar.
subprefecto [suβpreféγto] *m.* Sots-prefecte.
subproducto [suβproðúγto] *m.* Subproducte.
subrayar [suβrrajár] *t.* Subratllar.
subsanar [suβsanár] *t.* Esmenar, reparar.
subscribir [suβskriβir] *t.-prnl.* Subscriure. ¶ CONJUG. P. P.: ***subscribido*** i ***subscripto.***
subscripción [suβskriβθjón] *f.* Subscripció.
subscriptor, -ra [suβskriβtór, -ra] *m.-f.* Subscriptor.
subsidiario, -ia [suβsiðjárjo, -ja] *a.* Subsidiari.
subsidio [suβsiðjo] *m.* Subsidi.
subsiguiente [suβsiγjénte] *a.* Subsegüent.
subsistencia [suβsisténθja] *f.* Subsistència.
subsistir [suβsistir] *i.* Subsistir.
substancia [sustánθja] *f.* Substància.
substancial [sustanθjál] *a.* Substancial.
substanciar [sustanθjár] *t.* Substanciar.
substancioso, -sa [sustanθjóso, -sa] *a.* Substanciós.
substantivo, -va [sustantiβo, -βa] *a., m.-f.* Substantiu.
substitución [sustituθjón] *f.* Substitució.
substituir [sustitwir] *t.* Substituir. ¶ CONJUG. com ***huir.*** ‖ P. P.: ***substituido*** i ***substituto.***
substituto, -ta [sustitúto, -ta] *m.-f.* Substitut.
substracción [sustraγθjón] *f.* MAT. Substracció, resta.
substraer [sustraér] *t.-prnl.* Sostreure. ¶ CONJUG. com ***traer.***
substrato [sustráto] *m.* Substrat.
subsuelo [suβswélo] *m.* Subsòl.
subteniente [suβtenjénte] *m.* Sots-tinent.
subterfugio [suβterfúxjo] *m.* Subterfugi.
subterráneo, -ea [suβterráneo, -ea] *a.-m.* Subterrani.
subtítulo [suβtitulo] *m.* Subtítol.
suburbano, -na [suβurβáno, -na] *a.-m.* Suburbà.
suburbio [suβúrβjo] *m.* Suburbi.
subvención [su(β)βenθjón] *f.* Subvenció.
subvenir [su(β)βenir] *i.* Subvenir. ¶ CONJUG. com ***venir.***
subversión [su(β)βersjón] *f.* Subversió.
subversivo, -va [su(β)βersiβo, -βa] *a.* Subversiu.
subvertir [su(β)βertir] *t.* Subvertir. ¶ CONJUG. com ***sentir.***
subyacente [suβjaθénte] *a.* Subjacent.
subyugar [suβjuγár] *t.-prnl.* Subjugar, asservir.
succión [suγθjón] *f.* Succió.
sucedáneo, -ea [suθeðáneo, -ea] *a.-m.* Succedani.
suceder [suθeðér] *t.-prnl.* Succeir, ocórrer. *2* Esdevenir, acomplir.
sucesión [suθesjón] *f.* Succesió.
sucesivo, -va [suθesiβo, -βa] *a.* Successiu.
suceso [suθéso] *m.* Succés, fet, esdeveniment.
sucesor, -ra [suθesór, -ra] *a., m.-f.* Successor.
suciedad [suθjeðáð] *f.* Brutícia, sutzura, porqueria, potineria.
sucinto, -ta [suθinto, -ta] *a.* Succint.
sucio, -ia [súθjo, -ja] *a.* Brut, potiner.
suculento, -ta [sukulénto, -ta] *a.* Suculent.
sucumbir [sukumbir] *i.* Sucumbir.
sucursal [sukursál] *a.-f.* Sucursal.
sudafricano, -na [suðafrikáno, -na] *m.-f.* Sud-africà.

Sudamérica [suðamérika] *n. pr.* Sudamèrica.
sudamericano, -na [suðamerikáno, -na] *a., m.-f.* Sud-americà.
sudar [suðár] *i.-t.* Suar.
sudario [suðárjo] *m.* Sudari.
sudeste [suðéste] *m.* Sud-est. *2* METEOR. Xaloc.
sudoeste [suðoéste] *m.* Sud-oest. *2* METEOR. Garbí, llebeig.
sudor [suðór] *m.* Suor.
sudoriento, -ta [suðorjénto, -ta] *a.* Suat, suós, suorós.
sudorífero, -ra [suðorífero, -ra] *a.-m.* Sudorífer, sudorífic.
sudorífico, -ca [suðorífiko, -ka] *a.-m.* Sudorífic, sudorífer.
sudoroso, -sa [suðoróso, -sa] *a.* Suós, suorós, suat.
sueco, -ca [swéko, -ka] *a., m.-f.* Suec. || ***Hacerse el ~,*** fer l'orni.
suegro, -gra [swéɣro, -ɣra] *m.-f.* Sogre.
suela [swéla] *f.* Sola.
sueldo [swéldo] *m.* Sou.
suelo [swélo] *m.* Sòl, terra.
suelto, -ta [swélto, -ta] *a.* Lleuger, lliure. *2* Solt. *3* Escadusser. || ~, o ***dinero ~,*** canvi, xavalla.
suelta [swélta] *f.* Aviada, engegada.
sueño [swéɲo] *m.* Somni. *2* Son. *3* Dormida.
suero [swéro] *m.* Sèrum.
suerte [swérte] *f.* Sort, astrugància.
suéter [swéter] *m. ingl.* Suèter.
suficiencia [sufiθjénθja] *f.* Suficiència.
suficiente [sufiθjénte] *a.* Suficient.
sufijo, -ja [sufixo, -xa] *a.-m.* Sufix.
sufragar [sufraɣár] *t.-i.* Sufragar.
sufragio [sufráxjo] *m.* Sufragi.
sufrido, -da [sufriðo, -ða] *a.* Sofert.
sufrimiento [sufrimjénto] *m.* Sofriment, sofrença.
sufrir [sufrír] *t.-i.* Sofrir, patir, penar.
sugerir [suxerír] *t.* Suggerir. ¶ CONJUG. com ***sentir.***
sugestión [suxestjón] *f.* Suggestió.
sugestionar [suxestjonár] *t.* Suggestionar.
sugestivo, -va [suxestíβo, -βa] *a.* Suggestiu.
suicida [swiθiða] *m.-f.* Suïcida.
suicidarse [swiθiðárse] *prnl.* Suïcidar-se.
suicidio [swiθiðjo] *m.* Suïcidi.
Suiza [swiθa] *n. pr.* Suïssa.
suizo, -za [swiθo, -θa] *a., m.-f.* Suís.
sujeción [suxeθjón] *f.* Subjecció.
sujetar [suxetár] *t.* Subjectar. *2* Fermar. ¶ CONJUG. P. P.: ***sujetado*** i ***sujeto.***
sujeto, -ta [suxéto, -ta] *a.-m.* Subjecte.
sulfato [sulfáto] *m.* QUÍM. Sulfat.
sulfurar [sulfurár] *t.-prnl.* Sulfurar.
sulfúrico, -ca [sulfúriko, -ka] *a.* Sulfúric.
sulfuro [sulfúro] *m.* Sulfur.
sultán, -ana [sultán, -ána] *m.-f.* Sultà.
suma [súma] *f.* Suma, addició.
sumamente [súmamente] *adv.* Summament.
sumando [sumándo] *m.* Sumand.
sumar [sumár] *t.* Sumar.
sumariar [sumarjár] *t.* JUR. Sumariar.
sumario, -ia [sumárjo, -ja] *a.* Sumari. *2 m.* Sumari.
sumergible [sumerxíβle] *a.-m.* Submergible.
sumergir [sumerxír] *t.-prnl.* Submergir.
sumersión [sumersjón] *f.* Submersió.
sumidero [sumiðéro] *m.* Claveguerό.
suministrar [suministrár] *t.* Subministrar, fornir.
suministro [suministro] *m.* Forniment.
sumir [sumír] *t.-prnl.* Sumir.
sumisión [sumisjón] *f.* Submissió.
sumiso, -sa [sumíso, -sa] *a.* Submís.
súmmum [súmun] *m.* Súmmum.
sumo, -ma [súmo, -ma] *m.* Summe.
suntuario, -ia [suntuárjo, -ja] *a.* Sumptuari.
suntuosidad [suntwosiðáð] *f.* Sumptuositat.
suntuoso, -sa [suntwóso, -sa] *a.* Sumptuós.
supeditar [supeðitár] *t.-prnl.* Supeditar.
superable [superáβle] *a.* Superable.
superabundar [superaβundár] *i.* Sobreabundar.
superar [superár] *t.-prnl.* Superar.
superávit [superáβit] *m.* Superàvit.
superchería [supertʃería] *f.* Superxeria.
superficial [superfiθjál] *a.* Superficial.
superficie [superfíθje] *f.* Superfície.
superfluidad [superflwiðáð] *f.* Superfluïtat.
superfluo, -ua [supérflwo, -wa] *a.* Superflu.
superior, -ra [superjór, -ra] *a., m.-f.* Superior.
superioridad [superjoriðáð] *f.* Superioritat.
superlativo, -va [superlatíβo, -βa] *a.-m.* Superlatiu.
superponer [superponér] *t.* Superposar. ¶ CONJUG. com ***poner.***
superposición [superposiθjón] *f.* Superposició.
superstición [superstiθjón] *f.* Superstició.
supersticioso, -sa [superstiθjóso, -sa] *a.* Supersticiós.
superviviente [superβiβjénte] *a., m.-f.* Supervivent.

supino, -na [supíno, -na] *a.* Supí.
súpito, -ta [súpito, -ta] *a.* V. SÚBITO.
suplantar [suplantár] *t.* Suplantar, desbancar. *2* Falsificar.
suplefaltas [suplefáltas] *m.* Tapaforats.
suplementario, -ia [suplementárjo, -ja] *a.* Suplementari.
suplemento [supleménto] *m.* Suplement.
suplente [suplénte] *a., m.-f.* Suplent.
supletorio, -ia [supletórjo, -ja] *a.* Supletori.
súplica [súplika] *f.* Súplica.
suplicante [suplikánte] *a., m.-f.* Suplicant.
suplicar [suplikár] *t.* Suplicar.
suplicio [supliθjo] *m.* Suplici.
suplir [suplír] *t.* Suplir.
suponer [suponér] *t.* Suposar. ¶ CONJUG. com ***poner***.
suposición [suposiθjón] *f.* Suposició.
supositorio [supositórjo] *m.* Supositori.
supremacía [supremaθía] *f.* Supremacia.
supremo, -ma [suprémo, -ma] *a.* Suprem.
supresión [supresjón] *f.* Supressió.
suprimir [suprimír] *t.* Suprimir. ¶ CONJUG. P. P.: ***suprimido*** i ***supreso***.
supuesto, -ta [supwésto, -ta] *a.* Donat. *2 m.* Supòsit.
supuración [supuraθjón] *f.* Supuració.
supurar [supurár] *i.-t.* Supurar.
suputar [suputár] *t.* Suputar.
sur [sur] *m.* Sud.
surcar [surkár] *t.* Solcar.
surco [súrko] *m.* Solc, regata. *2* Séc.
surgir [surxír] *i.* Sorgir. ¶ CONJUG. P. P.: ***surgido*** i ***surto***.
surtido, -da [surtíðo, -ða] *a.* Assortit. *2 m.* Assortiment.
surtidor, -ra [surtiðór, -ra] *a.* Assortidor. *2 m.* Brollador, sortidor.
surtimiento [surtimjénto] *m.* Assortiment.
surtir [surtír] *t.-prnl.* Assortir. *2 i.* Brollar, sortir.
susceptibilidad [su(s)θeβtiβiliðáð] *f.* Susceptibilitat.
susceptible [su(s)θeβtíβle] *a.* Susceptible.
suscitar [su(s)θitár] *t.* Suscitar.
suscribir [suskriβír] *t.-prnl.* V. SUBSCRIBIR.
suscripción [suskriβθjón] *f.* V. SUBSCRIPCIÓN.
suscriptor, -ra [suskriβtór, -ra] *m.-f.* V. SUBSCRIPTOR.
susodicho, -cha [susoðítʃo, -tʃa] *a.* Susdit, damunt dit.
suspender [suspendér] *t.* Suspendre, desnonar. ¶ CONJUG. P. P.: ***suspendido*** i ***suspenso***.
suspensión [suspensjón] *f.* Suspensió.
suspensivo, -va [suspensíβo, -βa] *a.* Suspensiu.
suspenso [suspénso, -sa] *a.* Suspens.
suspensorio [suspensórjo] *m.* Suspensori.
suspicacia [suspikáθja] *f.* Suspicàcia.
suspicaz [suspikáθ] *a.* Suspicaç.
suspirar [suspirár] *i.* Sospirar.
suspiro [suspíro] *m.* Sospir.
sustancia [sustánθja] *f.* Substància.
sustancial [sustanθjál] *a.* Substancial.
sustentación [sustentaθjón] *f.* Sustentació.
sustentáculo [sustentákulo] *m.* Sustentacle.
sustentar [sustentár] *t.-prnl.* Sustentar.
sustento [susténto] *m.* Manteniment, sustentació.
sustitución [sustituθjón] V. SUBSTITUCIÓN.
sustituir [sustituír] *t.* Substituir.
susto [sústo] *m.* Surt, ensurt, esglai, espant.
sustracción [sustraγθjón] V. SUBSTRACCIÓN.
susurrar [susurrár] *i.* Xiuxiuejar, murmurar, mussitar.
susurro [susúrro] *m.* Xiuxiueig, xiuxiu, murmuri, remor.
sutil [sutíl] *a.* Subtil. *2* Prim.
sutileza [sutiléθa] *f.* Subtilesa, subtilitat.
sutilizar [sutiliθár] *t.* Subtilitzar.
sutura [sutúra] *f.* Sutura.
suyo, -ya [súJo, -Ja] *a. pos.* Seu. *2 pron. pos.* ***El*** ~, el seu.

T

taba [táβa] *f.* Taba.
tabacal [taβakál] *m.* Tabacar.
tabacalero, -ra [taβakaléro, -ra] *a., m.-f.* Tabaquer.
tabaco [taβáko] *m.* Tabac.
tabalear [taβaleár] *t.-i.* Balancejar, sacsejar. *2* Tabalejar, tamborinar (tocar el timbal).
tabanazo [taβanáθo] *m.* fam. Patacada.
tábano [táβano] *m.* ENTOM. Tàvec.
tabaquera [taβakéra] *f.* Petaca. *2* Tabaquera.
tabardo [taβárðo] *m.* Tabard.
tabarra [taβárra] *f.* Persona o cosa que es fa pesada, molesta.
taberna [taβérna] *f.* Taverna.
tabernáculo [taβernákulo] *m.* Tabernacle.
tabernero, -ra [taβernéro, -ra] *m.-f.* Taverner.
tabicar [taβikár] *t.* Aparedar, tapiar.
tabique [taβíke] *m.* Envà.
tabla [táβla] *f.* Taula, post. *2* Planxa. *3* Tavella (de vestit). *4* Bancal. *5 pl.* Taules.
tablado [taβláðo] *m.* Empostissat. *2* Cadafal.
tablajero [taβlaxéro] *m.* Fuster. *2* Carnisser.
tablazón [taβlaθón] *m.* Empostissat.
tablero [taβléro] *m.* Tauler. *2* Taulell. ‖ ~ ***de ajedrez,*** escaquer.
tableta [taβléta] *f.* FARM. Pastilla, tauleta.
tabletear [taβleteár] *i.* Picar fustes entre elles, per a fer soroll.
tablilla [taβlíʎa] *f.* Tauler.
tablón [taβlón] *m.* Tauló.
tabú [taβú] *m.* Tabú.
tabuco [taβúko] *m.* Cofurna.
taburete [taβuréte] *m.* Tamboret, escambell.
tacañería [takaɲería] *f.* Gasiveria, mesquinesa, ranciesa, rateria.
tacaño, -ña [takáɲo, -ɲa] *a., m.-f.* Garrepa, mesquí, gasiu, agarrat, coquí, escarransit.
tácito, -ta [táθito, -ta] *a.* Tàcit.
taciturno, -na [taθitúrno, -na] *a.* Taciturn.
taco [táko] *m.* Tac, bloc. *2* Renec. *3* Embolic, garbuix. ‖ ***Hacerse un ~,*** fer-se un garbuix, un embolic.
tacón [takón] *m.* Taló, tacó.
taconazo [takonáθo] *m.* Talonada.
taconear [takoneár] *i.* Talonejar.
táctica [táɣtika] *f.* Tàctica.
táctico, -ca [táɣtiko, -ka] *a.* Tàctic.
táctil [táɣtil] *a.* Tàctil.
tacto [táɣto] *m.* Tacte, palp.
tacha [tátʃa] *f.* Tara. *2* Tatxa.
tachar [tatʃár] *t.* Esborrar, ratllar. *2* Titllar.
tachón [tatʃón] *m.* Ratlla. *2* Gavarrot.
tachuela [tatʃwéla] *f.* Tatxa, gavarrot.
tafetán [tafetán] *m.* Tafetà.
tafilete [tafiléte] *m.* Tafilet.
tafiletería [tafiletería] *f.* Tafileteria.
tagalo, -la [taɣálo, -la] *a., m.-f.* Tagal.
tagarnina [taɣarnína] *f.* fam. Escanyapits.
tahona [taóna] *f.* Fleca, forn.
tahonero, -ra [taonéro, -ra] *m.-f.* Flaquer, forner.
taifa [táĭfa] *f.* Banda, trepa.
taimado, -da [taĭmáðo, -ða] *a., m.-f.* Murri, astut.
taimaría [taĭmaría] *f.* Murrieria.
tajada [taxáða] *f.* Tall, tallada, llesca, penca.
tajadera [taxaðéra] *f.* CUI. Mitjalluna, tallant.
tajamar [taxamár] *m.* NÀUT. Tallamar.
tajante [taxánte] *a.* Contundent.
tajar [taxár] *t.* Tallar. *2* Trempar (la ploma) .
tajo [táxo] *m.* Tall. *2* Llis. *3* Cingle. *4* Piló.
tal [tal] *a.-pron.* Tal, aital. ‖ ~ ***cual,*** tal com. ‖ ~ ***o cual,*** tal o tal. ‖ ~ ***para cual,*** l'un per l'altre.

tala [tála] *f.* Tala (de bosc). *2* Bòlit (joc).
talabarte [talaβárte] *m.* Talabard.
talabartero [talaβartéro] *m.* Talabarder.
taladrar [talaðrár] *t.* Trepar.
taladro [taláðro] *m.* Trepant.
tálamo [tálamo] *m.* Tàlem, cobricel.
talanquera [talaŋkéra] *f.* Empara.
talante [talánte] *m.* Tarannà. *2* Talent, disposició. ‖ ***De buen ~,*** de bona lluna, de filis. ‖ ***De mal ~,*** de mala lluna.
talar [talár] *a.* Talar.
talar [talár] *t.* Talar, desboscar.
talco [tálko] *m.* Talc.
talega [taléɣa] *f.* Taleca, coixinera (del pa, etc.).
talego [taléɣo] *m.* Sac.
taleguilla [taleɣiʎa] *f.* Calces que usen els toreros.
talentazo [talentáθo] *m.* Caparràs.
talento [talénto] *m.* Talent.
talión [taljón] *m.* Talió.
talismán [talizmán] *m.* Talismà.
talón [talón] *m.* Taló.
talonario, -ia [talonárjo, -ja] *a.* Talonari.
talud [talúð] *m.* Talús.
talla [táʎa] *f.* Talla.
tallar [taʎár] *t.* Tallar.
tallarines [taʎarines] *m. pl.* Tallarines.
talle [táʎe] *m.* Talla, cintura.
taller [taʎér] *m.* Taller. *2* Botiga.
tallista [taʎista] *m.-f.* Tallista.
tallo [táʎo] *m.* BOT. Tija. *2* Brot, tany.
talludo, -da [taʎúðo, -ða] *a.* BOT. Espigat.
tamaño [tamáɲo] *a.* Tal. *2 m.* Format, grandària.
tamarindo [tamarindo] *m.* BOT. Tamarinde.
tamarisco [tamarisko] *m.* BOT. Tamariu.
tambalear [tambaleár] *i.-prnl.* Trontollar.
tambaleo [tambaléo] *m.* Trontoll.
también [tambjén] *adv.* També.
tambor [tambór] *m.* Tambor, timbal, tabal.
tambora [tambóra] *f.* Tambora.
tamboril [tamboril] *m.* MÚS. Tamborí.
tamborilazo [tamboriláθo] *m.* fam. Patacada (en caure algú).
tamborilear [tamborileár] *i.* Tamborinar, tamborinejar.
tamborileo [tamboriléo] *m.*So del tambor o tamborí.
tamborilero [tamboriléro] *m.* Tamboriner.
tamiz [tamiθ] *m.* Tamís.
tamizar [tamiθár] *t.* Tamisar.
tamo [támo] *m.* Borrissol. *2* Garbissos.
tampoco [tampóko] *adv.* Tampoc.
tam-tam [tamtám] *m.* Tam-tam.
tan [tan] *adv.* Tan.
tanda [tánda] *f.* Tanda, tongada, torn. *2* Tasca.
tándem [tándem] *m.* Tàndem.
tángano [táŋgano] *m.* V. CHITO.
tangencia [taŋxénθja] *f.* Tangència.
tangente [taŋxénte] *a.-f.* Tangent. ‖ ***Salir por la ~,*** fugir d'estudi.
tangible [taŋxiβle] *a.* Tangible.
tango [táŋgo] *m.* Tango.
tanino [tanino] *m.* Taní.
tanque [táŋke] *m.* Tanc.
tántalo [tántalo] *m.* ORNIT. Tàntal.
tantear [tanteár] *t.* Temptejar.
tanteo [tantéo] *m.* Tempteig.
tanto, -ta [tánto, -ta] *a.-adv.* Tant. *2 m.* Tant. *3* Punt (joc)., gol. ‖ ***¡Al ~!,*** compte! ‖ ***Ni ~ ni tan poco,*** entre poc i massa.
tañedor, -ra [taɲeðór, -ra] *m.-f.* Tocador.
tañer [taɲér] *t.* Tocar (instrument musical). ¶ CONJUG. GER.: ***tañendo.*** ‖ INDIC. Indef.: ***tañó, tañeron.*** ‖ SUBJ. Imperf.: ***tañera*** o ***tañese,*** etc. | Fut.: ***tañere,*** etc.
tañido [taɲiðo] *m.* MÚS. So, toc.
tapa [tápa] *f.* Tapa.
tapabocas [tapaβókas] *m.* Tapaboques.
tapadera [tapaðéra] *f.* Tapadora.
tapadillo (de) [tapaðiʎo] loc. D'amagatotis.
tapar [tapár] *t.-prnl.* Tapar.
taparrabo [taparráβo] *m.* Eslip.
tapete [tapéte] *m.* Tapet, cobretaula, cobertor.
tapia [tápja] *f.* Tàpia.
tapiar [tapjár] *t.* Tapiar.
tapicería [tapiθeria] *f.* Tapisseria.
tapicero [tapiθéro] *m.* Tapisser.
tapioca [tapjóka] *f.* Tapioca.
tapir [tapir] *m.* ZOOL. Tapir.
tapiz [tapiθ] *m.* Tapís.
tapizar [tapiθár] *t.* Entapissar.
tapón [tapón] *m.* Tap.
taponar [taponár] *t.* CIR. Taponar. *2* Tapar.
taponazo [taponáθo] *m.* Cop de tap.
taponero, -ra [taponéro, -ra] *a., m.-f.* Taper.
tapujo [tapúxo] *m.* Gira. *2* Tapall. *3* Tapabruts.
taquigrafía [takiɣrafia] *f.* Taquigrafia.
taquígrafo, -fa [takiɣrafo, -fa] *m.-f.* Taquígraf.
taquilla [takiʎa] *f.* Taquilla.
taquillero, -ra [takiʎéro, -ra] *m.-f.* Taquiller.
tarifa [tarifa] *f.* Tarifa.
tarima [tarima] *f.* Tarima.
tarja [tárxa] *f.* Tarja.
tarjeta [tarxéta] *f.* Targeta.

tarjetero [tarxetéro] *m.* Targeter.
tarquín [tarkín] *m.* Tarquim, llot, llacada.
tarraconense [tarrakonénse] *a., m.-f.* Tarragoní.
Tarrasa [tarrása] *n. pr.* Terrassa.
tarreñas [tarréɲas] *f. pl.* Castanyoles.
tarro [tárro] *m.* Pot. *2* Boc (de cervesa). *3* Terrina.
tarso [társo] *m.* ANAT. Tars.
tarta [tárta] *f.* Mena de pastís.
tartajear [tartaxeár] *i.* Barbotejar. *2* Embarbussar-se.
tartajeo [tartaxéo] *m.* Barboteig.
tartamudear [tartamuðeár] *i.* Quequejar.
tartamudeo [tartamuðéo] *m.* Quequeig.
tartamudo, -da [tartamúðo, -ða] *a., m.-f.* Quec.
tartán [tartán] *m.* Tartà.
tartana [tartána] *f.* Tartana.
tartárico, -ca [tartáriko, -ka] *a.* QUÍM. Tartàric.
tártaro, -ra [tártaro, -ra] *a., m.-f.* Tàrtar. *2 m.* QUÍM. Tàrtar.
tarugo [tarúɣo] *m.* Tros de fusta petit i gruixut tallat d'una peça de fusta més gran.
tarumba (volverle a uno) [tarúmba] fam. Fer tornar liró.
tasa [tása] *f.* Taxa.
tasajo [tasáxo] *m.* Carn salada i seca.
tasar [tasár] *t.* Taxar.
tasca [táska] *f.* Catau (de mala fama). *2* Taverna.
tascar [taskár] *t.* Bregar (el lli.).
tatarabuelo, -la [tataraβwélo, -la] *m.-f.* Rebesavi.
tatuaje [tatwáxe] *m.* Tatuatge.
tatuar [tatwár] *t.-prnl.* Tatuar.
taumaturgo [taŭmatúrɣo] *m.* Taumaturg.
taurino, -na [taŭríno, -na] *a.* Taurí.
tauromaquia [taŭromákja] *f.* Tauromàquia.
taxi [tá(ɣ)si] *m.* Taxi.
taxímetro [ta(ɣ)símetro] *m.* Taxímetre.
taza [táθa] *f.* Tassa.
te [te] *f.* Te (lletra).
te [te] *pron. pers.* Et, te, t', 't.
té [te] *m.* BOT. Te.
tea [téa] *f.* Teia.
teatral [teatrál] *a.* Teatral.
teatralidad [teatraliðáð] *f.* Teatralitat.
teatro [teátro] *m.* Teatre.
tecla [tékla] *f.* Tecla.
teclado [tekláðo] *m.* MÚS. Teclat.
teclear [tekleár] *i.* Teclejar.
técnica [téɣnika] *f.* Tècnica.
tecnicismo [teɣniθízmo] *m.* Tecnicisme.
técnico, -ca [téɣniko, -ka] *a.* Tècnic.
tecnocracia [teɣnokráθja] *f.* Tecnocràcia.
techado, -da [tetʃáðo, -ða] *a.* Cobert. *2 m.* Sostre.
techar [tetʃár] *t.* Cobrir, ensostrar.
techo [tétʃo] *m.* Sostre.
techumbre [tetʃúmbre] *f.* Sostre.
tedero [teðéro] *m.* Teiera.
tedeum [teðéum] *m.* Tedèum.
tedio [téðjo] *m.* Tedi, fàstig.
tedioso, -sa [teðjóso, -sa] *a.* Tediós, fastigós.
tegumento [teɣuménto] *m.* Tegument.
teja [téxa] *f.* Teula. ‖***A toca ~,*** bitllo-bitllo.
tejado [texáðo] *m.* Teulada, teulat.
tejar [texár] *m.* Bòbila, teuleria.
tejar [texár] *t.* Teular.
tejedor, -ra [texeðór, -ra] *m.-f.* Teixidor.
tejedura [texeðúra] *f.* Teixit.
tejemaneje [texemanéxe] *m.* fam. Tripijoc.
tejer [texér] *t.* Teixir.
tejería [texería] *f.* V. TEJAR.
tejero, -ra [texéro, -ra] *m.-f.* Teuler.
tejido, -da [texíðo, -ða] *a.-m.* Teixit.
tejo [téxo] *m.* BOT. Teix.
tejón [texón] *m.* ZOOL. Teixó, toixó.
tela [téla] *f.* Tela. *2* Tel.
telar [telár] *m.* Teler.
telaraña [telaráɲa] *f.* Teranyina.
teleférico, -ca [teleférico, -ka] *a.-m.* Telefèric.
telefonear [telefoneár] *t.* Telefonar.
telefonía [telefonía] *f.* Telefonia.
telefonista [telefonísta] *m.-f.* Telefonista.
teléfono [teléfono] *m.* Telèfon.
telegrafía [teleɣrafía] *f.* Telegrafia.
telegrafiar [teleɣrafjár] *f.* Telegrafiar.
telegrafista [teleɣrafísta] *m.-f.* Telegrafista.
telégrafo [teléɣrafo] *m.* Telègraf.
telegrama [teleɣráma] *m.* Telegrama.
telémetro [telémetro] *m.* Telèmetre.
telepatía [telepatía] *f.* Telepatia.
telescopio [teleskópjo] *m.* Telescopi.
televidente [teleβiðénte] *a., m.-f.* Televident.
televisar [teleβisár] *t.* Televisar.
televisión [teleβisjón] *f.* Televisió.
televisor [teleβisór] *m.* Televisor.
telilla [telíʎa] *f.* Filempua. *2* Tel.
telón [telón] *m.* TEAT. Teló.
telúrico, -ca [telúriko, -ka] *a.* Tel úric.
tema [téma] *m.* Tema. *2* Dèria.
temático, -ca [temátiko, -ka] *a.* Temàtic. *2 f.* Temàtica.
temblador, -ra [temblaðór, -ra] *a., f.* Tremolador, trement.
temblante [temblánte] *a.-m.* Trement.
temblar [temblár] *i.* Tremolar. ¶ CONJUG. com ***apretar.***

tembleque [tembléke] *a.-m.* Tremolenc, tremolós.
temblón, -ona [temblón, -óna] *a.* Tremolós. *2 m.* BOT. Trèmol.
temblor [temblór] *m.* Tremolor.
tembloroso, -sa [tembloróso, -sa] *a.* Tremolós, tremolenc.
temer [temér] *t.* Témer.
temerario, -ia [temerárjo, -ja] *a.* Temerari.
temeridad [temeriðáð] *f.* Temeritat.
temeroso, -sa [temeróso, -sa] *a.* Temerós, temorenc.
temible [temíβle] *a.* Temible.
temor [temór] *m.* Temor, temença.
temperamento [temperaménto] *m.* Temperament.
temperante [temperánte] *a.* Temperant.
temperar [temperár] *t.* Temperar.
temperatura [temperatúra] *f.* Temperatura.
tempero [tempéro] *m.* Saó (de la terra).
tempestad [tempestáð] *f.* Tempestat.
tempestuoso, -sa [tempestwóso, -sa] *a.* Tempestuós, tempestós.
templado, -da [templáðo, -ða] *a.* Temperat.
templador, -ra [templaðór, -ra] *a.-m.* Afinador.
templanza [templánθa] *f.* Temprança.
templar [templár] *t.* Trempar. *2* Temperar.
templario [templárjo] *m.* Templer, templari.
temple [témple] *m.* Tremp.
templo [témplo] *m.* Temple.
temporada [temporáða] *f.* Temporada.
temporal [temporál] *a.-m.* Temporal. *2 m.* ANAT. Temporal.
temporero, -ra [temporéro, -ra] *a., m.-f.* Temporer.
tempranero, -ra [tempranéro, -ra] *a.* Primerenc.
temprano, -na [tempráno, -na] *a.* Primerenc. *2 adv.* D'hora, dejorn, aviat, de matí.
tenacidad [tenaθiðáð] *f.* Tenacitat.
tenaz [tenáθ] *a.* Tenaç.
tenaza [tenáθa] *f.* Tenalla. *2 pl.* Tenalles, estenalles. *3* Molls.
tenca [téŋka] *f.* ICT. Tenca.
ten con ten [teŋkontén] *m.* Tacte, cura.
tendal [tendál] *m.* Tendal.
tendalera [tendaléra] *f.* fam. Escampadissa, escampall, estesa.
tendedero [tendeðéro] *m.* Estenedor.
tendencia [tendénθja] *f.* Tendència.
tendencioso, -sa [tendenθjóso, -sa] *a.* Tendenciós.
tender [tendér] *t.* Tendir. *2* Entendre, desplegar. *3* Escampar. *4 prnl.* Ajeure's, ajaure's, ajaçar-se. ¶ CONJUG. com ***defender.***
tenderete [tenderéte] *m.* Parada, barraca. *2* Estesa.
tendero, -ra [tendéro, -ra] *m.-f.* Tender. *2* Adroguer, botiguer.
tendido, -da [tendíðo, -ða] *a.* Estès. *2 m.* Estesa.
tendón [tendón] *m.* Tendó.
tenducho, -cha [tendútʃo, -tʃa] *m.-f.* Tenda miserable, barraca.
tenebroso, -sa [tenebróso, -sa] *a.* Tenebrós.
tenedor [tenedór] *m.* Tenidor, tinent. *2* Forquilla, forqueta. ‖ ~ ***de libros,*** tenidor de llibres.
teneduría [teneduría] *f.* COM. Tenidoria.
tenencia [tenénθja] *f.* Tinença. *2* Tinència.
tener [tenér] *t.* Tenir, haver, heure. *2 prnl.* Tenir-se, sostenir-se. ‖ ~ ***que,*** haver de, caldre. ¶ CONJUG. INDIC. Pres.: ***tengo, tienes, tiene, tienen.*** | Indef.: ***tuve, tuviste, tuvo, tuvimos, tuvisteis, tuvieron.*** | Fut.: ***tendré, tendrás, tendrá, tendremos, tendréis, tendrán.*** ‖ SUBJ. Pres.: ***tenga, tengas, tenga, tengamos, tengáis, tengan.*** | Imperf.: ***tuviera*** o ***tuviese,*** etc. | Fut.: ***tuviere,*** etc. ‖ IMPERAT.: ***ten, tenga, tengamos, tengan.***
tenería [tenería] *f.* Blanqueria, adoberia.
tenia [ténia] *f.* ZOOL. Tènia, solitari (cuc).
teniente [tenjénte] *a.* fam. Tinent. *2 m.* Tinent.
tenis [ténis] *m.* ESPT. Tennis.
tenor [tenór] *m.* MÚS. Tenor.
tenora [tenóra] *f.* MÚS. Tenora.
tensión [tensjón] *f.* Tensió.
tenso, -sa [ténso, -sa] *a.* Tens, tibant.
tensor, -ra [tensór, -ra] *a.-m.* Tensor.
tentación [tentaθjón] *f.* Temptació.
tentáculo [tentákulo] *m.* Tentacle.
tentador, -ra [tentaðór, -ra] *a., m.-f.* Temptador.
tentar [tentár] *t.* Temptar. *2* Palpar. ¶ CONJUG. com ***apretar.***
tentativa [tentatíβa] *f.* Temptativa.
tentempié [tentempjé] *m.* fam. Refrigeri. *2* Saltamartí (joguina).
tentetieso [tentetjéso] *m.* Saltamartí.
tenue [ténwe] *a.* Tènue.
teñido, -da [teɲíðo, -ða] *a.* Tenyit. *2 m.* Tenyida.
teñir [teɲír] *t.-prnl.* Tenyir, acolorir. ¶ CONJUG. com ***ceñir.*** ‖ P. P.: ***teñido*** i ***tinto.***
teocracia [teokráθja] *f.* Teocràcia.

teocrático, -ca [teokrátiko, -ka] *a.* Teocràtic.
teodolito [teoðolito] *m.* Teodolit.
teogonía [teoγonia] *f.* Teogonia.
teologal [teoloγál] *a.* Teologal.
teología [teoloxia] *f.* Teologia.
teólogo, -ga [teóloγo, -γa] *m.-f.* Teòleg.
teorema [teoréma] *m.* Teorema.
teoría [teoria] *f.* Teoria.
teórico, -ca [teóriko, -ka] *a., m.-f.* Teòric.
terapéutico, -ca [terapéutiko, -ka] *a.* Terapèutic. *2 f.* Terapèutica.
tercer [terθér] *a.* Forma apocopada de *tercero.*
tercero, -ra [terθéro, -ra] *a.* Tercer, terç. *2 m.* Terciari. *3* Tercer. *4* Alcavot. *5 f.* MÚS. Tercera.
tercerola [terθeróla] *f.* Tercerola.
terceto [terθéto] *m.* Tercet.
tercia [térθja] *f.* Tèrcia.
terciar [terθjár] *t.* Tercejar (fer tres parts). *2 i.* Tercerejar (fer d'intermediari).
terciario, -ia [terθjárjo, -ja] *a.* Tercer. *2* Terciari.
tercio, -ia [térθjo, -ja] *a.-m.* Terç.
terciopelo [terθjopélo] *m.* Vellut.
terco, -ca [térko, -ka] *a.* Enterc, rebec, tossut, obstinat.
terebinto [tereβinto] *m.* BOT. Terebint.
terebrante [tereβránte] *a.* Terebrant.
tergiversación [terxiβersaθjón] *f.* Tergiversació, capgirament, capgirada.
tergiversar [terxiβersár] *t.* Tergiversar, capgirar.
termal [termál] *a.* Termal.
termas [térmas] *f. pl.* Termes, caldes.
térmico, -ca [términko, -ka] *a.* Tèrmic.
terminación [terminaθjón] *f.* Terminació, acabament.
terminal [terminál] *a.* Terminal.
terminante [terminánte] *a.* Terminant.
terminar [terminár] *t.-prnl.* Acabar, finir, terminar, cloure.
término [término] *m.* Terme. *2* Termini, acabament. *3* Acaballes.
terminología [terminoloxia] *f.* Terminologia.
termite [termite] *m.* ENTOM. Un individu dels tèrmits.
termómetro [termómetro] *m.* Termòmetre.
termonuclear [termonukleár] *a.* Termonuclear.
termotropismo [termotropismo] *m.* Termotropisme.
termosifón [termosifón] *m.* Termosifó.
termostato [termostáto] *m.* Termòstat.
terna [térna] *f.* Terna. *2* Tern (en el joc).
ternario, -ia [ternárjo, -ja] *a.* Ternari.
ternera [ternéra] *f.* ZOOL. Vedella.
ternero [ternéro] *m.* ZOOL. Vedell.
terneza [ternéθa] *f.* Tendresa. *2* Floreta.
ternilla [terniʎa] *f.* Tendrum.
terno [térno] *m.* Tern. *2* Renec.
ternura [ternúra] *f.* Tendresa, tendror.
terquedad [terkeðáð] *f.* Tossuderia, entossudiment, entestament, obstinació.
terracota [terrakóta] *f.* Terracota.
terrado [terráðo] *m.* Terrat.
terraja [terráxa] *f.* Plantilla (patró). *2* Filera (eina).
terral [terrál] *a., m.-f.* Terral.
terraplén [terraplén] *m.* Terraplè.
terraplenar [terraplenár] *t.* Terraplenar.
terráqueo [terrákeo] *a.* Terraqui.
terrateniente [terratenjénte] *m.-f.* Terratinent.
terraza [terráθa] *f.* Terrassa.
terremoto [terremóto] *m.* Terratrèmol.
terrenal [terrenál] *a.* Terrenal.
terreno, -na [terréno, -na] *a.* Terreny, terrenal. *2 m.* Terreny.
térreo, -ea [térreo, -ea] *a.* Terri.
terrero, -ra [terréro, -ra] *a.* Terrer. *2 m.* Terregall.
terrestre [terréstre] *a.* Terrestre.
terrible [terriβle] *a.* Terrible.
terrífico, -ca [terrifiko, -ka] *a.* Terrífic.
territorial [territorjál] *a.* Territorial.
territorio [territórjo] *m.* Territori.
terrizo, -za [terriθo, -θa] *a.* Terri, terrós.
terrón [terrón] *m.* Terrós.
terror [terrór] *m.* Terror.
terrorífico, -ca [terrorifiko, -ka] *a.* Terrorífic.
terrorismo [terrorizmo] *m.* Terrorisme.
terrorista [terrorizta] *m.-f.* Terrorista.
terroso, -sa [terróso, -sa] *a.* Terrós, terrenc.
terruño [terrúɲo] *m.* Terrer (terra natal). *2* Terrós.
terso, -sa [térso, -sa] *a.* Polit, brunyit.
tersura [tersúra] *f.* Netedat, polidesa, llisor.
tertulia [tertúlja] *f.* Tertúlia.
tertuliano, -na [tertuljáno, -na] *a., m.-f.* Tertulià.
Teruel [terwél] *n. pr.* Terol.
tesar [tesár] *t.-i.* Tibar, tesar. ¶ CONJUG. P. P.: *tesado* i *teso.*
tesis [tésis] *f.* Tesi.
tesitura [tesitúra] *f.* MÚS. Tessitura.
teso, -sa [téso, -sa] *a.* Tes.
tesón [tesón] *m.* Tenacitat.
tesorería [tesoreria] *f.* Tresoreria.
tesorero, -ra [tesoréro, -ra] *m.-f.* Tresorer.

tesoro [tesòro] *m.* Tresor.
test [tes] *m. angl.* Test.
testa [tèsta] *f.* Testa.
testador, -ra [testaðòr, -ra] *m.-f.* Testador.
testamentaria [testamentàrja] *f.* Testamentaria.
testamentario, -ia [testamentàrjo, -ja] *a.* JUR. Testamentari. *2* Marmessor.
testamento [testamènto] *m.* Testament.
testar [testàr] *i.* Testar.
testarada [testaràða] *f.* Testarrada, caparrada.
testarrón, -ona [testarròn, -òna] *a., m.-f.* Tossut.
testarudez [testaruðèθ] *f.* Testarrudesa, entossudiment, entestament, obstinació.
testarudo, -da [testarùðo, -ða] *a., m.-f.* Testarrut, enterc, caparrut.
testera [testèra] *f.* Testera.
testero [testèro] *m.* V. TESTERA.
testículo [testìkulo] *m.* ANAT. Testicle, colló.
testifical [testifikàl] *a.* Testimonial.
testificar [testifikàr] *t.* Testificar (provar). *2* Testimoniejar (manifestar).
testigo [testìγo] *m.* Testimoni.
testimonial [testimonjàl] *a.* Testimonial.
testimoniar [testimonjàr] *t.* Testimoniar.
testimonio [testimònjo] *m.* Testimoni. *2* Testimoniatge, testimoni.
testuz [testùθ] *m.* Tòs (d'un animal).
teta [tèta] *f.* Mamella. *2* Mugró.
tétanos [tètanos] *m.* MED. Tètanus.
tetera [tetèra] *f.* Tetera.
tetilla [tetìʎa] *f.* Tetina.
tetraedro [tetraèðro] *m.* GEOM. Tetràedre.
tetralogía [tetraloxìa] *f.* Tetralogia.
tetrarca [tetràrka] *m.* Tetrarca.
tetrasílabo, -ba [tetrasìlaβo, -βa] *a.* Tetrasíl·lab, tetrasil·làbic.
tétrico, -ca [tètriko, -ka] *a.* Tètric.
teutón, -ona [teutòn, -òna] *a., m.-f.* Teutó.
teutónico, -ca [teutòniko, -ka] *a.* Teutònic.
textil [testìl] *a.* Tèxtil.
texto [tèsto] *m.* Text.
textual [testwàl] *a.* Textual.
textura [testùra] *f.* Textura.
tez [teθ] *f.* Superfície exterior del cutis de la cara.
ti [ti] *pron. pers.* Tu.
tía [tìa] *f.* Tia.
tiara [tjàra] *f.* Tiara.
tibia [tìβja] *f.* ANAT. Tíbia.
tibieza [tiβjèθa] *f.* Tebiesa.
tibio, -ia [tìβjo, -ja] *a.* Tebi.
tiburón [tiβuròn] *m.* ICT. Tauró.
tic [tik] *m.* Tic.
ticket [tikè] *m.* Tiquet.
tic-tac [tiγtàk] *m.* Tic-tac.
tiemblo [tjèmblo] *m.* BOT. Trèmol.
tiempo [tjèmpo] *m.* Temps. ‖ ***A un mismo ~,*** a l'hora. ‖ ***Al mismo ~,*** ensems. ‖ ***~ libre,*** lleure.
tienda [tjènda] *f.* Tenda. *2* Botiga. *3* Adrogueria.
tienta [tjènta] *f.* CIR. Sonda. ‖ ***A tientas,*** a les palpentes.
tiento [tjènto] *m.* Palpeig, palp. *2* fig. Tacte. *3* Tempteig.
tierno, -na [tjèrno, -na] *a.* Tendre.
tierra [tjèrra] *f.* Terra. *2* Sòl, terra.
tieso, -sa [tjèso, -sa] *a.* Encarcarat, enterc. *2* Tibant, tes.
tiesto [tjèsto] *m.* Test, torreta. *2* Test (tros de terrissa).
tiesura [tjesùra] *f.* Encarcarament. *2* Tibantor, tesor.
tijeras [tixèras] *f. pl.* Tisora.
tijereta [tixerèta] *f.* ENTOM. Tisoreta, papaorelles.
tijeretazo [tixeretàθo] *m.* Tisorada, cop de tisores.
tijeretear [tixereteàr] *t.* Retallar. *2* Manifassejar.
tijereteo [tixeretèo] *m.* Repicar de les tisores.
tila [tìla] *f.* BOT. Til·la.
tildar [tildàr] *t.* Titllar.
tilde [tìlde] *f.* Titlla.
tilín [tilìn] *m.* Dring-dring, nin-ning. ‖ ***Hacer ~,*** fer goig, fer gràcia, fer peça.
tilo [tìlo] *m.* BOT. Til·ler, tell.
tillado [tiʎàðo] *m.* Empostissat.
tillar [tiʎàr] *t.* Empostissar.
timador, -ra [timaðòr, -ra] *m.-f.* Estafador.
timar [timàr] *t.* Estafar.
timba [tìmba] *f.* Timba (casa de joc).
timbal [timbàl] *m.* Timbal.
timbalero [timbalèro] *m.* Timbaler.
timbrar [timbràr] *t.* Timbrar.
timbre [tìmbre] *m.* Timbre.
timidez [timiðèθ] *f.* Timidesa.
tímido, -da [tìmiðo, -ða] *a.* Tímid.
timo [tìmo] *m.* ANAT. Timus.
timo [tìmo] *m.* fam. Estafada.
timol [timòl] *m.* MED. Timol.
timón [timòn] *m.* Timó, governall.
timonel [timonèl] *m.* Timoner.
timonera [timonèra] *f.* Timonera (ploma).
timonero, -ra [timonèro, -ra] *a.* Relatiu al timó. *2 m.* Timoner.
timorato, -ta [timoràto, -ta] *a.* Timorat.

tímpano [tímpano] *m.* Timpà.
tina [tína] *f.* Tina, cubell.
tinaja [tináxa] *f.* Gerra, tina.
tinglado [tiŋgláðo] *m.* Cobert. *2* Empostissat. *3* Embolic.
tinieblas [tinjéβlas] *f. pl.* Tenebres.
tino [tíno] *m.* Esma, tacte. *2* Encert, lluc. *3* Seny. ‖ ***Falta de ~***, desesma.
tinta [tínta] *f.* Tinta.
tinte [tínte] *m.* Tint, tintatge.
tintero [tintéro] *m.* Tinter.
tintín [tintín] *m.* Dring.
tintinear [tintineár] *i.* Dringar.
tinto, -ta [tínto, -ta] *a.* Tenyit. *2* Negre (vi).
tintorería [tintorería] *f.* Tintoreria.
tintorero, -ra [tintoréro, -ra] *m.-f.* Tintorer.
tintura [tintúra] *f.* Tintura.
tiña [tíɲa] *f.* MED. Tinya, ronya.
tiñoso, -sa [tiɲóso, -sa] *a.* Tinyós, ronyós.
tío [tío] *m.* Oncle.
tiovivo [tjoβíβo] *m.* Cavallets.
tipejo [tipéxo] *m.* Pendó (persona).
típico, -ca [típiko, -ka] *a.* Típic.
tiple [típle] *m.-f.* Tiple.
tipo [típo] *m.* Tipus.
tipografía [tipoγrafía] *f.* Tipografia.
tipógrafo [tipóγrafo] *m.* Tipògraf.
tiquismiquis [tikizmíkis] *m. pl.* Escarafalls.
tira [tíra] *f.* Tira. *2* Llenca.
tirabuzón [tiraβuθón] *m.* Tirabuixó.
tirada [tiráða] *f.* Tirada. *2* Tiratge.
tirado, -da [tiráðo, -ða] *a.* Abandonat. *2* A cap preu.
tirador, -ra [tiraðór, -ra] *m.-f.* Tirador.
tiralíneas [tiralíneas] *m.* Tiralínies.
tiranía [tiranía] *f.* Tirania.
tiránico, -ca [tirániko, -ka] *a.* Tirànic.
tiranizar [tiraniθár] *t.* Tiranitzar.
tirano, -na [tiráno, -na] *m.-f.* Tirà.
tirante [tiránte] *a.* Tirant, tibant. *2 pl.* Elàstics.
tirantez [tirantéθ] *f.* Tibantor.
tirar [tirár] *t.* Tirar. *2* Llençar. *3* Estirar. *4* Disparar. *5* Xutar. *6* Arriar. ‖ ***Ir tirando,*** anar fent, campar.
tirilla [tiríʎa] *f.* Tireta.
tirio, -ia [tírjo, -ja] *a., m.-f.* Tiri.
tiritar [tiritár] *i.* Tremolar, tremolejar.
tiro [tíro] *m.* Tret. *2* Tir, git. *3* Tiratge.
tiroides [tiróiðes] *a.-m.* ANAT. Tiroide.
tirolés, -sa [tirolés, -sa] *a., m.-f.* Tirolès.
tirón [tirón] *m.* Estrebada, estirada. ‖ ***De un ~***, d'una tirada.
tironear [tironeár] *t.* Estrebar, estiregassar.
tirotear [tiroteár] *t.* Tirotejar.
tiroteo [tirotéo] *m.* Tiroteig.
tirria [tírrja] *f.* Tírria.
tirso [tírso] *m.* MIT. Tirs.
tisana [tisána] *f.* Tisana.
tísico, -ca [tísiko, -ka] *a., m.-f.* Tísic.
tisis [tísis] *f.* MED. Tisi.
titán [titán] *m.* Tità.
titánico, -ca [titániko, -ka] *a.* Titànic.
títere [títere] *m.* Titella, puxtinel·li, guinyol. *2* Ninot.
titilar [titilár] *i.* Titil·lar.
titiritero, -ra [titiritéro, -ra] *m.-f.* Titellaire.
titubear [tituβeár] *i.* Titubar, titubejar, vacil·lar.
titubeo [tituβéo] *m.* Titubeig.
titular [titulár] *a., m.-f.* Titular.
titular [titulár] *t.-i.* Titular.
título [título] *m.* Títol. *2* Rètol.
tiza [tíθa] *f.* Guix.
tiznajo [tiθnáxo] *m.* Emmascara.
tiznar [tiθnár] *t.-prnl.* Emmascarar, ensutjar, embrutar, guixar.
tizne [tíθne] *m.-f.* Sutge.
tiznón [tiθnón] *m.* Taca de sutge, de carbó, emmascara.
tizo [tíθo] *m.* Fumall, cremall.
tizón [tiθón] *m.* Tió, fumall, cremall.
tizonear [tiθoneár] *i.* Atiar.
toalla [toáʎa] *f.* Tovallola, tovalla, eixugamà.
toallero [toaʎéro] *m.* Tovalloler.
toar [toár] *t.* MAR. Remolcar una o diverses naus.
toba [tóβa] *f.* Tosca.
tobera [toβéra] *f.* Tovera.
tobillo [toβíʎo] *m.* ANAT. Turmell, garró.
tobogán [toβoγán] *m.* Tobogan.
toca [tóka] *f.* Toca.
tocado, -da [tokáðo, -ða] *a.* Tocat. *2 m.* Pentinat.
tocador, -ra [tokaðór, -ra] *a.* Tocador. *2 m.* Tocador.
tocante a [tokánte a] loc. Tocant a.
tocar [tokár] *i.-t.-prnl.* Tocar. *2* Pertocar. *3* Pentinar.
tocata [tokáta] *f.* MÚS. Tocada.
tocayo, -ya [tokájo, -ja] *m.-f.* Homònim (d'una persona).
tocinería [toθinería] *f.* Cansaladeria.
tocinero, -ra [toθinéro, -ra] *m.-f.* Cansalader.
tocino [toθíno] *m.* Cansalada.
tocólogo, -ga [tokóloγo, -γa] *m.-f.* MED. Tocòleg.
tocón [tokón] *m.* Calcinal.
tocho, -cha [tótʃo, -tʃa] *a.* Totxo, toix. *2 m.* Totxo.
todavía [toðaβía] *adv.* Encara.

todo, -da [tóðo, -ða] *a.-pron.* Tot. *2 a. pl.* Cada. ‖ ~ ***los días,*** cada dia. *3 pron. pl.* Tothom. *4 m.* Tot. ‖ ***En un ~,*** en un tot. *5 adv.* Tot, totalment. ‖ ***Sobre ~,*** sobretot.
todopoderoso, -sa [toðopoðeróso, -sa] *a.* Totpoderós.
toga [tóɣa] *f.* Toga.
toldilla [toldiʎa] *f.* NÀUT. Tendal.
toldo [tóldo] *m.* Vela, tendal.
tole [tóle] *m.* Tol·le-tol·le.
toledano, -na [toleðáno, -na] *a., m.-f.* Toledà.
tolerable [toleráβle] *a.* Tolerable.
tolerancia [toleránθja] *f.* Tolerància.
tolerante [tolerànte] *a.* Tolerant.
tolerar [tolerár] *t.* Tolerar, suportar.
tolondro, -dra [tolóndro, -dra] *a.* Atordit, eixelebrat, tabalot. *2 m.* Nyanyo, banya, bony.
tolva [tólβa] *f.* Tremuja.
toma [tóma] *f.* Presa. *2* Dosi. *3* Boterat (per regar). *4 interj.* Bufa! ‖ ~ ***y daca,*** toquem i toquem.
tomador, -ra [tomaðór, -ra] *a., m.-f.* Tomador.
tomadura [tomaðúra] *f.* Presa.
tomar [tomár] *t.-i.-prnl.* Prendre. *2* Agafar. *3* Abastar. *4* Tomar, rebre.
tomate [tomáte] *a.* Tomàquet, tomata, tomàtec.
tomatera [tomatéra] *f.* BOT. Tomaquera.
tómbola [tómbola] *f.* Tòmbola.
tomillo [tomiʎo] *m.* BOT. Farigola, timó.
tomismo [tomismo] *m.* Tomisme.
tomo [tómo] *m.* Tom, volum.
ton [ton] *m.* ‖ ***Sin ~ ni son,*** sense solta ni volta, barrim-barram.
tonada [tonáða] *f.* Tonada.
tonadilla [tonaðiʎa] *f.* Cançoneta.
tonalidad [tonaliðáð] *f.* Tonalitat.
tonel [tonél] *m.* Tonell, bóta, tona.
tonelada [toneláða] *f.* Tona.
tonelaje [toneláxe] *m.* Tonatge.
tonelería [toneleria] *f.* Boteria. *2* Botam.
tonelero [toneléro] *m.* Boter.
tónico, -ca [tóniko, -ka] *a.-m.* Tònic. *2 a.-f.* MÚS. Tònica.
tonificar [tonifikár] *t.* Tonificar, entonar.
tonillo [toniʎo] *m.* Cantarella.
tono [tóno] *m.* To. *2* Tonada.
tonsura [tonsúra] *f.* Tonsura. *2* Esquilada.
tonsurar [tonsurár] *t.* Tonsurar. *2* Esquilar, tondre.
tontada [tontáða] *f.* V. TONTERÍA.
tontaina [tontáĭna] *m.-f.* fam. Pallús, totxo, idiota, flasc.
tontear [tonteár] *i.* Beneitejar, ruquejar, bestiejar.
tontería [tonteria] *f.* Beneiteria, ruqueria, bàjanada, ximpleria.
tonto, -ta [tónto, -ta] *a., m.-f.* Beneit, babau, pallús, liró, ximple, bleda, capsigrany. ‖ ***A tontas y a locas,*** a la babalà, barrim-barram.
tontuna [tontúna] *f.* V. TONTERÍA.
toña [tóɲa] *m.* Bòlit (joc).
topacio [topáθjo] *m.* MINER. Topazi.
topar [topár] *t.-i.* Topar.
tope [tópe] *m.* Topall. *2* Topada. *3* Extrem, límit. ‖ ***Hasta el ~,*** fins al capdamunt, de gom a gom.
topetón [topetón] *m.* Topada.
tópico, -ca [tópiko, -ka] *a.-m.* Tòpic.
topo [tópo] *m.* ZOOL. Talp.
topografía [topoɣrafia] *f.* Topografia.
toque [tóke] *m.* Toc. *2* Entretoc.
toquetear [toketeár] *t.* Toquetejar.
toquilla [tokiʎa] *f.* Toqueta, mocador (de cap).
torácico, -ca [toráθiko, -ka] *a.* Toràcic.
tórax [tóraɣs] *m.* ANAT. Tòrax.
torbellino [torβeʎino] *m.* Remolí.
torcaz [torkáθ] *m.* ORNIT. Tudó.
torcecuello [torθekwéʎo] *m.* ORNIT. Colltort.
torcedor, -ra [torθeðór, -ra] *a., m.-f.* Torcedor.
torcedura [torθeðúra] *f.* Torçada, torcedura, girada.
torcer [torθér] *t.-prnl.* Torçar, tòrcer. *2* Revinclar. *3* Girar, trencar (a la dreta, etc.). ¶ CONJUG. com ***moler.***
torcida [torθiða] *f.* Ble.
torcido, -da [torθiðo, -ða] *a.* Tort.
torcijón [torθixón] *m.* Torçó.
torcimiento [torθimjénto] *m.* V. TORCEDURA.
tordo, -da [tórðo, -ða] *a., m.-f.* Blanc i negre. *2* ORNIT. *m.* Tord.
torear [toreár] *i.-t.* TAUROM. Torejar.
toreo [toréo] *m.* Tauromàquia.
torera [toréra] *f.* Torera.
torero [toréro] *m.* Torero.
toril [toril] *m.* Corral.
tormenta [torménta] *f.* Temporal, tempesta, temperi.
tormento [torménto] *m.* Turment.
tormentoso, -sa [tormentóso, -sa] *a.* Tempestuós. *2* Turmentós.
tormo [tórmo] *m.* Terrós.
torna [tórna] *f.* Tornada.
tornaboda [tornaβóða] *f.* Tornaboda.
tornadizo, -za [tornaðiθo, -θa] *a., m.-f.* Caragirat.
tornado [tornáðo] *m.* METEOR. Tornado.
tornar [tornár] *t.* Tornar. *2 prnl.* Esdevenir, tornar-se.

tornasol [tornasól] *m.* Tornassol.
tornasolado, -da [tornasoláðo, -ða] *a.* Tornassolat.
tornavoz [tornaβóθ] *m.* Tornaveu.
tornear [torneár] *t.-i.* Tornejar.
torneo [tornéo] *m.* Torneig.
tornera [tornéra] *f.* Tornera.
tornería [tornería] *f.* Torneria.
tornero [tornéro] *m.* Torner.
tornillero [torniʎéro] *m.* fam. Desertor.
tornillo [torníʎo] *m.* Cargol.
torniquete [tornikéte] *m.* Torniquet.
torno [tórno] *m.* Torn.
toro [tóro] *m.* Toro, brau.
toronja [torónxa] *f.* BOT. Naronja.
toronjil [toroŋxíl] *m.* BOT. Tarongina.
torpe [tórpe] *a.* Feixuc, pesat. *2* Malapte, desmanyotat, graponer. *3* Rude, toix, talós. *4* Deshonest, porc (fig.).
torpedear [torpeðeár] *t.* Torpedinar.
torpedero [torpeðéro] *a., m.-f.* Torpediner.
torpedo [torpéðo] *m.* Torpede.
torpeza [torpéθa] *f.* Feixuguesa, pesadesa. *2* Barroeria, rudesa. *3* Malaptesa. *4* Turpitud.
torpor [torpór] *m.* MED. Torpor.
torrar [torrár] *t.* Torrar.
torre [tórre] *f.* Torre. *2* Campanar.
torrefacción [torrefaγθjón] *f.* Torrefacció.
torrefacto, -ta [torrefáγto, -ta] *a.* Torrat.
torrencial [torrenθjál] *a.* Torrencial.
torrente [torrénte] *m.* Torrent.
torreón [torreón] *m.* Torrassa.
torrero [torréro] *m.* Torrer, faroner.
torrezno [torréθno] *m.* Rosta.
tórrido, -da [tórriðo, -ða] *a.* Tòrrid.
torsión [torsjón] *f.* Torsió, torçada.
torso [tórso] *m.* Tors.
torta [tórta] *f.* Coca, pastís. *2* Cop, revés, mastegot, plantofada.
tortada [tortáða] *f.* Pastís gran de massa delicada i farcida.
tortícolis [tortíkolis] *f.* Torticoli.
tortilla [tortíʎa] *f.* CUI. Truita.
tórtola [tórtola] *f.* ORNIT. Tórtora.
tórtolo [tórtolo] *m.* ORNIT. Tórtora mascle. *2* fig. Encaterinat.
tortosino, -na [tortosíno, -na] *a., m.-f.* Tortosí.
tortuga [tortúγa] *f.* ZOOL. Tortuga.
tortuoso, -sa [tortwóso, -sa] *a.* Tortuós.
tortura [tortúra] *f.* Tortura.
torturar [torturár] *t.* Torturar. *2* Tenallar.
torvisco [torβísko] *m.* BOT. Astruc, tell.
torvo, -va [tórβo, -βa] *a.* Feréstec, ferreny, dur.
torzal [torθál] *m.* Torçal.
tos [tos] *f.* Tos. *2* Estossec. ‖ *~ **ferina**,* tos ferina, catarro.
tosca [tóska] *f.* Tosca.
toscano, -na [toskáno, -na] *a., m.-f.* Toscà.
tosco, -ca [tósko, -ka] *a.* Tosc, bast. *2* Inculte, rude.
toser [tosér] *i.* Tossir, estossegar.
tosquedad [toskeðáð] *f.* Tosquedat.
tostada [tostáða] *f.* Torrada.
tostado, -da [tostáðo, -ða] *a.* Torrat. *2* Colrat.
tostador, -ra [tostaðór, -ra] *a., m.-f.* Torrador. *2* Torrapà.
tostadura [tostaðúra] *f.* Torrefacció. *2* Colrada.
tostar [tostár] *t.-prnl.* Torrar. *2* Colrar. ¶ CONJUG. com ***desollar.***
tostón [tostón] *m.* Rosta, torrada. *2* Llauna, lata.
total [totál] *a.-m.* Total.
totalidad [totaliðáð] *f.* Totalitat.
totalitario, -ia [totalitárjo, -ja] *a.* Totalitari.
tótem [tóten] *m.* Tòtem.
tóxico, -ca [tó(γ)siko, -ka] *a.-m.* Tòxic.
toxina [to(γ)sína] *f.* Toxina.
tozudez [toθuðéθ] *f.* Tossuderia.
tozudo, -da [toθúðo, -ða] *a.* Tossut.
traba [tráβa] *f.* Trava. *2* Lligament.
trabajador, -ra [traβaxaðór, -ra] *a., m.-f.* Treballador. *2 m.-f.* Obrer.
trabajar [traβaxár] *i.-t.* Treballar, feinejar. *2* Afanyar. *3* Llavorar. *4* Pencar. ‖ ***Vivir sin ~,*** viure amb l'esquena dreta.
trabajo [traβáxo] *m.* Treball.
trabajoso, -sa [traβaxóso, -sa] *a.* Laboriós, fatigós.
trabalenguas [traβaléŋgwas] *m.* Frase o paraules de dicció dificultosa.
trabar [traβár] *t.* Travar. *2* Collar.
trabazón [traβaθón] *f.* Travada, lligament.
trabilla [traβíʎa] *f.* Traveta.
trabucación [traβukaθjón] *f.* Capgirada.
trabucar [traβukár] *t.-prnl.* Trabucar, capgirar.
trabuco [traβúko] *m.* Trabuc.
traca [tráka] *f.* Traca.
tracción [traγθjón] *f.* Tracció.
tracería [traθería] *f.* ARQ. Arabesc.
tractor [traγtór] *m.* Tractor.
tradición [traðiθjón] *f.* Tradició.
tradicional [traðiθjonál] *a.* Tradicional.
traducción [traðuγθjón] *f.* Traducció.
traducir [traðuθír] *t.* Traduir. ¶ CONJUG. com ***conducir.***
traductor, -ra [traðuγtór, -ra] *a., m.-f.* Traductor.

traer [traėr] *t.* Portar, dur, menar (cap a l'indret on som). ¶ CONJUG. INDIC. Pres.: ***traigo.*** | Indef.: ***traje, trajiste, trajo, trajimos, trajisteis, trajeron.*** || SUBJ. Pres.: ***traiga,*** etc. | Imperf.: ***trajera*** o ***trajese,*** etc. | Fut.: ***trajere,*** etc. || IMPERAT.: ***traiga, traigamos, traigan.***
tráfago [tráfaγo] *m.* Tràfec. *2* Tràfic.
trafagón [trafaγón] *a.* Trafegut.
traficante [trafikánte] *m.* Traficant.
traficar [trafikár] *i.* Traficar.
tráfico [tráfiko] *m.* Tràfic.
tragabolas [traγaβólas] *m.* Tragaboles.
tragaderas [traγaðėras] *f. pl.* Davallant, gola. *2* fam. fig. Davallant.
tragadero [traγaðėro] *m.* Colador, dragador.
tragador, -ra [traγaðór, -ra] *m.-f.* Gormand, menjador.
trágala [tráγala] *m.* fig. Humiliació.
tragaldabas [traγaldáβas] *m.-f.* Destraler, golafre.
tragaluz [traγalúθ] *m.* Lluerna.
tragaperras [traγapérras] *m.*Papadiners.
tragar [traγár] *t.-prnl.* Engolir, empassar-se.
tragedia [traxėðja] *f.* Tragèdia.
trágico, -ca [tráxiko, -ka] *a., m.-f.* Tràgic.
tragicomedia [traxikomėðja] *f.* Tragicomèdia.
trago [tráγo] *m.* Trago, traguet, glop. *2* Contratemps.
tragón, -ona [traγón, -óna] *a., m.-f.* Fartaner, golafre, menjador.
traición [traĭθjón] *f.* Traïció.
traicionar [traĭθjonár] *t.* Trair.
traicionero, -ra [traĭθjonėro, -ra] *a., m.-f.* Traïdor. *2 a.* Traïdorenc.
traída [traíða] *f.* Duta, portada (d'aigües).
traidor, -ra [traĭðór, -ra] *a., m.-f.* Traïdor, caragirat.
traílla [traíʎa] *f.* Corretja o corda amb què es porta el gos estacat, coble. *2* Tragella.
traína [traína] *f.* MAR. Teranyina (xarxa).
traje [tráxe] *m.* Vestit.
trajear [traxeár] *t.-prnl.* Vestir o proveir de vestit.
trajín [traxín] *m.* Tragí.
trajinante [traxinánte] *a.-m.* Traginer.
trajinar [traxinár] *t.-i.* Traginar.
trajinero [traxinėro] *m.* V. TRAJINANTE.
tralla [tráʎa] *f.* Tralla, xurriaques.
trama [tráma] *f.* Trama.
tramar [tramár] *t.* Tramar.
tramitación [tramitaθjón] *f.* Tramitació.
tramitar [tramitár] *t.* Tramitar.
trámite [trámite] *m.* Tràmit.
tramo [trámo] *m.* Tram. *2* Tros.
tramontana [tramontána] *f.* METEOR. Tramuntana.
tramoya [tramója] *f.* TEAT. fig. Tramoia.
tramoyista [tramojista] *m.* Tramoista.
trampa [trámpa] *f.* Trampa, parany. *2* Trapa.
trampantojo [trampantóxo] *m.* Enganyatall.
trampear [trampeár] *i.* Trampejar.
trampilla [trampíʎa] *f.* Trapa.
trampista [trampista] *a., m.-f.* Trampista.
trampolín [trampolín] *m.* Trampolí.
tramposo, -sa [trampóso, -sa] *a., m.-f.* Trampós.
tranca [tráŋka] *f.* Garrot, barra. *2* Bernat, barrot.
trancar [traŋkár] *t.-i.* Barrar.
trancazo [traŋkáθo] *m.* Garrotada. *2* fig. Grip.
trance [tránθe] *m.* Tràngol. *2* Trànsit. || ***A todo ~,*** sigui com sigui, a totes passades.
tranco [tráŋko] *m.* Gambada, camada. *2* Llindar.
tranquera [traŋkėra] *f.* Estacada (tanca).
tranquilidad [traŋkiliðáð] *f.* Tranquil·litat.
tranquilizar [traŋkiliθár] *t.-prnl.* Tranquil·litzar.
tranquilo, -la [traŋkilo, -la] *a.* Tranquil.
transacción [transaγθjón] *f.* Transacció.
transatlántico, -ca [tra(n)saðlántiko, -ka] *a.-m.* Transatlàntic.
transbordador, -ra [tra(n)zβorðaðór, -ra] *a.-m.* Transbordador.
transbordar [tra(n)zβorðár] *t.-prnl.* Transbordar.
transbordo [tra(n)zβórðo] *m.* Transbord.
transcribir [transkriβír] *t.* Transcriure.
transcripción [transkriβθjón] *f.* Transcripció.
transcurrir [tra(n)skurrír] *i.* Transcórrer.
transcurso [tra(n)skúrso] *m.* Transcurs.
transeúnte [transeúnte] *a., m.-f.* Transeünt, vianant.
transferencia [tra(n)sferėnθja] *f.* Transferència.
transferir [tra(n)sferír] *t.* Transferir. ¶ CONJUG. com ***sentir.***
transfiguración [transfiγuraθjón] *f.* Transfiguració.
transfigurar [transfiγurár] *t.-prnl.* Transfigurar.
transformación [tra(n)sformaθjón] *f.* Transformació.
transformar [tra(n)sformár] *t.-prnl.* Transformar.
tránsfuga [tránsfuγa] *m.-f.* Trànsfuga.

transfusión [transfusjón] *f.* Transfusió.
transgredir [tranžγreðir] *t.* Transgredir.
transgresión [tranzγresjón] *f.* Transgressió.
transición [transiθjón] *f.* Transició.
transido, -da [transiðo, -ða] *a.* Transit, aclaparat.
transigente [transixénte] *a.* Transigent.
transigir [transixir] *i.* Transigir.
transitable [transitáβle] *a.* Transitable.
transitar [transitár] *i.* Transitar.
transitivo, -va [transitiβo, -βa] *a.* Transitiu.
tránsito [tránsito] *m.* Trànsit. *2* Pas (lloc).
transitorio, -ia [transitórjo, -ja] *a.* Transitori.
translúcido, -da [tra(n)zlúθiðo, -ða] *a.* Translúcid.
transmigrar [tra(n)zmiγrár] *i.* Transmigrar.
transmisión [tra(n)zmisjón] *f.* Transmissió.
transmisor, -ra [tra(n)zmisór, -ra] *a.*, *m.-f.* Transmissor.
transmitir [tra(n)zmitir] *t.* Transmetre.
transmutar [tra(n)zmutár] *t.-prnl.* Transmutar.
transparencia [tra(n)sparénθja] *f.* Transparència.
transparentarse [tra(n)sparentárse] *prnl.* Transparentar-se.
transparente [tra(n)sparénte] *a.* Transparent.
transpiración [transpiraθjón] *f.* Transpiració.
transpirar [transpirár] *i.-t.* Transpirar.
transpirenaico, -ca [tra(n)spirenáiko, -ka] *a.* Transpirinenc.
transponer [tra(n)sponér] *t.-prnl.* Transposar. *2 prnl.* Amagar-se (darrera la cantonada). *3* Endormiscar-se. ¶ CONJUG. com ***poner.***
transportar [transportár] *t.-prnl.* Transportar.
transporte [transpórte] *m.* Transport.
transposición [tra(n)sposiθjón] *f.* Transposició.
transvasar [tra(n)zβasár] *t.* Transvasar.
transversal [transβersál] *a.* Transversal.
transverso, -sa [tranzβérso, -sa] *a.* Transvers.
tranvía [trambia] *m.* Tramvia.
tranviario, -ia [trambiárjo, -ja] *a.* Relatiu als tramvies, tramviaire.
trapa [trápa] *f.* Trapa.
trapacear [trapaθeár] *i.* Trapellejar.
trapacería [trapaθeria] *f.* Trapelleria.
trapacero, -ra [trapaθéro, -ra] *a.*, *m.-f.* Trapella.
trápala [trápala] *f.* Aldarull. *2* fig. Estrafolla.
trapaza [trapáθa] *f.* Trapelleria.
trapecio [trapéθjo] *m.* Trapezi.
trapero, -ra [trapéro, -ra] *m.-f.* Drapaire.
trapezoide [trapeθoïðe] *m.* Trapezoide.
trapichear [trapitʃeár] *i.* fam. Espavilar-se. *2* Vendre al detall.
trapillo [trapiʎo] *m.* fig. Pelacanyes. ‖ ***De ~,*** d'anar per casa.
trapío [trapio] *m.* fig. Patxoca.
trapisonda [trapisónda] *f.* Brega, baralla. *2* Embrolla, embolic.
trapisondista [trapisondista] *m.-f.* Embrollaire, embolicaire.
trapo [trápo] *m.* Drap.
tráquea [trákea] *f.* ANAT. Tràquea.
traqueal [trakeál] *a.* Traqueal.
traquetear [traketeár] *i.* Petar, espetegar. *2 t.* Sacsejar, sotragar.
traqueteo [traketéo] *m.* Espeteguera, petament. *2* Trontoll, sotragueig.
tras [tras] *prep.* Després de, darrera.
trascendencia [trasθendénθja] *f.* Transcendència.
trascendental [trasθendentál] *a.* Transcendental.
trascendente [trasθendénte] *a.* Transcendent.
trascender [trasθendér] *i.* Transcendir. ¶ CONJUG. com ***defender.***
trascolar [traskolár] *t.-prnl.* Traspuar. ¶ CONJUG. com ***desollar.***
trascordarse [traskorðárse] *prnl.* Desmemoriar-se. ¶ CONJUG. com ***desollar.***
trasegar [traseγár] *t.* Trafegar, trasbalsar. *2* Transtornar, alterar. ¶ CONJUG. com ***apretar.***
trasero, -ra [traséro, -ra] *a.* Posterior. *2* fam. Darrera, cul.
trasgo [trázγo] *m.* Follet. *2* fig. Entremaliat (nen).
trashumante [trasumánte] *a.* Transhumant.
trashumar [trasumár] *i.* Transhumar.
trasiego [trasjéγo] *m.* Tràfec, trasbals, traüll.
trasladar [trazlaðár] *t.-prnl.* Traslladar.
traslación [trazlaθjón] *f.* Translació.
traslado [trazláðo] *m.* Trasllat.
traslaticio, -ia [trazlatiθjo, -ja] *a.* Translatici.
traslucirse [trasluθirse] *prnl.* Traslluir-se. *2* Besllumar. ¶ CONJUG. com ***lucir.***
trasluz [traslúθ] *m.* Contraclaror, besllum. ‖ ***Al ~,*** a contraclaror, de besllum.
trasnochado, -da [trasnotʃáðo, -ða] *a.* Passat, pansit, desmillorat, macilent.

trasnochador, -ra [trasnotʃaðòr, -ra] *m.-f.* Tranuitador.
trasnochar [trasnotʃàr] *i.* Tranuitar.
traspapelarse [traspapelàrse] *t.-prnl.* Traspaperar-se.
traspasar [traspasàr] *t.* Traspassar.
traspaso [traspàso] *m.* Traspàs.
traspié [traspjè] *m.* Ensopegada, relliscada, entropessada. *2* Traveta.
trasplantar [trasplantàr] *t.-prnl.* Trasplantar.
trasplante [trasplànte] *m.* Trasplantació, trasplantament.
traspuntín [traspuntin] *m.* Traspontí.
trasquilador [traskilaðòr] *m.* Esquilador, tonedor.
trasquilar [traskilàr] *t.-prnl.* Esquilar, tondre.
trastada [trastàða] *f.* Mala passada.
trastazo [trastàθo] *m.* Patacada, batzac.
traste [tràste] *m.* Trast. ‖ ***Dar al ~ con,*** destruir, malbaratar.
trastear [trasteàr] *t.* Trastejar.
trasteo [trastèo] *m.* Trasteig.
trastera [trastèra] *f.* Cambra dels mals endreços.
trastienda [trastjènda] *f.* Rebotiga.
trasto [tràsto] *m.* Trast, trasto. *2* fig. Mort. *3 pl.* Estris.
trastocar [trastokàr] *t.-prnl.* Trastocar.
trastornar [trastornàr] *t.* Trastornar, trasbalsar, capgirar.
trastorno [trastòrno] *m.* Trastorn, trasbals, capgirament, capgirada.
trastrocar [trastrokàr] *t.* Capgirar (l'estat, l'ordenació d'alguna cosa).
trastrueque [trastrwèke] *m.* Capgirament.
trasudor [trasuðòr] *m.* Entresuor.
trata [tràta] *f.* Tràfic (de persones). ‖ ***~ de blancas,*** tràfic de blanques.
tratable [tratàβle] *a.* Tractable.
tratadista [trataðista] *m.-f.* Tractadista.
tratado [tratàðo] *m.* Tractat.
tratamiento [tratamjènto] *m.* Tractament.
tratante [tratànte] *m.* Tractant.
tratar [tratàr] *i.-t.-prnl.* Tractar.
trato [tràto] *m.* Tracte, tractament, entesa.
traumatismo [traŭmatizmo] *m.* Traumatisme.
través [traβès] *m.* Través.
travesaño [traβesàɲo] *m.* Travesser.
travesear [traβeseàr] *i.* Entremaliejar.
travesía [traβesia] *f.* Travessia.
travesura [traβesùra] *f.* Entremaliadura, dolenteria, malesa, brivallada.
traviesa [traβjèsa] *f.* Travessa.
travieso, -sa [traβjèso, -sa] *a.* Entremaliat.
trayecto [trajeγto] *m.* Trajecte.
trayectoria [trajeγtòrja] *f.* Trajectòria.
traza [tràθa] *f.* Traça.
trazado [traθàðo] *m.* Traçat, tirat.
trazar [traθàr] *t.* Traçar.
trazo [tràθo] *m.* Traç, tret.
trébedes [trèβeðes] *m. pl.* Trespeus (de la llar).
trebejo [treβèxo] *m.* Estri, eina, fòtil.
trébol [trèβol] *m.* Trèvol.
trece [trèθe] *a.-m.* Tretze.
trecho [trètʃo] *m.* Tirada, tros. ‖ ***A trechos,*** de tant en tant.
tregua [trèγwa] *f.* Treva.
treinta [trèĭnta] *a.-m.* Trenta.
treintavo, -va [treĭntàβo, -βa] *a.-m.* Trentè.
treintena [treĭntèna] *f.* Trentena.
tremebundo, -da [tremeβùndo, -da] *a.* Tremebund.
tremedal [tremeðàl] *m.* Aiguamoll.
tremendo, -da [tremèndo, -da] *a.* Tremend, terrible.
trementina [trementina] *f.* Trementina.
tremolar [tremolàr] *t.* Arborar, enarborar.
tremolina [tremolina] *f.* fig. Gatzara, rebombori.
trémolo [trèmolo] *m.* MÚS. Trèmolo.
trémulo, -la [trèmulo, -la] *a.* Trèmul, tremolós.
tren [tren] *m.* Tren.
trencilla [trenθiʎa] *f.* Trenyella.
trenza [trènθa] *f.* Trena.
trenzado [trenθàðo] *m.* Trenat.
trenzar [trenθàr] *t.-i.* Trenar.
trepador, -ra [trepaðòr, -ra] *a.-f.* BOT. Enfiladís.
trepanación [trepanaθjòn] *f.* Trepanació.
trepanar [trepanàr] *t.* Trepanar.
trépano [trèpano] *m.* CIR. Trepà.
trepar [trepàr] *t.* Enfilar-se, grimpar. *2* Trepar, perforar.
trepe [trèpe] *m.* fam. Reprimenda.
trepidación [trepiðaθjòn] *f.* Trepidació.
trepidar [trepiðàr] *i.* Trepidar.
tres [tres] *a.-m.* Tres.
tresbolillo (al) [tresβoliʎo] *m.* Tresillo.
trescientos, -as [tresθjèntos, -as] *a., m.-f.* Tres-cents.
tresnal [tresnàl] *m.* AGR. Garbera.
treta [trèta] *f.* Ardit, estratagema.
trezavo, -va [treθàβo, -βa] *a.-m.* Tretzè.
tria [tria] *f.* Tria.
tríada [triaða] *f.* Tríade.
triangular [trjaŋgulàr] *a.* Triangular.
triángulo [triàŋgulo] *m.* Triangle.

triar [triár] *t.-i.* Triar.
tribal [triβál] *a.* Tribal.
tribu [tríβu] *f.* Tribu.
tribulación [triβulaθjón] *f.* Tribulació.
tribuna [triβúna] *f.* Tribuna.
tribunal [triβunál] *m.* Tribunal.
tribuno [triβúno] *m.* Tribú.
tributar [triβutár] *t.* Tributar.
tributario, -ia [triβutárjo, -ja] *a., m.-f.* Tributari.
tributo [triβúto] *m.* Tribut.
tríceps [tríθeβs] *m.* ANAT. Tríceps.
triciclo [triθíklo] *m.* Tricicle.
triclino [triklíno] *m.* Triclini.
tricolor [trikolór] *a.* Tricolor.
tricornio [trikórnjo] *a.-m.* Tricorni.
tridente [triðénte] *m.-a.* Trident, fitora.
triedro [trjéðro] *a.* Triedre.
trienal [trjenál] *a.* Triennal.
trienio [triénjo] *m.* Trienni.
trifulca [trifúlka] *f.* fig. fam. Trifulga, batussa.
trigal [triγál] *m.* Bladar.
trigésimo, -ma [trixésimo, -ma] *a., m.-f.* Trentè.
trigo [tríγo] *m.* BOT. Blat. ‖ ~ ***candeal,*** forment, xeixa.
trigonometría [triγonometría] *f.* MAT. Trigonometria.
trigueño, -ña [triγéɲo, -ɲa] *a.* De color del blat; entre morè i ros.
triguero, -ra [triγéro, -ra] *a.-m.* Blader.
trilito [trilíto] *m.* Trílit.
trilogía [triloxía] *f.* Trilogia.
trilla [tríʎa] *f.* AGR. Batuda.
trillado, -da [triʎáðo, -ða] *a.* Batut. *2* Fressat.
trillador, -ra [triʎaðór, -ra] *m.-f.* AGR. Batedor.
trillar [triʎár] *t.* AGR. Batre, trillar.
trillo [tríʎo] *m.* Batedor, trill.
trillón [triʎón] *m.* Trilió.
trimestre [triméstre] *m.* Trimestre.
trinar [trinár] *i.* Refilar. *2* fig. Trinar.
trinca [tríŋka] *f.* Trinca.
trincar [triŋkár] *t.* Trincar.
trincha [tríntʃa] *f.* Trinxa.
trinchante [trintʃánte] *m.* Trinxant (persona, estri). *2* Picoladora.
trinchar [trintʃár] *t.* Trinxar.
trinchera [trintʃéra] *f.* Trinxera.
trinchero [trintʃéro] *m.-a.* Trinxant (moble).
trineo [trinéo] *m.* Trineu.
trinidad [triniðáð] *f.* Trinitat.
trinitario, -ia [trinitárjo, -ja] *a., m.-f.* Trinitari.
trino, -na [tríno, -na] *a.* Ternari. *2 m.* MÚS. Trinat, refilet.
trinomio [trinómjo] *m.* Trinomi.
trinquete [triŋkéte] *m.* ESPT. Trinquet. *2* MEC. Cadell.
trío [trío] *m.* MÚS. Trio, tercet.
tripa [trípa] *f.* Tripa, budell. *2* Ventre. *3 pl.* Budellada. ‖ ***Hacer de tripas corazón,*** fer el cor fort.
tripería [tripería] *f.* Tripada.
tripicallos [tripikáʎos] *m. pl.* CUI. Tripes.
triple [tríple] *a.-m.* Triple.
triplicar [triplikár] *t.-prnl.* Triplicar.
tríplice [trípliθe] *a.* Triple.
triplo, -pla [tríplo, -pla] V. TRIPLE.
trípode [trípoðe] *m.* Trípode.
tríptico [tríβtiko] *m.* Tríptic.
triptongo [triβtóŋgo] *m.* GRAM. Triftong.
tripulación [tripulaθjón] *f.* Tripulació.
tripulante [tripulánte] *m.* Tripulant.
tripular [tripulár] *t.* Tripular.
triquina [trikína] *f.* ZOOL. Triquina.
triquinosis [trikinósis] *f.* MED. Triquinosi.
triquiñuela [trikiɲwéla] *f.* fam. Arteria, fugida d'estudi.
triquitraque [trikitráke] *m.* Catric-catrac. *2* Piula.
trirreme [trirréme] *m.* Trirem.
tris [tris] *m.* So lleu com el de trencar-se un vidre. *2* fig. Cosa molt petita. ‖ ***Estar en un ~,*** estar a punt de.
triscar [triskár] *i.-t.* Triscar. *2* Guimbar.
trisílabo, -ba [trisílaβo, -βa] *a.-m.* Trisíl·lab.
triste [tríste] *a.* Trist, mústic.
tristeza [tristéθa] *f.* Tristesa, tristor.
tritón [tritón] *m.* MIT. Tritó.
trituración [trituraθjón] *f.* Trituració.
triturar [triturár] *t.* Triturar.
triunfador, -ra [trjumfaðór, -ra] *a., m.-f.* Triomfador.
triunfal [trjumfál] *a.* Triomfal.
triunfante [trjumfánte] *a.* Triomfant.
triunfar [trjumfár] *i.* Triomfar, reeixir.
triunfo [trjúmfo] *m.* Triomf. *2* Trumfo.
triunvirato [trjumbiráto] *m.* Triumvirat.
triunviro [trjumbíro] *m.* Triumvir.
trivial [triβjál] *a.* Trivial, banal.
trivialidad [triβjaliðáð] *f.* Trivialitat.
triza [tríθa] *f.* Mica, bocí, engruna.
trocar [trokár] *t.-prnl.* Baratar, canviar, bescanviar. ¶ CONJUG. com ***desollar.***
trocha [trótʃa] *f.* Corriol, drecera.
troche y moche (a) [trotʃemótʃe] loc. A tort i a dret.
trofeo [troféo] *m.* Trofeu.
troglodita [troγloðíta] *a., m.-f.* Troglodita.
troica [tróika] *f.* Troica.
troj [trox] *f.* Graner.
trola [tróla] *f.* fam. Bola.

trole [tróle] *m.* Tròlei.
trolebús [troleβús] *m.* Tròlei-bus.
tromba [trómba] *f.* Tromba.
trombón [trombón] *m.* MÚS. Trombó.
trombosis [trombósis] *f.* MED. Trombosi.
trompa [trómpa] *f.* Trompa.
trompada [trompáða] *f.* fam. Trompada.
trompazo [trompáθo] *m.* Trompada, patacada.
trompeta [trompéta] *m.-f.* Trompeta.
trompetazo [trompetáθo] *m.* Trompetada.
trompetería [trompetería] *f.* Trompeteria.
trompetero [trompetéro] *m.* Trompeter.
trompicar [trompikár] *t.* Fer entropessar.
trompicón [trompikón] *m.* Entropessada.
trompis [trómpis] *m.* fam. Trompada.
trompo [trómpo] *m.* Baldufa.
tronador, -ra [tronaðór, -ra] *a.* Tronador.
tronar [tronár] *i.* Tronar. *2* fig. fam. Arruïnar-se. ¶ CONJUG. com ***desollar.***
tronada [tronáða] *f.* Tronada.
tronado, -da [tronáðo, -ða] *a.* Tronat.
troncar [troŋkár] *t.* Truncar.
tronco [tróŋko] *m.* Tronc.
tronchar [trontʃár] *t.-prnl.* Troncar. *2* Trencar, trinxar. ‖ ***Troncharse de risa,*** trencar-se de riure.
tronchazo [trontʃáθo] *m.* Cop de tronxo.
troncho [tróntʃo] *m.* Tronxo.
tronera [tronéra] *f.* FORT. Tronera. *2 m.-f.* fig. fam. Calavera.
trono [tróno] *m.* Tron.
tronzar [tronθár] *t.* Trossejar, serrar. *2* Prisar.
tropa [trópa] *f.* Tropa.
tropel [tropél] *m.* Tropell. *2* Pressa, batibull. ‖ ***En ~,*** atropelladament.
tropelía [tropelía] *f.* Atropellament.
tropezar [tropeθár] *i.* Ensopegar, trompassar, entropessar. ¶ CONJUG. com ***apretar.***
tropezón [tropeθón] *m.* Ensopegada, trompassada, entropessada.
tropical [tropikál] *a.* Tropical.
trópico [trópiko] *m.-a.* Tròpic.
tropiezo [tropjéθo] *m.* Ensopegada, ensopec, topada, entropessada. *2* Entrebanc, destorb.
tropismo [tropizmo] *m.* Tropisme.
tropo [trópo] *m.* RET. Trop.
troposfera [troposféra] *f.* Troposfera.
troquel [trokél] *m.* Encuny.
trotador, -ra [trotaðór, -ra] *a., m.-f.* Trotador, trotaire.
trotar [trotár] *i.* Trotar.
trote [tróte] *m.* Trot. *2* fig. Feinada.
trotón, -ona [trotón, -óna] *a.* Trotador.
trovador, -ra [troβaðór, -ra] *m.-f.* Trobador.
trovar [troβár] *t.* Trobar.
troyano, -na [trojáno, -na] *a., m.-f.* Troià.
trozo [tróθo] *m.* Tros, bocí, llenca.
truco [trúko] *m.* Truc.
truculencia [trukulénθja] *f.* Truculència.
trucha [trútʃa] *f.* ICT. Truita.
trueco [trwéko] V. TRUEQUE.
trueno [trwéno] *m.* Tro. *2* Espetec.
trueque [trwéke] *m.* Barata, canvi, bescanvi.
trufa [trúfa] *f.* BOT. Tòfona, trufa. *2* fig. Bola (mentida).
trufar [trufár] *t.-i.* Trufar. *2* fig. Mentir.
truhán, -ana [truán, -ána] *a., m.-f.* Truà.
truhanería [truanería] *f.* Truaneria.
trujal [truχál] *m.* Trull.
truncado, -da [truŋkáðo, -ða] *a.* Truncat.
truncamiento [truŋkamjénto] *m.* Truncament.
truncar [truŋkár] *t.* Truncar.
trunco, -ca [trúŋko, -ka] *a.* Truncat.
truque [trúke] *m.* Truc (joc).
trust [trus] *m.* Trust.
tu, tus [tu, tus] *a. pos.* Ton, el teu; ta, la teva; tos, els teus; tes, les teves.
tú [tu] *pron. pers.* Tu.
tuba [túβa] *f.* MÚS. Tuba.
tubérculo [tuβérkulo] *m.* BOT., MED. Tubercle.
tuberculosis [tuβerkulósis] *f.* MED. Tuberculosi.
tuberculoso, -sa [tuβerkulóso, -sa] *a., m.-f.* Tuberculós.
tubería [tuβería] *f.* Canonada.
tuberoso, -sa [tuβeróso, -sa] *a.* BOT. Tuberós. *2 f.* Tuberosa.
tubo [túβo] *m.* Tub, canó.
tubular [tuβulár] *a.* Tubular.
tucán [tukán] *m.* ORNIT. Tucan.
tudesco, -ca [tuðésko, -ka] *a., m.-f.* Tudesc.
tuerca [twérka] *f.* Femella (de cargol).
tuerto, -ta [twérto, -ta] *a., m.-f.* Borni. *2 m.* Tort.
tueste [twéste] *m.* Torrefacció.
tuétano [twétano] *m.* Moll de l'os.
tufarada [tufaráða] *f.* Tuf, bravada.
tufo [túfo] *m.* Tuf, bravada. *2* fig. Fums, orgull.
tugurio [tuγúrjo] *m.* Tuguri.
tul [tul] *m.* Tul.
tulipa [tulípa] *f.* BOT. Tulipa.
tulipán [tulipán] *m.* BOT. Tulipa. *2* Tulipera.
tullido, -da [tuʎíðo, -ða] *a., m.-f.* Tolit, baldat.
tullir [tuʎír] *t.* Baldar. *2 prnl.* Tolir-se.

tumba [túmba] *f.* Tomba.
tumbar [tumbár] *t.* Tombar, abocar. *2 prnl.* Ajaçar-se, ajeure's.
tumbo [túmbo] *m.* Tomb, capgirell, tombarella.
tumbón, -ona [tumbón, -óna] *a., m.-f.* fam. Mandrós, peresós.
tumefacción [tumefaγθjón] *f.* Tumefacció.
tumefacto, -ta [tumefáγto, -ta] *a.* Tumefacte.
tumor [tumór] *m.* MED. Tumor.
túmulo [túmulo] *m.* Túmul.
tumulto [tumúlto] *m.* Tumult, avalot, borboll.
tumultuoso, -sa [tumultwóso, -sa] *a.* Tumultuós.
tuna [túna] *f.* Figa de moro. *2* Figuera de moro. *3* Vagabunderia. *4* Estudiantina.
tunantada [tunantáða] *f.* Bretolada.
tunante, -ta [tunánte, -ta] *a., m.-f.* Brètol, bergant, galifardeu.
tunda [túnda] *f.* Tosa. *2* Pallissa, estomacada, tunyina.
tundear [tundeár] *t.* Apallissar.
tundidor, -ra [tundiðór, -ra] *a., m.-f.* Tonedor.
tundidura [tundiðúra] *f.* Tosa.
tundir [tundír] *t.* Tondre.
tundra [túndra] *f.* Tundra.
tunear [tuneár] *i.* Bergantejar. *2* Vagabundejar.
tunecino, -na [tuneθíno, -na] *a., m.-f.* Tunisenc.
túnel [túnel] *m.* Túnel, foradada.
Túnez [túneθ] *n. pr.* Tunis.
túnica [túnika] *f.* Túnica.
tuno, -na [túno, -na] *a., m.-f.* Bergant, brètol.
tuntún (al) [tuntún] loc. A les palpentes.
tupé [tupé] *m.* Tupè.
tupido, -da [tupíðo, -ða] *a.* Espès, atapeït, apinyat.
tupir [tupír] *t.* Afetgegar, espessir, ataconar, atapeir, tupir.
turba [túrβa] *f.* Turba. *2* Torba.
turbación [turβaθjón] *f.* Torbació, torbament.
turbador, -ra [turβaðór, -ra] *a.* Torbador.
turbamulta [turβamúlta] *f.* Turbamulta.
turbante [turβánte] *m.* Turbant.
turbar [turβár] *t.-prnl.* Torbar, atorrollar, atribolar.
turbarse [turβárse] *prnl.* Torbar-se, avergonyir-se.
turbiedad [turβjéðáð] *f.* Terbolesa.
turbina [turβína] *f.* Turbina.
turbio, -ia [túrβjo, -ja] *a.* Tèrbol.
turbión [turβjón] *m.* Aiguat, torbonada, xàfec. *2* fig. Terrabastada, allau.
turbonada [turβonáða] *f.* Torbonada, xàfec.
turbulencia [turβulénθja] *f.* Turbulència.
turbulento, -ta [turβulénto, -ta] *a.* Turbulent.
turco, -ca [túrko, -ka] *a., m.-f.* Turc, otomà. *2 f.* fam. Mona.
turismo [turízmo] *m.* Turisme.
turista [turísta] *m.-f.* Turista.
turgente [turxénte] *a.* Turgent.
turgencia [turxénθja] *f.* Turgència.
turnar [turnár] *i.* Alternar (en l'execució d'un treball, etc.).
turno [túrno] *m.* Torn, volt.
turón [turón] *m.* ZOOL. Teixó.
turquesa [turkésa] *f.* Turquesa.
turquí [turkí] *a.* Turquí.
turrón [turrón] *m.* Torró.
turronero, -ra [turronéro, -ra] *m.-f.* Torronaire.
turulato, -ta [turuláto, -ta] *a.* fam. Espaterrat, estupefacte.
tute [túte] *m.* Tuti.
tutear [tuteár] *t.-prnl.* Tutejar, tuejar.
tutela [tutéla] *f.* Tutela.
tutelar [tutelár] *a.* Tutelar.
tuteo [tutéo] *m.* Tuteig.
tutiplén (a) [tutiplén] loc. fam. A balquena, a dojo.
tutor, -ra [tutór, -ra] *m.-f.* Tutor.
tuyo, -ya [tújo, -ja] *a. pos.* Teu. *2 pron. pos. El ~,* el teu.

U

u [u] *f.* U (lletra).
u [u] *conj.* O (abans de ***o*** o de ***ho***).
ubérrimo, -ma [uβérrimo, -ma] *a.* Ubèrrim.
ubicación [uβikaθjón] *f.* Situació.
ubicar [uβikár] *i.-prnl.* Estar situat.
ubicuidad [uβikwiðáð] *f.* Ubiqüitat.
ubicuo, -cua [uβikwo, -kwa] *a.* Que té el do de la ubiqüitat.
ubre [úβre] *f.* Mamella, braguer.
¡uf! [uf] *interj.* Uf!, uix!
ufanarse [ufanárse] *prnl.* Ufanejar, vantar-se, prear-se, vanar-se.
ufano, -na [ufáno, -na] *a.* Ufanós, esponerós, gemat.
ujier [uxjér] *m.* Uixer.
úlcera [úlθera] *f.* MED. Úlcera.
ulcerar [ulθerár] *t.-prnl.* Ulcerar.
ulterior [ulterjór] *a.* Ulterior.
últimamente [últimamente] *adv.* Darrerament, últimament.
ultimar [ultimár] *t.* Ultimar, enllestir.
ultimátum [ultimátum] *m.* Ultimàtum.
último, -ma [último, -ma] *a.* Últim, darrer.
ultra [últra] *prep.* Ultra.
ultrajar [ultraxár] *t.* Ultratjar, atracallar.
ultraje [ultráxe] *m.* Ultratge.
ultramar [ultramár] *m.* Ultramar.
ultramarino, -na [ultramarino, -na] *a.* Ultramarí.
ultramontano, -na [ultramontáno, -na] *a., m.-f.* Ultramuntà.
ultranza (a) [ultránθa] loc. A ultrança.
ultratumba [ultratúmba] *adv.* Ultratomba.
ultravioleta [ultraβjoléta] *a.* Ultraviolat.
ulular [ululár] *i.* Udolar, ulular.
umbela [umbéla] *f.* BOT. Umbel·la.
umbelífero, -ra [umbelífero, -ra] *a., m.-f.* Umbel·lífer.
umbilical [umbilikál] *a.* Umbilical.
umbral [umbrál] *m.* Llindar, marxapeu.
umbría [umbría] *f.* Bac, baga, obaga.
umbrío, -ía [umbrío, -ía] *a.* Ombrívol, ombriu, obac.
umbroso, -sa [umbróso, -sa] *a.* Ombrós, ombrívol.
un, una [un, úna] *art.* Un. *2 a.* Vegeu UNO.
unánime [unánime] *a.* Unànime.
unanimidad [unanimiðáð] *f.* Unanimitat.
unción [unθjón] *f.* Unció.
uncir [unθír] *t.* Junyir, collar (bous, cavalls, etc.).
undécimo, -ma [undéθimo, -ma] *a., m.-f.* Onzè.
undoso, -sa [undóso, -sa] *a.* Ondulant.
undulación [undulaθjón] *f.* Ondulació.
undular [undulár] *i.* Ondular.
ungir [uŋxír] *t.* Ungir.
ungüento [uŋgwénto] *m.* Ungüent.
ungulado, -da [uŋguláðo, -ða] *a., m.-f.* Ungulat.
unicelular [uniθelulár] *a.* Unicel·lular.
unicidad [uniθiðáð] *f.* Unicitat.
único, -ca [úniko, -ka] *a.* Únic.
unicornio [unikórnjo] *m.* Unicorne.
unidad [uniðáð] *f.* Unitat.
unificación [unifikaθjón] *f.* Unificació.
unificar [unifikár] *t.-prnl.* Unificar.
uniformar [uniformár] *t.* Uniformar.
uniforme [unifórme] *a.-m.* Uniforme.
uniformidad [uniformiðáð] *f.* Uniformitat.
unilateral [unilaterál] *a.* Unilateral.
unión [unjón] *f.* Unió.
unir [unír] *t.-prnl.* Unir. *2* Confegir.
unísono [unísono] *a.* Unison.
unitario, -ia [unitárjo, -ja] *a.* Unitari.
univalvo, -va [uniβálβo, -βa] *a.* Univalve.
universal [uniβersál] *a.* Universal.
universalidad [uniβersaliðáð] *f.* Universalitat.
universidad [uniβersiðád] *f.* Universitat.
universitario, -ia [uniβersitárjo, -ja] *a.* Universitari.
universo [uniβérso] *m.* Univers.

uno, -na [úno, -na] *a. indef.* Un, u. *2 pron. indef.* Hom, un hom, un. *3 m.* U.
untar [untár] *t.-prnl.* Untar. *2* Enllefiscar.
unto [únto] *m.* Untet, unto.
untuoso, -sa [untwóso, -sa] *a.* Untuós.
untura [untúra] *f.* Untura. *2* Untor.
uña [úɲa] *f.* Ungla. *2* Unglot.
uñada [uɲáða] *f.* Unglada.
uñero [uɲéro] *m.* Unglera.
¡upa! [úpa] *interj.* Upa!
uranio [uránjo] *m.* MINER. Urani.
urbanidad [urβaniðáð] *f.* Urbanitat.
urbanismo [urβanízmo] *m.* Urbanisme.
urbe [úrβe] *f.* Urbs.
urdidura [urðiðúra] *f.* Ordidura.
urdimbre [urðímbre] *f.* Ordit.
urdir [urðír] *t.* Ordir.
urea [uréa] *f.* Urea.
uremia [urémja] *f.* MED. Urèmia.
uréter [uréter] *m.* ANAT. Urèter.
uretra [urétra] *f.* ANAT. Uretra.
urgencia [urxénθja] *f.* Urgència.
urgente [urxénte] *a.* Urgent.
urgir [urxír] *i.* Urgir.
úrico, -ca [úriko, -ka] *a.* Úric.
urinario, -ia [urinárjo, -ja] *a.-m.* Urinari.
urna [úrna] *f.* Urna.
urogallo [uroγáʎo] *m.* ORNIT. Gall salvatge, gall del bosc, gall fer.
urología [uroloxía] *f.* Urologia.
urraca [urráka] *f.* ORNIT. Garsa.
urticaria [urtikárja] *f.* MED. Urticària.
uruguayo, -ya [uruγwájo, -ja] *a., m.-f.* Uruguaià.
usaje [usáxe] *m.* Usatge.
usanza [usánθa] *f.* Usança.
usar [usár] *t.* Usar, emprar.
uso [úso] *m.* Ús.
usted [ustéð] *pron. pers.* Vostès, vós.
usual [uswál] *a.* Usual.
usufructo [usufrúγto] *m.* Usdefruit.
usufructuar [usufruγtwár] *t.-i.* Usufructuar.
usufructuario, -ia [usufruγtwárjo, -ja] *a., m.-f.* Usufructuari.
usura [usúra] *f.* Usura.
usurario, -ia [usurárjo, -ja] *a.* Usurari.
usurero, -ra [usuréro, -ra] *m.-f.* Usurer.
usurpación [usurpaθjón] *f.* Usurpació.
usurpador, -ra [usurpaðór, -ra] *a., m.-f.* Usurpador.
usurpar [usurpár] *t.* Usurpar.
utensilio [utensíljo] *m.* Utensili.
útero [útero] *m.* ANAT. Úter.
útil [útil] *a.* Útil. *2 pl.* Estris.
utilidad [utiliðáð] *f.* Utilitat.
utilitario, -ia [utilitárjo, -ja] *a.* Utilitari.
utilizar [utiliθár] *t.* Utilitzar.
utopía [utopía] *f.* Utopia.
utópico, -ca [utópiko, -ka] *a.* Utòpic.
uva [úβa] *f.* Raïm.
uve [úβe] *f.* Ve (lletra). ‖ ~ ***doble,*** ve doble.
úvula [úβula] *f.* ANAT. Úvula, gargamelló.

V

vaca [βáka] *f.* Vaca.
vacación [bakaθjón] *f.* Vacança, vacació (s'usa més en *pl.*).
vacante [bakánte] *a.* Vacant, vagant.
vacar [bakár] *i.* Vacar, vagar, folgar.
vaciadero [baθjaðéro] *m.* Buidador.
vaciador [baθjaðór] *m.* Buidador.
vaciamiento [baθjamjénto] *m.* Buidament, buidat.
vaciar [baθjár] *t.-prnl.* Buidar.
vaciedad [baθjeðáð] *f.* Buidesa, buidor.
vacilación [baθilaθjón] *f.* Vacil·lació.
vacilante [baθilánte] *a.* Vacil·lant.
vacilar [baθilár] *t.* Vacil·lar.
vacío, -ía [baθío, -ía] *a.-m.* Buit.
vacuidad [bakwiðáð] *f.* Vacuïtat, buidesa, buidor.
vacuna [bakúna] *f.* Vacuna. *2* Vaccí (malaltia de les vaques).
vacunación [bakunaθjón] *f.* Vacunació.
vacunar [bakunár] *t.-prnl.* Vacunar.
vacuno, -na [bakúno, -na] *a.* Boví.
vacuo, -ua [bákwo, -wa] *a.* Vacu, buit.
vade [báðe] *m.* Cartera de mà.
vadeable [baðeáβle] *a.* Passable a gual.
vadear [baðeár] *t.* Passar a gual.
vademécum [baðemékum] *m.* Vademècum.
vado [báðo] *m.* Gual.
vagabundear [baγaβundeár] *i.* Vagabundejar.
vagabundo, -da [baγabúndo, -da] *a., m.-f.* Vagabund. *2* Pòtol.
vagancia [baγánθja] *f.* Vagància.
vagar [baγár] *m.* Lleure.
vagar [baγár] *i.* Lleure, vagar. *2* Rodar.
vagaroso, -sa [baγaróso, -sa] *a.* Vagarós.
vagido [baxíðo] *m.* Vagit.
vagina [baxína] *f.* ANAT. Vagina.
vaguear [baγeár] *i.* Vaguejar.
vaguedad [baγeðáð] *f.* Vaguetat.
vaharada [baaráða] *f.* Alenada, bafarada.
vaharina [baarína] *f.* fam. Boirina, calitja.
vahído [baíðo] *m.* Rodament de cap, cobriment de cor.
vaho [báo] *m.* Baf, fumarel·la. *2* Alè.
vaina [báĭna] *f.* Beina. *2* Tavella (de llegum).
vainica [baĭníka] *f.* Calat.
vainilla [bainíʎa] *f.* Vainilla.
vaivén [baĭbén] *m.* Vaivé.
vajilla [baxíʎa] *f.* Vaixella.
vale [bále] *m.* Val.
valedero, -ra [baleðéro, -ra] *a.* Valedor.
valedor, -ra [baleðór, -ra] *a.* Valedor.
Valencia [balénθja] *n. pr.* València.
valenciano, -na [balenθjáno, -na] *a., m.-f.* Valencià.
valentía [balentía] *f.* Valentia.
valer [balér] *t.-i.-prnl.* Valer. ¶ CONJUG. INDIC. Pres.: ***valgo.*** | Fut.: ***valdré, valdrás,*** etc. ‖ IMPERAT.: ***val*** o ***vale, valga, valgamos, valgan.***
valeroso, -sa [baleróso, -sa] *a.* Valerós, ardit, coratjós.
valetudinario, -ia [baletuðinárjo, -ja] *a.* Valetudinari.
valía [balía] *f.* Vàlua.
validar [baliðár] *t.* Validar.
validez [baliðéθ] *f.* Validesa.
válido, -da [báliðo, -ða] *a.* Vàlid.
valido [balíðo] *m.* Favorit (d'un rei).
valiente [baljénte] *a., m.-f.* Valent, valerós.
valija [balíxa] *f.* Valisa. *2* Maleta.
valimiento [balimjénto] *m.* Valiment.
valioso, -sa [baljóso, -sa] *a.* Valuós.
valor [balór] *m.* Valor. *2* Valor, ardidesa, ardiment, braó.
valorar [balorár] *t.* Avaluar, valorar.
valorizar [baloriθár] *t.* Valorar. *2* Augmentar el valor d'una cosa.
vals [bals] *m.* MÚS. Vals.
valuar [balwár] *t.* Preuar.
valva [bálba] *f.* Valva.
válvula [bálbula] *f.* Vàlvula.
valla [báʎa] *m.* Tanca, tancat, closa.

vallado [baʎáðo] *m.* Tanca, closa, marge.
valle [báʎe] *m.* Vall.
vallisoletano, -na [baʎisoletáno, -na] *a.* Vallisoletà.
¡vamos! [bámos] *interj.* Au!
vampiro [bampíro] *m.* Vampir.
vanagloria [banaɣlórja] *f.* Vanaglòria.
vanagloriarse [banaɣlorjárse] *prnl.* Vanagloriar-se, gloriejar-se.
vandalismo [bandalízmo] *m.* Vandalisme.
vanguardia [baŋgwárðja] *f.* Avantguarda.
vanidad [baniðáð] *f.* Vanitat, fums.
vanidoso, -sa [baniðóso, -sa] *a., m.-f.* Vanitós, bufat.
vano, -na [báno, -na] *a.* Va. ‖ ***En ~***, debades, en va, endebades.
vapor [bapór] *m.* Vapor.
vaporizador [baporiθaðór] *m.* Vaporitzador.
vaporizar [baporiθár] *t.-prnl.* Vaporitzar.
vaporoso, -sa [baporóso, -sa] *a.* Vaporós.
vapular [bapulár] *t.* Fuetejar, assotar.
vapuleo [bapuléo] *m.* Fueteig, assotament.
vaquería [bakería] *f.* Vaqueria.
vaquerizo, -za [bakeríθo, -θa] *m.-f.* Vaquerís, vaquear.
vaquero, -ra [bakéro, -ra] *m.-f.* Vaquer, vaquerís.
vaqueta [bakéta] *f.* Vaqueta.
vara [bára] *f.* Vara.
varada [baráða] *f.* MAR. Varada.
varal [barál] *m.* Varal, gànguil.
varapalo [barapálo] *m.* Bastó. *2* Bastonada.
varar [barár] *i.* MAR. Encallar (una nau). *2 t.* Treure una nau a la platja.
varazo [baráθo] *m.* Bastonada.
vareo [baréo] *m.* Batollada.
varetón [baretón] *m.* ZOOL. Cervatell.
vargueño [barɣéɲo] *m.* V. BARGUEÑO.
variable [barjáβle] *a.* Variable.
variación [barjaθjón] *f.* Variació.
variante [barjánte] *f.* Variant.
variar [barjár] *t.-i.* Variar.
varice [báriθe] *f.* MED. Variça, variu.
varicela [bariθéla] *f.* MED. Varicel·la.
varicoso, -sa [barikóso, -sa] *a.* Varicós.
variedad [barjeðáð] *f.* Varietat.
varilla [baríʎa] *f.* Barnilla. *2* Barreta.
varillaje [bariʎáxe] *m.* Barnillatge.
vario, -ia [bárjo, -ja] *a.* Vari.
varita [baríta] *f.* Vareta.
variz [baríθ] *f.* MED. Variça.
varón [barón] *m.* Baró. 2 NÀUT. Baró.
varonil [baroníl] *a.* Baronívol. *2* Ferreny.
vasallaje [basaʎáxe] *m.* Vassallatge.
vasallo, -lla [basáʎo, -ʎa] *a., m.-f.* Vassall.
vasar [basár] *m.* Lleixa, escudeller.
vasco, -ca [básko, -ka] *a., m.-f.* Basc.
vascongado, -da [baskoŋgáðo, -ða] *a., m.-f.* Basc.
vascuence [baskwénθe] *m.* Basc.
vascular [baskulár] *a.* Vascular.
vaselina [baselína] *f.* Vaselina.
vasija [basíxa] *f.* Atuell, vas.
vaso [báso] *m.* Vas, got.
vástago [bástaɣo] *m.* Lluc, brot, brosta. *2* Descendent.
vastedad [basteðáð] *f.* Vastitud.
vasto, -ta [básto, -ta] *a.* Vast.
vate [báte] *m.* Poeta.
vaticinar [batiθinár] *t.* Vaticinar.
vaticinio [batiθínjo] *m.* Vaticini.
vatio [bátjo] *m.* Vat.
vaya [bája] *f.* Befa.
¡vaya! [bája] *interj.* Bo!
vecinal [beθinál] *a.* Veïnal.
vecindad [beθindáð] *f.* Veïnatge.
vecindario [beθindárjo] *f.* Veïnat.
vecino, -na [beθíno, -na] *a., m.-f.* Veí.
vector [beɣtór] *a.* Vector.
veda [béða] *f.* Veda.
vedado [beðáðo] *m.* Vedat.
vedar [beðár] *t.* Vedar.
vega [béɣa] *f.* Horta.
vegetación [bexetaθjón] *f.* Vegetació.
vegetal [bexetál] *a.-m.* Vegetal.
vegetar [bexetár] *i.* Vegetar.
vegetariano, -na [bexetarjáno, -na] *a., m.-f.* Vegetarià.
vegetativo, -va [bexetatíβo, -βa] *a.* Vegetatiu.
veguer [beɣér] *m.* Veguer.
veguería [beɣería] *f.* Vegueria.
vehemencia [beeménθja] *f.* Vehemència.
vehemente [beeménte] *a.* Vehement.
vehículo [beíkulo] *m.* Vehicle.
veintavo, -va [beĭntáβo, -βa] *a.-m.* Vintè.
veinte [béĭnte] *a.-m.* Vint.
veintena [beĭnténa] *f.* Vintena.
veintidós [beĭntiðós] *a.-m.* Vint-i-dos.
veintiún [beĭntjún] *a.* Vint-i-un.
veintiuno, -na [beĭntjúno, -na] *a.* Vint-i-un, vint-i-u. *2 m.* Vint-i-u.
vejación [bexaθjón] *f.* Vexació.
vejamen [bexámen] *m.* V. VEJACIÓN.
vejar [bexár] *t.* Vexar. *2* Aporrinar.
vejatorio, -ia [bexatórjo, -ja] *a.* Vexatori.
vejestorio [bexestórjo] *m.* Vell xaruc.
vejez [bexéθ] *f.* Vellesa.
vejiga [bexíɣa] *f.* Veixiga, bufeta.
vela [béla] *f.* Vela. *2* Espelma, candela. *3* Vetlla.
velación [belaθjón] *f.* Vetlla. *2 pl.* Velacions.
velada [beláða] *f.* Vetllada.

velador, -ra [belaðór, -ra] *a.* Vetllador. *2 m.-f.* Vetllaire.
velaje [beláxe] *m.* MAR. Velam.
velamen [belámen] *m.* MAR. Velam.
velar [belár] *a.-f.* Velar.
velar [belár] *i.-t.* Vetllar. *2 t.-prnl.* Velar (el sol, una foto, etc.). *3 t.-prnl.* Tapa
velatorio [belatórjo] *m.* Vetlla (d'un difunt).
veleidad [beleĩðáð] *f.* Vel·leïtat.
veleidoso, -sa [beleĩðóso, -sa] *a.* Veleïtós.
velero, -ra [beléro, -ra] *a., m.-f.* Candeler, cerer. *2 a.-m.* MAR. Veler.
veleta [beléta] *f.* Penell, gallet.
velo [bélo] *m.* Vel.
velocidad [beloθiðáð] *f.* Velocitat.
velocípedo [beloθípeðo] *m.* Velocípede.
velódromo [belóðromo] *m.* Velòdrom.
velón [belón] *m.* Llumenera.
veloz [belóθ] *a.* Veloç, rabent, furient.
vello [béʎo] *m.* Pèl. *2* Pèl moixí. *3* Borrissol.
vellocino [beʎoθino] *m.* Velló.
vellón [beʎón] *m.* Velló, moltonina.
vellorí [beʎorí] *m.* Drap entrefí, de color cendrós.
vellosidad [beʎosiðáð] *f.* Vellositat.
velloso, -sa [beʎóso, -sa] *a.* Vellós.
velludo, -da [beʎúðo, -ða] *a.* Vellós. *2 m.* Vellut.
vena [béna] *f.* Vena.
venablo [benáβlo] *m.* Venable.
venado [benáðo] *m.* ZOOL. Cérvol.
venal [benál] *a.* Venal.
venatorio, -ia [benatórjo, -ja] *a.* Venatori.
vencedor, -ra [benθeðór, -ra] *a., m.-f.* Vencedor.
vencejo [benθéxo] *m.* AGR. Vencill. *2* ORNIT. Falcilla, falcillot, falcia, falciot, ballester.
vencer [benθér] *t.-i.-prnl.* Vèncer. *2* Batre.
vencimiento [benθimjénto] *m.* Venciment.
venda [bénda] *f.* CIR. Bena.
vendaje [bendáxe] *m.* CIR. Embenat, embenatge.
vendar [bendár] *t.* Embenar.
vendaval [bendaβál] *m.* Vendaval.
vendedor, -ra [bendedór, -ra] *m.-f.* Venedor.
vender [bendér] *t.-prnl.* Vendre.
vendible [bendíβle] *a.* Vendible.
vendimia [benðimja] *f.* Verema.
vendimiador, -ra [bendimjaðór, -ra] *m.-f.* Veremador.
vendimiar [bendimjár] *t.* Veremar.
veneciano, -na [beneθjáno, -na] *a., m.-f.* Venecià.
veneno [benéno] *m.* Verí, metzina.
venenoso, -sa [benenóso, -sa] *a.* Venenós, verinós, metzinós.
venerable [beneráβle] *a., m.-f.* Venerable.
veneración [beneraθjón] *f.* Veneració.
venerar [benerár] *t.* Venerar.
venéreo, -ea [benéreo, -ea] *a.* Veneri.
venero [benéro] *m.* Deu, aiguaneix, brollador.
venezolano, -na [beneθoláno, -na] *a., m.-f.* Veneçolà.
Venezuela [beneθwéla] *n. pr.* Veneçuela.
vengador, -ra [beŋgaðór, -ra] *a., m.-f.* Venjador.
venganza [beŋgánθa] *f.* Venjança.
vengar [beŋgár] *t.-prnl.* Venjar.
vengativo, -va [beŋgatíβo, -βa] *a.* Venjatiu.
venia [bénja] *f.* Vènia.
venial [benjál] *a.* Venial.
venida [beníða] *f.* Vinguda. *2* Adveniment.
venidero, -ra [beniðéro, -ra] *a.* Venidor, esdevenidor.
venir [benír] *i.-prnl.* Venir. ¶ CONJUG. GER.: ***viniendo.*** ‖ INDIC. Pres.: ***vengo, vienes, viene, vienen.*** | Indef.: ***vine, viniste, vino, vinimos, vinisteis, vinieron.*** | Fut.: ***vendré, vendrás,*** etc. ‖ SUBJ. Imperf.: ***viniera*** o ***viniese,*** etc. | Fut.: ***viniere, vinieres,*** etc. ‖ IMPERAT.: ***vén, venga, vengamos, vengan.***
venoso, -sa [benóso, -sa] *a.* Venós.
venta [bénta] *f.* Venda. *2* Hostal.
ventaja [bentáxa] *f.* Avantatge.
ventajoso, -sa [bentaxóso, -sa] *a.* Avantatjós.
ventana [bentána] *f.* Finestra. *2* Nariu.
ventanal [bentanál] *m.* Finestral.
ventanear [bentaneár] *i.* fam. Finestrejar.
ventanilla [bentaníʎa] *f.* Finestreta.
ventanillo [bentaníʎo] *m.* Finestró, porticó.
ventear [benteár] *impers.* Ventejar. *2 t.* Ensumar. *3* Airejar. *4 prnl.* Llufar-se. *5* Esventar-se.
ventero, -ra [bentéro, -ra] *m.-f.* Hostaler.
ventilación [bentilaθjón] *f.* Ventilació.
ventilador [bentilaðór] *m.* Ventilador.
ventilar [bentilár] *t.-prnl.* Ventilar.
ventisca [bentísca] *f.* METEOR. Torb.
ventisquero [bentiskéro] *m.* METEOR. Torb. *2* Gelera. *3* Congesta.
ventolera [bentoléra] *f.* Venteguera, ventada. 2 fam. fig. Caprici.
ventolina [bentolína] *f.* Ventolina, ventolí, ventijol.
ventosa [bentósa] *f.* Ventosa.

ventosear [bentoseár] *i.* Llufar-se, petar.
ventosidad [bentosiðáð] *f.* Ventositat.
ventoso, -sa [bentóso, -sa] *a.* Ventós, ventoler.
ventral [bentrál] *a.* Ventral.
ventrículo [bentríkulo] *m.* Ventricle.
ventrílocuo, -cua [bentrílokwo, -kwa] *a.-m.* Ventríloc.
venturoso [benturóso] *a.* Venturós, astruc.
Venus [bénus] *n. pr. f.* Venus.
venústico, -ca [benústiko, -ka] *a.* Venust.
ver [ber] *t.-prnl.* Veure, clissar. *2 i.* Veure-hi. ‖ *~ de,* mirar de. ‖ *A ~,* vejam, a veure. ‖ *A más ~,* a reveure. ¶ CONJUG. P. P.: *visto.* ‖ INDIC. Pres.: *veo.* | Imperf.: *veía, veías, veía, veíamos, veíais, veían.* ‖ SUBJ. Pres.: *vea, veas, vea, veamos, veáis, vean.* ‖ IMPERAT.: *vea, veamos, vean.*
ver [ber] *m.* Vista. *2* Aparença. ‖ *De buen ~,* parençós, de bona aparença.
vera [béra] *f.* Vora. ‖ *A la ~ de,* al costat.
veracidad [beraθiðáð] *f.* Veracitat.
veraneante [beraneánte] *a., m.-f.* Estiuejant.
veranear [beraneár] *i.* Estiuejar.
veraneo [beranéo] *m.* Estiueig.
veraniego, -ga [beranjéγo, -γa] *a.* Estiuenc, estival.
veranillo [beraníʎo] *m.* Estiuet. ‖ *~ de san Martín,* estiuet de sant Martí.
verano [beráno] *m.* Estiu.
veras [béras] *f. pl.* Realitat, veritat. ‖ *De ~,* de debò, de veres, de bo de bo.
veraz [beráθ] *a.* Veraç.
verbal [berβál] *a.* Verbal.
verbena [berβéna] *f.* Revetlla. *2* BOT. Berbena.
verbenear [berβeneár] *i.* Formiguejar. *2* Pul·lular.
verbigracia [berβiγráθja] *f.* Verbigràcia.
verbo [bérβo] *m.* Verb.
verborrea [berβorréa] *f.* fam. Verbositat exagerada.
verbosidad [berβosiðáð] *f.* Verbositat.
verdad [berðáð] *f.* Veritat. ‖ *¿Verdad?,* oi? ‖ *¿~ que?,* oi que?
verdadero, -ra [berðaðéro, -ra] *a.* Veritable, ver, vertader.
verde [bérðe] *a.* Verd.
verdear [berðeár] *i.* Verdejar.
verdecer [berðeθér] *i.* Verdejar, reverdir. ¶ CONJUG. com *agradecer.*
verdecillo [berðeθíʎo] *m.* ORNIT. Gafarró. *2* Verdum.
verderón [berðerón] *m.* ORNIT. Verdum.
verdete [berðéte] *m.* Verdet.
verdolaga [berðoláγa] *f.* BOT. Verdolaga.
verdor [berðór] *m.* Verdor.
verdoso, -sa [berðóso, -sa] *a.* Verdós, verdosenc.
verdugo [berðúγo] *m.* Rebrot, verduc. *2* Assot. *3* Botxí.
verdugón [berðuγón] *m.* V. VERDUGO.
verdulera [berðuléra] *f.* Verdulaire.
verdulería [berðulería] *f.* Tenda de verdures.
verdura [berðúra] *f.* Verdura. *2* Verdor.
verdusco, -ca [berðúsko, -ka] *a.* Verdosenc.
vereda [beréða] *f.* Vereda.
veredicto [bereðiγto] *m.* Veredicte.
verga [bérγa] *f.* MAR. Verga. *2* Verga, vit.
vergajo [berγáxo] *m.* Vit de bou.
vergel [berxél] *m.* Verger.
vergonzante [berγonθánte] *a.* Vergonyant.
vergonzoso, -sa [berγonθóso, -sa] *a., m.-f.* Vergonyós.
vergüenza [berγwénθa] *f.* Vergonya.
vericueto [berikwéto] *m.* Garrotxa. *2 pl.* Topants.
verídico, -ca [beríðiko, -ka] *a.* Verídic.
verificación [berifikaθjón] *f.* Verificació.
verificar [berifikár] *t.-prnl.* Verificar.
verja [bérxa] *f.* Reixat.
vermut [bermút] *m.* Vermut.
vernáculo, -la [bernákulo, -la] *a.* Vernacle.
verosímil [berosímil] *a.* Versemblant.
verosimilitud [berosimilitúð] *f.* Versemblança.
verraco [berráko] *m.* Verró.
verraquera [berrakéra] *f.* Marraneria, rabiola.
verruga [berrúγa] *f.* Berruga.
verrugo [berrúγo] *m.* fam. Agarrat, garrepa.
verrugoso [berruγóso] *a.* Berrugós.
versalita [bersalíta] *f.* Versaleta.
versado, -da [bersáðo, -ða] *a.* Versat.
versar [bersár] *i.-prnl.* Versar.
versátil [bersátil] *a.* Versàtil.
versículo [bersíkulo] *m.* Versicle.
versificación [bersifikaθjón] *f.* Versificació.
versificar [bersifikár] *i.-t.* Versificar.
versión [bersjón] *f.* Versió.
verso [bérso] *m.* Vers.
vértebra [bértebra] *f.* ANAT. Vèrtebra.
vertebrado, -da [bertebráðo, -ða] *a., m.-f.* Vertebrat.
vertedera [berteðéra] *f.* AGR. Giradora.
vertedero [berteðéro] *m.* Abocador.
verter [bertér] *t.-i.* Vessar. *2* Abocar. ¶ CONJUG. com *defender.*
vertical [bertikál] *a., m.-f.* Vertical.

verticalidad [bertikaliðáð] *f.* Verticalitat.
vértice [bértiθe] *m.* GEOM. Vèrtex.
verticilo [bertiθilo] *m.* BOT. Verticil.
vertiente [bertjénte] *m.-f.* Vessant, aiguavés.
vertiginoso, -sa [bertixinóso, -sa] *a.* Vertiginós.
vértigo [bértiɣo] *m.* Vertigen.
vesícula [besíkula] *f.* MED., ANAT. Vesícula.
vespertino, -na [bespertíno, -na] *a.* Vespertí.
vestíbulo [bestíβulo] *m.* Vestíbul.
vestido, -da [bestiðo, -ða] *a.-m.* Vestit.
vestidura [bestiðúra] *f.* Vestidura, vestimenta.
vestigio [bestixjo] *m.* Vestigi. *2 m. pl.* Esborralls, resquícies.
vestigio [bestixjo] *m.* MIT. Drac.
vestimenta [bestiménta] *f.* V. VESTIDURA.
vestir [bestír] *t.-i.-prnl.* Vestir. ¶ CONJUG. com ***pedir***.
vestuario [bestwárjo] *m.* Vestidor (lloc per a vestir-se). *2* Vestuari (conjunt dels vestits).
veta [béta] *f.* Veta (de mineral, cansalada, etc.), bei.
veteado, -da [beteáðo, -ða] *a.* Vinsat.
veterano, -na [beteráno, -na] *a., m.-f.* Veterà.
veterinaria [beterinárja] *f.* Veterinària.
veterinario [beterinárjo] *m.* Veterinari, manescal.
veto [béto] *m.* Veto.
vez [beθ] *f.* Vegada, cop, camí, pic, volta, via. ‖ ***De ~ en cuando,*** de tant en tant. ‖ ***Tal ~,*** potser. ‖ ***En ~ de,*** en lloc de, en comptes de. ‖ ***Toda ~ que,*** ja que, puix que.
veza [béθa] *f.* BOT. Veça.
vía [bía] *f.* Via. ‖ ***~ crucis,*** via crucis.
viable [bjáβle] *a.* Viable.
viaducto [bjaðúɣto] *m.* Viaducte.
viajante [bjaxánte] *m.* Viatjant.
viajar [bjaxár] *i.* Viatjar.
viaje [bjáxe] *m.* Viatge.
viajero, -ra [bjaxéro, -ra] *a., m.-f.* Viatger.
vialidad [bjaliðáð] *f.* Vialitat.
vianda [bjánda] *f.* Vianda, teca.
viandante [bjandánte] *m.-f.* Vianant.
viaticar [bjatikár] *t.* Viaticar.
viático [bjátiko] *m.* Viàtic.
víbora [bíβora] *f.* ZOOL. Escurçó, vibra.
viborezno [biβoréθno] *m.* Petit d'escurçó.
vibración [biβraθjón] *f.* Vibració.
vibrante [biβránte] *a.* Vibrant.
vibrar [biβrár] *t.* Vibrar.
vibratorio, -ia [biβratórjo, -ja] *a.* Vibratori.
viburno [biβúrno] *m.* BOT. Marfull.
vicaría [bikaría] *f.* Vicaria.
vicario [bikárjo] *m.* Vicari.
vice- [biθe] Vice- (prefix).
vicense [biθénse] *a., m.-f.* Vigatà.
vicesecretario, -ia [biθesekretárjo, -ja] *m.-f.* Vice-secretari.
viceversa [biθeβérsa] *adv.-m.* Viceversa.
viciar [biθjár] *t.-prnl.* Viciar. *2* Aviciar.
vicio [bíθjo] *m.* Vici.
vicioso, -sa [biθjóso, -sa] *a., m.-f.* Viciós.
vicisitud [biθjsitúð] *f.* Vicissitud.
víctima [bíɣtima] *f.* Víctima.
victoria [biɣtórja] *f.* Victòria.
victorioso, -sa [biɣtorjóso, -sa] *a.* Victoriós.
vicuña [bikúɲa] *f.* ZOOL. Vicunya.
vid [bið] *f.* BOT. Cep, vinya.
vida [bíða] *f.* Vida, viure.
vidente [biðénte] *a.-m.* Vident.
vidriado, -da [biðrjáðo, -ða] *a.* Que es trenca com el vidre. *2 m.* Terrissa envernissada.
vidriera [biðrjéra] *f.* Vidriera.
vidriería [biðrjería] *f.* Vidrieria.
vidrio [bíðrjo] *m.* Vidre.
vidrioso, -sa [biðrjóso, -sa] *a.* Vidriós.
viejo, -ja [bjéxo, -xa] *a., m.-f.* Vell, ancià. *2 a.* Rònec.
vienés, -esa [bjenés, -ésa] *a., m.-f.* Vienès.
viento [bjénto] *m.* Vent.
vientre [bjéntre] *m.* Ventre, panxa, garjola (fam.).
viernes [bjérnes] *m.* Divendres.
viga [bíɣa] *f.* Biga.
vigencia [bixénθja] *f.* Vigència.
vigente [bixénte] *a.* Vigent.
vigésimo, -ma [bixésimo, -ma] *a., m.-f.* Vintè.
vigía [bixía] *f.* Guaita.
vigilancia [bixilánθja] *f.* Vigilància.
vigilante [bixilánte] *a.* Vigilant.
vigilar [bixilár] *i.* Vigilar. *2* Zelar.
vigilia [bixílja] *f.* Vigília, vetlla. ‖ ***Comer de ~,*** fer magre.
vigor [biɣór] *m.* Vigor.
vigorizar [biɣoriθár] *t.* Vigoritzar, envigorir.
vigoroso, -sa [biɣoróso, -sa] *a.* Vigorós.
viguería [biɣería] *f.* Bigam.
vil [bil] *a.* Vil, baix.
vilano [biláno] *m.* BOT. Vil·là, angelet.
vileza [biléθa] *f.* Vilesa.
vilipendiar [bilipendjár] *t.* Vilipendiar.
vilipendio [bilipéndjo] *m.* Vilipendi.
vilo (en) [bílo] *adv.* Suspès, enlaire. *2* fig. Amb l'ànim en suspens.
villa [bíʎa] *f.* Vila, ciutat. *2* Torre, vil·la.

Villadiego (tomar las de) [biʎaðjéɣo] loc. Tocar pirandó, fúmer el camp.
villancico [biʎanθiko] *m.* Nadala.
villano, -na [biʎáno, -na] *a.* Vil.
villorrio [biʎórrjo] *m.* Llogarret, vilatge.
vinagre [bináɣre] *m.* Vinagre.
vinagrera [binaɣréra] *f.* Vinagrera. *2 pl.* Setrilleres.
vinagreta [binaɣréta] *f.* CUI. Vinagreta.
vinajera [binaxéra] *f.* Setrill. *2* Canadella.
vinatería [binateria] *f.* Vinateria.
vinatero, -ra [binatéro, -ra] *a.* Vinater.
vincular [biŋkulár] *t.* Vincular.
vínculo [biŋkulo] *m.* Vincle.
vindicación [bindikaθjón] *f.* Vindicació.
vindicar [bindikár] *t.-i.-prnl.* Vindicar.
vindicativo, -va [bindikatiβo, -βa] *a.* Vindicatiu.
vindicta [bindikta] *f.* Vindicta.
vínico, -ca [biniko, -ka] *a.* Vínic.
vinícola [binikola] *a.* Vinícola.
vinificación [binifikaθjón] *f.* Vinificació.
vino [bino] *m.* Vi. ‖ ~ ***blanco,*** vi blanc. ‖ ~ ***clarete,*** vi rosat. ‖ ~ ***tinto,*** vi negre.
vinoso, -sa [binóso, -sa] *a.* Vinós.
viña [biɲa] *f.* Vinya.
viñador [biɲaðór] *m.* Vinyater.
viñedo [biɲéðo] *m.* Vinyar, vinya.
viñeta [biɲéta] *f.* Vinyeta.
viola [bjóla] *f.* MÚS. Viola. *2* BOT. Viola.
violáceo, -ea [bjoláθeo, -ea] *a.* Violaci.
violación [bjolaθjón] *f.* Violació, violament.
violar [bjolár] *t.* Violar.
violencia [bjolénθja] *f.* Violència.
violentar [bjolentár] *t.-prnl.* Violentar.
violento, -ta [bjolénto, -ta] *a.* Violent. *2* Furient.
violeta [bjoléta] *f.* BOT. Violeta, violeta boscana.
violetera [bjoletéra] *f.* Violetera (venedora) .
violetero [bjoletéro] *m.* Violeter (gerro).
violín [bjolin] *m.* Violí.
violinista [bjolinista] *m.-f.* Violinista.
violón [bjolón] *m.* MÚS. Violó.
violoncelista [bjolonθelista] *m.-f.* Violoncel·lista.
violoncelo [bjolonθélo] *m.* MÚS. Violoncel.
viperino, -na [biperino, -na] *a.* Viperí.
virada [biráða] *f.* Virada.
virador [biraðór] *m.* FOT. Virador.
viraje [biráxe] *m.* Viratge, revolt.
virar [birár] *t.-i.* Virar.
virgen [birxen] *f.* Verge, poncella.
virginal [birxinál] *a.* Virginal.
virginidad [birxiniðáð] *f.* Virginitat.
viril [biril] *a.* Viril.
virilidad [biriliðáð] *f.* Virilitat.
virola [biróla] *f.* Virolla.
virreina [birreĭna] *f.* Virreina.
virreinato [birreĭnáto] *m.* Virregnat.
virrey [birréĭ] *m.* Virrei.
virtual [birtwál] *a.* Virtual.
visco [bisko] *m.* Vesc.
viscosidad [biskosiðáð] *f.* Viscositat.
viscoso, -sa [biskóso, -sa] *a.* Viscós, llefiscós.
visera [biséra] *f.* Visera.
visibilidad [bisiβiliðáð] *f.* Visibilitat.
visible [bisiβle] *a.* Visible.
visigodo, -da [bisiɣóðo, -ða] *a., m.-f.* Visigot.
visillo [bisiʎo] *m.* Transparent.
visión [bisjón] *f.* Visió. *2* Barruf, visió.
visionario [bisjonárjo] *a., m.-f.* Visionari, somiatruites.
visita [bisita] *f.* Visita.
visitación [bisitaθjón] *f.* Visitació.
visitar [bisitár] *t.* Visitar.
visiteo [bisitéo] *m.* Fer visites amb freqüència.
vislumbrar [bizlumbrár] *t.* Albirar, entreveure, afigurar.
vislumbre [bizlúmbre] *f.* Besllum, albirament, entreclaror. *2* Conjectura.
viso [biso] *m.* Tornassol. *2* Aparença, senyal. *3* Combinació.
visón [bisón] *f.* ZOOL. Visó.
visor [bisór] *m.* Visor.
víspera [bispera] *f.* Vigília, vetlla. *2 pl.* Vespres.
vista [bista] *f.* Vista. ‖ ***Hasta la ~,*** a reveure. ‖ ***A la ~,*** a les envistes. *2 m.* Vista (duaner).
vistazo [bistáθo] *m.* Ullada, cop d'ull, llambregada.
visto, -ta [bisto, -ta] *a.* Vist. ‖ ~ ***bueno,*** vist i plau.
vistoso, -sa [bistóso, -sa] *a.* Vistós.
visual [biswál] *a.-f.* Visual.
visualidad [biswaliðáð] *f.* Visualitat.
vital [bitál] *a.* Vital.
vitalicio, -ia [bitaliθjo, -ja] *a.-m.* Vitalici.
vitalidad [bitaliðáð] *f.* Vitalitat.
vitamina [bitamina] *f.* Vitamina.
vitando, -da [bitándo, -da] *a.* Vitand.
vitela [bitéla] *f.* Vitel·la.
vitícola [bitikola] *a.* Vitícola.
viticultor, -ra [bitikultór, -ra] *m.-f.* Viticultor.
viticultura [bitikultúra] *f.* Viticultura.
vitola [bitóla] *f.* Calibrador. *2* Anella de cigar. *3* fig. Aspecte.
¡vítor! [bitor] *interj.* Victor!
vitorear [bitoreár] *t.* Victorejar.
vítreo, -ea [bitreo, -ea] *a.* Vitri.

vitrificar [bitrifikár] *t.-prnl.* Vitrificar. *2 prnl.* Envidriar-se.
vitrina [bitrína] *f.* Vitrina.
vitriolo [bitrjólo] *m.* Vidriol.
vitualla [bitwáʎa] *f.* Vitualla.
vituperar [bituperár] *t.* Vituperar, blasmar, deslloar.
vituperio [bitupérjo] *m.* Vituperi, blasme.
viudedad [bjuðeðáð] *f.* Viduïtat, viduatge.
viudez [bjuðéθ] *f.* Viduïtat, viduatge.
viudo, -da [bjúðo, -ða] *a.* Vidu, viudo.
¡viva! [bíβa] *interj.* Visca!
vivac [biβák] *m.* Bivac.
vivacidad [biβaθiðáð] *f.* Vivacitat.
vivaque [biβáke] *m.* Bivac.
vivaquear [biβakeár] *i.* Bivaquejar.
vivaracho [biβarátʃo] *a.* Viu, eixerit, despert.
vivaz [biβáθ] *a.* Vivaç.
víveres [bíβeres] *m. pl.* Queviures.
vivero [biβéro] *m.* Planter. *2* Viver, vivarium.
viveza [biβéθa] *f.* Vivesa, vivor.
vividor, -ra [biβiðór, -ra] *a., m.-f.* Vividor.
vivienda [biβjénda] *f.* Habitació, casa, vivenda.
viviente [biβjénte] *a., m.-f.* Vivent.
vivificar [biβifikár] *t.* Vivificar.
vivíparo, -ra [biβíparo, -ra] *a.* Vivípar.
vivir [biβír] *i.* Viure, residir, estar. *2 t.* Viure (un fet).
vivir [biβír] *m.* Viure. ‖ ~ ***a lo grande,*** granejar.
vivo, -va [bíβo, -βa] *a., m.-f.* Viu.
vizcaíno, -na [biθkaíno, -na] *a., m.-f.* Biscaí.
Vizcaya [biθkája] *n. pr.* Biscaia.
vizconde [biθkónde] *m.* Vescomte.
vizcondesa [biθkondésa] *f.* Vescomtessa.
vocablo [bokáβlo] *m.* Mot, vocable.
vocabulario [bokaβulárjo] *m.* Vocabulari.
vocación [bokaθjón] *f.* Vocació.
vocal [bokál] *a.* Vocal.
vocalizar [bokaliθár] *i.* Vocalitzar.
vocativo [bokatíβo] *m.* GRAM. Vocatiu.
vocear [boθeár] *i.-t.* Cridar, baladrejar.
vocejón [boθexón] *m.* Veuassa.
vociferación [boθiferaθjón] *f.* Vociferació.
vocerío [boθerío] *m.* Cridòria, cridadissa, esvalot. *2* Baladreig.
vocero [boθéro] *m.* Portaveu.
vociferar [boθiferár] *i.-t.* Vociferar.
vocinglería [boθiŋglería] *f.* Baladreig.
vocinglero, -ra [boθiŋgléro, -ra] *a., m.-f.* Cridaner, baladrer, cridaire.
volante [bolánte] *a.-m.* Volant.
volar [bolár] *i.* Volar. *2 t.* Volar (un pont). *3* fig. Enfadar. ¶ CONJUG. com ***desollar.***
volatería [bolatería] *f.* Volateria.
volátil [bolátil] *a.* Volàtil.
volatilizar [bolatiliθár] *t.-prnl.* Volatilitzar.
volcán [bolkán] *m.* Volcà.
volcánico, -ca [bolkániko, -ka] *a.* Volcànic.
volcar [bolkár] *t.* Bolcar, abocar, trabucar, tombar. ¶ CONJUG. com ***desollar.***
voleo [boléo] *m.* Bolei (cop). *2* ESPT. Volea.
volframio [bolfrámjo] *m.* QUÍM. Volfram.
volición [boliθjón] *f.* Volició.
volquete [bolkéte] *m.* Carro de trabuc, tombarell.
volt [bolt] *m.* Volt.
voltaico, -ca [boltáĭko, -ka] *a.* Voltaic.
voltaje [boltáxe] *m.* Voltatge.
voltear [bolteár] *t.* Voltar, giravoltar, fer voltar. *2 i.* Boleiar.
volteo [boltéo] *m.* Volteig.
voltereta [bolteréta] *f.* Tombarella, capgirell.
volteriano, -na [bolterjáno, -na] *a.* Volterià.
voltímetro [boltímetro] *m.* Voltímetre.
voltio [bóltjo] *m.* ELEC. Volt.
volubilidad [boluβiliðáð] *f.* Volubilitat.
voluble [bolúβle] *a.* Voluble.
volumen [bolúmen] *m.* Volum.
voluminoso, -sa [boluminóso, -sa] *a.* Voluminós.
voluntad [boluntáð] *f.* Voluntat.
voluntario, -ia [boluntárjo, -ja] *a., m.-f.* Voluntari.
voluntarioso, -sa [boluntarióso, -sa] *a.* Volenterós.
voluptuosidad [boluβtwosiðáð] *f.* Voluptuositat.
voluptuoso, -sa [boluβtwóso, -sa] *a., m.-f.* Voluptuós.
voluta [bolúta] *f.* ARQ. Voluta.
volver [bolβér] *t.-prnl.* Tornar, revenir. *2* Girar, tombar. *3 prnl.* Esdevenir. ‖ ***Volverse a medias,*** entregirar-se. ‖ ~ ***en sí,*** revenir. ¶ CONJUG. com ***moler.***
vómico, -ca [bómiko, -ka] *a.* Vòmic.
vomitivo, -va [bomitíβo, -βa] *a.-m.* Vomitiu.
vómito [bómito] *m.* Vòmit.
vomitorio, -ia [bomitórjo, -ja] *a.* Vomitori.
voracidad [boraθiðáð] *f.* Voracitat.
vorágine [boráxine] *f.* Xuclador, remolí.
voraz [boráθ] *a.* Voraç, golut.
vórtice [bórtiθe] *m.* Vòrtex (d'un cicló).

vos [bos] *pron. pers.* Vós.
vosotros, -as [bosótros, -as] *pron. pers.* Vosaltres.
votación [botaθjón] *f.* Votació.
votante [botánte] *a., m.-f.* Votant.
votar [botár] *i.-t.* Votar.
votivo, -va [botíβo, -βa] *a.* Votiu.
voto [bóto] *m.* Vot.
voz [boθ] *f.* Veu. ‖ ***A ~ en grito,*** a plena veu. ‖ ***A voces,*** a crits. ‖ ***En ~ baja,*** a sota veu.
vozarrón [boθarrón] *m.* Veuassa.
vuelco [bwélko] *m.* Bolcada, bolc, capgirell.
vuelo [bwélo] *m.* Vol, volada.
vuelta [bwélta] *f.* Volta, volt. *2* Tomb, girada. *3* Tornada, retorn. *4* Marrada. *5* Tombant (del camí). *6* Gira (de llençol). *7* Canvi (diners).
vuestro, -tra [bwéstro, -tra] *a. pos.* Vostre, el vostre. *2 pron. pos.* ***El ~,*** el vostre.
vulcanismo [bulkanízmo] *m.* Vulcanisme.
vulcanizar [bulkaniθár] *t.* Vulcanitzar.
vulgar [bulɣár] *a.* Vulgar. *2* Adotzenat.
vulgaridad [bulɣariðáð] *f.* Vulgaritat.
vulgarizar [bulɣariθár] *t.-prnl.* Vulgaritzar, divulgar.
vulgo [búlɣo] *m.* Vulgar. *2* Plebs.
vulnerable [bulneráβle] *a.* Vulnerable.
vulnerar [bulnerár] *t.* Vulnerar.
vulva [búlβa] *f.* ANAT. Vulva.

W

water [báter] *m.* Wàter.
water-polo [baterpólo] *m.* Waterpolo.
whisky [wiski] *m.* Whisky.

X

xenofobia [senofóβja] *f.* Xenofòbia.
xilófono [silófono] *m.* MÚS. Xilofon.
xilografía [siloγrafía] *f.* Xilografia.

Y

y [i] *f.* I grega. *2 conj.* I.
ya [ja] *adv.* Ja. *2 interj.* Ja!, bé! ‖ ~ ***que,*** ja que, puix que, car.
yacente [ǰaθénte] *adv.* Jacent.
yacer [jaθér] *i.* Jeure, jaure. ¶ CONJUG. INDIC. Pres.: ***yazco, yazgo*** o ***yago.*** ‖ SUBJ. Pres.: ***yazca, yazga*** o ***yaga; yazcas, yazgas*** o ***yagas,*** etc. ‖ IMPERAT.: ***yaz*** o ***yace; yazca, yazga*** o ***yaga; yazcamos, yazgamos*** o ***yagamos; yazcan, yazgan*** o ***yagan.***
yacija [jaθíxa] *f.* Jaç, jeia.
yacimiento [ǰaθimjénto] *m.* Jaciment.
yambo [jámbo] *m.* LIT. Iambe.
yanki [ǰáŋki] *a., m.-f.* Ianqui.
yarda [ǰárða] *f.* Iarda.
yate [ǰáte] *m.* NÀUT. Iot, yacht.
yedra [ǰéðra] *f.* BOT. Heura.
yegua [ǰéγwa] *f.* ZOOL. Euga, egua.
yeguada [jeγwáða] *f.* Eugassada.
yelmo [ǰélmo] *m.* Elm.
yema [jéma] *f.* HIST. NAT. Gema, borro. *2* Rovell. *3* Crema.
yente [jénte] *a., m.-f.* Anant. ‖ ***Yentes y vinientes,*** anants i vinents.
yermo, -ma [ǰérmo, -ma] *a.* Erm, inculte. *2 m.* Ermàs, erm.
yerno [ǰérno] *m.* Gendre.
yerro [ǰérro] *m.* Error, errada, erra.
yerto, -ta [ǰérto, -ta] *a.* Ert.
yesca [ǰéska] *f.* Esca.
yesero [ǰeséro] *m.* Guixaire.
yeso [ǰéso] *m.* Guix.
yesón [ǰesón] *m.* Guixot.
yesoso, -sa [ǰesóso, -sa] *a.* Guixenc.
yeyuno [ǰejúno] *m.* ANAT. Jejúnum.
yezgo [jéðγo] *m.* BOT. Évol.
yo [jo] *pron. pers.* Jo. *2 m.* Jo.
yodo [ǰóðo] *m.* Iode.
yoduro [ǰoðúro] *m.* QUÍM. Iodur.
yogur [ǰoγúr] *m.* Iogurt.
yuca [júka] *f.* BOT. Iuca.
yugo [ǰúγo] *m.* Jou.
yugoslavo, -va [ǰuγozláβo, -βa] *a., m.-f.* Iugoslau.
yugular [ǰuγulár] *a.* Jugular.
yunque [ǰúŋke] *m.* Enclusa.
yunta [ǰúnta] *f.* Coble.
yute [ǰúte] *m.* Jute.
yuxtaponer [ǰustaponér] *t.* Juxtaposar. ¶ CONJUG. com ***poner.***
yuxtaposición [ǰustaposiθjón] *f.* Juxtaposició.
yuyuba [ǰujúβa] *f.* BOT. Ginjol.

Z

zafar [θafár] *t.* MAR. Deixar anar, desfer. *2 prnl.* Estalviar-se, escapolir-se.
zafarrancho [θafarrántʃo] *m.* MAR. Xafarranxo. *2* fig. Esvalot.
zafio, -ia [θáfjo, -ja] *a.* Groller, barroer, gamarús.
zafiro [θafiro] *m.* MINER. Safir.
zafra [θáfra] *f.* Escorredora. *2* Safra.
zaga [θáɣa] *f.* Saga. ‖ ***A la ~, en ~,*** a la saga.
zagal [θaɣál] *m.* Sagal. *2* Rabadà.
zagala [θaɣála] *f.* Noia jove. *2* Pastora jove.
zagalejo [θaɣaléxo] *m.* Faldellí.
zaguán [θaɣwán] *m.* Cancell, vestíbul.
zaguero, -ra [θaɣéro, -ra] *a.* Saguer, darrer.
zahareño [θaaréɲo] *a.* Feréstec, esquerp.
zaherir [θaerir] *t.* Mortificar, criticar. ¶ CONJUG. com ***sentir.***
zahones [θaónes] *m. pl.* Calçons.
zahorí [θaori] *m.* Saurí.
zaino, -na [θáïno, -na] *a.* Arterós.
zalamería [θalameria] *f.* Manyagueria, cosoneria. *2 pl.* Postures.
zalamero, -ra [θalaméro, -ra] *a., m.-f.* Afalagador. *2* Cosó, posturer.
zalea [θaléa] *f.* Moltonina.
zalema [θaléma] *f.* Acatament.
zamacuco [θamakúko] *m.* Pòtol.
zamarra [θamárra] *f.* Samarra.
zamarrear [θamarreár] *t.* Sacsejar, maltractar.
Zambeze [θambéθe] *n. pr.* Zambesi.
zambo, -ba [θámbo, -ba] *a., m.-f.* Garrell, camatort, camaobert.
zambomba [θambómba] *f.* MÚS. Simbomba.
zambombazo [θambombáθo] *m.* Batzac, patacada.
zambullida [θambuʎíða] *f.* Capbussó, capbussada.
zambullir [θambuʎir] *t.-prnl.* Capbussar. ¶ CONJUG. com ***mullir.***
zampar [θampár] *t.* Enforfollar. *2* Endrapar. *3 prnl.* Cruspir-se.
zampoña [θampóɲa] *f.* MÚS. Flauta, sonador, flabiol.
zanahoria [θnaórja] *f.* BOT. Pastanaga.
zanca [θáŋka] *f.* Pota, gamba. *2* fig. Cama. *3* Entornpeu.
zancada [θaŋkáða] *f.* Gambada, camada.
zancadilla [θaŋkaðiʎa] *f.* Traveta.
zancajear [θaŋkaxeár] *i.* Gambar.
zancajo [θaŋkáxo] *m.* ANAT. Calcani, calcany. *2* Taló.
zancarrón [θaŋkarrón] *m.* fig. Carronya, ròssa.
zanco [θáŋko] *m.* Xanca, crossa.
zancudo, -da [θaŋkúðo, -ða] *a.* Camallarg. *2 f. pl.* Camallargs.
zanganear [θaŋganeár] *i.* Dropejar, gandulejar.
zángano [θáŋgano] *m.* ENTOM. Abellot, abegot. *2* fig. Mandra, dropo.
zangolotear [θaŋgoloteár] *t.* Sotraguejar.
zangolotino [θaŋgolotino] *a.* ***Niño ~,*** ganàpia, que fa criaturades.
zanguango [θaŋgwáŋgo] *a.* Camanduler, endropit.
zanja [θánxa] *f.* Rasa, vall.
zanjar [θaŋxár] *t.* Obrir rases. *2* Resoldre, liquidar, matar (un assumpte).
zapa [θápa] *f.* Sapa. *2* Xagrí.
zapador [θapaðór] *m.* MIL. Sapador.
zapapico [θapapiko] *m.* Picot (eina).
zapar [θapár] *i.* Fer treball de sapa.
zaparrastroso, -sa [θaparrastróso, -sa] *a.* V. ZARRAPASTROSO.
zapatazo [θapatáθo] *m.* Sabatada.
zapateado [θapateáðo] *m.* Ball espanyol que s'executa tot talonejant ràpidament el sòl.
zapatear [θapateár] *t.* Sabatejar. *2* Executar el ***zapateado.***
zapatería [θapáteria] *f.* Sabateria.
zapatero, -ra [θapatéro, -ra] *m.-f.* Sabater.

zapatilla [θapatiʎa] *f.* Sabatilla.
zapato [θapáto] *m.* Sabata.
zaque [θáke] *m.* Botella.
zar [θár] *m.* Tsar.
zarabanda [θaraβánda] *f.* MÚS. Sarabanda.
zaragata [θaraɣáta] *f.* Saragata.
Zaragoza [θaraɣóθa] *n. pr.* Saragossa.
zaranda [θaránda] *f.* Garbell.
zarandajas [θarandáxas] *f. pl.* Galindaines.
zarandar [θarandár] *t.* Garbellar, porgar. *2* Salsejar.
zarandear [θarandeár] *t.* V. ZARANDAR.
zarandillo [θarandiʎo] *m.* fig. Persona viva i moguda.
zarcillo [θarθiʎo] *m.* Circell, arracada.
zarco, -ca [θárko, -ka] *a.* Blau clar (dels ulls).
zarigüeya [θariɣwéja] *f.* ZOOL. Sariga.
zarina [θarína] *f.* Tsarina.
zarpa [θárpa] *f.* Grapa, arpa.
zarpada [θarpáða] *f.* Grapada, falconada.
zarpar [θarpár] *t.* Salpar.
zarpazo [θarpáθo] *m.* Grapada, falconada.
zarramplín [θarramplín] *m.* Poca-traça, barroer.
zarrapastroso, -sa [θarrapastróso, -sa] *a.* Esparracat, espellifat.
zarza [θárθa] *f.* BOT. Esbarzer, bardissa.
zarzal [θarθál] *m.* Bardissar, esbarzerar.
zarzamora [θarθamóra] *f.* BOT. Esbarzer, bardissa. *2* Móra.
zarzamorar [θarθamorár] *m.* BOT. Esbarzerar.
zarzaparrilla [θarθaparriʎa] *f.* BOT. Sarsa. *2* Arítjol.
zarzo [θárθo] *m.* Engraellat, canyís.
zarzuela [θarθwéla] *f.* Sarsuela.
zas [θas] *m.* Zas, xap.
zascandil [θaskandíl] *m.* Baliga-balaga, tarit-tarot.
zenit [θénit] *m.* ASTRON. Zenit.
zigzag [θiɣθáɣ] *m.* Ziga-zaga.
zigzaguear [θiɣθaɣeár] *i.* Zigzaguejar.
zinc [θiŋ] *m.* Zinc, zenc.
zipizape [θipiθápe] *m.* Batussa, renyines.
zócalo [θókalo] *m.* Sòcol, entornpeu.
zoco [θóko] *m.* Mercat moro.
zodiacal [θoðjakál] *a.* Zodiacal.
zodíaco [θoðíako] *m.* Zodíac.
zona [θóna] *f.* Zona.
zonzo, -za [θónθo, -θa] *a., m.-f.* Sonso.
zoófito [θoófito] *m.* ZOOL. Zoòfit.
zoología [θooloxía] *f.* Zoologia.
zoológico, -ca [θoolóxiko, -ka] *a.* Zoològic.
zoólogo [θoóloɣo] *m.* Zoòleg.
zoótropo [θoótropo] *m.* Zoòtrop.
zopenco, -ca [θopéŋko, -ka] *a.* Neci, gamarús.
zopo, -pa [θópo, -pa] *a.* Que té les mans o els peus contrafets.
zoquete [θokéte] *m.* Tac. *2* Capsigrany, tros de quòniam.
zorcico [θorθíko] *m.* MÚS. Dansa i composició musical bascos.
zorra [θórra] *f.* ZOOL. Guineu, guilla.
zorrastrón, -ona [θorrastrón, -óna] *a.* fam. Garneu.
zorrero, -ra [θorréro, -ra] *a.* Guineuer.
zorro [θórro] *m.* ZOOL. Guillot. *2 pl.* Espolsador.
zorzal [θorθál] *m.* ORNIT. Griva.
zote [θóte] *a.* Talòs, llosc.
zozobra [θoθóβra] *f.* Sotsobre.
zozobrar [θoθoβrár] *i.* Sotsobrar.
zueco [θwéko] *m.* Esclop, galotxa. *2* Soc.
zulaque [θuláke] *m.* Crostam (quitrà).
zulú [θulú] *a., m.-f.* Zulú.
zulla [θúʎa] *f.* FAM. Merda, quisca.
zumaque [θumáke] *m.* BOT. Sumac.
zumba [θúmba] *f.* Barromba.
zumbador, -ra [θumbaðór, -ra] *a.* Brunzent, brunzinaire.
zumbar [θumbár] *i.* Brunzir. *2* fig. Befar.
zumbido [θumbíðo] *m.* Brunzit. *2* Bonior, rondineig. *3* Borinor.
zumbón, -ona [θumbón, -óna] *a.* Brunzent, brunzinaire.
zumo [θúmo] *m.* Suc.
zuncho [θúntʃo] *m.* Abraçadora.
zurcido [θurθíðo] *m.* Sargit.
zurcidor, -ra [θurθiðór, -ra] *a., m.-f.* Sargidor.
zurcir [θurθír] *t.* Sargir.
zurdo, -da [θúrðo, -ða] *a.* Esquerrà.
zuro [θúro] *m.* Espigot, tabissot.
zurra [θúrra] *f.* Pallissa, palissa, surra, natjada.
zurrapa [θurrápa] *f.* Brossa, volva. *2* Rampoina.
zurrar [θurrár] *t.* Adobar (pells). *2* Apallissar, ataconar, surrejar, estomacar, estovar.
zurriagar [θurrjaɣár] *t.* Xurriaquejar, fuetejar.
zurriagazo [θurrjaɣáθo] *m.* Zurriacada, fuetada.
zurriago [θurrjáɣo] *m.* Xurriaques, tralla.
zurrir [θurrír] *i.* Fer (una cosa) un soroll desagradable.
zurrón [θurrón] *m.* Sarró.
zutano, -na [θutáno, -na] *m.-f.* Tal. ‖ ***Fulano, ~ y mengano,*** en Pau, en Pere i en Berenguera; en tal, en tal i tal altre.

CATALÁN-CASTELLANO

OBSERVACIONES

1) El asterisco * que precede a una entrada significa que dicha palabra no ha sido todavía universalmente aceptada.

2) Los números *2, 3*..., indican las traducciones correspondientes a las distintas acepciones de la palabra traducida.

3) La señal ~ es empleada para sustituir, en los ejemplos y locuciones, a la palabra traducida.

4) La señal ‖ introduce una locución o frase.

5) La señal ¶ precede a la conjugación de un verbo irregular.

6) 1, 2, ... 6 indican la persona del tiempo del verbo irregular conjugado.

7) Toda palabra introducida va seguida inmediatamente de su transcripción fonética, limitada por corchetes [ ].

8) El contenido de un paréntesis que sigue inmediatamente a una entrada debe leerse antes de la misma. P. ej.: **carpetazo (dar),** debe leerse: **dar carpetazo**.

9) Es mínimo el número de nombres propios introducidos en este diccionario. Sin embargo, se ha dado cabida a los principales nombres geográficos cuya escritura difiere en castellano y en catalán: P. ej.: **Túnez** cuya traducción catalana es **Tunis**.

ABREVIATURAS USADAS EN ESTE DICCIONARIO

a.	adjetivo.
adv.	adverbio.
AGR.	agricultura.
ANAT.	anatomía.
arc.	arcaico.
ARITM.	aritmética.
ARQ.	arquitectura.
art.	artículo.
ARTILL.	artillería.
ASTR.	astronomía.
ASTROL.	astrología.
aum.	aumentativo.
B. ART.	bellas artes.
BIOL.	biología.
BOT.	botánica.
cast.	del castellano.
CIR.	cirugía.
COC.	cocina.
col.	coloquial.
COM.	comercio.
conj.	conjunción.
CONJUG.	Conjugación.
CONSTR.	construcció.
contr.	contracción.
déb.	débil.
dem.	demostrativo.
DEP.	deporte.
despect.	despectivo.
DIB.	dibujo.
dim.	diminutivo.
ECON.	economía.
ELEC.	electricidad.
ENTOM.	entomología.
ESCULT.	escultura.
exclam.	exclamativo.
esp.	especialmente.
f	sustantivo femenino.
fam.	familiar.
FARM.	farmacia.
fig.	en sentido figurado.
FIL.	filosofía.
FÍS.	física.
FISIOL.	fisiología.
FORT.	fortificación.
FOT.	fotografía.
fr.	del francés.
Fut.	Futuro imperfecto.
GEOG.	geografía.
GEOL.	geología.
GEOM	geometría.
GER.	Gerundio.
gr.	del griego.
GRAM.	gramática.
HERÁLD.	heráldica.
i.	verbo intransitivo.
ICT.	ictiología.
IMPER.	Imperativo.
Imperf.	Imperfecto.
impers.	impersonal.
IMPR.	imprenta.
IND.	Indicativo.
Indef.	Pretérito indefinido
ingl.	del inglés.
interj.	interjección.
interr.	interrogativo.
irón.	irónico.
it.	del italiano.
JARD.	jardinería.
JUR.	jurisprudencia.
l.	del latín.
LIT.	literatura.
LITURG.	liturgia.
loc.	locución.
m.	substantivo masculino.
MAR.	marina.
MAT.	matemáticas.
MEC.	mecánica.
MED.	medicina.
MET.	metalurgia.
METEOR.	meteorología.
MIL.	militar.
MIN.	minería.
MINER.	mineralogía.
MIT.	mitología.
MÚS.	música.
n.	neutro.
n. pr.	nombre propio.
NÁUT.	náutica.
num.	numeral.
NUMISM.	numismática.
ÓPT.	óptica.
ORNIT.	ornitología.
pers.	personal.
PINT.	pintura.
pl.	plural.
P. P.	Participio pasado.
P. PR.	Participio presente.
poét.	poético.
pos.	posesivo.
POT.	Potencial.
Pr.	Presente.
prep.	preposición.
prnl.	verbo pronominal.
pron.	pronombre.
QUÍM.	química.
rel.	relativo.

RET.	retórica.
sing.	singular.
SUBJ.	Subjuntivo.
t.	verbo transitivo.
TAUROM.	tauromaquia.
TEAT.	teatro.
topog.	topografía.
V.	véase.
VIT.	viticultura.
ZOOL.	zoología.
~	Indica la palabra que encabeza el artículo.

CLAVE DE LOS SIGNOS DEL A.F.I. USADOS EN LA TRANSCRIPCIÓN FONÉTICA DE ESTE DICCIONARIO

signo fonético	explicación del sonido
1) [i]	Equivale a la **i** castellana, como en *ni*: *nit* [nit] noche; *llit* [ʎit] cama.
2) [e]	Equivale a la **e** castellana, como en *sello*: *nét* [net] nieto; *carrer* [kərré] calle.
3) [ɛ]	No existe en castellano; es bastante más abierta que la **e** de *perla*. Similar a la **ê** francesa en *même*: *net* [nɛt] limpio; *nen* [nɛn] niño.
4) [a]	Equivale a la **a** castellana, como en **a***ño*: *vas* [bas] vaso; *mar* [mar] mar.
5) [ɔ]	No existe en castellano; es bastante más abierta que la **o** de *cortar*. Similar a la **o** francesa en *port*: *joc* [ʒɔk] juego; *lloc* [ʎɔk] lugar.
6) [o]	Equivale a la **o** castellana, como en *moda*: **o***nze* [ónzə] once; *can***ç***ó* [kənsó] canción.
7) [u]	Equivale a la **u** castellana, como en *luna*: **ú***nic* [únik] único; *donar* [duná] dar.
8) [ə]	No existe en castellano. Es bastante parecida a la primera **e** de la palabra francesa *premier*: *port***a** [pɔ́rtə] puerta; *mar***e** [márə] madre.

DIPTONGOS Y TRIPTONGOS

Aquellos que tienen equivalente en castellano suenan igual:
*drap***aire** [drəpáĭrə] trapero; *m***eu** [meŭ] mío; *ag***uait** [əɣwaĭt] acecho.

CONSONANTES CATALANAS

signo fonético	explicación del sonido
1) [p]	Equivale a la **p** *castellana,* como en **p**uerta: **p***orta* [pɔ́rtə] puerta; *em***p***i***p***ar* [əmpipá] molestar; *o***b***tenir* [uptənl] obtener.
2) [b]	Equivale a la **b** oclusiva castellana, como en **b***alcón,* **v***alle*: **b***alcó* [bəlkó] balcón; **v***all* [baʎ] valle; *àm***b***it* [ámbit] ámbito; *en***v***eja* [əmbɛ́ʒə] envidia.
3) [t]	Equivale a la **t** castellana, como en **t***aza*: **t***aça* [tásə] taza; *antic* [əntik] antiguo; *solitu***d** [sulitút] soledad; *a***d***quirir* [ətkirl] adquirir.
4) [d]	Equivale a la **d** oclusiva castellana, como en **d***inero, andén, aldea*: **d***ir* [di] decir; *in***d***i* [indi] indio; *alcal***d***e* [əlkáldə] alcalde; **a***dmirar* [ədmirá] admirar.
5) [k]	Equivale a la **c** castellana delante de **a, o, u,** como en **c***asa,* **c***oche,* **c***una*:

signo fonético	explicación del sonido

colla [kɔ̀ʎə] grupo; *llac* [ʎak] lago; *lleg* [ʎek] lego; *quatre* [kwàtrə] cuatro; *queixa* [kèʃə] queja.

6) [g] Equivale a la **g** oclusiva castellana, como en *gallo, ángulo, guerra*:
gat [gat] gato; *guerra* [gɛ̀rrə] guerra; *güelf* [gwɛlf] güelfo; *angoixa* [əŋgóʃə] angustia; *segle* [sègglə] siglo.

7) [β] Equivale a la **b** fricativa castellana, como en *haba, cueva, libro, arbusto*:
faba [fàβə] haba; *cova* [kɔ̀βə] cueva; *ablanir* [əβlənl] ablandar; *arbust* [ərβust] arbusto.

8) [ð] Equivale a la **d** fricativa castellana, como en *hada, arder*:
fada [fàðə] hada; *ordre* [ɔγrðrə] orden.

9) [γ] Equivale a la **g** fricativa castellana, como en *agujero, orgullo, digno*:
vagó [bəγó] vagón; *cargol* [kərγɔ̀l] caracol.

10) [f] Equivale a la **f** castellana, como en *feliz, ofrecer*:
farmàcia [fərmàsiə] farmacia; *xifra* [ʃifrə] cifra; *confiar* [kumfià] confiar.

11) [s] Equivale a la **s** castellana, como en *sal, cosa*:
sol [sɔl] sol; *bossa* [bósə] bolsa; *caçador* [kəsəðó] cazador; *cançó* [kənsó] canción; *ceràmica* [səràmikə] cerámica; *decmal* [dəsimàl] decimal.

12) [z] Es bastante parecida a la **s** de *mismo* y a la **s** francesa de *maison*:
casa [kàzə] casa; *onze* [ónzə] once.

13) [ʃ] No existe en castellano. Equivale a la **ch** francesa, como en *chaise*:
xinès [ʃinɛ̀s] chino; *xarop* [ʃərɔ̀p] jarabe.

14) [ʒ] No existe en castellano pero es algo parecida a la **y** fricativa de *mayo*:
jardi [ʒərði] jardín; *neteja* [nətɛ̀ʒə] limpieza.

15) [j] Equivale a la **y** frictiva de *mayo*:
iode [jɔ̀ðə] yodo; *joia* [ʒɔ̀jə] joya.

16) [ts] No existe en castellano. Es un sonido sordo como en la **z** italiana de *zucchero*:
potser [putsé] quizás.

17) [tz] No existe en castellano. Es un sonido sonoro como en la **z** italiana de *pranzo*:
dotze [dótze] doce; *magatzem* [məγətzɛ̀m] almacén.

18) [tʃ] Equivale a la **ch** castellana, como en *choza, coche*:
despatxar [dəspətʃà] despachar; *desig* [dəzitʃ] deseo.

19) [dʒ] Sonido semejante al de la **y** castellana pronunciada con energía en *cónyuge* y semejante a la **g** italiana de *gentile*:
metge [médʒə] médico; *corretja* [kurrɛ̀dʒə] correa.

20) [m] Equivale a la **m** castellana, como en *mano*:
màquina [màkinə] máquina; *mur* [mur] muro; *inflar* [imflà] hinchar; *envàs* [əmbás] envase.

21) [n] Equivale a la **n** castellana, como en *no*:
nou [nɔŭ] nuevo; *caminar* [kəminà] andar.

22) [ŋ] Equivale a su sonido correspondiente castellano; es la **n** de *ángulo, banco*:
angle [àŋglə] ángulo; *banc* [baŋ] banco; *digne* [dlŋnə] digno.

23) [ɲ] Equivale a la **ñ**, como en *niño, año*:
canya [kàɲə] caña; *any* [aɲ] año.

24) [ʎ] Equivale a la **ll**, como en *lluvia, calle*.

25) [l] Equivale a la **l** castellana, como en *palo, cal*, pero a diferencia de ésta es velar:
pala [pàlə] pala; *cel* [sɛl] cielo.

26) [r] Equivale a la **r** de *aro, arco, edredón*:
ara [àrə] ahora; *tres* [trɛs] tres; *orgull* [urγùʎ] orgullo.

27) [rr] Equivale a la **r** de *carro, rama, enroscar*:
torre [tɔ̀rrə] torre; *racó* [rrəkó] rincón; *enrogir* [ənrruʒl] enrojecer.

28) [w] Equivale a la **u** semiconsonante castellana, como en *cuarto, ruego*:
guant [gwant] guante; *quatre* [kwàtrə] cuatro; *quota* [kwɔ̀tə] cuota.

A

a [a] *f.* A (letra).
a [ə] *prep.* A: ***en Joan va ~ Reus,*** Juan va a Reus. *2* En: ***en Joan viu ~ Vic,*** Juan vive en Vic.
àbac [áβək] *m.* Ábaco.
abacial [əβəsiál] *a.* Abacial.
abadessa [əβəðέsə] *f.* Abadesa.
abadia [əβəðíə] *f.* Abadía.
abaixar [əβəʃá] *t.-prnl.* Bajar, abajar. *2* Agacharse.
abalançar-se [əβələnsársə] *prnl.* Abalanzarse.
abaltiment [əβəltimén] *m.* Adormecimiento, aletargamiento, amodorramiento.
abaltir [əβəltí] *t.* Adormecer, aletargar.
abaltir-se [əβəltírsə] *prnl.* Adormecerse, adormilarse, aletargarse.
abandó [əβəndó] *m.* Abandono, dejación. *2* Desaliño.
abandonament [əβəndunəmén] *m.* Abandono.
abandonar [əβənduná] *t.-prnl.* Abandonar. *2* Descuidar.
abandonat, -ada [əβəndunát, -áðə] *a.* Descuidado. *2* Tirado.
abans [əβáns] *adv.* Antes.
abans-d'ahir [əβanzðəí] *adv.* Anteayer. ‖ ***~ nit,*** anteanoche.
abaratir [əβərətí] *t.-prnl.* Abaratar.
abarrotar [əβərrutá] *t.* Abarrotar.
abassegar [əβəsəγá] *t.* Acaparar.
abast [əβás(t)] *m.* Alcance. *2* Abasto, abastecimiento. ‖ ***Donar ~,*** abarcar, dar abasto.
abastador, -ra [əβəstəðó, -rə] *a.* Alcanzable. *2 m.-f.* Abastecedor.
abastament [əβəstəmén] *m.* Abastecimiento.
abastar [əβəstá] *t.-prnl.* Alcanzar, abarcar. *2* Abastecer, pertrechar.
abat [əβát] *m.* Abad.
abatiment [əβətimén] *m.* Abatimiento.
abatre [əβátrə] *t.-prnl.* Abatir, derribar. *2* Rebajar. *3* Quebrar fraudulentamente. ¶ CONJUG. como ***batre.***
abdicació [əbdikəsió] *f.* Abdicación.
abdicar [əbdiká] *t.* Abdicar.
abdomen [əbdómən] *m.* ANAT. Abdomen.
abdominal [əbduminál] *a.* Abdominal.
abecé [ạβẹsé] *m.* Abecé.
abecedari [əβəsəðári] *m.* Abecedario.
abegot [əβəγɔ́t] *m.* ENTOM. Zángano, abejón.
Abel [əβέl] *n. pr. m.* Abel.
Abelard [əβəlárt] *n. pr.* Abelardo.
abella [əβέʎə] *f.* ENTOM. Abeja. ‖ ***~ reina,*** machiega.
abellaire [əβəʎáirə] *m.-f.* Abejero.
abellar [əβəʎá] *m.* Colmenar, abejera.
abeller [əβəʎé] *m.* Abejar, colmena, enjambre.
abellerol [əβəʎərɔ́l] *m.-f.* ORNIT. Abejaruco.
abellidor, -ra [əβəʎidó, -rə] *a.* Apetecible.
abelliment [əβəʎimén] *m.* Agrado.
abellir [əβəʎí] *i.-prnl.* Apetecer.
abellot [əβəʎɔ́t] *m.* ENTOM. Abejón, abejorro, zángano.
aberració [əβərrəsió] *f.* Aberración.
abeurador [əβəŭrəðó] *m.* Bebedero, abrevadero, pilón.
abeuradora [əβəŭrəðórə] *f.* Bebedero.
abeurar [əβəŭrá] *t.* Abrevar. *2* Remojar.
abillament [əβiʎəmén] *m.* Atavío, arreo, ornato, atuendo. *2* Adorno.
abillar [əβiʎá] *t.* Preparar, componer. *2* Ataviar, adornar.
abim [əβím] *m.* Abismo.
abís [əβís] *m.* V. ABISME.
abismal [əβizmál] *a.* Abismal.
abismar [əβizmá] *t.* Abismar.
abisme [əβízmə] *m.* Abismo.
abissal [əβisál] *a.* Abismal, abisal.
abissini, -ínia [əβisíni, -íniə] *a., m.-f.* Abisinio.
abjecció [əbʒəksió] *f.* Abyección.

abjecte, -ta [əbʒέktə, -tə] *a.* Abyecto.
abjuració [əbʒurəsió] *f.* Abjuración.
abjurar [əbʒurá] *t.* Abjurar.
ablaniment [əβlənimén] *m.* Ablandamiento.
ablanir [əβləni] *t.-prnl.* Ablandar. *2* Mitigar, suavizar, mullir.
ablatiu [əβlətiŭ] *m.* Ablativo.
ablució [əβlusió] *f.* Ablución.
abnegació [əbnəγəsió] *f.* Abnegación.
abnegat, -ada [əbnəγát, -áðə] *a.* Abnegado.
abocador, -ra [əβukəðó, -rə] *m.* Vertedor, camarero. *2* Vertedero.
abocar [əβuká] *t.-prnl.* Abocar. *2* Verter, derramar, echar, escanciar, tumbar, volcar. *3 prnl.* Inclinarse, asomarse.
abolició [əβulisió] *f.* Abolición.
abolir [əβuli] *t.* Abolir.
abominable [əβuminábblə] *a.* Abominable.
abominació [əβuminəsió] *f.* Abominación.
abominar [əβuminá] *t.* Abominar.
abonament [əβunəmén] *m.* Abono.
abonançar [əβunənsá] *i.-prnl.* Abonanzar.
abonar [əβuná] *t.* Abonar. *2 prnl.* Tomar un abono.
abonaré [əβunəré] *m.* Abonaré.
abonat, -ada [əβunát, -áðə] *a., m.-f.* Abonado.
abonir [əβuni] *t.-prnl.* Mejorar, volver mejor. *2* Bonificar.
abonyegadura [əβuɲəγəðúrə] *f.* Abolladura.
abonyegar [əβuɲəγá] *t.-prnl.* Abollar.
abordar [əβurðá] *t.-i.-prnl.* Abordar. *2* Atracar.
abordatge [əβurðádʒə] *m.* Abordaje, abordo.
aborigen [əβuriʒən] *a.-m.* Aborigen.
abraçada [əβrəsáðə] *f.* Abrazo.
abraçadora [əβrəsəðórə] *f.* Abrazadera, manija, zuncho.
abraçar [əβrəsá] *t.-prnl.* Abrazar. *2* Abarcar. ‖ ***Qui molt abraça poc estreny,*** quien mucho abarca poco aprieta.
abrandament [əβrəndəmén] *m.* Inflamación, ardimiento. *2* Enardecimiento.
abrandar [əβrəndá] *t.-prnl.* Inflamar, encender.
abraonar [əβrəuná] *t.-prnl.* Abrahonar.
abrasador, -ra [əβrəzəðó, -rə] *a.* Abrasador.
abrasar [əβrəzá] *t.* Abrasar.
abrasió [əβrəzió] *f.* Abrasión.
abreujament [əβrəŭʒəmén] *m.* Véase ABREVIACIÓ.
abreujar [əβrəŭʒá] *t.* Abreviar.
abreviació [əβrəβiəsió] *f.* Abreviación.
abreviar [əβrəβiá] *i.-t.* V. ABREUJAR.
abreviatura [əβrəβiətúrə] *f.* Abreviatura.
abric [əβrik] *m.* Abrigo.
abrigall [əβriγáʎ] *m.* Abrigo, abrigaño, manta.
abrigar [əβriγá] *t.-prnl.* Abrigar, arropar.
abril [əβril] *m.* Abril.
abrilenc, -ca [əβriléŋ, -kə] *a.* Abrileño.
abrillantar [əβriʎəntá] *t.* Abrillantar.
abrinar-se [əβrinársə] *prnl.* Adelgazarse.
abriülls [əβriúʎs] *m.* BOT. Abrojo.
abrivada [əβriβáðə] *f.* Embestida. *2* Brío.
abrivament [əβriβəmén] *m.* Ímpetu, arrojo.
abrivar [əβriβá] *t.* Azuzar, enardecerse. *2 prnl.* Acometer, lanzarse.
abrivat, -ada [əβriβát, -áðə] *a.* Impetuoso, arrojado, denodado, brioso.
abrogar [əβruγá] *t.* Abrogar.
abrupte, -ta [əβrúptə, -ta] *a.* Abrupto.
abrusar [əβruzá] *t.-prnl.* Achicharrar, abochornar, abrasar.
abscés [əpsés] *m.* Absceso.
abscissa [əpsisə] *f.* GEOM. Abscisa.
absència [əpsέnsiə] *f.* Ausencia.
absent [əpsén] *a.* Ausente.
absenta [əpséntə] *f.* BOT. Ajenjo.
absentar-se [əpsəntársə] *prnl.* Ausentarse.
àbsida [ápsiðə] *f.* V. ABSIS.
absis [ápsis] *m.* Ábside.
absoldre [əpsɔ́ldrə] *t.* Absolver. ¶ CONJUG. GER.: ***absolent.*** ‖ P. P.: ***absolt.*** ‖ INDIC. Pres.: ***absolc, absols, absol,*** etc. ‖ SUBJ. Pres.: ***absolgui, absolguis,*** etc. | Imperf.: ***absolgués, absolguessis, absolgués,*** etc.
absolta [əpsɔ́ltə] *f.* Responso.
absolució [əpsulusió] *f.* Absolución.
absolut, -ta [əpsulút, -tə] *a.* Absoluto.
absolutisme [əpsulutizmə] *m.* Absolutismo.
absorbir [əpsurβi] *t.* Absorber.
absorció [əpsursió] *f.* Absorción.
absort, -ta [əpsórt, -tə] *a.* Absorto.
abstemi, -èmia [əpstέmi, -έmia] *a.* Abstemio.
abstenció [əpstənsió] *f.* Abstención.
abstenir-se [əpstənirsə] *prnl.* Abstenerse. ¶ CONJUG. P. P.: ***abstingut.*** ‖ INDIC. Pres.: ***m'abstinc, t'abstens, s'absté,*** etc. | Fut.: ***m'abstindré, t'abstindràs, s'abstindrà,*** etc. ‖ SUBJ. Pres.: ***m'abstingui, t'abstinguis, s'abstingui,*** etc. | Imperf.: ***m' abstingués, t'abstinguessis,*** etc. ‖ IMPERAT.: ***abstén-te.***
abstinència [əpstinέnsiə] *f.* Abstinencia.
abstracció [əpstrəksió] *f.* Abstracción. *2* Ensimismamiento.
abstracte, -ta [əpstráktə, -tə] *a.* Abstracto.

abstreure [əpstrέŭrə] *t.-prnl.* Abstraer. *2 prnl.* Ensimismarse. ¶ CONJUG. como ***treure.***
abstrús, -usa [əpstrús, -úzə] *a.* Abstruso.
absurd, -da [əpsúr(t), -ðə] *a.-m.* Absurdo.
absurditat [əpsurðitát] *f.* Absurdidad.
abúlia [əβúliə] *f.* Abulia.
abundància [əβundą̀nsiə] *f.* Abundancia, llenura.
abundant [əβundán] *a.* Abundante.
abundar [əβundá] *i.* Abundar.
abundor [əβundó] *f.* V. ABUNDÀNCIA.
abundós, -osa [əβundós, -ózə] *a.* Abundoso, abundante, cuantioso, copioso. *2* Pingüe.
abús [əβús] *m.* Abuso.
abusador, -ra [əβuzəðó, -rə] *a., m.-f.* Abusón.
abusar [əβuzá] *i.* Abusar.
abusiu, -iva [əβuziu, -iβə] *a.* Abusivo.
acabalat, -ada [əkəβəlát, -áðə] *a.* Acaudalado, pudiente.
acaballes [əkəβáʎəs] *f. pl.* Término, fin. *2* Postrimería. ‖ ***Estar a les ~,*** boquear.
acabament [əkəβəmén] *m.* Acabamiento, fin, terminación, término.
acabar [əkəβá] *t.-i.-prnl.* Terminar, concluir, acabar, fenecer.
acabat, -ada [əkəβát, -áðə] *a.-m.* Acabado, listo. *2 adv.* Luego, después.
acabdillar [əkəbdiʎá] *t.* Acaudillar.
acàcia [əkásiə] *f.* BOT. Acacia.
acadèmia [əkəðέmiə] *f.* Academia.
acadèmic, -ca [əkəðέmik, -kə] *a.-m.* Académico.
acalorada [əkəluráðə] *f.* V. ACALORAMENT.
acalorament [əkəlurəmén] *m.* Acaloramiento, sofocación.
acalorar [əkəlurá] *t.-prnl.* Acalorar.
acampada s[əkəmpáðə] *f.* Acampada.
acampar [əkəmpá] *t.-i.* Acampar, campar.
acanalar [əkənəlá] *t.* Acanalar. *2* Encañonar.
acant [əkán] *m.* BOT. Acanto.
acantonar [əkəntuná] *t.* Acantonar.
acaparador, -ra [əkəpərəðó, -rə] *a., m.-f.* Acaparador.
acaparar [əkəpərá] *t.* Acaparar.
acapte [əkáptə] *m.* Cuestación.
àcar [ákər] *m.* ENTOM. Ácaro.
acarament [əkərəmén] *m.* Careo. *2* Cotejo.
acaramullar [əkərəmuʎá] *t.* Colmar. *2* Amontonar.
acarar [əkərá] *t.-prnl.* Carear. *2* Cotejar.
acariciador, -ra [əkərisiəðó, -rə] *a.* Acariciador.
acariciar [əkərisiá] *t.* Acariciar.
acarnissament [əkərnisəmén] *m.* Encarnizamiento, ensañamiento.
acarnissar-se [əkərnisársə] *prnl.* Encarnizarse, ensañarse.
acarnissat, -ada [əkənisát, -áðə] *a.* Encarnizado.
acaronar [əkəruná] *t.* Acariciar, mimar.
acarrerar [əkərrərá] *t.-prnl.* Encaminar, guiar. *2* Habituarse.
acatament [əkətəmén] *m.* Acatamiento, acato, rendibú, zalema.
acatar [əkətá] *t.* Acatar.
acatarrar-se [əkətərrársə] *prnl.* Acatarrarse.
accedir [əksəði] *i.* Acceder.
acceleració [əksələrəsió] *f.* Aceleración.
accelerador, -ra [əksələrəðó, -rə] *a.-m.* Acelerador.
accelerar [əksələrá] *t.-prnl.* Acelerar.
accent [əksén] *m.* Acento.
accentuació [əksəntuəsió] *f.* Acentuación.
accentuar [əksəntuá] *t.* Acentuar.
accepció [əksəpsió] *f.* Acepción.
acceptable [əksəptábblə] *a.* Aceptable.
acceptació [əksəptəsió] *f.* Aceptación.
acceptar [əksəptá] *t.* Aceptar.
accepte, -ta [əkséptə, -tə] *a.* Acepto.
accés [əksés] *m.* Acceso.
accessible [əksəsíbblə] *a.* Accesible.
accèssit [əksέsit] *m.* Accésit.
accessori, -òria [əksəsɔ́ri, -ɔ́riə] *a.-m.* Accesorio.
accident [əksiðén] *m.* Accidente.
accidental [əksiðəntál] *a.* Accidental.
accidentar-se [əksiðəntársə] *prnl.* Accidentarse.
accidentat, -ada [əksiðəntát, -áðə] *a.* Accidentado.
acció [əksió] *f.* Acción.
accionar [əksiuná] *i.* Accionar.
accionista [əksiunístə] *m.-f.* Accionista.
acèfal, la [əsέfəl, -lə] *a.* acéfalo.
acendrar [əsəndrá] *t.* Acendrar.
acer [əsér] *m.* Acero.
acerar [əsərá] *t.* Acerar.
acerat, -ada [əsərát, -áðə] *a.* Acerado.
acerb, -ba [əsérp, -βə] *a.* Acerbo.
acetilè [əsətilέ] *m.* Acetileno.
acetona [əsətónə] *f.* Acetona.
ací [əsí] *a.* Aquí, acá.
àcid, -da [ásit, -ðə] *a.-m.* Ácido.
acidesa [əsiðέzə] *f.* Acidez.
acimat, -ada [əsimát, -áðə] *a.* Encumbrado, elevado.
acinglerat, -ada [əsiŋglərát, -áðə] *a.* Escarpado, arriscado.
aclamació [əkləməsió] *f.* Aclamación.
aclamar [əkləmá] *t.* Aclamar.

aclaparador, -ra [əkləpərəðó, -rə] *a.* Agobiador, abrumador.
aclaparament [əkləpərəmén] *m.* Agobio.
aclaparar [əkləpərá] *t.-prnl.* Agobiar, abrumar, abatir.
aclaparat, -ada [əkləpərát, -áðə] *a.* Agobiado, transido.
aclariment [əklərimén] *m.* Aclaración.
aclarir [əkləri] *t.-prnl.* Aclarar, poner en claro. *2* Entresacar, despejar.
aclimatació [əklimətəsió] *f.* Aclimatación.
aclimatar [əklimətá] *t.-prnl.* Aclimatar.
aclocar-se [əklukársə] *prnl.* Enclocar.
aclofar-se [əklufárse] *prnl.* Arrellanarse, repanchigarse.
aclucalls [əklukáʎs] *m. pl.* Anteojera, anteojo.
aclucar [əkluká] *t.-prnl.* Cerrar (los ojos).
açò [əsɔ́] *pron. dem.* arc. Esto, eso, ello.
acoblament [əkubbləmén] *m.* Acoplamiento, pareo.
acoblar [əkubblá] *t.-prnl.* Acoplar, emparejar.
acòlit [əkɔ́lit] *m.* LITURG. Acólito.
acollença [əkuʎɛ́nsə] *f.* Acogida.
acollent [əkuʎén] *a.* Acogedor.
acollidor, -ra [əkuʎidó, -rə] *a.* Acogedor.
acolliment [əkuʎimén] *m.* Acogida.
acollir [əkuʎi] *t.-prnl.* Acoger. ¶ CONJUG. como ***collir.***
acolorar [əkulurá] *t.* Colorear.
acoloriment [əkulurimén] *m.* Coloración.
acolorir [əkuluri] *t.* Colorar, teñir, colorir.
acolorit, -ida [əkulurit, -iðə] *a.* Colorado.
acomboiar [əkumbujá] *t.* Convoyar.
acomiadament [əkumiəðəmén] *m.* Despedida, desahucio, despido.
acomiadar [əkumiəðá] *t.-prnl.* Despedir.
acomodació [əkumuðəsió] *f.* Acomodación.
acomodador, -ra [əkumuðəðó, -rə] *a., m.-f.* Acomodador.
acomodament [əkumuðəmén] *m.* Acomodación. *2* Acomodo.
acomodar [əkumuðá] *t.-prnl.* Acomodar.
acomodat, -ada [əkumuðát, -áðə] *a.* Acomodado.
acomodatici, -ícia [əkumuðətisi, -isiə] *a.* Acomodadizo. *2* Acomodaticio.
acomodatiu, -iva [əkumuðətiu̯, -iβə] *a.* Acomodaticio.
acompanyament [əkumpəɲəmén] *m.* Acompañamiento, comitiva, séquito, cortejo.
acompanyant, -ta [əkumpəɲán, -tə] *a., m.-f.* Acompañante.
acompanyar [əkumpəɲá] *t.* Acompañar.
acompassar [əkumpəsá] *t.* Acompasar.
acompliment [əkumplimén] *m.* Cumplimiento, ejecución. *2* Desempeño.
acomplir [əkumpli] *t.* Cumplir, ejecutar, desempeñar. *2* Acontecer, acaecer, suceder.
acompte [əkómtə] *m.* Pago o entrega a cuenta, anticipo.
acondiciar [əkundisiá] *t.* Acondicionar, asear.
aconductar [əkunduktá] *t.-prnl.* Convenir una iguala, ajustar.
aconduïment [əkunduimén] *m.* Acomodo.
aconduir [əkundui] *tr.* Acomodar.
acònit [əkɔ́nit] *m.* BOT. Acónito, matalobos.
aconseguiment [əkunsəɣimén] *m.* Alcance, logro, consecución.
aconseguir [əkunsəɣi] *t.* Alcanzar, conseguir, lograr. *2* Granjear, recabar.
aconsellable [əkunsəʎábblə] *a.* Aconsejable.
aconsellar [əkunsəʎá] *t.-prnl.* Aconsejar.
acontentadís, -issa [əkuntəntəðis, -isə] *a.* Contentadizo.
acontentament [əkuntəntəmén] *m.* Acción y efecto de contentar, contento.
acontentar [əkuntəntá] *t.-prnl.* Contentar.
acoquinar [əkukiná] *t.-prnl.* Acoquinar, intimidar.
acorament [əkurəmén] *m.* Congoja.
acord [əkɔ́r(t)] *m.* Acuerdo. *2* Acorde. ‖ ***D'~,*** de consunó, de acuerdo.
acordar [əkurðá] *t.-prnl.* Acordar. *2* Ponerse de acuerdo, avenirse.
acordió [əkurðió] *m.* MÚS. Acordeón.
acordonar [əkurðuná] *t.* Acordonar.
acorralar [əkurrəlá] *t.* Acorralar.
acórrer [əkórrə] *i.* Acorrer, socorrer. *2* Acudir. ¶ CONJUG. como ***córrer.***
acostament [əkustəmén] *m.* Acercamiento.
acostar [əkustá] *t.-prnl.* Acercar, aproximar.
acostat, -ada [əkustát, -áðə] *a.* Cercano. *2* Allegado.
acostumar [əkustumá] *t.-i.-prnl.* Acostumbrar, habituar. *2* Soler.
acostumat, -ada [əkustumát, -áðə] *a.* Habitual, acostumbrado.
acotació [əkutəsió] *f.* Acotación.
acotar [əkutá] *t.-prnl.* Arrimar. ‖ ***~ el cap,*** inclinar la cabeza. *2* Agachar. *3* Acotar (poner cotas).
acotxar [əkutʃá] *t.-prnl.* Arrebujar, abrigar, arropar.
acovardir [əkuβərði] *t.-prnl.* Acobardar, amilanar, arredrar, intimidar.

acràcia [əkrásiə] *f.* Acracia.
acre [ákrə] *a.* Acre. *2 m.* Acre (medida).
acreditar [əkrəðitá] *t.-prnl.* Acreditar.
acréixer [əkréʃə] *t.-prnl.* Acrecentar, acrecer. ¶ CONJUG. como ***créixer.***
acriaturat, -ada [əkriəturát, -áðə] *a.* Aniñado.
acritud [əkritút] *f.* Acritud.
acrobàcia [əkruβásiə] *f.* Acrobacia.
acròbata [əkrɔ́βətə] *m.-f.* Acróbata.
acròpolis [əkrɔ́pulis] *f.* Acrópolis.
acròstic, -ca [əkrɔ́stik, -kə] *a.-m.* Acróstico.
acta [áktə] *f.* Acta.
acte [áktə] *m.* Acto.
actini [əktíni] *m.* QUÍM. Actinio.
actitud [əktitút] *f.* Actitud.
actiu, -iva [əktíu, -íβə] *a.-m.* Activo.
activar [əktiβá] *t.* Activar.
activitat [əktiβitát] *f.* Actividad.
actor [əktó] *m.* TEAT. Actor.
actriu [əktríu] *f.* TEAT. Actriz.
actuació [əktuəsió] *f.* Actuación.
actual [əktuál] *a.* Actual.
actualitat [əktualitát] *f.* Actualidad.
actuar [əktuá] *t.-i.* Actuar.
acudir [əkuðí] *i.* Acudir. *2 prnl.* Atinar, ocurrirse.
acudit [əkuðít] *m.* Ocurrencia, chiste, chascarrillo, lindeza.
acular [əkulá] *t.-i.-prnl.* Acular.
acumulació [əkumuləsió] *f.* Acumulación.
acumulador, -ra [əkumuləðó, -rə] *a.-m.* Acumulador.
acumular [əkumulá] *t.* Acumular.
acupuntura [əkupuntúrə] *f.* Acupuntura.
acuradament [əkurəðəmén] *adv.* Acuradamente.
acurat, -ada [əkurát, -áðə] *a.* Esmerado.
acusació [əkuzəsió] *f.* Acusación.
acusador, -ra [əkuzəðó, -rə] *a., m.-f.* Acusador.
acusament [əkuzəmén] *m.* Acusación.
acusar [əkuzá] *t.-prnl.* Acusar.
acusat, -ada [əkuzát, -áðə] *a., m.-f.* Acusado.
acusatiu [əkuzətíŭ] *m.* Acusativo.
acusatori, -òria [əkuzətɔ́ri, -ɔ́riə] *a.* Acusatorio.
acústic, -ca [əkústik, -kə] *a.* Acústico. *2 f.* Acústica.
adagi [əðáʒi] *m.* Adagio, refrán.
adàgio [əðáʒio] *adv., m.-a.* MÚS. Adagio.
adalil [əðəlíl] *m.* Adalid.
adaptació [əðəptəsió] *f.* Adaptación.
adaptar [əðəptá] *t.-prnl.* Adaptar.
addició [əddisió] *f.* Adición. *2* Suma.
addicional [əddisiunál] *a.* Adicional.
addicionar [əddisiuná] *t.* Adicionar.
addicte, -ta [ədíktə, -tə] *a.* Adicto.
additament [əddítəmén] *m.* Añadidura.
adduir [əddui] *t.* Aducir, alegar.
adelerat, -ada [əðələrát, -áðə] *a.* Anheloso, desalado.
adeliciat, -ada [əðəlisiát, -áðə] *a.* Mantecón.
adelitament [əðəlitəmén] *m.* Deleite, delectación. *2* Regodeo.
adelitar-se [əðəlitársə] *prnl.* Deleitarse. *2* Regodearse.
adepte, -ta [əðéptə, -tə] *a., m.-f.* Adepto.
adequar [əðəkwá] *t.-prnl.* Adecuar.
adequat, -ada [əðəkwát, -áðə] *a.* Adecuado.
adés [əðés] *adv.* Poco ha, luego. *2 conj.:* ~ ... ~, ora ... ora.
adéu [əðéu] *m.-interj.* Adiós, a Dios.
adéu-siau [əðęŭsiáŭ] *interj.* Adiós, quedad con Dios.
adherència [əðərɛ́nsiə] *f.* Adherencia.
adherent [əðərén] *a.-m.* Adherente.
adherir [əðəri] *i.-t.-prnl.* Adherir.
adhesió [əðəzió] *f.* Adhesión.
adhesiu, -iva [əðəzíŭ, -íβə] *a.* Adhesivo.
àdhuc [áðuk] *adv.* Incluso, hasta, aún.
adient [əðién] *a.* Adecuado, propio, conveniente.
adinerat, -ada [əðinərát, -áðə] *a.* Adinerado, acaudalado.
adipós, -osa [əðipós, -ózə] *a.* Adiposo.
adir-se [əðírsə] *prnl.* Avenirse, armonizar, rezar, concordar. ¶ CONJUG. como ***dir.***
adjacent [ədʒəsén] *a.* Adyacente.
adjectiu, -iva [ədʒəktíŭ, -íβə] *a.-m.* Adjetivo.
adjectivar [ədʒəktiβá] *t.* Adjetivar.
adjudicar [ədʒuðiká] *t.-prnl.* Adjudicar.
adjunt, -ta [ədʒún, -tə] *a., m.-f.* Adjunto.
adjuntar [ədʒuntá] *t.* Adjuntar.
adjurar [ədʒurá] *t.* Adjurar.
admetre [əmmétrə] *t.* Admitir. ¶ CONJUG. P. P.: ***admès.***
administració [əmministrəsió] *f.* Administración.
administrador, -ra [əmministrəðó, -rə] *a., m.-f.* Administrador.
administrar [əmministrá] *t.* Administrar.
admirable [əmmirábblə] *a.* Admirable.
admiració [əmmirəsió] *f.* Admiración.
admirador, -ra [əmmiraðó, -rə] *a., m.-f.* Admirador.
admirar [əmmirá] *t.-prnl.* Admirar, asombrar.
admissió [əmmisió] *f.* Admisión.
admonició [əmmunisió] *f.* Admonición.
adob [əðóp] *m.* Compostura, remiendo, aderezo, arreglo, apaño, reparo. *2*

Adobo, condimento, aliño. *3* Abono. *4* Afeite.
adobar [əðuβá] *t.-prnl.* Componer, remendar, aderezar, apañar. *2* Adobar, aliñar, condimentar, curar. *3* Curtir. *4* Abonar, fecundizar. *5* Encabezar. *6* Zurrar. *7 prnl.* Mejorar. *8* Abonanzar.
adobassar [əðuβəsá] *t.* Remendar, chapucear, chafallar.
adober [əðuβé] *m.* Curtidor.
adoberia [əðuβəríə] *f.* Tenería, curtiduría.
adoctrinar [əðuktriná] *t.* Adoctrinar.
adolescència [əðuləsɛ́nsiə] *f.* Adolescencia.
adolescent [əðuləsén] *a., m.-f.* Adolescente.
adolorir [əðulurí] *t.-prnl.* Doler.
adolorit, -ida [əðulurít, -íðə] *a.* Dolorido, doliente.
adonar-se [əðunársə] *prnl.* Percatarse, darse cuenta, advertir, notar, reparar.
adopció [əðupsió] *f.* Adopción.
adoptar [əðuptá] *t.* Adoptar.
adoptiu, -iva [əðuptíŭ, -íβə] *a.* Adoptivo.
adorable [əðurábblə] *a.* Adorable.
adoració [əðurəsió] *f.* Adoración.
adorador, -ra [əðurəðó, -rə] *a., m.-f.* Adorador.
adorar [əðurá] *t.* Adorar.
adormiment [əðurmimén] *m.* Adormecimiento.
adormir [əðurmí] *t.-prnl.* Adormecer, dormirse.
adorn [əðórn] *m.* Adorno.
adornament [əðurnəmén] *m.* Adorno, compostura.
adornar [əðurná] *t.* Adornar, componer, guarnecer.
adossar [əðusá] *t.* Adosar.
adòtzenat, -ada [əðudzənát, -áðə] *a.* Adocenado, vulgar.
adquiridor, -ra [əkkiriðó, -rə] *m.-f.* Adquiridor, adquisidor.
adquirir [əkkirí] *t.* Adquirir.
adquisició [əkkizisió] *f.* Adquisición.
adreç [əðrés] *m.* Aderezo.
adreça [əðrésə] *f.* Dirección, señas.
adreçador, -ra [əðrəsəðó, -rə] *a., m.-f.* Enderezador. ‖ ***Passar per l'~***, meter a uno en cintura.
adreçar [əðrəsá] *t.-prnl.* Enderezar, corregir. *2* Dirigir. *3* Proveer.
adroguer [əðruɣé] *m.* Tendero, abacero.
adrogueria [əðruɣəríə] *f.* Colmado, tienda, abacería.
adscriure [ətskríŭrə] *t.* Adscribir. ¶ CONJUG. como ***escriure***.
adulació [əðuləsió] *f.* Adulación.
adulador, -ra [əðuləðó, -rə] *a., m.-f.* Adulador, lisonjero, halagador.
adular [əðulá] *t.* Adular, lisonjear, halagar. *2* Requebrar.
adult, -ta [əðúl(t), -tə] *a.* Adulto.
adúlter, -ra [əðúltər, -rə] *a., m.-f.* Adúltero.
adulteració [əðultərəsió] *f.* Adulteración.
adulterar [əðultərá] *i.-t.* Adulterar.
adulteri [əðultɛ́ri] *m.* Adulterio.
adust, -ta [əðús(t), -tə] *a.* Adusto, arisco, cetrino, hosco.
adveniment [əbbənimén] *m.* Advenimiento, venida.
advenir [əbbəní] *i.* Acontecer, advenir.
advent [əbbén] *m.* Adviento.
adventici, -ícia [əbbəntísi, -ísiə] *a.* Adventicio.
adverbi [əbbɛ́rβi] *m.* Adverbio.
adverbial [əbbərβiál] *a.* Adverbial.
advers, -sa [əbbɛ́rs, -sə] *a.* Adverso.
adversari, -ària [əbbərsári, -áriə] *a., m.-f.* Adversario.
adversatiu, -iva [əbbərsətíŭ, -íβə] *a.* Adversativo.
adversitat [əbbərsitát] *f.* Adversidad.
advertència [əbbərtɛ́nsiə] *f.* Advertencia.
advertiment [əbbərtimén] *m.* V. ADVERTÈNCIA.
advertir [əbbərtí] *t.* Advertir.
advocacia [əbbukasíə] *f.* Abogacía.
advocació [əbbukəsió] *f.* Advocación.
advocada [əbbukáðə] *f.* Abogada. *2* Intercesora.
advocadessa [əbbukəðɛ́sə] *f.* Abogada.
advocar [əbbuká] *i.* Abogar. *2* Interceder.
advocat [əbbukát] *m.* Abogado. *2* Letrado.
aeració [əerəsió] *f.* Aeración.
aeri, aèria [əɛ́ri, əɛ́riə] *a.* Aéreo.
aerobi, -òbia [əerɔ́βi, -ɔ́βiə] *a.-m.* Aerobio.
aerodinàmic, -ca [əeruðinámik, -kə] *a.* Aerodinámico. *2* Aerodinámica.
aeròdrom [əerɔ́ðrum] *m.* Aeródromo.
aeròlit [əerɔ́lit] *m.* Aerolito.
aeròmetre [əerɔ́mətrə] *m.* Aerómetro.
aerometria [əerumətríə] *f.* Aerometría.
aeronauta [əerunáŭtə] *m.-f.* Aeronauta.
aeronàutic, -ca [əerunáŭtik, -kə] *a.* Aeronàutico. *2* Aeronáutica.
aeroplà [əeruplá] *m.* Aeroplano.
aeroport [əerupɔ́r(t)] *m.* Aeropuerto.
aeròstat [əerɔ́stət] *m.* Aeróstato.
afabilitat [əfəβilitát] *f.* Afabilidad.
afable [əfábblə] *f.* Afable.
afaiçonar [əfəĭsuná] *t.* Dar forma.
afait [əfáĭt] *m.* Afeite.

afaitar [əfəĭtà] *t.* Afeitar. *2* fam. Quitar, robar.
afalac [əfəlàk] *m.* Halago, lisonja, agasajo. *2* Gitanería, pamplina.
afalagador, -ra [əfələɣəðó, -rə] *a.* Halagador, lisonjero, zalamero, halagüeño.
afalagar [əfələɣà] *t.* Halagar, lisonjear, agasajar, mimar.
afamar [əfəmà] *i.* Hambrear.
afamat, -ada [əfəmàt, -àðə] *a.* Hambriento, famélico.
afanada [əfənàðə] *f.* Ratería.
afanador, -ra [əfənəðó, -rə] *a., m.-f.* Ratero.
afaneta [əfənɛ̀tə] *m.-f.* Ratero, buscón, ladronzuelo.
afany [əfàɲ] *m.* Afán, desvelo. *2* Anhelo.
afanyar [əfəɲà] *t.* Afanar, trabajar. *2 prnl.* Apresurarse, afanarse, despacharse, menearse.
afanyós, -osa [əfəɲós, -óza] *a.* Afanoso.
afartament [əfərtəmèn] *m.* Atracón.
afartar [əfərtà] *t.-prnl.* Atracar, atiborrarse, hartar, saciar.
afavorir [əfəβuri] *t.* Favorecer.
afeblir [əfəbbli] *t.* Debilitar. *2 prnl.* Debilitarse, decaer.
afecció [əfəksió] *f.* Afección. *2* Afición, apego.
afeccionar-se [əfəksiunàrsə] *prnl.* Aficionarse, encariñarse con, apegarse.
afectació [əfəktəsió] *f.* Afectación. *2* Culteranismo.
afectar [əfəktà] *t.-prnl.* Afectar. *2* Atañer. *3* Impresionar. *4* Aficionarse, apegarse.
afectat, -ada [əfəktàt, -àðə] *a.* Afectado, redicho. *2* Culterano.
afecte, -ta [əfèktə, -tə] *a.* Afecto. *2* Afectado. *3 m.* Afecto, cariño.
afectiu, -iva [əfəktiŭ, iβə] *a.* Afectivo.
afectuós, -osa [əfəktuós, -ózə] *a.* Afectuoso, cariñoso.
afegidura [əfəʒiðúrə] *f.* Añadidura.
afegiment [əfəʒimèn] *m.* Añadidura, añadido.
afegir [əfəʒi] *t.-prnl.* Añadir.
afegit, -ida [əfəʒit, -iðə] *a.* Añadido. *2 m.* Añadidura, añadido. *3* Juntura.
afegitó [əfəʒitó] *m.* Añadido, coletilla.
afeixugar [əfəʃuɣà] *t.* Agobiar, cargar. *2* Amazacotar.
afer [əfèr] *m.* Asunto, negocio, quehacer.
aferent [əfərèn] *a.* Aferente.
afèresi [əfèrəzi] *f.* Aféresis.
afermar [əfərmà] *t.-prnl.* Afirmar, afianzar.
afermat [əfərmàt] *m.* Firme (terreno).
aferrament [əfərrəmèn] *m.* Aferramiento.
aferrar [əfərrà] *t.-prnl.* Aferrar, agarrar. *2 prnl.* Agarrarse. *3* Obstinarse.
aferrissadament [əfərrisąðəmèn] *adv.* Encarnizadamente.
aferrissament [əfərrisəmèn] *m.* Ensañamiento, saña, encarnizamiento.
aferrissar-se [əfərrisàrsə] *prnl.* Encarnizarse.
aferrissat, -ada [əfərrisàt, -àðə] *a.* Encarnizado, empeñado, sañudo.
afetgegar [əfədʒəɣà] *t.* Apisonar, comprimir, tupir.
afí [əfi] *a., m.-f.* Afín.
aficionat, -ada [əfisiunàt, -àðə] *m.-f.* Aficionado. *2 a.* Dado a.
afigat, -ada [əfiɣàt, -àðə] *a.* Que tiene forma o aspecto de higo. *2* fig. Falto de carácter.
afigurar [əfiɣurà] *t.* Vislumbrar, divisar, columbrar. *2 prnl.* Figurarse.
afilador [əfiləðó] *m.* Afilador.
afilar [əfilà] *t.* Afilar. *2 prnl.* Adelgazarse, afilarse.
afilerar [əfilərà] *t.-prnl.* Alinear, enfilar.
afiliació [əfiliəsió] *f.* Afiliación.
afiliar [əfilià] *t.* Afiliar.
afiliat, -ada [əfiliàt, -àðə] *a.* Afiliado.
afillar [əfiʎà] *t.* Prohijar, ahijar.
afinació [əfinəsió] *f.* Afinación.
afinador, -ra [əfinəðó, -rə] *m.-f.* Afinador, templador.
afinar [əfinà] *t.-prnl.* Afinar, pulir.
afinitat [əfinitàt] *f.* Afinidad.
afirmació [əfirməsió] *f.* Afirmación.
afirmar [əfirmà] *t.* Afirmar.
afirmatiu, -iva [əfirmətiŭ, -iβə] *a.-f.* Afirmativo.
afitorar [əfiturà] *t.* Fisgar. *2* Fijar los ojos.
afixació [əfiksəsió] *f.* Fijación (de carteles).
afixar [əfiksà] *t.* Fijar (carteles).
aflacar [əfləkà] *i.* Mermar, menguar, disminuir.
aflamar [əfləmà] *t.* Encender, inflamar, encandilar.
aflaquiment [əfləkimèn] *m.* Enflaquecimiento.
aflautat, -ada [əfləŭtàt, -àðə] *a.* Aflautado, flauteado.
aflicció [əfliksió] *f.* Aflicción, duelo, cuita.
aflictiu, -iva [əfliktiŭ, -iβə] *a.* Aflictivo.
afligir [əfliʒi] *t.-prnl.* Afligir, apenar, apesadumbrar.
aflorar [əflurà] *i.* Aflorar.
afluència [əfluɛ̀nsiə] *f.* Afluencia.
afluent [əfluèn] *a.-m.* Afluente.
afluir [əflui] *i.* Afluir.
afluixar [əfluʃà] *t.-i.-prnl.* Aflojar, desa-

pretar, soltar, largar, ceder, blandear, cejar.

afonia [əfuniə] *f.* MED. Afonía.

afònic, -ca [əfɔ́nik, -kə] *a.* Afónico.

aforisme [əfurizmə] *m.* Aforismo.

afortunat, -ada [əfurtunát, -áðə] *a.* Afortunado.

afrancesat, -ada [əfrənsəzát, -áðə] *a., m.-f.* Afrancesado.

afranquir [əfrəŋki] *t.* Libertar. *2* Franquear.

africà, -ana [əfrikà, -ánə] *a., m.-f.* Africano.

afrodisíac, -ca [əfruðiziək, -kə] *a.-m.* Afrodisíaco.

afront [əfrón] *m.* Afrenta, baldón, feo.

afrontament [əfruntəmén] *m.* Afrontamiento. *2* Afrenta.

afrontar [əfruntá] *t.-i.* Afrontar, enfrentar, arrostrar. *2* Afrentar.

afrontós, -osa [əfruntós, -ózə] *a.* Afrentoso.

afuar [əfuá] *t.-prnl.* Aguzar. *2* Adelgazar.

afusellament [əfuzəʎəmén] *m.* Fusilamiento.

afusellar [əfuzəʎá] *t.* Fusilar.

agabellar [əɣəβəʎá] *t.* Acaparar, arrebañar, rebañar.

agafada [əɣəfáðə] *f.* Cogida. *2* Redada.

agafador [əɣəfəðó] *m.* Agarrador, agarradero, asidero, cogedero.

agafador, -ra [əɣəfəðó, -rə] *a., m.-f.* Agarrador.

agafar [əɣəfá] *t.-i.-prnl.* Coger, tomar, asir, agarrar, apañar, prender, detener, pillar.

agafat, -ada [əɣəfát, -áðə] *a., m.-f.* Detenido.

agafatós, -osa [əɣəfətós, -ózə] *a.* Pegadizo, pegajoso.

agalla [əɣáʎə] *f.* Agalla.

agambar [əɣəmbá] *t.* Criar.

agarbar [əɣərβá] *t.-prnl.* Agavillar, engavillar.

agàric, -ca [əɣárik, -kə] *a.-m.* BOT. Agárico.

agaricaci [əɣərikási] *a.* BOT. Agaricáceo.

agarrada [əɣərráðə] *f.* Agarrada, altercado, riña, pelea, pelazga.

agarrar [əɣərrá] *t.* Agarrar.

agarrat, -ada [əɣərrát, -áðə] *a.-m.* Agarrado, tacaño. *2* Verdugo.

agarrofar-se [əɣərrufársə] *prnl.* Retorcerse (las hojas).

àgata [áɣətə] *f.* MINER. Ágata.

agegantar [əʒəɣəntá] *t.* Agigantar.

agemolir-se [əʒəmulírsə] *prnl.* Agacharse, humillarse.

agençar [əʒənsá] *t.* Aderezar, embellecer, adecentar.

agència [əʒɛ́nsiə] *f.* Agencia.

agenciar [əʒənsiá] *t.* Agenciar.

agenda [əʒéndə] *f.* Agenda.

agenollador [əʒənuʎəðó] *m.* Reclinatorio.

agenollar-se [əʒənuʎársə] *prnl.* Arrodillarse, hincarse de rodillas.

agent [əʒén] *a., m.-f.* Agente.

agermanament [əʒərmənəmén] *m.* Hermanamiento.

agermanar [əʒərməná] *t.* Hermanar.

àgil [áʒil] *a.* Ágil.

agilitat [əʒilitát] *f.* Agilidad.

agitació [əʒitəsió] *f.* Agitación.

agitador, -ra [əʒitəðó, -rə] *a., m.-f.* Agitador.

agitar [əʒitá] *t.-prnl.* Agitar.

aglà [əɣlá] *f.* V. GLA.

aglevar-se [əɣləβársə] *prnl.* Coagularse.

aglomeració [əɣlumərəsió] *f.* Aglomeración.

aglomerar [əɣlumərá] *t.-prnl.* Aglomerar.

aglutinació [əɣlutinəsió] *f.* Aglutinación.

aglutinant [əɣlutinán] *a.-m.* Aglutinante.

aglutinar [əɣlutiná] *t.-prnl.* Aglutinar.

agnòstic, -ca [əŋnɔ́stik, -kə] *a., m.-f.* Agnóstico.

agombolador, -ra [əɣumbuləðó, -rə] *a.* Cuidadoso.

agombolar [əɣumbulá] *t.* Cuidar. *2* Arropar. *3* Agolpar.

agonia [əɣuniə] *f.* Agonía.

agònic, -ca [əɣɔ́nik, -kə] *a.* Agónico.

agonitzant [əɣunidzán] *a.-m.* Agonizante.

agonitzar [əɣunidzá] *i.* Agonizar.

agosarat, -ada [əɣuzərát, -áðə] *a.* Osado, atrevido, audaz, adelantado.

agost [əɣós(t)] *m.* Agosto.

agraciar [əɣrəsiá] *t.* Agraciar.

agraciat, -ada [əɣrəsiát, -áðə] *a.* Agraciado.

agradable [əɣrəðábblə] *a.* Agradable, placentero, placible.

agradar [əɣrəðá] *i.* Agradar, gustar, llenar el ojo. *2 prnl.* Prendarse.

agraïment [əɣrəimén] *m.* Agradecimiento.

agrair [əɣrəi] *t.* Agradecer.

agraït, -ïda [əɣrəit, -iðə] *a.* Agradecido.

agrari, -ària [əɣrári, -áriə] *a.* Agrario.

agràs [əɣrás] *m.* Agraz.

agre, -a [áɣrə, -ə] *a.* Agrio.

agredir [əɣrəði] *t.* Agredir.

agredolç, -ça [əɣrəðóls, -sə] *a.-m.* Agridulce.

agregació [əɣrəɣəsió] *f.* Agregación.

agregar [əɣrəɣá] *t.-prnl.* Agregar.

agregat [əɣrəɣát] *m.* Agregado.

agrejar [əɣrəʒá] *i.-t.* Agrazar, agriar.

agrenc, -ca [əɣrɛ́ŋ, -kə] *a.* Agrete.

agressió [əγrəsió] *f.* Agresión.
agressor, -ra [əγrəsó, -rə] *m.-f.* Agresor.
agrest, -ta [əγrés(t), -tə] *a.* Agreste.
agreujar [əγrəŭʒá] *t.-prnl.* Agravar. *2* Agraviar.
agrícola [əγrikulə] *a.* Agrícola.
agricultor, -ra [əγrikultó, -rə] *m.-f.* Agricultor.
agricultura [əγrikultúrə] *f.* Agricultura.
agrimensor [əγrimensó] *m.* Agrimensor.
agrimensura [əγrimənsúrə] *f.* Agrimensura.
agrir [əγri] *t.-prnl.* Agriar.
agrònom, -ma [əγroɔ́num, -mə] *a., m.-f.* Agrónomo.
agronomia [əγrunumiə] *f.* Agronomía.
agror [əγró] *f.* Agrura, acedía.
agrumollar-se [əγrumuʎársə] *prnl.* Agrumarse. *2* Cuajarse.
agrupació [əγrupəsió] *f.* Agrupación.
agrupament [əγrupəmén] *m.* Agrupamiento.
agrupar [əγrupá] *t.-prnl.* Agrupar.
aguait [əγwáĭt] *m.* Acecho, asechanza, atisbo. ‖ ***Estar a l'~***, estar a la mira.
aguaitar [əγwəĭtá] *t.* Acechar, avizorar, atisbar.
aguant [əγwán] *m.* Aguante, tesón.
aguantar [əγwəntá] *t.-prnl.* Aguantar.
agudesa [əγuðέzə] *f.* Agudeza, chulería, donaire.
aguditzar [əγuðidzá] t.-prnl. Agudizar.
aguerrir [əγərri] *t.* Aguerrir.
àguila [áγilə] *f.* ORNIT. Águila.
aguilenc, -ca [əγilέŋ, -kə] *a.* Aguileño.
aguiló [əγiló] *m.* ORNIT. Aguilucho.
agulla [əγúʎə] *f.* Aguja. *2* Alfiler. *3* Horquilla. ‖ ***~ de balança,*** fiel. ‖ ***~ de rellotge,*** saeta, manecilla. ‖ ***~ de ganxo,*** horquilla.
agullada [əγuʎáðə] *f.* Aguijada.
aguller [əγuʎé] *m.* Cañutero, canutero. *2* Hebra.
agulló [əγuʎó] *m.* Aguijón, rejo. *2* fig. Acicate.
agullonar [əγuʎuná] *t.* Aguijar, aguijonear.
agusar [əγuzá] *t.* Aguzar.
agustí, -ina [əγusti, -inə] *m.-f.* Agustino.
agut, -da [əγút, -úðə] *a.-m.* Agudo. *2* Saleroso.
agutzil [əγudzil] *m.* Alguacil.
ah! [a] *interj.* ¡Ah!
ahir [əi] *adv.* Ayer.
aücar [əuká] *t.-i.* Huchear, jalear. *2* Abuchear.
aücs [əúks] *m.-pl.* Griterío, jaleo.
ai! [áĭ] *interj.* ¡Ay!, ¡guay!
aigua [áĭγwə] *f.* Agua. ‖ ***A flor d'~***, a flote.
aiguabatre [ạĭγwəβátrə] *t.* Batir el agua, baldear.
aiguacuit [ạĭγwəkúĭt] *m.* Cola.
aiguader, -ra [əĭγwəðé, -rə] *a., m.-f.* Abstemio. *2* Aguador.
aiguafort [ạĭγwəfɔ́r(t)] *m.* Aguafuerte.
aigualir [əĭγwəli] *t.-prnl.* Aguar.
aigualit, -ida [əĭγwəlit, -iðə] *a.* Aguado.
aiguall [əĭγwáʎ] *m.* Aguazal, lucio.
aiguamans [ạĭγwəmáns] *m.* Aguamanos.
aiguamarina [ạĭγwəmərinə] *f.* Aguamarina.
aiguamoll [ạĭγwəmɔ́ʎ] *m.* Marisma, tremedal.
aiguaneu [ạĭγwənéŭ] *f.* Aguanieve.
aiguapoll [ạĭγwəpóʎ] *m.* Huevo huero.
aiguardent [ạĭγwərðén] *m.* Aguardiente.
aiguarelles [ạĭγwəréʎəs] *f. pl.* Aguachirle.
aiguarràs [ạĭγwərrás] *m.* Aguarrás.
aiguat [əĭγwát] *m.* Aguacero, chubasco, turbión.
aiguavés [ạĭγwəβés] *m.* GEOGR. Vertiente, faldón.
aigüera [əĭγwérə] *f.* Fregadero, artesón.
aïllador, -ra [əiʎəðó, -rə] *a.-m.* Aislador.
aïllament [əiʎəmén] *m.* Aislamiento.
aïllar [əiʎá] *t.-prnl.* Aislar.
aïllat, -ada [əiʎát, -áðə] *a.* Aislado.
aïrar-se [əirársə] *prnl.* Enojarse, airarse, irritarse, encolerizarse.
aïrat, -ada [əirát, -áðə] *a.* Airado.
aire [áĭrə] *m.* Aire. *2* Garbo. ‖ ***Cop d'~***, resfriado.
airejar [əĭrəʒá] *t.-prnl.* Airear, ventear.
airós, -osa [əĭrós, -ózə] *a.* Airoso. *2* Garboso, saleroso.
airosament [əĭrozəmén] *adv.* Airosamente.
airositat [əĭruzitát] *f.* Garbo, gallardía.
aixa [áʃə] *f.* Azuela. ‖ ***Mestre d'~***, carpintero constructor de naves.
aixada [əʃáðə] *f.* Azada.
aixadell [əʃəðéʎ] *m.* Escarda, azadón.
aixadó [əʃəðó] *m.* Escarda.
aixafament [əʃəfəmén] *m.* Aplastamiento. *2* Abatimiento.
aixafar [əʃəfá] *t.* Aplastar, achuchar, machacar, chafar, estrujar. *2* Apabullar.
aixafaterrossos [əʃạfətərrɔ́sus] *m.* Destripaterrones.
aixamfranar [əʃəmfrəná] *t.* Achaflanar, chaflanar.
aixecament [əʃəkəmén] *m.* Levantamiento.
aixecar [əʃəká] *t.-prnl.* Levantar, alzar. *2* Aupar.
aixella [əʃéʎə] *f.* ANAT. Sobaco, axila.
aixeta [əʃέtə] *f.* Grifo, espita. *2* Jeta.
així [əʃi] *adv.* Así. ‖ ***~ i tot,*** no obstante.

això [əʃɔ́] *pron.* Esto, eso, ello.
aixopluc [əʃuplúk] *m.* Cobijo, guarida, refugio, cobertizo.
aixoplugar [əʃupluɣá] *t.-prnl.* Cobijar, guarecer, abrigar.
ajaçar [əʒəsá] *t.-prnl.* Encamar. *2* Tenderse, tumbarse.
ajaure [əʒáŭrə] V. AJEURE.
ajeure [əʒɛ́ŭrə] *t.-prnl.* Tender, echar, tumbar, acostar, encamar. ‖ ***Ajeure-s'hi,*** tumbarse a la bartola. ¶ CONJUG. como ***jeure.***
ajonjolí [əʒunʒulí] *m.* BOT. Ajonjolí.
ajornament [əʒurnəmén] *m.* Aplazamiento.
ajornar [əʒurná] *t.* Aplazar, diferir.
ajuda [əʒúðə] *f.* Ayuda.
ajudant, -ta [əʒuðán, -tə] *a., m.-f.* Ayudante. ‖ ~ ***Déu,*** Dios mediante.
ajudar [əʒuðá] *t.-i.-prnl.* Ayudar.
ajuntament [əʒuntəmén] *m.* Ayuntamiento. *2* Concejo.
ajuntar [əʒuntá] *t.-prnl.* Juntar. *2* Lañar.
ajupir [əʒupí] *t.-prnl.* Agachar. *2* Humillarse. ¶ CONJUG. INDIC. Pres.: ***ajupo, ajups, ajup.***
ajust [əʒús(t)] *m.* Ajuste.
ajustador, -ra [eʒustəðó, -rə] *a., m.-f.* Ajustador.
ajustament [əʒustəmén] *m.* Ajuste, ajustamiento.
ajustar [əʒustá] *t.-i.* Ajustar, concertar, juntar. *2* Entornar, emparejar.
ajusticiar [əʒustisiá] *t.* Ajusticiar.
ajusticiat, -ada [əʒustisiát, -áðə] *a., m.-f.* Ajusticiado.
ajut [əʒút] *m.* V. AJUDA.
al [al] *contr.* Al.
ala [álə] *f.* Ala.
alà, -ana [əlá, -ánə] *a., m.-f.* Alano.
alabança [ələβánsə] V. LLOANÇA.
alabar [ələβá] V. LLOAR.
alabarda [ələβárðə] *f.* Alabarda.
alabarder [ələβərðé] *m.* Alabardero.
alabastre [ələβástrə] *m.* MINER. Alabastro.
alacaigut, -uda [ələkəĭɣút, -úðə] *a.* Alicaído, aliquebrado.
Alacant [ələkán] *n. pr.* Alicante.
alacrà [ələkrá] V. ESCORPÍ.
alacritat [ələkritát] *f.* Alacridad.
aladern [ələðɛ́rn] *m.* BOT. Aladierna.
alaferit, -ida [ələfərít, -íðə] *a.* Herido en el ala.
alambí [ələmbí] *m.* Alambique.
alambinar [ələmbiná] *t.* Alambicar.
alambinat, -ada [ələmbinát, -áðə] *a.* Alambicado.
alambó [ələmbó] *m.* BOT. Poncil.
alamboner [ələmbuné] *m.* Poncilero.
alarit [ələrít] *m.* Alarido.
alarma [əlármə] *f.* Alarma.
alarmant [ələrmán] *a.* Alarmante.
alarmar [ələrmá] *t.-prnl.* Alarmar.
alarmista [ələrmístə] *m.-f.* Alarmista.
alat, -ada [əlát, -áðə] *a.* Alado.
alatrencat, -ada [ələtrəŋkát, -áðə] *a.* Aliquebrado.
alba [álβə] *f.* Alba.
albada [əlβáðə] *f.* Alborada.
albaïna [əlβəínə] *f.* Calma, calma chicha.
albarà [əlβərá] *m.* Albarán.
albarda [əlβárðə] *f.* Albarda.
albarrana [əlβərránə] *a.* Albarrana.
albat [əlβát] *m.* Criatura muerta antes de alcanzar el uso de razón. *2* Inocente, inocentón.
albatros [əlβátrus] *m.* ORNIT. Albatros.
àlbar [álβər] *m.* BOT. Álamo.
albercoc [əlβərkɔ́k] *m.* Albaricoque.
albercoquer [əlβərkuké] *m.* BOT. Albaricoquero.
albereda [əlβərɛ́ðə] *f.* Alameda.
alberg [əlβérk] *m.* Albergue, cobijo, cotarro.
albergar [əlβərɣá] *t.-i.* Albergar, cobijar, hospedar.
albergínia [əlβərʒíniə] *f.* BOT. Berenjena.
alberginier [əlβərʒinié] *m.* BOT. Berenjenal.
alberginiera [əlβərʒiniérə] *f.* BOT. Berenjena.
albí, -ina [əlβí, -ínə] *a., m.-f.* Albino.
albigès, -esa [əlβiʒɛ́s, -ɛ́zə] *m.-f.* Albigense.
albinisme [əlβinízmə] *m.* MED. Albinismo.
albir [əlβír] *m.* Albedrío, juicio.
albirament [əlβirəmén] *m.* Vislumbre.
albirar [əlβirá] *t.* Vislumbrar, columbrar, divisar, avistar. *2* Conjeturar, imaginar.
albixeres [əlβiʃérəs] *f. pl.* Albricias.
albor [əlβó] *f.* Albura, albor.
albor [əlβó] *m.* ICT. Albur.
albufera [əlβuférə] *f.* Albufera.
àlbum [álβum] *m.* Álbum.
albúmina [əlβúminə] *f.* Albúmina.
albuminoide [əlβuminɔ́ĭðə] *m.* Albuminoide.
alça [álsa] *f.* Alza. *2* Subida.
alçacoll [alsəkɔ́ʎ] *m.* Alzacuello.
alçada [əlsáðə] *f.* Alzada. *2* Altura.
alcaid [əlkáĭt] *m.* Alcaide.
alcalde [əlkáldə] *m.* Alcalde.
alcaldessa [əlkəldɛ́sə] *f.* Alcaldesa.
alcaldia [əlkəldíə] *f.* Alcaldía.
alcalí, -ina [əlkəlí, -ínə] *a.* Alcalino.
alcaloide [əlkəlɔ́ĭðə] *m.* Alcaloide.

alçament [əlsəmén] *m.* Alzamiento, levantamiento. *2* Cuartelada.
alçaprem [əlsəprém] *m.* Alzaprima, palanca.
alció [əlsió] *m.* MIT. Alción.
alcista [əlsístə] *m.* Alcista.
alcohol [əlkuɔ́l] *m.* Alcohol.
alcohòlic, -ca [əlkuɔ́lik, -kə] *a.* Alcohólico.
alcoholisme [əlkuulízmə] *m.* Alcoholismo.
alcoholitzar [əlkuulidzá] *t.* Alcoholizar.
alcova [əlkɔ́βə] *f.* Alcoba.
aldarull [əldərúʎ] *m.* Alboroto, algarada, barullo, remolino, rebullicio, trápala.
alè [əlɛ́] *m.* Aliento, hálito, vaho.
aleatori, -òria [əleətɔ́ri, -ɔ́riə] *a.* Aleatorio.
alegrar [ələγrá] *t.-prnl.* Alegrar, alborozar, regocijar.
alegre [əléγrə] *a.* Alegre. ‖ *~ **d'haver begut,*** achispado.
alegria [ələγríə] *f.* Alegría, alborozo, jolgorio.
alegrois [ələγrɔ́is] *m. pl.* Alegrón.
alejar [ələʒá] *i.* Alear.
alemany, -nya [ələmáɲ, -ɲə] *a., m.-f.* Alemán.
Alemanya [ələmáɲə] *n. pr.* Alemania.
alena [əlɛ́nə] *f.* Lezna.
alenada [ələnáðə] *f.* Vaharada, bocanada. *2* Alentada.
alenar [ələná] *i.* Alentar, respirar. *2* Resollar.
alentir [ələntí] *t.-prnl.* Moderar, hacer más lento. *2* Moverse (algo) más lento.
aleró [ələró] *m.* Alón. *2* Alerón.
alerta [əlɛ́rtə] *interj.-adv.* Alerta, cuidado.
aleshores [əlezɔ́rəs] *adv.* Entonces.
aleta [əlɛ́tə] *f.* Aleta. ‖ ***Fer l'~,*** cortejar.
aleteig [ələtɛ́tʃ] *m.* Aleteo.
aletejar [ələtəʒá] *i.* Aletear.
Alexandria [ələksəndríə] *n. pr.* Alejandría.
alexandrí, -ina [ələksəndrí, -ínə] *a.* Alejandrino.
alfabet [əlfəβɛ́t] *m.* Alfabeto.
alfabètic, -ca [əlfəβɛ́tik, -kə] *a.* Alfabético.
alfàbrega [əlfáβrəγə] *f.* BOT. Albahaca.
alfals [əlfáls] *m.* BOT. Alfalfa.
alfange [əlfánʒə] *m.* Alfanje.
alfanic [əlfənik] *m.* Alfeñique.
alferes [əlfɛ́res] *m.* MIL. Alférez.
alfil [əlfíl] *m.* Alfil.
alforja [əlfɔ́rʒə] *f.* Alforja.
alga [álγə] *f.* Alga.
àlgebra [álʒəβrə] *f.* Álgebra.
algebraic, -ca [əlʒəβráĭk, -kə] *a.* Algebraico.
àlgid, -da [álʒit, -ðə] *a.* Álgido.
algú [əlγú] *pron. indef.* Alguien.
algun, -una [əlγún, -nə] *a.-pron. indef.* Algún, alguno.
alhora [əlɔ́rə] *adv.* A un mismo tiempo.
aliança [əliánsə] *f.* Alianza.
aliar [əliá] *t.-prnl.* Aliar. *2* Alear, ligar.
àlias [áliəs] *adv.-m.* Alias.
aliatge [əliádʒə] *m.* QUÍM. Aleación, liga.
alicates [əlikátəs] *f. pl.* Alicates.
aliè, -ena [əliɛ́, -ɛ́nə] *a.* Ajeno.
alienació [əliənəsió] *f.* Enajenación, alienación.
alienar [əliəná] *t.-prnl.* Enajenar, alienar.
alienat, -ada [əliənát, -áðə] *a., m.-f.* Alienado, demente.
àliga [áliγə] *f.* Águila.
alimara [əlimárə] *f.* Ahumada.
aliment [əlimén] *m.* Alimento.
alimentació [əlimәntəsió] *f.* Alimentación.
alimentar [əliməntá] *t.-prnl.* Alimentar.
alimentari, -ària [əliməntári, -áriə] *a.* Alimenticio.
alimentat, -ada [əliməntát, -áðə] *a.* Comido y bebido.
alimentós, -osa [əliməntós, -ózə] *a.* Alimenticio, alimentoso.
alineació [əlineəsió] *f.* Alineación.
alinear [əlineá] *t.-prnl.* Alinear.
alíquota [əlíkwɔtə] *a.* Alícuota.
alisis [əlízis] *a. pl.* Alisios.
aljava [əlʒáβə] *f.* Aljaba.
aljub [əlʒúp] *m.* Aljibe.
all [áʎ] *m.* BOT. Ajo. ‖ ***Grill d'~,*** diente de ajo.
allà [əʎá] *adv.* Allá, allí, acullá.
allarg [əʎárk] V. ALLARGAMENT.
allargador, -ra [əʎərγəðó, -rə] *a.* Alargador. *2 m.* Alargadera.
allargament [əʎərγəmén] *m.* Alargamiento.
allargar [əʎərγá] *t.-i.-prnl.* Alargar. *2* Alcanzar.
allargassar [əʎərγəsá] *t.-prnl.* Alargarse excesivamente, estirarse.
allargues [əʎárγəs] *f. pl.* ‖ ***Donar ~,*** dar largas a.
allau [əʎáu] *f.* Alud, avalancha, turbión.
al·legació [ələγəsió] *f.* Alegación.
al·legar [ələγá] *t.* Alegar.
al·legat [ələγát] *m.* Alegato.
al·legoria [ələγuríə] *f.* Alegoría.
al·legòric, -ca [ələγɔ́rik, -kə] *a.* Alegórico.
al·legro [əléγro] *adv.-m.* MÚS. Alegro.
al·leluia [ələlújə] *interj.-m.* Aleluya.
al·lèrgia [əlɛ́rʒiə] *f.* MED. Alergia.

alletament [əʎətəmén] *m.* Amamantamiento, lactación, lactancia.
alletar [əʎətá] *t.* Amamantar, lactar.
alleugeriment [əʎəŭʒərimén] *m.* Aligeramiento, alivio.
alleugerir [əʎəŭʒəri] *t.-prnl.* Aligerar, aliviar. *2* Alijar.
alleujament [əʎəŭʒəmén] *m.* Alivio, aligeramiento.
alleujar [əʎəŭʒá] *t.-prnl.* Aliviar, aligerar. *2* MAR. Alijar.
allí [əʎí] *adv.* Allí.
alliberació [əʎiβərəsió] *f.* Liberación.
alliberador, -ra [əʎiβərəðó, -rə] *a.* Libertador.
alliberament [əʎiβərəmén] *m.* Liberación.
alliberar [əʎiβərá] *t.-prnl.* Liberar, libertar, librar. ‖ ~ ***de deutes,*** desempeñar.
al·licient [əlisién] *m.* Aliciente.
alliçonar [əʎisuná] *t.* Aleccionar.
allioli [aʎiɔ́li] *m.* Ajiaceite, alioli.
allisada [əʎizáðə] *f.* Alisadura. *2* Paliza, mandoble, felpa.
allisador, -ra [əʎizəðó, -rə] *m.-f.* Alisador.
allisar [əʎizá] *t.* Alisar. *2* Atusar.
allistament [əʎistəmén] *m.* Alistamiento.
allistar [əʎistá] *t.-prnl.* Alistar.
allitar-se [əʎitársə] *prnl.* Encamarse.
allò [əʎɔ́] *pron. dem.* Aquello.
al·locució [əlukusió] *f.* Alocución.
al·lot, -ta [əlɔ́t, -tə] *m.-f.* Muchacho, chico, mozo.
allotjament [əʎudʒəmén] *m.* Alojamiento, hospedaje, aposentamiento.
allotjar [əʎudʒá] *t.-prnl.* Alojar, hospedar, aposentar, posar.
al·lucinació [əlusinəsió] *f.* Alucinación.
al·lucinador, -ra [əlusinəðó, -rə] *a.* Alucinador.
al·lucinar [əlusiná] *t.-prnl.* Alucinar.
al·ludir [əludi] *i.-t.* Aludir.
allunyament [əʎuɲəmén] *m.* Alejamiento.
allunyar [əʎuɲá] *t.-prnl.* Alejar.
al·lusió [əluzió] *f.* Alusión.
al·lusiu, -iva [əluziŭ, -iβə] *a.* Alusivo.
al·luvió [əluβió] *m.* Aluvión.
almadrava [əlməðráβə] *f.* Almadraba.
almanac [əlmənák] *m.* Almanaque.
almàssera [əlmásərə] *f.* Almazara.
almenys [əlmɛ́ɲs] *adv.* Al menos, a lo menos, por lo menos, siquiera.
almescar [əlməská] *t.* Almizclar.
almirall [əlmiráʎ] *m.* Almirante.
almirallat [əlmirəʎát] *m.* Almirantazgo.
almirallessa [əlmirəʎɛ́sə] *f.* Almiranta.
almívar [əlmiβər] *m.* Almíbar.
almogàver [əlmuɣáβər] *m.* Almogávar.
almoiner, -ra [əlmuĭné, -rə] *m.* Limosnero.
almoina [əlmɔ́ĭnə] *f.* Limosna.
almosta [əlmɔ́stə] *f.* Almorzada.
àloe [áloe] *m.* BOT. Áloe.
alopècia [əlupɛ́siə] *f.* MED. Alopecia.
alosa [əlɔ́zə] *f.* ORNIT. Alondra. *2* ICT. Alosa, sábalo.
alpaca [əlpákə] *f.* Alpaca.
alpestre [əlpɛ́strə] *a.* Alpestre.
alpí, -ina [əlpi, -inə] *a.* Alpino.
alpinisme [əlpinizmə] *m.* Alpinismo.
alpinista [əlpinistə] *m.-f.* Alpinista.
Alps [álps] *n. pr.* Alpes.
alquímia [əlkimiə] *f.* Alquimia.
alt, -ta [ál, -tə] *a.-adv.* Alto. ‖ ***Alts i baixos,*** *altibajos.*
alta [áltə] *f.* Alta.
altament [altəmén] *adv.* Altamente.
altar [əltá] *m.* Altar.
altaveu [altəβɛ́u] *m.* Altavoz.
altell [əltɛ́ʎ] *m.* Altillo. *2* Altozano.
alterable [əltərábblə] *a.* Alterable.
alteració [əltərəsió] *f.* Alteración.
alterar [əltərá] *t.-prnl.* Alterar, demudar, trasegar.
altercat [əltərkát] *m.* Altercado.
altercar [əltərká] *i.* Altercar.
altern, -na [əltɛ́rn, -nə] *a.* Alterno.
alternació [əltərnəsió] *f.* Alternación.
alternança [əltərnánsə] *f.* Alternancia.
alternar [əltərná] *i.-t.* Alternar, turnar.
alternativa [əltərnətiβə] *f.* Alternativa.
altesa [əltɛ́zə] *f.* Alteza.
altímetre [əltimətrə] *m.* Altímetro.
altivesa [əltiβɛ́zə] *f.* Altivez, altanería.
altimira [əltimirə] *f.* BOT. Artemisa.
altiplà [əltiplá] *m.* GEOGR. Meseta, altiplanicie.
altisonant [əltisunán] *a.* Altisonante.
altitud [əltitút] *f.* Altitud.
altiu, -iva [əltiŭ, -iβə] *a.* Altivo, altanero.
alto [áltu] *interj.-m.* Alto.
altrament [altrəmén] *adv.-conj.* De otro modo. *2* De lo contrario.
altre, -a [áltrə, -trə] *a.-pron. indef.* Otro. *2* Otra cosa. ‖ ***D'~ banda,*** por otra parte.
altri [áltri] *pron. indef.* Otro, los otros. ‖ ***D'~,*** de otro, ajeno.
altruisme [əltruizmə] *m.* Altruismo.
altura [əltúrə] *f.* Altura. *2* Otero.
alum [əlúm] *m.* QUÍM. Alumbre, jebe.
alumini [əlumini] *m.* Aluminio.
alumne, -na [əlúmnə, -nə] *m.* Alumno.
alvèol [əlβɛ́ul, col. əlβəɔ́l] *m.* Alvéolo.
alvocat [alβukát] *m.* Aguacate.
alzina [əlzinə] *f.* BOT. Encina. ‖ ~ ***surera,*** alcornoque.

alzinall [əlzináʎ] *m.* BOT. Carrasca.
alzinar [əlziná] *m.* Encinar.
alzinat, -ada [əlzinat, -áðə] *a.* Enhiesto.
amabilitat [əməβilitát] *f.* Amabilidad.
amable [əmábblə] *a.* Amable.
amaçar [əməsá] *t.* Machacar.
amador, -ra [əməðó, -rə] *a.* Amador.
amagar [əməɣá] *t.-prnl.* Esconder, ocultar, celar, recatar.
amagat (d') [dəməɣát] loc. A escondidas, a hurtadillas, encubiertamente.
amagatall [əməɣətáʎ] *m.* Escondrijo, escondite.
amagatotis (d') [dəməɣətɔ́tis] loc. De extranjis, de tapadillo, a escondidas, a hurtadillas.
amagriment [əməɣrimén] *m.* Enflaquecimiento.
amagrir [əməɣri] *t.-prnl.* Enflaquecer.
amainar [əməĭná] *t.-i.* Amainar, acallar, sosegar. *2* NÁUT. Arriar.
amalgama [əməlɣámə] *f.* Amalgama.
amalgamar [əməlɣəmá] *t.* Amalgamar.
amanerament [əmənərəmén] *m.* Amaneramiento.
amanerar [əmənərá] *t.-prnl.* Amanerar.
amanerat, -ada [əmənərát, -áðə] *a.* Amanerado, redicho.
amanida [əməníðə] *f.* Ensalada.
amaniment [əmənimén] *m.* Aderezo, aliño, condimento.
amanir [əməni] *t.* Aderezar, aliñar, condimentar, sazonar. *2 prnl.* Apañarse, arreglarse.
amanollar [əmənuʎá] t. Amanojar.
amansiment [əmənsimén] *m.* Amansamiento.
amansir [əmənsi] *t.-prnl.* Amansar, domesticar. *2* Apaciguar, mitigar.
amant [əmán] *a., m.-f.* Amante, querido.
amanyac [əməɲák] *m.* Caricia. *2* Arrullo.
amanyagador, -ra [əməɲəɣəðó, -rə] *a.* Acariciador, halagador, carantoñero.
amanyagar [əməɲəɣá] *t.* Acariciar, halagar, arrullar.
amanyogar [əməɲuɣá] *t.* Arrebujar, sobar.
amar [əmá] *t.* Amar, querer.
amarant [əmərán] *m.* BOT. Amaranto.
amarar [əmərá] *t.-i.* Empapar, calar. *2* Merar (el vino). *3* Amarar (hidroavión).
amarg, -ga [əmárk, -ɣə] *a.* Amargo.
amargant [əmərɣán] *a.* Amargo.
amargar [əmərɣá] *t.-i.* Amargar.
amargor [əmərɣó] *f.* Amargor, amargura.
amargós, -osa [əmərɣós, -ózə] *a.* Amargoso.
amarguesa [əmərɣɛ́zə] *f.* Amargor.
amargura [əmərɣúrə] *f.* Amargor, amargura. *2* fig. Acíbar.
amaril·lis [əmərílis] *f.* BOT. Amarilis.
amarra [əmárrə] *f.* Amarra.
amarrador [əmərrəðó] *m.* Amarrador. *2* Amarradero.
amarrament [əmərrəmén] *m.* Amarradura.
amarrar [əmərrá] *t.-i.* Amarrar.
amartellar [əmərtəʎá] *t.* Martillear, martillar, amartillar.
amassament [əməsəmén] *m.* Amasadura.
amassar [əməsá] *t.-prnl.* Amasar.
amatent [əmətén] *a.* Presto, pronto, dispuesto. ‖ ***Estar*** **~,** estar al quite.
amateur [əmətér] *m.-f.* Amateur, aficionado.
amazona [əməzónə] *f.* Amazona.
amb [əm] *prep.* Con. ‖ ~ ***mi,*** conmigo. ‖ ~ ***tu,*** contigo. ‖ ~ ***ell, ella, ells, elles,*** consigo.
ambages [əmbáʒəs] *m. pl.* Ambages.
ambaixada [əmbəʃáðə] *f.* Embajada.
ambaixador, -ra [əmbəʃəðó, -rə] *m.-f.* Embajador.
ambaixadriu [əmbəʃəðriu] *f.* Embajadora.
ambdós, dues [əmdós, -dúəs] *a.-pron. indef.* Ambos, entrambos.
ambició [əmbisió] *f.* Ambición.
ambicionar [əmbisiuná] *t.* Ambicionar.
ambiciós, -osa [əmbisiós, -ózə] *a.* Ambicioso.
ambient [əmbién] *a.-m.* Ambiente.
ambigu, -gua [əmbíɣu, -ɣwə] *a.* Ambiguo.
ambigüitat [əmbiɣwitát] *f.* Ambigüedad.
àmbit [ámbit] *m.* Ámbito.
ambladura [əmbləðúrə] *f.* Portante.
ambó [əmbó] *m.* Ambón.
ambrat, -ada [əmbrát, -áðə] *a.* Ambarino.
ambre [ámbrə] *m.* Ámbar.
ambulància [əmbulánsiə] *f.* Ambulancia.
ambulant [əmbulán] *a.* Ambulante.
ambulatori, -òria [əmbulətɔ́ri, -ɔ́riə] *a.-m.* Ambulatorio.
amè, -ena [əmɛ́, -ɛ́nə] *a.* Ameno.
ameba [əmɛ́βə] *f.* BIOL. Amiba.
amén [əmén] *m.* Amén.
amenaça [əmənásə] *f.* Amenaza, amago. *2 pl.* Fieros.
amenaçador, -ra [əmənəsəðó, -rə] *a.* Amenazador.
amenaçar [əmənəsá] *t.* Amenazar, amagar.
amenitat [əmənitát] *f.* Amenidad.
ament [əmén] *m.* BOT. Amento.
americà, -ana [əməriká, -ánə] *a., m.-f.* Americano.
americana [əmərikánə] *f.* Americana, chaqueta.

americanisme [əmərikənizmə] *m.* Americanismo.
americanitzar [əmərikənidzȧ] *t.* Americanizar.
ametista [əmətistə] *f.* MINER. Amatista.
ametlla [əmɛ́ʎʎə] *f.* Almendra. ‖ ~ ***ensucrada,*** peladilla.
ametllat [əməʎʎȧt] *m.* Almendrado.
ametller [əməʎʎė] *m.* BOT. Almendro.
ametlló [əməʎʎȯ] *m.* BOT. Almendruco.
amfitrió [əmfitriȯ] *m.* Anfitrión.
ambifi, -íbia [əmfiβi, -iβiə] *a., m.-pl.* Anfibio.
amfiteatre [əmfiteȧtrə] *m.* Anfiteatro.
àmfora [ȧmfurə] *f.* Ánfora.
amiant [əmiȧn] *m.* Amianto.
amic, -iga [əmik, -iɣə] *a., m.-f.* Amigo.
amidar [əmiðȧ] *t.* Medir.
amigable [əmiɣȧbblə] *a.* Amigable.
amígdala [əmiɣdələ] *f.* ANAT. Amígdala.
amistançar-se [əmistənsȧrsə] *prnl.* Amancebarse.
amistançat, -ada [əmistənsȧt, -ȧðə] *m.-f.* Amante, querido. *2* Concubina, manceba.
amistar [əmistȧ] *t.* Amistar, bienquistar.
amistat [əmistȧt] *f.* Amistad.
amistós, -osa [əmistȯs, -ȯzə] *a.* Amistoso.
amit [əmit] *m.* LITURG. Amito.
amnèsia [əmnɛ́ziə] *f.* MED. Amnesia.
amnistia [əmnistiə] *f.* Amnistía.
amnistiar [əmnistiȧ] *t.* Amnistiar.
amo [ȧmu] *m.* Dueño, amo, señor. ‖ ***Fer-se ~,*** adueñarse.
amoïnador, -ra [əmuinəðȯ, -rə] *a.* Inquietante, molesto.
amoïnar [əmuinȧ] *t.-prnl.* Intranquilizar, inquietar, preocupar. *2* Molestar, importunar, apurar, atosigar. *3* Moler.
amoïnat, -ada [əmuinȧt, -ȧðə] *a.* Preocupado, intranquilo. *2* Apurado, mohíno.
amoïnós, -osa [əmuinȯs, -ȯzə] *a.* Importuno, que molesta, moledor.
amoixar [əmuʃȧ] *t.* Acariciar, halagar, mimar.
amollar [əmuʎȧ] *t.-i.-prnl.* Blandear, aflojar, soltar.
amollir [əmuʎi] *t.* Ablandar.
amollonar [əmuʎunȧ] *t.* Amojonar.
amonestació [əmunəstəsiȯ] *f.* Amonestación.
amonestar [əmunəstȧ] *t.* Amonestar, apercibir.
amoni [əmɔ́ni] *m.* QUÍM. Amonio.
amoníac [əmuniək] *m.* QUÍM. Amoníaco.
amor [əmȯr] *m.-f.* Amor, querer. *2 pl.* Amoríos. ‖ ~ ***passatger,*** devaneo. ‖ ~ ***propi,*** pique, puntillo. ‖ ***Per ~ de,*** en gracia a, por mor de.
amoral [əmurȧl] *a.* Amoral.
amoretes [əmurɛ́təs] *f. pl.* Piropos, requiebros.
amorf, -fa [əmɔ́rf, -fə] *a.* Amorfo.
amorós, -sa [əmurȯs, -ȯzə] *a.* Amoroso.
amorosir [əmuruzi] *t.* Suavizar, mitigar.
amorrallar [əmurrəʎȧ] *t.* Abozalar.
amorrar [əmurrȧ] *t.-prnl.* Acogotar. *2* Arrimar.
amortallar [əmurtəʎȧ] *t.* Amortajar.
amortidor [əmurtiðȯ] *m.* Amortiguador.
amortir [əmurti] *t.* Extinguir. *2* Amortiguar.
amortització [əmurtidzəsiȯ] *f.* Amortización.
amortitzar [əmurtidzȧ] *t.* Amortizar.
amovible [əmuβibblə] *a.* Amovible.
amper [əmpė̇r] *m.* ELEC. Amperio
amperímetre [əmpərimətrə] *m.* ELEC. Amperímetro.
ampit [əmpit] *m.* Antepecho, pretil.
amplada [əmplȧðə] V. AMPLÀRIA.
amplària [əmplȧriə] *f.* Anchura.
ample, -a [ȧmplə, -plə] *a.* Ancho. *2* Anchuroso, holgado. ‖ ***De ca l'~,*** de padre y muy señor mío.
ampli, àmplia [ȧmpli, ȧmpliə] *a.* Amplio.
ampliació [əmpliəsiȯ] *f.* Ampliación.
ampliar [əmpliȧ] *t.* Ampliar.
amplificació [əmplifikəsiȯ] *f.* Amplificación.
amplificar [əmplifikȧ] *t.* Amplificar.
amplitud [əmplitut] *f.* Amplitud.
ampolla [əmpȯʎə] *f.* Botella, ampolla. ‖ ***Cop d'~,*** botellazo.
ampul·lós, -osa [əmpulȯs, -ȯzə] *a.* Ampuloso.
ampul·lositat [əmpuluzitȧt] *f.* Ampulosidad.
amputació [əmputəsiȯ] *f.* Amputación.
amputar [əmputȧ] *t.* Amputar.
amulet [əmulɛ́t] *m.* Amuleto.
amullerar-se [əmuʎərȧrse] *prnl.* Casarse, el hombre.
amunt [əmun] *adv.* Arriba.
amuntegament [əmuntəɣəmėn] *m.* Amontonamiento.
amuntegar [əmuntəɣȧ] *t.-prnl.* Amontonar, acumular, acopiar, hacinar.
anacoreta [ənəkurɛ́tə] *m.* Anacoreta.
anacrònic, -ca [ənəkrɔ́nik, -kə] *a.* Anacrónico.
anacronisme [ənəkrunizmə] *m.* Anacronismo.
anada [ənȧðə] *f.* Ida. ‖ ~ ***i tornada,*** ida y vuelta.
anadura [ənəðurə] *f.* Andadura. *2* Marcha.
anaerobi, -òbia [ənaerɔ́βi, -ɔ́βiə] *a.* Anaerobio.

anagrama [ənəɣrámə] *m.* Anagrama.
anàleg, -oga [ənálək, -uɣə] *a.* Análogo.
analfabet, -ta [ənəlfəβét, -tə] *a., m.-f.* Analfabeto.
analgèsia [ənəlʒéziə] *f.* MED. Analgesia.
anàlisi [ənálizi] *f.* Análisis.
analista [ənəlistə] *m.-f.* Analista.
analitzar [ənəlidzá] *t.* Analizar.
analogia [ənəluʒiə] *f.* Analogía.
ananàs [ənənás] *m.* BOT. Ananás.
anant [ənán] *m.* Yente. ‖ ***Anants i vinents,*** yentes y vinientes.
anar [əná] *i.* Ir. *2* Andar. ‖ ***Fer ~,*** mover, poner en marcha. ‖ ***Deixar ~,*** soltar, largar. ‖ ***~ de morros,*** hocicar. ‖ ***D'~ per casa,*** de trapillo. ¶ CONJUG. INDIC. Pres.: ***vaig, vas, va, van.*** | Fut.: ***aniré*** o ***iré,*** etc. ‖ SUBJ. Pres.: ***vagi, vagis, vagi, vagin.*** ‖ IMPERAT.: ***vés.***
anar-se'n [ənársən] *prnl.* Partir, marcharse, irse.
anarquia [ənərkiə] *f.* Anarquía.
anarquista [ənərkistə] *a., m.-f.* Anarquista.
anastomosi [ənəstumɔ́zi] *f.* MED. Anastomosis.
anatema [ənətémə] *m.* Anatema.
anatematitzar [ənətəmətidzá] *t.* Anatematizar.
anatomia [ənətumiə] *f.* Anatomía.
anca [áŋkə] *f.* Anca, nalga. *2 pl.* Posaderas.
ancestral [ənsəstrál] *a.* Ancestral.
ancià, -ana [ənsiá, -ánə] *a.* Anciano, longevo, viejo.
ancianitat [ənsiənitát] *f.* Ancianidad.
àncora [áŋkurə] *f.* Ancla, áncora.
ancorar [əŋkurá] *t.-i.* Anclar, ancorar, fondear.
ancoratge [əŋkurádʒə] *m.* MAR. Anclaje, fondeo. *2* Fondeadero.
andalús, -usa [əndəlús, -úzə] *a., m.-f.* Andaluz, jándalo.
Andalusia [əndəluziə] *n. pr.* Andalucía.
andana [əndánə] *f.* Andén, muelle.
andante [əndántə] *adv.-m.* MÚS. Andante.
andarec, -ga [əndərék, -ɣə] *a.* Andariego, andante.
andantino [əndəntino] *adv.-m.* MÚS. Andantino.
andí, -ina [əndi, -inə] *a.* Andino.
andorrà, -ana [əndurrá, -ánə] *a., m.-f.* Andorrano.
androgin, -ògina [əndrɔ́ʒin, -ɔ́ʒinə] *a., m.-f.* Andrógino.
androna [əndrónə] *f.* Buhardilla.
ànec [ánək] *m.* ORNIT. Ánade, pato. ‖ ***~ volador,*** mergo.
anècdota [ənégdutə] *f.* Anécdota.
anèl·lids [ənélits] *m. pl.* ZOOL. Anélidos.
anell [ənéʎ] *m.* Anillo. *2* Sortija. *3* Aro. ‖ ***Com l'~ al dit,*** al pelo, de primera.
anella [ənéʎə] *f.* Anilla, anillo, aro. *2* Eslabón. *3* Aldaba, llamador. *4* Servilletero. *5* Collar (de esclavo).
anèmia [ənémiə] *f.* MED. Anemia.
anèmic, -ca [ənémik, -kə] *a.* Anémico.
anemòmetre [ənəmɔ́mətrə] *a.* Anemómetro.
anestèsia [ənəstéziə] *f.* MED. Anestesia.
anestesiar [ənəstəziá] *t.* Anestesiar.
anestèsic, -ca [ənəstézik, -kə] *a.-m.* Anestésico.
anfractuós, -osa [əmfrəktuós, -ózə] *a.* Anfractuoso.
anfractuositat [əmfrəktuuzitát] *f.* Anfractuosidad.
àngel [ánʒəl] *m.* Ángel. *2* ICT. Lija.
àngela [ánʒələ] *interj.* Eso mismo, esto es.
angèlic, -ca [ənʒélik, -kə] *a.* Angélico.
angelical [ənʒəlikál] *a.* Angelical.
angina [ənʒinə] *m.* MED. Angina.
Anglaterra [əŋglətérrə] *n. pr.* Inglaterra.
angle [áŋglə] *m.* Ángulo.
anglès, -esa [əŋglés, -ézə] *a., m.-f.* Inglés.
anglicà, -ana [əŋgliká, -ánə] *a., m.-f.* Anglicano.
anglicisme [əŋglisizmə] *m.* Anglicismo.
anglo-saxó, -ona [aŋglusəksó, -ónə] *a.* Anglosajón.
angoixa [əŋgóʃə] *f.* Angustia, congoja, ansia, agobio.
angoixar [əŋguʃá] *t.-prnl.* Angustiar, acongojar, agobiar.
angoixós, -osa [əŋguʃós, -ózə] *a.* Angustioso.
angost, -ta [əŋgós(t), -tə] *a.* Angosto.
anguila [əŋgilə] *f.* ICT. Anguila.
anguilejar [əŋgiləʒá] *i.* Serpentear, culebrear.
angula [əŋgúlə] *f.* ICT. Angula.
angular [əŋgulá] *a.* Angular.
angulós, -osa [əngulós, -ózə] *a.* Anguloso.
angúnia [əŋgúniə] *f.* Angustia, congoja, repelo. *2* Apuro, cuidado.
anguniar [əŋguniá] V. ANGUNIEJAR.
anguniejar [əŋguniəʒá] *t.-prnl.* Angustiar, acongojar.
anguniós, -osa [əŋguniós, -ózə] *a.* Angustioso.
anhel [ənél] *m.* Anhelo.
anhelar [ənəlá] *t.-i.* Anhelar.
anhelós, -osa [ənəlós, -ózə] *a.* Anhelante, anheloso.
anhidre, -dra [əniðrə, -ðrə] *a.* Anhidro.
anhídrid [əniðrit] *m.* QUÍM. Anhídrido.
anihilació [əniiləsió] *f.* Aniquilación.
anihilar [əniilá] *t.* Aniquilar.
ànim [ánim] *m.* Ánimo.

ànima [ánimə] *f.* Alma, ánima.
animació [əniməsió] *f.* Animación.
animador, -ra [əniməðó, -rə] *a.* Animador.
animadversió [əniməbbərsió] *f.* Animadversión.
animal [ənimál] *m.* Animal.
animalada [əniməláðə] *f.* fam. Animalada, necedad.
animàlia [ənimáliə] *f.* Alimaña.
animalitat [əniməlitát] *f.* Animalidad.
animalitzar [əniməlidzá] *t.* Animalizar.
animaló [əniməló] *m.* Animalejo.
animar [ənimá] *t.-prnl.* Animar, alentar.
animeta [ənimétə] *f. fam.* Alma. *2* Persona mala y sin escrúpulos. *3* Lamparilla, mariposa. *4* Hijuela.
anímic, -ca [ənimik, -kə] *a.* Anímico.
animós, -osa [ənimós, -ózə] *a.* Animoso, brioso.
animositat [ənimuzitát] *f.* Animosidad.
anió [ənió] *m.* QUÍM. Anión.
aniquilació [ənikiləsió] *f.* Aniquilación.
aniquilar [ənikilá] *t.* Aniquilar.
anís [ənis] *m.* Anís. *2* Gragea.
anisat, -ada [ənizát, -áðə] *a.* Anisado.
anit [ənit] *adv.* Anoche. *2* Esta noche.
anivellament [əniβəʎəmén] *m.* Nivelación.
anivellar [əniβəʎá] *t.* Nivelar, emparejar.
aniversari [əniβərsári] *m.* Aniversario, cumpleaños.
ànode [ánuðə] *m.* ELEC. Ánodo.
anodí, -ina [ənuði, -inə] *a.* Anodino.
anòmal, -ala [ənɔ́məl, -ələ] *a.* Anómalo.
anomalia [ənuməliə] *f.* Anomalía.
anomenada [ənumənáðə] *f.* Nombradía, renombre, fama.
anomenar [ənumənà] *t.-prnl.* Nombrar, llamar, denominar, decir. *2* Mencionar. *3 prnl.* Llamarse.
anomenat, -ada [ənumənát, -áðə] *a.* Renombrado.
anònim, -ma [ənɔ́nim, -mə] *a.-m.* Anónimo.
anormal [ənurmál] *a.* Anormal.
anorreament [ənurreəmén] *m.* Anonadamiento, anonadación, aniquilación.
anorrear [ənurreá] *t.-prnl.* Aniquilar, anonadar.
anotació [ənutəsió] *f.* Anotación, membrete.
anotar [ənutá] *t.* Anotar, apostillar.
anquejar [əŋkəʒá] *i.* Anquear, mengar.
anquilosi [əŋkilɔ́zi] *f.* Anquilosis.
ans [ans] *adv.* Más bien, antes.
ansa [ánsə] *f.* Asa.
ànsia [ánsiə] *f.* Celo, afán. *2* Ansia, angustia. *3* Anhelo. ‖ ***No passi ~,*** descuide usted.
ansiejar [ənsiəʒá] *i.* Estar con ansia.
ansietat [ənsiətát] *f.* Ansiedad.
ansiós, -osa [ənsiós, -ózə] *a.* Ansioso.
antagonisme [əntəγunizmə] *m.* Antagonismo.
antagonista [əntəγunistə] *a., m.-f.* Antagonista.
antany [əntáɲ] *adv.-m.* Antaño. *2* Antigüedad.
antàrtic, -ca [əntártik, -kə] *a.* Antártico.
antecambra [ə̨ntəkámbrə] *f.* Antecámara.
antecedent [əntəsədén] *a.-m.* Antecedente.
antecedir [əntəsədi] *t.* Anteceder, preceder.
antecessor, -ra [əntəsəsó, -rə] *m.-f.* Antecesor.
antediluvià, -ana [ə̨ntəðiluβiá, -ánə] *a.* Antediluviano.
antelació [əntələsió] *f.* Antelación.
antena [əntέnə] *f.* Antena.
antepenúltim, -ma [ə̨ntəpənúltim, -mə] *a.* Antepenúltimo.
anteportada [ə̨ntəpurtáðə] *f.* Anteportada.
anteposar [əntəpuzá] *t.-prnl.* Anteponer.
anteposició [əntəpuzisió] *f.* Anteposición.
anterior [əntərió(r)] *a.* Anterior.
anterioritat [əntəriuritát] *f.* Anterioridad.
antesala [ə̨ntəsálə] *f.* Antesala.
antevigília [ə̨ntəβiʒiliə] *f.* Antevíspera.
antiàcid, -da [ə̨ntiásit, -ðə] *a.-m.* Antiácido.
antic, -iga [əntik, -iγə] *a.* Antiguo. ‖ ***Fet a l'antiga,*** chapado a la antigua.
anticicló [antisikló] *m.* Anticiclón.
anticipació [əntisipəsió] *f.* Anticipación, anticipo.
anticipadament [əntisipə̨ðəmén] *adv.* Anticipadamente.
anticipar [əntisipá] *t.-prnl.* Anticipar.
anticòs [ə̨ntikɔ́s] *m.* Anticuerpo.
anticrist [ə̨ntikrist] *m.* Anticristo.
antídot [əntiðut] *m.* Antídoto.
antistètic, -ca [ə̨ntistέtik, -kə] *a.* Antiestético.
antífona [əntifunə] *f.* Antífona.
antifonari [əntifunári] *m.* Antifonario.
antigalla [əntiγáʎə] *f.* Antigualla.
antigor [əntiγó] *f.* Antigüedad.
antiguitat [əntiγitát] *f.* Antigüedad.
antihigiènic, -ca [ə̨ntiiʒiέnik, -kə] *a.* Antihigiénico.
antílop [əntilup, col. əntilɔ́p] *m.* ZOOL. Antílope.
antimoni [əntimɔ́ni] *m.* Antimonio.
antinòmia [əntinɔ́miə] *f.* Antinomia.
antipapa [ə̨ntipápə] *m.* Antipapa.
antipatia [əntipətiə] *f.* Antipatía.

antipàtic, -ca [əntipátik, -kə] *a.* Antipático.
antípoda [əntipuðə] *m.-f.* Antípoda.
antiquari, -ària [əntikwári, -áriə] *m.-f.* Anticuario.
antiquat, -ada [əntikwát, -áðə] *a.* Anticuado.
antirrevolucionari, -ària [əntirrəβulusiunári, -áriə] *a.* Antirrevolucionario.
antisèpsia [əntisέpsiə] *f.* MED. Antisepsia.
antisèptic, -ca [əntisέptik, -kə] *a.-m.* Antiséptico.
antisocial [əntisusiál] *a.* Antisocial.
antitanc [əntitáŋ] *m.* Antitanque.
antítesi [əntitəzi] *f.* Antítesis.
antitètic, -ca [əntitέtik, -kə] *a.* Antitético.
antitoxina [əntituksinə] *f.* BIOL. Antitoxina.
antologia [əntuluʒiə] *f.* Antología.
antonomàsia [əntunumáziə] *f.* Antonomasia.
antracita [əntrəsitə] *f.* MINER. Antracita.
àntrax [ántrəks] *m.* MED. Ántrax, carbunco.
antre [ántrə] *m.* Antro.
antropòfag, -ga [əntrupɔ́fək, -ɣə] *a., m.-f.* Antropófago.
antropofàgia [əntrupufáʒiə] *f.* Antropofagia.
antropòleg, -oga [əntrupɔ́lək, -uɣə] *m.-f.* Antropólogo.
antropologia [əntrupuluʒiə] *f.* Antropología.
antropomorfisme [əntrupumurfizmə] *m.* Antropomorfismo.
antull [əntúʎ] *m.* Antojo, capricho.
antullar-se [əntuʎársə] *prnl.* Antojarse.
antuvi (d') [dəntúβi] loc. Antes de todo, de antuvión.
anual [ənuál] *a.* Anual, anuo.
anualitat [ənuəlitát] *f.* Anualidad.
anuari [ənuári] *m.* Anuario.
anuència [ənuέnsiə] *f.* Anuencia.
anular [ənulá] *a.* Anular.
anul·lació [ənuləsió] *f.* Anulación.
anul·lar [ənulá] *t.-prnl.* Anular.
anunci [ənúnsi] *m.* Anuncio.
anunciació [ənunsiəsió] *f.* Anunciación.
anunciador, -ra [ənunsiəðó, -rə] *a.* Anunciador.
anunciar [ənunsiá] *t.* Anunciar.
anus [ánus] *m.* ANAT. Ano.
anvers [əmbέrs] *m.* Anverso.
anxova [ənʃɔ́βə] *f.* ICT. Anchoa, boquerón.
any [áɲ] *m.* Año. ‖ ~ ***de traspàs,*** año bisiesto. ‖ ***Anys i panys,*** muchísimo tiempo. ‖ ***Fer anys,*** cumplir años. ‖ ~ ***nou,*** año nuevo.
anyada [əɲáðə] *f.* Cosecha. *2* Anualidad.
anyal [əɲál] *a.* Anual. *2* De este año.
anyell [əɲéʎ] *m.* ZOOL. Cordero.
anyenc, -ca [əɲéŋ, -kə] *a.* Añejo.
anyil [əɲil] *m.* BOT. Añil.
aombrar [əumbrá] *t.* Asombrar.
aorta [əɔ́rtə] *f.* ANAT. Aorta.
apa! [ápə] *interj.* ¡Hale!, ¡hala!, ¡anda!, ¡ea!
apadrinar [əpəðriná] *t.* Apadrinar, amadrinar.
apagador [əpəɣəðó] *a.-m.* Apagador.
apagallums [əpáɣəʎúms] *m.* Apagador, apagavelas, matacandelas.
apagament [əpəɣəmén] *m.* Apagamiento, apagón.
apagar [əpəɣá] *t.-prnl.* Apagar.
apaïsat, -ada [əpəizát, -áðə] *a.* Apaisado.
apaivagar [əpəĭβəɣá] *t.-prnl.* Apaciguar, aplacar.
apallissar [əpəʎisá] *t.* Apalear, azotar, tundear, zurrar.
apanyar [əpəɲá] *t.* Apañar, remendar. *2 prnl.* Arreglarse, apañarse.
aparador [əpərəðó] *m.* Escaparate, aparador.
aparat [əpərát] *m.* Aparato (ostentación), estruendo.
aparatós, -osa [əpərətós, -ózə] *a.* Aparatoso.
aparcament [əpərkəmén] *m.* Aparcamiento.
aparcar [əpərká] *i.* Aparcar.
aparedar [əpərəðá] *t.* Tabicar. *2* Emparedar.
aparèixer [əpərέʃə] *i.-prnl.* Aparecer. ¶ CONJUG. P. P.: ***aparegut.*** ‖ INDIC. Pres.: ***aparec.*** ‖ SUBJ. Pres.: ***aparegui,*** etc. ‖ IMPERAT.: ***apareix.***
aparell [əpərέʎ] *m.* Aparato. *2* Aparejo.
aparellador, -ra [əpərəʎəðó, -rə] *a., m.-f.* Aparejador. *2 m.* Aparejador.
aparellament [əpərəʎəmén] *m.* Acoplamiento, aparejo. *2* Pareo.
aparellar [əpərəʎá] *t.-prnl.* Aparejar, preparar, aviar. *2* Aparear, parear.
aparença [əpərέnsə] *f.* Apariencia, viso, ver, pergeño, semblante.
aparençar [əpərənsá] *t.* Simular, aparentar.
aparent [əpərén] *a.* Aparente.
aparentar [əpərəntá] *t.* Aparentar.
apariar [əpəriá] *t.* Aparear, parear. *2* Componer, recomponer, remendar.
aparició [əpərisió] *f.* Aparición.
aparionar [əpəriuná] *t.* Emparejar, parear.
apart [əpár(t)] *m.* Aparte.
apartar [əpərtá] *t.-prnl.* Apartar.

apartat, -ada [əpərtát, -áðə] *a.-m.* Apartado.
apassionament [əpəsiunəmén] *m.* Apasionamiento.
apassionat, -ada [əpəsiunát, -áðə] *a.* Apasionado.
apassionar [əpəsiuná] *t.-prnl.* Apasionar.
àpat [ápət] *m.* Comida.
apatia [əpətiə] *f.* Apatía.
apàtic, -ca [əpátik, -kə] *a.* Apático.
apedaçar [əpəðəsá] *t.* Remendar, apedazar.
apedregar [əpəðrəγá] *t.-prnl.* Apedrear. *2 prnl.* Formarse piedras o cálculos en el organismo.
apegalós, -osa [əpəγəlós, -ózə] *a.* Pegadizo, empalagoso. *2* Pegajoso.
apelfat, -ada [əpelfát, -áðə] *a.* Afelpado.
apel·lació [əpələsió] *f.* Apelación.
apel·lar [əpəlá] *i.* Apelar.
apel·latiu, -iva [əpələtiŭ, -íβə] *a.* Apelativo.
apendicitis [əpəndisitis] *f.* MED. Apendicitis.
apèndix [əpéndiks] *m.* Apéndice.
apercebre [əpersέβrə] *t.-prnl.* Percibir, advertir. *2* Apercibir, reconocer. ¶ CONJUG. INDIC. Pres.: ***aperceps, apercep.***
apergaminat, -ada [əpərγəminát, -áðə] *a.* Apergaminado.
aperitiu, -iva [əpəritiŭ, -íβə] *a.-m.* Aperitivo.
apesarat, -ada [əpəzərát, -áðə] *a.* Apesadumbrado.
apetència [əpətέnsiə] *f.* Apetencia.
apetible [əpətibblə] *a.* Apetecible.
apetit [əpətit] *m.* Apetito.
apetitós, -osa [əpətitós, -ózə] *a.* Apetitoso.
àpex [ápəks] *m.* Ápice.
api [ápi] *m.* BOT. Apio.
apiadar-se [əpiəðársə] prnl. Apiadarse.
apicultor, -ra [əpikultó, -rə] *m.-f.* Apicultor.
apicultura [əpikultúrə] *f.* Apicultura.
apilar [əpilá] *t.* Apilar, apilonar, hacinar.
apilonar [əpiluná] V. APILAR.
apilotar [əpilutá] *t.-prnl.* Amontonar, apelotonar. *2 prnl.* Agolparse.
apinyar [əpiɲá] *t.-prnl.* Apiñar.
apinyat, -ada [əpiɲát, -áðə] *a.* Apiñado, tupido.
aplacar [əpləká] *t.* Aplacar.
aplanador, -ra [əplənəðó, -rə] *a., m.-f.* Aplanador, aplanadera. *2 f.* Apisonadora. ‖ ***Passar per l'~***, pasar por el tubo.
aplanament [əplənəmén] *m.* Aplanamiento, allanamiento. *2* Abatimiento.
aplanar [əpləná] *t.-prnl.* Aplanar, allanar. *2* Abatir.
aplançonar [əplənsuná] *t.* Zurrar.
aplatar [əplətá] *t.* Achatar.
aplaudiment [əpləŭðimén] *m.* Aplauso. *2 m. pl.* Palmas.
aplaudir [əpləŭði] *i.-t.* Aplaudir.
aplec [əplέk] *m.* Reunión, congregación. *2* Romería.
aplegadís, -issa [əpləγəðis, -isə] *a.* Allegadizo.
aplegar [əpləγá] *t.-prnl.* Reunir, congregar, juntar, allegar. *2* Llegar.
aplicable [əplikábblə] *a.* Aplicable.
aplicació [əplikəsió] *f.* Aplicación. *2* Cortapisa.
aplicar [əpliká] *t.-prnl.* Aplicar.
aplicat, -ada [əplikát, -áðə] *a.* Aplicado.
aplom [əplóm] *m.* Aplomo.
aplomar [əplumá] *t.* Aplomar.
àpoca [ápukə] *f.* Finiquito.
apocalipsi [əpukəlipsi] *m.* Apocalipsis.
apocament [əpukəmén] *m.* Apocamiento.
apocar [əpuká] *t.-prnl.* Apocar.
apocat, -ada [əpukát, -áðə] *a.* Apocado, mandria, ñoño.
apòcope [əpɔ́gŷəə] *f.* GRAM. Apócope.
apòcrif, -fa [əpɔ́krif, -fə] *a.-m.* Apócrifo.
apoderament [əpuðérəmén] *m.* Apoderamiento, incautación.
apoderar [əpuðərá] *t.-prnl.* Apoderar. *2 prnl.* Incautarse.
apoderat, -ada [əpuðərát, -áðə] *a.-m.* Poderoso. *2* Apoderado.
apòdosi [əpɔ́ðozi] *f.* GRAM. Apódosis.
apòfisi [əpɔ́fizi] *f.* ANAT. Apófisis.
apogeu [əpuʒέu] *m.* Apogeo.
***apoiar** [əpuja] *t.-prnl.* Apoyar.
apologètic, -ca [əpuluʒέtik, -kə] *a.* Apologético. *2 f.* Apologética.
apologia [əpuluʒiə] *f.* Apología.
apomellar [əpuməʎá] *t.* Amanojar.
apoplèctic, -ca [əpuplέktik, -kə] *a., m.-f.* Apoplético.
apoplexia [əpupləksiə] *f.* MED. Apoplejía.
aporrinar [əpurriná] *t.* Denostar. *2* Maltratar, vejar.
aportació [əpurtəsió] *f.* Aportación.
aportar [əpurtá] *t.* Aportar.
aposentador, -ra [əpuzəntəðó, -rə] *m.-f.* Aposentador.
aposentament [əpuzəntəmén] *m.* Aposentamiento, aposento.
aposentar [əpuzəntá] *t.-prnl.* Aposentar.
aposició [əpuzisió] *f.* GRAM. Aposición.
aposta [əpɔ́stə] *f.* Apuesta.
apostar [əpustá] *t.-i.-prnl.* Apostar.
apostasia [əpustəsiə] *f.* Apostasía.
apòstata [əpɔ́stətə] *m.-f.* Apóstata.

apostatar [əpustətá] *i.* Apostatar.
a posteriori [əpustəriɔ́ri] loc. A posteriori.
apòstol [əpɔ́stul] *m.* Apóstol.
apostolat [əpustulát] *m.* Apostolado.
apòstrof [əpɔ́struf] *m.* GRAM. Apóstrofo.
apostrofar [əpustrufá] *t.* Apostrofar.
apóstrofe [əpɔ́strufə] *m.* RET. Apóstrofe.
apotecari [əputəkári] *m.* Boticario, farmacéutico.
apotecaria [əputəkəriə] *f.* Botica, farmacia.
apoteosi [əputəɔ́zi] *f.* Apoteosis.
apoteòsic, ca [əputəɔ́zic, -ikə] *a.* Apoteósico.
apreciable [əprəsiábblə] *a.* Apreciable.
apreciació [əprəsiəsió] *f.* Apreciación, aprecio.
apreciar [əpresiá] *t.* Apreciar.
aprehendre [əprəɛndrə] *t.* Aprehender.
aprehensible [əprəənsibblə] *a.* Aprehensible.
aprendre [əpréndrə] *t.* Aprender. ¶ CONJUG. GER.: ***aprenent.*** ‖ P. P.: ***après.*** ‖ INDIC. Pres.: ***aprenc, aprens, aprèn,*** etc. ‖ SUBJ. Pres.: ***aprengui, aprenguis,*** etc. | Imperf.: ***aprengués, aprenguessis,*** etc.
aprenent, -ta [əprənén, -tə] *m.-f.* Aprendiz, principiante.
aprenentatge [əprənəntádʒə] *m.* Aprendizaje.
aprensió [əprənsió] *f.* Aprensión, recelo.
aprensiu, -iva [əprənsiu, -iβə] *a.* Aprensivo.
apressadament [əprəsa̧ðəmén] *adv.* Apresuradamente.
apressament [əprəsəmén] *m.* Apresuramiento, apremio.
apressant [əprəsán] *a.* Apremiante, premioso.
apressar [əprəsá] *t.-i.-prnl.* Apresurar, apremiar. *2* Acelerar.
apressat, -ada [əprəsát, -áðə] *a.* Apresurado, presuroso.
aprest [əprés(t)] *m.* Apresto.
aprestar [əprəstá] *t.* Aprestar.
apreuar [əprəwá] *t.* Aquilatar.
aprimament [əpriməmén] *m.* Enflaquecimiento.
aprimar [əprimá] *i.-prnl.* Adelgazar. *2* Afinar.
a priori [əpriɔ́ri] loc. A priori.
aprofitable [əprufitábblə] *a.* Aprovechable.
aprofitador, -ra [əprufitəðó, -rə] *a.* Aprovechado. *2* Abusón.
aprofitament [əprufitəmén] *m.* Aprovechamiento.
aprofitar [əprufitá] *t.-i.-prnl.* Aprovechar.
aprofitat, -ada [əprufitát, -áðə] *a.* Aprovechado.
aprofundir [əprufundí] *t.* Profundizar, ahondar.
apropament [əprupəmén] *m.* Acercamiento.
apropar [əprupá] *t.-prnl.* Acercar, aproximar, avecinar.
apropiació [əprupiəsió] *f.* Apropiación.
apropiadament [əprupia̧ðəmén] *adv.* Apropiadamente.
apropiar [əprupiá] *t.-prnl.* Apropiar. *2 prnl.* Adueñarse.
apropiat, -ada [əprupiát, -áðə] *a.* Apropiado.
aprovació [əpruβəsió] *f.* Aprobación.
aprovador, -ra [əpruβəðó, -rə] *a., m.-f.* Aprobador.
aprovar [əpruβá] *t.* Aprobar.
aprovat [əpruβát] *m.* Aprobado.
aprovisionament [əpruβiziunəmén] *m.* Abastecimiento.
aprovisionar [əpruβiziuná] *t.* Abastecer, aprovisionar.
aproximació [əpruksimasió] *f.* Aproximación.
aproximadament [əpruksimaðəmén] *adv.* Aproximadamente.
aproximar [əpruksimá] *t.-prnl.* Aproximar.
apte, -ta [áptə, -tə] *a.* Apto.
àpter, -ra [áptər, -rə] *a.* Áptero.
aptitud [əptitút] *f.* Aptitud.
apujar [əpuʒá] *t.* Subir, elevar, aumentar.
apunt [əpún] *m.* Apunte.
apuntació [əpuntəsió] *f.* Apunte, apuntación.
apuntador, -ra [əpuntəðó, -rə] *a., m.-f.* Apuntador. *2* Puntero.
apuntalament [əpuntələmén] *m.* Apuntalamiento. *2* Hincapié.
apuntalar [əpuntəlá] *t.-prnl.* Apuntalar. *2 prnl.* Afirmarse.
apuntar [əpuntá] *t.-i.-prnl.* Apuntar, rayar. *2* Asomar. ‖ ~ ***el día,*** amanecer.
apunyalar [əpuɲəlá] *t.* Apuñalar.
apunyegar [əpuɲəɣá] *t.* Apuñear.
apurar [əpurá] *t.* Depurar, apurar.
aquarel·la [əkwərɛ́llə] *f.* PINT. Acuarela.
aquarel·lista [əkwərəllistə] *m.-f.* Acuarelista.
aquàrium [əkwáriŭm] *m.* Acuario.
aquarterar [əkwərtərá] *t.* MIL. Acuartelar.
aquàtic, -ca [əkwátik, -kə] *a.* Acuático.
aqüeducte [əkwəðúktə] *m.* Acueducto.
aqueferat, -ada [əkəfərát, -áðə] *a.* Atareado.
aqueix, -xa [əkɛ́ʃ, -ʃə] *a. dem.* Ese. *2 pron. dem.* Ése.
aquell, -lla [əkɛ́ʎ, -ʎə] *a. dem.* Aquel. *2 pron. dem.* Aquél.

aquest, -ta [əkét, -stə] *a. dem.* Este. *2 pron. dem.* Éste.
aquí [əkí] *adv.* Ahí, acá. *2* Aquí.
aquiescència [əkiəsέnsiə] *f.* Aquiescencia.
aquietament [əkiətəmén] *m.* Aquietamiento.
aquietar [əkiətá] *t.* Aquietar.
aquilí, -ina [əkilí, -inə] *a.* Aguileño.
aquiló [əkiló] *m.* METEOR. Aquilón.
aquissar [əkisá] *t.* Azuzar, huchear.
aquós, -osa [əkwós, -ózə] *a.* Acuoso.
ara [árə] *f.* Ara.
ara [árə] *adv.-conj.* Ahora, ora. ‖ ***D'~ endavant,*** en adelante, de hoy en adelante. ‖ ***~ per ~,*** por ahora, hoy por hoy. ‖ ***~ com ~,*** por ahora, mientras tanto. ‖ ***Fins ~,*** hasta luego. *2 conj.* Sin embargo. ‖2 ***~ bé,*** ahora bien.
àrab [árəp] *a., m.-f.* Árabe. *2* Algarabía.
arabesc, -ca [ərəβέsk, -kə] *a.-m.* Arabesco, tracería.
aràbic, -iga [əráβik, -iɣə] *a.* Arábigo.
arabisme [ərəβízmə] *m.* Arabismo.
aràcnids [əráŋnits] *m. pl.* ZOOL. Arácnidos.
arada [əráðə] *f.* AGR. Arado.
Aragó [ərəɣó] *n. pr.* Aragón.
aragonès, -esa [ərəɣunέs, -έzə] *a., m.-f.* Aragonés, maño.
aram [ərám] *m.* MET. Cobre.
arandella [ərəndéʎə] *f.* Arandela.
aranya [əráɲə] *f.* ZOOL. Araña. *2* Peje.
aranyó [ərəɲó] *m.* BOT. Endrina.
aranzel [ərənzέl] *m.* Arancel.
arbitrar [ərβitrá] *t.* Arbitrar.
arbitrarietat [ərβitrəriətát] *f.* Arbitrariedad.
arbitratge [ərβitrádʒə] *m.* Arbitraje.
àrbitre, -tra [árβitrə, -trə] *m.-f.* Árbitro.
arbitri [ərβítri] *m.* Arbitrio.
arboç [ərβós] *m.* BOT. Madroño.
arboradura [ərβurəðúrə] *f.* NÁUT. Arboladura.
arborar [ərβurá] *t.-prnl.* NÁUT. Enarbolar, tremolar. *2* Inflamar.
arborescent [ərβurəsén] *a.* Arborescente.
arbori, -òria [ərβɔ́ri, -ɔ́riə] *a.* Arbóreo.
arborització [ərβuridzəsió] *f.* Arborización.
arbrat [əβrát] *m.* Arbolado.
arbre [áβrə] *m.* Árbol. *2* Mástil, palo. *3* Eje. ‖ ***~ de l'amor,*** ciclamor.
arbreda [ərβrέðə] *f.* Arboleda.
arbust [ərβús(t)] *m.* Arbusto.
arc [ark] *m.* Arco. ‖ ***~ boterell,*** arbotante. ‖ ***~ de sant Martí, ~ iris,*** arco iris.
arç [ars] *m.* BOT. Espino, arce, majoleto, marjoleto, cambronera.
arca [árkə] *f.* Arca.
arcà, -ana [ərká, -ánə] *a.-m.* Arcano.
arcabús [ərkəβús] *m.* ARTILL. Arcabuz.
arcabusser [ərkəβusé] *m.* ARTILL. Arcabucero.
arcada [ərkáðə] *f.* Arcada.
arcaic, -ca [ərkáĭk, -kə] *a.* Arcaico.
arcaisme [ərkəízmə] *m.* Arcaismo.
arcàngel [ərkánʒəl] *m.* Arcángel.
arcar [ərká] *t.-prnl.* Arquear, enarcar.
arçar [ərsá] *m.* Espinar, arcedo.
arçó [ərsɔ́] *m.* Arzón.
ardència [ərðέnsiə] *f.* Ardor.
ardent [ərðén] *a.* Ardiente.
ardiaca [ərðiákə] *m.* Arcediano.
ardidament [ərðiðəmén] *adv.* Intrépidamente.
ardidesa [ərðiðέzə] *f.* Intrepidez, denuedo, osadía, valor.
ardiment [ərðimén] *m.* Ardimiento, intrepidez, denuedo, osadía, valor.
ardit, -ida [ərðít, -íðə] *a.* Intrépido, denodado, osado, valeroso. *2 m.* Ardid, treta, manganilla.
ardor [ərðó] *m.-f.* Ardor.
ardorós, -osa [ərðurós, -ózə] *a.* Ardoroso, hervoroso.
ardu, -àrdua [árðu, árduə] *a.* Arduo.
àrea [áreə] *f.* Área.
arena [ərέnə] *f.* Arena.
areng [ərέŋ] V. ARENGADA.
arenga [ərέŋgə] *f.* Arenga.
arengada [ərəŋgáðə] *f.* ICT. Arenque.
arengar [ərəŋgá] *t.* Arengar.
arenós, -osa [ərənós, -ózə] *a.* Arenisco, arenoso.
areny [ərέɲ] *m.* Arenal.
arèola [ərέulə] *f.* Aréola.
areòmetre [ərəɔ́mətrə] *m.* Areómetro.
aresta [əréstə] *f.* Arista. *2* Raspa.
argamassa [ərɣəmásə] *f.* CONSTR. Argamasa.
argelaga [ərʒəláɣa] *f.* BOT. Aulaga.
argelagar [ərʒələɣá] *m.* Aulagar, aliagar.
argent [ərʒén] *m.* Plata. ‖ ***~ viu,*** pizpireta.
argentar [ərʒəntá] *t.* Platear.
argentat, -ada [ərʒəntát, -áðə] *a.* Plateado.
argenter, -ra [ərʒənté, -rə] *m.-f.* Platero, joyero.
argenteria [ərʒəntəriə] *f.* Platería, joyería.
argentí, -ina [ərʒəntí, -inə] *a., m.-f.* Argénteo. *2* Argentino.
argentífer, -ra [ərʒəntífər, -rə] *a.* Argentífero.
argila [ərʒílə] *f.* Arcilla.
argilós, -osa [ərʒilós, -ózə] *a.* Arcilloso.
argolla [ərɣóʎə] *f.* Argolla, aldaba, servilletero.

argó [əryó] *m.* Argo.
argonauta [əryunáŭtə] *m.* ICT. Argonauta.
argot [əryɔ́t] *m. fr.* Argot, jerga, jerigonza.
argúcia [əryúsiə] *f.* Argucia.
argüir [əryuí] *i.-t.* Argüir.
argument [əryumén] *m.* Argumento.
argumentació [əryuməntəsió] *f.* Argumentación.
argumentar [əryuməntá] *i.* Argumentar.
ari, ària [ári, áriə] *a., m.-f.* Ario.
ària [áriə] *f.* MÚS. Aria.
àrid, àrida [árit, áriðə] *a.* Árido.
aridesa [əriðέzə] *f.* Aridez.
ariet [əriέt] *m.* MIL. Ariete.
aristocràcia [əristukrásiə] *f.* Aristocracia.
aristòcrata [əristɔ́krətə] *m.-f.* Aristócrata.
aristocràtic, -ca [əristukrátik, -kə] *a.* Aristocrático.
arítjol [əridʒul] *m.* BOT. Zarzaparrilla.
aritmètic, -ca [ərimmétik, -kə] *a., m.-f.* Aritmético. *2 f.* Aritmética.
arma [ármə] *f.* Arma.
armada [ərmáðə] *f.* Armada.
armador [ərməðó] *m.* Armador.
armadura [ərməðúrə] *f.* Armadura, armazón.
armament [ərməmén] *m.* Armamento.
armar [ərmá] *t.-prnl.* Armar.
armari [ərmári] *m.* Armario. ‖ ~ ***de paret,*** alacena.
armella [ərméʎə] *f.* Armella, aldaba, llamador.
armer, -ra [ərmé, -rə] *m.-f.* Armero.
armeria [ərməriə] *f.* Armería.
armilla [ərmiʎə] *f.* Chaleco.
armistici [ərmistisi] *m.* Armisticio.
arna [árnə] *f.* ENTOM. Polilla. *2* Arna, colmena.
arnadura [ərnəðúrə] *f.* Apolilladura.
arnar-se [ərnársə] *prnl.* Apolillarse.
arnat, -ada [ərnát, -áðə] *a.* Apolillado.
aroma [əróma] *f.* Aroma.
aromàtic, -ca [ərumátik, -kə] *a.* Aromático.
aromatitzar [ərumətidzá] *t.* Aromatizar.
aromer [ərumé] *m.* BOT. Aromo.
aromós, -osa [ərumós, -ózə] *a.* Aromoso, aromático.
arpa [árpə] *f.* MÚS. Arpa, harpa. *2* Garra, zarpa.
arpegi [ərpέʒi] *m.* MÚS. Arpegio.
àrpies [árpiəs] *f. pl.* Laya.
arpillera [ərpiʎérə] *f.* Harpillera, arpillera.
arpista [ərpistə] *m.-f.* MÚS. Arpista.
arpó [ərpó] *m.* Arpón.
arponar [ərpuná] *t.* Arponar, arponear.
arponer [ərpuné] *m.* Arponero.
arquebisbat [ərkəβizβát] *m.* Arzobispado.
arquebisbe [ərkəβizβə] *m.* Arzobispo.
arqueig [ərkέtʃ] *m.* Arqueo.
arquejar [ərkəʒá] *t.* Arquear, enarcar.
arqueòleg, -òloga [ərkəɔ́lək, -ɔ́luyə] *m.-f.* Arqueólogo.
arqueologia [ərkəuluʒiə] *f.* Arqueologia.
arqueològic, -ca [ərkəulɔ́ʒik, -kə] *a.* Arqueológico.
arquer [ərké] *m.* Arquero.
arquet [ərkέt] *m.* Arco (de violín).
arqueta [ərkέtə] *f.* Arqueta.
arquetipus [ərkətipus] *m.* Arquetipo.
arquilla [ərkiʎə] *f.* Arquilla.
arquitecte [ərkitέktə] *m.* Arquitecto.
arquitectònic, -ca [ərkitəktɔ́nik, -kə] *a.* Arquitectónico.
arquitectura [ərkitəktúrə] *f.* Arquitectura.
arquitrau [ərkitráŭ] *m.* ARQ. Arquitrabe.
arquivolta [ərkiβɔ́ltə] *f.* ARQ. Archivolta.
arrabassar [ərrəβəsá] *t.* Arrancar. *2* Descuajar. *3* Arrebatar.
arravatat, -ada [ərrəβətát, -áðə] *a.* Arrebatado.
arracada [ərrəkáðə] *f.* Pendiente, arracada, perendengue, zarcillo. ‖ ~ ***de peix,*** barbilla.
arraconar [ərrəkuná] *t.* Arrinconar, arrumbar, desechar.
arramassar [ərrəməsá] *t.* Recoger. *2* Arrebañar.
arrambada [ərrəmbáðə] *f.* Arrimo.
arrambar [ərrəmbá] *t.-prnl.* Arrimar, arrumbar.
arrambatge [ərrəmbádʒə] *m.* Reprimenda, rapapolvo, bronca, mandoble.
arran [ərrán] *adv.* A ras, cabe. *2* Al rape. ‖ ~ ***de,*** a raíz de.
arranar [ərrəná] *t.* Cortar de raíz. *2* Rapar. *3* Arrasar.
arrancar [ərrəŋká] V. ARRENCAR.
arranjament [ərrənʒəmén] *m.* Arreglo.
arranjar [ərrənʒá] *t.-prnl.* Arreglar, adecentar, aviar. *2* Apañarse.
arrapar [ərrəpá] *t.* Arrebatar, arrobar. *2 prnl.* Agarrarse, aferrarse.
arrasador [ərrəzəðó] *m.* Rasero.
arrasar [ərrəzá] *t.* Arrasar, arrollar.
arraulir [ərrəŭlí] *t.-prnl.* Abatir. *2 prnl.* Acurrucarse, encogerse.
arrauxat, -ada [ərrəŭʃát, -áðə] *a.* Caprichoso, arrebatado.
arravatament [ərrəβətəmén] *m.* Arrebatamiento, arrebato, rapto.
arravatar-se [ərrəβətársə] *prnl.* Arrebatarse.

arrebossar [ərrəβusá] *t.* Revocar, enlucir. *2* Rebozar.
arrebossat [ərrəβusát] *m.* coc. Revoque, enlucido. *2* Albardilla.
arrecerar [ərrəsərá] *t.-prnl.* Guarecer, abrigar, cobijar, resguardar.
arreglament [ərrəgglәmén] *m.* Arreglo.
arreglar [ərrəgglá] *t.-prnl.* Arreglar, apañar. *2 prnl.* Componerse.
arreglat, -ada [ərrəgglát, -áðə] *a.* Reglado.
arrel [ərrɛ́l] *f.* Raíz. ‖ ***Posar arrels,*** echar raíces.
arrelam [ərrəlám] *m.* Raigambre.
arrelament [ərrələmén] *m.* Arraigo, raigambre.
arrelar [ərrəlá] *i.-prnl.* Arraigar, enraizar.
arremangar [ərrəməŋgá] *t.-prnl.* Arremangar.
arremesa [ərrəmɛ́zə] *f.* Arremetida.
arremetre [ərrəmétrə] *t.-i.* Arremeter. ¶ CONJUG. P. P.: ***arremès.***
arremolinar [ərrəmuliná] *t.-prnl.* Remolinar. *2 prnl.* Arremolinarse.
arrencada [ərrəŋkáðə] *f.* Arrancadura, arranque. *2* Arranque, arrancada, empuje.
arrencament [ərrəŋkəmén] *m.* Arrancadura, arranque.
arrencaqueixals [ərrɛ́ŋkəkəʃáls] *m.* Sacamuelas.
arrencar [ərrəŋká] *t.-i.* Arrancar. *2* Desgajar. *3* Mesar. *4* Rapar. ‖ ~ ***a córrer,*** echar a correr.
arrendador, -ra [ərrəndəðó, -rə] *a., m.-f.* Arrendador.
arrendament [ərrəndəmén] *m.* Arrendamiento, arriendo.
arrendar [ərrəndá] *t.* Arrendar.
arrendatari, -ària [ərrəndətári, -áriə] *a., m.-f.* Arrendatario.
arrenglerar [ərrəŋglərá] *t.-prnl.* Alinear.
arrepapar-se [ərrəpəpársə] *prnl.* Apoltronarse, arrellanarse.
arreplega [ərrəplɛ́ɣə] *f.* Acopio.
arreplegador, -ra [ərrəpləɣəðó, -rə] *a.* Recogedor. *2 m.* Recogedor, acopiador.
arreplegar [ərrəpləɣá] *t.* Recoger, acoger. *2* Allegar.
arres [árrəs] *f. pl.* Arras.
arrest [ərrés(t)] *m.* Arresto. *2* Parada, paro.
arrestar [ərrəstá] *t.* Arrestar. *2 prnl.* Pararse, detenerse.
arrestat, -ada [ərrəstát, -áðə] *a., m.-f.* Detenido.
arreu [ərrɛ́u] *adv.* Dondequiera, doquier, doquiera, por todas partes.
arreu [ərrɛ́u] *m. pl.* Aparejo, arreo, jaez.
arreveure [ərrəβɛ́ŭrə] *m.* Despedida.
arri! [árri] *interj.* ¡Arre!
arriar [ərriá] *t.* NÁUT. Arrear. *2* Tirar, arrastrar. *3* Arriar.
arribada [ərriβáðə] *f.* Llegada, arribada, arribo.
arribar [ərriβá] *i.* Llegar. *2* Alcanzar.
arrimador [ərriməðó] *m.* Arrimadero.
arrimar [ərrimá] *t.-prnl.* Arrimar.
arriscar [ərriská] *t.-prnl.* Arriesgar.
arriscat, -ada [ərriskát, -áðə] *a.* Arriesgado.
arrissada [ərrisáðə] *f.* Rizado.
arrissar [ərrisá] *t.-prnl.* Rizar, ensortijar.
arrítmic, -ca [ərridmik, -kə] *a.* Arrítmico.
arrodonir [ərruðuni] *t. prnl.* Redondear.
arrogació [ərruɣəsió] *f.* Arrogación.
arrogància [ərruɣánsiə] *f.* Arrogancia.
arrogant [ərruɣán] *a.* Arrogante.
arrogar-se [ərruɣársə] *prnl.* Arrogarse.
arromangada [ərruməŋgáðə] *f.* Arremango.
arromangar [ərruməɲgá] *t.* Arremangar.
arronsament [ərrunsəmén] *m.* Encogimiento.
arronsar [ərrunsá] *t.-prnl.* Encoger. *2* Rajarse. ‖ ~ ***les espatlles,*** encogerse de hombros.
arrop [ərrɔ́p] *m.* Arrope.
arròs [ərrɔ́s] *m.* BOT. Arroz. ‖ ***D'~,*** de balde, de gorra.
arrossaire [ərrusáĭrə] *m.* Arrocero, gorrista.
arrossar [ərrusá] *m.* Arrozal.
arrossegada [ərrusəɣáðə] V. ARROSSEGAMENT.
arrossegall [ərrusəɣáʎ] *m.* Rastra.
arrossegament [ərrusəɣəmɛ́n] *m.* Arrastre.
arrossegar [ərrusəɣá] *t.-i.-prnl.* Arrastrar. *2 prnl.* Reptar.
arrosser, -ra [ərrusé, -rə] *a., m.-f.* Arrocero.
arrossinat, -ada [ərrusinát, -áðə] *a.* Arrastrado, achacoso. *2* Matalón.
arrufar [ərrufá] *t.* Fruncir.
arruga [ərrúɣə] *f.* Arruga.
arrugar [ərruɣá] *t.-prnl.* Arrugar.
arruïnar [ərruiná] *t.-prnl.* Arruinar. *2 prnl.* Tronar.
arruixar [ərruʃá] *t.* Oxear, ahuyentar.
arruixat, -ada [ərruʃát, -áðə] *a.* Arrebatado.
arrupir-se [ərrupírsə] *prnl.* Agazaparse, encogerse, acurrucarse.
arsenal [ərsənál] *m.* Arsenal.
arsènic [ərsɛ́nik] *m.* Arsénico.

art [árt(t)] *m.-f.* Arte.
artefacte [ərtəfáktə] *m.* Artefacto.
arter, -ra [ərté, -rə] *a.* Artero.
artèria [ərtériə] *f.* ANAT. Arteria.
arteria [ərtəriə] *f.* Artería, triquiñuela, chanchullo, marrullería.
arterial [ərtəriál] *a.* Arterial.
arteriosclerosi [ərtɛriusklərɔ́zi] *f.* MED. Arteriosclerosis.
arterós, -osa [ərtərós, -ózə] *a.* Artero, astuto, zaino.
artesà, -ana [ərtəzá, -ánə] *m.-f.* Artesano.
artesià, -ana [ərtəziá, -ánə] *a.* Artesiano.
àrtic, -ca [ártik, -kə] *a.* Ártico.
article [ərtiklə] *m.* Artículo.
articulació [ərtikuləsió] *f.* Articulación.
articular [ərtikulá] *t.* Articular.
articular [ərtikulá] *a.* Articular.
articulat, -ada [ərtikulát, -áðə] *a.-m.* Articulado.
articulista [ərtikulistə] *m.-f.* Articulista.
artífex [ərtifəks] *m.-f.* Artífice.
artifici [ərtifisi] *m.* Artificio.
artificial [ərtifisiál] *a.* Artificial.
artificiós, -osa [ərtifisiós, -ózə] *a.* Artificioso. *2* Hechizo.
artigar [ərtiγá] *t.* Artigar.
artillar [ərtiʎá] *t.* Artillar.
artiller [ərtiʎé] *m.* Artillero.
artilleria [ərtiʎəriə] *f.* Artillería.
artista [ərtistə] *m.-f.* Artista.
artístic, -ca [ərtistik, -kə] *a.* Artístico.
artròpodes [ərtrɔ́puðəs] *m. pl.* ZOOL. Artrópodos.
arxiduc [ərʃiðúk] *m.* Archiduque.
arxiduquessa [ərʃiðukésə] *f.* Archiduquesa.
arxipèlag [ərʃipɛ́lək] *m.* Archipiélago.
arxiprest [ərʃiprés(t)] *m.* Arcipreste.
arxiu [ərʃiu] *m.* Archivo.
arxivador [ərʃiβəðó] *m.* Archivador, casillero.
arxivar [ərʃiβá] *t.* Archivar.
arxiver, -ra [ərʃiβé, -rə] *m.-f.* Archivero, archivador.
as [as] *m.* As.
ascendència [əsəndɛ́nsiə] *f.* Ascendencia.
ascendent [əsəndén] *a.* Ascendente, ascendiente. *2 m.* Ascendiente.
ascendir [əsəndi] *i.-t.* Ascender.
ascens [əsɛ́ns] *m.* Ascenso.
ascensió [əsənsió] *f.* Ascensión.
ascensor [əsənsó(r)] *m.* Ascensor.
asceta [əsétə] *m.* Asceta.
ascetisme [əsətizmə] *m.* Ascetismo.
ase [ázə] *m.* Asno, burro, jumento. || ~ ***dels cops,*** borricón.
asèptic, -ca [əsɛ́ptik, -kə] *a.* Aséptico.
asexual [əsəksuál] *a.* Asexual.
asfalt [əsfál(t)] *m.* Asfalto.
asfaltar [əsfəltá] *t.* Asfaltar.
asfíxia [əsfiksiə] *f.* Asfixia.
asfixiant [əsfiksián] *a.* Asfixiante.
asfixiar [əsfiksiá] *t.* Asfixiar.
asiàtic, -ca [əziátik, -kə] *a.* Asiático.
asil [əzil] *m.* Asilo.
asilat, -ada [əzilát, -áðə] *a.* Asilado.
asimetria [əsimətriə] *f.* Asimetría.
asiní, -ina [əzini, -inə] *a.* Asnal.
asma [ázmə] *f.* MED. Asma.
aspa [áspə] *f.* Aspa.
aspecte [əspéktə] *m.* Aspecto, vitola, cariz, sesgo.
asperges [əspɛ́rʒəs] *m. pl.* Asperges. *2* Hisopada. *3* Hisopo.
aspergir [əspərʒi] *t.* Asperjar.
aspersió [əspərsió] *f.* Aspersión.
aspersori [əpərsɔ́ri] *m.* Aspersorio.
aspiar [əspiá] *t.* Aspar.
àspid [áspit] *m.* ZOOL. Áspid.
aspiració [əspirəsió] *f.* Aspiración.
aspirador [əspirəðó] *m.* Aspirador. || ~ ***d'aire,*** molinete.
aspirant [əspirán] *a., m.-f.* Aspirante.
aspirar [əspirá] *i.-t.* Aspirar.
aspirina [əspirinə] *f.* Aspirina.
asprar [əsprá] *t.* Rodrigar.
aspre [ásprə] *m.* Rodrigón.
aspre, -pra [ásprə, -prə] *a.* Áspero. *2* Rudo, recio, bronco.
aspresa [əsprɛ́za] V. ASPROR.
aspror [əspró] *f.* Aspereza.
assabentar [əsəβəntá] *t.* Enterar, informar.
assaborir [əsəβuri] *t.* Saborear.
assagetar [əsəʒətá] *t.* Asaetear, flechar.
assagista [əsəʒistə] *m.-f.* Ensayista.
assaig [əsátʃ] *m.* Ensayo.
assajar [əsəʒá] *t.* Ensayar.
assalariar [əsələriá] *t.* Asalariar.
assalt [əsál(t)] *m.* Asalto.
assaltar [əsəltá] *t.* Asaltar.
assaonament [əsəunəmén] *m.* Curtimiento. *2* Sazón.
assaonar [əsəuná] *t.* Sazonar. *2* Condimentar, adobar, manir. *3* Curtir, curar.
assassí, -ina [əsəsi, -inə] *m.-f.* Asesino.
assassinar [əsəsiná] *t.* Asesinar.
assassinat [əsəsinát] *m.* Asesinato.
assecador [əsəkəðó] *m.* Secadero, enjugador.
assecament [əsəkəmén] *m.* Secamiento.
assecant [əsəkán] *m.* Secante.
assecar [əsəká] *t.-prnl.* Secar, enjugar. *2 prnl.* Acorcharse.
assedegat, -ada [əsəðəγát, -áðə] *a.* Sediento.
assegurador, -ra [əsəγurəðó, -rə] *a., m.-f.* Asegurador.

assegurança [əsəɣuránsə] *f.* Seguro. *2* Seguridad. *3* Aseguramiento.
assegurar [əsəɣurá] *t.-prnl.* Asegurar.
assegurat, -ada [əsəɣurát, -áðə] *a., m.-f.* Asegurado.
assegut, -uda [əsəɣút, -úðə] *a.* Sentado.
assemblar-se [əsəmblársə] *prnl.* Parecerse, asemejarse.
assemblea [əsəmblɛ́ə] *f.* Asamblea.
assentada [əsəntáðə] *f.* Plática. *2* Sentada.
assentament [əsəntəmén] *m.* Asentamiento, asiento.
assentar [əsəntá] *t.-prnl.* Asentar, sentar.
assentat, -ada [əsəntát, -áðə] *a.* Sentado.
assentiment [əsəntimén] *m.* Asentimiento, asenso.
assentir [əsənti] *i.* Asentir.
assenyadament [əsəɲaðəmén] *adv.* Sensatamente.
assenyalar [əsəɲəlá] *t.* Señalar, indicar. *2* Destacar.
assenyat, -ada [əsəɲát, -áðə] *a.* Juicioso, sensato, sesudo, cuerdo, sentado, asentado, machucho.
assequible [əsəkibblə] *a.* Asequible.
asserció [əsərsió] *f.* Aserción, aserto.
asserenar [əsərəná] *t.-prnl.* Serenar. *2 prnl.* Despejarse.
asservir [əsərβi] *t.* Avasallar, subyugar.
assessor, -ra [əsəsó, -rə] *m.-f.* Asesor.
assessorar [əsəsurá] *t.-prnl.* Asesorar.
assestar [əsəstá] *t.-i.* Asestar.
assetjament [əsədʒəmén] V. SETGE.
assetjant [əsədʒán] *a.* Sitiador.
assetjar [əsədʒá] *t.* Sitiar, asediar, cercar.
asseure [əsɛ́ŭrə] *t.-prnl.* Sentar, asentar. ¶ CONJUG. como ***seure***.
asseveració [əsəβərəsió] *f.* Aseveración.
aseverar [əsəβərá] *t.* Aseverar.
assidu, -ídua [əsiðu, -iðuə] *a.* Asiduo.
assiduïtat [əsiduitát] *f.* Asiduidad.
assignació [əsiŋnəsió] *f.* Asignación.
assignar [əsiŋná] *t.* Asignar.
assignatura [əsiŋnətúrə] *f.* Asignatura.
assimilació [əsimiləsió] *f.* Asimilación.
assimilar [əsimilá] *t.-prnl.* Asimilar.
assiri, -íria [əsiri, -iriə] *a., m.-f.* Asirio.
assistència [əsisténsiə] *f.* Asistencia.
assistent, -ta [əsistén, -tə] *a., m.-f.* Asistente. *2* Asistenta, azafata.
assistir [əsisti] *i.-t.* Asistir.
associació [əsusiəsió] *f.* Asociación.
associar [əsusiá] *t.-prnl.* Asociar.
assolador, -ra [əsuləðó, -rə] *a.* Asolador.
assolar [əsulá] *t.-prnl.* Asolar. *2 prnl.* Posarse.
assoldar [əsuldá] *t.* Asoldar, asalariar.
assolellada [əsuləʎáðə] *f.* Solanera.
assolellar [əsuləʎá] *t.-prnl.* Asolear, solear.
assoliment [əsulimén] *m.* Logro.
assolir [əsuli] *t.* Alcanzar, conseguir, lograr.
assonància [əsunánsiə] *f.* Asonancia.
assonant [əsunán] *a.-m.* Asonante.
assortidor, -ra [əsurtiðó, -rə] *m.-f.* Surtidor, proveedor.
assortiment [əsurtimén] *m.* Surtimiento, surtido, provisión.
assortir [əsurti] *t.* Surtir.
assortit, -ida [əsurtit, -iðə] *a.* Surtido.
assossec [əsusɛ́k] *f.* Sosiego.
assossegar [əsusəɣá] *t.* Sosegar.
assossegat, -ada [əsusəɣát, -áðə] *a.* Sosegado, machucho.
assot [əsɔ́t] *m.* Azote, verdugo, rebenque.
assotament [əsutəmén] *m.* Vapuleo, azotamiento.
assotar [əsutá] *t.* Azotar, vapulear.
assumir [əsumi] *t.* Asumir.
assumpció [əsumsió] *f.* Asunción.
assumpte [əsúmtə] *m.* Asunto.
assutzena [əsudzɛ́nə] *f.* BOT. Azucena.
ast [ás(t)] *m.* Asador, broqueta
asta [ástə] *f.* Asta.
asteca [əstɛ́kə] *a., m.-f.* Azteca.
astènia [əstɛ́niə] *f.* PAT. Astenia.
asterisc [əstərisk] *m.* Asterisco.
asteroide [əstərɔ́iðə] *a.-m.* Asteroide.
astigmatisme [əstigmətizmə] *m.* MED. Astigmatismo.
astor [əstó] *m.* ORNIT. Azor.
astorador, -ra [əsturəðó, -rə] *a.* Azorante, asombroso.
astorament [əsturəmén] *m.* Azoramiento, asombro.
astorar [əsturá] *t.-prnl.* Azorar, asombrar, azararse.
astracan [əstrəkán] *m.* Astracán.
astràgal [əstráɣəl] *m.* ANAT. Astrágalo, chitia.
astral [əstrál] *a.* Astral.
astre [ástrə] *m.* Astro.
astringir [əstrinʒi] *t.* MED. Astringir.
astrologia [əstruluʒiə] *f.* Astrología.
astròleg [əstrɔ́lək] *m.* Astrólogo.
astrònom, -ma [əstrɔ́num, -mə] *m.-f.* Astrónomo.
astronomia [əstrunumiə] *f.* Astronomía.
astronòmic, -ca [əstrunɔ́mik, -kə] *a.* Astronómico.
astruc [əstrúk] *m.* BOT. Torvisco, venturado.
astruc, -ca [əstrúk, -kə] *a.* Afortunado, venturoso, venturado.
astrugància [əstruɣánsiə] *f.* Suerte, fortuna, ventura.
astúcia [əstúsiə] *f.* Astucia, marrullería.
asturià, -ana [əsturiá, -ánə] *a., m.-f.* Asturiano.

astut, -ta [əstút, -tə] *a.* Astuto, corrido, mañero, redomado, ladino, pájaro, cuco, chuzón, martagón, taimado.
atabalament [ətəβələmén] *m.* Aturdimiento, atolondramiento.
atabalar [ətəβəlá] *t.-prnl.* Aturdir, atolondrar, atontar.
atac [əták] *m.* Ataque.
atacant [ətəkán] *a., m.-f.* Atacante.
atacar [ətəká] *t.* Atacar.
ataconador [ətəkunəðó] *m.* Remendón.
ataconar [ətəkuná] *t.* Remendar (zapatos). *2* Atiborrar, tupir. *3* Zurrar. *4* Hartarse.
atalaiar [ətələjá] *t.-prnl.* Atalayar, otear. *2 prnl.* Advertir, percatarse.
atàvic, -ca [ətáβik, -kə] *a.* Atávico.
atavisme [ətəβízmə] *m.* Atavismo.
ateisme [ətəízmə] *m.* Ateísmo.
atemoriment [ətəmurimén] *m.* Intimidación.
atemorir [ətəmurí] *t.* Atemorizar.
atemptar [ətəmtá] *i.* Atentar.
atemptat [ətəmtát] *m.* Atentado.
atemptatori, -òria [ətəmtətɔ́ri, -ɔ́riə] *a.* Atentatorio.
atenció [ətənsió] *f.* Atención, cuidado.
atendre [əténdrə] *t.-i.* Atender. *2* Cuidar. ¶ CONJUG. GER.: ***atenent.*** ‖ P. P.: ***atès.*** ‖ SUBJ. Pres.: ***atengui, atenguis,*** etc. | Imperf.: ***atengués, atenguessis,*** etc.
atenès, -esa [ətənɛ́s, -ɛ́zə] *a., m.-f.* Ateniense.
ateneu [ətənɛ́ŭ] *m.* Ateneo.
atenir-se [ətənírsə] *prnl.* Atenerse. ¶ CONJUG. como ***abstenir-se.***
atent, -ta [ətén, -tə] *a.* Atento.
atenuant [ətənuán] *a.-m.* Atenuante.
atenuar [ətənuá] *t.* Atenuar.
atènyer [ətɛ́ɲə] *t.-i.* Alcanzar, llegar. *2* Conseguir, lograr. ¶ CONJUG. P. P.: ***atès.***
aterrar [ətərrá] *t.* Aterrar, echar abajo, abatir, derribar, desmoronar. *2 i.* Aterrizar, aterrar, demoler.
aterratge [ətərrádʒə] *m.* Aterrizaje, aterraje.
aterridor, -ra [ətərriðó, -rə] *a.* Aterrador, terrorífico.
aterrir [ətərrí] *t.* Aterrar, aterrorizar.
atestació [ətəstəsió] *f.* JUR. Atestación.
atestar [ətəstá] *t.* Atestar, atestiguar.
atestat [ətəstát] *m.* Atestado.
ateu, atea [ətéŭ, ətéə] *a., m.-f.* Ateo.
atiar [ətiá] *t.-prnl.* Atizar, tizonear, avivar. *2* Azuzar, achuchar.
àtic, -ca [átik, -kə] *a.* Ático.
atipar [ətipá] *t.-prnl.* Hartar, saciar, atracar.
atiplat, -ada [ətiplát, -áðə] *a.* Atiplado.
atlant [əllán] *m.* Atlante.
atlàntic, -ca [əllántik, -kə] *a.* Atlántico.
atlas [álləs] *m.* Atlas.
atleta [əllɛ́tə] *m.* Atleta.
atletisme [əllətízmə] *m.* Atletismo.
atmosfera [əmmusférə] *f.* Atmósfera.
atmosfèric, -ca [əmmusfɛ́rik, -kə] *a.* Atmosférico.
àtom [átum] *m.* Átomo.
atòmic, -ca [ətɔ́mik, -kə] *a.* Atómico.
atomitzar [ətumidzá] *t.* Atomizar.
àton, -na [átun, -nə] *a.* GRAM. Átono.
atonia [ətuníə] *f.* Atonía.
atònit, -ta [ətɔ́nit, -tə] *a.* Atónito.
atordiment [əturðimén] *m.* Aturdimiento, atolondramiento, atontamiento.
atordir [əturðí] *t.-prnl.* Aturdir, atolondrar, atontar, abombar.
atordit, -ida [əturðít, -íðə] *a.* Aturdido, tolondro.
atorgament [əturɣəmén] *m.* Otorgamiento.
atorgar [əturɣá] *t.* Otorgar.
atorrollar [əturruʎá] *t.-prnl.* Aturrullar, turbar.
atracador, -ra [ətrəkəðó, -rə] *m.-f.* Atracador.
atracallar [ətrəkəʎá] *t.* Maltratar, ultrajar, afrentar, patear.
atracament [ətrəkəmén] *m.* Atraco.
atracar [ətrəká] *t.-prnl.* Atracar.
atracció [ətrəksió] *f.* Atracción.
atractiu, -iva [ətrəktíŭ, -íβə] *a.* Atractivo, retrechero.
atrafegar-se [ətrəfəɣársə] *prnl.* Atarearse.
atrafegat, -ada [ətrəfəɣát, -áðə] *a.* Atareado.
atrapar [ətrəpá] *t.* Atrapar, alcanzar, pillar. *2* Sorprender.
atresorar [ətrəzurá] *t.* Atesorar.
atreure [ətrɛ́ŭrə] *t.* Atraer, granjear. ¶ CONJUG. como ***treure.***
atreviment [ətrəβimén] *m.* Atrevimiento, osadía.
atrevir-se [ətrəβírsə] *prnl.* Atreverse, osar.
atrevit, -ida [ətrəβít, -íðə] *a.* Atrevido, osado. *2* Insolente.
atri [átri] *m.* Atrio.
atribolar [ətriβulá] *t.-prnl.* Atribular, turbar.
atribució [ətriβusió] *f.* Atribución.
atribuir [ətriβuí] *t.-prnl.* Atribuir.
atribut [ətriβút] *m.* Atributo.
atrició [ətrisió] *f.* Atrición.
atrinxerar [ətrinʃərá] *t.-prnl.* MIL. Atrincherar.

atroç [ətrɔ́s] *a.* Atroz.
atrocitat [ətrusitát] *f.* Atrocidad.
atròfia [ətrɔ́fiə] *f.* ANAT. Atrofia.
atrofiar [ətrufiá] *t.* Causar atrofia. *2 prnl.* Atrofiarse.
atrompetat, -ada [ətrumpətát, -áðə] *a.* Atrompetado.
atropellador, -ra [ətrupəʎəðó, -rə] *a.* Arrollador.
atropelladament [ətrupəʎąðəmén] *adv.* Atropelladamente, en tropel.
atropellament [ətrupəʎəmén] *m.* Atropello, tropelía.
atropellar [ətrupəʎá] *t.-prnl.* Atropellar, arrollar.
atrotinar [ətrutiná] *t.* Estropear, ajar.
atrotinat, -ada [ətrutinát, -áðə] *a.* Estropeado por el uso.
atuell [ətuéʎ] *m.* Vasija, recipiente, cacharro.
atuïdor, -ra [ətuiðó, -rə] *a.* Que deja como fulminado.
atuir [ətuí] *t.* Abatir, acogotar, dejar como muerto.
atur [ətú(r)] *m.* Paro (laboral).
aturament [əturəmén] *m.* Detención, parada. *2* Cortedad. *3* Paro.
aturar [əturá] *t.-i.-prnl.* Detener, parar.
aturat, -ada [əturát, -áðə] *a.* Parado, apocado, embobado.
atxa [átʃə] *f.* Hacha, antorcha, hachón.
atzabeja [ədzəβɛ́ʒə] *f.* GEOL. Azabache.
atzagaiada [ədzəγəjáðə] *f.* Desatino, desaguisado.
atzar [ədzá(r)] *m.* Azar, acaso.
atzarós, -osa [ədzərós, -ózə] *a.* Azaroso.
atzavara [ədzəβárə] *f.* BOT. Pita, agave, maguey.
atziac, -aga [ədziák, -áγa] *a.* Aciago, infausto.
atzur [ədzúr] *m.* Azul celeste.
au [aŭ] *f.* Ave, pájaro.
au! [áŭ] *interj.* ¡Ea!, ¡anda!, ¡vamos!
auca [áŭkə] *f.* Aleluya (en pareados).
audaç [əŭðás] *a.* Audaz.
audàcia [əŭðásiə] *f.* Audacia.
audible [əŭdiblə] *a.* Audible.
audició [əŭðisió] *f.* Audición.
audiència [əŭðiɛ́nsiə] *f.* Audiencia.
auditiu, -iva [əŭðitiŭ, -íβə] *a.* Auditivo.
auditor [əŭditó] *m.* JUR. Auditor.
auditori [əŭðitɔ́ri] *m.* Auditorio.
auge [áuʒə] *m.* Auge.
augment [əŭmén] *m.* Aumento.
augmentar [əŭməntá] *t.-i.* Aumentar.
augurar [əŭγurá] *t.* Augurar, agorar.
auguri [əŭγúri] *m.* Augurio, agüero.
august, -ta [əŭγús(t), -tə] *a.* Augusto.
aula [áŭlə] *f.* Aula.
aulina [əŭlínə] *f.* BOT. Encina (joven).
aura [áŭrə] *f.* Aura.
aurèola [əŭrɛ́ulə, col. əureɔ́lə] *f.* Aureola, nimbo.
auri, àuria [aŭri, áŭriə] *a.* Áureo.
aurícula [əŭríkulə] *f.* ANAT. Aurícula.
auricular [əŭrikulá] *a.-m.* Auricular.
aurífer, -ra [əŭrífər, -rə] *a.* Aurífero.
auriga [əŭríγə] *m.* Auriga.
auró [əŭró] *m.* BOT. Arce.
aurora [əŭrórə] *f.* Aurora.
aürt [əúr(t)] *m.* Choque, acometida, achuchón.
auscultar [əŭskultá] *t.* MED. Auscultar.
auspici [əŭspísi] *m.* Auspicio.
auster, -ra [əŭstɛ́(r), -rə] *a.* Austero.
austeritat [əŭstəritát] *f.* Austeridad.
austral [əŭstrál] *a.* Austral.
australià, -ana [əŭstraliá, -ánə] *a., m.-f.* Australiano.
austre [áŭstrə] *m.* METEOR. Austro.
austríac, -ca [əŭstriək, -kə] *a., m.-f.* Austríaco.
autarquia [əŭtərkiə] *f.* Autarquía.
autèntic, -ca [əŭtɛ́ntik, -kə] *a.* Auténtico.
autenticitat [əŭtəntisitát] *f.* Autenticidad.
auto [áŭtu] *m.* Auto.
autobiografia [ąŭtuβiuγrəfíə] *f.* Autobiografía.
autobús [ąŭtuβús] *m.* Autobús.
autocar [ąŭtukár] *m.* Autocar.
autoclau [ąŭtukláŭ] *a.-f.* Autoclave.
autocràcia [əŭtukrásiə] *f.* Autocracia.
autòcton, -na [əŭtɔ́ktun, -nə] *a.* Autóctono.
autodidacte, -ta [aŭtuðiðáktə, -tə] *m.-f.* Autodidacta.
autòdrom [əŭtɔ́ðrum] *m.* Autódromo.
autogen, -ògena [əŭtɔ́ʒən, -ɔ́ʒənə] *a.* Autógeno.
autogir [ąŭtuʒír] *m.* Autogiro.
autògraf, -fa [əŭtɔ́γrəf, -fə] *a.-m.* Autógrafo.
autòmat [əŭtɔ́mət] *m.* Autómata.
automàtic, -ca [əŭtumátik, -kə] *a.* Automático.
automatisme [əŭtumətizmə] *m.* Automatismo.
automòbil [əŭtumɔ́βil] *a.-m.* Automóvil.
automobilisme [ąŭtumuβilizmə] *m.* Automovilismo.
automobilista [ąŭtumuβilístə] *m.-f.* Automovilista.
automotor, -ra [ąŭtumutó, -rə] *a.-m.* Automotor.
autònom, -ma [əŭtɔ́num, -mə] *a.* Autónomo.
autonomia [əŭtunumíə] *f.* Autonomía.
autopista [ąŭtupístə] *f.* Autopista.

autòpsia [əŭtɔ́psiə] *f.* Autopsia.
autor, -ra [əutó, -rə] *m.-f.* Autor.
autoretrat [ə̞ŭturrətrát] *m.* Autorretrato.
autoritari, -ària [əŭturitári, -áriə] *a.* Autoritario.
autoritat [əŭturitát] *t.* Autoridad.
autorització [əŭturidzəsió] *f.* Autorización, pase.
autoritzar [əŭturidzá] *t.* Autorizar.
autosuggestió [ə̞ŭtusuʒəstió] *f.* Autosugestión.
autovia [ə̞ŭtuβiə] *m.* Autovía.
autumnal [əŭtumnál] *f.* Otoñal.
auxili [əŭksili] *m.* Auxilio.
auxiliar [əŭksiliá] *a., m.-f.* Auxiliar.
auxiliar [əŭksiliá] *t.* Auxiliar.
aval [əβál] *m.* Aval.
avalar [əβəlá] *t.* Avalar, refrendar.
avalot [əβəlɔ́t] *m.* Alboroto, sarracina, escandalera, motín, tumulto.
avalotador, -ra [əβəlutəðó, -rə] *a., m.-f.* Alborotador.
avalotar [əβəlutá] *t.-prnl.* Alborotar, amotinar, soliviantar.
avaluació [əβəluəsió] *f.* Valuación, evaluación, apreciación.
avaluar [əβəluá] *t.* Evaluar, valorar, aquilatar, valorizar.
avanç [əβáns] V. AVANÇAMENT.
avançada [əbənsáðə] *f.* Avance. *2* Adelanto, anticipo. *3* MIL. Avanzada.
avançament [əβənsamén] *m.* Avance, adelanto, anticipo.
avançar [əβənsá] *t.-i.-prnl.* Avanzar. *2* Adelantar.
avançat, -ada [əβənsát, -áðə] *a.* Avanzado, adelantado.
avant [əβán] *adv.* Adelante. *2 interj.* ¡Adelante!
avantàtge [əβəntádʒə] *m.* Ventaja.
avantatjar [əβəntədʒá] *t.* Aventajar.
avantatjós, -osa [əβəntədʒós, -ózə] *a.* Aventajado, ventajoso.
avantbraç [əβə̞mbrás] *m.* ANAT. Antebrazo.
avantguarda [əβəŋgwárðə] *f.* Vanguardia, delantera.
avantpassat [əβə̞mpəsát] *m.* Antepasado.
avantprojecte [əβə̞mpruʒéktə] *m.* Anteproyecto.
avar, -ra [əβár, -rə] *a., m.-f.* Avaro, avariento.
avarada [əβəráðə] *f.* Botadura.
avarar [əβərá] *t.* Botar. *2* Soltar, lanzar.
avarca [əβárkə] *f.* Abarca.
avaria [əβəriə] *f.* Avería.
avariar [əβəriá] *t.-prnl.* Averiar.
avarícia [əβərisiə] *f.* Avaricia.
avariciós, -osa [əβərisiós, -ózə] *a., m.-f.* Avariento, avaricioso.
avatar [əβətá] *m.* Avatar.
avellana [əβəʎánə] *f.* BOT. Avellana.
avellanar [əβəʎəná] V. AVELLANEDA.
avellaneda [əβəʎənéðə] *f.* Avellaneda, avellanar.
avellaner [əβəʎəné] *m.* Avellano.
avemaria [ə̞βəməriə] *f.* Avemaría.
avenc [əβɛ́ŋ] *m.* Sima.
avenir [əβəni] *m.* Porvenir.
avenir-se [əβənirsə] *prnl.-t.* Avenirse, llevarse bien, convenirse. ¶ CONJUG. como ***abstenir-se.***
aventura [əβəntúrə] *f.* Aventura, andanza.
aventurar [əβənturá] *t.-prnl.* Aventurar.
aventurer, -ra [əβənturé, -rə] *m.-f.* Aventurero.
averany [əβəráɲ] *m.* Augurio, agüero.
avergonyir [əβərɣuɲi] *t.-prnl.* Avergonzar, abochornar. *2* Turbarse.
avergonyit, -ida [əβerɣuɲit, -iðə] *a.* Avergonzado.
avern [əβɛ́rn] *m.* Averno.
aversió [əβərsió] *f.* Aversión.
avés [əβés] *m.* Costumbre.
avesar [əβəzá] *t.-prnl.* Avezar, acostumbrar, curtir, encallecerse.
avesat, -ada [əβezát, -áðə] *a.* Hecho, acostumbrado.
avet [əβét] *m.* BOT. Abeto, pinabete.
avetar [əβətá] *m.* Abetal.
avi, -àvia [áβi, áβiə] *m.-f.* Abuelo.
aviació [əβiəsió] *f.* Aviación.
aviada [əβiáðə] *f.* Suelta, soltura, lanzamiento.
aviador, -ra [əβiəðó, -rə] *m.-f.* Aviador.
aviat [əβiát] *adv.* Pronto. *2* Temprano. *3* Luego. ‖ ***Com més ~ millor,*** cuanto antes mejor. ‖ ***Més ~,*** más bien.
aviciadura [əβisiəðúrə] *f.* Mimo, consentimiento.
aviciar [əβisiá] *t.-prnl.* Mimar, consentir, viciar. *2* Resabiar, viciarse, enviciarse.
avicultura [əβikultúrə] *f.* Avicultura.
àvid, -da [áβit, -ðə] *a.* Ávido.
avidesa [əβiðɛ́zə] *f.* Avidez.
avinagrat, -ada [əβinəɣrát, -áðə] *a.* Avinagrado.
avinença [əβinɛ́nsə] *f.* Avenimiento, avenencia, componenda.
avinent [əβinén] *a.* Accesible, oportuno. *2* Afable. *3* Fácil. *4* Cómodo. ‖ ***Fer ~,*** hacer saber, recordar.
avinentesa [əβinəntɛ́zə] *f.* Oportunidad, ocasión.
avinguda [əβiŋgúðə] *f.* Avenida.
avió [əβió] *m.* Avión.

avior [əβiȯ] *f.* Abolengo, ascendencia. *2* Antaño.
aviram [əβirȧm] *f.* Averío.
avís [əβis] *m.* Aviso.
avisador, -ra [əβizəðȯ, -rə] *a., m.-f.* Avisador, llamador.
avisar [əβizȧ] *t.* Avisar.
avisat, -ada [əβizȧt, -ȧðə] *a.* Avisado, sagaz.
avituallar [əβituəʎȧ] *t.* Avituallar.
avivar [əβiβȧ] *t.-prnl.* Avivar.
avorriment [əβurrimėn] *m.* Aburrimiento. *2* Aborrecimiento.
avorrir [əβurri] *t.-prnl.* Aborrecer. *2* Aburrir.
avortament [əβurtəmėn] *m.* Aborto.
avortar [əβurtȧ] *i.* Abortar.
avortó [əβurtȯ] *m.* Abortón.
avui [əβuĭ] *adv.* Hoy. *2* Actualmente. ‖ ***D'~ endavant,*** de hoy en adelante.
axial [əksiȧl] *a.* Axial.
axil·la [əksilə] *f.* Axila, sobaco.
axil·lar [əksilȧ] *a.* Axilar.
axioma [əksiȯmə] *m.* Axioma.
axiomàtic, -ca [əksiumȧtik, -kə] *a.* Axiomático.
axis [ȧksis] *m.* ANAT. Axis.
azalea [əzəlėə] *f.* BOT. Azalea.
àzim [ȧzim] *a.* Ázimo.
azimut [əzimut] *m.* Acimut, azimut.
azoic, -ca [əzɔ̇ik, -kə] *a.* GEOL. Azoico.
azot [əzɔ̇t] *m.* Ázoe, nitrógeno.

B

babalà (a la) [bəβəlá] loc. A tontas y a locas.
babarota [bəβərɔ́tə] *f.* Espantajo, espantapájaros. ‖ ***Fer babarotes,*** dar dentera.
babau [bəβáŭ] *m.-f.* Babieca, bobo, pazguato, pelmazo, primo, simplón, tonto.
babilònic, -ca [bəβilɔ́nik, -kə] *a.* Babilónico.
babord [bəβór(t)] *m.* NÁUT. Babor.
bac [bák] *m.* Umbría, sombría.
baca [bákə] *f.* Baca. ‖ ***Fer*** o ***donar la ~,*** mantear.
bacallà [bəkəʎá] *m.* ICT. Bacalao.
bacanal [bəkənál] *a.-f.* Bacanal.
bacant [bəkán] *f.* Bacante.
bacil [bəsíl] *m.* BIOL. Bacilo.
bacina [bəsínə] *f.* Bacín, bandeja para limosnas, etc.
bacó, -ona [bəcó, -ónə] *m.-f.* Cerdo, cochino, marrano.
bacteri [bəktéri] *m.* Bacteria.
badocaire [bədukáirə] *a.* Mirón.
bàcul [bákul] *m.* Báculo.
badada [bəðáðə] *f.* Distracción.
badall [bəðáʎ] *m.* Grieta, hendidura. *2* Emparedado. *3* Bostezo. ‖ ***El darrer ~,*** boqueada.
badallar [bəðəʎá] *i.* Bostezar.
badana [bəðánə] *f.* Badana.
badar [bəðá] *i.-t.-prnl.* Abrir, hender, resquebrajar. *2* Estar algo entreabierto. *3* Distraerse, embobar.
badia [bəðíə] *f.* GEOG. Bahía. ‖ ***~ tancada,*** concha.
badoc, -ca [bəðɔ́k, -kə] *a.-m.* Mirón, distraído. *2* Pazguato.
badocar [bəðuká] *i.* V. BADOQUEJAR.
badoquejar [bəðukəʒá] *i.* Estar embobado, distraído.
badoquera [bəðukérə] *f.* Cogedera.
badoqueria [bəðukəríə] *f.* Embobamiento.
baf [báf] *m.* Vaho, humo. *2* Hedor.
bafarada [bəfəráðə] *f.* Vaharada.
baga [báγə] *f.* Lazo. *2* Hembrilla, anillo, armella.
baga [báγə] *f.* Umbría.
bagant [bəγán] *m.* Compuerta.
bagassa [bəγásə] *f.* Bagasa, ramera, pelleja, barragana.
bagatel·la [bəγətɛ́lə] *f.* Bagatela, friolera, bicoca, chisme, fruslería.
bagatge [bəγádʒə] *m.* Bagaje.
bagueta [bəγɛ́tə] *f.* Presilla.
bagul [bəγúl] *m.* Baúl, mundo. *2* Caja, ataúd.
bah! [ba] *interj.* ¡Bah!
bai, -ia [báĭ, -ǰə] *a.* Bayo, alazán.
baia [báǰə] *f.* BOT. Baya.
baiard [bəǰár(t)] *m.* Angarillas. *2* Andas, parihuela.
baieta [bəǰétə] *f.* Bayeta, pañete.
baioneta [bəǰunétə] *f.* Bayoneta.
baix, -xa [baʃ, -ʃə] *a.* Bajo. *2* Vil, rastrero. *3 m.* Bajo. *4* Bajío, arrecife. *5 f.* Baja, bajón. *6 adv.* Bajo, abajo. *7 interj.* ***A baix!,*** ¡abajo! ‖ ***~ relleu,*** bajorrelieve.
baixà [bəʃá] *m.* Bajá.
baixada [bəʃáðə] *f.*Bajada, descenso, pendiente.
baixador [bəʃəðó] *m.* Apeadero.
baixamar [baʃəmár] *f.* Bajamar.
baixar [bəʃá] *t.-i.* Bajar, menguar. *2* Apear. *3* Apearse.
baixesa [bəʃɛ́zə] *f.* Bajeza, pequeñez.
baixó [bəʃó] *m.* MÚS. Bajón. *2* Bajonista.
bajà, -ana [bəʒá, -ánə] *a.* Necio, sandio, mentecato.
bajanada [bəʒənáðə] *f.* Necedad, sandez, majadería, perogrullada, tontería.
bajoca [bəʒɔ́kə] *f.* Vaina de las judías verdes.
bala [bálə] *f.* Bala, balón, fardo. *2* Canica. *3* Bala (proyectil). ‖ ***Ferida de ~,*** balazo.
balada [bəláðə] *f.* Balada.
baladre [bəláðrə] *m.* BOT. Adelfa, ojaranzo.

baladreig [bələðrétʃ] *m.* Griterío, vocerío, vocinglería.
baladrejar [bələðrəʒá] *i.* Gritar, vocear.
baladrer, -ra [bələðré, -rə] *a., m.-f.* Baladrero, vocinglero, alborotador, chillón.
balanç [bəláns] *m.* Balance.
balança [βəlánsə] *f.* Balanza.
balançar [bələnsá] *t.* Balancear.
balanceig [bələnsétʃ] *m.* Balanceo.
balancejar [bələnsəʒá] *i.-t.-prnl.* Balancear, tabalear.
balancí [bələnsí] *m.* Mecedora. *2* Balancín.
balançó [bələnsó] *m.* Platillo (de balanza).
balandra [bəlándrə] *f.* NÁUT. Balandra.
balandreig [bələndrétʃ] *m.* Balanceo.
balandrejar [bələndrəʒá] *i.-prnl.* Balancear.
balb, -ba [bálp, -βə] *a.* Aterido.
balbar-se [bəlβársə] *prnl.* Aterirse.
balbuceig [bəlβusétʃ] *m.* Balbuceo.
balbucejar [bəlβusəʒá] *i.-t.* Balbucir, balbucear.
balcar-se [bəlkársə] *prnl.* Alabearse.
balcó [bəlkó] *m.* Balcón.
balconada [bəlkunáðə] *f.* Balconada.
balda [báldə] *f.* Aldaba, pestillo. *2* Picaporte.
baldadura [bəldəðúrə] *f.* Baldadura.
baldament [bəldəmén] *conj.* Siquiera, aunque.
baldaquí [bəldəkí] *m.* Baldaquín, dosel.
baldar [bəldá] *t.-prnl.* Baldar, tullir, lisiar.
baldat, -ada [bəldát, -áðə] *a.* Tullido.
balder, -ra [bəldé, -rə] *a.* Holgado, ancho, sobrado.
baldó [bəldó] *m.* Aldabilla, tarabilla, pestillo, picaporte.
baldraga (de) [bəldráɣə] loc. De balde, de gorra, de mogollón.
baldufa [bəldúfə] *f.* Peón, trompo. *2* Peonza.
balear [bəleá] *a., m.-f.* Balear.
baleàric, -ca [bəleárik, -kə] *a.* Baleárico.
Balears [bəleárs] *n. pr.* Baleares.
balena [bəlénə] *f.* ZOOL. Ballena.
balener, -ra [bələné, -rə] *a.-m.* Ballenero.
balí [bəlí] *m.* Balín.
baliga-balaga [bəliɣəβəláɣə] *a.-m.* Badulaque. *2 m.* Zascandil, tarambana, botarate.
balisa [bəlízə] *f.* MAR. Baliza.
balística [bəlístikə] *f.* Balística.
ball [baʎ] *m.* Baile.
ballable [bəʎábblə] *a.-m.* Bailable.
ballador, -ra [bəʎəðó, -rə] *a., m.-f.* Bailador. *2* Bailable.
ballar [bəʎá] *i.-t.* Bailar.
ballarí, -ina [bəʎərí, -ínə] *m.-f.* Bailarín, danzarín.
ballaruga [bəʎərúɣə] *f.* Agalla. *2* Peonza. *3 pl.* fam. Baile.
ballesta [bəʎéstə] *f.* Ballesta.
ballester [bəʎəsté] *m.* Ballestero. *2* ORNIT. Vencejo.
ballet [bəʎét] *m.* Ballet.
balm [balm] *m.* Oquedad dentro del agua, sirve de abrigo para los peces.
balma [bálmə] *f.* Cueva, socavón, gruta.
balmat, -ada [bəlmát, -áðə] *a.* Hueco.
balneari, -ària [bəlnəári, -áriə] *a.-m.* Balneario.
baló [bəló] *m.* Balón.
balquena [bəlkénə] *f.* Abundancia, llenura. ‖ ***A ~,*** en abundancia, a tutiplén, a patadas.
bàlsam [bálsəm] *m.* Bálsamo.
balsàmic, -ca [bəlsámik, -kə] *a.* Balsámico.
bàltic, -ca [báltik, -kə] *a.* Báltico.
baluard [bəluár(t)] *m.* Baluarte.
baluerna [bəluérnə] *f.* Armatoste.
balustrada [bəlustráðə] *f.* Balaustrada.
bambolina [bəmbulínə] *f.* TEAT. Bambalina.
bambú [bəmbú] *m.* Bambú.
ban [bən] *m.* Bando. *2* Multa.
banal [bənál] *a.* Trivial.
banana [bənánə] *f.* Banana, plátano.
bananer [bənəné] *m.* BOT. Banano, plátano.
banasta [bənástə] *f.* Banasta.
banastell [bənəstéʎ] *m.* Banasto. *2* Huronera.
banc [baŋ] *m.* Banco. *2* Tabla. ‖ ***~ dels acusats,*** banquillo.
banca [báŋkə] *f.* Banca.
bancal [bəŋkál] *m.* Bancal, tabla.
bancari, -ària [bəŋkári, -áriə] *a.* Bancario.
bancarrota [bəŋkərrɔ́tə] *f.* Bancarrota.
banda [bándə] *f.* Banda. *2* Lado, parte, lugar, banda, mano. *3* Grupo, taifa, facción. ‖ ***A ~ i ~,*** a ambos lados. ‖ ***Deixar de ~,*** abandonar, dejar aparte.
bandarra [bəndárrə] *f.* Ramera, pelandusca. *2* Sinvergüenza, bribón, randa.
bandejament [bəndəʒəmén] *m.* Destierro, extrañamiento.
bandejar [bəndəʒá] *t.* Desterrar, extrañar. *2* Apartar, dejar a un lado.
bandera [bəndérə] *f.* Bandera.
banderer, -ra [bəndəré, -rə] *m.* Abanderado.
banderí [bəndərí] *m.* Banderín.
banderilla [bəndəríʎə] *m.* TAUROM. Banderilla.

banderiller [bəndəriʎé] *m.* TAUROM. Banderillero.
banderola [bəndərɔ́lə] *f.* Banderola.
bandit [bəndit] *m.* Bandido, forajido.
bàndol [bándul] *m.* Bando, bandería.
bandoler [bəndulé] *m.* Bandolero, bandido.
bandolera [bəndulérə] *f.* Bandolera.
bandúrria [bəndúrriə] *f.* MÚS. Bandurria.
banquer [bəŋké] *m.* Banquero.
banquet [bəŋkɛ́t] *m.* Banquete. *2* Banquillo.
banqueta [bəŋkɛ́tə] *f.* Banqueta.
banquetejar [bəŋkətəʒá] *i.* Banquetear.
banús [bənús] *m.* Ébano.
bany [baɲ] *m.* Baño.
banya [báɲə] *f.* Asta, cuerno. *2* Chichón, tolondro. ‖ ***Ficar la ~,*** porfiar.
banyada [bəɲáðə] *f.* Baño, remojón.
banyada [bəɲáðə] *f.* Cornada.
banyador, -ra [bəɲəðó, -rə] *m.-f.* Bañador. *2* Lugar donde se toman baños. *3* Bañadero.
banyam [bəɲám] *m.* Cornamenta.
banyar [bəɲá] *t.-prnl.* Bañar.
banyera [bəɲérə] *f.* Bañera.
banyeta [bəɲɛ́tə] *f.* Diminutivo de ***banya.*** ‖ *m.* ***En ~,*** pateta.
banyista [bəɲistə] *m.-f.* Bañista.
banyolí [bəɲuli] *m.* Alma del cuerno.
banyut, -uda [bəɲút, -úðə] *a.* Cornudo.
baobab [bəuβáp] *m.* BOT. Baobab.
baptismal [bəptizmál] *a.* Bautismal.
baptisme [bəptizmə] *m.* Bautismo.
baptisteri [bəptistéri] *m.* Baptisterio, bautisterio.
baqueta [bəkɛ́tə] *f.* Baqueta. ‖ ***Cop de ~,*** baquetazo. ‖ ***~ de timbal,*** baqueta, palillo, palote.
bar [bar] *m.* Bar.
baralla [bəráʎə] *f.* Riña, pelea, contienda, trapisonda, pendencia, refriega, camorra, chamusquina, pelotera. *2* Baraja.
barallar [bərəʎá] *t.-prnl.* Enemistar. *2 prnl.* Reñir, pelear, disputar.
barana [bəránə] *f.* Baranda, barandilla, pretil.
barat, -ta [bərát, -tə] *a.* Barato. *2 m.-f.* Barata, cambio, trueque, permuta, cambalache. *3 m.* Fraude.
baratar [bərətá] *t.* Trocar, permutar, cambalachear.
barator [bərətó] *f.* Baratura.
barb [barp] *m.* Comedón, espinilla. *2* Barro. *3* ICT. Barbo.
barba [bárβə] *f.* Barba.
barbablanc [bar̥βəβláŋ] *a.* Barbicano, barbiblanco.
barbacana [bar̥βəkánə] *f.* Barbacana. *2* Alero. *3* Sobradillo.
barbafí [bar̥βəfi] *a.* Barbilindo.
barballera [bar̥βəʎérə] *f.* Papada. *2* Barboquejo.
barbamec [bar̥βəmɛ́k] *a.* Barbilampiño, lampiño.
bàrbar, -ra [bárβər, -rə] *a., m.-f.* Bárbaro.
barbaresc, -ca [bərβərɛ́sk, -kə] *a.* Bereber, berberisco.
barbàrie [bərβáriə] *f.* Barbarie.
barbarisme [bərβərizmə] *m.* GRAM. Barbarismo.
barbaritat [bərβəritát] *f.* Barbaridad.
barba-roig [bar̥βərrɔ́tʃ] *a.* Barbitaheño. *2 m.* ORNIT. Petirrojo.
barba-ros [bar̥βərrós] *a.* Barbirrubio.
barba-serrat [bar̥βəsərrát] *a.* Barbudo, barbado.
barbat, -ada [bərβát, -áðə] *a.* Barbiespeso.
barber [bərβé] *m.* Barbero, peluquero.
barberia [bərβəriə] *f.* Barbería, peluquería.
barbeta [bərβɛ́tə] *f.* BOT. Salsifí.
barbó [bərβó] *m.* Barbilla.
barboteig [bərβutɛ́tʃ] *m.* Farfulla, barboteo, tartajeo.
barbotejar [bərβutəʒá] *i.* Mascullar, farfullar, barbullar, barbotar, tartajear.
barbut, -uda [bərβút, -úðə] *a.* Barbudo.
barca [bárkə] *f.* Barca, batel.
barcarola [bərkərɔ́lə] *f.* MÚS. Barcarola.
barcassa [bərkásə] *f.* Barcaza.
barcelonès, -esa [bərsəlunɛ́s, -ɛ́zə] *a., m.-f.* V. BARCELONÍ.
barceloní, -ina [barsəluni, -inə] *a., m.-f.* Barcelonés.
bardissa [bərðisə] *f.* BOT. Zarzal. *2* Seto vivo. *3* Barda, bardal. *4* Zarza, abrojo, cambrón, zarzamora.
bardissar [bərðisá] *m.* Zarzal, cambronal.
barem [bərém] *m.* Baremo.
bari [bári] *m.* MINER. Bario.
barita [bəritə] *f.* MINER. Barita.
bariton [bəritun] *m.* MÚS. Barítono.
barjaula [bərʒáŭlə] *f.* Ramera, moscona, manceba, barragana.
barnilla [bərniʎə] *f.* Ballena. *2* Varilla.
barnillatge [bərniʎádʒə] *m.* Varillaje.
barnús [bərnús] *m.* Albornoz.
baró [bəró] *m.* Barón. *2* Varón. *3* NÁUT. Varón.
baròmetre [bərɔ́mətrə] *m.* Barómetro.
baronessa [bərunɛ́sə] *f.* Baronesa.
baronia [bəruniə] *f.* Baronía.
baronívol, -la [bəruniβul, -lə] *a.* Varonil.
barquer, -ra [bərké, -rə] *m.-f.* Barquero, batelero, botero.

barra [bárrə] *f.* Barra, tranca. *2* Mandíbula, quijada. *3* fig. Desvergüenza, descaro, atrevimiento, descoco.
barrabassada [bərrəβəsáðə] *f.* Barrabassada, barbaridad, desatino, dislate.
barraca [bərrákə] *f.* Barraca, choza. *2* Barracón, casilla. *3* Tenderete, tenducho.
barracot [bərrəkɔ́t] *m.* Barracón.
barral [bərrál] *m.* Barril, cántaro de madera. ‖ ***Ploure a bots i barrals,*** llover a cántaros.
barraló [bərrəló] *m.* Medida de vino. *2* Barrilete, barrica. *3* Cántaro de madera.
barranc [bərráŋ] *m.* Barranco, cañada, barranca.
barrar [bərrá] *t.* Trancar. *2* Cerrar el paso.
barratge [bərrádʒə] *m.* Cerramiento, barrera.
barreja [bərrɛ́ʒə] *f.* Mezcla, mescolanza.
barrejar [bərrəʒá] *t.-i.-prnl.* Mezclar, inmiscuir. *2* Barajar. *3* Revolver.
barrera [bərrérə] *f.* Barrera.
barreró [bərrəró] *m.* Barra, barrote.
barret [bərrɛ́t] *m.* Sombrero. ‖ ~ ***o capell fort,*** bombín. ‖ ~ ***de copa,*** chistera.
barreta [bərrɛ́tə] *f.* Varilla. *2* Barreta.
barretada [bərrətáðə] *f.* Sombrerazo.
barretaire [bərrətáĭrə] *m.* Sombrerero.
barreteria [bərrətəriə] *f.* Sombrerería.
barretina [bərrətinə] *f.* Barretina.
barri [bárri] *m.* Barrio. *2* Patio.
barriada [bərriáðə] *f.* Barriada.
barricada [bərrikáðə] *f.* Barricada.
barrija-barreja [bərriʒəβərrɛ́ʒə] *f.* Mescolanza, fárrago.
barril [bərril] *m.* Barril.
barrila [bərrilə] *f.* Juerga, algazara, jarana, bulla. ‖ ***Fer*** ~, alborotar.
barrilaire [bərriláĭrə] *m.-f.* Juerguista, jaranero, bullanguero.
barrim-barram [bərrimbərrám] loc. Atropelladamente, sin ton ni son, a tontas y a locas.
barrina [bərrinə] *f.* Barrena. *2* Barreno.
barrinada [bərrináðə] *f.* Barreno.
barrinar [bərriná] *t.* Barrenar. *2* Discurrir, rumiar.
barró [bərró] *m.* Barrote.
barroc, -ca [bərrɔ́k, -kə] *a.-m.* Barroco.
barroer, -ra [bərrué, -rə] *a., m.-f.* Chapucero, chafallón, zafio, zarramplín.
barroeria [bərruəriə] *f.* Chapucería, torpeza.
barromba [bərrómbə] *f.* Arrancadera, zumba.
barrot [bərrɔ́t] *m.* Barrote, tranca.
barruf [bərrúf] *m.* Ente, visión.
barrut, -uda [bərrút, -úðə] *a.* Desvergonzado, caradura. *2* Comilón.
basa [bázə] *f.* Baza.
basalt [bəzál(t)] *m.* GEOL. Basalto.
basament [bəzəmén] *m.* Basamento.
basar [bəzár] *m.* Bazar.
basar [bəzá] *t.-prnl.* Basar.
basarda [bəzárðə] *f.* Grima. *2* Miedo, pavor.
basc [básk] *a., m.-f.* Vasco, vascuence, vascongado.
basca [báskə] *f.* Desmayo, desvanecimiento. *2* Ansia. *3 pl.* Náuseas, basca.
bàscula [báskulə] *f.* Báscula.
bascular [bəskulá] *i.* Bascular.
base [bázə] *f.* Base, basa. *2* Cimiento.
bàsic, -ca [bázik, -kə] *a.* Básico.
basílica [bəzilikə] *f.* Basílica.
basilical [bəzilikál] *a.* Basilical.
basilisc [bəzilisk] *m.* Basilisco.
basqueig [bəskétʃ] *m.* Basca, náusea.
basquejar [bəskəʒá] *i.-prnl.* Basquear. *2* fig. Afanarse.
basquetbol [bəskɛbbɔ́l] *m.* Baloncesto.
bassa [básə] *f.* Balsa, alberca, poza, charca. *2* Letrina.
bassal [bəsál] *m.* Charco.
bast, -ta [bás(t), -tə] *a.* Basto, tosco, bronco. *2 m.* Baste.
basta [bástə] *f.* Basta, hilván, embaste.
bastaix [bəstáʃ] *m.* Ganapán. *2* Mozo de cuerda. *3* Palanquín.
bastant [bəstán] *a.-adv.* Bastante, asaz.
bastar [bəstá] *i.* Bastar.
bastard, -da [bəstár(t), -ðə] *a.* Bastardo, espurio.
baster [bəsté] *m.* Bastero.
bastida [bəstiðə] *f.* Andamio. ‖ ***Forat de*** ~, mechinac.
bastidor [bəstiðó] *m.* Bastidor.
bastiment [bəstimén] *a.* Armazón. *2* Navío.
bastimentada [bəstiməntáðə] *f.* CONSTR. Andamiaje.
bastió [bəstió] *m.* FORT. Bastión.
bastir [bəsti] *t.* Construir, edificar.
bastó [bəstó] *m.* Bastón, palo, varapalo. ‖ ~ ***del joc de cartes,*** basto.
bastonada [bəstunáðə] *f.* Bastonazo, palo, varapalo, varazo.
bastonejar [bəstunəʒá] *t.* Bastonear, apalear, aporrear.
bata [bátə] *f.* Bata.
batall [bətáʎ] *m.* Badajo.
batalla [bətáʎə] *f.* Batalla.
batallada [bətəʎáðə] *f.* Badajada.
batallador, -ra [bətəʎəðó, -rə] *a., m.-f.* Batallador.

batallar [bətəʎá] *i.* Batallar, lidiar.
batalló [bətəʎó] *m.* Batallón.
batanar [bətəná] *t.* Abatanar, batanar.
bataner [bətəné] *m.* Batanero.
batata [bətátə] *f.* BOT. Batata, moniato.
batec [bətɛ́k] *m.* Latido.
batedor, -ra [bətəðó, -rə] *m.-f.* AGR. Trillador. *2 m.* Batidor. *3* Trillo. *4* Batiente.
bategar [bətəɣá] *i.* Latir, palpitar. *2* Batir.
bateig [bətɛ́tʃ] *m.* Bautizo.
batejar [bətəʒá] *t.* Bautizar, cristianar.
batement [bətəmén] *m.* Batimiento. *2* Latido.
batent [bətén] *a.* Batiente. *2 m.* Puerta, hoja (de puerta). *3* Batiente.
bateria [bətəríə] *f.* Batería. *2* TEAT. Candilejas.
batí [bətí] *m.* Batín.
batibull [bətiβúʎ] *m.* Lío, tropel, batiborrillo, baturrillo, jarana, follón.
batifuller [bətifuʎé] *m.* Batihoja.
batista [bətístə] *f.* Batista.
batlle [báʎʎə] *m.* Alcalde.
batolla [bətóʎə] *f.* AGR. Vara para sacudir las ramas.
batollada [bətuʎáðə] *f.* Vareo.
batracis [bətrásis] *m. pl.* ZOOL. Batracios.
batre [bátrə] *t.-prnl.* Batir, sacudir. *2* Trillar. *3* Vencer. *4* Mazar. *5 i.* Latir. *6* Combatir (el viento, las olas, etc.).
batuda [bətúðə] *f.* Paliza. *2* Trilla. *3* Parva. *4* Batida, montea.
batussa [bətúsə] *f.* Refriega. *2* Zipizape, trifulca, camorra, paliza, pelea, riña, pelotera, pendencia.
batut, -uda [bətút, -úðə] *a.* Trillado, batido. *2* Batacazo. *3* Latido.
batuta [bətútə] *f.* Batuta.
batxiller, -ra [bətʃiʎé, -rə] *m.-f.* Bachiller. *2* Curioso.
batxillerat [bətʃiʎərát] *m.* Bachillerato.
batxilleria [bətʃiʎəríə] *f.* fam. Bachillería.
batzac [bədzák] *m.* Batacazo, zambombazo, trastazo.
batzegada [bədzəɣáðə] *f.* Sacudida.
batzegar [bədzəɣá] *t.* Sacudir.
bauxa [báŭʃə] *f.* Cana al aire.
bauxita [bəŭksítə] *f.* MINER. Bauxita.
bava [báβə] *f.* Baba. *2 pl.* Babas.
bavalles [bəβáʎəs] *f. pl.* Babas. *2* Escamocho, pajaza. *3* Riza.
bavarès, -esa [bəβərɛ́s, -ɛ́zə] *a., m.-f.* Bávaro.
bavejar [bəβəʒá] *i.* Babear. *2 t.* Babosear.
bavós, -osa [bəβós, -ózə] *m.-f.* Babosa.
bé [be] *m.* Bien. *2 adv.* Bien, muy. *3 interj.* ¡Bueno! ‖ ~ ***comú,*** procomún. ‖ ***Ben*** ~, del todo, como mínimo.
be [bɛ] *m.* Cordero. ‖ ***Un ~ negre!,*** ¡y un jamón!
beat, -ta [beát, -tə] *a., m.-f.* Beato. *2* Mojigato, santurrón.
beateria [beətəríə] *f.* fam. Beatería, mojigatería, santurronería.
beatificar [beətifiká] *t.* Beatificar.
beatitud [beətitút] *f.* Beatitud.
bebè [bəβɛ́] *m.* Bebé.
bec [bek] *m.* Pico. *2* Mechero.
beca [bɛ́kə] *f.* Beca.
becada [bəkáðə] *f.* Bocado. *2* ORNIT. Becada, chocha.
becaire [bəkáĭrə] *m.* MÚS. Becuadro.
becari, -ària [bəkári, -áriə] *a.* Becario.
beceroles [bəsərɔ́ləs] *f. pl.* Abecé, abecedario.
bedoll [bəðóʎ] *m.* BOT. Abedul.
beduí, -ïna [bəðuí, -ínə] *a., m.-f.* Beduino.
befa [bɛ́fə] *f.* Befa, rechifla, vaya, zumba.
befar [bəfá] *t.* Befar, rechiflarse, zumbarse.
begònia [bəɣɔ́niə] *f.* BOT. Begonia.
beguda [bəɣúðə] *f.* Bebida.
begut, -uda [bəɣút, -úðə] *a.* Bebido, borracho, ebrio, pellejo. *2* Enjuto, chupado.
bei [bɛ́i] *m.* Veta o faja mineral.
beix [bɛʃ] *a.-m.* Beige.
beina [bɛ́ĭnə] *f.* Vaina. *2* Jareta.
beisbol [bɛ́ĭzbɔl] *m.* Béisbol, pelota base.
bel [bɛl] *m.* Balido.
belar [bəlá] *i.* Balar.
belga [bɛ́lɣə] *a., m.-f.* Belga.
Bèlgica [bɛ́lʒikə] *n. pr. f.* Bélgica.
Belgrad [bəlɣrát] *n. pr. m.* Belgrado.
belitre [bəlítrə] *m.* Belitre.
bell, -lla [béʎ, -ʎə] *a.* Bello, hermoso, guapo. ‖ ***De ~ nou,*** de nuevo. ‖ ***De ~ antuvi,*** desde un principio, de momento. ‖ ***Al ~,*** precisamente allí, en aquel momento.
belladona [bęʎəðɔ́nə] *f.* BOT. Belladona.
bellesa [bəʎɛ́zə] *f.* Belleza, hermosura, beldad.
bèl·lic, -ca [bɛ́lik, -kə] *a.* Bélico.
bel·licós, -osa [bəlikós, -ózə] *a.* Belicoso.
bel·ligerància [bəliʒəránsiə] *f.* Beligerancia.
bel·ligerant [bəliʒərán] *a.* Beligerante.
bellugadís, -issa [bəʎuɣədís, -ísa] *a.* Que se mueve continuamente.
bellugadissa [bəʎuɣədísə] *f.* Hormiguero, hervidero.
bellugar [bəʎuɣá] *i.-t.* Menear, mover. *2* Bullir.
bemoll [bəmɔ́ʎ] *m.* MÚS. Bemol.
ben [ben] *adv.* V. BÉ.

bena [bɛ́nə] *f.* CIR. Venda.
benamat, -ada [bənəmát, -áðə] *a.* Bienamado.
benanança [bənənánsə] *f.* Bienandanza.
benastruc, -uga [bənəstrúk, -úɣə] *a.* Afortunado, venturado.
benaurança [bənəŭránsə] *f.* Venturanza, felicidad, dicha.
benaurat, -ada [bənəŭrát, -áðə] *a.* Bienaventurado, dichoso.
benaventurança [bənəβənturánsə] *f.* Bienaventuranza.
benaventurat, -ada [bənəβənturát, -áðə] *a.* Bienaventurado.
benedicció [bənəðiksió] *f.* Bendición.
benedictí, -ina [bənəðikti, -inə] *a., m.-f.* Benedictino.
benefactor, -ra [bənəfəktó, -rə] *a., m.-f.* Bienhechor.
benèfic, -ca [bənɛ́fik, -kə] *a.* Benéfico.
beneficència [bənəfisɛ́nsiə] *f.* Beneficencia.
benefici [bənəfisi] *m.* Beneficio.
beneficiar [bənəfisiá] *t.-prnl.* Beneficiar.
beneficiari, -ària [bənəfisiári, -áriə] *a., m.-f.* Beneficiario.
beneficiat [bənəfisiát] *m.* Beneficiado.
beneficiós, -osa [bənəfisiós, -ózə] *a.* Beneficioso, ganancioso.
beneir [bənəi] *t.* Bendecir.
beneit, -ta [bənɛ́it, -tə] *a.* Bendito. *2* Tonto, bobo, gaznápiro, simplón.
beneitejar [bənəĭtəʒá] *i.* Tontear, bobear.
beneiteria [bənəĭtəriə] *f.* Tontería, bobada, bobería, simpleza, pavada.
beneitó, -ona [bənəĭtó, -ónə] *a.* Simple, simplón, infeliz.
benemèrit, -ta [bənəmɛ́rit, -tə] *a.* Benemérito.
beneplàcit [bənəplásit] *m.* Beneplácito.
benestant [bənəstán] *a.* Acomodado, desahogado.
benestar [bənəstá] *m.* Bienestar.
benèvol, -la [bənɛ́βul, -lə] *a.* Benévolo.
benevolència [bənəβulɛ́nsiə] *f.* Benevolencia.
bengalí [bəŋgəli] *a., m.-f.* Bengalí.
benigne, -na [bəniŋnə, -nə] *a.* Benigno.
benignitat [bəniŋnitát] *f.* Benignidad.
benjamí [bənʒəmi] *m.* Benjamín.
benjuí [bənʒui] *m.* Benjuí.
benparlat, -ada [bəmpərlát, -áðə] *a.* Bienhablado.
benvinguda [bəmbiŋgúðə] *f.* Bienvenida.
benvingut, -uda [bəmbiŋgút, -úðə] *a.* Bienvenido.
benvist, -ta [bəmbis(t), -tə] *a.* Bienvisto, bien visto.
benvolença [bəmbulɛ́nsə] *f.* Bienquerencia, querencia.
benvolgut, -uda [bəmbulɣút, -úðə] *a.* Querido, apreciado, caro.
benzina [bənzinə] *f.* Bencina.
benzol [bənzɔ́l] *m.* QUÍM. Benzol.
bequerut, -uda [bəkərút, -úðə] *a., m.-f.* Picudo.
berbena [bərβɛ́nə] *f.* BOT. Verbena.
berenar [bərəná] *i.* Merendar.
berenar [bərəná] *m.* Merienda.
bergansí [bərɣənsi] *m.* Chupador.
bergant, -ta [bərɣán, -tə] *m.-f.* Bergante, bellaco, haragán, tuno, tunante.
bergantejar [bərɣəntəʒá] *i.* Bellaquear, bribonear, haraganear, tunear.
berganteria [bərɣəntəriə] *f.* Bellaquería, bribonería, bribonada, haraganería.
bergantí [bərɣənti] *m.* NÁUT. Bergantín.
beril·le [bərilə] *m.* MINER. Berilo.
berlina [bərlinə] *f.* Berlina.
berlinès, -esa [berlinɛ́s, -ɛ́zə] *a., m.-f.* Berlinés.
bernat [bərnát] *m.* Tranca, barrote. ‖ ORNIT. ~ *pescaire,* garza, airón. ‖ ZOOL. ~ *ermità,* cangrejo ermitaño.
berruga [bərrúɣə] *f.* Verruga.
berrugós, -osa [bərruɣós, -ózə] *a.* Verrugoso.
bes [bɛs] *m.* Beso.
besada [bəzáðə] *f.* Beso.
besamà [bəzəmá] *m.* Besamanos.
besar [bəzá] *t.* Besar.
besavi, -àvia [bəzáβi, -áβiə] *m.-f.* Bisabuelo.
bescambrilla [bəskəmbriʎə] *f.* Brisca.
bescantar [bəskəntá] *t.* Difamar, denigrar.
bescanvi [bəskámbi] *m.* Cambio, trueque, canje.
bescanviar [bəskəmbiá] *t.* Cambiar, intercambiar, trocar.
bescoll [bəskɔ́ʎ] *m.* Cerviz, cogote, pescuezo.
bescuit [bəskúĭt] *m.* Bizcocho, galleta.
bescuiter, -ra [bəskuĭté, -rə] *m.* Bizcochero, galletero.
besllum [bəsʎúm] *m.* Trasluz. *2* Vislumbre. ‖ *A* ~, a trasluz.
besllumar [bəsʎumá] *i.* Traslucirse.
besnét, -éta [bəsnét, -étə] *m.-f.* Bisnieto, biznieto.
besoteig [bəzutétʃ] *m.* Besuqueo.
besotejar [bəzutəʒá] *t.* Besuquear.
bessó, -ona [bəsó, -ónə] *a., m.-f.* Gemelo, mellizo.
bessonada [bəsunáðə] *f.* Doble parto.
bèstia [bɛ́stiə] *f.* Bestia. *2* Bicharraco. *3* fig. Obtuso, bruto.
bestial [bəstiál] *a.* Bestial.
bestialitat [bəstiəlitát] *f.* Bestialidad.

bestiar [bəstiá] *m.* Ganado. || ~ ***gros,*** ganado mayor. || ~ ***menut,*** ganado menor. || ~ ***boví,*** ganado vacuno.
bestiejar [bəstiəʒá] *i.* Tontear.
bestiesa [bəstiέzə] *f.* Gansada, tontería, majadería, necedad, disparate.
bestiola [bəstiɔ́lə] *f.* Bestezuela.
bestreta [bəstrέtə] *f.* Anticipo, adelanto. || ***A la ~,*** por adelantado, de antemano, anticipadamente.
bestreure [bəstrέŭrə] *i.* Pagar por adelantado, anticipar (dinero). ¶ CONJUG. como ***treure.***
besuc [bəzúk] *m.* ICT. Besugo.
bètic, -ca [bέtik, -kə] *a.* Bético.
Betlem [bəllέm] *n. pr.* Belén.
betum [bətúm] *m.* Betún.
beuratge [bəŭrádʒə] *m.* Brebaje, bebedizo.
beure [bέŭrə] *t.* Beber. *2* Absorber. *3 m.* Bebida. || ***De bon ~,*** bebedero. ¶ CONJUG. GER.: ***bevent.*** || P. P.: ***begut.*** || INDIC. Pres.: ***bec, beus,*** etc. || SUBJ. Pres.: ***begui, beguis,*** etc. | Imperf.: ***begués, beguessis,*** etc.
beutat [bəŭtát] *f.* Beldad.
bevedor, -ra [bəβəðó, -rə] *m.-f.* Bebedor.
bevotejar [bəβutəʒá] *i.* Beborrotear.
biaix [biáʃ] *m.* Sesgo.
biberó [biβəró] *m.* Biberón.
bíblic [bíβlik, -kə] *a.* Bíblico.
bibliòfil, -la [biβliɔ́fil, -lə] *a., m.-f.* Bibliófilo.
bibliografia [biβliuγrəfíə] *f.* Bibliografía.
biblioteca [biβliutέkə] *f.* Biblioteca.
bibliotecari, -ària [biβliutəkári, -áriə] *m.-f.* Bibliotecario.
bicarbonat [bikərβunát] *m.* Bicarbonato.
bíceps [bísəps] *m.* ANAT. Bíceps.
bicicleta [bisiklέtə] *f.* Bicicleta.
biciclista [bisiklístə] *m.* Biciclista, ciclista.
bicoca [bikɔ́kə] *f.* FORT. Bicoca.
bicolor [bikuló] *a.* Bicolor.
bicòncau, -ava [bikɔ́nkəŭ, -əβə] *a.* Bicóncavo.
biconvex, -xa [bikumbέks, -ksə] *a.* Biconvexo.
bidell [biðέʎ] *m.* Bedel.
bidet [biðέt] *m.* Bidé.
bidó [biðó] *m.* Bidón.
biela [biέlə] *f.* MEC. Biela.
biennal [biənál] *a.* Bienal.
bienni [biέni] *m.* Bienio.
bifi, bífia [bífi, bífiə] *a.* Befo, belfo.
bífid, -da [bífit, -iðə] *a.* Bífido.
bifurcació [bifurkəsió] *f.* Bifurcación.
bifurcar-se [bifurkársə] *prnl.* Bifurcarse.
biga [bíγə] *f.* Viga, madero. || ~ ***de l'esquena,*** espinazo.
bigam [biγám] *m.* Viguería.
bígam, -ma [bíγəm, -mə] *a., m.-f.* Bígamo.
bigàmia [biγámiə] *f.* Bigamia.
bigarrat, -ada [biγərrát, -áðə] *a.* Abigarrado.
bigotera [biγutérə] *f.* Bigotera.
bigoti [biγɔ́ti] *m.* Bigote, mostacho.
bigotut, -uda [biγutút, -úðə] *a.* Bigotudo.
bijuteria [biʒutəríə] *f.* Bisutería.
bilateral [bilətərál] *a.* Bilateral.
biliar [biliá] *a.* Biliar.
bilingüe [bilíŋguə] *a.* Bilingüe.
bilingüisme [biliŋgwízmə] *m.* Bilingüismo.
bilió [bilió] *m.* Billón.
biliós, -osa [biliós, -ózə] *a.* Bilioso.
bilis [bílis] *f.* Bilis. *2* Cólera.
billar [biʎár] *m.* Billar.
bimà, -na [bimá, -ánə] *a.* Bímano.
bimensual [bimənsuál] *a.* Bimensual.
binar [biná] *t.* Binar.
binari, -ària [binári, -áriə] *a.* Binario.
binocles [binɔ́kləs] *m. pl.* Anteojos, gemelos.
binomi [binɔ́mi] *a.-m.* Binomio.
biògraf, -fa [biɔ́γrəf, -fə] *m.-f.* Biógrafo.
biografia [biuγrəfíə] *f.* Biografía.
biòleg, -òloga [biɔ́lək, -ɔ́luγa] *m.-f.* Biólogo.
biologia [biuluʒíə] *f.* Biologia.
bioquímica [biukímikə] *f.* Bioquímica.
bípede, -da [bípəðə, -ðə] *a.-m.* Bípedo.
biplà [biplá] *m.* Biplano.
birem [birrém] *a.* Birreme.
birreta [birrέtə] *f.* Birreta, birrete.
bis [bis] *adv.* Bis.
bisbat [bizβát] *m.* Obispado.
bisbe [bízβə] *m.* Obispo.
biscaí, -ina [biskəí, -ínə] *a., m.-f.* Vizcaíno.
Biscaia [biskájə] *n. pr.* Vizcaya.
bisectriu [bizəktríŭ] *f.* Bisectriz.
bisell [bizέʎ] *m.* Bisel.
bisellar [bizəʎá] *t.* Biselar.
bismut [bizmút] *m.* QUÍM. Bismuto.
bisó [bizó] *m.* ZOOL. Bisonte.
bistec [bistέk] *m.* Bistec.
bisturí [bisturí] *m.* CIR. Bisturí.
bitlla [bíʎʎə] *f.* Bolo. *2* Canilla. || ***Joc de bitlles,*** boliche, bolera.
bitllet [biʎʎέt] *m.* Billete. *2* Boleto.
bitlletaire [biʎʎətáĭrə] *m.-f.* Lotero.
bitllo-bitllo [bíʎʎuβiʎʎu] loc. A toca teja.
bituminós, -osa [bituminós, -ózə] *a.* Bituminoso.
bitxo [bítʃu] *m.* BOT. Pimiento, guindilla.
bitzac [bidzák] *m.* Coz.
bitzega [bidzέγə] *f.* Bisagra (de zapatero).

bivac [biβák] *m.* Vivac, vivaque.
bivalència [biβəlɛ́nsiə] *f.* Bivalencia.
bivalve, -va [biβəlβə, -βə] *a.* Bivalvo.
bivaquejar [βiβəkəʒá] *i.* Vivaquear.
bixest [biʃɛ́s(t)] *a.* Bisiesto.
bizantí, -na [bizənti, -inə] *a.* Bizantino.
bla, blana [bla, blánə] *a.* Blando, muelle.
bladar [bləðá] *m.* Trigal.
blader, -ra [bləðé, -rə] *a.* Triguero.
blanament [blanəmén] *adv.* Blandamente.
blanc, -ca [blaŋ, -kə] *a.-m.* Blanco, albo. *2 f.* MÚS. Blanca. ‖ **~ *i negre,*** tordo. ‖ QUÍM. **~ *d'Espanya,*** albayalde.
blancall [bləŋkáʎ] *m.* Mancha blanca o blanquecina. *2* Cabrilla (en el mar).
blancor [bləŋkó] *f.* Blancura, blancor, albor.
blancúria [bləŋkúriə] *f.* V. BLANCOR.
blanejar [blənəʒá] *i.* Ablandar, templar.
blanesa [blənɛ́zə] *f.* Blandura.
blanqueig [bləŋkɛ́tʃ] *a.* Blanqueo.
blanquejar [bləŋkəʒá] *i.-t.* Blanquear. *2* Curtir.
blanquer [bləŋké] *m.* Curtidor.
blanqueria [bləŋkəriə] *f.* Curtiduría, tenería.
blanquinós, -osa [bləŋkinós, -ózə] *a.* Blanquecino, blancuzco.
blasfem, -ma [bləsfɛ́m, -mə] *a., m.-f.* Blasfemo.
blasfemar [bləsfəmá] *i.-t.* Blasfemar.
blasfèmia [bləsfɛ́miə] *f.* Blasfemia, reniego.
blasmar [bləzmá] *t.* Reprobar, condenar, censurar, vituperar, denostar, desalabar.
blasme [blázmə] *m.* Reproche, condenación, censura, denuesto, vituperio.
blasó [bləzó] *m.* Blasón.
blasonar [bləzuná] *i.-t.* Blasonar.
blat [blat] *m.* BOT. Trigo. ‖ **~ *de moro,*** maíz.
blatdemorar [bladdəmurá] *m.* Maizal.
blau, blava [blaŭ, bláβə] *m.* Azul. ‖ **~ *clar (ulls),*** zarco, garzo. ‖ ~ fosc, azur. *2 m.* Cardenal (golpe).
blauet [bləwɛ́t] *m.* ORNIT. Alción, martín pescador. *2* BOT. Aciano.
blavenc, -ca [bləβɛ́ŋ, -kə] *a.* Azulado.
blavor [bləβó] *f.* Azul.
blavós, -osa [bləβós, -ózə] *a.* Azulado. *2* Garzo.
ble [blɛ] *m.* Mecha, pabilo, torcida. *2* Mechón, copete, pelotón.
bleda [blɛ́ðə] *f.* Acelga. ‖ **~ *vermella,*** lombarda. *2* fig. Boba, tonta, pánfila.
blegar [bləγá] *t.* Doblar, plegar.
bleix [bléʃ] *m.* Jadeo.
bleixar [bləʃá] *i.* Jadear, resollar.
blenda [blɛ́ndə] *f.* MINER. Blenda.
blener [bləné] *m.* Mechero.
blet [blɛt] *m.* BOT. Bledo.
blindar [blindá] *t.* Blindar.
blindatge [blindádʒə] *m.* Blindaje.
bloc [blɔc] *m.* Bloque. *2* Taco.
blonda [blóndə] *f.* Blonda, encaje.
bloqueig [blukɛ́tʃ] *m.* Bloqueo.
bloquejar [blukəʒá] *t.* Bloquear.
bluf [bluf] *m.* Farol, abultamiento.
bo o **bon, bona** [bɔ, bɔn, bɔ́nə] *a.* Bueno, buen. *2 m.* Bono. ‖ ***De ~ de ~,*** de veras. ‖ ***Donar ~,*** dar gusto. ‖ ***A les bones,*** por las buenas. ‖ ***D'allò més ~,*** de rechupete. *3 interj.* ***Bo!,*** ¡Bien!, ¡bueno!, ¡vaya!
boa [bɔ́ə] *f.* ZOOL. Boa.
bòbila [bɔ́βilə] *f.* Ladrillar, tejar.
bobina [buβinə] *f.* Bobina, carrete.
boc [bɔk] *m.* Bock.
boc [bók] *m.* ZOOL. Macho cabrío, cabrón, barbón.
boca [bókə] *f.* Boca. *2* TEAT. Embocadura. ‖ ***A ~ plena,*** a dos carrillos. ‖ ***A ~ de canó,*** a boca de jarro. ‖ ***Sense obrir ~,*** sin chistar.
bocabadat, -ada [bokəβəðát, -áðə] *a.* Boquiabierto.
bocada [bukáðə] *f.* Bocado.
bocafluix [bokəflúʃ] *a.* Bocaza, boquirroto.
bocam [bukám] *m.* Embocadura, sabor.
bocamàniga [bokəmániγə] *f.* Bocamanga.
bocamoll, -lla [bokəmɔ́ʎ, -ʎə] *a.* Bocazas, boquirroto.
bocana [bukánə] *f.* Brocal.
bocarrut, -uda [bukərrút, -úðə] *a.* Bocudo, bocón.
bocassa [bukásə] *f.* Bocaza.
bocaterrós, -osa [bokətərrós, -ózə] *a.* Tendido con la cara hacia el suelo. *2 adv.* ***De bocaterrosa,*** de bruces, boca abajo.
bocí [busi] *m.* Pedazo, cacho, trozo, triza. *2* Bocadillo, bocado. *3 pl.* Añicos.
bocoi [bukɔ̃ĭ] *m.* Bocoy.
boda [bóðə] *f.* Boda.
bodega [buðɛ́γə] *f.* Bodega, bodegón.
bòfia [bɔ́fiə] *f.* Ampolla. *2* Mentira. *3* fam. Guindilla, polizonte, policía.
boga [bɔ́γə] *f.* BOT. Anea, enea, espadaña, ova. *2* Hito. *3* ICT. Boga.
bogejar [buʒəʒá] *i.* Loquear.
bogeria [buʒəriə] *f.* Locura, disloque, enajenación.
bohemi, -èmia [buɛ́mi, -ɛ́miə] *a., m.-f.* Bohemio.
boia [bɔ́jə] *f.* Boya.

boicot [buĭkɔ̀t] *m.* Boicoteo.
boicotejar [buĭkutəʒá] *t.* Boicotear.
boig, boja [bɔ̀tʃ, bɔ̀ʒə] *a., m.-f.* Loco.
boina [bɔ̀ĭnə] *f.* Boina.
boira [bɔ̀ĭrə] *f.* Niebla, bruma. ‖ ~ ***pixanera,*** calabobos.
boirassa [buĭrásə] *f.* Neblina.
boirina [buĭrínə] *f.* Niebla, vaharina.
boirós, -osa [buĭrós, -ózə] *a.* Nebuloso, brumoso.
boix [bóʃ] *m.* BOT. Boj. ‖ ~ ***marí,*** rusco, brusco. ‖ ~ ***grèvol,*** acebo.
boixac [buʃák] *m.* BOT. Maravilla.
boixeda [buʃɛ́ðə] *f.* Bojedal.
boixet [buʃɛ́t] *m.* Palillo. *2* Majadero.
bol [bɔ̀l] *m.* Bol, cuenco. *2* Bolo.
bola [bɔ̀lə] *f.* Bola. *2* Trola, filfa, trufa, paraña, bulo. *3* Ojeriza. *4* Morcilla (de los perros).
bolada [buláðə] *m.* Azucarillo.
bolado [buláðu] *m.* Azucarillo.
bolc [bólk] *m.* Vuelco.
bolcada [bulkáðə] *f.* Vuelco.
bolcar [bulká] *i.-t.-prnl.* Empañar, envolver. *2* Volcar.
bolei [bulɛ́ĭ] *m.* Voleo.
boleiar [buləjá] *t.* Hacer voltear. *2 i.* Voltear.
bolet [bulɛ́t] *m.* Hongo, seta. *2* Hongo (sombrero). *3* Revés (golpe).
boletada [bulətáðə] *f.* Recolección o comida de setas.
bòlid [bɔ̀lit] *m.* Bólido.
bolig [bulitʃ] *m.* Boliche.
bolígraf [buliγrəf] *m.* Bolígrafo.
bòlit [bɔ̀lit] *m.* Toño, tala. ‖ ***Anar de*** ~, ir a lo loco.
bolivià, -ana [buliβiá, -ánə] *a., m.-f.* Boliviano.
boll [bóʎ] *m.* Cascabillo.
bolló [buʎó] *m.* Bollón.
bolquer [bulké] *m.* Pañal, envoltura, mantilla.
bolquet [bulkɛ́t] *m.* Carretilla.
bolxevic [bulʃəβik] *a., m.-f.* Bolchevique.
bolxevisme [bulʃəβizmə] *m.* Bolchevismo.
bomba [bómbə] *f.* Bomba.
bombar [bumbá] *t.-prnl.* Abombar, combar. *2* Dar a la bomba.
bombarda [bumbárðə] *f.* Bombarda.
bombardeig [bumbərðɛ́tʃ] *m.* Bombardeo.
bombardejar [bumbərðəʒá] *t.* Bombardear.
bombarder [bumbərðé] *m.* Bombardero.
bombardí [bumbərðí] *m.* MÚS. Bombardino.
bombat [bumbát] *m.* Comba, combadura.
bombatxo [bumbátʃu] *a.-m.* Bombacho.
bombejar [bumbəʒá] *t.* Bombear.
bomber [bumbé] *m.* Bombero.
bombeta [bumbɛ́tə] *f.* Bombilla, lámpara.
bombo [bómbu] *m.* Bombo. ‖ ***Donar*** ~, dar bombo, elogiar.
bombó [bumbó] *m.* Bombón.
bombolla [bumbóʎə] *f.* Burbuja. *2* Ampolla.
bombollejar [bumbuʎəʒá] *i.* Burbujear.
bombona [bumbónə] *f.* Bombona.
bombonera [bumbunérə] *f.* Bombonera.
bomboneria [bumbunəriə] *f.* Bombonería.
bon [bɔn] *a.* V. BO.
bonaerenc, -ca [bɔnəerɛ́ŋ] *a., m.-f.* Bonaerense.
bonament [bɔnəmén] *adv.* Buenamente.
bonança [bunánsə] *f.* Bonanza.
bonancenc, -ca [bunənsɛ́ŋ, -kə] *a.* Bonacible.
bonàs, -assa [bunás, -ásə] *a.* Bonachón.
bonastre [bunástrə] *a.* Bonachón.
bonaventura [bɔnəβəntúrə] *f.* Buenaventura.
bondadós, -osa [bundəðós, -ózə] *a.* Bondadoso.
bondat [bundát] *f.* Bondad.
bonesa [bunɛ́zə] *f.* Bondad.
bonet [bunɛ́t] *m.* Bonete.
bonhomia [bunumíə] *f.* Hombría de bien. *2* Simplicidad amable.
bonic, -ca [bunik, -kə] *a.* Bonito, lindo, hermoso.
bonificar [bunifiká] *t.* Bonificar.
bonior [bunió] *f.* Zumbido, murmureo. *2* fig. Murmullo.
boniquesa [bunikɛ́zə] *f.* Lindeza, primor, hermosura.
bonítol [bunitul] *m.* ICT. Bonito.
bony [bóɲ] *m.* Chichón, hinchazón, tolondro. *2* Bulto, abolladura.
bonyegut, -uda [buɲəγút, -úðə] *a.* Abultado. *2* Abollado.
bonyiga [buɲíγə] *f.* Boñiga.
bonze [bónzə] *m.* Bonzo.
boquejar [bukəʒá] *i.* Boquear. *2* Venir ancho [vestido].
boqueras [bukérəs] *f. pl.* MED. Boqueras.
bor [bor] *m.* QUÍM. Boro.
borat [burát] *m.* QUÍM. Borato.
bòrax [bɔ̀rəks] *m.* QUÍM. Bórax.
borboll [burβóʎ] *m.* Borbollón, borbotón. *2* Tumulto.
borbollar [burβuʎá] *i.-t.* Borbollar, borbotar. *2* Decir algo a borbotones.
borbollejar [burβuʎəʒá] *i.* Borbotar, borbollear, borbollar.
borbollons (a) [burβuʎóns] loc. A borbotones.

borbònic, -ca [burβɔ́nik, -kə] *a.* Borbónico.
bord, -da [bor(t), -ðə] *a., m.-f.* Bastardo, espurio.
bord, -da [bor(t), -ðə] *m.* MAR. Bordo. *2 f.* Borda.
borda [bórðə] *f.* Choza, cabaña.
bordada [burðáðə] *f.* Ladridos dados sin interrupción, ladra.
bordadissa [burðəðisə] *f.* Ladra.
bordar [burðá] *i.* Ladrar.
bordatge [burðádʒə] *m.* Bordo.
bordegàs, -assa [burðəγás, -ásə] *m.-f.* Rapaz, rapazuelo, chaval.
bordejar [burðəʒá] *i.* Bordear.
bordell [burðéʎ] *m.* Lupanar, burdel.
borderia [burðəriə] *f.* Inclusa.
bordó [burðó] *m.* Bordón. *2* MÚS. Bordón.
boreal [bureál] *a.* Boreal.
borgonyès, -esa [burγuɲés, -ézə] *a., m.-f.* Borgoñón.
bòric, -ca [bɔ́rik, -kə] *a.* Bórico.
borinor [burinó] *f.* Zumbido.
borinot [burinɔ́t] *m.* Abejorro, abejarrón.
borja [bɔ́rʒə] *f.* Cobijo de viña construido en piedra seca.
borla [bɔ́rlə] *f.* Borla.
borm [bɔrm] *m.* Muermo.
born [born] *m.* Liza, palenque. *2* Borne.
borni, bòrnia [bɔ́rni, bɔ́rniə] *a.* Tuerto.
bornoi [burnɔ́i] *m.* Boya.
borra [bórrə] *f.* Borra.
borrall [burráʎ] *m.* Pequeña porción de fibras aglomeradas. *2* Copo. *3* fig. Pizca. || ***No entendre-hi un ~,*** no entender ni pizca, no entender ni jota.
borralló [burrəʎó] *m.* Pequeña porción de fibras aglomeradas. *2* Copo.
borràs [burrás] *m.* Estopón. || ***Anar de mal ~,*** venir a menos, ir de capa caída.
borrasca [burráskə] *f.* Borrasca.
borrascall [burrəskáʎ] *m.* Nevisca.
borrascós, -osa [burrəskós, -ózə] *a.* Borrascoso.
borratja [burrádʒə] *f.* BOT. Borraja.
borratxera [burrətʃérə] *f.* Borrachera, humera.
borratxo, -txa [burrátʃu, -tʃə] *a., m.-f.* Borracho, bebido, ebrio, peneque.
borrec, -ga [burrék, -éγə] *m.-f.* Borrego.
borrego [burréγu] *m.* COC. Mollete.
borrissol [burrisɔ́l] *m.* Lanilla, flojel, tamo, vello, bozo.
borró [burró] *m.* Vello, borra. *2* BOT. Botón. *3* ORNIT. Plumón.
borronar [burruná] *i.* AGR. Abotonar (las plantas).
borrós, -osa [burrós, -ózə] *a.* Borroso.
borrufada [burrufáðə] *f.* METEOR. Cellisca.
borsa [bórsə] *f.* Bolsa.
borsista [bursistə] *m.* Bolsista.
bosc [bɔsk] *m.* Bosque, monte alto.
boscà, -ana [buská, -ánə] *a.* Bosqueril, silvestre.
boscany [buskáɲ] *m.* Bosquete.
boscatge [buskádʒə] *m.* Boscaje, soto.
bosquerol, -la [buskərɔ́l, -lə] *a., m.-f.* Silvestre, bosqueril, montaraz.
bossa [bósə] *f.* Bolsa, bolso, bolsillo, poza.
bossat [busát] *m.* Bolsa.
bossell [buséʎ] *m.* Motón.
bot [bot] *m.* Odre, pellejo, bota. *2* Bote, brinco, salto. *3* NÁUT. Bote. || ***Ploure a bots i barrals,*** llover a cántaros.
bota [bɔ́tə] *f.* Bota.
bóta [bótə] *f.* Bota, cuba, pipa, tonel, barrica.
botafoc [botəfɔ́k] *m.* ARTILL. Botafuego.
botam [butám] *m.* Tonelería.
botana [butánə] *f.* Botana. *2* Agujero en la ropa causado por una chispa.
botànic, -ca [butánik, -kə] *a.* Botánico. *2 f.* Botánica.
botar [butá] *i.* V. BOTRE.
botavara [butəβárə] *f.* NÁUT. Botavara.
botella [butéʎə] *f.* Zaque, bota. *2* Botella.
boter [buté] *m.* Botero, tonelero, cubero, pellejero.
boterat [butərát] *m.* Toma de agua para regar.
boteria [butəriə] *f.* Tonelería.
boterut, -uda [butərút, -úðə] *a.* Abultado.
botet [butét] *m.* Reclamo (para caza).
botí [butí] *m.* Botín.
botifarra [butifárrə] *f.* Butifarra, longaniza.
botiga [butíγə] *f.* Tienda. *2* Taller, obrador.
botiguer, -ra [butiγé, -rə] *m.-f.* Tendero. *2 m.* ORNIT. Martín pescador.
botija [butíʒə] *f.* Botija.
botina [butínə] *f.* Botina.
botir [butí] *t.-prnl.* Embutir. *2* Abotargarse, henchir.
botó [butó] *m.* Botón. *2* Gemelo.
botonada [butunáðə] *f.* Botonadura.
botonador [butunəðó] *m.* Abrochador, abotonador.
botonar [butuná] *t.* Abrochar, abotonar. *2 i.* Abotonar (las plantas).
botre [bótrə] *i.* Botar.
botxa [bótʃə] *f.* Bocha. *2* Arruga (en el vestido).
botxí [butʃí] *m.* Verdugo, sayón.
botzina [budzínə] *f.* Bocina.

botzinar [budzinà] *i.* Refunfuñar, rezongar, murmurar, respingar.
botzinaire [budzinàĭrə] *a.* Rezongón.
bou [bɔ́ŭ] *m.* Buey. *2* NÁUT. Bou.
bouada [buáðə] *f.* Boyada.
bouer, -ra [bué, -rə] *m.-f.* Boyero.
bover [buβė] *m.* V. BOUER.
boví, -ina [buβi, -inə] *a.* Bovino, boyuno, vacuno.
bòvids [bɔ́βits] *m. pl.* Bóvidos.
boxa [bɔ́ksə] *f.* Boxeo.
boxejador [buksəʒəðó] *m.* Boxeador.
boxejar [buksəʒá] *i.* Boxear.
brac [brak] *m.* Braco (perro).
braç [bras] *m.* Brazo.
braça [brásə] *f.* MAR. Braza.
braçada [brəsáðə] *f.* Brazada.
braçal [brəsál] *m.* Brazal. *2* Ramal.
braçalera [brəsəlérə] *f.* Brazo de asiento.
braçalet [brəsəlét] *m.* Brazalete.
braçat [brəsát] *m.* Brazado.
bracejar [brəsəʒá] *i.* Bracear.
bracer [brəsé] *m.* Jornalero, peón, bracero.
bracet (de) [brəsɛ́t] loc. De bracete, de bracero.
bràctea [bráktea] *f.* BOT. Bráctea.
braga [bráɣə] *f.* Braga.
braguer [brəɣé] *m.* Braguero. *2* Ubre.
bragueta [brəɣɛ́tə] *f.* Bragueta.
bram [bram] *m.* Rebuzno. *2* Bramido, berrido. *3* Raudal.
bramadissa [brəməðisə] *f.* Conjunto de bramidos.
braman [brəmán] *m.* Brahamán.
bramar [bramá] *i.* Rebuznar, bramar. *2* Chillar, berrear. *3* Rugir.
bramul [brəmúl] *m.* Mullido. *2* Bramido, berrido, rugido.
bramular [brəmulá] *i.* Mugir, rugir.
branca [bráŋkə] *f.* Rama. *2* Ramo, ramal.
brancal [brəŋkál] *m.* Jamba.
brancatge [brəŋkádʒə] *m.* Ramaje, copa, enramada.
brancut, -uda [brəŋkút, -úðə] *a.* Ramoso.
brandar [brəndá] *t.* Blandir, esgrimir.
brandir [brəndi] *t.* V. BRANDAR.
brandó [brəndó] *m.* Blandón. *2* Antorcha, hachón.
brànquia [bránkjə] *f.* Branquia.
branquilló [brəŋkiʎó] *m.* Ramilla.
braó [brəó] *m.* Brazo. *2* Valor, coraje.
braol [brəɔ́l] *m.* Mugido, berrido.
braolar [brəulá] *i.* Mugir, berrear, bramar, rugir.
brasa [brázə] *f.* Brasa, ascua.
braser [brəzé] *m.* Brasero. ‖ ~ ***de taula,*** camilla.
braseret [brəzərɛ́t] *m.* Estufilla.
brasiler, -ra [brəzilé, -rə] *a., m.-f.* Brasileño.
brau, -ava [bráŭ, -áβə] *a.* Bravo, bizarro. *2* Bravío. *3 m.* Toro.
bravada [brəβáðə] *f.* Tufo, tufarada.
bravata [brəβátə] *f.* Bravata. *2 pl.* Fieros.
bravatejar [brəβətəʒá] *i.* Bravear.
bravesa [brəβɛ́zə] *f.* Braveza, bravura, bizarría.
bravo! [bráβo] *interj.* ¡Bravo! ¡Olé!
bravura [brəβúrə] *f.* Bravura.
brea [brɛ́ə] *f.* Brea.
brec [brɛ́k] *m.* Break, birlocho.
brega [brɛ́ɣə] *f.* Brega, riña, lucha, bronca, chamusquina, camorra, trapisonda.
bregar [brəɣá] *i.-t.* Bregar. *2* Tascar.
bregat, -ada [brəɣát, -áðə] *a.* Ducho.
brell [brɛ́ʎ] *m.* Cepo.
bresca [brɛ́skə] *f.* Bresca, panal.
bressar [brəsá] *t.* Mecer, acunar, cunear.
bressol [brəsɔ́l] *m.* Cuna.
bressola [brəsɔ́lə] *f.* Cuna.
bressolar [brəsulá] *t.* Acunar, cunear, mecer.
bressoleig [brəsulɛ́tʃ] *m.* Mecedura.
Bretanya [brətáɲə] *n. pr.* Bretaña.
bretó, -ona [brətó, -ónə] *a., m.-f.* Bretón.
brètol [brɛ́tul] *m.* Bribón, granuja, tunante, tuno, charrán.
bretolada [brətuláðə] *f.* Bribonada, granujada, tunantada, charranada, perrería.
bretxa [brɛ́tʃə] *f.* Brecha.
breu [brɛ́ŭ] *a., m.-f.* Breve.
breument [breŭmént] *adv.* Brevemente.
brevetat [brəβətát] *f.* Brevedad.
breviari [brəβiári] *m.* Breviario.
bri [bri] *m.* Brizna, hebra, paja, pizca.
bricallaire [brikəʎáĭrə] *m.-f.* Recovero.
bricbarca [brigbárkə] *m.-f.* NÁUT. Bricbarca.
brida [briðə] *f.* Brida, rienda.
brigada [briɣáðə] *f.* Brigada.
brigadier [briɣəðié] *m. fr.* Brigadier.
brillant [briʎán] *a.-m.* Brillante.
brillantina [briʎəntinə] *f.* Brillantina.
brillantor [briʎəntó] *f.* Brillantez, brillo.
brillar [briʎá] *i.* Brillar, lucir. *2* Reclamar (las aves).
brindar [brindá] *i.-t.* Brindar.
brio [briu] *m.* MÚS. Brío.
brioix [briɔ́ʃ] *m.* Bollo.
brisa [brizə] *f.* Brisa.
brisa [brizə] *f.* Orujo y raspajo de la vid.
britànic, -ca [británik, -kə] *a.* Británico.
briva [briβə] *f.* Briba, chusma, hampa.

brivall [briβàʎ] *m.* Bribón, hampón. *2* Chico, rapaz.
brivallada [briβəʎàðə] *f.* Bribonada. *2* Travesura.
broc [brɔk] *m.* Caño o pico de ciertos recipientes, botijos, etc. ‖ ~ ***petit,*** pitón, pitorro. ‖ ~ ***gros,*** boca de botijo. *2 pl.* Pretextos, excusas. ‖ ***Deixar-se de brocs,*** dejarse de cuentos.
broca [brɔ̀kə] *f.* Broca.
brocal [brukàl] *m.* Brocal, pozal.
brocat [brukàt] *m.* Brocado.
brodador, -ra [bruðəðò, -rə] *m.-f.* Bordador.
brodar [bruðà] *t.* Bordar.
brodat [bruðàt] *m.* Bordado.
bròfec, -ega [brɔ̀fək, -əɣə] *a.* Adusto, áspero, grosero.
brogit [bruʒit] *m.* Fragor, rumor, ruido.
broll [broʎ] *m.* Chorro. *2* Maleza.
brolla [bròʎə] *f.* Maraña, monte bajo.
brollador [bruʎəðò] *m.* Manantial, venero. *2* Surtidor.
brollar [bruʎà] *i.* Manar, brotar, surtir.
brom [brom] *m.* QUÍM. Bromo.
broma [bròmə] *f.* Broma, bulla, burla, chunga, macana.
broma [bròmə] *f.* Niebla, bruma. *2* Espuma.
bromejar [bruməʒà] *i.* Bromear, chancear, chunguearse.
bromera [brumèrə] *f.* Espuma. *2* Espumarajo.
bromista [brumistə] *m.* Bromista, dicharachero, chancero.
bromós, -osa [brumòs, -òzə] *a.* Brumoso.
bromur [brumùr] *m.* QUÍM. Bromuro.
broncopneumònia [bruŋkunəŭmɔ̀niə] *f.* MED. Bronconeumonía.
bronqui [brɔ̀ŋki] *m.* ANAT. Bronquio.
bronquial [bruŋkiàl] *a.* Bronquial.
bronquina [bruŋkinə] *f.* Altercado, agarrada, camorra.
bronquinejar [bruŋkinəʒà] *i.* Armar camorra.
bronquitis [bruŋkitis] *f.* MED. Bronquitis.
bronze [brònzə] *m.* Bronce.
bronzejar [brunzəʒà] *t.* Broncear.
bronzejat, -ada [brunzəʒàt, -àðə] *a.* Bronceado.
broquet [brukèt] *m.* Boquilla (para fumar), cañón de pipa.
bròquil [brɔ̀kil] *m.* BOT. Brécol, bróculi.
brossa [brɔ̀sə] *f.* Broza, zurrapa. *2* Brizna. *3* Escobilla. *4* Maleza, mota.
brossall [brusàʎ] *m.* Desbrozo.
brosta [brɔ̀stə] *f.* Vástago. *2* Ramojo. *3* Follaje.
brostar [brustà] *i.* Brotar, despuntar, entallecer.
brot [bròt] *m.* Brote, tallo, vástago.
brotar [brutà] *i.* Brotar.
brotó [brutò] *m.* Brote, pitón, cogollo.
brotxa [brɔ̀tʃə] *f.* Brocha.
brou [bɔ̀ŭ] *m.* Caldo, pisto.
bru, -na [brù, -nə] *a.* Moreno.
bruc [bruk] *m.* BOT. Brezo.
bruguera [bruɣèrə] *f.* BOT. Mata de brezo.
bruixa [brùʃə] *f.* Bruja.
bruixeria [bruʃəriə] *f.* Brujería, hechicería. ‖ ***Per art de ~,*** por arte de birlibirloque.
brúixola [brùʃulə] *f.* Brújula.
bruixot [bruʃɔ̀t] *m.* Brujo.
brumari [brumàri] *m.* Brumario.
brunyir [bruɲi] *t.* Bruñir, acicalar, lustrar.
brunyit, -ida [bruɲit, -iðə] *a.* Terso. *2 m.* Bruñido.
brunzent [brunzèn] *a.* Zumbador, zumbón.
brunzinaire [brunzinàĭrə] *a.* Zumbador, zumbón.
brunzir [brunzi] *i.* Zumbar.
brunzit [brunzit] *m.* Zumbido.
brusa [brùzə] *f.* Blusa.
brusc, -ca [brusk, -kə] *a.* Brusco.
brusquedat [bruskəðàt] *f.* Brusquedad.
Brussel·les [brusɛ̀ləs] *n. pr.* Bruselas.
brut, -ta [brut, -tə] *a.* Sucio, desaseado, escuálido. *2 m.* Bruto. ‖ ***En ~,*** en bruto.
brutal [brutàl] *a.* Brutal.
brutalitat [brutəlitàt] *f.* Brutalidad.
brutícia [brutisiə] *f.* Suciedad, escualidez, gorrinería.
buata [buàtə] *f.* Guata.
bubó [buβò] *m.* MED. Bubón.
bubònic [buβɔ̀nik, -kə] *a.* Bubónico.
buc [buk] *m.* Cavidad. *2* Buque. *3* Casco. *4* Caja (de escalera). *5* Colmena. *6* Buche.
bucal [bukàl] *a.* Bucal.
buccí [buksi] *m.* ZOOL. Buccino.
bucle [bùklə] *m.* Bucle.
bucòlic, -ca [bukɔ̀lik, -kə] *a.* Bucólico.
budell [buðèʎ] *m.* Intestino, tripa.
budellada [buðəʎàðə] *f.* Tripa.
budellam [buðəʎàm] *m.* Conjunto de los intestinos.
budisme [buðizmə] *m.* Budismo.
budista [buðistə] *a., m.-f.* Budista.
buf [buf] *m.* Soplo.
buf, -fa [buf, -fə] *a., m.-f.* Bufo.
bufa [bùfə] *f.* Bofetada, cachete. *2* Vejiga. *3* Ventosidad. *4* Bolsa que forma una ropa. *5* Borrachera. *6 interj.* ¡Toma! ¡Atiza! ¡Cáspita!
bufada [bufàðə] *f.* Soplo, soplido.

bufador, -ra [bufəðó, -rə] *m.-f.* Soplador. *2* Soplete. *3* Sopladero.
bufaforats [bufəfuráts] *m.* V. BORINOT.
búfal [búfəl] *m.* ZOOL. Búfalo.
bufanda [bufándə] *f.* Bufanda.
bufar [bufá] *i.-t.* Soplar. *2* Bufar. *3 prnl.* Hincharse, empollarse. ‖ ~ ***i fer ampolles,*** coser y cantar.
bufarut [bufərút] *m.* Ráfaga, remolino.
bufat, -ada [bufát, -áðə] *a.* Hinchado. *2* Vanidoso, alabancioso.
bufec [bufέk] *m.* Resuello, bufido.
bufera [bufέrə] *f.* Albufera. *2* Ganas de soplar.
bufet [bufέt] *m.* Bufete.
bufeta [bufέtə] *f.* Vejiga.
bufetada [bufətáðə] *f.* Bofetada, bofetón, cachete, sopapo.
bufetejar [bufətəʒá] *t.* Abofetear, sopapear.
bufó, -ona [bufó, -ónə] *a.* Lindo, majo, mono, coquetón, pituso, cuco. *2 m.* Bufón.
bufonada [bufunáðə] *f.* Bufonada.
bufor [bufó] *f.* Bramido, rugido.
bugada [buɣáðə] *f.* Colada. *2* Limpieza.
bugadejar [buɣəðəʒá] *i.* Colar, pasar la colada. *2* Limpiar.
bugader, -ra [buɣəðé, -rə] *m.-f.* Lavandero. *2 m.* Barreño. *3 f.* Lavandera.
bugaderia [buɣəðəriə] *f.* Lavandería.
bugia [buʒiə] *f.* Bujía. *2* CIR. Candelilla.
buidador, -ra [buĭðəðó, -rə] *m.-f.* Vaciador. *2 m.* Vaciadero.
buidament [buĭðəmén] *m.* Vaciamiento.
buidar [buĭðá] *t.-prnl.* Vaciar. *2* Ahuecar.
buidat [buĭðát] *m.* Vaciamiento.
buidesa [buĭðέzə] *f.* Vaciedad, vacuidad.
buidor [buĭðó] *f.* V. BUIDESA.
buina [búĭnə] *f.* Boñiga, bosta.
buirac [buĭrák] *m.* Carcaj, aljaba.
buit, buida [búĭt, búĭðə] *a.* Vacío, hueco. *2* Huero, vacuo. *3 m.* Vacío, hueco, oquedad.
bulb [búlp] *m.* Bulbo.
bulbar [bulβá] *a.* Bulbar.
bulbós, -osa [bulβós, -ózə] *a.* Bulboso.
buldog [buldɔ́k] *m.* Bulldog.
búlgar, -ra [búlɣər, -rə] *a., m.-f.* Búlgaro.
bull [buʎ] *m.* Hervidero, hervor. ‖ ***Faltar-li a algú un ~,*** estar chiflado.
bullanga [buʎáŋgə] *f.* Bullanga, bullicio.
bullangós, -osa [buʎəŋgós, -ózə] *a.* Bullanguero.
bullent [buʎén] *a.* Hirviente. *2* Ardiente.
bullentor [buʎəntó] *f.* Hervor.
bullícia [buʎisiə] *f.* Bullicio, algazara, holgura, baraúnda.
bulliciós, -osa [buʎisiós, -ózə] *a.* Bullicioso.
bullida [buʎiðə] *f.* V. BULL.
bullidera [buʎiðérə] *f.* Hervor. *2* Agitación.
bullir [buʎi] *i.-t.* Hervir, bullir.
bullit [buʎi] *m.* Cocido. *2* Embrollo.
bum! [bum] *interj.* ¡Pum!
bum-bum [bumbúm] *m.* Bulo. *2* Fragor.
bunyol [buɲɔ́l] *m.* Buñuelo, hojuela, pestiño. *2* Patochada, plasta, garrapato.
bunyoler, -ra [buɲulé, -rə] *m.-f.* Buñolero.
bunyoleria [buɲuləriə] *f.* Buñolería, churrería.
burell, -lla [buréʎ, -ʎə] *a.* Gris oscuro.
burg [burk] *m.* Burgo.
burgalès, -esa [burɣəlέs, -έzə] *a., m.-f.* Burgalés.
burgès, -esa [burʒέs, -έzə] *m.-f.* Burgués.
burgesia [burʒəsiə] *f.* Burguesía.
burgmestre [burgmέstrə] *m.* Burgomaestre.
burí [buri] *m.* Buril, punzón.
burilla [buriʎə] *m.* Colilla.
burinar [buriná] *t.* Burilar.
burla [búrlə] *f.* Burla, chacota, camelo, guasa, chanza.
burlador, -ra [burləðó, -rə] *a., m.-f.* Burlador.
burlaner, -ra [burləné, -rə] *a.* Burlón.
burlar-se [burlársə] *prnl.* Burlar, fisgarse, cachondearse.
burler, -ra [burlé, -rə] *a.* Burlón.
burlesc, -ca [burlέsk, -kə] *a.* Burlesco.
burleta [burlέtə] *m.-f.* Que se burla de todo, burlón, guasón.
burocràcia [burukrásiə] *f.* Burocracia.
buròcrata [burɔ́krətə] *m.* Burócrata.
burot [burɔ́t] *m.* Fiel (funcionario). *2 pl.* Fielato. *3* Garabato.
burra [búrrə] *f.* Burra.
burrada [burráðə] *f.* Burrada, necedad.
burro [búrru] *m.* Burro, asno, jumento.
borsari, -ària [bursári, -áriə] *m.* Bursátil.
bursàtil [bursátil] *a.* Bursátil.
burxa [búrʃə] *f.* Pincho. *2* Hurgón.
burxada [burʃáðə] *f.* Pinchazo. *2* Hurgonada.
burxar [burʃá] *t.* Pinchar, hurgonear, hurgar.
burxeta [burʃέtə] *f.* V. BURXA.
burxó [burʃó] *m.* V. BURXA.
bus [bus] *m.* Buzo.
busca [búskə] *f.* Brizna, paja, mota. *2* Manecilla, minutero, mano, saeta. *3* Puntero.
buscagatoses [buskəɣətózəs] *m.* Holgazán.
buscall [buskáʎ] *m.* Leño, palo.
buscar [buská] *t.* Buscar.

busca-raons [buskərrəóns] *m.-f.* Pendenciero, camorrista.
bust [bus(t)] *m.* Busto.
bústia [bústiə] *f.* Buzón.
butà [butá] *m.* Butano.
butaca [butákə] *f.* Butaca, sillón.
butlla [búʎʎə] *f.* Bula.
butlleta [buʎʎétə] *f.* Boleta.
butlletí [buʎʎəti] *m.* Boletín.
butllofa [buʎʎɔ́fə] *f.* Ampolla, vejiga, roncha.
butxaca [butʃákə] *f.* Bolsillo.

C

ca [ka] *m.* ZOOL. Can, perro. ‖ MIT. ~ ***cerber,*** cancerbero.
ca [ka] *f.* Ka (letra).
ca [ka] *f.* Casa.
ca! [ka] *interj.* ¡Ca!, ¡Quiá!
ça [sa] *adv.* Aquí.
cabal [kəβál] *m.* Caudal. *2 pl.* Bienes. *3* Poderío.
càbala [káβələ] *f.* Cábala.
cabaler [kəβəlé] *m.* Segundón.
cabalístic, -ca [kəβəlistik, -kə] *a.* Cabalístico.
cabalós, -osa [kəβəlós, -ózə] *a.* Acaudalado. *2* Caudaloso.
cabana [kəβánə] *f.* V. CABANYA.
cabanya [kəβáɲə] *f.* Cabaña, choza.
cabaret [kəβərét] *m.* Cabaret.
cabàs [kəβás] *m.* Capazo, capacho, cenacho, espuerta.
cabasset [kəβəsét] *m.* Esportilla. ‖ Capacete.
cabdal [kəbdál] *a.* Capital, principal.
cabdell [kəbdéʎ] *m.* Ovillo, cadejo. *2* Repollo, cogollo.
cabdellar [kəbdəʎá] *t.-i.* Ovillar, devanar. *2* Repollar.
cabdellat, -ada [kəbdəʎát, -áðə] *a.* Repolludo.
cabdill [kəbdiʎ] *m.* Caudillo.
cabdillatge [kəbdiʎádʒə] *m.* Caudillaje.
cabeç [kəβés] *m.* Cabezón.
cabeça [kəβésə] *f.* Bulbo, cabeza (de ajos).
cabeçó [kəβəsó] *m.* Cabezón.
cabeçudes [kəβəsúðəs] *f. pl.* BOT. Cabezuela.
cabell [kəβéʎ] *m.* Cabello, pelo. ‖ ~ ***blanc,*** cana.
cabellblanc, -ca [kəβèʎβláŋ, -kə] *a.* Peliblanco, cano, canoso.
cabellera [kəβəʎérə] *f.* Cabellera, melena, cabello, guedeja.
cabellut, -uda [kəβəʎút, -úðə] *a.* Cabelludo, melenudo.
cabestre [kəβéstrə] *m.* Cabestro.
cabestrell [kəβəstréʎ] *m.* Cabestrillo.
cabilenc, -ca [kəβiléŋ, -kə] *a.* Cabileño.
cabina [kəβinə] *f.* Camarote. *2* Cabina, caseta.
cabiró [kəβiró] *m.* CONSTR. Cabrío, asna.
cabirol [kəβirɔ́l] *m.* ZOOL. Corzo.
cable [kábblə] *m.* Cable.
cabòria [kəβɔ́riə] *f.* Pelillo, preocupación.
cabota [kəβɔ́tə] *f.* Cabeza (de un clavo).
cabotatge [kəβutádʒə] *m.* MAR. Cabotaje.
cabotejar [kəβutəʒá] *i.* Cabecear.
cabra [káβrə] *f.* Cabra. ‖ ~ ***salvatge,*** cabra montés. *2* ENTOM. Ladilla. ‖ ~ ***avesada a saltar fa de mal desvesar,*** la cabra tira al monte.
cabrafiga [káβrəfiγə] *f.* BOT. Cabrahigo.
cabrafiguera [káβrəfiγérə] *f.* BOT. Cabrahigo.
cabre [káβrə] *i.* Caber. ¶ CONJUG. GER.: ***cabent.*** ‖ P. P.: ***cabut, cabuda.*** ‖ INDIC. Pres.: ***cabo, caps, cap.*** ‖ SUBJ. Pres.: ***càpiga,*** etc. | Imperf.: ***cabés,*** etc.
cabreig [kəβrétʃ] *m.* MAR. Cabrilleo.
cabrejar [kəβrəʒá] *i.* MAR. Cabrillear.
cabrer, -ra [kəβré, -rə] *m.-f.* Cabrero.
cabrestant [kəβrəstán] *m.* Cabrestante.
càbria [káβriə] *f.* Cabria.
cabrida [kəβriðə] *f.* ZOOL. Cabra hembra antes del año de vida.
cabridell, -lla [kəβriðéʎ, -ʎə] *m.-f.* Choto.
cabriola [kəβriɔ́lə] *f.* Cabriola, pirueta.
cabriolé [kəβriulé] *m.* Cabriolé.
cabrit [kəβrit] *m.* Cabrito.
cabró [kəβró] *m.* Cabrón, macho cabrío.
cabrota [kəβrɔ́tə] *f.* ORNIT. Cárabo.
cabrum [kəβrúm] *a.-m.* Cabrerizo, cabrío, cabruno, caprino.
cabuda [kəβúðə] *f.* Cabida, capacidad.
cabussar [kəβusá] *t.* V. CAPBUSSAR.
cabussejar [kəβusəʒá] *i.* Chapuzarse.
cabussó [kəβusó] *m.* V. CAPBUSSÓ.
cabussot [kəβusɔ́t] *m.* ORNIT. Somormujo.
caca [kákə] *f.* Caca.

caça [kásə] *f.* Caza.
caçador, -ra [kəsəðó, -rə] *a., m.-f.* Cazador.
caçar [kəsá] *t.* Cazar.
cacatua [kəkətúə] *f.* ORNIT. Cacatúa.
cacau [kəkáŭ] *m.* Cacao.
cacauer [kəkəwé] *m.* Cacao. ‖ ***Planter de cacauers,*** cacaotal.
cacauet [kəkəwét] *m.* BOT. Cacahuete, maní.
cacera [kəsérə] *f.* Cacería, caza.
cacic [kəsik] *m.* Cacique.
caciquisme [kəsikizmə] *m.* Caciquismo.
cacofonia [kəkufuniə] *f.* Cacofonía.
cactus [káktus] *m.* BOT. Cacto.
cada [káðə] *a.-pron. indef.* Cada, todos: ~ ***dia,*** todos los días. ‖ ~ ***u, un,*** cada uno, cada cual.
cadafal [kəðəfál] *m.* Cadalso, entablado. *2* Catafalco, tablado.
cadarn [kəðárn] *m.* Resfriado.
cadascú [kədəskú] *pron. indef.* Cada cual, cada quisque.
cadascun, -una [kəðəskún, -nə] *pron. indef.* Cada uno, cada quisque.
cadastre [kəðástrə] *m.* Catastro.
cadàver [kəðáβər] *m.* Cadáver.
cadavèric, -ca [kəðəβérik, -kə] *a.* Cadavérico.
cadell, -lla [kəðéʎ, -ʎə] *a., m.-f.* Cachorro. *2* Tarabilla. *3* Trinquete.
cadellada [kəðəʎáðə] *f.* Conjunto de cachorros.
cadellar [kəðəʎá] *i.* Parir cachorros.
cadena [kəðénə] *f.* Cadena.
cadenat [kəðənát] *m.* Candado.
cadència [kəðénsiə] *f.* Cadencia.
cadenciós, -osa [kəðənsiós, -ózə] *a.* Cadencioso.
cadeneta [kəðənétə] *f.* Cadeneta (bordado, etc.).
cadernera [kəðərnérə] *f.* ORNIT. Jilguero, colorín.
cadet [kəðét] *m.* Cadete.
cadira [kəðirə] *f.* Silla. ‖ ~ ***de braços,*** sillón. ‖ ***Joc de cadires,*** sillería.
cadiraire [kəðiráĭrə] *m.* Sillero.
cadirat [kəðirát] *m.* Sillería. *2* Compuerta.
cadiratge [kəðirádʒe] *m.* Sillería.
cadireta [kəðirétə] *f.* Asiento hecho con las manos de dos personas. *2* Palomilla.
Cadis [káðis] *n. pr.* Cádiz.
cadmi [kámmi] *m.* MET. Cadmio.
caduc, -ca [kəðúk, -kə] *a.* Caduco.
caducar [kəðuká] *i.* Caducar.
caduceu [kəðuséŭ] *m.* Caduceo.
caducitat [kəðusitát] *f.* Caducidad.
cafè [kəfé] *m.* Café. *2* Cafeto.
cafeïna [kəfəinə] *f.* Cafeína.
cafetar [kəfətá] *m.* Cafetal.
cafeter [kəfəté] *m.* Cafetero.
cafetera [kəfətérə] *f.* Cafetera.
càfila [káfilə] *f.* Cáfila.
cafit, -ida [kəfit, -iðə] *a.* Repleto, metido, lleno.
cafre [káfrə] *a., m.-f.* Cafre.
cagacalces [kəɣəkálsəs] *m.* Hominicaco, cobarde.
cagada [kəɣáðə] *f.* Cagada.
cagadubtes [kəɣəðúptəs] *m.-f.* Persona muy indecisa.
cagaferro [kəɣəférru] *m.* Cagafierro.
cagalló [kəɣəʎó] *m.* Cagarruta. *2* Canguelo. *3* Burujo.
caganer, -ra [kəɣəné, -rə] *a., m.-f.* Cagón. *2* fam. Cobarde.
caganiu [kəɣəniu] *m.* Benjamín, chiquirritín.
cagar [kəɣá] *i.-t.-prnl.* Cagar.
cagarada [kəɣəráðə] *f.* Cagada.
cagarines [kəɣərinəs] *f. pl.* Cólico.
cagarro [kəɣárru] *m.* Mojón, mierda.
caient [kəjén] *m.* Caída (de un ropaje). ‖ ~ ***d'ulls,*** caída de ojos.
caiguda [kəĭðúðə] *f.* Caída.
caiman [kəĭmán] *m.* ZOOL. Caimán.
Caire (El) [káĭrə] *n. pr.* El Cairo.
caire [káĭrə] *m.* Canto, borde, limbo. *2* Aspecto.
caixa [káʃə] *f.* Caja.
caixer [kəʃé, -rə] *m.-f.* Cajero. *2 m.* Caja (de escalera).
caixista [kəʃistə] *m.* Cajista.
caixó [kəʃó] *m.* Cajón.
cal [kal] *a.* Contracción de la palabra ***ca*** (casa) y el artículo ***el*** significando *«casa de».*
cala [kálə] *f.* GEOG. Cala, ensenada.
calabós [kələβós] *m.* Calabozo.
calada [kəláðə] *f.* Calada, lance, redada.
calafat [kələfát] *m.* Calafate.
calafatar [kələfətá] *t.* Calafatear.
calaix [kəláʃ] *m.* Cajón, gaveta.
calaixera [kələʃérə] *f.* Cómoda.
càlam [kálәm] *m.* BOT. Cálamo.
calamars [kələmárs] *m.* ICT. Calamar, chipirón.
calamarsa [kələmársə] *f.* Granizo.
calamarsada [kələmərsáðə] *f.* Granizada.
calamarsejar [kələmərsəʒá] *i.* Granizar.
calamitat [kələmitát] *f.* Calamidad.
calamitós, -osa [kələmitós, -ózə] *a.* Calamitoso.
calandra [kəlándrə] *f.* MEC. Calandria.
calàndria [kəlándriə] *f.* ORNIT. Calandria.
calar [kəlá] *t.-i.-prnl.* Calar. *2* MAR. Calar. *3* Redar. ‖ ~ ***foc,*** pegar fuego, incendiar.

calat [kəlàt] *m.* Calado. *2* Vainica.
calavera [kələβèrə] *f.* Calavera. *2* Tronera.
calaverada [kələβəràðə] *f.* Calaverada.
calb, -ba [kəlp, -βə] *a.* Calvo.
calba [kàlβə] *f.* Calva.
calc [kalk] *m.* Calco.
calç [kals] *f.* Cal.
calça [kàlsə] *f.* Calza, calzón, pantalón. *2* Media.
calçada [kəlsàðə] *f.* Calzada, arroyo.
calçador [kəlsəðò] *m.* Calzador.
calcani [kəlkàni] *m.* ANAT. Calcáneo, zancajo, calcañar.
calcany [kəlkàɲ] *m.* V. CALCANI.
calcar [kəlkà] *t.* Calcar.
calçar [kəlsà] *t.-prnl.* Calzar. ‖ ~ ***una planta,*** acollar.
calcari, -ària [kəlkàri, -àriə] *a.* Calcáreo, calizo. ‖ ***Pedra calcària,*** caliza.
calçasses [kəlsàsəs] *m.* Calzonazos, bragazas.
calçat [kəlsàt] *a.-m.* Calzado.
calci [kàlsi] *m.* MINER. Calcio.
calcida [kəlsiðə] *f.* BOT. Cardo.
calcificar [kəlsifikà] *t.-prnl.* Calcificar.
calcigar [kəlsiɣà] *t.* Pisar, hollar, pisotear.
calcinal [kəlsinàl] *m.* Tocón.
calcinar [kəlsinà] *t.* Calcificar, calcinar.
calcita [kəlsitə] *f.* MINER. Calcita.
calcomania [kəlkumənìə] *f.* Calcomanía.
calçó [kəlsò] *m.* Polaina. *2 pl.* Calzón, zahones.
calcopirita [kəlkupiritə] *f.* MINER. Calcopirita.
calçot [kəlsɔ̀t] *m.* Cebollón.
calçotada [kəlsutàðə] *f.* Comida de ***calçots.***
calçotets [kəlsutɛ̀ts] *m. pl.* Calzoncillos.
càlcul [kàlkul] *m.* Cálculo.
calculador, -ra [kəlkuləðò, -rə] *a., m.-f.* Calculador.
calcular [kəlkulà] *t.* Calcular.
calda [kàldə] *f.* Caldeamiento, caldeo. *2 pl.* Termas.
caldejar [kəldəʒà] *t.-i.* Caldear.
calder [kəldè] *m.* Caldero.
caldera [kəldèra] *f.* Caldera.
calderada [kəldəràðə] *f.* Calderada.
calderer [kəldərè] *m.* Calderero. *2 pl.* Llares.
caldereria [kəldərəriə] *f.* Calderería.
calderó [kəldəró] *m.* MÚS. y GRAM. Calderón.
caldre [kàldrə] *i.* Ser preciso, ser necesario, tener que. ‖ ***Com cal,*** como es debido. ‖ ***No cal dir,*** desde luego. ‖ ***No caldria sinó!,*** no faltaría más! ¶ CONJUG. como ***valer.***
calé [kəlè] *m.* Parné.
calefacció [kələfəksió] *f.* Calefacción.
calendari [kələndàri] *m.* Calendario.
calendes [kəlèndəs] *f. pl.* Calendas.
calent [kəlèn] *a.* Caliente, ardiente.
calentor [kələntò] *f.* Calor.
caler [kəlɛ̀] *i.* V. CALDRE.
calessa [kəlɛ̀sə] *f.* Calesa.
calfred [kəlfrɛ̀t] *m.* Escalofrío, calofrío.
calibrador [kəliβrəðò] *m.* Calibrador, vitola.
calibrar [kəliβrà] *t.* Calibrar.
calibre [kəliβrə] *m.* Calibre.
càlid, -da [kàlit, -ðə] *a.* Cálido.
calidoscopi [kəliðuskɔ̀pi] *m.* Calidoscopio.
califa [kəlifə] *m.* Califa.
califat [kəlifàt] *m.* Califato.
calitja [kəlidʒə] *f.* METEOR. Calina, calígine, vaharina.
caliu [kəliŭ] *m.* Rescoldo.
call [kaʎ] *m.* Callo.
call [kaʎ] *m.* Tortillo, callejón. *2* Judería.
callada [kəʎàðə] *f.* Callada. ‖ ***A la ~,*** a la chita callando, a las calladas.
callar [kəʎà] *t.-i.* Callar. ‖ ***Fer ~,*** acallar.
callat, -ada [kəʎàt, -àðə] *a.* Callado.
cal·lígraf, -fa [kəliɣrəf, -fə] *m.-f.* Calígrafo.
cal·ligrafia [kəliɣrəfiə] *f.* Caligrafía.
cal·ligrafiar [kəliɣrəfià] *t.* Caligrafiar.
callista [kəʎistə] *m.-f.* Callista.
callós, -osa [kəʎós, -òzə] *a.* Calloso.
callositat [kəʎuzitàt] *f.* Callosidad.
calm, -ma [kàlm, -mə] V. CALMÓS.
calma [kàlmə] *f.* Calma. *2* Meseta. *3* Remanso.
calmant [kəlmàn] *a.-m.* MED. Calmante.
calmar [kəlmà] *t.-i.-prnl.* Calmar.
calmós, -osa [kəlmós, -òzə] *a.* Calmoso.
calor [kəlò] *f.* Calor.
calorada [kəluràðə] *f.* Bochorno. *2* Acaloramiento.
caloria [kəluriə] *f.* Caloría.
calorífer [kəlurifər] *m.* Calorífero.
calorífic, -ca [kəlurifik, -kə] *a.* Calorífico.
calorós, -osa [kəlurós, -òzə] *a.* Caluroso.
calrada [kəlrràðə] *f.* Soflama, bochorno.
calúmnia [kəlùmniə] *f.* Calumnia.
calvari [kəlβàri] *m.* Calvario.
calvície [kəlβisiə] *f.* Calvicie.
calvinisme [kəlβinizmə] *m.* Calvinismo.
calze [kàlzə] *m.* Cáliz.
cama [kàmə] *f.* Pierna. *2* Pata, zanca. ‖ ~ ***ací,*** ~ ***allà,*** a horcajadas. ‖ ***Cames, ajudeu-me,*** pies, para qué os quiero.
camada [kəmàðə] *f.* Zancada. *2* Pernada. *3* Tranco.
camafeu [kəməfɛ̀ŭ] *m.* Camafeo.

camal [kəmál] *m.* Pernera, boquilla.
camaleó [kəməleó] *m.* ZOOL. Camaleón.
camàlic [kəmálik] *m.* Mozo de cuerda, palanquín, ganapán.
camallarg, -ga [kąməʎárk, -ɣə] *a.* Zancudo. *2 m. pl.* Zancudas.
camalliga [kąməʎíɣə] *f.* V. LLIGACAMA.
camamilla [kəməmiʎə] *f.* BOT. Camomilla, manzanilla.
camàndula [kəmándulə] *f.* Camándula. *2 pl.* Pamplina, gazmoñería, artimaña, camama.
camanduler, -ra [kəməndulé, -rə] *a., m.-f.* Camandulero, gazmoño, zanguango.
camarada [kəməráðə] *m.* Camarada, compinche.
camarilla [kəməriʎə] *f. cast.* Camarilla.
camarlenc [kəmərlɛ́ŋ] *m.* Camarlengo, chambelán.
cama-sec [kąməsɛ́k] *m.* BOT. Agárico. *2* Mojardón.
cama-segat, -ada [káməsəɣát, áðə] *a.* Patidifuso. *2* Patitieso.
camatort, -ta [kámətɔ́rt, -tə] *a.* Patituerto, zambo.
camatrencar [kąmətrəŋká] *t.* Perniquebrar.
cambra [kámbrə] *f.* Cámara. *2* Cuarto, aposento.
cambrada [kəmbráðə] *f.* Dormitorio.
cambrer, -ra [kəmbré, -rə] *m.-f.* Camarero, mozo.
cambril [kəmbríl] *m.* Camarín.
cambró [kəmbró] *m.* Recámara. *2* BOT. Cambrón.
camèlia [kəmɛ́liə] *f.* BOT. Camelia.
camell, -lla [kəmɛ́ʎ, -ʎə] *m.-f.* ZOOL. Camello.
camerino [kəmərínu] *m.* Camarín.
càmfora [kámfurə] *f.* Alcanfor.
camforer [kəmfuré] *m.* BOT. Alcanforero.
camí [kəmí] *m.* Camino, derrotero. *2* Vez.
caminada [kəmináðə] *f.* Caminata.
caminador, -ra [kəminəðó, -rə] *a., m.-f.* Caminador, andarín, andador. *2 m. pl.* Andaderas.
caminaire [kəmináĭrə] *m.* Peón caminero.
caminal [kəminál] *m.* Andador (en un jardín), camino.
caminant [kəminán] *m.-f.* Caminante, peón.
caminar [kəminá] *i.* Caminar, andar.
camió [kəmió] *m.* Camión.
camionatge [kəmiunádʒə] *m.* Camionaje.
camioneta [kəmiunɛ́tə] *f.* Camioneta.
camisa [kəmízə] *f.* Camisa. ‖ ~ ***de dormir,*** camisón.
camiser, -ra [kəmizé, -rə] *m.-f.* Camisero.
camiseria [kəmizəríə] *f.* Camisería.
camosa [kəmózə] *a.-f.* Camuesa.
camp [kam] *m.* Campo, campiña. ‖ ~ ***ras,*** descampado.
campa [kámpə] *a.* Campa.
campal [kəmpál] *a.* Campal. *2* Contento.
campament [kəmpəmén] *m.* Campamento.
campana [kəmpánə] *f.* Campana. *2* Fanal. ‖ ***Fer ~,*** hacer novillos.
campanada [kəmpənáðə] *f.* Campanada.
campanar [kəmpəná] *m.* Campanario, torre, campanil.
campaneig [kəmpənɛ́tʃ] *m.* Campaneo.
campanejar [kəmpənəʒá] *i.* Campanear.
campaner [kəmpəné] *m.* Campanero.
campaneta [kəmpənɛ́tə] *f.* Campanilla.
campànula [kəmpánulə] *f.* BOT. Campánula.
campanut, -uda [kəmpənút, -úðə] *a.* Campanudo.
campanya [kəmpáɲə] *f.* Campaña.
campar [kəmpá] *i.-prnl.* Pasar la vida, ir tirando, apañarse, medrar, arreglarse. ‖ ***Campi qui pugui,*** sálvese quien pueda.
camperol, -la [kəmpərɔ́l, -lə] *a., m.-f.* Campestre. *2* Campesino, labriego, paisano, payés.
campestre [kəmpéstrə] *a.* Campestre.
campió, -ona [kəmpió, -ónə] *m.-f.* Campeón.
campionat [kəmpiunát] *m.* Campeonato.
camús, -usa [kəmús, -úzə] *a.* Chato.
camussa [kəmúsə] *f.* ZOOL. Gamuza, rebeco.
camut, -uda [kəmút, -úðə] *a.* De piernas bien desarrolladas.
can [kən] Contracción de ***ca*** (casa) y ***en*** (artículo de tratamiento). Significa «casa de». ‖ ~ ***seixanta,*** a casa de tócame Roque.
cana [kánə] *f.* Cana.
canadelles [kənəðéʎəs] *f. pl.* Vinajeras.
canadenc, -ca [kənəðɛ́ŋ, -kə] *a., m.-f.* Canadiense.
canal [kənál] *m.-f.* Canal, reguera. *2* Cauce.
canalització [kənəlidzəsió] *f.* Canalización.
canalitzar [kənəlidzá] *t.* Canalizar, encauzar.
canalla [kənáʎə] *m.-f.* Canalla. *2* Chiquillería.
canallada [kənəʎáðə] *f.* Canallada. *2* Chiquillada, niñada. *3* Chiquillería.
canaller [kənəʎé, -rə] *a.* Niñero.
canaló [kənəló] *m.* Canalón.
canana [kənánə] *f.* Canana.

canapè [kənəpɛ́] *m.* Canapé.
canari, -ària [kənári, -áriə] *a., m.-f.* Canario. *2 m.* ORNIT. Canario.
canastra [kənástrə] *f.* Canasta.
can-can [kəŋkán] *m.* Cancán.
cancell [kənséʎ] *m.* Cancel. *2* Zaguán.
cancel·lar [kənselá] *t.* Cancelar.
canceller [kənsəʎé] *m.* Canciller.
cancelleria [kənsəʎəríə] *f.* Cancillería.
càncer [kánsər] *m.* Cáncer.
cancerós, -osa [kənsərós, -ózə] *a.* Canceroso.
cançó [kənsó] *f.* Canción. ‖ ~ ***de gesta,*** cantar de gesta. ‖ ~ ***de bressol,*** nana. *2 pl.* fig. Razones, excusas.
cançoner [kənsuné] *m.* Cancionero, romancero. *2 a.* Roncero, remolón.
cançoneta [kənsunɛ́tə] *f.* dim. Tonadilla.
candela [kəndɛ́lə] *f.* Candela, vela, bugía. *2* Carámbano. *3* Moquita.
candeler [kəndəlé] *m.* Candelero. *2* Velero, cerero.
candeleta [kəndəlɛ́tə] *f.* Candelilla.
candent [kəndén] *a.* Candente.
candi, càndia [kándi, kándiə] *a.* Cándido. *2* Cande (azúcar).
càndid, -da [kándit, -ðə] *a.* Cándido.
candidat [kəndiðát] *m.-f.* Candidato.
candidatura [kəndiðətúrə] *f.* Candidatura.
candidesa [kəndiðɛ́zə] *f.* Candidez.
candir [kəndí] *t.* Almibarar. *2 prnl.* Debilitarse, decaer.
candor [kəndó] *m.-f.* Candor.
candorós, -osa [kəndurós, -ózə] *a.* Candoroso.
canell [kənéʎ] *m.* Muñeca.
canella [kənéʎə] *f.* Caño. *2* Espinilla.
canelobre [kənəlɔ́βrə] *m.* Candelabro.
cànem [kánəm] *m.* BOT. Cáñamo. ‖ ***Corda prima de ~,*** guita.
canemàs [kənəmás] *m.* Cañamazo.
canemuixa [kənəmúʃə] *f.* Cañamiza.
canet [kənɛ́t] *m.* Sacanete. *2* Caneca.
cangur [kəŋgúr] *m.* ZOOL. Canguro.
caní, -ina [kəní, -ínə] *a.* Canino, perruno.
caníbal [kəníβəl] *m.* Caníbal.
canibalisme [kəniβəlízmə] *m.* Canibalismo.
canície [kənísiə] *f.* Canicie.
canícula [kəníkulə] *f.* Canícula.
canicular [kənikulá] *a.* Canicular.
canilla [kəníʎə] *f.* Jauría.
canó [kənó] *m.* Cañón. *2* Tubo, caño. *3* Cañuto. *4* Cañutero. ‖ ***A boca de ~,*** a quemarropa, a boca de jarro.
canoa [kənɔ́ə] *f.* NÁUT. Canoa.
cànon [kánon] *m.* Canon.
canonada [kənunáðə] *f.* Cañonazo. *2* Encañado, tubería, cañería.
canoneig [kənunɛ́tʃ] *m.* Cañoneo.
canonejar [kənunəʒá] *t.* Cañonear.
canoner, -ra [kənuné, -rə] *a., m.-f.* Cañonero.
canonera [kənunérə] *f.* Cañonera.
canonet [kənunɛ́t] *m.* Cañutillo.
canonge [kənɔ́nʒə] *m.* Canónigo.
canongessa [kənunʒɛ́sə] *f.* Canonesa.
canongia [kənunʒíə] *f.* Canonjía.
canònic, -ca [kənɔ́nik, -kə] *a.* Canónico.
canonització [kənunidzəsió] *t.* Canonización.
canonitzar [kənunidzá] *t.* Canonizar.
canor, -ra [kənó, -rə] *a.* Canoro.
canós, -osa [kənós, -ózə] *a.* Canoso.
canot [kənɔ́t] *m.* Canoa.
cansalada [kənsəláðə] *f.* Tocino.
cansalader, -ra [kənsələdé, -rə] *m.* Tocinero.
cansaladeria [kənsələðəríə] *f.* Tocinería, salchichería.
cansament [kənsəmén] *m.* Cansancio, molimiento.
cansar [kənsá] *t.-prnl.* Cansar.
cansat, -ada [kənsát, -áðə] *a.* Cansado. *2* Fatigoso.
cant [kan] *m.* Canto.
cantàbric, -ca [kəntáβrik, -kə] *a.* Cantábrico, cántabro.
cantada [kəntáðə] *f.* Cantata, canto, canturia.
cantadissa [kəntəðísə] *f.* Conjunto de cantos.
cantaire [kəntáĭrə] *a., m.-f.* Cantor, cantarín.
cantant [kəntán] *m.-f.* Cantante.
cantar [kəntá] *t.-i.* Cantar.
cantarella [kəntəréʎə] *f.* Sonsonete, tonillo.
cantàrida [kəntáriðə] *f.* ENTOM. Cantárida.
cantata [kəntátə] *f.* MÚS. Cantata.
cantatriu [kəntətríŭ] *f.* Cantatriz.
cantell [kəntéʎ] *m.* Canto. *2* Cantero, borde, reborde. ‖ ***De ~,*** de canto.
cantellós, -osa [kəntəʎós, -ózə] *a.* Esquinado, anguloso.
cantellut, -uda [kəntəʎút, -úðə] *a.* V. CANTELLÓS.
canterano [kəntəránu] *m.* Bargueño.
càntic [kántik] *m.* Cántico. ‖ ***El ~ dels càntics,*** el cantar de los cantares.
cantilena [kəntilénə] *f.* Cantilena, cantinela.
cantimplora [kəntimplɔ́rə] *f.* Cantimplora.
cantina [kəntínə] *f.* Cantina. *2* Merendero.
cantiner, -ra [kəntiné, -rə] *m.-f.* Cantinero.

càntir [kántì] *m.* Cántaro, botijo.
cantó [kəntó] *m.* Esquina. *2* Lado. *3* Cantón. ‖ ***De ~,*** de lado.
cantonada [kəntunáðə] *f.* Esquina, esquinazo.
cantonera [kəntunérə] *f.* Cantonera, coda.
cantor, -ra [kəntó, -rə] *m.-f.* Cantor.
cantúria [kəntúriə] *f.* Canturia.
cantusseig [kəntusέtʃ] *m.* Canturreo.
cantussejar [kəntusəʒá] *i.* Canturrear.
cànula [kánulə] *f.* Cánula.
canusir [kənuzí] *i.* Encanecer.
canut, -uda [kənút, -úðə] *a.* Cano, canoso.
canvi [kámbi] *m.* Cambio, canje, trueque. *2* Dinero suelto, vuelta.
canviar [kəmbiá] *i.-t.-prnl.* Cambiar, canjear, trocar.
canvista [kəmbístə] *m.-f.* Cambista.
canya [káɲə] *f.* BOT. Caña. ‖ ***~ d'indies,*** cañacoro.
canyamel [kəɲəmέl] *f.* BOT. Cañamiel.
canyamelar [kəɲəməlá] *i.* Cañamelar.
canyar [kəɲá] *m.* Cañaveral, cañizal.
canyella [kəɲéʎə] *f.* BOT. Canela. *2* Canilla, espinilla.
canyeller [kəɲəʎé] *m.* BOT. Canelo.
canyet [kəɲέt] *m.* Pudridero.
canyís [kəɲís] *m.* Cañizo, zarzo, encañado.
canyisser [kəɲisé] *m.* Cañaveral, cañizal.
canyiula [kəɲiúlə] *f.* Desvaído, canijo, enclenque.
canyó [kəɲó] *m.* Faringe.
caoba [kəɔ́βə] *f.* BOT. Caoba.
caolí [kəulí] *m.* Caolín.
caos [káos] *m.* Caos.
caòtic, -ca [kəɔ́tik, -kə] *a.* Caótico.
cap [kap] *m.* Cabeza. *2* Jefe. *3* Pesquis. *4* Cabo (extremo). *5* GEOG. Cabo. ‖ ***Trencar el ~,*** descrismar. ‖ ***Cop de ~,*** cabezada. ‖ ***~ calent,*** levantisco. ‖ ***~ pelat,*** pelón. ‖ ***~ de bestiar,*** res. ‖ ***~ d'any,*** año nuevo. ‖ ***~ de taula,*** cabecera. ‖ ***~ de brot,*** señero. ‖ ***Al ~ i a la fi,*** al fin y al cabo. ‖ ***De ~ a ~,*** de cabo a rabo.
cap [kap] *a. indef.* Algún, ningún. *2 a.-pron. indef.* Alguno, ninguno.
cap [kap] *prep.* Hacia.
capa [kápə] *f.* Capa. *2* GEOL. Lecho. *3* Mano (pintura). ‖ ***Sota ~ de,*** so capa de.
capaç [kəpás] *a.* Capaz.
capacitar [kəpəsitá] *t.* Capacitar.
capacitat [kəpəsitát] *f.* Capacidad.
capada [kəpáðə] *f.* Capadura.
capalt, -ta [kạpál, -tə] *a.* Erguido.
capar [kəpá] *t.* Capar.
caparra [kəpárrə] *f.* Pesadez de cabeza.
caparrada [kəpərráðə] *f.* Cabezada, cabezazo, testarada, mamporro, coscorrón. *2* Arranque.
caparràs [kəpərrás] *m.* Cabezorro. *2* Talentazo.
caparró [kəpərró] *m.* Cabecilla, cabezuela.
caparrós [kəpərrós] *m.* QUÍM. Caparrosa.
caparrut, -uda [kəpərrút, -úðə] *a.* Cabezota, testarudo, cabezón, cabezudo.
capatàs [kəpətás] *m.* Capataz.
capbaix [kəbbáʃ, -ʃə] *a.* Cabizbajo.
capblanc, -ca [kəbbláŋ, -kə] *a.* Canoso.
capbrot [kəbbrót] *m.* BOT. Cabeza de brote.
capbussada [kəbbusáðə] *f.* Chapuzón, zambullida.
capbussar [kəbbusá] *t.-prnl.* Chapuzar, zambullir.
capbussó [kəbbusó] *m.* Zambullida, chapuzón.
capça [kápsə] *f.* Pella.
capçada [kəpsáðə] *f.* Copa, ramaje. *2* Bancal. *3* Cabezada.
capçal [kəpsál] *m.* Cabezal. *2* Cabecera.
capçalera [kəpsəléra] *f.* Cabecera. *2* Membrete.
capçar [kəpsá] *t.* Cabecear. *2* Herretear (cordones).
capçat [kəpsát] *m.* Herrete.
capdamunt [kàbdəmún] loc. En lo alto, en la parte superior. ‖ ***Fins al ~,*** hasta el tope. ‖ ***Estar-ne fins al ~,*** estar hasta la coronilla.
capdavall [kạbdəβáʎ] loc. Al final, al extremo inferior, al fin y al cabo, a la postre.
capdavant [kàbdəβán] loc. Al frente.
capdavanter, -ra [kəbdəβənté, -rə] *m.-f.* Adalid, caudillo, jefe.
capejar [kəpəʒá] *t.-i.* Capear. *2* Cabecear.
capel [kəpέl] *m.* Capelo.
capell [kəpéʎ] *m.* Sombrero. *2* Capullo (del gusano de seda, etc.).
capella [kəpéʎə] *f.* Capilla.
capellà [kəpəʎá] *m.* Capellán, cura.
capellanada [kəpəʎənáðə] *f.* Grupo de curas.
capellania [kəpəʎəniə] *f.* Capellanía.
capeller [kəpəʎé] *m.* Sombrerero.
capelleria [kəpəʎəriə] *f.* Sombrerería.
capelleta [kəpəʎέtə] *f.* Cenáculo. *2* Hornacina.
capellina [kəpəʎínə] *f.* Capellina.
caperull [kəpərúʎ] *m.* Capirote.
capficar [kạpfiká] *t.-i.* Meter la cabeza. *2 prnl.* Ensimismarse, preocuparse.

capfoguer [kąpfuɣė] *m.* Morillo.
capgirada [kąbʒiráðə] *m.* Trabucación. *2* Transtorno. *3* Tergiversación. *4* Escape.
capgirament [kąbʒirəmėn] *m.* Transtorno, trastrueque, tergiversación.
capgirar [kąbʒirȧ] *t.-prnl.* Trabucar, transtornar, trastocar, tergiversar.
capgirell [kąbʒirėʎ] *m.* Vuelco, tumbo, voltereta.
cap-gros [kąbgrɔ̇s] *m.* Cabezudo.
capguardar-se [kəbgwərðársə] *prnl.* Precaverse.
cap-i-cua [kąpikúə] *m.* Capicúa.
capil·lar [kəpilȧ] *a.* Capilar.
capil·laritat [kəpilərität] *f.* Capilaridad.
capir [kəpi] *t.* Comprender, entender.
capirot [kəpirɔ̇t] *m.* Capirote.
capissola [kəpisɔ̇lə] *f.* Cabeza, caletre.
capità [kəpitȧ] *m.* Capitán.
capitació [kəpitəsiȯ] *f.* Capitación.
capital [kəpitȧl] *a.* Capital. *2 m.* ECON. Capital. *3 f.* GEOG. Capital.
capitalisme [kəpitəlizmə] *m.* Capitalismo.
capitalista [kəpitəlistə] *a.-m.* Capitalista.
capitalitzar [kəpitəlidzȧ] *t.-i.* Capitalizar.
capitana [kəpitȧnə] *f.* Capitana.
capitanejar [kəpitənəʒȧ] *t.* Capitanear.
capitania [kəpitəniə] *f.* Capitanía.
capitell [kəpitėʎ] *m.* ARQ. Capitel, chapitel.
capítol [kəpitul] *m.* Capítulo. *2* Capítulo, cabildo.
capitost [kəpitɔ̇s(t)] *m.* Cabecilla, jefe, caudillo.
capitulació [kəpituləsiȯ] *f.* Capitulación.
capitular [kəpitulȧ] *a.* Capitular.
capitular [kəpitulȧ] *t.-i.* Capitular.
capó [kəpȯ] *m.* Capón.
capolar [kəpulȧ] *t.* Capolar. *2* Desmenuzar. *3* Agotar.
capolament [kəpuləmėn] *m.* Quebrantamiento.
capolat [kəpulȧt] *m.* COC. Picadillo, gigote.
capoll [kəpȯʎ] *m.* Capullo, pimpollo. *2* Capullo (del gusano de seda, etcétera).
caponar [kəpunȧ] *t.* Capar.
caporal [kəpurȧl] *m.* Cabo, caporal.
capot [kəpɔ̇t] *m.* Capote. ‖ ***Fer ~,*** dar capote.
capota [kəpɔ̇tə] *f.* Capota. *2* Fuelle.
caprici [kəprisi] *m.* Capricho, ventolera.
capriciós, -osa [kəprisiȯs, -ȯzə] *a.* V. CAPRITXÓS.
capricorn [kəprikȯrn] *m.* Capricornio.
capritx [kəpritʃ] *m.* Capricho, antojo.
capritxós, -osa [kəpritʃȯs, -ȯzə] *a.* Caprichoso, antojadizo, caprichudo.
cap-roig [kəbrrɔ̇tʃ] *m.* ICT. Raño.
capsa [kȧpsə] *f.* Caja. ‖ ***~ de llumins,*** fosforera.
capser, -ra [kəpsė, -rə] *m.-f.* Cajero.
capsigrany [kąpsiɣráɲ] *m.* ORNIT. Alcaudón. *2* Zoquete, tonto.
càpsula [kȧpsulə] *f.* Cápsula.
capsular [kəpsulȧ] *a.* Capsular.
capta [kȧptə] *f.* Cuestación.
captació [kəptəsiȯ] *f.* Captación.
captaire [kəptȧĭrə] *m.-f.* Mendigo, pordiosero.
captar [kəptȧ] *t.-i.-prnl.* Mendigar, pedir, granjear, pordiosear. *2* Captar.
capteniment [kəptənimėn] *m.* Compostura, comportamiento, proceder, continencia.
captenir-se [kəptənirsə] *prnl.* Comportarse, reportar. ¶ CONJUG. como ***abstenir-se.***
capterrera [kąptərrėrə] *f.* Barda, bardal.
captiu, -iva [kəptiŭ, -iβə] *a., m.-f.* Cautivo.
captivador, -ra [kəptiβəðȯ, -rə] *a.* Cautivador.
captivar [kəptiβȧ] *t.* Cautivar.
captivitat [kəptiβitȧt] *f.* Cautiverio, cautividad.
captrencar [kąptrəŋkȧ] *t.* Descrismar, descalabrar. *2 prnl.* Repuntarse.
captura [kəptúrə] *f.* Captura, apresamiento.
capturar [kəpturȧ] *t.* Capturar, apresar.
caputxa [kəpútʃə] *f.* Capucha, caperuza, capilla.
caputxí, -ina [kəputʃi, -inə] *a., m.-f.* Capuchino.
caputxó [kəputʃȯ] *m.* Capuchón.
capvespre [kąbbėsprə] *m.* Atardecer.
capvuitada [kąbbuitȧðə] *f.* Octava.
caqui [kȧki] *m.* Caqui.
car, -ra [kȧr, -rə] *a.* Caro. *2* Caro, querido.
car [kȧr] *conj.* arc. Pues, porque, ya que, que.
cara [kȧrə] *f.* Cara. *2* Semblante, catadura. *3* Cara (superficie). ‖ ***De ~,*** cara. ‖ ***Mala ~,*** ceño.
caràcter [kərȧktər] *m.* Carácter.
característic, -ca [kərəktəristik, -kə] *a.* Característico.
caracteritzar [kərəktəridzȧ] *t.-prnl.* Caracterizar.
caragirar [kąrəʒirȧ] *t.* Hacer cambiar de idea a alguien. *2 prnl.* Cambiar de pensamiento.
caragirat, -ada [kąrəʒirȧt, -ȧðə] *a.* Traidor, renegado, tornadizo.
caragròs, -ossa [kąrəɣrɔ̇s, -ɣə] *a.* Carigordo.

carallarg, -ga [kąrəʎárk, -γə] *a.* Carilargo.
caram! [kərám] *interj.* ¡Caramba! ¡Mecachis! ¡Caracoles!
carambola [kərəmbɔ́lə] *f.* Carambola.
caramel [kərəmɛ́l] *m.* Caramelo.
caramell [kərəmɛ́ʎ] *m.* Carámbano, canelón. *2* Pabilo.
caramella [kərəmɛ́ʎə] *f.* Caramillo, chirimía.
caramuixa [kərəmúʃə] *f.* Cañamiza.
caramull [kərəmúʎ] *m.* Colmo. ‖ ***A ~,*** en abundancia.
carantoines [kərəntɔ̀ĭnəs] *f. pl.* Carantonas.
caraplè, -ena [kąrəplɛ́, -ɛ́nə] *a.* Carilleno.
cara-rodó, -ona [kąrərruðó, -ónə] *a.* Carirredondo.
carassa [kərásə] *f.* Mascarón. *2* Esperpento. *3* Mueca.
carat! [kərát] *interj.* ¡Caramba! ¡Caray!
caratrist, -ta [kąrətrís(t), -tə] *a.* Cariacontecido.
caràtula [kərátulə] *f.* Carátula.
caravana [kərəβánə] *f.* Caravana.
caravel·la [kərəβɛ́lə] *f.* NÁUT. Carabela.
carbassa [kərβásə] *f.* Calabaza. ‖ ***~ de nedar,*** nadaderas.
carbassada [kərβəsáðə] *f.* Calabazada.
carbassejar [kərβəsəʒá] *i.-t.* Calabacear.
carbassera [kərβəsérə] *f.* Calabaza, calabacera.
carbassina [kərβəsínə] *f.* BOT. Nueza.
carbassó [kərβəsó] *m.* BOT. Calabacín.
carbassot [kərβəsɔ́t] *m.* Calabacino.
carbó [kərβó] *m.* Carbón. ‖ ***~ de pedra,*** hornaguera.
carbonari [kərβunári] *m.* Carbonario.
carbonat [kərβunát] *m.* QUÍM. Carbonato.
carboncle [kərβóŋklə] *m.* MED. Carbunco. *2* Carbúnculo.
carboner, -ra [kərβuné, -rə] *m.-f.* Carbonero.
carbonera [kərβunérə] *f.* Carbonera.
carboneria [kərβuneríə] *f.* Carbonería.
carbonet [kərβunɛ́t] *m.* Carbonilla. *2* Carboncillo.
carboni [kərβɔ́ni] *m.* QUÍM. Carbono.
carbònic, -ca [kərβɔ́nik, -kə] *a.* QUÍM. Carbónico.
carbonífer, -ra [kərβunífər, -rə] *a.* Carbonífero.
carbonissa [kərβunísə] *f.* Carbonilla, cisco.
carbonitzar [kərβunidzá] *t.* Carbonizar.
carborúndum [kərβurúndum] *m.* Carborundo.
carbur [kərβúr] *m.* Carburo.
carburador [kərβurəðó] *m.* Carburador.
carburant [kərβurán] *a.* Carburante.
carburar [kərβurá] *i.* fig. Funcionar.
carcaix [kərkáʃ] *m.* Aljaba, carcaj.
carcanada [kərkənáðə] *f.* Caparazón.
carcassa [kərkásə] *f.* Esqueleto, caparazón (de ave).
card [kar(t)] *m.* Cardo.
carda [kárdə] *f.* Carda.
cardar [kərðá] *t.* Cardar.
cardenal [kərðənál] *m.* Cardenal.
cardenalat [kərðənəlát] *m.* Cardenalato.
cardenalici, -ícia [kərðənəlísi, -ísiə] *a.* Cardenalicio.
cardíac, -ca [kərðíək, -kə] *a.* Cardíaco.
càrdias [kárðiəs] *m.* ANAT. Cardias.
cardina [kərðínə] *f.* ORNIT. Jilguero.
cardinal [kərðinál] *a.* Cardinal.
carei [kərɛ́ĭ] *m.* ZOOL. Carey.
carejar [kərəʒá] *i.* Ser una cosa más bien cara, vender caro.
carena [kərɛ́nə] *f.* Quilla. *2* Carena. *3* Loma, cresta.
carenar [kərəná] *t.* Carenar.
carència [kərɛ́nsiə] *f.* Carencia.
carenejar [kərənəʒá] *i.* Recorrer las montañas por su parte superior, siguiendo la línea divisoria de las vertientes.
carener [kərəné] *m.* Caballete (de un tejado).
carés [kərés] *m.* Cariz.
carestia [kərəstíə] *f.* Carestía.
careta [kərɛ́tə] *f.* Careta, antifaz, mascarilla, máscara.
carga [kárγə] *f.* Carga (medida).
cargol [kərγɔ́l] *m.* Caracol. *2* Tornillo. *3* Rizo.
cargolament [kərγuləmén] *m.* Acción y efecto de enrollar, enroscar o enroscarse.
cargolar [kərγulá] *t.-prnl.* Abarquillar. *2* Ensortijar, rizar. *3* Atornillar.
cariar-se [kər̨iársə] *prnl.* Cariarse.
cariàtide [kəriátiðə] *f.* Cariátide.
caricatura [kərikətúrə] *f.* Caricatura.
caricaturar [kərikəturá] *t.* Caricaturizar.
caricaturesc, -ca [kərikəturɛ́sk, -kə] *a.* Caricaturesco.
caricaturista [kərikəturístə] *m.-f.* Caricaturista.
carícia [kərísiə] *f.* Caricia, mimo.
càries [káriəs] *f.* Caries. ‖ ***~ dentària,*** neguijón.
carilló [kəriʎó] *m. fr.* Carillón.
caritat [kəritát] *f.* Caridad.
caritatiu, -iva [kəritətíŭ, -íβə] *a.* Caritativo, limosnero.
carlí, -ina [kərlí, -ínə] *a., m.-f.* V. CARLISTA.
carlina [kərlínə] *f.* BOT. Ajonjera, carlina.

carlisme [kərlizmə] *m.* Carlismo.
carlista [kərlistə] *a., m.-f.* Carlista.
carmanyola [kərməɲɔ́lə] *f.* Fiambrera.
carmelita [kərməlitə] *m.-f.* Carmelita.
carmelità, -ana [kərməlità, -ánə] *a.* Carmelitano, carmelita.
carmenar [kərməná] *t.* Carmenar.
carmesí, -ina [kərməzi, -inə] *a.-m.* Carmesí.
carmí [kərmi] *a.-m.* Carmín.
carminat, -ada [kərminát, -áðə] *a.* Carmíneo.
carn [karn] *f.* Carne. ‖ ~ ***d'olla,*** cocido, olla. ‖ ~ ***freda,*** fiambre. ‖ ~ ***seca*** i ***salada,*** cecina, tasajo.
carnal [kərnál] *a.* Carnal.
carnassa [kərnásə] *f.* Carnaza.
carnaval [kərnəβál] *m.* Carnaval.
carnavalesc, -ca [kərnəβəlɛ́sk, -kə] *a.* Carnavalesco.
carner, -ra [kərné, -rə] *a.-m.* Carnicero, carnívoro. *2* Carnero (mueble). *3* Fresquera.
carn-esqueixat [kərnəskeʃá(t)] *m.* Desgarro muscular.
carnestoltes [kərnəstɔ́ltəs] *m.* Carnaval, carnestolendas. *2* Adefesio.
carnet [kərnɛ́t] *m.* Carnet.
carnisser, -ra [kərnisé, -rə] *a., m.-f.* Carnicero, cortante, tablajero.
carnisseria [kərnisəriə] *f.* Carnicería.
carnívor, -ra [kərniβur, -rə] *m.* Carnívoro.
carnós, -osa [kərnós, -ózə] *a.* Carnoso.
carnositat [kərnuzitát] *f.* Carnosidad.
carnot [kərnɔ́t] *m.* V. CARNOSITAT.
carnut, -uda [kərnút, -úðə] *a.* Carnoso.
carolingi, -íngia [kərulinʒi, -iə] *a., m.-f.* Carolingio.
caror [kəró] *f.* Carestía (de caro).
carota [kərɔ́tə] *f.* Careta, máscara. *2* Antifaz. *3* Esperpento.
caròtida [kərɔ́tiðə] *f.* ANAT. Carótida.
carp [karp] *m.* ANAT. Carpo.
carpa [kárpə] *f.* ICT. Carpa.
carpel [kərpɛ́l] *m.* BOT. Carpelo.
carpeta [kərpɛ́tə] *f.* Carpeta.
carpetada [kərpətáðə] *f.* Dar carpetazo.
carquinyoli [kərkiɲɔ́li] *m.* Especie de bizcocho duro.
carrabina [kərrəβinə] *f.* Carabina.
carrabiner [kərrəβiné] *m.* Carabinero.
carraca [kərrákə] *f.* NÁUT. Carraca. *2* fig. Carraca.
carrat, -ada [kərrát, -áðə] *a.* Truncado de la punta.
càrrec [kárrək] *m.* Cargo. *2* Empleo, destino.
càrrega [kárrəγə] *f.* Carga.
carregada [kərrəγáðə] *f.* Carga.
carregador, -ra [kərrəγəðó, -rə] *a., m.-f.* Cargador. *2 m.* Cargadero.
carregament [kərrəγəmén] *m.* Carga, cargo. *2* Cargamento, cargazón.
carregar [kərrəγá] *t.-i.-prnl.* Cargar. *2* Fastidiar, moler.
carregós, -osa [kərrəγós, -ózə] *a.* Cargante, gravoso, empalagoso, moledor.
carrer [kərré] *m.* Calle. ‖ ***Cap de*** ~, bocacalle.
carrera [kərrérə] *f.* Carrera. *2* Repelón.
carrerada [kərrəráðə] *f.* Cañada.
carreró [kərrəró] *m.* Callejón, callejuela, calleja.
carreta [kərrɛ́tə] *f.* Carreta.
carretada [kərrətáðə] *f.* Carretada.
carreteig [kərrətɛ́tʃ] *m.* Acarreo, carreteo.
carretejar [kərrətəʒá] *t.* Acarrear, carretear.
carretel·la [kərrətɛ́lə] *f.* Carretela.
carreter [kərrəté] *m.* Carretero.
carretera [kərrətérə] *f.* Carretera.
carretó [kərrətó] *m.* Carretilla, carretón.
carreu [kərrɛ́ŭ] *m.* Sillar.
carril [kərril] *m.* Carril, rail. *2* Ferrocarril.
carrincló, -ona [kərriŋkló, -ónə] *a.* Falto de distinción, consistencia, originalidad.
carrisqueig [kərriskɛ́tʃ] *m.* Chirrido, rechinamiento.
carrisquejar [kərriskəʒá] *i.* Chirriar, rechinar.
carro [kárru] *m.* Carro. ‖ ~ ***de trabuc,*** volquete.
carroll [kərróʎ] *m.* Redrojo.
carronya [kərróɲə] *f.* Carroña. *2* fig. Zancarrón.
carrossa [kərrɔ́sə] *f.* Carroza.
carrosser [kərrusé] *m.* Carrocero.
carrosseria [kərrusəriə] *f.* Carrocería.
carruatge [kərruádʒə] *m.* Carruaje.
carrutxes [kərrútʃəs] *f. pl.* Andaderas, castillejo.
carta [kártə] *f.* Carta. *2* Naipe.
cartabó [kərtəβó] *m.* Cartabón, escuadra.
cartaginès, -esa [kərtəʒinɛ́s, -ɛ́zə] *a., m.-f.* Cartaginés.
carteig [kərtɛ́tʃ] *m.* Carteo.
cartejar [kərtəʒá] *t.-prnl.* Cartear.
cartell [kərtɛ́ʎ] *m.* Cartel, rótulo.
cartellera [kərtəʎérə] *f.* Cartelera.
carter [kərté] *m.* Cartero.
cartera [kərtérə] *f.* Cartera.
carterista [kərtəristə] *m.-f.* Carterista.
cartílag [kərtilək] *m.* Cartílago.
cartilaginós, -osa [kərtiləʒinós, -ózə] *a.* Cartilaginoso.

cartilla [kərtiʎə] *f.* Cartilla.
cartipàs [kərtipás] *m.* Cartapacio.
cartó [kərtó] *m.* Cartón.
cartògraf, -fa [kərtɔ́graf, -fə] *m.-f.* Cartógrafo.
cartografia [kərtuɣrəfiə] *f.* Cartografía.
cartoixa [kərtóʃə] *f.* Cartuja.
cartoixà, -ana [kərtuʃá, -ánə] *a.-m.* Cartujano, cartujo.
cartolina [kərtulinə] *f.* Cartulina.
cartomància [kərtumánsiə] *f.* Cartomancia.
cartre [kártrə] *f.* AGR. Cuévano.
cartró [kərtró] *m.* V. CARTÓ.
cartutx [kərtútʃ] *m.* Cartucho.
cartutxera [kərtutʃérə] *f.* Cartuchera.
carxofa [kərʃɔ́fə] *f.* BOT. Alcachofa.
carxofera [kərʃuférə] *f.* BOT. Alcachofa.
cas [kas] *m.* Caso. ‖ ***Si de ~, si per ~,*** si acaso, por si acaso.
casa [kázə] *f.* Casa, vivienda, mansión, morada. ‖ ***~ de camp,*** cortijo. ‖ ***~ de préstecs,*** casa de empeños. ‖ ***~ de la ciutat, ~ de la vila,*** ayuntamiento. ‖ ***D'estar per ~,*** de trapillo.
casaca [kəzákə] *f.* Casaca, sayo.
casador, -ra [kəzəðó, -rə] *a.* Casadero.
casal [kəzál] *m.* Casalicio, solar (de una familia). *2* Dinastía.
casalici [kəzəlisi] *m.* Casalicio.
casalot [kəzəlɔ́t] *m.* Caserón.
casamata [kəzəmátə] *f.* Casamata.
casament [kəzəmén] *m.* Casamiento, desposorios. *2* Coyunda.
casar [kəzá] *t.-i.-prnl.* Casar, desposar.
casat, -ada [kəzát, -áðə] *a., m.-f.* Casado.
casc [kask] *m.* Casco. ‖ ***~ de la nau,*** buque.
cascada [kəskáðə] *f.* Cascada, catarata.
cascadura [kəskəðúrə] *f.* Cascadura.
cascall [kəskáʎ] *m.* BOT. Adormidera.
cascar [kəská] *t.-prnl.* Cascar.
cascavell [kəskəβéʎ] *m.* Cascabel.
cascavellejar [kəskəβəʎəʒá] *i.* Chacolotear.
caseïna [kəzəinə] *f.* Caseína.
casella [kəzéʎə] *f.* Caseta, casa. *2* Casilla, escaque.
casera [kəzérə] *f.* Casera. *2* Anhelo de casarse.
caseriu [kəzəriŭ] *m.* Caserío.
caserna [kəzɛ́rnə] *f.* Cuartel.
caseta [kəzɛ́tə] *f.* Caseta, garita. *2* Casilla.
càseum [kázeum] *m.* Cuajada.
casimir [kəzimir] *m.* Casimir.
casino [kəzinu] *m.* Casino.
casinyot [kəziɲɔ́t] *m.* Casucha.
casolà, -ana [kəzulá, -ánə] *a.* Casero.
casori [kəzɔ́ri] *m.* Casamiento, casorio.
casot [kəzɔ́t] *m.* Casucha.
caspa [káspə] *f.* Caspa.
caspera [kəspérə] *f.* Caspera.
casquet [kəskɛ́t] *m.* Casquete, gorro.
cassació [kəsəsió] *f.* JUR. Casación.
cassanella [kəsənéʎə] *f.* Agalla.
cassetó [kəsətó] *m.* Artesón.
casserola [kəsərɔ́lə] *f.* Cacerola.
cassó [kəsó] *m.* Cazo.
cassola [kəsɔ́lə] *f.* Cazuela, cacerola, parra, hortera.
cassolada [kəsuláðə] *f.* Cazolada.
cassoleta [kəsulɛ́tə] *f.* Cazoleta.
cassussa [kəsúsə] *f.* fam. Gazuza, carpanta.
cast, -ta [kás(t), -tə] *a.* Casto.
casta [kástə] *f.* Casta, estirpe. *2* Calaña, ralea.
castany, -nya [kəstáɲ, -ɲə] *a.* Castaño. *2 f.* BOT. Castaña. *3 f.* Moño.
castanyada [kəstəɲáðə] *f.* Castañada.
castanyeda [kəstəɲɛ́ðə] *f.* Castañar.
castanyer, -ra [kəstəɲé, -rə] *m.-f.* Castañero. *2 m.* BOT. Castaño.
castanyoles [kəstəɲɔ́ləs] *f. pl.* Castañuela, palillos, tarreñas. ‖ ***Tocar les ~,*** castañetear.
castedat [kəstəðát] *f.* Castidad.
castell [kəstéʎ] *m.* Castillo. ‖ ***~ de focs,*** fuegos artificiales.
Castella [kəstéʎə] *n. pr. f.* Castilla.
castellà, -ana [kəstəʎá, -ánə] *a., m.-f.* Castellano.
castellanada [kəstəʎənáðə] *f.* Castellanada.
castellanisme [kəstəʎənizmə] *m.* Castellanismo.
castellanitzar [kəstəʎənidzá] *t.-prnl.* Castellanizar, acastellanar.
càstig [kástik] *m.* Castigo, merecido.
castigar [kəstiɣá] *t.* Castigar.
castís, -issa [kəstis, -isə] *a.* Castizo.
castor [kəstó] *m.* ZOOL. Castor.
castració [kəstrəsió] *f.* Castración.
castrar [kəstrá] *t.* Castrar.
castrense [kəstrɛ́nsə] *a.* Castrense.
casual [kəzuál] *a.* Casual.
casualitat [kəzuəlitát] *f.* Casualidad.
casualment [kəzuəlmén] *adv.* Casualmente.
casuari [kəzuári] *m.* ORNIT. Casuario.
casuista [kəzuistə] *m.* Casuista.
casuística [kəzuistikə] *f.* Casuística.
casulla [kəzúʎə] *f.* Casulla.
catabauma [kətəβáŭmə] *f.* Covacha.
cataclisme [kətəklizmə] *m.* Cataclismo.
catacumbes [kətəkúmbəs] *f. pl.* Catacumbas.
català, -ana [kətəlá, -ánə] *a., m.-f.* Catalán.

catalanisme [kətələnizmə] *m.* Catalanismo.
catalanitzar [kətələnidzá] *t.-prnl.* Catalanizar.
catàleg [kətálək] *m.* Catálogo.
catàlisi [kətálizi] *f.* Catálisis.
catalogar [kətəluɣá] *t.* Catalogar.
Catalunya [kətəlúɲə] *n. pr. f.* Cataluña.
cataplasma [kətəplázmə] *f.* Cataplasma, emplasto.
catapulta [kətəpúltə] *f.* Catapulta.
cataracta [kətəráktə] *f.* MED. Catarata.
catarral [kətərrál] *a.* Catarral.
catarro [kətárru] *m.* Catarro. *2* Tos ferina.
catàstrofe [kətástrufə] *f.* Catástrofe.
catau [kətáŭ] *m.* Guarida, cubil, manida, escondrijo, escondite, covacha. *2* Tasca.
catecisme [kətəsizmə] *m.* Catecismo.
catecúmen, -úmena [kətəkúmən, -úmənə] *m.-f.* Catecúmeno.
càtedra [kátəðrə] *f.* Cátedra.
catedral [kətəðrál] *f.* Catedral.
catedràtic, -ca [kətəðrátik, -kə] *a.-m.* Catedrático.
categoria [kətəɣuríə] *f.* Categoría.
categòric, -ca [kətəɣɔ́rik, -kə] *a.* Categórico.
catequesi [kətəkέzi] *f.* Catequesis.
catequista [kətəkistə] *m.-f.* Catequista.
catequitzar [kətəkidzá] *t.* Catequizar.
caterva [kətέrβə] *f.* Caterva, cáfila.
catet [kətέt] *m.* GEOM. Cateto.
catifa [kətifə] *f.* Alfombra.
càtode [kátuðə] *m.* Cátodo.
catòlic, -ca [kətɔ́lik, -kə] *a., m.-f.* Católico.
catolicisme [kətulisizmə] *m.* Catolicismo.
catolicitat [kətulisitát] *f.* Catolicidad.
catorze [kətórzə] *a.-m.* Catorce.
catorzè, -ena [kəturzέ, -έnə] *a.* Decimocuarto. *2* a.-m. Catorzavo.
catre [kátrə] *m.* Catre, camastro.
catric, -catrac [kətrik-kətrák] *m.* Triquitraque.
catúfol [kətúful] *m.* Cangilón. ‖ ***Fer catúfols,*** chochear.
catxa [kátʃə] *f.* Farol.
catxalot [kətʃəlɔ́t] *m.* ZOOL. Cachalote.
catxet [kətʃέt] *f.* Sello.
cau [káŭ] *m.* Madriguera, guarida, manida, gazapera, cubil. ‖ ***A ~ d'orella,*** al oído. *2* Juego de naipes.
caució [kəŭsió] *f.* Caución.
caure [káŭrə] *i.* Caer. ‖ ***~ hi,*** caer en la cuenta, atinar. ¶ CONJUG. GER.: ***caient.*** ‖ P. P.: ***caigut.*** ‖ INDIC. Pres.: ***caic.*** | Imperf.: ***queia,*** etc. ‖ SUBJ. Pres.: ***caigui,*** etc. | Imperf.: ***caigués,*** etc.
causa [káŭzə] *f.* Causa. ‖ ***A ~ de,*** por mor de.
causal [kəŭzál] *f.* Causal.
causalitat [kəŭzəlitát] *f.* Causalidad.
causant [kəŭzán] *a., m.-f.* Causante.
causar [kəŭzá] *t.* Causar.
càustic, -ca [káŭstik, -kə] *a.* Cáustico.
cauteritzar [kəŭtəridzá] *t.* Cauterizar.
cautxú [kəŭtʃú] *m.* Caucho.
cavada [kəβáðə] *f.* Cavadura.
cavador, -ra [kəβəðó, -rə] *a., m.-f.* Cavador.
cavalcada [kəβəlkáðə] *f.* Cabalgata. *2* Cabalgada.
cavalcadura [kəβəlkəðúrə] *f.* Cabalgadura.
cavalcar [kəβəlká] *i.-t.* Cabalgar.
cavall [kəβáʎ] *m.* Caballo. ‖ ***De ~,*** de a caballo.
cavalla [kəβáʎə] *f.* ICT. Caballa.
cavaller [kəβəʎé] *m.* Caballero, hidalgo. *2* Jinete.
cavalleresc, -ca [kəβəʎərέsk, -kə] *a.* Caballeresco.
cavalleria [kəβəʎəriə] *f.* Caballería.
cavallerissa [kəβəʎərisə] *f.* Caballeriza.
cavallerós, -osa [kəβəʎərós, -ózə] *a.* Caballeroso.
cavallerositat [kəβəʎəruzitát] *f.* Caballerosidad, hidalguía.
cavallet [kəβəʎέt] *m.* CONSTR. Caballete, asnilla, borrico. *2 pl.* Caballitos, tiovivo.
cavallí, -ina [kəβəʎi, -inə] *a.* Caballar.
cavalló [kəβəʎó] *m.* Caballón, albardilla.
cavallot [kəβəʎɔ́t] *m.* Caballo grande y desgarbado. *2* Muchacha revoltosa y poco femenina.
cavar [kəβá] *t.* Cavar.
càvec [káβək] *m.* Azadón.
caveguet [kəβəɣέt] *m.* Azadilla.
caverna [kəβέrnə] *f.* Caverna.
cavernós, -osa [kəβərnós, -ózə] *a.* Cavernoso.
caviar [kəβiár] *m.* Caviar.
cavil·lació [kəβiləsió] *f.* Cavilación.
cavil·lar [kəβilá] *t.* Cavilar.
cavil·lós, -osa [kəβilós, -ózə] *a.* Caviloso.
cavitat [kəβitát] *f.* Cavidad.
ceba [sέβə] *f.* BOT. Cebolla. *2* Manía. ‖ ***~ marina,*** albarranilla.
ceballot [səβəʎɔ́t] *m.* Cebolleta. *2* Estúpido.
ceballut, -uda [səβəʎút, -úðə] *a.* Que tiene una idea fija.
cec, cega [sek, sέɣə] *a.* Ciego. *2 m.* ANAT. Ciego.

cedir [səðí] *t.-i.* Ceder, cejar.
cedre [séðrə] *m.* BOT. Cedro.
cèdula [sέðulə] *f.* Cédula.
cefàlic, -ca [səfálik, -kə] *a.* Cefálico.
cefalòpodes [səfəlɔ́puðəs] *m. pl.* ZOOL. Cefalópodos.
cegallós, -osa [səɣəʎós, -ózə] *a.* Cegajoso.
cegament [sęɣəmén] *adv.* Ciegamente.
ceguesa [səɣέzə] *f.* Ceguera.
cel [sεl] *m.* Cielo.
celada [səláðə] *f.* Celada.
celar [səlá] *t.* Celar, encubrir, ocultar.
celatge [səládʒə] *m.* Celaje.
celebèrrim, -ma [sələβέrrim, -mə] *a.* Celebérrimo.
celebració [sələβrəsió] *f.* Celebración.
celebrant [sələβrán] *m.* Celebrante.
celebrar [sələβrá] *a.* Celebrar.
cèlebre [sέləβrə] *a.* Célebre.
celebritat [sələβritát] *f.* Celebridad.
celeritat [sələritát] *f.* Celeridad.
celest [səlést] *a.* Celeste.
celestial [sələstiál] *a.* Celestial.
celibat [səliβát] *m.* Celibato.
celibatari, -ària [səliβətári, -áriə] *m.-f.* Célibe.
cèlibe [sέliβə] *a.* Célibe.
celístia [səlístiə] *f.* Luz de las estrellas.
cel·la [sέlə] *f.* Celda. *2* Celdilla.
cella [sέʎə] *f.* Ceja.
cellajunt, -ta [sęʎəʒún, -tə] *a.* Cejijunto.
celler [səʎé] *m.* Bodega, cava.
cellerer, -ra [səʎəré, -rə] *m.-f.* Bodeguero.
cel·lofana [səlufánə] *f. fr.* Celofán.
cèl·lula [sέlulə] *f.* Célula.
cel·lular [səlulá] *a.* Celular.
cel·luloide [səlulɔ́iðe] *m.* Celuloide.
cel·lulosa [səlulózə] *f.* Celulosa.
cellut, -uda [səʎút, -úðə] *a.* Cejudo.
celobert [sęluβέr(t)] *m.* Patio.
celta [sέltə] *m.* Celta.
celtiber, -ra [səltiβέr, -rə] *m.-f.* Celtíbero.
cèltic, -ca [sέltik, -kə] *a.-m.* Céltico.
cement [səmén] *m.* Cemento (de los dientes).
cementar [səməntá] *t.* Cementar.
cementiri [səməntíri] *m.* Cementerio, camposanto.
cena [sέnə] *f.* Cena (pascual).
cenacle [sənáklə] *m.* Cenáculo.
cendra [séndrə] *f.* Ceniza.
cens [sέns] *m.* Censo.
censor [sənsó] *m.* Censor.
censura [sənsúrə] *f.* Censura.
censurar [sənsurá] *t.* Censurar.
cent [sen] *a.-m.* Cien, ciento.
centaura [səntáŭrə] *f.* BOT. Centaura.
centaure [səntáŭrə] *m.* MIT. Centauro.
centè, -ena [səntέ, -έnə] *a.* Centésimo. *2 a.-m.* Centavo, centésimo.
centella [səntéʎə] *f.* Centella.
centelleig [səntəʎétʃ] *m.* Centelleo.
centellejar [səntəʎəʒá] *i.* Centellear.
centena [səntέnə] *f.* Centena.
centenar [səntəná] *m.* Centenar.
centenari, -ària [səntənári, -áriə] *a.-m.* Centenario.
centèsim, -ma [səntέzim, -mə] *a.-m.* Centavo, centésimo.
centesimal [səntəzimál] *a.* Centesimal.
centígrad, -da [səntíɣrət, -ðə] *a.* Centígrado.
centígram [səntíɣrəm] *m.* Centigramo.
centilitre [səntilítrə] *m.* Centilitro.
cèntim [sέntim] *m.* Céntimo, blanca (fam.). *2 pl.* Cuartos, dinero.
centímetre [səntímətrə] *m.* Centímetro.
centó [səntó] *m.* Centón.
centpeus [sęmpέus] *m.* ENTOM. Ciempiés.
central [səntrál] *a.-f.* Central.
centralisme [səntrəlízmə] *m.* Centralismo.
centralitzar [səntrəlidzá] *t.* Centralizar.
centrar [səntrá] *t.* Centrar.
centre [séntrə] *m.* Centro.
cèntric, -ca [sέntrik, -kə] *a.* Céntrico.
centrífug, -ga [səntrífuk, -ɣə] *a.* Centrífugo.
centrípet, -ta [səntrípət, -tə] *a.* Centrípeto.
centumvir [səntumbír] *m.* Centumviro.
cèntuple, -pla [sέntuplə, -plə] *a.* Céntuplo.
centuplicar [səntupliká] *t.* Centuplicar.
centúria [səntúriə] *f.* Centuria.
centurió [sənturió] *m.* Centurión.
cenyidor [səɲiðó] *a.-m.* Ceñidor, cinturón.
cenyir [səɲí] *t.-prnl.* Ceñir.
cep [sέp] *m.* BOT. Cepo. *2* Cepa, vid.
cepat, -ada [səpát, -áðə] *a.* Robusto, machucho, fornido.
ceptre [séptrə] *m.* Cetro.
cera [sérə] *f.* Cera.
ceràmic, -ca [sərámik, -kə] *a.* Cerámico. *2 f.* Cerámica.
ceramista [sərəmístə] *m.* Ceramista.
cerç [sers] *m.* Cierzo.
cerca [sérkə] *f.* Busca, búsqueda.
cercabregues [sęrkəβrέɣəs] *m.-f.* Pendenciero, camorrista.
cercador, -ra [sərkəðó, -rə] *m.-f.* Buscador, buscón.
cercar [sərká] *t.* Buscar, intentar.
cerca-raons [sęrkərrəóns] *m.-f.* Camorrista, pendenciero.
cerciorar [sərsiurá] *t.-prnl.* Cerciorar.

cerclar [sərklá] *t.* Cercar, ceñir.
cercle [sérklə] *m.* Círculo, ruedo.
cèrcol [sérkul] *m.* Aro, cerco, ceño.
cerdà, -ana [sərðá, -ánə] *a., m.-f.* Cardanés.
Cerdanya [sərðáɲə] *n. pr.* Cerdaña.
cereal [səreál] *a.* Cereal. *2 m. pl.* Cereales.
cerebel [sərəβél] *m.* ANAT. Cerebelo.
cerebral [sərəβrál] *a.* Cerebral.
cerer [səré] *m.* Cerero, velero.
cerfull [sərfúʎ] *m.* BOT. Perifollo.
ceri, -cèria [séri, -sériə] *a.* Céreo.
cerilla [səriʎə] *f.* Cerilla (vela). *2* Cerilla, fósforo.
cerimònia [sərimɔ́niə] *f.* Ceremonia.
cerimonial [sərimuniál] *a.-m.* Ceremonial.
cerimoniós, -osa [sərimuniós, -ózə] *a.* Ceremonioso.
cerra [sérrə] *f.* Cerda.
cert, -ta [sɛrt, -tə] *a.* Cierto.
certamen [sərtámən] *m.* Certamen.
certament [sɛrtəmén] *adv.* Ciertamente.
certesa [sərtézə] *f.* Certeza.
certificació [sərtifikəsió] *f.* Certificación.
certificar [sərtifiká] *t.* Certificar.
certificat, -ada [sərtifikát, -áðə] *a.-m.* Certificado.
certitud [sərtitút] *f.* Certitud.
ceruli, -úlia [sərúli, úliə] *a.* Cerúleo.
cerumen [sərúmən] *m.* MED. Cerumen.
cerussa [sərúsə] *f.* MINER. Albayalde.
cerval [sərβál] *a.* Cerval. ‖ ***Por ~***, miedo cerval.
cervatell [sərβətéʎ] *m.* ZOOL. Cervato.
cervell [sərβéʎ] *m.* Cerebro, seso, meollo, mollera.
cervesa [sərβɛ́zə] *f.* Cerveza.
cerveser [sərβəzé] *m.* Cervecero.
cerveseria [sərβəzəriə] *f.* Cervecería.
cerví, -ina [sərβi, -inə] *a.* Cerval, cervuno.
cervical [sərβikál] *a.* Cervical.
cérvol, -la [sérβul, -lə] *m.-f.* ZOOL. Ciervo, venado.
cesari, -ària [səzári, -áriə] *a.* Cesáreo. *2 f.* CIR. Cesárea.
cesarisme [səzərizmə] *m.* Cesarismo.
cessació [səsəsió] *f.* Cesación, cese.
cessant [səsán] *a.* Cesante.
cessar [səsá] *t.-i.* Cesar. ‖ ***~ de ploure,*** escampar.
cessió [səsió] *f.* Cesión.
cesta [séstə] *f.* DEP. Cesta.
cetaci [sətási] *a.-m.* Cetáceo. *2 m. pl.* Cetáceos.
cetona [sətónə] *f.* QUÍM. Cetona.
cianhídric [siənídrik] *a.* Cianhídrico.
cianur [siənúr] *m.* Cianuro.
ciàtic, -ca [siátik, -kə] *a.-f.* Ciático. *2 f.* MED. Ciática.
cicatrització [sikətridzəsió] *f.* Cicatrización.
cicatritzar [sikətridzá] *t.-prnl.* Cicatrizar.
cicatriu [sikətriŭ] *f.* Cicatriz.
cicerone [sisərónə] *m.* Cicerone.
cicle [siklə] *m.* Ciclo.
cíclic, -ca [siklik, -kə] *a.* Cíclico.
ciclisme [siklizmə] *m.* Ciclismo.
ciclista [siklistə] *m.-f.* Ciclista.
cicló [sikló] *m.* METEOR. Ciclón.
cíclop [siklɔ̀p] *m.* MIT. Cíclope.
ciclopi, -òpia [siklɔ́pi, -ɔ́piə] *a.* Ciclópeo, ciclópico.
cicuta [sikútə] *f.* BOT. Cicuta.
ciència [siɛ́nsiə] *f.* Ciencia.
científic, -ca [siəntífik, -kə] *a.* Científico.
cigala [siɣálə] *f.* ENTOM. Cigarra, chicharra. *2* ZOOL. Cigala.
cigar [siɣár] *m.* Cigarro, puro.
cigarrera [siɣərrérə] *f.* Cigarrera, pitillera.
cigarret [siɣərrét] *m.* Cigarrillo, pitillo.
cigarreta [siɣərrétə] *f.* Cigarrillo, pitillo.
cigne [siŋnə] *m.* ORNIT. Cisne.
cigonya [siɣóɲə] *m.* Cigüeña.
cigonyal [siɣuɲál] *m.* MEC. Cigüeñal.
cigró [siɣró] *m.* Garbanzo.
cigronera [siɣrunérə] *f.* BOT. Garbanzo.
cili [sili] *m.* Cilio.
ciliar [siliá] *a.* Ciliar.
cilici [silisi] *m.* Cilicio.
cilindre [silindrə] *m.* Cilindro.
cilíndric, -ca [silindrik, -kə] *a.* Cilíndrico.
cim [sim] *m.* Cima, cumbre, copete. *2* Remate, cima.
cima [simə] *f.* Cima.
cimal [simál] *m.* Rama que crece hacia la cima. *2* Cima.
cimall [simáʎ] *m.* Cima.
cimbals [simbəls] *m. pl.* Címbalo.
cimbori [simbɔ́ri] *m.* ARQ. Cimborio.
cimejar [simeʒá] *i.* Emerger. *2* fig. Sobresalir.
ciment [simén] *m.* Cemento. ‖ *~ **armat,*** hormigón armado.
cimera [simérə] *f.* Cimera.
cimerol [simərɔ́l] *m.* Rabiza.
cinabri [sináβri] *m.* MINER. Cinabrio.
cinamom [sinəmóm] *m.* BOT. Cinamomo.
cinc [siŋ] *a.-m.* Cinco.
cinc-cents, -tes [siŋséns, -təs] *a.-m.* Quinientos.
cincona [siŋkónə] *f.* BOT. Quino.
cinegètic, -ca [sinəʒétik, -kə] *a.-f.* Cinegético.
cinema [sinɛ́mə] *m.* Cine.

cinemàtica [sinəmàtikə] *f.* Cinemática.
cinematògraf [sinəmətɔ́ɣrəf] *m.* Cinematógrafo.
cinematografia [sinəmətuɣrəfiə] *f.* Cinematografía.
cinerari, -ària [sinərári, -áriə] *a.* Cinerario.
cinètic, -ca [sinɛ́tik, -kə] *a.* Cinético, cinemático.
cingla [siŋglə] *f.* Cincha.
cinglar [siŋglá] *t.* Cinchar.
cingle [siŋglə] *m.* Abismo, despeñadero, tajo, barranco, risco.
cíngol [siŋgul] *m.* LITURG. Cíngulo.
cínic, -ca [sinik, -kə] *a.* Cínico.
cinisme [sinizmə] *m.* Cinismo.
cinquanta [siŋkwántə] *a.-m.* Cincuenta.
cinquantè, -ena [siŋkwəntɛ́, -ɛ́nə] *a.* Quincuagésimo. *2 a.-m.* Cincuentavo.
cinquantena [siŋkwəntɛ́nə] *a.* Cincuentena.
cinquantí, -ina [siŋkwənti, -inə] *a., m.-f.* Cincuentón.
cinquè, -ena [siŋkɛ́, -ɛ́nə] *a.-m.* Quinto.
cinta [sintə] *f.* Cinta.
cintra [sintrə] *f.* ARQ. Cintra. *2* Cimbra.
cintrar [sintrá] *t.* Cimbrar.
cintura [sintúrə] *f.* Cintura, talle.
cinturó [sinturó] *m.* Cinturón, cinto, pretina.
cinyell [siɲéʎ] *m.* Cinto, cinturón.
circ [sirk] *m.* Circo.
circell [sirsέʎ] *m.* BOT. Zarcillo.
circuit [sirkúĭt] *m.* Circuito.
circulació [sirkuləsió] *f.* Circulación.
circular [sirkulá] *a.-f.* Circular.
circular [sirkulá] *i.* Circular.
circulatori, -òria [sirkulətɔ́ri, -ɔ́riə] *a.* Circulatorio.
circumcidar [sirkumsiðá] *t.* Circuncidar.
circumcís, -isa [sirkumsis, -izə] *a.* Circunciso.
circumcisió [sirkumsizió] *f.* Circuncisión.
circumdant [sirkumdán] *a.* Circundante.
circumdar [sirkumdá] *t.* Circundar.
circumferència [sirkumfərέnsiə] *f.* Circunferencia.
circumflex [sirkumfléks] *a.-m.* Circunflejo.
circumloqui [sirkumlɔ́ki] *m.* Circunloquio.
circumscripció [sirkumskripsió] *f.* Circunscripción.
circumscriure [sirkumskriŭrə] *t.-prnl.* Circunscribir. ¶ CONJUG. como ***escriure***.
circumspecció [sirkumspəksió] *f.* Circunspección.
circumspecte, -ta [sirkumspéktə, -tə] *a.* Circunspecto.
circumstància [sirkumstánsiə] *f.* Circunstancia.
circumstancial [sirkumstánsiál] *a.* Circunstancial.
circumstant [sirkumstán] *a.* Circunstante.
circumvolució [sirkumbulusió] *f.* Circunvolución.
cirera [sirérə] *f.* Cereza. ‖ ~ ***d'arboç***, madroño.
cirerer [sirəré] *m.* BOT. Cerezo.
ciri [siri] *m.* Cirio.
cirial [siriál] *m.* LITURG. Cirial.
cirineu [sirinέŭ] *m.* Cireneo.
cirrosi [sirrɔ́zi] *f.* MED. Cirrosis.
cirrus [sirrus] *m.* METEOR. Cirro.
cirurgia [sirurʒiə] *f.* Cirugía.
cirurgià [sirurʒiá] *m.* Cirujano.
cisa [sizə] *f.* Sisa, ratería. 2 Sisa.
cisalla [sizáʎə] *f.* Cizalla.
cisar [sizá] *t.* Sisar.
cisell [sizéʎ] *m.* Cincel.
cisellador [sizəʎəðó] *m.* Cincelador.
cisellar [sizəʎá] *t.* Cincelar.
cisellat [sizəʎát] *m.* Cinceladura.
cisma [sizmə] *m.* Cisma.
cismàtic, -ca [sizmátik, -kə] *a., m.-f.* Cismático.
cistell [sistéʎ] *m.* Cesta, canasto.
cistella [sistéʎə] *f.* Cesto.
cisteller, -ra [sistəʎé, -rə] *m.-f.* Cestero.
cistelleria [sistəʎəriə] *f.* Cestería.
cistercenc, -ca [sistərsέŋ, -kə] *a.-m.* Cisterciense, bernardo.
cisterna [sistέrnə] *f.* Cisterna.
cita [sitə] *f.* Cita.
citació [sitəsió] *f.* Citación. *2* Cita.
citar [sitá] *t.* Citar, emplazar.
cítara [sitərə] *f.* MÚS. Cítara.
citrat [sitrát] *m.* QUÍM. Citrato.
citrí, -ina [sitri, -inə] *a.* Cetrino.
cítric, -ca [sitrik, -kə] *a.* Cítrico.
ciuró [siŭró] *m.* V. CIGRÓ.
ciutadà, -ana [siŭtəðá, -ánə] *a., m.-f.* Ciudadano.
ciutadania [siŭtəðəniə] *f.* Ciudadanía.
ciutadella [siŭtəðéʎə] *f.* Ciudadela.
ciutat [siŭtát] *f.* Ciudad, villa.
civada [siβáðə] *f.* Avena.
civeta [siβέtə] *f.* ZOOL. Civeta.
cívic, -ca [siβik, -kə] *a.* Cívico.
civil [siβil] *a.-m.* Civil.
civilitat [siβilitát] *f.* Civilidad.
civilització [siβilidzəsió] *f.* Civilización.
civilitzar [siβilidzá] *t.* Civilizar.
civisme [siβizmə] *m.* Civismo.
clac [klak] *m.* Clac.
claca [klákə] *f. fr.* Claque. *2* Charla.
clacar [kləká] *i.* Charlar. *2* Graznar.
clam [klam] *m.* Clamor, queja.

clamar [kləmá] *t.-i.* Clamar. *2* Quejarse.
clàmide [klámiðə] *f.* Clámide.
clamor [kləmó] *m.-f.* Clamor, clamoreo.
clamoreig [kləmurétʃ] *m.* Clamoreo.
clamorejar [kləmurəʒá] *i.* Clamorear.
clan [klan] *m.* Clan.
clandestí, -ina [kləndəsti, -inə] *a.* Clandestino.
clandestinitat [kləndəstinitát] *f.* Clandestinidad.
clap [klap] *m.* Mancha.
clapa [klápə] *f.* Mancha, claro. *2* Calvero.
clapat [kləpát] *a.* Manchado, moteado, rodado.
clapejar [kləpəʒá] *t.* Motear.
clapir [kləpi] *i.* Gañir, latir.
clapit [kləpit] *m.* Gañido, latido.
clapotejar [kləputəʒá] *i.* Chapotear, chapalear.
clar, -ra [kla, -rə] *a.* Claro, despejado. *2* Ralo. *3 m.* Claro. *4 f.* Clara. *5 adv.* Claro, claramente. ‖ ***És ~,*** desde luego.
claraboia [klərəβɔ́jə] *f.* Claraboya.
clarament [klərəmén] *a.* Claramente, a las claras, claro.
claredat [klərəðát] *f.* Claridad.
clarejar [klərəʒá] *i.* Amanecer, alborear, clarear.
claret [klərét] *a.-m.* Clarete.
clarí [kləri] *m.* MÚS. Clarín.
clariana [kləriánə] *f.* Claro, calvero.
clarificar [klərifiká] *t.* Clarificar.
clarinet [klərinét] *m.* MÚS. Clarinete.
clarió [klərió] *m.* Clarión.
clarissa [klərisə] *f.* Clarisa.
clarividència [kləriβiðénsiə] *f.* Clarividencia.
clarivident [kləriβiðén] *a.* Clarividente.
clar-obscur [klərupskúr] *m.* Claroscuro.
claror [klərό] *f.* Claridad, luz, resplandor, lumbre.
classe [klásə] *f.* Clase.
clàssic, -ca [klásik, -kə] *a.* Clásico.
classificació [kləsifikəsió] *f.* Clasificación.
classificar [kləsifiká] *t.* Clasificar.
clatell [klətéʎ] *m.* Cogote, cerviz, pescuezo.
clatellada [klətəʎáðə] *f.* Cogotazo, pescozón.
clatellera [klətəʎérə] *f.* Cogotera.
clatellot [klətəʎɔ́t] *m.* Cogotazo, pescozón.
clau [kláŭ] *m.* Clavo. ‖ ***~ de llata,*** bellote. *2 f.* Llave. *3* Clave.
claudàtor [kləŭdátor] *m.* Corchete.
clàudia [kláŭðiə] *a.* Claudia.
claudicació [kləŭdikəsió] *f.* Claudicación.
claudicar [kləŭðiká] *i.* Claudicar.
clauer [kləwé, -rə] *m.-f.* Clavero, llavero. *2 m.* Llavero.
claustral [kləŭstrál] *a.* Claustral.
claustre [kláŭstrə] *m.* Claustro.
clàusula [kláŭzulə] *f.* Cláusula.
clausura [kləŭzúrə] *f.* Clausura, encierro.
clausurar [kləŭzurá] *t.* Clausurar.
clava [kláβə] *f.* Clava, cachiporra.
clavar [kləβá] *t.-prnl.* Clavar, hincar. *2* Enclavar. *3* Propinar, espetar.
clavat, -ada [kləβát, -áðə] *a.* Exacto, parigual.
claveci [kləβəsi] *m.* MÚS. Clave.
claveguera [kləβəγérə] *f.* Cloaca, alcantarilla.
claveguero [kləβəγəró] *m.* Sumidero.
clavell [kləβéʎ] *m.* BOT. Clavel. ‖ ***~ d'espècie,*** clavo. ‖ ***~ de pom,*** minutisa.
claveller [kləβəʎé] *m.* BOT. Clavero.
clavellina [kləβəʎinə] *f.* BOT. Clavelina, clavel.
clavellinera [kləβəʎinérə] *f.* Repisa (de una ventana).
clavetejar [kləβətəʒá] *t.* Clavetear.
clàvia [kláβiə] *f.* Clavija.
clavicordi [kləβikɔ́rði] *m.* MÚS. Clavicordio.
clavícula [kləβikulə] *f.* ANAT. Clavícula.
clavilla [kləβiʎə] *f.* Clavija.
clavilló [kləβiʎó] *m.* ICT. Cabra.
clavó [kləβó] *m.* Llavín.
clàxon [klákson] *m.* Claxon.
cleda [kléðə] *f.* Redil, cercado, seto.
clemàstecs [kləmástəks] *m. pl.* Llares.
clemència [kləménsiə] *f.* Clemencia.
clement [kləmén] *a.* Clemente.
clenxa [klénʃə] *f.* Crencha, raya.
clenxinar [klənʃiná] *t.* Partir la crencha.
clepsa [klépsə] *f.* Mollera, casco. ‖ ***Dur de ~,*** duro de mollera.
cleptomania [kləptumə niə] *f.* Cleptomanía.
clerecia [klərəsiə] *f.* Clerecía, clero.
clergue [klérγə] *m.* Clérigo.
clerical [klərikál] *a.* Clerical.
clericat [klérikat] *m.* Clero.
client, -ta [klién, -tə] *m.-f.* Cliente.
clientela [kliəntélə] *f.* Clientela.
clima [klimə] *f.* Clima.
climàtic, -ca [klimátik, -kə] *a.* Climático.
climatologia [klimətuluʒiə] *f.* Climatología.
clin [klin] *m.* V. CRIN.
clínic, -ca [klinik, -kə] *a.-f.* Clínico.
clip [klip] *m.* Clip.
clissar [klisá] *t.-i.* fam. Guipar, ver.
clivella [kliβéʎə] *f.* Grieta, quiebra, quebraja, hendidura, rendija.
clivellar [kliβéʎə] *t.-prnl.* Agrietar, resquebrajar, hender. *2 prnl.* Cuartearse.
clixé [kliʃé] *m.* Cliché.

clofolla [klufóʎə] *f.* Cáscara, cascarón, corteza.
cloïssa [kluisə] *f.* ZOOL. Almeja.
cloquejar [klukəʒá] *i.* Cloquear. *2* Aturdir.
clor [klɔr] *m.* Cloro.
clorat [klurát] *m.* QUÍM. Clorato.
clorhídric [kluriðrik] *a.* QUÍM. Clorhídrico.
clorofil·la [klurufilə] *f.* Clorofila.
cloroform [kluruform] *m.* Cloroformo.
clorur [klurúr] *m.* QUÍM. Cloruro.
clos, -sa [klɔs, -ɔ́zə] *a.* Cercado. *2* Cerrado. *3 m.* Cercado, seto, vallado, palenque, recinto. *4* Cerca, valla.
closca [klɔ́skə] *f.* Concha, caparazón. *2* Cascarón, cáscara, corteza. *3* Mollera. ‖ ***Dur de ~,*** duro de mollera.
clot [klɔt] *m.* Hoyo, bache, foso. *2* Huesa.
clota [klɔ́tə] *f.* Hoya.
ço [sɔ] *pron. dem.* arc. Esto, eso, ello.
coacció [kuəksió] *f.* Coacción.
coaccionar [kuəksiuná] *t.* Coaccionar.
coadjutor, -ra [kuadʒutó, -rə] *m.-f.* Coadjutor.
coadjuvar [kuədʒuβá] *i.* Coadyuvar.
coàgul [kuáɣul] *m.* Coágulo.
coagulació [kuəɣuləsió] *f.* Coagulación, coágulo.
coagular [kuəɣulá] *t.-prnl.* Coagular. *2 prnl.* Cuajarse.
coalició [kuəlisió] *f.* Coalición.
coartada [kuərtáðə] *f.* JUR. Coartada.
coartar [kuərtá] *t.* Coartar.
cobalt [kuβál] *m.* MINER. Cobalto.
cobdícia [kubdisiə] *f.* Codicia.
cobdiciós, -osa [kubdisiós, -ózə] *a.* Codicioso.
cobejança [kuβəʒánsə] *f.* Codicia.
cobejar [kuβəʒá] *t.* Codiciar, desear.
cobejós, -osa [kuβəʒós, -ózə] *a.* Codicioso.
cobert, -ta [kuβɛ́r(t), -tə] *a., m.-f.* Cubierto. *2* Cerrado (el cielo). *3* Cobertizo, techado, sombrajo, tinglado. *4 f.* Cubierta.
cobertor [kuβərtó] *m.* Cobertor, tapete. *2* Sobrecama, colcha.
cobertora [kuβərtórə] *f.* Cobertera.
cobla [kóbblə] *f.* Copla.
coblaire [kubbláĭrə] *m.-f.* Coplero.
coble [kóbblə] *m.* Traílla, coyunda. *2* Yunta.
coblejador, -ra [kubbləʒəðó, -rə] *m.-f.* Coplero.
cobra [kɔ́βrə] *f.* ZOOL. Cobra.
cobrador, -ra [kuβrəðó, -rə] *a., m.-f.* Cobrador.
cobrament [kuβrəmén] *m.* Cobro, cobranza.
cobrança [kuβránsə] *f.* Cobranza.
cobrar [kuβrá] *t.* Cobrar.
cobrellit [kɔβrəʎit] *m.* Cubrecama, sobrecama, colcha.
cobretaula [kɔβrətáŭlə] *m.* Sobremesa, tapete.
cobricel [kɔβrisɛ́l] *m.* Tálamo, dosel. *2* Palio.
cobriment [kuβrimén] *m.* Cubrimiento. ‖ ***~ de cor,*** desfallecimiento, vahído.
cobrir [kuβrí] *t.-prnl.* Cubrir, techar. ¶ CONJUG. P. P.: ***cobert.***
coc [kɔk] *m.* MINER. Coque. *2* Cocinero.
coca [kókə] *f.* Coca, torta.
coca [kókə] *f.* BOT. Coca.
***coça** [kósə] *f.* Coz.
cocaïna [kukəinə] *f.* MED. Cocaína.
cocció [kuksió] *f.* Cocción, cocimiento.
còccix [kɔ́ksiks] *m.* ANAT. Cóccix.
coco [kóku] *m.* Coco.
cocodril [kukuðril] *m.* ZOOL. Cocodrilo.
cocotar [kukutá] *m.* Cocotal.
cocoter [kukuté] *m.* BOT. Coco, cocotero.
còctel [kɔ́ctəl] *m.* Coctel, combinado.
coctelera [kuktəlérə] *f.* Coctelera.
coda [kɔ́ðə] *f.* MÚS. Coda.
còdex [kɔ́ðəks] *m.* Códice.
codi [kɔ́ði] *m.* Código.
codicil [kuðisil] *m.* JUR. Codicilio.
codificació [kuðifikəsió] *f.* Codificación.
codificar [kuðifiká] *t.* Codificar.
còdol [kɔ́ðul] *m.* Canto rodado, guijarro, guija, gorrón, morrillo.
codolell [kuðuléʎ] *m.* China.
codony [kuðóɲ] *m.* BOT. Membrillo.
codonyat [kuðuɲát] *m.* Membrillo, carne de membrillo.
codonyer [kuðuɲé] *m.* BOT. Membrillo.
coeficient [kuəfisién] *a.-m.* MAT. Coeficiente.
coent [kuén] *a.* Picante. *2* Que escuece.
coentor [kuəntó] *f.* Picazón, escozor, quemazón.
coercible [kuərsibblə] *a.* Coercible.
coerció [kuərsió] *f.* Coerción.
coercir [kuərsi] *t.* Coercer.
coercitiu, -iva [kuərsitiŭ, -iβə] *a.* Coercitivo.
coet [kuɛ́t] *m.* Cohete.
coetani, -ània [kuətáni, -ániə] *a.* Coetáneo.
coexistir [kuəgzisti] *t.* Coexistir.
cofí [kufi] *m.* Cofín.
còfia [kɔ́fiə] *f.* Cofia, papalina, gorro.
cofre [kófrə] *m.* Cofre.
cofurna [kufúrnə] *f.* Tabuco, cuchitril.
cognició [kuŋnisió] *f.* Cognición.
cognom [kuŋnɔ́m] *m.* Apellido, renombre.

cognomenar [kuŋnumənȧ] *t.* Apellidar.
cognoscible [kuŋnusibblə] *a.* Conocible.
cognoscitiu, -iva [kuŋnusitiŭ, -iβə] *a.* Cognoscitivo.
cogombre [kuɣómbrə] *m.* BOT. Cohombro, pepino. ‖ ~ ***petit,*** pepinillo.
cogulla [kuɣúʎə] *f.* Cogulla.
cogullada [kuɣuʎȧðə] *f.* ORNIT. Cogujada.
cohabitar [kuəβitȧ] *i.* Cohabitar.
coherència [kuərέnsiə] *f.* Coherencia.
coherent [kuərén] *a.* Coherente.
cohereu, -eva [kuərέŭ, -έβə] *m.-f.* Coheredero.
cohesió [kuəzió] *f.* Cohesión.
cohibició [kuiβisió] *f.* Cohibición.
cohibir [kuiβi] *t.* Cohibir.
coincidència [kuinsiðέnsiə] *f.* Coincidencia.
coincident [kuinsiðén] *a.* Coincidente.
coincidir [kuinsiði] *i.* Coincidir.
coïssor [kuisó] *f.* Escozor, escocedura, resquemor, resquemo, quemazón, picor.
coit [kɔ́ĭt] *m.* Coito.
coix, -xa [koʃ, -ʃə] *a.* Cojo, paticojo.
coixària [kuʃȧriə] *f.* Cojera.
coixejar [kuʃəʒȧ] *i.* Cojear.
coixesa [kuʃέzə] *f.* Cojera.
coixí [kuʃi] *m.* Almohada, almohadón, cojín, cabezal. ‖ ~ ***de puntes,*** mundillo.
coixinera [kuʃinérə] *f.* Almohada, talega.
coixinet [kuʃinέt] *m.* Almohadilla. *2* Cojinete.
col [kɔl] *f.* BOT. Col, repollo, berza.
cola [kɔ́lə] *f.* Cola.
colador [kuləðó] *m.* Coladero, colador, tragadero.
colament [kulәmén] *m.* Coladura.
colar [kulȧ] *t.* Colar.
coleòpters [kuləɔ́ptərs] *m. pl.* ENTOM. Coleópteros.
còlera [kɔ́lərə] *m.* MED. Cólera.
còlera [kɔ́lərə] *f.* Cólera.
colèric, -ca [kulέrik, -kə] *a.* Colérico.
colgar [kulɣȧ] *t.-prnl.* Enterrar. *2 prnl.* Acostarse. *3* Cubrir.
colgat [kulɣȧt] *m.* AGR. Acodo.
colibrí [kuliβri] *m.* ORNIT. Colibrí.
còlic, -ca [kɔ́lik, -kə] *a., m.-f.* MED. Cólico, cólica.
col-i-flor [kɔliflɔ́] *f.* BOT. Coliflor.
coliseu [kulizέŭ] *m.* Coliseo.
colitis [kulitis] *f.* MED. Colitis.
coll [kɔʎ] *m.* Cuello. *2* Garganta. *3* Gollete. *4* Collado. *5* Palo (naipes). ‖ ***A ~,*** a cuestas. ‖ ~ ***d'aletes,*** cuello de pajarita.
colla [kɔ́ʎə] *f.* Grupo, recua, cuadrilla, gavilla, corrillo, hato. *2* Serie.
col·laboració [kuləβurəsió] *f.* Colaboración.
col·laborador, -ra [kuləβurəðó, -rə] *m.-f.* Colaborador.
col·laborar [kuləβurȧ] *i.* Colaborar.
col·lació [kuləsió] *f.* Colación. ‖ ***Portar a ~,*** sacar a colación.
collada [kuʎȧðə] *f.* Muchedumbre.
collada [kuʎȧðə] *f.* Collado.
collador [kuʎəðó] *m.* Desvolvedor, destornillador.
col·lapse [kulȧpsə] *m.* Colapso.
collar [kuʎȧ] *m.* Collar.
collar [kuʎȧ] *t.* Atornillar, trabar. *2* Uncir. *3* Empotrar.
collaret [kuʎərέt] *m.* Collar, gargantilla.
col·lateral [kulətərȧl] *a.* Colateral.
col·lecció [kuləksió] *f.* Colección.
col·leccionar [kuləksiunȧ] *t.* Coleccionar.
col·leccionista [kuləksiunistə] *m.-f.* Coleccionista.
col·lecta [kulέktə] *f.* Colecta, cuestación.
col·lectar [kuləktȧ] *t.* Colectar.
col·lectiu, -iva [kuləktiŭ, -iβə] *a.* Colectivo.
col·lectivisme [kuləktiβizmə] *m.* Colectivismo.
col·lectivitat [kuləktiβitȧt] *f.* Colectividad.
col·lector [kuləktó] *a.-m.* Colector.
col·lega [kulέɣə] *m.* Colega.
col·legi [kulέʒi] *m.* Colegio.
col·legial [kuləʒiȧl] *a.-m.* Colegial.
col·legiala [kuləʒiȧlə] *f.* Colegiala.
col·legiar-se [kuləʒiȧrsə] *prnl.* Colegiarse.
col·legiat, -ada [kuləʒiȧt, -ȧðə] *a.* Colegiado.
col·legiata [kuləʒiȧtə] *f.* Colegiata.
col·legir [kuləʒi] *t.* Colegir.
collidor, -ra [kuʎiðó, -rə] *a., m.-f.* Cogedero, cogedizo. *2* Recogedor.
col·ligar [kuliɣȧ] *t.* Coligar.
collir [kuʎi] *t.* Coger, recoger. *2* Cosechar, recolectar. ¶ CONJUG. INDIC. Pres.: ***cullo, culls, cull, cullen.*** ‖ SUBJ. Pres.: ***culli, cullis, culli, cullin.*** | IMPERAT.: ***cull, culli, cullin.***
col·liri [kuliri] *m.* MED. Colirio.
col·lisió [kulizió] *f.* Colisión.
collita [kuʎitə] *f.* Cosecha, cogida, recolección, recogida.
colliter, -ra [kuʎité, -rə] *m.-f.* Cosechero.
colló [kuʎó] *m.* Cojón, testículo.
col·locació [kulukəsió] *f.* Colocación, empleo, destino.
col·locar [kulukȧ] *t.* Colocar, emplear.
col·loide [kulɔ́iðə] *m.* Coloide.
col·loqui [kulɔ́ki] *m.* Coloquio.
colltort, -ta [kɔ̀ʎtɔ́r(t), -tə] *a.-m.* Torcido de cuello. *2* Hipócrita. *3* ORNIT. Torcecuello.

colltrencar-se [kɔʎtrəŋkársə] *prnl.* Romperse (un objeto) por el cuello. *2* fig. Desnucarse.
col·lusió [kuluzió] *f.* Colusión.
colobra [kulɔ́brə] *f.* ZOOL. Culebra.
colofó [kulufó] *m.* Colofón.
colofònia [kulufɔ́niə] *f.* Colofonia.
colom [kulóm] *m.* Palomo. ‖ ~ ***salvatge,*** paloma silvestre. ‖ ~ ***mongí,*** paloma de toca.
coloma [kulómə] *f.* Paloma.
colomar [kulumá] *m.* Palomar.
colomassa [kulumásə] *m.* Palomina.
colomer [kulumé] *m.* Palomar.
colomí [kulumí] *m.* Palomino, pichón.
còlon [kɔ́lun] *m.* ANAT. Colon.
colònia [kulɔ́niə] *f.* Colonia.
colonial [kuluniál] *a.* Colonial.
colonització [kulunidzəsió] *f.* Colonización.
colonitzar [kulunidzá] *t.* Colonizar.
color [kuló] *m.* Color. ‖ ~ ***lívid,*** livor.
coloració [kulurəsió] *f.* Coloración.
coloraina [kuluráĭnə] *f.* Colorín.
colorament [kulurəmén] *m.* Coloración.
colorant [kulurán] *a.-m.* Colorante.
colorar [kulurá] *t.* Colorar, colorear.
coloret [kulurét] *m.* Colorete.
colorista [kuluristə] *a., m.-f.* Colorista.
colorit [kulurit] *m.* Colorido.
colós [kulós] *m.* Coloso.
colossal [kulusál] *a.* Colosal.
colpejar [kulpəʒá] *t.* Golpear. *2* Aporrear.
colpidor, -ra [kulpiðó, -rə] *a.* Impresionante.
colpiment [kulpimén] *m.* Impresión.
colpir [kulpí] *t.* Dar con fuerza contra algo, herir. *2* fig. Afectar.
colrar [kulrrá] *t.-prnl.* Curtir, tostar.
colrat, -ada [kulrrát, -áðə] *a.* Tostado. *2 f.* Tostadura.
coltell [kultéʎ] *m.* Cuchillo, faca.
coltellada [kultəʎáðə] *f.* Cuchillada.
coltellejar [kultəʎəʒá] *t.* Acuchillar.
columbari [kulumbári] *m.* Columbario.
columbòfil, -la [kulumbɔ́fil, -lə] *a., m.-f.* Columbófilo.
columna [kulúmnə] *f.* Columna.
columnata [kulumnátə] *f.* Columnata.
colzada [kulzáðə] *f.* Codazo. *2* Recodo. *3* Codo.
colzat, -ada [kulzát, -áðə] *a.* Acodado.
colze [kólzə] *m.* Codo. *2* Codillo. ‖ ***Moure els colzes,*** codear.
com [kɔm] *adv.* Como, cual, cómo. ‖ *conj.* Como. ‖ ~ ***que,*** como. ‖ ~ ***sigui que,*** como quiera que. ‖ ~ ***més aviat millor,*** cuanto antes mejor.
coma [kómə] *m.* GRAM. Coma.
coma [kómə] *f.* GEOGR. Collado.
coma [kómə] *m.* MED. Coma.
comanador, -ra [kumənáðó, -rə] *m.-f.* Comendador.
comanar [kumənà] *t.* Encargar, encomendar.
comanda [kumándə] *f.* Encargo, pedido, recado. *2* Custodia. *3* Encomienda.
comandament [kuməndəmén] *m.* Mando, mandado.
comandant [kuməndán] *m.* Comandante.
comandar [kuməndá] *t.* Comandar. *2* Mandar.
comandita [kuməndítə] *f.* Comandita.
comanditari, -ària [kuməndítári, -áriə] *m.-f.* Comanditario.
comarca [kumárkə] *f.* Comarca.
comarcà, -ana [kumərká, -ánə] *a.* Comarcano.
comarcal [kumərkál] *a.* Comarcal.
comare [kumárə] *f.* Comadre.
comareig [kumərétʃ] *m.* Comadreo.
comarejar [kumərəʒá] *i.* Comadrear.
comatós, -osa [kumətós, -ózə] *a.* MED. Comatoso.
combat [kumbát] *m.* Combate, refriega.
combatent [kumbətén] *m.* Combatiente.
combatiu, -iva [kumbətíŭ, -iβə] *a.* Combativo.
combativitat [kumβətiβitát] *f.* Combatividad.
combatre [kumbátrə] *i.-t.* Combatir. ‖ CONJUG. como ***admetre.***
combinació [kumbinəsió] *f.* Combinación. *2* Viso.
combinar [kumbiná] *t.-prnl.* Combinar.
comboi [kumbɔ́ĭ] *m.* Convoy.
combregador [kumbrəγəðó] *m.* Comulgatorio.
combregant [kumbrəγán] *m.* Comulgante.
combregar [kumbrəγá] *t.-i.* Comulgar.
comburent [kumburén] *a.* Comburente.
combustible kumbustibblə] *a.-m.* combustible.
combustió [kumbustioə] *f.* Combustión.
comèdia [kumέiə] *f.* Comedia.
comediant, -ta [kuməðián, -tə] *m.-f.* Comediante.
començ [kuméns] *m.* V. COMENÇAMENT.
començament [kumənsəmén] *m.* Comienzo.
començar [kumənsá- *t.-i.* Empezar, comenzar.
comenda [kuméndə] *f.* Encomienda.
comensal [kumənsá] *m.-f.* Comensal.
comentar [kuməntá] *t.* Comentar.
comentari [kuməntári] *m.* Comentario.

comentarista [kumǝntǝristǝ] *m.-f.* Comentarista.
comerç [kumérs] *m.* Comercio.
comercial [kumǝrsiál] *a.* Comercial.
comerciant, -ta [kumǝrsián, -tǝ] *a., m.-f.* Comerciante.
comerciar [kumǝrsiá] *i.* Comerciar.
comesa [kumézǝ] *f.* Cometido, encargo.
comestible [kumǝstíbblǝ] *a.* Comestible. *2 m. pl.* Comestibles.
cometa [kumétǝ] *m.* ASTR. Cometa.
cometes [kumétǝs] *f. pl.* Comillas.
cometre [kumétrǝ] *t.* Cometer. ¶ CONJUG. como ***admetre.***
comí [kumí] *m.* BOT. Comino. *2* Alcaravea.
comiat [kumiát] *m.* Despedida. *2* Desahucio, despido.
còmic, -ca [kɔ́mik, -kǝ] *a.* Cómico.
comicis [kumísis] *m. pl.* Comicios.
comissari [kumisári] *m.* Comisario.
comissaria [kumisǝríǝ] *f.* Comisaría.
comissió [kumisió] *f.* Comisión. *2* Mandado.
comissionar [kumisiuná] *t.* Comisionar.
comissionista [kumisiunístǝ] *m.* Comisionista.
comissura [kumisúrǝ] *f.* Comisura.
comitè [kumitè] *m.* Comité.
comitiva [kumitíβǝ] *f.* Comitiva.
commemoració [kummǝmurǝsió] *f.* Conmemoración.
commemorar [kummǝmurá] *t.* Conmemorar.
commemoratiu, -iva [kummǝmurǝtíŭ, -íβǝ] *a.* Conmemorativo.
commensurable [kummǝnsurábblǝ] *a.* Conmensurable.
comminació [kumminǝsió] *f.* Conminación.
comminar [kumminá] *t.* Conminar.
comminatori, -òria [kumminǝtɔ́ri, -ɔ́riǝ] *a.* Conminatorio.
commiseració [kummizǝrǝsió] *f.* Conmiseración.
commoció [kummusió] *f.* Conmoción.
commoure [kummɔ́urǝ] *t.-prnl.* Conmover. ¶ CONJUG. como ***moure.***
commovedor, -ra [kummuβǝðó, -rǝ] *a.* Conmovedor.
commutador, -ra [kummutǝðó, -rǝ] *a.-m.* Conmutador.
commutar [kummutá] *t.* Conmutar.
còmodament [kɔmuðǝmén] *adv.* Cómodamente.
còmode, -da [kɔ́muðǝ, -ðǝ] *a.* Cómodo. *2 f.* Cómoda.
comoditat [kumuðitát] *f.* Comodidad.
comodós, -osa [kumuðós, -ózǝ] *a.* Comodón.
compacte, -ta [kumpáktǝ, -tǝ] *a.* Compacto.
compadir [kumpǝðí] *t.-prnl.* Compadecer.
compaginació [kumpǝʒinǝsió] *f.* Compaginación.
compaginar [kumpǝʒiná] *t.-prnl.* Compaginar.
company, -nya [kumpáɲ, -ɲǝ] *m.-f.* Compañero, compinche, camarada.
companyia [kumpǝɲíǝ] *f.* Compañía.
companyó, -ona [kumpǝɲó, -ónǝ] *m.-f.* Compañero, compinche.
companyonia [kumpǝɲuníǝ] *f.* Compañerismo.
comparable [kumpǝrábblǝ] *a.* Comparable.
comparació [kumpǝrǝsió] *f.* Comparación.
comparança [kumpǝránsǝ] *f.* Comparación.
comparar [kumpǝrá] *t.* Comparar.
comparatiu, -iva [kumpǝrǝtíŭ, -íβǝ] *a.* Comparativo.
compare [kumpárǝ] *m.* Compadre.
compareixença [kumpǝrǝʃénsǝ] *f.* JUR. Comparecencia.
comparèixer [kumpǝréʃǝ] *i.* Comparecer. ¶ CONJUG. P. P.: ***comparegut.*** | INDIC. Pres.: ***comparec.*** || SUBJ. Pres.: ***comparegui,*** etc. | Imperf.: ***comparegués,*** etc.
comparsa [kumpársǝ] *f.-m.* Comparsa.
compartició [kumpǝrtisió] *f.* Compartimiento.
compartiment [kumpǝrtimén] *m.* Compartimiento.
compartir [kumpǝrtí] *t.* Compartir.
compàs [kumpás] *m.* Compás.
compassar [kumpǝsá] *t.* Compasar, acompasar.
compassat, -ada [kumpǝsát, -áðǝ] *a.* Acompasado.
compassió [kumpǝsió] *f.* Compasión.
compassiu, -iva [kumpǝsíŭ, -íβǝ] *a.* Compasivo.
compassivament [kumpǝsiβǝmén] *adv.* Compasivamente.
compatibilitat [kumpǝtiβilitát] *f.* Compatibilidad.
compatible [kumpǝtíbblǝ] *a.* Compatible.
compatriota [kumpǝtriɔ́tǝ] *m.-f.* Compatriota.
compel·lir [kumpǝlí] *t.* Compeler.
compendi [kumpéndi] *m.* Compendio.
compendiar [kumpǝndiá] *t.* Compendiar.
compenetració [kumpǝnǝtrǝsió] *f.* Compenetración.
compenetrar-se [kumpǝnǝtrársǝ] *a.* Compenetrarse.

compensar [kumpənsá] *t.* Compensar.
competència [kumpətɛ́nsiə] *f.* Competencia.
competent [kumpətén] *a.* Competente.
competició [kumpətisió] *f.* Competición.
competidor, -ra [kumpətiðó, -rə] *m.-f.* Competidor.
competir [kumpəti] *i.* Competer. *2* Competir.
compilació [kumpiləsió] *f.* Compilación.
compilar [kumpilá] *t.* Compilar.
complaença [kumpləɛ́nsə] *f.* Complacencia.
complaent [kumpləén] *a.* Complaciente.
complanta [kumplántə] *f.* Lamento, lamentación (esp. en poesía).
complaure [kumpláŭrə] *t.-prnl.* Complacer. *2 prnl.* Regodearse. ¶ CONJUG. como ***plaure.***
complement [kumpləmén] *m.* Complemento.
complementar [kumpləməntá] *t.* Complementar.
complementari, -ària [kumpləməntári, -áriə] *a.* Complementario.
complert, -ta [kumplér(t), -tə] *a.* Cumplido.
completar [kumplətá] *t.* Completar.
completes [kumplɛ́təs] *f. pl.* LITURG. Completas.
complex, -xa [kumpléks, -ksə] *a.-m.* Complejo.
complexió [kumpləksió] *f.* Complexión.
complicació [kumplikəsió] *f.* Complicación.
complicar [kumpliká] *t.-prnl.* Complicar.
complicat, -ada [kumplikát, -áðə] *a.* Complicado.
còmplice [kɔ́mplisə] *m.-f.* Cómplice.
complicitat [kumplisitát] *f.* Complicidad.
complidament [kumpliðəmén] *adv.* Cumplidamente.
complidor, -ra [kumpliðó, -rə] *a.* Cumplidor.
compliment [kumplimén] *m.* Cumplimiento. *2* Cumplido, rendibú. ‖ ***No fer-hi compliments,*** no andar con chiquitas.
complimentar [kumpliməntá] *t.* Cumplimentar.
complimentós, -osa [kumpliməntós, -ózə] *a.* Cumplimentero.
complir [kumpli] *t.-i.-prnl.* Cumplir. ¶ CONJUG. P. P.: ***complert*** o ***complit.***
complit, -ida [kumplit, -iðə] *a.* Cumplido.
complot [kumplɔ́t] *m.* Complot.
complotar [kumplutá] *t.* Complotar.
compondre [kumpɔ́ndrə] *t.-prnl.* Componer. ‖ ***Compondre-se-les,*** componérselas. ‖ ***Compondre's,*** componerse. ¶ CONJUG. como ***respondre.***
componedor, -ra [kumpunəðó, -rə] *m.-f.* Componedor.
component [kumpunén] *a.* Componente.
comport [kumpɔ́r(t)] *m.* Comporte.
comporta [kumpɔ́rtə] *f.* Compuerta.
comportable [kumpurtábblə] *a.* Llevadero, soportable.
comportament [kumpurtəmén] *m.* Conducta, proceder, comportamiento, porte.
comportar [kumpurtá] *t.-prnl.* Comportar. *2* Entrañar.
composició [kumpuzisió] *f.* Composición.
compositor, -ra [kumpuzitó, -rə] *m.-f.* Compositor.
compost, -ta [kumpɔ́s(t), -tə] *a.* Compuesto.
compota [kumpɔ́tə] *f.* Compota.
compotera [kumputérə] *f.* Compotera, bonete.
compra [kómprə] *f.* Compra.
comprador, -ra [kumprəðó, -rə] *a., m.-f.* Comprador.
comprar [kumprá] *t.* Comprar, mercar.
comprendre [kumpéndrə] *t.-prnl.* Comprender. ¶ CONJUG. como ***aprendre.***
comprensible [kumprənsibblə] *a.* Comprensible.
comprensió [kumprənsió] *f.* Comprensión.
comprensiu, -iva [kumprənsiŭ, -iβə] *a.* Comprensivo.
compresa [kumprɛ́zə] *f.* Compresa.
compressibilitat [kumprəsiβilitát] *f.* Compresibilidad.
compressió [kumprəsió] *f.* Compresión.
compressor, -ra [kumprəsó, -rə] *a.-m.* Compresor.
comprimir [kumprimi] *t.-prnl.* Comprimir.
comprimit, -ida [kumprimit, -iðə] *a.-m.* Comprimido.
comprometedor, -ra [kumprumətəðó, -rə] *a.* Comprometedor.
comprometre [kumprumɛ́trə] *t.-prnl.* Comprometer. ¶ CONJUG. como ***admetre.***
compromís [kumprumis] *m.* Compromiso.
comprovació [kumpruβəsió] *f.* Comprobación, constatación.
comprovant [kumpruβán] *m.* Comprobante.
comprovar [kumpruβá] *t.* Comprobar.
comptabilitat [kumtəβilitát] *f.* Contabilidad.
comptable [kumtábblə] *a.-m.* Contable.

comptador, -ra [kumtəðó, -rə] *m.-f.* Contador.
comptadoria [kumtəduríə] *f.* Contaduría.
comptafils [kǫmtəfíls] *m.* Cuentahilos.
comptagotes [kǫmtəɣótəs] *m.* Cuentagotas.
comptant [kumtán] *a.* Contante, efectivo.
comptar [kumtá] *t.-i.* Contar.
comptat, -ada [kumtát, -áðə] *a.* Contado. ‖ ***Al ~,*** al contado.
compte [kómtə] *m.* Cuenta. *2* Atención, cuidado. *3 interj.* ¡Ojo! ¡Cuidado! ¡Al tanto! ‖ ***En comptes de,*** en vez de, en lugar de. ‖ ***A fi de comptes,*** en resumidas cuentas. ‖ ***Passar comptes,*** ajustar cuentas. ‖ ***Sense fi ni ~,*** sin cuento.
compulsa [kumpúlsə] *f.* Compulsa.
compulsar [kumpulsá] *t.* Compulsar.
compulsió [kumpulsió] *f.* Compulsión.
compunció [kumpunsió] *f.* Compunción.
compungiment [kumpunʒimén] *m.* Compunción.
compungir-se [kumpunʒírsə] *prnl.* Compungirse.
compungit, -ida [kumpunʒít, -íðə] *a.* Compungido.
còmput [kɔ́mput] *m.* Cómputo.
computar [kumputá] *t.* Computar.
comtal [kumtál] *a.* Condal.
comtat [kumtát] *m.* Condado.
comte [kómtə] *m.* Conde.
comtessa [kumtɛ́sə] *f.* Condesa.
comú, -una [kumú, -únə] *a.* Común. *2 f.* Retrete, excusado, privada.
comunal [kumunál] *a.-m.* Comunal.
comunament [kumunəmén] *adv.* Por lo común.
comunicació [kumunikəsió] *f.* Comunicación.
comunicant [kumunikán] *a., m.-f.* Comunicante.
comunicar [kumuniká] *t.-i.-prnl.* Comunicar.
comunicat [kumunikát] *m.* Parte.
comunicatiu, -iva [kumunikətíŭ, -íβə] *a.* Comunicativo.
comunió [kumunió] *f.* Comunión.
comunisme [kumunízmə] *m.* Comunismo.
comunista [kumunístə] *a., m.-f.* Comunista.
comunitat [kumunitát] *f.* Comunidad.
con [kɔn] *m.* GEOM., BOT. Cono.
conat [kunát] *m.* Conato.
conca [kóŋkə] *f.* Cuenca. *2* Barreño. *3* Solterona.
concatenació [kuŋkətənəsió] *f.* Concatenación.
còncau, -ava [kɔ́ŋkəŭ, -əβə] *a.* Cóncavo.
concavitat [kuŋkəβitát] *f.* Concavidad.
concebible [kunsəβíbblə] *a.* Concebible.
concebre [kunsɛ́βrə] *t.* Concebir. ¶ CONJUG. como ***rebre.***
concedir [kunsəðí] *t.* Conceder.
concentració [kunsəntrəsió] *f.* Concentración.
concentrar [kunsəntrá] *t.-prnl.* Concentrar.
concèntric, -ca [kunsɛ́ntrik, -kə] *a.* Concéntrico.
concepció [kunsəpsió] *f.* Concepción.
concepte [kunséptə] *m.* Concepto.
conceptuar [kunsəptuá] *t.* Conceptuar.
concernent [kunsərnén] *a.* Concerniente.
concernir [kunsərní] *t.* Concernir.
concert [kunsɛ́r(t)] *m.* Concierto.
concertant [kunsərtán] *m.* Concertante.
concertar [kunsərtá] *t.-i.* Concertar.
concertista [kunsərtístə] *m.-f.* Concertista.
concessió [kunsəsió] *f.* Concesión.
concessionari, -ària [kunsəsiunári, -áriə] *a., m.-f.* Concesionario.
concili [kunsíli] *m.* Concilio.
conciliàbul [kunsiliáβul] *m.* Conciliábulo.
conciliació [kunsiliəsió] *f.* Conciliación.
conciliador, -ra [kunsiliəðó, -rə] *a., m.-f.* Conciliador.
conciliar [kunsiliá] *t.-prnl.* Conciliar, avenir.
conciliar [kunsiliá] *a.* Conciliar.
conciliatori, -òria [kunsiliətɔ́ri, -ɔ́riə] *a.* Conciliatorio.
concís, -isa [kunsís, -ízə] *a.* Conciso.
concisió [kunsizió] *f.* Concisión.
concitar [kunsitá] *t.* Concitar.
conciutadà, -ana [kunsiŭtəðá, -ánə] *m.-f.* Conciudadano.
conclave [kuŋkláβə] *m.* Cónclave.
concloent [kuŋkluén] *a.* Concluyente.
concloure [kuŋklɔ́ŭrə] *t.* Concluir. ¶ CONJUG. como ***cloure.***
conclús, -usa [kuŋklús, -úzə] *a.* Concluso.
conclusió [kuŋkluzió] *f.* Conclusión.
conclusiu, -iva [kuŋkluzíu, -íβə] *a.* Conclusivo.
conco [kóŋku] *m.* Solterón.
concomitància [kuŋkumitánsiə] *f.* Concomitancia.
concomitant [kuŋkumitán] *a.* Concomitante.
concordança [kuŋkurðánsə] *a.* Concordancia.
concordant [kuŋkurðán] *a.* Concordante.
concordar [kuŋkurðá] *i.-t.-prnl.* Concordar, armonizar.
concordat [kuŋkurðát] *m.* Concordato.
concorde [kuŋkɔ́rðə] *a.* Concorde, acorde.

concòrdia [kuŋkɔ́rðiə] *f.* Concordia.
concórrer [kuŋkórrə] *i.* Concurrir. ¶ CONJUG. como ***córrer.***
concreció [kuŋkrəsió] *t.* Concreción.
concret, -ta [kuŋkrét, -tə] *a.* Concreto.
concretament [kuŋkrȩtəmén] *adv.* Concretamente.
concretar [kuŋkrətá] *t.-prnl.* Concretar.
concubina [kuŋkuβínə] *f.* Concubina, manceba, moza.
concubinat [kuŋkuβinát] *m.* Concubinato.
conculcar [kuŋkulká] *t.* Conculcar.
concupiscència [kuŋkupisέnsiə] *f.* Concupiscencia.
concupiscent [kuŋkupisén] *a.* Concupiscente.
concurrència [kuŋkurrέnsiə] *f.* Concurrencia.
concurrent [kuŋkurrén] *a., m.-f.* Concurrente.
concurs [kuŋkúrs] *m.* Concurso.
concursant [kuŋkursán] *m.-f.* Concursante.
concussió [kuŋkusió] *f.* Concusión.
condecoració [kundəkurəsió] *f.* Condecoración.
condecorar [kundəkurá] *t.* Condecorar.
condeixeble, -bla [kundəʃébblə, -bblə] *m.-f.* Condiscípulo.
condemna [kundémnə] *f.* Condena.
condemnable [kundəmnábblə] *a.* Condenable.
condemnació [kundəmnəsió] *f.* Condenación.
condemnament [kundəmnəmén] *m.* Condenación.
condemnar [kundəmná] *t.-prnl.* Condenar, penar.
condemnat, -ada [kundəmnát, -áðə] *a., m.-f.* Condenado, penado.
condemnatori, -òria [kundəmnətɔ́ri, -ɔ́riə] *a.* Condenatorio.
condensació [kundənsəsió] *f.* Condensación.
condensador, -ra [kundənsəðó, -rə] *a.-m.* Condensador.
condensar [kundənsá] *t.-prnl.* Condensar.
condescendència [kundəsəndέnsiə] *f.* Condescendencia.
condescendent [kundəsəndén] *a.* Condescendiente.
condescendir [kundəsəndí] *i.* Condescender.
condícia [kundísiə] *f.* Aseo, limpieza. *2* Cuidado, atención.
condició [kundisió] *f.* Condición.
condicional [kundisiunál] *a.* Condicional.
condicionar [kundisiuná] *t.* Condicionar. *2* Acondicionar.
condigne, -na [kundíŋnə, -nə] *a.* Condigno.
condiment [kundimén] *m.* Condimento.
condimentar [kundiməntá] *t.* Condimentar.
condol [kundɔ́l] *m.* Pésame, condolencia. ‖ ***Donar el ~,*** dar el pésame.
condoldre's [kundɔ́ldrəs] *prnl.* Condolerse. ¶ CONJUG. como ***valer.***
condolença [kundulέnsə] *f.* Condolencia, pésame.
condolir-se [kundulírsə] *prnl.* Resentirse, condolerse.
condonar [kunduná] *t.* Condonar.
còndor [kɔ́ndur] *m.* ORNIT. Cóndor.
conducció [kunduksió] *f.* Conducción.
conducta [kundúktə] *f.* Conducta.
conductibilitat [kunduktiβilitát] *f.* Conductibilidad.
conducte [kundúktə] *m.* Conducto.
conductor, -ra [kunduktó, -rə] *a., m.-f.* Conductor.
conduent [kunduén] *a.* Conducente.
conduir [kunduí] *t.-prnl.* Conducir.
conegut, -uda [kunəɣút, -úðə] *a.* Conocido.
coneixedor, -ra [kunəʃəðó, -rə] *a., m.-f.* Conocedor, conocible.
coneixement [kunəʃəmén] *m.* Conocimiento.
coneixença [kunəʃέnsə] *f.* Conocimiento. *2* Conocido. *3* Relación.
conèixer [kunέʃə] *t.-i.-prnl.* Conocer. ¶ CONJUG. P. P.: ***conegut.*** ‖ INDIC. Pres.: ***conec.*** ‖ SUBJ. Pres.: ***conegui,*** etc. | Imperf.: ***conegués,*** etc.
confabulació [kumfəβuləsió] *f.* Confabulación.
confabular [kumfəβulá] *i.-prnl.* Confabularse.
confecció [kumfəksió] *f.* Confección.
confeccionar [kumfəksiuná] *t.* Confeccionar.
confederació [kumfəðərəsió] *f.* Confederación.
confederar [kumfəðərá] *t.-prnl.* Confederar.
confegir [kumfəʒí] *t.-i.* Juntar, unir. *2* Silabear, deletrear.
conferència [kumfərέnsiə] *f.* Conferencia.
conferenciant [kumfərənsián] *m.-f.* Conferenciante.
conferir [kumfərí] *t.* Conferir.
confés, -essa [kumfés, -ésə] *a.-m.* Confeso. *2 m.* Confesor.
confessar [kumfəsá] *t.-prnl.* Confesar.
confessió [kumfəsió] *f.* Confesión.
confessional [kumfəsiunál] *a.* Confesional.

confessionari [kumfəsiunàri] *m.* Confesionario.
confessor [kumfəsò] *m.* Confesor.
confetti [kumfèti] *m.* Confeti.
confí [kumfì] *m.* Confín. *2 pl.* Aledaños.
confiança [kumfiànsə] *f.* Confianza.
confiar [kumfià] *t.-i.* Confiar, fiarse.
confiat, -ada [kumfiàt, -àðə] *a.* Confiado.
confidència [kumfiðènsiə] *f.* Confidencia.
confidencial [kumfiðənsiàl] *a.* Confidencial.
confident [kumfiðèn] *a., m.-f.* Confidente.
configuració [kumfiɣurəsiò] *f.* Configuración.
configurar [kumfiɣurà] *t.-prnl.* Configurar.
confinar [kumfinà] *t.-i.-prnl.* Confinar, lindar, rayar.
confirmació [kumfirməsiò] *f.* Confirmación.
confirmar [kumfirmà] *t.* Confirmar, refrendar.
confiscació [kumfiskəsiò] *f.* Confiscación. *2* Incautación.
confiscar [kumfiskà] *t.* Confiscar. *2* Incautar.
confit [kumfit] *m.* Confite. ‖ ~ ***d'ametlla,*** peladilla.
confitar [kumfità] *t.* Confitar.
confiter, -ra [kumfitè, -rə] *m.-f.* Confitero, repostero.
confitera [kumfitèrə] *f.* Dulcera.
confiteria [kumfitəriə] *f.* Confitería, dulcería, repostería.
confitura [kumfitùrə] *f.* Confitura.
conflent [kumflèn] *m.* Confluencia.
conflicte [kumfliktə] *m.* Conflicto.
confluència [kumfluènsiə] *f.* Confluencia.
confluir [kumfluì] *i.* Confluir.
confondre [kumfòndrə] *t.-prnl.* Confundir. ¶ CONJUG. GER.: ***confonent.*** ‖ P. P.: ***confós.*** ‖ INDIC. Pres.: ***confonc.*** ‖ SUBJ. Pres.: ***confongui,*** etc. | Imperf.: ***confongués,*** etc.
conformació [kumfurməsiò] *f.* Conformación.
conformar [kumfurmà] *t.-prnl.* Conformar.
conforme [kumfòrmə] *a.* Conforme.
conformista [kumfurmistə] *m.-f.* Conformista.
conformitat [kumfurmitàt] *f.* Conformidad.
confort [kumfɔ̀r(t)] *m.* Confort. *2* Confortación.
confortable [kumfurtàbblə] *a.* Confortable.
confortant [kumfurtàn] *a.-m.* Confortante.
confortar [kumfurtà] *t.* Confortar.
confós, -osa [kumfòs, -òzə] *a.* Confundido, corrido.
confrare [kumfràrə] *m.* Cofrade.
confraria [kumfrəriə] *f.* Cofradía.
confraternitat [kumfrətərnitàt] *f.* Confraternidad.
confrontació [kumfruntəsiò] *f.* Confrontación, cotejo.
confrontar [kumfruntà] *t.-prnl.* Confrontar, cotejar.
confús, -usa [kumfùs, -ùzə] *a.* Confuso.
confusió [kumfuziò] *f.* Confusión.
confutar [kumfutà] *t.* Confutar.
congelar [kunʒəlà] *t.-prnl.* Congelar.
congènere [kunʒènərə] *a.* Congénere.
congeniar [kunʒənià] *i.* Congeniar.
congènit, -ta [kunʒènit, -tə] *a.* Congénito.
congesta [kunʒèstə] *f.* Helero, ventisquero, glaciar.
congestió [kunʒəstiò] *f.* Congestión.
congestionar [kunʒəstiunà] *t.-prnl.* Congestionar.
conglomerar [kuŋglumərà] *t.-prnl.* Conglomerar.
conglomerat [kuŋglumərat] *m.* Conglomerado.
congost [kuŋgòs(t)] *m.* Desfiladero, angostura, garganta, hoyo, hoz.
congraciar-se [kuŋgrəsiàrsə] *prnl.* Congraciarse.
congratulació [kuŋgrətuləsiò] *f.* Congratulación.
congratular [kuŋgrətulà] *t.-prnl.* Congratular.
congre [kòŋgrə] *m.* ICT. Congrio.
congregació [kuŋgrəɣəsiò] *f.* Congregación.
congregant, -ta [kuŋgrəɣàn, -tə] *m.-f.* Congregante.
congregar [kuŋgrəɣà] *t.-prnl.* Congregar.
congrés [kuŋgrès] *m.* Congreso.
congressista [kuŋgrəsistə] *m.-f.* Congresista.
congriar [kuŋgrià] *t.-prnl.* Fraguar, formar.
congruència [kuŋgruènsiə] *f.* Congruencia.
congruent [kuŋgruèn] *a.* Congruente.
conhort [kunɔ̀r(t)] *m.* Confortación, consuelo.
conhortar [kunurtà] *t.-prnl.* Consolar, confortar, conhortar.
cònic, -ca [kɔ̀nik, -kə] *a.* Cónico.
coníferes [kunifərəs] *f. pl.* BOT. Coníferas.
conill [kuniʎ] *m.* ZOOL. Conejo. ‖ ~ ***porquí,*** conejillo de indias. *2 adv.* En porreta.
conilla [kuniʎə] *f.* ZOOL. Coneja.

conillada [kuniʎáðə] *f.* Camada.
coniller [kuniʎé] *m.* Conejar.
coniller, -ra [kuniʎé, -rə] *a.* Sabueso.
conillera [kuniʎérə] *f.* Conejera, conejar.
conillet d'Indies [kuniʎɛ́t dindiəs] *m.* Conejillo de Indias.
conillets [kuniʎɛ́ts] *m. pl.* BOT. Dragón.
conirostre [kunirróstrə] *a.* Conirrostro.
conjectura [kunʒəktúrə] *f.* Conjetura, barrunto, vislumbre.
conjecturar [kunʒəkturá] *t.* Conjeturar, barruntar.
conjugable [kunʒuɣábblə] *a.* Conjugable.
conjugació [kunʒuɣəsió] *f.* Conjugación.
conjugal [kunʒuɣál] *a.* Conyugal.
conjugar [kunʒuɣá] *t.-prnl.* Conjugar.
cònjuge [kɔ́nʒuʒe] *m.-f.* Cónyuge.
conjuminar [kunʒuminá] *t.-prnl.* Componer, combinar, pergeñar, ajustar, arreglar.
conjunció [kunʒunsió] *f.* Conjunción.
conjunt, -ta [kunʒún, -tə] *a.-m.* Conjunto.
conjuntiu, -iva [kunʒuntiŭ, -iβə] *a.* Conjuntivo. *2 f.* ANAT. Conjuntiva.
conjuntura [kunʒuntúrə] *f.* ANAT. Coyuntura.
conjur [kunʒúr] *m.* Conjuro.
conjura [kunʒúrə] *f.* V. CONJURACIÓ.
conjuració [kunʒurəsió] *f.* Conjuración.
conjurament [kunʒurəmén] *m.* Conjuro.
conjurar [kunʒurá] *t.-prnl.* Conjurar.
conjurat, -ada [kunʒurát, -áðə] *m.-f.* Conjurado.
connatural [kunnəturál] *a.* Connatural.
connectador [kunnəktəðó] *m.* Conectador.
connectar [kunnəktá] *t.* Conectar.
connector [kunnəktó] *m.* Conectador.
connex, -xa [kunnɛ́ks, -ksə] *a.* Conexo.
connexió [kunnəksió] *f.* Conexión.
connivència [kunniβɛ́nsiə] *f.* Connivencia.
connotació [kunnutəsió] *f.* Connotación.
connotar [kunnutá] *t.* Connotar.
connubi [kunnúβi] *m.* Connubio.
conqueridor, -ra [kuŋkəriðó, -rə] *a., m.-f.* Conquistador.
conquerir [kuŋkəri] *t.* Conquistar.
conquesta [kuŋkéstə] *f.* Conquista.
conquilla [kuŋkiʎə] *f.* Concha.
conquista [kuŋkistə] *f.* Conquista.
conquistador, -ra [kuŋkistəðó, -rə] *m.-f.* Conquistador.
conquistar [kuŋkistá] *t.* Conquistar.
conradís, -issa [kunrrəðis, -isə] *a.-m.* Labrantío.
conrar [kunrrá] *t.* Cultivar.
conreador, -ra [kunrreəðó, -rə] *m.-f.* Cultivador.
conrear [kunrreá] *t.* Cultivar, labrar.
conreu [kunrrɛ́u] *m.* Cultivo, labranza. ‖ ***Terra de ~***, labrantío, labranza.
consagració [kunsəɣrəsió] *f.* Consagración.
consagrar [kunsəɣrá] *t.-prnl.* Consagrar.
consanguini, -ínia [kunsəŋgini, -iniə] *a.* Consanguíneo.
consciència [kunsiɛ́nsiə] *f.* Conciencia.
conscienciós, -osa [kunsiənsiós, -ózə] *a.* Concienzudo.
conscient [kunsién] *m.* Consciente.
consecució [kunsəkusió] *f.* Consecución.
consecutiu, -iva [kunsəkutiŭ, -iβə] *a.* Consecutivo.
consegüent [kunsəɣwén] *a.-m.* Consiguiente.
consell [kunsɛ́ʎ] *m.* Consejo. *2* Concejo.
conseller, -ra [kunsəʎé, -rə] *m.-f.* Consejero, concejal.
consentiment [kunsəntimén] *m.* Consentimiento, consenso.
consentir [kunsənti] *t.-i.* Consentir. ¶ CONJUG. como ***sentir***.
consentit, -ida [kunsəntit, -iðə] *a.* Consentido. *2* Cabrón.
conseqüència [kunsəkwɛ́nsiə] *f.* Consecuencia.
conseqüent [kunsəkwén] *a.* Consecuente.
conserge [kunsɛ́rʒə] *m.* Conserje.
consergeria [kunsərʒəriə] *f.* Conserjería.
conserva [kunsérβə] *f.* Conserva.
conservació [kunsərβəsió] *f.* Conservación.
conservador, -ra [kunsərβəðó, -rə] *a., m.-f.* Conservador.
conservar [kunsərβá] *t.-prnl.* Conservar.
conservatori, -òria [kunsərβətɔ́ri, -ɔ́riə] *a.-m.* Conservatorio.
considerable [kunsiðərábblə] *a.* Considerable.
consideració [kunsiðərəsió] *f.* Consideración.
considerant [kunsiðərán] *m.* Considerando.
considerar [kunsiðərá] *t.* Considerar.
considerat, -ada [kunsiðərát, -áðə] *a.* Considerado.
consigna [kunsiŋnə] *f.* Consigna.
consignació [kunsiŋnəsió] *f.* Consignación.
consignar [kunsiŋná] *t.* Consignar.
consignatari, -ària [kunsiŋnətári, -áriə] *m.-f.* Consignatario.
consiliari [kunsiliári] *m.* Consiliario.
consirós, -sa [kunsirós, -ózə] *a.* Pensativo, preocupado, meditabundo.
consistència [kunsistɛ́nsia] *f.* Consistencia.

consistent [kunsistén] *a.* Consistente.
consistir [kunsisti] *i.* Consistir.
consistori [kunsistɔ́ri] *m.* Consistorio.
consoci, -òcia [kunsɔ́si, -ɔ́siə] *m.-f.* Consocio.
consol [kunsɔ́l] *m.* Consuelo.
cònsol [kɔ́nsul] *m.* Cónsul.
consola [kúnsɔ́lə] *f.* Consola.
consolació [kunsuləsió] *f.* Consolación, consuelo.
consolador, -ra [kunsuləðó, -rə] *a., m.-f.* Consolador.
consolar [kunsulá] *t.-prnl.* Consolar.
consolat [kunsulát] *m.* Consulado.
consolidar [kunsuliðá] *t.-prnl.* Consolidar.
consomé [kunsumé] *m. fr.* Consomé.
consonància [kunsunánsiə] *f.* Consonancia.
consonant [kunsunán] *a., m.-f.* Consonante.
consonar [kunsuná] *i.* Consonar.
consorci [kunsɔ́rsi] *m.* Consorcio.
consort [kunsɔ́r(t)] *m.-f.* Consorte.
conspicu, -ícua [kunspíku, -íkuə] *a.* Conspicuo.
conspiració [kunspirəsió] *f.* Conspiración.
conspirador, -ra [kunspirəðó, -rə] *m.-f.* Conspirador.
conspirar [kunspirá] *i.* Conspirar.
constància [kunstánsiə] *f.* Constancia.
Constantinoble [kunstəntinɔ́bblə] *n. pr.* Constantinopla.
constant [kunstán] *a.* Constante.
constar [kunstá] *i.* Constar.
constatació [kunstətəsió] *f.* Constatación, comprobación.
constatar [kunstətá] *t.* Constatar, comprobar.
constel·lació [kunstələsió] *f.* Constelación.
consternació [kunstərnəsió] *f.* Consternación.
consternar [kunstərná] *t.* Consternar.
constipar [kunstipá] *t.-prnl.* Constipar.
constipat, -ada [kunstipát, -áðə] *a.-m.* Constipado.
constitució [kunstitusió] *f.* Constitución.
constitucional [kunstitusiunál] *a.* Constitucional.
constituent [kunstituén] *a.* Constituyente.
constituir [kunstitui] *t.-prnl.* Constituir.
constitutiu, -iva [kunstitutiŭ, -iβə] *a.* Constitutivo.
constrènyer [kunstrɛ́ɲə] *t.* Constreñir, apremiar. ¶ CONJUG. P. P.: ***constret.***
constrenyedor, -ra [kunstrəɲəðó, -rə] *a.* Apremiante.
constrenyiment [kunstrəɲimén] *m.* Constreñimiento, apremio.
constricció [kunstriksió] *f.* Constricción.
construcció [kunstruksió] *f.* Construcción.
constructiu, -iva [kunstruktiŭ, -iβə] *a.* Constructivo.
constructor, -ra [kunstruktó, -rə] *m.-f.* Constructor.
construir [kunstrui] *t.* Construir.
consubstancial [kunsupstənsiál] *a.* Consubstancial.
consuetud [kunsuətút] *f.* Costumbre, hábito.
consuetudinari, -ària [kunsuətuðinári, -áriə] *a.* Consuetudinario.
consular [kunsulá] *a.* Consular.
consulta [kunsúltə] *f.* Consulta.
consultar [kunsultá] *t.* Consultar.
consultiu, -iva [kunsultiŭ, -iβə] *a.* Consultivo.
consultor, -ra [kunsultó, -rə] *m.-f.* Consultor.
consultori [kunsultɔ́ri] *m.* Consultorio.
consum [kunsúm] *m.* Consumo.
consumació [kunsuməsió] *f.* Consumación. *2* Consumición.
consumar [kunsumá] *t.* Consumar.
consumat, -ada [kunsumát, -áðə] *a.* Consumado.
consumidor, -ra [kunsumiðó, -rə] *a., m.-f.* Consumidor.
consumiment [kunsumimén] *m.* Consunción.
consumir [kunsumi] *t.-prnl.* Consumir.
consumpció [kunsumsió] *f.* Consunción. *2* Consumición.
consumptiu, -iva [kunsumtiŭ, -iβə] *a.* Consuntivo.
contacte [kuntáktə] *m.* Contacto.
contagi [kuntáʒi] *m.* Contagio.
contagiar [kuntəʒiá] *t.-prnl.* Contagiar.
contagiós, -osa [kuntəʒiós, -ózə] *a.* Contagioso, pegadizo.
contaminació [kuntəminəsió] *f.* Contaminación.
contaminar [kuntəminá] *t.* Contaminar.
contar [kuntá] *t.* Contar, relatar.
contarella [kuntəréʎə] *f.* Chascarrillo.
conte [kóntə] *m.* Cuento.
contemperar [kuntəmpərá] *t.-prnl.* Atemperar, acomodar.
contemplació [kuntəmpləsió] *f.* Contemplación.
contemplar [kuntəmplá] *t.* Contemplar.
contemplatiu, -iva [kuntəmplətiŭ, -iβə] *a.* Contemplativo.
contemporani, -ània [kuntəmpuráni, -ániə] *a.* Contemporáneo.
contemporitzar [kuntəmpuridzá] *i.* Contemporizar.

contenció [kuntənsió] *f.* Contención.
contenciós, -osa [kuntənsiós, -ózə] *a.* Contencioso.
contendent [kuntəndén] *a.-m.* Contendiente.
contendre [kunténdrə] *i.* Contender. ¶ CONJUG. como ***atendre.***
contenir [kuntəní] *t.-prnl.* Contener. *2* Comprender. *3 prnl.* Comedirse. ¶ CONJUG. como ***obtenir.***
content, -ta [kuntén, -tə] *a.* Contento, encantado. ‖ ***Fer ~,*** complacer.
conterrani, -ània [kuntərráni, -ániə] *a.* Conterráneo.
contesa [kuntɛ́zə] *f.* Contienda, contención.
contesta [kuntéstə] *f.* Respuesta, contestación.
contestació [kuntəstəsió] *f.* Contestación.
contestar [kuntəstá] *i.-t.* Contestar.
context [kuntéks(t)] *m.* Contexto.
contextura [kuntəkstúrə] *f.* Contextura.
contigu, -gua [kuntiɣu, -ɣwə] *a.* Contiguo, colindante, lindante.
contigüitat [kuntiɣwitát] *f.* Contigüidad.
continença [kuntinɛ́nsə] *f.* Modo como alguien se comporta y manifiesta.
continència [kuntinɛ́nsiə] *f.* Continencia.
continent [kuntinén] *a.-m.* Continente.
continental [kuntinəntál] *a.* Continental.
contingència [kuntinʒɛ́nsiə] *f.* Contingencia.
contingent [kuntinʒén] *a.* Contingente. *2 m.* Cupo.
contingut [kuntiŋgút] *m.* Contenido.
continu, -ínua [kuntínu, -ínuə] *a.* Continuo.
continuació [kuntinuəsió] *f.* Continuación. ‖ ***A ~,*** a renglón seguido.
continuador, -ra [kuntinuəðó, -rə] *m.-f.* Continuador.
continuar [kuntinuá] *i.-t.* Continuar.
continuïtat [kuntinuitát] *f.* Continuidad.
contista [kuntístə] *m.-f.* Cuentista.
contorbació [kunturβəsió] *f.* Conturbación.
contorbar [kunturβá] *t.-prnl.* Conturbar.
contorn [kuntórn] *m.* Contorno, derredor.
contornejar [kunturnəʒá] *t.* Contornear.
contorsió [kuntursió] *f.* Contorsión.
contra [kɔ́ntrə] *prep.* Contra. *2 m.* Contra. ‖ ***A ~ cor,*** a disgusto. ‖ ***El pro i el ~,*** el pro y el contra. *3 f.* Contra. ‖ ***Fer, portar la ~,*** hacer, llevar la contra (a alguno). ‖ ***En ~,*** en contra.
contraalmirall [kɔntrəlmiráʎ] *m.* Contraalmirante.
contraatac [kɔntrəták] *m.* Contraataque.
contraatacar [kɔntrətəká] *i.* Contraatacar.
contrabaix [kɔntrəβáʃ] *m.* MÚS. Contrabajo.
contrabalançar [kɔntrəβələnsá] *t.* Contrabalancear.
contraban [kɔntrəβán] *m.* Contrabando.
contrabandista [kuntrəβəndístə] *m.-f.* Contrabandista.
contracció [kuntrəksió] *f.* Contracción.
contraclaror [kɔntrəklərό] *f.* Trasluz. ‖ ***A ~,*** al trasluz.
contracop [kɔntrəkɔ́p] *m.* Contragolpe.
contracor (a) [kɔntrəkɔ́r] loc. A regañadientes.
contracta [kuntráktə] *f.* Contrata.
contractació [kuntrəktəsió] *f.* Contratación.
contractar [kuntrəktá] *t.* Contratar.
contracte, -ta [kuntráktə, tə] *a.* Contracto. *2 m.* Contrato.
contràctil [kuntráktil] *a.* Contractil.
contractista [kuntrəktístə] *m.* Contratista.
contractura [kuntrəktúrə] *f.* Contractura.
contrada [kuntráðə] *f.* Comarca. *2* Región.
contradicció [kuntrədiksió] *f.* Contradicción.
contradictor, -ra [kuntrəðiktó, -rə] *m.-f.* Contradictor.
contradictori, -òria [kuntrəðiktɔ́ri, -ɔ́riə] *a.* Contradictorio.
contradir [kuntrəðí] *t.-prnl.* Contradecir. ¶ CONJUG. como ***dir.***
contraent [kuntrəén] *a.* Contrayente.
contrafer [kɔntrəfé] *t.* Contrahacer. *2* Remedar. ¶ CONJUG. como ***desfer.***
contrafet, -ta [kɔntrəfét, -tə] *a.* Contrahecho.
contrafort [kɔntrəfɔ́r(t)] *m.* Contrafuerte. *2* Estribación.
contraindicació [kɔntrəĭndikəsió] *f.* Contraindicación.
contrallum [kɔntrəʎúm] *m.* Contraluz.
contralt [kuntrál] *m.-f.* MÚS. Contralto.
contramestre [kɔntrəmɛ́strə] *m.* Contramaestre.
contrametzina [kɔntrəmədzínə] *f.* Contraveneno.
contraordre [kɔntrórðrə] *f.* Contraorden.
contrapartida [kɔntrəpərtíðə] *f.* Contrapartida.
contrapèl (a) [kɔntrəpɛ́l] loc. A contrapelo, a redopelo.
contrapès [kɔntrəpɛ́s] *m.* Contrapeso.
contrapesar [kɔntrəpəzá] *t.* Contrapesar.
contrapeu [kɔntrəpɛ́ŭ] *m.* Contrapié.
contraporta [kɔntrəpɔ́rtə] *f.* Mampara, portón.

contraposar [kuntrəpuzá] *t.-prnl.* Contraponer.
contraproduent [kɔntrəpruðuén] *a.* Contraproducente.
contraprojecte [kɔntrəpruʒéktə] *m.* Contraproyecto.
contrapunt [kɔntrəpún] *m.* Contrapunto.
contrapuntar-se [kɔntrəpuntársə] *prnl.* Contrapuntearse, repuntarse.
contrapuntejar [kɔntrəpuntəʒá] *t.* MÚS. Contrapuntear.
contrarestar [kuntrərrəstá] *t.* Contrarrestar.
contrari, -ària [kuntrári, -áriə] *a.* Contrario.
contrariar [kuntrəriá] *t.* Contrariar.
contrarietat [kuntrəriətát] *f.* Contrariedad.
contrasentit [kɔntrəsəntít] *m.* Contrasentido.
contrasenya [kɔntrəsέɲə] *f.* Contraseña.
contrast [kuntrás(t)] *m.* Contraste.
contrastar [kuntrəstá] *i.-t.* Contrastar.
contratemps [kɔntrətéms] *m.* Contratiempo, percance, pega (fig.). *2* fig. Trago.
contraure [kuntráŭrə] *t.-prnl.* Contraer.
contravenció [kuntrəβənsió] *f.* Contravención.
contravenir [kuntrəβəní] *i.* Contravenir. ¶ CONJUG. como ***obtenir.***
contraventor, -ra [kuntrəβəntó, -rə] *m.-f.* Contraventor.
contraverí [kɔntrəβərí] *f.* Contraveneno.
contreure [kuntréŭrə] *t.-prnl.* Contraer. ¶ CONJUG. como ***treure.***
contribució [kuntriβusió] *f.* Contribución.
contribuent [kuntriβuén] *m.-f.* Contribuyente.
contribuir [kuntriβuí] *i.* Contribuir.
contrició [kuntrisió] *f.* Contrición.
contrincant [kuntriŋkán] *m.* Contrincante.
contristar [kuntristá] *t.* Contristar.
contrit, -ta [kuntrít, -tə] *a.* Contrito.
control [kuntrɔ́l] *m.* Control.
controlar [kuntrulá] *t.* Controlar.
controvèrsia [kuntruβέrsiə] *f.* Controversia.
controvertir [kuntruβərtí] *i.* Controvertir.
contuberni [kuntuβέrni] *m.* Contubernio.
contumaç [kuntumás] *a.* Contumaz.
contumàcia [kuntumásiə] *f.* Contumacia.
contundent [kuntundén] *a.* Contundente, tajante.
contús, -usa [kuntús, -úzə] *a.* Contuso.
contusió [kuntuzió] *f.* Contusión.
convalescència [kumbələsέnsiə] *f.* Convalecencia.
convalescent [kumbələsén] *a., m.-f.* Convaleciente.
convalidar [kumbəliðá] *t.* Convalidar.
conveí, -ïna [kumbəí, -ínə] *m.-f.* Convecino.
convèncer [kumbέnsə] *t.-prnl.* Convencer. ¶ CONJUG. como ***vèncer.***
convenciment [kumbənsimén] *m.* Convencimiento.
convenció [kumbənsió] *f.* Convención.
convencional [kumbənsiunál] *a.-m.* Convencional.
conveni [kumbέni] *m.* Convenio.
conveniència [kumbəniέnsiə] *f.* Conveniencia.
convenient [kumbənién] *a.* Conveniente.
convenir [kumbəní] *i.-t.* Convenir. ¶ CONJUG. como ***obtenir.***
convent [kumbén] *m.* Convento.
convergència [kumbərʒέnsiə] *f.* Convergencia.
convergent [kumbərʒén] *a.* Convergente.
convergir [kumbərʒí] *i.* Converger.
convers, -sa [kumbέrs, -sə] *a.-m.* Converso.
conversa [kumbέrsə] *f.* Conversación, charla.
conversació [kumbərsəsió] *f.* Conversación.
conversar [kumbərsá] *i.* Conversar, departir.
conversió [kumbərsió] *f.* Conversión.
convertible [kumbərtíbblə] *a.* Convertible.
convertir [kumbərtí] *t.-prnl.* Convertir.
convex, -xa [kumbέks, -ksə] *a.* Convexo.
convexitat [kumbəksitát] *f.* Convexidad.
convicció [kumbiksió] *f.* Convicción.
convicte, -ta [kumbíktə, -tə] *a.* Convicto.
convidar [kumbiðá] *t.-prnl.* Convidar.
convidat, -ada [kumbiðát, -áðə] *m.-f.* Convidado.
convincent [kumbinsén] *a.* Convincente.
convinença [kumbinέnsə] *f.* Convenio.
convit [kumbít] *m.* Convite.
conviure [kumbíŭrə] *i.* Convivir. ¶ CONJUG. como ***viure.***
convivència [kumbiβέnsiə] *f.* Convivencia.
convocació [kumbukəsió] *f.* Convocación.
convocar [kumbuká] *t.* Convocar.
convocatòria [kumbukətɔ́riə] *f.* Convocatoria.
convuls, -sa [kumbúls, -sə] *a.* Convulso.
convulsió [kumbulsió] *f.* Convulsión.
convulsiu, -iva [kumbulsíŭ, -íβə] *a.* Convulsivo.
conxa [kɔ́nʃə] *f.* Colcha, cubrecama.
conxorxa [kunʃɔ́rʃə] *f.* Confabulación, componenda.

conyac [kuɲák] *m.* Coñac.
cooperació [kuupərəsió] *f.* Cooperación.
cooperar [kuupərá] *i.* Cooperar.
cooperatiu, -iva [kuupərətiu, -iβə] *a.-f.* Cooperativo.
coordenada [kuurðənáðə] *f.* Coordenada.
coordinació [kuurðinəsió] *f.* Coordinación.
coordinador, -ra [kuurðinəðó, -rə] *a., m.-f.* Coordinador.
coordinar [kuurðiná] *t.* Coordinar.
cop [kɔp] *m.* Golpe, torta. *2* Vez. || *~ de colze,* codazo. || *~ de cua,* coleada. || *~ de puny,* puñetazo. || *~ d'ala,* alazo. || *~ de porra,* porrazo, porrada. || *~ de cap,* cabezazo, cabezada, arranque, coscorrón. || *~ d'ull,* ojeada, vistazo. || *~ de peu,* patada. || ***De ~ i volta,*** de golpe y porrazo, de antuvión. || ***De ~,*** de pronto, de sopetón, de improviso, de repente. || ***Fer un ~ de cap,*** liarse la manta a la cabeza.
copa [kópə] *f.* Copa.
copada [kupáðə] *f.* Copo.
copal [kupál] *m.* Copal.
copalta [kopáltə] *m.* Chistera.
copar [kupá] *t.* Copar.
coparticipant [kupərtisipán] *m.-f.* Copartícipe.
copat, -ada [kupát, -áðə] *a.* Copudo.
copejar [kupəʒá] *t.* Golpear.
coper [kupé] *m.* Copero.
còpia [kɔ́piə] *f.* Copia.
copiador, -ra [kupiəðó, -rə] *a., m.-f.* Copiador.
copiar [kupiá] *t.* Copiar.
copiós, -osa [kupiós, -ózə] *a.* Copioso, cuantioso.
copista [kupistə] *m.-f.* Copista.
copó [kupó] *m.* Copón.
copropietari, -ària [kuprupiətári, -áriə] *m.-f.* Condueño.
copsar [kupsá] *t.* Entender, comprender. *2* Coger, alcanzar.
copte, -ta [kɔ́ptə, -tə] *a., m.-f.* Copto.
còpula [kɔ́pulə] *f.* Cópula.
copulatiu, -iva [kupulətiŭ, -iβə] *a.* Copulativo.
coqueta [kukɛ́tə] *f. fr.* Coqueta.
coquetejar [kukətəʒá] *i.* Coquetear.
coqueteria [kukətəriə] *f.* Coquetería.
coquí, -ina [kuki, -inə] *a.* Cobarde, cicatero. *2* Tacaño.
cor [kɔ́r] *m.* Corazón. *2* Coro. || ***Fer el ~ fort,*** hacer de tripas corazón. || ***De bon ~,*** de buena gana. || ***De mal ~,*** de mala gana. || ***~ que vols, ~ que desitges,*** a cuerpo de rey.
corada [kuráðə] *f.* Corazonada. *2 pl.* Asadura.
coradella [kurəðéʎə] *f.* Asadura.
coragre [kɔráɣrə] *m.* Acidez de estómago.
coral [kurál] *m.* ZOOL. Coral.
coral [kurál] *a., m.-f.* MÚS. Coral.
coral·lí, -ina [kurəli, -inə] *a.* Coralino.
coratge [kurádʒə] *m.* Coraje, denuedo.
coratjós, -osa [kurədʒós, -ózə] *a.* Valeroso, denodado, esforzado.
corb [korp] *m.* ORNIT. Cuervo. || ***~ de mar,*** cuervo marino.
corb, -ba [korp, -βə] *a.* Curvo, corvo. *2 f.* Curva.
corbar [kurβá] *t.-prnl.* Curvar, encorvar.
corbata [kurβátə] *f.* Corbata.
corbatí [kurβəti] *m.* Corbatín.
corbeta [kurβétə] *f.* NÁUT. Corbeta.
corc [kork] *m.* Carcoma, gorgojo.
corcar [kurká] *t.-prnl.* Carcomer. *2 prnl.* Cariar.
corcat [kurkát] *m.* Carcoma.
corcó [kurkó] *m.* V. CORC.
corcoll [kurkóʎ] *m.* || ***Caure*** o ***anar de ~,*** ir de cabeza.
corcollana [kurkuʎánə] *f.* ENTOM. Cortapicos.
corda [kɔ́rðə] *f.* Cuerda. || ***~ d'espart,*** lía. || ***Saltar a ~,*** jugar a la comba.
cordada [kurðáðə] *f.* Cordada, cuerda (de prisioneros).
cordador [kurðəðó] *m.* Abrochador.
cordar [kurðá] *t.* Abrochar, abotonar.
corder [kurðé] *m.* Cordelero. *2* ZOOL. Cordero.
corderia [kurðəriə] *f.* Cordelería.
cordial [kurðiál] *a.* Cordial. *2 m.* Cordial.
cordialitat [kurðiəlitát] *f.* Cordialidad.
cordill [kurðiʎ] *m.* Cordel.
cordó [kurðó] *m.* Cordón.
cordoner [kurðuné] *m.* Cordonero.
Còrdova [kɔ́rðuβə] *n. pr.* Córdoba.
cordovès, -esa [kurðuβɛ́s, -ɛ́zə] *a., m.-f.* Cordobés.
cor-dur, -ra [kɔ̧rðú, -rə] *a.* Duro de corazón, desalmado.
corejar [kurəʒá] *t.* Corear.
coreografia [kurəuɣrəfiə] *f.* Coreografía.
corfa [kɔ́rfə] *f.* Corteza. *2* Costra.
corfondre's [kɔ̧rfóndrəs] *prnl.* Compenetrarse. *2* Confundirse.
corglaçar-se [kɔ̧rɣləsársə] *prnl.* Despavorirse, sobrecogerse.
coriaci, -àcia [kuriási, -ásiə] *a.* Coriáceo.
corifeu [kurifɛ́u] *m.* Corifeo.
corimbe [kurimbə] *m.* BOT. Corimbo.
corindó [kurindó] *m.* GEOL. Corindón.
corista [kuristə] *m.-f.* Corista.
coriza [kurizə] *f.* Romadizo, coriza.
cormorà [kurmurá] *m.* ORNIT. Mergo, cormorán.

corn [korn] *m.* Cuerno. *2* Cuerna. *3* Caracola. *4* Pico. ‖ MÚS. ~ ***anglès,*** corno inglés.
cornac [kurnák] *m.* Cornaca.
cornada [kurnáðə] *f.* Cornada.
cornalina [kurnəlinə] *f.* Cornalina.
cornamenta [kurnəméntə] *f.* Cornamenta.
cornamusa [kurnəmúzə] *f.* MÚS. Cornamusa, gaita.
cornar [kurná] *i.* Sonar el cuerno. *2* Acornear.
cornella [kurnéʎə] *f.* ORNIT. Corneja.
còrner [kɔ́rnər] *m.* DEP. Córner.
cornet [kurnét] *m.* Cubilete. *2* Cornete.
corneta [kurnétə] *f.* MÚS. Corneta. *2 m.* Corneta.
cornetí [kurnəti] *m.* MÚS. Cornetín.
corni, còrnia [kɔ́rni, kɔ́rniə] *a.* Córneo. *2 f.* ANAT. Córnea.
cornisa [kurnizə] *f.* Cornisa.
cornut, -uda [kurnút, -úðə] *a.* Cornudo.
corografia [kuruɣrəfiə] *f.* Corografía.
corol·la [kurɔ́lə] *f.* BOT. Corola.
corol·lari [kurulári] *m.* Corolario.
corona [kurónə] *f.* Corona. *2* Cerquillo.
coronació [kurunəsió] *f.* Coronación.
coronament [kurunəmén] *m.* Coronamiento, coronación. *2* Remate.
coronar [kuruná] *t.-prnl.* Coronar.
coronel [kurunél] *m.* Coronel.
coronela [kurunélə] *f.* Coronela.
coroneta [kurunétə] *f.* Coronilla. *2* Cerquillo.
còrpora [kɔ́rpurə] *f.* Cuerpo. *2* Corpachón.
corporació [kurpurəsió] *f.* Corporación.
corporal [kurpurál] *a.* Corporal. *2 m.* LITURG. Corporal.
corporatiu, -iva [kurpurətiŭ, -iβə] *a.* Corporativo.
corpori, -òria [kurpɔ́ri, -ɔ́riə] *a.* Corpóreo.
corprendre [kor̥péndrə] *t.-prnl.* Cautivar, embelesar. *2* Prendarse. ¶ CONJUG. como ***aprendre.***
corprenedor, -ra [kurprənəðó, -rə] *a.* Cautivador, que embelesa.
corpulència [kurpulénsiə] *f.* Corpulencia.
corpulent, -ta [kurpulén, -tə] *a.* Corpulento.
corpuscle [kurpúsklə] *m.* Corpúsculo.
corral [kurrál] *m.* Corral, corraliza, redil. *2* Toril, chiquero.
corralina [kurrəlinə] *f.* Bache.
corranda [kurrándə] *f.* Cantar, copla. *2* Danza.
corre-bou [kor̥rəβɔ́u] *m.* Encierro (de reses).
còrrec [kɔ́rrək] *m.* Regato, badén.
correcames [kor̥rəkáməs] *m.* Buscapiés.
correcció [kurrəksió] *f.* Corrección.
correccional [kurrəksiunál] *a.* Correccional.
correcte, -ta [kurréktə, -tə] *a.* Correcto.
correctiu, -iva [kurrəktiŭ, -iβə] *a.-m.* Correctivo.
corrector, -ra [kurrəktó, -rə] *m.-f.* Corrector.
corre-cuita [kor̥rəkúĭtə] loc. A toda prisa, a escape.
corredemptor, -ra [kurrəðəmtó, -rə] *a.* Corredentor.
corredís, -issa [kurrəðis, -isə] *a.* Corredizo.
corredissa [kurrəðisə] *f.* Carrera, corrida.
corredor, -ra [kurrəðó, -rə] *a., m.-f.* Corredor. *2 m.* Pasillo.
corredora [kurrəðórə] *f.* Corredera.
corredoria [kurrəðuriə] *f.* Correduría.
corregall [kurrəɣáʎ] *m.* Regato, badén.
corregidor, -ra [kurrəʒiðó, -rə] *m.* Corregidor.
corregir [kurrəʒi] *t.-prnl.* Corregir.
correguda [kurrəɣúðə] *f.* Corrida, carrera. *2* Correría.
correlació [kurrələsió] *f.* Correlación.
correlatiu, -iva [kurrələtiŭ, -iβə] *a.* Correlativo.
correligionari, -ària [kurrəliʒiunári, -áriə] *m.-f.* Correligionario.
corrent [kurrén] *a.-m.* Corriente.
corrents [kurréns] *adv.* Muy de prisa.
córrer [kórrə] *i.-t.* Correr. ‖ ~ ***la veu,*** rumorearse, runrunarse. ‖ ~ ***el rumor,*** rumorearse, runrunarse. ¶ CONJUG. P. P.: ***corregut.*** ‖ SUBJ. Pres.: ***correguem*** o ***correm, corregueu*** o ***correu.*** | Imperf.: ***corregués,*** etc.
correspondència [kurrəspundénsiə] *f.* Correspondencia.
correspondre [kurrəspóndrə] *i.-prnl.* Corresponder. ¶ CONJUG. como ***respondre.***
corresponent [kurrəspunén] *a.* Correspondiente.
corresponsal [kurrəspunsál] *a., m.-f.* Corresponsal.
corretja [kurrédʒə] *f.* Correa.
corretjada [kurrədʒáðə] *f.* Correazo.
corretjam [kurrədʒám] *m.* Correaje.
corretjola [kurrədʒɔ́lə] *f.* BOT. Correhuela.
corretjós, -osa [kurrədʒós, -ózə] *a.* Coriáceo. *2* Correoso.
correu [kurréŭ] *m.* Correo. *2 pl.* Correo.
corriment [kurrimén] *m.* Corrimiento.
corriol [kurriɔ́l] *m.* Trocha, senda, sendero.
corriola [kurriɔ́lə] *f.* Polea, garrucha.
corrípies [kurripiəs] *f. pl.* Correncia, diarrea.
corró [kurró] *m.* Rodillo, rollo, rulo.
cor-robat, -ada [kor̥ruβát, -áðə] *a.* Prendado, cautivado.

corroboració [kurruβurəsió] *f.* Corroboración.
corroborar [kurruβurá] *t.* Corroborar.
corroir [kurruí] *t.* Corroer.
corrompre [kurrómprə] *t.-prnl.* Corromper.
corrosió [kurruzió] *f.* Corrosión.
corrosiu, -iva [kurruzíu, -íβə] *a.* Corrosivo.
corrua [kurrúə] *f.* Hilera, fila, séquito, recua.
corrupció [kurrupsió] *f.* Corrupción.
corruptela [kurruptélə] *f.* Corruptela.
corruptor, -ra [kurruptó, -rə] *a., m.-f.* Corruptor.
cors, -sa [kɔrs, -sə] *a., m.-f.* Corso.
corsari, -ària [kursári, -áriə] *a., m.-f.* Corsario.
corsecar [kọrsəká] *t.-prnl.* Secar (un ser vivo), consumir, resecar.
corser [kursé] *m.* Corcel.
cort [kor(t)] *f.* Corte. *2 pl.* Cortes. *3* Pocilga, chiquero, porqueriza, cochitril, gorrinería.
cortal [kurtál] *m.* Corral, corraliza.
cortejar [kurtəʒá] *t.* Cortejar.
cortès, -esa [kurtés, -ézə] *a.* Cortés, modoso.
cortesà, -ana [kurtəzá, -ánə] *a., m.-f.* Cortesano.
cortesia [kurtəzíə] *f.* Cortesía.
cortical [kurtikál] *a.* Cortical.
cortina [kurtínə] *f.* Cortina. *2* Pocilga.
cortinatge [kurtinádʒə] *m.* Cortinaje.
corxera [kurʃérə] *f.* MÚS. Corchea.
cos [kɔs] *m.* Cuerpo. ‖ ***En ~ de camisa,*** en mangas de camisa.
cós [kos] *m.* Coso.
cosa [kɔ́zə] *f.* Cosa.
coscoll [kuskóʎ] *m.* BOT. Coscoja, carrasca.
coscolla [kuskóʎə] *f.* BOT. Coscoja, carrasca.
cosí, -ina [kuzí, -ínə] *m.-f.* Primo. ‖ ***~ germà,*** primo hermano.
cosidor [kuziðó] *m.* Costurero. *2* Telar para coser en encuadernación.
cosidora [kusiðórə] *f.* Costurera.
cosinus [kuzínus] *m.* GEOM. Coseno.
cosir [kuzí] *t.* Coser. *2* Plagar. ¶ CONJUG. INDIC. Pres.: ***cuso, cuses, cus, cusen.*** ‖ SUBJ. Pres.: ***cusi, cusis, cusi, cusin.***
cosit [kuzít] *m.* Cosido.
cosmètic, -ca [kuzmétik, -kə] *a.-m.* Cosmético.
còsmic, -ca [kɔ́zmik, -kə] *a.* Cósmico.
cosmografia [kuzmuɣrəfíə] *f.* Cosmografía.
cosmopolita [kuzmupulítə] *a.* Cosmopolita.
cosmos [kɔ́zmus] *m.* Cosmos.
cosó, -ona [kuzó, -ónə] *a.* Zalamero, melindroso, mimoso. *2 m.* Afeminado.
cosonería [kuzunəríə] *f.* Zalamería, melindre.
cosset [kusét] *m.* Corpiño.
cossi [kɔ́si] *m.* Barreño.
cost [kɔs(t)] *m.* Costa, coste, costo.
costa [kɔ́stə] *f.* Costa. *2* Costilla. *3* Cuesta. *4 pl.* Costas, gastos. ‖ ***~ amunt,*** a repecho.
costal [kustál] *a.-m.* Costal.
costaner, -ra [kustəné, -rə] *a.* Costanero, costeño, costero.
costar [kustá] *i.* Costar.
costat [kustát] *m.* Costado, lado, banda, mano. ‖ ***Al ~ de,*** a la vera de. ‖ ***Deixar de ~,*** dejar de lado.
costejar [kustəʒá] *t.* Costear (pagar).
costejar [kustəʒá] *t.* MAR. Costear.
costella [kustéʎə] *f.* Costilla, chuleta. *2* Cuaderna.
costellada [kustəʎáðə] *f.* Costalada. *2* Costillaje. *3* Comida de chuletas.
costellam [kustəʎám] *m.* Costillaje.
coster, -ra [kusté, -rə] *a.* Costanero. *2* Lateral. *3 m.* Costero. *4* Cuesta.
costerós, -osa [kustərós, -ózə] *a.* Costanero.
costerut, -uda [kustərút, -úðə] *a.* Costanero, peliagudo, pino.
costós, -osa [kustós, -ózə] *a.* Costoso.
costum [kustúm] *m.* Costumbre.
costura [kustúrə] *f.* Costura. *2* Costurón.
cot, -ta [kot, -tə] *a.* Gacho.
cota [kɔ́tə] *f.* Cota. *2* TOPOG. Cota.
cotí [kutí] *m.* Cotí.
cotilla [kutíʎə] *f.* Corsé, cotilla.
cotillaire [kutiʎáĭrə] *m.-f.* Corsetero, cotillero.
cotilló [kutiʎó] *m.* Cotillón.
cotització [kutidzəsió] *f.* Cotización.
cotitzar [kutidzá] *i.-t.* Cotizar.
cotna [kɔ́dnə] *f.* Corteza, costra.
cotó [kutó] *m.* Algodón.
cotonar [kutuná] *m.* Algodonal.
cotoner, -ra [kutuné, -rə] *a.-m.* BOT. Algodonero.
cotonós, -osa [kutunós, -ózə] *a.* Algodonoso.
cotorra [kutórrə] *f.* ORNIT. Cotorra.
cotxe [kótʃə] *m.* Coche.
cotxer, -ra [kutʃé, -rə] *a.-m.* Cochero. *2 f.* Cochera.
cotxeria [kutʃəríə] *f.* Cochera.
cotxinilla [kutʃiníʎə] *f.* ENTOM. Cochinilla.
coure [kɔ́urə] *m.* MINER. Cobre.
coure [kɔ́urə] *t.-i.* Cocer. *2* Escocer, resquemar. ¶ CONJUG. GER.: ***coent.*** ‖ ***P. P.: cuit.*** ‖ INDIC. Pres.: ***coc.*** ‖ SUBJ. Pres.: ***cogui,*** etc. | Imperf.: ***cogués,*** etc.

courenc [kurέŋ] *a.* Cobrizo.
cova [kɔ́βə] *f.* Cueva.
covar [kuβá] *i.-t.* Empollar, incubar.
covard, -da [kuβár(t), -ðə] *a.* Cobarde, gallina, menguado, cagón.
covardia [kuβərðíə] *f.* Cobardía.
cove [kɔ́βə] *m.* Cuévano, cestón, canasta, cesto.
coverol [kuβərɔ́l] *m.* Concha (del apuntador).
coxal [kuksál] *a.* ANAT. Coxal.
crac [krak] *m.* Quiebra. *2* Crujido.
cranc [kraŋ] *m.* ZOOL. Cangrejo. *2* Cáncer.
crani [kráni] *m.* ANAT. Cráneo.
cranià, -ana [krəniá, -ánə] *a.* Craneano.
cranial [krəniál] *a.* Craneal, craneano.
cràpula [krápulə] *f.* Crápula. *2 m.* Hombre de vida disipada.
cras, -assa [krəs, -ásə] *a.* Craso.
crassitud [krəsitút] *f.* Crasitud.
cràter [krátər] *m.* Cráter.
crater [kráte] *m.* Crátera.
creació [kreəsió] *f.* Creación.
creador, -ra [kreəðó, -rə] *m.-f.* Creador.
crear [kreá] *t.* Crear.
crebant [krəβán] *m.* Quebranto.
crec [krεk] *m.* Crujido.
credença [krəðέnsə] *f.* Credencia.
credencial [krəðənsiál] *a.-f.* Credencial.
credibilitat [krəðiβilitát] *f.* Credibilidad.
crèdit [krέðit] *m.* Crédito.
creditor, -ra [krəðitó, -rə] *m.-f.* Acreedor.
credo [krέðu] *m.* Credo.
crèdul, -la [krέðul, -lə] *a.* Crédulo.
credulitat [krəðulitát] *f.* Credulidad.
creença [krəέnsə] *f.* Creencia.
creïble [krəíbblə] *a.* Creíble.
creient [krəjén] *a.* Creyente.
creixement [krəʃəmén] *m.* Crecimiento.
creixença [krəʃέnsə] *f.* Crecimiento.
créixens [krέʃəns] *m. pl.* BOT. Berro, mastuerzo.
creixent [krəʃén] *a.* Creciente. *2 m.* Crecida.
créixer [krέʃə] *i.* Crecer. *2* Cundir. ¶ CONJUG. P. P.: ***crescut.***
crema [krémə] *f.* Crema. *2* Natillas, yema.
crema [krémə] *f.* Quema.
cremació [krəməsió] *f.* Cremación.
cremada [krəmáðə] *f.* Quema, quemadura.
cremador, -ra [krəməðó, -rə] *a.* Quemador. *2 m.* Quemadero.
cremall [krəmáʎ] *m.* Chamizo, tizo, tizón.
cremallera [krəməʎérə] *f.* Cremallera.
cremallot [krəməʎɔ́t] *m.* Pavesa, pábilo.
cremar [krəmá] *i.-t.-prnl.* Quemar, arder.
crematori, -òria [krəmətɔ́ri, -ɔ́riə] *a.-m.* Crematorio.
cremor [krəmó] *f.* Ardor, escozor, quemazón, escocedura, resquemo.
creosota [krεuzɔ́tə] *f.* Creosota.
crepè [krəpέ] *m.* Crepé.
crepitar [krəpitá] *i.* Crepitar, chisporrotear.
crepuscle [krəpúsklə] *m.* Crepúsculo.
crepuscular [krəpuskulá] *a.* Crepuscular.
crescuda [krəskúðə] *f.* Crecida. *2* Crecidos.
cresp, -pa [krεsp, -pə] *a.* Crespo. *2 m.* Lapa.
crespar [krəspá] *t.* Encrespar.
crespó [krəspó] *m.* Crespón.
cresta [krέstə] *f.* Cresta. *2* Moño.
crestall [krəstáʎ] *m.* Loma. *2* Entresurco. *3* Caballete, caballón.
creta [krέtə] *f.* MINER. Creta.
cretí, -ína [krəti, -ínə] *a., m.-f.* Cretino.
cretona [krətónə] *f.* Cretona.
creu [krέŭ] *f.* Cruz. ‖ ~ ***de terme,*** humilladero.
creuar [krəwá] *t.* Cruzar, atravesar.
creuer [krəwé] *m.* Crucero.
creuera [krəwérə] *f.* Cruz (de espada).
creure [krέŭrə] *t.-i.* Creer, obedecer. ¶ CONJUG. GER.: ***creient.*** ‖ P. P.: ***cregut.*** ‖ INDIC. Pres.: ***crec.*** | ***Imperf.: creia,*** etc. ‖ SUBJ. Pres.: ***cregui,*** etc. | Imperf.: ***cregués,*** etc.
cria [kriə] *f.* Cría, crianza.
criador, -ra [kriəðó, -rə] *a.* Criadero. *2 a., m.-f.* Criador.
criança [kriánsə] *f.* Crianza, cría.
criar [kriá] *t.* Criar.
criat, -ada [kriát, -áðə] *m.-f.* Criado, sirviente, paniaguado.
criatura [kriətúrə] *f.* Criatura. *2* Crío, mocoso.
criaturada [kriəturáðə] *f.* Chiquillada, niñada.
criaturer, -ra [kriəturé, -rə] *a.* Niñero.
cric [krik] *m.* Gato (instrumento).
crida [kriðə] *f.* Llamada, llamamiento. *2* Pregón.
cridadissa [kriðəðisə] *f.* Griterío, vocerío, alboroto, chillería.
cridaire [kriðaĭrə] *m.-f.* V. CRIDANER.
cridaner, -ra [kriðəné, -rə] *a., m.-f.* Chillón, vocinglero, gritón. *2* Llamativo.
cridar [kriðá] *i.-t.* Gritar, chillar, vocear. *2* Llamar.
cridòria [kriðɔ́riə] *f.* Griterío, vocerío.
crim [krim] *m.* Crimen.
criminal [kriminál] *a.* Criminal.
criminalitat [kriminəlitát] *f.* Criminalidad.
crin [krin] *m.* Crin, pelote.
crina [krinə] *f.* Crin.
crinera [krinérə] *f.* Crin, melena, guedeja.
crioll, -lla [kriɔ́ʎ, -ʎə] *a., m.-f.* Criollo.
cripta [kriptə] *f.* Cripta.
criptògam, -ma [kriptɔ́γəm, -mə] *a.* BOT. Criptógamo.
crisàlide [krizáliðə] *f.* Crisálida.

crisantem [krizəntém] *m.* BOT. Crisantemo.
crisi [krízi] *f.* Crisis.
crisma [krízmə] *m.-f.* Crisma. ‖ ***Rompre la ~***, descrismar.
crispació [krispəsió] *f.* Crispadura.
crispar [krispá] *t.* Crispar.
cristall [kristáʎ] *m.* Cristal.
cristalleria [kristəʎəríə] *f.* Cristalería.
cristal·lí, -ina [kristəlí, -ínə] *a.-m.* Cristalino.
cristal·lització [kristəlidzəsió] *f.* Cristalización.
cristal·litzar [kristəlidzá] *i.-t.-prnl.* Cristalizar.
cristal·lografia [kristəluɣrəfíə] *f.* Cristalografía.
cristià, -ana [kristiá, -ánə] *a., m.-f.* Cristiano.
cristiandat [kristiəndát] *f.* Cristiandad.
cristianisme [kristiənízmə] *m.* Cristianismo.
cristianitzar [kristiənidzá] *t.* Cristianizar.
crit [krit] *m.* Grito, chillido. ‖ ***A crits,*** a voces.
criteri [kritéri] *m.* Criterio.
crític, -ca [krítik, -kə] *a.-m.* Crítico. *2 f.* Crítica.
criticaire [kritikáĭrə] *a., m.-f.* Criticón.
criticar [kritiká] *t.* Criticar, zaherir.
critiquejador, -ra [kritikəʒəðó, -rə] *a.* Criticón.
crivell [kriβéʎ] *m.* Criba.
crivellar [kriβəʎá] *t.* Acribillar.
croada [kruáðə] *f.* Cruzada.
croat [kruát] *m.* Cruzado.
crocant [krukán] *m.* Guirlache.
crom [krom] *m.* MINER. Cromo.
cromàtic, -ca [krumátik, -kə] *a.* Cromático.
cromlec [krómlək] *m.* Crónlech.
cromo [krómu] *m.* Cromo (litográfico).
crònic, -ca [krɔ́nik, -kə] *a.* Crónico.
crònica [krɔ́nikə] *f.* Crónica. ‖ ***~ breu,*** cronicón.
cronista [krunístə] *m.-f.* Cronista.
cronologia [krunuluʒíə] *f.* Cronología.
cronometrar [krunumətrá] *t.* Cronometrar.
cronòmetre [krunɔ́mətrə] *m.* Cronómetro.
croquet [krukét] *m.* Croquet.
croqueta [krukétə] *f.* Croqueta.
croquis [krɔ́kis] *m.* Croquis.
crossa [krɔ́sə] *f.* Cayado, báculo. *2* Muleta, zanco.
crosta [krɔ́stə] *f.* Corteza, costra. *2* Postilla, pupa.
crostam [krustám] *m.* Zulaque.
crostó [krustó] *m.* Cuscurro, cantero.
cru, crua [kru, krúə] *a.* Crudo.
cruament [kruəmén] *adv.* Crudamente.
crucial [krusiál] *a.* Crucial.
crucífera [krusífərə] *f.* BOT. Crucífera.
cruciferari [krusifərári] *m.* Crucero.
crucificar [krusifiká] *t.* Crucificar.
crucifix [krusifíks] *m.* Crucifijo.
crucifixió [krusifiksió] *f.* Crucifixión.
cruditat [kruðitát] *f.* Crudeza.
cruel [kruél] *a.* Cruel, desalmado.
crueltat [kruəltát] *f.* Crueldad.
cruent, -ta [kruén, -tə] *a.* Cruento.
cruesa [kruέzə] *f.* Crudeza.
crugia [kruʒíə] *f.* Crujía.
cruïlla [kruíʎə] *f.* Encrucijada, cruce.
cruiximent [kruʃimén] *m.* Molimiento.
cruixir [kruʃí] *i.-t.* Crujir, rechinar. *2* Moler, fatigar. ¶ CONJUG. INDIC. Pres.: ***cruix.***
cruixit, -ida [kruʃít, -íðə] *a.* Molido. *2 m.* Crujido, rechinamiento.
cruor [kruó] *f.* Crudeza.
crural [krurál] *a.* Crural.
cruspir-se [kruspírsə] *prnl.* Zampar.
crustacis [krustásis] *m. pl.* ZOOL. Crustáceos.
cua [kúə] *f.* Cola, rabo. ‖ ***~ peluda,*** hopo. *2* Rabel. ‖ ***Amb la ~ entre cames,*** con las orejas gachas.
cuacurt, -ta [kuəkúr(t), -tə] *a.* Rabicorto.
cuada [kuáðə] *f.* Coletazo, coleada.
cuallarg, -ga [kuəʎárk, -ɣə] *a.* Rabilargo.
cub [kup] *m.* Cubo.
cubà, -ana [kuβá, -ánə] *a., m.-f.* Cubano.
cubell [kuβéʎ] *m.* Cubo. *2* Tina.
cubeta [kuβétə] *f.* Cubeta.
cúbic, -ca [kúβik, -kə] *a.* Cúbico.
cubicar [kuβiká] *t.* Cubicar.
cubisme [kuβízmə] *m.* B. ART. Cubismo.
cúbit [kúβit] *m.* ANAT. Cúbito.
cuc [kuk] *m.* Gusano. *2* Lombriz. ‖ ***~ de terra,*** lombriz de tierra. *3* Gusarapo. ‖ ***Matar el ~,*** matar el gusanillo.
cuca [kúkə] *f.* Bicho, bicharraco, sabandija, musaraña. *2* Gusarapo. ‖ ***~ de llum,*** luciérnaga. ‖ ***~ molla,*** curiana. ‖ ***Morta la ~, mort el verí,*** muerto el perro, se acabó la rabia.
cucanya [kukáɲə] *f.* Cucaña.
cucleig [kuklétʃ] *m.* Graznido.
cuclejar [kukləʒá] *i.* Graznar.
cucurbitàcies [kukurβitásiəs] *f. pl.* BOT. Cucurbitáceas.
cucurulla [kukurúʎə] *f.* Capirote.
cucurutxo [kukurútʃu] *m.* Cucurucho.
cucut [kukút] *m.* ORNIT. Cuclillo.
cuejar [kuəʒá] *i.* Colear, rabear.
cuereta [kuərétə] *f.* ORNIT. Aguzanieves, chirivía.
cuetejar [kuətəʒá] *i.* Colear, rabear.
cugula [kuɣúlə] *f.* BOT. Cizaña.
cuidar [kuĭðá] *t.* Pensar, creer. *2* Estar a punto de. **3 t.-prnl.* Cuidar.
cuina [kúĭnə] *f.* Cocina.

cuinar [kuĭná] *i.-t.* Cocinar.
cuiner, -ra [kuĭné, -rə] *m.-f.* Cocinero.
cuir [kuĭr] *m.* Cuero. ‖ ~ ***adobat,*** curtido.
cuirassa [kuĭrásə] *f.* Coraza.
cuirassar [kuĭrəsá] *t.* Acorazar.
cuirassat [kuĭrəsát] *m.* MAR. Acorazado.
cuireteria [kuĭrətəriə] *f.* Pellejería.
cuiro [kúĭru] *m.* Cuero.
cuit [kúĭt] *f.* Escondite (juego).
cuit, -ta [kúĭt, -tə] *a.* Harto.
cuita [kúĭtə] *f.* Cocción. *2* Hornada. *3* Prisa y premura. *4* Aflicción, cuita.
cuita corrents [kuĭtəkurréns] *adv.* A mata caballo, atropelladamente.
cuixa [kúʃə] *f.* Muslo, pierna (de pollo, etc.).
cuixal [kuʃál] *m.* Quijote. *2* Cojaz.
cul [kul] *m.* Culo, trasero, asentaderas. *2* Fondo. *3* Fondillos (del pantalón).
culata [kulátə] *f.* Culata.
culatada [kulətáðə] *f.* Culatazo.
culatxu [kulátʃu] *m.* Culero.
cul-de-sac [kuldəsák] *m.* Callejón sin salida.
culinari, -ària [kulinári, -áriə] *a.* Culinario.
culler [kuʎé] *m.* Cucharón.
cullera [kuʎérə] *f.* Cuchara.
cullerada [kuʎəráðə] *f.* Cucharada. ‖ ***Ficar-hi ~,*** meter baza.
cullereta [kuʎərétə] *f.* Cucharilla. *2* ZOOL. Renacuajo. *3* BOT. Cuchara de pastor.
cullerot [kuʎərɔ́t] *m.* Cucharón. *2* ZOOL. Renacuajo.
culminació [kulminəsió] *f.* Culminación.
culminant [kulminán] *a.* Culminante.
culminar [kulminá] *i.* Culminar.
culpa [kúlpə] *f.* Culpa.
culpabilitat [kulpəβilitát] *f.* Culpabilidad.
culpable [kulpábblə] *a.* Culpable.
culpar [kulpá] *t.* Culpar.
culte, -ta [kúltə, -tə] *a.* Culto. *2 m.* Culto.
culteranisme [kultərənizmə] *m.* Culteranismo.
cultiu [kultiŭ] *m.* Cultivo.
cultivador, -ra [kultiβəðó, -rə] *a., m.-f.* Cultivador.
cultivar [kultiβá] *t.* Cultivar.
cultura [kultúrə] *f.* Cultura.
cultural [kulturál] *a.* Cultural.
cúmul [kúmul] *m.* Cúmulo.
cúmulus [kúmulus] *m.* Cúmulo (nube).
cuneïforme [kunəifórmə] *a.* Cuneiforme.
cuneta [kunétə] *a.* Cuneta.
cuny [kuɲ] *m.* Cuña.
cunyat, -ada [kuɲát, -áðə] *m.-f.* Cuñado.
cup [kup] *m.* Lagar.
cupè [kupɛ́] *m.* Cupé (coche).
cupiditat [kupiðidität] *f.* Codicia.
cupó [kupó] *m.* Cupón.
cuprífer [kuprifər] *a.* Cuprífero.
cúpula [kúpulə] *f.* ARQ. Cúpula, domo. *2* BOT. Cúpula.
cura [kúrə] *f.* Cuidado, cura, esmero, ten con ten. *2* Cura, curación.
curable [kurábblə] *a.* Curable.
curaçao [kurəsáu] *m.* Curasao (licor).
curació [kurasió] *f.* Cura.
curador, -ra [kurəðó, -rə] *m.-f.* Curador.
curadoria [kurəðuriə] *f.* Curaduría.
curandero, -ra [kurəndéru, -rə] *m.-f. cast.* Curandero, matasanos.
curar [kurá] *i.-t.* Cuidar. *2* Curar.
curare [kurárə] *m.* MED. Curare.
curat [kurát] *m.* Curato.
curatiu, -iva [kurətiŭ, -iβə] *a.* Curativo.
curenya [kurɛ́ɲə] *f.* ARTILL. Cureña.
cúria [kúriə] *f.* Curia.
curial [kuriál] *a.* Curial.
curiós, -osa [kuriós, -ózə] *a.* Curioso.
curiositat [kuriuzitát] *f.* Curiosidad.
curós, -osa [kurós, -ózə] *a.* Cuidadoso, esmerado.
curs [kurs] *m.* Curso.
cursa [kúrsə] *f.* Carrera, corrida. ‖ ~ ***de braus,*** corrida de toros.
cursar [kursá] *t.* Cursar.
cursi [kúrsi] *a.* Cursi.
cursileria [kursiləríə] *f.* Cursilería.
cursiu, -iva [kursiŭ, -iβə] *a.* Cursivo. *2 f.* Bastardilla.
curt, -ta [kur(t), -ə] *a.* Corto. ‖ ~ ***de gambals,*** corto de inteligencia.
curtedat [kurtəðát] *f.* Cortedad. *2* Empacho.
curtesa [kurtɛ́zə] *f.* Cortedad.
curull, -lla [kurúʎ, -ʎə] *a.* Colmado, lleno, repleto. *2 m.* Colmo.
curullar [kuruʎá] *t.* Colmar.
curvatura [kurβətúrə] *f.* Curvatura.
curvilini, -ínia [kurβilini, -iniə] *a.* Curvilíneo.
cuscús [kuskús] *m.* Alcuzcuz.
cúspide [kúspiðə] *f.* Cúspide.
custodi [kustɔ́ði] *a.* Custodio.
custòdia [kustɔ́ðiə] *f.* Custodia.
custodiar [kustuðiá] *t.* Custodiar.
cutani, -ània [kutáni, -ániə] *a.* Cutáneo.
cutícula [kutikulə] *f.* Cutícula.
cutis [kútis] *m.* Cutis.

D

d' *prep.* De.
dàctil [dáktil] *m.* LIT. Dáctilo.
dactilògraf, -fa [dəktilɔ́ɣrəf, -fə] *m.-f.* Dactilógrafo.
dactilografia [dəktiluɣrəfiə] *f.* Dactilografía.
dactiloscòpia [dəktiluskɔ́piə] *f.* Dactiloscopia.
dada [dáðə] *f.* Dato.
dador, -ra [dəðó, -rə] *m.-f.* Dador.
daga [dáɣə] *f.* Daga.
daina [dáĭnə] *f.* ZOOL. Gamo.
daixonses [dəʃónsəs] *pron.* Esto, eso. *2* Fulano.
da-li! [dáli] *interj.* ¡Dale!
dàlia [dáliə] *f.* BOT. Dalia.
daliera [dəliérə] *f.* BOT. Dalia (planta).
dalla [dáʎə] *f.* Guadaña.
dallar [dəʎá] *t.* Guadañar.
dalmàtica [dəlmátikə] *f.* LITURG. Dalmática.
dalt [dalt] *adv.* Arriba. *2* Encima. *3 m.* Alto.
daltabaix [dạltəβáʃ] *adv.* Abajo, de arriba abajo. *2 m.* Descalabro.
daltonisme [dəltunizmə] *m.* MED. Daltonismo.
dama [dámə] *f.* Dama.
dama-joana [dạməʒuánə] *f.* Damajuana, garrafón.
damasquí, -na [dəməski, -inə] *a.* Damasceno. *2* Damasquino.
damisel·la [dəmizɛ́lə] *f.* Damisela.
damnable [dəmnábblə] *a.* Condenable, dañable.
damnació [dəmnəsió] *f.* Condenación.
damnar [dəmná] *t.* Condenar.
damnat, -ada [dəmnát, -áðə] *m.-f.* Condenado.
damnificar [dəmnifiká] *t.* Damnificar.
damunt [dəmún] *adv.* Encima. *2 prep.* Sobre. || *~ **dit**,* antedicho, susodicho. || ***Per ~**,* por encima, a bulto.
dandi [dándi] *m.* Dandi.
danès, -esa [dənɛ́s, -ɛ́zə] *a., m.-f.* Danés, dinamarqués.
dansa [dánsə] *f.* Danza.
dansaire [dənsáĭrə] *m.-f.* Danzante.
dansar [dənsá] *i.* Danzar.
dant [dan] *m.* ZOOL. Ante.
dantesc, -ca [dəntɛ́sk, -kə] *a.* Dantesco.
dany [daɲ] *m.* Daño, mella.
danyar [dəɲá] *t.* Dañar, lacrar, lastimar.
danyós, -osa [dəɲós, -ózə] *a.* Dañoso. *2* Dañino.
dar [dá] *t.* V. DONAR.
dard [dar(t)] *m.* Dardo. *2* Rehilete.
dardar [dərðá] *i.* Callejear.
darrer, -ra [dərré, -rə] *a.* Último, postrero, zaguero.
darrera [dərrérə] *adv.* Detrás. *2 prep.* Tras. *3 m.* Trasero, asentaderas, fondillos, rabera.
darrerament [dərrẹrəmén] *adv.* Últimamente.
darreria [dərrəriə] *f.* Postrimería. *2 pl.* Novísimos.
dàrsena [dársənə] *f.* Dársena.
darwinisme [dərβinizmə] *m.* Darvinismo.
data [dátə] *f.* Fecha, data.
datar [dətá] *i.-t.* Fechar, datar.
dàtil [dátil] *m.* BOT. Dátil.
datiler, -ra [dətilé, -rə] *a., m.-f.* BOT. Datilera.
datiu, -iva [dətiŭ, -iβə] *a.-m.* Dativo.
dau [dáŭ] *m.* Dado.
daurador, -ra [dəŭrəðó, -rə] *m.-f.* Dorador.
dauradura [dəŭrəðúrə] *f.* Doradura.
daurar [dəŭrá] *t.* Dorar.
daurat, -ada [dəurát, -áðə] *a.-m.* Dorado. *2 m.* Doradura.
davall [dəβáʎ] *adv.* Debajo. *2 prep.* Bajo, debajo de.
davallada [dəβəʎáðə] *f.* Bajada.
davallament [dəβəʎəmén] *m.* Descendimiento, descenso.
davallant [dəβəʎán] *m.* Tragaderas.

davallar [dəβəʎá] *i.-t.* Bajar, descender.
davant [dəβán] *adv.* Delante, frente a, enfrente. *2 prep.* Ante. *3 m.* Delantera. ‖ ***Al ~,*** delante. ‖ ***~ de,*** frente a.
davantal [dəβəntál] *m.* Delantal.
davanter, -ra [dəβənté, -rə] *a.-m.* Delantero. *2 f.* Delantera.
de [də] *prep.* De.
dea [déə] *f.* Diosa, dea.
deambular [deəmbulá] *i.* Deambular.
deambulatori [deəmbulətɔ́ri] *m.* Deambulatorio.
debades [dəβáðəs] *adv.* En vano, en balde. ‖ ***En ~,*** en vano.
debanadores [dəβənəðórəs] *f. pl.* Devanadera.
debanar [dəβəná] *t.* Devanar.
debat [dəβát] *m.* Debate.
debatre [dəβátrə] *t.-prnl.* Debatir. *2* Batir.
debatuda [dəβətúðə] *f.* Batimiento. *2* Batido.
dèbil [déβil] *a.* Débil.
debilitar [dəβilitá] *t.* Debilitar.
debilitat [dəβilitát] *f.* Debilidad.
dèbit [déβit] *m.* COM. Débito, debe.
debò (de) [dəβɔ́] loc. De veras, en serio.
deçà [dəsá] *adv.-prep.* Aquende, de la parte de acá.
dècada [dékəðə] *f.* Década.
decadència [dəkəðénsiə] *f.* Decadencia.
decadent [dəkəðén] *a.* Decadente.
decàgon [dəkáɣun] *m.* Decágono.
decagram [dəkəɣrám] *m.* Decagramo.
decaigut, -uda [dəkəĭɣut, -úðə] *a.* Decaído.
decaïment [dəkəimén] *m.* Decaimiento.
decàleg [dəkálək] *m.* Decálogo.
decalitre [dəkəlitrə] *m.* Decalitro.
decàmetre [dəkámətrə] *m.* Decámetro.
decandiment [dəkəndimén] *m.* Decaimiento.
decandir-se [dəkəndírsə] *prnl.* Descaecer.
decantació [dəkəntəsió] *f.* Decantación.
decantament [dəkəntəmén] *m.* Decantación. *2* Ladeo.
decantar [dəkəntá] *t.-prnl.* Decantar. *2* Ladear, derrengar.
decapitació [dəkəpitəsió] *f.* Decapitación.
decapitar [dəkəpitá] *t.* Decapitar, descabezar.
decasíl·lab, -ba [dəkəsíləp, -βə] *a.* Decasílabo.
decaure [dəkáŭrə] *i.* Decaer, desmedrar. ¶ CONJUG. como ***caure.***
decebre [dəséβrə] *t.* Decepcionar. ¶ CONJUG. como ***rebre.***
decència [dəsénsiə] *f.* Decencia.
decenni [dəséni] *m.* Decenio, decenario.
decent [dəsén] *a.* Decente.
decepció [dəsəpsió] *f.* Decepción.
decepcionar [dəsəpsiuná] *t.-prnl. cast.* Decepcionar.
decidir [dəsidí] *t.* Decidir.
decidit, -da [dəsiðít, -íðə] *a.* Decidido.
decigram [dəsiɣrám] *m.* Decigramo.
decilitre [dəsilítrə] *m.* Decilitro.
dècim, -ma [désim, -mə] *a.-m.* Décimo. *2 m.* Décimo (de lotería).
dècima [désimə] *f.* Décima.
decimal [dəsimál] *a.-m.* Decimal.
decímetre [dəsímətrə] *m.* Decímetro.
decisió [dəsizió] *f.* Decisión.
decisiu, -iva [dəsiziŭ, -iβə] *a.* Decisivo.
declamació [dəkləməsió] *f.* Declamación.
declamar [dəkləmá] *t.-i.* Declamar.
declaració [dəklərəsió] *f.* Declaración.
declaradament [dəklər̥əðəmén] *adv.* Declaradamente.
declarant [dəklərán] *m.-f.* JUR. Declarante.
declarar [dəklərá] *t.-i.-prnl.* Declarar.
declinació [dəklinəsió] *f.* Declinación.
declinar [dəkliná] *i.-t.* Declinar.
declivi [dəklíβi] *m.* Declive, recuesto.
decocció [dəkuksió] *f.* Decocción.
decor [dəkɔ́r] *m.* Decorado, decoración.
decoració [dəkurəsió] *f.* Decoración, decorado.
decorador, -ra [dəkurəðó, -rə] *a., m.-f.* Decorador.
decorar [dəkurá] *t.* Decorar.
decoratiu, -iva [dəkurətiŭ, -iβə] *a.* Decorativo.
decorós, -osa [dəkurós, -ózə] *a.* Decoroso.
decorticar [dəkurtiká] *t.* Decorticar.
decòrum [dəkɔ́rum] *m.* Decoro.
decreixent [dəkrəʃén] *a.* Decreciente.
decréixer [dəkréʃə] *i.* Decrecer. ¶ CONJUG. como ***créixer.***
decrèpit, -ta [dəkrépit, -tə] *a.* Decrépito, caduco, carcamal.
decrepitud [dəkrəpitút] *f.* Decrepitud.
decret [dəkrét] *m.* Decreto.
decretar [dəkrətá] *t.* Decretar.
dècuple [dékuplə, -plə] *a.-m.* Décuplo.
decuplicar [dəkupliká] *t.* Decuplicar.
decurs [dəkúrs] *m.* Decurso.
dèdal [déðəl] *m.* Dédalo.
dedicació [dəðikəsió] *f.* Dedicación.
dedicar [dəðiká] *t.-prnl.* Dedicar.
dedicatòria [dəðikətɔ́riə] *f.* Dedicatoria.
dedins [dəðíns] *adv.* Dentro. ‖ ***Al ~ de,*** dentro de.
deducció [dəðuksió] *f.* Deducción.
deduir [dəðuí] *t.* Deducir.
deessa [dəésə] *f.* Diosa, dea, diva.

defalliment [dəfəʎimén] *m.* Desfallecimiento.
defallir [dəfəʎí] *i.* Desfallecer, desvanecerse.
defecació [dəfəkəsió] *f.* Defecación.
defecar [dəfəká] *i.-t.* Defecar, excretar.
defecció [dəfəksió] *f.* Defección.
defecte [dəféktə] *m.* Defecto.
defectiu, -iva [dəfəktiŭ, -íβə] *a.* Defectivo.
defectuós, -osa [dəfəktuós, -ózə] *a.* Defectuoso.
defectuositat [dəfəktuuzitát] *f.* Defectuosidad.
defendre [dəféndrə] *t.* Defender. *2* Prohibir. ¶ CONJUG. como ***ofendre.***
defensa [dəfénsə] *f.* Defensa.
defensar [dəfənsá] *t.* Defender.
defensiu, -iva [dəfənsiŭ, -íβə] *a.* Defensivo. *2 f.* Defensiva.
defensor, -ra [dəfənsó, -rə] *a., m.-f.* Defensor.
deferència [dəfərénsiə] *f.* Deferencia.
deferent [dəfərén] *a.* Deferente.
deferir [dəfərí] *t.-i.* Deferir.
deficiència [dəfisiénsiə] *f.* Deficiencia.
deficient [dəfisién] *a.* Deficiente.
dèficit [défisit] *m.* Déficit.
definició [dəfinisió] *f.* Definición.
definidor, -ra [dəfinidó, -rə] *a.* Definidor.
definir [dəfiní] *t.* Definir. *2 i.* Acabar, finalizar.
definit, -ida [dəfinit, -íðə] *a.* Definido.
definitiu, -iva [dəfinitiŭ, -íβə] *a.* Definitivo.
deflagració [dəfləɣrəsió] *f.* Deflagración.
defora [dəfɔ́rə] *adv.* Defuera.
deformació [dəfurməsió] *f.* Deformación.
deformar [dəfurmá] *t.-prnl.* Deformar.
deforme [dəfórmə] *a.* Deforme, disforme.
deformitat [dəfurmitát] *f.* Deformidad.
defraudació [dəfrəŭðəsió] *f.* Defraudación.
defraudar [dəfrəŭðá] *t.* Defraudar.
defugir [dəfuʒí] *t.* Rehuir. ¶ CONJUG. como ***fugir.***
defunció [dəfunsió] *f.* Defunción.
degà [dəɣá] *m.* Decano, deán.
deganat [dəɣənát] *m.* Decanato, deanato.
degeneració [dəʒənərəsió] *f.* Degeneración.
degenerar [dəʒənərá] *i.* Degenerar.
degenerat, -ada [dəʒənərát, -áðə] *a.* Degenerado.
deglució [dəɣlusió] *f.* Deglución.
deglutir [dəɣlutí] *t.* Deglutir.
degolla [dəɣóʎə] *f.* Degollación. *2* Degüella.
degollació [dəɣuʎəsió] *f.* V. DEGOLLAMENT.
degollada [dəɣuʎáðə] *f.* Degüello, degollación.
degolladissa [dəɣuʎəðísə] *f.* Degollina.
degollador [dəɣuʎəðó] *m.* Degolladero.
degollament [dəɣuʎəmén] *m.* Degollación, degüello.
degollar [dəɣuʎá] *t.* Degollar.
degotar [deɣutá] *i.* Gotear.
degradació [dəɣrəðəsió] *f.* Degradación.
degradant [dəɣrəðán] *a.* Degradante.
degoter [dəɣuté] *m.* Gotera.
degradar [dəɣrəðá] *t.-prnl.* Degradar.
degudament [dəɣuðəmén] *adv.* Debidamente.
degustació [dəɣustəsió] *f.* Degustación.
degustar [dəɣustá] *t.* Catar.
dehiscència [dəisénsiə] *f.* Dehiscencia.
deïcida [dəisíðə] *a., m.-f.* Deicida.
deïcidi [dəisíði] *m.* Deicidio.
deífic [dəifik] *a.* Deífico.
deïficar [dəifiká] *f.* Deificar, endiosar.
deisme [dəizme] *m.* Deísmo.
deïtat [dəitát] *f.* Deidad.
deix [deʃ] *m.* Dejo (en el hablar).
deixa [déʃə] *f.* Legado, manda. *2* Resabio. *3 pl.* Desperdicio, sobras.
deixada [dəʃáðə] *f.* Dejación.
deixadesa [dəʃəðézə] *f.* Dejadez, desgaire, desaliño.
deixalla [dəʃáʎə] *f.* Desperdicio, sobras, residuo, desecho, despojo.
deixament [dəʃəmén] *m.* Dejamiento. *2* Decaimiento.
deixar [dəʃá] *t.-prnl.* Dejar. ‖ ~ ***anar,*** zafar, soltar, largar. ‖ ~ ***plantat,*** dar el esquinazo.
deixat, -ada [dəʃát, -áðə] *a.* Dejado, descuidado. *2 m.* Dejo (en el acabado).
deixatament [dəʃətəmén] *m.* Desleimiento.
deixatar [dəʃətá] *t.* Desleír.
deixeble, -bla [dəʃébblə, -blə] *m.-f.* Discípulo.
deixondir [dəʃundí] *t.-prnl.* Desentorpecer, despabilar. *2* Despertar.
deixuplina [dəʃuplínə] *f.* Disciplina. ‖ ***Cop de deixuplines,*** disciplinazo.
dejecció [dəʒəksió] *f.* Deyección. *2* Decaimiento.
dejorn o **de jorn** [dəʒórn] *adv.* Temprano.
dejú, -una [dəʒú, -únə] *a.* Ayuno. ‖ ***En ~,*** en ayunas.
dejunar [dəʒuná] *i.* Ayunar.
dejuni [dəʒúni] *m.* Ayuno.
del [dəl] *contr.* Del.
delació [dələsió] *f.* Delación.
delatar [dələtá] *t.* Delatar.
delator, -ra [dələtó, -rə] *a., m.-f.* Delator, acusón.

deleble [dəlébblə] *a.* Deleble.
delectable [dələktábblə] *a.* Deleitable.
delectació [dələktəsió] *f.* Delectación, deleite.
delectança [dələktánsə] *f.* V. DELECTACIÓ.
delectar [dələktá] *t.-prnl.* Deleitar. *2 prnl.* Regodearse.
delegació [dələɣəsió] *f.* Delegación.
delegar [dələɣá] *t.* Delegar.
delegat, -ada [dələɣát, -áðə] *m.-f.* Delegado.
delejar [dələʒá] *i.-t.* Ansiar, anhelar.
deler [dəlé] *m.* Ahínco, anhelo, ansia, afán.
delerós, -osa [dələrós, -ózə] *a.* Anhelante, ansioso, anheloso, afanoso, ganoso.
deleteri, -èria [dələtéri, -ériə] *a.* Deletéreo.
delfí [dəlfí] *m.* Delfín.
deliberació [dəliβərəsió] *f.* Deliberación.
deliberar [dəliβərá] *i.-t.* Deliberar.
delicadesa [dəlikəðέzə] *f.* Delicadeza.
delicat, -ada [dəlikát, -áðə] *a.* Delicado, mimoso.
delícia [dəlísiə] *f.* Delicia.
deliciós, -osa [dəlisiós, -ózə] *a.* Delicioso.
delicte [dəliktə] *m.* Delito.
delictuós, -osa [dəliktuós, -ózə] *a.* Delictivo.
delimitació [dəlimitəsió] *f.* Delimitación.
delimitar [dəlimitá] *t.* Delimitar, deslindar.
delineant [dəlineán] *m.* Delineante.
delinear [dəlineá] *t.* Delinear.
delinqüència [deliŋkwέnsiə] *f.* Delincuencia.
delinqüent [dəliŋkwén] *m.-f.* Delincuente.
delinquir [dəliŋki] *i.* Delinquir.
deliqüescent [dəlikwəsén] *a.* Delicuescente.
deliqui [dəlíki] *m.* Deliquio.
delir [dəli] *t.-prnl.* Borrar. *2 prnl.* Pirrarse, rabiar.
delirant [dəlirán] *a.* Delirante.
delirar [dəlirá] *i.* Delirar, devanear.
deliri [dəliri] *m.* Delirio, devaneo.
delit [dəlit] *m.* Deleite. *2* Brío, ánimo.
delitable [dəlitábblə] *a.* Deleitable.
delitar [dəlitá] *t.* Deleitar.
delitós, -osa [dəlitós, -ózə] *a.* Deleitoso.
dellà [dəʎá] *adv.* Allende.
delmar [dəlmá] *t.* Diezmar.
delme [dέlmə] *m.* Diezmo.
delta [dέltə] *m.* Delta. *2 f.* Delta.
deltoide [dəltɔ́iðə] *a.* ANAT. Deltoides.
demà [dəmá] *m.* Mañana. *2 adv.* Mañana. ‖ ***~ passat,*** pasado mañana. ‖ ***~ al matí,*** mañana por la mañana. ‖ ***~ m'afaitaràs!,*** naranjas de la China.
demacrat [dəməkrát, -áðə] *a.* Demacrado.
demagog [dəməɣɔ́k] *m.* Demagogo.
demagògia [dəməɣɔ́ʒiə] *f.* Demagogia.
demanadissa [dəmənəðísə] *f.* Gran demanda.
demanaire [dəmənáĭrə] *a.* Pedigüeño.
demanar [dəməná] *t.* Pedir, demandar, llamar.
demanda [dəmándə] *f.* Demanda, pedimiento.
demandar [dəməndá] *t.* Demandar.
demarcació [dəmərkəsió] *f.* Demarcación.
demarcar [dəmərká] *t.* Demarcar.
demència [dəmέnsiə] *f.* Demencia, enajenación.
dement [dəmén] *a., m.-f.* Demente.
demèrit [dəmέrit] *m.* Demérito.
demés [dəmés] *conj.* Además.
demesia [dəməziə] *f.* Demasía.
demetre [dəmέtrə] *t.* Deponer.
demiürg [dəmiúrk] *m.* Demiurgo.
democràcia [dəmukrásiə] *f.* Democracia.
demòcrata [dəmɔ́krətə] *m.-f.* Demócrata.
democràtic, -ca [dəmukrátik, -kə] *a.* Democrático.
democratitzar [dəmukrətidzá] *t.* Democratizar.
demografia [dəmuɣrəfíə] *f.* Demografía.
demogràfic, -ca [dəmuɣráfik, -kə] *a.* Demográfico.
demolició [dəmulisió] *f.* Demolición.
demolidor, -ra [dəmuliðó, -rə] *a., m.-f.* Demoledor.
demolir [dəmulí] *t.* Demoler, derrocar.
demoníac, -ca [dəmuníək, -kə] *a.* Demoníaco.
demora [dəmórə] *f.* Demora
demorar [dəmurá] *i.-t.* Demorar.
demostrable [dəmustrábblə] *a.* Demostrable.
demostració [dəmustrəsió] *f.* Demostración.
demostrar [dəmustrá] *t.* Demostrar.
demostratiu, -iva [dəmustrətíŭ, -íβə] *a.* Demostrativo.
dempeus [dəmpέŭs] *adv.* De pie, en pie.
dena [dέnə] *f.* Decenario.
denari, -ària [dənári, -áriə] *a.-m.* Denario.
denegació [dənəɣəsió] *f.* Denegación.
denegar [dənəɣá] *t.* Denegar.
denigrant [dəniɣrán] *a.* Denigrante.
denigrar [dəniɣrá] *t.* Denigrar.
denominació [dənuminəsió] *f.* Denominación.
denominador, -ra [dənuminəðó, -rə] *a., m.-f.* Denominador.

denominar [dənuminá] *t.* Denominar.
denotar [dənutá] *t.* Denotar.
dens, -sa [dɛns, -sə] *a.* Denso.
densitat [dənsitát] *f.* Densidad.
dent [den] *f.* Diente. ‖ ***Petar de dents,*** castañear. ‖ ***Petament de dents,*** castañeteo.
dentada [dəntáðə] *f.* Dentellada.
dentadura [dəntəðúrə] *f.* Dentadura.
dental [dəntál] *a.* Dental. *2 m.* Galápago.
dentar [dəntá] *i.-t.* Dentar, endentecer.
dentat, -ada [dəntát, -áðə] *a.* Dentado. *2 m.* Dentadura.
denteta (fer) [dəntɛ́tə] loc. Dar dentera.
dentició [dəntisió] *f.* Dentición.
dentifrici, -ícia [dəntifrísi, -ísiə] *a.-m.* Dentífrico.
dentista [dəntistə] *m.-f.* Dentista.
denudar [dənuðá] *t.-prnl.* Denudar.
denúncia [dənúnsiə] *f.* Denuncia.
denunciador, -ra [dənunsiəðó, -rə] *a., m.-f.* Denunciador.
denunciar [dənunsiá] *t.* Denunciar.
departament [dəpərtəmén] *m.* Departamento.
departir [dəpərtí] *i.* Departir. *2 t.* Separar.
depauperar [dəpəŭpərá] *t.* Depauperar.
dependència [dəpəndɛ́nsiə] *f.* Dependencia.
dependent, -ta [dəpəndén, -tə] *a.* Dependiente. *2 m.-f.* Dependiente.
dependre [dəpɛ́ndrə] *i.* Depender, pender. ¶ CONJUG. como ***ofendre.***
depilació [dəpiləsió] *f.* Depilación.
depilar [dəpilá] *t.* Depilar.
depilatori, -òria [dəpilətɔ́ri, -ɔ́riə] *a.-m.* Depilatorio.
deplorable [dəplurábblə] *a.* Deplorable.
deplorar [dəplurá] *t.* Deplorar.
deponent [dəpunén] *a.* Deponente.
deport [dəpɔ́r(t)] *m.* Deporte.
deportació [dəpurtəsió] *f.* Deportación.
deportar [dəpurtá] *t.* Deportar.
deportat, -ada [dəpurtát, -áðə] *a.* Deportado.
deposant [dəpuzán] *m.-f.* Deponente.
deposar [dəpuzá] *t.-i.* Deponer. *2* Sedimentar. *3* Posar.
deposició [dəpuzisió] *f.* Deposición.
depravació [dəprəβəsió] *f.* Depravación.
depravar [dəprəβá] *t.-prnl.* Depravar.
depravat, -ada [dəprəβát, -áðə] *a.* Depravado.
depreciar [dəprəsiá] *t.* Depreciar.
depredació [dəprəðəsió] *f.* Depredación.
depredador, -ra [dəprəðəðó, -rə] *m.-f.* Depredador.
depredar [dəprəðá] *t.* Depredar.
depressió [dəprəsió] *f.* Depresión.
depressiu, -iva [dəprəsiŭ, -iβə] *a.* Depresivo.
depriment [dəprimén] *a.* Deprimente.
deprimir [dəprimí] *t.-prnl.* Deprimir.
depuració [dəpurəsió] *f.* Depuración.
depurar [dəpurá] *t.* Depurar, acrisolar.
depuratiu, -iva [dəpurətiŭ, -iβə] *a.-m.* Depurativo.
dèria [dɛ́riə] *f.* Manía, tema, comidilla.
deriva [dəriβə] *f.* Deriva. ‖ ***A la ~,*** al garete.
derivació [dəriβəsió] *f.* Derivación.
derivada [dəriβáðə] *f.* Derivada.
derivar [dəriβá] *i.-t.-prnl.* Derivar.
derivatiu, -iva [dəriβətiŭ, -iβə] *a.-m.* Derivativo.
dermatologia [dərmətuluʒiə] *f.* MED. Dermatología.
dermis [dɛ́rmis] *f.* ANAT. Dermis.
derogació [dəruɣəsió] *f.* Derogación.
derogar [dəruɣá] *t.* Derogar.
derrocar [dərruká] *t.* V. ENDERROCAR.
derrota [dərrɔ́tə] *f.* Derrota, rota.
derrotar [dərrutá] *t.* Derrotar.
derrotat, -ada [dərrutát, -áðə] *a.* Derrotado.
derruir [dərruí] *t.* Derruir, derribar.
des (seguido de **de** o **que**) [des] *prep.* Desde.
desabillar [dəzəβiʎá] *t.* Desataviar.
desabrigar [dəzəβriɣá] *t.-prnl.* Desabrigar, desarropar.
desabrigat, -ada [dəzəβriɣát, -áðə] *a.* Desabrigado.
desacatament [dəzəkətəmén] *m.* Desacato.
desacatar [dəzəkətá] *t.* Desacatar.
desacoblar [dəzəkubblá] *t.* Desaparear.
desaconsellar [dəzəkunsəʎá] *t.* Desaconsejar.
desacord [dəzəkɔ́r(t)] *m.* Desacuerdo.
desacordar [dəzəkurðá] *t.* Desacordar.
desacordat, -ada [dəzəkurðát, -áðə] *a.* Desacorde.
desacostumar [dəzəkustumá] *t.-prnl.* Desacostumbrar.
desacreditar [dəzəkrəðitá] *t.-prnl.* Desacreditar.
desafecció [dəzəfəksió] *f.* Desapego, desafección.
desafecte, -ta [dəzəféktə, -tə] *a.-m.* Desafecto.
desaferrament [dəzəfərrəmén] *m.* Desapego, desasimiento.
desaferrar [dəzəfərrá] *t.* Desapegar, desasir.
desafiador, -ra [dəzəfiəðó, -rə] *a.* Desafiador, retador.
desafiament [dəzəfiəmén] *m.* Desafío.

desafiar [dəzəfià] *t.* Desafiar, retar.
desafinació [dəzəfinəsió] *f.* Desafinación.
desafinada [dəzəfináðə] *f.* Desafinación.
desafinar [dəzəfinà] *t.-prnl.* Desafinar.
desafinat, -ada [dəzəfinát, -áðə] *a.* Desafinado.
desafortunat, -ada [dəzəfurtunát, -áðə] *a.* Desafortunado.
desafur [dəzəfúr] *m.* Desafuero.
desagradable [dəzəɣrəðábblə] *a.* Desagradable.
desagradar [dəzəɣrəðá] *t.-prnl.* Desagradar.
desagraïment [dəzəɣrəimén] *m.* Desagradecimiento.
desagrair [dəzəɣrəí] *t.* Desagradecer.
desagraït, -ïda [dəzəɣrəít, -íðə] *a.* Desagradecido.
desagregar [dəzəɣrəɣá] *t.-prnl.* Desagregar.
desagreujar [dəzəɣrəuʒá] *t.* Desagraviar.
desairós, -osa [dəzəĭrós, -ózə] *a.* Desairado.
desaire [dəzáĭrə] *m.* Desaire.
desallotjar [dəzəʎudʒá] *i.-t.* Desalojar.
desamor [dəzəmór] *m.-(f.)* Desamor.
desamortització [dəzəmurtidzəsió] *f.* Desamortización.
desamortitzar [dəzəmurtidzá] *t.* Desamortizar.
desanimació [dəzənimәsió] *f.* Desanimación.
desanimar [dəzənimá] *t.-prnl.* Desanimar.
desaparèixer [dəzəpərέʃə] *i.* Desaparecer. ¶ CONJUG. como ***conèixer***.
desaparellar [dəzəpərəʎá] *t.* Desaparejar.
desapariar [dəzəpəriá] *t.* Desaparear.
desaparició [dəzəpərisió] *f.* Desaparición.
desaparionar [dəzəpəriuná] *t.* Desaparear.
desapassionadament [dəzəpəsiunąðəmén] *adv.* Desapasionadamente.
desapercebut, -uda [dəzəpərsəβút, -úðə] *a.* Inadvertido, desapercibido.
desapiadat, -ada [dəzəpiəðát, -áðə] *a.* Despiadado.
desaplicat, -ada [dəzəplikát, -áðə] *a.* Desaplicado.
desaprendre [dəzəpéndrə] *t.* Desaprender. ¶ CONJUG. como ***aprendre***.
desaprensió [dəzəprə́nsió] *f.* Desaprensión.
desaprensiu, -iva [dəzəprənsiŭ, -iβə] *a.* Desaprensivo.
desaprofitar [dəzəprufitá] *t.* Desaprovechar, desperdiciar.
desaprofitat, -ada [dəzəprufitát, -áðə] *a.* Desaprovechado.
desapropiar [dəzəprupiá] *t.-prnl.* Desapropiar.
desaprovació [dəzəpruβəsió] *f.* Desaprobación.
desaprovar [dəzəpruβá] *t.* Desaprobar.
desar [dəzá] *t.* Guardar. *2 prnl.* Retirarse, retraerse.
desarborar [dəzərβurá] *i.-t.* MAR. Desarbolar, desmantelar.
desarçonar [dəzərsuná] *t.* Desarzonar.
desarmament [dəzərməmén] *m.* Desarme.
desarmar [dəzərmá] *i.-t.-prnl.* Desarmar. *2* Desmontar.
desarraconar [dəzərrəkuná] *t.* Desarrimar.
desarrambar [dəzərrəmbá] *t.* Desarrimar.
desarranjar [dəzərrənʒá] *t.* Desarreglar, descomponer.
desarreglament [dəzərrəggləmén] *m.* Desarreglo.
desarreglar [dəzərrəgglá] *t.* Desarreglar.
desarreglat, -ada [dəzərrəgglát, -áðə] *a.* Desarreglado.
desarrelament [dəzərrələmén] *m.* Desarraigo.
desarrelar [dəzərrəlá] *t.-prnl.* Desarraigar.
desarremangar [dəzərrəməngá] *t.* Quitar o bajar el arremango.
desarrendar [dəzərrəndá] *t.* Desarrendar.
desarrimar [dəzərrimá] *t.* Desarrimar.
desarrissar [dəzərrisá] *t.-prnl.* Desrizar.
desarromangar [dəzərruməŋgá] *t.* V. DESARREMANGAR.
desarrugar [dəzərruɣá] *t.-prnl.* Desarrugar.
desarticular [dəzərtikulá] *t.-prnl.* Desarticular.
desassedegar [dəzəsəðəɣá] *t.* Saciar (la sed).
desassenyat, -ada [dəzəsəɲát, -áðə] *a.* Desatinado.
desassossec [dəzəsusέk] *m.* Desasosiego.
desassossegar [dəzəsusəɣá] *t.* Desasosegar.
desastrat, -ada [dəzəstrát, -áðə] *a.* Desastroso.
desastre [dəzástrə] *m.* Desastre.
desatenció [dəzətənsió] *f.* Desatención, desaire.
desatendre [dəzətèndrə] *t.* Desatender, desairar. ¶ CONJUG. como ***atendre***.
desatent, -ta [dəzətén, -tə] *a.* Desatento.
desatracar [dəzətrəká] *t.-prnl.* Desatracar.
desautoritzar [dəzəŭturidzá] *t.* Desautorizar.
desavantatge [dəzəβəntádʒə] *m.* Desventaja.

desavantatjós, -osa [dəzəβəntədʒós, -ózə] *a.* Desventajoso.
desavençar [dəzəβənsá] *t.* Tener déficit.
desavenir-se [dəzəβənirsə] *prnl.* Desavenir, malquistar. ¶ CONJUG. como ***abstenir-se.***
desavesar [dəzəβəzá] *t.* Desacostumbrar, deshabituar.
desavinença [dəzəβinɛ́nsə] *f.* Desavenencia.
desavinent [dəzəβinén] *a.* Incómodo, apartado.
desavingut, -uda [dəzəβiŋgút, -úðə] *a.* Desavenido, malquisto.
desballestament [dəzβəʎəstəmén] *m.* Desquiciamiento.
desballestar [dəzβəʎəstá] *t.* Desquiciar.
desbancar [dəzβəŋká] *t.* Desbancar. *2* Suplantar.
desbandada [dəzβəndáðə] *f.* Desbandada.
desbandar-se [dəzβəndársə] *prnl.* Desbandarse.
desbaratament [dəzβərətəmén] *m.* Desbarate.
desbaratar [dəzβərətá] *t.-prnl.* Desbaratar. *2 prnl.* Disparatar, desatinar, descomponerse.
desbaratat, -ada [dəzβərətát, -áðə] *a.* Disparatado.
desbarrar [dəzβərrá] *t.* Desatrancar. *2* Desquijarar. *3 i.* Desbarrar.
desbast [dəzβás(t)] *m.* Desbaste.
desbastar [dəzβəstá] *t.* Desbastar.
desbastir [dəzβəstí] *t.* Desarmar.
desbocar-se [dəzβukársə] *prnl.* Desbocarse.
desbolcar [dəzβulká] *t.* Desempeñar.
desbordament [dəzβurðəmén] *m.* Desbordamiento.
desbordar [dəzβurðá] *t.-prnl.* Desbordar.
desboscar [dəzβuská] *t.* Desmontar, talar.
desbotar [dəzβutá] *i.* Desembuchar, descargar.
desbotonar [dəzβutuná] *t.* Desabotonar, desabrochar.
desbraonar [dəzβrəuná] *t.* Desmadejar.
desbravar [dəzβrəβá] *t.-prnl.* Desbravar.
desbridar [dəzβriðá] *t.* Desembridar. *2* CIR. Desbridar.
desbrocar [dəʒβruká] *t.* Desbocar.
desbrossament [dəzβrusəmén] *m.* Desbrozo.
desbrossar [dəzβrusá] *t.* Desbrozar.
descabdellar [dəskəbdəʎá] *t.* Desovillar.
descalç, -ça [dəskáls, -sə] *a.* Descalzo.
descalçar [dəskəlsá] *t.-prnl.* Descalzar.
descamació [dəskəməsió] *f.* Descamación.
descaminar [dəskəminá] *t.-prnl.* Descaminar.
descaminat, -ada [dəskəminát, -áðə] *a.*, *m.-f.* Descaminado.
descamisat, -ada [dəskəmizát, -áðə] *a.*, *m.-f.* Descamisado, galopín.
descans [dəskáns] *m.* Descanso, respiro.
descansador [dəskənsəðó] *m.* Descansadero.
descansar [dəskənsá] *i.-t.* Descansar, estribar.
descansat, -ada [dəskənsát, -áðə] *a.* Descansado.
descantellar [dəskəntəʎá] *t.* Descantillar. *2 i.* Disparatar.
descanviar [dəskəmbiá] *t.* Cambiar (un billete).
descaradura [dəskərəðúrə] *f.* Descaro, desfachatez, desahogo, descoco.
descarar-se [dəskərársə] *prnl.* Descararse, descocarse.
descarat, -ada [dəskərát, -áðə] *a.*, *m.-f.* Descarado, desfachatado, desahogado, despachado, descocado.
descargolar [dəskərɣulá] *t.-prnl.* Destornillar, desenrollar, desenroscar.
descarnar [dəskərná] *t.* Descarnar.
descarnat, -ada [dəskərnát, -áðə] *a.* Descarnado.
descàrrec [dəskárrək] *m.* Descargo (de la conciencia), salvedad.
descàrrega [dəskárrəɣə] *f.* Descarga, descargo.
descarregador, -ra [dəskərrəɣəðó, -rə] *a.*, *m.-f.* Descargador. *2 m.* Descargadero.
descarregar [dəskərrəɣá] *t.* Descargar.
descarrilament [dəskərriləmén] *m.* Descarrilamiento.
descarrilar [dəskərrilá] *i.* Descarrilar.
descart [dəskár(t)] *m.* Descarte.
descartar [dəskərtá] *t.-prnl.* Descartar.
descasar [dəskəzá] *t.* Descasar.
descastat, -ada [dəskəstát, -áðə] *a.* Descastado.
descastellanitzar [dəskəstəʎənidzá] *t.* Descastellanizar.
descatalanitzar [dəskətələnidzá] *t.* Descatalanizar.
descavalcar [dəskəβəlká] *i.-t.* Descabalgar.
descendència [dəsəndɛ́nsiə] *f.* Descendencia.
descendent [dəsəndén] *a.-m.* Descendente. *2 m.* Descendiente, vástago.
descendiment [dəsendimén] *m.* Descendimiento.
descendir [dəsəndí] *i.-t.* Descender.
descens [dəsɛ́ns] *m.* Descenso.
descentralitzar [dəsəntrəlidzá] *t.* Descentralizar.

descentrar [dəsəntrà] *t.* Descentrar.
descenyir [dəsəɲí] *t.* Desceñir.
desclavar [dəskləβà] *t.* Desclavar.
descloure [dəsklɔ́ŭrə] *t.-prnl.* Abrir, abrirse. ¶ CONJUG. como ***cloure.***
descobert, -ta [dəskuβɛ́r(t), -tə] *a.* Descubierto.
descoberta [dəskuβɛ́rtə] *f.* Descubrimiento. *2* Descubierta.
descobridor, -ra [dəskuβriðó, -rə] *a., m.-f.* Descubridor.
descobriment [dəskuβrimén] *m.* Descubrimiento.
descobrir [dəskuβrí] *t.-prnl.* Descubrir. ¶ CONJUG. P. P.: ***descobert.***
descolgar [dəskulɣá] *t.* Desenterrar, descubrir.
descollar [dəskuʎá] *t.-prnl.* Desenroscar, destornillar.
descol·locar [dəskulukà] *t.* Descolocar.
descoloriment [dəskulurimén] *m.* Descolorimiento.
descolorir [dəskulurí] *t.-prnl.* Descolorar, descolorir.
descolorit, -ida [deskulurit, -iðə] *a.* Descolorido.
descompartir [dəskumpərtí] *t.* Separar, desenzarzar.
descompondre [dəskumpóndrə] *t.-prnl.* Descomponer. ¶ CONJUG. como ***respondre.***
descomposició [dəskumpuzisió] *f.* Descomposición.
descompost, -ta [dəskumpɔ́s(t), -tə] *a.* Descompuesto.
descomptar [dəskumtà] *t.-prnl.* Descontar.
descompte [dəskómtə] *m.* Descuento.
descomunal [dəskumunál] *a.* Descomunal.
desconcert [dəskunsɛ́r(t)] *m.* Desconcierto.
desconcertant [dəskunsərtán] *a.* Desconcertante.
desconcertar [dəskunsərtà] *t.-prnl.* Desconcertar.
desconegut, -uda [dəskunəɣút, -úðə] *a., m.-f.* Desconocido.
desconeixement [dəskunəʃəmén] *m.* Desconocimiento.
desconèixer [dəskunɛ́ʃə] *t.* Desconocer. ¶ CONJUG. como ***conèixer.***
desconfiança [dəskumfiánsə] *f.* Desconfianza.
desconfiar [dəskumfià] *i.* Desconfiar.
desconfiat, -ada [dəskumfiát, -áðə] *a.* Desconfiado.
desconfortar [dəskumfurtà] *t.* Desconsolar.
descongestionar [dəskunʒəstiunà] *t.* Descongestionar.
desconhort [dəskunɔ́r(t)] *m.* Desconsuelo.
desconjuntament [dəskunʒuntəmén] *m.* Descoyuntamiento.
desconjuntar [dəskunʒuntà] *t.-prnl.* Descoyuntar, dislocar, desarticular, desencajar.
desconjuntat, -ada [dəskunʒuntát, -áðə] *a.* Desvencijado.
desconnectar [dəskunəktà] *t.* Desconectar.
desconsideració [dəskunsiðərəsió] *f.* Desconsideración.
desconsiderat, -ada [dəskunsiðərát, -áðə] *a.* Desconsiderado.
desconsol [dəskunsɔ́l] *m.* Desconsuelo.
desconsolador, -ra [dəskunsuləðó, -rə] *a.* Desconsolador.
desconsolar [dəskunsulà] *t.* Desconsolar.
desconsolat, -ada [dəskunsulát, -áðə] *a.* Desconsolado.
descontent, -ta [dəskuntén, -tə] *a.* Descontento, malcontento.
descontentadís, -issa [dəskuntəntəðís, -isə] *a.* Descontentadizo.
descontentament [dəskuntəntəmén] *m.* Descontento.
descontentar [dəskuntəntà] *t.* Descontentar.
desconvenir [dəskumbəní] *i.* Desconvenir. ¶ CONJUG. como ***abstenir-se.***
descoratjament [dəskurədʒəmén] *m.* Descorazonamiento, desaliento, desánimo.
descoratjar [dəskurədʒá] *t.-prnl.* Descorazonar, desalentar, desanimar.
descordar [dəskurðá] *t.-prnl.* Desabrochar, desabotonar. *2 prnl.* Descomedirse.
descórrer [dəskórrə] *t.* Descorrer. ¶ CONJUG. como ***córrer.***
descortès, -esa [dəskurtɛ́s, -ɛ́zə] *a.* Descortés.
descortesia [dəskurtəziə] *f.* Descortesía.
descosir [dəskuzí] *t.-prnl.* Descoser. ¶ CONJUG. como ***cosir.***
descosit, -ida [dəskuzít, -íðə] *a.-m.* Descosido. ‖ ***Parla pels descosits,*** habla por los codos.
descotxar [dəskutʃá] *t.-prnl.* Desarropar, desabrigar.
descrèdit [dəskrɛ́ðit] *m.* Descrédito, desdoro.
descregut, -uda [dəskrəɣút, -úðə] *m.-f.* Descreído.
descreure [dəskrɛ́ŭrə] *t.* Descreer. ¶ CONJUG. como ***creure.***

descripció [dəskripsió] *f.* Descripción.
descriptiu, -iva [dəskriptiŭ, -iβə] *a.* Descriptivo.
descriptor, -ra [dəskriptó, -rə] *a., m.-f.* Descriptor.
descristianitzar [dəskristiənidzá] *t.* Descristianizar.
descriure [dəskriŭrə] *t.* Describir.
descrostar [dəskrustá] *t.-prnl.* Descrostar, desconchar.
descucar [dəskuká] *t.* Descocar.
descuidar-se [dəskuĭðársə] *prnl.* Olvidarse.
descuit [dəskúĭt] *m.* Descuido, olvido.
descurança [dəskuránsə] *f.* Descuido, negligencia.
descurar [dəskurá] *t.* Descuidar.
descurat, -ada [dəskurát, -áðə] *a.* Descuidado.
descurós, -osa [dəskurós, -ózə] *a.* Descuidado, negligente.
desdaurament [dəzðəŭrəmén] *m.* Desdoro.
desdaurar [dəzðəŭrá] *t.* Desdorar.
desdejunar-se [dəzðəʒunársə] *prnl.* Desayunarse.
desdejuni [dəzðəʒúni] *m.* Desayuno.
desdentat, -ada [dəzðəntát, -áðə] *a.* Desdentado.
desdeny [dəzðέɲ] *m.* Desdén, desaire. *2* Desgaire.
desdenyar [dəzðəɲá] *t.-prnl.* Desdeñar, menospreciar.
desdenyós, -osa [dəzðəɲós, -ózə] *a.* Desdeñoso.
desdibuixar-se [dəzðiβuʃársə] *prnl.* Desdibujarse.
desdibuixat, -ada [dəzðiβuʃát, -áðə] *a.* Desdibujado.
desdir [dəzði] *i.-prnl.* Desdecir. ¶ CONJUG. como ***dir.***
desdoblar [dəzðubblá] *t.* Desdoblar.
desdoblegar [dəzðubbləγá] *t.-prnl.* Desdoblar.
desè, -ena [dəzέ, -έnə] *a.-m.* Décimo.
desedificar [dəzəðifiká] *t.* fig. Desedificar.
deseiximent [dəzəʃimén] *m.* Desprendimiento, desasimiento, soltura. *2* Desempeño, desembarazo, desenfado.
deseixir-se [dəzəʃirsə] *prnl.* Desprenderse, deshacerse, desasirse. *2* Desenvolverse, desempeñarse, desembarazarse, salir airoso. ¶ CONJUG. INDIC. Pres.: ***desix.***
deseixit, -ida [dəzəʃit, -iðə] *a.* Desenvuelto, desembarazado, desenfadado.
desembalar [dəzəmbəlá] *t.* Desembalar.
desembaràs [dəzəmbərás] *m.* Desembarazo, desempacho, desparpajo, desenfado.
desembarassar [dəzəmbərəsá] *t.* Desembarazar, despejar, escampar, desempachar.
desembarassat, -ada [dəzəmbərəsát, -áðə] *a.* Desembarazado, desahogado (lugar), despejado.
desembarcador [dəzəmbərkəðó] *m.* Desembarcadero.
desembarcament [dəzəmbərkəmén] *m.* Desembarco, desembarque.
desembarcar [dəzəmbərká] *i.-t.* Desembarcar.
desembastar [dəzəmbəstá] *t.* Deshilvanar.
desembeinar [dəzəmbəĭná] *t.* Desenvainar.
desembocadura [dəzəmbukəðúrə] *f.* Desembocadura.
desembocar [dəzəmbuká] *t.* Desembocar.
desemboçar [dəzəmbusá] *t.-prnl.* Desembozar.
desembolicar [dəzəmbuliká] *t.-prnl.* Desenvolver, desliar. *2* Desenredar, desembrollar, desenmarañar.
desembors [dəzəmbós] *m.* Desembolso.
desemborsar [dəzəmbursá] *t.* Desembolsar.
desembragar [dəzəmbrəγá] *t.* Desembragar.
desembre [dəzémbrə] *m.* Diciembre.
desembridar [dəzəmbriðá] *t.* Desembridar.
desembrollar [dəzəmbruʎá] *t.* Desembrollar, desenredar.
desembruixar [dəzəmbruʃá] *t.* Deshechizar.
desembull [dəsəmbúʎ] *m.* Desenredo.
desembullar [dəsəmbuʎá] *t.-prnl.* Desenmarañar, desenredar.
desembussar [dəzəmbusá] *t.-prnl.* Desatascar.
desembutxacar [dəzəmbutʃəká] *t.* Desembolsar.
desemmascarar [dəzəmməskərá] *t.* Desenmascarar.
desemmerdar [dəzəmmərðá] *t.* Quitar la mierda.
desempallegar-se [dəzəmpəʎəγársə] *prnl.* Desembarazarse.
desempantanegar [dəzəmpəntənəγá] *t.* Desatascar (un asunto), desatollar.
desempaperar [dəzəmpəpərá] *t.* Desempapelar.
desempaquetar [dəzəmpəkətá] *t.* Desempaquetar.
desemparament [dəzəmpərəmén] *m.* Desamparo, desvalimiento.
desemparança [dəzəmpəránsə] *f.* Desamparo, desvalimiento.

desemparar [dəzəmpərá] *t.* Desemparar. *2* Desabrigar.
desemparat, -ada [dəzəmpərát, -áðə] *a.* Desamparado. *2* Desabrigado.
desempenyorament [dəzəmpəɲurəmén] *m.* Desempeño.
desempenyorar [dəzəmpəɲurá] *t.* Desempeñar.
desempolvorar [dəzəmpulβurá] *t.* Desempolvar, quitar los polvos.
desena [dəzénə] *f.* Decena.
desenal [dəzənál] *a.* Decenal.
desenamorar [dəzənəmurá] *t.-prnl.* Desenamorar.
desenari [dəzənári] *m.* Decenario.
desencaboriar-se [dəzəŋkəβuriársə] *prnl.* Despreocuparse.
desencadenar [dəzəŋkəðəná] *t.-prnl.* Desencadenar.
desencaixar [dəzəŋkəʃá] *t.-prnl.* Desencajar.
desencallar [dəzəŋkəʎá] *t.* Desencallar, desatascar, desatollar, desembarrancar.
desencaminament [dəzəŋkəminəmén] *m.* Extravío, descarrío.
desencaminar [dəzəŋkəminá] *t.* Descaminar, desencaminar, descarriar.
desencaminat, -ada [dəzəŋkəminát, -áðə] *a.* Descaminado.
desencant [dəzəŋkán] *m.* Desencanto.
desencantar [dəzəŋkəntá] *t.-prnl.* Desencantar.
desencapotar [dəzəŋkəputá] *t.* Desencapotar.
desencapritxar-se [dəzəŋkəpritʃársə] *prnl.* Desencapricharse.
desencarcarar [dəzəŋkərkərá] *t.-prnl.* Desenvarar.
desencarregar [dəzəŋkərrəγá] *t.* Desencargar.
desencarrilar [dəzəŋkərrilá] *t.* Descaminar, desencaminar, descarriar.
desencastar [dəzəŋkəstá] *t.* Desempotrar, desclavar.
desencatifar [dəzəŋkətifá] *t.* Desalfombrar.
desencert [dəzənsér(t)] *m.* Desacierto.
desencís [dəzənsís] *m.* Desencanto.
desencisar [dəzənsizá] *t.-prnl.* Desencantar, deshechizar.
desenclavar [dəzəŋkləβá] *t.* Desenclavar.
desencolar [dəzəŋkulá] *t.* Desencolar.
desencongir [dəzəŋkunʒí] *t.-prnl.* Desencoger.
desencordar [dəzəŋkurðá] *t.* Desencordar, descordar.
desencreuar [dəzəŋkrəwá] *t.* Descruzar.
desendreçament [dəzəndrəsəmén] *m.* Desarreglo, desorden, desaliño, desaseo.
desendreçar [dəzəndrəsá] *t.* Desarreglar, desordenar, desaliñar.
desendreçat, -ada [dəzəndrəsát, -áðə] *a.* Desaliñado, desaseado.
desenfadadament [dəzəmfəðạðəmén] *adv. cast.* Desenfadadamente, con desenfado.
desenfadar [dəzəmfəðá] *t.-prnl.* Desenfadar.
desenfeinat, -ada [dəzəmfəĭnát, -áðə] *a.* Desocupado, ocioso, holgado.
desenfilar [dəzəmfilá] *t.-prnl.* Desensartar.
desenfocar [dəzəmfuká] *t.* Desenfocar.
desenfornar [dəzəmfurná] *t.* Desenhornar.
desenfrenament [dəzəmfrənəmén] *m.* Desenfreno.
desenfrenar [dəzəmfrəná] *t.-prnl.* Desenfrenar, desfrenar.
desenfrenat, -ada [dəzəmfrənát, -áðə] *a.* fig. Desenfrenado.
desenfuriar [dəzəmfuriá] *t.-prnl.* Desenfurecer.
desenganxament [dəzəŋgənʃəmén] *m.* Desasimiento.
desenganxar [dəzəŋgənʃá] *t.* Desenganchar, despegar, desapegar, desasir.
desengany [dəzəŋgáɲ] *m.* Desengaño, chasco.
desenganyar [dəzəŋgəɲá] *t.-prnl.* Desengañar. *2* Desahuciar.
desengolfar [dəzəŋgulfá] *t.* Desgoznar, desquiciar.
desengreixar [dəzəŋgrəʃá] *t.* Desgrasar.
desengrescar [dəzəŋgrəská] *t.-prnl.* Desanimar, desalentar.
desenllaç [dəzənʎás] *m.* Desenlace.
desenllaçar [dəzənʎəsá] *t.* Desenlazar.
desenquadernar [dəzəŋkwəðərná] *t.* Desencuadernar, descuadernar.
desenquadrar [dəzəŋkwəðrá] *t.* Desencuadrar.
desenrabiar [dəzənrrəβiá] *t.* Desencolerizar.
desenrajolar [dəzənrrəʒulá] *t.* Desembaldosar.
desenraonat, -ada [dəzənrrəunát, -áðə] *a.* Irrazonable.
desenredar [dəzənrrəðá] *t.-prnl.* Desenredar.
desenrogallar [dəzənrruγəʎá] *t.-prnl.* Desenronquecer.
desenrotllament [dəzənrruʎʎəmén] *m.* Desarrollo.
desenrotllar [dəzənrruʎʎá] *t.-prnl.* Desarrollar, desenrrollar, desenvolver.
desensabonar [dəzənsəβuná] *t.* Desenjabonar.

desensenyar [dəzənsəɲá] *t.* Desenseñar.
desensopir [dəzənsupí] *t.-prnl.* Desamodorrar.
desentelar [dəzəntəlá] *t.-prnl.* Desempañar.
desentendre's [dəzənténdrəs] *prnl.* Desentenderse. ¶ CONJUG. como ***atendre.***
desenterrar [dəzəntərrá] *t.-prnl.* Desenterrar.
desentès, -sa [dəzəntɛ́s, -ɛ́zə] *a.* ***Fer-se el ~***, desentenderse.
desentonació [dəzəntunəsió] *f.* Desentono.
desentonar [dəzəntuná] *i.* Desentonar.
desentortolligar [dəzənturtuʎiγá] *t.-prnl.* Desenroscar, desenrollar.
desentumir [dəzəntumí] *t.-prnl.* Desentumecer.
desenutjar [dəzənudʒá] *t.-prnl.* Desenojar.
desenvolupament [dəzəmbulupəmén] *m.* Desarrollo.
desenvolupar [dəzəmbulupá] *t.-prnl.* Desarrollar, desenvolver.
desequilibrar [dəzəkiliβrá] *t.-prnl.* Desequilibrar.
desequilibrat, -ada [dəzəkiliβrát, -áðə] *a.* Desequilibrado.
desequilibri [dəzəkilíβri] *m.* Desequilibrio.
deserció [dəzərsió] *f.* Deserción.
desermar [dəzərmá] *t.* Roturar, panificar.
desert, -ta [dəzɛ́r(t), -tə] *a.-m.* Desierto.
desertar [dəzərtá] *t.* Desertar.
desertor, -ra [dəzərtó, -rə] *a., m.-f.* Desertor, tornillero.
desesma [dəzɛ́zmə] *f.* Desaliento, desánimo, falta de tino.
desesmussar [dəzəzmusá] *t.* Desembotar.
desesper [dəzəspér] *m.* V. DESESPERACIÓ.
desesperació [dəzəspərəsió] *f.* Desesperación.
desesperada (a la) [dəzəspəráðə] loc. A toda prisa, a escape.
desesperança [dəzəspəránsə] *f.* Desesperanza.
desesperant [dəzəspərán] *a.* Desesperante.
desesperar [dəzəspərá] *i.-t.-prnl.* Desesperar, desesperanzar.
desesperat, -ada [dəzəspərát, -áðə] *a.* Desesperado.
desestimar [dəzəstimá] *t.* Desestimar, desairar.
desfaedor, -ra [dəsfəeðó, -rə] *a., m.-f.* Deshacedor.
desfalc [dəsfálk] *m.* Desfalco.
desfalcar [dəsfəlká] *t.* Descalzar. *2* Desfalcar.
desfavor [dəsfəβór] *m. (f.).* Disfavor.
desfavorable [dəsfəβurábblə] *a.* Desfavorable.
desfavorir [dəsfəβurí] *t.* Desfavorecer.
desfer [dəsfé] *tr.-prnl.* Deshacer. *2* Desasir, desatar, desliar, desligar, zafar. *3* Derretir. *4* Desabrochar. *5* Despegarse, desprenderse. *6* Desembarazarse. *7* Desvivirse. ¶ CONJUG. P. P.: ***desfet.*** ‖ INDIC. Pres.: ***desfaig, desfàs, desfà, desfan.*** | Imperf.: ***desfeia,*** etc. | Perf.: ***desfiu, desféu.*** | Fut.: ***desfaré,*** etc. ‖ SUBJ. Pres.: ***desfés,*** etc.
desfermar [dəsfərmá] *t.* Desatar.
desfermat, -ada [dəsfərmát, -áðə] *a.* Desaforado.
desferra [dəsférrə] *f.* Despecho, desperdicio, restos, despojo. *2* Guiñapo.
desferrar [dəsfərrá] *t.* Desherrar.
desfet [dəsfét] *m.* Deshecho.
desfeta [dəsfétə] *f.* Derrota, descalabro.
desfici [dəsfísi] *m.* Desasosiego, desazón, grima, comezón.
desficiós, -osa [dəsfisiós, -ózə] *a.* Desazonado, inquieto.
desfigurar [dəsfiγurá] *t.* Desfigurar.
desfila [dəsfílə] *f.* Hila [para curar].
desfilada [dəsfiláðə] *f.* Desfile.
desfilar [dəsfilá] *i.-t.* Desfilar. *2* Deshilar.
desflorar [dəsflurá] *t.* Desflorar.
desfogament [dəsfuγəmén] *m.* Desahogo.
desfogar [dəsfuγá] *t.-i.-prnl.* Desfogar. *2* Desahogar, despicarse.
desfrenar [dəsfrəná] *t.-prnl.* Desfrenar, desenfrenar.
desfrunzir [dəsfrunzí] *t.-prnl.* Desplegar.
desfullar [dəsfʎá] *t.* Deshojar.
desgana [dəzγánə] *f.* Desgana.
desganar [dəzγəná] *t.-prnl.* Desganar.
desganat, -ada [dəzγənát, -áðə] *a.* Inapetente, desganado.
desgast [dəzγás(t)] *m.* Desgaste.
desgastar [dəzγəstá] *t.-prnl.* Desgastar.
desgavell [dəzγəβéʎ] *m.* Desbarajuste.
desgavellament [dəzγəβəʎəmén] *m.* Desbarajuste.
desgavellar [dəzγəβəʎá] *i.* Desbarajustar.
desgavellat, -ada [dəzγəβəʎát, -áðə] *a.* Descabellado.
desgel [dəʒél] *m.* Deshielo.
desgelar [dəʒəlá] *t.-i.* Deshelar.
desglaç [dəzγlás] *m.* V. DESGEL.
desglaçar [dəzγləsá] *i.-t.-prnl.* Deshelar.
desglossar [dəzγlusá] *t.* Desglosar.
desgolfar [dəzγulfá] *t.* Desgoznar.
desgovern [dəzγuβérn] *m.* Desgobierno.
desgovernar [dəzγuβərná] *t.* Desgobernar.
desgràcia [dəzγrásia] *f.* Desgracia.

desgraciar [dəzɣrəsiá] *t.* Desgraciar.
desgraciat, -ada [dəzɣrəsiát, -áðə] *a.* Desgraciado.
desgranar [dəzɣrəná] *t.* Desgranar.
desgrat [dəzɣrát] *m.* Desagrado. ‖ *A* ~, de mala gana.
desgreixar [dəzɣrəʃá] *t.* Desgrasar, desengrasar.
desgreuge [dəzɣréŭʒə] *m.* Desagravio.
desguarnir [dəzɣwərni] *t.* Desguarnecer, desenjaezar.
desguàs [dəzɣwás] *m.* Desagüe, desaguadero.
desguassar [dəzɣwəsá] *i.-t.* Desaguar.
deshabitat, -ada [dəzəβitát, -áðə] *a.* Deshabitado.
deshabituar [dəzəβituá] *t.* Deshabituar, desacostumbrar.
desheretar [dəzərətá] *t.* Desheredar.
desheretat, -ada [dəzərətát, -áðə] *a.* Desheredado.
deshidratar [dəziðrətá] *t.-prnl.* Deshidratar.
deshonest, -ta [dəzunés(t), -tə] *a.* Deshonesto, torpe.
deshonestedat [dəzunəstəðát] *f.* Deshonestidad.
deshonor [dəzunór] *m.* (*f.*) Deshonor.
deshonra [dəzónrrə] *f.* Deshonra, mancilla.
deshonrar [dəzunrrá] *t.* Deshonrar, mancillar.
deshonrós, -osa [dəzunrrós, -ózə] *a.* Deshonroso.
deshora [dəzɔ́rə] loc. A deshora, a destiempo.
desideràtum [dəziðərátum] *m.* Desiderátum.
desídia [deziðiə] *f.* Desidia.
desidiós, -osa [dəziðiós, -ózə] *a.* Desidioso.
desig [dəzítʃ] *m.* Deseo. *2* Antojo.
designació [dəziɲnəsió] *f.* Designación.
designar [dəziŋná] *t.* Designar.
designi [dəziŋni] *m.* Designio.
desigual [dəziɣwál] *a.* Desigual.
desigualar [dəziɣwəlá] *t.* Desigualar.
desigualtat [dəziɣwəltát] *f.* Desigualdad.
desil·lusió [dəziluzió] *f.* Desilusión.
desil·lusionar [dəziluziuná] *t.-prnl.* Desilusionar.
desimbolt, -ta [dəzimbɔ́l, -tə] *a.* Desenvuelto, despachado, desenfadado, jacarandoso.
desimboltura [dəzimbultúrə] *f.* Desenvoltura, desenfado, desparpajo.
desinència [dəzinɛ́nsiə] *f.* GRAM. Desinencia.
desinfecció [dəzimfəksió] *f.* Desinfección.
desinfectant [dəzimfəktán] *a.-m.* Desinfectante.
desinfectar [dəzimfəktá] *t.* Desinfectar.
desinflamar [dəzimfləmá] *t.* Desinflamar.
desinflament [dəzimfləmén] *m.* Deshinchadura.
desinflar [dəzimflá] *t.-prnl.* Deshinchar, desinflar.
desinflor [dəzimfló] *f.* V. DESINFLAMENT.
desintegració [dəzintəɣrəsió] *f.* Desintegración.
desintegrar [dəzintəɣrá] *t.-prnl.* Desintegrar.
desinterès [dəzintərɛ́s] *m.* Desinterés.
desinteressar [dəzintərəsá] *t.-prnl.* Desinteresar.
desinteressat, -ada [dəzintərəsát, -áðə] *a.* Desinteresado.
desistiment [dəzistimén] *m.* Desistimiento, dejamiento, dejación.
desistir [dəzisti] *i.* Desistir.
desitjable [dəzidʒábblə] *a.* Deseable.
desitjar [dəzidʒá] *t.* Desear, apetecer.
desitjós, -osa [dəzidʒós, -ózə] *a.* Deseoso, ganoso.
desjunyir [dəʒuɲi] *t.-prnl.* Desuncir.
deslligar is below; **deslaçar** [dəzʎəsá] *t.* Desenlazar.
deslleial [dəzʎəjál] *a.* Desleal.
deslleialtat [dəzʎəjəltát] *f.* Deslealtad.
deslletament [dəzʎətəmén] *m.* Destete.
deslletar [dəzʎətá] *f.* Destetar.
deslligament [dəzʎiɣəmén] *m.* Desatadura.
deslligar [dəzʎiɣá] *t.* Desatar, desligar, desliar, soltar.
deslliurador, -ra [dəzʎiŭrəðó, -rə] *a., m.-f.* Libertador.
deslliurament [dəzʎiŭrəmén] *m.* Liberación, libramiento. *2* Parto, alumbramiento.
deslliurança [dəzʎiŭránsə] *f.* Liberación.
deslliurar [dəzʎiŭrá] *t.* Librar, liberar, libertar. *2* Alumbrar, dar a luz.
deslloar [dəzʎuá] *t.* Desalabar, vituperar.
desllogar [dəzʎuɣá] *t.-prnl.* Desalquilar.
desllorigador [dəzʎuriɣəðó] *m.* ANAT. Coyuntura. *2* Solución.
desllorigar [dəzʎuriɣá] *t.-prnl.* Dislocar, descoyuntar.
deslluïment [dəzʎuimén] *m.* Deslucimiento, deslustre, desdoro.
deslluir [dəzʎui] *t.-prnl.* Deslucir, deslustrar, desdorar, ajar.
deslluït, -ïda [dəzʎuit, -idə] *a.* Deslucido, raído.
desllustrar [dəzʎustrá] *t.* Deslustrar.
desmai [dəzmáĭ] *m.* Desmayo, soponcio, deliquio. *2* BOT. Sauce llorón.
desmaiar [dəzməjá] *i.-prnl.* Desmayar.

desmamament [dəzməməmén] *m.* Destete.
desmamar [dəzməmá] *t.* Destetar.
desmanec [dəzmənék] *m.* Descompostura.
desmanegar [dəzmənəγá] *t.-prnl.* Desmangar. 2. Descomponer, desbaratar, desorganizar.
desmanegat, -ada [dəzmənəγát, -áðə] *a.* Desmangado. 2. Descompuesto, deshilvanado.
desmantellar [dəzməntəʎá] *t.* Desmantelar.
desmantellat, -ada [dəzməntəʎát, -áðə] *a.* Desmantelado.
desmarcar [dəzmərká] *t.-prnl.* Desmarcar.
desmarxat, -ada [dəzmərʃát, -áðə] *a.* Descompuesto, destartalado.
desmembrar [dəzməmbrá] *t.-prnl.* Desmembrar.
desmemoriar-se [dəzməmuriársə] *prnl.* Desmemoriarse, trascordarse.
desmemoriat, -ada [dəzməmuriát, -áðə] *a., m.-f.* Desmemoriado.
desmenjament [dəzmənʒəmén] *m.* Desgana.
desmenjar-se [dəzmənʒársə] *prnl.* Desganarse.
desmenjat, -ada [dəzmənʒát, -áðə] *a.* Desganado, inapetente. *2* Desaborido, desdeñoso.
desmentiment [dəzməntimén] *m.* Desmentida, mentís.
desmentir [dəzmənti] *t.* Desmentir. ¶ CONJUG. INDIC. Pres.: ***desment*** o ***desmenteix***.
desmerèixer [dəzmərέʃə] *i.-t.* Desmerecer. ¶ CONJUG. como ***merèixer***.
desmèrit [dəzmέrit] *m.* Desmerecimiento.
desmesura [dəzməzúrə] *f.* Desmesura, desmán.
desmesurat, -ada [dəzməzurát, -áðə] *a.* Desmesurado, desmedido, descomedido.
desmillorar [dəzmiʎurá] *t.-prnl.* Desmejorar.
desmillorat, -ada [dezmiʎurát, -áðə] *a.* Trasnochado.
desmobilitzar [dəzmuβilidzá] *t.* Desmovilizar.
desmoblar [dəzmubblá] *t.* Desamueblar, desamoblar.
desmoralitzar [dəzmurəlidzá] *t.-prnl.* Desmoralizar.
desmudar [dəzmuðá] *t.-prnl.* Cambiar el vestido nuevo por otro cotidiano.
desmuntar [dəzmuntá] *t.* Desmontar. *2* Desarmar.
desmuntatge [dəzmuntádʒə] *m.* Desmontaje.
desnarigat, -ada [dəznəriγát, -áðə] *a.* Desnarigado.
desnatar [dəznətá] *t.* Desnatar.
desnaturalitzar [dəznəturəlidzá] *t.* Desnaturalizar.
desnaturalitzat, -ada [dəznəturəlidzát, -áðə] *a.* Desnaturalizado.
desnerit, -ida [dəznərit, -iðə] *a.* Desmedrado, desmirriado, enclenque.
desniar [dəzniá] *t.-i.* Desanidar.
desnivell [dəzniβéʎ] *m.* Desnivel.
desnivellar [dəzniβəʎá] *t.-prnl.* Desnivelar.
desnonament [dəznunəmén] *m.* Desahucio.
desnonar [dəznuná] *t.* Desahuciar.
desnuar [dəznuá] *t.-prnl.* Desanudar.
desnucar [dəznuká] *t.* Desnucar.
desnutrició [dəznutrisió] *f.* Desnutrición.
desobediència [dəzuβəðiέnsiə] *f.* Desobediencia.
desobedient [dəzuβəðién] *a.* Desobediente, malmandado.
desobeir [dəzuβəi] *t.* Desobedecer.
desobstruir [dəzupstrui] *t.* Desobstruir.
desocupació [dəzukupəsió] *f.* Desocupación. *2* Desempleo.
desocupar [dəzukupá] *t.* Desocupar.
desocupat, -ada [dəzukupát, -áðə] *a.* Desocupado.
desoir [dəzui] *t.* Desoír.
desolació [dəzuləsió] *f.* Desolación.
desolador, -ra [dəzuləðó, -rə] *a.* Desolador.
desolar [dəzulá] *t.* Desolar.
desolat, -ada [dəzulát, -áðə] *a.* Desolado.
desorbitar [dəzurβitá] *t.-prnl.* Desorbitar.
desorbitat, -ada [dəzurβitát, -áðə] *a.* Desorbitado.
desordenar [dəzurðəná] *t.* Desordenar.
desordenat, -ada [dəzurðənát, -áðə] *a.* Desordenado.
desordre [dəzórðrə] *m.* Desorden.
desorganització [dəsurγənidzəzió] *f.* Desorganización.
desorganitzar [dəzurγənidzá] *t.* Desorganizar.
desori [dəzɔ́ri] *m.* Bochinche, desorden, desbarajuste, disloque.
desorientació [dəzuriəntəsió] *f.* Desorientación.
desorientar [dəzuriəntá] *t.-prnl.* Desorientar.
desorientat, -ada [dəzuriəntát, -áðə] *a.* Desorientado.
desossar [dəzusá] *t.* Deshuesar.
desoxidar [dəzuksiðá] *t.* Desoxidar.

desparar [dəspərá] *t.* Sacar aquello con que está dispuesta o presentada una cosa. ‖ ~ ***la taula,*** levantar los manteles.
desparellar [dəspərəʎá] *t.* Desaparejar, desaparear.
despariar [dəspəriá] *t.-prnl.* Desemparejar, desaparejar.
despariat, -ada [dəspəriát, -áðə] *a.* Desparejado.
despurió, -ona [dəspərió, -ónə] *a.* Desparejo, dispar.
desparionar [dəspəriuná] *t.* Desparejar, desaparear.
despassar [dəspəsá] *t.-prnl.* Despasar.
despatx [dəspátʃ] *m.* Despacho.
despatxar [dəspətʃá] *t.* Despachar, aviar, despedir.
despectiu, -iva [dəspəktiŭ, -íβə] *a.* Despectivo.
despectivament [dəspəktiβəmén] *adv.* Despectivamente.
despendre [dəspéndrə] *t.* Gastar, despender. ¶ Conjug. como ***ofendre.***
despenjar [dəspənʒá] *t.-prnl.* Descolgar.
despentinar [dəspəntiná] *t.-prnl.* Despeinar, desgreñar.
despenyar [dəspəɲá] *t.* Despeñar.
desperfecte [dəspərfέktə] *m.* Desperfecto.
despert, -ta [dəspέr(t), -tə] *a.* Despierto. *2* Listo, sagaz.
despertador [dəspərtəðó] *m.* Despertador.
despertar [dəspərtá] *t.-prnl.* Despertar.
despesa [dəspέzə] *f.* Gasto. *2 pl.* Expensas.
despietat [dəspiətát] *f.* Impiedad.
despietat, -ada [dəspiətát, -áðə] *a.* Despiadado, desapiadado.
despintar [dəspintá] *t.-prnl.* Despintar.
despistament [dəspistəmén] *m.* Despiste.
despistar [dəspistá] *t.-prnl.* Despistar.
despit [dəspít] *m.* Despecho.
despitós, -osa [dəspitós, -ózə] *a.* Despechado.
desplaçament [dəspləsəmén] *m.* Desplazamiento.
desplaçar [dəspləsá] *t.* Desplazar.
desplaent [dəspləén] *a.* Desagradable, desapacible.
desplantar [dəspləntá] *t.* Desplantar.
desplaure [dəspláŭrə] *i.* Desplacer, desagradar. ¶ Conjug. como ***plaure.***
desplegament [dəspləɣəmén] *m.* Despliegue.
desplegar [dəspləɣá] *t.* Desplegar. *2* Largar (velas), tender.
desplomar [dəsplumá] *t.-prnl.* Desplomar.
despoblació [dəspubbləsió] *f.* Despoblación.
despoblament [dəspubbləmén] *m.* Despoblación.
despoblar [dəspubblá] *t.-prnl.* Despoblar.
despoblat, -ada [dəspubblát, -áðə] *a.-m.* Despoblado.
desponcellar [dəspunsəʎá] *t.* Desflorar, desvirgar.
despondre's [dəspɔ́ndrəs] *prnl.* Dejar de poner las gallinas.
desposseir [dəspusəi] *t.* Desposeer, despojar.
despossessió [dəspusəsió] *f.* Desposeimiento.
dèspota [dέsputə] *m.* Déspota.
despòtic, -ca [dəspɔ́tik, -kə] *a.* Despótico.
despotisme [dəsputizmə] *m.* Despotismo.
desprendre [dəspéndrə] *t.-prnl.* Desprender. *2 prnl.* Despegarse, desprenderse, desapegarse. ¶ Conjug. como ***aprendre.***
desprendiment [dəsprəndimén] *m.* Desprendimiento.
despreocupació [dəsprəukupəsió] *f.* Despreocupación.
despreocupar-se [dəsprəukupársə] *prnl.* Despreocuparse.
despreocupat, -ada [dəsprəukupát, -áðə] *a.* Despreocupado.
després [dəsprés] *adv.* Después, luego. ‖ ~ ***de,*** tras.
desprès, -esa [dəsprέs, -έzə] *a.* Desprendido.
desprestigi [dəsprəstiʒi] *m.* Desprestigio.
desprestigiar [dəsprəstiʒiá] *t.-prnl.* Desprestigiar.
desprevingut, -uda [dəsprəβiŋgút, -úðə] *a.* Desprevenido, desapercibido. ‖ ***Agafar ~,*** coger descuidado.
desproporció [dəsprupursió] *f.* Desproporción.
desproporcionar [dəsprupursiuná] *t.* Desproporcionar.
desproporcionat, -ada [dəsprupursiunát, -áðə] *a.* Desproporcionado.
despropòsit [dəsprupɔ́zit] *m.* Despropósito.
desproveir [dəspruβəi] *t.* Desproveer.
desproveït, -ïda [dəspruβəit, -íðə] *a.* Desprovisto, desapercibido.
despulla [dəspúʎə] *f.* Despojo. *2 pl.* Restos.
despullament [dəspuʎəmén] *m.* Despojo.
despullar [dəspuʎá] *t.-prnl.* Desnudar. *2* Despojar (desposeer).
despullat, -ada [dəspuʎát, -áðə] *a.* Desnudo. *2* En porreta.
despuntar [dəspuntá] *t.* Despuntar.

desqualificació [dəskwəlifikəsió] *f.* Descalificación.
desqualificar [dəskwəlifiká] *t.* Descalificar.
desraó [dəzrrəó] *f.* Sinrazón.
desrovellar [dəzrruβəʎá] *t.* Desenmohecer.
dessabor [dəsəβór] *m.-f.* Sinsabor, desabor.
dessagnar [dəsəŋná] *t.-prnl.* Desangrar.
dessalar [dəsəlá] *t.* Desalar.
dessecació [dəsəkəsió] *f.* Desecación.
dessecar [dəsəká] *t.-prnl.* Desecar.
dessegellar [dəsəʒəʎá] *t.* Desellar.
dessobre (al) [dəsóβrə] loc. Sobre, encima.
dessoldar [dəsuldá] *t.* Desoldar.
dessota (al) [dəsótə] loc. Bajo, debajo.
dessoterrar [dəsutərrá] *t.-prnl.* Desenterrar.
dessuar [dəsuá] *t.-prnl.* Desudar.
destacament [dəstəkəmén] *m.* Destacamento.
destacar [dəstəká] *t.* Destacar.
destalonar [dəstəluná] *t.* V. ESTALONAR.
destapar [dəstəpá] *t.-prnl.* Destapar. *2* Descorchar.
destarotament [dəstərutəmén] *m.* Desconcierto.
destarotar [dəstərutá] *t.* Desconcertar, desatinar.
desteixir [dəstəʃí] *t.* Destejer.
destemprança [dəstəmpránsə] *f.* Destemplanza.
destenyir [dəstəɲí] *t.-prnl.* Desteñir.
desterrament [dəstərrəmén] *m.* Destierro, exilio.
destí [dəstí] *m.* Destino.
destil·lació [dəstiləsió] *f.* Destilación.
destil·lador, -ra [dəstiləðó, -rə] *a.-m.* Destilador.
destil·lar [dəstilá] *t.* Destilar.
destil·leria [dəstilərí̱ə] *f.* Destilería.
destinació [dəstinəsió] *f.* Destinación.
destinar [dəstiná] *t.* Destinar.
destinatari, -ària [dəstinətári, -áriə] *m.-f.* Destinatario.
destitució [dəstitusió] *f.* Destitución.
destituir [dəstituí] *t.* Destituir.
destorb [dəstórp] *m.* Estorbo, tropiezo, embarazo, cortapisa, engorro, entorpecimiento, empacho.
destorbar [dəsturβá] *t.* Estorbar, entorpecer, empachar.
destra [déstrə] *f.* Diestra, derecha. ‖ ***A ~ i a sinistra,*** a diestro y siniestro.
destral [dəstrál] *f.* Hacha, segur. ‖ ***Cop de ~,*** hachazo.
destralada [dəstrəláðə] *f.* Hachazo.
destraler [dəstrəlé] *m.* Leñador. *2* Tragaldabas.
destraló [dəstrəló] *m.* Destral.
destrament [dęstramén] *adv.* Diestramente.
destravar [dəstrəβá] *t.-prnl.* Destrabar.
destre, -tra [déstrə, -trə] *a.* Diestro. *2* Certero.
destrempament [dəstrəmpəmén] *m.* Destemple.
destrempar [dəstrəmpá] *t.-prnl.* Destemplar.
destrenar [dəstrəná] *t.-prnl.* Destrenzar.
destresa [dəstrɛ́zə] *f.* Destreza.
destret [dəstrét] *m.* Apuro, aprieto, atolladero, premura, brete.
destriament [dəstriəmén] *m.* Separación, deslinde.
destriar [dəstriá] *t.* Separar, deslindar.
destrompassar [dəstrumpəsá] *t.* Salvar un obstáculo con un salto.
destronar [dəstruná] *t.* Destronar.
destrossa [dəstrɔ́sə] *f.* Destrozo.
destrossador, -ra [dəstrusəðó, -rə] *a.* Destrozador.
destrossar [dəstrusá] *t.* Destrozar.
destrucció [dəstruksió] *f.* Destrucción, estrago.
destructiu, -iva [dəstruktíu, -íβə] *a.* Destructivo.
destructor, -ra [dəstruktó, -rə] *a., m.-f.* Destructor.
destruir [dəstruí] *t.* Destruir, derrotar, dar al traste con.
desuet, -ta [d60puətút] *f.* Desuso.
desullar [dəzuʎá] *t.-prnl.* Desojar.
desunió [dəzunió] *f.* Desunión.
desunir [dəzuní] *t.-prnl.* Desunir.
desús [dəzús] *m.* Desuso.
desusat, -ada [dəzuzát, -áðə] *a.* Desusado.
desvagament [dəzβəɣəmén] *m.* Holganza.
desvagat, -ada [dəzβəɣát, -áðə] *a.* Holgado, parado, desocupado.
desvalgut, -uda [dəzβəlɣút, -úðə] *a.* Desvalido.
desvalisar [dəzβəlizá] *t.* Desvalijar.
desvalorar [dəzβəlurá] *t.* Desvalorizar.
desvari [dəzβári] *m.* Desvarío, devaneo.
desvariar [dəzβəriá] *i.* Desvariar, devanear.
desvariejar [dəzβəriəʒá] *i.* Desvariar, devanear.
desventura [dəzβəntúrə] *f.* Desventura.
desventurat, -ada [dəzβənturát, -áðə] *a.* Desventurado.
desvergonyiment [dəzβərɣuɲimén] *m.* Desvergüenza, desfachatez, descaro, descoco, avilantez, desuello.

desvergonyir-se [ðəzβaryuŋírsə] *prnl.* Desvergonzarse, descocarse.
desvergonyit, -ida [dəzβəryuɲit, -iðə] *a.* Desvergonzado, sinvergüenza, descocado, desfachatado.
desvestir [dəzβəsti] *t.* Desvestir.
desvetllament [dəzβətʎəmén] *m.* Desvelo.
desvetllar [dəzβətʎá] *t.-prnl.* Desvelar. *2* Despertar.
desvetllat, -ada [dəzβətʎát, -áðə] *a.* Desvelado.
desviació [dəzβiəsió] *f.* Desviación.
desviament [dəzβiəmén] *m.* Desvío, desviación.
desviar [dəzβiá] *t.-prnl.* Desviar.
desvirtuar [dəzβirtuá] *t.* Desvirtuar.
***desviure's** [dəzβiŭrəs] *prnl.* Desvivirse.
desxifrable [dəʃifrábblə] *a.* Descifrable.
desxifrar [dəʃifrá] *t.* Descifrar.
detall [dətáʎ] *m.* Detalle, pormenor. ‖ ***Al ~***, al por menor, al menudeo.
detallar [dətəʎá] *t.* Detallar.
detallista [dətəʎístə] *m.-f.* Detallista.
detectiu [dətəktiŭ] *m.* Detective.
detector [dətəktó] *m.* Detector.
detenció [dətənsió] *f.* Detención.
deteniment [dətənimén] *m.* Detención.
detenir [dətəni] *t.-prnl.* Detener. *2* Detentar. ¶ CONJUG. como ***obtenir***.
detentor, -ra [dətəntó, -rə] *m.-f.* Detentador.
detergent [dətərʒén] *a.-m.* Detergente.
deterioració [dətəriurəsió] *f.* Deterioro, deterioración.
deteriorament [dətəriurəmén] *m.* Deterioro.
deteriorar [dətəriurá] *t.-prnl.* Deteriorar.
determinació [dətərminəsió] *f.* Determinación.
determinant [dətərminán] *a.-m.* Determinante.
determinar [dətərminá] *t.-prnl.* Determinar.
determinat, -ada [dətərminát, -áðə] *a.* Determinado, decidido.
determinatiu, -iva [dətərminətiŭ, -iβə] *a.* Determinativo.
determíni [dətərmini] *m.* Determinación.
determinisme [dətərminizmə] *m.* Determinismo.
detestable [dətəstábblə] *a.* Detestable.
detestar [dətəstá] *t.* Detestar.
detingudament [dətiŋguðəmén] *adv.* Detenidamente.
detingut, -uda [dətingút, -úðə] *a., m.-f.* Detenido.
detonació [dətunəsió] *f.* Detonación.
detonant [dətunán] *a.* Detonante, detonador.
detonar [detuná] *i.* Detonar.
detracció [dətrəksió] *f.* Detracción.
detractar [dətrəktá] *t.* Detractar.
detractor, -ra [dətrəktó, -rə] *m.-f.* Detractor.
detriment [dətrimén] *m.* Detrimento.
detritus [dətritus] *m.* Detrito.
deturar [dəturá] *t.-prnl.* Detener.
deu [dέu] *a.-m.* Diez.
deu [dέu] *f.* Manantial, venero.
Déu [déu] *m.* Dios. ‖ ***Gràcies a ~***, a Dios gracias. ‖ ***Ajudant ~***, Dios mediante. ‖ ***Per ~!***, ¡Pardiez! ‖ ***~ meu!***, ¡Dios mío!
deure [dέŭrə] *a.* Deber. *2* Debe.
deure [dέŭrə] *t.* Deber, adeudar. ¶ CONJUG. GER.: ***devent.*** ‖ P. P.: ***degut.*** ‖ INDIC. Pres.: ***dec.*** ‖ SUBJ. Pres.: ***degui,*** etc. | Imperf.: ***degués,*** etc.
deute [dέŭtə] *m.* Deuda, débito.
deutor, -ra [dəŭtó, -rə] *a., m.-f.* Deudor.
devastació [dəβəstəsió] *f.* Devastación.
devastador, -ra [dəβəstəðó, -rə] *a., m.-f.* Devastador.
devastar [dəβəstá] *t.* Devastar, arrollar.
devers [dəβέrs] *prep.* Hacia.
devessa [dəβέzə] *f.* Dehesa, soto.
devesall [dəβəsáʎ] *m.* Raudal, derroche.
devoció [dəβusió] *f.* Devoción.
devocionari [dəβusiunári] *m.* Devocionario.
devolució [dəβulusió] *f.* Devolución.
devorador, -ra [dəβurəðó, -rə] *a., m.-f.* Devorador.
devorar [dəβurá] *t.* Devorar.
devot, -ta [dəβɔ́t, -tə] *a.* Devoto, pío.
devotament [dəβɔ̀təmén] *adv.* Devotamente.
dia [diə] *m.* Día. ‖ ***Bon ~***, buenos días.
diabètic, -ca [diəβέtik, -kə] *a., m.-f.* Diabético.
diabetis [diəβέtis] *f.* MED. Diabetes.
diable [diábblə] *m.* Diablo, diablejo, demonio.
diableria [diəbbləriə] *f.* Diablura.
diablessa [diəbblέsə] *f.* Diablesa.
diabló [diəbbló] *m.* Diablillo.
diabòlic, -ca [diəβɔ́lik, -kə] *a.* Diabólico.
diaca [diákə] *m.* Diácono.
diaconat [diəkunát] *m.* Diaconato.
diaconessa [diəkunέsə] *f.* Diaconisa.
diada [diáðə] *f.* Festividad. *2* Jornada.
diadema [diəðέmə] *f.* Diadema.
diàfan, -na [diáfən, -nə] *a.* Diáfano.
diafragma [diəfráŋmə] *m.* ANAT. Diafragma.
diagnòstic, -ca [diəŋnɔ́stik, -kə] *a.-m.* Diagnóstico.
diagnosticar [diəŋnustiká] *t.* Diagnosticar.

diagonal [diəɣunál] *a.-f.* Diagonal.
diagrama [diəɣrámə] *m.* Diagrama.
dialectal [diələktál] *a.* Dialectal.
dialecte [diəlɛ́ktə] *m.* Dialecto.
dialèctic, -ca [diəlɛ́ktik, -kə] *a., m.-f.* Dialéctico. *2 f.* Dialéctica.
diàleg [diálək] *m.* Diálogo.
diàlisi [diálizi] *f.* Diálisis.
dialogar [diəluɣá] *i.-t.* Dialogar.
diamant [diəmán] *m.* Diamante.
diamantí, -ina [diəmənti, -inə] *a.* Diamantino.
diametral [diəmətrál] *a.* Diametral.
diàmetre [diámətrə] *m.* Diámetro.
diana [diánə] *f.* Diana.
diantre [diántrə] *m.-interj.* fam. Diantre, demontre.
diapasó [diəpəzó] *m.* MÚS. Diapasón.
diapositiva [diəpuzitiβə] *f.* Diapositiva.
diari, -ària [diári, -áriə] *a.-m.* Diario.
diàriament [diąriəmén] *adv.* Diariamente.
diarrea [diərrɛ́ə] *f.* MED. Diarrea.
diàstole [diástulə] *f.* MED. Diástole.
diastre [diástrə] *m.-interj.* fam. Diantre.
diatriba [diətriβə] *f.* Diatriba.
dibuix [diβúʃ] *m.* Dibujo.
dibuixant [diβuʃán] *m.-f.* Dibujante.
dibuixar [diβuʃá] *t.* Dibujar.
dic [dik] *m.* Dique.
dicció [diksió] *f.* Dicción.
diccionari [diksiunári] *m.* Diccionario.
dicotiledoni, -ònia [dikutiləðɔ́ni, -ɔ́niə] *a.* BOT. Dicotiledóneo. *2 f.* Dicotiledónea.
dicotomia [dikutumiə] *f.* Dicotomía.
dictador [diktəðó] *m.* Dictador.
dictadura [diktəðúrə] *f.* Dictadura.
dictamen [diktámən] *m.* Dictamen.
dictaminar [diktəminá] *i.* Dictaminar.
dictar [diktá] *t.* Dictar.
dictat [diktát] *m.* Dictado.
dictatorial [diktəturiál] *a.* Dictatorial.
dicteri [diktéri] *m.* Dicterio.
dida [diðə] *f.* Nodriza. ‖ ***Engegar a ~***, mandar a freír espárragos.
didàctic, -ca [diðáktik, -kə] *a.* Didáctico. *2 f.* Didáctica.
didal [diðál] *m.* Didal, dedil.
diedre [diɛ́ðrə] *a.-m.* Diedro.
dièresi [diérəzi] *f.* GRAM. Diéresis.
dieta [diɛ́tə] *f.* Dieta.
dietari [diətári] *m.* Dietario.
difamació [difəməsió] *f.* Difamación.
difamador, -ra [difəməðó, -rə] *a., m.-f.* Difamador.
difamant [difəmán] *a.* Difamante.
difamar [difəmá] *t.* Difamar.
diferència [difərɛ́nsiə] *f.* Diferencia.
diferencial [difərənsiál] *a.-m.* Diferencial. *2 f.* MAT. Diferencial.
diferenciar [difərənsiá] *t.* Diferenciar.
diferent [difərén] *a.* Diferente, dispar.
diferir [difəri] *i.-t.* Diferir.
difícil [difisil] *a.* Difícil, peliagudo, morrocotudo.
dificultar [difikultá] *t.* Dificultar, entorpecer.
dificultat [difikultát] *f.* Dificultad.
dificultós, -osa [difikultós, -ózə] *a.* Dificultoso.
difondre [difóndrə] *t.-prnl.* Difundir. ¶ CONJUG. como ***confondre.***
diforme [difɔ́rmə] *a.* Disforme.
diformitat [difurmitát] *f.* Deformidad, disformidad.
diftèria [diftériə] *f.* MED. Difteria.
diftong [diftóŋ] *m.* GRAM. Diptongo.
difunt, -ta [difún, -tə] *a., m.-f.* Difunto.
difús, -usa [difús, -úzə] *a.* Difuso.
difusió [difuzió] *f.* Difusión.
digerible [diʒəribblə] *a.* Digerible.
digerir [diʒəri] *t.* Digerir.
digestió [diʒəstió] *f.* Digestión.
digestiu, -iva [diʒəstiu, -iβə] *a.-m.* Digestivo.
dígit [diʒit] *a.-m.* Dígito.
digital [diʒitál] *a.* Digital.
dignar-se [diŋnársə] *prnl.* Dignarse.
dignatari [diŋnətári] *m.* Dignatario.
digne, -na [diŋnə, -nə] *a.* Digno.
dignificar [diŋnifiká] *t.-prnl.* Dignificar.
dignitat [diŋnitát] *f.* Dignidad.
dijous [diʒɔ́ŭs] *m.* Jueves.
dilació [diləsió] *f.* Dilación.
dilapidar [diləpiðá] *t.* Dilapidar.
dilatació [dilətəsió] *f.* Dilatación.
dilatar [dilətá] *t.-prnl.* Dilatar.
dilatat, -ada [dilətát, -áðə] *a.* Dilatado, lato.
dilatori, -òria [dilətɔ́ri, -ɔ́riə] *a.* Dilatorio.
dilecte, -ta [dilɛ́ktə, -tə] *a.* Dilecto.
dilema [dilɛ́mə] *m.* Dilema.
diletant [dilətán] *m.-f.* Diletante.
diligència [diliʒɛ́nsiə] *f.* Diligencia.
diligent [diliʒén] *a.* Diligente.
dilluns [diʎúns] *m.* Lunes.
dilucidar [dilusiðá] *t.* Dilucidar.
dilució [dilusió] *f.* Dilución.
diluir [dilui] *t.* Diluir.
diluvi [dilúβi] *m.* Diluvio.
diluviar [diluβiá] *i.* Diluviar.
dimanar [dimənà] *i.* Dimanar.
dimarts [dimárs] *m.* Martes.
dimecres [dimékrəs] *m.* Miércoles.
dimensió [dimənsió] *f.* Dimensión.
diminut, -uta [diminút, -útə] *a.* Diminuto.
diminutiu, -iva [diminutiu, -iβə] *a.* Diminutivo.

dimissió [dimisió] *f.* Dimisión.
dimissionari, -ària [dimisiunári, -áriə] *a.* Dimisionario.
dimitent [dimitén] *a.* Dimitente.
dimitir [dimití] *i.* Dimitir.
dimoni [dimɔ́ni] *m.* Demonio, pateta.
dinada [dináðə] *f.* Comida, banquete.
dinàmic, -ca [dinámik, -kə] *a.* Dinámico. *2 f.* Dinámica.
dinamisme [dinəmízmə] *m.* Dinamismo.
dinamita [dinəmítə] *f.* Dinamita.
dinamo [dinámu] *f.* Dínamo.
dinamòmetre [dinəmɔ́mətrə] *m.* Dinamómetro.
dinar [diná] *i.* Comer, almorzar.
dinar [diná] *m.* Comida, almuerzo.
dinasta [dinástə] *m.* Dinasta.
dinastia [dinəstíə] *f.* Dinastía.
diner [diné] *m.* Dinero. *2 pl.* Cuartos, dinero, monises. ‖ ***Tenir ~,*** tener monises.
dineral [dinərál] *m.* Dineral, platal.
dinou [dinóŭ] *a.-m.* Diecinueve.
dinovè, -ena [dinuβέ, -έnə] *a.* Decimonoveno, decimonono. *2 a.-m.* Decimonueveavo.
dins [dins] *prep.-adv.* Dentro. ‖ ***~ seu,*** por sus adentros.
diocesà, -ana [diusəzá, -ánə] *a.* Diocesano.
diòcesi [diósəzi] *f.* Diócesis.
diòptria [diɔ́ptriə, col. diuptríə] *f.* Dioptría.
diorama [diurámə] *m.* Diorama.
diploma [diplómə] *m.* Diploma.
diplomàcia [diplumásiə] *f.* Diplomacia.
diplomàtic, -ca [diplumátik, -kə] *a.* Diplomático. *2 f.* Diplomática.
dipòsit [dipɔ́zit] *m.* Depósito.
dipositar [dipuzitá] *t.* Depositar. *2 prnl.* Depositarse, sedimentar.
dipositari, -ària [dipuzitári, -áriə] *a., m.-f.* Depositario.
dipsomaníac, -ca [dipsumәníək, -kə] *a., m.-f.* Dipsomaníaco.
dípter [díptər] *a.-m.* Díptero.
díptic [díptik] *m.* Díptico.
diputació [diputəsió] *f.* Diputación.
diputar [diputá] *t.* Diputar.
diputat [diputát] *m.* Diputado.
dir [di] *t.* Decir. *2 prnl.* Llamarse. *3 impers.* Rumorearse. ‖ ***Sense ~ ni piu,*** sin chistar. ‖ ***És a ~,*** es decir. ‖ ***Més ben dit,*** por mejor decir. ‖ ***~ que no,*** decir nones. ¶ CONJUG. GER.: ***dient.*** ‖ P. P.: ***dit.*** ‖ INDIC. Pres.: ***dic, dius, diu, diuen.*** | Imperf.: ***deia, deies,*** etc. ‖ SUBJ. Pres.: ***digui,*** etc. | Imperf.: ***digués,*** etc. ‖ IMPERAT.: ***digues.***
dir [di] *m.* Decir.
direcció [dirəksió] *f.* Dirección. *2* Jefatura.
directe, -ta [dirέktə, -tə] *a.* Directo.
directiu, -iva [dirəktíŭ, -íβə] *a.* Directivo.
director, -ra [dirəktó, -rə] *m.-f.* Director.
directori [dirəktɔ́ri] *m.* Directorio.
directriu [dirəktríŭ] *f.* GEOM. Directriz.
dirigent [diriʒén] *a., m.-f.* Dirigente.
dirigible [diriʒíbblə] *a.-m.* Dirigible.
dirigir [diriʒ] *t.-prnl.* Dirigir.
diriment [dirimén] *a.* Dirimente.
dirimir [dirimí] *t.* Dirimir.
disbarat [dizβərát] *m.* Disparate, dislate, desatino, desaguisado, patochada. *2* Porrada.
disbauxa [dizβáŭʃə] *f.* Orgía, desenfreno, libertinaje, juerga.
disc [disk] *m.* Disco.
discerniment [disərnimén] *m.* Discernimiento.
discernir [disərní] *t.* Discernir.
disciplina [disiplínə] *f.* Disciplina.
disciplinar [disipliná] *t.* Disciplinar.
disciplinari, -ària [disiplinári, -áriə] *a.* Disciplinario.
discòbol [diskɔ́βul] *m.* Discóbolo.
díscol, -la [dískul, -lə] *a.* Díscolo.
disconformitat [diskumfurmitát] *f.* Disconformidad.
discontinu, -ínua [diskuntínu, -ínuə] *a.* Discontinuo.
discontinuïtat [diskuntinuitát] *f.* Discontinuidad.
discordança [diskurðánsə] *f.* Discordancia.
discordant [diskurðán] *a.* Discordante. *2* Discorde.
discordar [diskurðá] *i.* Discordar.
discorde [diskɔ́rðə] *a.* Discorde.
discòrdia [diskɔ́rðiə] *f.* Discordia.
discórrer [diskórrə] *i.* Discurrir. ¶ CONJUG. como ***córrer.***
discreció [diskrəsió] *f.* Discreción.
discrecional [diskrəsiunál] *a.* Discrecional.
discrepància [diskrəpánsiə] *f.* Discrepancia.
discrepar [diskrəpá] *i.* Discrepar.
discret, -ta [diskrét, -tə] *a.* Discreto.
discriminació [diskriminəsió] *f.* Discriminación.
discriminar [diskriminá] *t.* Discriminar.
disculpa [diskúlpə] *f.* Disculpa.
disculpar [diskulpá] *t.-prnl.* Disculpar.
discurs [diskúrs] *m.* Discurso.
discursejar [diskursəʒá] *i.* Discursear.
discussió [diskusió] *f.* Discusión.
discutible [diskutíbblə] *a.* Discutible.

discutir [diskuti] *t.* Discutir.
disenteria [dizəntəriə] *f.* MED. Disentería.
disert, -ta [dizér(t), -tə] *a.* Diserto.
disfressa [disfrésə] *f.* Disfraz. *2* Enmascarado.
disfressar [disfrəsá] *t.-prnl.* Disfrazar, enmascarar.
disgregar [dizɣrəɣá] *t.-prnl.* Disgregar.
disgressió [dizɣrəsió] *f.* Disgresión.
disgust [dizɣús(t)] *m.* Disgusto. ‖ ***A*** **~**, a disgusto.
disgustar [dizɣustá] *t.-prnl.* Disgustar.
disíl·lab, -ba [disiləp, -βə] *a.* Bisílabo.
disjunció [diʒunsió] *f.* Disyunción.
disjuntiu, -iva [diʒuntiŭ, -iβə] *a.* Disyuntivo.
dislocació [dizlukəsió] *f.* Dislocación.
dislocar [dizluká] *t.-prnl.* Dislocar, descoyuntar.
disminució [dizminusió] *f.* Disminución.
disminuir [dizminuí] *i.-t.* Disminuir.
disparador [dispərəðó] *m.* Disparador.
disparar [dispərá] *t.* Disparar, tirar. *2* Poner en marcha.
disparitat [dispəritát] *f.* Disparidad.
dispendi [dispéndi] *m.* Dispendio.
dispendiós, -osa [dispəndiós, -ózə] *a.* Dispendioso.
dispensa [dispénsə] *f.* Dispensa.
dispensar [dispənsá] *t.* Dispensar.
dispensari [dispənsári] *m.* Dispensario.
dispers, -sa [dispérs, -sə] *a.* Disperso.
dispersar [dispərsá] *t.-prnl.* Dispersar.
dispersió [dispərsió] *f.* Dispersión.
dispesa [dispézə] *f.* Hospedaje, pensión, pupilaje, casa de huéspedes.
dispeser, -ra [dispəzé, -rə] *m.-f.* Hospedero, patrón.
displicència [displisénsiə] *f.* Displicencia.
displicent [displisén] *a.* Displicente.
dispnea [diznéə] *f.* MED. Disnea.
disponibilitat [disponiβilitát] *f.* Disponibilidad.
disponible [dispunibblə] *a.* Disponible.
disposar [dispuzá] *i.-t.-prnl.* Disponer.
disposat, -ada [dispuzát, -áðə] *a.* Dispuesto.
disposició [dispuzisió] *f.* Disposición. *2* Talante.
dispositiu, -iva [dispuzitiŭ, -iβə] *a.-m.* Dispositivo.
dispost, -ta [dispɔ́s(t), -tə] *a.* Dispuesto, presto.
disputa [dispútə] *f.* Disputa, contienda, escarapela, lío.
disputar [disputá] *i.-t.-prnl.* Disputar.
disquisició [diskizisió] *f.* Disquisición.
dissabte [disáptə] *m.* Sábado.
dissecar [disəká] *t.* Disecar.
dissecció [disəksió] *f.* Disección.
dissemblança [disəmblánsə] *f.* Desemejanza.
disseminar [disəminá] *t.-prnl.* Diseminar.
dissensió [disənsió] *f.* Disensión.
dissentiment [disəntimén] *m.* Disentimiento.
dissentir [disənti] *i.* Disentir.
disseny [disɛ́ɲ] *m.* Diseño.
dissenyar [disəɲá] *t.* Diseñar.
dissertació [disərtəsió] *f.* Disertación.
dissertar [disərtá] *i.* Disertar.
disset [disét] *a.-m.* Diecisiete.
dissetè, -ena [disətɛ́, -ɛ́nə] *a.* Decimoséptimo. *2 a.-m.* Diecisieteavo.
dissidència [disiðénsiə] *f.* Disidencia.
dissident [disiðén] *a.* Disidente.
dissimulació [disimuləsió] *f.* Disimulación, disimulo.
dissimulador, -ra [disimuləðó, -rə] *a.* Disimulador.
dissimular [disimulá] *t.-prnl.* Disimular.
dissimulat, -ada [disimulát, -áðə] *a.* Disimulado.
dissipació [disipəsió] *f.* Disipación.
dissipar [disipá] *t.-prnl.* Disipar.
dissipat, -ada [disipát, -áðə] *a.* Disipado.
dissociació [disusiəsió] *f.* Disociación.
dissociar [disusiá] *t.-prnl.* Disociar.
dissoldre [disɔ́ldrə] *t.-prnl.* Disolver. ¶ CONJUG. como ***absoldre***.
dissolt, -ta [disɔ́l(t), -tə] *a.* Disuelto.
dissolució [disulusió] *f.* Disolución.
dissolut, -ta [disulút, -tə] *a.* Disoluto.
dissolvent [disulβén] *a.-m.* Disolvente.
dissonància [disunánsiə] *f.* Disonancia.
dissonant [disunán] *a.* Disonante.
dissonar [disuná] *i.* Disonar.
dissort [disɔ́r(t)] *f.* Desdicha, malandanza.
dissortat, -ada [disurtát, -áðə] *a.* Desdichado.
dissuadir [disuəði] *t.* Disuadir.
dissuasió [disuəzió] *f.* Disuasión.
distància [distánsiə] *f.* Distancia.
distanciar [distənsiá] *t.* Distanciar.
distant [distán] *a.* Distante.
distar [distá] *i.* Distar.
distendre [disténdrə] *t.-prnl.* Distender. ¶ CONJUG. como ***atendre***.
distensió [distənsió] *f.* Distensión.
distinció [distinsió] *f.* Distinción.
distingir [distinʒi] *t.-prnl.* Distinguir.
distingit, -ida [distinʒit, -iðə] *a.* Distinguido.
distint, -ta [distin, -tə] *a.* Distinto.
distintiu, -iva [distintiu, -iβə] *a.* Distintivo.
distracció [distrəksió] *f.* Distracción.

distret, -ta [distrét, -tə] *a.* Distraído.
distreure [distréŭrə] *t.-prnl.* Distraer. ¶ CONJUG. como ***treure.***
distribució [distriβusió] *f.* Distribución.
distribuir [distriβuí] *t.* Distribuir.
distributiu, -iva [distriβutíŭ, -íβə] *a.* Distributivo.
districte [distríktə] *m.* Distrito.
disturbi [distúrβi] *m.* Disturbio.
dit [dit] *m.* Dedo. ‖ ~ ***gros,*** pulgar. ‖ ~ ***petit,*** meñique. ‖ ***Tenir-ho al cap dels dits,*** saber al dedillo.
dita [dítə] *f.* Dicho. *2* COM. Puja.
ditada [ditáðə] *f.* Mancha o huella de un dedo. *2* Dedada. *3* Golpe con el dedo.
diumenge [diŭménʒə] *m.* Domingo.
diumenger, -ra [diŭmənʒé, -ré] *a.* Dominguero.
diürètic, -ca [diurétik, -kə] *a.-m.* MED. Diurético.
diürn, -na [diúrn, -nə] *a.* Diurno.
diva [díβə] *f.* Diva.
divagació [diβəγəsió] *f.* Divagación.
divagar [diβəγá] *i.* Divagar.
divan [diβán] *m.* Diván.
divendres [diβéndrəs] *m.* Viernes.
divergència [diβərʒénsiə] *f.* Divergencia.
divergent [diβərʒén] *a.* Divergente.
divergir [diβərʒí] *i.* Divergir.
divers, -sa [diβérs, -sə] *a.* Diverso.
diversió [diβərsió] *f.* Diversión, jolgorio.
diversitat [diβərsitát] *f.* Diversidad.
divertiment [diβərtimén] *m.* Diversión, divertimento.
divertir [diβərtí] *t.-prnl.* Divertir.
divertit, -ida [diβərtít, -íðə] *a.* Divertido.
diví, -ina [diβí, -ínə] *a.* Divino.
dividend [diβiðén] *m.* MAT., COM. Dividendo.
dividir [diβiðí] *t.-prnl.* Dividir.
divinament [diβinəmén] *adv.* Divinamente.
divinitat [diβinitát] *f.* Divinidad.
divinització [diβinidzəsió] *f.* Divinización.
divinitzar [diβinidzá] *t.* Divinizar, endiosar.
divisa [diβízə] *f.* Divisa.
divisible [diβizíbblə] *a.* Divisible.
divisió [diβizió] *f.* División.
divisionari, -ària [diβiziunári, -áriə] *a.* Divisionario.
divisor [diβizó] *m.* Divisor.
divisori, -òria [diβizɔ́ri, -ɔ́riə] *a.* Divisorio.
divorci [diβɔ́rsi] *m.* Divorcio.
divorciar [diβursiá] *t.-prnl.* Divorciar.
divuit [diβúĭt] *a.-m.* Dieciocho.
divuitè, -ena [diβuĭté, -énə] *a.* Decimoctavo. *2 a.-m.* Dieciochavo.
divulgació [diβulγəsió] *f.* Divulgación.
divulgar [diβulγá] *t.-prnl.* Divulgar, vulgarizar.
do [dɔ] *m.* MÚS. Do.
do [dɔ] *m.* Don, dádiva.
dobla [dóbblə] *f.* NUMISM. Dobla.
doblament [dubbləmén] *m.* Doblamiento.
doblar [dubblá] *i.-t.-prnl.* Doblar.
doblatge [dubbládʒə] *m.* Doblaje.
doble [dóbblə] *a.-m.* Doble.
doblec [dubblék] *m.* Doblez, pliegue, dobladillo. *2* Repulgo.
doblegada [dubbləγáðə] *f.* Doblamiento.
doblegadís, -issa [dubbləγəðís, -ísə] *a.* Doblegadizo.
doblegar [dubbləγá] *t.-prnl.* Doblegar. *2* Doblar, plegar, repulgar, acodar, mimbrear.
dobler [dubblé] *m.* NUMISM. Doblón.
doc [dɔk] *m. angl.* Dock.
docent [dusén] *a.* Docente.
dòcil [dɔ́sil] *a.* Dócil.
docilitat [dusilitát] *f.* Docilidad.
docte, -ta [dɔ́ktə, -tə] *a.* Docto.
doctor, -ra [duktó, -rə] *m.-f.* Doctor.
doctorar [dukturá] *t.-prnl.* Doctorar.
doctorat [dukturát] *m.* Doctorado.
doctrina [duktrínə] *f.* Doctrina.
doctrinal [duktrinál] *a.* Doctrinal.
doctrinari, -ària [duktrinári, -áriə] *a., m.-f.* Doctrinario.
document [dukumén] *m.* Documento.
documentació [dukuməntəsió] *f.* Documentación.
documental [dukuməntál] *a.-m.* Documental.
documentar [dukuməntá] *t.-prnl.* Documentar.
dofí [dufí] *m.* Delfín.
dogal [duγál] *m.* Dogal.
dogma [dɔ́gmə] *m.* Dogma.
dogmàtic, -ca [dugmátik, -kə] *a.* Dogmático.
doina (en) [dɔ́ĭnə] loc. En danza, sin orden ni concierto.
dojo (a) [dóʒu] loc. En abundancia, a granel, a chorro, a todo pasto, a tutiplén.
dol [dɔl] *m.* Duelo. *2* Luto. *3* Dolo.
dòlar [dɔ́lər] *m.* Dólar.
dolç, -ça [dóls, -sə] *a.-m.* Dulce.
dolçaina [dulsáĭnə] *f.* MÚS. Dulzaina.
dolçament [dọlsəmén] *adv.* Dulcemente.
dolcesa [dulsézə] *f.* V. DOLÇOR.
dolçor [dulsó] *f.* Dulzura, dulzor, dulcedumbre.
doldre [dɔ́ldrə] *i.* Doler, saber mal. *2 prnl.* Dolerse, quejarse. ¶ CONJUG. como ***valer.***
dolença [dulénsə] *f.* Pena, aflicción.
dolent, -ta [dulén, -tə] *a.* Malo, dañado, maleante.

dolenteria [duləntəriə] *f.* Maldad. *2* Travesura.
doll [doʎ] *m.* Chorro, raudal. ‖ *a ~*, en abundancia, a chorro.
dolmen [dɔ̀lmən] *m.* Dolmen.
dolor [duló] *m.* Dolor.
dolorit, -ida [dulurit, -iðə] *a.* Dolorido.
dolorós, -osa [dulurós, -ózə] *a.* Doloroso.
dolós, -osa [dulós, -ózə] *a.* Doloso.
domador, -ra [duməðó, -rə] *m.-f.* Domador.
domadura [duməðúrə] *f.* Domadura, doma.
domar [dumá] *t.* Domar, domeñar.
domàs [dumás] *m.* Damasco. *2 pl.* Colgaduras.
domèstic, -ca [dumɛ́stik, -kə] *a., m.-f.* Doméstico.
domesticar [duməstiká] *t.* Domesticar.
domesticitat [duməsticitát] *f.* Domesticidad.
domicili [dumisíli] *m.* Domicilio.
domiciliar [dumisiliá] *t.* Domiciliar.
dominació [duminəsió] *f.* Dominación.
dominador, -ra [duminəðó, -rə] *a., m.-f.* Dominador.
dominant [duminán] *a.-f.* Dominante.
dominar [duminá] *i.-t.-prnl.* Dominar. *2* Domeñar.
domini [dumíni] *m.* Dominio.
dominic, -ca [duminík, -kə] *a., m.-f.* Dominico.
dominica [duminíkə] *f.* LITURG. Domínica.
dominicà, -ana [duminiká, -ánə] *a., m.-f.* Dominicano.
dominical [duminikál] *a.* Dominical.
dòmino [dɔ̀minu] *m. fr.* Dominó.
dona [dɔ̀nə] *f.* Mujer.
donable [dunábblə] *a.* Dable.
donació [dunəsió] *f.* Donación
donador, -ra [dunəðó, -rə] *a., m.-f.* Donador, dador.
donam [dunám] *m.* Mujerío.
donant [dunán] *a., m.-f.* Donante. ‖ ***Més-donant,*** pujador.
donar [duná] *t.-prnl.* Dar. *2* Donar. ‖ *~* ***abast,*** dar abasto. ‖ *~* ***a llum,*** alumbrar, dar a luz. ‖ ***Tant donar-se'n,*** no importar un comino. ¶ CONJUG. INDIC. Pres.: ***dónes, dóna.***
donat, -ada [dunát, -áðə] *a.* Dado, supuesto.
donatiu [dunətiŭ] *m.* Donativo.
doncs [dɔs] *conj.* Pues: ***no tens gana?***, *~* ***no mengis***, ¿no tienes hambre?, pues no comas. *2* Luego: ***penso,*** *~* ***sóc,*** pienso, luego existo.
doner [duné] *a.* Mujeriego, mujeril.
donzell [dunzéʎ] *m.* Doncel. *2* BOT. Ajenjo.
donzella [dunzéʎə] *f.* Doncella.
dòric, -ca [dɔ̀rik, -kə] *a.-m.* Dórico.
dorment [durmén] *a.* Durmiente.
dormida [durmíðə] *f.* Sueño. *2* Dormida.
dormidor, -ra [durmiðó, -rə] *a., m.-f.* Dormidor.
dormilega [durmilɛ́ɣə] *m.-f.* Dormilón.
dormir [durmí] *i.* Dormir. ‖ *~* ***com un soc,*** dormir a pierna suelta. ¶ CONJUG. INDIC. Pres.: ***dorm.***
dormitori [durmitɔ̀ri] *m.* Dormitorio.
dors [dɔrs] *m.* Dorso.
dorsal [dursál] *a.* Dorsal.
dos, dues [dos, dúəs] *a., m.-f.* Dos.
dos-cents, dues-centes [doséns, duəséntəs] *a.-m.* Doscientos.
dosi [dɔ̀zi] *f.* Dosis, toma.
dosificar [duzifiká] *t.* Dosificar.
dosser [dusé] *m.* Dosel.
dot [dɔt] *m.* Dote.
dotació [dutəsió] *f.* Dotación.
dotar [dutá] *t.* Dotar.
dotat, -ada [dutát, áðə] *a.* Dotado.
dotze [dódʒə] *a.-m.* Doce.
dotzè, -ena [dudzɛ́, -ɛ́nə] *a.* Duodécimo. *2 a.-m.* Dozano, duodécimo.
dotzena [dudzɛ́nə] *f.* Docena.
dovella [duβéʎə] *f.* ARQ. Dovela.
drac [drak] *m.* MIT. Dragón, vestiglo.
dracma [drágmə] *f.* Dracma.
draconià, -ana [drəkuniá, -ánə] *a.* Draconiano.
draga [dráɣə] *f.* Draga.
dragador [drəɣəðó] *m.* Tragadero.
draganeu [drəɣənéu] *f.* Quitanieves.
dragar [drəɣá] *t.* Dragar. *2* Tragar.
dragó [drəɣó] *m.* ZOOL. Dragón, salamanquesa. *2* BOT. Drago. *3* MIL. Dragón.
drama [drámə] *m.* Drama.
dramàtic, -ca [drəmátik, -kə] *a., m.-f.* Dramático.
dramatitzar [drəmətidzá] *t.* Dramatizar.
dramaturg [drəmətúrk] *m.* Dramaturgo.
drap [drap] *m.* Paño. *2* Trapo.
drapaire [drəpáĭrə] *m.-f.* Trapero.
draper [drəpé] *m.* Pañero.
draperia [drəpəríə] *f.* Ropaje. *2 pl.* Colgaduras.
drassana [drəsánə] *f.* Astillero, atarazana.
dràstic, -ca [drástik, -kə] *a.* Drástico.
dreçar [drəsá] *i.-t.-prnl.* Conducir (un camión a un lugar). *2* Enderezar, erguir. *3* Alzar, erigir, enhestar.
drecera [drəsérə] *f.* Atajo, trocha. ‖ ***Fer*** *~*, atajar, abreviar el camino.
drenar [drəná] *t.* Drenar.

drenatge [drənádʒə] *m.* Drenaje.
dret, -ta [drėt, -tə] *a.* Derecho, recto. *2* Enhiesto, empinado. *3* Anverso. *4* De pie, en pie. *5 m.* Derecho. *6 f.* Derecha, diestra. ‖ ***A tort i a ~,*** a diestro y siniestro.
dretes (a) [drėtəs] loc. A sabiendas, adrede.
dretor [drətó] *f.* Derechura.
dretura [drətúrə] *f.* Derechura. *2* Rectitud.
dreturer, -ra [drəturė, -rə] *a.* Recto (moralmente).
dril [dril] *m.* Dril.
dring [driŋ] *m.* Retintín, tintín. ‖ ***Dring-dring,*** tilín.
dringar [driŋgá] *i.* Tintinear, retiñir.
droga [drɔ́γə] *f.* Droga.
droguer [druγė] *m.* Droguero.
drogueria [druγəriə] *f.* Droguería.
dromedari [druməðári] *m.* ZOOL. Dromedario.
dropejar [drupəʒá] *i.* Holgazanear, haraganear, zanganear.
droperia [drupəriə] *f.* Holgazanería, haraganería, poltronería.
dropo, -pa [drópu, -pə] *a., m.-f.* Holgazán, zángano, haragán, poltrón.
drupa [drúpə] *f.* BOT. Drupa.
dual [duál] *a.* Dual.
dualisme [duəlizmə] *m.* Dualismo.
dualitat [duəlitát] *f.* Dualidad.
duana [duánə] *f.* Aduana.
duaner, -ra [duənė, -rə] *a.-m.* Aduanero.
dubitatiu, -iva [duβitətiu, -iβə] *a.* Dubitativo.
dubtar [duptá] *i.-t.* Dudar.
dubte [dúptə] *m.* Duda.
dubtós, -osa [duptós, -ózə] *a.* Dudoso.
duc [duk] *m.* Duque. *2* ORNIT. Búho.
ducat [dukát] *m.* Ducado.
dúctil [dúktil] *a.* Dúctil.
ductilitat [duktilitát] *f.* Ductilidad.
duel [duėl] *m.* Duelo, lance de honor.
dulcificar [dulsifiká] *t.* Dulcificar, endulzar.
duna [dúnə] *f.* Duna, medano.
duo [dúo] *m.* Dúo.
duodè [duuðέ] *m.* ANAT. Duodeno.
duple, -pla [dúplə, -plə] *a.* Duplo.
duplicar [dupliká] *t.-prnl.* Duplicar.
duplicat [duplikát] *m.* Duplicado.
duplicitat [duplisitát] *f.* Duplicidad. *2* Doblez.
duquessa [dukėsə] *f.* Duquesa.
dur [du] *t.* Llevar, traer. ¶ CONJUG. GER.: ***duent.*** ‖ P. P.: ***dut.*** ‖ INDIC. Pres.: ***duc, duus*** o ***dus, duu*** o ***du.*** | Imperf.: ***duia,*** etc. ‖ SUBJ. Pres.: ***dugui,*** etc. | Imperf.: ***dugués,*** etc.
dur, -ra [du, -rə] *a.* Duro, torvo.
durable [durábblə] *a.* Duradero, durable.
duració [durəsió] *f.* Duración.
durada [duráðə] *f.* Duración.
duramen [durámən] *m.* BOT. Duramen.
durament [durəmėn] *adv.* Duro, duramente.
duran [durán] *m.* BOT. Durazno.
durant [durán] *prep.* Durante.
durar [durá] *i.* Durar.
duresa [durέzə] *f.* Dureza.
durícia [durisiə] *f.* Callosidad, dureza, callo.
duro [dúru] *m.* Duro.
duta [dútə] *f.* Traída.
dutxa [dútʃə] *f.* Ducha.
dutxar [dutʃá] *t.-prnl.* Duchar.
dux [duks] *m.* Dux.

E

e [ɛ] *f.* E (letra).
eben [ėβən] *m.* BOT. Ébano.
ebenista [eβənistə] *m.* Ebanista.
ebenisteria [eβənistəriə] *f.* Ebanistería.
ebonita [eβunitə] *f.* Ebonita.
Ebre [ėβrə] *n. pr.* Ebro.
ebri, èbria [ɛ́βri, ɛ́βriə] *a.* Ebrio, borracho, beodo.
ebrietat [eβriətát] *f.* Ebriedad.
ebullició [əβuʎisió] *f.* Ebullición.
eburni, -úrnia [əβúrni, -úrniə] *a.* Ebúrneo, marfileño.
eclèctic, -ca [əklɛ́ktik, -kə] *a.* Ecléctico.
eclecticisme [əkləktisizmə] *f.* Eclecticismo.
eclesiàstic, -ca [əkləziástik, -kə] *a.-m.* Eclesiástico.
eclipsar [əklipsá] *t.-prnl.* Eclipsar.
eclipsi [əklipsi] *m.* Eclipse.
eco [ɛ́ku] *m.* Eco.
ecònom [əkɔ́num] *m.* Ecónomo.
economat [əkunumát] *m.* Economato.
economia [əkunumiə] *f.* Economía.
econòmic, -ca [əkunɔ́mik, -kə] *a.* Económico.
economista [əkunumistə] *m.-f.* Economista.
economitzar [əkunumidzá] *t.* Economizar.
ecs! [ɛks] *interj.* ¡Puf!
ecumènic, -ca [əkumɛ́nik, -kə] *a.* Ecuménico.
èczema [ɛ́gzəmə, col. əgzɛ́mə] *m.* Eczema.
edat [əðát] *f.* Edad. ‖ ***Menor d'~,*** menor.
edelweiss [əðəlβɛ́is] *m. al.* BOT. Pie de león.
edema [əðémə] *m.* MED. Edema.
edèn [əðɛ́n] *m.* Edén.
edició [əðisió] *f.* Edición.
edicte [əðiktə] *m.* Edicto.
edícula [əðikulə] *f.* ARQ. Edículo.
edificació [əðifikəsió] *f.* Edificación.
edificant [əðifikán] *a.* Edificante.
edificar [əðifiká] *t.* Edificar.
edifici [əðifisi] *m.* Edificio.
edil [əðil] *m.* Edil.
editar [əðitá] *t.* Editar.
editor, -ra [əðitó, -rə] *a., m.-f.* Editor.
editorial [əðituriál] *a., m.-f.* Editorial.
educació [əðukəsió] *f.* Educación.
educador, -ra [əðukəðó, -rə] *a., m.-f.* Educador.
educand, -da [əðukán, -də] *m.-f.* Educando.
educar [əðuká] *t.* Educar.
educat, -ada [əðukát, -áðə] *a.* Educado.
educatiu, -iva [əðukətiu, -iβə] *a.* Educativo.
efecte [əféktə] *m.* Efecto. ‖ ***Fer mal ~,*** dar mala espina.
efectista [əfəktistə] *a., m.-f.* Efectista.
efectiu, -iva [əfəktiu, -iβə] *a.-m.* Efectivo. 2 Contante (dinero). ‖ ***En ~,*** en dinero contante.
efectividad [əfəktiβitát] *f.* Efectividad.
efectuar [əfəktuá] *t.-prnl.* Efectuar.
efemèrides [əfəmɛ́riðəs] *f. pl.* Efemérides.
efeminat, -ada [əfəminát, -áðə] *a.* Afeminado.
eferent [əfərén] *a.* Eferente.
efervescència [əfərβəsɛ́nsiə] *f.* Efervescencia.
efervescent [əfərβəsén] *a.* Efervescente.
eficaç [əfikás] *a.* Eficaz.
eficàcia [əfikásiə] *f.* Eficacia.
eficient [əfisién] *a.* Eficiente.
efígie [əfiʒiə] *f.* Efigie.
efímer, -ra [əfimər, -rə] *a.* Efímero.
efluent [əfluén] *a.* Efluente.
efluvi [əflúβi] *m.* Efluvio.
efusió [əfuzió] *f.* Efusión.
efusiu, -iva [əfuziu, -iβə] *a.* Efusivo.
ègida [ɛ́ʒiðə] *f.* Égida.
egipci, -ípcia [əʒipsi, -ipsiə] *a., m.-f.* Egipcio.
ègloga [ɛ́ɣluɣə] *f.* LIT. Égloga.
egoisme [əɣuizmə] *m.* Egoísmo.
egoísta [əɣuistə] *a., m.-f.* Egoísta.

egregi, -ègia [əɣrέʒi, -έʒiə] *a.* Egregio.
egua [éɣwə] *f.* V. EUGA.
eh! [e] *interj.* ¡Eh!
ei! [eĭ] *interj.* ¡Eh!
eia! [έjə] *interj.* ¡Ea!
eina [έĭnə] *f.* Herramienta, trebejo. *2 pl.* Enseres.
Eivissa [əĭβisə] *n. pr.* Ibiza.
eix [eʃ] *m.* Eje.
eix, eixa [eʃ, éʃə] *a.* Ese. *2 pron.* Ése.
eixalar [əʃəlá] *t.* Desalar, alicortar.
eixam [əʃám] *m.* Enjambre.
eixamplament [əʃəmpləmén] *m.* Ensanchamiento.
eixamplar [əʃəmplá] *t.-prnl.* Ensanchar. *2* Separar.
eixample [əʃámplə] *f.* Ensanche. ‖ ***Eixamples d'un vestit,*** hijuela.
eixancarrar-se [əʃəŋkərrársə] *prnl.* Despatarrarse.
eixancarrat, -ada [əʃəŋkərrát, -áðə] *a.* A horcajadas.
eixarm [əʃárm] *m.* Ensalmo.
eixarmar [əʃərmá] *t.* Ensalmar. *2* Desbrozar, rozar.
eixarreir [əʃərrəí] *t.-prnl.* Resecar.
eixarreït, -ida [əʃərrəít, -íðə] *a.* Reseco, enjuto.
eixelebrat, -ada [əʃələβrát, -áðə] *a.* Atolondrado, tolondro.
eixerit, -ida [əʃərít, -íðə] *a.* Avispado, listo, despierto, despabilado, despejado, lince, pizpireta.
eixida [əʃíðə] *f.* Salida. *2* Patio.
eixir [əʃí] *i.* Salir. ¶ CONJUG. INDIC. Pres.: ***ixo, ixes, ix, ixen.*** ¶ SUBJ. Pres.: ***ixi, ixis, ixi, ixin.***
eixorbar [əʃurβá] *t.* Sacar los ojos, cegar.
eixordador, -ra [əʃurðəðó, -rə] *a.* Ensordecedor, atronador, retumbante.
eixordar [əʃurðá] *t.* Ensordecer, atronar, retumbar.
eixorivir [əʃuriβí] *t.-prnl.* Despabilar, despertar.
eixugador [əʃuɣəðó] *a.* Enjugador. *2 m.* Paño para secar.
eixugamà [əʃuɣəmá] *m.* Toalla, paño de cocina.
eixugaplomes [əʃuɣəplóməs] *m.* Limpiaplumas.
eixugar [əʃuɣá] *t.-prnl.* Enjugar, secar.
eixut, -ta [əʃút, -tə] *a.* Seco. *2* Enjuto. *3* Adusto, desabrido. *4 m.* Sequía.
ejaculació [əʒəkuləsió] *f.* Eyaculación.
ejacular [əʒəkulá] *i.* Eyacular.
ejecció [əʒəksió] *f.* Eyección.
el [əl] *art.* El. *2 pron. déb.* Lo, le.
elaboració [ələβurəsió] *f.* Elaboración.
elaborar [ələβurá] *t.* Elaborar.
elàstic, -ca [əlástik, -kə] *a.-m.* Elástico. *2 m. pl.* Tirantes.
elasticitat [ələstisitát] *f.* Elasticidad.
elecció [ələksió] *f.* Elección.
electe, -ta [əlέktə, -tə] *a.* Electo.
electiu, -iva [ələktíŭ, -íβə] *a.* Electivo.
elector, -ra [ələktó, -rə] *m.-f.* Elector.
electoral [ələkturál] *a.* Electoral.
elèctric, -ca [əlέktrik, -kə] *a.* Eléctrico.
electricista [ələktrisístə] *m.* Electricista.
electricitat [ələktrisitát] *f.* Electricidad.
electrificar [ələktrifiká] *t.* Electrificar.
electritzar [ələktridzá] *t.-prnl.* Electrizar.
electró [ələktró] *m.* Electrón.
electrocutar [ələktrukutá] *t.* Electrocutar.
elèctrode [əlέktruðə, col. ələktrɔ́ðə] *m.* ELEC. Electrodo.
electrogen, -ògena [ələktrɔ́ʒən, -ɔ́ʒənə] *a.-m.* Electrógeno.
electroimant [əlέktruimán] *m.* Electroimán.
electròlisi [ələktrɔ́lizi] *f.* Electrólisis.
electròlit [ələktrɔ́lit] *m.* Electrólito.
electròmetre [ələktrɔ́mətrə] *m.* Electrómetro.
electrònic, -ca [ələktrɔ́nik, -kə] *a.* Electrónico. *2 f.* Electrónica.
electroquímica [əlέktrukímikə] *f.* Electroquímica.
electroscopi [ələktruskɔ́pi] *m.* Electroscopio.
electrostàtic, -ca [əlέktrustátik, -kə] *a.* Electrostático. *2 f.* Electrostática.
elefant, -ta [ələfán, -tə] *m.-f.* ZOOL. Elefante.
elefantiasi [ələfəntiázi] *f.* MED. Elefantiasis.
elegància [ələɣánsiə] *f.* Elegancia.
elegant [ələɣán] *a.* Elegante.
elegia [ələʒíə] *f.* Elegía.
elegíac, -ca [ələʒíak, -kə] *a.* Elegíaco.
elegir [ələʒí] *t.* Elegir.
elegit, -ida [ələʒít, -íðə] *a.* Elegido.
element [ələmén] *m.* Elemento.
elemental [ələməntál] *a.* Elemental.
elenc [əlέŋ] *m.* Elenco.
elevació [ələβəsió] *f.* Elevación.
elevador, -ra [ələβəðó, -rə] *a.* Elevador.
elevar [ələβá] *t.-prnl.* Elevar, levantar.
elevat, -ada [ələβát, -áðə] *a.* Elevado, subido.
elidir [əliðí] *t.* Elidir.
eliminació [əliminəsió] *f.* Eliminación.
eliminar [əliminá] *t.* Eliminar.
elisió [əlizió] *f.* Elisión.
elisi, -ísia [əlízi, -íziə] *a.* MIT. Elíseo.
èlitre [έlitrə] *m.* ENTOM. Élitro.
elixir [əliksí] *m.* Elixir.
ell, ella [eʎ, éʎə] *pron. pers.* Él. ‖ ***Amb ~,*** consigo.

ella [èʎə] *f.* Elle (letra castellana, *ll*).
el·lipse [əlipsə] *f.* Elipse.
el·lipsi [əlipsi] *f.* GRAM. Elipsis.
eloqüència [əlukwɛ́nsiə] *f.* Elocuencia.
eloqüent [əlukwèn] *a.* Elocuente.
eloqüentment [əlukwenmèn] *adv.* Elocuentemente.
elucidar [əlusiðá] *t.* Elucidar.
elucubració [əlukuβrəsió] *f.* Lucubración.
eludir [əluði] *t.* Eludir.
em [əm] *pron. déb.* Me.
emanació [əmənəsió] *f.* Emanación.
emanar [əməná] *i.* Emanar.
emancipació [əmənsipəsió] *f.* Emancipación.
emancipar [əmənsipá] *t.-prnl.* Emancipar.
embadaliment [əmbəðəlimén] *m.* Embeleso, arrobamiento, ensimismamiento. *2* Embobamiento.
embadalir [əmbəðəli] *t.-prnl.* Embelesar, arrobar, embebecer, embobar. *2* Ensimismarse.
embadocar [əmbəðuká] *t.-prnl.* Embobar, alelar.
embafador, -ra [əmbəfəðó, -rə] *a.* Empalagoso.
embafament [əmbəfəmén] *m.* Empalago.
embafar [əmbəfá] *t.* Empalagar.
embajanir [əmbəʒəni] *t.* Entontecer.
embalador, -ra [əmbələðó, -rə] *m.-f.* Embalador.
embalar [əmbəlá] *t.* Embalar. *2 prnl.* Embalarse.
embalatge [əmbəládʒə] *m.* Embalaje.
embalsamament [əmbəlsəməmén] *m.* Embalsamamiento.
embalsamar [əmbəlsəmá] *t.* Embalsamar.
embalum [əmbəlúm] *m.* Abultamiento, bulto. ‖ ***Fer ~,*** abultar.
embaràs [əmbərás] *m.* Embarazo, empacho, engorro.
embarassador, -ra [əmbərəsəðó, -rə] *a.* Embarazoso.
embarassar [əmbərəsá] *t.* Embarazar, empachar.
embarassat, -ada [əmbərəsát, -áðə] *a.* Embarazado. *2 f.* Embarazada.
embarbussar-se [əmbərβusársə] *prnl.* Barbullar, tartajear.
embarcació [əmbərkəsió] *f.* Embarcación.
embarcador [əmbərkəðó] *m.* Embarcadero.
embarcament [əmbərkəmén] *m.* Embarco, embarque.
embarcar [əmbərká] *t.-prnl.* Embarcar.
embardissar [əmbərdisá] *t.* Enzarzar.
embargament [əmbərɣəmén] *m.* Embargo.
embargar [əmbərɣá] *t.* Embargar.
embarrancar [əmbərrəŋká] *i.-t.-prnl.* Embarrancar, abarrancar, atollar.
embassada [əmbəsáðə] *f.* Embalse.
embassament [əmbəsəmén] *m.* Embalse.
embassar [əmbəsá] *t.-prnl.* Embalsar, encharcar, rebalsar. *2 prnl.* Remansarse.
embasta [əmbəstá] *f.* Embaste, hilván, basta.
embastar [əmbəstá] *f.* Embastar, hilvanar, bastear.
embat [əmbát] *m.* Embate.
embeinar [əmbəiná] *t.* Envainar.
embellir [əmbəʎi] *t.-prnl.* Embellecer.
embenar [əmbəná] *t.* Vendar.
embenat [əmbənát] *m.* CIR. Vendaje.
embenatge [əmbənádʒə] *m.* CIR. Vendaje.
embetumar [əmbətumá] *t.* Embetunar.
embeure's [əmbɛ́ŭrəs] *prnl.-(t.)* Embeber, chuparse.
emblanquinar [əmbləŋkiná] *t.* Blanquear, enjalbegar, encalar, enlucir.
emblavir [əmbləβi] *t.-prnl.* Azular.
emblema [əmblèmə] *m.* Emblema.
embocadura [əmbukəðúrə] *f.* Embocadura. *2* Boquilla.
embocar [əmbuká] *t.-i.* Embocar, abocar.
emboçar [əmbusá] *t.-prnl.* Embozar.
emboçat, -ada [əmbusát, -áðə] *a.* Embozado.
embogidor, -ra [əmbuʒiðó, -rə] *a.* Enloquecedor.
embogir [əmbuʒi] *t.* Enloquecer, enajenar.
emboirar [əmbuirá] *t.-prnl.* Aneblar, embrumar.
èmbol [ɛ́mbul] *m.* Émbolo.
embolcall [əmbulkáʎ] *m.* Envoltorio. *2* Envoltura.
embolcallar [əmbulkəʎá] *t.* Envolver. *2* Empañar.
embòlia [əmbɔ́liə] *f.* MED. Embolia.
embolic [əmbulik] *m.* Enredo, lío, embrollo, taco, revoltijo, fregado, trapisonda, tinglado, chanchullo, enredijo.
embolicaire [əmbulikáire] *a., m.-f.* Lioso, enredador, embrollón, trapisondista.
embolicar [əmbuliká] *t.-prnl.* Envolver. *2* Liar, enredar, embrollar, enmarañar, enzarzarse, enfrascarse.
embolicat, -ada [əmbulikát, -áðə] *a.* Enredoso.
emborratxar [əmburrətʃá] *t.-prnl.* Emborrachar.
emboscada [əmbuskáðə] *f.* Emboscada, celada.
emboscar [əmbuská] *t.-prnl.* Emboscar.
embossar [əmbusá] *t.* Embolsar.
embotellament [əmbutəʎəmén] *m.* Embotellado, embotellamiento.

embotellar [əmbutəʎá] *t.* Embotellar.
embotifarrar-se [əmbutifərrársə] *prnl.* Abotargarse, hincharse.
embotir [əmbutí] *t.-prnl.* Embutir, henchir. *2* Repujar. *3 prnl.* Hincharse.
embotit [əmbutít] *m.* Embutido. *2* Repujado.
embotornar [əmbuturná] *t.* Hinchar. *2 prnl.* Abotargarse.
embragar [əmbrəɣá] *t.* Embragar.
embragatge [əmbrəɣádʒə] *m.* Embrague.
embrancar [əmbrəŋká] *i.-prnl.* Entroncar, empalmar. *2* Enfrascarse.
embranzida [əmbrənziðə] *f.* Impulso, arranque.
embravir [əmbrəβí] *t.-prnl.* Embravecer.
embriac, -aga [əmbriák, -áɣə] *a.* Ebrio, beodo.
embriagador [əmbriəɣəðó] *a.* Embriagador.
embriagament [əmbriəɣəmén] *m.* Embriaguez.
embriagar [əmbriəɣá] *t.-prnl.* Embriagar.
embriaguesa [əmbriəɣέzə] *f.* Embriaguez.
embrió [əmbrió] *m.* Embrión.
embrionari, -ària [əmbriunári, -áriə] *a.* Embrionario.
embrolla [əmbróʎə] *f.* Embrollo, enredijo, maraña, trapisonda.
embrollador, -ra [əmbruʎəðó, -rə] *m.-f.* Embrollón, lioso.
embrollaire [əmbruʎáĭrə] *m.-f.* Embrollón, lioso, trapisondista. *2* Pastelero.
embrollar [əmbruʎá] *t.* Embrollar, enmarañar.
embrollat, -ada [əmbruʎát, -áðə] *a.* Enredoso, embrollado.
embromar-se [əmbrumársə] *prnl.* Nublarse.
embruix [əmbrúʃ] *m.* Hechizo, embrujo.
embruixador, -ra [əmbruʃəðó, -rə] *a.* Hechicero.
embruixament [əmbruʃəmén] *m.* Hechizo, embrujamiento.
embruixar [əmbruʃá] *t.* Hechizar, embrujar.
embrutament [əmbrutəmén] *m.* Ensuciamiento.
embrutar [əmbrutá] *t.-prnl.* Ensuciar, emporcar, manchar, tiznar.
embrutiment [əmbrutimén] *m.* Embrutecimiento.
embrutir [əmbrutí] *t.-prnl.* Embrutecer, ensuciar.
embuatar [əmbuətá] *t.* Enguatar.
embull [əmbúʎ] *m.* Maraña, embrollo, enredo, lío, revoltijo.
embullar [əmbuʎá] *t.-prnl.* Enmarañar, liar.
embús [əmbús] *m.* Atasco. *2* Embotellamiento.
embussament [əmbusəmén] *m.* Atascamiento. *2* Embotellamiento.
embussar [əmbusá] *t.-prnl.* Atascar, cegar.
embut [əmbút] *m.* Embudo. *2 pl.* Ambages, requilorios. ‖ ***Sense embuts,*** sin rebozo. ‖ ***Anar-hi sense embuts,*** no andarse con chiquitas. ‖ ***Parlar sense embuts,*** hablar sin rodeos.
embutllofar [əmbuʎʎufá] *t.-prnl.* Avejigar, ampollar.
embutxacar [əmbutʃəká] *t.* Embolsar.
emergència [əmərʒέnsiə] *f.* Emergencia.
emergir [əmərʒí] *i.* Emerger.
emètic, -ca [əmέtik, -kə] *a.-m.* Emético.
emetre [əmέtrə] *t.* Emitir. ¶ CONJUG. P. P.: ***emès.***
èmfasi [έmfəzi] *m.-f.* Énfasis.
enfàtic, -ca [əmfátik, -kə] *a.* Enfático.
emfisema [əmfizέmə] *m.* MED. Enfisema.
emigració [əmiɣrəsió] *f.* Emigración.
emigrant [əmiɣrán] *a.* Emigrante.
emigrar [əmiɣrá] *i.* Emigrar.
emigrat, -ada [əmiɣrát, -áðə] *m.-f.* Emigrado.
eminència [əminέnsiə] *f.* Eminencia.
eminent [əminén] *a.* Eminente.
eminentíssim, -ma [əminəntísim, -mə] *a.* Eminentísimo.
emir [əmír] *m.* Emir.
emissari, -ria [əmisári, -riə] *m.-f.* Emisario.
emissió [əmisió] *f.* Emisión.
emissor, -ra [əmisó, -rə] *a., m.-f.* Emisor.
emmagatzemar [əmməɣədzəmá] *t.* Almacenar.
emmagatzematge [əmməɣədzəmádʒə] *m.* Almacenaje, almacenamiento.
emmandrir [əmməndrí] *t.-prnl.* Enfermar, emperezar.
emmanillar [əmməniʎá] *t.* Esposar.
emmanillat, -ada [əmməniʎát, -áðə] *a.* Esposado, desposado.
emmanllevar [əmmənʎəβá] *t.* Pedir prestado.
emmarcar [əmmərká] *t.* Encuadrar.
emmascara [əmməskárə] *f.* Tiznón, tiznajo.
emmascarar [əmməskərá] *t.* Tiznar.
emmelar [əmməlá] *t.* Enmelar.
emmenar [əmməná] *t.* Llevar, conducir.
emmerdar [əmmərðá] *t.* Ciscar, emporcar, ensuciar.
emmerletar [əmmərlətá] *t.* ARQ. Almenar.
emmetxar [əmmətʃá] *t.* Ensamblar, machihembrar.
emmetzinador, -ra [əmmədzinəðó, -rə] *a., m.-f.* Envenenador.

emmetzinament [əmmədzinəmén] *m.* Envenenamiento.
emmetzinar [əmmədziná] *t.-prnl.* Envenenar, emponzoñar, atosigar.
emmirallar [əmmirəʎá] *t.* Reflejar. *2 prnl.* Espejarse, mirarse al espejo.
emmidonar [əmmiðuná] *t.* Almidonar.
emmordassar [əmmurðəsá] *t.* Amordazar.
emmorenir [əmmurəni] *t.* Atezar.
emmotllar [əmmuʎʎá] *t.-prnl.* Amoldar, moldear.
emmudir [əmmuði] *t.-i.-prnl.* Enmudecer.
emmurallar [əmmurəʎá] *t.* Amurallar, murar.
emmurriar-se [əmmurriársə] *prnl.* Enfurruñarse.
emmusteir [əmmustəi] *t.* Marchitar.
emoció [əmusió] *f.* Emoción.
emocionant [əmusiunán] *t.-prnl.* Emocionante.
emocionar [əmusiuná] *t.-prnl.* Emocionar.
emol·lient [əmulién] *a.-m.* Emoliente.
emotiu, -iva [əmutiu, -iβə] *a.* Emotivo.
emotivitat [əmutiβitát] *f.* Emotividad.
empadronament [əmpəðrunəmén] *m.* Empadronamiento.
empadronar [əmpəðruná] *t.* Empadronar, encabezar.
empaitar [əmpəĭtá] *t.* Acosar, perseguir.
empalar [əmpəlá] *t.* Empalar.
empallar [əmpəʎá] *t.* Empajar.
empal·lidir [əmpəliði] *i.-t.* Palidecer.
empalmar [əmpəlmá] *t.* Empalmar.
empanada [əmpənáðə] *f.* Empanada.
empanar [əmpəná] *t.* Empanar.
empantanar [əmpəntəná] *t.* Empantanar.
empantanegar [əmpəntənəγá] *t.* Empantanar (un asunto).
empaperar [əmpəpərá] *t.* Empapelar.
empaquetar [əmpəkətá] *t.* Empaquetar.
empara [əmpárə] *f.* Amparo, reparo, talanquera.
emparament [əmpərəmén] *m.* Amparo. *2* Embargo.
emparar [əmpərá] *t.-prnl.* Amparar. *2 prnl.* Incautarse.
emparedar [əmpərəðá] *t.* Emparedar.
emparedat, -ada [əmpərəðát, -áðə] *a.* Emparedado. *2 m.* Bocadillo.
emparentar [əmpərəntá] *t.-prnl.* Emparentar.
emparrar [əmpərrá] *t.* Emparrar.
emparrat [əmpərrát] *m.* Emparrado, parral.
empassar-se [əmpəsársə] *prnl.* Tragarse, engullir. *2* Apechugar.
empastament [əmpəstəmén] *m.* Empaste.
empastar [əmpəstá] *t.* Empastar.
empastifar [əmpəstifá] *t.* Chafarrinar, embadurnar.
empat [əmpát] *m.* Empate.
empatar [əmpətá] *i.* Empatar.
empatollar-se [əmpətuʎársə] *prnl.* Enredarse.
empatx [əmpátʃ] *m.* Empacho, hartura, hartazgo.
empatxar [əmpətʃá] *t.* Empachar. *2 prnl.* Ahitarse.
empavesada [əmpəβəzáðə] *f.* Empavesada.
empavesar [əmpəβəzá] *t.* Empavesar.
empavonar [əmpəβuná] *t.* Pavonear.
empedrar [əmpəðrá] *t.* Empedrar, adoquinar.
empedrat [əmpəðrát] *m.* Empedrado, adoquinado, arrecife.
empedreïment [əmpəðrəimén] *m.* Endurecimiento.
empedreir [əmpəðrəi] *t.-prnl.* Empedernir, endurecer.
empedreït, -ïda [əmpəðrəit, -iðə] *a.* Empedernido.
empegar [əmpəγá] *t.* Empegar.
empelt [əmpél] *m.* Injerto.
empeltar [əmpəltá] *t.* Injertar.
empenta [əmpéntə] *f.* Empujón, empellón. *2* Empuje, furia.
empentar [əmpəntá] *t.* Empujar, empellar.
empenya [əmpéɲə] *f.* Empeine.
empènyer [əmpéɲə] *t.* Empujar, empellar. ¶ CONJUG. P. P.: *empès*.
empenyorament [əmpəɲurəmén] *m.* Empeño.
empenyorar [əmpəɲurá] *t.* Empeñar.
emperador [əmpərəðó] *m.* Emperador.
emperadriu [əmpərəðriŭ] *f.* Emperatriz.
emperesir [əmpərəzi] *t.-prnl.* Emperezar, apoltronarse.
empernar [əmpərná] *t.-prnl.* Empernar. *2* Atascarse.
empescar [əmpəskár] *prnl.* Inventar, imaginar.
empestar [əmpəstá] *t.* Apestar, plagar.
empetitir [əmpətiti] *t.-prnl.* Empequeñecer, achicar.
empinat, -ada [əmpinát, -áðə] *a.* Erguido, empinado. *2* Pino.
empiocar-se [əmpiukársə] *prnl.* Encojarse, ponerse enfermo, malucho.
empiocat, -ada [əmpiukát, -áðə] *a.* Malucho.
empipador, -ra [əmpipəðó, -rə] *a.* Enojoso, fastidioso.
empipament [əmpipəmén] *m.* Enojo, enfado.

empipar [əmpipá] *t.-prnl.* Enojar, chinchar, atosigar.
empiri, -íria [əmpiri, -iriə] *a.-m.* Empíreo.
empíric, -ca [əmpirik, -kə] *a.* Empírico.
empirisme [əmpirizmə] *m.* Empirismo.
empitjorament [əmpidʒurəmén] *m.* Empeoramiento.
empitjorar [əmpidʒurá] *i.-t.-prnl.* Empeorar.
emplaçar [əmpləsá] *t.* Emplazar, situar.
emplastre [əmplástrə] *m.* Emplasto.
empleat, -ada [əmpleát, -áðə] *m.-f.* Empleado.
emplenar [əmpləná] *t.* Llenar, plagar.
emplujar-se [əmpluʒársə] *prnl.* Ponerse el tiempo lluvioso.
emplujat, -ada [əmpluʒát, -áðə] *a.* Lluvioso.
empobriment [əmpuβrimén] *m.* Empobrecimiento.
empobrir [əmpuβri] *t.-prnl.* Empobrecer.
empolainar [əmpuləĭná] *prnl.* Acicalar, emperifollar.
empolainat, -ada [əmpuləĭnát, -áðə] *a.* Peripuesto, jarifo.
***empollar** [əmpuʎá] *t.-i.-prnl.* fig. Empollar (matemáticas, etc.).
empolsar [əmpulsá] *t.* Empolvar, polvorear, espolvorear.
empolsat, -ada [əmpulsát, -áðə] *a.* Empolvado.
empolsegar [əmpulsəɣá] *t.* Empolvar, polvorear, espolvorear.
empolvorar [əmpulβurá] *t.-prnl.* Empolvar.
empolvorat, -ada [əmpulβurát, -áðə] *a.* Empolvado.
emporcar [əmpurká] *t.* Emporcar, ciscar.
empori [əmpɔ́ri] *m.* Emporio.
emportar-se [əmpurtársə] *prnl.* Llevarse.
empostar [əmpustá] *t.* Entablar.
empostissar [əmpustisá] *t.* Entablar, entarimar, tillar.
empostissat [əmpustisát] *m.* Entablado, tablazón, entarimado, tablado, tillado, tinglado.
empotinar [əmputiná] *t.* V. EMBRUTAR.
emprar [əmprá] *t.-prnl.* Emplear, usar.
empremta [əmprémtə] *f.* Huella, señal, impresión.
emprendre [əmpéndrə] *t.* Emprender, acometer. ¶ CONJUG. como ***aprendre***.
emprenedor, -ra [əmprənəðó, -rə] *a.* Emprendedor, acometedor.
emprenyador, -ra [əmprəɲəðó, -rə] *a.* fam. Fastidioso, cargante.
emprenyar [əmprəɲá] *t.* Preñar. *2* fam. Fastidiar, cargar.
empresa [əmprɛ́zə] *f.* Empresa.
empresari, -ària [əmprəzári, -áriə] *m.-f.* Empresario.
empresonament [əmprəzunəmén] *m.* Encarcelamiento.
empresonar [əmprəzuná] *t.* Encarcelar, aprisionar.
emprestar [əmprəstá] *tr.* Prestar.
emprèstit [əmprɛ́stit] *m.* Empréstito.
emprova [əmprɔ́ba] *f.* Prueba.
emprovador [əmpruβəðó] *m.* Probador.
emprovar [əmpruβá] *t.* Probar (un vestido).
empudegar [əmpuðəɣá] *t.* Apestar, infectar, heder.
empunyadura [əmpuɲəðúrə] *f.* Empuñadura.
empunyar [əmpuɲá] *t.* Empuñar.
èmul, -la [ɛ́mul, -lə] *m.-f.* Émulo.
emulació [əmuləsió] *f.* Emulación.
emular [əmulá] *t.* Emular.
emulsió [əmulsió] *f.* Emulsión.
en [ən] *prep.* En. *2* Al: ~ ***sortir,*** al salir.
en [ən] *pron. déb.-adv.* De (eso, esto, aquello) , de (allí).
en [ən] *art. m.* Delante de los nombres de persona: ~ ***Joan,*** Juan. *2* arc. Don. ‖ ~ ***Pau,*** ~ ***Pere i*** ~ ***Berenguera,*** fulano, zutano y mengano.
enagos [ənáɣus] *m. pl.* Enagua.
enaltiment [ənəltimén] *m.* Ensalzamiento.
enaltir [ənəlti] *t.* Enaltecer, ensalzar.
enamoradís, -issa [ənəmurəðis, -isə] *a.* Enamoradizo.
enamorament [ənəmurəmén] *m.* Enamoramiento, amorío, flechazo (fam.).
enamorar [ənəmurá] *t.* Enamorar. *2 prnl.* Prendarse.
enamorat, -ada [ənəmurát, -áðə] *a., m.-f.* Enamorado.
enamoriscar-se [ənəmuriskársə] *prnl.* Enamoriscarse.
enarborar [ənərβurá] *t.* Enarbolar, tremolar.
enarçar [ənərsá] *t.* Enzarzar.
enardiment [ənərðimén] *m.* Enardecimiento.
enardir [ənərði] *t.* Enardecer.
enasprar [ənəsprá] *t.* Rodrigar, enrodrigar.
enastar [ənəstá] *t.* Espetar. *2* Ensartar.
ençà [ənsá] *adv.* Acá, aquende. ‖ ***D'~,*** desde. ‖ ~ ***i enllà,*** acá y allá. ‖ ***De llavors*** ~, desde entonces.
encabir [əŋkəβi] *t.-prnl.* Meter. *2* Acomodar.
encaboriar-se [əŋkəβuriársə] *prnl.* Preocuparse.

encabritar-se [əŋkəβritársə] *prnl.* Encabritarse, empinarse (los cuadrúpedos).
encadellar [əŋkəðəʎá] *t.* Machihembrar.
encadenament [əŋkəðənəmén] *m.* Encadenamiento, engarce.
encadenar [əŋkəðəná] *t.-prnl.* Encadenar. *2* Aherrojar, engarzar.
encaix [əŋkáʃ] *m.* Encaje, encajadura, ensambladura, engarce.
encaixada [əŋkəʃáðə] *f.* Apretón de manos.
encaixar [əŋkəʃá] *i.-t.* Encajar, encuadrar. *2* Cuajar. *3* Encartar. *4* Darse la mano.
encaixonar [əŋkəʃuná] *t.* Encajonar.
encaixonat, -ada [əŋkəʃunát, -áðə] *a.* Encajonado.
encalafornat, -ada [əŋkələfurnát, -áðə] *a.* Muy escondido.
encalç [əŋkáls] *m.* Persecución, acosamiento, acoso. ‖ ***A l'~,*** en pos.
encalçar [əŋkəlsá] *t.* Acosar, perseguir.
encalcinar [əŋkəlsiná] *t.* Encalar.
encalitjar [ənkəlidʒá] *t.-prnl.* Aneblar, abrumarse.
encallada [əŋkəʎáðə] *f.* Acción y efecto de ***encallar*** o ***encallar-se.***
encallador [əŋkəʎəðó] *m.* Atascadero.
encallar [əŋkəʎá] *i.-t.-prnl.* Encallar, varar, atascar, atollar.
encallir [əŋkəʎí] *t.* Encallecer.
encalmar-se [əŋkəlmársə] *prnl.* Encalmarse.
encaminar [əŋkəminá] *t.-prnl.* Encaminar.
encanonar [əŋkənuná] *t.* Encañonar.
encant [əŋkán] *m.* Encanto. *2* Encante. *3 pl.* Encante, baratillo.
encantador, -ra [əŋkəntəðó, -rə] *a., m.-f.* Encantador. *2* Hechicero.
encantament [əŋkəntəmén] *m.* Encantamiento, encanto, hechizo, hechicería. ‖ ***Per art d'~,*** por arte de birlibirloque.
encantar [əŋkəntá] *t.-prnl.* Encantar, hechizar, alelar, embobar.
encantat, -ada [əŋkəntát, -áðə] *a.* Encantado.
encanyar [əŋkəɲá] *t.* Encañar, encañonar.
encanyissada [əŋkəɲisáðə] *m.* Encañizada, sombrajo.
encanyissat [əŋkəɲisát] *m.* Encañado.
encaparrar [əŋkəpərrá] *t.-prnl.* Preocupar. *2* Fatigar, enturbiar la cabeza.
encapçalar [əŋkəpsəlá] *t.* Encabezar.
encapotar [əŋkəputá] *t.-prnl.* Encapotar.
encapritxar-se [əŋkəpritʃársə] *prnl.* Encapricharse.
encapsar [əŋkəpsá] *t.* Encajar.
encaputxar [əŋkəputʃá] *t.* Encapuchar.
encara [əŋkárə] *adv.* Aún, aun, todavía. ‖ ***~ que,*** aunque, aun cuando, siquiera. ‖ ***~ bo,*** menos mal.
encaramelat, -ada [əŋkərəməlát, -áðə] *a.* Acaramelado.
encarcarament [əŋkərkərəmén] *m.* Tiesura. *2* fig. Empaque.
encarar [əŋkərá] *t.* Encarar, encañonar (el arma).
encarcarar [əŋkərkərá] *t.* Entumecer, atiesar.
encarcarat, -ada [əŋkərkərát, -áðə] *a.* Tieso, rígido.
encariment [əŋkərimén] *m.* Encarecimiento.
encarir [əŋkərí] *t.-i.-prnl.* Encarecer.
encarnació [əŋkərnəsió] *f.* Encarnación.
encarnadura [əŋkərnəðúrə] *f.* Encarnadura.
encarnar [əŋkərná] *i.-t.-prnl.* Encarnar.
encarnat, -ada [əŋkərnát, -áðə] *a.-m.* Encarnado.
encàrrec [əŋkárrək] *m.* Encargo, recado.
encarregar [əŋkərrəɣá] *t.* Encargar, mandar. *2* Encarrilar.
encarregat, -ada [əŋkərrəɣát, -áðə] *m.-f.* Encargado.
encarrilar [əŋkərrilá] *t.* Encarrilar, encauzar.
encartar [əŋkərtá] *t.* Encartar.
encartonar [əŋkərtuná] *t.* Encartonar. *2 prnl.* Acartonarse.
encasellar [əŋkəzəʎá] *t.* Encasillar.
encasellat [əŋkəzəʎát] *m.* Encasillado.
encasquetar [əŋkəskətá] *t.-prnl.* Encasquetar. *2* Encasquillarse.
encast [əŋkás(t)] *m.* Engaste, engarce.
encastar [əŋkəstá] *t.* Engastar, engarzar. *2* Empotrar
encastellar [əŋkəstəʎá] *t.-prnl.* Encastillar.
encastellat, -ada [əŋkəstəʎát, -áðə] *a.* Encumbrado.
encaterinar-se [əŋkətərinársə] *prnl.* Encapricharse, enamoriscarse.
encaterinat [əŋkətərinát] *a.* Tórtolo.
encatifar [əŋkətifá] *t.* Alfombrar.
encauar [əŋkəwá] *t.-prnl.* Encovar.
encausar [əŋkəŭzá] *t.* Encausar.
encavalcar [əŋkəβəlká] *t.* Encabalgar, encaballar.
encavalcat, -ada [əŋkəβəlkát, -áðə] *a.* Montado.
encavallar-se [əŋkəβəʎársə] *prnl.* Encaballarse.
enceb [ənsép] *m.* Cebo (de explosivo).
enceball [ənsəβáʎ] *m.* Ceba, cebo.
encebar [ənsəβá] *t.* Cebar (un animal). *2* Cebar (un arma).

encèfal [ənsɛ́fəl] *m.* ANAT. Encéfalo.
encegament [ənsəɣəmén] *m.* Ceguera, deslumbramiento.
encegar [ənsəɣá] *t.-prnl.* Cegar. *2* Ofuscar, obcecar.
encenall [ənsənáʎ] *m.* Viruta.
encendre [ənséndrə] *t.-prnl.* Encender. ¶ CONJUG. como ***atendre.***
encenedor, -ra [ənsənəðó, -rə] *a.* Encendedor. *2* Mechero, encendedor.
encens [ənsɛ́ns] *m.* Incienso.
encensar [ənsənsá] *t.* Incensar.
encenser [ənsənsé] *m.* Incensario.
encerar [ənsərá] *t.* Encerar.
encerat, -ada [ənsərát, -áðə] *a.-m.* Encerado.
encerclament [ənsərkləmén] *m.* Cerco.
encerclar [ənsərklá] *t.* Cercar.
encercolar [ənsərkulá] *t.* Enarcar.
encert [ənsɛ́r(t)] *m.* Acierto, tino.
encertar [ənsərtá] *t.* Acertar, atinar.
encertat, -ada [ənsərtát, -áðə] *a.* Certero, realizado con acierto.
encès, -esa [ənsɛ́s, -ɛ́zə] *a.-f.* Encendido.
encestar [ənsəstá] *t.* Encestar.
encetar [ənsətá] *t.* Decentar.
enciam [ənsiám] *m.* Lechuga.
enciamada [ənsiəmáðə] V. AMANIDA.
enciamera [ənsiəmérə] *f.* Ensaladera.
encíclica [ənsiklikə] *f.* Encíclica.
enciclopèdia [ənsiklupɛ́ðiə] *f.* Enciclopedia.
enciclopedisme [ənsiklupəðizmə] *m.* Enciclopedismo.
encimbellament [ənsimbəʎəmén] *m.* Encumbramiento.
encimbellar [əmsimbəʎá] *t.-prnl.* Encumbrar, empinar, encaramar, enhestar.
encimbellat, -ada [ənsimbəʎát, -áðə] *a.* Empipado, encopetado.
encinglerat, -ada [ənsiŋglərát, -áðə] *a.* Riscoso.
encinta [ənsintə] *m.* Encinta.
encís [ənsis] *m.* Hechizo, encanto.
encisador, -ra [ənsizəðó, -rə] *a.* Hechicero, encantador.
encisar [ənsizá] *t.* Encantar, hechizar, embelesar.
encistellar [ənsistəʎá] *t.* Encestar.
enclaustrar [əŋklaŭstrá] *t.* Enclaustrar.
enclavar [əŋkləβá] *t.* Enclavar.
enclotar [əŋklutá] *t.* Hundir, ahuecar. *2* Encontrarse situado en un hoyo.
encloure [əŋklɔ́ŭrə] *t.* Coger. *2* Entrañar, encerrar. ¶ CONJUG. como ***cloure.***
enclusa [əŋklúzə] *f.* Yunque.
encobridor, -ra [əŋkuβriðó, -rə] *m.-f.* Encubridor.
encobriment [əŋkuβrimén] *m.* Encubrimiento.
encobrir [əŋkuβri] *t.* Encubrir, recatar.
encoixinar [əŋkuʃiná] *t.* Acolchar.
encoixir [əŋkuʃi] *t.* Encojar.
encolar [əŋkulá] *t.* Encolar.
encolerir [əŋkuləri] *t.-prnl.* Encolerizar.
encolomar [əŋkulumá] *t.* V. ENDOSSAR.
encomanadís, -issa [əŋkumənəðis, -isə] *a.* Pegadizo, contagioso.
encomanar [əŋkuməná] *t.-prnl.* Encomendar, engarzar. *2* Pegar (contagiar).
encomi [əŋkɔ́mi] *m.* Encomio.
encomiar [əŋkumiá] *t.* Encomiar.
encomiàstic, -ca [əŋkumiástik, -kə] *a.* Encomiástico.
encongiment [əŋkunʒimén] *m.* Encogimiento.
encongir [əŋkunʒi] *t.-prnl.* Encoger.
encongit, -ida [əŋkunʒit, -iðə] *a.* Encogido, apocado.
encontinent [əŋkuntinén] *a.* Incontinente.
encontorns [əŋkuntórns] *m. pl.* Inmediaciones.
encontrar [əŋkuntrá] *t.-prnl.* Encontrar.
encontre [əŋkɔ́ntrə] *m.* Encuentro, choque, lance.
enconxar [əŋkunʃá] *t.* Acolchar, colchar.
encoratjador, -ra [əŋkurədʒəðó, -rə] *a.* Alentador.
encoratjar [əŋkurədʒá] *t.* Alentar, animar.
encorbar [əŋkurβá] *t.-prnl.* Encorvar.
encordar-se [əŋkurðársə] *prnl.* DEP. Encordarse (en una cordada).
encórrer [əŋkórrə] *t.* Incurrir.
encortinar [əŋkurtiná] *t.* Encortinar.
encreuament [əŋkrəwəmén] *m.* Cruzamiento. *2* Cruce, encrucijada.
encreuar [əŋkrəwá] *t.-prnl.* Cruzar, entrecruzar.
encruelir [əŋkruəli] *t.-prnl.* Encruelecer.
encuny [əŋkúɲ] *m.* Cuño, troquel.
encunyar [əŋkuɲá] *t.* Acuñar.
endarrera [ənðərrérə] *adv.* Atrás, detrás, hacia atrás.
endarreriment [əndərrərimén] *m.* Atraso.
endarrerir [əndərrəri] *t.-prnl.* Atrasar, rezagar.
endarrerit, -ida [əndərrərit, -iðə] *a.* Atrasado.
endavant [əndəβán] *adv.* Adelante. ‖ ***Per ~***, de antemano, por adelantado, anticipadamente.
endebades [əndəβáðəs] *adv.* En vano, en balde.
endegar [əndəɣá] *t.* Arreglar, encauzar, orillar, pergeñar.
endemà [əndəmá] *m.* El día siguiente.
endemés [əndəmés] *adv.* Además, por otra parte, otrosí.

endèmia [əndέmiə] *f.* MED. Endemia.
endèmic, -ca [əndέmik, -kə] *a.* Endémico.
enderroc [əndərrɔ́k] *m.* Derribo. *2 pl.* Escombros.
enderrocar [əndərrukȧ] *t.* Derribar, demoler, derruir, derrumbar, derrocar.
endeutar [əndəŭtȧ] *t.-prnl.* Endeudarse, empeñarse.
endeví, -ina [əndəβí, -inə] *m.-f.* Adivino, agorero.
endevinaire [əndəβináĭrə] *m.-f.* Adivino, agorero.
endevinament [əndėβinəmén] *m.* Adivinación, adivinanza.
endevinalla [əndəβinàʎə] *f.* Adivinanza, acertijo.
endevinar [əndəβinȧ] *t.* Adivinar, acertar, atinar.
endiablat, -ada [əndiəbblát, -áðə] *a.* Endiablado.
endimoniat, -ada [əndimuniát, -áðə] *a.* Endemoniado, poseso.
endins [əndins] *adv.* Adentro.
endinsar [əndinzȧ] *t.-prnl.* Adentrarse, entrañar, hincar, internar.
endintre [əndintrə] *adv.* V. ENDINS.
endiumenjar-se [əndiŭmənʒársə] *prnl.* Endomingarse.
endívia [əndiβiə] *f.* BOT. Endivia.
endocardi [əndukárði] *m.* ANAT. Endocardio.
endocarp [əndukárp] *m.* BOT. Endocarpio.
endolar [əndulȧ] *t.* Enlutar.
endolat, -ada [əndulát, -áðə] *a.* Enlutado.
endolcir [əndulsi] *t.* Endulzar, dulcificar.
endoll [əndόʎ] *m.* Enchufe.
endollar [əndυʎȧ] *t.* Enchufar, empachar.
endormiscar-se [əndurmiskársə] *prnl.* Adormilarse, adormecerse, transponerse.
endós [əndós] *m.* COM. Endoso.
endossar [əndusȧ] *t.* Endosar.
endrapar [əndrəpȧ] *i.* Engullir, zampar.
endreç [əndrés] *m.* Compostura, aderezo, aliño.
endreça [əndrέsə] *f.* Orden, limpieza, aseo. *2* Dedicatoria.
endreçar [əndrəsȧ] *t.-prnl.* Ordenar, asear, arreglar. *2* Dedicar.
endreçat, -ada [əndrəsát, -áðə] *a.* Limpio y ordenado.
endret [əndrέt] *m.* Derecho (de un tejido).
endropir [əndrupi] *t.* Convertir a alguien en poltrón. *2 prnl.* Apoltronarse.
enduriment [əndurimén] *m.* Endurecimiento.
endurir [ənduri] *t.-prnl.* Endurecer, empedernir, encallecer.
endur-se [əndúrsə] *prnl.* Llevarse. ¶ CONJUG. como ***dur***.
enemic, -iga [ənəmík, -iɣə] *a., m.-f.* Enemigo.
enemistar [ənəmistȧ] *t.-prnl.* Enemistar, malquistar.
enemistat [ənəmistát] *f.* Enemistad.
energia [ənərʒiə] *f.* Energía. *2* Tesón.
enèrgic, -ca [ənέrʒik, -kə] *a.* Enérgico.
energumen [ənərɣúmən] *m.* Energúmeno.
enervament [ənərβəmén] *m.* Enervamiento.
enervant [ənərβán] *a.* Enervante.
enervar [ənərβȧ] *t.-prnl.* Enervar.
enèssim, -ma [ənέsim, -mə] *a.* Enésimo.
enfadar [əmfəðȧ] *t.* Enfadar. *2 prnl.* Montar en cólera, enojarse, rabiar, cabrearse.
enfadeir [əmfəðəi] *t.-prnl.* Desazonar.
enfadós, -osa [əmfəðós, -ózə] *a.* Enfadoso, enojoso.
enfaixar [əmfəʃȧ] *t.* Fajar.
enfangar [əmfəŋgȧ] *t.-prnl.* Enfangar, embarrar, enlodar, enlodazar.
enfarfec [əmfərfέk] *m.* Engorro, estorbo, mescolanza. *2* Empacho.
enfarfegador, -ra [əmfərfəɣəðό, -rə] *a.* Engorroso, farragoso.
enfarfegar [əmfərfəɣȧ] *t.* Recargar.
enfarinar [əmfərinȧ] *t.-prnl.* Enharinar. *2* Emponzoñar.
enfaristolar-se [əmfəristulársə] *prnl.* Ensoberbecerse, endiosarse, altivarse.
enfavat, -ada [əmfəβát, -ádə] *a.* Embobado.
enfebrar-se [əmfəβrársə] *prnl.* Acalenturarse.
enfeinat, -ada [əmfəinát, -áðə] *a.* Atareado.
enfellonir [əmfəʎuni] *t.-prnl.* Enfurecer, encolerizar.
enfervorir [əmfərβuri] *t.* Enfervorizar.
enfilada [əmfiláðə] *f.* Engarce.
enfiladís, -issa [əmfiləðis, -isə] *a.* Trepador. ‖ ***Planta* ~,** enredadera.
enfilall [əmfiláʎ] *m.* Sarta, ristra.
enfilar [əmfilȧ] *t.-i.-prnl.* Enhebrar, ensartar, engarzar. ‖ ***Cadascú per on l'enfila,*** cada loco con su tema. *2* Enfilar. *3 prnl.* Trepar, encaramarse.
enfillat, -ada [əmfiʎát, -áðə] Que tiene muchos hijos.
enfit [əmfit] *m.* Ahíto.
enfitament [əmfitəmén] *m.* Empacho.
enfitar [əmfitȧ] *t.-prnl.* Ahitar, empachar.
enfocar [əmfukȧ] *t.* Enfocar.
enfollidor, -ra [əmfuʎiðó, -rə] *a.* Enloquecedor.

enfollir [əmfuʎi] *t.-prnl.* Enloquecer.
enfondir [əmfundi] *t.-prnl.* Ahondar.
enfonsament [əmfunzəmén] *m.* Hundimiento, desmoronamiento.
enfonsar [əmfunzá] *t.-prnl.* Hundir, echar a pique, desmoronar. *2 prnl.* Irse a pique.
enfonsat, -ada [əmfunzát, -áðə] *a.* Hundido.
enfora [əmfɔ́rə] *adv.* Afuera, hacia fuera. ‖ ~ ***de,*** excepto.
enformador [əmfurməðó] *m.* Formón, escoplo.
enformar [əmfurmá] *t.* Dar forma. *2* Ahormar.
enfornar [əmfurná] *t.* Enhornar.
enfortidor, -ra [əmfurtiðó, -rə] *a.* Fortalecedor.
enfortir [əmfurti] *t.-prnl.* Fortalecer.
enfosquir [əmfuski] *t.* Oscurecer.
enfredoriment [əmfrəðurimén] *m.* Enfriamiento.
enfredorir [əmfrəðuri] *t.-prnl.* Enfriar.
enfront [əmfrón] *m.* Fachada, frontispicio. ‖ ~ ***de,*** enfrente de, frente a, delante de.
enfrontar [əmfruntá] *t.* Enfrentar.
enfundar [əmfundá] *t.* Enfundar.
enfurir [əmfuri] *t.-prnl.* Enfurecer.
enfurismar [əmfurizmá] *t.* Irritar, enfurecer.
enfurrunyar-se [əmfurruɲársə] *prnl.* Enfurruñarse.
enfustar [əmfustá] *t.* Enmaderar.
enfutismar-se [əmfutismársə] *prnl.* Enfurecerse.
engabiar [əŋgəβiá] *t.* Enjaular.
engalanar [əŋgələná] *t.* Engalanar.
engalipada [əŋgəlipáðə] *f.* Engatusamiento, soflama.
engalipar [əŋgalipá] *t.* Engatusar, engaitar, embaucar.
engallar-se [əŋgəʎársə] *prnl.* Engallarse.
engallir-se [əŋgəʎirsə] *prnl.* Engallarse.
engaltar [əŋgəltá] *t.* Apuntar.
engalzar [əŋgəlzá] *t.* Ensamblar. *2* Atrapar.
engandulir [əŋgənduli] *t.-prnl.* Emperezar.
enganxada [əŋgənʃáðə] *f.* Enganche, cogida, pega, pegadura.
enganxament [əŋgənʃəmén] *m.* Enganche. *2* Pega, pegadura.
enganxar [əŋgənʃá] *t.-prnl.* Enganchar. *2* Pegar. *3* fig. Pillar, coger.
enganxós [əŋgənʃós, -ózə] *a.* Pegajoso, pegadizo.
engany [əŋgáɲ] *m.* Engaño, añagaza, dolo, camelo (fam.).
enganyabadocs [əŋgaɲəβəðɔ́ks] *m.* Engañabobos, sacadineros.
enganyador, -ra [əŋgəɲəðó, -rə] *a.* Engañador, embaucador.
enganyapastors [əŋgaɲəpəstós] *m.* ORNIT. Chotacabras.
enganyar [əŋgəɲá] *t.-prnl.* Engañar, burlar, embaucar.
enganyatall [əŋgəɲətáʎ] *m.* Embuste, engañifa, trampantojo.
enganyifa [əŋgəɲifə] *f.* Engañifa, embuste, manganilla, primada.
enganyós, -osa [əŋgəɲós, -ózə] *a.* Engañoso, mentido.
engargussar-se [əŋgərɣusársə] *prnl.* Atascarse, atragantarse.
engatar-se [əŋgətársə] *prnl.* Emborracharse.
engatjament [əŋgədʒəmén] *m.* Empeño, compromiso.
engavanyador, -ra [əŋgəβəɲəðó, -rə] *a.* Embarazoso (vestido).
engavanyar [əŋgəβəɲá] *t.* Embarazar.
engegada [ənʒəɣáðə] *f.* Puesta en marcha, suelta, lanzamiento, disparo.
engegar [ənʒəɣá] *t.* Poner en marcha. *2* Soltar, lanzar, espetar, disparar.
engelosir [ənʒəluzi] *t.-prnl.* Encelar.
engendrar [ənʒəndrá] *t.* Engendrar.
enginy [ənʒiɲ] *m.* Ingenio, maña, destreza, chispa, pesquis.
enginyar [ənʒiɲá] *t.-prnl.* Ingeniar.
enginyer [ənʒiɲé] *m.* Ingeniero.
enginyeria [ənʒiɲəriə] *f.* Ingeniería.
enginyós, -osa [ənʒiɲós, -ózə] *a.* Ingenioso, habilidoso, mañoso.
engiponar [ənʒipuná] *t.* Enjaretar, pergeñar.
englobar [əŋgluβá] *t.* Englobar.
englotir [əŋgluti] *t.* V. ENGOLIR.
engolat, -ada [əŋgulát, -áðə] *a.* Engolado.
engolir [əŋguli] *t.* Engullir, tragar.
engomar [əŋgumá] *t.* Engomar.
engonal [əŋgunál] *m.* ANAT. Ingle.
engorronir [əŋgurruni] *t.* Emperezar.
engraellat [əŋgrəʎát] *m.* Emparrillado, zarzo, enrejado.
engranar [əŋgrəná] *i.* Engranar.
engranatge [əŋgrənádʒə] *m.* MEC. Engranaje.
engrandiment [əŋgrəndimén] *m.* Engrandecimiento.
engrandir [əŋgrəndi] *t.-i.-prnl.* Engrandecer, agrandar.
engrapar [əŋgrəpá] *t.* Engrapar, agarrar.
engreix [əŋgréʃ] *m.* Engorde.
engreixament [əŋgrəʃəmén] *m.* Engorde.
engreixar [əŋgrəʃá] *t.-prnl.* Engordar, cebar.

engreixinar [əŋgrəʃiná] *t.* Engrasar.
engrescador, -ra [əŋgrəskəðó, -rə] *a.* Entusiasmador.
engrescament [əŋgrəskəmén] *m.* Entusiasmo.
engrescar [əŋgrəská] *t.-prnl.* Entusiasmar.
engrillunar [əŋgriʎuná] *t.* Aherrojar.
engroguir [əŋgruɣí] *t.* Poner amarillo. *2 prnl.* Amarillecer.
engròs (a l') [əŋgrɔ́s] loc. Al por mayor, en grande.
engrossir [əŋgrusí] *t.-prnl.* Engrosar, abultar.
engruixir [əŋgruʃí] *t.-prnl.* Engrosar. *2* Abultar.
engruna [əŋgrúnə] *f.* Migaja, pizca, chispa, triza.
engrunar [əŋgruná] *t.* Desmigajar, migar, desmenuzar.
engrut [əŋgrút] *m.* Mugre. *2* Engrudo.
enguantar [əŋguəntá] *t.* Enguantar.
enguany [əŋgwáɲ] *adv.* Hogaño.
enguixar [əŋgiʃá] *t.* Enyesar.
enhorabona [ənɔrəβɔ́nə] *f.* Enhorabuena, parabien, pláceme.
enigma [əniŋmə] *m.* Enigma.
enigmàtic, -ca [əniŋmátik, -kə] *a.* Enigmático.
enjogassat, -ada [ənʒuɣəsát, -áðə] *a.* Juguetón, retozón.
enjoiar [ənʒujá] *t.* Enjoyar, alhajar.
enjudiciar [ənʒuðisiá] *t.* Enjuiciar.
enlairament [ənləĭrəmén] *m.* Encumbramiento, elevación. *2* Despegue (de avión).
enlairar [ənləĭrá] *t.-prnl.* Elevar. *2 prnl.* Despegar (el avión).
enlairat, -ada [ənləĭrát, -áðə] *a.* Elevado, encopetado.
enlaire [ənlaĭrə] *adv.* En alto. *2* Hacia arriba, en el aire. *3* En volandas. *4* En vilo.
enllà [ənʎá] *adv.* Allá, allende. ‖ ***Cap ~,*** hacia allá.
enllaç [ənʎás] *m.* Enlace.
enllaçar [ənʎəsá] *t.-prnl.* Enlazar.
enllagrimar-se [ənʎəɣrimársə] *prnl.* Arrasar (de lágrimas).
enllaminir [ənʎəminí] *t.* Engolosinar.
enllardar [ənʎərðá] *t.* Pringar.
enllefiscament [ənʎəfiskəmén] *m.* Cochambre.
enllefiscar [ənʎəfiská] *t.* Empringar, untar.
enllepolir [ənʎəpulí] *t.-prnl.* Engolosinar.
enllestir [ənʎəstí] *t.* Despachar, acabar, ultimar. *2 prnl.* Apresurarse.
enllestit, -ida [ənʎəstít, -íðə] *a.* Listo.
enlletgir [ənʎədʒí] *t.* Afear.
enllitar [ənʎitá] *i.-prnl.* Encamarse.
enlloc [enʎɔ́k] *adv.* En ninguna parte.
enllorar [ənʎurá] *t.* Empañar (el espejo).
enllosar [ənʎuzá] *t.* Enlosar.
enllotar [ənʎutá] *t.* Encodar, enlodazar. *2 prnl.* Encenagarse.
enlluentir [ənʎuəntí] *t.* Abrillantar, enlucir.
enlluernador [ənʎuərnəðó] *a.* Deslumbrador, deslumbrante.
enlluernament [ənʎuərnəmén] *m.* Deslumbramiento.
enlluernar [ənʎuərná] *t.-prnl.* Deslumbrar, encandilar, cegar.
enllumenament [ənʎumənəmén] *m.* Alumbramiento.
enllumenar [ənʎuməná] *t.* Alumbrar.
enllumenat [ənʎumənát] *m.* Alumbrado.
enllustrador, -ra [ənʎustrəðó, -rə] *m.-f.* Limpiabotas.
enllustrar [ənʎustrá] *t.* Lustrar, enlustrecer.
engolfar-se [əŋgulfársə] *prnl.* Formar golfo (el mar). *2* Engolfar. *3* Engolfarse.
enmig [əmmitʃ] *adv.* Entre, en medio de.
ennavegar-se [ənnəβəɣársə] *prnl.* Engolfarse, enfrascarse.
ennegrir [ənnəɣrí] *t.-prnl.* Ennegrecer.
ennoblir [ənnubblí] *t.-prnl.* Ennoblecer.
ennuegar-se [ənnuəɣársə] *prnl.* Atragantarse.
ennuvolar-se [ənnuβulársə] *prnl.* Nublar, anublar, encapotarse.
enorgullir [ənurɣuʎí] *t.-prnl.* Enorgullecer.
enorme [ənórmə] *a.* Enorme.
enormitat [ənurmitát] *f.* Enormidad.
enquadernació [əŋkwəðərnəsió] *f.* Encuadernación.
enquadernador, -ra [əŋkwəðərnəðó, -rə] *m.-f.* Encuadernador.
enquadernar [əŋkwəðərná] *t.* Encuadernar.
enquadrar [əŋkwəðrá] *t.* Encuadrar.
enquesta [əŋkéstə] *f.* Encuesta.
enquimerar [əŋkimərá] *t.-prnl.* Inquietar. *2* Coger manía.
enquistar-se [əŋkistársə] *prnl.* Enquistarse.
enquitranar [əŋkitrəná] *t.* Alquitranar.
enrabiada [ənrrəβiáðə] *f.* Rabieta, enojo, berrinche.
enrabiar [ənrrəβiá] *t.-prnl.* Enojar, encolerizar, airar, rabiar.
enrajolador [ənrrəʒuləðó] *m.* Solador.
enrajolar [ənrrəʒulá] *t.* Embaldosar, enladrillar.

enrajolat [ənrrəʒulát] *m.* Embaldosado, solado.
enramada [ənrrəmáðə] *f.* Enramada.
enramar [ənrrəmá] *t.-prnl.* Enramar.
enrampar [ənrrəmpá] *t.* Entumecer. *2 prnl.* Entumirse, acalambrarse, agarrotarse.
enrancir [ənrrənsí] *t.-prnl.* Enranciar.
enraonador, -ra [ənrrəunəðó, -rə] *a., m.-f.* Hablador, decidor, parlero.
enraonar [ənrrəuná] *i.-t.* Hablar, charlar, platicar.
enraonat, -ada [ənrrəunát, -áðə] *a.* Razonable.
enraonia [ənrrəuniə] *f.* Habladuría, hablilla, palabrería.
enrariment [ənrrərimén] *m.* Enrarecimiento.
enrarir [ənrrərí] *t.-prnl.* Enrarecer, rarificar.
enravenar-se [ənrrəβənársə] *prnl.* Ponerse tieso algo, encallarse.
enravenxinar-se [ənrrəβənʃinársə] *prnl.* Emberrincharse.
enredada [ənrrəðáðə] *f.* Enredo, engaño.
enredaire [ənrrəðáĭrə] *m.-f.* Enredador.
enredar [ənrrəðá] *t.* Enredar. *2* Engañar.
enregistrar [ənrrəʒistrá] *t.* Registrar.
enreixar [ənrrəʃá] *t.* Enrejar.
enrenou [ənrrənɔ́ŭ] *m.* Agitación, bullicio, baraúnda.
enrera [ənrrérə] *adv.* Atrás.
enretirar [ənrrətirá] *t.* Apartar, retirar, correr. *2 prnl.* Correrse.
enrevessat, -ada [ənrrəβəsát, -áðə] *a.* Enrevesado.
enriallar-se [ənrriəʎársə] *prnl.* V. ENRIOLAR-SE.
enribetar [ənrriβətá] *t.* Ribetear.
enriolar-se [ənrriulársə] *prnl.* Ponerse risueño.
enriquir [ənrrikí] *t.-prnl.* Enriquecer.
enrobustir [ənrruβustí] *t.-prnl.* Robustecer.
enrocar [ənrruká] *i.-t.-prnl.* Enrocar.
enrogallar-se [ənrruɣəʎársə] *prnl.* Enronquecer.
enrogir [ənrruʒí] *t.-prnl.* Enrojecer, sonrojar.
enrojolament [ənrruʒuləmén] *m.* Sonrojo.
enrojolar-se [ənrruʒulársə] *prnl.* Sonrojarse, enrojecer, abochornarse.
enrolar [ənrrulá] *t.* Enrolar, alistar.
enronquir [ənrruŋkí] *t.-prnl.* Enronquecer.
enroscar [ənrruská] *t.-prnl.* Enroscar.
enrossir [ənrrusí] *t.-prnl.* Enrubiar, sonrosar.
enrotllador, -ra [ənrruʎʎəðó, -rə] *a.* Arrollador.
enrotllar [ənrruʎʎá] *t.* Arrollar, enrollar.
enrunar [ənrruná] *t.* Derrocar, arruinar.
ens [əns] *pron. déb.* Nos.
ens [ɛns] *m.* Ente.
ensabonada [ənsəβunáðə] *f.* Jabonado. *2* Jabonadura. *3* Coba.
ensabonar [ənsəβuná] *t.* Enjabonar, jabonar. *2* Dar coba.
ensacar [ənsəká] *t.* Ensacar.
ensagnar [ənsəŋná] *t.-prnl.* Ensangrentar.
ensaïmada [ənsəimáðə] *f.* Ensaimada.
ensalada [ənsəláðə] *f.* V. AMANIDA.
ensalivar [ənsəliβá] *i.* Segregar saliva.
ensangonar [ənsəŋguná] *t.* V. ENSAGNAR.
ensarronada [ənsərrunáðə] *f.* Embaucamiento. *2* Encerrona.
ensarronar [ənsərruná] *t.* Enzurronar. *2* Embaucar.
ensellar [ənsəʎá] *t.* Ensillar.
ensems [ənséms] *adv.* Juntamente, al mismo tiempo.
ensenya [ənsɛ́ɲə] *f.* Enseña.
ensenyament [ənsəɲəmén] *m.* Enseñanza.
ensenyança [ənsəɲánsə] *f.* Enseñanza.
ensenyar [ənsəɲá] *t.* Enseñar.
ensenyorir-se [ənsəɲurírsə] *prnl.* Enseñorearse, adueñarse.
ensevar [ənsəβá] *t.* Ensebar.
ensibornar [ənsiβurná] *t.* Sobornar, engatusar.
ensinistrar [ənsinistrá] *t.-prnl.* Adiestrar, amaestrar.
ensivellar [ənsiβəʎá] *t.* Enhebillar.
ensofrar [ənsufrá] *t.* Azufrar.
ensonyat, -ada [ənsuɲát, -áðə] *a.* Soñoliento.
ensopec [ənsupɛ́k] *m.* Tropiezo.
ensopegada [ənsupəɣáðə] *f.* Traspié, tropezón. *2* Tropiezo, desliz.
ensopegar [ənsupəɣá] *i.-t.-prnl.* Tropezar. *2* Acertar, adivinar, hallar, dar con. *3* Coincidir.
ensopiment [ənsupimén] *m.* Modorra, amodorramiento, aburrimiento, aletargamiento.
ensopir [ənsupí] *t.-prnl.* Modorrar, amodorrarse, aletargar.
ensopit, -ida [ənsupít, -íðə] *a.* Aburrido.
ensordidor, -ra [ənsurðiðó, -rə] *a.* Ensordecedor.
ensordir [ənsurðí] *t.-prnl.* Ensordecer.
ensorrament [ənsurrəmén] *m.* Derrumbamiento.
ensorrar [ənsurrá] *t.-prnl.* Hundir, desmoronar. *2 prnl.* Derrumbarse, desmoronarse.

ensostrar [ənsustrá] *t.* Techar.
ensotat, -ada [ənsutát, -áðə] *a.* Hundido.
ensucrar [ənsukrá] *t.* Azucarar.
ensucrat, -ada [ənsukrát, -áðə] *a.* Azucarado.
ensulsiar-se [ənsulsiárse] *prnl.* Derrumbarse, desmoronarse.
ensumada [ənsumáðə] *f.* Husmeo.
ensumar [ənsumá] *t.-i.* Husmear, olfatear, oler, ventear (los animales).
ensunya [ənsúɲə] *f.* Enjundia.
ensuperbiment [ənsupərβimén] *m.* Ensoberbecimiento, endiosamiento.
ensuperbir [ənsupərβí] *t.-prnl.* Ensoberbecerse.
ensurt [ənsúr(t)] *m.* Susto, sobresalto, repullo.
entabanador, -ra [əntəβənəðó, -rə] *a.* Embaucador.
entabanar [əntəβəná] *t.* Embaucar.
entacar [əntəká] *t.* Inficionar, infectar.
entaforar [əntəfurá] *t.* Esconder, meter.
entallar [əntəʎá] *t.* Entallar.
entapissar [əntəpisá] *t.* Entapizar, tapizar.
entatxonar [əntətʃuná] *t.-prnl.* Embutir, apiñar.
entaulament [əntəŭləmén] *m.* ARQ. Cornisamento, entablamento.
entaular [əntəŭlá] *t.* Entablar. *2 prnl.* Sentarse a la mesa.
entebeir [əntəβəí] *t.-prnl.* Entibiar.
enteixinat [əntəʃinát] *m.* Artesonado.
entelar [əntəlá] *t.* Empañar.
entelèquia [əntəlɛ́kiə] *f.* Entelequia.
entendre [ənténdrə] *t.-i.-prnl.* Entender. ‖ ***No entendre-s'hi,*** no aclararse. ¶ CONJUG. como ***atendre.***
entendridor [əntəndriðó, -rə] *a.* Enternecedor.
entendrir [əntəndrí] *t.-prnl.* Enternecer.
entenebrir [əntənəβrí] *t.-prnl.* Entenebrecer.
entenedor, -ra [əntənəðó, -rə] *m.-f.* Entendedor. *2 a.* Inteligible.
entenent [əntənén] *a.* Inteligente. *2 m.* ***Donar ~,*** hacer comprender, dar a entender.
enteniment [əntənimén] *m.* Entendimiento. *2* Cordura.
entenimentat, -ada [əntənimәntát, -áðə] *a.* Cuerdo, sensato, prudente.
enter, -ra [əntér, -rə] *a.* Entero. *2 m.* MAT. Entero.
enterament [əntęrəmén] *adv.* Enteramente.
enterboliment [əntərβulimén] *m.* Enturbiamiento.
enterbolir [əntərβulí] *t.* Enturbiar.
enterc, -ca [əntɛ́rk, -kə] *a.* Rígido, tieso. *2* Terco, testarudo.
enteresa [əntərɛ́zə] *f.* Entereza.
enterrador [əntərrəðó] *m.* Sepulturero, enterrador.
enterrament [əntərrəmén] *m.* Enterramiento, entierro.
enterramorts [əntɛ̀rrəmɔ́rs] *m.* Sepulturero, enterrador.
enterrar [əntərrá] *t.* Enterrar.
entès, -sa [əntɛ́s, -zə] *a.* Entendido, experto.
entesa [əntɛ́zə] *f.* Acuerdo, trato.
entestament [əntəstəmén] *m.* Empeño, testarudez, terquedad, obstinación.
entestar [əntəstá] *t.-prnl.* Atar, unir (por los cabos). *2* Empeñarse, emperrarse, entercarse, obstinarse.
entitat [əntitát] *f.* Entidad.
entollar [əntuʎá] *t.-prnl.* Encharcar. *2 prnl.* Remansarse.
entomologia [əntumuluʒíə] *f.* Entomología.
entonació [əntunəsió] *f.* Entonación.
entonar [əntuná] *t.-prnl.* Entonar, tonificar.
entonat, -ada [əntunát, -áðə] *a.* Entonado. *2* Envirotado.
entorn [əntórn] *m.* Contorno, derredor, rededor. *2* Dobladillo. ‖ ***A l'~,*** alrededor, en torno. ‖ ***~ de,*** alrededor de, en rededor, en derredor.
entornar [ənturná] *t.* Binar. *2 prnl.* Encogerse (la ropa).
entornpeu [ənturmpɛ́ŭ] *m.* Rodapié, zanca, zócalo.
entortolligar [ənturtuʎiγá] *t.-prnl.* Enroscar.
entorxat [ənturʃát] *m.* Entorchado.
entossudiment [əntusuðimén] *m.* Empecinamiento, emperramiento, obstinación, terquedad, testarudez.
entossudir-se [əntusuðírsə] *prnl.* Emperrarse, entercarse, obstinarse.
entovar [əntuβá] *t.* Enladrillar.
entrada [əntráðə] *f.* Entrada.
entrampar [əntrəmpá] *t.-prnl.* Entrampar, empeñar.
entrant [əntrán] *a.* Entrante, que sigue: ***setmana ~,*** semana próxima. *2 m.* Principio (plato).
entranya [əntráɲə] *f.* Entraña.
entranyable [əntrəɲábblə] *a.* Entrañable.
entrar [əntrá] *i.-t.-prnl.* Entrar.
entre [éntrə] *prep.* Entre.
entreacte [əntreáktə] *m.* Entreacto.
entrebanc [əntrəβáŋ] *m.* Tropiezo, pega, cortapisa, atascadero, entorpecimiento.

entrebancar [əntrəβəŋká] *t.* Estorbar. *2 prnl.* Tropezar.
entrecavar [əntrəkəβá] *t.* Entrecavar, excavar, mullir.
entrecella [ȩntrəsέʎə] *f.* Entrecejo.
entreclaror [ȩntrəklərό] *f.* Vislumbre.
entrecreuar-se [əntrəkrəwársə] *prnl.* Entrecruzarse.
entrecuix [ȩntrəkúʃ] *m.* Entrepiernas, bragadura.
entredit [əntrəðít] *m.* Entredicho.
entredós [əntrəðós] *m.* Entredós.
entreforc [əntrəfórk] *m.* Horcadura. *2* Cruce, bifurcación.
entrefosc [əntrəfósk] *a.* Entreoscuro.
entrega [əntrέɣa] *f.* Entrega.
***entregar** [əntrəɣá] *t.* Entregar.
entregirar-se [əntrəʒirársə] *prnl.* Volverse a medias.
entrellaçar [əntrəʎəsá] *t.* Entrelazar.
entrellat [əntrəʎát] *m.* Intríngulis, quisicosa, entralla.
entrelligar [əntrəʎiɣá] *t.* Atar una cosa con otra.
entrellucar [əntrəʎuká] *t.* V. ENTREVEURE.
entrellum [əntrəʎúm] *f.* Media luz.
entremaliadura [əntrəməliəðúrə] *f.* Travesura, diablura.
entremaliat, -ada [əntrəməliát, -áðə] *a.* Travieso, trasgo.
entremaliesar [əntrəməliəzá] *i.* Travesear.
entremès [əntrəmέs] *m.* Entremés.
entremesclar [əntrəməsklá] *t.* Entremezclar.
entremetre's [əntrəmέtrəs] *prnl.* Entremeterse.
entremig [ȩntrəmítʃ] *adv.* En medio. *2 m.* Intermedio.
entrenador, -ra [əntrənəðó, -rə] *a., m.-f.* Entrenador.
entrenar [əntrəná] *t.* Entrenar.
entrenús [əntrənús] *m.* Entrenudo.
entreobrir [eəntrəuβrí] *t.* Entreabrir.
entrepà [əntrəpá] *m.* Emparedado.
entreparent, -ta [ȩntrəpərén, -tə] *m.-f.* Pariente lejano.
entresol [əntrəsɔ́l] *m.* Entresuelo.
entresolat [əntrəsulát] *m.* Altillo.
entresuor [əntrəsuó] *f.* Trasudor, mador.
entretall [əntrətáʎ] *m.* Entretalla.
entretallar [əntrətəʎá] *t.* Entrecortar. *2* Entretallar.
entretant [ȩntrətán] *adv.* Entre tanto.
entreteixir [əntrətəʃí] *t.* Entretejer.
entretela [əntrətέlə] *f.* Entretela.
entretemps [ȩntrətéms] *m.* Entretiempo.
entreteniment [əntrətənimén] *m.* Entretenimiento.
entretenir [əntrətəní] *t.-prnl.* Entretener. ¶ CONJUG. como ***abstenir-se***.
entretingut, -uda [əntrətiŋgút, -úðə] *a.* Entretenido.
entretoc [əntrətɔ́k] *m.* Toque.
entreveure [əntrəβέŭrə] *t.* Entrever, divisar, vislumbrar. ¶ CONJUG. como ***veure***.
entrevia [əntrəβíə] *f.* Entrevía.
entrevista [əntrəβístə] *f.* Entrevista.
entrevistar-se [əntrəβistársə] *prnl.* Entrevistarse.
entrigar-se [əntriɣársə] *prnl.* Retrasarse, retardarse.
entristir [əntristí] *t.-prnl.* Entristecerse.
entroncament [əntruŋkəmén] *m.* Entroncamiento. *2* Empalme.
entroncar [əntruŋká] *t.-i.* Entroncar, empalmar.
entronitzar [əntrunidzá] *t.* Entronizar.
entropessada [əntrupəsáðə] *f.* Traspié, tropezón. *2* Tropiezo.
entropessar [əntrupəsá] *i.* Tropezar, trompicar.
entumiment [əntumimén] *m.* Entumecimiento.
entumir [əntumí] *t.* Entumecer, hinchar.
entusiasmar [əntuziəzmá] *t.-prnl.* Entusiasmar.
entusiasme [əntuziázmə] *m.* Entusiasmo.
entusiasta [əntuziástə] *a., m.-f.* Entusiasta.
enuig [ənútʃ] *m.* Enojo, enfado, mohina, fastidio, hastío.
enumeració [ənumərəsió] *f.* Enumeración.
enumerar [ənumərá] *t.* Enumerar.
enunciar [ənunsiá] *t.* Enunciar.
enunciat [ənunsiát] *m.* Enunciado.
enutjar [ənudʒá] *t.-prnl.* Enfadar, enojar, majar.
enutjós, -osa [ənudʒós, -ózə] *a.* Hastioso, enojoso, enfadoso, fastidioso. *2* Embarazoso.
envà [əmbá] *m.* Tabique, mamparo.
envaïment [əmbəimén] *m.* Invasión.
envair [əmbəí] *t.* Invadir.
envalentir-se [əmbələntírsə] *prnl.* Envalentonarse.
envaniment [əmbənimén] *m.* Envanecimiento, engreimiento.
envanir [əmbəní] *t.-prnl.* Envanecer, engreir. *2 prnl.* Endiosarse.
envàs [əmbás] *m.* Envase.
envasament [əmbəzəmén] *m.* Envase.
envasar [əmbəzá] *t.* Envasar.
enveja [əmbέʒə] *f.* Envidia, dentera.
envejable [əmbəʒábblə] *a.* Envidiable.
envejar [əmbəʒá] *t.* Envidiar.
envejós, -osa [əmbəʒós, -ózə] *a.* Envidioso.

envelar [əmbəlá] *t.* Velar. *2* Entoldar.
envelliment [əmbəʎimén] *m.* Envejecimiento.
envellir [əmbəʎí] *t.-i.-prnl.* Envejecer, avejentar.
envellutat, -ada [əmbəʎutát, -áðə] *a.* Aterciopelado.
enverdir [əmbərðí] *t.* Teñir de verde.
envergadura [əmbərɣəðúrə] *f.* Envergadura.
envergar [əmbərɣá] *t.* Envergar.
enverinament [əmbərinəmén] *m.* Envenenamiento. *2* Enconamiento, encono.
enverinar [əmberiná] *t.-prnl.* Envenenar, emponzoñar. *2* Enconar.
envermellir [əmbərməʎí] *t.-prnl.* Embermejar, enrojecer. *2* Ruborizarse.
envernissada [əmbərnisáðə] *f.* Barnizado.
envernissar [əmbərnisá] *t.* Barnizar.
envers [əmbérs] *prep.* Hacia, para, con.
envescar [əmbəská] *t.-prnl.* Enviscar.
envestida [əmbəstíðə] *f.* Embestida.
envestir [əmbəstí] *t.* Embestir. *2* Emprender.
enviament [əmbiəmén] *m.* Envío, remesa.
enviar [əmbiá] *t.-prnl.* Enviar, remitir, mandar. *2 prnl.* Engullir.
envidriar-se [əmbiðriársə] *prnl.* Vitrificarse.
enviduar [əmbiðuá] *i.* Enviudar.
envigorir [əmbiɣurí] *t.-prnl.* Vigorizar, robustecer.
enviliment [əmbilimén] *m.* Envilecimiento.
envilir [əmbilí] *t.-prnl.* Envilecer.
envistes (a les) [əmbístəs] loc. A la vista.
envit [əmbít] *m.* Envite.
envolar-se [əmbulársə] *prnl.* Despegar (un avión).
envoltant [əmbultán] *a.* Circundante, envolvente.
envoltar [əmbultá] *t.-prnl.* Cercar, rodear, envolver.
enxampar [ənʃəmpá] *t.* Sorprender. *2* Atrapar.
enxapurrat, -ada [ənʃəpurrát, -áðə] *a.* Chapurreado.
enxarolar [ənʃərulá] *t.* Charolar.
enxarxar [ənʃərʃá] *t.* Enredar. *2* Enredarse, liarse.
enxiquir [ənʃikí] *t.-prnl.* Achicar, empequeñecer.
enxubat, -ada [ənʃuβát, -áðə] *a.* Dícese de un lugar cerrado y sin renovación de aire.
enya [éɲə] *f.* Eñe (letra castellana).
enyorança [əɲuránsə] *f.* Añoranza, nostalgia, morriña.
enyorar [əɲurá] *t.-prnl.* Añorar, sentir nostalgia.
enyorós, -osa [əɲurós, -ózə] *a.* Soledoso, nostálgico.
enze [énzə] *m.* Reclamo, señuelo. *2* Menguado, babieca.
ep! [ep] *interj.* ¡Eh!
èpic, -ca [épik, -kə] *a.* Épico. *2 f.* Épica.
epicarp [əpikárp] *m.* BOT. Epicarpio.
epicè, -ena [əpisé, -énə] *a.* Epiceno
epicuri, -úria [əpikúri, -úriə] *a.* Epicúreo.
epidèmia [əpidémiə] *f.* Epidemia.
epidèmic, -ca [əpiðémik, -kə] *a.* Epidémico.
epidermis [əpiðérmis] *f.* ANAT. Epidermis.
epifania [əpifəniə] *f.* Epifanía.
epiglotis [əpiɣlɔ́tis] *f.* ANAT. Epiglotis.
epígraf [əpíɣrəf] *m.* Epígrafe.
epíleg [əpílək] *m.* Epílogo.
epigrama [əpiɣrámə] *m.* LIT. Epigrama.
epilèpsia [əpilépsiə] *f.* MED. Epilepsia.
epilèptic, -ca [əpiléptik, -kə] *a.* Epiléptico.
epilogar [əpiluɣá] *t.* Epilogar
episcopal [əpiskupál] *a.* Episcopal.
episcopat [əpiskupát] *m.* Episcopado.
episodi [əpizɔ́ði] *m.* Episodio.
episòdic, -ca [əpisɔ́ðik, -kə] *a.* Episódico.
epístola [əpístulə] *f.* Epístola.
epistolar [əpistulá(r)] *a.* Epistolar.
epistolari [əpistulári] *m.* Epistolario.
epitafi [əpitáfi] *m.* Epitafio.
epiteli [əpitéli] *m.* Epitelio.
epítet [əpítet] *m.* Epíteto.
epítom [əpítum] *m.* Epítome.
època [épukə] *f.* Época.
epopeia [əpupéjə] *f.* Epopeya.
equació [əkwəsió] *f.* MAT. Ecuación.
equador [əkwəðó] *m.* Ecuador.
equànime [əkwánimə] *a.* Ecuánime.
equanimitat [əkwənimitát] *f.* Ecuanimidad.
equatorià, -ana [əkwəturiá, -ánə] *a., m.-f.* Ecuatoriano.
equatorial [əkwəturiál] *a.* Ecuatorial.
eqüestre [əkwéstrə] *a.* Ecuestre.
equí, -ina [əkí, -ínə] *a.* Equino.
equidistant [əkiðistán] *a.* Equidistante.
equidistar [əkiðistá] *i.* Equidistar.
èquids [ékits] *m. pl.* ZOOL. Équidos.
equilàter, -ra [əkilátər, -rə] *a.* GEOM. Equilátero.
equilibrar [əkiliβrá] *t.-prnl.* Equilibrar.
equilibri [əkilíβri] *m.* Equilibrio.
equilibrista [əkiliβrístə] *m.-f.* Equilibrista.
equinocci [əkinɔ́ksi] *m.* ASTR. Equinoccio.
equinoderms [əkinuðérms] *m. pl.* Equinodermos.

equip [əkip] *m.* Equipo.
equipament [əkipəmėn] *m.* Equipo.
equipar [əkipȧ] *t.* Equipar.
equiparar [əkipərȧ] *t.* Equiparar.
equipatge [əkipȧdʒə] *m.* Equipaje.
equitació [əkitəsiȯ] *f.* Equitación.
equitat [əkitȧt] *f.* Equidad.
equitatiu, -iva [əkitətiu, -iβə] *a.* Equitativo.
equivalència [əkiβəlɛ̇nsiə] *a.-m.* Equivalencia.
equivalent [əkiβəlėn] *a.-m.* Equivalente.
equivaler [əkiβəlɛ̇] *i.-prnl.* Equivaler. ¶ CONJUG. como ***valer.***
equívoc, -ca [əkiβuk, -kə] *a.* Equívoco. *2 m.* Equivocación.
equivocació [əkiβukəsiȯ] *f.* Equivocación.
equivocadament [əkiβukąðəmėn] *adv.* Equivocadamente.
equivocar [əkiβukȧ] *t.-prnl.* Equivocar.
era [ėrə] *f.* Era.
erari [ərȧri] *m.* Erario.
erecció [ərəksiȯ] *f.* Erección.
erecte, -ta [ərɛ̇ktə, -tə] *a.* Erecto.
erèctil [ərɛ̇ktil] *a.* Eréctil.
eremita [ərəmitə] *m.* Eremita.
eremític, -ca [ərəmitik, -kə] *a.* Eremítico.
eriçar [ərisȧ] *t.-prnl.* Erizar.
eriçó [ərisȯ] *m.* ZOOL. Erizo. ‖ ~ ***de mar,*** erizo de mar.
erigir [əriʒi] *t.-prnl.* Erigir.
erisipela [ərizipɛ̇lə] *f.* MED. Erisipela.
erm, -ma [ɛ̇rm, -mə] *a.* Yermo, baldío, erial, calmo. *2 m.* Páramo.
ermàs [ərmȧs] *m.* Yermo, erial, paramera.
ermini [ərmini] *m.* ZOOL. Armiño.
ermita [ərmitə] *f.* Ermita.
ermità, -ana [ərmitȧ, -ȧnə] *m.-f., a.* Ermitaño.
erosió [əruziȯ] *f.* Erosión.
erosionar [əruziunȧ] *t.* Erosionar.
eròtic, -ca [ərɔ̇tik, -kə] *a.* Erótico.
erra [ėrrə] *f.* Erre (letra), ere (letra).
erra [ɛ̇rrə] *f.* Yerro, error.
errabund, -da [ərrəβůn, -də] *a.* Errabundo.
errada [ərrȧðə] *f.* Yerro, error, errata.
errant [ərrȧn] *a.* Errante, andante.
errar [ərrȧ] *i.-t.-prnl.* Errar.
errata [ərrȧtə] *f.* Errata.
erràtic, -ca [ərrȧtik, -kə] *a.* Errático.
erroni, -ònia [ərrɔ̇ni, -ɔ̇niə] *a.* Erróneo.
error [ərrȯr] *m.* Error, yerro, gazapo.
ert, -ta [ɛr(t), -tə] *a.* Yerto, erguido.
eructar [əruktȧ] *i.* Eructar.
eructe [ərůktə] *m.* Eructo.
erudició [əruðisiȯ] *f.* Erudición.
erudit, -ta [əruðit, -tə] *a.* Erudito.
eruga [ərůɣə] *f.* ENTOM. Oruga.
erupció [ərupsiȯ] *f.* Erupción.
eruptiu, -iva [əruptiŭ, iβə] *a.* Eruptivo.
es [əs] *pron. déb.* Se. *2 pron. indef.* Se.
esbadellar-se [əzβəðəʎȧrsə] *prnl.* Abrirse (una flor).
esbalaïdor, -ra [əzβələiðȯ, -rə] *a.* Pasmoso, asombroso, despampanante.
esbalaïment [əzβələimėn] *m.* Pasmo, asombro.
esbalair [əzβələi] *t.-prnl.* Pasmar, asombrar.
esbaldida [əzβəldiðə] *f.* Enjuague (la vajilla).
esbaldir [əzβəldi] *t.* Aclarar (la ropa), enjuagar (la vajilla).
esbancar [əsβənkȧ] *t.* Romper.
esbandida [əzβəndiðə] *f.* Enjuague.
esbandir [əzβəndi] *t.* Aclarar (la ropa), enjuagar (la vajilla).
esbardissar [əzβərðisȧ] *t.* Desbrozar.
esbargiment [əzβərʒimėn] *m.* Esparcimiento, recreo, solaz.
esbargir [əzβərʒi] *t.-prnl.* Esparcir.
esbarjo [əzβȧrʒu] *m.* Recreación, recreo, esparcimiento, asueto.
esbarjós, -osa [əzβərʒȯs, -ȯzə] *a.* Espacioso, desahogado, desenfadado.
esbarriada [əzβərriȧðə] *f.* Dispersión, desparramiento.
esbarriar [əzβərriȧ] *t.-prnl.* Extraviar. *2* Desaparecer.
esbart [əzβȧr(t)] *m.* Bandada, grupo.
esbarzer [əzβərzė] *m.* BOT. Zarza, zarzamora.
esbarzerar [əzβərzərȧ] *m.* BOT. Zarza, zarzal. *2* Zarzamoral.
esbatussar-se [əzβətusȧrsə] *prnl.* Sacudirse, pelear.
esberlar [əzβərlȧ] *t.* Rajar, hender, resquebrajar, cascar. *2 prnl.* Cuartearse.
esbiaixada [əzβiəʃȧðə] *f.* Sesgadura.
esbiaixar [əzβiəʃȧ] *t.-i.* Sesgar.
esbirro [əzβirru] *m. it.* Esbirro, sayón.
esblaimar-se [əzβləimȧrsə] *prnl.* Palidecer.
esblanqueir-se [əzβləŋkəirsə] *prnl.* Descolorarse, descolorirse, palidecer.
esblanqueït, -ída [əzβləŋkəit, -iðə] *a.* Descolorido.
esbocinar [əzβusinȧ] *t.* Despedazar, desmenuzar, migar. *2* Escacharrar.
esbojarrar-se [əzβuʒərrȧrsə] *prnl.* Arrebatarse, atolondrarse.
esbojarrat, -ada [əzβuʒərrȧt, -ȧðə] *a.* Alocado.
esbombar [əzβumbȧ] *t.-prnl.* Divulgar, difundir, propalar.
esborrador [əzβurrəðȯ] *m.* Borrador.

esborrall [əzβurráʎ] *m.* Borrón. *2 m. pl.* Vestigios.
esborrament [əzβurrəmén] *m.* Borradura.
esborrany [əzβurráɲ] *m.* Borrador.
esborrar [əzβurrá] *t.* Borrar. *2* Tachar (escrito).
esborronador [əzβurrunəðó] *a.* Despeluznante, espeluznante, horripilante.
esborronar [əzβurruná] *t.* Despeluznar, espeluznar, horripilar.
esbós [əzβós] *m.* Bosquejo, esbozo, boceto.
esbossar [əzβusá] *t.* Bosquejar, esbozar, abocetar.
esbotifarrar [əzβutifərrá] *t.* Reventar, desgarrar.
esbotzar [əzβudzá] *t.* Reventar, despachurrar, escacharrar.
esbramec [əzβrəmék] *m.* Bramido.
esbrancar [əzβrəŋká] *t.* Desgajar, arrancar (las ramas).
esbravament [əzβrəβəmén] *m.* Desahogo.
esbravar-se [əzβrəβársə] *prnl.* Desbravarse, desahogarse.
esbrinament [əzβrinəmén] *m.* Averiguación.
esbrinar [əzβriná] *t.* Averiguar, escudriñar.
esbrocar [əzβruká] *t.* Desbocar (el cántaro).
esbromar [əzβrumá] *t.* Espumar.
esbronc [əzβróŋ] *m.* Bronca, reprimenda.
esbroncar [əzβruŋká] *t.* Abroncar.
esbrossar [əzβrusá] *t.* Desbrozar.
esbudellar [əzβuðəʎá] *t.* Destripar.
esbufec [əzβufék] *m.* Jadeo. *2* Resoplido, resuello, bufido.
esbufegar [əzβufəɣá] *i.* Jadear. *2* Resoplar, resollar, rebufar, bufar.
esbullar [əzβuʎá] *t.* Desgreñar, desbaratar.
esca [éskə] *f.* Yesca.
escabellar [əskəβəʎá] *t.* Despeinar, descabellar, desgreñar, desmelenar.
escabellat, -ada [əskəβəʎát, -áðə] *a.* Descabellado.
escabetx [əskəβétʃ] *m.* Escabeche.
escabetxada [əskəβətʃáðə] *f.* fam. Escabechina.
escabetxar [əskəβətʃá] *t.* Escabechar.
escabetxina [əskəβətʃínə] *f.* fam. Escabechina.
escabrós, -osa [əskəβrós, -ózə] *a.* Escabroso.
escacat, -ada [əskəkát, -áðə] *a.* Escaqueado.
escacs [əskáks] *m. pl.* Ajedrez, escaques. *2 sing.* Jaque. ‖ ***Escac i mat,*** ¡jaque y mate!
escadusser, -ra [əskəðusé, -rə] *a.* Desparejado, suelto.
escafandre [əskəfándrə] *m.* Escafandra.
escagarrinar-se [əskəɣərrinársə] *prnl.* Cagarse. *2 fig.* Amedrentarse.
escaient [əskəjén] *a.* Apropiado, adecuado.
escaig [əskátʃ] *m.* Pico (las tres y pico).
escaiola [əskəjɔ́lə] *f.* BOT. Alpiste. *2* Escayola.
escairar [əskəĭrá] *t.* Escuadrar.
escaire [əskáĭrə] *m.* Escuadra.
escala [əskálə] *f.* Escalera. *2* Escala.
escalada [əskəláðə] *f.* Escalada, escalo.
escalador, -ra [əskələðó, -rə] *a., m.-f.* Escalador.
escalafó [əskələfó] *m.* Escalafón.
escalar [əskəlá] *t.* Escalar.
escaldada [əskəldáðə] *f.* Escaldadura.
escaldar [əskəldá] *t.-prnl.* Escaldar.
escalè, -ena [əskəlɛ́, -ɛ́nə] *a.-m.* GEOM. Escaleno.
escaler [əskəlé] *m.* Limonero (caballería).
escalf [əskálf] *m.* Calor.
escalfador [əskəlfəðó] *a.* Calentador. *2 m.* Calentador.
escalfament [əskəlfəmén] *m.* Calentamiento.
escalfapanxes [əskalfəpánʃəs] *m.* Chimenea.
escalfar [əskəlfá] *t.-prnl.* Calentar. *2* Animar, enardecer.
escalfor [əskəlfó] *f.* Calor. *2* Calentura, ardor.
escalinata [əskəlinátə] *f.* Escalinata.
escaló [əskəló] *m.* Escalón, peldaño.
escalonar [əskəluná] *t.* Escalonar.
escalunya [əskəlúɲə] *f.* BOT. Chalote, ascalonia.
escama [əskámə] *f.* Escama.
escamar [əskəmá] *t.* Escamar.
escamarlà [əskəmərlá] *m.* ZOOL. Cigala.
escamarlar-se [əskəmərlársə] *prnl.* Despatarrarse.
escambell [əskəmbéʎ] *m.* Escabel, taburete.
escaminar [əskəminá] *t.* Escamar, escarmentar.
escamós, -osa [əskəmós, -ózə] *a.* Escamoso.
escamot [əskəmɔ́t] *m.* Hato (ganado). *2* Pelotón, cuadrilla, pandilla.
escamoteig [əskəmutétʃ] *m.* Escamoteo.
escamotejar [əskəmutəʒá] *t.* Escamotear.
escampada [əskəmpáðə] *f.* Esparcimiento, derramamiento.
escampadissa [əskəmpəðisə] *f.* Tendalera, desparramamiento, desbandada.
escampall [əskəmpáʎ] *m.* Tendalera, desbandada, dispersión, derramamiento.

escampament [əskəmpəmén] *m.* Derramamiento.
escampar [əskəmpá] *t.-prnl.* Esparcir, desparramar, desperdigar, tender.
escandalitzar [əskəndəlidzá] *t.-prnl.* Escandalizar.
escandall [əskəndáʎ] *m.* Escandallo.
escandalós, -osa [əskəndəlós, -ózə] *a.* Escandaloso.
escandinau, -ava [əskəndináŭ, -áβə] *a., m.-f.* Escandinavo.
escàndol [əskándul] *m.* Escándalo.
escantellar [əskəntəʎá] *t.* Mellar.
escantonar [əskəntuná] *t.* Descantillar. *2* Descantear.
escanyapits [əskaɲəpits] *m.* BOT. Tagarnina.
escanyapobres [əskąɲəpɔ́βrəs] *m.-f.* Matatías.
escanyar [əskəɲá] *t.* Estrangular, ahogar.
escanyolit, -ida [əskəɲulit, -iðə] *a.* Desmirriado, flaco, escuálido, enclenque, alfeñique.
escanyussar-se [əskəɲusársə] *prnl.* Atragantarse.
escapada [əskəpáðə] *f.* Escapada, escape, correría.
escapador [əskəpəðó] *m.* Escapatoria. *2* Escape, tubo de agua.
escapar [əskəpá] *i.-prnl.* Escapar. *2 prnl.* Fugarse.
escaparata [əskəpərátə] *f.* Escaparate.
escapatòria [əskəpətɔ́riə] *f.* Escapatoria. *2* Escape, fuga (de gas).
escapçada [əskəpsáðə] *f.* Alce (en los juegos de naipes).
escapçar [əskəpsá] *t.* Descabezar, desmochar. *2* Cortar (los naipes).
escapolar-se [əskəpulársə] *prnl.* Escapar, escabullirse.
escapolir-se [əskəpulirsə] *prnl.* Escabullirse, huir, largarse, zafarse.
escàpula [əskápulə] *f.* ANAT. Escápula, paletilla, espaldilla.
escapulari [əskəpulári] *m.* Escapulario.
escaquer [əskəké] *m.* Tablero (de ajedrez).
escaquista [əskəkistə] *m.-f.* Ajedrecista.
escara [əskárə] *f.* MED. Escara.
escarabat [əskərəβát] *m.* ENTOM. Escarabajo. ‖ ~ ***de cuina,*** curiana.
escarada [əskəráðə] *f.* Destajo.
escarafallós, -osa [əskərəfəʎós, -ózə] *a.* Quisquilloso.
escarafalls [əskərəfáʎs] *m. pl.* Aspavientos, alharacas, tiquismiquis.
escaramussa [əskərəmúsə] *f.* Escaramuza.
escarapel·la [əskərəpɛ́lə] *f.* Escarapela.
escarceller [əskərsəʎé] *m.* Carcelero.
escardalenc, -ca [əskərðəlɛ́ŋ, -kə] *a.* Enjuto. *2* Chillón.
escarit, -ida [əskərit, -iðə] *a.* Escueto.
escarlata [əskərlátə] *f.* Escarlata.
escarlatina [əskərlətinə] *f.* MED. Escarlatina.
escarment [əskərmén] *m.* Escarmiento.
escarmentar [əskərməntá] *t.-i.* Escarmentar.
escarni [əskárni] *m.* Escarnio.
escarniment [əskərnimén] *m.* Escarnio. *2* Remedo.
escarnir [əskərni] *t.* Escarnecer. *2* Remedar.
escarola [əskərɔ́lə] *f.* BOT. Escarola.
escarpat, -ada [əskərpát, -áðə] *a.* Escarpado.
escarpí [əskərpi] *m.* Escarpín.
escàrpia [əskárpiə] *f.* Escarpia.
escarpra [əskárprə] *f.* Cincel, cortafrío.
escarransit, -ida [əskərrənsit, -iðə] *a.* Mezquino, tacaño. *2* Enclenque, desmedrado, redrojo.
escarràs [əskərrás] *m.* Burro de carga, azacán.
escarrassar-se [əskərrəsársə] *prnl.* Afanarse, desvivirse, desvelarse, pernear.
escartejar [əskərtəʒá] *t.* Hojear (un libro). *2* Barajar (los naipes).
escarxar-se [əskərʃársə] *prnl.* Romperse en mil pedazos.
escarxofa [əskərʃɔ́fə] *f.* V. CARXOFA.
escarxofera [əskərʃuférə] *f.* V. CARXOFERA.
escàs, -assa [əskás, -ásə] *a.* Escaso.
escassament [əskąsəmén] *adv.* Escasamente.
escassejar [əskəsəʒá] *i.-t.* Escasear.
escassesa [əskəsɛ́zə] *f.* Escasez.
escassetat [əskəsətát] *f.* Escasez, estrechez.
escata [əskátə] *f.* Escama.
escatainar [əskətəĭná] *i.* Cacarear.
escataineig [əskətəĭnɛ́tʃ] *m.* Cacareo.
escatar [əskətá] *t.* Escamar. *2* Desconchar.
escatimar [əskətimá] *t.* Escatimar.
escatiment [əskətimén] *m.* Averiguación.
escatir [əskəti] *t.* Podar. *2* Dilucidar, averiguar.
escatologia [əskətuluʒiə] *f.* Escatología.
escatós, -osa [əskətós, -ózə] *a.* Escamoso.
escaure [əskáŭrə] *i.* Sentir, convenir, rezar con, pegar. *2 prnl.* Coincidir, hallarse. ¶ CONJUG. como ***caure.***
escena [əsɛ́nə] *f.* TEAT. Escena.
escenari [əsənári] *m.* TEAT. Escenario.
escènic, -ca [əsɛ́nik, -kə] *a.* Escénico.

escenografia [əsənuɣrəfiə] *f.* Escenografía.
escèptic, -ca [əsɛ́ptik, -kə] *a.* Escéptico.
escepticisme [əsəptisizmə] *m.* Escepticismo.
escissió [əsisió] *f.* Escisión.
esclafar [əskləfá] *t.-prnl.* Aplastar, romper, cascar, despachurrar.
esclafada [əskləfáðə] *f.* Aplastamiento, quebrantamiento.
esclafir [əskləfí] *i.-t.* Chasquear, retallar, chascar, estallar.
esclafit [əskləfít] *m.* Chasquido, estallido, estampido.
esclarir [əskləri] *t.-prnl.* Esclarecer, aclarar.
esclarissar-se [əsklərisársə] *prnl.* Ralear.
esclarissat, -ada [əsklərisát, -áðə] *a.* Ralo.
esclat [əsklát] *m.* Estallido. *2* Brillo, resplandor.
esclatar [əsklətá] *i.* Estallar. *2* Soltar, reventar, prorrumpir. *3* Abrirse (en flor).
esclau, -ava [əskláŭ, -áβə] *m.-f.* Esclavo. *2 f.* Ajorca.
esclavatge [əskləβádʒə] *m.* V. ESCLAVITUD.
esclavina [əskləβínə] *f.* Esclavina.
esclavitud [əskləβitút] *f.* Esclavitud.
esclavitzar [əskləβidzá] *t.* Esclavizar.
esclerosi [əsklərɔ́zi] *f.* MED. Esclerosis.
escleròtica [əsklərɔ́tikə] *f.* ANAT. Esclerótica.
escletxa [əsklétʃə] *f.* Rendija, resquicio, grieta.
esclofolla [əsklufóʎə] *f.* Cáscara.
esclofollar [əsklufuʎá] *t.* Descascarar, descascarillar, desvainar.
esclop [əsklɔ́p] *m.* Zueco, galocha.
escó [əskó] *m.* Escaño.
escocès, -esa [əskusɛ́s, -ɛ́zə] *a., m.-f.* Escocés.
escodrinyar [əskuðriɲá] *t.* Escudriñar.
escola [əskɔ́lə] *f.* Escuela.
escolà [əskulá] *m.* Monaguillo.
escolament [əskuləmén] *m.* Coladura, escurrimiento.
escolania [əskuləníə] *f.* Escolanía.
escolapi [əskulápi] *a.-m.* Escolapio.
escolar [əskulá] *m.-f.* Escolar.
escolar-se [əskulársə] *prnl.* Escolarse. *2* Desangrarse.
escolàstic, -ca [əskulástik, -kə] *a., m.-f.* Escolástico.
escoli [əskɔ́li] *m.* Escolio.
escollir [əskuʎí] *t.* Escoger. ¶ CONJUG. INDIC. Pres.: ***escull*** o ***esculleix***.
escollit, -ida [əskuʎít, -íðə] *a.* Escogido, granado.
escolopendra [əskulupɛ́ndrə] *f.* ENTOM. Escolopendra.
escolta [əskóltə] *f.* Escucha.
escolta [əskóltə] *a., m.-f.* Explorador (perteneciente al Escultismo).
escoltar [əscultá] *t.-prnl.* Escuchar.
escoltisme [əskultízmə] *m.* Escultismo.
escombra [əskómbrə] *f.* Escoba.
escombrada [əskumbráðə] *f.* Barrido, escobada.
escombrador, -ra [əskumbrəðó, -rə] *m.-f.* Barrendero. *2* Barredero.
escombrall [əskumbráʎ] *m.* Escobilla, escobón. *2 pl.* Escobada.
escombrar [əskumbrá] *t.* Barrer.
escombraries [əskumbrəríəs] *f. pl.* Basura.
escombriaire [əskumbriáĭrə] *m.* Basurero.
escomesa [əskumɛ́zə] *f.* Acometida, rebato, embestida.
escometre [əskumɛ́trə] *t.* Acometer, embestir. ¶ CONJUG. P. P.: ***escomès***.
escon [əskón] *m.* Escaño.
escopeta [əskupɛ́tə] *f.* Escopeta.
escopetada [əskupətáðə] *f.* Escopetazo.
escopeteig [əskupətɛ́tʃ] *m.* Escopeteo.
escopidora [əskupiðórə] *f.* Escupidera.
escopina [əskupínə] *f.* Escupidura.
escopinada [əskupináðə] *f.* Escupitina, salivazo, escupidura.
escopir [əskupí] *i.-t.* Escupir.
escorbut [əskurβút] *m.* MED. Escorbuto.
escorç [əskórs] *m.* Escorzo.
escorça [əskɔ́rsə] *f.* Corteza, piel.
escorcoll [əskurkóʎ] *m.* Registro, cacheo.
escorcollador, -ra [əskurkuʎəðó, -rə] *a., m.-f.* Registrador.
escorcollar [əskurkuʎá] *t.* Registrar, cachear, escudriñar.
escòria [əskɔ́riə] *f.* Escoria, chatarra. *2* Hez.
escornar [əskurná] *t.* Descornar.
escornat, -ada [əskurnát, -áðə] *a.* Mocho.
escorpí [əskurpí] *m.* ZOOL. Escorpión, alacrán.
escorredís, -issa [əskurrəðís, -ísə] *a.* Escurridizo.
escorredor, -ra [əskurrəðó, -rə] *a.* Corredizo. *2 m.* Escurridizo. *3 f.* Escurridor, coladero, zafra.
escorreplats [əskǫrrəpláts] *m.* Escurreplatos, enjugador.
escórrer [əskórrə] *t.-prnl.* Escurrir, descorrer, estrujar. *2* Deshacer. *3* Correr, desbarrar. ¶ CONJUG. como ***córrer***.
escorrialles [əskurriáʎəs] *f. pl.* Escurriduras.
escorta [əskórtə] *f.* Escolta.
escortar [əskurtá] *t.* Escoltar.
escorxador, -ra [əskurʃəðó, -rə] *m.-f.*

Matarife, matachín. *2 m.* Matadero, rastro, degolladero.
escorxament [əskurʃəmén] *m.* Desolladura, desuello.
escorxar [əskurʃá] *t.-prnl.* Descortezar, descorchar. *2* Desollar, despellejar.
escot [əskɔ́t] *m.* Escote, escotadura.
escota [əskɔ́tə] *f.* NÁUT. Escota.
escotar [əskutá] *t.-prnl.* Escotar.
escotat [əskutát] *m.* Escotadura, escote.
escotilla [əskutíʎə] *f.* NÁUT. Escotilla.
escotilló [əskutiʎó] *m.* TEAT. Escotillón.
escovilló [əskuβiʎó] *m.* Escovillón.
escreix [əskréʃ] *m.* Creces, exceso.
escriba [əskríβə] *m.* Escriba.
escridassar [əskriðəsá] *t.* Abuchear, gritar, chillar. *2 prnl.* Desgañitarse.
escriptor, -ra [əskriptó, -rə] *m.-f.* Escritor.
escriptori [əskriptɔ́ri] *m.* Escritorio.
escriptura [əskriptúrə] *f.* Escritura.
escrit [əskrít] *m.* Escrito.
escriure [əskríŭrə] *t.* Escribir. ¶ CONJUG. GER.: ***escrivint.*** ‖ P. P.: ***escrit.*** ‖ INDIC. Pres.: ***escric.*** ‖ SUBJ. Pres.: ***escrigui,*** etc. | Imperf.: ***escrivís,*** etc.
escrivà [əskriβá] *m.* Escribano.
escrivania [əskriβəníə] *f.* JUR. Escribanía.
escrivent [əskriβén] *m.* Escribiente.
escròfula [əskrɔ́fulə] *f.* MED. Escrófula.
escrofulós [əskrufulós, -ózə] *a.* Escrofuloso.
escrostonar [əskrustuná] *t.* Descantillar. *2* Descostrar.
escruixidor, -ra [əskruʃiðó, -rə] *a.* Estremecedor, conmovedor.
escruixir [əskruʃí] *t.-prnl.* Estremecer.
escrúpol [əskrúpul] *m.* Escrúpulo.
escrupolositat [əskrupuluzitát] *f.* Escrupolosidad.
escrutador, -ra [əskrutəðó, -rə] *a., m.-f.* Escrutador.
escrutar [əskrutá] *t.* Escrutar.
escrutini [əskrutíni] *m.* Escrutinio.
escuar [əskuá] *t.* Desrabotar.
escucar [əskuká] *t.* Descocar.
escudar [əskuðá] *t.-prnl.* Escudar.
escudella [əskuðéʎə] *f.* Escudilla, hortera. *2* Sopa.
escudeller [əskuðəʎé] *m.* Vasar, repisa (para platos, vasos, etc.).
escuder [əskuðé] *m.* Escudero.
escull [əskúʎ] *m.* Escollo, arrecife.
escullera [əskuʎérə] *f.* Escollera, rompeolas.
esculpir [əskulpí] *t.* Esculpir.
escultor, -ra [əskultó, -rə] *m.-f.* Escultor.
escultura [əskultúrə] *f.* Escultura.
escultural [əskulturál] *a.* Escultural.
escuma [əskúmə] *f.* Espuma.
escumadora [əskuməðórə] *f.* Espumadera.
escumar [əskumá] *t.-i.* Espumar.
escumejar [əskuməʒá] *i.* Espumear.
escumós, -osa [əskumós, -ózə] *a.* Espumoso.
escurabosses [əsku̢rəβósəs] *m.* Sacadineros.
escuradents [əsku̢rəðéns] *m.* Mondadientes, palillo.
escuralls [əskuráʎs] *m. pl.* Borra.
escurapeus [əsku̢rəpéus] *m. pl.* Limpiabarros.
escurar [əskurá] *t.-prnl.* Mondar, rebañar, limpiar, apurar.
escuraungles [əskurəúŋgləs] *m.* Limpiauñas.
escura-xemeneies [əsku̢rəʃəmənέ̌jəs] *m.* Deshollinador, limpiachimeneas.
escurçar [əskursá] *t.-prnl.* Acortar, cercenar.
escurçó [əskursó] *m.* ZOOL. Víbora. ‖ ***Petit de l'~,*** viborezno.
escut [əskút] *m.* Escudo.
esdentegar [əzðəntəγá] *t.* Desdentar.
esdentegat, -ada [əzðəntəγát, -áðə] *a.* Desdentado.
esdevenidor, -ra [əzðəβəniðó, -rə] *a.* Venidero. *2 m.* Futuro, porvenir.
esdeveniment [əsðəβənimén] *m.* Acontecimiento, acaecimiento, suceso.
esdevenir [əzðəβəní] *i.* Llegar a ser. *2* Volverse, tornarse. *3 i.-prnl.* Suceder, acaecer, acontecer, ocurrir, pasar. ¶ CONJUG. como ***abstenir-se.***
esdolceït, -ïda [əzðulsəit, -idə] *a.* Dulzón.
esdrúixol, -la [əzðrúʃul, -lə] *a.* Esdrújulo.
esfera [əsférə] *f.* Esfera.
esfereïdor, -ra [əsfərəiðó, -rə] *a.* Aterrador.
esfereir [əsfərəí] *t.-prnl.* Aterrar.
esfèric, -ca [əsférik, -kə] *a.* GEOM. Esférico.
esfilagarsar [əsfiləγarsá] *t.-prnl.* Deshilachar.
esfínter [əsfíntər] *m.* ANAT. Esfínter.
esfinx [əsfíŋs] *m.-f.* MIT. Esfinge.
esfondrament [əsfundrəmén] *m.* Hundimiento, derrumbamiento.
esfondrar [əsfundrá] *t.-prnl.* Hundir, derribar.
esforç [əsfɔ́rs] *m.* Esfuerzo.
esforçar-se [əsfursársə] *prnl.* Esforzarse.
esfullar [əsfuʎá] *t.-prnl.* Deshojar.
esfumar [əsfumá] *t.-prnl.* Esfumar, esfuminar.
esfumí [əsfumí] *m.* Esfumino, difumino.
esgalabrar [əzγələβrá] *t.* Descalabrar.

esgargamellar-se [əzɣərɣəməʎársə] *prnl.* Desgañitarse.
esgarip [əzɣərip] *m.* Chillido, alarido.
esgarrapada [əzɣərrəpáðə] *f.* Arañazo, rasguño.
esgarrapar [əzɣərrəpá] *t.* Arañar, rasguñar, gatear.
esgarriacries [əzɣərriəkriəs] *m.-f.* Aguafiestas.
esgarriament [əzɣərriəmén] *m.* Descarrío.
esgarriar [əzɣərriá] *t.-prnl.* Descarriar, descaminar.
esgarriat, -ada [əzɣərriát, -áðə] *a.* Descaminado.
esgarrifança [əzɣərrifánsə] *f.* Estremecimiento, escalofrío, grima.
esgarrifar [əzɣərrifá] *t.-prnl.* Estremecer, espeluznar, horripilar.
esgarrifor [əzɣərrifó] *f.* Estremecimiento.
esgarrifós, -osa [əzɣərrifós, -ózə] *a.* Horripilante, estremecedor, espeluznante, horroroso.
esgarrinxada [əzɣərrinʃáðə] *f.* Arañada. *2* Arañazo, rasguño.
esgarrinxar [əzɣərrinʃá] *t.* Arañar, rasguñar.
esgavellat, -ada [əzɣəβəʎát, -áðə] *a.* Destartalado, desconjuntado.
esglai [əzɣláĭ] *m.* Susto, sobresalto. *2* Pavor, pavura, espanto.
esglaiador, -ra [əzɣləjəðó, -rə] *a.* Espantoso.
esglaiar [əzɣləjá] *t.-prnl.* Asustar, despavorir, espantar, horripilar.
esglaó [əzɣləó] *m.* Escalón, peldaño.
esglaonar [əzɣləuná] *t.-prnl.* Escalonar.
església [əzɣléziə] *f.* Iglesia.
esgotament [əzɣutəmén] *m.* Agotamiento.
esgotar [əzɣutá] *t.* Agotar, apurar. *2* Estragar.
esgrafiar [əzɣrəfiá] *t.* Esgrafiar.
esgranar [əzɣrəná] *t.-prnl.* Desgranar.
esgrillar [əzɣriʎá] *t.* Desgajar.
esgrima [əzɣrimə] *f.* Esgrima.
esgrimir [əzɣrimi] *t.* Esgrimir.
esgrogueir-se [əzɣruɣəirsə] *prnl.* Enmarillecerse, amarillear.
esgrogueït, -ïda [əzɣruɣəit, -iðə] *a.* Paliducho.
esgrunar [əzɣruná] *t.* V. ENGRUNAR.
esguard [əzɣwár(t)] *m.* Mirada. *2* Consideración.
esguardar [əzɣwərðá] *t.* Mirar. *2* Considerar.
esgüellar [əzɣwəʎá] *t.* Gruñir, gañir.
esguerrar [əzɣərrá] *t.* Malograr, estropear, echar a perder. *2* Lisiar.
esguerrat, -ada [əzɣərrát, -áðə] *a., m.-f.* Estropeado. *2* Mutilado, lisiado.
esguerro [əzɣérru] *m.* Malogro, engendro.
eslau, -ava [əzláŭ, -áβə] *a., m.-f.* Eslavo.
eslip [əzlip] *m.* Slip, taparrabo.
esllanguiment [əzʎəŋgimén] *m.* Delgadez.
esllanguir-se [əzʎəŋgirsə] *prnl.* Adelgazarse.
esllanguit, -ida [əzʎəŋgit, -iðə] *a.* V. ESPRIMATXAT.
esllavissada [əzʎəβisáðə] *f.* Desprendimiento, desmoronamiento, deslizamiento.
esllavissament [əzʎəβisəmén] *m.* Desprendimiento, desmoronamiento, deslizamiento (de un terreno, pared, etc.).
esllavissar-se [əzʎəβisársə] *prnl.* Desprenderse, desmoronarse (un terreno, pared, etc.)
esllomar [əzʎumá] *t.* Deslomar, derrengar.
eslògan [əzlɔ́ɣən] *m.* Eslogan.
eslora [əzlórə] *f.* NÁUT. Eslora.
eslovac, -ca [əzluβák, -kə] *a., m.-f.* Eslovaco.
esma [ɛ́zmə] *f.* Tino, tiento.
esmalt [əzmál] *m.* Esmalte.
esmaltador, -ra [əzməltəðó, -rə] *m.-f.* Esmaltador.
esmaltar [əzməltá] *t.* Esmaltar.
esmaperdut [ɛzməpərðút, -úðə] *a.* Desorientado, desatinado.
esmena [əzmɛ́nə] *f.* Enmienda, enmendadura.
esmenar [əzməná] *t.-prnl.* Enmendar, subsanar.
esment [əzmén] *m.* Conocimiento. *2* Atención, cuidado. *3* Mención. ‖ ***Fer ~***, mentar. ‖ ***Parar ~***, parar mientes en.
esmentar [əzməntá] *t.* Mentar.
esmerç [əzmɛ́rs] *m.* Empleo, inversión.
esmerçar [əzmərsá] *t.* Emplear, invertir.
esmeril [əzməril] *m.* Esmeril.
esmerilar [əzmərilá] *t.* Esmerilar.
esmerlit, -ida [əzmərlit, -iðə] *a.* Esmirriado.
esmicolament [əzmikuləmén] *m.* Desmenuzamiento, machaqueo.
esmicolar [əzmikulá] *t.* Desmenuzar, hacer cisco (una cosa), migar.
esmocadores [əzmukəðórəs] *f. pl.* Despabiladeras.
esmocar [əzmuká] *t.* Despabilar.
esmolador, -ra [əzmuləðó, -rə] *a.* Afilador. *2 m.* Afilador, amolador. *3 f.* Amoladera, piedra amoladera o melodreña.

esmolar [əzmulá] *t.* Amolar, afilar.
esmolet [əzmulɛ́t] *m.* Afilador, amolador.
esmollar [əzmuʎá] *t.* Desmigar.
esmorteïdor, -ra [əzmurtəiðó, -rə] *a.* Amortiguador.
esmorteïment [əzmurtəimén] *m.* Amortiguamiento.
esmorteir [əzmurtəi] *t.-prnl.* Amortiguar.
esmorteït, -ïda [əzmurtəit, -iðə] *a.* Desvaído.
esmorzar [əzmurzá] *i.* Almorzar.
esmorzar [əzmurzá] *m.* Desayuno. *2* Almuerzo.
esmotxar [əzmutʃá] *t.* Desmochar.
esmunyir [əzmuɲi] *t.-prnl.* Deslizar. *2* Escurrirse.
esmussament [əzmusəmén] *m.* Embotamiento, embotadura. || ~ ***de dents,*** dentera.
esmussar [əzmusá] *t.* Embotar.
esnob [əznɔ́p] *m.-f.* Esnob.
esòfag [əzɔ́fək] *m.* ANAT. Esófago.
esotèric, -ca [əzutɛ́rik, -kə] *a.* Esotérico.
espacial [əspəsiál] *a.* Espacial.
espadanya [əspəðáɲə] *f.* BOT. Espadaña.
espadat, -ada [əspəðát, -áðə] *a.* Escarpado, acantilado, abrupto.
espadatxí [əspəðətʃi] *m.* Espadachín.
espai [əspái̯] *m.* Espacio.
espaiar [əspəjá] *t.* Espaciar.
espaiós, -osa [əspəjós, -ózə] *a.* Espacioso, anchuroso.
espant [əspán] *m.* Espanto, susto.
espantadís, -issa [əspəntəðis, -isə] *a.* Espantadizo, asustadizo.
espantall [əspəntáʎ] *m.* Espantajo, espantapájaros.
espantaocells [əspəntəusɛ́ʎs] *m.* Espantapájaros.
espantar [əspəntá] *t.-prnl.* Espantar, asustar.
espantós, -osa [əzpəntós, -ózə] *a.* Espantoso.
Espanya [əspáɲa] *n. pr.* España.
espanyar [əspəɲá] *t.* Descerrajar.
espanyol, -la [əspəɲɔ́l, -lə] *a., m.-f.* Español.
espaordir [əspəurði] *t.-prnl.* Despavorir.
esparadrap [əspərəðráp] *m.* Esparadrapo.
espardenya [əspərðɛ́ɲə] *f.* Alpargata.
espardenyer, -ra [əspərðəɲé, -rə] *m.-f.* Alpargatero.
espargir [əspərʒi] *t.* Esparcir, desperdigar.
esparpell [əspərpéʎ] *m.* Destello (antes de apagarse).
esparpillar [əspərpiʎá] *t.* Despabilar, despertar.
esparracar [əspərrəká] *t.* Ajironar, desgarrar.
esparracat, -ada [əspərrəkát, -áðə] *a.* Andrajoso, harapiento, desarrapado, roto, estropajoso, zarrapastroso, descamisado.
espàrrec [əspárrək] *m.* BOT. Espárrago.
esparraguera [əspərrəɣérə] *f.* BOT. Espárrago.
espart [əspár(t)] *m.* BOT. Esparto.
espartà, -ana [əspərtá, -ánə] *a., m.-f.* Espartano.
esparter, -ra [əspərté, -rə] *m.-f.* Espartero.
esparteria [əspərtəriə] *f.* Espartería.
esparver [əspərβé] *m.* ORNIT. Gavilán, esparaván.
esparverament [əspərβərəmén] *m.* Espanto.
esparverar [əspərβərá] *t.* Amilanar.
espasa [əspázə] *f.* Espada.
espaser [əspəzé] *m.* Espadero.
espasí [əspəzi] *m.* Espadín.
espasme [əspázmə] *m.* Espasmo.
espasmòdic, -ca [əspəsmɔ́ðik, -kə] *a.* Espasmódico.
espat [əspát] *m.* MINER. Espato.
espaterrant [əspətərrán] *a.* Despampanante, de órdago, morrocotudo.
espaterrar [əspətərrá] *t.* Despampanar.
espaterrat, -ada [əspəterrát, -áðə] *a.* Turulato, tamañito.
espatlla [əspáʎʎə] *f.* Hombro. *2* Espaldilla. || ***A les espatlles,*** a cuestas.
espatllar [əspəʎʎá] *t.-prnl.* Estropear, deteriorar, escacharrar, lisiar, maltratar.
espatller [əspəʎʎé] *m.* Mantón, pañoleta. 2 Respaldo.
espatllera [əspəʎʎérə] *f.* Hombrera, espaldar, espaldera. *2* Respaldo.
espatllut, -uda [əspəʎʎút, -úðə] *a.* Espaldudo.
espàtula [əspátulə] *f.* Espátula.
espavilar [əspəβilá] *t.-prnl.* Despabilar. *2* Despabilar, desentorpecer, avispar, desasnar. *3 prnl.* Bandearse, apañarse, trapichear.
espavilat, -ada [əspəβilát, -áðə] *a.* Despabilado, avispado.
espècia [əspɛ́siə] *f.* Especia.
especial [əspəsiál] *a.* Especial.
especialista [əspəsiəlistə] *m.-f.* Especialista.
especialitat [əspəsiəlitát] *f.* Especialidad.
especialitzar [əspəsiəlidzá] *t.-prnl.* Especializar.
espècie [əspɛ́siə] *f.* Especie.
específic, -ca [əspəsifik, -kə] *a.-m.* Específico.

especificar [əspəsifiká] *t.* Especificar.
espècimen [əspésimən] *m.* Especimen.
espectacle [əspəktáklə] *m.* Espectáculo.
espectacular [əspəktəkulá] *a.* Espectacular.
espectador, -ra [əspəktəðó, -rə] *m.-f.* Espectador.
espectral [əspəktrál] *a.* Espectral.
espectre [əspéktrə] *m.* Espectro, aparecido. *2* FÍS. Espectro.
especulació [əspəkuləsió] *f.* Especulación.
especulador, -ra [əspəkuləðó, -rə] *m.-f.* Especulador.
especular [əspəkulá] *t.-i.* Especular.
especulatiu, -iva [əspəkulətiŭ, -iβə] *a.* Especulativo.
espedaçar [əspəðəsá] *t.* Despedazar.
espeleologia [əspələuluʒiə] *f.* Espeleología.
espelma [əspélmə] *f.* Vela, bujía.
espenta [əspéntə] *f.* V. EMPENTA.
espenyar [əspəɲá] *t.* Despeñar.
espera [əspérə] *f.* Espera.
esperança [əspəránsə] *f.* Esperanza.
esperançar [əspərənsá] *t.* Esperanzar.
esperanto [əspərántu] *m.* Esperanto.
esperar [əspərá] *t.-prnl.* Esperar, aguardar.
esperit [əspərít] *m.* Espíritu.
esperitat, -ada [əspəritát, -áðə] *a.* Poseso.
esperitós, -osa [əspəritós, -ózə] *a.* Espiritoso.
esperma [əspérmə] *f.* Esperma.
espermatozoide [əspərmətuzɔ̀iðə] *m.* BIOL. Espermatozoide.
espernegar [əspərnəɣá] *i.* Patalear, pernear.
esperó [əspəró] *m.* Espuela, acicate. *2* Estímulo, aguijón. *3* Espolón. *4* Espigón.
esperonar [əspəruná] *t.* Espolear, aguijar.
espès, -essa [əspés, -ésə] *a.* Espeso.
espesseir [əspəsəi] *t.-prnl.* V. ESPESSIR.
espessir [əspəsi] *t.-prnl.* Espesar, tupir.
espessor [əspəsó] *f.* Espesor, espesura.
espetarregar [əspətərrəɣá] *i.* Chisporrotear, crepitar.
espetec [əspəték] *m.* Chasquido, estallido, estampido, trueno.
espetegar [əspətəɣá] *i.* Chasquear, traquetear, estallar.
espeteguera [əspətəɣérə] *f.* Traqueteo.
espeternec [əspətərnék] *m.* Pataleo, pernada.
espeternegar [əspətərnəɣá] *i.* Patalear, pernear.
espí [əspí] *m.* BOT. Arce, espino. ‖ ~ ***blanc,*** majoleto. ‖ ***Porc ~,*** puercoespín.
espia [əspíə] *m.-f.* Espía.
espiadimonis [əspiəðimɔ́nis] *m.* ENTOM. Libélula, caballito del diablo.
espiar [əspiá] *t.* Espiar.
espicassar [əspikəsá] *t.-prnl.* Picotear.
espiell [əspiéʎ] *m.* Mirilla.
espieta [əspiétə] *m.-f.* Soplón, chivato.
espifiada [əspifiáðə] *f.* Pifia, error.
espifiar [əspifiá] *t.* Pifiar.
espiga [əspíɣə] *f.* Espiga.
espigar [əspiɣá] *i.-prnl.* Espigar.
espigat, -ada [əspiɣát, -áðə] *a.* Espigado, talludo.
espigó [əspiɣó] *m.* Espigón. *2* Pértigo.
espígol [əspíɣul] *m.* BOT. Espliego, alhucema, lavándula.
espigolada [əspiɣuláðə] *f.* Espigueo.
espigulador, -ra [əspiɣuləðó, -rə] *m.-f.* Espigador.
espigolar [əspiɣulá] *t.* Espigar.
espigot [əspiɣɔ́t] *m.* BOT. Zuro. *2* Pitaco.
espigueig [əspiɣétʃ] *m.* Espigueo.
espill [əspíʎ] *m.* Espejo.
espina [əspínə] *f.* Espina. *2* Raspa.
espinac [əspinák] *m.* BOT. Espinaca.
espinacal [əspinəkál] *m.* BOT. Cardo corredor.
espinada [əspináðə] *f.* Espinazo.
espinal [əspinál] *a.* Espinal.
espingarda [əspiŋgárðə] *f.* Espingarda.
espinguet [əspiŋgét] *m.* Voz chillona, aguda.
espinós, -osa [əspinós, -ózə] *a.* Espinoso.
espinyar [əspiɲá] *t.* Romper, cascar (una piña). *2 i.* Cascar.
espinyolar [əspiɲulá] *t.* Despepitar, deshuesar, desosar.
espionatge [əspiunádʒə] *m.* Espionaje.
espira [əspírə] *f.* Espira.
espiració [əspirəsió] *f.* Espiración.
espiral [əspirál] *a.-f.* Espiral.
espirar [əspirá] *i.* Espirar.
espiritisme [əspiritízmə] *m.* Espiritismo.
espiritista [əspiritístə] *m.-f.* Espiritista.
espiritual [əspirituál] *a.* Espiritual.
espiritualitat [əspirituəlitát] *f.* Espiritualidad.
espirituós, -osa [əspirituós, -ózə] *a.* Espirituoso, espiritoso.
espitllera [əspiʎʎérə] *f.* Aspillera, saetera.
espitregat, -ada [əspitrəɣát, -áðə] *a.* Despechugado.
esplai [əspláĭ] *m.* Recreación, recreo, desahogo.
esplaiar [əspləjá] *t.-prnl.* Desahogar, explayarse.
esplanada [əsplənáðə] *f.* Explanada.
esplanar [əspləná] *t.* Explanar.
esplendent [əspləndén] *a.* Esplendente.
esplèndid, -da [əspléndit, -iðə] *a.* Espléndido.
esplendidesa [əspləndiðézə] *f.* Esplendidez.

esplendor [əspləndó] *f.* Esplendor.
esplendorós, -osa [əsplənduró s, -ózə] *a.* Esplendoroso.
esplet [əsplét] *m.* Esquilmo, cosecha. *2* Plenitud, abundancia.
espluga [əsplúɣə] *f.* Cueva.
espoleta [əspulétə] *f.* Espoleta.
espoliació [əspuliəsió] *f.* Expoliación.
espoliar [əspuliá] *t.* Expoliar.
espollar [əspuʎá] *t.* Despiojar.
espolsada [əspulsáðə] *f.* Acción de desempolvar, esp. con el sacudidor. *2* Sacudimiento, sacudida.
espolsador, -ra [əspulsəðó, -rə] *a.* Sacudidor. *2 m. pl.* Zorros, sacudidor.
espolsar [əspulsá] *t.-prnl.* Desempolvar espolvorear. *2* Sacudir.
espona [əspónə] *f.* Orilla de la cama.
esponerós, -osa [əspunərós, -ózə] *a.* Lozano, ufano.
esponja [əspɔ́nʒə] *f.* Esponja.
esponjar [əspunʒá] *t.* Absorber, enjugar (con la esponja). *2* Esponjar. *3* Ahuecar.
esponjós, -osa [əspunʒós, -ózə] *a.* Esponjoso, hueco.
espontaneïtat [əspuntəneitát] *f.* Espontaneidad.
espontani, -ània [əspuntáni, -ánia] *a.* Espontáneo.
espora [əspórə] *f.* Espora.
esporàdic, -ca [əspurádik, -kə] *a.* Esporádico.
esporgada [əspurɣáðə] *f.* Monda, escamonda.
esporgar [əspurɣá] *t.* Podar, chapodar.
esport [əspɔ́r(t)] *m.* Deporte.
esporta [əspɔ́rtə] *f.* Espuerta.
esportiu, -iva [əspurtíu, -íβə] *a.* Deportivo.
esportivitat [əspurtiβitát] *f.* Deportividad.
esporuguiment [əspuruɣimén] *m.* Amedrentamiento.
esporuguir [əspuruɣí] *t.-prnl.* Amedrantar, arredrar.
espòs, -osa [əspɔ́s, -ɔ́zə] *m.-f.* Esposo, marido.
esposalles [əspuzáʎəs] *f. pl.* Esponsales, desposorios.
esposar [əspuzá] *t.-prnl.* Desposar.
espremedora [əsprəməðórə] *f.* Exprimidera.
esprémer [əsprémə] *t.* Exprimir, estrujar.
espremuda [əsprəmúðə] *f.* Estrujón.
esprimatxar-se [əsprimətʃársə] *prnl.* Adelgazarse, encanijarse.
esprimatxat, -ada [əsprimətʃát, -áðə] *a.* Delgaducho, desvaído.
espuçar [əspusá] *t.-prnl.* Espulgar.
espuma [əspúmə] *f.* V. ESCUMA.
espumós, -osa [əspumós, -ózə] *a.* Espumoso.
espuri, -úria [əspúri, -úriə] *a.* Espurio.
espurna [əspúrnə] *f.* Chispa, centella. *2* Salpicadura. *3* Pizca.
espurneig [əspurnétʃ] *m.* Chisporroteo, chispazo.
espurnejar [əspurnəʒá] *i.* Chispear, chisporrotear. *2* Raspear.
esput [əspút] *m.* Esputo.
esquadra [əskwáðrə] *f.* Escuadra, escuadrilla.
esquadró [əskwəðró] *m.* Escuadrón.
esquarterar [əskwərtərá] *t.* Descuartizar, cuartear, destazar.
esqueix [əskéʃ] *m.* Esqueje. *2* Jirón, rasgón, desgarrón.
esqueixament [əskəʃəmén] *m.* Desgaje, desgajadura. *2* Desgarro.
esqueixar [əskəʃá] *t.-prnl.* Desgajar. *2* Desgarrar.
esqueixat, -ada [əskəʃát, -áðə] *a.* Desgalichado, chocharrero.
esquela [əskélə] *f.* Esquela.
esquelet [əskəlét] *m.* Esqueleto.
esquella [əskéʎə] *f.* Esquila, cencerro.
esquema [əskémə] *m.* Esquema.
esquemàtic, -ca [əskəmátik, -kə] *a.* Esquemático.
esquematitzar [əskəmətidzá] *t.* Esquematizar.
esquena [əskénə] *m.* Espalda, dorso, lomo. ‖ *~ d'ase:* albardilla. ‖ ***Viure amb l'~ dreta:*** vivir sin trabajar.
esquenada [əskənáðə] *f.* Espaldarazo.
esquenadret, -ta [əskẹnəðrét, -tə] *a.* Gandul.
esquenut, -uda [əskənút, -úðə] *a.* Ligeramente convexo.
esquer [əské] *m.* Cebo.
esquerda [əskérðə] *f.* Hendidura, quebraja, grieta, raja, rendija. *2* Esquiria.
esquerdar [əskərðá] *t.-prnl.* Hender, resquebrajar, quebrar, agrietar, rajar.
esquerp, -pa [əskérp, -pə] *a.* Huraño, hosco, arisco, despegado, zahareño.
esquerra [əskérrə] *f.* Izquierda, siniestra.
esquerrà, -ana [əskərrá, -ánə] *a.* Zurdo. *2* Izquierdista.
esquerre, -rra [əskérrə, -rrə] *a.* Izquierdo.
esquí [əskí] *m.* Esquí.
esquiador, -ra [əskiəðó, -rə] *m.-f.* Esquiador.
esquif [əskíf] *m.* NÁUT. Esquife.
esquifir-se [əskifírsə] *prnl.* Acortarse, encogerse.
esquifit, -ida [əskifít, -íðə] *a.* Estrecho, corto, escaso. *2* Mezquino.

esquilada [əskiláðə] *f.* Esquileo. *2* Tonsura.
esquilador, -ra [əskiləðó, -rə] *m.-f.* Esquilador, trasquilador.
esquilar [əskilá] *t.* Esquilar, trasquilar, tonsurar.
esquimal [əskimál] *a., m.-f.* Esquimal.
esquinç [əskins] *m.* Rasgón, desgarrón, desgarro. ‖ ~ ***muscular:*** desgarro muscular.
esquinçador, -ra [əskinsəðó, -rə] *a.* Desgarrador.
esquinçar [əskinsá] *t.-prnl.* Rasgar, desgarrar.
esquirol [əskirɔ́l] *m.* ZOOL. Ardilla.
esquirol [əskirɔ́l] *m.* Esquirol (traidor).
esquírria [əskírriə] *f. fam.* Inquina, ojeriza, hincha.
esquitllada [əskiʎʎáðə] *f.* Acción de ***esquitllar-se.*** ‖ ***D'~:*** de refilón.
esquitllar-se [əskiʎʎársə] *prnl.* Escabullirse, colarse, deslizarse, escurrirse.
esquitllentes (d') [əskiʎʎéntəs] loc. Al soslayo.
esquitx [əskitʃ] *m.* Salpicadura, salpicón. *2* Pizca, chispa.
esquitxada [əskitʃáðə] *f.* Salpicadura, salpicón.
esquitxar [əskitʃá] *i.-t.* Salpicar. *2* Desembolsar. *3* Raspear.
esquiu, -iva [əskiŭ, -iβə] *a.* Esquivo, huraño.
esquivar [əskiβá] *t.-prnl.* Esquivar, soslayar, burlar. *2* Ahuyentar.
esquivesa [əskiβέzə] *f.* Esquivez.
essa [éssə] *f.* Ese (letra). ‖ ***Fer esses,*** culebrear.
essència [əsέnsiə] *f.* Esencia. ‖ ***Quinta ~,*** quintaesencia.
essencial [əsənsiál] *a.* Esencial.
ésser [ésə] *i.* Ser. *2* Estar. ‖ ***Sigui com sigui,*** a todo trance. ¶ CONJUG. P. P.: ***estat*** i ***sigut.*** ‖ INDIC. Pres.: ***sóc*** (o ***so***), ***ets, és, som, sou, són.*** | Perf.: ***fui, fores, fou, fórem,*** etc. | Imperf.: ***era, eres,*** etc. | Fut.: ***seré,*** etc. ‖ COND.: ***seria,*** etc. ‖ SUBJ. Pres.: ***sigui,*** etc. | Imperf.: ***fos, fossis,*** etc. ‖ IMPERAT.: ***sigues,*** etc.
ésser [ésə] *m.* Ser, ente.
est [es(t)] *m.* Este, levante.
estabilitat [əstəβilitát] *f.* Estabilidad.
estabilitzar [əstəβilidzá] *t.* Estabilizar.
establa [əstábblə] *f.* V. ESTABLE.
estable [əstábblə] *m.* Establo.
estable [əstábblə] *a.* Estable.
establia [əstəbbliə] *f.* V. ESTABLE.
establiment [əstəbblimén] *m.* Establecimiento.
establir [əstəbbli] *t.-prnl.* Establecer. ¶ CONJUG.: P. P.: ***establert.***
estaborniment [əstəβurnimén] *m.* Aturdimiento, atontamiento, entorpecimiento.
estabornir [əstəβurni] *t.* Aturdir, atontar, entontecer, entorpecer.
estaca [əstákə] *f.* Estaca, pilote. ‖ ***Cop d'~,*** estacazo.
estacada [əstəkáðə] *f.* Estacada, empalizada, tranquera, palizada.
estacar [əstəká] *t.* Estacar.
estació [əstəsió] *f.* Estación.
estacionament [əstəsiunəmén] *m.* Estacionamiento.
estacionar [əstəsiuná] *t.-prnl.* Estacionar.
estacionari, -ària [əstəsiunári, -áriə] *a.* Estacionario.
estada [əstádə] *f.* Estada, estancia, morada.
estadant, -ta [əstəðán, -tə] *m.-f.* Inquilino, morador.
estadi [əstáði] *m.* Estadio.
estadista [əstəðistə] *m.* Estadista.
estadístic, -ca [əstəðiístik, -kə] *a., m.-f.* Estadístico.
estafa [əstáfə] *f.* Estafa, roncha. *2 m.-f.* Estafador.
estafada [əstəfáðə] *f.* Estafa, timo.
estafador, -ra [əstəfəðó, -rə] *m.-f.* Estafador, timador, petardista.
estafar [əstəfá] *t.* Estafar, timar, petardear.
estafeta [əstəfέtə] *f.* Estafeta.
estai [əstái] *m.* MAR. Estay.
estalactita [əstələktitə] *f.* Estalactita.
estalagmita [əstələŋmitə] *f.* Estalagmita.
estaló [əstəló] *m.* AGR. Horqueta, horquilla.
estalonar [əstəluná] *t.* Sostener, apuntalar. *2* Perseguir de cerca, pisar los talones.
estalvi [əstálβi] *m.* Ahorro. *2 pl.* Salvamanteles.
estalvi, -àlvia [əstálβi, -álβiə] *a.* Salvo. ‖ ***Sa i ~,*** sano y salvo.
estalviador, -ra [əstəlβiəðó, -rə] *a.* Ahorrador.
estalviar [əstəlβiá] *t.-prnl.* Ahorrar. *2 prnl.* Zafar.
estam [əstám] *m.* Estambre.
estamenya [əstəmέɲə] *f.* Estameña.
estamordir [əstəmurði] *t.* Aturdir. *2* Sobrecoger, amedrentar.
estampa [əstámpə] *f.* Estampa.
estampació [əstəmpəsió] *f.* Estampación. *2* Estampado.
estampar [əstəmpá] *t.* Estampar.
estampat [əstəmpát] *m.* Estampado (tejido). *2* Estampación.
estamperia [əstəmpəriə] *f.* Estampería.

estampilla [əstəmpiʎə] *f.* Estampilla.
estampir [əstəmpi] *t.* Apretar una cosa entre otras dos, meterla en un vacío para que quede aprisionada.
estanc [əstáŋ] *m.* Estanco.
estança [əstánsə] *f.* Estancia, aposento. *2* Estrofa.
estancament [əstəŋkəmén] *m.* Estancamiento, represa.
estancar [əstəŋká] *t.-prnl.* Estancar, represar.
estanquer, -ra [əstəŋké, -rə] *m.-f.* Estanquero.
estant [əstán] *a.-m.* Estante.
estany [əstáɲ] *m.* Estanque, lago.
estany [əstáɲ] *m.* MINER. Estaño.
estanyador [əstəɲəðó] *m.* Estañador.
estanyapaelles [əstąɲəpəéʎəs] *m.* Estañador.
estanyar [əstəɲá] *t.* Estañar.
estaquirot [əstəkirɔ́t] *m.* Pasmarote.
estar [əstá] *i.* Estar. *2 prnl.* Vivir, habitar, morar. ‖ *~se,* privarse de, abstenerse de. ‖ *~ a punt de,* estar en un tris de. ‖ *~ situat,* ubicar. ¶ CONJUG. INDIC. Pres.: *estic, està, estan.* ‖ SUBJ. Pres.: *estigui,* etc. | Imperf.: *estigues,* etc.
estarrufament [əstərrufəmén] *m.* Engreimiento, inflación.
estarrufar [əstərrufá] *t.-prnl.* Erizar (las plumas, el pelo, etc.). *2 prnl.* fig. Hincharse, engreírse, pavonearse.
estassar [əstəsá] *t.* Desbrozar.
estat [əstát] *m.* Estado.
estatal [əstətál] *a.* Estatal.
estatge [əstádʒə] *m.* Habitación, estancia, domicilio. *2* Albergue.
estàtic, -ca [əstátik, -kə] *a.* Estático. *2 f.* Estática.
estatisme [əstətizmə] *m.* Estatismo.
estàtua [əstátuə] *f.* Estatua.
estatuari, -ària [əstətuári, -áriə] *a., m.-f.* Estatuario.
estatuir [əstətui] *t.* Estatuir.
estatura [əstətúrə] *f.* Estatura.
estatut [əstətút] *m.* Estatuto.
estavellar [əstəβəʎá] *t.-prnl.* Estrellar. *2* Desvainar.
estel [əstél] *m.* Estrella, lucero. *2* Cometa. ‖ *~ de l'alba,* lucero. ‖ *~ fugaç,* estrella fugaz.
estela [əstélə] *f.* Estela.
estelada [əstəláðə] *f.* Cielo estrellado.
estelat, -ada [əstəlát, -áðə] *a.* Estrellado.
estella [əstéʎə] *f.* Astilla, raja. *2* Rancajo.
estel·lar [əstəlá] *a.* Estelar.
estellar [əstəʎá] *t.* Astillar.
estellicó [əstəʎikó] *m.* Espina (de madera).
estenalles [əstənáʎəs] *f.* V. TENALLES.
estendard [əstəndár(t)] *m.* Estandarte.
estendre [əsténdrə] *t.-prnl.* Tender, extender. *2 prnl.* Cundir. ¶ CONJUG. como ***atendre.***
estenedor [əstənəðó] *m.* Tendero.
estenògraf, -fa [əstənɔ́γrəf, -fə] *m.-f.* Estenógrafo.
estenografia [əstənuγrəfiə] *f.* Estenografía.
estentori, -òria [əstəntɔ́ri, -ɔ́riə] *a.* Estentóreo.
estepa [əstέpə] *f.* Estepa. *2* BOT. Estepa, jara.
estepar [əstəpá] *m.* Estepar, jaral.
estepari, -ària [əstəpári, -áriə] *a.* Estepario.
esteranyinador [əstərəɲinəðó] *m.* Escobón, deshollinador.
estereotipar [əstęr(ə)utipá] *t.* Estereotipar.
estergir [əstərʒi] *t.* Estarcir.
estèril [əstέril] *a.* Estéril.
esterilitat [əstərilitát] *f.* Esterilidad.
esterilitzar [əstərilidzá] *t.* Esterilizar.
esterlina [əstərlinə] *a.* ***Lliura ~,*** libra esterlina.
esternudar [əstərnuðá] *i.* Estornudar.
estèrnum [əstέrnum] *m.* ANAT. Esternón.
esternut [əstərnút] *m.* Estornudo.
estès, -esa [əstέs, -έzə] *a.* Tendido.
estesa [əstέzə] *f.* Tendalera, tenderete. *2* Tendido.
esteta [əstέtə] *m.* Esteta.
estètic, -ca [əstέtik, -kə] *a.-f.* Estético.
esteva [əstέβə] *f.* AGR. Esteva, mancera.
estiba [əstiβə] *f.* NÁUT. Estiba. *2* Pila, montón.
estibar [əstiβá] *t.* Estibar.
estigma [əstiŋmə] *m.* Estigma.
estigmatizar [əstiŋmətidzá] *t.* Estigmatizar.
estil [əstil] *m.* Estilo.
estilar-se [əstilársə] *prnl.* Estilarse.
estilet [əstilέt] *m.* Estilete.
estilista [əstilistə] *m.-f.* Estilista.
estilita [əstilitə] *m.-f.* Estilita.
estilitzar [əstilidzá] *t.* Estilizar.
estilogràfica [əstiluγráfikə] *f.* Estilográfica.
estima [əstimə] *f.* Estima, aprecio, cariño. *2* Prez.
estimable [əstimábblə] *a.* Estimable.
estimació [əstiməsió] *f.* Estimación, cariño, querer.
estimar [əstimá] *t.* Amar, querer. *2* Estimar. *3* Evaluar.
estimat, -ada [əstimát, -áðə] *a., m.-f.* Amado, querido, caro.

estimball [əstimbáʎ] *m.* Despeñadero, derrumbadero.
estimbar [əstimbá] *t.-prnl.* Despeñar, derrumbar.
estímul [əstimul] *m.* Estímulo.
estimulant [əstimulán] *a.-m.* Estimulante.
estimular [əstimulá] *t.* Estimular, acuciar.
estipendi [əstipéndi] *m.* Estipendio.
estípula [əstipulə] *f.* BOT. Estípula.
estipulació [əstipuləsió] *f.* Estipulación.
estipular [əstipulá] *t.* Estipular.
estirabot [əstirəβót] *m.* Despropósito, dicharacho.
estirada [əstiráðə] *f.* Tirón, estirón. *2* Desperezo.
estirament [əstirəmén] *m.* Desperezo.
estirar [əstirá] *t.-prnl.* Estirar, tirar. *2 prnl.* Desperezarse. ‖ ***A tot ~,*** a lo más.
estirat, -ada [əstirát, -áðə] *a.* Estirado.
estireganyar [əstirəγəɲá] *t.* Estirajar.
estiregassar [əstirəγəsá] *t.* Tironear.
estirp [əstirp] *f.* Estirpe.
estisora [əstizórə] *f.* V. TISORES.
estiu [əstiŭ] *m.* Verano, estío.
estiueig [əstiwétʃ] *m.* Veraneo.
estiuejant [əstiwəʒán] *m.-f.* Veraneante.
estiuejar [əstiwəʒá] *i.* Veranear.
estiuenc, -ca [əstiwéŋ, -kə] *a.* Estival, veraniego.
estiuet [əstiwét] *m.* dim. Veranillo. ‖ ***~ de Sant Martí,*** veranillo de San Martín.
estival [əstiβál] *a.* Estival, veraniego.
estoc [əstɔ́k] *m.* Estoque.
estoc [əstɔ́k] *m. angl.* Existencias, provisión.
estocada [əstukáðə] *f.* Estocada, sablazo.
estofa [əstɔ́fə] *f.* Estofa.
estofar [əstufá] *t.* Estofar.
estofat [əstufát] *m.* Estofado.
estoic, -ca [əstɔ́ik, -kə] *a., m.-f.* Estoico.
estoïcisme [əstuisizmə] *m.* Estoicismo.
estoig [əstótʃ] *m.* Estuche.
estol [əstɔ́l] *m.* Escuadra. *2* Hueste, grupo. *3* Bandada.
estola [əstɔ́lə] *f.* Estola.
estòlid, -da [əstɔ́lit, -ðə] *a.* Estólido.
estolidesa [əstuliðέzə] *f.* Estolidez.
estoma [əstómə] *m.* BOT. Estoma.
estómac [əstómək] *m.* ANAT. Estómago.
estomacal [əstuməkál] *a.* Estomacal.
estomacar [əstuməká] *t.* Zurrar, sacudir.
estona [əstónə] *f.* Rato. ‖ ***A estones,*** a ratos. ‖ ***Passar l'~,*** pasar el rato.
estonià, -ana [əstunià, -ánə] *a., m.-f.* Estoniano.
estopa [əstópə] *f.* Estopa.
estoquejar [əstukəʒá] *t.* Estoquear.
estora [əstórə] *f.* Estera.
estorar [əsturá] *t.* Esterar.
estordir [əsturði] *t.* Aturdir, atontar.
estorer [əsturé, -rə] *m.-f.* Esterero.
estoreta [əsturέtə] *f.* Esterilla.
estornell [əsturnéʎ] *m.* ORNIT. Estornino.
estossec [əstusέk] *m.* Un movimiento de tos.
estossegar [əstusəγá] *i.* Toser.
estossinar [əstusiná] *t.* Matar a golpes, acogotar.
estovalles [əstuβáʎəs] *f. pl.* V. TOVALLES.
estovament [əstuβəmén] *m.* Ablandamiento.
estovar [əstuβá] *t.-prnl.* Ablandar, mullir, reblandecer. *2* Zurrar, sacudir.
estrabisme [əstrəβizmə] *m.* MED. Estrabismo.
estrada [əstráðə] *f.* Estrado.
estrafer [əstrəfé] *t.* Contrahacer, remedar. ¶ CONJUG. como ***desfer.***
estrafet, -ta [əstrəfét, -tə] *a.* Contrahecho.
estrafolari, -ària [əstrəfulári, -áriə] *a.* Estrafalario.
estrafolla [əstrəfóʎə] *m.-f.* Trápala.
estragó [əstrəγó] *m.* BOT. Estragón.
estrall [əstráʎ] *m.* Estrago, estropicio.
estrambot [əstrəmbɔ́t] *m.* Estrambote.
estrambòtic, -ca [əstrəmbɔ́tik, -kə] *a.* Estrambótico.
estramoni [əstrəmɔ́ni] *m.* BOT. Estramonio.
estranger, -ra [əstrənʒé, -rə] *a., m.-f.* Extranjero.
estrangeria [əstrənʒəriə] *f.* Extranjería.
estrangulació [əstrəŋguləsió] *f.* Estrangulación.
estrangulador, -ra [əstrəŋguləðó, -rə] *a.* Estrangulador.
estrangular [əstrəŋgulá] *t.* Estrangular.
estrany, -nya [əstráɲ, -ɲə] *a.* Extraño, advenedizo, raro.
estranyar [əstrəɲá] *t.-prnl.* Extrañar, chocar.
estranyesa [əstrəɲέzə] *f.* Extrañeza.
***estraperlo** [əstrəpέrlu] *m. cast.* Estraperlo.
estrassa [əstrásə] *f.* Estraza. ‖ ***Paper d'~,*** papel de estraza.
estrat [əstrát] *m.* GEOL. Estrato.
estratagema [əstrətəʒέmə] *m.* Estratagema, treta.
estrateg [əstrətέk] *m.* Estratega.
estratègia [əstrətέʒiə] *f.* Estrategia.
estratègic, -ca [əstrətέʒik, -kə] *a.* Estratégico.
estratificar [əstrətifiká] *t.-prnl.* Estratificar.
estratosfera [əstrətusférə] *f.* Estratosfera.
estratus [əstrátus] *m.* METEOR. Estrato.

estrebada [əstrəβáðə] *f.* Tirón, estirón.
estrebar [əstrəβá] *i.* Estribar. *2 t.* Tironear.
estrella [əstréʎə] *f.* Estrella. || ***Néixer amb bona ~,*** nacer con estrella. || ZOOL. ***~ de mar,*** estrellamar.
estrellat, -ada [əstrəʎát, -áðə] *a.* Estrellado.
estremiment [əstrəmimén] *m.* Estremecimiento.
estremir-se [əstrəmírsə] *prnl.* Estremecerse.
estrena [əstrɛ́nə] *f.* Estreno. *2* Estrena. *3 pl.* Aguinaldo.
estrenar [əstrəná] *t.-prnl.* Estrenar.
estrènyer [əstrɛ́ɲə] *t.-prnl.* Estrechar, apretar, angostar, constreñir. ¶ CONJUG. P. P.: ***estret.***
estrenyiment [əstrəɲimén] *m.* Estreñimiento.
estrep [əstrép] *m.* Estribo. *2* GEOGR. Estribación.
estrèpit [əstrɛ́pit] *m.* Estrépito, estruendo.
estrepitós, -osa [əstrəpitós, -ózə] *a.* Estrepitoso, estruendoso.
estret, -ta [əstrɛ́t, -tə] *a.* Estrecho, angosto, prieto, premioso. *2* Escaso. *3 m.* Estrecho.
estreta [əstrɛ́tə] *f.* Apretón, estrechamiento.
estretor [əstrətó] *f.* Estrechez, estrechura, aprieto, angostura.
estri [ɛ́stri] *m.* Trebejo, chisme. *2 pl.* Enseres, útiles, trastos, bártulos.
estria [əstríə] *f.* Estría.
estriar [əstriá] *t.* Estriar.
estribord [əstriβór(t)] *m.* NÁUT. Estribor.
estricnina [əstriŋnínə] *f.* QUÍM. Estricnina.
estricte, -ta [əstríktə, -tə] *a.* Estricto.
estridència [əstriðɛ́nsiə] *f.* Estridencia.
estrident [əstriðén] *a.* Estridente.
estridor [əstriðó] *m.-f.* Estridor.
estrip [əstríp] *m.* Rasgón, desgarrón, desgarro.
estripar [əstripá] *t.* Destripar. *2* Rasgar, desgarrar.
estritllar-se [əstriʎʎársə] *prnl.* Serenarse, despejarse (el tiempo).
estrofa [əstrɔ́fə] *f.* Estrofa, estancia.
estrompassada [əstrumpəsáðə] *f.* Salto (por encima de algo).
estrompassar [əstrumpəsá] *t.* Pasar saltando.
estroncar [əstruŋká] *t.-prnl.* Restañar, cortar.
estronci [əstrɔ́nsi] *m.* MINER. Estroncio.
estropellar [əstrupəʎá] *t.-prnl.* Estropear.
estruç [əstrús] *m.* ORNIT. Avestruz.
estructura [əstruktúrə] *f.* Estructura.
estructurar [əstrukturá] *t.* Estructurar.
estuari [əstuári] *m.* GEOGR. Estuario.
estuc [əstúk] *m.* Estuco.
estucar [əstuká] *t.* Estucar.
estucat [əstukát] *m.* Estucado.
estudi [əstúði] *m.* Estudio. *2* Escuela. || ***Fugir d'~,*** salir por la tangente, escurrir el bulto.
estudiant, -ta [əstuðián, -tə] *m.-f.* Estudiante.
estudiantí, -ina [əstuðiənti, -ínə] *a.* Estudiantil. *2 f.* Estudiantina, tuna.
estudiar [əstuðiá] *t.* Estudiar.
estudiós, -osa [əstuðiós, -ózə] *a.* Estudioso.
estufa [əstúfə] *f.* Estufa.
estufar [əstufá] *t.-prnl.* Ahuecar, esponjar. *2 prnl.* Hincharse, engreírse.
estult, -ta [əstúl(t), -tə] *a.* Estulto.
estultícia [əstultísiə] *f.* Estulticia.
estupefacció [əstupəfəksió] *f.* Estupefacción.
estupefacte, -ta [əstupəfáktə, -tə] *a.* Estupefacto, turulato.
estupefaent [əstupəfəén] *a.-m.* Estupefaciente.
estupend, -da [əstupén, -də] *a.* Estupendo.
estúpid, -da [əstúpit, -ðə] *a.* Estúpido, mostrenco.
estupidesa [əstupiðɛ́zə] *f.* Estupidez.
estupor [əstupó] *m.* Estupor.
esturió [əsturió] *m.* ICT. Esturión, sollo.
esvaïment [əzβəimén] *m.* Desvanecimiento, desfallecimiento, desmayo.
esvair [əzβəí] *t.* Desbaratar. *2 prnl.* Desvanecerse.
esvalot [əzβəlɔ́t] *m.* Alborozo, vocerío, barullo, zafarrancho, bulla.
esvalotador, -ra [əzβəlutəðó, -rə] *a., m.-f.* Alborotador.
esvalotar [əzβəlutá] *i.-t.-prnl.* Alborotar, alborozar.
esvalotat, -ada [əzβəlutát, -áðə] *a.* Alborotado.
esvaniment [əzβənimén] *m.* Desvanecimiento.
esvanir-se [əzβənírsə] *prnl.* Desvanecerse.
esvelt, -ta [əzβɛ́l(t), -tə] *a.* Esbelto, mimbreño.
esveltesa [əzβəltɛ́zə] *f.* Esbeltez.
esventar [əzβəntá] *t.* Aventar. *2* Ventearse.
esventrar [əzβəntrá] *t.* Despanzurrar.
esverador, -ra [əzβərəðó, -rə] *a.* Espantoso, que alarma mucho.

esverament [əzβərəmén] *m.* Espanto, conturbación, alarma, atolondramiento.
esverar [əzβərá] *t.-prnl.* Espantar, azorar, conturbar, atolondrar.
esvoranc [əzβuráŋ] *m.* Boquete, brecha, agujero.
et [ət] *pron. déb.* Te.
etapa [ətápə] *f.* Etapa.
etcètera [ətsέtərə] loc. Etcétera.
èter [έter] *m.* Éter.
eteri, -èria [ətέri, -έriə] *a.* Etéreo.
etern, -na [ətέrn, -nə] *a.* Eterno.
eternal [ətərnál] *a.* Eternal.
eternitat [ətərnitát] *f.* Eternidad.
eternitzar [ətərnidzá] *t.-prnl.* Eternizar.
ètic, -ca [έtik, -kə] *a.* Ético. *2 f.* Ética.
etimologia [ətimuluʒiə] *f.* Etimología.
etimologista [ətimuluʒistə] *m.-f.* Etimólogo.
etiologia [ətiuluʒiə] *f.* Etiología.
etíop [ətiup] *a., m.-f.* Etíope.
etiqueta [ətikέtə] *f.* Etiqueta. *2* Marbete.
ètnic, -ca [έdnik, -kə] *a.* Étnico.
etnografia [ədnuγrəfiə] *f.* Etnografía.
etnologia [ədnuluʒiə] *f.* Etnología.
etrusc, -ca [ətrúsk, -kə] *a., m.-f.* Etrusco.
etzibar [ədziβá] *t.* Lanzar, pegar (un golpe). *2* Soltar (una palabra inesperada o molesta).
eucaliptus [əŭkəliptus] *m.* BOT. Eucalipto.
eucaristia [əŭkəristiə] *f.* Eucaristía.
eucarístic, -ca [əŭkəristik, -kə] *a.* Eucarístico.
eufemisme [əŭfəmizmə] *m.* Eufemismo.
eufonia [əŭfuniə] *f.* Eufonía.
eufònic, -ca [əufɔ́nic, -kə] *a.* Eufónico.
eufòria [əŭfɔ́riə] *f.* Euforia.
euga [éŭγə] *f.* ZOOL. Yegua.
eugassada [əŭγəsáðə] *f.* Yeguada.
eunuc [əŭnúk] *m.* Eunuco.
eurítmia [əŭrridmiə] *f.* Euritmia.
europeisme [əŭrupəizmə] *m.* Europeísmo.
europeu, -ea [əŭrupέŭ, -έə] *a., m.-f.* Europeo.
èuscar, -ra [έŭskər, -rə] *a.-m.* Éuscaro.
evacuació [əβəkuəsió] *f.* Evacuación.
evacuar [əβəkuá] *t.* Evacuar.
evadir [əβəði] *t.-prnl.* Evadir. *2 prnl.* Fugarse.
evangeli [əβənʒέli] *m.* Evangelio.
evangèlic, -ca [əβənʒέlik, -kə] *a.* Evangélico.
evangelista [əβənʒəlistə] *m.* Evangelista.
evangelitzar [əβənʒəlidzá] *t.* Evangelizar.
evaporació [əβəpurəsió] *f.* Evaporación.
evaporar [əβəpurá] *t.-prnl.* Evaporar.
evasió [əβəzió] *f.* Evasión.
evasiu, -iva [əβəziŭ, -iβə] *a.* Evasivo. *2 f.* Evasiva.
eventual [əβəntuál] *a.* Eventual.
eventualitat [əβəntualitát] *f.* Eventualidad.
evidència [əβiðέnsiə] *f.* Evidencia.
evidenciar [əβiðənsiá] *t.* Evidenciar.
evident [əβiðén] *a.* Evidente.
evidentment [əβiðẹmmén] *a.* Evidentemente.
evitar [əβitá] *t.* Evitar.
evocació [əβukəsió] *f.* Evocación.
evocar [əβuká] *t.* Evocar.
évol [έβul] *m.* BOT. Yezgo, mundillo, sauquillo.
evolució [əβulusió] *f.* Evolución.
evolucionar [əβulusiuná] *i.* Evolucionar.
evolucionisme [əβulusiunizmə] *m.* Evolucionismo.
evolutiu, -iva [əβulutiŭ, -iβə] *a.* Evolutivo.
exabrupte [əgzəβrúptə] *m.* Exabrupto.
exacció [əgzəksió] *f.* Exacción.
exacerbar [əgzəsərβá] *t.-prnl.* Exacerbar.
exacte, -ta [əgzáktə, -tə] *a.* Exacto.
exactitud [əgzəktitút] *f.* Exactitud.
exactor [əgzəktó] *m.* Exactor.
exageració [əgzəʒərəsió] *f.* Exageración.
exagerar [əgzəʒərá] *t.* Exagerar, encarecer.
exagerat, -ada [əgzəʒərát, -áðə] *a.* Exagerado.
exalçament [əgzəlsəmén] *m.* Ensalzamiento.
exalçar [əgzəlsá] *t.* Ensalzar.
exaltació [əgzəltəsió] *f.* Exaltación.
exaltar [əgzəltá] *t.-prnl.* Exaltar.
exaltat, -ada [əgzəltát, -áðə] *a.* Exaltado.
examen [əgzámən] *m.* Examen.
examinador, -ra [əgzəminəðó, -rə] *a., m.-f.* Examinador.
examinand, -da [əgzəminán, -də] *m.-f.* Examinando.
examinar [əgzəminá] *t.* Examinar.
exànime [əgzánimə] *a.* Exánime.
exasperació [əgzəspərəsió] *f.* Exasperación.
exasperar [əgzəspərá] *t.-prnl.* Exasperar.
exaudir [əgzəŭði] *t.* Exaudir.
excavació [əkskəβəsió] *f.* Excavación.
excavar [əkskəβá] *t.* Excavar.
excedència [əksəðέnsiə] *f.* Excedencia.
excedent [əksəðén] *a.* Excedente.
excedir [əksəði] *t.-prnl.* Exceder, rebasar. *2 prnl.* Propasarse, desmedirse, descomedirse.
excel·lència [əksəlέnsiə] *f.* Excelencia. *2* Prestancia.
excel·lent [əksəlén] *a.* Excelente. *2 m.* Sobresaliente (calificación).

excel·lentíssim, -ma [əksələntísim, -mə] *a.* Excelentísimo.
excel·lir [əksəlí] *i.* Sobresalir, descollar, destacar.
excels, -sa [əksέls, -sə] *a.* Excelso.
excelsitud [əksəlsitút] *f.* Excelsitud.
excèntric [əksέntrik, -kə] *a.-m.* Excéntrico.
excentricitat [əksəntrisitát] *f.* Excentricidad.
excepció [əksəpsió] *f.* Excepción, salvedad.
excepcional [əksəpsiunál] *a.* Excepcional.
excepte [əkséptə] *prep.* Excepto, a excepción de.
exceptuar [əksəptuá] *i.* Exceptuar.
excés [əksés] *m.* Exceso, demasía, sobra. *2* Desmán.
excessiu, -iva [əksəsiú, -íβə] *a.* Excesivo, demasiado.
excitació [əksitəsió] *f.* Excitación.
excitant [əksitán] *a.-m.* Excitante.
excitar [əksitá] *t.-prnl.* Excitar.
exclamació [əkskləməsió] *f.* Exclamación.
exclamar [əkskləmá] *t.-prnl.* Exclamar.
exclamatiu, -iva [əkskləmətiŭ, -íβə] *a.* Exclamativo.
excloure [əksklɔ́urə] *t.* Excluir. ¶ CONJUG. como ***cloure.***
exclusió [əkskluzió] *f.* Exclusión.
exclusiu, -iva [əkskluziŭ, -íβə] *a.* Exclusivo. *2 f.* Exclusiva.
excomunicar [əkskumuniká] *t.* Excomulgar.
excomunió [əkskumunió] *f.* Excomunión.
excrement [əkskrəmén] *m.* Excremento.
excrescència [əkskrəsέnsiə] *f.* Excrecencia, nacencia.
excretar [əkskrətá] *t.* Excretar.
excursió [əkskursió] *f.* Excursión.
excursionista [əkskursiunístə] *a., m.-f.* Excursionista.
excusa [əkskúzə] *f.* Excusa, rebozo.
excusar [əkskuzá] *t.-prnl.* Excusar.
excusat, -ada [əkskuzát, -áðə] *a.* Excusado.
execrable [əgzəkrábblə] *a.* Execrable.
execració [əgzəkrəsió] *f.* Execración.
execrar [əgzəkrá] *t.* Execrar.
execució [əgzəkusió] *f.* Ejecución, desempeño.
executant [əgzəkután] *a., m.-f.* Ejecutante.
executar [əgzəkutá] *t.* Ejecutar, desempeñar.
executiu, -iva [əgzəkutiŭ, -íβə] *a.* Ejecutivo.
executor, -ra [əgzəkutó, -rə] *a., m.-f.* Ejecutor.
executòria [əgzəkutɔ́riə] *f.* Ejecutoria.
exempció [əgzəmsió] *f.* Exención.
exemplar [əgzəmplár] *a.* Ejemplar. *2 m.* Ejemplar.
exemple [əgzémplə] *m.* Ejemplo, dechado.
exemplificar [əgzəmplifiká] *t.* Ejemplificar.
exempt, -ta [əgzém, -tə] *a.* Exento.
exèquies [əgzέkiəs] *f. pl.* Exequias.
exercici [əgzərsísi] *m.* Ejercicio, desempeño.
exercir [əgzərsí] *t.* Ejercer, desempeñar.
exèrcit [əgzέrsit] *m.* Ejército.
exercitant [əgzərsitán] *a.-m.* Ejercitante.
exercitar [əgzərsitá] *t.-prnl.* Ejercitar.
exfoliació [əksfuliəsió] *f.* Exfoliación.
exfoliar [əksfuliá] *t.-prnl.* Exfoliar.
exhalació [əgzələsió] *f.* Exhalación.
exhalar [əgzəlá] *t.-prnl.* Exhalar.
exhauriment [əgzəŭrimén] *m.* Agotamiento.
exhaurir [əgzəŭrí] *t.* Agotar, apurar.
exhaust, -ta [əgzáŭs(t), -tə] *a.* Exhausto.
exhibició [əgziβisió] *f.* Exhibición.
exhibir [əgziβí] *t.-prnl.* Exhibir.
exhort [əgzɔ́r(t)] *m.* Exhorto.
exhortació [əgzurtəsió] *m.* Exhortación.
exhortar [əgzurtá] *t.* Exhortar.
exhumació [əgzuməsió] *f.* Exhumación.
exhumar [əgzumá] *t.* Exhumar.
exigència [əgziʒέnsiə] *f.* Exigencia.
exigent [əgziʒén] *a.* Exigente.
exigir [əgziʒí] *t.* Exigir.
exigu, -gua [əgzíɣu, -ɣwə] *a.* Exiguo.
exigüitat [əgziɣwitát] *f.* Exigüidad.
exili [əgzíli] *m.* Exilio.
exiliar [əgziliá] *t.* Exiliar.
exiliat, -ada [əgziliát, -áðə] *a., m.-f.* Exiliado.
eximi, -ímia [əgzími, -ímiə] *a.* Eximio.
eximir [əgzimí] *t.* Eximir.
existència [əgzistέnsiə] *f.* Existencia.
existent [əgzistén] *a.* Existente.
existir [əgzistí] *i.* Existir.
èxit [έgzit] *m.* Éxito.
ex-libris [ęgzlíβris] *m.* Ex libris.
èxode [έgzuðə] *m.* Éxodo.
exonerar [əgzunərá] *t.* Exonerar.
exorbitant [əgzurβitán] *a.* Exorbitante, garrafal.
exorcisme [əgzursízmə] *m.* Exorcismo.
exorcista [əgzursístə] *m.* Exorcista.
exorcitzar [əgzursidzá] *t.* Exorcizar.
exordi [əgzɔ́rði] *m.* Exordio.
exòtic, -ca [əgzɔ́tik, -kə] *a.* Exótico.
expansibilitat [əkspənsiβilitát] *f.* Expansibilidad.
expansió [əkspənsió] *f.* Expansión.

expansionar-se [əkspənsiunársə] *prnl.* Expansionarse.
expansiu, -iva [əkspənsiŭ, -iβə] *a.* Expansivo.
expatriar [əkspətriá] *t.* Exiliar. *2 prnl.* Expatriarse.
expectació [əkspəktəsió] *f.* Expectación.
expectar [əkspəktá] *t.* Esperar, aguardar.
expectativa [əkspəktətiβə] *f.* Expectativa.
expectoració [əkspəkturəsió] *f.* Expectoración.
expectorar [əkspəkturá] *t.* Expectorar.
expedició [əkspəðisió] *f.* Expedición.
expedicionari, -ària [əkspəðisiunári, -áriə] *a.* Expedicionario.
expedidor, -ra [əkspəðiðó, -rə] *m.-f.* Expedidor.
expedient [əkspəðién] *a.* Conveniente, oportuno. *2 m.* Expediente.
expedir [əkspəði] *t.* Expedir.
expedit, -ta [əkspəðit, -tə] *a.* Expedito.
expeditiu, -iva [əkspəðitiŭ, -iβə] *a.* Expeditivo.
expel·lir [əkspəli] *t.* Expeler.
expendre [əkspéndrə] *t.* Expender. ¶ CONJUG. como ***ofendre***.
expenedor, -ra [əkspənəðó, -rə] *m.-f.* Expendedor.
expenses [əkspénsəs] *f. pl.* Expensas.
experiència [əkspəriénsiə] *f.* Experiencia.
experiment [əkspərimén] *m.* Experimento.
experimental [əkspərimәntál] *a.* Experimental.
experimentar [əkspərimәntá] *t.* Experimentar. *2 i.* Hacer experimentos.
experimentat, -ada [əkspərimәntát, -áðə] *a.* Experimentado.
expert, -ta [əkspέr(t), -tə] *a.-m.* Experto.
expiació [əkspiəsió] *f.* Expiación.
expiar [əkspiá] *t.* Expiar.
expiatori, -òria [əkspiətɔ́ri, -ɔ́riə] *a.* Expiatorio.
expiració [əkspirəsió] *f.* Espiración. *2* Expiración.
expirar [əkspirá] *t.* Espirar. *2 i.* Expirar.
explicació [əksplikəsió] *f.* Explicación.
explicar [əkspliká] *t.-prnl.* Explicar.
explícit, -ta [əksplisit, -tə] *a.* Explícito.
exploració [əksplurəsió] *f.* Exploración.
explorador, -ra [əksplurəðó, -rə] *a., m.-f.* Explorador.
explorar [əksplurá] *t.* Explorar.
explosió [əkspluzió] *f.* Explosión.
explosiu, -iva [əkspluziŭ, -iβə] *a.-m.* Explosivo.
explotació [əksplutəsió] *f.* Explotación.
explotador, -ra [əksplutəðó, -rə] *a., m.-f.* Explotador.
explotar [əksplutá] *t.-i.* Explotar.
exponent [əkspunén] *m.* Exponente.
exportació [əkspurtəsió] *f.* Exportación.
exportador, -ra [əkspurtəðó, -rə] *a., m.-f.* Exportador.
exportar [əkspurtá] *t.* Exportar.
exposar [əkspuzá] *t.-prnl.* Exponer.
exposició [əkspuzisió] *f.* Exposición.
expòsit, -ta [əkspɔ́zit, -tə] *a., m.-f.* Expósito.
expositor, -ra [əkspusitó, -rə] *a., m.-f.* Expositor.
exprés, -essa [əksprés, -ésə] *a.-m.* Expreso. *2 adv.* Ex profeso, adredre, expresamente.
expressament [əksprəsəmén] *adv.* Expresamente, aposta, adrede.
expressar [əksprəsá] *t.-prnl.* Expresar.
expressió [əksprəsió] *f.* Expresión.
expressiu, -iva [əksprəsiu, -iβə] *a.* Expresivo.
exprimir [əksprimi] *t.* Exprimir, expresar.
expropiació [əksprupiəsió] *f.* Expropiación.
expropiar [əksprupiá] *t.* Expropiar.
expugnar [əkspuŋná] *t.* Expugnar.
expulsar [əkspulsá] *t.* Expulsar.
expulsió [əkspulsió] *f.* Expulsión.
expurgació [əkspurɣəsió] *f.* Expurgo.
expurgar [əkspurɣá] *t.* Expurgar.
exquisit, -ida [əkskizit, -iðə] *a.* Exquisito.
exquisitat [əkskizitát] *f.* Exquisitez.
exsangüe [əksáŋgwə] *a.* Exangüe.
exsudar [əksuðá] *i.* Exudar.
èxtasi [έkstəzi] *m.* Éxtasis.
extasiar [əkstəziá] *t.* Arrobar, embelesar. *2 prnl.* Extasiarse.
extàtic, -ca [əkstátik, -kə] *a.* Extático.
extemporani, -ània [əkstəmpuráni, -ániə] *a.* Extemporáneo.
extens, -sa [əksténs, -sə] *a.* Extenso.
extensió [əkstənsió] *f.* Extensión.
extensiu, -iva [əkstənsiŭ, -iβə] *a.* Extenso.
extenuar [əkstənuá] *t.-prnl.* Extenuar.
exterior [əkstərió] *a.-m.* Exterior.
exterioritzar [əkstəriuridzá] *t.* Exteriorizar.
exterminar [əkstərminá] *t.* Exterminar.
extermini [əkstərmini] *m.* Exterminio.
extern, -na [əkstέrn, -nə] *a., m.-f.* Externo.
externament [əkstęrnəmén] *adv.* Externamente.
externat [əkstərnát] *m.* Externado.
extinció [əkstinsió] *f.* Extinción.
extingir [əkstinʒi] *t.-prnl.* Extinguir, sofocar.
extintor, -ra [əkstintó, -rə] *a.-m.* Extintor.

extirpació [əkstirpasió] *f.* Extirpación.
extirpar [əkstirpá] *t.* Extirpar, erradicar, extraer.
extorció [əkstursió] *f.* Extorsión.
extra [ékstrə] *a.-m.* Extra.
extracció [əkstrəksió] *f.* Extracción.
extractar [əkstrəktá] *t.* Extractar.
extracte [əkstráktə] *m.* Extracto.
extradició [əkstrəðisió] *f.* Extradición.
extralimitar-se [əkstrəlimitársə] *prnl.* Extralimitarse.
extraordinari, -ària [əkstrəurðinári, -áriə] *a.* Extraordinario.
extraradi [ekstrərráði] *m.* Extrarradio.
extravagància [əkstrəβəγánsiə] *f.* Extravagancia, adefesio.
extravagant [əkstrəβəγán] *a.* Extravagante, estrafalario.
extraviar [əkstrəβiá] *t.-prnl.* Extraviar.
extrem, -ma [əkstrém, -mə] *a.-m.* Extremo. *2 m.* Tope. *3* Colmo, disloque.
extremar [əkstrəmá] *t.-prnl.* Extremar.
extremat, -ada [əkstrəmát, -áðə] *a.* Extremado.
extremeny, -nya [əkstrəméɲ, -ɲə] *a., m.-f.* Extremeño.
extremisme [əkstrəmizmə] *m.* Extremismo.
extremitat [əkstrəmitát] *f.* Extremidad.
extremitud [əkstrəmitút] *f.* Extremidad. *2 pl.* Estremecimientos (últimos). *3* Convulsión.
extremós, -osa [əkstrəmós, -ózə] *a.* Extremoso.
extremunció [əkstrəmunsió] *f.* Extremaunción.
extret [əkstrét] *m.* Extraído.
extreure [əkstréŭrə] *t.* Extraer. ¶ CONJUG. como ***treure***.
extrínsec, -ca [əkstrinsək, -kə] *a.* Extrínseco.
exuberància [əgzuβəránsiə] *f.* Exuberancia.
exuberant [əgzuβərán] *a.* Exuberante.
exultar [əgzultá] *i.* Exultar.
ex-vot [egzβɔ́t] *m.* Exvoto.

F

fa [fa] *m.* MÚS. Fa.
fàbrica [fáβrikə] *f.* Fábrica.
fabricació [fəβrikəsió] *f.* Fabricación.
fabricador, -ra [fəβrikəðó, -rə] *a., m.-f.* Fabricador.
fabricant [fəβrikán] *m.* Fabricante.
fabricar [fəβriká] *t.* Fabricar.
fabril [fəβríl] *a.* Fabril.
fabulista [faβulístə] *m.-f.* Fabulista.
fabulós, -osa [fəβulós, -ózə] *a.* Fabuloso.
faç [fas] *f.* Faz.
façana [fəsánə] *f.* Fachada.
facció [fəksió] *f.* Facción, bando. *2 pl.* Facciones (del rostro). ‖ ***Estar de ~***, estar de plantón.
facciós, -osa [fəksiós, -ózə] *a., m.-f.* Faccioso.
facècia [fəsέsiə] *f.* Chanza, chiste, donaire, lindeza, broma, chascarrillo.
faceciós, -osa [fəsəsiós, -ózə] *a.* Chancero, chistoso, donairoso, bromista, dicharachero.
faceta [fəsέtə] *f.* Faceta.
facial [fəsiál] *a.* Facial.
fàcil [fásil] *a.* Fácil.
facilitar [fəsilitá] *t.* Facilitar.
facilitat [fəsilitát] *f.* Facilidad.
fàcilment [fąsilmén] *adv.* Fácilmente.
facinerós, -osa [fəsinərós, -ózə] *a.* Facineroso, forajido.
facsímil [fəksímil] *m.* Facsímil.
factible [fəktíbblə] *a.* Factible, dable.
factici, -ícia [fəktísi, -ísiə] *a.* Facticio.
factor [fəktó] *m.* Factor.
factoria [fəkturíə] *f.* Factoría.
factòtum [fəktɔ́tum] *m.* Factótum.
factura [fəktúrə] *f.* Factura.
facturació [fəkturəsió] *f.* Facturación.
facturar [fəkturá] *t.* Facturar.
facultar [fəkultá] *t.* Facultar.
facultat [fəkultát] *f.* Facultad.
facultatiu, -iva [fəkultətíŭ, -íβə] *a.-m.* Facultativo.
facúndia [fəkúndiə] *f.* Facundia.
facundiós, -osa [fəkundiós, -ózə] *a.* Facundo.
fada [fáðə] *f.* Hada.
fadesa [fəðέzə] *f.* Desabor, desazón, insulsez, sosería.
fador [fəðó] *f.* Insulsez, desazón, sosería, insipidez.
fadrí, -ina [fəðrí, -ínə] *m.-f.* Mozo, mancebo, doncel. *2* Soltero. *3 f.* Moza.
fadristern [fəðristέrn] *m.* Segundón.
faedor, -ra [fəeðó, -rə] *a.* Hacedero. *2 m.-f.* Hacedor.
fageda [fəʒέðə] *f.* Hayal, hayedo.
fagina [fəʒínə] *f.* ZOOL. Garduña.
fagòcit [fəγɔ́sit, col. fəγusí] *m.* BIOL. Fagocito.
fagot [fəγɔ́t] *m.* MÚS. Fagot, bajón.
faiçó [fəĭsó] *f.* Hechura, forma. *2* Fisonomía, facciones.
faig [fátʃ] *m.* BOT. Haya.
faisà [fəĭzá] *m.* ORNIT. Faisán.
faisanera [fəĭzənérə] *f.* Faisanera.
faisó [fəĭzó] *f.* Manera, guisa, modo.
faixa [fáʃə] *f.* Faja.
faixar [fəʃá] *t.-prnl.* Fajar.
faixí [fəʃí] *m.* Fajín.
faja [fáʒə] *f.* Hayuco.
fajol [fəʒɔ́l] *m.* BOT. Alforfón.
falaguer, -ra [fələγé, -rə] *a.* Halagüeño, cariñoso, lisonjero.
falange [fəlánʒə] *f.* Falange.
falansteri [fələnstέri] *m.* Falansterio.
falç [fals] *f.* Hoz, segur.
falca [fálkə] *f.* Cuña, calza, calce.
falcar [fəlká] *t.* Acuñar, atarugar. *2* Calzar.
falcia [fəlsíə] *f.* ORNIT. Vencejo.
falcilla [fəlsíʎə] *f.* Chaira. *2* ORNIT. Vencejo.
falcillot [fəlsiʎɔ́t] *m.* ORNIT. Vencejo.
falciot [fəlsiɔ́t] *m.* ORNIT. Vencejo.
falcó [fəlkó] *m.* ORNIT. Halcón.
falconada [fəlkunáðə] *f.* Calada. *2* Acometida, embestida, zarpada, zarpazo.

falconer [fəlkunė] *m.* Halconero.
falda [fáldə] *f.* Regazo. *2* Falda, halda. *3* Ladera.
faldar [fəldá] *m.* Ladera. *2* Repisa (de la chimenea).
faldejar [fəldəʒá] *t.* Faldear, ladear (una montaña). *2* Sentarse en la falda.
faldellí [fəldəʎí] *m.* Refajo, zagalejo.
falder, -ra [fəldė, -rə] *a.* Faldero.
faldilla [fəldiʎə] *f.* Falda, saya.
faldó [fəldó] *m.* Faldón.
falguera [fəlɣérə] *f.* BOT. Helecho.
falla [fáʎə] *f.* GEOL. Falla. *2* Falta, carencia.
fal·laç [fəlás] *a.* Falaz.
fal·làcia [fəlásiə] *f.* Falacia.
fallar [fəʎá] *t.-i.* Fallar, errar.
fallença [fəʎénsə] *f.* Fallo.
fal·lera [fəlérə] *f.* Anhelo, manía, gusanera, comidilla.
fal·lible [fəlibblə] *a.* Falible.
fallida [fəʎiðə] *f.* Quiebra.
fallir [fəʎi] *i.* Fallar, faltar. *2* COM. Quebrar.
fal·lus [fálus] *m.* Falo.
falòrnia [fəlɔ́rniə] *f.* Patraña, mentira, embuste, hablilla, pamema.
fals, -sa [fals, -sə] *a.* Falso.
falsari, -ària [fəlsári, -áriə] *m.-f.* Falsario.
falsedat [fəlsəðát] *f.* Falsedad, camama.
falsejar [fəlsəʒá] *t.* Falsear.
falset [fəlsét] *m.* Falsete.
falsia [fəlsiə] *f.* Falsía, doblez.
falsificació [fəlsifikəsió] *f.* Falsificación.
falsificar [fəlsifiká] *t.* Falsificar.
falta [fáltə] *f.* Falta.
faltar [fəltá] *i.* Faltar. ‖ ***Trobar a ~,*** echar de menos.
falutx [fəlútʃ] *m.* NÁUT. Falucho.
fam [fam] *f.* Hambre, gana, gazuza.
fama [fámə] *f.* Fama.
famèlic, -ca [fəmélik, -kə] *a.* Famélico, hambriento.
famejar [fəməʒá] *i.* Hambrear.
família [fəmíliə] *f.* Familia.
familiar [fəmiliár] *a.* Familiar.
familiaritat [fəmiliəritát] *f.* Familiaridad.
familiaritzar [fəmiliəridzá] *t.-prnl.* Familiarizar.
famolenc, -ca [fəmuléŋ, -kə] *a.* Hambriento. *2* Famélico.
famós, -osa [fəmós, -ózə] *a.* Famoso, afamado, nombrado, renombrado, sonado.
fàmul, -la [fámul, -lə] *m.-f.* Fámulo.
fanal [fənál] *m.* Farol, farola. *2* BOT. Farolilla.
fanaler, -ra [fənəlė, -rə] *m.-f.* Farolero.
fanàtic, -ca [fənátik, -kə] *a.* Fanático.
fanatisme [fənətizmə] *m.* Fanatismo.
fanatitzar [fənətidzá] *t.-prnl.* Fanatizar.
fandango [fəndáŋgu] *m.* Fandango.
faneca [fənékə] *f.* Fanega.
fanerògames [fənərɔ́ɣəməs] *f. pl.* BOT. Fanerógamas.
fanfàrria [fəmfárriə] *f.* Fanfarria. *2 a., m.-f.* Fanfarrón.
fanfarró, -ona [fəmfərró, -ónə] *a., m.-f.* Fanfarrón, bravucón, baladrón.
fanfarronada [fəmfərrunáðə] *f.* Fanfarronada, baladronada.
fanfarronejar [fəmfərrunəʒá] *i.* Fanfarronear, baladronear.
fanfarroneria [fəmfərrunəriə] *f.* Fanfarronería, bravuconería.
fang [faŋ] *m.* Fango, barro, lodo, limo.
fanga [fáŋgə] *f.* AGR. Laya.
fangar [fəŋgá] *t.* Layar.
fangar [fəŋgá] *m.* Fangal, barrizal, lodazal.
fangós, -osa [fəŋgós, -ózə] *a.* Fangoso, cenagoso, barroso.
fangueig [fəŋgétʃ] *m.* Barrizal.
fanguer [fəŋgė] *m.* V. FANGUEIG. Fangal, barrizal, lodazal.
fanguissar [fəŋgisá] *m.* Fangal.
fantasia [fəntəziə] *f.* Fantasía.
fantasiar [fəntəziá] *i.* Fantasear.
fantasiós, -osa [fəntəziós, -ózə] *a.* Fantasioso.
fantasma [fəntázmə] *m.* Fantasma, aparecido, estantigua.
fantasmagoria [fəntəzməɣuriə] *f.* Fantasmagoría.
fantàstic, -ca [fəntástik, -kə] *a.* Fantástico.
fantotxe [fəntɔ́tʃə] *m.* Fantoche.
faquir [fəkir] *m.* Faquir.
far [far] *m.* Faro.
farad [fərát] *m.* ELEC. Faradio.
faramalla [fərəmáʎə] *f.* Faramalla.
faràndula [fərándulə] *f.* Farándula.
faranduler, -ra [fərəndulė, -rə] *a., m.-f.* Farandulero. *2* Farolero.
faraó [fərəó] *m.* Faraón.
farbalà [fərβəlá] *m.* Faralá, falbalá.
farcell [fərséʎ] *m.* Hatillo, lío, atadijo.
farciment [fərsimén] *m.* Relleno.
farcir [fərsi] *t.* Rellenar, embutir, atiborrar.
farcit, -ida [fərsit, -iðə] *a.* Relleno, embutido. *2 m.* Embutido.
farda [fárðə] *f.* Conjunto de objetos que causan estorbo. *2* Maleza, broza, paja.
fardell [fərðéʎ] *m.* Lío, fardo, bulto, atadijo, envoltorio, hatillo.
farfallós, -osa [fərfəʎós, -ózə] *a.* Estropajoso.

farfutalla [fərfutáʎə] *f.* Chusma. *2* Bagatela. *3* fam. Chiquillería.
farga [fárɣə] *f.* Fragua, ferrería.
farigola [fəriɣólə] *f.* BOT. Tomillo.
farina [fərinə] *f.* Harina.
farinaci, -àcia [fərinási, -ásiə] *a.* Farináceo.
fariner, -ra [fəriné, -rə] *a.* Harinero.
farinetes [fərinέtəs] *f. pl.* Puches, papas, papilla.
faringe [fəriŋʒə] *f.* ANAT. Faringe.
faringi, -íngia [fəriŋʒi, -iŋʒiə] *a.* Faríngeo.
faringitis [fəriŋʒitis] *f.* MED. Faringitis.
farinós, -osa [fərinós, -ózə] *a.* Harinoso.
farisaic, -ca [fərizáĭk, -kə] *a.* Farisaico.
fariseu [fərizέŭ] *m.* Fariseo.
faristol [fəristɔ́l] *m.* Facistol, atril.
farmacèutic, -ca [fərməsέŭtik, -kə] *a., m.-f.* Farmacéutico, boticario.
fàrmac [fármək] *m.* MED. Fármaco.
farmàcia [fərmásiə] *f.* Farmacia, botica.
farmaciola [fərməsiɔ́lə] *m.* Botiquín.
farnat [fərnát] *m.* Baturrillo.
farola [fərɔ́lə] *f.* Faro.
faronejar [fərunəʒá] *i.* Farolear.
faroner, -ra [fəruné, -rə] *a.* Farolero, farolón. *2 m.* Torrero.
farratge [fərrádʒə] *m.* Forraje, herrén.
farrigo-farrago [fərriɣufərráɣu] *m.* Fárrago.
farsa [fársə] *f.* Farsa.
farsant [fərsán] *a., m.-f.* Farsante.
fart [far(t), -tə] *a.* Harto. *2 m.-f.* Comilón, glotón.
fart [far(t)] *m.* Hartazgo, comilona, atracón, hartura.
fartaner, -ra [fərtəné, -rə] *m.-f.* Tragón, comilón.
fartanera [fərtənérə] *f.* Comilona, atracón, hartazgo, hartura.
fascicle [fəsikle] *m.* Fascículo.
fascinació [fəsinəsió] *f.* Fascinación.
fascinar [fəsiná] *t.* Fascinar.
fase [fázə, col. -ze] *f.* Fase.
fast [fast] *m.* Fasto, fausto, pompa.
fàstic [fástik] *m.* Asco, asquerosidad, fastidio, hastío.
fastig [fəstik] *m.* Fastidio, hastío.
fastigós, -osa [fəstiɣós, -ózə] *a.* Asqueroso, escuálido.
fastiguejar [fəstiɣəʒá] *t.-prnl.* Asquear, empalagar. *2* Fastidiar, hastiar, jorobar.
fastijós, -osa [fəstiʒós, -ózə] *a.* Fastidioso, hastioso.
fastuós, -osa [fəstuós, -ózə] *a.* Fastuoso.
fastuositat [fəstuuzitát] *f.* Fastuosidad.
fat [fat] *m.* Hado, sino, destino.
fat, fada [fat, fáðə] *a.* Insulso, desabrido, soso, insípido. *2* Fatuo.
fatal [fətál] *a.* Fatal.
fatalisme [fətəlizmə] *m.* Fatalismo.
fatalitat [fətəlitát] *f.* Fatalidad.
fatic [fətik] *m.* Jadeo. *2 pl.* Fatigas, apuros.
fatídic, -ca [fətiðik, -kə] *a.* Fatídico.
fatiga [fətiɣə] *f.* Fatiga. *2* Molimiento.
fatigant [fətiɣán] *a.* Fatigador, moledor.
fatigar [fətiɣá] *t.-prnl.* Fatigar.
fatigós, -osa [fətiɣós, -ózə] *a.* Fatigoso, trabajoso.
fatu, fàtua [fátu, fátuə] *a.* Fatuo.
fatuïtat [fətuitát] *f.* Fatuidad.
fatxa [fátʃə] *f.* Facha, catadura.
fatxada [fətʃáðə] *f.* Fachada.
fatxenda [fətʃέndə] *f.* Chulería, presunción, guapeza. *2 m.* Fachenda, chulo, majo.
fatxendejar [fətʃəndəʒá] *i.* Fachendear, pomponearse.
fatxenderia [fətʃəndəriə] *f.* Chulada. *2* Postín. *3* Guapeza, majeza.
faula [fáŭlə] *f.* Fábula.
fauna [fáŭnə] *f.* Fauna.
faune [fáŭnə] *m.* MIT. Fauno.
faust, -ta [fáŭst, -tə] *a.* Fausto.
fautor, -ra [fəŭtó, -rə] *m.-f.* Fautor.
fava [fáβə] *f.* BOT. Haba. *2 m.-f.* Encantado.
favar [fəβá] *m.* Habar.
favera [fəβérə] *f.* BOT. Haba.
favor [fəβór] *m.* Favor.
favorable [fəβurábblə] *a.* Favorable.
favorit, -ta [fəβurit, -tə] *a., m.-f.* Favorito, valido.
favoritisme [fəβuritizmə] *m.* Favoritismo.
fe [fε] *f.* Fe.
feble [fébblə] *a.* Débil, endeble, enteco. *2* Liviano.
feblesa [fəbblέzə] *f.* Debilidad, endeblez. *2* Liviandad.
febre [féβrə] *f.* Fiebre, calentura.
febrer [fəβré] *m.* Febrero.
febrífug, -ga [fəβrifuk, -ɣə] *a.-m.* Febrífugo.
febril [fəβril] *a.* Febril.
febrós, -osa [fəβrós, -ózə] *a.* Calenturiento.
fecal [fəkál] *a.* Fecal.
fècula [fέkulə] *f.* Fécula.
feculent, -ta [fəkulén, -tə] *a.* Feculento.
fecund, -da [fəkún, -də] *a.* Fecundo.
fecundació [fəkundəsió] *f.* Fecundación.
fecundar [fəkundá] *t.* Fecundar, fecundizar.
fecunditat [fəkunditát] *f.* Fecundidad.
federació [fəðərəsió] *f.* Federación.

federal [fəðərál] *a.* Federal.
federar [fəðərá] *t.* Federar.
fefaent [fęfəén] *a.* Fehaciente.
feina [fέĭnə] *f.* Faena, obra, trabajo, tarea, labor. ‖ ***Amb prou feines,*** apenas, a duras penas.
feinada [fəĭnáðə] *f.* Exceso de trabajo, trote.
feinejar [fəĭnəʒá] *i.* Trabajar.
feiner, -ra [fəĭné, -rə] *a.* Aficionado al trabajo, hacendoso.
feix [feʃ] *m.* Fajo, haz. *2* Fasces.
feixa [féʃə] *f.* Haza, bancal.
feixina [fəʃínə] *f.* Fajina.
feixisme [fəʃízmə] *m.* Fascismo.
feixista [fəʃístə] *a., m.-f.* Fascista.
feixuc, -uga [fəʃúk, -úɣa] *a.* Pesado, torpe, lerdo, amazacotado.
feixuguesa [fəʃuɣέzə] *f.* Pesadez, torpeza.
fel [fεl] *m.* Hiel.
feldspat [fəldspát] *m.* MINER. Feldespato.
felí, -ina [fəlí, -ínə] *a.* Felino.
feliç [fəlís] *a.* Feliz, dichoso.
felicitació [fəlisitəsió] *f.* Felicitación.
felicitar [fəlisitá] *t.-prnl.* Felicitar.
felicitat [fəlisitát] *f.* Felicidad, dicha, venturanza.
feliçment [fəlismén] *adv.* Felizmente.
feligrès, -esa [fəliɣrέs, -έzə] *m.-f.* Feligrés.
feligresia [fəliɣrəzíə] *f.* Feligresía.
felipó [fəlipó] *m.* Filipense.
feltre [féltrə] *m.* Fieltro.
fem [fem] *m.* Estiércol, bosta.
femar [fəmá] *t.* Estercolar.
femater [fəməté] *m.* Estercolero (persona).
fembra [fémbrə] *f.* Hembra.
fembrer [fəmbré] *a.-m.* Mujeriego, mujeril.
femella [fəméʎə] *f.* Hembra. *2* Tuerca (de tornillo).
femení, -ina [fəməní, -ínə] *a.* Femenino. *2* Mujeril.
femenívol, -la [fəməníβul, -lə] *a.* Femenil, mujeril.
femer [fəmé] *m.* Estercolero, muladar.
feminitat [fəminitát] *f.* Feminidad.
feminisme [fəminízmə] *m.* Feminismo.
fems [fems] *m. pl.* V. FEM.
femta [fémtə] *f.* Excremento, heces.
fèmur [fέmur] *m.* ANAT. Fémur.
fenal [fənál] *m.* BOT. Cañuela de oveja, cerrillo.
fenàs [fənás] *m.* V. FENAL.
fenc [fεŋ] *m.* BOT. Heno.
fendre [féndrə] *t.* Hender, cortar (el viento, el agua). ¶ CONJUG. como ***prendre.***
fènic [fέnik] *a.* QUÍM. Fénico.
fenici, -icia [fənísi, -ísiə] *a., m.-f.* Fenicio.
fènix [fέniks] *m.* MIT. Fénix.
fenomen [fənɔ́mən] *m.* Fenómeno.
fenomenal [fənumənál] *a.* Fenomenal.
fer [fe] *t.-i.* Hacer. *2* Dar (un beso, un paso, etc.). *3* Meter (miedo, ruido, etc.). *4* Pegar saltos, gritos, etc. *5 prnl.* ***~s'hi,*** meterse a, ponerse a. *6* ***~s'ho,*** competir con otro. *7* Crecer, medrar. *8* Codearse, rozarse. ***Fa més el qui vol que qui pot,*** querer es poder. ¶ CONJUG. P. P.: ***fet.*** ‖ INDIC. Pres.: ***faig, fas, fa, fan.*** | Imperf.: ***feia,*** etc. | Perf.: ***fiu, feres, féu, férem,*** etc. | Fut.: ***faré,*** etc. ‖ SUBJ. Pres.: ***faci,*** etc. | Imperf.: ***fes, fessis,*** etc. ‖ IMPERAT.: ***fes.***
fer, -ra [fe, -rə] *a.* Fiero.
fera [fέrə] *f.* Fiera.
feraç [fərás] *a.* Feraz.
feracitat [fərəsitát] *f.* Feracidad.
feredat [fərəðát] *f.* Pavor. *2* Grima.
feresa [fərέzə] *f.* Ferocidad, fiereza. *2* Pavor. *3* Grima.
feréstec, -ega [fəréstək, -əɣə] *a.* Montaraz, torvo, zahareño, fiero.
fèretre [fέrətrə] *m.* Féretro.
ferí, -ina [fərí, -ínə] *a.* Ferino. ‖ ***Tos ferina,*** tos ferina.
fèria [fέriə] *f.* Feria.
ferial [fəriál] *a.* Ferial.
ferida [fəríðə] *f.* Herida, llaga.
feridura [fəriðúrə] *f.* MED. Apoplejía.
ferir [fərí] *t.-i.* Herir, lacerar, llagar. *2 prnl.* sufrir un ataque de apoplejía.
ferit, -ida [fərít, -íðə] *a., m.-f.* Herido. *2* Apoplético.
ferm, -ma [fεrm, -mə] *a.* Firme, recio. *2 adv.* Firme.
fermall [fərmáʎ] *m.* Broche, cierre. *2* Atadura.
fermar [fərmá] *t.* Atar, sujetar. *2* Establecer, afianzar.
ferment [fərmén] *m.* Fermento.
fermentació [fərməntəsió] *f.* Fermentación.
fermentar [fərməntá] *i.-t.* Fermentar.
fermesa [fərmέzə] *f.* Firmeza, reciedumbre.
feroç [fərós] *a.* Feroz.
ferocitat [fərusitát] *f.* Ferocidad.
ferotge [ferɔ́dʒə] *a.* Feroz, salvaje.
ferrada [fərráðə] *f.* Cubo, herrada. *2* Chatarra.
ferrador [fərrəðó] *m.* Herrador.
ferradura [fərrəðúrə] *f.* Herradura.
ferralla [fərráʎə] *f.* Herraje, chatarra.
ferramenta [fərrəméntə] *f.* Herramienta. *2* Herraje.

ferrar [fərrá] *t.* Herrar.
ferrat, -ada [fərrát, -áðə] *a.* Herrado. || *Ou ~,* huevo frito.
ferreny, -nya [fərrɛ́ɲ, -ɲə] *a.* Adusto, varonil, fuerte, torvo.
ferrer [fərré] *m.* Herrero. || *~ de tall,* cuchillero, espadero.
ferreria [fərrəriə] *f.* Herrería, ferrería.
ferreteria [fərrətəriə] *f.* Ferretería.
ferri, fèrria [fɛ́rri, fɛ́rriə] *a.* Férreo.
ferro [fɛ́rru] *m.* Hierro.
ferrocarril [fərrukərril] *m.* Ferrocarril.
ferroviari, -ària [fərruβiári, -áriə] *a.-m.* Ferroviario.
ferruginós, -osa [fərruʒinós, -ózə] *a.* Ferruginoso.
fèrtil [fɛ́rtil] *a.* Fértil, pingüe.
fertilitat [fərtilitát] *f.* Fertilidad.
fertilitzar [fərtilidzá] *t.* Fertilizar.
fèrula [fɛ́rulə] *f.* Férula. *2* Palmeta.
ferum [fərúm] *f.* Hedor, husmo.
ferumejar [fərumәʒá] *i.* Husmear, oliscar.
fervent [fərβén] *a.* Ferviente, férvido.
fervor [fərβór] *m.* Fervor.
fervorós, -osa [fərβurós, -ózə] *a.* Fervoroso.
fesol [fəzɔ́l] *m.* BOT. Fríjol, judía, alubia, habichuela.
fesomia [fəzumiə] *f.* Fisonomía.
festa [féstə] *f.* Fiesta. *2* Asueto. *3* Caricia.
festeig [fəstɛ́tʃ] *m.* Festejo. *2 pl.* Festejos.
festejador, -ra [fəstəʒəðó, -rə] *a., m.-f.* Cortejador, festejador.
festejar [fəstəʒá] *t.* Cortejar, festejar, galantear. *2* Pelar la pava. *3* Regocijar.
festí [fəsti] *m.* Festín.
festiu, -iva [fəstiŭ, -iβə] *a.* Festivo, regocijado.
festival [fəstiβál] *m.* Festival.
festivitat [fəstiβitát] *f.* Festividad.
festuc [fəstúk] *m.* Alfóncigo, pistachero, pistacho.
fet [fet] *a.-m.* Hecho. *2 m.* Suceso. *3 a.* Machucho. *4 m.* Escondite (juego). || *~ i ~,* al fin y al cabo.
feta [fétə] *f.* Hecho, hazaña, andanza.
fetge [fédʒə] *m.* Hígado.
fètid, -da [fɛ́tit, -ðə] *a.* Fétido, hediondo.
fetidesa [fətiðɛ́zə] *f.* Fetidez.
fetitxe [fətitʃə] *m.* Fetiche.
fetitxisme [fətitʃizmə] *m.* Fetichismo.
fetor [fətó] *f.* Hedor, fetidez, hediondez.
fetus [fɛ́tus] *m.* Feto, engendro.
feudal [fəŭdál] *a.* Feudal.
feudalisme [fəŭdəlizmə] *m.* Feudalismo.
feudatari, -ària [fəŭðətári, -áriə] *m.-f.* Feudatario.
fi [fi] *m.* Fin, finalidad. *2 f.* Fin, término. || *a ~ que,* a fin de que. || *al cap i a la ~,* al fin y al cabo. || *a ~ de,* a fines de. || *a la ~,* al fin.
fi, fina [fi, fina] *a.* Fino.
fiador, -ra [fiəðó, -rə] *m.* Fiador.
fiança [fiánsə] *f.* Fianza. *2* Confianza.
fiançar [fiənsá] *t.* Afianzar.
fiar [fiá] *t.* Fiar, confiar. || *a ~,* al fiado.
fiasco [fiásko] *m. it.* Fiasco.
fiblada [fibbláðə] *f.* Punzada, aguijonazo.
fiblar [fibblá] *f.* Picar, aguijonear.
fibló [fibbló] *m.* Aguijón. *2* Espigón. *3* Acicate.
fibra [fiβrə] *f.* Fibra.
fibrós, -osa [fiβrós, -ózə] *a.* Fibroso, hebroso.
ficar [fiká] *t.* Meter, entremeter. || *~ els peus a la galleda,* meter la pata.
ficció [fiksió] *f.* Ficción.
fictici, -ícia [fiktisi, -isiə] *a.* Ficticio.
fidedigne, -na [fiðəðiŋnə, -nə] *a.* Fidedigno.
fideïcomís [fiðəikumis] *m.* Fideicomiso.
fidel [fiðɛ́l] *a.* Fiel.
fidelitat [fiðəlitát] *f.* Fidelidad.
fideu [fiðɛ́ŭ] *m.* Fideo.
fiduciari, -ària [fiðusiári, -áriə] *a.* Fiduciario.
figa [fiɣə] *f.* Higo. || *~ de moro,* higo chumbo, tuna. || *Figues d'un altre paner,* harina de otro costal. || *Fer ~,* flaquear. || *Fer la ~ a algú,* hacer la higa.
figuer [fiɣé] *m.* V. FIGUERA.
figuera [fiɣérə] *f.* Higuera. || *~ de moro,* tuna, higuera chumba, chumbera, nopal.
figura [fiɣúrə] *f.* Figura. *2* Hechura.
figuració [fiɣurəsió] *f.* Figuración.
figurança [fiɣuránsə] *f.* Figuración.
figurant, -ta [fiɣurán, -tə] *m.-f.* Figurante.
figurar [fiɣurá] *t.-i.-prnl.* Figurar.
figurat, -ada [fiɣurát, -áðə] *a.* Figurado.
figuratiu, -iva [fiɣurətiŭ, -iβə] *a.* Figurativo.
figurí [fiɣuri] *m.* Figurín.
figurista [fiɣuristə] *m.-f.* Figurero.
fil [fil] *m.* Hilo, hilaza. *2* Filo, corte.
fila [filə] *f.* Fila, hilera. *2* Facha.
filaberquí [filəβərki] *m.* Berbiquí.
filada [filáðə] *f.* Hilanza, hilado. *2* CONSTR. Hilada. *3* Hilera.
filador, -ra [filəðó, -rə] *a., m.-f.* Hilador, hilandero.
filagarsa [filəɣársə] *f.* Hilacha.
filament [filəmén] *m.* Filamento.
filantrop [filəntrɔ́p] *m.* Filántropo.
filantropia [filəntrupiə] *f.* Filantropía.
filar [filá] *t.-i.* Hilar. *2* Descubrir, calar.

filassa [filásə] *f.* Hilaza.
filat [filát] *m.* Hilado. *2* Red, alambrada.
filatèlia [filətɛ́liə] *f.* Filatelia.
filatura [filətúrə] *f.* Hilatura. *2* Hilandería.
Filemó [filəmó] *n. pr. m.* Filemón.
filempua [filəmpúə] *f.* Telilla.
filera [filérə] *f.* Hilera, fila, hilada. *2* Andana. *3* Terraja.
filet [filɛ́t] *m.* Filete.
filferro [filfɛ́rru] *m.* Alambre. ‖ ~ ***empuat,*** espino.
filharmònic, -ca [filərmɔ́nik, -kə] *a.* Filarmónico.
filiació [filiəsió] *f.* Filiación.
filial [filiál] *a.* Filial.
filiar [filiá] *t.* Filiar.
filibuster [filiβusté] *m.* Filibustero.
filiforme [filifórmə] *a.* Filiforme.
filigrana [filiɣránə] *f.* Filigrana.
filipí, -ina [filipí, -ínə] *a., m.-f.* Filipino.
filípica [filípikə] *f.* Filípica.
filisteu, -ea [filistɛ́ŭ, -ɛ́ə] *m.-f.* Filisteo.
fill, -lla [fiʎ, -ʎə] *m.-f.* Hijo.
fillada [fiʎáðə] *f.* Prole.
fillastre, -tra [fiʎástrə, -trə] *m.-f.* Hijastro.
fillol, -la [fiʎɔ́l, -lə] *m.-f.* Ahijado. *2* Hijuela. *3* Brote, renuevo.
film [film] *m.* Film, filme.
filmar [filmá] *t.* Filmar.
fil·loxera [filuksérə] *f.* ENTOM. Filoxera.
filó [filó] *m.* Filón.
filòleg, -òloga [filɔ́lək, -ɔ́luɣə] *m.-f.* Filólogo.
filologia [filuluʒíə] *f.* Filología.
filosa [filózə] *f.* Rueca.
filòsof [filɔ́zuf] *m.* Filósofo.
filosop [filuzɔ́p] *m.* Filósofo.
filosofal [filuzufál] *a.* Filosofal.
filosofar [filuzufá] *i.* Filosofar.
filosofia [filuzufíə] *f.* Filosofía.
filtració [filtrəsió] *f.* Filtración.
filtrar [filtrá] *t.-i. prnl.* Filtrar.
filtre [filtrə] *m.* Filtro. *2* Bebedizo.
fimbrar [fimbrá] *i.* Cimbrar, cimbrear.
fímbria [fimbriə] *f.* Fimbria.
final [finál] *a.* Final.
finalista [finəlístə] *a., m.-f.* Finalista.
finalitat [finəlitát] *f.* Finalidad.
finalitzar [finəlidzá] *t.-i.* Finalizar.
finalment [finəlmén] *adv.* Finalmente.
finança [finánsə] *f.* Finanza. *2 pl.* Hacienda (ministerio).
financer, -ra [finənsé, -rə] *a.* Financiero hacendista.
finar [finá] *i.* Fenecer, morir, perecer.
finat, -ada [finát, -áðə] *a.* Finado.
finca [fiŋkə] *f.* Finca.
finès, -esa [finɛ́s, -ɛ́zə] *a., m.-f.* Finés.
finesa [finɛ́zə] *f.* Fineza.
finestra [finéstrə] *f.* Ventana.
finestral [finəstrál] *m.* Ventanal.
finestrejar [finəstrəʒá] *i.* Ventanear.
finestreta [finəstrɛ́tə] *f.* Ventanilla.
finestró [finəstró] *m.* Postigo, ventanillo, puertaventana.
fingiment [finʒimén] *m.* Fingimiento.
fingir [finʒí] *t.* Fingir.
fingit, -ida [finʒít, -íðə] *a.* Fingido, hechizo.
finir [finí] *t.* Terminar, acabar, fenecer.
finit, -ida [finít, -íðə] *a.*Finito.
finlandès, -esa [finləndɛ́s, -ɛ́zə] *a., m.-f.* Finlandés.
finor [finó] *f.* Finura, primor.
fins [fins] *prep.* Hasta. *2* Aun, incluso. ‖ ~ ***després,*** ~ ***ara,*** hasta luego. ‖ ~ ***ara,*** hasta la fecha. ‖ ~ ***i tot,*** aun.
fiola [fiɔ́lə] *f.* Redoma.
fiord [fiɔ́r(t)] *m.* Fiordo.
fira [fírə] *f.* Feria.
firaire [firáirə] *m.-f.* Feriante. ‖ ~ ***de bestiar,*** chalán.
firal [firál] *m.* Ferial.
firar [firá] *t.-prnl.* Feriar, comprar.
firma [firmə] *f.* Firma.
firmament [firməmén] *m.* Firmamento.
firmar [firmá] *t.* Signar, firmar.
fisc [fisk] *m.* Fisco.
fiscal [fiskál] *a., m.-f.* Fiscal.
fiscalitzar [fiskəlidzá] *t.* Fiscalizar.
físic, -ca [fízik, -kə] *a., m.-f.* Físico. *2 f.* Física.
fisiòleg, -òloga [fiziɔ́lək, -ɔ́luɣə] *m.-f.* Fisiólogo.
fisiologia [fiziuluʒíə] *f.* Fisiología.
fisonomia [fizunumíə] *f.* Fisonomía.
fisonomista [fizunumístə] *a.* Fisonomista.
fissura [fisúrə] *f.* Fisura.
fistó [fistó] *m.* Festón.
fistonar [fistuná] *t.* Festonar.
fistonejar [fistunəʒá] *t.* Fistonear.
fístula [fístulə] *f.* MED. Fístula.
fit [fit] *f.* Hito. ‖ ***Mirar de*** ~ ***a*** ~***,*** mirar de hito en hito.
fita [fítə] *f.* Mojón, hito. *2* Linde.
fitar [fitá] *t.* Alindar, amojonar, acotar. *2* Fijar (la mirada).
fitó [fitó] *m.* Blanco (tiro).
fitora [fitórə] *f.* Fisga, tridente.
fitotècnia [fitutɛ́ɣnjə] *f.* Fitotecnia.
fitxa [fitʃə] *f.* Ficha.
fitxer [fitʃé] *m.* Fichero.
fix, -xa [fiks, -ksə] *a.* Fijo.
fixació [fiksəsió] *f.* Fijación.
fixador, -ra [fiksəðó, -rə] *a.-m.* Fijador.
fixament [fiksəmén] *m.* Fijación.

fixar [fiksá] *t.-prnl.* Fijar.
fixesa [fiksɛ́zə] *f.* Fijeza.
flabiol [fləβiɔ́l] *m.* Caramillo, zampoña, flauta. || ***Anar-li al darrera amb un ~ sonant,*** echarle un galgo.
flac, -ca [flak, -kə] *a.-m.* Flaco, delgado, reseco, desmadejado.
flàccid, -da [fláksit, -ðə] *a.* Fláccido. *2* Lacio (el pelo, etc.).
flacor [fləkó] *f.* Flacura.
flagel [fləʒɛ́l] *m.* Flagelo.
flagell [fləʒéʎ] *m.* Flagelo, azote. *2* Calamidad, plaga.
flagel·lació [fleʒələsió] *f.* Flagelación.
flagel·lar [fləʒəlá] *t.* Flagelar.
flagrant [fləɣrán] *a.* Flagrante. || ***En ~ delicte,*** in fraganti.
flairar [fləirá] *t.* Oler. *2* Husmear, olfatear, oliscar.
flaire [fláirə] *f.* Olor.
flam [flam] *m.* Flan. *2* Llama.
flama [flámə] *f.* Llama.
flamant [fləmán] *a.* Flamante.
flamarada [fləməráðə] *f.* Llamarada.
flamejant [fləməʒán] *a.* Llameante.
flamejar [fləməʒá] *i.* Flamear, llamear, sollamar.
flamenc [fləmɛ́ŋ] *m.* ORNIT. Flamenco.
flamenc, -ca [fləmɛ́ŋ, -kə] *a., m.-f.* Flamenco.
flanc [flaŋ] *m.* Flanco, costado.
flanquejar [fləŋkəʒá] *t.* Flanquear.
flaquedat [fləkəðát] *f.* Flaqueza.
flaquejar [fləkəʒá] *i.* Flaquear.
flaquesa [fləkɛ́zə] *f.* Flacura.
flasc, -ca [flask, -kə] *a., m.-f.* Tontaina, mentecato. *2* Flojo.
flascó [fləskó] *m.* Frasco.
flassada [fləsáðə] *f.* Frazada, manta, cobertor.
flat [flat] *m.* Flato. *2* Hálito. *3* Embate. *4* Rastro.
flatulència [flətulɛ́nsiə] *f.* Flatulencia.
flauta [fláŭtə] *f.* MÚS. Flauta, zampoña.
flautí [fləŭti] *m.* MÚS. Flautín.
flautista [fləŭtistə] *m.-f.* Flautista.
fleca [flɛ́kə] *f.* Tahona, panadería.
flectar [fləktá] *t.* Hincar, doblar (las rodillas).
flectir [fləkti] *t.* Doblar. *2* Doblegar.
flegma [flɛ́ɣmə] *f.* Flema, pachorra, remanso.
flegmàtic, -ca [fləɣmátik, -kə] *a.* Flemático.
flegmó [fləɣmón] *m.* MED. Flemón.
flequer, -ra [fləké, -rə] *m.-f.* Panadero, tahonero.
fletxa [flétʃə] *f.* Flecha. *2* Rehilete, repullo.
fleuma [flɛ́ŭmə] *a.-f.* V. FLASCA.
flexibilitat [fleksiβilitát] *f.* Flexibilidad.
flexible [fləksibblə] *a.* Flexible.
flexió [fləksió] *f.* Flexión.
flexor, -ra [fləksó, -rə] *a.* Flexor.
flingantada [fliŋgəntáðə] *f.* Latigazo.
flirt [flirt] *m. ingl.* Flirt.
flirteig [flirtɛ́tʃ] *m.* Flirteo.
flirtejar [flirtəʒá] *i.* Flirtear.
floc [flɔ́k] *m.* Fleco. *2* Mechón, flequillo, pelotón. *3* Copo.
floca [flɔ́kə] *f.* ***En ~,*** en rama.
flonjo, -ja [flɔ́nʒu, -ʒə] *a.* Muelle, blando, suave.
flonjor [flunʒó] *f.* Blandura, molicie.
flor [flɔ] *f.* Flor. || ***En ~,*** en cierne. || ***~ de lis,*** lis. || ***A ~ d'aigua,*** a ras de agua. || BOT. ***~ de nit,*** dondiego. || ***Segona ~,*** redrojo. || ***No tot són flors i violes,*** no todo el monte es orégano.
flora [flɔ́rə] *f.* Flora.
floració [flurəsió] *f.* Floración.
floral [flurál] *a.* Floral.
florejar [flurəʒá] *i.-t.* Florear. *2* Aflorar.
florent [flurén] *a.* Floreciente.
florentí, -ina [flurənti, -inə] *a.* Florentino.
florera [flurérə] *f.* Florero.
florescència [flurəsɛ́nsiə] *f.* Florescencia.
florescent [flurəsén] *a.* Floresciente.
floret [flurɛ́t] *m.* Florete. *2* Selección, flor y nata.
floreta [flurɛ́tə] *f.* Piropo, requiebro, terneza. || ***Tirar floretes,*** chicolear.
florí [fluri] *m.* NUMISM. Florín.
floricultura [flurikultúrə] *f.* Floricultura.
florida [fluriðə] *f.* Florecimiento.
floridura [fluriðúrə] *f.* Moho.
florilegi [flurilɛ́ʒi] *m.* Florilegio.
florir [fluri] *i.* Florecer. *2 prnl.* Enmohecerse.
florista [fluristə] *m.-f.* Florista.
florit [flurit] *m.* Moho.
florit, -ida [flurit, -iðə] *a.* Florido. *2* Mohoso.
floró [fluró] *m.* Florón.
flota [flɔ́tə] *f.* MAR. Flota.
flotació [flutəsió] *f.* Flotación, flote.
flotador [flutəðó] *m.* Flotador.
flotant [flután] *a.* Flotante.
flotar [flutá] *i.* Flotar, bogar.
flotilla [flutiʎə] *f.* MAR. Flotilla.
fluctuació [fluktuəsió] *f.* Fluctuación.
fluctuar [fluktuá] *i.* Fluctuar.
fluid, -da [fluit, -ðə] *a.* Fluido.
fluïdesa [fluiðɛ́zə] *f.* Fluidez.
fluir [flui] *i.* Fluir.
fluix [fluʃ] *m.* Flujo.
fluix, -xa [fluʃ, -ʃə] *a.* Flojo.
fluixedat [fluʃəðát] *f.* Flojedad, flojera.
fluixejar [fluʃəʒá] *i.* Flojear.

fluor [fluó, col. flúor] *m.* QUÍM. Flúor.
fluorescència [flurəsɛ́nsiə] *f.* Fluorescencia.
fluvial [fluβiál] *a.* Fluvial.
flux [fluks] *m.* Flujo.
fluxió [fluksió] *f.* Fluxión.
fòbia [fɔ́βia] *f.* Fobia.
foc [fɔk] *m.* Fuego, lumbre. ‖ ~ ***follet,*** fuego fatuo. ‖ ~ ***nodrit,*** fuego granizado. ‖ ***Castell de focs,*** fuegos artificiales. ‖ ***Treure ~ pels queixals,*** echar chispas.
foca [fókə] *f.* ZOOL. Foca.
focus [fɔ́kus] *m.* Foco.
fofo, -fa [fófu, -fə] *a.* Fofo.
fogar [fuɣá] *m.* Hogar, lar, chimenea.
fogata [fuɣátə] *f.* Fogata, hoguera.
fogó [fuɣó] *m.* Fogón, hornilla.
fogonada [fuɣunáðə] *f.* Fogonazo. *2* Hornada.
fogoner [fuɣuné] *m.* Fogonero.
fogós, -sa [fuɣós, -ózə] *a.* Fogoso.
fogositat [fuɣuzitát] *f.* Fogosidad.
fogot [fuɣɔ́t] *m.* Hornija. ‖ ***Tenir fogots,*** asarse de calor.
foguejar [fuɣəʒá] *t.* Foguear.
foguer [fuɣé] *m.* Eslabón.
foguera [fuɣérə] *f.* Hoguera, fogata, lumbre.
foguerada [fuɣəráðə] *f.* Hoguera.
folgança [fulɣánsə] *f.* Holganza, holgura, desahogo.
folgar [fulɣá] *i.* Holgar, vagar.
folgat, -ada [fulɣát, -áðə] *a.* Holgado, desahogado, anchuroso.
foli [fɔ́li] *m.* Folio.
foliació [fuliəsió] *f.* Foliación.
folklore [fulklɔ́r] *m.* Folklore.
foll, -olla [foʎ, -fóʎə] *a.* Loco. *2* Rabioso.
follet [fuʎét] *m.* Duende, trasgo.
follia [fuʎiə] *f.* Locura.
fol·licle [fuliklə] *m.* Folículo.
folrar [fulrrá] *t.* Forrar, aforrar.
folre [fɔ́lrrə] *m.* Forro.
foment [fumén] *m.* Fomento.
fomentar [fuməntá] *t.* Fomentar.
fona [fónə] *f.* Monda.
fonació [funəsió] *f.* Fonación.
fonament [funəmén] *m.* Fundamento, cimiento.
fonamental [funəməntál] *a.* Fundamental.
fonamentar [funəməntá] *t.* Fundamentar, fundar, cimentar.
fonda [fóndə] *f.* Fonda, posada.
fondalada [fundəláðə] *f.* Hondonada.
fondant [fundán] *m.* Alcorza.
fondària [fundáriə] *f.* Hondura, profundidad.
fondejar [fundəʒá] *i.-t.* Fondear, anclar.
fondista [fundistə] *m.-f.* Fondista, posadero.
fondo, -da [fóndu, -də] *a.* Hondo, profundo.
fondre [fóndrə] *t.-i.-prnl.* Derretir, fundir. ¶ CONJUG. GER.: ***fonent.*** ‖ P. P.: ***fos.*** ‖ INDIC. Pres.: ***fonc.*** ‖ SUBJ. Pres.: ***fongui,*** etc. | Imperf.: ***fongués,*** etc.
fonedís, -issa [funəðis, -isə] *a.* Que funde o desaparece con facilidad, escurridizo, perdidizo.
fonedor, -ra [funəðó, -rə] *m.-f.* Fundidor.
fonema [funɛ́mə] *m.* Fonema.
foner [funé] *m.* Hondero.
foneria [funəriə] *f.* Fundición, acería.
fonètic, -ca [funɛ́tik, -kə] *a.* Fonético. *2 f.* Fonética.
fònic, -ca [fɔ́nik, -kə] *a.* Fónico.
fonògraf [funɔ́ɣrəf] *m.* Fonógrafo.
fonoll [funóʎ] *m.* BOT. Hinojo.
fons [fons] *m.* Fondo. ‖ ***A ~,*** a pique.
font [fɔn] *f.* Fuente, fontana, manantial.
fontada [funtáðə] *f.* Jira (junto a una fuente).
fontana [funtánə] *f.* poét. Fuente, fontana.
forassenyat, -ada [fọrəsəɲát, -áðə] *a.* Desaforado, insensato, disparatado.
foraster, -ra [furəsté, -rə] *a., m.-f.* Forastero.
forat [furát] *m.* Hoyo, agujero. *2* Ojo (de una aguja).
forc [fork] *m.* Horco, ristra.
forca [fórkə] *f.* Horca. *2* Horca, horqueta.
força [fɔ́rsə] *f.* Fuerza, enjundia. *2* Poderío. *3 pl.* Fuerzas. ‖ ***Per ~, a la ~,*** por fuerza, a la fuerza. *4 a.-adv.* Mucho, muy.
forcadura [furkəðúrə] *f.* Horcadura.
forçar [fursá] *t.* Forzar.
forçat, -ada [fursát, -áðə] *a.-m.* Forzado.
forcat [furkát] *m.* Horcón. *2* Horcate. *3* Horcadura. *4* Ristra.
forcejar [fursəʒá] *i.* Forcejear.
forcejament [fursəʒəmén] *m.* Forcejeo.
fòrceps [fɔ́rsəps] *m.* MED. Fórceps.
forçós, -osa [fursós, -ózə] *a.* Forzoso.
forçut, -uda [fursút, -úðə] *a.* Forzudo.
forense [furɛ́nsə] *a.* Forense.
forestal [furəstál] *a.* Forestal.
forja [fɔ́rʒə] *f.* Forja.
forjador, -ra [furʒəðó, -rə] *a.-m.* Forjador.
forjar [furʒá] *t.* Forjar, fraguar.
forma [fórmə] *f.* Forma, hechura. *2* Horma.
formació [furməsió] *f.* Formación.
formal [furmál] *a.* Formal.

formalitat [furməlitát] *f.* Formalidad.
formalitzar [furməlidzá] *t.-prnl.* Formalizar.
formar [furmá] *t.* Formar.
format [furmát] *m.* Tamaño (de un libro).
formatge [furmádʒə] *m.* Queso.
formatger, -ra [furmədʒé, -rə] *m.-f.* Quesero.
formatgera [furmədʒérə] *f.* Quesera.
formatgeria [furmədʒəriə] *f.* Quesería.
forment [furmén] *m.* BOT. Trigo candeal.
former [furmé] *m.* Hormero.
formidable [furmiðábblə] *a.* Formidable, macanudo, morrocotudo.
formiga [furmiɣə] *f.* ENTOM. Hormiga.
formigor [furmiɣó] *m.* Hormigueo.
formigó [furmiɣó] *m.* Hormigón.
formigueig [furmiɣétʃ] *m.* Hormigueo.
formiguejar [furmiɣəʒá] *i.* Hormiguear, gusanear, escarabajear, verbenear.
formiguer [furmiɣé] *m.* Hormiguero.
formol [furmɔ́l] *m.* QUÍM. Formol.
formós, -osa [furmós, -ózə] *a.* Hermoso.
formosor [furmuzó] *f.* Hermosura.
fórmula [fórmulə] *f.* Fórmula.
formular [furmulá] *t.* Formular.
formulari, -ària [furmulári, -áriə] *a.-m.* Formulario.
forn [forn] *m.* Horno. *2* Panadería, tahona.
fornada [furnáðə] *f.* Hornada.
fornal [furnál] *f.* Fragua.
forner, -ra [furné, -rə] *m.* Hornero. *2* Panadero, tahonero.
fornicació [furnikəsió] *f.* Fornicación.
fornicar [furniká] *i.* Fornicar.
fornícula [furníkulə] *f.* Hornacina.
forniment [furnimén] *m.* Provisión, abastecimiento. *2* Suministro.
fornir [furní] *t.* Proveer, suministrar, deparar, abastecer, pertrechar.
fornit, -ida [furnít, -íðə] *a.* Fornido.
forqueta [furkétə] *f.* Horquilla, horcón. *2* Tenedor.
forquilla [furkiʎə] *f.* Tenedor.
forrellat [furrəʎát] *m.* Cerrojo.
fort, -ta [fɔ́rt, -tə] *a.* Fuerte, subido. *2 adv.* Fuerte, con fuerza. *3 m.* La porción más fuerte o intensa de algo: ***al ~ de l'estiu,*** en pleno verano: ***el seu ~ és el estudi,*** su fuerte es el estudio. *4* MIL. Fuerte. *5 interj.* ¡Duro!
fortalesa [furtəlɛ́zə] *f.* Fortaleza, reciedumbre.
fortament [fɔrtəmén] *adv.* Fuertemente, recio.
fortí [furtí] *m.* Fortín.
fortificació [furtifikəsió] *f.* Fortificación.
fortificar [furtifiká] *t.* Fortificar.
fortitud [furtitút] *f.* Fortaleza.
fortor [furtó] *f.* Pestilencia, hedor.
fortuït [furtuít] *a.* Fortuito.
fortuna [furtúnə] *f.* Fortuna.
fòrum [fɔ́rum] *m.* Foro.
fosa [fózə] *f.* Fundición, fusión, derretimiento.
fosc, -ca [fosk, -kə] *a.* Oscuro. *2* Hosco. || ***Fer-se ~,*** oscurecer. || ***A entrada de ~,*** al empezar la noche.
fosca [fóskə] *f.* Oscuridad. || ***A les fosques,*** a oscuras.
foscor [fuskó] *f.* Oscuridad, lobreguez.
fosfat [fusfát] *m.* QUÍM. Fosfato.
fosforescent [fusfurəsén] *a.* Fosforescente.
fosfòric, -ca [fusfɔ́rik, -kə] *a.* Fosfórico.
fosquejar [fuskəʒá] *i.* Oscurecer. *2* Anochecer.
fossa [fósə] *f.* Fosa, hoya, huesa.
fossar [fusá] *m.* Cementerio.
fossat [fusát] *m.* Foso.
fosser [fusé] *m.* Sepulturero.
fòssil [fɔ́sil] *a.-m.* Fósil.
fossilitzar-se [fusilidzársə] *prnl.* Fosilizarse.
fotesa [futɛ́zə] *f.* Futesa, menudencia, fruslería, nonada, nadería, chuchería, bagatela, chisme.
fòtil [fɔ́til] *m.* Trebejo. *2 pl.* Bártulos.
fotja [fɔ́dʒə] *f.* ORNIT. Foja.
foto [fótu] *f.* Foto.
fotocòpia [futukɔ́piə] *f.* Fotocopia.
fotogènic, -ca [futuʒɛ́nik, -kə] *a.* Fotogénico.
fotògraf, -fa [futɔ́ɣrəf, -fə] *m.-f.* Fotógrafo.
fotografia [futuɣrəfiə] *f.* Fotografía.
fotografiar [futuɣrəfiá] *t.* Fotografiar.
fotogràfic, -ca [futuɣráfik, -kə] *a.* Fotográfico.
fotogravat [futuɣrəβát] *m.* Fotograbado.
fotosfera [fɔtusférə] *f.* Fotosfera.
fototípia [fɔtutípiə] *f.* Fototipia.
fra [frə] *m.* Fray.
frac [frak] *m.* Frac.
fracàs [frəkás] *m.* Fracaso.
fracassar [frəkəsá] *i.* Fracasar.
fracció [frəksió] *f.* Fracción.
fraccionar [frəksiuná] *t.* Fraccionar.
fraccionari, -ària [frəksiunári, -áriə] *a.* Fraccionario.
fractura [frəktúrə] *f.* Fractura.
fracturar [frəkturá] *t.* Fracturar.
fragància [frəɣánsiə] *f.* Fragancia.
fragant [frəɣán] *a.* Fragante, bienoliente.
fragata [frəɣátə] *f.* NÁUT. Fragata.
fràgil [fráʒil] *a.* Frágil.
fragilitat [frəʒilitát] *a.* Fragilidad.

fragment [frəgmén] *m.* Fragmento.
fragmentar [frəgməntá] *t.-prnl.* Fragmentar.
fragor [frəγó] *m.* Fragor.
fragorós, -osa [frəγurós, -ózə] *a.* Fragoroso.
fragositat [frəγuzitát] *f.* Fragosidad.
franc, -ca [fraŋ, -kə] *a.* Franco, libre. *2* Llano, sencillo. ‖ ***De ~***, de balde, gratis.
francès, -esa [frənsés, -ézə] *a., m.-f.* Francés.
franciscà, -ana [frənsiská, -ánə] *a.* Franciscano.
francmaçó [fráŋməsó] *m.* Francmasón, masón.
francmaçoneria [frəŋməsunəriə] *f.* Francmasonería, masonería.
francòfil, -la [frəŋkɔ́fil, -lə] *a.* Francófilo.
franel·la [frənélə] *f.* Franela.
franja [fránʒə] *f.* Franja.
franqueig [frəŋkétʃ] *m.* Franqueo.
franquejar [frəŋkəʒá] *t.-prnl.* Franquear.
franquesa [frəŋkézə] *f.* Franqueza, campechanía.
franquícia [frəŋkisiə] *f.* Franquicia.
frare [frárə] *m.* Fraile.
fraresc, -ca [frərésk, -kə] *a.* Frailesco, frailuno.
frase [frázə] *f.* Frase.
frasejar [frəzəʒá] *i.-t.* Frasear.
fraseologia [frəzεuluʒiə] *f.* Fraseología.
fratern, -na [frətérn, -nə] *a.* Fraterno.
fraternal [frətərnál] *a.* Fraternal.
fraternitat [frətərnitát] *f.* Fraternidad.
fraternitzar [frətərnidzá] *i.* Fraternizar.
fratricida [trətrisiðə] *a., m.-f.* Fratricida.
fratricidi [frətrisiði] *m.* Fratricidio.
frau [fráŭ] *f.* Fraude. *2* Desfiladero, garganta.
fraudulent, -ta [frəŭðulén, -tə] *a.* Fraudulento.
fre [frε] *m.* Freno.
frec [frέk] *m.* Rozadura, roce, fregado.
fred, -da [frét, -ðə] *a.-m.* Frío.
fredejar [frəðəʒá] *i.* Refrescar, resfriar.
fredeluc, -uga [frəðəlúk, -úγə] *a.* V. FREDOLIC.
fredeluga [frəðəlúγə] *f.* ORNIT. Avefría.
fredolic, -ca [frəðulík, -kə] *a.* Friolento, friolero. *2 m.* Agaricáceo comestible.
fredor [frəðó] *f.* Frialdad. *2* Frío.
frega [frέγə] *f.* Friega.
fregada [frəγáðə] *f.* Frotamiento, roce, rozadura, fregado, estregón, restregón.
fregadissa [frəγəðisə] *f.* Frotamiento.
fregador, -ra [frəγəðó, -rə] *m.-f.* Fregadero.
fregall [frəγáʎ] *m.* Estropajo.
fregar [frəγá] *i.-t.-prnl.* Fregar, estregar, frotar, ludir. *2* Rozar, rayar.
fregida [frəʒiðə] *f.* Freidura.
freginat [frəʒinát] *m.* Fritada (esp. de asadura).
fregir [frəʒi] *t.-prnl.* Freír. *2 prnl.* Consumirse.
fregit, -ida [frəʒit, -iðə] *a.* Frito. *2 m.* Fritada, fritura.
freixe [fréʃə] *m.* BOT. Fresno.
freixeneda [frəʃənéðə] *f.* Fresneda.
freixura [frəʃúrə] *f.* Asadura.
fremir [frəmi] *i.* Estremecerse.
frenada [frənáðə] *f.* Frenazo.
frenar [frəná] *t.* Frenar.
frenesí [frənəzi] *m.* Frenesí.
frenètic, -ca [frənétik, -kə] *a.* Frenético.
frenopàtic, -ca [frənupátik, -kə] *a.-m.* Frenopático.
freqüència [frəkwénsiə] *f.* Frecuencia.
freqüent [frəkwén] *a.* Frecuente.
freqüentar [frəkwəntá] *t.* Frecuentar.
fresa [frézə] *f.* ICT. Freza, desove.
fresa [frézə] *f.* MEC. Fresadora, fresa, avellanador.
fresar [frəzá] *i.* Desovar.
fresar [frəzá] *t.* Fresar.
fresc, -ca [frésk, -kə] *a.-m.* Fresco. *2* PINT. Fresco. ‖ ***Sa i ~***, frescachón.
fresca [fréskə] *f.* Fresca, fresco.
frescor [frəskó] *f.* Frescor, frescura.
fresquejar [frəskəʒá] *i.* Hacer fresco.
fressa [frésə] *f.* Ruido, fragor.
fressat, -ada [frəsát, -áðə] *a.* Trillado.
fressós, -osa [frəsós, -ózə] *a.* Ruidoso.
freturar [frəturá] *i.* Carecer, necesitar.
freturós, -osa [frəturós, -ózə] *a.* Falto, necesitado, menesteroso, carente.
friable [friábblə] *a.* Friable, deleznable.
fricandó [frikəndó] *m.* COC. Fricandó.
fricatiu, -iva [frikətiŭ, -iβə] *a.* Fricativo.
fricció [friksió] *m.* Fricción.
friccionar [friksiuná] *t.* Friccionar.
frigi, -ígia [friʒi, -iʒiə] *a.* Frigio.
frigidesa [friʒiðézə] *f.* Frigidez.
frigorífic, -ca [friγurifik, -kə] *a.* Frigorífico.
fris [fris] *m.* ARQ. Friso.
frisança [frizánsə] *f.* Impaciencia (intensa). *2* Reconcomio, comezón, desazón.
frisar [frizá] *i.* Impacientarse vivamente, reconcomerse.
frisó, -ona [frizó, -ónə] *a., m.-f.* Frisón.
frisós, -osa [frizós, -ózə] *a.* Anheloso, impaciente. *2* Desazonado.
frívol, -la [friβul, -lə] *a.* Frívolo.
frivolitat [friβulitát] *f.* Frivolidad.
frivolité [friβulité] *m. fr.* Frivolité.

fronda [fróndə] *f.* BOT. Fronda.
frondós, -osa [frundós, -ózə] *a.* Frondoso.
frondositat [frunduzitát] *f.* Frondosidad.
front [fron] *m.* Frente.
frontal [fruntál] *a.-m.* Frontal.
fronter, -ra [frunté, -rə] *a.* Frontero.
frontera [fruntérə] *f.* Frontera.
fronterejar [fruntərəʒá] *i.* Lindar, limitar.
fronterer, -ra [fruntəré, -rə] *a.* Fronterizo, rayano.
frontispici [fruntispísi] *m.* Frontispicio.
frontissa [fruntísə] *f.* Gozne, bisagra, charnela.
frontó [fruntó] *m.* Frontón.
fregament [frəɣəmén] *m.* Frote, frotamiento, roce.
fructífer, -ra [fruktífər, -rə] *a.* Fructífero.
fructificar [fruktifiká] *i.* Fructificar.
fructuós, -osa [fruktuós, -ózə] *a.* Fructuoso.
frugal [fruɣál] *a.* Frugal.
frugalitat [fruɣəlitát] *f.* Frugalidad.
frugívor, -ra [fruʒíβur, -rə] *a.* Frugívoro.
fruïció [fruisió] *f.* Disfrute, fruición, goce.
fruir [fruí] *i.* Disfrutar, gozar.
fruit [frúĭt] *f.* Fruta.
fruita frúĭtə] *f.* Fruta.
fruitar [fruĭtá] *i.* Frutar, dar fruto, fructificar.
fruiter, -ra [fruĭté, -rə] *a.* Frutal. *2* Frutero. *3 f.* Frutero.
fruiterar [fruĭtərá] *m.* Lugar plantado de árboles frutales.
fruitós, -osa [fruitós, -ózə] *a.* Fructuoso.
frunzir [frunzí] *t.* Fruncir.
frunzit [frunzít] *m.* Frunce.
frustració [frustrəsió] *f.* Frustración. *2* Malogro.
frustrar [frustrá] *t.* Frustrar. *2* Malograr.
fucus [fúkus] *m.* BOT. Fuco.
fuet [fuét] *m.* Látigo, rebenque. *2* Salchichón largo y delgado.
fuetada [fuətáðə] *f.* Latigazo, azotazo, zurriagazo.
fueteig [fuətétʃ] *m.* Vapuleo.
fuetejar [fuətəʒá] *t.* Azotar, vapulear, fustigar, hostigar, zurriagar.
fuga [fúɣə] *f.* Fuga.
fugaç [fuɣás] *a.* Fugaz.
fugacitat [fuɣəsitát] *f.* Fugacidad.
fugida [fuʒíðə] *f.* Huida, fuga. ‖ ~ ***d'estudi,*** triquiñuela.
fugir [fuʒí] *i.* Huir. ‖ ***Fer*** ~, ahuyentar. ¶ CONJUG. INDIC. Pres.: ***fujo, fuges, fuig,*** etc.
fugisser, -ra [fuʒisé, -rə] *a.* Huidizo, fugaz.
fugitiu, -iva [fuʒitiŭ, -íβə] *a.* Fugitivo.
fulard [fulár] *m. fr.* Fular.
fulcre [fúlkrə] *m.* Fulcro, punto de apoyo.
fulgència [fulʒέnsiə] *f.* Fulgor.
fulgent [fulʒén] *a.* Fulgente, fúlgido.
fúlgid, -da [fúlʒit, -ðə] *a.* V. FULGENT.
fulgor [fulɣó] *m.* Fulgor, fulgencia.
fulgurant [fulɣurán] *a.* Fulgurante.
fulgurar [fulɣurá] *i.* Fulgurar.
full [fuʎ] *m.* Hoja (de papel). ‖ ~ ***volant,*** octavilla.
fulla [fúʎə] *f.* Hoja.
fullam [fuʎám] *m.* Hojarasca. *2* Follaje.
fullar [fuʎá] *i.* Reverdecer, echar hojas.
fullaraca [fuʎəråkə] *f.* Hojarasca, paja.
fullat, -ada [fuʎát, -áðə] *a.* Hojoso. ‖ ***Pasta fullada,*** hojaldre.
fullatge [fuʎádʒə] *m.* Follaje, fronda.
fullejar [fuʎəʒá] *t.* Hojear.
fulletó [fuʎətó] *m.* Folletín.
fulletonista [fuʎətunístə] *m.-f.* Folletinista.
fullola [fuʎɔ́lə] *f.* Plancha, lámina, chapa (de madera).
fullós, -osa [fuʎós, ózə] *a.* Hojoso.
fulminació [fulminəsió] *f.* Fulminación.
fulminant [fulminán] *a.* Fulminante.
fulminar [fulminá] *t.-i.* Fulminar.
fum [fum] *m.* Humo. *2 pl.* Humos, vanidad, fueros, humillos, endiosamiento, tufos.
fumador, -ra [fuməðó, -rə] *m.-f.* Fumador. *2 m.* Fumadero.
fumall [fumáʎ] *m.* Tizón, tizo.
fumar [fumá] *t.-i.-prnl.* Fumar. *2* Humear. *3* Ahumar.
fumarada [fuməráðə] *f.* Humarazo. *2* Humareda.
fumarel·la [fumərέlə] *f.* Vaho.
fumarola [fumərɔ́lə] *f. it.* Fumarola.
fumejant [fuməʒán] *a.* Humeante.
fumejar [fuməʒá] *i.* Humear.
fúmer [fúmə] *t.* fam. Hacer. *2* Fastidiar. *3 prnl.* Burlarse. ‖ ~ ***el camp,*** largarse, tomar las de Villadiego.
fumera [fumérə] *f.* Humareda.
fumigació [fumiɣəsió] *f.* Fumigación.
fumigar [fumiɣá] *t.* Fumigar.
fumista [fumístə] *m.* Fumista, estufista.
fumós, -osa [fumós, -ózə] *a.* Humoso.
funàmbul, -la [funámbul, -lə] *m.-f.* Funámbulo.
funció [funsió] *f.* Función.
funcional [funsiunál] *a.* Funcional.
funcionament [funsiunəmén] *m.* Funcionamiento.
funcionar [funsiunár] *i.* Funcionar.
funcionari [funsiunári] *m.* Funcionario.
funda [fúndə] *f.* Funda.
fundació [fundəsió] *f.* Fundación.
fundador, -ra [fundəðó, -rə] *a., m.-f.* Fundador.

fundar [fundá] *t.-prnl.* Fundar.
fundent [fundén] *a.* Fundente.
fúnebre [fúnəβrə] *a.* Fúnebre.
funeral [funərál] *a.-m.* Funeral.
funerala (a la) [funərálə] loc. A la funerala.
funerari, -ària [funərári, -áriə] *a.* Funerario. *2 f.* Funeraria.
funest, -ta [funés(t), -tə] *a.* Funesto.
funicular [funikulár] *a.-m.* Funicular.
fur [fur] *m.* Fuero.
fura [fúrə] *f.* ZOOL. Hurón. *2* fig. Persona curiosa, lince.
furetejar [furətəʒá] *i.* Huronear, escudriñar.
furgar [furɣá] *t.* Hurgar, escarbar, hozar, hocicar, hurgonear, huronear.
furgó [furɣó] *m.* Furgón.
fúria [fúriə] *f.* Furia.
furibund, -da [furiβún, -də] *a.* Furibundo.
furient [furién] *a.* Impetuoso, violento, veloz, raudo.
furiós, -osa [furiós, -ózə] *a.* Furioso.
furóncol [furóŋkul] *m.* MED. Furúnculo, divieso.
furor [furó] *m.* Furor, saña.
furrier [furrié] *m.* Furriel.
furt [fur(t)] *m.* Hurto, robo, ratería.
furtar [furtá] *t.* Hurtar, robar.
furtiu, -iva [furtiŭ, -iβə] *a.* Furtivo.
fus [fus] *m.* Huso.
fusa [fúzə] *f.* MÚS. Fusa.
fusell [fuzéʎ] *m.* Fusil. *2* Eje.
fuseller [fuzəʎé] *m.* Fusilero.
fusible [fuzíbblə] *a.* Fusible.
fusió [fuzió] *f.* Fusión.
fusionar [fuziuná] *t.* Fusionar.
fust [fus(t)] *m.* ARQ. Fuste.
fusta [fústə] *f.* Madera, leño, fuste. *2* Madero.
fustam [fustám] *m.* CONSTR. Maderaje.
fuster [fusté] *m.* Carpintero, tablajero.
fusteria [fustəríə] *f.* Carpintería.
fustigar [fustiɣá] *t.* Fustigar, hostigar.
futbol [fubbɔ́l] *m.* Fútbol, balompié.
fútil [fútil] *a.* Fútil, baladí.
futilitat [futilitát] *f.* Futilidad.
futur, -ra [futúr, -rə] *a.* Futuro. *2 m.* Futuro, porvenir.
futurisme [futurízmə] *m.* Futurismo.

G

gabar [gəβá] *t.* Alabar.
gabella [gəβéʎə] *f.* Gabela.
gàbia [gáβiə] *f.* Jaula, pajarera.
gabial [gəβiál] *m.* Pajarera. *2* Alcahaz.
gabier [gəβié] *m.* NÁUT. Gaviero.
gabinet [gəβinét] *m.* Gabinete.
gabió [fəβió] *m.* Gavión.
gaditVà, -ana [gəðitá, -ánə] *a., m.-f.* Gaditano.
gafa [gáfə] *f.* Gafa. *2* Grapa. *3* Garfio.
gafarró [gəfərró] *m.* ORNIT. Verdecillo.
gafet [gəfét] *m.* Corchete, manecilla.
gai, -gaia [gáĭ, -gáǰə] *a.* Gayo, alegre.
gaia [gáǰə] *f.* Hijuela. *2* Sesgo.
gaiato [gəǰátu] *m.* Cayado.
gaig [gatʃ] *m.* ORNIT. Gayo, arrendajo.
gaire [gáĭrə] *adv.* Mucho.
gairebé [gəĭrəβé] *adv.* Casi, cuasi.
gairell (de) [gəĭréʎ] loc. De lado, de soslayo.
gaita [gáĭtə] *f.* MÚS. Gaita, cornamusa.
gaiter [gəĭté] *m.* Gaitero.
gal, gal·la [gal, gálə] *a.* Galo.
gala [gálə] *f.* Gala.
galà, -ana [gəlá, -ánə] *a.* Galano.
galactosa [gələktózə] *f.* Galactosa.
galaic, -ca [gəláik, -kə] *a.* Galaico.
galania [gələniə] *f.* Galanura.
galant [gəlán] *a.-m.* Galán, galante.
galanteig [gələntétʃ] *m.* Galanteo, camelo.
galantejador, -ra [gələntəʒəðó, -rə] *a.* Galanteador.
galantejar [gələntəʒá] *t.* Galantear, requebrar. *2* Camelar.
galanteria [gələntəriə] *f.* Galantería, requiebro.
galàpet [gəlápət] *m.* V. GRIPAU.
galàxia [gəláksiə] *f.* ASTR. Galaxia.
galdós, -osa [gəldós, -ózə] *a.* irón. Bravo, bello, lúcido. *2* Desaseado.
galena [gəlɛ́nə] *f.* MINER. Galena.
galera [gəlérə] *f.* NÁUT. Galera. *2 pl.* Galeras. *3* Carricoche.
galerada [gələráðə] *f.* Galerada.
galeria [gələriə] *f.* Galería.
galerna [gəlɛ́rnə] *f.* METEOR. Galerna.
galet [gəlét] *m.* Pitón, pitorro, caño (de botijo).
galeta [gəlétə] *f.* Galleta, bizcocho. *2* Bofetada.
galga [gálɣə] *f.* Galga.
galifardeu [gəlifərðɛ́ŭ] *m.* Esbirro, sayón. *2* Tunante. *3* Mocoso.
galileu, -ea [gəlilɛ́ŭ, -ɛ́ə] *a., m.-f.* Galileo.
galimatias [gəlimətiəs] *m.* fam. Galimatías, monserga.
galindaina [gəlindáinə] *f.* Peredengue, chuchería. *2 f. pl.* Perifollo, zarandajas.
galindó [gəlindó] *m.* ANAT. Juanete.
galiot [gəliɔ́t] *m.* NÁUT. Galeote.
gall [gaʎ] *m.* Gallo. ‖ *~ **dindi:*** Pavo. ‖ *~ **salvatge**, ~ **fer*** o *~ **de bosc:*** urogallo. *2 fig.* Chulo, matón, perdonavidas.
gallada [gəʎáðə] *f.* Galladura.
gallard, -da [gəʎár(t), -ðə] *a.* Gallardo, apuesto.
gallardet [gəʎərðét] *m.* Gallardete.
gallardia [gəʎərðiə] *f.* Gallardía.
gallaret [gəʎərét] *m.* V. ROSELLA.
gallec, -ega [gəʎɛ́k, -ɛ́ɣə] *a., m.-f.* Gallego.
galleda [gəʎɛ́ðə] *f.* Cubo, balde, herrada, pozal. ‖ ***Ficar els peus a la ~:*** meter la pata.
gallejar [gəʎəʒá] *i.* Gallear, bravear.
gal·lès, -esa [gəlɛ́s, -zə] *a., m.-f.* Galés.
gallet [gəʎét] *m.* Gatillo. *2* Veleta.
gal·li [gáli] *m.* MINER. Galio.
gàl·lic, -ca [gálik, -kə] *a.* Gálico.
gal·licisme [gəlisizmə] *m.* Galicismo.
gallimarsot [gəʎimərsɔ́t] *m.* Marimacho.
gallina [gəʎinə] *f.* Gallina. *2* fig. Gallina, cobarde.
gal·linaci, -àcia [gəʎinási, -ásiə] *a.* Gallináceo.
gallinaire [gəʎináirə] *m.-f.* Gallinero, pollero.

galliner [gəʎinė] *m.* Gallinero.
galó [gəlȯ] *m.* Galón.
galop [gəlɔ́p] *m.* Galope.
galopant [gəlupȧn] *a.* Galopante.
galopar [gəlupȧ] *i.* Galopar.
galotxa [gəlɔ́tʃə] *f.* Galocha, zueco.
galta [gȧltə] *f.* Mejilla, carrillo.
galtaplè, -ena [gəltəplɛ́, -ɛ́nə] *a.* Carrilludo, gordinflón, mofletudo.
galtera [gəltėrə] *f.* Barboquejo. *2* Papera.
galtut, -uda [gəltủt, -ủðə] *a.* Mofletudo, carrilludo.
galvana [gəlβȧnə] *f.* Galbana, pereza.
galvànic, -ca [gəlβȧnik, -kə] *a.* Galvánico.
galvanitzar [gəlβənidzȧ] *t.* Galvanizar.
galze [gȧlzə] *m.* Gárgol, muesca, ranura, renvalso. *2* Jable, rebajo.
galzeran [gəlzərȧn] *m.* BOT. Brusco.
gamarús [gəmərủs] *m.* ORNIT. Cárabo. *2* Bobo, estúpido, zopenco, zafio.
gamba [gȧmbə] *f.* ZOOL. Camarón, gamba. *2* Pierna, zanca.
gambada [gəmbȧðə] *f.* Tranco, zancada.
gambal [gəmbȧl] *m.* Acción. || ***Curt de gambals,*** corto de alcance, corto de inteligencia.
gambar [gəmbȧ] *i.* Zancajear.
gàmeta [gȧmətə, col. gəmɛ́tə] *m.* BIOL. Gameto.
gamma [gȧmmə] *f.* MÚS. Gama. *2* Gamma.
gammada [gəmȧðə] *a.* Gamada (cruz).
gana [gȧnə] *f.* Gana, apetito, hambre. || ***Tenir ganes de,*** apetecer. || ***De mala ~,*** a regañadientes.
ganàpia [gənȧpiə] *m.* Grandullón, niño zangolotino.
gandul, -la [gəndủl, -lə] *a.* Gandul, holgazán, vago.
gandulejar [gənduləʒȧ] *i.* Gandulear, holgazanear, zanganear.
ganduleria [gəndulərìə] *f.* Gandulería, holgazanería.
ganejar [gənəʒȧ] *i.* Hambrear.
ganga [gȧŋgə] *f.* Ganga, breva, momio.
gangli [gȧŋgli] *m.* ANAT. Ganglio.
gangrena [gəŋgrɛ́nə] *f.* Gangrena.
gangrenar-se [gəŋgrənȧrsə] *prnl.* Gangrenarse.
gànguil [gȧŋgil] *m.* MAR. Gánguil. *2* ZOOL. Galgo. *3* Varal, perantón.
ganivet [gəniβɛ́t] *m.* Cuchillo.
ganiveta [gəniβɛ́tə] *f.* Cuchilla.
ganivetada [gəniβətȧðə] *f.* Cuchillada, navajazo.
ganiveter [gəniβətė] *m.* Cuchillero.
ganiveteria [gəniβətərìə] *f.* Cuchillería.
gansalla [gənsȧʎə] *f.* Bramante.
gansejar [gənsəʒȧ] *i.* Roncear, remolonear.
ganseria [gənsərìə] *f.* Cachaza.
ganso, -sa [gȧnsu, -sə] *a.* Ganso, cachazudo, premioso.
gansoner, -ra [gənsunė, -rə] *a.* V. GANSO.
gansoneria [gənsunərìə] *f.* Cachaza, roncería.
ganut, -uda [gənủt, -ủðə] *a.* Hambrón.
ganxet [gənʃɛ́t] *m.* Ganchillo.
ganxo [gȧnʃu] *m.* Gancho.
ganxut, -uda [gənʃủt, -ủðə] *a.* Ganchudo.
ganya [gȧɲə] *f.* Agalla. *2* Facha, ceño.
ganyot [gəɲɔ́t] *m.* Gaznate, gañote. *2* Mueca.
ganyota [gəɲɔ́tə] *f.* Mueca, esguince, mohín.
ganyotaire [gəɲutȧĭrə] *a., m.-f.* Figurero.
gara-gara [gȧrəɣȧrə] *f.* ***Fer la ~,*** hacer la pelotilla.
garant [gərȧn] *a., m.-f.* Garante.
garantia [gərəntìə] *f.* Garantía.
garantir [gərəntì] *t.* Garantizar.
garatge [gərȧdʒə] *m.* Garaje.
garba [gȧrβə] *f.* Gavilla, haz.
garbell [gərβɛ́ʎ] *m.* Criba, harnero, zaranda.
garbellar [gərβəʎȧ] *t.* Cribar, zarandar.
garbera [gərβėrə] *f.* Hacina, garbera, tresnal.
garberar [gərβərȧ] *t.* Hacinar.
garbí [gərβì] *m.* METEOR. Sudoeste, ábrego.
garbissos [gərβisus] *m. pl.* Tamo.
garbuix [gərβủʃ] *m.* Lío, enredo, taco. || ***Fer-se un ~,*** hacerse un lío, un taco.
gardènia [gərðɛ́niə] *f.* BOT. Gardenia.
garfi [gȧrfi] *m.* Garfio.
gargall [gərɣȧʎ] *m.* Escupitina, gargajo.
gargamella [gərɣəmɛ́ʎə] *f.* Garganta, gaznate, gañote, fauces.
gárgara [gȧrɣərə] *f.* Gárgara.
gargarisme [gərɣərizmə] *m.* Gargarismo.
gargaritzar [gərɣəridzȧ] *i.* Gargarizar.
gàrgola [gȧrɣulə] *f.* Gárgola.
gargot [gərɣɔ́t] *m.* Borrón, garabato, garrapato.
gargotejar [gərɣutəʒȧ] *i.* Garabatear, garrapatear.
gàrguil [gȧrɣil] *m.* Galápago (molde).
garita [gərìtə] *f.* Garita, casilla.
garjola [gərʒɔ́lə] *f.* Prisión. *2* Panza, vientre.
garlaire [gərlȧirə] *m.-f.* Charlatán.
garlanda [gərlȧndə] *f.* Guirnalda.
garlar [gərlȧ] *i.* Garlar, charlar.
garlopa [gərlɔ́pə] *f.* Garlopa.
garnatxa [gərnȧtʃə] *f.* Garnacha.
garneu, -ua [gərnɛ́ŭ, -wə] *a.* Astuto y ma-

licioso, socarrón, zorrastrón, chuzón, mañero, redomado. *2 m.* Pájaro.
garra [gárrə] *f.* Garra, pata.
garrafa [gərráfə] *f.* Garrafa.
garranyic [gərrəɲik] *m.* Rechinamiento, chirrido.
garratibat, -ada [gərrətiβát, -áðə] *a.* Patitieso.
garrell, -lla [gərréʎ, -ʎə] *a.* Zambo.
garrepa [gərrɛ́pə] *m.-f.* Tacaño, verrugo.
garreta [gərrɛ́tə] *f.* ANAT. Corva.
garrí, -ina [gərri, -inə] *m.-f.* Gorrino, cochinillo, lechón.
garriga [gərriɣə] *f.* BOT. Matorral, monte bajo. *2* Coscoja, carrasca.
garrit, -ida [gərrit, -iðə] *a.* Garrido, galano.
garró [gərró] *m.* Tobillo. *2* Garrón.
garró [gərró] *m.* ANAT. Menudillo.
garrofa [gərrɔ́fə] *f.* BOT. Algarroba.
garrofaire [gərrufáĭrə] *a.* Bolero.
garrofer [gərrufé] *m.* BOT. Algarrobo.
garrot [gərrɔ́t] *m.* Palo, tranca. *2* Garrote.
garrotada [gərrutáðə] *f.* Garrotazo, porrazo, trancazo, estacazo, cachiporrazo.
garrotar [gərrutá] *t.* Agarrotar.
garrotxa [gərrɔ́tʃə] *f.* Vericueto.
garsa [gársə] *f.* ORNIT. Urraca, garza, picaza.
gas [gas] *m.* Gas.
gasa [gázə] *f.* Gasa.
gascó, -ona [gəskó, -ónə] *a., m.-f.* Gascón.
Gascunya [gəskúɲə] *n. pr. f.* Gascuña.
gasela [gəzɛ́lə] *f.* ZOOL. Gacela.
gaseta [gəzɛ́tə] *f.* Gaceta.
gasetilla [gəzətiʎə] *f.* Gacetilla.
gasetiller [gəzətiʎé] *m.* Gacetillero.
gasificar [gəzifiké] *t.* Gasificar.
gasiu, -iva [gəziŭ, -iβə] *a.* Tacaño, escaso, cicatero, mezquino, prieto.
gasiveria [gəziβəriə] *f.* Tacañería, mezquindad, ratería, avaricia.
gasòfia [gəzɔ́fiə] *f.* Bazofia.
gasògen [gəzɔ́ʒən] *m.* Gasógeno.
gasolina [gəzulinə] *f.* Gasolina.
gasolinera [gəzulinérə] *f.* Gasolinera.
gasòmetre [gəzɔ́mətrə] *m.* Gasómetro.
gasós, -osa [gəzós, -ózə] *a.* Gaseoso. *2 f.* Gaseosa.
gaspatxo [gəspátʃu] *m.* Gazpacho.
gastador, -ra [gəstəðó, -rə] *a.* Gastador. *2 m.* MIL. Gastador.
gastament [gəstəmén] *m.* Aborto.
gastar [gəstá] *t.-prnl.* Gastar.
gastat, -ada [gəstát, -áðə] *a.* Gastado, raído.
gàstric, -ca [gástrik, -kə] *a.* Gástrico.
gastronomia [gəstrunumiə] *f.* Gastronomía.
gat [gat] *m.* Gato. *2* Beodo, peneque. ‖ ***Ésser ~ vell,*** ser perro viejo, marrajo.
gata [gátə] *f.* Gata. ‖ ***~ moixa, ~ maula,*** mojigato, mosca muerta.
gatamoixeria [gətəmuʃəriə] *f.* Ñoñería, mojigatería.
gatejar [gətəʒá] *i.* Gatear.
gatge [gádʒə] *m.* Prenda, gaje.
gatonera [gətunérə] *f.* Gatera.
gatosa [gətózə] *f.* BOT. Aliaga, aulaga.
gatzara [gədzárə] *f.* Algazara, alborozo, tremolina, gresca, juerga.
gatzoneta (a la) [gədzunɛ́tə] loc. En cuclillas.
gaudi [gáŭði] *m.* Gozo, goce, placer, disfrute, fruición.
gaudir [gəŭði] *i.-t.* Gozar, disfrutar.
gautxo, -txa [gáŭtʃo, -tʃə] *m.-f.* Gaucho.
gavadal [gəβəðál] *m.* Gamella.
gavany [gəβáɲ] *m.* Gabán.
gavardina [gəβərðinə] *f.* Gabardina.
gavarra [gəβárrə] *f.* NÁUT. Gabarra.
gavarrera [gəβərrérə] *f.* BOT. Escaramujo, agavanzo.
gavarró [gəβərró] *m.* BOT. Gualda.
gavarrot [gəβərrɔ́t] *m.* Tachuela, tachón.
gavatx, -txa [gəβátʃ, -tʃə] *a., m.-f.* Gabacho.
gavella [gəβéʎə] *f.* Gavilla.
gavet [gəβɛ́t] *m.* BOT. Rododendro.
gaveta [gəβɛ́tə] *f.* Cuezo.
gavial [gəβiál] *m.* ZOOL. Gavial.
gavina [gəβinə] *f.* ORNIT. Gaviota.
ge [ʒe] *f.* Ge (letra).
gebrada [ʒəβráðə] *f.* Escarcha.
gebrar [ʒəβrá] *i.* Escarchar.
gebre [ʒéβrə] *m.* Escarcha.
gec [ʒɛ́k] *m.* Coleto, chaqueta.
gegant, -ta [ʒəɣán, -tə] *a., m.-f.* Gigante.
gegantesc, -ca [ʒəɣəntɛ́sk, -kə] *a.* Gigantesco.
gegantí, -ina [ʒəɣənti, -inə] *a.* Gigantesco, gigante.
gel [ʒɛ́l] *m.* Hielo.
gelada [ʒəláðə] *f.* Helada.
gelar [ʒəlá] *t.-i.-prnl.* Helar.
gelat, -ada [ʒəlát, -áðə] *a.* Helado, mantecado.
gelatina [ʒələtinə] *f.* Gelatina.
gelatinós, -osa [ʒələtinós, -ózə] *a.* Gelatinoso.
gelea [ʒəlɛ́ə] *f.* Jalea.
gelera [ʒəlérə] *f.* GEOG. Glaciar, helero, ventisquero.
gèlid, -da [ʒɛ́lit, -ðə] *a.* Gélido.
gelós, -osa [ʒəlós, -ózə] *a.* Celoso.
gelosia [ʒəluziə] *f.* Celos. *2* Celosía.

gemec [ʒəmέk] *m.* Gemido, quejido.
gemegaire [ʒəməγáirə] *m.-f.* Gimoteador, quejumbroso, gemebundo.
gemegar [ʒəməγá] *i.* Gemir.
gemegor [ʒəməγó] *f.* Gimoteo.
gemegós, -osa [ʒəməγós, -ózə] *a.* Quejumbroso, gemebundo, quejicoso.
gemeguejar [ʒəməγəʒá] *i.* Gimotear.
geminat, -ada [ʒəminát, -áðə] *a.* Geminado.
gemir [ʒəmí] *i.* Gemir.
gemma [ʒέmmə] *f.* MINER. Gema, piedra preciosa.
gemma [ʒémə] *f.* Yema, gema.
gemmat, -ada [ʒəmát, -áðə] *a.* Lozano, ufano.
genciana [ʒənsiánə] *f.* BOT. Genciana.
gendarme [ʒəndármə] *m.* Gendarme.
gendre [ʒέndrə] *m.* Yerno.
genealogia [ʒənəəluʒíə, col. ʒənəuluʒíə] *f.* Genealogía.
gener [ʒəné] *m.* Enero.
generació [ʒənərəsió] *f.* Generación.
generador, -ra [ʒənərəðó, -rə] *a.* Generador.
general [ʒənərál] *a.-m.* General.
generala [ʒənərálə] *f.* Generala.
generalat [ʒənərəlát] *m.* Generalato.
generalíssim [ʒənərəlísim] *m.* Generalísimo.
generalitat [ʒənərəlitát] *f.* Generalidad.
generalitzar [ʒənərəlidzá] *t. prnl.* Generalizar.
generar [ʒənərá] *t.* Generar.
generatiu, -iva [ʒənərətíŭ, -íβə] *a.* Generativo.
generatriu [ʒənərətríŭ] *f.* Generatriz.
gènere [ʒέnərə] *m.* Género.
genèric, -ca [ʒənέrik, -kə] *a.* Genérico.
generós, -osa [ʒənərós, -ózə] *a.* Generoso, dadivoso.
generositat [ʒənəruzitát] *f.* Generosidad.
gènesi [ʒέnəzi] *m.-f.* Génesis. *2 m.* Génesis (libro).
genet [ʒənέt] *m.* Jinete.
geni [ʒέni] *m.* Genio.
genial [ʒəniál] *a.* Genial.
genialitat [ʒəniəlitát] *f.* Genialidad.
genital [ʒənitál] *a.* Genital.
genitiu [ʒənitíŭ] *m.* Genitivo.
genitor [ʒənitó] *m.* Genitor.
geniüt, -üda [ʒəniút, -úðə] *a.* Colérico.
geniva [ʒəníβə] *f.* ANAT. Encía.
genoll [ʒənóʎ] *m.* ANAT. Rodilla, hinojo.
genollera [ʒənuʎérə] *f.* Rodillera.
genovès, -esa [ʒənuβέs, -έzə] *a., m.-f.* Genovés.
gens [ʒens] *adv.* Nada. *2* Algo. ‖ ***No importar ~ (a algú),*** no importar un pepino, un bledo.
gent [ʒen] *f.* Gente.
gentada [ʒəntáðə] *f.* Gentío, muchedumbre.
gentalla [ʒəntáʎə] *f.* Gentuza, morralla.
genteta [ʒəntέtə] *f.* Gentecilla.
gentil [ʒəntíl] *a.* Gentil, donoso, majo.
gentilesa [ʒəntilέzə] *f.* Gentileza, galanura.
gentilhome [ʒəntilɔ́mə] *m.* Gentilhombre.
gentilici, -cia [ʒəntilísi, -síə] *a.* Gentilicio.
gentilitat [ʒəntilitát] *f.* Gentilidad.
gentussa [ʒəntúsə] *f.* Gentuza.
genuflexió [ʒənufləksió] *f.* Genuflexión.
genuí, -ïna [ʒənuí, -ínə] *a.* Genuino.
geògraf [ʒəɔ́γrəf] *m.-f.* Geógrafo.
geografia [ʒəuγrəfíə] *f.* Geografía.
geòleg, -òloga [ʒəɔ́lək, -ɔ́luγə] *m.-f.* Geólogo.
geologia [ʒəuluʒíə] *f.* Geología.
geòmetra [ʒəɔ́mətrə] *m.-f.* Geómetra.
geometria [ʒəumətríə] *f.* Geometría.
geomètric, -ca [ʒəumέtrik, -kə] *a.* Geométrico.
gep [ʒep] *m.* Corcova, giba, joroba.
gepa [ʒépə] *f.* Joroba, corcova, giba.
geperut, -uda [ʒəpərút, -úðə] *a.* Jorobado, corcovado, giboso.
gerani [ʒəráni] *m.* BOT. Geranio.
gerd [ʒέr(t)] *m.* BOT. Frambuesa.
gerd, -da [ʒέr(t), -ðə] *a.* Tierno y fresco.
gerència [ʒərέnsiə] *f.* Gerencia.
gerent [ʒərén] *m.* Gerente.
gerga [ʒέrγə] *f.* Jerga (tela).
germà, -ana [ʒərmá, -ánə] *m.-f.* Hermano.
germanastre, -tra [ʒərmənástrə, -trə] *m.-f.* Hermanastro.
germandat [ʒərməndát] *f.* Hermandad.
germani [ʒərmáni] *m.* MINER. Germanio.
germànic, -ca [ʒərmánik, -kə] *a., m.-f.* Germano, germánico.
germanor [ʒərmənó] *f.* Hermandad, fraternidad.
germen [ʒέrmən] *m.* Germen.
germinació [ʒərminəsió] *f.* Germinación.
germinar [ʒərminá] *i.* Germinar.
gernació [ʒərnəsió] *f.* Gentío, muchedumbre.
gerra [ʒέrrə] *f.* Jarra, tinaja.
gerro [ʒέrru] *m.* Jarro, florero. *2* Jarrón.
gerundi [ʒərúndi] *m.* Gerundio.
gespa [ʒéspə] *f.* Césped, herbaje.
gessamí [ʒəsəmí] *m.* BOT. Jazmín.
gest [ʒes(t)] *m.* Gesto, ademán. *2* Monería.
gesta [ʒéstə] *f.* Gesta, hazaña.
gestació [ʒəstəsió] *f.* Gestación.
gesticulador, -ra [ʒəstikuləðó, -rə] *a., m.-f.* Gesticulante.

gesticular [ʒəstikulá] *i.* Gesticular.
gestió [ʒəstió] *f.* Gestión.
gestionar [ʒəstiuná] *t.* Gestionar.
gestor, -ra [ʒəstó, -rə] *a., m.-f.* Gestor.
gibel·lí, -ina [ʒiβəli, -inə] *a., m.-f.* Gibelino.
gibrell [ʒiβréʎ] *m.* Barreño, lebrillo.
gibrelleta [ʒiβrəʎέtə] *f.* V. ORINAL.
gimnàs [ʒimnás] *m.* Gimnasio.
gimnasta [ʒimnástə] *m.-f.* Gimnasta.
gimnàstica [ʒimnástikə] *f.* Gimnasia, gimnástica.
gimnot [ʒimnɔ́t] *m.* ICT. Gimnoto.
ginebra [ʒinéβrə] *f.* Ginebra.
ginebre [ʒinéβrə] *m.* BOT. Enebro.
ginebrí, -ina [ʒinəβri, -inə] *a., m.-f.* Ginebrino.
gineceu [ʒinəsέu] *m.* Gineceo.
ginecologia [ʒinəkuluʒiə] *f.* MED. Ginecología.
ginesta [ʒinéstə] *f.* BOT. Retama, hiniesta (flor).
ginestar [ʒinəstá] *m.* Retamar.
ginestera [ʒinəstérə] *f.* BOT. Retama, hiniesta (planta).
gingebre [ʒinʒéβrə] *m.* BOT. Jengibre.
gínjol [ʒinʒul] *m.* BOT. Yuyuba.
giny [ʒiɲ] *m.* Artefacto, ingenio. *2* Maquinación, estratagema.
gipó [ʒipó] *m.* Jubón.
gir [ʒir] *m.* Giro (de una frase).
gira [ʒirə] *f.* Embozo, tapujo, vuelta.
girada [ʒiráðə] *f.* Giro. *2* Torcedura. *3* Vuelta.
giradora [ʒirəðórə] *f.* Vertedera.
giragonsa [ʒirəɣónsə] *f.* Recoveco, sinuosidad, revuelta.
girafa [ʒiráfə] *f.* Jirafa.
girar [ʒirá] *i.-t.-prnl.* Volver. *2* Girar. *3* Torcer.
gira-sol [ʒirəsɔ́l] *m.* BOT. Girasol.
giratori, -òria [ʒirətɔ́ri, -ɔ́riə] *a.* Giratorio.
giravoltar [ʒirəβultá] *i.* Girar, voltear. *2* Caracolear.
Girona [ʒirónə] *n. pr.* Gerona.
gironí, -ina [ʒiruni, -inə] *a., m.-f.* Gerundense.
git [ʒit] *m.* Lanzamiento, tiro.
gitanada [ʒitənáðə] *f.* Gitanada.
gitanalla [ʒitənáʎə] *f.* Gitanería.
gitano, -na [ʒitánu, -nə] *m.-f.* Gitano.
gitar [ʒitá] *t.* Echar. *2 prnl.* Acostarse.
gla [gla] *f.* BOT. Bellota.
glaç [glas] *m.* Hielo.
glaçada [gləsáðə] *f.* Helada.
glaçar [ləsá] *t.-i.-prnl.* Helar.
glacé [gləsé] *m. fr.* Glasé.
glacera [gləsérə] *f.* GEOG. Glaciar.
glacial [gləsiál] *a.* Glacial.
gladiador [glədiəðó] *m.* Gladiador.
gland [glan] *m.* ANAT. Glande.
glàndula [glándulə] *f.* Glándula.
glatir [gləti] *i.-t.* Anhelar, codiciar, ansiar.
glauc, -ca [gláuk, -kə] *a.* Glauco. *2 m.* ZOOL. Glauco.
gleva [glέβə] *f.* Gleba, coágulo, cuajo.
glicerina [glisərinə] *f.* Glicerina.
glicina [glisinə] *f.* BOT. Glicina.
global [gluβál] *a.* Global.
globós, -osa [gluβós, -ózə] *a.* Globoso.
glòbul [glɔ́βul] *m.* Glóbulo.
globular [gluβulá] *a.* Globular.
globus [glɔ́βus] *m.* Globo.
gloc-gloc [glɔ̨gglɔ́k] *m.* Gorgoteo.
glomèrul [glumέrul] *m.* Glomérulo.
glop [glop] *m.* Sorbo, trago, buche.
glopada [glupáðə] *f.* Bocanada. *2* Sorbo, buche.
glopeig [glupέtʃ] *m.* Enjuague.
glopejar [glupəʒá] *t.* Enjuagar la boca o saborear un líquido.
glòria [glɔ́riə] *f.* Gloria, prez.
gloriejar-se [gluriəʒársə] *prnl.* Gloriarse, vanagloriarse.
gloriar-se [gluriársə] *prnl.* Gloriarse, alardear.
glorieta [gluriέtə] *f.* Glorieta, arriate.
glorificació [glurifikəsió] *f.* Glorificación.
glorificar [glurifiká] *t.* Glorificar.
gloriós, -sa [gluriós, -ózə] *a.* Glorioso.
glosa [glɔ́zə] *f.* Glosa.
glossa [glɔ́sə] *f.* Glosa.
glossar [glusá] *t.* Glosar.
glossari [glusári] *m.* Glosario.
glossador, -ra [glusəðó, -rə] *m.-f.* Glosador.
glotis [glɔ́tis] *f.* ANAT. Glotis.
glucosa [glukózə] *f.* QUÍM. Glucosa.
gluten [glútən] *m.* Gluten.
glutinós, -osa [glutinós, -ózə] *a.* Glutinoso.
gneis [(g)nέĭs] *m.* GEOL. Gneis.
gnom [(g)nom] *m.* Gnomo.
gnòmon [(g)nɔ́mun] *m.* Gnomon.
gnòstic, -ca [(g)nɔ́stik, -kə] *a., m.-f.* Gnóstico.
gobelet [guβəlέt] *m.* Cubilete.
gobi [gɔ́βi] *m.* ICT. Gobio.
godall [guðáʎ] *m.* Cochinillo, lechón, gorrino.
godallar [guðəʎá] *t.* Parir la marrana.
goig [gɔtʃ] *m.* Gozo, disfrute. ‖ ***Fer ~,*** lucir, quedar bien.
gojós, -osa [guʒós, -ózə] *a.* Gozoso.
gol [gol] *m.* Gol, tanto.
gola [gólə] *f.* Gola, garganta. *2* Gula. *3* Fauces, gaznate, tragaderas.

golafre [gulàfrə] *a., m.-f.* Glotón, comilón, tragaldabas, tragón.
golafreria [guləfrəriə] *f.* Glotonería.
goleta [gulètə] *f.* MAR. Goleta.
golf [golf] *m.* GEOG. Golfo. *2* DEP. Golf.
golfa [gòlfə] *f.* Desván, buhardilla.
golfo [gòlfu] *m.* Gozne, pernio.
goll [goʎ] *m.* MED. Bocio.
golut, -uda [gulùt, -ùðə] *a.* Glotón, voraz.
gom a gom (de) [gọməγòm] loc. De bote en bote, hasta los topes.
goma [gòmə] *f.* Goma.
gomífer, -ra [gumìfər, -rə] *a.* Gomífero.
gomós, -osa [gumòs, -òzə] *a.* Gomoso. *2 m.* Lechuguino.
gòndola [gòndulə] *f.* NAUT. Góndola.
gondoler [gundulè] *m.* Gondolero.
gonfanó [gumfənò] *m.* Gonfalón, confalón
gong [goŋ] *m.* MÚS. Gong, batintín.
goril·la [gurilə] *m.* ZOOL. Gorila.
gorja [gɔ̀rʒə] *f.* Garganta, gorja. *2* Quebrada, desfiladero.
gorjada [gurʒàðə] *f.* Gargantada.
gormand, -da [gurmàn, -də] *a.* Comilón, goloso, tragador.
gorra [gòrrə] *f.* Gorra. ‖ ***De*** **~,** de gorra, de balde. ‖ **~ *de cop,*** chichonera.
gorrer, -ra [gurrèr, -rə] *m.-f.* Gorrón, gorrista.
gorrista [gurristə] *m.-f.* Gorrista.
gos [gos] *m.* ZOOL. Perro, can. ‖ **~ *coniller,*** podenco. ‖ **~ *peter,*** gozque.
gosadia [guzəðiə] *f.* Osadía, atrevimiento.
gosar [guzà] *i.-t.* Osar, atreverse.
gosat, -ada [guzàt, -àðə] *a.* Osado, atrevido.
gossa [gòsə] *f.* Perra.
gossada [gusàðə] *f.* Perrería, jauría.
gossera [gusèrə] *f.* Perrera.
got [gɔt] *m.* Vaso.
gota [gòtə] *f.* Gota. *2* Pizca.
gotejar [gutəʒà] *i.* Gotear, chorrear. *2* Lloviznar.
gotera [gutèrə] *f.* Gotera.
gotets [gutèts] *m. pl.* BOT. Beleño.
gòtic, -ca [gɔ̀tik, -kə] *a.* Gótico.
gotim [gutim] *m.* Gajo, redrojo.
gotós, -osa [gutòs, -òzə] *a., m.-f.* Gotoso.
govern [guβèrn] *m.* Gobierno.
governable [guβərnàbblə] *a.* Gobernable.
governació [guβərnəsiò] *f.* Gobernación.
governador, -ra [guβərnəðò, -rə] *a., m.-f.* Gobernador.
governall [guβərnàʎ] *m.* MAR. Gobernalle, timón.
governament [guβərnəmèn] *m.* Gobernación.
governamental [guβərnəməntàl] *a.* Gubernamental.
governant [guβərnàn] *a., m.-f.* Gobernante.
governar [guβərnà] *t.-i.* Gobernar.
governatiu, -iva [guβərnətiŭ, -iβə] *a.* Gubernativo.
gra [grə] *m.* Grano. ‖ ***Fer-ne un ~ massa,*** cargar la mano, pasarse de la raya.
gràcia [gràciə] *f.* Gracia. *2* Donaire, sandunga, salero, chispa. *3* Merced. ‖ ***Gràcies!,*** ¡gracias! ‖ ***Fer ~,*** hacer tilín.
gràcil [gràsil] *a.* Grácil.
graciós, -osa [grəsiòs, -òzə] *a.* Gracioso, donairoso, saleroso, chistoso, chusco.
graciositat [grəsiuzitàt] *f.* Graciosidad, gracejo.
grada [gràðə] *f.* Grada.
gradació [grəðəsiò] *f.* Gradación.
graderia [grəðəriə] *f.* Gradería, gradas.
graduació [grəðuəsiò] *f.* Graduación.
gradual [grəðuàl] *a.-m.* Gradual.
graduar [grəðuà] *t.* Graduar.
graduat, -ada [grəðuàt, -àðə] *a.* Graduado.
graella [grəèʎə] *f.* Parrilla.
grafia [grəfiə] *f.* Grafía.
gràfic, -ca [gràfik, -kə] *a., m.-f.* Gráfico.
grafit [grəfit] *m.* Grafito.
grafologia [grəfuluʒiə] *f.* Grafología.
gralla [gràʎə] *f.* ORNIT. Grajo, corneja.
grallar [grəʎà] *i.* Graznar.
gram [gram] *m.* Gramo. *2* BOT. Grama.
gramàtic, -ca [grəmàtik, -kə] *m.-f.* Gramático.
gramàtica [grəmàtikə] *f.* Gramática.
gramatical [grəmətikàl] *a.* Gramatical, gramático.
gramínàcies [grəminàsiəs] *f. pl.* BOT. Gramináceas.
gramòfon [grəmɔ̀fun] *m.* Gramófono.
gran [gran] *a.* Gran, grande, crecido. *2 m.* Grande (personaje). *3 m. pl.* Adultos (opuesto a ***petits***).
grana [grànə] *f.* Grana, semilla.
granada [grənàðə] *f.* Granada.
granader [grənəðè] *m.* MIL. Granadero.
granadí, -ina [grənəði, -inə] *m.-f.* Granadino.
granadina [grənəðinə] *f.* Granadina.
granalla [grənàʎə] *f.* Granalla.
granar [grənà] *i.* Granar.
granat, -ada [grənàt, -àðə] *a.* Granado. *2 m.* Granate.
grandària [grənðàriə] *f.* Magnitud, tamaño, grandor.
grandàs, -assa [grəndàs, -àsə] *a.* fam. Grandullón, grandote.
grandesa [grəndèsə] *f.* Grandeza.
grandiloqüència [grəndilukwènsiə] *f.* Grandilocuencia.

grandiós, -osa [grəndiós, -ózə] *a.* Grandioso.
grandiositat [grəndiuzitát] *f.* Grandiosidad.
grandolàs, -assa [grəndulás, -ásə] *a.* fam. Grandote, grandullón.
grandor [grəndó] *f.* Grandor, grandeza. *2* Capacidad, magnitud.
granejar [grənəʒá] *t.* Granear. *2 i.* Ir en grande, vivir a lo grande.
granejat, -ada [grənəʒát, -áðə] *a.* Graneado.
granellada [grənəʎáðə] *f.* Salpullido.
granellut, -uda [grənəʎút, -úðə] *a.* Graneado, granujiento, granoso, barroso.
graner [grəné] *m.* Granero, troj, bodega, hórreo.
granera [grənérə] *f.* Escoba.
granger, -ra [grənʒé, -rə] *m.-f.* Granjero.
granís [grənís] *m.* Granizo.
granissar [grənisá] *i.-t.* Granizar.
granissat, -ada [grənisát, -áðə] *a.* Granizado. *2 f.* Salpullido.
granit [grənít] *m.* Granito.
granític, -ca [grənítik, -kə] *a.* Granítico.
granívor, -ra [grəníβur, -rə] *a.* Granívoro.
granja [gránʒə] *f.* Granja.
granota [grənɔ́tə] *f.* ZOOL. Rana. *2* Mono (vestido).
grànul [gránul] *m.* Gránulo.
granular [grənulá] *t.-prnl.* Granular.
granular [grənulár] *a.* Granular.
graó [grəó] *m.* Peldaño, escalón, grada.
grapa [grápə] *f.* Zarpa, pezuña. *2* Grapa, laña. ‖ ***De quatre grapes,*** a gatas.
grapada [grəpáðə] *f.* Zarpazo, zarpada.
grapat [grəpát] *m.* Puñado.
grapejament [grəpəʒəmén] *m.* Manoseo.
grapejar [grəpəʒá] *t.* Manosear.
graponejar [grəpunəʒá] *t.* Manosear.
graponer, -ra [grəpuné, -rə] *a.* Chapucero, grosero, torpe.
gras, -assa [gras, -ásə] *a.* Graso, pingüe, gordo. ‖ ***Dijous ~,*** jueves lardero.
grassor [grəsó] *f.* Gordura.
grat, -ta [grət, -tə] *a.* Grato, acepto. *2 m.* Agrado, justo.
gratacel [grətəsél] *m.* Rascacielos.
gratar [grətá] *t.* Rascar, escarbar.
gratificació [grətifikəsió] *f.* Gratificación.
gratificar [grətifiká] *t.* Gratificar.
gratis [grátis] *adv.* Gratis, de momio, de gracia.
gratitud [grətitút] *f.* Gratitud.
gratuït, -ta [grətuít, -tə] *a.* Gratuito.
gratuïtament [grətuitəmén] *adv.* De gracia.
grau [graŭ] *m.* Grado. *2* Grao.
grava [gráβə] *f.* Grava, guijo.
gravador, -ra [grəβəðó, -rə] *m.-f.* Grabador.
gravamen [grəβámən] *m.* Gravamen.
gravar [grəβá] *t.* Grabar. *2* Gravar.
gravat, -ada [grəβát, -áðə] *a.* Grabado, picoso. *2 m.* Grabado.
gravetat [grəβətát] *f.* Gravedad.
gràvid, -da [gráβit, -ðə] *a.* Grávido.
gravidesa [grəβiðέzə] *f.* Gravidez.
gravitació [grəβitəsió] *f.* Gravitación.
gravitar [grəβitá] *i.* Gravitar.
grec, -ega [grék, -éγə] *a., m.-f.* Griego.
greca [grékə] *f.* Greca.
greda [gréðə] *f.* Greda.
gregari, -ària [grəγári, -áriə] *a., m.-f.* Gregario.
gregorià, -ana [grəγuriá, -ánə] *a.* Gregoriano.
greix [greʃ] *m.* Grasa, lardo. *2* Enjundia. *3* Pringue.
greixatge [grəʃádʒə] *m.* Engrase.
greixó [grəʃó] *m.* Chicharrón.
greixós, -osa [grəʃós, -ózə] *a.* Grasiento, mugriento, pringoso.
greixum [grəʃúm] *m.* Mugre, cochambre, pringue.
grejol [grəʒɔ́l] *m.* BOT. Lirio azul.
grell [gréʎ] *m.* Galladura.
gremi [grέmi] *m.* Gremio.
grenya [grέɲə] *f.* Greña, melena.
grenyut, -uda [grəɲút, -úðə] *a.* Greñudo.
gres [gres] *m.* MINER. Gres, arenisca.
gresca [gréskə] *f.* Gresca, farra, chunga, guasa, holgorio, parranda, bulla, juerga.
gresol [grəzɔ́l] *m.* Crisol.
greu [gréŭ] *a.* Grave. *2 m.* Pesar. ‖ ***Saber ~,*** doler, lamentar.
greuge [gréŭʒə] *m.* Agravio, entuerto.
grèvol [grέβul] *m.* BOT. Acebo.
grífol [gríful] *m.* Pámpano, renuevo. *2* Borbotón, pimpollo.
grill [griʎ] *m.* ENTOM. Grillo. *2* Gajo.
grilló [griʎó] *m.* Grillete, brete. *2 pl.* Grillos. *3* Gajo (de naranja).
grimpar [grimpá] *i.* Trepar.
grinyol [griɲɔ́l] *m.* Aullido, chillido. *2* Rechinamiento.
grinyolar [griɲulá] *i.* Aullar. *2* Rechinar, chirriar.
grip [grip] *f.* MED. Gripe. *2* Trancazo.
gripau [gripáŭ] *m.* ZOOL. Sapo.
gris, -sa [gris, -zə] *a., m.-f.* Gris.
grisenc, -ca [grizέnk, -kə] *a.* Grisáceo.
grisú [grizú] *m.* Grisú.
griu [gríŭ] *m.* MIT. Grifo.
griva [gríβə] *f.* ORNIT. Zorzal.
groc, -oga [grɔ́k, -ɔ́γə] *a., m.-f.* Amarillo, gualdo.

grog [grɔk] *m. angl.* Una cierta bebida caliente.
grogor [gruɣó] *f.* Amarillez.
groguejar [gruɣəʒá] *i.* Amarillear.
groguenc, -ca [gruɣéŋ, -kə] *a.* Amarillento.
groller, -ra [gruʎé, -rə] *a.* Burdo, grosero. *2* Soez, zafio, ramplón.
grolleria [gruʎəriə] *f.* Grosería, descortesía.
gronxador [grunʃəðó] *m.* Columpio, mecedor.
gronxar [grunʃá] *t.-prnl.* Columpiar, mecer.
grop [grop] *m.* Nubarrón. *2* Mota. *3* Nudo de la madera.
gropa [grópə] *f.* Grupa.
gropada [grupáðə] *f.* METEOR. Nubarrón.
gropera [grupérə] *f.* Grupera.
gros, -ossa [grɔ́s, -ósə] *a.* Grueso, gordo, recio, grande. *2 f.* Gordo (sorteo).
grosella [gruzéʎə] *f.* Grosella.
grossa [grɔ́sə] *f.* Gruesa.
grossària [grusáriə] *f.* V. GROSSOR.
grosseria [grusəriə] *f.* Grosería, descortesía.
grossor [grusó] *f.* Grosor.
grotesc, -ca [grutésk, -kə] *a.* Grotesco.
grua [grúə] *f.* ORNIT. Grulla. *2* MEC. Grúa. *3* Cometa (juguete).
gruix [gruʃ] *m.* Grueso, espesor, grosor.
gruixària [gruʃáriə] *f.* Grosor, espesor.
gruixut, -uda [gruʃút, -úðə] *a.* Grueso, recio.
grum [grum] *m. ingl.* Botones, grumo.
grumet [grumét] *m.* MAR. Grumete.
grumoll [grumóʎ] *m.* Grumo, cuajo.
grumollós, -osa [grumuʎós, -ózə] *a.* Grumoso.
gruny [gruɲ] *m.* Gruñido.
grunyir [gruɲí] *i.* Gruñir, respingar. ¶ CONJUG. INDIC. Pres.: ***gruny.***
grup [grup] *m.* Grupo, corro.
gruta [grútə] *f.* Gruta.
guacamai [gwəkəmái̯] *m.* ORNIT. Guacamayo.
guaiaba [gwəjáβə] *m.* BOT. Guayaba.
guaiaber [gwəjəβé] *m.* BOT. Guayabo.
guaita [gwái̯tə] *m.* Vigía, centinela.
guaitar [gwəi̯tá] *t.* Otear. *2* Atisbar, mirar.
gual [gwál] *m.* Vado. ‖ ***Passar a ~,*** vadear.
gualdrapa [gwəldrápə] *f.* Gualdrapa, caparazón.
guano [gwánu] *m.* Guano.
guant [gwán] *m.* Guante.
guantellet [gwəntəʎét] *m.* Guantelete.
guanter, -ra [gwənté, -rə] *m.-f.* Guantero.
guanteria [gwəntəriə] *f.* Guantería.
guany [gwáɲ] *m.* Ganancia, granjería, lucro.
guanyador, -ra [gwaɲəðó, -rə] *a., m.-f.* Ganador.
guanyar [gwəɲá] *t.* Ganar.
guarda [gwárðə] *f.* Guarda. *2 pl.* Guardas (de un libro, de un abanico, etc.).
guardaagulles [gwər̯ðəɣúʎəs] *m.* Guardagujas.
guardabarrera [gwər̯ðəβərrérə] *m.-f.* Guardabarrera.
guardabosc [gwər̯ðəβɔ́sk] *m.* Guardabosque.
guardacantó [gwər̯ðəkəntó] *m.* Guardacantón.
guardacostes [gwər̯ðəkɔ́stəs] *m.* Guardacostas.
guardaespatlles [gwər̯ðəspáʎʎəs] *m.* Chal, mantón.
guardamobles [gwər̯ðəmɔ́bbləs] *m.* Guardamuebles.
guardapols [gwər̯ðəpóls] *m.* Guardapolvo.
guardar [gwərðá] *t.-prnl.* Guardar.
guarda-roba [gwər̯ðərrɔ́βə] *m.* Guardarropía, guardarropa, ropero.
guàrdia [gwárðiə] *f.* Guardia. ‖ ***~ de corps,*** guardia de corps.
guardià, -ana [gwərðiá, -ánə] *m.-f.* Guardián.
guardiola [gwərðiɔ́lə] *f.* Hucha, alcancia.
guardó [gwərðó] *m.* Galardón.
guardonar [gwərðuná] *t.* Galardonar.
guaret [gwərét] *m.* AGR. Barbecho.
guarible [gwəribblə] *a.* Curable, sanable.
guarició [gwərisió] *f.* Curación, cura.
guaridor, -ra [gwəriðó, -rə] *a.* Curativo.
guariment [gwərimén] *m.* Curación.
guarir [gwəri] *t.-prnl.-i.* Curar, sanar.
guarisme [gwərizmə] *m.* Guarismo.
guarnició [gwərnisió] *f.* Guarnición. *2* Jaez.
guarniment [gwərnimén] *m.* Guarnición, aparejo, cortapisa.
guarnir [gwərni] *t.* Guarnecer, enjaezar.
guatlla [gwáʎʎə] *f.* ORNIT. Codorniz.
gúbia [gúβiə] *f.* Gubia.
guèiser [géi̯zər] *m.* GEOG. Géiser.
güelf, -fa [gwélf, -fə] *a., m.-f.* Güelfo.
guenyo, -nya [géɲu, -ɲə] *a.* Bizco, bisojo.
guerra [gérrə] *f.* Guerra.
guerrejar [gərrəʒá] *i.* Guerrear.
guerrer, -ra [gərré, -rə] *a., m.-f.* Guerrero. *2 f.* Guerrera.
guerrilla [gərriʎə] *f.* Guerrilla.
guerriller [gərriʎé] *m.* Guerrillero.
guerxar [gərʃá] *t.-prnl.* Combar, doblar, alabear.

guerxesa [gərʃέzə] *f.* Comba, combadura.
guerxo, -xa [gέrʃu, -ʃə] *a.* Bisojo, atravesado. *2* Combado.
guia [giə] *m.-f.* Guía, caudillo. *2 f.* Guía, corredera.
guiador, -ra [giəðó, -rə] *a.* Guiador. *2 f.* Falsilla. *3 m.* Guía.
guiar [già] *t.-prnl.* Guiar.
guiatge [giàdʒə] *m.* Guía.
guilla [giʎə] *f.* ZOOL. Zorra, vulpeja.
guilladura [giʎəðúrə] *f.* Chifladura.
guillar [giʎà] *i.-t.* Huir. *2 t.* Enloquecer. *3 prnl.* Chiflarse.
guillat, -ada [giʎàt, -àðə] *a.* Chalado, loco.
guillot [giʎɔ́t] *m.* ZOOL. Zorro.
guillotina [giʎutinə] *f.* Guillotina.
guillotinar [giʎutinà] *t.* Guillotinar.
guimbar [gimbà] *i.* Retozar, triscar.
guinda [gində] *f.* BOT. Guinda.
guinder [gindé] *m.* BOT. Guindo.
guineu [ginέŭ] *f.* ZOOL. Zorra, raposa, vulpeja.
guineuer, -ra [ginəwé, -rə] *a.* Zorrero.
guingueta [giŋgέtə] *f.* Barracón, cantina.
guinyol [giɲɔ́l] *m.* Gañido, aullido. *2* Títeres.
guinyolar [giɲulà] *i.* Aullar, gañir.
guió [gió] *m.* Guión.
guirigall [giriɣàʎ] *m.* Guirigay, algarabía.
guisa [gizə] *f.* Guisa, modo, manera.
guisar [gizà] *t.* Guisar.
guisat [gizàt] *m.* Guisado, guiso.
guisofi [gizɔ́fi] *m.* Guisote.
guit, -ta [git, -tə] *a.* Coceador. *2* Repropio.
guitar [gità] *i.* Cocear, acocear.
guitarra [gitàrrə] *f.* MÚS. Guitarra.
guitarrer, -ra [gitərré, -rə] *m.-f.* Guitarrero.
guitarrista [gitərristə] *m.-f.* Guitarrista, guitarrero.
guitarró [gitərró] *m.* Guitarrillo.
guitza [gidzə] *f.* Coz. ‖ ***Tirar guitzes,*** cocear.
guix [guiʃ] *m.* Yeso. *2* Tiza. *3* Escayola.
guixa [giʃə] *f.* BOT. Guija, almorta.
guixada [giʃàðə] *f.* Trazo hecho con tiza, lápiz, etc.
guixaire [giʃàĭrə] *m.* Yesero.
guixar [giʃà] *i.* Tiznar.
guixenc, -ca [giʃέŋ, -kə] *a.* Yesoso.
guspira [guspirə] *f.* Chispa, centella.
guspireig [guspirέtʃ] *m.* Chispazo, centelleo.
guspirejar [guspirəʒà] *i.* Centellear, chispear.
gust [gus(t)] *m.* Gusto, agrado. *2* Paladar. ‖ ***Venir de ~***, apetecer, gustar. ‖ ***De ~***, a gusto.
gustació [gustəsió] *f.* Gustación, cata, catadura.
gustar [gustà] *t.* Gustar.
gustatiu, -iva [gustətiŭ, -iβə] *a.* Gustativo.
gustós, -osa [gustós, -ózə] *a.* Gustoso, sabroso.
gustosamente [gustǫzəmén] *adv.* Gusto samente.
gutaperxa [gutəpέrʃə] *f.* Gutapercha.
gutural [guturàl] *a.* Gutural.

H

hàbil [àβil] *a.* Hábil.
habilitar [əβilità] *t.* Habilitar.
habilitat [əβilitát] *f.* Habilidad.
hàbit [àβit] *m.* Hábito.
habitació [əβitəsió] *f.* Habitación, cuarto. *2* Vivienda.
habitant [əβitán] *m.-f.* Habitante, morador.
habitar [əβità] *t.* Habitar, morar.
habitual [əβituál] *a.* Habitual.
habituar [əβituá] *t.* Habituar, acostumbrar.
habitud [əβitút] *f.* Hábito, costumbre.
hac [ak] *f.* Hache (letra).
haca [ákə] *f.* ZOOL. Jaca.
hagiografia [əʒiuɣrəfiə] *f.* Hagiografía.
hala! [álə] *interj.* ¡Hala!
hàlit [àlit] *m.* Hálito.
halo [álu] *m.* Halo.
ham [am] *m.* Anzuelo.
hamaca [əmákə] *f.* Hamaca.
handicap [ándikəp] *m.* Handicap.
hangar [əŋgár] *m.* Hangar.
harem [ərέm] *m.* Harén.
harmonia [ərmuniə] *f.* Armonía.
harmònic, -ca [ərmɔ́nik, -kə] *a.-m.* Armónico.
harmoniós, -osa [ərmuniós, -ózə] *a.* Armonioso.
harmonitzar [ərmunidzá] *i.-t.* Armonizar.
harmònium [ərmɔ́niŭm] *m.* MÚS. Armonio, harmonio.
harpia [ərpiə] *f.* MIT. Harpía, arpía.
havà, -ana [əβá, -ánə] *a., m.-f.* Habanero, habano. *2* Habano (cigarro).
Havana (L') [əβánə] *n. pr.* La Habana.
havanera [əβanérə] *f.* MÚS. Habanera.
haver [əβέ] *i. aux.* Haber. *2 t.* Poseer, obtener. ‖ ~ ***de***, tener que. ¶ CONJUG. P. P.: ***hagut.*** ‖ INDIC. Pres.: ***he, has, ha, hem*** o ***havem, heu*** o ***haveu, han.*** | Fut.: ***hauré,*** etc. ‖ SUBJ. Pres.: ***hagi, hagis, hagi, hàgim, hàgiu, hagin.*** | Imperf.: ***hagués,*** etc. ‖ IMPERAT.: ***hages,*** etc.
haver [əβέ] *m.* Haber, tener.
hebdomadari, -ària [əbduməðári, -áriə] *a.* Hebdomadario.
hebraic, -ca [əβráik, -kə] *a.* Hebraico.
hebreu, -ea [əβrέŭ, -έə] *a., m.-f.* Hebreo.
hecatombe [əkətómbə] *f.* Hecatombe.
hectàrea [əktáreə] *f.* Hectárea.
hectogram [əktuɣrám] *m.* Hectogramo.
hectolitre [əktulitrə] *m.* Hectolitro.
hectòmetre [əktɔ́mətrə] *m.* Hectómetro.
hedonisme [əðunizmə] *m.* Hedonismo.
hegemonia [əʒəmuniə] *f.* Hegemonía.
heli [έli] *m.* Helio.
hèlice [έlisə] *f.* GEOM., NÁUT. Hélice.
helicòpter [əlikɔ́ptər] *m.* Helicóptero.
heliogravat [εliuɣrəβát] *m.* IMPR. Heliograbado.
heliotropi [ęliutrɔ́pi] *m.* BOT. Heliotropo.
hèlix [έliks] *f.* ANAT. Hélice. *2* V. HÈLICE.
hel·lènic, -ca [əlέnik, -kə] *a.* Heleno, helénico.
hel·lenisme [ələnizmə] *m.* Helenismo.
helmint [əlmin] *m.* ZOOL. Helminto.
helvètic, -ca [əlβέtik, -kə] *a.* Helvético.
hematia [əmətiə] *f.* BIOL. Hematíe.
hematoma [əmətómə] *m.* MED. Hematoma.
hemicicle [əmisiklə] *m.* Hemiciclo
hemiplegia [əmipləʒiə] *f.* MED. Hemiplejía
hemípters [əmiptərs] *m. pl.* ENTOM. Hemípteros.
hemisferi [əmisféri] *m.* Hemisferio.
hemistiqui [əmistiki] *m.* Hemistiquio.
hemofília [əmufiliə] *f.* MED. Hemofilia.
hemorràgia [əmurráʒiə] *f.* MED. Hemorragia.
hendecasíl·lab, -ba [əndəkəsiləp, -βə] *a.-m.* Endecasílabo.
hepàtic, -ca [əpátik, -kə] *a.* Hepático.
heptàgon [əptáɣun] *m.* Heptágono.
herald [ərál] *m.* Heraldo.
heràldic, -ca [əráldik, -kə] *a.* Heráldico. *2 f.* Heráldica.

herba [érβə] *f.* Hierba.
herbaci, -àcia [ərβási, -ásiə] *a.* Herbáceo.
herbam [ərβám] *m.* Herbaje.
herbari [ərβári] *m.* Herbario.
herbatge [ərβádʒə] *m.* Herbaje.
herbei [ərβɛ́ĭ] *m.* Césped.
herbívor, -ra [ərβiβur, -rə] *a.* Herbívoro.
herbolari [ərβulári] *m.* Herbolario.
herboritzar [ərβuridzá] *i.* Herborizar.
herbós, -osa [ərβós, -ózə] *a.* Herboso.
herculi, -úlia [ərkúli, -úliə] *a.* Hercúleo.
hereditari, -ària [ərəðitári, -áriə] *a.* Hereditario.
herència [ərɛ́nsiə] *f.* Herencia.
heresiarca [ərəziárkə] *m.* Heresiarca.
heretar [ərətá] *t.* Heredar.
heretat [ərətát] *f.* Heredad.
heretatge [ərətádʒə] *m.* Heredad, herencia.
heretge [ərédʒə] *m.-f.* Hereje.
heretgia [ərədʒíə] *f.* Herejía.
herètic, -ca [ərɛ́tik, -kə] *a.* Herético.
hereu, -eva [ərɛ́ŭ, -ɛ́βə] *m.-f.* Heredero. *2* Mayorazgo.
hermafrodita [ərməfruðitə] *a.-m.* Hermafrodita.
hermètic, -ca [ərmɛ́tik, -kə] *a.* Hermético.
hèrnia [ɛ́rniə] *f.* Hernia, potra.
herniat, -ada [ərniát, -áðə] *a.* Herniado.
heroi [ərɔ́ĭ] *m.* Héroe.
heroic, -ca [ərɔ́ĭk, -kə] *a.* Heroico.
heroïcitat [əruisitát] *f.* Heroicidad.
heroïna [əruinə] *f.* Heroína.
herpes [ɛ́rpes] *m.* MED. Herpe.
hertzià, -ana [ərziá, -ánə] *a.* Hertziano.
heteròclit, -ta [ətərɔ́klit, -tə] *a.* Heteróclito.
heterodox, -xa [ətəruðɔ́ks, -ksə] *a.* Heterodoxo.
heteròclit, -ta [ətərɔ́klit, -tə] *a.* Heteróclito.
heterodox, -xa [ətəruðɔ́ks, -ksə] *a.* Heterodoxo.
heterogeneïtat [ətəruʒənəitát] *f.* Heterogeneidad.
heterogeni, -ènia [ətəruʒɛ́ni, -ɛ́niə] *a.* Heterogéneo.
heura [éŭrə] *f.* BOT. Hiedra, yedra.
heure [ɛ́ŭrə] *t.* Apoderarse, obtener, tener.
heus ací [ɛ̨ŭzəsi] V. HEUS AQUÍ.
heus aquí [ɛ̨ŭzəki] loc. He aquí.
hexàgon [əgzáγun] *m.* Hexágono.
hexagonal [əgzəγunál] *a.* Hexagonal.
hexàmetre [əgzámətrə] *m.* Hexámetro.
hi [i] *pron. déb.-adv.* Allí, aquí: ***ens ~ quedem,*** nos quedamos aquí. *2 pron.* Se: ***dóna-l'hi,*** dáselo.
hiatus [játus] *m.* Hiato.
híbrid, -da [iβrit, -ðə] *a.* Híbrido.
hidra [iðrə] *f.* Hidra.
hidrat [iðrát] *m.* QUÍM. Hidrato.
hidratar [iðrətá] *t.* Hidratar.
hidràulic, -ca [iðráulik, -kə] *a.* Hidráulico. *2 f.* Hidráulica.
hidroavió [iðruəβió] *m.* Hidroavión.
hidrocarbur [iðrukərβúr] *m.* QUÍM. Hidrocarburo.
hidroelèctric, -ca [iðruəlɛ́ktrik, -kə] *a.* Hidroeléctrico.
hidròfil, -la [iðrɔ́fil, -lə] *a.* Hidrófilo.
hidròfob, -ba [iðrɔ́fup, -βə] *a.* Hidrófobo.
hidrofòbia [iðrufɔ́βiə] *f.* Hidrofobia.
hidrogen [iðrɔ́ʒən] *m.* Hidrógeno.
hidrografia [iðruγrəfiə] *f.* Hidrografía.
hidròlisi [iðrɔ́lizi] *f.* Hidrólisis.
hidropesia [iðrupəziə] *f.* MED. Hidropesía.
hidròpic, -ca [iðrɔ́pik, -kə] *a.* Hidrópico.
higròmetre [iγrɔ́mətrə] *m.* Higrómetro.
higrometria [iγrumətriə] *f.* Higrometría.
higroscopi [iγruskɔ́pi] *m.* Higroscopio.
hilaritat [iləritát] *f.* Hilaridad.
himen [imen] *m.* ANAT. Himen.
himeneu [imənɛ́ŭ] *m.* Himeneo.
himenòpters [imənɔ́ptərs] *m. pl.* ENTOM. Himenópteros.
himne [imnə] *m.* Himno.
hipèrbaton [ipɛ́rβətun] *m.* Hipérbaton.
hipèrbola [ipɛ́rβulə] *f.* GEOM. Hipérbola.
hipèrbole [ipɛ́rβulə] *f.* RET. Hipérbole.
hipertròfia [ipərtrɔ́fiə] *f.* Hipertrofia.
hípic, -ca [ipik, -kə] *a.-f.* Hípico.
hipnotisme [ibnutizmə] *m.* Hipnotismo.
hipnotitzador, -ra [ibnutidzəðó, -rə] *a., m.-f.* Hipnotizador.
hipnotitzar [ibnutidzá] *t.* Hipnotizar.
hipocondríac, -ca [ipukundriək, -kə] *a.* Hipocondríaco.
hipocresia [ipukrəziə] *f.* Hipocresía.
hipòcrita [ipɔ́kritə] *a., m.-f.* Hipócrita.
hipodèrmic, -ca [ipuðɛ́rmik, -kə] *a.* Hipodérmico.
hipòdrom [ipɔ́ðrum] *m.* Hipódromo.
hipopòtam [ipupɔ́təm] *m.* ZOOL. Hipopótamo.
hipoteca [iputɛ́kə] *f.* Hipoteca.
hipotecar [iputəká] *t.* Hipotecar.
hipotenusa [iputənúzə] *f.* GEOM. Hipotenusa.
hipòtesi [ipɔ́təzi] *f.* Hipótesis.
hipotétic, -ca [iputétik, -kə] *a.* Hipotético.
hirsut, -ta [irsút, -tə] *a.* Hirsuto.
hisenda [izéndə] *f.* Hacienda. *2* Masada.
hisendat, -ada [izəndát, -áðə] *m.-f.* Hacendado.
hisop [izɔ́p] *m.* BOT. Hisopo.
hispà, -ana [ispá, -ánə] *m.-f.* Hispano.

hispànic, -ca [ispánik, -kə] *a.* Hispánico.
hissar [isá] *t.-prnl.* Izar.
histèria [istέriə] *f.* Histeria, histerismo.
histèric, -ca [istέrik, -kə] *a.* Histérico.
histerisme [istərizmə] *m.* Histerismo.
histologia [istuluʒiə] *f.* Histología.
història [istɔ́riə] *f.* Historia.
historiador, -ra [isturiəðó, -rə] *m.-f.* Historiador.
historial [isturiál] *a.* Historial.
historiar [isturiá] *t.* Historiar.
històric, -ca [istɔ́rik, -kə] *a.* Histórico.
historieta [isturiέtə] *f.* Historieta.
histrió [istrió] *m.* Histrión.
hivern [iβέrn] *m.* Invierno.
hivernacle [iβərnáklə] *m.* Invernadero, invernáculo.
hivernal [iβərnál] *a.* Invernal, hibernal.
hivernar [iβərná] *i.* Invernar.
hivernenc, -ca [iβərnέɲ, -kə] *a.* Invernizo.
ho [u] *pron. déb.* Lo.
hobbi [ɔ́bbi] *m. ingl.* Hobbi.
¡hola! [ɔ́lə] *interj.* Hola.
holandès, -esa [uləndέs, -έzə] *a., m.-f.* Holandés.
holocaust [ulukáus(t)] *m.* Holocausto.
hom [ɔm] *pron. indef.* Se. ‖ ***Un ~,*** uno.
home [ɔ́mə] *m.* Hombre. *2* Marido.
homenada [umənáðə] *f.* Hombrada.
homenàs [umənás] *m.* Jayán.
homenatge [umənádʒə] *m.* Homenaje.
homenenc, -ca [umənέŋ, -kə] *a.* Hombruno.
homenia [uməniə] *f.* Hombradía, hombría.
homeopatia [uməupətiə] *f.* Homeopatía.
homèric, -ca [umέrik, -kə] *a.* Homérico.
homicida [umisiðə] *a.* Homicida.
homicidi [umisiði] *m.* Homicidio.
homilia [umiliə] *f.* Homilía.
homogeneïtat [umuʒənəitát] *f.* Homogeneidad.
homogeni, -ènia [umuʒέni, -έniə] *a.* Homogéneo.
homòleg, -òloga [umɔ́lək, -ɔ́luɣə] *a.* Homólogo.
homònim, -ma [umɔ́nim, -mə] *a.* Homónimo. *2* Tocayo.
honest, -ta [unés(t), -tə] *a.* Honesto.
honestedat [unəstəðát] *f.* Honestidad.
hongarès, -esa [uŋgərέs, -έzə] *a., m.-f.* Húngaro.
honor [unór] *m.* Honor, prez.
honorabilitat [unurəβilitát] *f.* Honorabilidad.
honorable [unurábblə] *a.* Honorable.
honorar [unurá] *t.* V. HONRAR.
honorari, -ària [unurári, -áriə] *a.* Honorario. *2 m. pl.* Honorarios.
honorífic, -ca [unurifik, -kə] *a.* Honorífico.
honra [ónrrə] *f.* Honra.
honradesa [unrrəðέzə] *f.* Honradez.
honrar [unrrá] *t.-prnl.* Honrar, honorificar.
honrat, -ada [unrrát, -áðə] *a.* Honrado.
honrós, -osa [unrrós, -ózə] *a.* Honroso.
hora [ɔ́rə] *f.* Hora. ‖ ***D'~,*** temprano. ‖ ***A mala ~,*** enhoramala.
horari, -ària [urári, -áriə] *a.-m.* Horario.
horda [órðə] *f.* Horda.
horitzó [uridzó] *m.* Horizonte.
horitzontal [uridzuntál] *a.* Horizontal.
hormona [urmónə] *f.* Hormona.
horòscop [urɔ́skup] *m.* Horóscopo.
horrible [urribblə] *a.* Horrible, horrendo.
hòrrid, -da [ɔ́rrit, -ðə] *a.* Hórrido, horrendo.
horripilant [urripilán] *a.* Horripilante.
horripilar [urripilá] *t.* Horripilar.
horrísonn, -na [urrizun, -nə] *a.* Horrísono.
horror [urrór] *m.* Horror.
horroritzar [urruridzá] *t.* Horrorizar, espeluznar.
horrorós, -osa [urrurós, -ózə] *a.* Horroroso, horrendo.
hort [ɔr(t)] *m.* Huerto.
horta [ɔ́rtə] *f.* Huerta, vega.
hortalissa [urtəlisə] *f.* Hortaliza.
hortense [urtέnsə] *a.* Hortense.
hortènsia [urtέnsiə] *f.* BOT. Hortensia.
horticultura [urtikultúrə] *f.* Horticultura.
hortolà, -ana [urtulá, -ánə] *m.-f.* Hortelano.
hospederia [uspəðəriə] V. HOSTATGERIA.
hospici [uspisi] *m.* Hospicio.
hospital [uspitál] *m.* Hospital.
hospitalari, -ària [uspitəlári, -áriə] *a.* Hospitalario.
hospitalitat [uspitəlitát] *f.* Hospitalidad.
hospitalitzar [uspitəlidzá] *t.* Hospitalizar.
host [ɔs(t)] *f.* Hueste.
hostal [ustál] *m.* Hospedería, hostería, mesón, venta, posada.
hostaler, -ra [ustəlé, -rə] *m.-f.* Hostalero, mesonero, ventero, posadero.
hostatgeria [ustətʒəriə] *f.* Hospedería.
hoste, hostessa [ɔ́stə, -ustέsə] *m.-f.* Huésped.
hòstia [ɔ́stiə] *f.* Hostia. *2* Oblea.
hostil [ustil] *a.* Hostil.
hostilitat [ustilitát] *f.* Hostilidad.
hostilitzar [ustilidzá] *t.* Hostilizar.
hotel [utέl] *m.* Hotel.
hoteler, -ra [utəlé, -rə] *a.-m.* Hotelero.
hugonot [uɣunɔ́t] *m.* Hugonote.
hule [úlə] *m.* Hule.
hulla [úʎə] *f.* MINER. Hulla.

humà, -ana [umá, -ánə] *a.* Humano.
humanal [umənál] *a.* Humanal.
humanisme [umənízmə] *m.* Humanismo.
humanitari, -ària [umənitári, -áriə] *a.* Humanitario.
humanitat [umənitát] *f.* Humanidad.
humanitzar [umənidzá] *t.-prnl.* Humanizar, humanar.
húmer [úmər] *m.* ANAT. Húmero.
humeral [umərál] *a.-m.* Humeral.
humil [umíl] *a.* Humilde.
humiliació [umiliəsió] *f.* Humillación, trágala.
humiliant [umilián] *a.* Humillante.
humiliar [umiliá] *t.-prnl.* Humillar, abatir.
humilitat [umilitát] *f.* Humildad.
humit, -ida [umít, -íðə] *a.* Húmedo.
humitat [umitát] *f.* Humedad.
humitejar [umitəʒá] *t.* Humedecer.
humor [umór] *m.* Humor.
humorada [umuráðə] *f.* Humorada.
humorisme [umurízmə] *m.* Humorismo.
humorista [umurístə] *m.-f.* Humorista.
humorístic, -ca [umurístik, -kə] *a.* Humorístico.
humus [úmus] *m.* AGR. Humus, mantillo.
huracà [urəká] *m.* Huracán.
huracanat, -ada [urəkənát, -áðə] *a.* Huracanado.
hurí [urí] *f.* Hurí.
hurra! [úrrə] *interj.* ¡Hurra!
hússar [úsər] *m.* Húsar.

I

i [i] I (letra).
i [i] *conj.* Y. *2* E.
iaia [jàjə] *f.* fam. Abuela, nana.
iambe [jambə] *m.* Yambo.
ianqui [jàŋki] *a., m.-f.* Yanqui.
iarda [jàrðə] *f.* Yarda.
iber, -ra [iβər, -rə] *a., m.-f.* Íbero.
ibèric, -ca [iβèrik, -kə] *a.* Ibérico.
ibis [iβis] *m.* ORNIT. Ibis.
iceberg [isəβèrk] *m.* INGL. Iceberg.
icona [ikònə] *f.* Icono.
iconoclasta [ikunuklàstə] *m.-f.* Iconoclasta.
icterícia [iktərisiə] *f.* MED. Ictericia.
ictiologia [iktiuluʒiə] *f.* Ictiología.
ictiosaure [iktiusàŭrə] *m.* Ictiosauro.
idea [iðèə] *f.* Idea.
ideal [iðeàl] *a.-m.* Ideal.
idealisme [iðeəlizmə] *m.* Idealismo.
idealista [iðeəlistə] *a., m.-f.* Idealista.
idealitzar [iðeəlidzà] *t.* Idealizar.
idear [iðeà] *t.* Idear.
ideari [iðeàri] *m.* Ideario.
ídem [iðem] *adv. l.* Ídem.
idèntic, -ca [iðèntik, -kə] *a.* Idéntico.
identificar [iðəntifikà] *t.-prnl.* Identificar.
identitat [iðəntitàt] *f.* Identidad.
ideòleg, -òloga [iðəɔ̀lək, -ɔ̀luɣə] *m.-f.* Ideólogo.
ideologia [iðəuluʒiə] *f.* Ideología.
idil·li [iðìli] *m.* Idilio.
idíl·lic, -ca [iðìlik, -kə] *a.* Idílico.
idioma [iðiómə] *m.* Idioma.
idiomàtic, -ca [iðiumàtik, -kə] *a.* Idiomático.
idiosincràsia [iðiusiŋkràziə] *f.* Idiosincrasia.
idiota [iðiɔ̀tə] *a., m.-f.* Idiota, bozal, tontaina.
idiotesa [iðiutèzə] *f.* Idiotez.
idiotisme [iðiutizmə] *m.* Idiotismo.
ídol [iðul] *m.* Ídolo.
idòlatra [iðɔ̀lətrə] *a., m.-f.* Idólatra.
idolatrar [iðulətrà] *i.-t.* Idolatrar.
idolatria [iðulətriə] *f.* Idolatría.
idoni, -ònia [iðɔ̀ni, -ɔ̀niə] *a.* Idóneo.
ignar, -ra [iŋnàr, -rə] *a.* Ignaro.
igni, -ígnia [iŋni, iŋniə] *a.* Ígneo.
ignició [iŋnisió] *f.* Ignición.
ignomínia [iŋnuminiə] *f.* Ignominia.
ignominiós, -osa [iŋnuminiós, -ózə] *a.* Ignominioso.
ignorància [iŋnurànsiə] *f.* Ignorancia.
ignorant [iŋnuràn] *a.* Ignorante.
ignorar [iŋnurà] *t.* Ignorar.
ignot, -ta [iŋnɔ̀t, -tə] *a.* Ignoto.
igual [iɣwàl] *a.* Igual.
igualació [iɣwələsió] *f.* Igualación.
igualament [iɣwələmèn] *m.* Igualamiento.
igualar [iɣwəlà] *t.-prnl.* Igualar.
igualitari, -ària [iɣwəlitàri, -àriə] *a.* Igualitario.
igualment [iɣwəlmèn] *adv.* Igualmente.
igualtat [iɣwəltàt] *f.* Igualdad. *2* Empate.
íleum [ileum] *m.* ANAT. Íleon.
ilíac, -ca [iliək, -kə] *a.* Ilíaco.
ílium [iliŭm] *m.* ANAT. Ílión.
illa [iʎə] *f.* Isla. *2* Manzana (de casas).
il·lació [iləsió] *f.* Ilación.
illada [iʎàðə] *f.* Ijada, ijar.
il·legal [iləɣàl] *a.* Ilegal.
il·legalitat [iləɣəlitàt] *f.* Ilegalidad.
il·legible [iləʒibblə] *a.* Ilegible.
il·legítim, -ma [iləʒitim, -mə] *a.* Ilegítimo.
il·legitimitat [iləʒitimitàt] *f.* Ilegitimidad.
illenc, -ca [iʎèŋ, -kə] *a., m.-f.* Isleño, insular.
il·lès, -esa [ilès, -èzə] *a.* Ileso.
illetrat, -ada [iʎətràt, -àðə] *a.* Iletrado.
il·lícit [ilisit, -tə] *a.* Ilícito.
il·limitat, -ada [ilimitàt, -àðə] *a.* Ilimitado.
il·lògic, -ca [ilɔ̀ʒik, -kə] *a.* Ilógico.
illot [iʎɔ̀t] *m.* Islote.
il·luminació [iluminəsió] *f.* Iluminación.
il·luminador, -ra [iluminəðó, -rə] *a., m.-f.* Iluminador.
il·luminar [iluminà] *t.* Iluminar, alumbrar. *2* Clarear.

il·lús, -usa [ilús, -úzə] *a.* Iluso.
il·lusió [iluzió] *f.* Ilusión.
il·lusionar [iluziuná] *t.-prnl.* Ilusionar.
il·lusionista [iluziunístə] *m.-f.* Ilusionista.
il·lusori, -òria [iluzɔ́ri, -ɔ́riə] *a.* Ilusorio.
il·lustració [ilustrəsió] *f.* Ilustración.
il·lustrar [ilustrá] *t.-prnl.* Ilustrar.
il·lustre [ilústrə] *a.* Ilustre.
imaginable [iməʒinábblə] *a.* Imaginable.
imaginació [iməʒinəsió] *f.* Imaginación.
imaginaire [iməʒináĭrə] *a.* Imaginero.
imaginar [iməʒiná] *t.-prnl.* Imaginar.
imaginari, -ària [iməʒinári, -áriə] *a.* Imaginario.
imant [imán] *m.* Imán.
imantar [imənta] *t.* Imantar.
imatge [imádʒə] *f.* Imagen.
imatger [imədʒé] *m.* Imaginero.
imbècil [imbɛ́sil] *a.* Imbécil.
imbecil·litat [imbəsilitát] *f.* Imbecilidad.
imberbe [imbérβə] *a.* Imberbe.
imbricat, -ada [imbrikát, -áðə] *a.* Imbricado.
imbuir [imbuí] *t.* Imbuir.
imitació [imitəsió] *f.* Imitación, remedo.
imitador, -ra [imitəðó, -rə] *a., m.-f.* Imitador.
imitar [imitá] *t.* Imitar.
immaculat, -ada [imməkulát, -áðə] *a.* Inmaculado.
immanent [immənén] *a.* Inmanente.
immaterial [immətəriál] *a.* Inmaterial.
immediat, -ta [imməðiát, -tə] *a.* Inmediato.
immemorial [imməmuriál] *a.* Inmemorial.
immens, -sa [immɛ́ns, -sə] *a.* Inmenso.
immensitat [immənsitát] *f.* Inmensidad.
immerescut, -uda [imməreskút, -úðə] *a.* Inmerecido.
immersió [immərsió] *f.* Inmersión.
immigració [immiɣrəsió] *f.* Inmigración.
immigrant [immiɣrán] *a., m.-f.* Inmigrante.
immigrar [immiɣrá] *i.* Inmigrar.
immillorable [immiʎurábblə] *a.* Inmejorable.
imminència [imminɛ́nsiə] *f.* Inminencia.
imminent [imminén] *a.* Inminente.
immiscir-se [immisírsə] *prnl.* Inmiscuirse.
immòbil [immɔ́βil] *a.* Inmóvil.
immobiliari, -ària [immuβiliári, -áriə] *a.* Inmobiliario. *2 f.* Inmobiliaria.
immobilitat [immuβilitát] *f.* Inmovilidad.
immobilitzar [immuβilidzá] *t.* Inmovilizar.
immoble [immɔ́bblə] *a.* Inmueble.
immoderat, -ada [immuðərát, -áðə] *a.* Inmoderado.
immodèstia [immuðɛ́stiə] *f.* Inmodestia.
immolació [immuləsió] *f.* Inmolación.
immolar [immulá] *t.-prnl.* Inmolar.
immoral [immurál] *a.* Inmoral.
immoralitat [immurəlitát] *f.* Inmoralidad.
immortal [immurtál] *a.* Inmortal.
immortalitat [immurtəlitát] *f.* Inmortalidad.
immortalitzar [immurtəlidzá] *t.* Inmortalizar.
immund, -da [immún, -də] *a.* Inmundo.
immundícia [immundísiə] *f.* Inmundicia.
immune [immúnə] *a.* Inmune.
immunitat [immunitát] *f.* Inmunidad.
immunitzar [immunidzá] *t.* Inmunizar.
immutable [immutábblə] *a.* Inmutable.
immutar [immutá] *t.-prnl.* Inmutar.
impaciència [impəsiɛ́nsiə] *f.* Impaciencia.
impacient [impəsién] *a.* Impaciente.
impacientar [impəsiəntá] *t.-prnl.* Impacientar.
impacte [impáktə] *m.* Impacto.
impalpable [impəlpábblə] *a.* Impalpable.
imparcial [impərsiál] *a.* Imparcial.
imparcialitat [impərsiəlitát] *f.* Imparcialidad.
imparell, -lla [impərɛ́ʎ, -ʎə] *a.* Impar, non.
impartir [impərtí] *t.* Impartir.
impassibilitat [impəsiβilitát] *f.* Impasibilidad.
impassible [impəsíbblə] *a.* Impasible.
impàvid, -da [impáβit, -ðə] *a.* Impávido.
impecable [impəkábblə] *a.* Impecable.
impediment [impəðimén] *m.* Impedimento.
impedimenta [impəðiméntə] *f.* Impedimenta, óbice.
impedir [impəðí] *t.* Impedir.
impel·lent [impəlén] *a.* Impelente.
impel·lir [impəlí] *t.* Impeler.
impenetrable [impənətrábblə] *a.* Impenetrable.
impenitència [impənitɛ́nsiə] *f.* Impenitencia.
impenitent [impənitén] *a.* Impenitente.
impensadament [impənsaðəmén] *adv.* Impensadamente.
impensat, -ada [impənsát, -áðə] *a.* Impensado.
imperant [impərán] *a.* Imperante.
imperar [impərá] *i.* Imperar.
imperatiu, -iva [impərətiŭ, -iβə] *a.-m.* Imperativo.
imperceptible [impərsəptíbblə] *a.* Imperceptible.
imperdible [impərðíbblə] *a.* Imperdible.
imperdonable [impərðunábblə] *a.* Imperdonable.

imperfecció [impərfəksió] *f.* Imperfección.
imperfecte, -ta [impərféktə, -tə] *a.* Imperfecto.
imperfet, -ta [impərfét, -tə] *a.-m.* Imperfecto.
imperi [impéri] *m.* Imperio.
imperial [impəriál] *a.-m.* Imperial.
imperialisme [impəriəlizmə] *m.* Imperialismo.
imperible [impəribblə] *a.* Imperecedero.
imperícia [impərisiə] *f.* Impericia.
imperiós, -osa [impəriós, -ózə] *a.* Imperioso.
impermeabilitzar [impermeəβilidzá] *t.* Impermeabilizar.
impermeable [impərmeábblə] *a.-m.* Impermeable. *2 m.* Chubasquero.
impersonal [impərsunál] *a.* Impersonal.
impertèrrit, -ta [impərtérrit, -tə] *a.* Impertérrito.
impertinència [impertinénsiə] *f.* Impertinencia.
impertinent [impərtinén] *a.* Impertinente.
impertorbable [impərturβábblə] *a.* Imperturbable.
impetrar [impətrá] *t.* Impetrar.
ímpetu [impətu] *m.* Ímpetu.
impetuós, -osa [impətuós, -ózə] *a.* Impetuoso.
impetuositat [impətuuzitát] *f.* Impetuosidad.
impietat [impiətát] *f.* Impiedad.
impiu, -ia [impiŭ, -iə] *a.* Impío.
implacable [impləkábblə] *a.* Implacable.
implantar [implənta] *t.* Implantar.
implicar [impliká] *t.* Implicar.
implícit, -ta [implisit, -tə] *a.* Implícito.
imploració [implurəsió] *f.* Imploración.
implorar [implurá] *t.* Implorar.
imponderable [impundərábblə] *a.-m.* Imponderable.
imponent [impunén] *a.* Imponente.
impopular [impupulár] *a.* Impopular.
impopularitat [impupuləritát] *f.* Impopularidad.
import [impɔ́r(t)] *m.* Importe, monto.
importació [impurtəsió] *f.* Importación.
importador, -ra [impurtəðó, -rə] *a., m.-f.* Importador.
importància [impurtánsiə] *f.* Importancia.
important [impurtán] *a.* Importante.
importar [impurtá] *t.-i.* Importar.
importú, -una [impurtú, -únə] *a.* Importuno.
importunar [impurtuná] *t.* Importunar.
importunitat [impurtunitát] *f.* Importunidad.
imposant [impuzán] *a., m.-f.* Imponente, imponedor.
imposar [impuzá] *t.* Imponer.
imposició [impuzisió] *f.* Imposición.
impossibilitar [impusiβilitá] *t.* Imposibilitar.
impossibilitat [impusiβilitát] *f.* Imposibilidad.
impossible [impusibblə] *a.-m.* Imposible.
impost [impɔ́s(t)] *m.* Impuesto.
impostor, -ra [impustó, -rə] *m.-f.* Impostor.
impostura [impustúrə] *f.* Impostura.
impotència [imputénsiə] *f.* Impotencia.
impotent [imputén] *a.* Impotente.
impracticable [imprəktikábblə] *a.* Impracticable.
imprecació [imprəkəsió] *f.* Imprecación.
imprecís, -isa [imprəsis, -izə] *a.* Impreciso.
imprecisió [imprəsizió] *f.* Imprecisión.
impregnar [imprəŋná] *t.-prnl.* Impregnar.
impremeditat, -ada [imprəməðitát, -áðə] *a.* Impremeditado.
impremta [imprémtə] *f.* Imprenta.
imprès [imprés] *m.* Impreso.
imprescindible [imprəsindibblə] *a.* Imprescindible.
impressió [imprəsió] *f.* Impresión.
impressionar [imprəsiuná] *t.-prnl.* Impresionar.
impressionisme [imprəsiunizmə] *m.* PINT. Impresionismo.
impressor [imprəsó] *m.* Impresor.
imprevisible [imprəβizibblə] *a.* Imprevisible.
imprevisió [imprəβizió] *f.* Imprevisión.
imprevist, -ta [imprəβis(t), -tə] *a.* Imprevisto.
imprimir [imprimí] *t.* Imprimir. ¶ CONJUG. P. P.: *imprès.*
improbable [impruβábblə] *a.* Improbable.
ímprobe, -ba [impruβə, -βə] *a.* Ímprobo.
improcedent [imprusəðén] *a.* Improcedente.
improductiu, -iva [impruðuktiŭ, -iβə] *a.* Improductivo.
improperi [imprupéri] *m.* Improperio.
impropi, -òpia [imprɔ́pi, -ɔ́piə] *a.* Impropio
impropietat [imprupiətát] *f.* Impropiedad.
improvís, -isa [impruβis, -izə] *a.* Improviso. ‖ ***D'~***, de improviso.
improvisació [impruβizəsió] *f.* Improvisación.
improvisador, -ra [impruβizəðó, -rə] *a., m.-f.* Improvisador.

improvisar [impruβizá] *t.* Improvisar.
imprudència [impruðέnsiə] *f.* Imprudencia.
imprudent [impruðén] *a.* Imprudente.
impúber [impúβər] *a.* Impúber.
impúdic, -ca [impúðik, -kə] *a.* Impúdico.
impudor [impuðó] *m.* Impudor.
impugnació [impuŋnəsió] *f.* Impugnación.
impugnar [impuŋná] *t.* Impugnar.
impuls [impúls] *m.* Impulso.
impulsar [impulsá] *t.* Impulsar.
impulsió [impulsió] *f.* Impulsión.
impulsiu, -iva [impulsiŭ, -iβə] *a.* Impulsivo.
impune [impúnə] *a.* Impune.
impunitat [impunitát] *f.* Impunidad.
impur, -ra [impúr, -rə] *a.* Impuro.
impuresa [impurέzə] *f.* Impureza.
impurificar [impurifiká] *t.* Impurificar.
imputable [imputábblə] *a.* Imputable.
imputar [imputá] *t.* Imputar, achacar.
inacabable [inəkəβábblə] *a.* Inacabable.
inacceptable [inəksəptábblə] *a.* Inaceptable.
inaccessible [inəksəsibblə] *a.* Inaccesible.
inacció [inəksió] *f.* Inacción.
inactiu, -iva [inəktiŭ, -iβə] *a.* Inactivo.
inactivitat [inəktiβitát] *f.* Inactividad.
inadaptable [inəðəptábblə] *a.* Inadaptable.
inadmissible [inəmmisibblə] *a.* Inadmisible.
inadvertència [inəbbərtέnsiə] *f.* Inadvertencia.
inadvertit, -ida [inəbbərtit, -iðə] *a.* Inadvertido.
inaguantable [inəɣwəntábblə] *a.* Inaguantable.
inalienable [inəliənábblə] *a.* Inalienable, inajenable.
inalterable [inəltərábblə] *a.* Inalterable.
inamovible [inəmuβibblə] *a.* Inamovible.
inanició [inənisió] *f.* Inanición.
inanimat, -ada [inənimát, -áðə] *a.* Inanimado.
inapel·lable [iŋəpəlábblə] *a.* Inapelable.
inapetència [inəpətέnsiə] *f.* Inapetencia.
inapetent [inəpətén] *a.* Inapetente.
inapreciable [inəprəsiábblə] *a.* Inapreciable.
inarticulat, -ada [inərtikulát, -áðə] *a.* Inarticulado.
inassequible [inəsəkibblə] *a.* Inasequible.
inatacable [inətəkábblə] *a.* Inatacable.
inaudit, -ta [inəŭðit, -tə] *a.* Inaudito.
inauguració [inəuɣurəsió] *f.* Inauguración.
inaugurar [inəŭɣurá] *t.* Inaugurar.
inca [iŋkə] *m.* Inca.
incandescent [iŋkəndəsén] *a.* Incandescente.
incansable [iŋkənsábblə] *a.* Incansable.
incapaç [iŋkəpás] *a.* Incapaz.
incapacitar [iŋkəpəsitá] *t.* Incapacitar.
incapacitat [iŋkəpəsitát] *f.* Incapacidad.
incaut, -ta [iŋkáŭt, -tə] *a.* Incauto.
incendi [insέndi] *m.* Incendio.
incendiar [insəndiá] *t.-prnl.* Incendiar.
incendiari, -ària [insəndiári, -áriə] *a., m.-f.* Incendiario.
incentiu [insəntiŭ] *m.* Incentivo.
incert, -ta [insέr(t), -tə] *a.* Incierto.
incertesa [insərtέzə] *f.* Incertidumbre.
incertitud [insərtitút] *f.* Incertidumbre.
incessant [insəsán] *a.* Incesante.
incest [insés(t)] *m.* Incesto.
incestuós, -osa [insəstuós, -ózə] *a.* Incestuoso.
incidència [insiðέnsiə] *f.* Incidencia.
incident [insiðén] *a.* Incidente.
incidental [insiðəntál] *a.* Incidental.
incidir [insiði] *i.* Incidir.
incineració [insinərəsió] *f.* Incineración.
incinerar [insinərá] *t.* Incinerar.
incipient [insipién] *a.* Incipiente.
incís [insis] *m.* Inciso.
incisió [insizió] *f.* Incisión.
incisiu, -iva [insiziŭ, -iβə] *a.* Incisivo. *2 f.* Incisivo.
incitar [insitá] *t.* Incitar.
incivil [insiβil] *a.* Incivil.
incivilitzat, -ada [insiβilidzát, -áðə] *a.* Incivilizado.
inclemència [iŋkləmέnsiə] *f.* Inclemencia.
inclement [iŋkləmén] *a.* Inclemente.
inclinació [iŋklinəsió] *f.* Inclinación.
inclinar [iŋkliná] *t.-prnl.* Inclinar.
inclinat, -ada [iŋklinát, -áðə] *a.* Inclinado.
ínclit, -ta [iŋklit, -tə] *a.* Ínclito.
incloure [iŋklɔ́ŭrə] *t.* Incluir. ¶ CONJUG. como ***cloure***. ‖ P. P.: ***inclòs***.
inclusió [iŋkluzió] *f.* Inclusión.
inclusiu, -iva [iŋkluziŭ, -iβə] *a.* Inclusivo.
inclusivament [iŋkluziβəmén] *adv.* Incluso, inclusive.
incoar [iŋkuá] *t.* JUR. Incoar.
incoercible [iŋkuərsibblə] *a.* Incoercible.
incògnit, -ta [iŋkɔ́ŋnit, -tə] *a.-m.* Incógnito. *2 f.* Incógnita.
incoherència [iŋkuərέnsiə] *f.* Incoherencia.
incoherent [iŋkuərén] *a.* Incoherente.
incolor, -ra [iŋkulór, -rə] *a.* Incoloro.
incòlume [iŋkɔ́lumə] *a.* Incólume.
incombustible [iŋkumbustibblə] *a.* Incombustible.

incommensurable [iŋkummənsurábblə] *a.* Inconmensurable.
incommovible [iŋkummuβibblə] *a.* Inconmovible.
incomodar [iŋkumuðá] *t.-prnl.* Incomodar.
incòmode, -da [iŋkɔ́muðə, -ðə] *a.* Incómodo.
incomoditat [iŋkumuðitát] *f.* Incomodidad.
incomparable [iŋkumpərábblə] *a.* Incomparable.
incomprensible [iŋkumprənsibblə] *a.* Incomprensible, cerrado.
incomprensió [iŋkumprənsió] *f.* Incomprensión.
incomprès, -esa [iŋkumprɛ́s, -ɛ́zə] *a.* Incomprendido.
incomptable [iŋkumtábblə] *a.* Incontable.
incomunicació [iŋkumunikəsió] *f.* Incomunicación.
incomunicar [iŋkumuniká] *t.-prnl.* Incomunicar.
inconcebible [iŋkunsəβibblə] *a.* Inconcebible.
inconcús, -ussa [iŋkuŋkús, -úzə] *a.* Inconcuso.
incondicional [iŋkundisiunál] *a.* Incondicional.
inconegut, -uda [iŋkunəγút, -úðə] *a.* Desconocido.
inconfés, -essa [iŋkumfés, -ésə] *a.* Inconfeso.
inconfessable [iŋkumfəsábblə] *a.* Inconfesable.
incongruència [iŋkuŋgruɛ́nsiə] *f.* Incongruencia.
incongruent [iŋkuŋgruén] *a.* Incongruente.
inconnex, -xa [iŋkunnɛ́ks, -ksə] *a.* Inconexo.
inconnexió [iŋkunnəksió] *f.* Inconexión.
inconquistable [iŋkuŋkistábblə] *a.* Inconquistable.
inconsciència [iŋkunsiɛ́nsiə] *f.* Inconsciencia.
inconscient [iŋkunsién] *a.* Inconsciente.
inconseqüència [iŋkunsəkwɛ́nsiə] *f.* Inconsecuencia.
inconsiderat, -ada [inkunsiðərát, -áðə] *a.* Inconsiderado.
inconsistència [iŋkunsistɛ́nsiə] *f.* Inconsistencia.
inconsistent [iŋkunsistén] *a.* Inconsistente.
inconsolable [iŋkunsulábblə] *a.* Inconsolable.
inconstància [iŋkunstánsiə] *f.* Inconstancia.
inconstant [iŋkunstán] *a.* Inconstante.
inconsútil [iŋkunsútil] *a.* Inconsútil.
incontestable [iŋkuntəstábblə] *a.* Incontestable.
incontinència [iŋkuntinɛ́nsiə] *f.* Incontinencia.
incontinent [iŋkuntinén] *a.* Incontinente.
incontrolable [iŋkuntrulábblə] *a.* Incontrolable.
incontrovertible [iŋkuntruβərtibblə] *a.* Incontrovertible.
inconveniència [iŋkumbəniɛ́nsiə] *f.* Inconveniencia.
inconvenient [iŋkumbənién] *a.* Inconveniente, reparo.
incoordinació [iŋkuurðinəsió] *f.* Incoordinación.
incorporació [iŋkurpurəsió] *f.* Incorporación.
incorporar [iŋkurpurá] *t.-prnl.* Incorporar.
incorpori, -òria [iŋkurpɔ́ri, -ɔ́riə] *a.* Incorpóreo.
incorrecció [iŋkurrəksió] *f.* Incorrección.
incorrecte, -ta [iŋkurrɛ́ktə, -tə] *a.* Incorrecto.
incorregible [iŋkurrəʒibblə] *a.* Incorregible.
incórrer [iŋkórrə] *i.* Incurrir. ¶ CONJUG. como ***córrer***.
incorrupció [iŋkurrupsió] *f.* Incorrupción.
incorrupte, -ta [iŋkurrúptə, -tə] *a.* Incorrupto.
incorruptible [iŋkurruptibblə] *a.* Incorruptible.
incrèdul, -la [iŋkrɛ́ðul, -lə] *a.* Incrédulo.
incredulitat [iŋkrəðulitát] *f.* Incredulidad.
increïble [iŋkrəibblə] *a.* Increíble.
increment [iŋkrəmén] *m.* Incremento.
incrementar [iŋkrəməntá] *m.* Incrementar.
increpar [iŋkrəpá] *t.* Increpar.
incriminar [iŋkriminá] *t.* Incriminar.
incruent, -ta [iŋkruén, -tə] *a.* Incruento.
incrustació [iŋkrustəsió] *f.* Incrustación.
incrustar [iŋkrustá] *t.-prnl.* Incrustar.
incubació [iŋkuβəsió] *f.* Incubación.
incubadora [iŋkuβəðórə] *f.* Incubadora.
incubar [iŋkuβá] *t.* Incubar.
inculcar [iŋkulká] *t.* Inculcar.
inculpació [iŋkulpəsió] *f.* Inculpación.
inculpar [iŋkulpá] *t.* Inculpar.
inculte, -ta [iŋkúltə, -tə] *a.* Inculto, tosco. *2* Yermo.
incultura [iŋkultúrə] *f.* Incultura.
incumbència [iŋkumbɛ́nsiə] *f.* Incumbencia.

incumbir [iŋkumbi] *i.* Incumbir.
incunable [iŋkunábblə] *a.-m.* Incunable.
incurable [iŋkurábblə] *a.* Incurable.
incúria [iŋkúriə] *f.* Incuria.
incursió [iŋkursió] *f.* Incursión, correría.
incurvat, -ada [iŋkurβát, -áðə] *a.* Incurvado.
indagació [indəγəsió] *f.* Indagación.
indagar [indəγá] *t.* Indagar.
indecència [indəsέnsiə] *f.* Indecencia.
indecent [indəsén] *a.* Indecente.
indecís, -isa [indəsís, -ízə] *a.* Indeciso.
indecisió [indəsizió] *f.* Indecisión.
indeclinable [indəklinábblə] *a.* Indeclinable.
indecorós, -osa [indəkurós, -ózə] *a.* Indecoroso.
indefectible [indəfəktíbblə] *a.* Indefectible.
indefens, -sa [indəfέns, -sə] *a.* Indefenso.
indefensable [indəfənsábblə] *a.* Indefendible.
indefinible [indəfiníbblə] *a.* Indefinible.
indefinit, -ida [indəfinít, -íðə] *a.* Indefinido.
indegut, -uda [indəγút, -úðə] *a.* Indebido.
indeleble [indəlébblə] *a.* Indeleble.
indemne [indέmnə] *a.* Indemne.
indemnitat [indəmnitát] *f.* Indemnidad.
indemnització [indəmnidzəsió] *f.* Indemnización.
indemnitzar [indəmnidzá] *t.* Indemnizar.
independència [indəpəndέnsiə] *f.* Independencia.
independent [indəpəndén] *a.* Independiente.
indescriptible [indəskriptíbblə] *a.* Indescriptible.
indesitjable [indəzidʒábblə] *a.* Indeseable.
indestructible [indəstruktíbblə] *a.* Indestructible.
indesxifrable [indəʃifrábblə] *a.* Indescifrable.
indeterminació [indətərminəsió] *f.* Indeterminación.
indeterminat, -ada [indətərminát, -áðə] *a.* Indeterminado
índex [índəks] *m.* Índice.
indi [índi] *m.* QUÍM. Índigo, añil.
indi, -índia [índi, índiə] *a., m.-f.* Indio.
indià, -ana [indiá, -ánə] *a., m.-f.* Indiano.
indiana [indiánə] *f.* Indiana.
índic, -ca [índik, -kə] *a.* Índico.
indicació [indikəsió] *f.* Indicación.
indicador, -ra [indikəðó, -rə] *a., m.-f.* Indicador.
indicar [indiká] *t.* Indicar.
indicatiu, -iva [indikətíŭ, -íβə] *a.-m.* Indicativo.
indici [indísi] *m.* Indicio, asomo, amago.
indicible [indisíbblə] *a.* Indecible.
indiferència [indifərέnsiə] *f.* Indiferencia.
indiferenciat, -ada [indifərənsiát, -áðə] *a.* Indiferenciado.
indiferent [indifərén] *a.* Indiferente.
indígena [indíʒənə] *a., m.-f.* Indígena.
indigència [indiʒέnsiə] *f.* Indigencia.
indigent [indiʒén] *a., m.-f.* Indigente.
indigest, -ta [indiʒés(t), -tə] *a.* Indigesto.
indigestió [indiʒəstió] *f.* Indigestión.
indignació [indiŋnəsió] *f.* Indignación.
indignant [indiŋnán] *a.* Indignante.
indignar [indiŋná] *t.-prnl.* Indignar.
indigne, -na [indíŋnə, -nə] *a.* Indigno.
indignitat [indiŋnitát] *f.* Indignidad.
indiot [indiɔ́t] *m.* Pavo.
indirecte, -ta [indirέktə, -tə] *a.* Indirecto. *2 f.* Indirecta.
indisciplina [indisiplínə] *f.* Indisciplina.
indisciplinat, -ada [indisiplinát, -áðə] *a.* Indisciplinado.
indiscreció [indiskrəsió] *f.* Indiscreción.
indiscret, -ta [indiskrét, -tə] *a.* Indiscreto.
indiscriminat, -ada [indiskriminát, -áðə] *a.* Indiscriminado.
indiscutible [indiskutíbblə] *a.* Indiscutible.
indispensable [indispənsábblə] *a.* Indispensable.
indisposar [indispuzá] *t.-prnl.* Indisponer.
indisposat, -ada [indispuzát, -áðə] *a.* Indispuesto.
indisposició [indispuzisió] *f.* Indisposición.
indisputable [indisputábblə] *a.* Indisputable.
indissoluble [indisulúbblə] *a.* Indisoluble.
indistint, -ta [indistín, -tə] *a.* Indistinto.
individu, -ídua [indiβíðu, -íðuə] *a.* Individuo.
individual [indiβiðuál] *a.* Individual.
individualisme [indiβiðuəlízmə] *m.* Individualismo.
indivís, -isa [indiβís, -ízə] *a.* Indiviso.
indivisible [indiβizíbblə] *a.* Indivisible.
indivisió [indiβizió] *f.* Indivisión.
indòcil [indɔ́sil] *a.* Indócil.
indocte, -ta [indɔ́ktə, -tə] *a.* Indocto.
indocumentat, -ada [indukuməntát, -áðə] *a.* Indocumentado.
indoeuropeu, -ea [induəŭrupέŭ, -έə] *a.* Indoeuropeo.
índole [índulə] *f.* Índole, laya.
indolència [indulέnsiə] *f.* Indolencia, pachorra.
indolent [indulén] *a.* Indolente, remiso.
indomable [indumábblə] *a.* Indomable.
indòmit, -ta [indɔ́mit, -tə] *a.* Indómito.

indret [indrét] *m.* Paraje, lugar, puesto.
indubtable [induptábblə] *a.* Indudable.
inducció [induksió] *f.* Inducción.
inductiu, -iva [induktiŭ, -iβə] *a.* Inductivo.
inductor, -ra [induktó, -rə] *a., m.-f.* Inductor.
induir [induí] *t.* Inducir.
induït, -ïda [induit, -iðə] *a.* Inducido.
indulgència [indulʒénsiə] *f.* Indulgencia.
indulgent [indulʒén] *a.* Indulgente.
indult [indúl(t)] *m.* Indulto.
indultar [indultá] *t.* Indultar.
indumentària [induməntáriə] *f.* Indumentaria.
indústria [indústriə] *f.* Industria.
industrial [industriál] *a.-m.* Industrial.
industrialitzar [industrialidzá] *t.* Industrializar.
industriar-se [industriársə] *prnl.* Industriarse.
industriós, -osa [industriós, -ózə] *a.* Industrioso.
inèdit, -ta [inέðit, -tə] *a.* Inédito.
ineducat, -ada [inəðukát, -áðə] *a.* Ineducado.
inefable [inəfábblə] *a.* Inefable.
ineficaç [inəfikás] *a.* Ineficaz.
ineficàcia [inəfikásiə] *f.* Ineficacia.
inelegant [inələγán] *a.* Inelegante.
inelegible [inələʒibblə] *a.* Inelegible.
ineludible [inəluðibblə] *a.* Ineludible.
inenarrable [inənərrábblə] *a.* Inenarrable.
inèpcia [inέpsiə] *f.* Inepcia.
inepte, -ta [inéptə, -tə] *a.* Inepto, desmañado.
inequívoc, -ca [inəkiβuk, -kə] *a.* Inequívoco.
inèrcia [inέrsiə] *f.* Inercia.
inerme [inέrmə] *a.* Inerme.
inert, -ta [inέr(t), -tə] *a.* Inerte.
inesborrable [inəzβurrábblə] *a.* Imborrable.
inescrutable [inəskrutábblə] *a.* Inescrutable.
inesgotable [inəzγutábblə] *a.* Inagotable.
inesperat, -ada [inəspərát, -áðə] *a.* Inesperado.
inestable [inəstábblə] *a.* Inestable.
inestimable [inəstimábblə] *a.* Inestimable.
inestroncable [inəstruŋkábblə] *a.* Irrestañable.
inevitable [inəβitábblə] *a.* Inevitable.
inexacte, -ta [inəgzáktə, -tə] *a.* Inexacto.
inexactitud [inəgzəktitút] *f.* Inexactitud.
inexcusable [inəkskuzábblə] *a.* Inexcusable.
inexhaurible [inəgzəŭribblə] *a.* Inagotable.
inexistència [inəgzistέnsiə] *f.* Inexistencia.
inexistent [inəgzistén] *a.* Inexistente.
inexorable [inəgzurábblə] *a.* Inexorable.
inexperiència [inəkspəriέnsiə] *f.* Inexperiencia.
inexpert, -ta [inəkspέr(t), -tə] *a.* Inexperto.
inexplicable [inəksplikábblə] *a.* Inexplicable.
inexplorat, -ada [inəksplurát, -áðə] *a.* Inexplorado.
inexpressiu, -iva [inəksprəsiŭ, -iβə] *a.* Inexpresivo.
inexpugnable [inəkspuŋnábblə] *a.* Inexpugnable.
inextens, -sa [inəkstέns, -sə] *a.* Inextenso.
inextingible [inəkstinʒibblə] *a.* Inextinguible.
inextricable [inəkstrikábblə] *a.* Inextricable.
infal·libilitat [imfəliβilitát] *f.* Infalibilidad.
infal·lible [imfəlibblə] *a.* Infalible.
infamant [imfəmán] *a.* Infamante.
infamar [imfəmá] *t.* Infamar.
infamatori, -òria [imfəmətɔ́ri, -ɔ́riə] *a.* Infamatorio.
infame [imfámə] *a.* Infame.
infàmia [imfámiə] *f.* Infamia.
infància [imfánsiə] *f.* Infancia, niñez.
infant [imfán] *m.* Infante. 2 Niño.
infanta [imfántə] *f.* Infanta.
infantament [imfəntəmén] *m.* Alumbramiento.
infantar [imfəntá] *t.* Parir, alumbrar.
infanteria [imfəntəriə] *f.* Infantería.
infantesa [imfəntέzə] *f.* Infancia, niñez.
infanticidi [imfəntisiði] *m.* Infanticidio.
infantil [imfəntil] *a.* Infantil.
infart [imfár(t)] *m.* MED. Infarto.
infatigable [imfətiγábblə] *a.* Infatigable.
infatuació [imfətuəsió] *f.* Infatuación.
infatuar [imfətuá] *t.-prnl.* Infatuar.
infaust, -ta [imfáŭs(t), -tə] *a.* Infausto.
infecció [imfəksió] *f.* Infección.
infecciós, -osa [imfəksiós, -ózə] *a.* Infeccioso.
infectar [imfəktá] *t.* Infectar.
infecte, -ta [imfέktə, -tə] *a.* Infecto.
infecund, -da [imfəkún, -də] *a.* Infecundo.
infeliç [imfəlis] *a.* Infeliz.
infelicitat [imfəlisitát] *f.* Infelicidad.
inferior [imfərió(r)] *a.-m.* Inferior.
inferioritat [imfəriuritát] *f.* Inferioridad.
inferir [imfəri] *t.* Inferir.
infermer, -ra [imfərmé, -rə] *m.-f.* Enfermero.
infermeria [imfərməriə] *f.* Enfermería.

infern [imfέrn] *m.* Infierno.
infernal [imfərnál] *a.* Infernal.
infestar [imfəstá] *t.-prnl.* Infestar.
infidel [imfiðέl] *a.-m.* Infiel.
infidelitat [imfiðəlitát] *f.* Infidelidad.
infiltració [imfiltrəsió] *f.* Infiltración.
infiltrar [imfiltrá] *t.-prnl.* Infiltrar.
ínfim, -ma [ímfim, -mə] *a.* Ínfimo.
infinit, -ta [imfinít, -tə] *a.-m.* Infinito.
infinitat [imfinitát] *f.* Infinidad, sinfín.
infinitesimal [imfinitəzimál] *a.* Infinitesimal.
infinitiu [imfinitíŭ] *m.* Infinitivo.
infirmar [imfirmá] *t.* Infirmar.
inflació [imfləsió] *f.* Inflación.
inflamable [imfləmábblə] *a.* Inflamable.
inflamació [imfləməsió] *f.* Inflamación.
inflamar [imfləmá] *t.-prnl.* Inflamar.
inflamatori, -òria [imflǝmǝtɔ́ri, -ɔ́riǝ] *a.* Inflamatorio.
inflament [imfləmén] *m.* Inflación, henchimiento.
inflat, -ada [imflát, -áðə] *a.* Hinchado.
inflexible [imfləksíbblə] *a.* Inflexible.
inflexió [imfləksió] *f.* Inflexión.
infligir [imfliʒí] *t.* Infligir.
inflor [imfló] *f.* Hinchazón.
inflorescència [imflurəsέnsiə] *f.* BOT. Inflorescencia.
influència [imfluέnsiə] *f.* Influencia.
influenciar [imfluənsiá] *t.* Influenciar.
influent [imfluén] *a.* Influyente.
influir [imfluí] *i.* Influir.
influx [imflúks] *m.* Influencia.
infòlio [imfɔ́liu] *m.* Infolio.
infondre [imfóndrə] *t.* Infundir. ¶ CONJUG. como ***fondre.*** ‖ P. P.: ***infós.***
informació [imfurməsió] *f.* Información.
informal [imfurmál] *a.* Informal.
informalitat [imfurməlitát] *f.* Informalidad.
informant [imfurmán] *m.* Informante.
informar [imfurmá] *t.-i.-prnl.* Informar.
informatiu, -iva [imfurmətíŭ, -íβə] *a.* Informativo.
informe [imfórmə] *a.-m.* Informe.
infortuna [imfurtúnə] *f.* Infortuna.
infortunat, -ada [imfurtunát, -áðə] *a.* Infortunado.
infortuni [imfurtúni] *m.* Infortunio.
infracció [imfrəksió] *f.* Infracción.
infractor, -ra [imfrəktó, -rə] *a., m.-f.* Infractor.
infrangible [imfrənʒíbblə] *a.* Inquebrantable.
infranquejable [imfrəŋkəʒábblə] *a.* Infranqueable.
infrascrit, -ta [imfrəskrít, -tə] *a., m.-f.* Infrascrito.
infreqüent [imfrəkwén] *a.* Infrecuente.
infringir [imfrinʒí] *t.* Infringir.
infructuós, -osa [imfruktuós, -ózə] *a.* Infructuoso.
ínfula [ímfulə] *f.* Ínfula. *2 pl.* Ínfulas.
infús, -usa [imfús, -úzə] *a.* Infuso.
infusió [imfuzió] *f.* Infusión.
infusori [imfuzɔ́ri] *m.* Infusorio.
ingeni [inʒέni] *m.* Ingenio.
ingènit, -ta [inʒέnit, -tə] *a.* Ingénito.
ingent [inʒén] *a.* Ingente.
ingenu, -ènua [inʒέnu, -έnuə] *a.* Ingenuo.
ingenuïtat [inʒənuitát] *f.* Ingenuidad.
ingerència [inʒərέnsiə] *f.* Injerencia.
ingerir [inʒərí] *t.-prnl.* Ingerir.
ingrat, -ta [iŋgrát, -tə] *a.* Ingrato.
ingratitud [iŋgrətitút] *f.* Ingratitud.
ingràvid, -da [iŋgráβit, -ðə] *a.* Ingrávido.
ingredient [iŋgrəðién] *m.* Ingrediente.
ingrés [iŋgrés] *m.* Ingreso. *2 pl.* Ingresos.
ingressar [iŋgrəsá] *i.-t.* Ingresar.
inguarible [iŋgwəríbblə] *a.* Incurable.
inguinal [iŋguinál] *a.* Inguinal.
ingurgitar [iŋgurʒitá] *t.* Ingurgitar.
inhàbil [ináβil] *a.* Inhábil.
inhabilitar [inəβilitá] *t.* Inhabilitar.
inhabilitat [inəβilitát] *f.* Inhabilidad.
inhabitat, -ada [inəβitát, -áðə] *a.* Inhabitado.
inhalació [inələsió] *f.* Inhalación.
inhalar [inəlá] *t.* Inhalar.
inherent [inərén] *a.* Inherente.
inhibició [iniβisió] *f.* Inhibición.
inhibir [iniβí] *t.-prnl.* Inhibir.
inhospitalari, -ària [inuspitəlári, -áriə] *a.* Inhospitalario.
inhumà, -ana [inumá, -ánə] *a.* Inhumano.
inhumació [inuməsió] *f.* Inhumación.
inhumanitat [inumənitát] *f.* Inhumanidad.
inhumar [inumá] *t.* Inhumar.
inic, -iqua [iník, -iníkwə] *a.* Inicuo.
inici [inísi] *m.* Inicio.
iniciació [inisiəsió] *f.* Iniciación.
inicial [inisiál] *a.* Inicial.
iniciador, -ra [inisiəðó, -rə] *a., m.-f.* Iniciador.
iniciar [inisiá] *t.-prnl.* Iniciar.
iniciativa [inisiətíβə] *f.* Iniciativa.
inimaginable [iniməʒinábblə] *a.* Inimaginable.
inimitable [inimitábblə] *a.* Inimitable.
ininflamable [inimfləmábblə] *a.* Ininflamable.
inintel·ligible [inintəliʒíbblə] *a.* Ininteligible.
ininterromput, -uda [inintərrumpút, -úðə] *a.* Ininterrumpido.
iniquitat [inikitát] *f.* Iniquidad.

injecció [inʒəksió] *f.* Inyección.
inyectable [inʒəktábblə] *a.-m.* Inyectable.
injectar [inʒəktá] *t.-prnl.* Inyectar.
injúria [inʒúriə] *f.* Injuria.
injuriar [inʒuriá] *t.* Injuriar, denostar.
injuriós, -osa [inʒuriós, -ózə] *a.* Injurioso.
injust, -ta [inʒus(t), -tə] *a.* Injusto.
injustícia [inʒustisiə] *f.* Injusticia.
injustificat, -ada [inʒustifikát, -áðə] *a.* Injustificado.
innat, -ta [innát, -tə] *a.* Innato.
innecessari, -ària [innəsəsári, -áriə] *a.* Innecesario.
innegable [innəɣábblə] *a.* Innegable.
innervar [innərβá] *t.* MED. Inervar.
innoble [innɔ́bblə] *a.* Innoble.
innocència [innusɛ́nsiə] *f.* Inocencia.
innocent [innusén] *a.-m.* Inocente.
innocentada [innusəntáðə] *f.* fam. Inocentada.
innocu, -òcua [innɔ́ku, -ɔ́kuə] *a.* Innocuo, inocuo.
innocuïtat [innukuitát] *f.* Inocuidad.
innombrable [innumbrábblə] *a.* Innumerable.
innovació [innuβəsió] *f.* Innovación.
innovador, -ra [innuβəðó, -rə] *a.*, *m.-f.* Innovador.
innovar [innuβá] *t.* Innovar.
innumerable [innumərábblə] *a.* V. INNOMBRABLE.
inoblidable [inuβliðábblə] *a.* Inolvidable.
inobservança [inupsərβánsə] *f.* Inobservancia.
inoculació [inukuləsió] *f.* Inoculación.
inocular [inukulá] *t.* Inocular.
inodor, -ra [inuðór, -rə] *a.* Inodoro.
inofensiu, -iva [inufənsiŭ, -iβə] *a.* Inofensivo.
inoït, -ïda [inuit, -iðə] *a.* Inaudito.
inòpia [inɔ́piə] *f.* Inopia.
inopinat, -ada [inupinát, -áðə] *a.* Inopinado.
inoportú, -una [inupurtú, -únə] *a.* Inoportuno.
inoportunitat [inupurtunitát] *f.* Inoportunidad.
inorgànic, -ca [inurɣánik, -kə] *a.* Inorgánico.
inqualificable [iŋkwəlifikábblə] *a.* Incalificable.
inqüestionable [iŋkwəstiunábblə] *a.* Incuestionable.
inquiet, -ta [iŋkiét, -tə] *a.* Inquieto.
inquietant [iŋkiətán] *a.* Inquietante.
inquietar [iŋkiətá] *t.-prnl.* Inquietar.
inquietud [iŋkiətút] *f.* Inquietud.
inquilí, -ina [iŋkili, -inə] *m.-f.* Inquilino.
inquirir [iŋkiri] *t.* Inquirir.
inquisició [inkizisió] *f.* Inquisición.
inquisidor, -ra [iŋkiziðó, -rə] *a.*, *m.-f.* Inquisidor.
inquisitorial [iŋkizituriál] *a.* Inquisitorial.
inrevés (a l') [inrrəβés] loc. Al revés.
insà, -ana [insá, -ánə] *a.* Insano.
insaciable [insəsiábblə] *a.* Insaciable.
insadollable [insəðuʎábblə] *a.* Insaciable.
insalivació [insəliβəsió] *f.* Insalivación.
insalubre [insəlúβrə] *a.* Insalubre.
inscripció [inskripsió] *f.* Inscripción.
inscriure [inskriŭrə] *t.* Inscribir. ¶ CONJUG. como ***escriure***.
insecte [insέktə] *m.* Insecto.
insecticida [insəktisiðə] *a.-m.* Insecticida.
insectívor, -ra [insəktiβur, -rə] *a.* Insectívoro.
insegur, -ra [insəɣú, -rə] *a.* Inseguro.
inseguretat [insəɣurətát] *f.* Inseguridad.
insensat, -ata [insənsát, -átə] *a.* Insensato.
insensatesa [insənsətέzə] *f.* Insensatez.
insensibilitat [insənsiβilitát] *f.* Insensibilidad.
insensible [insənsibblə] *a.* Insensible, empedernido.
inseparable [insəpərábblə] *a.* Inseparable.
insepult, -ta [insəpúlt, -tə] *a.* Insepulto.
inserció [insərsió] *f.* Inserción.
inserir [insəri] *t.* Insertar.
inserit, -ida [insərit, -iðə] *a.* Inserto.
inservible [insərβibblə] *a.* Inservible.
insidia [insiðiə] *f.* Insidia, asechanza.
insidiós, -osa [insiðiós, -ózə] *a.* Insidioso.
insigne [insiŋnə] *a.* Insigne.
insígnia [insiŋniə] *a.* Insignia.
insignificança [insiŋnifikánsə] *f.* Insignificancia.
insignificant [insiŋnifikán] *a.* Insignificante, inane.
insincer, -ra [insinsé, -rə] *a.* Insincero.
insinceritat [insinsəritát] *f.* Insinceridad.
insinuant [insinuán] *a.* Insinuante.
insinuar [insinuá] *t.-prnl.* Insinuar.
insípid, -da [insipit, -ðə] *a.* Insípido, soso, huero.
insipidesa [insipiðέzə] *f.* Insipidez, insulsez, sinsabor, sosería.
insistència [insistέnsiə] *f.* Insistencia.
insistent [insistén] *a.* Insistente.
insistir [insisti] *i.* Insistir.
insociable [insusiábblə] *a.* Insociable.
insofrible [insufribblə] *a.* Insufrible.
insolació [insuləsió] *f.* Insolación.
insolència [insulέnsiə] *f.* Insolencia, avilantez, demasía.
insolent [insulén] *a.* Insolente.
insolentar-se [insuləntárse] *prnl.* Insolentarse.

insòlit, -ta [insɔ́lit, -tə] *a.* Insólito.
insoluble [insulúbblə] *a.* Insoluble.
insolvència [insulβέnsiə] *f.* Insolvencia.
insolvent [insulβén] *a.* Insolvente.
insomni [insɔ́mni] *m.* Insomnio.
insondable [insundábblə] *a.* Insondable.
inspecció [inspəksió] *f.* Inspección.
inspeccionar [inspəksiuná] *t.* Inspeccionar.
inspector, -ra [inspəktó, -rə] *m.-f.* Inspector.
inspiració [inspirəsió] *f.* Inspiración.
inspirar [inspirá] *t.-prnl.* Inspirar.
instal·lació [instələsió] *f.* Instalación.
instal·lar [instəlá] *t.-prnl.* Instalar.
instància [instánsiə] *f.* Instancia.
instant [instán] *m.* Instante.
instantani, -ània [instəntáni, -ániə] *a.* Instantáneo.
instantment [instąmmén] *adv.* Encarecidamente.
instar [instá] *t.* Instar.
instaurar [instəŭrá] *t.* Instaurar.
instigació [instiɣəsió] *f.* Instigación.
instigar [instiɣá] *t.* Instigar.
instil·lar [instilá] *t.* Instilar.
instint [instín] *m.* Instinto.
instintiu, -iva [instintíŭ, -íβə] *a.* Instintivo.
institució [institusió] *f.* Institución.
instituir [institui] *t.* Instituir.
institut [institút] *m.* Instituto.
institutor [institutó] *m.* Institutor, ayo.
institutriu [institutríŭ] *f.* Institutriz.
instrucció [instruksió] *f.* Instrucción.
instructiu, -iva [instruktíŭ, -íβə] *a.* Instructivo.
instructor, -ra [instruktó, -rə] *a., m.-f.* Instructor.
instruir [instrui] *t.-prnl.* Instruir.
instrument [instrumén] *m.* Instrumento.
instrumental [instruməntál] *a.* Instrumental.
insubmís, -isa [insummís, -ízə] *a.* Insumiso.
insubordinació [insuβurðinəsió] *f.* Insubordinación.
insubordinar [insuβurðiná] *t.-prnl.* Insubordinar.
insubstancial [insupstənsiál] *a.* Insustancial.
insubstituïble [insupstituíbblə] *a.* Insustituible.
insuficiència [insufisiέnsiə] *f.* Insuficiencia.
insuficient [insufisién] *a.* Insuficiente.
insular [insulár] *a.* Insular.
insuls, -sa [insúls, -sə] *a.* Insulso.
insult [insúl(t)] *m.* Insulto.
insultant [insultán] *a.* Insultante.
insultar [insultá] *t.* Insultar.
insuperable [insupərábblə] *a.* Insuperable.
insuportable [insupurtábblə] *a.* Insoportable.
insurgent [insurʒén] *m.* Insurgente.
insurrecció [insurrəksió] *f.* Insurrección.
insurreccionar [insurrəksiuná] *t.-prnl.* Insurreccionar.
insurrecte, -ta [insurrέktə, -tə] *a., m.-f.* Insurrecto.
intacte, -ta [intáktə, -tə] *a.* Intacto.
intangible [intənʒíbblə] *a.* Intangible.
integració [intəɣrəsió] *f.* Integración.
integral [intəɣrál] *a.-f.* Integral.
integrar [intəɣrá] *t.* Integrar.
íntegre, -gra [íntəɣrə, -ɣrə] *a.* Íntegro.
integritat [intəɣritát] *f.* Integridad.
intel·lecte [intəlέktə] *m.* Intelecto.
intel·lectiu, -iva [intələktíu, -íβa] *a.* Intelectivo.
intel·lectual [intələktuál] *a., m.-f.* Intelectual.
intel·ligència [intəliʒέnsiə] *f.* Inteligencia.
intel·ligent [intəliʒén] *a.* Inteligente.
intel·ligible [intəliʒíbblə] *a.* Inteligible.
intemperància [intəmpəránsiə] *f.* Intemperancia.
intempèrie [intəmpέriə] *f.* Intemperie, destemplanza.
intempestiu, -iva [intəmpəstíŭ, -íβə] *a.* Intempestivo.
intenció [intənsió] *f.* Intención.
intencionat, -ada [intənsiunát, -áðə] *a.* Intencionado.
intendència [intəndέnsiə] *f.* Intendencia.
intendent [intəndén] *m.* Intendente.
intens, -sa [intέns, -sə] *a.* Intenso.
intensificar [intənsifiká] *t.* Intensificar.
intensitat [intənsitát] *f.* Intensidad.
intensiu, -iva [intənsíŭ, -íβə] *a.* Intensivo.
intent [intén] *m.* Intento.
intentar [intəntá] *t.* Intentar.
intercalar [intərkəlá] *t.* Intercalar.
intercanvi [intərkámbi] *m.* Intercambio.
intercanviar [intərkəmbiá] *t.* Intercambiar.
intercedir [intərsəðí] *i.* Interceder.
interceptar [intərsəptá] *t.* Interceptar.
intercessió [intərsəsió] *f.* Intercesión.
intercessor, -ra [intərsəsó, -rə] *a., m.-f.* Intercesor.
intercostal [intərkustál] *a.* Intercostal.
interdicció [intərðiksió] *f.* Interdicción.
interdir [intərdí] *t.* Interdecir. ¶ CONJUG. como ***dir***.
interès [intərέs] *m.* Interés.
interessant [intərəsán] *a.* Interesante.

interessar [intərəsá] *t.-prnl.* Interesar.
interessat, -ada [intərəsát, -áðə] *a.* Interesado.
interfecte, -ta [intərféktə, -tə] *a., m.-f.* Interfecto.
interferència [intərfərénsiə] *f.* Interferencia.
interferir [intərfəri] *i.* Interferir.
interí, -ina [intəri, -inə] *a., m.-f.* Interino.
ínterim [intərim] *adv.* Ínterin.
interinitat [intərinitát] *f.* Interinidad.
interior [intərió(r)] *a.-m.* Interior.
interioritat [intəriuritát] *f.* Interioridad. *2 pl.* Interioridades.
interjecció [intərʒəksió] *f.* Interjección.
interlínia [intərliniə] *f.* Interlínea.
interlocutor, -ra [intərlukutó, -rə] *m.-f.* Interlocutor.
interludi [intərlúði] *m.* MÚS. Interludio. *2* TEAT. Entremés.
intermedi, -èdia [intərméði, -éðiə] *a.-m.* Intermedio. *2* Mediano.
intermediari, -ària [intərməðiári, -áriə] *a., m.-f.* Intermediario.
interminable [intərminábblə] *a.* Interminable.
intermissió [intərmisió] *f.* Intermisión.
intermitència [intərmiténsiə] *f.* Intermitencia.
intermitent [intərmitén] *a.* Intermitente.
intern, -na [intérn, -nə] *a., m.-f.* Interno.
internacional [intərnəsiunál] *a.* Internacional.
internar [intərná] *t.-prnl.* Internar.
internat [intərnát] *m.* Internado.
interpel·lació [intərpələsió] *f.* Interpelación.
interpel·lar [intərpəlá] *t.* Interpelar.
interpolació [intərpuləsió] *f.* Interpolación.
interposar [intərpuzá] *t.-prnl.* Interponer.
interposició [intərpuzisió] *f.* Interposición.
intèrpret [intérprət] *m.-f.* Intérprete.
interpretació [intərprətəsió] *f.* Interpretación.
interpretar [intərprətá] *t.* Interpretar.
interregne [intərréŋnə] *m.* Interregno.
interrogació [intərruɣəsió] *f.* Interrogación.
interrogador, -ra [intərruɣəðó, -rə] *a., m.-f.* Interrogador.
interrogant [intərruɣán] *m.* Interrogante.
interrogar [intərruɣá] *t.* Interrogar.
interrogatiu, -iva [intərruɣətiŭ, -iβə] *a.* Interrogativo.
interrogatori [intərruɣətɔ́ri] *m.* Interrogatorio.
interrompre [intərrómprə] *t.* Interrumpir.
interrupció [intərrupsió] *f.* Interrupción.
interruptor, -ra [intərruptó, -rə] *a., m.-f.* Interruptor. *2 m.* Interruptor.
intersecció [intərsəksió] *f.* Intersección.
interstici [intərstisi] *m.* Intersticio.
interval [intərβál] *m.* Intervalo.
intervenció [intərβənsió] *f.* Intervención.
intervenir [intərβəni] *t.-i.* Intervenir. ¶ CONJUG. como ***abstenir-se.***
interventor, -ra [intərβəntó, -rə] *a., m.-f.* Interventor.
interviu [intərβiŭ] *m.* Interviú, entrevista.
interviuar [intərβiwá] *t.* Interviuar, entrevistar.
intestat, -ada [intəstát, -áðə] *a.* Intestado.
intestí, -ina [intəsti, -inə] *a.* Intestino. *2 m.* Intestino.
intestinal [intəstinál] *a.* Intestinal.
íntim, -ma [intim, -mə] *a.* Íntimo.
intimació [intiməsió] *f.* Intimación.
intimar [intimá] *t.-i.* Intimar.
intimidació [intimiðəsió] *f.* Intimidación.
intimidar [intimiðá] *t.* Intimidar.
intimitat [intimitát] *f.* Intimidad.
intitular [intitulá] *t.* Intitular.
intolerable [intulərábblə] *a.* Intolerable.
intolerància [intulə ránsiə] *f.* Intolerancia.
intoxicació [intuksikəsió] *f.* Intoxicación.
intoxicar [intuksiká] *t.-prnl.* Intoxicar.
intractable [intrəktábblə] *a.* Intratable.
intranquil, -il·la [intrəŋkil, -ilə] *a.* Intranquilo.
intranquil·litat [intrəŋkilitát] *f.* Intranquilidad.
intranquil·litzar [intrəŋkilidzá] *t.* Intranquilizar.
intransferible [intrənsfəribblə] *a.* Intransferible.
intransigent [intrənziʒén] *a.* Intransigente.
intransitable [intrənzitábblə] *a.* Intransitable.
intransitiu, -iva [intrənzitiu, -iβə] *a.-m.* Intransitivo.
intrèpid, -da [intrépit, -ðə] *a.* Intrépido, arrojado.
intrèpidament [intrępiðəmén] *adv.* Intrépidamente.
intrepidesa [intrəpiðézə] *f.* Intrepidez, arrojo.
intricat, -ada [intrikát, -áðə] *a.* Intrincado.
intriga [intriɣə] *f.* Intriga.
intrigant [intriɣán] *a., m.-f.* Intrigante.
intrigar [intriɣá] *i.-t.* Intrigar.
intrínsec, -ca [intrinsək, -kə] *a.* Intrínseco.
introducció [intruðuksió] *f.* Introducción.
introductor, -ra [intruðuktó, -rə] *a., m.-f.* Introductor.

introduir [intruðui] *t.-prnl.* Introducir.
intromissió [intrumisió] *f.* Intromisión.
introspecció [intruspəksió] *f.* Introspección.
intrús, -usa [intrús, -úzə] *a.* Intruso.
intrusió [intruzió] *f.* Intrusión.
inundació [inundəsió] *f.* Inundación.
inundar [inundá] *t.-prnl.* Inundar, anegar.
inusitat, -ada [inuzitát, -áðə] *a.* Inusitado.
inútil [inútil] *a.* Inútil, inane.
inutilitat [inutilitát] *f.* Inutilidad.
inutilitzar [inutilidzá] *t.* Inutilizar.
***invadir** [imbəði] *t.* Invadir.
invàlid, -da [imbálit, -ðə] *a.* Inválido.
invalidar [imbəliðá] *t.* Invalidar.
invariable [imbəriábblə] *a.* Invariable.
invasió [imbəzió] *f.* Invasión.
invasor, -ra [imbəzó, -rə] *a., m.-f.* Invasor.
invectiva [imbəktiβə] *f.* Invectiva.
invencible [imbənsibblə] *a.* Invencible.
invenció [imbənsió] *m.* Invención.
invent [imbén] *m.* Invento.
inventar [imbəntá] *t.* Inventar.
inventari [imbəntári] *m.* Inventario.
inventariar [imbəntəriá] *t.* Inventariar.
inventiu, -iva [imbəntiŭ, -iβə] *a.* Inventivo. *2 f.* Inventiva.
inventor, -ra [imbəntó, -rə] *a., m.-f.* Inventor.
invers, -sa [imbérs, -sə] *a.* Inverso.
inversemblant [imbərsəmblán] *a.* Inverosímil.
inversió [imbərsió] *f.* Inversión, empleo.
invertebrat, -ada [imbərtəβrát, -áðə] *a.-m.* Invertebrado.
invertir [imbərti] *t.* Invertir, emplear.
investidura [imbəstiðúrə] *f.* Investidura.
investigació [imbəstiγəsió] *f.* Investigación.
investigar [imbəstiγá] *t.* Investigar.
investir [imbəsti] *t.* Investir.
inveterat, -ada [imbətərát, -áðə] *a.* Inveterado.
invicte, -ta [imbiktə, -tə] *a.* Invicto.
inviolable [imbiulábblə] *a.* Inviolable.
invisible [imbizibblə] *a.* Invisible.
invitació [imbitəsió] *f.* Invitación.
invitar [imbitá] *t.* Invitar.
invitat, -ada [imbitát, -áðə] *a., m.-f.* Invitado.
invocació [imbukəsió] *f.* Invocación.
invocar [imbuká] *t.* Invocar.
involucrar [imbulukrá] *t.* Involucrar.
involuntari, -ària [imbuluntári, -áriə] *a.* Involuntario.
invulnerable [imbulnərábblə] *a.* Invulnerable.
inxa [inʃə] *f.* MÚS. Estrangul. *2* Esquiria. *3* Astilla.
ió [ió] *m.* Ión.
iode [jóðə] *m.* QUÍM. Yodo.
iodur [juðúr] *m.* QUÍM. Yoduro.
iogurt [juγúr(t)] *m.* Yogur.
iot [iót] *m.* Yate.
ira [irə] *f.* Ira, saña.
iracund, -da [irəkún, -də] *a.* Iracundo.
irascible [irəsibblə] *a.* Irascible.
irat, -ada [irát, -áðə] *a.* Airado.
irlandès, -esa [irləndés, -ézə] *a., m.-f.* Irlandés.
ironia [iruniə] *f.* Ironía, retintín.
irònic, -ca [irónik, -kə] *a.* Irónico.
irracional [irrəsiunál] *a.* Irracional.
irradiació [irrəðiəsió] *f.* Irradiación.
irradiar [irrəðiá] *t.* Irradiar.
irreal [irreál] *a.* Irreal.
irrealitzable [irreəlidzábblə] *a.* Irrealizable.
irrebatible [irrəβətibblə] *a.* Irrebatible.
irrecusable [irrəkuzábblə] *a.* Irrecusable.
irreductible [irrəðuktibblə] *a.* Irreductible.
irreflexió [irrəfləksió] *f.* Irreflexión.
irreflexiu, -iva [irrəfləksiŭ, -iβə] *a.* Irreflexivo.
irrefutable [irrəfutábblə] *a.* Irrefutable.
irregular [irrəγulár] *a.* Irregular.
irregularitat [irrəγulərität] *f.* Irregularidad.
irreligiós, -osa [irrəliʒiós, -ózə] *a.* Irreligioso.
irremeiable [irrəməjábblə] *a.* Irremediable.
irremissible [irrəmisibblə] *a.* Irremisible.
irreparable [irrəpərábblə] *a.* Irreparable.
irreprensible [irrəprənsibblə] *a.* Irreprensible.
irreprotxable [irrəprutʃábblə] *a.* Irreprochable, intachable.
irresistible [irrəzistibblə] *a.* Irresistible.
irresolut, -uda [irrəzulút, -úðə] *a.* Irresoluto.
irrespectuós, -osa [irrəspəktuós, -ózə] *a.* Irrespetuoso.
irrespirable [irrəspirábblə] *a.* Irrespirable.
irresponsable [irrəspunsábblə] *a.* Irresponsable.
irreverència [irrəβərénsiə] *f.* Irreverencia.
irrevocable [irrəβukábblə] *a.* Irrevocable.
irrigació [irriγəsió] *f.* Irrigación.
irrigar [irriγá] *t.* Irrigar.
irrisió [irrizió] *f.* Irrisión.
irrisori, -òria [irrizóri, -óriə] *a.* Irrisorio.
irritació [irritəsió] *f.* Irritación.
irritar [irritá] *t.-prnl.* Irritar, airar.

irrogar [irruɣá] *t.* Irrogar.
irrompible [irrumpíbblə] *a.* Irrompible.
irrompre [irrómprə] *i.* Irrumpir.
irrupció [irrupsió] *f.* Irrupción.
isabel·lí, -ina [izəβəli, -inə] *a.* Isabelino.
isard [izər(t)] *a.* ZOOL. Rebeco, gamuza.
islam [izlám] *m.* Islam.
islamisme [izləmizmə] *m.* Islamismo.
isolador, -ra [izuləðó, -rə] *a.* V. AÏLLADOR.
isolament [izuləmén] *m.* V. AÏLLAMENT.
isolar [izulá] *t.* V. AÏLLAR.
isolat, -ada [izulát, -áðə] *a.* V. AÏLLAT.
isòsceles [isɔ́sələs] *a.* GEOM. Isósceles.
israelita [izrrəelitə] *a., m.-f.* Israelita.
istme [izmə] *m.* GEOGR. Istmo.
italià, -ana [italiá, -ánə] *a., m.-f.* Italiano.
itinerari, -ària [itinərári, -áriə] *a.-m.* Itinerario.
iuca [ǰúkə] *f.* BOT. Yuca.
iugoslau, -ava [ǰuɣuzláŭ, -áβə] *a., m.-f.* Yugoslavo.
ivori [iβɔ́ri] *m.* Marfil.
ixent [iʃén] *a.* Saliente. *2* Naciente (el sol).

J

ja [ʒa] *adv.* Ya. *2 interj.* ¡Ya! *3 conj.* Ja... ja, ya... ya. ‖ ~ ***que,*** ya que, pues. ‖ ~ ***sigui,*** bien.
jaç [ʒas] *m.* Yacija, camastro, cama, lecho. *2* Cauce, lecho.
jacent [ʒəsén] *a.* Yacente.
jaciment [ʒəsimén] *m.* Yacimiento.
jacobí, -ina [ʒəkuβí, -ínə] *a., m.-f.* Jacobino.
jactador, -ra [ʒəktəðó, -rə] *a.* Jactancioso.
jactància [ʒəktánsiə] *f.* Jactancia.
jactar-se [ʒəktársə] *prnl.* Jactarse, relamerse.
jaculatòria [ʒəkulətɔ́riə] *f.* Jaculatoria.
jade [ʒáðə] *m.* Jade.
jaguar [ʒəɣwár] *m.* ZOOL. Jaguar.
jaient [ʒəǰén] *m.* Hábito. *2 a.* Durmiente.
jaló [ʒəló] *m.* Jalón.
jalonar [ʒəluná] *t.* Jalonar.
jamai [ʒəmáĭ] *adv.* V. MAI.
japonès, -esa [ʒəpunés, -ɛ́zə] *a., m.-f.* Japonés, nipón.
jaqué [ʒəké] *m.* Chaqué.
jaqueta [ʒəkɛ́tə] *f.* Chaqueta.
jardí [ʒərðí] *m.* Jardín.
jardiner [ʒərðiné] *m.* Jardinero.
jardinera [ʒərðinérə] *f.* Jardinera.
jardineria [ʒərðinəríə] *f.* Jardinería.
jaspi [ʒáspi] *m.* Jaspe.
jaspiar [ʒəspiá] *t.* Jaspear.
jàssera [ʒásərə] *f.* ARQ. Jácena.
jaure [ʒáŭrə] *i.* Yacer.
javelina [ʒəβəlínə] *f.* Jabalina.
jazz [ʒas] *m. ingl.* Jazz.
jeia [ʒɛ́ǰə] *f.* Yacija. *2* Genio, carácter.
jejúnum [ʒəʒúnum] *m.* ANAT. Yeyuno.
jerarca [ʒərárkə] *m.* Jerarca.
jerarquia [ʒərərkíə] *f.* Jerarquía.
jeràrquic, -ca [ʒərárkik, -kə] *a.* Jerárquico.
jeroglífic, -ca [ʒəruɣlífik, -kə] *a.-m.* Jeroglífico.
jersei [ʒərsɛ́ĭ] *m.* Jersey.
jesuïta [ʒəsuítə] *m.* Jesuita.
jet [ʒɛt] *m. fr.* Jet (avión).
jeure o **jaure** [ʒɛ́urə, ʒáŭrə] *i.* Yacer. *2* Reposar. ¶ CONJUG. Ger.: ***jaient.*** ‖ P. P.: ***jagut.*** ‖ INDIC. Pres.: ***jec*** (o ***jac***), ***jeus,*** etc. | Imperf.: ***jeia, jeies,*** etc. ‖ SUBJ. Pres.: ***jegui, jeguis, jegui, jaguem, jagueu, jeguin*** (o ***jagui, jaguis,*** etc.). | Imperf.: ***jagués,*** etc.
jo [ʒo] *pron. pers.* Yo.
joc [ʒɔk] *m.* Juego. ‖ ~ ***de penyores,*** juego de prendas. ‖ ~ ***de cartes,*** baraja. ‖ ~ ***de taula,*** mantelería. ‖ ~ ***de paraules,*** retruécano.
jóc [ʒok] *m.* Lugar donde duerme el averío.
jocós, -osa [ʒukós, -ózə] *a.* Jocoso.
joco-seriós, -osa [ʒɔ̀kusəriós, -ózə] *a.* Jocoserio.
joglar [ʒugglá] *m.* Juglar.
joguina [ʒuɣínə] *f.* Juguete.
joguinejar [ʒuɣinəʒá] *i.* Juguetear.
joia [ʒɔ́ǰə] *f.* Júbilo, contento, regocijo, gozo, dicha. *2* Joya, alhaja, presea.
joiell [ʒǰéʎ] *m.* Joya, joyel, presea, alhaja.
joier, -ra [ʒuǰé, -rə] *m.-f.* Joyero.
joieria [ʒuǰəríə] *f.* Joyería.
joiós, -osa [ʒuǰós, -ózə] *a.* Gozoso, jubiloso, regocijado.
joliu [ʒulíŭ] *a.* Bonito, alegre, festivo.
jonc [ʒoŋ] *m.* BOT. Junco.
jonça [ʒónsə] *f.* BOT. Juncia.
jònec [ʒɔ́nək] *m.* TAUROM. Novillo. ‖ ~ ***embolat,*** morucho.
jónic, -ca [ʒɔ́nik, -kə] *a.* Jónico.
jorn [ʒorn] *m.* Día.
jornada [ʒurnáðə] *f.* Jornada.
jornal [ʒurnál] *m.* Jornal.
jornaler, -ra [ʒurnəlé, -rə] *m.-f.* Jornalero, bracero.
jota [ʒɔ́tə] *f.* Jota (letra). *2* Jota.
jou [ʒɔ́ŭ] *m.* Yugo.
jove [ʒóβə] *a.* Joven, mozo, pollo (fig.). *2 f.* Nuera.

jovenalla [ʒuβənáʎə] *f.* Juventud, mocerío.
jovenejar [ʒuβənəʒá] *i.* Mocear.
jovenesa [ʒuβənɛ́zə] *f.* Juventud, mocedad.
jovenívol, -la [ʒuβəniβul, -lə] *a.* Juvenil.
jovent [ʒuβén] *m.* Juventud.
joventut [ʒuβəntút] *f.* Juventud, mocedad.
jovial [ʒuβiál] *a.* Jovial.
jubilació [ʒuβiləsió] *f.* Jubilación. *2* Júbilo.
jubilar [ʒuβilá] *t.-i.-prnl.* Jubilar.
jubilar [ʒuβilár] *a.* Jubilar.
jubileu [ʒuβilɛ́ŭ] *m.* Jubileo.
judaic, -ca [ʒuðáik, -kə] *a.* Judaico.
judaisme [ʒuðəizmə] *m.* Judaísmo.
judicar [ʒudiká] *t.* Juzgar.
judici [ʒuðisi] *m.* Juicio.
judicial [ʒuðisiál] *a.* Judicial.
judiciari, -ària [ʒuðisiári, -áriə] *a.* Judiciario.
judiciós, -osa [ʒuðisiós, -ózə] *a.* Juicioso.
jueria [ʒuəriə] *f.* Judería.
jueu, -eva [ʒuéŭ, -éβə] *m.-f.* Judío.
jugada [ʒuɣáðə] *f.* Jugada.
jugador, -ra [ʒuɣəðó, -rə] *a., m.-f.* Jugador.
juganer, -ra [ʒuɣəné, -rə] *a.* Juguetón.
jugar [ʒuɣá] *i.-t.* Jugar.
jugular [ʒuɣulár] *a.* Yugular.
juliol [ʒuliɔ́l] *m.* Julio.
julivert [ʒuliβɛ́r(t)] *m.* BOT. Perejil.
jull [ʒuʎ] *m.* BOT. Cizaña.
jungla [ʒúŋglə] *f.* Jungla.
junt, -ta [ʒun, -tə] *a.* Junto. *2 m.* Juntura, junta. *3 f.* Junta (asamblea). *4* Juntura (articulación). *5 adv.* Junto.
juntament [ʒuntəmén] *adv.* Juntamente, junto.
juntura [ʒuntúrə] *f.* Juntura, junta.
juny [ʒuɲ] *m.* Junio.
junyir [ʒuɲi] *t.* Uncir. *2 prnl.* Confluir.
jup [ʒup] *a.* Gacho.
jupa [ʒúpə] *f.* Chupa.
jura [ʒúrə] *f.* Jura.
jurament [ʒurəmén] *m.* Juramento.
juramentar-se [ʒurəməntársə] *prnl.* Juramentarse.
jurar [ʒurá] *t.* Jurar.
juràssic, -ca [ʒurásik, -kə] *a.* Jurásico.
jurat [ʒurát] *m.* Jurado.
jurídic, -ca [ʒuridik, -kə] *a.* Jurídico.
jurisconsult [ʒuriskunsúl(t)] *m.* Jurisconsulto.
jurisdicció [ʒurizðiksió] *f.* Jurisdicción.
jurisprudència [ʒurispruðɛ́nsiə] *f.* Jurisprudencia.
jurista [ʒuristə] *m.* Jurista.
just, -ta [ʒus(t), -tə] *a.-adv.* Justo, cabal.
justa [ʒústə] *f.* Justa.
justesa [ʒustɛ́zə] *f.* Justeza.
justícia [ʒustisiə] *f.* Justicia.
justicier, -ra [ʒustisié, -rə] *a.* Justiciero.
justificació [ʒustifikəsió] *f.* Justificación.
justificant [ʒustifikán] *a.* Justificante.
justificar [ʒustifiká] *t.* Justificar.
justificatiu, -iva [ʒustifikətiŭ, -iβə] *a.* Justificativo.
jute [ʒútə] *m.* Yute.
jutge [ʒúdʒə] *m.* Juez.
jutjar [ʒudʒá] *t.* Juzgar.
jutjat [ʒudʒát] *m.* Juzgado.
juvenil [ʒuβənil] *a.* Juvenil.
juxtaposar [ʒukstəpuzá] *t.* Yuxtaponer.
juxtaposició [ʒukstəpuzisió] *f.* Yuxtaposición.

K

k [ka] *f.* K.
kàiser [kåizər] *m.* Kaiser.
kantisme [kəntizmə] *m.* Kantismo.
krausisme [krəŭzizmə] *m.* Krausismo.

L

l [élə] *f.* L.
l' *art.* El, la, lo. *2 pron. déb.* Lo, la.
'l *pron. déb.* Lo, le.
la [lə] *art.-pron. déb.* La.
la [la] *f.* MÚS. La.
laberint [ləβərin] *m.* Laberinto.
laberíntic, -ca [ləβərintik, -kə] *a.* Laberíntico.
labial [ləβiál] *a.* Labial.
labiat, -ada [ləβiát, -áðə] *a.* Labiado.
làbil [láβil] *a.* Lábil.
labor [ləβó] *f.* Labor, obra, tarea.
laborable [ləβurábblə] *a.* Laborable.
laborar [ləβurá] *i.* Laborar.
laboratori [ləβurətɔ́ri] *m.* Laboratorio.
laboriós, -osa [ləβuriós, -ózə] *a.* Laborioso. *2* Laborioso, trabajoso.
laboriositat [ləβuriuzitát] *f.* Laboriosidad.
laca [lákə] *f.* Laca, maque.
lacar [ləká] *t.* Lacar.
lacai [ləkái̯] *m.* Lacayo.
lacerar [ləsərá] *t.* Lacerar.
lacònic, -ca [ləkɔ́nik, -kə] *a.* Lacónico.
laconisme [ləkunizmə] *m.* Laconismo.
lacrar [ləkrá] *t.* Lacrar.
lacre [lákrə] *m.* Lacre.
lacrimal [ləkrimál] *a.* Lacrimal, lagrimal.
lacti, làctia [lákti, láktiə] *a.* Lácteo.
làctic, -ca [láktik, -kə] *a.* Láctico.
lacticini [ləktisini] *m.* Lacticinio.
lacustre [ləkústrə] *a.* Lacustre.
laic, -ca [lái̯k, -kə] *a.* Laico.
laïcisme [ləisizmə] *m.* Laicismo.
lama [lámə] *m.* Lama.
lament [ləmén] *m.* Lamento.
lamentable [ləməntábblə] *a.* Lamentable.
lamentació [ləməntəsió] *f.* Lamentación.
lamentar [ləməntá] *t.-prnl.* Lamentar.
làmina [láminə] *f.* Lámina.
laminador, -ra [ləminəðó, -rə] *a., m.-f.* Laminador, laminero.
laminar [ləminár] *a.* Laminar.
laminar [ləminá] *t.* Laminar.
laminat [ləminát] *m.* Laminado.
lampista [ləmpistə] *m.-f. fr.* Lamparero, lampista, fontanero.
lancinant [lənsinán] *a.* Lancinante.
landa [lándə] *f.* Landa.
lànguid, -da [láŋgit, -ðə] *a.* Lánguido.
lanuginós, -osa [lənuʒinós, -ózə] *a.* Lanuginoso.
làpida [lápiðə] *f.* Lápida.
lapidar [ləpiðá] *t.* Lapidar, apedrear.
lapidari, -ària [ləpiðári, -áriə] *a.-m.* Lapidario.
lapó, -ona [ləpó, -ónə] *a., m.-f.* Lapón.
lapse [lápsə] *m.* Lapso.
laringe [lərinʒə] *f.* ANAT. Laringe.
laringi, -íngia [lərinʒi, -inʒiə] *a.* Laríngeo.
larinx [lərinʃs] *f.* ANAT. Laringe.
larva [lárβə] *f.* ENTOM. Larva.
larvat, -ada [lərβát, -áðə] *a.* Larvado.
lasciu, -iva [ləsiŭ, -iβə] *a.* Lascivo.
lascívia [ləsiβiə] *f.* Lascivia.
lassar [ləsá] *t.* Fatigar.
lassitud [ləsitút] *f.* Lasitud.
lat, -ta [lát, -tə] *a.* Lato. *2 f.* Lata, tostón, murga.
latent [lətén] *a.* Latente.
lateral [lətərál] *a.* Lateral.
latifundi [lətifúndi] *m.* Latifundio.
latitud [lətitút] *f.* Latitud.
latria [lətriə] *f.* Latría.
latrina [lətrinə] *f.* Letrina, privada.
laudable [ləŭðábblə] *a.* Laudable, loable.
laudatori, -òria [ləŭðətɔ́ri, -ɔ́riə] *a.* Laudatorio.
laudes [láŭðəs] *m. pl.* LITURG. Laudes.
lava [láβə] *f.* Lava.
lavabo [ləβáβu] *m.* Lavabo.
lavament [ləβəmén] *m.* Lavado.
lavar [ləβá] *t.* Lavar.
lavativa [ləβətiβə] *f.* Lavativa.
lavatori [ləβətɔ́ri] *m.* Lavatorio.
lax, -xa [ləks, -ksə] *a.* Laxo.
laxant [ləksán] *a.-m.* Laxante.
laxar [ləksá] *t.* Laxar.
laxitud [ləksitút] *f.* Laxitud.

lector, -ra [ləktó, -rə] *m.-f.* Lector.
lectorat [ləkturát]. *m.* Lectorado.
lectura [ləktúrə] *f.* Lectura.
legació [ləɣəsió] *f.* Legación.
legal [ləɣál] *a.* Legal.
legalitat [ləɣəlitát] *f.* Legalidad.
legalitzar [ləɣəlidʒá] *t.* Legalizar.
legat [ləɣát] *m.* Legado.
legió [ləʒió] *f.* Legión.
legionari, -ària [ləʒiunári, -áriə] *a.-m.* Legionario.
legislació [ləʒizləsió] *f.* Legislación.
legislador, -ra [ləʒizləðó, -rə] *a., m.-f.* Legislador.
legislar [ləʒizlá] *i.* Legislar.
legislatiu, -iva [ləʒizlətiŭ, -iβə] *a.* Legislativo.
legislatura [ləʒizlətúrə] *f.* Legislatura
legítim, -ma [ləʒitim, -mə] *a.* Legítimo.
legitimar [ləʒitimá] *t.* Legitimar.
legitimitat [ləʒitimitát] *f.* Legitimidad.
lema [lémə] *m.* Lema.
lenitat [lənitát] *f.* Lenidad.
lenitiu, -iva [lənitiŭ, -iβə] *a.-m.* Lenitivo.
lent [len] *f.* Lente.
lent, -ta [len, -tə] *a.* Lento, paulatino.
lenticular [ləntikulár] *a.* Lenticular.
lentitud [ləntitút] *f.* Lentitud.
lepidòpters [ləpiðɔ́pters] *m. pl.* ENTOM. Lepidópteros.
lepra [léprə] *f.* MED. Lepra.
leprós, -osa [ləprós, -ózə] *a.* Leproso.
les [ləs] *art.-pron. déb.* Las.
les, -sa [lɛs, -zə] *a.* Leso.
lesió [ləzió] *f.* Lesión.
lesionar [ləziuná] *t.* Lesionar.
letal [lətál] *a.* Letal.
letàrgia [lətárʒiə] *f.* Letargo.
letàrgic, -ca [lətárʒik, -kə] *a.* Letárgico.
leucèmia [ləŭsɛ́miə] *f.* MED. Leucemia.
leucòcit [ləŭkɔ́sit, col. ləŭkusit] *m.* BIOL. Leucocito.
leucopatia [ləŭkupətiə] *f.* f. PAT. Leucopatía.
levita [ləβitə] *m.* Levita.
lèxic [lɛ́ksik] *m.* Léxico, lexicón.
lexicografia [ləksikuɣrəfiə] *f.* Lexicografía.
li [li] *pron. déb.* Le, se.
liana [liánə] *f.* Liana, bejuco.
libació [liβəsió] *f.* Libación.
libar [liβá] *t.* Libar.
libel [liβél] *m.* Libelo.
libèl·lula [liβɛ́lulə] *f.* ENTOM. Libélula.
líber [liβər] *m.* BOT. Líber.
liberal [liβərál] *a.* Liberal, dadivoso. *2 m.-f.* Liberal.
liberalitat [liβərəlitát] *f.* Liberalidad, largueza.
libi, líbia [liβi, liβiə] *a., m.-f.* Libio.
libidinós, -osa [liβiðinós, -ózə] *a.* Libidinoso.
líbido [liβiðo] *f.* Líbido.
liceu [lisɛ́ŭ] *m.* Liceo.
lícit, -ta [lisit, -tə] *a.* Lícito.
licitar [lisitá] *t.* Licitar.
licitud [lisitút] *f.* Licitud.
licor [likór] *m.* Licor.
licorera [likurérə] *f.* Licorera.
lignit [liŋnit] *m.* Lignito.
lilà [lilá] *m.* BOT. Lila.
liliaci, -àcia [liliási, -ásiə] *a.* Liliáceo. *2 f. pl.* Liliáceas.
lil·liputenc, -ca [liliputɛ́ŋ, -kə] *a.* Liliputiense.
limbe [limbə] *m.* BOT. Limbo.
limfa [limfə] *f.* BIOL. Linfa.
limfàtic, -ca [limfátik, -kə] *a.* Linfático.
liminar [liminár] *a.* Liminar.
límit [limit] *m.* Límite. *2* Linde. *3* Tope.
limitació [limitəsió] *f.* Limitación.
limitar [limitá] *t.* Limitar.
limítrof [limitruf] *a.* Limítrofe, confín, colindante.
límpid, -da [limpit, -ðə] *a.* Límpido.
limpidesa [limpiðɛ́zə] *f.* Limpidez.
lineal [lineál] *a.* Lineal.
linear [lineár] *a.* Linear.
lingot [liŋgɔ́t] *m.* Lingote.
lingual [liŋgwál] *a.* Lingual.
lingüista [liŋgwistə] *m.-f.* Lingüista.
lingüístic, -ca [liŋgwistik, -kə] *a.* Lingüístico. *2 f.* Lingüística.
línia [liniə] *f.* Línea.
liniment [linimén] *m.* Linimento.
linòleum [linɔ́leŭm] *m.* Linóleo.
linotip [linutip] *f.* Linotipia.
linotipista [linutipistə] *m.-f.* Linotipista.
linx [liŋs] *m.* ZOOL. Lince, lobo cerval.
linxament [linʃəmén] *m.* Linchamiento.
linxar [linʃá] *t.* Linchar.
lionès, -sa [liunɛ́s, -ɛ́zə] *a., m.-f.* Lionés. *2 f.* Lionesa.
liquació [likwəsió] *f.* Licuación.
liquar [likwá] *t.* Licuar.
liqüefacció [likwəfəksió] *f.* Licuefacción.
liquen [likən] *m.* BOT. Liquen.
líquid, -da [likit, -ðə] *a.-m.* Líquido.
liquidació [likiðəsió] *f.* Liquidación.
liquidar [likidá] *t.* Liquidar, zanjar.
lira [lirə] *f.* MÚS. Lira.
líric, -ca [lirik, -kə] *a.* Lírico. *2 f.* Lírica.
lirisme [lirizmə] *m.* Lirismo.
liró [liró] *m.* ZOOL. Lirón. *2* Lelo, tonto, chocho. ‖ ***Fer tornar ~,*** volver a uno tarumba.
lis [lis] *f.* BOT., HERALD. Lis.
literal [litərál] *a.* Literal.

literari, -ària [litərári, -áriə] *a.* Literario.
literat, -ata [litərát, -átə] *m.-f.* Literato.
literatura [litərətúrə] *f.* Literatura.
liti [líti] *m.* MINER. Litio.
litigant [litiγán] *a.* Litigante.
litigar [litiγá] *t.* Litigar.
litigi [litíʒi] *m.* Litigio.
litigiós, -osa [litiʒiós, -ózə] *a.* Litigioso.
litògraf [litɔ́γrəf] *m.* Litógrafo.
litografia [lituγrəfíə] *f.* Litografía.
litografiar [lituγrəfiá] *t.* Litografiar.
litoral [liturál] *a.* Litoral, costero. *2 m.* Litoral, marina.
litre [lítrə] *m.* Litro.
lituà, -ana [lituá, -ánə] *a., m.-f.* Lituano.
litúrgia [litúrʒiə] *f.* Liturgia.
litúrgic, -ca [litúrʒik, -kə] *a.* Litúrgico.
lívid, -da [líβit, -ðə] *a.* Lívido, cárdeno.
lividesa [liβiðέzə] *f.* Lividez.
llac [ʎak] *m.* Lago. *2* Cieno.
llaç [ʎas] *m.* Lazo.
llacada [ʎəkáðə] *f.* Ciénaga, tarquín, fango.
llaçada [ʎəsáðə] *f.* Lazada, lazo.
llacer [ʎəsé] *m.* Lacero.
llacera [ʎəsérə] *f.* Lazo.
llacuna [ʎəkúnə] *f.* Laguna.
lladrar [ʎəðrá] *i.* Ladrar.
lladre [ʎáðrə] *m.* Ladrón.
lladronera [ʎəðrunérə] *f.* Ladronera.
lladrocini [ʎəðrusíni] *m.* Latrocinio, ladronera.
lladruc [ʎəðrúk] *m.* Ladrido.
llagasta [ʎəγástə] *f.* Garrapata.
llagosta [ʎəγóstə] *f.* Langosta. *2* ENTOM. Saltamontes, cigarrón.
llagostí [ʎəγustí] *m.* Langostino.
llagotejar [ʎəγutəʒá] *t.* Lisonjear, adular, lagotear.
llagoter, -ra [ʎəγuté, -rə] *a., m.-f.* Lisonjero, adulador, adulón, marrullero.
llàgrima [ʎáγrimə] *f.* Lágrima.
llagrimeig [ʎəγrimέtʃ] *m.* Lagrimeo.
llagrimejar [ʎəγriməʒá] *i.* Lagrimear.
llagrimós, -osa [ʎəγrimós, -ózə] *a.* Lagrimoso, lacrimoso, lloroso.
llagut [ʎəγút] *m.* NÁUT. Llaúd.
llama [ʎámə] *m.* ZOOL. Llama.
llamàntol [ʎəmántul] *m.* ICT. Bogavante.
llamborda [ʎəmbórðə] *f.* Adoquín, losa.
llambregada [ʎəmbrəγáðə] *f.* Vistazo, ojeada.
llambregar [ʎəmbrəγá] *t.-i.* Ojear.
llaminadura [ʎəminəðúrə] *f.* Golosina. *2* Chuchería.
llaminejar [ʎəminəʒá] *i.* Golosinear.
llaminer, -ra [ʎəminé, -rə] *a.* Goloso, lamerón, laminero, chupón.
llamp [ʎam] *m.* Rayo.
llampada [ʎəmpáðə] *f.* Destello, fucilazo.
llampant [ʎəmpán] *a.* Flamante, chillón. *2 adv.* Aprisa.
llampec [ʎəmpέk] *m.* Relámpago. *2* Relumbrón.
llampegant [ʎəmpəγán] *a.* Relampagueante.
llampegar [ʎəmpəγá] *i.* Relampaguear.
llana [ʎánə] *f.* Lana. ‖ ***Treure la ~ del clatell,*** desasnar.
llança [ʎánsə] *f.* Lanza.
llançada [ʎənsáðə] *f.* Lanzada, lanzazo.
llançador, -ra [ʎənsəðó, -rə] *a., m.-f.* Lanzador. *2 f.* Lanzadera.
llançaflames [ʎənsəfláməs] *f. pl.* MIL. Lanzallamas.
llançament [ʎənsəmén] *m.* Lanzamiento, lance.
llançar [ʎənsá] *t.-prnl.* Lanzar, arrojar. *2* Echar, despedir, desahuciar. *3* Botar.
llancer [ʎənsé] *m.* MIL. Lancero. *2 pl.* Lanceros (baile).
llanceta [ʎənsétə] *f.* Lanceta.
llancívol, -la [ʎənsíβul, -lə] *a.* Arrojadizo.
llanda [ʎándə] *f.* Llanta, calce.
llaner [ʎəné] *a.* Lanero.
llaneria [ʎənəríə] *f.* Lanería.
llangardaix [ʎəŋgərðáʃ] *m.* ZOOL. Lagarto.
llangor [ʎəŋgó] *f.* Languidez.
llanguiment [ʎəŋgimén] *f.* Languidez.
llanguir [ʎəŋgí] *i.* Languidecer.
llanós, -osa [ʎənós, -ózə] *a.* Lanudo.
llanta [ʎántə] *f.* Llanta.
llanterna [ʎəntérnə] *f.* Linterna. *2* Fanal, farol.
llanternó [ʎəntərnó] *m.* ARQ. Linterna.
llàntia [ʎántiə] *f.* Lamparón, lámpara.
llantió [ʎəntió] *m.* Lamparilla.
llanut, -uda [ʎənút, -úðə] *a.* Lanudo. *2* Que es ignorante.
llanxa [ʎánʃə] *f.* NÁUT. Lancha.
llaor [ʎəó] *f.* Loor, alabanza.
llapis [ʎápis] *m.* Lápiz, lapicero.
llapó [ʎəpó] *m.* Moho.
llar [ʎar] *f.* Lar, hogar. *2* Chimenea.
llard [ʎar(t)] *m.* Manteca, lardo, saín.
llarder (dijous) [ʎərðé] *a.* Jueves lardero.
llardó [ʎərðó] *m.* Chicharrón.
llardós, -osa [ʎərðós, -ózə] *a.* Grasiento, mugriento, pringoso, bisunto.
llarg, -ga [ʎark, -γə] *a.-m.* Largo, luengo. ‖ ***A la llarga,*** a la larga.
llargada [ʎərγáðə] *f.* Largura, largor. *2* Largo, longitud.
llargària [ʎərγáriə] *f.* V. LLARGADA.
llargarut, -uda [ʎərγərút, -úðə] *a.* Larguirucho.

llarguesa [ʎəryέzə] *f.* Largueza.
llast [ʎas(t)] *m.* Lastre.
llastar [ʎəstá] *t.* Lastrar.
llàstima [ʎástimə] *f.* Lástima.
llastimós, -osa [ʎəstimós, -ózə] *a.* Lastimoso, lastimero.
llata [ʎátə] *f.* Lata (de madera).
llatí, -ina [ʎəti, -inə] *a., m.-f.* Latino. *2 m.* Latín.
llatinada [ʎətináðə] *f.* Latinajo.
llatinista [ʎətinistə] *m.-f.* Latinista.
llatzeret [ʎədzərέt] *m.* Lazareto.
llauna [ʎáŭnə] *f.* Hojalata, lata. *2* Tostón.
llauner, -ra [ʎəŭné, -rə] *m.-f.* Hojalatero.
llauneria [ʎəŭnəriə] *f.* Hojalatería.
llaurada [ʎəŭráðə] *f.* Aradura, labranza.
llaurador, -ra [ʎəŭrəðó, -rə] *a., m.-f.* Labrador, arador.
llaurar [ʎəŭrá] *t.* Arar, labrar, laborar.
llaüt [ʎəút] *m.* MÚS. Laúd.
llautó [ʎəŭtó] *m.* Latón. ‖ ***Veure-se-li el ~,*** vérsele el plumero.
llavi [ʎáβi] *m.* Labio.
llavifès, -esa [ʎąβifέs, -έzə] *a.* Labihendido, remellado.
llavigròs, -ossa [ʎąβiγrɔ́s, -ɔ́sə] *a.* Bezudo, belfo.
llavor [ʎəβó] *f.* Semilla, simiente.
llavorar [ʎəβurá] *t.* Laborar, labrar (la piedra, la plata, etc.). *2 i.* Trabajar (se dice de una cuerda, etc.).
llavorer, -ra [ʎəβuré, -rə] *a.* Semental.
llavors [ʎəβɔ́rs] *adv.* Entonces, luego.
llebeig [ʎəβέtʃ] *m.* METEOR. Abrego, sudoeste.
llebrató [ʎəβrətó] *m.* Lebrato.
llebre [ʎéβrə] *f.* ZOOL. Liebre.
llebrer [ʎəβré] *a.-m.* ZOOL. Lebrel, galgo.
llec, -ga [ʎek, -γə] *a.* Lego.
llecadora [ʎəkəðórə] *f.* Cogedora.
lledó [ʎəðó] *m.* BOT. Almeza.
lledoner [ʎəðuné] *m.* BOT. Almez.
llefiscós, -osa [ʎəfiskós, -ózə] *a.* Viscoso.
lleganya [ʎəγáɲə] *f.* Legaña, pitaña.
lleganyós, -osa [ʎəγəɲós, -ózə] *a.* Legañoso.
llegar [ʎəγá] *t.* Legar.
llegat [ʎəγát] *m.* Legado, manda.
llegenda [ʎəʒéndə] *f.* Leyenda.
llegendari, -ària [ʎəʒəndári, -áriə] *a.-m.* Legendario.
llegible [ʎəʒibblə] *a.* Legible, leíble.
llegida [ʎəʒiðə] *f.* Leída.
llegidor, -ra [ʎəʒiðó, -rə] *a., m.-f.* Lector. *2* Leíble, legible.
llegir [ʎəʒi] *t.* Leer.
llegítima [ʎəʒitimə] *f.* JUR. Legítima.
llegua [ʎéγwə] *f.* Legua.
llegum [ʎəγúm] *m.* Legumbre.
lleguminós, -osa [ʎəγuminós, -ózə] *a.* Leguminoso.
llei [ʎeĭ] *f.* Ley. *2* Clase.
lleial [ʎəǰál] *a.* Leal.
lleialtat [ʎəǰəltát] *f.* Lealtad.
Lleida [ʎéĭðə] *n. pr.* Lérida.
lleidatà, -ana [ʎəĭðətá, -ánə] *a., m.-f.* Ilerdense, leridano.
lleig, lletja [ʎetʃ, ʎέdʒə] *a.* Feo.
lleixa [ʎéʃə] *f.* Anaquel, estante, vasar.
lleixiu [ʎəʃiŭ] *m.* Lejía.
llemosí, -ina [ʎəmuzi, -inə] *a., m.-f.* Lemosín.
llenç [ʎɛns] *m.* Lienzo.
llenca [ʎέŋkə] *f.* Tira, lista, trozo.
llençar [ʎənsá] *t.* Tirar, arrojar, botar. *2* Desechar.
llenceria [ʎənsəriə] *f.* Lencería.
llençol [ʎənsɔ́l] *m.* Sábana.
llengota [ʎəŋgɔ́tə] *f.* Acción de burlarse de alguien sacando la lengua.
llengua [ʎéŋgwə] *f.* Lengua.
llenguado [ʎəŋgwáðu] *m.* ICT. Lenguado.
llengua d'oc [ʎéŋgwəðɔ́k] *f.* Lengua de oc.
llenguallarg, -ga [ʎęŋgwəʎárk, -γə] *a.* Parlanchín.
llenguatge [ʎəŋgwádʒə] *m.* Lenguaje.
llengüeta [ʎəŋgwέtə] *f.* Lengüeta. *2* Fiel (de balanza).
llengut, -uda [ʎəŋgút, -úðə] *a.* Lenguaraz, deslenguado.
llentilla [ʎəntiʎə] *f.* BOT. Lenteja.
llenya [ʎéɲə] *f.* Leña. *2* fam. Leña. ‖ ***Fart de ~,*** paliza.
llenyataire [ʎəɲətáĭrə] *m.* Leñador.
llenyer [ʎəɲé] *m.* Leñera.
llenyós, -osa [ʎəɲós, -ózə] *a.* Leñoso.
lleó [ʎəó] *m.* León. *2* ASTR. Leo.
lleona [ʎəónə] *f.* Leona.
lleonat, -ada [ʎəunát, -áðə] *a.* Leonado.
lleonera [ʎəunérə] *f.* Leonera.
lleonès, -esa [ʎəunέs, -έzə] *a., m.-f.* Leonés.
lleoní, -ina [ʎəuni, -inə] *a.* Leonino.
lleopard [ʎəupár(t)] *m.* ZOOL. Leopardo.
llepa [ʎépə] *m.* fam. Pelotillero, lametón, adulón.
llepada [ʎəpáðə] *f.* Lamedura, lengüetada. *2* Pincelada.
llepaire [ʎəpáĭrə] *m.-f.* Lametón, pelotillero.
llepar [ʎəpá] *t.* Lamer. *2* Rozar. *3* Adular. *4* Hacer la pelotilla. ‖ ***Llepar-se els llavis,*** relamerse.
llepassa [ʎəpásə] *f.* Brochada.
llèpol, -la [ʎέpul, -lə] *a.* Lamerón.
llepolia [ʎəpuliə] *f.* Chuchería, golosina.
llera [ʎérə] *f.* Cauce, lecho.

llesca [ʎėskə] *f.* Rebanada, tajada.
llesamí [ʎəsəmí] *m.* BOT. Jazmín.
llest, -ta [ʎes(t), -tə] *a.* Listo, avisado, despierto. *2* Listo, acabado, desembarazado, despejado.
llet [ʎet] *f.* Leche. ‖ ~ ***de bruixa,*** lechetrezna.
lletada [ʎətáðə] *f.* Lechada.
lletania [ʎətəniə] *f.* Letanía.
lleter, -ra [ʎətė, -rə] *a., m.-f.* Lechero.
lleteria [ʎətəriə] *f.* Lechería.
lleterola [ʎətərɔ́lə] *f.* BOT. Lechetrezna.
lletgesa [ʎədʒέzə] *f.* Fealdad.
lletjor [ʎədʒó] *f.* Fealdad.
lletó, -ona [ʎətó, -ónə] *m.-f.* Lechal, lechón. *2 m.* Lechecillas.
lletós, -osa [ʎətós, -ózə] *a.* Lechoso.
lletra [ʎέtrə] *f.* Letra. *2* Carta.
lletrat, -ada [ʎətrát, -áðə] *a.-m.* Letrado.
lletrejar [ʎətrəʒá] *t.* Deletrear.
lletrut, -uda [ʎətrút, -úðə] *a.* Sabihondo, leído.
lletsó [ʎətsó] *m.* BOT. Diente de león, cerraja.
lleu [ʎėŭ] *a.* Leve, ligero.
lleuger, -ra [ʎəŭʒė, -rə] *a.* Ligero, suelto, liviano, somero. ‖ ***A la lleugera,*** sin reflexión.
lleugeresa [ʎəŭʒərέzə] *f.* Ligereza, liviandad.
lleure [ʎέŭrə] *m.* Tiempo libre, ocio.
lleure [ʎέŭrə] *i.* Vagar. ¶ CONJUG. como ***creure.***
lleva [ʎėβə] *f.* Leva. *2* MIL. Reemplazo, quinta.
llevadís, -issa [ʎəβəðís, -isə] *a.* Levadizo.
llevadora [ʎəβəðórə] *f.* Comadrona, comadre, partera.
llevant [ʎəβán] *m.* Levante, solano. *2 pl.* Postre.
llevantí, -ina [ʎəβəntí, -inə] *a.* Levantino.
llevar [ʎəβá] *t.* Sacar, quitar. *2* NÁUT. Levar. *3 i.* Leudarse (la masa). *4 prnl.* Levantarse de la cama.
llevat [ʎəβát] *m.* Levadura.
llevat de [ʎəβát] *prep.* Excepto, con la excepción de, salvo.
llevataps [ʎęβətáps] *m.* Sacacorchos.
llevataques [ʎęβətákəs] *m.* Quitamanchas, sacamanchas.
lli [ʎi] *m.* BOT. Lino.
llibant [ʎiβán] *m.* Soga, braga.
lliberal [ʎiβərál] *a., m.-f.* Liberal.
llibert, -ta [ʎiβέr(t), -tə] *m.-f.* Liberto.
llibertar [ʎiβərtá] *t.* Liberar, libertar.
llibertat [ʎiβərtát] *f.* Libertad.
llibertí, -ina [ʎiβərtí, -inə] *a.* Libertino.
llibertinatge [ʎiβərtinádʒə] *m.* Libertinaje.
llibre [ʎiβrə] *m.* Libro.
llibrer, -ra [ʎiβrė, -rə] *m.-f.* Librero.
llibreria [ʎiβrəriə] *f.* Librería.
llibret [ʎiβrέt] *m.* Librillo. *2* Libreto. *3* Libro (en los rumiantes).
llibreta [ʎiβrέtə] *f.* Libreta.
llibreter [ʎiβrətė, -rə] *m.-f.* Librero.
llibreteria [ʎiβrətəriə] *f.* Librería.
lliça [ʎisə] *f.* Liza, palenque, ruedo, coso. *2* Patio.
llicència [ʎisέnsiə] *f.* Licencia.
llicenciament [ʎisənsiəmén] *m.* Licenciamiento.
llicenciar [ʎisənsiá] *t.-prnl.* Licenciar.
llicenciat, -ada [ʎisənsiát, -áðə] *m.-f.* Licenciado.
licenciatura [ʎisənsiətúrə] *f.* Licenciatura.
llicenciós, -osa [ʎisənsiós, -ózə] *a.* Licencioso.
lliçó [ʎisó] *m.* Lección.
lliga [ʎiγə] *f.* Liga (asociación). *2* Ligazón. *3* Aleación.
lligabosc [ʎiγəβɔ́sk] *m.* BOT. Madreselva.
lligacama [ʎiγəkámə] *f.* Liga, jarretera.
lligada [ʎiγáðə] *f.* Ligadura, atadura, atado.
lligall [ʎiγáʎ] *m.* Legajo, fajo, lío, atado.
lligam [ʎiγám] *m.* Ligadura, atadero.
lligament [ʎiγəmén] *m.* Ligamento. *2* Atadura, traba, trabazón.
lligar [ʎiγá] *t.* Atar, ligar, liar. *2* Pegar.
lligat [ʎiγát] *m.* Ligado, atadura.
llim [ʎim] *m.* Barro, limo.
llima [ʎimə] *f.* Lima.
llimac [ʎimák] *m.* ZOOL. Limaza, babosa. *2* Sabandija.
llimadures [ʎiməðúrəs] *f. pl.* Limaduras.
llimar [ʎimá] *t.* Limar.
llimbs [ʎims] *m. pl.* Limbo. ‖ ***Viure als ~,*** estar en Babia.
llimona [ʎimónə] *f.* Limón. ‖ ~ ***dolça,*** lima.
llimonada [ʎimunáðə] *f.* Limonada.
llimoner [ʎimunė] *m.* BOT. Limonero, limero.
llinatge [ʎinádʒə] *m.* Linaje, alcurnia, abolengo.
llinda [ʎində] *f.* Dintel.
llindar [ʎindá] *m.* Umbral, tranco.
llinosa [ʎinózə] *f.* Linaza.
llinya [ʎiɲə] *f.* Seda.
lliri [ʎiri] *m.* BOT. Lirio. ‖ ~ ***de maig,*** muguete.
llís, -sa [ʎis, -zə] *a.* Liso, parejo.
llisament [ʎizəmén] *adv.* Lisamente.
lliscar [ʎiská] *i.* Resbalar, deslizar, desbarrar.
llisona [ʎizónə] *f.* ZOOL. Lución.
llisor [ʎizó] *f.* Lisura, tersura.

llíssera [ʎisərə] *f.* ICT. Mújol, alosa.
llista [ʎistə] *f.* Lista.
llistat, -ada [ʎistát, -áðə] *a.* Listado.
llistó [ʎistó] *m.* Listón.
llit [ʎit] *m.* Lecho, cama. *2* Cauce. ‖ ***Ficar al ~,*** acostar.
llitera [ʎitérə] *f.* Litera. *2* Camilla.
llitotxa [ʎitɔ́tʃə] *f.* Camastro.
lliura [ʎiŭrə] *f.* Libra.
lliurador, -ra [ʎiŭrəðó, -rə] *a., m.-f.* Librador.
lliurament [ʎiŭrəmén] *m.* Libramiento. *2* Entrega. *3* Libranza.
lliurar [ʎiŭrá] *t.-prnl.* Librar, entregar
lliure [ʎiŭrə] *a.* Libre, suelto. ‖ ***~ canvi,*** librecambio.
lliurea [ʎiŭrɛ́ə] *f.* Librea.
lliurement [ʎiŭrəmén] *adv.* Libremente.
lloable [ʎuábblə] *a.* Loable, laudable.
lloança [ʎuánsə] *f.* Alabanza, loa, loor.
lloar [ʎuá] *t.-prnl.* Alabar, loar, dar bombo.
lloba [ʎóβə] *f.* ZOOL. Loba.
llobarro [ʎuβárru] *m.* ICT. Lubina, lobina, róbalo.
llobató [ʎuβətó] *m.* ZOOL. Lobezno, lobato.
llòbrec, -ega [ʎɔ́βrək, -əγə] *a.* Lóbrego.
lloc [ʎɔk] *m.* Lugar, sitio, paraje, puesto. ‖ ***En ~ de,*** en vez de, en lugar de.
lloca [ʎɔ́kə] *f.* Clueca.
llocada [ʎukáðə] *f.* Pollada.
lloctinent [ʎɔktinén] *m.* Lugarteniente.
llogador, -ra [ʎuγəðó, -rə] *m.-f.* Alquilador.
llogar [ʎuγá] *t.-prnl.* Alquilar. *2* Contratar.
llogarrenc, -ca [ʎuγərrɛ́ŋ, -kə] *a.* Lugareño, aldeano.
llogarret [ʎuγərrɛ́t] *m.* Aldea, villorrio
llogater, -ra [ʎuγəté, -rə] *m.-f.* Inquilino.
llogre [ʎɔ́γrə] *m.* Logro (excesivo).
llogrer, -ra [ʎuγré, -rə] *m.-f.* Logrero.
lloguer [ʎuγé] *m.* Alquiler.
llom [ʎom] *m.* Lomo, espalda. *2* Solomillo.
llombrígol [ʎumbriγul] *m.* Ombligo.
llonguet [ʎuŋgɛ́t] *m.* Cierto tipo de panecillo.
llonza [ʎónzə] *f.* COC. Lonja, chuleta.
llop [ʎop] *m.* ZOOL. Lobo. ‖ ***~ cerver,*** lobo cerval, lobo cervario. ‖ ***~ de mar,*** lobo de mar.
llopada [ʎupáðə] *f.* Camada.
llor [ʎɔr] *m.* BOT. Lauro, laurel.
llorejar [ʎurəʒá] *t.* Laurear.
llorer [ʎuré] *m.* BOT. Laurel, lauro. *2* Lauro (premio). ‖ ***~ reial,*** lauroceraso.
lloriga [ʎuriγə] *f.* Loriga.
llorigada [ʎoriγáðə] *f.* Lechigada, camada.
llorigó [ʎuriγó] *m.* ZOOL. Gazapo.
lloriguera [ʎuriγérə] *f.* Madriguera, gazapera. *2* fig. Guarida de malhechores.
lloro [ʎɔ́ru] *m.* ORNIT. Loro.
llos [ʎɔs] *m.* Calce, tajo.
llosa [ʎɔ́zə] *f.* Losa. *2* Lastre.
llosana [ʎuzánə] *f.* Losa. *2* Repisa.
llosc, -ca [ʎosk, -kə] *a.* Lerdo, cegato, zote.
llossa [ʎɔ́sə] *f.* COC. Cucharón.
llot [ʎot] *m.* Lodo, cieno, fango, lama, tarquín.
llotja [ʎɔ́dʒə] *f.* TEAT. Palco. *2* Lonja.
llotós, -osa [ʎutós, -ózə] *a.* Fangoso, cenagoso.
lloure (a) [ʎɔ́ŭrə] loc. A rienda suelta.
lluc [ʎuk] *m.* Renuevo, vástago. *2* Tino, ojo, cacumen.
lluç [ʎus] *m.* ICT. Merluza. ‖ ***~ de riu,*** lucio.
llucar [ʎuká] *i.* Acertar, columbrar.
llúcera [ʎúsərə] *m.* ICT. Pescadilla.
llúdria [ʎúðriə] *f.* ZOOL. Nutria.
llúdriga [ʎúðriγə] *f.* ZOOL. Nutria.
lluent [ʎuén] *a.* Brillante, luciente, lucido.
lluentó [ʎuəntó] *m.* Lentejuela.
lluerna [ʎuɛ́rnə] *f.* Tragaluz, cumbre, lumbrera. *2* ENTOM. Luciérnaga.
llufa [ʎúfə] *f.* Follón. *2* Colgajo.
llufar-se [ʎufársə] *prnl.* Ventosear, ventear.
lluïment [ʎuimén] *m.* Lucimiento, brillantez.
lluir [ʎui] *i.* Lucir, brillar. *2 t.* Lucir. *3 prnl.* Lucirse. ¶ CONJUG. INDIC. Pres.: ***lluu.*** ‖ SUBJ. Pres.: ***lluï,*** etc.
lluïssor [ʎuisó] *f.* Brillo.
lluït, -ïda [ʎuit, -iðə] *a.* Lucido.
lluita [ʎúĭtə] *f.* Lucha, lidia, lid.
lluitador, -ra [ʎuitəðó, -rə] *a., m.-f.* Luchador.
lluitar [ʎuĭtá] *i.* Luchar, pelear, lidiar.
llum [ʎum] *f.* Luz, claridad. *2 m.* Luz, lámpara, farol, farola. ‖ ***~ de ganxo,*** candil. ‖ ***Donar a ~,*** dar a luz.
llumener [ʎuməné] *m.* Candil. *2* Lucero, luminar. *3* Lumbrera.
llumenera [ʎumənérə] *f.* Velón, candelero.
llumí [ʎumi] *m.* Cerilla, fósforo,mixto.
lluminària [ʎuminário] *f.* Luminaria, iluminación.
lluminós, -osa [ʎuminós, -ózə] *a.* Luminoso.
lluna [ʎúnə] *f.* Luna. ‖ ***De bona ~,*** de buen talante. ‖ ***De mala ~,*** de mal ta-

lante. || ***Demanar la ~ en un cove,*** pedir peras al olmo. || ***Prometre la ~ en un cove,*** prometer el oro y el moro.
llunàtic, -ca [ʎunàtik, -kə] *a.* Lunático.
lluny [ʎuɲ] *adv.* Lejos.
llunyà, -ana [ʎuɲà, -ànə] *a.* Lejano.
llunyania [ʎuɲəniə] *f.* Lejanía.
llunyària [ʎuɲàriə] *f.* Lejanía.
llúpia [ʎùpiə] *f.* Lobanillo, lupia.
llúpol [ʎùpul] *a.* BOT. Lúpulo.
lluquet [ʎukėt] *m.* Pajuela, luquete.
llur (pl. **llurs**) [ʎur, ʎurs] *a. pos.* Su (de ellos, de ellas).
llustre [ʎùstrə] *m.* Lustre. || ***Entre dos llustres,*** entre dos luces.
llustrina [ʎustrìnə] *f.* Lustrina.
llustrós, -osa [ʎustròs, -òzə] *a.* Lustroso.
lo [lu] *pron. déb.* Lo, le.
lòbul [lɔ̀βul] *m.* Lóbulo.
lobulat, -ada [luβulàt, -àðə] *a.* Lobulado.
local [lukàl] *a.-m.* Local.
localitat [lukəlitàt] *f.* Localidad.
localitzar [lukəlidzà] *t.* Localizar.
loció [lusiò] *f.* Loción.
locomoció [lukumusiò] *f.* Locomoción.
locomotor, -ra [lukumutò, -rə] *a.* Locomotor. *2 f.* Locomotora.
locució [lukusiò] *f.* Locución.
locutor, -ra [lukutò, -rə] *m.-f.* Locutor.
locutori [lukutɔ̀ri] *m.* Locutorio.
logaritme [luɣəridmə] *m.* Logaritmo.
lògia [lɔ̀ʒiə] *f.* Logia.
lògic, -ca [lɔ̀ʒik, -kə] *a.* Lógico. *2 f.* Lógica.
lona [lònə] *f.* Lona.
londinenc, -ca [lundinèŋ, -kə] *a.* Londinense.
longanimitat [luŋgənimitàt] *f.* Longanimidad.
longevitat [lunʒəβitàt] *f.* Longevidad.
longitud [lunʒitùt] *f.* Longitud.
longitudinal [lunʒituðinàl] *a.* Longitudinal.
loquaç [lukwàs] *a.* Locuaz.
loquacitat [lukwəsitàt] *f.* Locuacidad.
lord [lɔrt] *m.* Lord (pl. ***lores***).
los [lus] *pron. déb.* Los, les.
lot [lɔt] *m.* Lote.
Lotari [lutàri] *n. pr. m.* Lotario.
loteria [lutəriə] *f.* Lotería.
lotus [lɔ̀tus] *m.* BOT. Loto.
Lovaina [luβàĭnə] *n. pr. f.* Lovaina.
'ls *pron. déb.* Los, les.
lúbric, -ca [lùβrik, -kə] *a.* Lúbrico.
lubrificació [luβrifikəsiò] *f.* Lubrificación.
lubrificant [luβrifikàn] *a.-m.* Lubrificante.
lubrificar [luβrifikà] *t.* Lubrificar.
lúcid, -da [lùsit, -ðə] *a.* Lúcido.
lucidesa [lusiðèzə] *f.* Lucidez.
lucífug, -ga [lusìfuk, -ɣə] *a.* Lucífugo.
lucrar [lukrà] *i.-prnl.* Lucrarse.
lucratiu, -iva [lukrətiŭ, -iβə] *a.* Lucrativo.
lucre [lùkrə] *m.* Lucro.
luctuós, -osa [luktuòs, -òzə] *a.* Luctuoso.
ludibri [luðiβri] *m.* Ludibrio.
lúgubre [lùɣuβrə] *a.* Lúgubre.
lumbago [lumbàɣu] *m.* MED. Lumbago.
lumbar [lumbàr] *a.* Lumbar.
lunar [lunàr] *a.* Lunar.
lupa [lùpə] *f.* Lupa.
lusità, -ana [luzità, -ànə] *a., m.-f.* Lusitano.
lustre [lùstrə] *m.* Lustro.
luterà, -ana [lutərà, -ànə] *a., m.-f.* Luterano.
luteranisme [lutərənizmə] *m.* Luteranismo.
luxació [luksəsiò] *f.* Luxación.
luxe [lùksə] *m.* Lujo.
luxemburguès, -esa [luksəmburɣès -èzə] *a., m.-f.* Luxemburgués.
luxós, -osa [luksòs, -òzə] *a.* Lujoso, majo.
luxúria [luksùriə] *f.* Lujuria.
luxuriant [luksuriàn] *a.* Lujuriante.
luxuriós, -osa [luksuriòs, -òzə] *a.* Lujurioso.

M

m' *pron. déb.* Me.

mà [ma] *f.* Mano. ‖ ***De sota ~,*** de bajo mano. ‖ ***Donar un cop de ~,*** echar una mano. ‖ ***~ de morter,*** majadero. ‖ ***~ foradada,*** manirroto. ‖ ***De segona ~,*** de segunda mano. ‖ ***Amb les mans plegades (estar-se),*** estar mano sobre mano.

maça [másə] *f.* Mazo, maza, mallo, majadero.

macabre, -bra [məkáβrə, -βrə] *a.* Macabro.

macaco [məkáku] *m.* ZOOL. Macaco.

macadam [məkəðám] *m.* CONSTR. Macadán.

macadura [məkəðúrə] *f.* Maca, magulladura, machucadura.

macar [məká] *t.-prnl.* Machucar, magullar. *2 prnl.* Macarse.

macarró [məkərró] *m.* Macarrón. *2* Chulo.

macarrònic, -ca [məkərrɔ́nik, -kə] *a.* Macarrónico.

macer [məsé] *m.* Macero, pertiguero.

maceració [məsərəsió] *f.* Maceración.

macerar [məsərá] *t.* Macerar.

maceta [məsétə] *f.* Maceta (martillo).

macrocefalia [məkrusəfəliə] *f.* Macrocefalia.

màcula [mákulə] *f.* Mácula, mancilla, mancha.

macular [məkulá] *t.* Macular, manchar, mancillar.

madeixa [məðéʃə] *f.* Madeja.

madona [məðɔ́nə] *f.* Madona. *2* Dueña, ama.

madrastra [məðrástrə] *f.* Madrastra.

madrèpora [məðrɛ́purə] *f.* ZOOL. Madrépora.

madrigal [məðriɣál] *m.* Madrigal.

madrileny, -nya [məðrilɛ́ɲ, -ɲə] *a., m.-f.* Madrileño, matritense.

maduixa [məðúʃə] *f.* BOT. Fresa.

maduixer [məðuʃé] *m.* V. MADUIXERA.

maduixera [məðuʃérə] *f.* BOT. Fresera, fresa.

maduixerar [məðuʃərá] *m.* Fresal.

maduixot [məðuʃɔ́t] *m.* Fresón.

madur, -ra [məðú, -rə] *a.* Maduro. *2* Machucho.

madurar [məðurá] *i.-t.* Madurar.

maduresa [məðurɛ́zə] *f.* Madurez.

mag [mak] *m.* Mago.

magall [məɣáʎ] *m.* Legón.

magalló [məɣəʎó] *m.* Azadilla, escarda.

maganya [məɣáɲə] *f.* Maca.

magarrufa [məɣərrúfə] *f.* Halago, marrullería.

magatzem [məɣədzɛ́m] *m.* Almacén.

magatzematge [məɣədzəmádʒə] *m.* Almacenaje.

magatzemista [məɣədzəmistə] *m.-f.* Almacenista.

magí [məʒí] *m.* fam. Magín, entendimiento, imaginación. ‖ ***Escalfar-se el ~,*** descalabazarse.

màgia [máʒiə] *f.* Magia.

magiar [məʒiá] *a., m.-f.* Magiar.

màgic, -ca [máʒik, -kə] *a.* Mágico. *2 m.-f.* Mago. *3 f.* Magia.

magisteri [məʒistɛ́ri] *m.* Magisterio.

magistral [məʒistrál] *a.* Magistral.

magistrat [məʒistrát] *m.* Magistrado.

magistratura [məʒistrətúrə] *f.* Magistratura.

magnànim, -ma [məŋnánim, -mə] *a.* Magnánimo.

magnat [məŋnát] *m.* Magnate.

magne, -na [máŋnə, -nə] *a.* Magno.

magnesi [məŋnɛ́zi] *m.* Magnesio.

magnèsia [məŋnɛ́ziə] *f.* Magnesia.

magnètic, -ca [məŋnɛ́tik, -kə] *a.* Magnético.

magnetisme [məŋnətizmə] *m.* Magnetismo.

magnetitzador, -ra [məŋnətizdzəðó, -rə] *m.-f.* Magnetizador.

magnetitzar [məŋnətidzá] *t.* Magnetizar.

magnetòfon [məŋnətɔ́fun, col. məŋnętufón] *m.* Magnetófono.

magnífic, -ca [məŋnifik, -kə] *a.* Magnífico.

magnificar [məŋnifikà] *t.* Magnificar.
magnificència [məŋnifisɛ́nsiə] *f.* Magnificencia.
magnitud [məŋnitùt] *f.* Magnitud.
magnòlia [məŋnɔ̀liə] *f.* BOT. Magnolia.
magrana [məɣrànə] *f.* BOT. Granada.
magraner [məɣrənè] *m.* BOT. Granado.
magre, -gra [màɣrə, -ɣrə] *a.* Magro, escuálido, delgado. ‖ ***Fer ~,*** comer de vigilia.
magresa [məɣrɛ́zə] *f.* Escualidez, delgadez.
magror [məɣrò] *f.* Delgadez, escualidez.
mahometà, -ana [məumətà, -ànə] *a., m.-f.* Mahometano.
mahometisme [məumətizmə] *m.* Mahometismo.
mai [màĭ] *adv.* Nunca, jamás. ‖ ***~ per ~,*** nunca jamás.
maig [matʃ] *m.* Mayo.
maimó, -ona [məĭmò, -ònə] *a.* Posma, pelmazo, lento.
mainada [məĭnàðə] *f.* Chiquillería.
mainader [məĭnəðè] *m.* Ayo.
mainadera [məĭnəðèrə] *f.* Niñera, aya, chacha.
maionesa [məĭunɛ́zə] *f.* COC. Mayonesa, mahonesa.
majestat [məʒəstàt] *f.* Majestad.
majestuós, -osa [məʒəstuòs, -òzə] *a.* Majestuoso.
majestuositat [məʒəstuuzitàt] *f.* Majestuosidad.
majòlica [məʒɔ̀likə] *f.* Mayólica.
major [məʒò] *a.* Mayor. *2 m. pl.* Antepasados, abuelos.
majoral [məʒuràl] *m.* Mayoral.
majordom [məʒurðɔ̀m] *m.* Mayordomo.
majordoma [məʒurðɔ̀mə] *f.* Ama, dueña.
majordona [məʒurðɔ̀nə] Sirvienta de un cura.
majoria [məʒuriə] *f.* Mayoría.
majorista [məʒuristə] *m.-f.* Mayorista.
majoritat [məʒuritàt] *f.* Mayoridad.
majorment [məʒormèn] *adv.* Mayormente.
majúscul, -la [məʒùskul, -lə] *a.* Mayúsculo.
mal [mal] *m.* Mal. *2* Daño. *3* Dolor. *4* Enfermedad. *5 adv.* Mal. ‖ ***Fer ~,*** dañar, doler.
mal, mala [mal, màlə] *a.* Mal, malo. *2 f.* Malilla. ‖ ***Mala passada,*** cochinada, trastada.
malabar [maləβàr] *a., m.-f.* Malabar.
malabarista [maləβəristə] *m.-f.* Malabarista.
malacarós, -osa [mələkəròs, -òzə] *a.* V. SORRUT.
malaconsellar [mələkunsəʎà] *t.* Malaconsejar.
malagradós, -osa [mələɣrəðòs, -òzə] *a.* Desabrido, huraño.
malagraït, -ïda [mələɣrəit, -iðə] *a., m.-f.* Desagradecido.
malaguanyat, -ada [mələɣwəɲàt, -àðə] *a.* Malogrado. *2 interj.* ¡Lástima!
malagueny, -nya [mələɣɛ́ɲ, -ɲə] *a., m.-f.* Malagueño.
malai, -aia [məlàĭ, -àĭə] *a., m.-f.* Malayo.
malalt, -ta [məlàl, -tə] *a.* Enfermo, malo, doliente.
malaltia [mələltiə] *f.* Enfermedad, dolencia, morbo, mal.
malaltís, -issa [mələltis, -isə] *a.* Enfermizo, enteco.
malament [mələmèn] *adv.* Mal, malamente.
malanança [mələnànsə] *f.* Malandanza, desgracia. *2* Enfermedad.
malapte, -ta [məlàpte, -tə] *a.* Desmañado, torpe.
malaptesa [mələptɛ́zə] *f.* Desmaña, torpeza.
malaquita [mələkitə] *f.* MINER. Malaquita.
malària [məlàriə] *f.* MED. Malaria.
malastrugança [mələstruɣànsə] *f.* Desventura, malaventura, desdicha.
malaurat, -ada [mələŭràt, -àðə] *a.* Desdichado, malaventurado.
malaventura [mələβəntùrə] *f.* Malaventura, desdicha, desventura.
malaventurat, -ada [mələβənturàt, -àðə] *a.* Malaventurado, desdichado, desventurado.
malavesar [mələβəzà] *t.* Malacostumbrar.
malavingut, -uda [mələβiŋgùt, -ùðə] *a.* Malavenido, malquisto.
malbaratament [məlβərətəmèn] *m.* Derroche, despilfarro. *2* Desperdicio.
malbaratar [məlβərətà] *t.* Malbaratar, derrochar. *2* Desperdiciar, despilfarrar, dar al traste con.
malbé (fer) [məlβè] loc. Echar a perder, deteriorar, estropear, malear.
malcarat, -ada [məlkəràt, -àðə] *a.* Malcarado. *2* Desapacible, desabrido.
malcontent, -ta [məlkuntèn, -tə] *a.* Malcontento, descontento.
malcreient [məlkrəĭèn] *a.* Desobediente, malmandado.
malcriar [məlkrià] *t.* Malcriar.
malcriat, -ada [məlkriàt, -àðə] *a.* Malcriado.
maldar [məldà] *i.* Procurar, patullar.
maldat [məldàt] *f.* Maldad.
maldecap [məldəkàp] *m.* Quebradero (de cabeza), preocupación.

maldient [mәldién] *a.* Maldiciente.
maldir [mәldí] *i.* Maldecir, difamar, despotricar.
maledicció [mələðiksió] *f.* Maldición.
maledicència [mələðisέnsiə] *f.* Maledicencia.
malèfic, -ca [məlέfik, -kə] *a.* Maléfico.
malefici [mələfísi] *m.* Maleficio.
maleficiar [mələfisiá] *t.* Maleficiar.
maleir [mələí] *t.* Maldecir.
maleït, -ïda [mələít, -íðə] *a.* Maldito.
malejar [mələʒá] *t.* Malear, maliciar.
malencert [mələnsέr(t)] *m.* Desacierto.
malencertar [mələnsərtá] *t.* Desacertar.
malenconia [mələŋkuníə] *f.* Melancolía.
malenconiós, -sa [mələŋkuniós, -ózə] *a.* Melancólico.
malendreç [mələndrés] *m.* Desaseo, desaliño, desorden.
malentès [mələntέs] *m.* Equívoco, confusión.
malesa [məlέzə] *f.* Maldad, travesura. *2* Maleza.
malestar [mələstá] *m.* Malestar, desazón.
maleta [məlέtə] *f.* Maleta, valija.
maleter [mələté] *m.* Maletero.
maletí [mələtí] *m.* Maletín.
malèvol, -la [məlέβul, -lə] *a.* Malévolo, avieso.
malevolència [mələβulέnsiə] *f.* Malevolencia, malquerencia.
malfactor, -ra [məlfəktó, -rə] *a., m.-f.* Malhechor, forajido.
malferir [məlfərí] *t.* Malherir.
malfiança [məlfiánsə] *f.* Desconfianza.
malfiar-se [məlfiársə] *prnl.* Desconfiar.
malforjat, -ada [məlfurʒát, -áðə] *a.* Desaliñado, desgarbado, desgalichado.
malgastar [məlɣəstá] *t.* Malgastar, derrochar, desperdiciar.
malgirbat, -ada [məlʒirβát, -áðə] *a.* Desgarbado.
malgrà [məlɣrá] *m.* MED. Carbunco, golondrino.
malgrat [məlɣrát] *prep.* A pesar de, no obstante. ‖ ~ ***tot,*** a pesar de todo.
malhumorat, -ada [məlumurát, -áðə] *a.* Malhumorado, displicente.
malícia [məlísiə] *f.* Malicia. *2* Ojeriza.
maliciar [məlisiá] *t.* Maliciar, recelar.
maliciós, -osa [məlisiós, -ózə] *a.* Malicioso.
malifeta [məlifétə] *f.* Fechoría, entuerto, desmán.
maligne, -na [məliŋnə, -nə] *a.* Maligno, maleante.
malignitat [məliŋnitát] *f.* Malignidad, livor.
malintencionat, -ada [məlintənsiunát, -áðə] *a.* Malintencionado.
mall [maʎ] *m.* Mazo, mallo.
malla [máʎə] *f.* Malla. *2* Eslabón.
mal·leabilitat [məleəβilitát] *f.* Maleabilidad.
mal·leable [mələábblə] *a.* Maleable.
mallerenga [məʎərέŋgə] *f.* ORNIT. Herrerillo.
mallorquí, -ina [məʎurkí, -ínə] *a., m.-f.* Mallorquín.
mallot [məʎót] *m. fr.* Mallot.
malmenar [məlməná] *t.* Maltratar.
malmès, -esa [məlmέs, -έzə] *a.* Estropeado, maltrecho, malparado.
malmetre [məlmέtrə] *t. prnl.* Lastimar, estropear, maltratar. ¶ CONJUG. P. P.: ***malmès.***
malmirar [məlmirá] *t.* Malmirar.
malnom [məlnóm] *m.* Mote, sobrenombre, apodo, nombre.
malparat, -ada [məlpərát, -áðə] *a.* Malparado, maltrecho.
malparlar [məlpərlá] *i.* Despotricar, murmurar.
malparlat, -ada [məlpərlát, -áðə] *a.* Malhablado.
malpensar [məlpənsá] *i.-prnl.* Maliciar, sospechar.
malpensat, -ada [məlpənsát, -áðə] *a.* Malpensado.
malprendre [məlpéndrə] *t.* Tomar a mal. ¶ CONJUG. como ***aprendre.***
malsà, -ana [məlsá, -ánə] *a.* Malsano.
malson [məlsón] *m.* Pesadilla.
malsonant [məlsunán] *a.* Malsonante.
maltractament [məltrəktəmén] *m.* Maltratamiento, maltrato.
maltractar [məltrəktá] *t.* Maltratar, malparar. *2* Zamarrear.
maltractat, -ada [məltrəktát, -áðə] *a.* Maltrecho.
maltracte [məltráktə] *m.* Maltrato.
maluc [məlúk] *m.* ANAT. Cía (hueso). *2* Cadera.
malva [málβə] *f.* BOT. Malva.
malvasia [məlβəzíə] *f.* Malvasía.
malvat, -ada [məlβát, -áðə] *a.* Malvado, desalmado.
malvendre [məlβéndrə] *t.* Malvender, baratear. ¶ CONJUG. como ***vendre.*** ‖ INDIC. Pres.: ***malvèn.***
malversació [məlβərsəsió] *f.* Malversación, despilfarro, derroche.
malversador, -ra [məlβərsəðó, -rə] *a., m.-f.* Malversador, derrochador.
malversar [məlβərsá] *t.* Malversar, despilfarrar, derrochar.
malvestat [məlβəstát] *f.* Desafuero, fechoría, maldad.
malviatge! [məlβiádʒə] *interj.* ¡Mal haya!

malvist, -ta [mạlβis(t), -tə] *a.* Malquisto, mal quisto.
malviure [mạlβiŭrə] *m.* Malvivir.
malvolença [mạlβulέnsə] *f.* Malevolencia, malquerencia, inquina.
mam [məm] *m.* fam. Bebida.
mama [mámə] *f.* Mamá. *2* V. MAMELLA.
mamà [məmá] *f.* Mamá.
mamador, -ra [məməðó, -rə] *a.* Mamador, mamón.
mamar [məmá] *t.* Mamar. *2* Chupar.
mamarratxada [məmərrətʃáðə] *f.* Mamarrachada.
mamarratxo [məmərrátʃu] *m.* Mamarracho, birria.
mamella [məméʎə] *f.* Mama, teta, ubre.
mameluc [məməlúk] *m.* Mameluco.
mamífer, -ra [məmifər, -rə] *a., m.-pl.* Mamífero.
mampara [məmpárə] *f.* Mampara, biombo.
mamut [məmút] *m.* ZOOL. Mamut.
manaire [mənáĭrə] *m.* Mandón.
manament [mənəmén] *m.* Mandamiento, mandado.
manar [məná] *t.* Mandar.
manat [mənát] *m.* Manojo, manada.
manatí [mənəti] *m.* ZOOL. Manatí.
manc, -ca [maŋ, -kə] *a.* Manco.
manca [máŋkə] *f.* Falta, carencia.
mancament [məŋkəmén] *m.* Incumplimiento, agravio, falta.
mançanilla [mənsəniʎə] *f.* Manzanilla (vino).
mancar [məŋká] *i.-t.* Carecer, faltar. ‖ ***Trobar a ~,*** echar de menos.
mancomunitat [məŋkumunitát] *f.* Mancomunidad.
mandant [məndán] *m.* Mandante.
mandarí [məndəri] *m.* Mandarín.
mandarina [məndərinə] *f.* BOT. Mandarina.
mandat [məndát] *m.* Mandato.
mandatari [məndətári] *m.* Mandatario.
mandíbula [məndiβulə] *f.* ANAT. Mandíbula, quijada.
mandioca [məndiɔ́kə] *f.* BOT. Mandioca.
mandolina [məndulinə] *f.* MÚS. Mandolina.
mandonguilla [mənduŋgiʎə] *f.* COC. Albóndiga.
mandra [mándrə] *f.* fam. Pereza, galbana. *2 m.* Zángano, holgazán.
mandràgora [məndráγurə] *f.* BOT. Mandrágora.
mandrí [məndri] *m.* MEC. Mandril.
mandril [məndril] *m.* ZOOL. Mandril.
mandrós, -osa [məndrós, -ózə] *a.* Perezoso, tumbón.
manduca [məndúkə] *f.* fam. Comida, mantenimiento.
mànec [mánək] *m.* Mango, manija.
manefla [mənέflə] *a., m.-f.* Mequetrefe, entrometido.
maneflejar [mənəfləʒá] *i.* Mangonear, entrometerse, inmiscuirse.
mànega [mánəγə] *f.* Manga. ‖ ***~ de regar,*** manguera, manga.
manegar [mənəγá] *t.* Enmangar. *2* Amañar, arreglar.
maneguí [mənəγi] *m.* Manguito.
maneig [mənέtʃ] *m.* Manejo.
manejable [mənəʒábblə] *a.* Manejable.
manejar [mənəʒá] *t.-i.-prnl.* Manejar. *2* Menear, mover. *3* Manotear.
manera [mənérə] *f.* Manera, guisa, modo. ‖ ***De ~ que,*** de modo que, conque. ‖ ***De cap ~,*** de ningún modo, ni por asomo. ‖ ***En gran ~,*** sobremanera.
manes [mánes] *m. pl.* Manes.
manescal [mənəskál] *m.* Veterinario, albéitar.
maneta [mənέtə] *f.* Manivela, manecilla, manija, manubrio.
manganès [məŋgənέs] *m.* Manganeso.
mangosta [məŋgóstə] *f.* ZOOL. Mangosta.
mangra [máŋgrə] *f.* Almagre.
mania [məniə] *f.* Manía. *2* Hincha.
maníac, -ca [məniək, -kə] *a.* Maníaco.
maniàtic, -ca [məniátik, -kə] *a.* Maniático.
manicomi [mənikɔ́mi] *m.* Manicomio.
manicur, -ra [mənikúr, -rə] *m.-f.* Manicuro. *2 f.* Manicura.
manifassejar [mənifəsəʒá] *i.* Mangonear, manipular.
manifasser, -ra [mənifəsé, -rə] *a., m.-f.* Mangonero.
manifest, -ta [mənifés(t), -tə] *a.-m.* Manifiesto.
manilla [məniʎə] *f.* Manilla. *2* Malilla.
manillar [məniʎár] *m. cast.* Manillar.
manilles [məniʎəs] *f. pl.* Esposas.
maniobra [məni] *t.* Manipular. *2 i.* Maniobrar.
maniple [mənipIə] *m.* LITURG. Manípulo.
manipulació [mənipuləsió] *f.* Manipulación.
manipulador, -ra [mənipuləðó, -rə] *m.-f.* Manipulador.
manipular [mənipulá] *t.* Manipular.
maniqueu, -ea [mənikέŭ, -έə] *m.-f.* Maniqueo.
maniquí [məniki] *m.* Maniquí.
manllevar [mənʎəβá] *t.* Pedir prestado.
mannà [mənná] *m.* Maná.
manobre [mənɔ́βrə] *m.* Peón, bracero.
manoll [mənóʎ] *m.* Manojo, manada.

manòmetre [mənɔ́mətrə] *m.* Manómetro.
manotada [mənutáðə] *f.* Manotada, manotazo.
manotejar [mənutəʒá] *t.* Manotear.
mans, -sa [mans, -sə] *a.* Manso.
mansalva (a) [mənsálβə] loc. A mansalva.
mansió [mənsió] *f.* Mansión.
mansoi, -ia [mənsɔ́ĭ, -jə] *a.* Manso.
mansuetud [mənsuətút] *f.* Mansedumbre.
manta [mántə] *f.* Manta.
mantega [məntέγə] *f.* Mantequilla. *2* Manteca.
mantegada [məntəγáðə] *f.* Mantecada.
mantegós, -osa [məntəγós, -ózə] *a.* Mantecoso.
manteguera [məntəγérə] *f.* Mantequera.
mantejament [məntəʒəmén] *m.* Manteo.
mantejar [məntəʒá] *t.* Mantear.
manteleta [məntəlέtə] *f.* Manteleta.
mantell [məntéʎ] *m.* Manto.
mantellet [məntəʎέt] *m.* Mantelete.
mantellina [məntəʎínə] *f.* Mantilla.
mantenidor, -ra [məntəniðó, -rə] *a., m.-f.* Mantenedor.
manteniment [məntənimén] *m.* Mantenimiento, sustento.
mantenir [məntəní] *t.* Mantener. ¶ CONJUG. como ***abstenir-se***.
manteu [məntέŭ] *m.* Manteo.
mantó [məntó] *m.* Mantón.
manual [mənuál] *a.-m.* Manual.
manubri [mənúβri] *m.* Manubrio, manija.
manufactura [mənufəktúrə] *f.* Manufactura.
manufacturar [mənufəkturá] *t.* Manufacturar.
manuscrit, -ta [mənuskrit, -tə] *a.-m.* Manuscrito.
manutenció [mənutənsió] *f.* Manutención.
manxa [mánʃə] *f.* Fuelle. *2* Bomba.
Manxa (La) [mánʃə] *n. pr.* La Mancha.
manxar [mənʃá] *i.-t.* Soplar, aventar.
manya [máɲə] *f.* Maña, amaño.
manyà [məɲá] *m.* Cerrajero.
manyac, -aga [məɲák, -áγə] *a.* Dócil, suave, mego, manso. *2 f.* Caricia.
manyagueria [məɲəγəríə] *f.* Zalamería. *2 f. pl.* Carantoñas.
manyeria [məɲəríə] *f.* Cerrajería.
manyoc [məɲɔ́k] *m.* Manojo, cadejo. ‖ ~ ***de cabells,*** mechón, pelotón.
manyopla [məɲɔ́plə] *f.* Manopla.
manyós, -osa [məɲós, -ózə] *a.* Mañoso.
maó [məó] *m.* Ladrillo.
mapa [mápə] *m.* Mapa.
mapamundi [mąpəmúndi] *m.* Mapamundi.
maqueta [məkέtə] *f.* Maqueta.
maquiavèl·lic,- ca [məkiəβέlik, -kə] *a.* Maquiavélico.
maquiavel·lisme [məkiəβəlizmə] *m.* Maquiavelismo.
maquillar [məkiʎá] *t.-prnl.* Maquillar.
maquillatge [məkiʎádʒə] *m.* Maquillaje.
màquina [mákinə] *f.* Máquina.
maquinació [məkinəsió] *f.* Maquinación.
maquinal [məkinál] *a.* Maquinal.
maquinar [məkiná] *t.* Maquinar.
maquinària [məkinária] *f.* Maquinaria.
maquinista [məkinístə] *m.-f.* Maquinista.
mar [mar] *m.* o *f.* Mar. ‖ ~ ***de fons,*** mar de fondo.
marabú [mərəβú] *m.* ORNIT. Marabú.
maragda [mərágdə] *f.* MINER. Esmeralda.
marasme [mərázmə] *m.* Marasmo.
marassa [mərásə] *f.* Madraza.
maravedís [mərəβədis] *m.* NUM. Maravedí.
marbre [márβrə] *m.* Mármol.
marbrista [mərβrístə] *m.* Marmolista.
marc [mark] *m.* Marco.
març [mars] *m.* Marzo.
marca [márkə] *f.* Marca.
marcar [mərká] *t.* Marcar. *2* Preguntar.
marcià, -ana [mərsiá, -ánə] *a., m.-f.* Marciano.
marcial [mərsiál] *a.* Marcial.
marcialitat [mərsiəlitát] *f.* Marcialidad.
marcir [mərsí] *t.-prnl.* Marchitar, ajar.
marcit, -ida [mərsit, -iðə] *a.* Mustio, lacio.
marduix [mərðúʃ] *m.* BOT. Mejorana, moradux.
mare [márə] *f.* Madre. *2* Cauce, lecho. ‖ ~ ***del vi,*** solera.
marea [mərέə] *f.* Marea.
mareig [mərέtʃ] *m.* Mareo.
marejada [mərəʒáðə] *f.* Marejada.
marejar [mərəʒá] *t.-prnl.* Marear.
maremàgnum [mąremáŋnum] *m.* fam. Mare mágnum.
mareperla [mąrəpέrlə] *f.* ZOOL. Madreperla.
mareselva [mąrəsέlβə] *f.* BOT. Madreselva.
maresme [mərέzmə] *f.-m.* Marisma, marea.
màrfega [márfəγə] *f.* Jergón. *2* Colchoneta.
marfegó [mərfəγó] *m.* Colchoneta, jergón.
marfil [mərfíl] *m.* Marfil.
marfuga [mərfúγə] *f.* Epidemia (del ganado). *2* Morriña.
marfull [mərfúʎ] *m.* BOT. Viburno.
marga [márγə] *f.* GEOL. Marga.

margalló [məryəʎó] *m.* BOT. Palmito.

margarida [məryəriðə] *f.* BOT. Margarita. ‖ ***Reina ~,*** maya.

margarina [məryərinə] *f.* Margarina.

marge [márʒə] *m.* Margen, orilla, vallado, borde, ribazo. *2* Malecón.

marginal [mərʒinál] *a.* Marginal.

marginar [mərʒiná] *t.* Marginar.

marí, -ina [məri, -inə] *a.-m.* Marino. *2 f.* Marina. *3* Marina (litoral).

marià, -ana [məriá, -ánə] *a.* Mariano.

maridar [məriðá] *t.-prnl.* Maridar, casar.

maridatge [məriðádʒə] *m.* Maridaje.

marieta [məriétə] *m.* ENTOM. Mariquita. *2* fam. Marica.

maridar [məriðá] *t.-prnl.* Maridar, casar.

maridatge [məriðádʒə] *m.* Maridaje.

marieta [məriétə] *m.* ENTOM. Mariquita. *2* fam. Marica.

marina [mərinə] *f.* Marina. *2* Litoral.

marinada [mərináðə] *f.* METEOR. Marea.

marinatge [mərinádʒə] *m.* Mareaje.

mariner, -ra [məriné, -rə] *a.-m.* Marinero, marino. *2 f.* Marinera.

marineria [mərinəriə] *f.* Marinería.

marisc [mərisk] *m.* Marisco.

mariscal [məriskál] *m.* Mariscal.

marista [məristə] *m.* Marista.

marit [mərit] *m.* Marido, esposo.

marital [məritál] *a.* Marital.

marítim, -ma [məritim, -mə] *a.* Marítimo.

marmessor [mərməsó] *m.* JUR. Albacea, testamentario.

marmita [mərmitə] *f.* Marmita, caldero.

marmitó [mərmitó] *m.* Marmitón, pinche.

marmori, -òria [mərmɔ́ri, -ɔ́riə] *a.* Marmóreo.

marmota [mərmɔ́tə] *f.* ZOOL. Marmota.

maroma [məromə] *f.* Maroma.

maror [məró] *f.* Marejada. *2* fig. Mar de fondo.

marquès [mərkés] *m.* Marqués.

marquesa [mərkέzə] *f.* Marquesa.

marquesat [mərkəzát] *m.* Marquesado.

marquesina [mərkəzinə] *f.* Marquesina.

marqueteria [mərkətəriə] *f.* Marquetería, taracea.

marrà [mərrá] *m.* ZOOL. Morueco. *2 m.-f.* Cochino, marrano.

marrada [mərráðə] *f.* Rodeo, vuelta. ‖ ***Fer ~,*** dar un rodeo.

marraix [mərráʃ] *m.* ICT. Marrajo.

marrameu [mərrəméu] *m.* Marramao.

marranada [mərrənáðə] *f.* Piara. *2 f.* Marranada, cochinada.

marraneria [mərrənəriə] *f.* Verraquera.

marrar [mərrá] *i.-t.* Marrar, rodear.

marrasquí [mərrəski] *m.* Marrasquino.

marrec [mərrέk] *m.* Cordero. *2* Chiquillo, arrapiezo, niño, pollito.

marriment [mərrimén] *m.* Murria, morriña, melancolía.

marrinxa [mərrinʃə] *f.* Jarana, jolgorio, farra.

marro [márru] *m.* Poso, marro, borra.

Marroc [mərrɔ́k] *n. pr.* Marruecos.

marroquí, -ina [mərruki, -inə] *a., m.-f.* Marroquí.

marroquineria [mərrukinəriə] *f.* Marroquinería.

marsellès, -esa [mərsəʎés, -έzə] *a., m.-f.* Marsellés.

marsupial [mərsupiál] *a.-m.* Marsupial.

marta [mártə] *f.* ZOOL. Marta.

martell [mərtέʎ] *m.* Martillo.

martellada [mərtəʎáðə] *f.* Martillazo.

martelleig [mərtəʎέtʃ] *m.* Martilleo.

martellejar [mərtəʎəʒá] *t.* Martillar, amartillar.

martinet [mərtinét] *m.* ORNIT. Martinete. *2* Garceta. *3* MEC. Martinete.

martingala [mərtiŋgálə] *f.* Martingala, componenda.

màrtir [mártir] *m.-f.* Mártir.

martiri [mərtiri] *m.* Martirio.

martiritzar [mərtiridzá] *t.* Martirizar.

martirologi [mərtirulɔ́ʒi] *m.* Martirologio.

marxa [márʃə] *f.* Marcha. *2* Andar. *3* Partida. ‖ ***Posta en ~,*** puesta en marcha.

marxant, -ta [mərʃán, -tə] *m.-f.* Mercader.

marxapeu [mərʃəpέŭ] *m.* Umbral. *2* Estribo (de coche). *3* Pedal (de máquina).

marxar [mərʃá] *i.* Marchar, partir, andar, largarse.

marxisme [mərʃizmə] *m.* Marxismo.

marxista [mərʃistə] *a., m.-f.* Marxista.

mas [mas] *m.* Casa de campo, estancia, casería, cortijo, casa de labranza, alquería.

màscara [máskərə] *f.* Máscara, careta. *2* Mascarilla, antifaz. *3* Enmascarado.

mascarada [məskəráðə] *f.* Mascarada.

mascaró [məskəró] *m.* ARQ. Mascarón, figurón.

mascle [másklə] *m.* Macho, machón.

mascota [məskɔ́tə] *f.* Mascota.

masculí, -ina [məskuli, -inə] *a.* Masculino.

masegada [məzəyáðə] *f.* Magullamiento, magulladura.

masegar [məzəyá] *t.* Magullar, estrujar, apabullar, moler.

masia [məziə] *f.* Casa de campo, cortijo, masada, estancia.

masmorra [məzmórrə] *f.* Mazmorra.

masover, -ra [məzuβé, -rə] *m.-f.* Cortijero, granjero.

masoveria [məzuβəriə] *f.* Casería, masada, granja.
massa [másə] *a.* Demasiado. *2 adv.* Demasiado, harto.
massa [másə] *f.* Masa.
massapà [məsəpá] *m.* Mazapán.
massatge [məsádʒə] *m.* Masaje.
massatgista [məsədʒistə] *m.-f.* Masajista.
massilla [məsiʎə] *f.* Masilla.
massís, -issa [məsis, -isə] *a.-m.* Macizo, recio.
massiu, -iva [məsiŭ, -iβə] *a.* MED. Masivo.
màstec [mástək] *m.* V. MASTEGOT.
mastegar [məstəɣá] *t.* Mascar, masticar. *2* Mascullar, ronzar.
mastegatatxes [məstəɣətátʃəs] *m.* Cascarrabias, cascanueces. *2* Criticón.
mastegot [məstəɣɔ́t] *m.* Soplamocos, remoquete, sopapo, torta.
masteler [məstəlé] *m.* Mastelero.
mastí [məsti] *m.* ZOOL. Mastín.
màstic [mástik] *m.* Almáciga. *2* Masilla.
masticació [məstikəsió] *f.* Masticación.
mastodont [məstuðón] *m.* Mastodonte.
masturbació [məsturβəsió] *f.* Masturbación.
masturbar-se [məsturβársə] *prnl.* Masturbarse.
mat [mat] *m.* Mate (ajedrez). *2 a.* Mate.
mata [mátə] *f.* Mata. *2* BOT. Lentisco.
mata-degolla (a) [mətəðəɣɔ́ʎə] loc. A degüello, a sangre y fuego.
matador, -ra [mətəðó, -rə] *a., m.-f.* Matador. *2* Matarife.
matadura [mətəðúrə] *f.* Matadura.
matalàs [mətəlás] *m.* Colchón.
matalasser, -ra [mətələsé, -rə] *m.-f.* Colchonero.
matament [mətəmén] *m.* Matadero.
matamosques [mətəmóskəs] *m.* Matamoscas.
matança [mətánsə] *f.* Matanza.
matapà [mətəpá] *m.* Panarra.
matar [mətá] *t.-prnl.* Matar. *2* Zanjar. *3* fig. Comer. *4 prnl.* Desvivirse.
mata-segells [mətəsəʒéʎs] *m.* Matasellos.
mate [mátə] *m.* BOT. Mate.
mateix, -xa [mətéʃ, -ʃə] *a.-pron.-indef.* Mismo. ‖ ***Així ~,*** asimismo. ‖ ***Tu ~!,*** ¡allá tú!
matemàtic, -ca [mətəmátik, -kə] *a., m.-f.* Matemático. *2 f.* Matemática.
matèria [mətériə] *f.* Materia. ‖ ***~ primera,*** materia prima.
material [mətəriál] *a.-m.* Material.
materialisme [mətəriəlizmə] *m.* Materialismo.
materialista [mətəriəlistə] *a., m.-f.* Materialista.
materialitat [mətəriəlitát] *f.* Materialidad.
matern, -na [mətérn, -nə] *a.* Materno.
maternal [mətərnál] *a.* Maternal.
maternitat [mətərnitát] *f.* Maternidad.
matí [məti] *m.* Mañana. ‖ ***De ~,*** temprano. ‖ ***De bon ~,*** de madrugada.
matidesa [mətiðézə] *f.* Matidez.
matinada [mətináðə] *f.* Madrugada.
matinador, -ra [mətinəðó, -rə] *a.* Madrugador, madrugón.
matinal [mətinál] *a.* Matutino, matinal.
matinar [mətiná] *i.* V. MATINEJAR.
matiné [mətiné] *m. fr.* Mañanita (prenda).
matinejar [mətinəʒá] *i.* Madrugar.
matiner, -ra [mətiné, -rə] *a.* Madrugador.
matines [mətinəs] *f. pl.* LITURG. Maitines.
matís [mətis] *m.* Matiz.
matisar [mətizá] *t.* Matizar.
mató [mətó] *m.* COC. Requesón.
matoll [mətóʎ] *m.* Matorral.
matossar [mətusá] *m.* Matorral.
matraca [mətrákə] *f.* Matraca.
matràs [mətrás] *m.* QUÍM. Matraz.
matricidi [mətrisiði] *m.* Matricidio.
matrícula [mətrikulə] *f.* Matrícula.
matricular [mətrikulá] *t.* Matricular.
matrimoni [mətrimɔ́ni] *m.* Matrimonio.
matrimonial [mətrimuniál] *a.* Matrimonial.
matriu [mətriŭ] *f.* Matriz.
matrona [mətrónə] *f.* Matrona.
matusser, -ra [mətusé, -rə] *a.* Chapucero, mazorral, chafallón.
matuta [mətútə] *f.* Matute, contrabando.
matutí, -ina [mətuti, -inə] *a.* Matutino.
matxet [mətʃét] *m.* Machete.
matxucar [mətʃuká] *t.* Machucar, estrujar. *2* Desmenuzar, majar.
maula [máŭlə] *f.* Maula. *2 m.-f.* Retrechero, socaliña.
maurada [məŭráðə] *f.* Soba. *2* Amasadura, amasijo.
maurar [məŭrá] *t.* Sobar, amasar.
màuser [máŭzər] *m.* Mauser.
mausoleu [məŭzuléŭ] *m.* Mausoleo.
maxil·lar [məksilár] *a.-m.* ANAT. Maxilar.
màxim, -ma [máksim, -mə] *a.-m.* Máximo. *2 f.* Máxima.
màximum [máksimum] *m.* Máximum.
me [mə] *pron. déb.* Me.
meandre [meándrə] *m.* Meandro.
meat [meát] *m.* Meato.
mecànic, -ca [məkánik, -kə] *a.-m.* Mecánico. *2 f.* Mecánica.
mecanisme [məkənizmə] *m.* Mecanismo.
mecanització [məkənidzəsió] *f.* Mecanización.
mecanitzar [məkənidzá] *t.* Mecanizar.

mecanògraf, -fa [məkənɔ́ɣrəf, -fə] *m.-f.* Mecanógrafo.
mecanografia [məkənuɣrəfiə] *f.* Mecanografía.
mecenes [məsɛ́nəs] *m.* Mecenas.
medalla [məðáʎə] *f.* Medalla. *2* fig. Mancha.
medalló [məðəʎó] *m.* Medallón.
mede, -da [mɛ́ðə, -ðə] *a., m.-f.* Medo.
medecina [məðəsinə] *f.* Medicina (medicamento).
medecinaire [məðəsináĭrə] *m.-f.* Curandero.
medi [mɛ́ði] *m.* Medio, ambiente. *2* Medium.
mediació [məðiəsió] *f.* Mediación.
mediador, -ra [məðiəðó, -rə] *a., m.-f.* Mediador, medianero.
mediat, -ta [məðiát, -tə] *a.* Mediato.
mèdic, -ca [mɛ́ðik, -kə] *a.* Médico.
medicació [məðikəsió] *f.* Medicación.
medicament [məðikəmén] *m.* Medicamento.
medicina [məðisinə] *f.* Medicina.
medicinal [məðisinál] *a.* Medicinal.
medieval [məðiəβál] *a.* Medieval.
mediocre [məðiɔ́krə] *a.* Mediocre.
mediocritat [məðiukritát] *f.* Mediocridad.
meditabund, -da [məðitəβún, -ðə] *a.* Meditabundo.
meditació [məðitəsió] *f.* Meditación.
meditar [məðitá] *t.-i.* Meditar.
meditatiu, -iva [məðitətiŭ, -iβə] *a.* Meditativo.
mediterrani, -ània [məðitərráni, -ániə] *a.* Mediterráneo.
mèdium [mɛ́ðium] *m.* Médium, medio.
medul·la [məðúlə, col. mɛ́ðulə] *f.* Médula.
medul·lar [məðulár] *a.* Medular.
medusa [məðúzə] *f.* ZOOL. Medusa, aguamar.
mefistofèlic, -ca [məfistufɛ́lik, -kə] *a.* Mefistofélico.
megalític, -ca [məɣəlitik, -kə] *a.* Megalítico.
meitat [məĭtát] *f.* Mitad.
mel [mɛl] *f.* Miel.
melangia [mələnʒiə] *f.* Melancolía.
melangiós, -osa [mələnʒiós, -ózə] *a.* Melancólico.
melassa [məlásə] *f.* Melaza.
melat, -ada [məlát, -áðə] *a.* Melado.
melic [məlik] *m.* V. LLOMBRÍGOL.
melicotó [məlikutó] *m.* BOT. Melocotón.
melindro [məlindru] *m.* Melindre. *2 pl.* Remilgos.
melindrós, -osa [məlindrós, -ózə] *a.* Melindroso, remilgado, mimado.
mel·lífer, -ra [məlifər, -rə] *a.* Melífero.
mel·liflu, -íflua [məliflu, -ifluə] *a.* Melifluo.
melmelada [mɛlmələ́ðə] *f.* Mermelada.
meló [məló] *m.* BOT. Melón.
melodia [məluðiə] *f.* MÚS. Melodía.
melòdic, -ca [məlɔ́ðik, -kə] *a.* Melódico.
melodiós, -osa [məluðiós, -ózə] *a.* Melodioso.
melodrama [məluðrámə] *m.* Melodrama.
melòman, -ana [məlɔ́mən, -ənə] *m.-f.* Melómano.
melonaire [məlunáirə] *m.-f.* Melonero.
melonar [məluná] *m.* Melonar.
melós, -osa [məlós, -ózə] *a.* Meloso. *2* Afectado.
melsa [mɛ́lsə] *f.* ANAT. Bazo.
membrana [məmbránə] *f.* Membrana.
membre [mémbrə] *m.* Miembro.
membrut, -uda [məmbrút, -úðə] *a.* Membrudo.
memorable [məmurábblə] *a.* Memorable.
memoràndum [məmurándum] *m.* Memorándum.
memòria [məmɔ́riə] *f.* Memoria. *2 pl.* Memorias, recuerdos. ‖ ***De ~,*** de carretilla.
memorial [məmuriál] *m.* Memorial.
memoriós, -osa [məmuriós, -ózə] *a.* Memorión.
mena [mɛ́nə] *f.* Filón, mena. *2* Clase, especie, calaña, ralea, laya.
menar [məná] *t.* Conducir, guiar, llevar, traer.
menció [mənsió] *f.* Mención.
mencionar [mənsiuná] *t.* Mencionar.
mendicant [məndikán] *m.-f.* Mendicante, mendigo.
mendicar [məndiká] *i.-t.* Mendigar.
mendicitat [məndisitát] *f.* Mendicidad.
menester [mənəsté] *m.* Menester. ‖ ***Haver de ~,*** necesitar.
menestral, -la [mənəstrál, -lə] *m.-f. a.* Menestral.
mengívol, -la [mənʒiβul, -lə] *a.* Comedero, apetitoso.
menhir [mənir] *m.* Menhir.
meninge [məninʒə] *f.* ANAT. Meninge.
meningitis [məninʒitis] *f.* MED. Meningitis.
menisc [mənisk] *m.* Menisco.
menja [ménʒə] *f.* Manjar, comida.
menjada [mənʒáðə] *f.* Comida.
menjador, -ra [mənʒəðó, -rə] *a.* Comedor, comedero. *2* Tragón, tragador. *3 m.* Comedor. *4 f.* Pesebre, comedero.
menjaire [mənʒáirə] *a.* Comedor.
menjar [mənʒá] *t.* Comer.
menjar [mənʒá] *m.* Comida, manjar.

menor [mənór] *a., m.-f.* Menor.
menorquí, -ina [mənurkí, -ínə] *a., m.-f.* Menorquín.
menstruació [mənstruəsió] *f.* Menstruación.
mensual [mənsuál] *a.* Mensual.
mensualitat [mənsuəlitát] *f.* Mensualidad.
mènsula [mɛ́nsulə] *f.* ARQ. Ménsula.
ment [men] *f.* Mente.
menta [méntə] *f.* BOT. Menta, hierbabuena.
mental [məntál] *a.* Mental.
mentalitat [məntəlitát] *f.* Mentalidad.
mentida [məntíðə] *f.* Mentira, embuste, filfa.
mentider, -ra [məntiðé, -rə] *a., m.-f.* Mentiroso, mentido, embustero, mendaz, bolero.
mentir [məntí] *i.* Mentir, trufar. ¶ CONJUG. INDIC. Pres.: ***ment*** o ***menteix***.
mentó [məntó] *m.* ANAT. Mentón, barbilla.
mentor [məntó] *m.* Mentor.
mentre [méntrə] *adv.-conj.* Mientras.
mentrestant [mẹntrəstán] *adv.* Mientras tanto, entre tanto.
menú [mənú] *m.* Menú.
menudesa [mənuðɛ́zə] *f.* Pequeñez, menudencia.
menut, -uda [mənút, -úðə] *a.* Menudo, pequeño, minuto, chiquillo. *2 m. pl.* Menudos, menudillos.
menys [mɛɲs] *adv.* Menos. ‖ ***No ~,*** nada menos.
menyscabar [mẹɲskəβá] *t.* Menoscabar, malparar, desmejorar.
menyscapte [mẹɲskáptə] *m.* Menoscabo, detrimento.
menyspreable [mẹɲsprɛábblə] *a.* Despreciable, rastrero.
menysprear [mẹŋsprɛá] *t.* Despreciar, menospreciar.
menyspreu [mẹɲsprɛ́u] *m.* Desprecio, menosprecio.
mer, -ra [mer, -rə] *a.* Mero.
merament [mẹrəmén] *adv.* Meramente.
meravella [mərəβéʎə] *f.* Maravilla.
meravellar [mərəβəʎá] *t.-prnl.* Maravillar, pasmar.
meravellós, -osa [mərəβəʎós, -ózə] *a.* Maravilloso, pasmoso.
mercadejar [mərkəðəʒá] *i.-t.* Mercadear.
mercader, -ra [mərkəðé, -rə] *m.-f.* Mercader.
mercaderia [mərkəðəríə] *f.* Mercancía, mercadería.
mercant [mərkán] *a.* Mercante.
mercantil [mərkəntíl] *a.* Mercantil.
mercat [mərkát] *m.* Mercado. ‖ ***~ de Calaf,*** belén. ‖ ***~ moro,*** zoco.
mercè [mərsɛ́] *f.* Merced. *2* ***Mercès!*** ¡gracias!
mercenari, -ària [mərsənári, -áriə] *a.-m.* Mercedario. *2* Mercenario.
merceria [mərsəríə] *f.* Mercería.
merceritzar [mərsəridzá] *t.* Mercerizar.
mercuri [mərkúri] *m.* MET. Mercurio.
merda [mɛ́rðə] *f.* Mierda, zulla.
merder [mərðé] *m.* Lugar lleno de mierda o porquería. *2* fig. Situación confusa y caótica.
mereixedor [mərəʃəðó, -rə] *a.* Merecedor.
merèixer [mərɛ́ʃə] *t.* Merecer. ¶ CONJUG. P. P.: ***merescut***.
merenga [mərɛ́ŋgə] *f.* Merengue.
meretriu [mərətríŭ] *f.* Meretriz.
merí, -ina [mərí, -ínə] *a.* Merino.
meridià, -ana [məriðiá, -ánə] *a.* Meridiano.
meridional [məriðiunál] *a.* Meridional.
mèrit [mɛ́rit] *m.* Mérito.
meritori, -òria [məritɔ́ri, -ɔ́riə] *a.* Meritorio.
merla [mɛ́rlə] *f.* ORNIT. Merla, mirlo.
merlet [mərlɛ́t] *m.* FORT. Almena.
Merlí [mərlí] *n. pr. m.* Merlín.
merlot [mərlɔ́t] *m.* ORNIT. Mirlo.
mes [mes] *m.* Mes.
mes [mes] *conj.* Mas, pero.
més [mes] *a.-adv.* Más. ‖ ***~ aviat,*** más bien. ‖ ***~ o menys,*** poco más o menos. ‖ ***A ~, a ~ a ~, de ~ a ~,*** además. ‖ ***D'allò ~ bé,*** la mar de bien.
mesa [mɛ́zə] *f.* Mesa (de asamblea, de altar).
mesada [məzáðə] *f.* Mensualidad, mesada.
mesc [mɛsk] *m.* Almizcle.
mescla [mɛ́sklə] *f.* Mezcla.
mescladissa [məskləðísə] *f.* Mescolanza.
mesclar [məsklá] *t.* Mezclar, entremeter, inmiscuir.
mesquer [məské] *m.* ZOOL. Almizclero.
mesquí, -ina [məskí, -ínə] *a.* Mezquino, cicatero. *2* Menguado, tacaño.
mesquinesa [məskinɛ́zə] *f.* Mezquindad, pequeñez, tacañería.
mesquita [məskítə] *f.* Mezquita.
messes [mésəs] *f. pl.* Mies.
messiànic, -ca [məsiánik, -kə] *a.* Mesiánico.
messianisme [məsiənízmə] *m.* Mesianismo.
mestís, -issa [məstís, -ísə] *a.* Mestizo.
mestral [məstrál] *m.* METEOR. Mistral. *2* Noroeste.
mestrança [məstránsə] *f.* Maestranza.
mestratge [məstrádʒə] *m.* Maestría. *2* Magisterio.

mestre, -tra [méstrə, -trə] *a., m.-f.* Maestro. *2* Maestre.
mestressa [məstrésə] *f.* Ama, dueña. *2* Patrona.
mestria [məstríə] *f.* Maestría.
mesura [məzúrə] *f.* Medida. *2* Mesura, moderación, comedimiento.
mesurador, -ra [məzurəðó, -rə] *m.-f.* Medidor.
mesurament [məzurəmén] *m.* Medición, medida, mensura.
mesuró [məzuró] *m.* Celemín.
meta [métə] *f.* Meta.
metà [mətá] *m.* QUÍM. Metano.
metafísic, -ca [mətəfízik, -kə] *a.-m.* Metafísico. *2 f.* Metafísica.
metàfora [mətáfurə] *f.* Metáfora.
metafòric, -ca [mətəfɔ́rik, -kə] *a.* Metafórico.
metall [mətáʎ] *m.* Metal. ‖ ~ ***blanc,*** metal blanco.
metàl·lic, -ca [mətálik, -kə] *a.-m.* Metálico.
metal·litzar [mətəlidzá] *t.* Metalizar.
metal·loide [mətəlɔ́ĭðə] *m.* Metaloide.
metal·lúrgia [mətəlúrʒiə] *f.* Metalurgia.
metal·lúrgic, -ca [mətəlúrʒik, -kə] *a.* Metalúrgico.
metamorfosar [mətəmurfuzá] *t.* Metamorfosear.
metamorfosi [mətəmurfɔ́zi] *f.* Metamorfosis.
metempsicosi [mətəmsikɔ́zi] *f.* Metempsícosis.
meteor [mətəɔ́r] *m.* Meteoro.
meteòric, -ca [mətəɔ́rik, -kə] *m.* Meteórico.
meteorit [mətəurít] *m.* Meteorito.
meteorologia [mətəuruluʒíə] *f.* Meteorología.
metge [médʒə] *m.* Médico.
metgessa [mədʒésə] *f.* Médica.
meticulós, -osa [mətikulós, -ózə] *a.* Meticuloso.
metil [mətíl] *m.* QUÍM. Metilo.
mètode [métuðə] *m.* Método.
metòdic, -ca [mətɔ́ðik, -kə] *a.* Metódico.
metodisme [mətuðízmə] *m.* Metodismo.
metoditzar [mətuðidzá] *t.* Metodizar.
metonímia [mətunímiə] *f.* Metonimia.
metro [métru] *m.* Metro.
metrònum [mətrɔ́num] *m.* MÚS. Metrónomo.
metròpoli [mətrɔ́puli] *f.* Metrópoli.
metropolità, -ana [mətrupulitá, -ánə] *a.* Metropolitano.
metxa [métʃə] *f.* Mecha. *2* Espiga (de madera).
metzina [mədzínə] *f.* Ponzoña, veneno.
metzinós, -osa [mədzinós, -ózə] *a.* Ponzoñoso, venenoso.
mèu [méŭ] *m.* Miau, maído, maullido.
meu, meva [méŭ, -méβə] *a. pos.* Mío. ‖ ***El ~,*** mi. *2 pron. pos.* ***El ~,*** el mío.
meuca [méŭkə] *f.* Ramera, pelandusca.
mexicà, -ana [məksiká, -ánə] *a., m.-f.* Mejicano.
mi [mi] *m.* MÚS. Mi.
mi [mi] *pron. per.* Mí. ‖ ***Amb ~,*** conmigo.
miasma [miázmə] *m.* Miasma.
mica [míkə] *f.* Poco. *2* Pizca, triza, chispa. *3* Migaja. *4* MINER. Mica. ‖ ***Fer miques,*** hacer añicos. ‖ ***Fer-se miques,*** romperse en mil pedazos.
micado [mikáðo] *m.* Micado.
micció [miksió] *f.* Micción.
mico [míku] *m.* Mico.
micró [mikró] *m.* Micrón.
microbi [mikrɔ́βi] *m.* Microbio.
microcefàlia [mikrosəfáliə] *f.* Microcefalia.
microcosmos [mikrukɔ́zmus] *m.* Microcosmos.
microfilm [mikrufílm] *m.* Microfilm.
micròfon [mikrɔ́fun] *m.* Micrófono.
microorganisme [mikruryənízmə] *m.* Microorganismo.
microscopi [mikruskɔ́pi] *m.* Microscopio.
microscòpic, -ca [mikruskɔ́pik, -kə] *a.* Microscópico.
mida [míðə] *f.* Medida.
midó [miðó] *m.* Almidón.
mielitis [mielítis] *f.* PAT. Mielitis.
mig [mitʃ] *m.* Mitad. *2* Medio.
mig, mitja [mitʃ, mídʒə] *a.* Medio.
migdia [midʒdíə] *m.* Mediodía.
migdiada [midʒdiáðə] *f.* Siesta.
migjorn [midʒórn] *m.* Mediodía.
migració [miyrəsió] *f.* Migración.
migranya [miyráɲə] *f.* MED. Jaqueca, migraña.
migrar-se [miyrársə] *prnl.* Consumirse, repudrirse, languidecer.
migratori, -òria [miyrətɔ́ri, -ɔ́riə] *a.* Migratorio.
migtemps [mitʃtémps] *m.* Entretiempo.
mil [mil] *a.-m.* Mil.
Milà [milá] *n. pr.* Milán.
milà [milá] *m.* ORNIT. Milano.
miler [milé] *m.* Millar.
milhomes [milɔ́məs] *m. pl.* Milhombres.
milícia [milísiə] *f.* Milicia.
milicià, -ana [milisiá, -ánə] *a.-m.* Miliciano.
milió [milió] *m.* Millón.
milionada [miliunáðə] *f.* Millonada.
milionari, -ària [miliunári, -áriə] *a., m.-f.* Millonario.

milionèsim, -ma [miliunɛ́zim, -mə] *a.-m.* Millonésimo.
militant [militán] *a.* Militante.
militar [militár] *a.-m.* Militar.
militar [militá] *i.* Militar.
militarisme [militərizmə] *m.* Militarismo.
militaritzar [militəridzá] *t.* Militarizar.
mill [miʎ] *m.* BOT. Mijo.
milla [miʎə] *f.* Milla.
mil·lenari, -ària [milənári, -áriə] *a.-m.* Milenario. *2* Mileno.
mil·lèsim, -ma [milɛ́zim, -mə] *a.-m.* Milésimo.
mil·liar [miliá] *a.* Miliar.
mil·ligram [miliɣrám] *m.* Milígramo.
mil·lilitre [mililitrə] *m.* Mililitro.
mil·límetre [milimətrə] *m.* Milímetro.
millor [miʎó] *a.-adv.* Mejor.
millora [miʎórə] *f.* Mejora, mejoría. *2* Medro.
millorar [miʎurá] *t.-i.* Mejorar, medrar.
milloria [miʎuriə] *f.* Mejoría.
miloca [milɔ́kə] *f.* ORNIT. Miloca.
milord [milɔ́r(t)] *m.* Milord.
mim [mim] *m.* Mimo. *2* Bufón.
mimetisme [mimətizmə] *m.* Mimetismo.
mímic, -ca [mímik, -kə] *a.* Mímico. *2 f.* Mímica.
mimosa [mimózə] *f.* BOT. Mimosa.
mina [minə] *f.* Mina.
minaire [mináirə] *m.* Minero.
minar [miná] *t.* Minar.
minaret [minərɛ́t] *m.* Alminar, minarete.
miner, -ra [miné, -rə] *a.-m.* Minero.
mineral [minərál] *m.* Mineral.
mineralitzar [minərəlidzá] *t.-prnl.* Mineralizar.
mineralogia [minərəluʒiə] *f.* Mineralogía.
mineria [minəriə] *f.* Minería.
minestra [minéstrə] *f.* Menestra.
mingo [mingu] *m.* Mingo.
mini [mini] *m.* Minio.
miniar [miniá] *t.* Miniar.
miniatura [miniətúrə] *f.* Miniatura.
miniaturista [miniəturistə] *m.-f.* Miniaturista.
minifaldilla [minifəldiʎə] *f.* Minifalda.
mínim, -ma [minim, -mə] *a.-m.* Mínimo. *2 f.* MÚS. Mínima.
minimitzar [minimidzá] *t.* Minimizar.
ministeri [ministéri] *m.* Ministerio.
ministerial [ministəriál] *a.* Ministerial.
ministre [ministrə] *m.* Ministro.
minorar [minurá] *t.* Minorar, aminorar.
minoria [minuriə] *f.* Minoría.
minoritat [minuritát] *f.* Menoría, minoría, minoridad.
minova [minɔ́βə] *f.* Hinchazón de los ganglios linfáticos del cuello.
minso, -sa [minsu, -sə] *a.* Endeble. *2* Escaso.
minúcia [minúsiə] *f.* Minucia.
minuciós, -osa [minusiós, -ózə] *a.* Minucioso.
minuciositat [minusiuzitát] *f.* Minuciosidad.
minuet [minuɛ́t] *m.* MÚS. Minué.
minúscul, -la [minúskul, -lə] *a.* Minúsculo.
minut [minút] *m.* Minuto.
minuta [minútə] *f.* Minuta.
minutera [minutérə] *f.* Minutero, manecilla, saeta.
minva [mimbə] *f.* Mengua, menoscabo, merma, bajón. *2* Menguante.
minvant [mimbán] *a.* Menguante. ‖ ***Quart ~***, cuarto menguante.
minvar [mimbá] *i.-t.-prnl.* Menguar, mermar, disminuir, amenguar, aminorar, bajar.
minyó [miɲó] *m.* Muchacho, mozalbete, mancebo, doncel, chaval, mozo.
minyona [miɲónə] *f.* Criada, sirvienta, doncella, moza, muchacha.
miol [miɔ́l] *m.* Maullido, maído.
miolar [miulá] *i.* Maullar, mayar.
miop [miɔ́p] *a., m.-f.* Miope.
miopia [miupiə] *f.* Miopía.
miosotis [miuzɔ́tis] *f.* BOT. Miosota, nomeolvides.
miquel [mikɛ́l] *m.* Chasco, sonrojo.
mira [mirə] *f.* Mira. *2* Mirilla.
miracle [miráklə] *m.* Milagro.
miraculós, -osa [mirəkulós, -ózə] *a.* Milagroso.
mirada [miráðə] *f.* Mirada.
mirador, -ra [mirəðó, -rə] *a.* Mirador, belvedere.
miraguano [mirəɣwánu] *m.* Miraguano.
mirall [miráʎ] *m.* Espejo.
mirallejar [mirəʎəʒá] *i.* Espejear.
miraller [mirəʎé] *m.* Espejero.
mirallet [mirəʎɛ́t] *m.* Espejuelo.
mirambell [mirəmbéʎ] *m.* BOT. Mirabel.
mirament [mirəmén] *m.* Miramiento, esmero, comedimiento.
miranda [mirándə] *f.* Miranda.
mirar [mirá] *t.-i.* Mirar. ‖ ***~ de***, ver de. ‖ ***~ la lluna***, mirar a las musarañas. ‖ ***Mirar-s'hi***, esmerarse, desvelarse.
mirat, -ada [mirát, -áðə] *a.* Mirado, comedido.
miratge [mirádʒə] *m.* Espejismo.
miríade [miriəðə] *f.* Miríada.
miriàmetre [miriámətrə] *m.* Miriámetro.
miriàpodes [miriápuðəs] *m.-pl.* Miriápodos.
mirífic, -ca [mirifik, -kə] *a.* Mirífico.
mirinyac [miriɲák] *m.* Miriñaque.
mirra [mirrə] *f.* Mirra.

misantrop [mizəntrɔ́p] *m.* Misántropo.
misantropia [mizəntrupíə] *f.* Misantropía.
misantròpic, -ca [misəntrɔ́pik, -kə] *a.* Misantrópico.
miscel·lània [misəlániə] *f.* Miscelánea.
míser, -ra [mízər, -rə] *a.* Mísero.
miserable [mizərábblə] *a.* Miserable.
misèria [mizέriə] *f.* Miseria.
misericòrdia [mizərikɔ́rðiə] *f.* Misericordia.
misericordiós, -osa [mizərikurðiós, -ózə] *a.* Misericordioso.
missa [mísə] *f.* Misa.
missal [misál] *m.* Misal.
missatge [misádʒə] *m.* Mensaje.
missatger, -ra [misədʒé, -rə] *a., m.-f.* Mensajero, enviado.
missatgeria [misədʒəríə] *f.* Mensajería.
missió [misió] *f.* Misión.
missioner, -ra [misiuné, -rə] *m.-f.* Misionero.
missiva [misíβə] *f.* Misiva.
mistela [mistέlə] *f.* Mistela.
misteri [mistέri] *m.* Misterio.
misteriós, -osa [mistəriós, -ózə] *a.* Misterioso.
místic, -ca [místik, -kə] *a., m.-f.* Místico.
misticisme [mistisízmə] *m.* Misticismo.
mistificar [mistifiká] *t.* Mistificar.
mite [mítə] *m.* Mito.
mitena [mitέnə] *f.* Mitón.
mitger, -ra [midʒé, -rə] *m.* Calcetero. *2* Medianero.
mític, -ca [mítik, -kə] *a.* Mítico.
mitigar [mitiɣá] *t.* Mitigar.
míting [mítiŋ] *m.* Mitin.
mitja [mídʒə] *f.* Media, calceta.
mitjà, -ana [midʒá, -ánə] *a.* Mediano. *2 m.* Medio. *3 m. pl.* Recursos.
mitjacanya [midʒəkáɲə] *f.* Mediacaña.
mitjalluna [midʒəʎúnə] *f.* COC. Ajadera.
mitjan (a) [midʒán] loc. A mediados de.
mitjana [midʒánə] *f.* Mediana. *2* NÁUT. Mesana. *3* Promedio.
mitjana [mitʒánə] *f.* COC. Lomo bajo.
mitjançant [midʒənsán] *prep.* Mediante.
mitjançar [midʒənsá] *i.* Mediar, interceder.
mitjancer, -ra [midʒənsé, -rə] *a., m.-f.* Medianero, mediador, intercesor.
mitjania [midʒəníə] *f.* Medianía, promedio.
mitjanit [midʒənít] *f.* Medianoche.
mitjó [midʒó] *m.* Calcetín.
mitologia [mituluʒíə] *f.* Mitología.
mitra [mítrə] *f.* Mitra.
mitrat, -ada [mitrát, -áðə] *a.* Mitrado.
mix, mixa [miʃ, míʃə] *m.-f.* fam. Gato, minino, morrongo.
mixt, -ta [miks(t), -tə] *a.* Mixto.
mixtió [mikstió] *f.* Mixtión.
mixtura [mikstúrə] *f.* Mixtura.
mnemotècnia [(m)nəmutέkniə] *f.* Mnemotecnia.
mòbil [mɔ́βil] *a.-m.* Móvil.
mobiliari, -ària [muβiliári, -áriə] *a.-m.* Mobiliario, mueblaje.
mobilitat [muβilitát] *f.* Movilidad.
mobilitzar [muβilidzá] *t.* Movilizar.
moblar [mubblá] *t.* Amueblar.
moblatge [mubbládʒə] *m.* Moblaje.
moble [mɔ́bblə] *a.-m.* Mueble.
moblista [mubblístə] *m.-f.* Mueblista.
moc [mok] *m.* Moco. *2* Chasco.
moca [mɔ́kə] *m.* Moca (café).
mocada [mukáðə] *f.* Acción de sonarse.
mocada [mukáðə] *f.* Mondongo, asaduras.
mocador [mukəðó] *m.* Pañuelo, moquero. *2* Mantón, toquilla. ‖ ~ ***d'espatlles,*** pañoleta.
mocar [muká] *t.* Mocar, sonar. *2* Chasquear.
moció [musió] *f.* Moción.
mocós, -sa [mukós, -ózə] *a.* Mocoso, arrapiezo, pollito.
moda [mɔ́ðə] *f.* Moda.
modal [muðál] *a.* Modal.
modalitat [muðəlitát] *f.* Modalidad.
mode [mɔ́ðə] *m.* Modo.
model [muðέl] *m.* Modelo, dechado.
modelar [muðəlá] *t.* Modelar.
modelatge [muðəládʒə] *m.* Modelado.
modèlic, -ca [muðέlik, -kə] *a.* Modélico.
moderació [muðərəsió] *f.* Moderación, comedimento.
moderador, -ra [muðərəðó, -rə] *a., m.-f.* Moderador.
moderar [muðərá] *t.* Moderar, mesurar. *2 prnl.* Mesurarse.
moderat, -ada [muðərát, -áðə] *a.* Moderado, comedido.
modern, -na [muðέrn, -nə] *a.* Moderno.
modernisme [muðərnízmə] *m.* Modernismo.
modernitat [muðərnitát] *f.* Modernidad.
modernitzar [muðərnidzá] *t.* Modernizar.
modest, -ta [muðέs(t), -tə] *a.* Modesto.
modèstia [muðέstiə] *f.* Modestia.
mòdic, -ca [mɔ́ðik, -kə] *a.* Módico.
modificació [muðifikəsió] *f.* Modificación.
modificar [muðifiká] *t.* Modificar.
modisme [muðízmə] *m.* Modismo.
modista [muðístə] *m.-f.* Modista. *2* Modisto.
mòdul [mɔ́ðul] *m.* Módulo.
modular [muðulá] *t.-i.* Modular.
mofa [mɔ́fə] *f.* Mofa.

mofar-se [mufársə] *prnl.* Mofarse, burlarse.
mofeta [mufɛ́tə] *f.* Mofeta.
moix, -xa [moʃ, -ʃə] *a.* Mustio, cabizbajo, mohíno.
moixaina [muʃàĭnə] *f.* Mimo, caricia.
moixama [muʃámə] *f.* COC. Mojama.
moixernó [muʃərnó] *m.* BOT. Mojardón.
moixiganga [muʃiɣáŋgə] *f.* Mojiganga.
moixó [muʃó] *m.* Pájaro.
moixoni! [muʃɔ́ni] *interj.* ¡Chito! ‖ ***Fer ~,*** cerrar el pico.
mola [mɔ́lə] *f.* Mole. *2* Muela (de molino). *3* MED. Mola.
molar [mulár] *a.* Molar. *2 f.* Molar.
moldre [mɔ́ldrə] *t.* Moler, molturar. ¶ CONJUG. GER.: ***molent.*** ‖ P. P.: ***mòlt.*** ‖ INDIC. Pres.: ***molc.*** ‖ SUBJ. Pres.: ***molgui,*** etc. | Imperf.: ***molgués,*** etc.
molècula [mulɛ́kulə] *f.* Molécula.
molecular [muləkulár] *a.* Molecular.
moledor, -ra [muləðó, -rə] *a.* Moledor.
molest, -ta [mulés(t), -tə] *a.* Molesto.
molestar [muləstá] *t.* Molestar. *2* Jorobar, majar.
molèstia [mulɛ́stiə] *f.* Molestia, enojo.
molí [muli] *m.* Molino.
moliner, -ra [muliné, -rə] *a., m.-f.* Molinero.
molinet [mulinɛ́t] *m.* Molinete. *2* Molinillo.
moll [mɔʎ] *m.* Meollo, pulpa. ‖ *~* ***de l'os,*** tuétano.
moll [mɔʎ] *m.* MAR. Muelle.
moll [mɔʎ] *m.* ICT. Salmonete.
moll, -lla [mɔʎ, -ʎə] *a.* Muelle, blando. *2* Mojado. ‖ *~* ***d'ulls,*** cegajoso.
molla [mɔ́ʎə] *f.* Muelle. *2* Miga. ‖ *~* ***de pa,*** molledo.
mollar [muʎá] *a.* Mollar.
mol·lície [mulisiə] *f.* Molicie.
molls [mɔʎs] *m. pl.* Tenazas (de hogar).
mol·lusc [mulúsk] *m.* ZOOL. Molusco.
molsa [mólsə] *f.* BOT. Musgo.
molsós, -osa [mulsós, -ózə] *a.* Musgoso.
molt, -ta [mol, -tə] *a.-pron.* Mucho. *2 adv.* Mucho, muy, sobremanera.
mòlta [mɔ́ltə] *f.* Molimiento, moledura. *2* Moltura, molienda.
moltó [multó] *m.* ZOOL. Carnero. *2* Ariete.
moltonejat, -ada [multunəʒát, áðə] *a.* Aborregado.
moltonina [multuninə] *f.* Vellón, zalea.
Moluques [mulúkəs] *n. pr. f. pl.* Molucas.
moma [mómə] *f.* Momio, ganga.
moment [mumén] *m.* Momento. ‖ ***De ~,*** hoy por hoy.
momentani, -ània [mumantáni, -àniə] *a.* Momentáneo.
mòmia [mɔ́miə] *f.* Momia.
momificar [mumifiká] *t.* Momificar.
mon, ma [mon, mə] *a. pos.* Mi.
món [mon] *m.* Mundo. *2* Mundillo. ‖ ***No és res de l'altre ~,*** no es cosa del otro jueves.
mona [mónə] *f.* Mono, mona. *2* Perra, turca, humera.
monacal [munəkál] *a.* Monacal.
monada [munáðə] *f.* Monería, monada.
monaquisme [munəkizmə] *m.* Monacato. *2* Monaquismo.
monarca [munárkə] *m.* Monarca.
monarquia [munárkiə] *f.* Monarquía.
monàrquic, -ca [munárkik, -kə] *a.* Monárquico.
monàstic, -ca [munástik, -kə] *a.* Monástico.
moneda [munɛ́ðə] *f.* Moneda.
moneder [munəðé] *m.* Monedero.
monestir [munəsti] *m.* Monasterio.
monetari, -ària [munətári, -áriə] *a.-m.* Monetario.
mongeta [munʒɛ́tə] *f.* BOT. Judía, habichuela, alubia.
mongívol, -la [munʒiβul, -lə] *a.* Monjil.
mongetera [munʒətérə] *f.* BOT. Habichuela (planta).
mongol [muŋgɔ́l] *m.* Mongol.
mongòlic, -ca [muŋgɔ́lik, -kə] *a.* Mongólico.
moniato [muniátu] *m.* BOT. Boniato, moniato, batata.
monitor [munitó] *m.* Monitor.
monja [mɔ́nʒə] *f.* Monja.
monjo [mɔ́nʒu] *m.* Monje.
monocle [munɔ́klə] *m.* Monóculo.
monocotiledònies [mọnukutiləðɔ́niəs] *f. pl.* BOT. Monocotiledóneas.
monògam, -ma [munɔ́ɣəm, -mə] *a.* Monógamo.
monogàmia [munuɣámiə] *f.* Monogamia.
monografia [munuɣrəfiə] *f.* Monografía.
monòleg [munɔ́lək] *m.* Monólogo.
monòlit [munɔ́lit] *m.* Monolito.
monologar [munuluɣá] i. Monologar.
monomania [mọnumənìə] *f.* Monomanía.
monomaníac, -ca [mọnuməniək, -kə] *a.* Monomaníaco.
monomi [munɔ́mi] *m.* Monomio.
monoplà [munuplá] *m.* Monoplano.
monopoli [munupɔ́li] *m.* Monopolio.
monopolitzar [munupulidzá] *t.* Monopolizar.
monosíl·lab, -ba [munusiləp, -βə] *a.-m.* Monosílabo.
monoteisme [munutəizmə] *m.* Monoteísmo.
monòton, -na [munɔ́tun, -nə] *a.* Monótono.

monotonia [munutuniə] *f.* Monotonía.
monsenyor [mǫnsəɲó] *m.* Monseñor.
monsó [munsó] *m.* METEOR. Monzón.
monstre [mɔ́nstrə] *m.* Monstruo.
monstruós, -osa [munstruós, -ózə] *a.* Monstruoso.
monstruositat [munstruuzitát] *f.* Monstruosidad.
mont [mon] *m.* Monte. ‖ ~ ***de pietat,*** monte de piedad, montepío.
monticle [muntíklə] *m.* Montículo, cerro.
monument [munumén] *m.* Monumento.
monumental [munuməntál] *a.* Monumental.
monyeca [muɲɛ́kə] *f.* Muñeca.
monyó [muɲó] *m.* Muñón. *2* Muñeca.
moquejar [mukəʒá] *i.* Moquear.
moqueta [mukɛ́tə] *f.* Moqueta.
mor de (per) [pərmɔ́rðə] V. PER AMOR DE.
móra [mórə] *f.* BOT. Mora, zarzamora.
moradenc, -ca [murəðɛ́ŋ, -kə] *a.* Amoratado.
moral [murál] *a.-f.* Moral.
moralista [murəlístə] *m.-f.* Moralista.
moralitat [murəlitát] *f.* Moraleja. *2* Moralidad.
moralitzar [murəlidzá] *t.* Moralizar.
morat, -ada [murát, -áðə] *a.* Morado, cárdeno. *2 m.* Cardenal.
moratòria [murətɔ́riə] *f.* Moratoria.
mòrbid, -da [mɔ́rβit, -ðə] *a.* Mórbido.
morbós, -osa [murβós, -ózə] *a.* Morboso.
morbositat [murβuzitát] *f.* Morbosidad.
mordaç [murðás] *a.* Mordaz.
mordacitat [murðəsitát] *f.* Mordacidad.
mordassa [murðásə] *f.* Mordaza.
mordent [murðén] *m.* Mordiente, mordente.
morè, -ena [murɛ́, -ɛ́nə] *a.* Moreno.
morena [murɛ́nə] *f.* ICT. Morena.
morenes [murɛ́nəs] *f. pl.* MED. Almorranas.
morera [murérə] *f.* BOT. Morera, moral.
moreria [murəriə] *f.* Morería.
moresc, -ca [murɛ́sk, -kə] *a.* Moro, moruno. *2 m.* BOT. Maíz.
morfina [murfínə] *f.* Morfina.
morfologia [murfuluʒíə] *f.* Morfología.
moribund, -da [muriβún, -də] *a.* Moribundo.
moridor, -ra [muriðó, -rə] *a.* Mortal.
morigerar [muriʒərá] *t.* Morigerar.
morigerat, -ada [muriʒərát, -áðə] *a.* Morigerado.
morir [murí] *i.* Morir, fallecer, perecer. ¶ CONJUG. P. P.: ***mort.***
morisc, -ca [murísk, -kə] *m.-f.* Morisco.
morma [mórmə] *f.* Guantada, cachete, cate.
moro, -ra [mɔ́ru, -rə] *a., m.-f.* Moro. *2 a.* Moruno.
morós, -osa [murós, -ózə] *a.* Moroso.
morositat [muruzitát] *f.* Morosidad.
morrada [murráðə] *f.* Morrada.
morral [murrál] *m.* Morral.
morrió [murrió] *m.* Bozal. *2* Morrión.
morritort [murritɔ́r(t)] *m.* BOT. Mastuerzo.
morro [mórru] *m.* Hocico, jeta. *2* Morro. ‖ ***Caure de morros,*** caer de bruces. ‖ ***Ésser del ~ fort,*** ser tozudo, inflexible y fanático.
morrons [murróns] *m. pl.* BOT. Murajes, pamplinas.
morrot [murrɔ́t] *m.* Morro.
morrut, -uda [murrút, -úðə] *a.* Morrudo, bezudo.
morsa [mórsə] *f.* ZOOL. Morsa.
mort [mɔr(t)] *f.* Muerte, fallecimiento.
mort, -ta [mɔ́r(t), -tə] *a.-m.* Muerto. *2* fig. Trasto.
mortadel·la [murtəðɛ́lə] *f.* COC. Mortadela.
mortal [murtál] *a.* Mortal.
mortaldat [murtəldát] *f.* Mortandad.
mortalitat [murtəlitát] *f.* Mortalidad.
mortalla [murtáʎə] *f.* Mortaja.
morter [murté] *m.* Mortero, pilón. *2* Revoque. ‖ ***Mà de ~,*** majadero.
morteret [murtərɛ́t] *m.* Morterete.
mortífer, -ra [murtífər, -rə] *a.* Mortífero.
mortificació [murtifikəsió] *f.* Mortificación.
mortificant [mortifikán] *a.* Mortificante.
mortificar [murtifiká] *t.* Mortificar, zaherir.
mortuori, -òria [murtuɔ́ri, -ɔ́riə] *a.* Mortuorio.
morú, -una [murú, -únə] *a.* Moruno.
mos [mos] *m.* Mordisco. *2* Pedazo.
mos, mes [mus, məs] *a. pos.* Mis.
mosaic [muzáĭk] *m.* Mosaico.
mosca [móskə] *f.* ENTOM. Mosca. ‖ ~ ***vironera,*** moscarda, moscón. ‖ ~ ***morta,*** mosquita.
moscatell [muskətéʎ] *m.* Moscatel.
moscovita [muskuβítə] *a., m.-f.* Moscovita.
mosquejar [muskəʒá] *i.* Mosquear.
mosquer [muské] *m.* Multitud de moscas. *2* Mosquero. *3* Mosquitero.
mosqueter [muskəté] *m.* Mosquetero.
mosquetó [muskətó] *m.* Mosquetón.
mosquit [muskít] *m.* ENTOM. Mosquito.
mosquitera [muskitérə] *f.* Mosquitero, mosquitera.
mossa [mósə] *f.* Muchacha, moza. *2* Morillo.

mossàrab, -ba [musárəp, -βə] *a., m.-f.* Mozárabe.
mossec [musέk] *m.* Mordedura, bocado.
mossegada [musəγáðə] *f.* Mordisco, mordedura, dentellada.
mossegar [musəγá] *t.* Morder, mordiscar.
mossèn [musέn] *m.* Mosén.
mosso [mósu] *m.* Mozo, sirviente, paniaguado.
most [mos(t)] *m.* Mosto.
mostassa [mustásə] *f.* Mostaza.
mostatxo [mustátʃu] *m.* Mostacho, bigote.
mostela [mustέlə] *f.* ZOOL. Comadreja.
mostra [mɔ́strə] *f.* Muestra, dechado. *2* MIL. Parada, desfile.
mostrador, -ra [mustrəðó, -rə] *a.-m.* Mostrador.
mostrar [mustrá] *t.* Mostrar.
mostrari [mustrári] *m.* Muestrario.
mot [mot] *m.* Vocablo, palabra.
mota [mɔ́tə] *f.* Mota, pella.
motejar [mutəʒá] *t.* Motejar, apodar.
motet [mutέt] *m.* MÚS. Motete.
motí [mutí] *m.* Motín, revuelta, remolino. *2* Banco de peces.
motiu [mutíŭ] *m.* Motivo. *2* Apodo, mote, nombre.
motivar [mutiβá] *t.* Motivar.
motlle [mɔ́ʎʎə] *m.* Molde, horma.
motllura [muʎʎúrə] *f.* Moldura.
motllurar [muʎʎurá] *t.* Moldear.
motor, -ra [mutór, -rə] *a.-m.* Motor.
motoritzar [muturidzá] *t.* Motorizar.
motriu [mutríŭ] *a.* Motriz.
motxilla [mutʃíʎə] *f.* Mochila.
moure [mɔ́urə] *t.* Mover, menear. *2* Incitar. ¶ CONJUG. GER.: ***movent.*** ‖ P. P.: ***mogut.*** ‖ INDIC. Pres.: ***moc.*** ‖ SUBJ. Pres.: ***mogui,*** etc. | Imperf.: ***mogués,*** etc.
movedís, -issa [muβəðís, -ísə] *a.* Movedizo.
movible [muβíbblə] *a.* Movible.
moviment [muβimén] *m.* Movimiento.
mucilag [musíləkl] *m.* Mucílago.
mucós, -osa [mukós, -ózə] *a.* Mucoso.
mucositat [mukuzitát] *f.* Mucosidad.
mucus [múkus] *m.* Moco.
muda [múðə] *f.* Muda.
mudable [muðábblə] *a.* Mudable.
mudada [muðáðə] *f.* Muda.
mudança [muðánsə] *f.* Mudanza.
mudar [muðá] *t.-i.* Mudar. *2 prnl.* Componerse.
mudat, -ada [muðát, -áðə] *a.* Majo.
mudèjar [muðέzər] *a., m.-f.* Mudéjar.
mudesa [muðέzə] *f.* Mudez.
mufla [múflə] *f.* Mufla, hornaza.
mugir [muʒí] *i.* Mugir.
mugit [muʒít] *m.* Mugido.
mugró [muγró] *m.* Pezón, teta.
muguet [muγέt] *m.* BOT. Muguete.
mul [mul] *m.* ZOOL. Mulo, macho.
mula [múlə] *f.* Mula.
mular [mulá] *a.* Mular.
mulat, -ta [mulát, -tə] *a.-m.* Mulato.
mulato, -ta [mulátu, -tə] *m.-f. cast.* Mulato.
muler [mulé] *m.* Mulero, muletero.
muleta [mulέtə] *f. cast.* Muleta.
mullada [muʎáðə] *f.* Mojadura.
mullader [muʎəðé] *m.* Aguazal. *2* Alboroto. ‖ ***Fer ~***, meter escándalo.
mullar [muʎá] *t.* Mojar.
mullena [muʎέnə] *f.* Humedad.
muller [muʎé] *f.* Esposa, mujer.
mullerar-se [muʎərársə] *prnl.* Véase AMULLERAR-SE.
multa [múltə] *f.* Multa.
multar [multá] *t.* Multar.
multicolor [multikuló] *a.* Multicolor.
múltiple [múltiplə] *a.* Múltiple. *2 m.* MAT. Múltiplo.
multiplicació [multiplikəsió] *f.* Multiplicación.
multiplicador, -ra [multiplikəðó, -rə] *a.* Multiplicador.
multiplicand [multiplikán] *m.* Multiplicando.
multiplicar [multipliká] *t.* Multiplicar.
multiplicitat [multiplisitát] *f.* Multiplicidad.
multitud [multitút] *f.* Multitud.
mundà, -ana [mundá, -ánə] *a.* Mundano.
mundanal [mundənál] *a.* Mundanal.
mundanitat [mundənitát] *f.* Mundanidad.
mundial [mundiál] *a.* Mundial.
munició [munisió] *f.* Munición.
municipal [munisipál] *a.* Municipal.
municipalitat [munisipəlitát] *f.* Municipalidad.
municipalitzar [munisipəlidzá] *t.* Municipalizar.
municipi [munisípi] *m.* Municipio.
munífic, -ca [munífik, -kə] *a.* Munífico.
munificència [munifisέnsiə] *f.* Munificencia.
munió [munió] *f.* Multitud, muchedumbre. *2* Porrada.
munt [mun] *m.* Montón, pila, acervo, cúmulo, mole, monte.
muntacàrregues [muntəkárrəγəs] *m.* Montacargas.
muntanyenc, -ca [muntəɲέŋ, -kə] *a.* Montañés, serrano, montuno, montaraz.
muntada [muntáðə] *f.* Monta. *2* Montadura.
muntador [muntəðó] *m.* Montador.

muntant [muntánt] *m.* Montante, alféizar.
muntanya [muntáɲə] *f.* Montaña, monte. *2* Serranía.
muntanyès, -esa [muntəɲɛ́s, -ɛ́zə] *a., m.-f.* Montañés, serrano, montuno, montaraz.
muntanyós, -osa [muntəɲós, -ózə] *a.* Montañoso, montuoso.
muntar [muntá] *i.-t.* Montar. *2* Subir. *3* Montar, armar.
muntatge [muntádʒə] *m.* Montaje.
munter, -ra [munté, -rə] *a.-m.* Montés, montero.
munteria [muntəríə] *f.* Montería.
muntès, -esa [muntɛ́s, -ɛ́zə] *a.* Montés, montaraz.
muntura [muntúrə] *f.* Montura, cabalgadura. *2* Montadura, montaje.
munyidora [muɲiðórə] *f.* Ordeñadora.
munyir [muɲí] *t.* Ordeñar. ¶ CONJUG. INDIC. Pres.: ***muny.***
mur [mur] *m.* Muro, pared. *2* Malecón.
mural [murál] *a.* Mural.
muralla [muráʎə] *f.* Muralla.
murcià, -ana [mursiá, -ánə] *a., m.-f.* Murciano.
múrgola [múrɣulə] *f.* BOT. Morilla.
murmuració [murmurəsió] *f.* Murmuración. *2* Habladuría.
murmurador, -ra [murmurəðó, -rə] *a., m.-f.* Murmurador.
murmurar [murmurá] *t.* Murmurar, murmullar, susurrar, murmujear. *2* fig. Murmurar.
murmuri [murmúri] *m.* Murmurio, murmullo, susurro.
murri, múrria [múrri, múrriə] *a., m.-f.* Pillo, ladino, taimado, pícaro, redomado, sagaz.
murrieria [murriəríə] *f.* Taimaría, bribonada, sagacidad.
murtra [múrtrə] *f.* BOT. Mirto, arrayán.
musa [múzə] *f.* MIT. Musa.
musaranya [muzəráɲə] *f.* ZOOL. Musaraña, musgaño.
musc, -ca [musk, -kə] *a.* Musco.
muscle [músklə] *m.* Hombro.
musclo [músklu] *m.* Mejillón.
múscul [múskul] *m.* Músculo.
muscular [muskulár] *a.* Muscular.
musculatura [muskulətúrə] *f.* Musculatura.
musell [muzéʎ] *m.* Hocico.
museta [muzɛ́tə] *f.* ICT. Muceta.
museu [muzɛ́ŭ] *m.* Museo.
músic, -ca [múzik, -kə] *a.-m.* Músico.
música [múzikə] *f.* Música.
musical [muzikál] *a.* Musical.
musicar [muziká] *t.* Componer.
mussitar [musitá] *i.* Musitar, susurrar.
mussol [musɔ́l] *m.* ORNIT. Mochuelo, búho. *2* Orzuelo. *3* Bocalicón.
mussolina [musulínə] *f.* Muselina.
musti, mústia [músti, mústiə] *a.* Mustio, alicaído.
mústig, -iga [mústik, -iɣə] *a.* Mustio, triste.
musulmà, -ana [muzulmá, -ána] *a., m.-f.* Musulmán.
mut, muda [mut, múðə] *a., m.-f.* Mudo. || ***Muts i a la gàbia,*** punto en boca.
mutabilitat [mutəβilitát] *f.* Mutabilidad.
mutació [mutəsió] *f.* Mutación.
mutilació [mutiləsió] *f.* Mutilación.
mutilar [mutilá] *t.* Mutilar.
mutilat, -ada [mutilát, -áðə] *a.* Mutilado.
mutis [mútis] *m.* Mutis, chito.
mutisme [mutízmə] *m.* Mutismo.
mutu mútua [mútu, mútuə] *a.* Mutuo.
mutual [mutuál] *a.* Mutual.
mutualitat [mutuəlitát] *f.* Mutualidad.

N

n', 'n Forma elidida del pronombre ***en, pron. déb.*** De (esto, eso aquello) *2 adv.* De [allí].
na *[nə] f. arc.* Doña. *2* Femenino de ***en.***
nació [nəsió] *f.* Nación.
nacional [nəsiunál] *a.* Nacional.
nacionalisme [nəsiunəlízmə] *m.* Nacionalismo.
nacionalitat [nəsiunəlitát] *f.* Nacionalidad.
nacionalitzar [nəsiunəlidzá] *t.* Nacionalizar.
nacrat, -ada [nəkrát, -áðə] *a.* Nacarado, nacarino.
nacre [nákrə] *m.* Nácar.
Nadal [nəðál] *m.* Navidad.
nadala [nəðálə] *f.* Villancico.
nadalenc, -ca [nəðəléŋ, -kə] *a.* Navideño.
nadó [nəðó] *m.* Recién nacido.
nafra [náfrə] *f.* Llaga, herida, lacra.
nafrar [nəfrá] *t.* Llagar.
nafta [náftə] *f.* Nafta.
naftalina [nəftəlínə] *f.* Naftalina.
nàiade [nájəðə] *f.* MIT. Náyade, ninfa.
naixement [nəʃəmén] *m.* Nacimiento.
naixença [nəʃénsə] *f.* V. NAIXEMENT.
naixent [nəʃén] *a.* Naciente.
nan, nana [nan, nánə] *a., m.-f.* Enano. *2* Cabezudo.
nansa [nánsə] *f.* Asa. *2* Nasa.
nap [nap] *m.* BOT. Nabo. ‖ ~ ***rodó,*** naba. ‖ ***Entre naps, cols i xerevies,*** entre pitos y flautas.
nap-buf [nabbúf] *m.* Arrapiezo.
napolità, -ana [nəpulitá, -ánə] *a., m.-f.* Napolitano.
Nàpols [nápuls] *n. pr.* Nápoles.
narcís [nərsís] *m.* BOT. Narciso.
narcòtic, -ca [nərkɔ́tik, -kə] *a.* MED. Narcótico.
narcotitzar [nərkutidzá] *t.* Narcotizar.
nard [nar(t)] *m.* BOT. Nardo.
narguil [nərɣíl] *m.* Narguile.
nariu [nəriŭ] *m.* Ventana de la nariz.
naronja [nərɔ́nʒə] *f.* Toronja.
narració [nərrəsió] *f.* Narración, relato.
narrador, -ra [nərrəðó, -rə] *a., m.-f.* Narrador.
narrar [nərrá] *t.* Narrar.
narval [nərβál] *m.* ICT. Narval.
nas [nas] *m.* Nariz. ‖ ***Fer veu de ~,*** hablar por las narices. ‖ ***Pujar (a algú) la mosca al ~,*** hinchársele (a uno) las narices. ‖ ~ ***arremangat,*** nariz respingona.
nasal [nəzál] *a.* Nasal.
nasalitzar [nəzəlidzá] *t.* Nasalizar.
nassut, -uda [nəsút, -úðə] *a.* Narigón, narigudo.
nat, nada [nat, náðə] *a.* Nato. ‖ ***Nou ~,*** recién nacido.
nata [nátə] *f.* Nata. *2* Bofetón, cachete. ‖ ***Flor i ~,*** flor y nata.
natació [nətəsió] *f.* Natación.
natal [nətál] *a.* Natal.
natalici, -ícia [nətəlísi, ísiə] *a.* Natalicio. *2* Cumpleaños, aniversario.
natalitat [nətəlitát] *f.* Natalidad.
natatori, -òria [nətətɔ́ri, -ɔ́riə] *a.* Natatorio.
natgera [nədʒérə] *f.* Nalgatorio, posaderas.
natiu, -iva [nətíŭ, -íβə] *a.* Nativo.
nativitat [nətiβitát] *f.* Natividad.
natja [nádʒə] *f.* Nalga, anca.
natjada [nədʒáðə] *f.* Nalgada. *2* Zurra, azotaina, azotazo.
natura [nətúrə] *f.* Naturaleza. *2* Especie. ‖ ~ ***morta,*** bodegón.
natural [nəturál] *a.-m.* Natural. *2* Índole.
naturalesa [nəturəlέzə] *f.* V. NATURA.
naturalisme [nəturəlízmə] *m.* Naturalismo.
naturalista [nəturəlístə] *a., m.-f.* Naturalista.
naturalitat [nəturəlitát] *f.* Naturalidad.
naturalitzar [nəturəlidzá] *t.* Naturalizar.
naturalment [nəturəlmén] *adv.* Naturalmente. *2* Desde luego.
natzarè, -ena [nədzərέ, έnə] *a., m.-f.* Nazareno.

nau [náŭ] *f.* Nave. *2* Navío, barco.
nàufrag, -ga [náŭfrək, -γə] *a., m.-f.* Náufrago.
naufragar [nəŭfrəγá] *i.* Naufragar.
naufragi [nəŭfráʒi] *m.* Naufragio.
nàusea [náŭzeə] *f.* Náusea, asco, ansia. || ***Tenir nàusees,*** nausear.
nauseabund, -da [nəŭzeəβún, -də] *a.* Nauseabundo.
nauta [náŭtə] *m.* Nauta.
nàutic, -ca [náŭtik, -kə] *a.* Náutico.
naval [nəβál] *a.* Naval.
navalla [nəβáʎə] *f.* Navaja.
navarrès, -esa [nəβərrɛ́s, -ɛ́zə] *a., m.-f.* Navarro.
navegable [nəβəγábblə] *a.* Navegable.
navegació [nəβəγəsió] *f.* Navegación.
navegant [nəβəγán] *a., m.-f.* Navegante.
navegar [nəβəγá] *i.* Navegar.
naveta [nəβɛ́tə] *f.* Naveta.
navili [nəβili] *m.* poét. Navío, nave, barco.
navilier [nəβilié] *m.* Naviero.
ne [nə] *a.* Forma llana del pronombre ***en*** detrás del verbo. *pron. déb.* De (esto, eso, aquello). *2 adv.* De (allí).
nebot, -oda [nəβót, -óðə] *m.-f.* Sobrino.
nebulós, -osa [nəβulós, -ózə] *a.* Nebuloso, nuboso.
nebulosa [nəβulózə] *f.* Nebulosa.
nebulositat [nəβuluzitát] *f.* Nebulosidad.
necessari, -ària [nəsəsári, -áriə] *a.* Necesario.
necesser [nəsəsér] *m. fr.* Neceser.
necessitar [nəsəsitá] *t.* Necesitar.
necessitat [nəsəsitát] *f.* Necesidad.
necessitat, -ada [nəsəsitát, -áðə] *a., m.-f.* Necesitado, menesteroso.
neci, nècia [nɛ́si, nɛ́siə] *a.* Necio, zopenco. *2* Majadero, bruto. *3* Primo, sandio.
neciesa [nəsiɛ́zə] *f.* Necedad, sandez.
necròfag, -ga [nəkrɔ́fək, -γə] *a.* Necrófago.
necrofagia [nəkrufəʒiə] *f.* Necrofagia.
necrologia [nəkruluʒiə] *f.* Necrología.
necròpolis [nəkrɔ́pulis] *f.* Necrópolis.
nèctar [nɛ́ktər] *m.* Néctar.
nedador, -ra [nəðəðó, -rə] *a., m.-f.* Nadador.
nedar [nəðá] *i.* Nadar.
neerlandès, -esa [nəərləndɛ́s, -ɛ́zə] *a., m.-f.* Neerlandés.
nefand, -da [nəfán, -də] *a.* Nefando.
nefast, -ta [nəfás(t), -tə] *a.* Nefasto.
nefrític, -ca [nəfritik, -kə] *a., m.-f.* Nefrítico.
negable [nəγábblə] *a.* Negable.
negació [nəγəsió] *f.* Negación.
negar [nəγá] *t.-prnl.* Negar. *2* Anegar, ahogar, inundar. *3 prnl.* Arrasar (los ojos).
negat, -ada [nəγát, -áðə] *a.* Negado.
negatiu, -iva [nəγətiŭ, -iβə] *a.* Negativo.
negativa [nəγətiβə] *f.* Negativa, denegación.
negligència [nəγliʒɛ́nsiə] *f.* Negligencia, descuido.
negligent [nəγliʒén] *a.* Negligente, descuidado.
negligir [nəγliʒi] *t.-prnl.* Omitir, descuidar.
negoci [nəγɔ́si] *m.* Negocio.
negociació [nəγusiəsió] *f.* Negociación.
negociador, -ra [nəγusiəðó, -rə] *a., m.-f.* Negociador.
negociant [nəγusián] *m.* Negociante.
negociar [nəγusiá] *i.-t.* Negociar.
negociat [nəγusiát] *m.* Negociado.
negre, -gra [nɛ́γrə, -γrə] *a., m.-f.* Negro. || ***Vi ~,*** vino tinto.
negrejar [nəγrəʒá] *i.* Negrear. *2* Oscurecer, anochecer.
negrer, -ra [nəγré, -rə] *a.-m.* Negrero.
negroide [nəγrɔ́ĭðə] *a., m.-f.* Negroide.
negror [nəγró] *f.* Negrura. *2* Cerrazón.
negrós, -osa [nəγrós, -ózə] *a.* Negruzco.
neguit [nəγit] *m.* Comezón. *2* Desazón, desasosiego. *3 pl.* Fatigas.
neguitejar [nəγitəʒá] *i.-t.* Desazonar, desasosegar.
neguitós, -osa [nəγitós, -ózə] *a.* Desazonado, desasosegado, inquieto.
negus [nɛ́γus] *m.* Negus.
néixer [néʃə] *i.* Nacer. ¶ CONJUG. GER.: ***naixent.*** || P. P.: ***nascut.***
nen, -na [nɛn, -nə] *a.-f.* Niño, chiquillo, nene.
nenúfar [nənúfər] *m.* BOT. Nenúfar.
neoclàssic, -ca [nęoklásik, -kə] *a.* Neoclásico.
neoclassicisme [nęokləsisizmə] *m.* Neoclasicismo.
neòfit, -ta [neɔ́fit, -tə] *m.-f.* Neófito.
neolític, -ca [nəulitik, -kə] *a.* Neolítico.
neologisme [nəuluʒizmə] *m.* Neologismo.
neó [neó] *m.* Neón.
nepotisme [nəputizmə] *m.* Nepotismo.
nero [nɛ́ru] *m.* ICT. Mero.
nervadura [nərβəðúrə] *f.* ARQ. Nervadura.
nervi [nɛ́rβi] *m.* Nervio.
nerviós, -osa [nərβiós, -ózə] *a.* Nervioso.
nerviositat [nərβiuzitát] *a.* Nerviosidad.
nerviüt, -üda [nərβiút, -úðə] *a.* Nervudo.
nespra [nésprə] *f.* BOT. Níspero.
nesprer [nəspré] *m.* BOT. Níspero.
net, -ta [nɛt, -tə] *a.* Limpio, aseado,

mondo. *2* Neto. ‖ ~ ***i pelat,*** mondo y lirondo.
nét, néta [net, -tə] *m.-f.* Nieto.
netament [nętəmén] *adv.* Netamente.
netedat [nətəðát] *f.* Limpieza. *2* Tersura.
neteja [nətέʒə] *f.* Limpieza, limpiadura. *2* Monda, mondadura.
netejar [nətəʒá] *t.-prnl.* Asear, limpiar, mondar.
neu [neŭ] *f.* Nieve.
neula [néŭlə] *f.-m.* Barquillo. *2* Niebla. *3* Herrumbre de trigo.
neuler, -ra [nəŭlé, -rə] *m.-f.* Barquillero. *2 m. pl.* Barquilla, barquillero (molde). ‖ ***Carregar els ~,*** cargar el mochuelo.
neulit, -ida [nəŭlit, -iðə] *a.* Enclenque, desmedrado, canijo.
neuràlgia [nəŭrálʒiə] *f.* Neuralgia.
neuràlgic, -ca [nəŭrálʒik, -kə] *a.* Neurálgico.
neurastènia [nəŭrəsténiə] *f.* Neurastenia.
neurastènic, -ca [nəŭrəsténik, -kə] *a., m.-f.* Neurasténico.
neurologia [nəŭruluʒiə] *f.* Neurología.
neurona [nəŭrónə] *f.* BIOL. Neurona.
neurosi [nəŭrɔ́zi] *f.* MED. Neurosis.
neuròtic, -ca [nəurɔ́tik, -kə] *a., m.-f.* Neurótico.
neutral [nəŭtrál] *a.* Neutral.
neutralitat [nəŭtrəlitát] *f.* Neutralidad.
neutralitzar [nəŭtrəlidzá] *t.* Neutralizar.
neutre, -tra [néutrə, -trə] *a.* Neutro.
nevada [nəβáðə] *f.* Nevada.
nevar [nəβá] *i.* Nevar. *2 t.* fig. Nevar.
nevera [nəβérə] *f.* Nevera.
nevós, -osa [nəβós, -ózə] *a.* Nevoso, nivoso.
nexe [néksə] *m.* Nexo.
ni [ni] *conj.* Ni. ‖ ~ ***així,*** ni por esas.
niada [niáðə] *f.* Nidada.
niar [niá] *i.* Anidar, nidificar.
Niça [nisə] *n. pr.* Niza.
niciesa [nisiέzə] *f.* V. NECIESA.
nicotina [nikutinə] *f.* Nicotina.
nidificar [niðifiká] *i.* Nidificar.
nigromància [niɣrumánsiə] *f.* Nigromancia.
nigromant [niɣrumán] *m.* Nigromante.
nihilisme [niilizmə] *m.* Nihilismo.
Nil [nil] *n. pr.* Nilo.
nimbar [nimbá] *t.* Nimbar.
nimbe [nimbə] *m.* Nimbo, aureola.
nimbus [nimbus] *m.* METEOR. Nimbo.
nimfa [nimfə] *f.* Ninfa.
nimi, nímia [nimi, nimiə] *a.* Nimio.
nimietat [nimiətát] *f.* Nimiedad.
nin, nina [nin, ninə] *m.* Niño, chico, nene. *2 f.* Muñeca, niña.
nineta [ninétə] *f.* Niña. *2* Pupila.
ning-nang [niŋnáŋ] *m.* Campaneo.
ning-ning [niŋniŋ] *m.* Tilín.
ningú [niŋgú] *pron. indef.* Ningún, ninguno, nadie. *2 m.* Nadie.
ninot [ninɔ́t] *m.* Muñeco, monigote, fantoche. *2* Pelele.
nínxol [ninʃul] *m.* Nicho, hornacina.
nipó, -ona [nipó, -ónə] *a., m.-f.* Nipón.
níquel [nikəl] *m.* MET. Níquel.
niquelar [nikəlá] *t.* Niquelar.
niquelat [nikəlát] *m.* Niquelado.
nissaga [nisáɣə] *f.* Linaje, estirpe, alcurnia, casta.
nit [nit] *f.* Noche. ‖ ~ ***del lloro,*** noche toledana. ‖ ***De la ~ al dia,*** de la noche a la mañana. ‖ ***Bona ~, i bona hora,*** buenas noches. ‖ ~ ***de Nadal,*** Nochebuena.
nítid, -da [nitit, -ðə] *a.* Nítido.
nitidesa [nitiðέzə] *f.* Nitidez.
nitrat [nitrát] *m.* Nitrato.
nitre [nitrə] *m.* QUÍM. Salitre.
nitrogen [nitrɔ́ʒən] *m.* Nitrógeno.
nitroglicerina [nitruɣlisərinə] *f.* QUÍM. Nitroglicerina.
niu [niŭ] *m.* Nido.
niuada [niwáðə] *f.* Nidada.
nivell [niβéʎ] *m.* Nivel.
nivi, nívia [niβi, niβiə] *a.* Níveo.
no [no] *adv.* No.
nobiliari, -ària [núβiliári, -áriə] *a.* Nobiliario.
noble [nɔ́bblə] *a.* Noble, hidalgo.
noblesa [nubblέzə] *f.* Nobleza, hidalguía.
noces [nɔ́səs] *f. pl.* Bodas, nupcias.
noció [nusió] *f.* Noción.
nociu, -iva [nusiŭ, -iβə] *a.* Nocivo, dañable, dañino, dañoso.
noctàmbul, -la [nuktámbul, -lə] *a., m.-f.* Noctámbulo. *2 a.* Nocherniego.
nocturn, -na [nuktúrn, -nə] *a.-m.* Nocturno.
nodriment [nuðrimén] *m.* Nutrimiento.
nodrir [nuðri] *t.* Nutrir.
nodrissa [nuðrisə] *f.* Nodriza.
nodrissó [nuðrisó] *m.* Crío, bebé.
nòdul [nɔ́ðul] *m.* Nódulo.
noguer [nuɣé] m. Nogal.
noguera [nuɣérə] *f.* BOT. Nogal.
noi, noia [nɔi, nɔ́jə] *m.-f.* Muchacho, chico. *2 f.* ZOOL. Lución.
nom [nɔm] *m.* Nombre.
nòmada [nɔ́məðə] *a.* Nómada.
nombre [nómbrə] *m.* Número.
nombrós, -osa [numbrós, -ózə] *a.* Numeroso, crecido.
nomenament [numənəmén] *m.* Nombramiento.
nomenar [numəná] *t.* Nombrar. *2* Designar.

nomenclàtor [numəŋklátur] *m.* Nomenclátor.
nomenclatura [numəŋklətúrə] *f.* Nomenclatura.
només [numės] *adv.* Sólo, solamente.
nòmina [nɔ́minə] *f.* Nómina.
nominal [numinál] *a.* Nominal.
nominatiu, -iva [numinətiu, -iβə] *a.* Nominativo.
nona [nɔ́nə] *f.* Nona.
nonagenari, -ària [nunəʒənári, -áriə] *a.* Nonagenario.
non-non (fer) [nɔ̹nnɔ́n] loc. Ir a dormir.
nopal [nupál] *m.* BOT. Nopal.
nora [nɔ́rə] *f.* Nuera.
noranta [nurántə] *a.* Noventa.
norantè, -ena [nurəntɛ́, -ɛ́nə] *a.* Nonagésimo. *2 a.-m.* Noventavo, nonagésimo.
nord [nɔr(t)] *m.* Norte. || ***Del*** ~, norteño.
nord-americà, -ana [nɔ́rtəmərikà, -ánə] *a., m.-f.* Norteamericano.
nord-est [nɔ̹rés(t)] *m.* Nordeste.
nòrdic, -ca [nɔ́rðik, -kə] *a.* Nórdico.
nord-oest [nɔ̹rués(t)] *m.* Noroeste.
no-res [norrɛ́s] *m.* Nada.
norma [nórmə] *f.* Norma.
normal [nurmál] *a.* Normal.
normalitat [nurməlitát] *f.* Normalidad.
normalització [nurməlidzəsió] *f.* Normalización.
normalitzar [nurməlidzá] *t.* Normalizar.
normand, -da [nurmán, -də] *a., m.-f.* Normando.
normatiu, -iva [nurmətiŭ, -iβə] *a.* Normativo.
noruec, -ega [nuruɛ́k, -ɛ́γə] *a., m.-f.* Noruego.
-nos [nus] *pron. déb.* Nos.
nós [nos] *pron. pers.* Nos (mayestático).
nosa [nɔ́zə] *f.* Estorbo, enredo, engorro, embarazo, empacho. || ***Fer*** ~, estorbar.
nosaltres [nuzáltrəs] *pron. pers.* Nosotros.
nostàlgia [nustálʒiə] *f.* Nostalgia.
nostàlgic, -ca [nustálʒik, -kə] *a.* Nostálgico.
nostre, -tra [nɔ́strə, -trə] *a. pos.* Nuestro. || ***El*** ~, nuestro. *2 pron. pos.* ***El*** ~, el nuestro.
nota [nɔ́tə] *f.* Nota.
notable [nutábblə] *a.* Notable.
notació [nutəsió] *f.* Notación.
notar [nutá] *t.* Notar. || ***Fer-se*** ~, señalarse.
notari [nutári] *m.* Notario.
notaria [nutəriə] *a.* Notaría.
notarial [nutəriál] *a.* Notarial.
notariat [nutəriát] *m.* Notariado.
notícia [nutisiə] *f.* Noticia, nueva.
noticiari [nutisiári] *m.* Noticiario.
notificació [nutifikəsió] *f.* Notificación.
notificador, -ra [nutifikəðó, -rə] *a., m.-f.* Noticiero.
notificar [nutifiká] *t.* Notificar.
notori, -òria [nutɔ́ri, -ɔ́riə] *a.* Notorio.
notorietat [nuturiətát] *f.* Notoriedad.
nou [nɔŭ] *f.* BOT. Nuez.
nou [nɔŭ] *a.-m.* Nueve.
nou, nova [nɔŭ, nɔ́βə] *a.* Nuevo. || ***De bell*** ~, ***de*** ~, de nuevo.
nou-cents, -tes [nɔ̹ŭsέns, -təs] *a.* Novecientos.
nova [nɔ́βə] *f.* Nueva.
novador, -ra [nuβəðó, -rə] *m.-f.* Novador.
novaiorquí, -ina [nɔ̹βəǰurki, -inə] *a., m.-f.* Neoyorquino.
novatxer, -ra [nuβətʃé, -rə] *a.* Noticiero, chismoso, novelero.
Nova-York [nɔ̹βəǰɔ́rk] *n. pr.* Nueva York.
novè, -ena [nuβɛ́, -ɛ́nə] *a.* Noveno, nono. *2 a.-m.* Noveno.
novell, -lla [nuβέʎ, ʎə] *a.* Novel. *2* Bisoño, bozal, novato.
novel·la [nuβέlə] *f.* Novela.
novel·lesc, -ca [nuβəlέsk, -kə] *a.* Novelesco.
novel·lista [nuβəlistə] *m.-f.* Novelista.
novembre [nuβέmbrə] *m.* Noviembre.
novena [nuβέnə] *f.* Novena.
novençà, -ana [nuβənsá, -ánə] *a.* Novato, primerizo.
novetat [nuβətát] *f.* Novedad.
novici, -ícia [nuβisi, -isiə] *a., m.-f.* Novicio.
noviciat [nuβisiát] *m.* Noviciado.
noviluni [nuβilúni] *m.* Novilunio.
'ns *pron. déb.* Nos.
nu, nua [nu, núə] *a.-m.* Desnudo, nudo.
nuar [nuá] *t.-prnl.* Anudar.
núbil [núβil] *a.* Núbil.
nuca [núkə] *f.* Nuca.
nuclear [nukləá] *a.* Nuclear.
nucli [núkli] *m.* Núcleo.
nuesa [nuέzə] *f.* Desnudez.
nul, nul·la [nul, núlə] *a.* Nulo.
nul·litat [nulitát] *f.* Nulidad.
numen [númən] *m.* Numen.
numeració [numərəsió] *f.* Numeración.
numerador [numərəðó] *m.* Numerador.
numeral [numərál] *a.* Numeral.
numerar [numərá] *t.* Numerar.
numerari, -ària [numərári, -áriə] *a.* Numerario.
numèric, -ca [numέrik, -kə] *a.* Numérico.
número [núməru] *m.* Número.
numismàtic, -ca [numizmátik, -kə] *a.* Numismático. *2 f.* Numismática.
nunci [núnsi] *m.* Nuncio, pregonero.
nunciatura [nunsiətúrə] *f.* Nunciatura.

nuós, -osa [nuós, -ózə] *a.* Nudoso.
nupcial [nupsiàl] *a.* Nupcial.
núpcies [núpsiəs] *f. pl.* Nupcias, casamiento.
nus [nus] *m.* Nudo, nudillo. 2 Mota.
nutrici, -ícia [nutrisi, -ísiə] *a.* Nutricio.
nutrició [nutrisió] *f.* Nutrición.
nutritiu, -iva [nutritiŭ, -iβə] *a.* Nutritivo, alimenticio.
nuvi, núvia [núβi, núβiə] *m.-f.* Novio. 2 Desposado.
núvol [núβul] *m.* Nube. 2 *a.* Nublado.
nuvolada [nuβuláðə] *f.* Nubarrones.
nyàmera [ɲámərə] *f.* BOT. Aguaturma, pataca.
nyam-nyam (fer) [ɲəmɲám] loc. fam. Comer.
nyanyo [ɲáɲu] *m.* Chichón, tolondro.
nyap [ɲap] *m.* Buñuelo, plasta, birria.
nyau-nyau [ɲəŭɲáŭ] *m.-f.* Mojigato, ñoño.
nyic-i-nyac [ɲikiɲák] *m.* Dimes y diretes.
nyic-nyic [ɲikɲik] *m.* Chirrido. 2 Dale que dale.
nyicris [ɲikris] *m.-f.* Alfeñique, escomendrijo.
nyigo-nyigo [ɲiγuɲiγu] *m.* Onomatopeya del sonido de un instrumento de cuerda mal tocado.
nyigui-nyogui [ɲiγiɲɔ́γi] loc. Baladí.
nyonya [ɲóɲə] *f.* Modorra.

O

o [ɔ] *f.* O (letra).
o [ɔ] *conj.* O, u.
oasi [uázi] *m.* Oasis.
obac, -aga [uβák, -áɣə] *a.* Umbrío. *2 f.* Umbría.
obcecació [upsəkəsió] *f.* Obcecación.
obcecar [upsəká] *t.* Obcecar, ofuscar.
obediència [uβəðiɛ́nsiə] *f.* Obediencia.
obedient [uβəðién] *a.* Obediente.
obeir [uβəí] *t.* Obedecer.
obelisc [uβəlísk] *m.* Obelisco.
obert, -ta [uβɛ́r(t), -tə] *a.* Abierto. ‖ ***Terreny*** ~, descampado.
obertura [uβərtúrə] *f.* Abertura. *2* Apertura. *3* MÚS. Obertura.
obès, -esa [uβɛ́s, -ɛ́zə] *a.* Obeso.
obesitat [uβəzitát] *f.* Obesidad.
òbit [ɔ́βit] *m.* Óbito.
objecció [ubʒəksió] *f.* Objeción, reparo.
objectar [ubʒəktá] *t.* Objetar.
objecte [ubʒéktə] *m.* Objeto.
objectiu, -iva [ubʒəktíŭ, -íβə] *a.* Objetivo.
oblació [uβləsió] *f.* Oblación.
oblat, -ta [uβlát, -tə] *m.-f.* Oblato.
oblic, -iqua [uβlík, -íkwə] *a.* Oblicuo. *2* Soslayo.
oblidadís, -issa [uβliðəðís, -ísə] *a.* Olvidadizo.
oblidar [uβliðá] *t.* Olvidar.
obligació [uβliɣəsió] *f.* Obligación.
obligar [uβliɣá] *t.* Obligar.
obligat, -ada [uβliɣát, -áðə] *a.* Obligado.
obligatori, -òria [uβliɣətɔ́ri, -ɔ́riə] *a.* Obligatorio.
obliqüitat [oβlikwitát] *f.* Oblicuidad.
oblit [uβlít] *m.* Olvido, descuido.
obliterar [uβlitərá] *t.* Obliterar.
oblong, -ga [uβlóŋ, -gə] *a.* Oblongo.
oboè [uβuɛ́] *m.* MÚS. Oboe.
òbol [ɔ́βul] *m.* Óbolo.
obra [ɔ́βrə] *f.* Obra, trabajo, labor.
obrador [uβrəðó] *m.* Obrador.
obrar [uβrá] *t.-i.* Obrar.
obrellaunes [ɔβrəʎáŭnəs] *m.* Abrelatas.
obrer, -ra [uβré, -rə] *m.-f.* Obrero, trabajador.
obrerisme [uβrərízmə] *m.* Obrerismo.
obrir [uβrí] *t.* Abrir. ¶ CONJUG. P. P.: ***obert.*** ‖ INDIC. Pres.: ***obre.***
obscè, -ena [upsɛ́, -ɛ́nə] *a.* Obsceno.
obscenitat [upsənitát] *f.* Obscenidad.
obscur, -ra [upskúr, -rə] *a.* Obscuro, lóbrego, cerrado.
obscurantisme [upskurəntízmə] *m.* Obscurantismo.
obscurir [upskurí] *t.* Obscurecer, enlobreguecer.
obscuritat [upskuritát] *f.* Obscuridad, lobreguez.
obsequi [upsɛ́ki] *m.* Obsequio.
obsequiar [upsəkiá] *t.* Obsequiar.
obsequiós, -osa [upsəkiós, -ózə] *a.* Obsequioso, rendido.
observació [upsərβəsió] *f.* Observación.
observador, -ra [upsərβəðó, -rə] *a., m.-f.* Observador.
observança [upsərβánsə] *f.* Observancia.
observar [upsərβá] *t.* Observar.
observatori [upsərβətɔ́ri] *m.* Observatorio.
obsessió [upsəsió] *f.* Obsesión.
obsessionar [upsəsiuná] *t.* Obsesionar.
obsessiu, -iva [upsəsíŭ, -íβə] *a.* Obsesivo.
obstacle [upstáklə] *m.* Obstáculo, óbice.
obstaculitzar [upstəkulidzá] *t.* Obstaculizar.
obstar [upstá] *i.* Obstar.
obstinació [upstinəsió] *f.* Obstinación, terquedad, testarudez.
obstinar-se [upstinársə] *prnl.* Obstinarse, entercarse.
obstinat, -ada [upstinát, -áðə] *a.* Obstinado, terco.
obstrucció [upstruksió] *f.* Obstrucción.
obstruir [upstruí] *t.* Obstruir.
obtenció [uptənsió] *f.* Obtención.
obtenir [uptəní] *t.* Obtener, alcanzar. ¶ CONJUG. P. P.: ***obtingut.*** ‖ INDIC. Pres.:

obtinc, obtens, obté, etc. | Fut.: *obtindré, obtindràs, obtindrà,* etc. || SUBJ. Pres.: *obtingui, obtinguis, obtingui,* etc. | Imperf.: *obtingués, obtinguessis,* etc. || IMPERAT.: *obtén.*
obturació [upturəsió] *f.* Obturación.
obturador, -ra [upturəðó, -rə] *a.* Obturador.
obturar [upturá] *t.* Obturar.
obtús, -usa [uptús, -úzə] *a.* Obtuso, romo, chato. *2* Torpe, necio.
obús [uβús] *m.* ARTILL. Obús.
obvi, òbvia [ɔ́bbi, ɔ́bbiə] *a.* Obvio.
obviar [ubbiá] *i.* Obviar.
oc, oca [ɔk, ɔ́kə] *m.-f.* Ganso, ánsar. *2 f.* Oca.
ocàs [ukás] *m.* Ocaso, puesta.
ocasió [ukəzió] *f.* Ocasión. || *D'~,* de lance.
ocasional [ukəziunál] *a.* Ocasional.
ocasionar [ukəziuná] *t.* Ocasionar, acarrear.
occident [uksiðén] *m.* Occidente, poniente.
occidental [uksiðəntál] *a.* Occidental.
occípit [uksípit] *m.* Occipucio.
occipital [uksipitál] *a.* Occipital.
occir [uksí] *t.* Matar.
occità, -ana [uksitá, -ánə] *a., m.-f.* Occitano.
oceà [useá] *m.* Océano.
oceànic, -ca [useánik, -kə] *a.* Oceánico.
ocell [usέʎ] *m.* Pájaro. || *~ de paper,* pajarita.
ocellada [usəʎáðə] *f.* Pajarería.
ocellaire [usəʎáĭrə] *m.-f.* Pajarero.
ocellera [usəʎérə] *f.* Pajarera.
oci [ɔ́si] *m.* Ocio.
ociós, -osa [usiós, -ózə] *a.* Ocioso, desocupado.
ociositat [usiuzitát] *f.* Ociosidad, desocupación, holganza.
oclusió [ukluzió] *f.* Oclusión.
ocórrer [ukórrə] *i.* Ocurrir, acaecer, suceder. ¶ CONJUG. como *córrer.*
ocre [ɔ́krə] *m.* Ocre.
octàgon [uktáγun] *m.* Octágono.
octagonal [uktəγunál] *a.* Octagonal.
octau (en) [uktáŭ] loc. En octavo.
octava [uktáβə] *f.* Octava.
octogenari, -ària [uktuʒənári, -áriə] *a.* Octogenario.
octosíl·lab, -ba [uktusíləp, -βə] *a.* Octosílabo.
octubre [uktúβrə] *m.* Octubre.
ocular [ukulár] *a.* Ocular.
oculista [ukulístə] *m.-f.* Oculista.
ocult, -ta [ukul(t), -tə] *a.* Oculto.
ocultació [ukultəsió] *f.* Ocultación.
ocultar [ukultá] *t.* Ocultar.
ocultisme [ukultízmə] *m.* Ocultismo.
ocupació [ukupəsió] *f.* Ocupación, empleo.
ocupador, -ra [ukupəðó, -rə] *a., m.-f.* Ocupador, ocupante.
ocupar [ukupá] *t.* Ocupar, emplear.
ocurrència [ukurrέnsiə] *f.* Ocurrencia.
ocurrent [ukurrén] *a.* Ocurrente.
oda [ɔ́ðə] *f.* Oda.
odi [ɔ́ði] *m.* Odio.
odiar [uðiá] *t.* Odiar.
odiós, -osa [uðiós, -ózə] *a.* Odioso.
odissea [uðisέə] *f.* Odisea.
odorífer, -ra [uðurífər, rə] *a.* Odorífero.
odre [óðrə] *m.* Odre.
oest [ués(t)] *m.* Oeste.
ofec [ufέk] *m.* Ahogo.
ofegar [ufəγá] *t.-prnl.* Ahogar. *2* Rehogar.
ofegat, -ada [ufəγát, -áðə] *a.* Ahogado.
ofendre [ufέndrə] *t.* Ofender. ¶ CONJUG. GER.: *ofenent.* || P. P.: *ofès.* || INDIC. Pres.: *ofenc, ofens, ofèn,* etc. || SUBJ. Pres.: *ofengui,* etc. | Imperf.: *ofengués,* etc.
ofensa [ufέnsə] *f.* Ofensa.
ofensiu, -iva [ufənsiŭ, iβə] *a.* Ofensivo.
ofensor, -ra [ufənsó, -rə] *a., m.-f.* Ofensor.
oferir [ufəri] *t.-prnl.* Ofrecer. ¶ CONJUG. P. P.: *ofert.*
oferta [ufértə] *f.* Oferta.
ofertori [ufərtɔ́ri] *m.* Ofertorio.
ofici [ufísi] *m.* Oficio.
oficial [ufisiál] *a.-m.* Oficial.
oficiala [ufisiálə] *f.* Oficiala.
oficialitat [ufisiəlitát] *f.* Oficialidad.
oficiant [ufisián] *a.* Oficiante.
oficiar [ufisiá] *i.-t.* Oficiar.
oficina [ufisínə] *f.* Oficina.
oficinista [ufisinístə] *m.-f.* Oficinista.
oficiós, -osa [ufisiós, -ózə] *a.* Oficioso.
oficiositat [ufisiuzitát] *f.* Oficiosidad.
ofidis [ufíðis] *m.-pl.* Ofidios.
ofrena [ufrénə] *f.* Ofrenda.
ofrenar [ufrəná] *t.* Ofrendar.
ofuscació [ufuskəsió] *f.* Ofuscación.
ofuscament [ufuskəmén] *m.* Ofuscamiento.
ofuscar [ufuská] *t.* Ofuscar, deslumbrar.
ogiva [uʒíβə] *f.* Ojiva.
ogival [uʒiβál] *a.* Ojival.
ogre [ɔ́γrə] *m.* Ogro.
ogressa [uγrέsə] *f.* Mujer o hija de ogro.
oh! [ɔ] *interj.* ¡Oh!
oi [ɔĭ] *interj.* ¿Verdad?, ¿verdad que...? *2* ¡Ay!
oïble [uíbblə] *a.* Oíble.

oïda [uiðə] *f.* Oído.
oïdor, -ra [uiðó, -rə] *a., m.-f.* Oyente.
oir [uí] *t.* Oír, sentir.
oleaginós, -osa [uleəʒinós, -ózə] *a.* Oleaginoso.
oleoducte [oleoðúktə] *m.* Oleoducto.
olfacte [ulfáktə] *m.* Olfato.
olfactiu, -iva [ulfəktiŭ, -íβə] *a.* Olfativo, olfatorio.
olfactori, -òria [ulfəktɔ́ri, -ɔ́riə] *a.* Olfatorio, olfativo.
oli [ɔ́li] *m.* Aceite, óleo.
oliar [uliá] *t.* Aceitar.
òliba [ɔ́liβə] *f.* ORNIT. Lechuza, bruja.
olier, -ra [ulié, -rə] *a.* Aceitera. *2 m.-f.* Aceitera.
oligarquia [uliɣərkíə] *f.* Oligarquía.
Olimp [ulímp] *n. pr.* Olimpo.
olimpíada [ulimpíəðə] *f.* Olimpíada.
olímpic, -ca [ulímpik, -kə] *a.* Olímpico.
oliós, -osa [uliós, -ózə] *a.* Aceitoso, oleaginoso, oleoso.
oliva [ulíβə] *f.* Aceituna, oliva.
olivaci, -àcia [uliβási, -ásiə] *a.* Aceitunado.
olivella [uliβéʎə] *f.* BOT. Ligustro.
olivera [uliβérə] *f.* BOT. Olivo, aceituno.
oliverar [uliβərá] *m.* Olivar.
olla [ɔ́ʎə] *f.* Olla, puchero. ‖ ~ o *carn d'~*, cocido, olla, puchero.
ollaire [uʎáĭrə] *m.-f.* Ollero, alfarero.
olor [uló] *f.* Olor. ‖ *Fer ~*, oler bien.
olorar [ulurá] *t.* Oler.
olorós, -osa [ulurós, -ózə] *a.* Oloroso, oliente.
om [om] *m.* BOT. Olmo.
ombra [ómbrə] *f.* Sombra.
ombrejar [umbrəʒá] *t.* Ensombrecer, sombrear.
ombrel·la [umbrɛ́lə] *f.* Sombrilla, parasol, quitasol.
ombriu, -iva [umbríŭ, -íβə] *a.* Umbrío.
ombrívol, -la [umbríβul, -lə] *a.* Sombrío, umbrío, umbroso.
ombrós, -osa [umbrós, -ózə] *a.* Umbroso, sombroso.
omeda [umɛ́ðə] *f.* Olmeda.
omega [umɛ́ɣə] *f.* Omega.
ometre [umɛ́trə] *t.* Omitir. ¶ CONJUG. P. P.: *omès.*
omís, -isa [umís, -ízə] *a.* Omiso.
omissió [umisió] *f.* Omisión.
òmnibus [ɔ́mniβus] *m.* Ómnibus.
omnímode, -da [umnímuðə, -ðə] *a.* Omnímodo.
omnipotència [umniputɛ́nsiə] *f.* Omnipotencia.
omnipotent [umniputén] *a.* Omnipotente.
omnisciència [umnisiɛ́nsiə] *f.* Omnisciencia.
omnívor, -ra [umníβur, -rə] *a.* Omnívoro.
omòplat [umɔ́plət] *m.* ANAT. Omóplato, paletilla, espaldilla.
omplir [umplí] *t.-prnl.* Llenar, rellenar, henchir, plagar. ¶ CONJUG. P. P.: *omplert.* ‖ INDIC. Pres.: *omple.*
on [on] *adv.* Donde, adonde. ‖ *A ~*, a donde.
ona [ónə] *f.* Ola, onda.
onada [unáðə] *f.* Ola, oleada. *2 pl.* Oleaje.
onagre [unáɣrə] *m.* ZOOL. Onagro.
oncle [óŋklə] *m.* Tío.
onda [óndə] *f.* Onda.
ondejar [undəʒá] *t.-i.* Ondear.
ondulació [unduləsió] *f.* Ondulación, undulación.
ondulant [undulán] *a.* Ondulante, undoso.
ondular [undulá] *i.-t.* Ondular, undular.
oneig [unétʃ] *m.* Ondeo.
onejar [unəʒá] *i.* Ondear.
onerós, -osa [unərós, -ózə] *a.* Oneroso.
ònix [ɔ́niks] *m.* MINER. Ónice, ónix.
onomàstic, -ca [unumástik, -kə] *a.-f.* Onomástico.
onomatopeia [unumətupɛ́jə] *f.* Onomatopeya.
onsevulga [ọnsəβúlɣə] *adv.* Dondequiera, doquier, doquiera.
onze [ónzə] *a.-m.* Once.
onzè, -ena [unzɛ́, -ɛ́nə] *a.* Undécimo. *2 a.-m.* Onzavo, undécimo.
opac, -ca [upák, -kə] *a.* Opaco.
opacitat [upəsitát] *f.* Opacidad.
òpal [ɔ́pəl] *m.* MINER. Ópalo.
opalí, -ina [upəlí, -ínə] *a.* Opalino.
opció [upsió] *f.* Opción.
òpera [ɔ́pərə] *f.* Ópera.
operació [upərəsió] *f.* Operación.
operador, -ra [upərəðó, -rə] *a., m.-f.* Operador.
operar [upərá] *i.-t.* Operar.
operari, -ària [upərári, -áriə] *m.-f.* Operario.
opercle [upɛ́rklə] *m.* Opérculo.
opereta [upərɛ́tə] *f.* Opereta.
opinable [upinábblə] *a.* Opinable.
opinar [upiná] *t.-i.* Opinar.
opinió [upinió] *f.* Opinión, parecer.
opípar, -ra [upípər, -rə] *a.* Opíparo.
oportú, -una [upurtú, -únə] *a.* Oportuno.
oportunisme [upurtunízmə] *m.* Oportunismo.
oportunista [upurtunístə] *m.-f.* Oportunista.
oportunitat [upurtunitát] *f.* Oportunidad.
oposable [upuzábblə] *a.* Oponible.
oposar [upuzá] *t.* Oponer.

oposat, -ada [upuzát, -áðə] *a.* Opuesto.
oposició [upuzisió] *f.* Oposición.
opositor, -ra [upuzitó, -rə] *m.-f.* Opositor.
opressió [uprəsió] *f.* Opresión. *2* Pesadilla.
opressiu, -iva [uprəsiŭ, -iβə] *a.* Opresivo.
opressor, -ra [uprəsó, -rə] *a., m.-f.* Opresor.
oprimir [uprimí] *t.* Oprimir.
oprobi [uprɔ́βi] *m.* Oprobio.
oprobiós, -osa [upruβiós, -ózə] *a.* Oprobioso.
optar [uptá] *i.* Optar.
òptic, -ca [ɔ́ptik, -kə] *a., m.-f.* Óptico. *2 f.* Óptica.
òptim, -ma [ɔ́ptim, -mə] *a.* Óptimo, pingüe.
optimisme [uptimízmə] *m.* Optimismo.
optimista [uptimístə] *a., m.-f.* Optimista.
opugnar [upuŋná] *t.* Opugnar.
opulència [upulέnsiə] *f.* Opulencia.
opulent, -ta [upulén, -tə] *a.* Opulento.
or [ɔr] *m.* Oro.
oració [urəsió] *f.* Oración.
oracle [uráklə] *m.* Oráculo.
orada [uráðə] *f.* ICT. Dorada.
orador, -ra [urəðó, -rə] *m.-f.* Orador.
oral [urál] *a.* Oral.
orangutan [urəŋgután] *m.* ZOOL. Orangután.
orar [urá] *i.* Orar.
oratori, -òria [urətɔ́ri, -ɔ́riə] *a.-m.* Oratorio.
oratòria [urətɔ́riə] *f.* Oratoria.
orb, orba [ɔrp, -ɔ́rβə] *a.* Ciego. *2* fig. Exorbitante.
orbe [órβə] *m.* Orbe.
orbicular [urβikulár] *a.* Orbicular.
òrbita [ɔ́rβitə] *f.* Órbita.
orde [órðə] *m.* Orden.
ordenació [urðənəsió] *f.* Ordenación.
ordenada [urðənáðə] *f.* Ordenada.
ordenador, -ra [urðənəðó, -rə] *a., m.-f.* Ordenador.
ordenança [urðənánsə] *f.* Ordenanza.
ordenand [urðənán] *m.* Ordenando.
ordenar [urðəná] *t.* Ordenar.
ordi [ɔ́rði] *m.* BOT. Cebada, alcacer.
ordidura [urðiðúrə] *f.* Urdidura.
ordinacions [urðinəsións] *f. pl.* Ordenanzas.
ordinal [urðinál] *a.* Ordinal.
ordinari, -ària [urðinári, -áriə] *a.* Ordinario. *2 m.* Recadero.
ordir [urðí] *t.* Urdir. *2* fig. Urdir, fraguar.
ordit [urðít] *m.* Urdimbre.
ordre [órðrə] *m.* Orden. *2 f.* Orden.
oreig [urέtʃ] *m.* Oreo.
orella [urέʎə] *f.* Oreja. ‖ ***D'~***, de oído. ‖ ***A cau d'~***, al oído.
orellut, -uda [urəʎút, -úðə] *a.* Orejudo.
oreneta [urənέtə] *f.* ORNIT. Golondrina.
orenga [urέŋgə] *f.* BOT. Orégano.
orfandat [urfəndát] *f.* Orfandad.
orfe, òrfena [ɔ́rfə, ɔ́rfənə] *a., m.-f.* Huérfano.
orfebre [urfέbrə] *m.* Orfebre.
orfebreria [urfəβrəriə] *f.* Orfebrería.
orfenesa [urfənέzə] *f.* Orfandad.
orfeó [urfəó] *m.* MÚS. Orfeón.
orfeonista [urfəunístə] *m.-f.* Orfeonista.
òrgan [ɔ́rγən] *m.* Órgano.
organdí [urγəndí] *m.* Organdí.
orgànic, -ca [urγánik, -kə] *a.* Orgánico.
organisme [urγənízmə] *m.* Organismo.
organista [urγənístə] *m.-f.* Organista.
organització [urγənidzəsió] *f.* Organización.
organitzador, -ra [urγənidzəðó, -rə] *a., m.-f.* Organizador.
organitzar [urγənidzá] *t.-prnl.* Organizar.
orgasme [urγázmə] *m.* Orgasmo.
orgia [urʒíə] *f.* Orgía.
orgue [ɔ́rγə] *m.* Órgano (instrumento musical). ‖ ***~ de maneta,*** organillo. ‖ ***~ de gats,*** galimatías.
orgull [urγúʎ] *m.* Orgullo.
orgullós, -osa [urγuʎós, -ózə] *a.* Orgulloso.
orient [urién] *m.* Oriente, levante.
orientació [uriəntəsió] *f.* Orientación.
oriental [uriəntál] *a.* Oriental.
orientar [uriəntá] *t.* Orientar.
orifici [urifísi] *m.* Orificio.
oriflama [ɔriflámə] *f.* Oriflama.
origen [uríʒən] *m.* Origen.
original [uriʒinál] *a.* Original. *2 m.* IMPR. Original.
originalitat [uriʒinəlitát] *f.* Originalidad.
originar [uriʒiná] *t.-prnl.* Originar.
originari, -ària [uriʒinári, -áriə] *a.* Originario.
orina [urínə] *f.* Orina, orín.
orinal [urinál] *m.* Orinal, bacín, sillico.
orinar [uriná] *i.-t.* Orinar, mear.
orins [uríns] *m. pl.* Orina expelida.
oriol [uriɔ́l] *m.* ORNIT. Oropéndola.
oripell [ɔripéʎ] *m.* Oropel, relumbrón.
oriünd [uriún] *a.* Oriundo.
orla [ɔ́rlə] *f.* Orla.
ormeig [urmέtʃ] *m.* MAR. Aparejo. *2 pl.* Jarcias, pertrechos.
ornament [urnəmén] *m.* Ornamento. *2* Ornato, arreo.
ornamentació [urnəməntəsió] *f.* Ornamentación.
ornar [urná] *t.* Ornar, adornar.

ornitologia [urnitulu ʒiə] *f.* Ornitología.
oro [ɔ́ru] *m.* Oro (naipe).
orografia [uruɣrəfiə] *f.* Orografía.
orquestra [urkɛ́strə] *f.* Orquesta.
orquestrar [urkəstrá] *t.* Orquestar.
orquídia [urkiðiə] *f.* BOT. Orquídea.
orsa [ɔ́rsə] *f.* NÁUT. Orza.
ortiga [urtiɣə] *f.* BOT. Ortiga.
ortodox, -xa [urtuðɔ́ks, -ksə] *a.-m.* Ortodoxo.
ortodòxia [urtuðɔ́ksiə] *f.* Ortodoxia.
ortografia [urtuɣrəfiə] *f.* Ortografía.
ortogràfic, -ca [urtuɣráfik, -kə] *a.* Ortográfico.
ortopèdia [urtupɛ́ðiə] *f.* Ortopedia.
ortopèdic, -ca [urtupɛ́dik, -kə] *a., m.-f.* Ortopédico.
ortòpters [urtɔ́ptərs] *m. pl.* ENTOM. Ortópteros.
orxata [urʃátə] *f.* Horchata.
orxateria [urʃətəriə] *f.* Horchatería.
os [ɔs] *m.* Hueso.
ós [os] *m.* ZOOL. Oso.
osca [ɔ́skə] *f.* Muesca, mella. *2* Desfiladero.
oscar [uská] *t.* Mellar.
oscil·lació [usiləsió] *f.* Oscilación.
oscil·lar [usilá] *i.* Oscilar.
oscil·latori, -òria [usilətɔ́ri, -ɔ́riə] *a.* Oscilatorio.
òscul [ɔ́skul] *m.* Ósculo, beso.
osmosi [usmɔ́zi, col. ɔ́zmusi] *f.* Ósmosis.
óssa [ósə] *f.* Osa.
ossada [usáðə] *f.* Osamenta.
ossera [usérə] *f.* Osario, osamenta.
ossi, òssia [ɔ́si, ɔ́siə] *a.* Óseo.
ossificar [usifiká] *t.-prnl.* Osificarse.
ossut, -uda [usút, -úðə] *a.* Huesudo, osudo.
ostatge [ustádʒə] *m.* Rehén.
ostensible [ustənsibblə] *a.* Ostensible.
ostentació [ustəntəsió] *f.* Ostentación, alarde.
ostentar [ustəntá] *t.* Ostentar.
ostentós, -osa [ustəntós, -ózə] *a.* Ostentoso.
ostra [ɔ́strə] *f.* ZOOL. Ostra.
ostracisme [ustrəsizmə] *m.* Ostracismo.
otomà, -ana [utumá, -ánə] *a.* Otomano, turco.
otomana [utumánə] *f.* Otomana.
ou [ɔŭ] *m.* Huevo. ‖ ~ ***covarot,*** huevo huero. ‖ ~ ***ferrat,*** huevo frito.
ouera [uérə] *f.* Overa, huevera.
ovació [uβəsió] *f.* Ovación.
ovacionar [uβəsiuná] *t.* Ovacionar.
oval [uβál] *a.* ARQ. Óvalo, aovado, óvolo.
ovalar [uβəlá] *t.* Ovalar.
ovalat, -ada [uβəlát, -áðə] *a.* Ovalado, oval.
ovari [uβári] *m.* ANAT., BOT. Ovario.
ovella [uβɛ́ʎə] *f.* ZOOL. Oveja.
ovellenc, -ca [uβəʎɛ́ŋ, -kə] *a.* Ovejuno.
oví, -ina [uβí, -inə] *a.* Ovino.
oviducte [uβiðúktə] *m.* Oviducto.
ovípar, -ra [uβipər, -rə] *a.* Ovíparo.
ovoide [uβɔ̆íðə] *a.* Ovoide, aovado, ovoideo.
òvul [ɔ́βul] *m.* BIOL. Óvulo.
ovulació [uβuləsió] *f.* Ovulación.
òxid [ɔ́ksit] *m.* Óxido.
oxidació [uksiðəsió] *f.* Oxidación.
oxidar [uksiðá] *t.-prnl.* Oxidar.
oxigen [uksiʒən] *m.* Oxígeno.
oxigenar [uksiʒəná] *t.* Oxigenar.
ozó [uzó] *m.* Ozono.

P

pa [pa] *m.* Pan. ‖ ***Fer ~,*** panadear. ‖ ***~ morè,*** morena.
pàbul [páβul] *m.* Pábulo.
paca [pákə] *f.* ZOOL. Paca.
paca [pákə] *f.* Paca (de algodón).
paciència [pəsiέnsiə] *f.* Paciencia.
pacient [pəsién] *a., m.-f.* Paciente.
pacífic, -ca [pəsifik, -kə] *a.* Pacífico.
pacificació [pəsifikəsió] *f.* Pacificación.
pacificador, -ra [pəsifikəðó, -rə] *a., m.-f.* Pacificador.
pacificar [pəsifiká] *t.* Pacificar.
pacifisme [pəsifizmə] *m.* Pacifismo.
pacotilla [pəkutiʎə] *f.* Pacotilla.
pactar [pəktá] *i.-t.* Pactar.
pacte [páktə] *m.* Pacto.
padrastre [pəðrástrə] *m.* Padrastro.
padrí [pəðri] *m.* Padrino, compadre.
padrina [pəðrinə] *f.* Madrina, comadre.
padrinatge [pəðrinádʒə] *m.* Padrinazgo. *2* Madrinazgo.
padró [pəðró] *m.* Padrón, censo.
paella [pəéʎə] *f.* Sartén, paella.
paellada [pəəʎáðə] *f.* Sartenada.
paf! [paf] *m.* ¡Paf!
paga [páγə] *f.* Paga, pago.
pagà, -ana [pəγá, -ánə] *a.* Pagano.
pagador, -ra [pəγəðó, -rə] *a.* Pagadero. *2* Pagador. *3 a., m.-f.* Pagador.
pagadoria [pəγəðuriə] *f.* Pagaduría.
pagament [pəγəmén] *m.* Pago, paga. ‖ ***Suspensió de pagaments,*** suspensión de pagos.
paganisme [pəγənizmə] *m.* Paganismo.
paganitzar [pəγənidzá] *t.-prnl.* Paganizar.
pagar [pəγá] *t.* Pagar. ‖ ***~ la festa, els plats trencats,*** pagar los platos rotos.
pagaré [pəγəré] *m.* Pagaré.
pagell [pəʒéʎ] *m.* ICT. Pagel.
pagerol [pəʒərɔ́l] *m.* V. PAGÈS.
pagès, -esa [pəʒέs, -έzə] *m.-f.* Payés, labriego, labrador, campesino, paisano. *2* Paleto.
pagesia [pəʒəziə] *f.* Campesinado. *2* Alquería.
pàgina [páʒinə] *f.* Página, carilla.
pagoda [pəγɔ́ðə] *f.* Pagoda.
pagre [páγrə] *m.* ICT. Pagro.
païdor [pəiðó] *m.* ANAT. Estómago, buche.
pair [pəi] *t.* Digerir.
pairal [pəirál] *a.* Solariego. *2* Paterno.
país [pəis] *m.* País.
paisà, -ana [pəizá, -ánə] *a., m.-f.* Paisano.
paisatge [pəizádʒə] *m.* Paisaje.
paisatgista [pəizədʒistə] *m.-f.* Paisajista.
pal [pal] *m.* Palo. *2* Mástil. *3* Poste. *4* Palote.
pala [pálə] *f.* Pala.
palada [pəláðə] *f.* Palada. ‖ ***A palades,*** a patadas.
paladar [pələðá] *m.* Paladar.
paladejar [pələðəʒá] *t.* Paladear, saborear.
paladí [pələði] *m.* Paladín.
palafit [pələfit] *m.* Palafito.
palafrè [pələfrέ] *m.* Palafrén.
palaia [pəlájə] *f.* ICT. Platija.
palanca [pəláŋkə] *f.* Palanca. *2* Pasadera.
palangana [pələŋgánə] *f.* Jofaina, palangana.
palanganer [pələŋgəné] *m.* Palanganero.
palangre [pəláŋgrə] *m.* MAR. Palangre.
palastre [pəlástrə] *m.* Palastro.
palatal [pələtál] *a.* Palatal, palatino.
palatí, -ina [pələti, -inə] *a.* Palatino, palaciego.
palau [pəláŭ] *m.* Palacio.
paleografia [pələuγrəfiə] *f.* Paleografía.
paleolític, -ca [pələulitik, -kə] *a.* Paleolítico.
paleontologia [pələuntuluʒiə] *f.* Paleontología.
palès, -esa [pəlέs, -έzə] *a.* Manifiesto, patente, paladino.
palestra [pəlέstrə] *f.* Palestra, liza.
palet [pəlέt] *m.* Guijarro, guija. ‖ ***~ de riera,*** canto rodado, peladilla.

paleta [pəlɛ́tə] *m.* Albañil. *2 f.* Paleta, palustre.
paletada [pələtáðə] *f.* Paletada.
palissandre [pəlisándrə] *m.* Palisandro.
palla [páʎə] *f.* Paja, broza.
pal·ladí [pələðí] *m.* MINER. Paladio.
pallard, -da [pəʎár(t), -ðə] *m.-f.* Jayán.
pallassada [pəʎəsáðə] *f.* Payasada.
pallasso [pəʎásu] *m.* Payaso.
paller [pəʎé] *m.* Pajar.
palleta [pəʎɛ́tə] *f.* Pajuela, brizna.
pal·li [páli] *m.* Palio.
pàl·lia [pália] *f.* Hijuela.
pal·liar [pəliá] *t.* Paliar.
pal·liatiu, -iva [pəliətíu, -íβə] *a.* Paliativo.
pàl·lid, -ida [pálit, -iðə] *a.* Pálido, desvaído (color).
pal·lidesa [pəliðɛ́zə] *f.* Palidez.
pallissa [pəʎísə] *f.* Pajar.
pallissa [pəʎísə] *f.* Paliza, tunda, azotaina, zurra.
pallós, -osa [pəʎós, -ózə] *a.* Pajizo.
pallús [pəʎús] *m.* Tontaina, tonto, palurdo, cateto.
palma [pálmə] *f.* Palma.
palmar [pəlmá] *a.* Palmar.
palmari, -ària [pəlmári, -áriə] *a.* Palmario.
palmat, -ada [pəlmát, -áðə] *a.* Palmeado.
palmell [pəlméʎ] *m.* Palma.
palmera [pəlmérə] *f.* Palmera, palma.
palmerar [pəlmərá] *m.* Palmeral, palmar.
palmeta [pəlmɛ́tə] *f.* Palmeta.
palmetada [pəlmətáðə] *f.* Palmetazo.
palmípedes [pəlmípəðəs] *f. pl.* Palmípedos.
palmó [pəlmó] *m.* Palmón.
palp [palp] *m.* Tacto, tiento.
palpable [pəlpábblə] *a.* Palpable.
palpar [pəlpá] *t.* Palpar, tentar.
palpeig [pəlpétʃ] *m.* Tiento.
palpejar [pəlpəʒá] *t.* Palpar paseando la mano por encima.
palpentes (a les) [pəlpéntəs] loc. A tientas. *2* fig. Al tuntún.
palpís [pəlpís] *m.* COC. Molledo.
palpitació [pəlpitəsió] *f.* Palpitación.
palpitant [pəlpitán] *a.* Palpitante.
palpitar [pəlpitá] *i.* Palpitar.
palúdic, -ca [pəlúðik, -kə] *a.* Palúdico.
paludisme [pəluðízmə] *m.* Paludismo.
palustre [pəlústrə] *a.* Palustre.
pam [pam] *m.* Palmo.
pàmfil, -la [pámfil, -lə] *a.* Pánfilo, parado.
pampa [pámpə] *f.* Pampa.
pàmpol [pámpul] *m.* Pámpano. *2* Pantalla.
pana [pánə] *f.* Avería de motor.
pana [pánə] *f.* Pana.
panacea [pənəséə] *f.* Panacea.
panadís [pənəðís] *m.* Panadizo.
pancarta [pəŋkártə] *f.* Pancarta.
pàncreas [páŋkreəs] *m.* ANAT. Páncreas.
pandereta [pəndərɛ́tə] *f.* Pandereta.
pandero [pəndéru] *m. cast.* Pandero.
panegíric [pənəʒírik] *m.* Panegírico.
panegirista [pənəʒirístə] *m.-f.* Panegirista.
paner [pəné] *m.* Canasta, cesto. *2* fam. Asentaderas.
panera [pənérə] *f.* Cesta, canasta. *2* Azafate.
panerola [pənərɔ́lə] *f.* ENTOM. Cochinilla de humedad, milpiés. *2* Cucaracha.
panet [pənɛ́t] *m.* Panecillo.
pangolí [pəŋgulí] *m.* ZOOL. Pangolín.
pànic [pánik] *m.* Pánico.
panificació [pənifikəsió] *f.* Panificación.
panificar [pənifiká] *t.* Panificar.
panís [pənís] *m.* BOT. Panizo, mijo menor. *2* Maíz.
panòplia [pənɔ́pliə] *f.* Panoplia.
panorama [pənurámə] *m.* Panorama.
panotxa [pənɔ́tʃə] *f.* Panocha, mazorca.
pansa [pánsə] *f.* Pasa. *2* Pupa.
pansir [pənsí] *t.-prnl.* Marchitar.
pansit, -ida [pənsít, -íðə] *a.* Marchito, mustio, lacio, trasnochado.
pantà [pəntá] *m.* Pantano.
pantagruèlic, -ca [pəntəγruέlik, -kə] *a.* Pantagruélico.
pantalla [pəntáʎə] *f.* Pantalla.
pantalon [pəntəlón] *m.* Pantalón.
pantanós, -osa [pəntənós, -ózə] *a.* Pantanoso.
panteisme [pəntəízmə] *m.* Panteísmo.
panteix [pəntέʃ] *m.* Jadeo.
panteixar [pəntəʃá] *i.* Jadear.
panteó [pənteó] *m.* Panteón.
pantera [pəntérə] *f.* ZOOL. Pantera.
pantògraf [pəntɔ́γrəf] *m.* Pantógrafo.
pantomima [pəntumímə] *f.* Pantomima, momería.
panxa [pánʃə] *f.* Barriga, panza, vientre.
panxacontent, -ta [pənʃəkuntén, -tə] *a.* Pancista.
panxada [pənʃáðə] *f.* Panzada.
panxell [pənʃéʎ] *m.* Pantorrilla.
panxut, -uda [pənʃút, -úðə] *a.* Panzudo, barrigudo, barrigón, gordinflón.
pany [paɲ] *m.* Cerradura. *2* Cerrojo. *3* Panel. ‖ ~ ***de paret***, lienzo.
paó [pəó] *m.* ORNIT. Pavo real, pavón.
paorós, -osa [pəurós, -ózə] *a.* Pavoroso.
pap [pap] *m.* Buche, papo. ‖ ***Buidar el*** ~, desembuchar.
papa [pápə] *m.* Papa, Sumo Pontífice.

papà [pəpá] *m.* Papá.
papada [pəpáðə] *f.* Papada, papera.
papadiners [pəpəðinés] *m.* Tragaperras, sacadineros.
papagai [pəpəγáĭ] *m.* ORNIT. Papagayo.
papaia [pəpájə] *f.* BOT. Papaya.
papal [pəpál] *a.* Papal.
papalló [pəpəʎó] *m.* Mariposa. *2* Palomilla.
papallona [pəpəʎónə] *f.* ENTOM. Mariposa.
papallonejar [pəpəʎunəʒá] *i.* Mariposear.
papaorelles [pəpəurέʎəs] *m.* ENTOM. Cortapicos, tijereta.
papar [pəpá] *t.* Devorar, papar.
paparra [pəpárrə] *f.* ENTOM. Garrapata.
papat [pəpát] *m.* Papado.
papaveràcies [pəpəβərásiəs] *f. pl.* BOT. Papaveráceas.
paper [pəpé] *m.* Papel. ‖ ~ ***de vidre,*** paper de lija. ‖ ~ ***assecant,*** papel secante.
papir [pəpír] *m.* Papiro.
papissoteig [pəpisutέtʃ] *m.* Ceceo.
papista [pəpístə] *m.-f.* Papista.
papu [pápu] *m.* Coco, bu.
paquebot [pəkəβɔ́t] *m.* NÁUT. Paquebote.
paquet [pəkέt] *m.* Lío, paquete, envoltorio.
paquiderm [pəkiðέrm] *m.* ZOOL. Paquidermo.
paràbola [pəráβulə] *f.* Parábola.
parabrisa [pərəβrízə] *m.* Parabrisas.
paracaigudes [pərəkəiγúðəs] *m.* Paracaídas.
parada [pəráðə] *f.* Parada. *2* Paro. *3* Tenderete. *4* Puesto.
paradigma [pərəðíŋmə] *m.* Paradigma.
paradís [pərəðís] *m.* Paraíso.
paradisíac, -ca [pərəðiziək, -kə] *a.* Paradisíaco.
parador [pərəðó] *m.* Paradero. *2* Parador.
paradoxa [pərəðɔ́ksə] *f.* Paradoja.
paradoxal [pərəðuksál] *a.* Paradójico.
parafang [pərəfáŋ] *m.* Guardabarros, alero.
parafina [pərəfínə] *f.* QUÍM. Parafina.
parafrasejar [pərəfrəzəʒá] *t.* Parafrasear.
paràfrasi [pəráfrəzi] *f.* Paráfrasis.
paràgraf [pəráγrəf] *m.* Párrafo.
Paraguai [pərəγwáĭ] *n. pr. m.* Paraguay.
paraguaià, -ana [pərəγwəjá, -ánə] *a., m.-f.* Paraguayo.
paraigua [pəráĭγwə] *m.* Paraguas.
paraigüer [pərəĭγwé] *m.* Paragüero.
paràlisi [pərálizi] *f.* Parálisis.
paralític, -ca [pərəlítik, -kə] *a.* Paralítico.
paralitzar [pərəlidzá] *t.-prnl.* Paralizar.
parallamps [pərəʎáms] *m.* Pararrayos.
paral·lel, -la [pərəlέl, -lə] *a.* Paralelo. *2 f. pl.* Paralelas.
paral·lelepípede [pərələləpípəðə] *m.* Paralelepípedo.
paral·lelisme [pərələlízmə] *m.* Paralelismo.
paral·lelogram [pərələluγrám] *m.* Paralelogramo.
parament [pərəmén] *m.* Paramento, menaje, aderezo. ‖ ~ ***de casa,*** ajuar.
parangó [pərəŋgó] *m.* Parangón.
parangonar [pərəŋguná] *t.* Parangonar.
paranimf [pərənímf] *m.* Paraninfo.
parany [pəráɲ] *m.* Trampa, artimaña, encerrona. ‖ ***Parar paranys,*** acechar.
parapet [pərəpέt] *m.* Parapeto.
parapetar [pərəpətá] *t.-prnl.* Parapetar.
parar [pərá] *t.-prnl.* Parar, detener. *2* Armar.
paràs [pərás] *m.* Padrazo.
paràsit, -ta [pərázit, -tə] *a., m.-f.* Parásito.
para-sol [pərəsɔ́l] *m.* Parasol, quitasol.
paratge [pərádʒə] *m.* Paraje. *2* Abolengo.
paraula [pəráŭlə] *f.* Palabra. *2* Habla.
paraulada [pərəŭláðə] *f.* Palabrota.
paravent [pərəβén] *m.* Biombo, antipara.
para-xocs [pərəʃɔ́ks] *m.* Parachoques.
parc [park] *m.* Parque.
parc, -ca [park, -kə] *a.* Parco.
parca [párkə] *f.* Parca.
parcel·la [pərsέlə] *f.* Parcela.
parcel·lar [pərsəlá] *t.* Parcelar.
parcer, -ra [pərsé, -rə] *m.* Aparcero, colono.
parcial [pərsiál] *a.* Parcial.
parcialitat [pərsiəlitát] *f.* Parcialidad.
pardal [pərðál] *m.* ORNIT. Gorrión.
pare [párə] *m.* Padre. ‖ ***Sant*** ~, Sumo Pontífice.
paredassa [pərəðásə] *f.* Paredón.
parèixer [pərέʃə] *i.* Parecer. ¶ CONJUG. como ***aparèixer.***
parell [pərέʎ] *m.* Par. *2 a.* Par, parejo. ‖ ***Parells i senars,*** pares y nones.
parella [pərέʎə] *f.* Pareja.
parença [pərénsə] *f.* Aspecto, parecer, apariencia.
parençós, -sa [pərənsós, -ózə] *a.* De buen ver.
parenostre [pərənɔ́strə] *m.* Padrenuestro.
parent, -ta [pərén, -tə] *m.-f.* Pariente, allegado, deudo.
parentela [pərəntέlə] *f.* Parentela.
parèntesi [pərέntəzi] *m.* Paréntesis.
parentiu [pərəntíŭ] *m.* Parentesco.
parer [pərέ] *m.* Parecer, opinión, sentir, ver.
paret [pərέt] *f.* Pared. ‖ ~ ***seca,*** hormaza, mampostería. ‖ ~ ***mitgera,*** medianería.

pària [páriə] *m.* Paria.
parida [pəriðə] *f.* Parto.
parietal [pəriətál] *a.* Parietal.
parió [pərió] *a.* Par, parejo.
parir [pəri] *t.* Parir.
parisenc, -ca [pərizéŋ, -kə] *a., m.-f.* Parisiense.
paritari, -ària [pəritári, -ária] *a.* Paritario.
paritat [pəritát] *f.* Paridad.
parla [párlə] *f.* Habla.
parlador, -ra [pərləðó, -rə] *a., m.-f.* Hablador. *2 m.* Locutorio.
parlament [pərləmén] *m.* Parlamento.
parlamentar [pərləməntá] *i.* Parlamentar.
parlamentari, -ària [pərləməntári, -áriə] *a.* Parlamentario.
parlant [pərlán] *a.* Parlante.
parlar [pərlá] *i.-t.* Hablar.
parlar [pərlá] *m.* Habla, lenguaje.
parler, -ra [pərlé, -rə] *a.* Hablador, parlero.
parlera [pərlérə] *f.* Parlería.
parleria [pərləriə] *f.* Palabrería, charlatanería. *2* Habladuría, parloteo.
parlotejar [pərlutəʒá] *i.* Parlotear, charlar.
parnàs [pərnás] *m.* Parnaso.
paròdia [pərɔ́ðiə] *f.* Parodia.
parodiar [pəruðiá] *t.* Parodiar.
paroxisme [pəruksizmə] *m.* Paroxismo.
parpella [pərpéʎə] *f.* ANAT. Párpado.
parpelleig [pərpəʎétʃ] *m.* Parpadeo.
parpellejar [pərpəʎəʒá] *i.* Parpadear.
parquedat [pərkəðát] *f.* Parquedad.
parquet [pərkét] *m. fr.* Parqué.
parra [párrə] *f.* BOT. Parra.
parrac [pərrák] *m.* Harapo, andrajo, arrapiezo, guiñapo, pingajo, pingo.
parral [pərrál] *m.* Parral.
parricida [pərrisiðə] *m.* Parricida.
parricidi [pərrisiði] *m.* Parricidio.
parròquia [pərrɔ́kiə] *f.* Parroquia, curato. *2* Clientela. *3* Feligresía.
parroquià, -ana [pərrukiá, -ánə] *a., m.-f.* Parroquiano, feligrés.
parroquial [pərrukiál] *a.* Parroquial.
parrup [pərrúp] *m.* Arrullo.
parrupar [pərrupá] *i.* Arrullar.
parsimònia [pərsimɔ́niə] *f.* Parsimonia.
part [par(t] *m.* Parto.
part [par(t] *f.* Parte. ‖ ***A ~,*** aparte.
partença [pərténsə] *f.* Partida, marcha.
partera [pərtérə] *f.* Parturienta.
parterot [pərtərɔ́t] *m.* Comadrón.
parterre [pərtérrə] *m. fr.* Parterre.
partició [pərtisió] *f.* Partición.
partícip [pərtisip] *m.* Partícipe.
participació [pərtisipəsió] *f.* Participación.
participant [pərtisipán] *a.* Participante.
participar [pərtisipá] *t.-i.* Participar.
participi [pərtisipi] *m.* Participio.
partícula [pərtikulə] *f.* Partícula.
particular [pərtikulá(r)] *a.* Particular.
particularitat [pərtikuləritát] *f.* Particularidad.
particularitzar [pərtikuləridzá] *t.* Particularizar.
partida [pərtiðə] *f.* Partida. *2* Remesa.
partidari, -ària [pərtiðári, -áriə] *a., m.-f.* Partidario.
partió [pərtió] *f.* Linde. *2* Deslinde.
partir [pərti] *t.-i.* Partir. *2* Rajar.
partit [pərtit] *m.* Partido.
partitiu, -iva [pərtitiŭ, -iβə] *a.* Partitivo.
partitura [pərtitúrə] *f.* Partitura.
parva [párβə] *f.* Parva, parvedad.
parvitat [pərβitát] *f.* Parvedad.
pàrvul, -la [párβul, -lə] *m.-f.* Párvulo.
pas [pas] *m.* Paso, tránsito, pasillo. ‖ ***De ~,*** de paso.
pas [pas] *adv.* Partícula que refuerza la negación.
pasqua [páskwə] *f.* Pascua.
pasqual [pəskwál] *a.* Pascual.
pasquí [pəski] *m.* Pasquín.
passa [pásə] *f.* Pasa. *2* Epidemia.
passada [pəsáðə] *f.* Pasada. *2* Pasacalle, ronda. *3* Jugarreta. ‖ ***A totes passades,*** a todo trance.
passadís [pəsəðis] *m.* Pasadizo, corredor, pasillo.
passador, -ra [pəsəðó, -rə] *m.-f.* Pasador, pasadero. *2 m.* Pasador.
passamà [pəsəmá] *m.* Pasamano.
passamaner, -ra [pəsəməné, -rə] *m.-f.* Pasamanero.
passamaneria [pəsəmənəriə] *f.* Pasamanería.
passant [pəsán] *a., m.-f.* Pasante.
passaport [pəsəpɔ́r(t)] *m.* Pasaporte.
passar [pəsá] *i.-t.-prnl.* Pasar. ‖ ***~ de mida, ~ de taca d'oli,*** pasar de castaño oscuro, de la raya. ‖ ***~ per l'adreçador,*** pasar por el tubo. ‖ ***~ a gual,*** vadear. ‖ ***~ pel cap,*** antojarse. ‖ ***~ davant d'algú,*** colarse. ‖ ***~ via,*** realizar con rapidez.
passarel·la [pəsərélə] *f.* Pasarela.
passat [pəsát] *m.* Pasado. *2 pl.* Ascendientes. *3 a.* Pachucho, manido, trasnochado.
passatemps [pəsətéms] *m.* Pasatiempo.
passatge [pəsádʒə] *m.* Pasaje.
passatger, -ra [pəsədʒé, -rə] *a., m.-f.* Pasajero.
passeig [pəsétʃ] *m.* Paseo.
passejada [pəsəʒáðə] *f.* Paseo. *2* Pitorreo. ‖ ***Fer una ~,*** dar un paseo.

passejant [pəsəʒán] *m.-f.* Paseante.
passejar [pəsəʒá] *i.-t.-prnl.* Pasear. *2 prnl.* Chunguearse, pitorrearse.
passera [pəsérə] *f.* Pasadera.
passerell [pəsəréʎ] *m.* ORNIT. Pardillo.
passible [pəsibblə] *a.* Pasible.
passió [pəsió] *f.* Pasión.
passional [pəsiunál] *a.* Pasional.
passionera [pəsiunérə] *f.* BOT. Pasionaria.
passiu, -iva [pəsiŭ, -iβə] *a.* Pasivo.
passivitat [pəsiβitát] *f.* Pasividad.
pasta [pástə] *f.* Pasta. ‖ ~ ***de full,*** hojaldre.
pastador [pəstəðó] *m.* Amasador.
pastanaga [pəstənáɣə] *f.* BOT. Zanahoria.
pastar [pəstá] *t.* Amasar.
pastat, -ada [pəstát, -áðə] *a.* Parigual.
pastel [pəstél] *m.* Pastel (pintura).
pastell [pəstéʎ] *m.* IMPR. Pastel. *2* Lío, embrollo.
pastera [pəstérə] *f.* Artesa, amasadera. *2* Nicho, hornacina.
pasterada [pəstəráðə] *f.* Amasijo. *2* Pastel.
pastetes [pəstétəs] *f. pl.* Engrudo.
pasteuritzar [pəstəridzá] *t.* Pasterizar.
pastilla [pəstiʎə] *f.* Pastilla, tableta.
pastís [pəstís] *m.* coc. Pastel. *2* Tarta, bollo, torta.
pastisser, -era [pəstisé, -érə] *m.-f.* Pastelero.
pastisseria [pəstisəriə] *f.* Pastelería.
pastiu [pəstiŭ] *m.* Pastizal.
pastor, -ra [pəstó, -rə] *m.-f.* Pastor.
pastoral [pəsturál] *a.* Pastoral, pastoril.
pastorívol [pəsturiβul] *a.* Pastoril, pastoral.
pastós, -osa [pəstós, -ózə] *a.* Pastoso.
pastura [pəstúrə] *f.* Pastoreo, pastizal, pasto.
pasturar [pəsturá] *i.-t.* Pacer, apacentar, pastorear, pastar.
pasturatge [pəsturádʒə] *m.* Pastizal.
patac [pəták] *m.* Trompazo.
patacada [pətəkáðə] *f.* Trastazo, porrada, batacazo, porrazo, tabanazo, tamborilazo, zambombazo.
patafi [pətáfi] *m.* Buñuelo, patochada, plasta.
patagó, -ona [pətəɣó, -ónə] *a., m.-f.* Patagón.
pataplum! [pətəplúm] *m.* ¡Cataplum!, patatús.
patata [pətátə] *f.* Patata, papa.
patatera [pətətérə] *f.* BOT. Patata.
patatum [pətətúm] *m.* Patatús, contratiempo.
patena [pəténə] *f.* Patena.
patent [pətén] *a.* Patente. *2 f.* Patente.
patentar [pətəntá] *t.* Patentar.
patentitzar [pətəntidzá] *t.* Patentizar, manifestar.
patern, -na [pətérn, -nə] *a.* Paterno.
paternal [pətərnál] *a.* Paternal.
paternitat [pətərnitát] *f.* Paternidad.
patètic, -ca [pətétik, -kə] *a.* Patético.
patge [pádʒə] *m.* Paje.
pati [páti] *m.* Patio.
patí [pəti] *m.* Patín.
patíbul [pətiβul] *m.* Patíbulo, cadalso.
patibulari, -ària [pətiβulári, -áriə] *a.* Patibulario.
patilla [pətiʎə] *f. cast.* Patilla.
patiment [pətimén] *m.* Padecimiento.
pàtina [pátinə] *f.* Pátina.
patinada [pətináðə] *f.* Patinaje.
patinador, -ra [pətinəðó, -rə] *a., m.-f.* Patinador. *2 m.* Patín.
patinar [pətiná] *i.* Patinar.
patinatge [pətinádʒə] *m.* Patinaje.
patir [pəti] *t.-i.* Sufrir, padecer, adolecer, penar.
patologia [pətuluʒiə] *f.* Patología.
patota [pətɔ́tə] *f.* Pastel, pego (en los naipes).
patracol [pətrəkɔ́l] *m.* fam. Mamotreto. *2 pl.* Papeles que uno lleva consigo.
patri, -àtria [pátri, -átriə] *a.* Patrio.
pàtria [pátriə] *f.* Patria.
patriarca [pətriárkə] *m.* Patriarca.
patriarcal [pətriarkál] *a.* Patriarcal.
patrici, -ícia [pətrísi, -ísiə] *m.-f.* Patricio.
patrimoni [pətrimɔ́ni] *m.* Patrimonio, mayorazgo.
patriota [pətriɔ́tə] *m.-f.* Patriota.
patrioter, -ra [pətriuté, -rə] *a., m.-f.* Patriotero.
patriòtic, -ca [pətriɔ́tik, -kə] *a.* Patriótico.
patriotisme [pətriutizmə] *m.* Patriotismo.
patró, -ona [pətró, -ónə] *m.-f.* Patrón, patrono. *2 m.* Patrón.
patrocinar [pətrusiná] *t.* Patrocinar.
patrocini [pətrusíni] *m.* Patrocinio.
patronal [pətrunál] *a.* Patronal.
patronat [pətrunát] *m.* Patronato.
patronímic, -ca [pətrunimik, -kə] *a.* Patronímico.
patrulla [pətrúʎə] *f.* Patrulla.
patrullar [pətruʎá] *i.* Patrullar.
patuès [pətués] *m.* Modo de hablar dialectal, desprovisto de cultura literaria.
patufet [pətufét] *m.* Chiquitín, chiquirritín.
patuleia [pətuléjə] *f.* Patulea, soldadesca.
patum [pətúm] *f.* Tarasca. *2* fig. Figurón.
patxoca [pətʃɔ́kə] *f.* Trapío.
pau, -la [paŭ, páŭlə] *a.* Papanatas, bendito.

pau [páŭ] *f.* Paz.
paül, -la [pəúl, -lə] *a., m.-f.* Paúl.
pauperisme [pəupərizmə] *m.* Pauperismo.
paüra [pəúrə] *f.* Pavor.
pausa [páŭzə] *f.* Pausa.
pausat, -ada [pəŭzát, -áðə] *a.* Pausado, paulatino.
pauta [páŭtə] *f.* Pauta.
pavana [pəβánə] *f.* MÚS. Pavana.
pavelló [pəβəʎó] *m.* Pabellón.
pavès [pəβés] *m.* Pavés.
paviment [pəβimén] *m.* Pavimento.
pecíol [pəsíul, col. pəsiɔ́l] *m.* BOT. Pecíolo.
pècora [pɛ́kurə] *f.* Pécora. ‖ ***Mala ~,*** mala pécora.
pectoral [pəkturál] *a.-m.* Pectoral.
pecuari, -ària [pekuári, -áriə] *a.* Pecuario.
peculi [pəkúli] *m.* Peculio.
peculiar [pəkuliá(r)] *a.* Peculiar.
peculiaritat [pəkuliəritát] *f.* Peculiaridad.
pecúnia [pəkúniə] *f.* Pecunia, cuartos.
pecuniari, -ària [pəkuniári, -áriə] *a.* Pecuniario.
pedaç [pəðás] *m.* Remiendo.
pedagog, -ga [pəðəγɔ́k, -γə] *m.-f.* Pedagogo.
pedagogia [pəðəγuʒíə] *f.* Pedagogía.
pedal [pəðál] *m.* Pedal.
pedalejar [pəðələʒá] *i.* Pedalear.
pedant [pəðán] *a., m.-f.* Pedante.
pedanteria [pəðəntəríə] *f.* Pedantería.
pedestal [pəðəstál] *m.* Pedestal.
pedestre [pəðéstrə] *a.* Pedestre.
pediatre [pəðiátrə] *m.* Pediatra.
pedicur, -ra [pəðikúr, -rə] *m.-f.* Pedicuro, callista.
pedra [péðrə] *f.* Piedra, pedrisco. *2* Pedrusco. *3* Cálculo. ‖ ***~ folguera,*** pedernal.
pedrada [pəðráðə] *f.* Pedrada, cantazo.
pedregada [pəðrəγáðə] *f.* Pedrea.
pedregar [pəðrəγá] *m.* Pedregal.
pedregar [pəðrəγá] *i.* Granizar.
pedregós, -osa [pəðrəγós, -ózə] *a.* Pedregoso, guijarroso.
pedrenyera [pəðrəɲérə] *f.* Pedernal, moleña.
pedrer [pəðré] *m.* Molleja. *2* Cantero.
pedrera [pəðrérə] *f.* Cantera, pedrera.
pedreria [pəðrəríə] *f.* Pedrería.
pedrís [pəðrís] *m.* Poyo.
pedró [pəðró] *m.* Padrón.
peduncle [pəðúŋklə] *m.* Pedúnculo.
pega [pɛ́γə] *f.* Pez. *2* Mala suerte, desdicha.
pegar [pəγá] *t.-i.* Pegar (castigar).
pegat [pəγát] *m.* Pegote, parche.
pegellida [pəʒəʎíðə] *f.* ZOOL. Lapa.
pegot [pəγɔ́t] *m.* Remendón. *2* fig. Pegote.
peix [peʃ] *m.* Pez, peje. *2* Pescado.
peixater, -ra [pəʃəté, -rə] *m.-f.* Pescadero.
peixateria [pəʃətəríə] *f.* Pescadería.
péixer [péʃə] *t.-i.* Alimentar. *2* Apacentar. ¶ CONJUG. como ***néixer.***
peixera [pəʃérə] *f.* Pecera.
peixet [pəʃɛ́t] *m.* Pececillo. ‖ ***Donar ~,*** dar ventaja. ‖ ***Tira ~!,*** ¡vaya suerte!
pejoratiu, -iva [pəʒurətíŭ, -íβə] *a.* Peyorativo.
pel [pəl] Contracción de la preposición ***per*** y el artículo ***el:*** por el.
pèl [pɛl] *m.* Pelo. *2* Vello. *3* Pelambre. ‖ ***~ moixí,*** bozo, vello. ‖ ***En ~,*** en cueros. ‖ ***~ blanc,*** peliblanco. ‖ ***~ roig,*** pelirrojo.
pela [pɛ́lə] *f.* Peladura. *2* Peladura, corteza, piel. *3* fam. Peseta.
pelacanyes [pɛ̞ləkáɲəs] *m.* Pelagatos. *2* Trapillo.
peladures [pələðúrəs] *f. pl.* Mondaduras.
pèlag [pɛ́lək] *m.* Piélago.
pelar [pəlá] *t.* Pelar, mondar. *2* Descorchar (un alcornoque), descortezar. *3* fig. Matar. ‖ ***Net i pelat,*** mondo y lirondo.
pelat, -ada [pəlát, -áðə] *a.* Pelado, escueto, mondo. *2 m.-f.* Rasguño, rozadura, parte pelada de una superficie. *3 f.* Monda, mondadura, peladura.
pelatge [pəládʒə] *m.* Pelaje, pelambre.
pelegrí, -ina [pələγrí, -ínə] *m.-f.* Peregrino.
pelegrinatge [pələγrinádʒə] *m.* Peregrinación.
pelfa [pɛ́lfə] *f.* Felpa.
pelicà [pəliká] *m.* ORNIT. Pelícano.
pell [peʎ] *f.* Piel. *2* Pellejo, pelleja. *3* Curtido. *4* Parche (de tambor).
pel·lagra [pəláγrə] *f.* MED. Pelagra.
pellaire [pəʎáĭrə] *m.* Peletero.
pellam [pəʎám] *m.* Pellejería.
pellar [pəʎá] *i.-prnl.* Encorar.
pelleringa [pəʎəríŋgə] *f.* Pelleja, jirón, piltrafa, pingajo.
pellerofa [pəʎərɔ́fə] *f.* Hollejo.
pelleter [pəʎəté] *m.* Peletero.
pelleteria [pəʎətəríə] *f.* Peletería.
pel·lícula [pəlíkulə] *f.* Película.
pellingot [pəʎiŋgɔ́t] *m.* V. PARRAC.
pellissa [pəʎísə] *f.* Pelliza.
pellisseria [pəʎisəríə] *f.* Pellejería.
pellofa [pəʎɔ́fə] *f.* Corteza de una fruta o legumbre.
peloia [pəlɔ́jə] *f.* Corteza cortada del fruto. *2 pl.* Mondaduras.
pelós, -osa [pəlós, -ózə] *a.* Peloso.

peluix [pəlúʃ] *m. fr.* Felpa.
pelussa [pəlúsə] *f.* Pelusa.
pelussera [pəluséra] *f.* Pelambrera.
pelut, -uda [pəlút, -úðə] *a.* Peludo.
pelvis [pɛ́lβis] *f.* ANAT. Pelvis.
pena [pɛ́nə] *f.* Pena, cuita, pesadumbre. ‖ loc. ***A penes,*** apenas.
penal [pənál] *a.* Penal.
penalitat [pənəlitát] *f.* Penalidad.
penar [pəná] *t.-i.* Penar, condenar. *2* Sufrir.
penat, -ada [pənát, -áðə] *a.* Penado, penoso.
penca [pɛ́ŋkə] *f.* Penca, lonja, tajada, raja. *2 m.-f. pl.* fam. Caradura.
pencar [pəŋká] *i.* fam. Trabajar.
pendent [pəndén] *a.* Pendiente. *2* Declive. *3 m.* Recuesto, pendiente.
pendís [pəndís] *m.* Pendiente, cuesta, declive.
pendó [pəndó] *m.* Pendón. *2* Tipejo.
pèndol [pɛ́ndul] *m.* Péndulo, péndola.
pèndola [pɛ́ndulə] *f.* Péndola.
penediment [pənəðimén] *m.* Arrepentimiento.
penedir-se [pənəðirsə] *prnl.* Arrepentirse.
penell [pənéʎ] *m.* Veleta, giralda, cataviento.
penelló [pənəʎó] *m.* Sabañón.
penetració [pənətrəsió] *f.* Penetración.
penetrant [pənətrán] *a.* Penetrante.
penetrar [pənətrá] *t.* Penetrar.
penic [pənik] *m.* Penique.
penicil·lina [pənisilinə] *f.* Penicilina.
península [pəninsulə] *f.* GEOGR. Península.
peninsular [pəninsulá(r)] *a.* Peninsular.
penitència [pənitɛ́nsiə] *f.* Penitencia.
penitenciari, -ària [pənitənsiári, -áriə] *a.* Penitenciario.
penitenciaria [pənitənsiəriə] *f.* Penitenciaría.
penitent [pənitén] *a., m.-f.* Penitente.
penjador [pənʒəðó] *m.* Colgadero.
penjament [pənʒəmén] *m.* Sambenito. ‖ ***Dir penjaments,*** echar pestes.
penjant [pənʒán] *a.* Que cuelga, pendiente.
penjar [pənʒá] *t.-i.* Colgar, pender. *2* Ahorcar. *3* Imputar.
penjarella [pənʒəréʎə] *f.* Colgajo.
penja-robes [pɛ̨nʒərrɔ́βəs] *m.* Percha, perchero, cuelgacapas.
penjat, -ada [pənʒát, -áðə] *a.* Ahorcado.
penjoll [pənʒɔ́ʎ] *m.* Colgadura, colgajo. *2* Dije. *3* Gajo. *4* Pendiente. *5* Pinjante.
penó [pənó] *m.* Pendón.
penombra [pənómbrə] *f.* Penumbra.
penós, -osa [pənós, -ózə] *a.* Penoso, penado.
pensa [pɛ́nsə] *f.* Pensamiento.
pensada [pənsáðə] *f.* Ocurrencia, pensamiento, idea.
pensador, -ra [pənsəðó, -rə] *a., m.-f.* Pensador.
pensament [pənsəmén] *m.* Pensamiento.
pensar [pənsá] *i.-t.* Pensar, creer.
pensarós, -osa [pənsərós, -ózə] *a.* Pensativo, meditabundo.
pensió [pənsió] *f.* Pensión.
pensionar [pənsiuná] *t.* Pensionar.
pensionat [pənsiunát] *m.* Pensionado.
pensionista [pənsiunistə] *m.-f.* Pensionista.
pentàgon [pəntáɣun] *m.* Pentágono.
pentagonal [pəntəɣunál] *a.* Pentagonal.
pentagrama [pəntəɣrámə] *f.* MÚS. Pentagrama.
pentecosta [pəntəkɔ́stə] *f.* Pentecostés.
pentinador, -ra [pəntinəðó, -rə] *a., m.-f.* Peinador.
pentinar [pəntiná] *t.* Peinar, tocar.
pentinat [pəntinát] *m.* Peinado, tocado.
penúltim, -ma [pənúltim, -mə] *a.* Penúltimo.
penúria [pənúriə] *f.* Penuria.
penya [pɛ́ɲə] *f.* Peña.
penyal [pəɲál] *m.* Peñasco, peñón, peña.
penyalar [pəɲəlá] *m.* Peñascal.
penya-segat [pɛ̨ɲəsəɣát] *m.* Acantilado.
penyora [pəɲórə] *f.* Prenda.
peó [pəó] *m.* Peón (soldado). ‖ ~ ***caminer,*** peón caminero.
peònia [peɔ́niə] *f.* BOT. Peonía.
pepa [pɛ́pə] *f.* Pepona.
per [pər] *prep.* Por. *2* Para. ‖ ~ ***a,*** para. ‖ ***Pel que fa a,*** con relación a. ‖ ~ ***mitjà de,*** por medio de. *3 conj.* ‖ ~ ***tal com,*** porque, puesto que. ‖ ~ ***bé que,*** bien que, aunque. ‖ ~ ***més que,*** por más que. ‖ ~ ***què?,*** ¿por qué? ‖ ~ ***tal que,*** para que.
pera [pɛ́rə] *f.* BOT. Pera. *2* Perilla.
peralt [pərál] *m.* ARQ. Peralte.
perboc [pərβɔ́k] *m.* Chasco.
perbocar [pərβuká] *t.* Vomitar, devolver.
perca [pɛ́rkə] *f.* ICT. Perca.
percaç [pərkás] *m.* Percance.
percala [pərkálə] *f.* Percal.
percalina [pərkəlinə] *f.* Percalina.
percebe [pərséβə] *m.* ZOOL., *cast.* Percebe.
percebre [pərsɛ́βrə] *t.* Percibir. ¶ CONJUG. INDIC. Pres.: ***perceps, percep.***
percentatge [pərsəntádʒə] *m.* Porcentaje.
percepció [pərsəpsió] *f.* Percepción. *2* Percibo.
perceptible [pərsəptibblə] *a.* Perceptible.
percudir [pərkuði] *t.* Percutir. ¶ CONJUG. INDIC. Pres.: ***percuts, percut.***

percussió [pərkusió] *f.* Percusión.
percussor, -ra [pərkusó, -rə] *a., m.-f.* Percusor. *2* Percutor.
perdedor, -ra [pərðəðó, -rə] *a., m.-f.* Perdedor.
perdició [pərðisió] *f.* Perdición.
perdigó [pərðiγó] *m.* Perdigón.
perdigonada [pərðiγunáðə] *f.* Perdigonada.
perdigot [pərðiγɔ́t] *m.* ORNIT. Perdigón.
perdiguer, -ra [pərðiγé, -rə] *a.* Perdiguero, pachón.
perdiu [pərðiŭ] *f.* ORNIT. Perdiz.
perdó [pərðó] *m.* Perdón.
perdonar [pərðuná] *t.* Perdonar.
perdonavides [pərðǫnəβiðəs] *m.* Perdonavidas, chulo, matón, matamoros.
perdre [pέrðrə] *t.-prnl.* Perder, malograr.
pèrdua [pέrðuə] *f.* Pérdida, extravío, malogro.
perdudament [pərðụðəmén] *adv.* Perdidamente.
perdulari, -ària [pərðulári, -áriə] *m.-f.* Perdulario.
perdurable [pərðurábblə] *a.* Perdurable.
perdurar [pərðurá] *i.* Perdurar.
perdut [pərðút] *m.* Perdido, roto.
peregrí, -ina [pərəγrí, -inə] *a.* Peregrino, raro.
peregrinació [pərəγrinəsió] *f.* Peregrinación, peregrinaje.
peregrinar [pərəγriná] *i.* Peregrinar.
peremptori, -òria [pərəmtɔ́ri, -ɔ́riə] *a.* Perentorio.
perenne [pərénnə] *a.* Perenne.
perennitat [pərənnitát] *f.* Perennidad.
perer [pəré] *m.* BOT. Peral.
perera [pərérə] *f.* V. PERER.
peresa [pərέzə] *f.* Pereza.
peresós, -osa [pərəzós, -ózə] *a.* Perezoso, tumbón.
perfecció [pərfəksió] *f.* Perfección.
perfeccionar [pərfəksiuná] *t.* Perfeccionar.
perfecte, -ta [pərféktə, -tə] *a.* Perfecto.
pèrfid, -da [pέrfit, -tə] *a.* Pérfido, aleve.
perfídia [pərfíðiə] *f.* Perfidia.
perfil [pərfíl] *m.* Perfil.
perfilar [pərfilá] *t.* Perfilar.
perforació [pərfurəsió] *f.* Perforación.
perforar [pərfurá] *t.* Perforar. *2* Trepar.
perfum [pərfúm] *m.* Perfume.
perfumador [pərfuməðó] *a., m.-f.* Perfumador.
perfumar [pərfumá] *t.* Perfumar.
perfumeria [pərfuməriə] *f.* Perfumería.
perfumista [pərfumistə] *m.-f.* Perfumista.
pergamí [pərγəmí] *m.* Pergamino.
pèrgola [pέrγulə] *f.* Pérgola.
pericardi [pərikárð] *m.* ANAT. Pericardio.
pericarp [pərikárp] *m.* BOT. Pericarpio.
perícia [pərísiə] *f.* Pericia.
perifèria [pərifériə] *f.* Periferia.
perífrasi [pərífrəzi] *f.* Perífrasis.
perill [pəríʎ] *m.* Peligro.
perillar [pəriʎá] *i.* Peligrar.
perillós, -osa [pəriʎós, -ózə] *a.* Peligroso. *2* De cuidado.
perímetre [pərímətrə] *m.* Perímetro.
període [pəriuðə] *m.* Período.
periòdic, -ca [pəriɔ́ðik, -kə] *a.-m.* Periódico.
periodisme [pəriuðízmə] *m.* Periodismo.
periodista [pəriuðístə] *m.-f.* Periodista.
periosti [pəriɔ́sti] *m.* ANAT. Periostio.
peripècia [pəripέsiə] *f.* Peripecia.
periple [pəríplə] *m.* Periplo.
periquito [pərikítu] *m.* ORNIT. Periquito.
perir [pərí] *i.* Perecer.
periscopi [pəriskɔ́pi] *m.* Periscopio.
peristil [pəristíl] *m.* ARQ. Peristilo.
perit, -ta [pərít, -tə, col. pέrit] *a., m.-f.* Perito.
peritatge [pəritádʒə] *m.* Peritaje, peritación.
peritoneu [pəritunέŭ] *m.* ANAT. Peritoneo.
peritonitis [pərituntis] *f.* MED. Peritonitis.
perjudicar [pərʒuðiká] *t.* Perjudicar, dañar.
perjudici [pərʒuðísi] *m.* Perjuicio, daño.
perjudicial [pərʒuðisiál] *a.* Perjudicial.
perjur, -ra [pərʒúr, -rə] *a., m.-f.* Perjuro.
perjurar [pərʒurá] *i.-t.* Perjurar.
perjuri [pərʒúri] *m.* Perjurio.
perla [pέrlə] *f.* Perla.
perlat, -ada [pərlát, -áðə] *a.* Perlado.
perlí, -ina [pərlí, -inə] *a.* Perlino.
perllongar [pərʎuŋgá] *t.* Prolongar. *2* Diferir.
permanència [pərmənέnsiə] *f.* Permanencia.
permanent [pərmənén] *a.* Permanente.
permeable [pərmeábblə] *a.* Permeable.
permetre [pərmétrə] *t.* Permitir. ¶ CONJUG. P. P.: ***permès.***
permís [pərmís] *m.* Permiso, pase, permisión.
permissió [pərmisió] *f.* Permisión, permiso.
permòdol [pərmɔ́ðul] *m.* ARQ. Modillón, palomilla.
permuta [pərmútə] *f.* Permuta.
permutació [pərmutəsió] *f.* Permutación.
permutar [pərmutá] *t.* Permutar.
pern [pεrn] *m.* Pernio. *2* Perno.
pernada [pərnáðə] *f.* Pernada.
pernejar [pərnəʒá] *i.* Pernear, patalear.

perniciós, -osa [pərnisiós, -ózə] *a.* Pernicioso.
pernil [pərnil] *m.* Jamón. *2* Pernil.
pernoctar [pərnuktá] *i.* Pernoctar.
però [pərɔ́] *conj.* Mas, pero, empero.
perol [pərɔ́l] *m.* Perol.
perolada [pəruláðə] *f.* Calderada.
peroné [pəruné] *m.* ANAT. Peroné.
peroració [pərurəsió] *f.* Peroración, perorata.
perorar [pərurá] *i.* Perorar.
perpal [pərpál] *m.* Alzaprima, palanca.
perpendicular [pərpəndikulá(r)] *a.* Perpendicular.
perpetrar [pərpətrá] *t.* Perpetrar.
perpetu, -ètua [pərpɛ́tu, -ɛ́tuə] *a.* Perpetuo.
perpètuament [pərpətuəmén] *adv.* Perpetuamente.
perpetuar [pərpətuá] *t.* Perpetuar.
perpetuïtat [pərpətuitát] *f.* Perpetuidad.
perplex, -xa [pərplɛ́ks, -ksə] *a.* Perplejo.
perplexitat [pərpləksitát] *f.* Perplejidad.
perquè [pərkɛ́] *conj.* Porque, pues. *2* Porque, para que. *3 m.* Porqué.
perquisició [pərkizisió] *f.* Pesquisa.
perruca [pərrúkə] *f.* Peluca.
perruquer, -ra [pərruké, -rə] *m.-f.* Peluquero.
perruqueria [pərrukəriə] *f.* Peluquería.
perruquí [pərruki] *m.* Peluquín.
persa [pɛ́rsə] *a., m.-f.* Persa.
persecució [pərsəkusió] *f.* Persecución.
perseguir [pərsəɣi] *t.* Perseguir.
perseguidor, -ra [pərsəɣiðó, -rə] *a., m.-f.* Perseguidor.
perseverança [pərsəβəránsə] *f.* Perseverancia.
perseverant [pərsəβərán] *a.* Perseverante.
perseverar [pərsəβərá] *i.* Perseverar.
persiana [pərsiánə] *f.* Persiana.
pèrsic, -ca [pɛ́rsik, -kə] *a.* Pérsico, persa.
persignar [pərsiŋná] *t.* Persignar.
persistència [pərsistɛ́nsiə] *f.* Persistencia.
persistent [pərsistén] *a.* Persistente.
persistir [pərsisti] *i.* Persistir.
persona [pərsónə] *f.* Persona.
personal [pərsunál] *a.* Personal.
personalitat [pərsunəlitát] *f.* Personalidad.
personatge [pərsunádʒə] *m.* Personaje.
personificar [pərsunifiká] *t.* Personificar.
perspectiva [pərspəktiβə] *f.* Perspectiva.
perspicaç [pərspikás] *a.* Perspicaz.
perspicàcia [pərspikásiə] *f.* Perspicacia.
persuadir [pərsuəði] *t.* Persuadir.
persuasió [pərsuəzió] *f.* Persuasión.
persuasiu, -iva [pərsuəziŭ, -iβə] *a.* Persuasivo.
pertànyer [pərtáɲə] *i.* Pertenecer, atañer. ¶ CONJUG. P. P.: ***pertangut.***
pertinaç [pərtinás] *a.* Pertinaz.
pertinença [pərtinɛ́nsə] *f.* Pertenencia.
pertinent [pərtinén] *a.* Pertinente.
pertocar [pərtuká] *i.* Atañer, corresponder, tocar.
pertorbació [pərturβəsió] *f.* Perturbación.
pertorbar [pərturβá] *t.* Perturbar.
pertrets [pərtréts] *m.-pl.* Pertrechos.
peruà, -ana [pəruá, -ánə] *a., m.-f.* Peruano.
pervenir [pərβəni] *i.* Llegar a obtener o a ser.
pervers, -sa [pərβɛ́rs, -sə] *a.* Perverso, maleante, malvado.
perversió [pərβərsió] *f.* Perversión.
perversitat [pərβərsitát] *f.* Perversidad.
pervertir [pərβərti] *t.-prnl.* Pervertir.
perxa [pɛ́rʃə] *f.* Percha. *2* Pértiga.
perxera [pərʃérə] *f.* Percha.
pes [pɛs] *m.* Pesa, peso.
pesacartes [pęzəkártəs] *m.* Pesacartas.
pesada [pəzáðə] *f.* Pesada.
pesadesa [pəzəðɛ́zə] *f.* Pesadez. *2* Pesadumbre, pesantez, torpeza.
pesant [pəzán] *a.* Pesado.
pesantor [pəzəntó] *f.* Pesantez.
pesar [pəzá] *m.* Pesar, pesadumbre.
pesar [pəzá] *t.-i.* Pesar.
pesarós, -osa [pəzərós, -ózə] *a.* Pesaroso.
pesat, -ada [pəzát, -áðə] *a.* Pesado, lerdo. *2* Latoso, machacón, torpe. *3* Cansado. *4 m.* Machaca.
pesca [pɛ́skə] *f.* Pesca.
pescada [pəskáðə] *f.* Pescado obtenido de una sola vez.
pescador, -ra [pəskəðó, -rə] *a., m.-f.* Pescador.
pescant [pəskán] *m.* Pescante.
pescar [pəská] *t.* Pescar.
pescateria [pəskətəriə] *f.* Pescadería.
pèsol [pɛ́zul] *m.* BOT. Guisante.
pesquera [pəskérə] *f.* Pesquería.
pessebre [pəséβrə] *m.* Nacimiento, belén.
pesseta [pəsɛ́tə] *f.* Peseta.
pesseter, -ra [pəsəté, -rə] *a.* Pesetero, interesado exclusivamente por su lucro.
pessic [pəsik] *m.* Pellizco.
pessigada [pəsiɣáðə] *f.* Pellizco.
pessigar [pəsiɣá] *t.* Pellizcar.
pessigolleig [pəsiɣuʎɛ́tʃ] *m.* Cosquilleo.
pessigollejar [pəsiɣuʎəʒá] *t.* Cosquillear.
pessigolles [pəsiɣɔ́ʎəs] *f. pl.* Cosquillas.
pèssim, -ma [pɛ́sim, -mə] *a.* Pésimo.
pessimisme [pəsimizmə] *a., m.-f.* Pesimismo.
pessimista [pəsimistə] *a., m.-f.* Pesimista.
pesta [pɛ́stə] *f.* Peste, pestilencia.
pestanya [pəstáɲə] *f.* Pestaña.
pestanyejar [pəstəɲəʒá] *i.* Pestañear.

pestell [pəstéʎ] *m.* Pestillo.
pestífer, -ra [pəstífər, -rə] *a.* Pestífero, pestilente.
pestilència [pəstilɛ́nsiə] *f.* Pestilencia.
pestilent [pəstilén] *a.* Pestilente, pestífero.
pet [pɛt] *m.* Pedo, estallido, estampido. ‖ *~ de llop,* BOT. Bejín.
petaca [pətákə] *f.* Petaca, tabaquera.
pètal [pɛ́təl] *m.* Pétalo.
petament [pətəmén] *m.* Chasquido. *2* Castañeteo, traqueteo.
petaner, -ra [pətəné, -rə] *a., m.-f.* Pedorrero.
petar [pətá] *i.-t.* Estallar. *2* Crujir. *3* Chasquear. *4* Castañetear, traquetear. *5* Peer, ventosear. ‖ ***Fer-la ~,*** platicar.
petard [pətár(t)] *m.* Petardo.
petardejar [pətərðəʒá] *t.* Petardear.
petarrell [pətərrɛ́ʎ] *m.* ***Fer el ~,*** hacer pucheros.
petge [pédʒə] *m.* Pie, pata (de mueble).
petició [pətisió] *f.* Petición.
peticionari, -ària [pətisiunári, -áriə] *a., m.-f.* Peticionario.
petimetre [pətimɛ́trə] *m.* Petimetre, pisaverde, lechuguino.
petit, -ta [pətít, -tə] *a.* Pequeño, parvo, chico. *2 m. pl.* Niños (opuesto a ***grans***).
petitesa [pətitɛ́zə] *f.* Pequeñez, nadería.
petitori, -òria [pətitɔ́ri, -ɔ́riə] *a.* Petitorio.
petja [pédʒə] *f.* Huella, pisada.
petjada [pədʒáðə] *f.* Pisada, huella.
petjapapers [pędʒəpəpés] *m.* Pisapapeles.
petjar [pədʒá] *t.* Hollar, pisar.
petó [pətó] *m.* Beso, ósculo.
petoneig [pətunétʃ] *m.* Besuqueo.
petonejar [pətunəʒá] *t.* Besuquear.
petri, pètria [pɛ́tri, pɛ́triə] *a.* Pétreo.
petricó [pətrikó] *m.* Cuartillo.
petrificar [pətrifiká] *t.* Petrificar.
petroler, -ra [pətrulé, -rə] *a.* Petrolero.
petroli [pətrɔ́li] *m.* Petróleo.
petulància [pətulánsiə] *f.* Petulancia.
petulant [pətulán] *a.* Petulante, engolado.
petúnia [pətúniə] *f.* BOT. Petunia.
petxina [pətʃínə] *f.* Pechina, concha.
peu [pɛŭ] *m.* Pie. ‖ ***A peus junts,*** a pies juntillas. ‖ ***Amb peus de plom,*** con pies de plomo. ‖ ***Ficar-se de peus a la galleda,*** meter la pata, colarse.
peüc [pəúk] *m.* Escarpín.
peugròs, -ossa [pęuɣrɔ́s, -ɔ́sə] *a.* Patudo.
peülla [pəúʎə] *f.* Pezuña.
pi [pi] *m.* BOT. Pino.
pi [pi] *f.* Pi.
piadós, -osa [piəðós, -ózə] *a.* Piadoso, pío.
piafar [piəfá] *i.* Piafar.
pianista [piənístə] *m.-f.* Pianista.
piano [piánu] *m.* MÚS. Piano.
piastra [piástrə] *f.* Piastra.
pic [pik] *m.* Pico (herramienta). *2* Pico (cúspide), picacho.
pic [pik] *m.* Llamada (golpeando). *2* Vez. *3* Momento de máxima intensidad. *4* Punto.
pica [píkə] *f.* Pica, garrocha, chuzo. *2* Pila, pilón.
picada [pikáðə] *f.* Picada. *2* Picadura. *3* Picadillo.
picador [pikədó] *m.* TAUROM. Picador, picadero. *2* Moza.
picadura [pikəðúrə] *f.* Picadura.
picaflor [pikəflɔ́] *m.* ORNIT. Colibrí.
picallós, -osa [pikəʎós, -ózə] *a.* Picajoso.
picament [pikəmén] *m.* Acción y efecto de picar. ‖ ***~ de mans,*** palmoteo. ‖ ***~ de peus,*** pataleo.
picant [pikán] *a.* Picante.
picantor [pikəntó] *f.* Cualidad de picante. *2* Picor, resquemor.
picapedrer [pikəpəðré] *m.* Picapedrero, cantero.
picapica [pikəpíkə] *f.* BOT. Picapica.
picaplets [pikəpléts] *m.-f.* Picapleitos, leguleyo.
picapoll [pikəpóʎ] *m.* BOT. Pamplina.
picaporta [pikəpɔ́rtə] *m.* Picaporte, aldaba, llamador.
picapunt [pikəpún] *m.* Honrilla, puntillo.
picar [piká] *t.* Picar, punzar. *2* Escocer, resquemar. *3* Golpear. *4 prnl.* Ofenderse, mosquearse. ‖ ***~ de peus,*** patalear, patear. ‖ ***~ de mans,*** palmotear.
picardia [pikərðiə] *f.* Picardía.
picaresc, -ca [pikərésk, -kə] *a.* Picaresco.
picarol [pikərɔ́l] *m.* Cascabel.
pica-soques [pikəsɔ́kəs] *m.* ORNIT. Picamaderos.
picó [pikó] *m.* Pisón.
picó, -na [pikó, -nə] *a.* Picón.
picoladora [pikuləðórə] *f.* Trinchante.
picolar [pikulá] *t.* Machacar.
piconador, -ra [pikunəðó, -rə] *a.* Machacador. *2 f.* Apisonadora. *3* Machaca (de piedra).
piconar [pikuná] *t.* Apisonar. *2* Machacar.
picor [pikó] *f.* Picor, picazón, comezón.
picot [pikɔ́t] *m.* Piqueta, zapapico.
picota [pikɔ́tə] *f.* Picota.
picotejar [pikutəʒá] *t.* Picotear.
pictòric, -ca [piktɔ́rik, -kə] *a.* Pictórico.
pidolar [piðulá] *t.* Mendigar, pordiosear.
pietat [piətát] *f.* Piedad.
pietós, -osa [piətós, -ózə] *a.* Piadoso, pío.
pífia [pífiə] *f.* Pifia.
piga [píɣə] *f.* Peca, lunar.

pigall [piɣáʎ] *m.* Lazarillo.
pigallós, -osa [piɣəʎós, -ózə] *a.* Pecoso.
pigat, -ada [piɣát, -áðə] *a.* Pecoso.
pigment [pigmén] *m.* Pigmento.
pigmeu, -ea [pigmέŭ, -έə] *a., m.-f.* Pigmeo.
pigot [piɣɔ́t] *m.* ORNIT. Picamaderos.
pijama [piʒámə] *m.* Pijama.
pila [pílə] *f.* Pila, montón, cúmulo, acervo, rimero.
pilar [pilá] *m.* Pilar, pila.
pilastra [pilástrə] *f.* Pilastra, pila.
pillada [piʎáðə] *f.* Pillada.
pillar [piʎá] *t.* Pillar.
pillatge [piʎádʒə] *m.* Pillaje. *2* Merodeo.
pillet, -ta [piʎέt, -tə] V. MURRI.
piló [piló] *m.* Pilón. *2* Picador. *3* Tajo.
pilor [pilur] *m.* ANAT. Píloro.
pilós, -osa [pilós, -ózə] *a.* Piloso, peludo.
pilot [pilɔ́t] *m.* Piloto.
pilot [pilɔ́t] *m.* Montón, acervo.
pilota [pilɔ́tə] *f.* Pelota, balón. ‖ ***No tocar ~***, no dar pie con bola.
pilotada [pilutáðə] *f.* Pelotazo.
pilotaire [pilutáĭrə] *m.* Pelotari.
pilotatge [pilutádʒə] *m.* Pilotaje.
piloteig [pilutέtʃ] *m.* Peloteo.
pilotejar [pilutəʒá] *i.* Pilotar, pilotear.
pilotejar [pilutəʒá] *i.* Pelotear.
pimpinella [pimpinέʎə] *f.* BOT. Pimpinela.
pimpoll [pimpóʎ] *m.* BOT. Pimpollo.
pinacle [pináklə] *m.* Pináculo.
pinacoteca [pinəkutέkə] *f.* Pinacoteca.
pinassa [pinásə] *f.* Pinocha seca.
pinça [pínsə] *f.* Pinza. *2* Sisa. *3 f. pl.* Pinzas.
pinça-nas [pinsənás] *f.* Quevedos, lentes.
pinçar [pinsá] *t.* Coger algo con pinzas. *2* Pellizcar.
píndola [píndulə] *f.* Píldora.
pineda [pinέðə] *f.* Pinar, pineda.
pinetell [pinətέʎ] *m.* BOT. Níscalo.
ping-pong [piŋpóŋ] *m.* Ping-pong.
pingüí [piŋgwí] *m.* ORNIT. Pingüino.
pinsà [pinsá] *m.* ORNIT. Pinzón.
pinso [pínsu] *m.* Pienso.
pinta [píntə] *f.* Peine, peineta. *2* Pinta (mancha).
pinta [píntə] *m.* Peine (para la lana, etc.). *2* Rastrillo.
pintada [pintáðə] *f.* Pintada.
pintaire [pintáĭrə] *m.* Peinero.
pintar [pintá] *t.* Pintar.
pintat, -ada [pintát, -áðə] *a.* Pintado.
pintor, -ra [pintó, -rə] *m.-f.* Pintor.
pintoresc, -ca [pinturέsk, -kə] *a.* Pintoresco.
pintura [pintúrə] *f.* Pintura.
pinxo [pínʃu] *m.* Chulo, bravucón, matón, guapo, matamoros.
pinya [píɲə] *f.* Piña.
pinyac [piɲák] *m.* Puñetazo.
pinyó [piɲó] *m.* Piñón.
pinyol [piɲɔ́l] *m.* Hueso (de fruta). *2* Nota aguda y sostenida dada por un cantante.
pinyola [piɲɔ́lə] *f.* Orujo, borujo.
pinyolada [piɲuláðə] *f.* Borujo.
pinyoner, -ra [piɲuné, -rə] *a., m.-f.* Piñonero.
pinzell]pinzέʎ] *m.* Pincel.
pinzellada [pinzəʎáðə] *f.* Pincelada.
pioc, -ca [piɔ́k, -kə] *a.* Alicaído. *2* fig. Enfermizo.
piolet [piulέt] *m.* Azada-bastón de alpinista.
pipa [pípə] *f.* Pipa, cachimba. *2* Chupete.
pipada [pipáðə] *f.* Fumada. *2* Chupada.
pipar [pipá] *i.* Chupar una pipa, un cigarro.
pipeta [pipέtə] *f.* Pipeta.
pipí [pipí] *m.* Pipí.
piqué [piké] *m.* Piqué.
piquer [piké] *m.* Piquero.
piquet [pikέt] *m.* Piquete.
pira [pírə] *f.* Pira.
piragua [piráɣwə] *f.* Piragua.
piramidal [pirəmiðál] *a.* Piramidal.
piràmide [pirámiðə] *f.* Pirámide.
pirandó [pirəndó] *m.* ***Tocar el ~***, tomar las de Villadiego.
pirata [pirátə] *m.* Pirata.
piratejar [pirətəʒá] *i.* Piratear.
pirateria [pirətəríə] *f.* Piratería.
pirenaic, -ca [pirenáik, -kə] V. PIRINENC.
pirinenc, -ca [pirinέŋ, -kə] *a.* Pirenaico.
Pirineus [pirinέŭs] *n. pr.* Pirineos.
pirita [pirítə] *f.* MINER. Pirita.
pirogravat [piruɣrəβát] *m.* Pirograbado.
pirotècnia [pirutέkniə] *f.* Pirotecnia.
pirotècnic, -ca [pirutέknik, -kə] *a.* Pirotécnico.
pis [pis] *m.* Piso.
pisa [pízə] *f.* Loza.
piscicultura [pisikultúrə] *f.* Piscicultura.
piscina [pisínə] *f.* Piscina.
pispa [píspə] *m.* Ladronzuelo, caco, ratero.
pispar [pispá] *t.* fam. Birlar.
pissarra [pisárrə] *f.* Pizarra, encerado.
pissarrenc, -ca [pisərrέŋ, -kə] *a.* Apizarrado.
pissarrí [pisərrí] *m.* Pizarrín.
pista [pístə] *f.* Pista.
pistil [pistíl] *m.* BOT. Pistilo.
pistó [pistó] *m.* Pistón.
pistola [pistɔ́lə] *f.* Pistola.
pistoler [pistulé] *m.* Pistolero.
pistolera [pistulérə] *f.* Pistolera.

pistolet [pistulɛ́t] *m.* Pistolete.
pistrincs [pistriŋks] *m. pl.* Cuartos.
pit [pit] *m.* Pecho. *2* Pechuga.
pita [pitə] *f.* BOT. Pita, maguey.
pitança [pitánsə] *f.* Pitanza.
pitet [pitɛ́t] *m.* Babero, pechero, peto.
pítima [pitimə] *f.* Pítima, papalina, perra.
pitjar [pidʒá] *t.* Apretujar, empujar, pisar.
pitjor [pidʒó] *a.-adv.* Peor.
pitjoria [pidʒuriə] *f.* Peoría.
pitó [pitó] *m.* ZOOL. Pitón.
pitonissa [pitunisə] *f.* Pitonisa.
pitral [pitrál] *m.* Pechera, petral.
pitrera [pitrérə] *f.* Pechera.
pit-roig [pitrrɔ́tʃ] *m.* ORNIT. Petirrojo.
pitxolí [pitʃuli] *m.* Ladrillo (fino).
piu [piŭ] *m.* Pío. *2* Espiga. *3* Pasador, clavillo. ‖ ***Sense dir ni ~,*** sin chistar.
piula [piŭlə] *f.* Triquitraque (petardo).
piulada [piuláðə] *f.* Piada.
piular [piulá] *i.* Piar. *2* Chistar.
piulet [piŭlɛ́t] *m.* Pitido.
pixaner, -ra [piʃəné, -rə] *a., m.-f.* Meón.
pixar [piʃá] *t.-i.* Mear.
pixarelles [piʃərɛ́ʎəs] *f. pl.* Aguachirle.
pixatinters [piʃətintés] *m.* Chupatintas.
pixats [piʃáts] *m. pl.* Meados.
pla [plə] *m.* Plano. *2* Llano, llanada. *3* Plan.
pla, -ana [plə, -ánə] *a.* Plano, llano, parejo.
placa [plákə] *f.* Placa.
plaça [plásə] *f.* Plaza. *2* Destino, sitio. *3* Mercado.
plaçar [pləsá] *t.* Colocar.
plàcid, -da [plásit, -ðə] *a.* Plácido, apacible.
placidesa [pləsiðɛ́zə] *f.* Placidez.
plaent [pləén] *a.* Placentero, grato, placible.
plaer [pləɛ́] *m.* Placer.
plafó [pləfó] *m.* Panel.
plaga [pláɣə] *f.* Plaga. *2* Llaga. *3 m.* Guasón, bromista, chocarrero, chusco.
plagi [pláʒi] *m.* Plagio.
plagiar [pləʒiá] *t.* Plagiar.
plagiari, -ària [pləʒiári, -áriə] *a., m.-f.* Plagiario.
plana [plánə] *f.* Plana, llanura, llanada, planicie. *2* Página. *3* Cepillo.
planador [plənəðó] *m.* Planeador.
planar [pləná] *i.* Planear (el avión).
plançó [plənsó] *m.* Pimpollo, plantón, renuevo.
planejar [plənəʒá] *t.-i.* Planear (plan).
planell [plənéʎ] *m.* Meseta.
planer, -ra [pləné, -rə] *a.* Llano. *2* fig. Sencillo.
planeta [plənɛ́tə] *m.* Planeta.
planetari, -ària [plənətári, -áriə] *a.* Planetario.
planícia [plənisiə] *f.* Planicie.
planisferi [plənisféri] *m.* Planisferio.
plànol [plánul] *m.* Plano.
planta [plántə] *f.* Planta.
plantació [pləntəsió] *f.* Plantación, plantío.
plantador, -ra [pləntəðó, -rə] *a., m.-f.* Plantador.
plantar [pləntá] *t.* Plantar. ‖ ***~ cara,*** arrostrar.
plantat, -ada [pləntát, -áðə] *a.* Plantado. ‖ ***Ben ~,*** bienplantado, apuesto.
plantatge [pləntádʒə] *m.* BOT. Llantén.
plantejament [pləntəʒəmén] *m.* Planteamiento.
plantejar [pləntəʒá] *t.* Plantear.
planter [plənté] *m.* Plantel, semillero, almáciga, criadero, vivero (de plantas).
plantificar [pləntifiká] *t.* Plantificar.
plantígrad, -da [pləntiɣrət, -ðə] *a.-m.* Plantígrado.
plantilla [pləntiʎə] *f.* Plantilla. *2* Terraja.
plantofa [pləntɔ́fə] *f.* Pantufla.
plantofada [pləntufáðə] *f.* Guantada, torta.
plantofejar [pləntufəʒá] *t.* Abofetear.
planura [plənúrə] *f.* Plana, llanura, planicie.
planxa [plánʃə] *f.* Plancha. *2* Tabla, chapa. *3* Coladura. ‖ ***Fer ~,*** colarse.
planxador, -ra [plənʃəðó, -rə] *m.-f.* Planchador.
planxar [plənʃá] *t.* Planchar.
plany [plaɲ] *m.* Lamento, plañido, llanto, quejido.
planyença [pləɲénsə] *f.* Compasión.
plànyer [pláɲə] *t.* Compadecer. *2* Escatimar, ahorrar. *3 prnl.* Lamentarse, dolerse, quejarse.
planyívol, -la [pləɲiβul, -lə] *a.* Plañidero, lastimero.
plasma [plázmə] *m.* Plasma.
plasmació [pləzməsió] *f.* Acción de plasmar.
plasmar [pləzmá] *t.* Plasmar.
plàstic, -ca [plástik, -kə] *a.* Plástico.
plastró [pləstró] *m.* Peto.
plat [plat] *m.* Plato.
plata [plátə] *f.* Plata. *2* Fuente.
platabanda [plətəβándə] *f.* Arriate.
plataforma [plətəfórmə] *f.* Plataforma.
plàtan [plátən] *m.* BOT. Plátano.
platanar [plətəná] *m.* Platanar, platanal.
platea [plətéə] *f.* Platea.
platejar [plətəʒá] *t.* Platear.
platejat, -ada [plətəʒát, -áðə] *a.* Plateado.

plateresc, -ca [plətərέsk, -kə] *a.* Plateresco.
platerets [plətərέts] *m. pl.* MÚS. Platillos.
platí [pləti] *m.* Platino.
platina [plətinə] *f.* Platina.
platja [pládʒə] *f.* Playa.
platònic, -ca [plətɔ́nik, -kə] *a.* Platónico.
plats-i-olles [plądziɔ́ʎəs] *m.* Cacharrería.
plaure [pláŭrə] *i.* Agradar, placer, gustar. ¶ CONJUG. GER.: ***plaent.*** ‖ P. P.: ***plagut.*** ‖ INDIC. Pres.: ***plac.*** ‖ SUBJ. Pres.: ***plagui,*** etc. | Imperf.: ***plagués,*** etc.
plausible [pləŭzibblə] *a.* Plausible.
ple, -ena [plɛ, -έnə] *a.* Pleno, lleno, colmado. *2 m.* Lleno. ‖ ***~ a vessar,*** lleno a rebosar.
plebeu, -ea [pləβέŭ, -έə] *a.* Plebeyo.
plebiscit [pləβisit] *m.* Plebíscito.
plebs [plɛps] *f.* Plebe, vulgo.
plec [plέk] *m.* Pliegue, fuelle (del vestido). *2* Pliego.
pledejar [pləðəʒá] *t.-i.* Pleitear.
plegadora [pləɣəðórə] *f.* Plegadera.
plegar [pləɣá] *t.-prnl.* Plegar, doblegar. *2* Cesar, dejar (de trabajar).
plegat, -ada [pləɣát, -áðə] *a.-m.* Plegado. *2 pl.* Juntos. ‖ ***Tots plegats,*** en común. ‖ ***Tot d'un ~,*** de repente.
plèiade [plέjəðə] *f.* Pléyade.
plenamar [plęnəmár] *f.* Pleamar, plenamar.
plenari, -ària [plənári, -áriə] *a.* Plenario.
pleniluni [plənilúni] *m.* Plenilunio.
plenipotenciari, -ària [plęniputənsiári, -áriə] *m.* Plenipotenciario.
plenitud [plənitút] *f.* Plenitud, llenura.
pleonasme [pləunázmə] *m.* Pleonasmo.
plet [plet] *m.* Pleito.
pleta [plέtə] *f.* Aprisco, redil, hato.
plètora [plέturə] *f.* Plétora.
pleura [plέŭrə] *f.* ANAT. Pleura.
pleuresia [pləŭrəziə] *f.* MED. Pleuresía.
ploguda [pluɣúðə] *f.* Lluvia.
plom [plom] *m.* Plomo.
ploma [plómə] *f.* Pluma. *2* Péñola.
plomada [plumáðə] *f.* Plomada.
plomada [plumáðə] *f.* Plumada.
plomaire [plumáĭrə] *m.* Plomero.
plomall [plumáʎ] *m.* Plumaje. *2* Plumero. *3* Penacho, copete. *4* Moño.
plomar [plumá] *t.* Desplumar.
plomatge [plumádʒə] *m.* Plumaje.
plomejar [pluməʒá] *t.* Plumear. *2* Esbozar.
plomissol [plumisɔ́l] *m.* Plumón, flojel.
plor [plɔ] *m.* Llanto, lloro.
plorador, -ra [plurəðó, -rə] *a., m.-f.* Llorador. *2 f.* Plañidera.
ploraire [pluráĭrə] V. PLORANER.
ploralla [pluráʎə] *f.* Llanto, lloradera.
ploramiquejar [plurəmikəʒá] *i.* Lloriquear.
ploramiques [plǫrəmikəs] *m. f.* Llorón.
ploraner, -ra [plurənė, -rə] *a., m.-f.* Llorón. *2 f.* Plañidera.
plorar [plurá] *i.-t.* Llorar.
ploricó [plurikó] *m.* Lloriqueo, gimoteo.
plorós, -osa [plurós, -ózə] *a.* Lloroso.
ploure [plɔ́ŭrə] *i.* Llover. ‖ ***~ a bots i barrals,*** llover a cántaros. ¶ CONJUG. GER.: ***plovent.*** ‖ P. P.: ***plogut.*** ‖ SUBJ. Pres.: ***plogui,*** etc. | Imperf.: ***plogués.***
ploviscar [pluβiská] *i.* Lloviznar.
plovisqueig [pluβiskέtʃ] *m.* Llovizna.
plovisquejar [pluβiskəʒá] *i.* Lloviznar.
plugim [pluʒim] *m.* Llovizna, calabobos.
pluja [plúʒə] *f.* Lluvia.
plujós, -osa [pluʒós, -ózə] *a.* Lluvioso.
plumbós, -osa [plumbós, -ózə] *a.* Plomizo.
plural [plurál] *a.* Plural.
pluralitat [pluralitát] *f.* Pluralidad.
plus [plus] *m.* Plus.
plusquamperfet [pluskwəmpərfét] *m.* Pluscuamperfecto.
plus-vàlua [pluzβáluə] *f.* Plusvalía.
plutocràcia [plutukrásiə] *f.* Plutocracia.
plutòcrata [plutɔ́krətə] *m.-f.* Plutócrata.
pluvial [pluβiál] *a.* Pluvial.
pluviòmetre [pluβiɔ́mətrə] *m.* Pluviómetro.
pneumàtic, -ca [nəŭmátik, -kə] *a., m.-f.* Neumático.
pneumònia [nəŭmɔ́niə] *f.* MED. Neumonía.
poagre [puáɣrə] *m.* MED. Podagra.
poal [puál] *m.* Pozal. *2* Cubo.
població [pubbləsió] *f.* Población.
poblador, -ra [pubbləðó, -rə] *a., m.-f.* Poblador.
poblament [pubbləmén] *m.* Población. *2* Poblamiento.
poblar [pubblá] *t.* Poblar.
poblat [pubblát] *m.* Poblado.
poble [pɔ́bblə] *m.* Pueblo.
pobletà, -ana [pubblətá, -ánə] *a.* Pueblerino, aldeano.
pobre, -bra [pɔ́βrə, -βrə] *a.* Pobre.
pobresa [puβrέzə] *f.* Pobreza.
pobrissó, -ona [puβrisó, -ónə] *a.* Pobrete. *2* Pobretón.
poc, -ca [pɔk, -kə] *a.* Poco. ‖ ***Entre ~ i massa,*** ni tanto ni tan poco. ‖ ***A ~ a ~,*** poco a poco. ‖ ***Al cap de ~,*** a poco. ‖ ***~ més ~ menys,*** poco más o menos.
poca-solta [pǫkəsɔ́ltə] *m.-f.* Sinsubstancia, majagranzas.
poca-soltada [pǫkəsultáðə] *f.* Desatino.

poca-traça [pɔkətrásə] *m.-f.* Zarramplín.
poca-vergonya [pɔkəβerγóɲə] *m.-f.* Sinvergüenza, descocado, desfachatado.
poció [pusió] *f.* Poción, bebedizo.
poda [póðə] *f.* Poda.
podadora [puðəðórə] *f.* Podadera.
podall [puðáʎ] *m.* Podadera, podón.
podar [puðá] *t.* Podar, chapodar.
poder [puðέ] *m.* Poder. *2* Poderío.
poder [puðέ] *t.* Poder. ¶ CONJUG. P. P.: ***pogut.*** ‖ INDIC. Pres.: ***puc, pots, pot,*** etc. ‖ SUBJ. Pres.: ***pugui,*** etc. | Imperf.: ***pogués,*** etc.
poderós, -osa [puðərós, -ózə] *a.* Poderoso.
podridura [puðriðúrə] *f.* Podredumbre.
podriment [puðrimén] *m.* Pudrición.
podrir [puðri] *t.* Pudrir.
podrit [puðrit] *m.* Parte podrida.
poema [puέmə] *m.* Poema.
poesia [puəziə] *f.* Poesía.
poeta [puétə] *m.* Poeta.
poetastre [puətástrə] *m.* Poetastro.
poetessa [puətέsə] *f.* Poetisa.
poètic, -ca [puέtik, -kə] *a.* Poético. *2 f.* Poética.
poetitzar [puətidzá] *i.-t.* Poetizar.
pol [pɔl] *m.* Polo.
polaina [puláĭnə] *f.* Polaina.
polar [pulár] *a.* Polar.
polaritzar [puləridzá] *t.* Polarizar.
polca [pɔ́lkə] *f.* MÚS. Polca.
polèmic, -ca [pulέmik, -kə] *a.* Polémico. *2 f.* Polémica.
polemista [puləmistə] *m.-f.* Polemista.
policia [pulisiə] *f.* Policía. *2 m.* Policía.
policíac, -ca [pulisiək, -kə] *a.* Policíaco.
policrom, -ma [pulikróm, -mə] *a.* Polícromo.
polidesa [pulidέzə] *f.* Pulidez, primor, tersura.
polidor, -ra [pulidó, -rə] *a., m.-f.* Pulidor.
poliedre [puliέðrə, col. puliέðrə] *m.* GEOM. Poliedro.
polifàsic, -ca [pulifázik, -kə] *a.* Polifásico.
polifonia [pulifuniə] *f.* MÚS. Polifonía.
polifònic, -ca [pulifɔ́nik, -kə] *a.* MÚS. Polifónico.
polígam, -ma [puliγəm, -mə] *a.* Polígamo.
poligàmia [puliγámiə] *f.* Poligamia.
poliglot, -ta [puliγlɔ́t, -tə] *a.* Polígloto.
polígon [puliγun] *m.* Polígono.
poliment [pulimén] *m.* Pulimento.
polinesi, -èsia [pulinέzi, -έziə] *a., m.-f.* Polinesio.
polinomi [pulinɔ́mi] *m.* Polinomio.
pòlip [pɔ́lip] *m.* ZOOL. Pólipo.
políper [pulipər] *m.* Polípero.
polir [puli] *t.* Pulir, pulimentar, acicalar, atildar. *2 prnl.* Venderse.
polisíl·lab, -ba [pulisiləp, -βə] *a.* Polisílabo.
pòlissa [pɔ́lisə] *f.* Póliza.
polissó [pulisó] *m.* Polizón.
polisson [pulisón] *m.* Polizón.
polit, -ida [pulit, -iðə] *a.* Pulido, aseado, atildado, cuco, terso.
politècnic, ca [pulitέknik, -kə] *a.* Politécnico.
politeisme [pulitəizmə] *m.* Politeísmo.
polític, -ca [pulitik, -kə] *a.* Político. *2 f.* Política.
politicastre [pulitikástrə] *m.* Politicastro.
politja [pulidʒə] *f.* Polea, garrucha.
poll [poʎ] *m.* Polluelo, pollo. *2* ENTOM. Piojo. ‖ *~ de gall d'indi,* pavipollo.
polla [póʎə] *f.* ORNIT. Polla. ‖ *~ d'aigua,* calamón. ‖ *~ d'Índia,* pava.
pollancre [puʎáŋkrə] *m.* BOT. Chopo.
pollastre [puʎástrə] *m.* Pollo.
pollegó [puʎəγó] *m.* Gajo (púa), picacho.
polleguera [puʎəγérə] *f.* Quicio, pernio. ‖ ***Fer sortir de ~,*** sacar de quicio, desquiciar. ‖ ***Sortir de ~,*** salir de sus casillas.
pol·len [pɔ́lən] *m.* Polen.
pollera [puʎérə] *f.* Pollera.
pollet [puʎέt] *m.* Pollito, polluelo.
pollí, -ina [puʎi, -inə] *m.-f.* Pollino. *2* CONSTR. Asnilla.
pol·línic, -ca [pulinik, -kə] *a.* Polínico.
pollós, -osa [puʎós, -ózə] *a.* Piojoso.
polo [pɔ́lu] *m.* DEP. Polo.
polonès, -esa [pulunέs, -έzə] *a., m.-f.* Polaco.
polpa [pólpə] *f.* Pulpa.
pols [pols] *m.* Pulso. *2* Sien.
pols [pols] *f.* Polvo.
polsada [pulsáðə] *f.* Pulgarada.
polsar [pulsá] *t.-i.* Pulsar. *2 i.* Latir.
polsegós, -osa [pulsəγós, -ózə] *a.* Polvoriento, polvoroso.
polseguera [pulsəγérə] *f.* Polvareda.
polsera [pulsérə] *f.* Pulsera.
polsim [pulsim] *f.* Polvillo.
polsós, -osa [pulsós, -ózə] *a.* Polvoriento, polvoroso.
poltra [póltrə] *f.* ZOOL. Potranca.
poltre [póltrə] *m.* Potro.
poltró, -ona [pultró, -ónə] *a.* Poltrón.
poltrona [pultrónə] *f.* Sillón.
poltroneria [pultrunəriə] *f.* Poltronería.
pólvora [pólβurə] *f.* Pólvora.
polvorera [pulβurérə] *f.* Polvera.
pólvores [pólβurəs] *f. pl.* Polvos.
polvorí [pulβuri] *m.* Polvorín.
polvoritzador, -ra [pulβuridzəðó, -rə] *a.-m.* Pulverizador.

polvoritzar [pulβuridzá] *t.* Pulverizar.
polzada [pulzáðə] *f.* Pulgada.
polze [pólzə] *m.* Pulgar.
pom [pom] *m.* Pomo, manzanilla. *2* Empuñadura. *3* Ramillete.
poma [pómə] *f.* Manzana.
pomada [pumáðə] *f.* Pomada.
pomell [puméʎ] *m.* Ramillete.
pomer [pumé] *m.* BOT. Manzano.
pomera [puméra] *f.* V. POMER.
pomerar [pumərá] *m.* Manzanar.
pompa [pómpə] *f.* Pompa, boato. *2* fig. Estruendo.
pompós, -osa [pumpós, -ózə] *a.* Pomposo.
pòmul [pɔ́mul] *m.* ANAT. Pómulo.
poncella [punséʎə] *a.-f.* Doncella, virgen. *2* BOT. Botón, capullo.
poncem [punsém] *m.* BOT. Cidra.
poncemer [punsəmé] *m.* BOT. Cidro.
ponderació [pundərəsió] *f.* Ponderación.
ponderar [pundərá] *t.* Ponderar, encarecer.
ponderat, -ada [pundərát, -áðə] *a.* Ponderado.
pondre [pɔ́ndrə] *t.* Aovar, poner (huevos). *2 prnl.* Ponerse (el sol). ¶ CONJUG. como ***respondre.***
ponedor [punəðó] *a.* Ponedor, ponedero. *2 m.* Ponedero.
ponència [punɛ́nsiə] *f.* Ponencia.
ponent [punén] *m.* GEOG. Poniente, occidente.
ponent [punén] *m.* Ponente.
pont [pɔn] *m.* Puente.
pontífex [puntífəks] *m.* Pontífice.
pontificar [puntifiká] *i.* Pontificar.
pontificat [puntifikát] *m.* Pontificado.
pontifici, -ícia [puntifísi, -ísiə] *a.* Pontificio.
pontó [puntó] *m.* Pontón.
ponx [pɔnʃ] *m.* COC. Ponche.
pop [pop] *m.* ZOOL. Pulpo.
popa [pópə] *f.* NÁUT. Popa.
pope [pɔ́pe] *m.* Pope.
popular [pupulá(r)] *a.* Popular.
popularitat [pupuləritát] *f.* Popularidad.
popularitzar [pupuləridzá] *t.-prnl.* Popularizar.
populatxo [pupulátʃu] *m.* Populacho.
populós, -osa [pupulós, ózə] *a.* Populoso.
poquedat [pukəðát] *f.* Poquedad.
pòquer [pɔ́kər] *m. ingl.* Póquer.
poquesa [pukɛ́zə] *f.* Poquedad.
por [po] *f.* Miedo, canguelo.
porc, -ca [pɔrk, -kə] *a.* Puerco. *2* Torpe, impúdico. *3 m.-f.* Puerco, cerdo, cochino, marrano. ‖ *~ **espí,*** puerco espín. ‖ *~ **senglar,*** jabalí.
porcada [purkáðə] *f.* Piara. *2* fig. Cochinada, marranada.
porcell [purséʎ] *m.* Lechón, cochinillo.
porcellana [pursəʎánə] *f.* Porcelana.
porcí, -ina [pursí, -ínə] *a.* Porcino.
porció [pursió] *f.* Porción.
porfídia [purfíðiə] *f.* Porfía.
porfidiejar [purfidiəʒá] *i.* Porfiar.
porfidiós, -osa [purfiðiós, -ózə] *a.* Porfiado, pertinaz, machacón.
pòrfir [pɔ́rfir] *m.* MINER. Pórfido.
porgar [purɣá] *t.-i.* Cribar, zarandear.
pornografia [purnuɣrəfíə] *f.* Pornografía.
porós, -osa [purós, -ózə] *a.* Poroso.
porositat [puruzitát] *f.* Porosidad.
porpra [pórprə] *f.* Púrpura.
porqueria [purkəríə] *f.* Porquería, suciedad, gorrinería, cochinada. *2* Birria.
porquí, -ina [purkí, -ínə] *a.* Porcino, porcuño.
porra [pórrə] *f.* Porra, cachiporra. ‖ ***Cop de ~,*** porrada.
porrer [purré] *m.* Macero.
porro [pɔ́rru] *m.* BOT. Puerro.
porró [purró] *m.* Porrón.
port [pɔr(t)] *m.* Puerto. *2* Porte. *3 pl.* Portes.
porta [pɔ́rtə] *f.* Puerta. ‖ ***Tancar la ~ al nas,*** dar con la puerta en las narices. ‖ ***Cop de ~,*** portazo.
portaavions [pɔ́rtəβións] *m.* Portaaviones.
portabandera [pɔ̣rtəβəndérə] *m.* Abanderado.
portabugia [pɔ̣rtəβuʒíə] *m.* Palmatoria.
portacigarretes [pɔ̣rtəsiɣərrɛ́təs] *m.* Pitillera.
portada [purtáðə] *f.* Portada.
portador, -ra [purtəðó, -rə] *a., m.-f.* Portador.
portadora [purtəðórə] *f.* Aportadera.
portaescuradents [pɔ̣rtəskurəðéns] *m.* Palillero.
portal [purtál] *m.* Portal, portalón.
portalada [purtəláðə] *f.* Portada, portalada.
portaló [purtəló] *m.* Portalón.
portamonedes [pɔ̣rtəmunɛ́ðəs] *m.* Monedero, portamonedas. *2* Bolso.
portanoves [pɔ̣rtənɔ́βəs] *m.* Chivato.
portant [purtán] *m.* Portante.
portar [purtá] *t.* Llevar, traer. *2 prnl.* Portarse, comportarse.
portàtil [purtátil] *a.* Portátil.
portaveu [pɔ̣rtəβɛ́ŭ] *m.-f.* Portavoz, vocero.
portaviandes [pɔ̣rtəβiándəs] *m.* Fiambrera.
portell [purtéʎ] *m.* Portillo, boquete, brecha. *2* Portilla. ‖ ***A ~,*** al tresbolillo.

portella [purtéʎə] *f.* Portillo. *2* Portezuela.
portent [purtén] *m.* Portento.
portentós, -osa [purtəntós, -ózə] *a.* Portentoso.
porter, -ra [purté, -rə] *m.-f.* Portero.
porteria [purtəriə] *f.* Portería.
pòrtic [pɔ́rtik] *m.* Pórtico.
porticó [purtikó] *m.* Postigo, puertaventana, ventanillo.
porto-riqueny, -nya [purturrikéɲ, -ɲə] *a., m.-f.* Portorriqueño.
portuari, -ària [purtuári, -áriə] *a.* Portuario.
portugués, -esa [purtuɣés, -ézə] *a., m.-f.* Portugués.
poruc, -uga [purúk, -úɣə] *a.* Miedoso, medroso, espantadizo.
porus [pɔ́rus] *m.* Poro.
porxada [purʃáðə] *f.* Conjunto de porches.
porxo [pɔ́rʃu] *m.* Cobertizo. *2* Porche, soportal.
posada [puzáðə] *f.* Posada, aposento, hospedería. *2* LIT. Letrilla.
posar [puzá] *t.-i.-prnl.* Poner, colocar, meter. *2* Posar. ‖ *~ **cura,*** esmerarse. ‖ ***Posar-se de puntetes,*** empinarse.
posat [puzát] *m.* Actitud, ademán.
posició [puzisió] *f.* Posición.
pòsit [pɔ́zit] *m.* Poso, hez, asiento.
positiu, -iva [puzitiŭ, -iβə] *a.* Positivo.
positivisme [puzitiβizmə] *m.* FIL. Positivismo.
positura [pusitúrə] *f.* Postura.
posposar [puspuzá] *t.* Posponer.
posseïdor, -re [pusəiðó, -rə] *a., m.-f.* Poseedor.
posseir [pusəi] *t.-prnl.* Poseer.
possessió [pusəsió] *f.* Posesión. *2* Finca, heredad.
possessionar [pusəsiuná] *t.-prnl.* Posesionar.
possessiu, -iva [pusəsiŭ, -iβə] *a.* Posesivo.
possessor, -ra [pusəsó, -rə] *a., m.-f.* Posesor.
possibilitar [pusiβilitár] *t.* Posibilitar.
possibilitat [pusiβilitát] *f.* Posibilidad.
possible [pusibblə] *a.* Posible, hacedero, dable.
post [pɔ́s(t)] *m.* MIL. Puesto.
post [pɔs(t)] *f.* Tabla (de madera).
posta [pɔ́stə] *f.* Posta. *2* Ocaso, puesta. ‖ ***A ~,*** adrede. ‖ ***A la ~,*** al acecho. ‖ ***~ en marxa,*** puesta en marcha.
postal [pustál] *a.-f.* Postal.
postdata [puzdátə] *f.* Posdata, postdata.
postergar [pustərɣá] *t.* Postergar.
posterior [pustərió(r)] *a.* Posterior, trasero.
posteritat [pustəritát] *f.* Posteridad.
postís, -issa [pustis, -isə] *a.* Postizo.
postor [pustó] *m.* *cast.* Postor.
postrar [pustrá] *t.-prnl.* Postrar.
postrem, -ma [pustrém, -mə] *a.* Postrero.
postres [pɔ́strəs] *f. pl.* Postre.
postulació [pustuləsió] *f.* Postulación.
postulant [pustulán] *a., m.-f.* Postulante.
postular [pustulá] *t.* Postular.
postulat [pustulát] *m.* Postulado.
pòstum, -ma [pɔ́stum, -mə] *a.* Póstumo.
postura [pustúrə] *f.* Postura. *2* Monería. *3 pl.* Remilgos, zalamerías.
posturer, -ra [pusturé, -rə] *a.* Zalamero, remilgado, papelero.
pot [pɔt] *m.* Bote, pote, tarro.
pota [pɔ́tə] *f.* Pata. *2* Pie. *3* Zanca. ‖ ***Ficar la ~,*** meter la pata.
potable [putábblə] *a.* Potable, bebedizo.
potada [putáðə] *f.* Patada, pisada.
potassa [putásə] *f.* QUÍM. Potasa.
potassi [putási] *m.* MINER. Potasio.
potatge [putádʒə] *m.* Potaje.
potència [puténsiə] *f.* Potencia.
potencial [putənsiál] *a.* Potencial.
potent [putén] *a.* Potente.
potentat [putəntát] *m.* Potentado.
poterna [putérnə] *f.* CONSTR. Poterna.
potestat [putəstát] *f.* Potestad, poderío.
potestatiu, -iva [putəstətiŭ, -iβə] *a.* Potestativo.
potinejar [putinəʒá] *t.-i.* Manosear. *2* Chapucear.
potiner, -ra [putiné, -rə] *a.* Chapucero, sucio, cochino.
potineria [putinəriə] *f.* Chapucería, suciedad, porquería, cochinada.
potinga [putiŋgə] *f.* Potingue, mejunje. *2* Pócima.
poti-poti [pɔtipɔ́ti] *m.* Batiborrillo, baturrillo, revoltijo.
pòtol [pɔ́tul] *m.* Golfo, vagabundo, zamacuco.
potser [putsé] *adv.* Quizá, quizás, acaso, tal vez.
pou [póŭ] *m.* Pozo.
pràctic, -ca [práktik, -kə] *a., m.-f.* Práctico. *2 f.* Práctica.
practicable [prəktikábblə] *a.* Practicable.
practicant [prəktikán] *a., m.-f.* Practicante.
practicar [prəktiká] *t.* Practicar.
prada [práðə] *f.* Pradería, pradera.
praderia [prəðəriə] *f.* Pradería, pradera.
pragmàtic, -ca [prəgmátik, -kə] *a.* Pragmático. *2 f.* Pragmática.
prat [prat] *m.* Prado.
preàmbul [prəámbul] *m.* Preámbulo.
prear [preá] *t.* Preciar, evaluar. *2 prnl.* Preciarse, ufanarse.

prebenda [prəβéndə] *f.* Prebenda.
prebendat [prəβəndát] *m.* Prebendado.
prebost [prəβɔ́s(t)] *m.* Preboste.
prec [prek] *m.* Ruego. *2 pl.* Preces.
precari, -ària [prəkári, -áriə] *a.* Precario.
precaució [prəkəŭsió] *f.* Precaución.
precedència [prəsəðɛ́nsiə] *f.* Precedencia.
precedent [prəsəðén] *a.* Precedente.
precedir [prəsəði] *t.* Preceder.
precepte [prəséptə] *m.* Precepto.
preceptiu, -iva [prəseptiu, -iβə] *a.* Preceptivo. *2 f.* Preceptiva.
preceptor, -ra [prəsəptó, -rə] *m.-f.* Preceptor, ayo.
preceptuar [prəsəptuá] *t.* Preceptuar.
precessió [prəsəsió] *f.* Precesión.
precintar [prəsintá] *t.* Precintar.
precinte [prəsintə] *m.* Precinto.
preciós, -osa [presiós, -ózə] *a.* Precioso.
preciosisme [prəsiuzizmə] *m.* Preciosismo.
preciositat [prəsiuzitát] *f.* Preciosidad.
precipici [prəsipisi] *m.* Precipicio, despeñadero.
precipitació [prəsipitəsió] *f.* Precipitación.
precipitant [prəsipitán] *a.-m.* Precipitante.
precipitar [prəsipitá] *t.-prnl.* Precipitar.
precipitat, -ada [prəsipitát, -áðə] *a.-m.* Precipitado.
precís, -isa [prəsis, -izə] *a.* Preciso. *2* Certero.
precisar [prəsizá] *t.* Precisar.
precisió [prəsizió] *f.* Precisión.
precitat, -ada [prəsitát, -áðə] *a.* Precitado.
preclar, -ra [prəklá, -rə] *a.* Preclaro, esclarecido.
precoç [prəkós] *a.* Precoz.
precocitat [prəkusitát] *f.* Precocidad.
preconitzar [prəkunidzá] *t.* Preconizar.
precursor, -ra [prekursó, -órə] *a., m.-f.* Precursor.
predecessor, -ra [prəðəsəsó, -rə] *m.-f.* Predecesor.
predestinació [prəðəstinəsió] *f.* Predestinación.
predestinar [prəðəstiná] *t.* Predestinar.
predeterminar [prəðətərminá] *t.* Predeterminar.
predi [prɛ́ði] *m.* Predio.
prèdica [prɛ́ðikə] *f.* Prédica, plática, sermón.
predicació [prəðikəsió] *f.* Predicación.
predicador, -ra [prəðikəðó, -rə] *a.* Predicador.
predicament [prəðikəmén] *m.* Predicamento.
predicar [prəðiká] *t.* Predicar, platicar.
predicat [prəðikát] *m.* Predicado.
predicció [prəðiksió] *f.* Predicción.
predicot [prəðikɔ́t] *m.* fam. Soflama.
predilecció [prəðiləksió] *f.* Predilección.
predilecte, -ta [prəðilɛ́ktə, -tə] *a.* Predilecto.
predir [prəði] *t.* Predecir. ¶ CONJUG. como ***dir***.
predisposar [prəðispuzá] *t.* Predisponer.
predisposició [prəðispuzisió] *f.* Predisposición.
predominar [prəðuminá] *i.* Predominar.
predomini [prəðumini] *m.* Predominio.
preeminència [prəəminɛ́nsiə] *f.* Preeminencia.
preeminent [prəəminén] *a.* Preeminente.
preestablir [prəəstəbbli] *t.* Preestablecer.
preexistent [prəəgzistén] *a.* Preexistente.
prefaci [prəfási] *m.* Prefacio.
prefecte [prəféktə] *m.* Prefecto.
prefectura [prəfəktúrə] *f.* Prefectura, jefatura.
preferència [prəfərɛ́nsiə] *f.* Preferencia.
preferent [prəfərén] *a.* Preferente.
preferible [prəfəribblə] *a.* Preferible.
preferir [prəfəri] *t.* Preferir.
prefix [prəfiks] *m.* Prefijo.
pregadéu [prɛɣəðéŭ] *m.* ENTOM. Santateresa. *2* Reclinatorio.
pregar [prəɣá] *t.* Rogar, rezar.
pregària [prəɣáriə] *f.* Plegaria.
pregó [prəɣó] *m.* Pregón.
pregon, -na [prəɣón, -nə] *a.* Profundo, hondo.
pregonar [prəɣuná] *i.* Pregonar.
pregoner [prəɣuné] *m.* Pregonero.
pregonesa [prəɣunɛ́zə] *f.* Hondura.
pregunta [prəɣúntə] *f.* Pregunta.
preguntaire [prəɣuntáĭrə] *a., m.-f.* Preguntón.
preguntar [prəɣuntá] *t.* Preguntar.
prehistòria [prəistɔ́riə] *f.* Prehistoria.
prejudici [prəʒudísi] *m.* Prejuicio.
prejutjar [prəʒudʒá] *t.* Prejuzgar.
prelació [prələsió] *f.* Prelación.
prelat [prəlát] *m.* Prelado.
preliminar [prəliminá(r)] *a.* Preliminar.
preludi [prəlúði] *m.* Preludio.
preludiar [prəluðiá] *i.-t.* Preludiar.
prematur, -ra [prəmətúr, -rə] *a.* Prematuro.
prematuritat [prəməturitát] *f.* Prematuridad.
premeditació [prəməðitəsió] *f.* Premeditación.
premeditar [prəməðitá] *t.* Premeditar.
prémer [prémə] *t.* Apretar, estrujar.
premi [prɛ́mi] *m.* Premio.

premiar [prəmiá] *t.* Premiar.
premissa [prəmísə] *f.* Premisa.
premsa [prémsə] *f.* Prensa.
premsar [prəmsá] *t.* Prensar.
premsat [prəmsát] *m.* Prensado.
premsista [prəmsístə] *m.* Prensista.
prendre [péndrə] *t.-i.-prnl.* Tomar. *2* Prender. *3* Quitar. *4* *prnl.* Cuajar. ‖ ~ **-s'ho a la fresca,** tumbarse a la bartola. ¶ CONJUG. GER.: ***prenent.*** ‖ P. P.: ***pres.*** ‖ INDIC. Pres.: ***prenc.*** ‖ SUBJ. Pres.: ***prengui,*** etc. | Imperf.: ***prengués,*** etc.
prènsil [prénsil] *a.* Prensil.
prensió [prənsió] *f.* Prensión.
prenyar [prəɲá] *t.* Preñar.
prenyat, -ada [prəɲát, -áðə] *a.* Preñado. *2* *m.* Preñado, preñez.
prenys [prɛŋs] *a.* Preñada.
preocupació [prəukupəsió] *f.* Preocupación.
preocupar [prəukupá] *t.-prnl.* Preocupar, apurarse.
preparació [prəpərəsió] *f.* Preparación.
preparar [prəpərá] *t.-prnl.* Preparar.
preparat [prəpərát] *m.* Preparado.
preparatiu, -iva [prəpərətíŭ, -íβə] *a.* Preparativo. *2* *m. pl.* Preparativos.
preparatori, -òria [prəpərətɔ́ri, -ɔ́riə] *a.* Preparatorio.
preponderància [prəpundəránsiə] *f.* Preponderancia.
preponderar [prəpundərá] *i.* Preponderar.
preposició [prəpuzisió] *f.* Preposición.
prepotent [prəputén] *a.* Prepotente.
prepuci [prəpúsi] *m.* ANAT. Prepucio.
prerrogativa [prərruɣətíβə] *f.* Prerrogativa.
pres, -sa [prɛs, -zə] *a., m.-f.* Preso.
presa [prézə] *f.* Presa, apresamiento. *2* Toma, tomadura.
presagi [prəzáʒi] *m.* Presagio.
presagiar [prəzəʒiá] *t.* Presagiar.
presbiterat [prəzβitərát] *m.* Presbiterado.
presbiteri [prəzβitéri] *m.* Presbiterio.
presbiterià, -ana [prəzβitəriá, -ánə] *a., m.-f.* Presbiteriano.
presciència [prəsiénsiə] *f.* Presciencia.
prescindir [prəsindí] *i.* Prescindir.
prescripció [prəskripsió] *f.* Prescripción.
prescriure [prəskríŭrə] *t.-i.* Prescribir. ¶ CONJUG. como ***escriure.***
presència [prəzénsiə] *f.* Presencia, enjundia.
presenciar [prəzənsiá] *t.* Presenciar.
present [prəzén] *m.* Presente.
presentació [prəzəntəsió] *f.* Presentación.
presentar [prəzəntá] *t.* Presentar, deparar. *2* *prnl.* Personarse, presentarse.
preservació [prəzərβəsió] *f.* Preservación.
preservar [prəzərβá] *t.* Preservar.
preservatiu, -iva [prəzərβətíŭ, -íβə] *a.-m.* Preservativo.
presidència [prəziðénsiə] *f.* Presidencia.
presidencial [prəziðənsiál] *a.* Presidencial.
president, -ta [prəziðén, -tə] *m.-f.* Presidente.
presidi [prəzíði] *m.* Presidio.
presidiari [prəziðiári] *m.* Presidiario.
presidir [prəziðí] *t.* Presidir.
presó [prəzó] *f.* Cárcel, prisión.
presoner, -ra [prəzuné, -rə] *m.-f.* Prisionero.
pressa [présə] *f.* Prisa, tropel, premura, apuro. ‖ ***De*** ~, aprisa.
préssec [présək] *m.* Melocotón, durazno.
presseguer [prəsəɣé] *m.* BOT. Melocotonero.
pressentiment [prəsəntimén] *m.* Presentimiento.
presentir [prəsəntí] *t.* Presentir. ¶ CONJUG. INDIC. Pres.: ***pressent.***
pressió [prəsió] *f.* Presión.
pressuposar [prəsupuzá] *t.* Presuponer.
pressupost [prəsupɔ́s(t)] *m.* Presupuesto.
prest, -ta [prɛs(t), -tə] *a.* Presto, pronto.
prestació [prəstəsió] *f.* Prestación.
prestador, -ra [prəstəðó, -rə] *a., m.-f.* Prestamista.
prestar [prəstá] *t.-prnl.* Prestar.
prestatge [prəstádʒə] *m.* Anaquel, estante.
préstec [préstək] *m.* Préstamo.
prestesa [prəstézə] *f.* Presteza.
prestidigitació [prəstiðiʒitəsió] *f.* Prestidigitación.
prestidigitador, -ra [prəstiðiʒitəðó, -rə] *m.-f.* Prestidigitador.
prestigi [prəstíʒi] *m.* Prestigio.
prestigiós, -osa [prəstiʒiós, -ózə] *a.* Prestigioso.
presumir [prəzumí] *t.-i.* Presumir.
presumit, -ida [prəzumít, -íðə] *a.* Presumido, encopetado, pinturero.
presumpció [prəzumsió] *f.* Presunción. *2* Postín.
presumpte, -ta [prəzúmtə, -tə] *a.* Presunto.
presumptuós, -osa [prəzuntuós, -ózə] *a.* Presuntuoso, engolado, pinturero.
presumptuositat [prəzumtuuzitát] *f.* Presuntuosidad. *2* Copete.
pretendent, -ta [prətəndén, -tə] *m.-f.* Pretendiente.
pretendre [prəténdrə] *t.-i.* Pretender. ¶ CONJUG. como ***atendre.***
pretensió [prətənsió] *f.* Pretensión.

pretensiós, -osa [prətənsiós, -ózə] *a.* Presuntuoso.
preterició [prətərisió] *f.* Preterición.
preterir [prətəri] *t.* Preterir.
pretèrit, -ta [prətέrit, -tə] *a.* Pretérito.
pretext [prətéks(t)] *m.* Pretexto, socapa.
pretextar [prətəkstá] *t.* Pretextar.
pretor [prətó] *m.* Pretor.
pretori [prətɔ́ri] *m.* Pretorio.
pretorià, -ana [prəturiá, -ánə] *a.* Pretoriano.
preu [prέŭ] *m.* Precio. ‖ ***A tot ~,*** a toda costa. ‖ ***~ fet,*** destajo. ‖ ***A cap ~,*** tirado.
preuar [prəwá] *t.* Valuar.
prevaler [prəβəlέ] *i.-prnl.* Prevalecer. ¶ Conjug. como ***valer.***
prevaricació [prəβərikəsió] *f.* Prevaricación.
prevaricar [prəβəriká] *i.* Prevaricar.
prevenció [prəβənsió] *f.* Prevención, retén.
prevenir [prəβəni] *t.-prnl.* Prevenir, precaver. ¶ Conjug. como ***abstenir-se.***
preventiu, -iva [prəβəntiŭ, -iβə] *a.* Preventivo.
prevere [prəβérə] *m.* Presbítero.
preveure [prəβéŭrə] *t.* Prever. ¶ Conjug. como ***veure.***
previ, -èvia [prέβi, -έβiə] *a.* Previo.
previsió [prəβizió] *f.* Previsión.
previsor, -ra [prəβizó, -rə] *a.* Previsor.
prim, -ma [prim, -mə] *a.* Delgado, fino, sutil, escaso.
prima [primə] *f.* Prima.
primacia [priməsiə] *f.* Primacía.
primari, -ària [primári, -áriə] *a.* Primario.
primat [primát] *m.* Primado.
primats [primáts] *m. pl.* zool. Primates.
primavera [priməβérə] *f.* Primavera.
primaveral [priməβərál] *a.* Primaveral.
primer, -ra [primé, -rə] *a.* Primero. *2* Primo. ‖ ***Nombre ~,*** número primo. ‖ ***De primera,*** de primera, de perilla.
primerament [primẹrəmén] *adv.* En primer lugar, primeramente, primo.
primerenc, -ca [primərέŋ, -kə] *a.* Temprano, tempranero.
primícia [primisiə] *f.* Primicia.
primitiu, -iva [primitiŭ, -iβə] *a.* Primitivo, prístino.
primitivisme [primitiβizmə] *m.* Primitivismo.
primmirat, -ada [primmirát, -áðə] *a.* Remirado, modoso, comedido, quisquilloso.
primogènit, -ta [primuʒέnit, -tə] *a., m.-f.* Primogénito, mayorazgo.
primogenitura [primuʒənitúrə] *f.* Primogenitura, mayorazgo.
primor [primó] *f.* Delgadez.
primordial [primurðiál] *a.* Primordial.
primoter, -ra [primuté, -rə] *a.* Primoroso.
primparat, -ada [primpərát, -áðə] *a.* Caedizo, endeble.
príncep [prinsəp] *m.* Príncipe.
princesa [prinsέzə] *f.* Princesa.
principal [prinsipál] *a.* Principal.
principat [prinsipát] *m.* Principado.
principesc, -ca [prinsipέsk, -kə] *a.* Principesco.
principi [prinsipi] *m.* Principio.
principiant [prinsipián] *a., m.-f.* Principiante.
principiar [prinsipiá] *t.* Principiar.
prior, -ra [prió, -rə] *m.-f.* Prior.
priorat [priurát] *m.* Priorato.
prioritat [priuritát] *m.* Prioridad.
prisar [prizá] *t.* Plisar, tronzar.
prisma [prizmə] *m.* Prisma.
prismàtic, -ca [prizmátik, -kə] *a., m.-f.* Prismático.
privació [priβəsió] *f.* Privación.
privadesa [priβəðέzə] *f.* Privanza.
privar [priβá] *t.-i.-prnl.* Privar, impedir. *2* Privar (tener privanza). *3* Abstenerse, privarse.
privat, -ada [priβát, -áðə] *a.* Privado. *2 f.* Retrete.
privatiu, -iva [priβətiu, -iβə] *a.* Privativo.
privilegi [priβilέʒi] *m.* Privilegio.
privilegiat, -ada [priβiləʒiát, -áðə] *a.* Privilegiado.
pro [prɔ] *m.* Pro. ‖ ***El ~ i el contra,*** el pro y el contra.
proa [próə] *f.* náut. Proa.
probabilitat [pruβəβilitát] *f.* Probabilidad.
probable [pruβábblə] *a.* Probable.
probatori, -òria [pruβətɔ́ri, -ɔ́riə] *a.* Probatorio.
probitat [pruβitát] *f.* Probidad.
problema [pruβlέmə] *m.* Problema.
problemàtic, -ca [pruβləmátik, -kə] *a.* Problemático. *2 f.* Problemática.
probiscidis [prubisiðis] *m. pl.* zool. Proboscidios.
procaç [prukás] *a.* Procaz, chocarrero.
procacitat [prukəsitát] *f.* Procacidad, chocarrería.
procedència [prusəðénsiə] *f.* Procedencia.
procedent [prusəðén] *a.* Procedente.
procediment [prusəðimén] *m.* Procedimiento.
procedir [prusəði] *i.* Proceder.
pròcer [prɔ́sər] *m.* Prócer, primate.
procés [prusés] *m.* Proceso.
processar [prusəsá] *t.* Procesar.
processional [prusəsiunál] *a.* Procesional

processó [prusəsó] *f.* Procesión.
proclama [pruklámə] *f.* Proclama.
proclamació [prukləməsió] *f.* Proclamación.
proclamar [prukləmá] *t.* Proclamar.
procònsol [prokɔ́nsul] *m.* Procónsul.
procrear [prukreá] *t.* Procrear.
procurador [prukurəðó] *m.* Procurador.
procurar [prukurá] *t.* Procurar.
pròdig, -ga [prɔ́ðik, -ɣə] *a.* Pródigo.
prodigalitat [pruðiɣəlitát] *f.* Prodigalidad.
prodigar [pruðiɣá] *t.* Prodigar.
prodigi [pruðíʒi] *m.* Prodigio.
prodigiós, -osa [pruðiʒiós, -ózə] *a.* Prodigioso.
producció [pruðuksió] *f.* Producción.
producte [pruðúktə] *m.* Producto, granjería.
productiu, -iva [proðuktíu, -íβə] *a.* Productivo.
productor, -ra [pruðuktó, -rə] *a., m.-f.* Productor.
produir [pruðuí] *t.-prnl.* Producir.
proemi [pruέmi] *m.* Proemio.
proesa [pruέzə] *f.* Proeza, hazaña.
profà, -ana [prufá, -ánə] *a.* Profano.
profanació [prufənəsió] *f.* Profanación.
profanar [prufəná] *t.* Profanar.
profecia [prufəsíə] *f.* Profecía.
proferir [prufərí] *t.* Proferir, pronunciar.
profés, -essa [prufés, -ésə] *a.* Profeso.
professar [prufəsá] *t.* Profesar.
professió [prufəsió] *f.* Profesión.
professional [prufəsiunál] *a.* Profesional.
professor, -ra [prufəsó, -rə] *m.-f.* Profesor.
professorat [prufəsurát] *m.* Profesorado.
profeta [prufétə] *m.* Profeta.
profetessa [prufətέsə] *f.* Profetisa.
profètic, -ca [prufétik, -kə] *a.* Profético.
profetitzar [prufətidzá] *t.* Profetizar.
profit [prufít] *m.* Provecho, granjería.
profitós, -osa [prufitós, -ózə] *a.* Provechoso.
pròfug, -ga [prɔ́fuk, -ɣə] *a., m.-f.* Prófugo.
profund, -da [prufún, -də] *a.* Profundo.
profunditat [prufunditát] *f.* Profundidad.
profunditzar [prufundidzá] *t.* Profundizar.
profús, -usa [prufús, -úzə] *a.* Profuso.
profusió [prufuzió] *f.* Profusión.
progènie [pruʒέniə] *f.* Progenie.
progenitor [pruʒənitó] *m.* Progenitor.
programa [pruɣrámə] *m.* Programa.
progrés [pruɣrés] *m.* Progreso, medro.
progressar [pruɣrəsá] *i.* Progresar.
progressió [pruɣrəsió] *f.* Progresión.
progressista [pruɣrəsístə] *m.-f.* Progresista.
progressiu, -iva [pruɣrəsíŭ, -íβə] *a.* Progresivo.
prohibició [pruiβisió] *f.* Prohibición.
prohibir [pruiβí] *t.* Prohibir.
prohom [pruɔ́m] *m.* Prohombre.
proïsme [pruízmə] *m.* Prójimo.
projecció [pruʒəksió] *f.* Proyección.
projectar [pruʒəktá] *t.* Proyectar.
projecte [pruʒéktə] *m.* Proyecto.
projectil [pruʒəktíl] *m.* Proyectil.
prole [prɔ́lə] *f.* Prole.
pròleg [prɔ́lək] *m.* Prólogo.
proletari, -ària [prulətári, -áriə] *m.-f.* Proletario.
proletariat [prulətəriát] *m.* Proletariado.
proliferació [prulifərəsió] *f.* Proliferación.
prolífic, -ca [prulífik, -kə] *a.* Prolífico.
prolix, -ixa [prulíks, -íksə] *a.* Prolijo.
prologar [pruluɣá] *t.* Prologar.
prolongació [pruluŋgəsió] *f.* Prolongación.
prolongar [pruluŋgá] *t.* Prolongar.
promès, -esa [prumέs, -έzə] *m.-f.* Prometido, novio.
promesa [prumέzə] *f.* Promesa.
prometatge [prumətádʒə] *m.* Noviazgo, esponsales.
prometedor, -ra [prumətəðó, -rə] *a.* Prometedor.
prometença [prumətέnsə] *f.* Promesa.
prometre [prumέtrə] *t.-prnl.* Prometer. ¶ CONJUG. P. P.: ***promès.***
prominència [pruminέnsiə] *f.* Prominencia.
prominent [pruminén] *a.* Prominente.
promiscuïtat [prumiskuitát] *f.* Promiscuidad.
promissió [prumisió] *f.* Promisión.
promoció [prumusió] *f.* Promoción.
promontori [prumuntɔ́ri] *m.* Promontorio.
promotor, -ra [prumutó, -rə] *a., m.-f.* Promotor.
promoure [prumɔ́ŭrə] *t.* Promover. ¶ CONJUG. como ***moure.***
promptament [promtəmén] *adv.* Presto.
prompte, -ta [promtə, -tə] *a.* Pronto, presto.
promptitud [prumtitút] *f.* Prontitud.
promulgació [prumulɣəsió] *f.* Promulgación.
promulgar [prumulɣá] *t.* Promulgar.
pronom [prunɔ́m] *m.* Pronombre.
pronominal [prunuminál] *a.* Pronominal.
pronòstic [prunɔ́stik] *m.* Pronóstico. ‖ ***De*** ~, de cuidado.
pronosticar [prunustiká] *t.* Pronosticar.
pronunciació [prununsiəsió] *f.* Pronunciación.

pronunciament [prununsiəmén] *m.* Pronunciamiento.
pronunciar [prununsiá] *t.-prnl.* Pronunciar. *2* Fallar.
prop [prɔp] *adv.* Cerca. ‖ ~ ***de,*** junto a.
propagació [prupəɣəsió] *f.* Propagación.
propaganda [prupəɣándə] *f.* Propaganda.
propagar [prupəɣá] *t.-prnl.* Propagar.
propalar [prupəlá] *t.* Propalar.
propendir [prupəndí] *i.* Propender.
propens, -sa [prupέns, -sə] *a.* Propenso.
propensió [prupənsió] *f.* Propensión.
proper, -ra [prupé, -rə] *a.* Cercano, próximo.
propi, -òpia [prɔ́pi, -ɔ́piə] *a.* Propio. *2 m.* Enviado.
propici, -ícia [prupísi, -ísiə] *a.* Propicio.
propiciar [prupisiá] *t.* Propiciar.
propiciatori, -òria [prupisiətɔ́ri, -ɔ́riə] *a.* Propiciatorio.
propietari, -ària [prupiətári, -áriə] *m.-f.* Propietario.
propietat [prupiətát] *f.* Propiedad.
propina [prupínə] *f.* Propina.
propinar [prupiná] *t.* Propinar.
propinc, -ínqua [prupíŋ, íŋkuə] *a.* Propincuo.
proponent [prupunén] *a., m.-f.* Proponente.
proporció [prupursió] *f.* Proporción.
proporcional [prupursiunál] *a.* Proporcional.
proporcionar [prupursiuná] *t.-prnl.* Proporcionar.
proposar [prupuzá] *t.-prnl.* Proponer.
proposició [prupuzisió] *f.* Proposición.
propòsit [prupɔ́zit] *m.* Propósito.
proposta [prupɔ́stə] *f.* Propuesta.
propugnar [prupuŋná] *t.* Propugnar.
propulsar [prupulsá] *t.* Propulsar.
propulsor, -ra [prupulsó, -rə] *a., m.-f.* Propulsor.
pròrroga [prɔ́rruɣə] *f.* Prórroga.
prorrogar [prurruɣá] *t.* Prorrogar.
prorrompre [prurrómprə] *i.* Prorrumpir.
prosa [prɔ́zə] *f.* Prosa.
prosaic, -ca [pruzáĭk, -kə] *a.* Prosaico.
prosàpia [pruzápiə] *f.* Prosapia.
prosceni [prusέni] *m.* Proscenio.
proscripció [pruskripsió] *f.* Proscripción.
proscrit, -ta [pruskrít, -tə] *a., m.-f.* Proscrito.
proscriure [pruskriŭrə] *t.* Proscribir. ¶ CONJUG. como ***escriure.***
prosèlit [pruzέlit] *m.* Prosélito.
proselitisme [pruzəlitízmə] *m.* Proselitismo.
prosista [pruzístə] *m.-f.* Prosista.
prosòdia [pruzɔ́ðiə] *f.* Prosodia.
prosòdic, -ca [pruzɔ́ðik, -kə] *a.* Prosódico.
prosopopeia [pruzupupέjə] *f.* Prosopopeya.
prospecte [pruspέktə] *m.* Prospecto.
pròsper, -ra [prɔ́spər, -rə] *a.* Próspero, boyante.
prosperar [pruspərá] *t.-i.* Prosperar, medrar.
prosperitat [pruspəritát] *f.* Prosperidad.
prossecució [prusəkusió] *f.* Prosecución.
prosseguir [prusəɣí] *t.* Proseguir.
pròstata [prɔ́stətə] *f.* ANAT. Próstata.
prosternar-se [prustərnársə] *prnl.* Postrarse, prosternarse.
prostitució [prustitusió] *f.* Prostitución.
prostituir [prustituí] *t.* Prostituir.
prostració [prustrəsió] *f.* Postración.
prostrar [prustrá] *t.-prnl.* Postrar.
protagonista [prutəɣunístə] *m.-f.* Protagonista.
protecció [prutəksió] *f.* Protección.
proteccionisme [prutəksiunízmə] *m.* Proteccionismo.
protector, -ra [prutəktó, -rə] *a., m.-f.* Protector.
protectorat [prutəkturát] *m.* Protectorado.
protegir [prutəʒí] *t.* Proteger, respaldar.
proteïna [prutəínə] *f.* Proteína.
protesta [prutέstə] *f.* Protesta.
protestant [prutəstán] *a., m.-f.* Protestante.
protestantisme [prutəstəntízmə] *m.* Protestantismo.
protestar [prutəstá] *t.-i.* Protestar.
protó [prutó] *m.* FÍS. Protón.
protocol [prutukɔ́l] *m.* Protocolo.
protomàrtir [prutumártir] *m.* Protomártir.
protoplasma [prutuplázmə] *m.* Protoplasma.
prototipus [prututípus] *m.* Prototipo.
protuberància [prutuβəránsiə] *f.* Protuberancia.
prou [prɔŭ] *adv.-a.* Bastante, harto. ‖ ***Prou!,*** ¡basta!
prova [prɔ́βə] *f.* Prueba.
provable [pruβábblə] *a.* Probable.
provar [pruβá] *t.* Probar.
provecte, -ta [pruβέktə, -tə] *a.* Provecto.
proveïdor, -ra [pruβəiðó, -rə] *a., m.-f.* Proveedor, provisor.
proveir [pruβəí] *t.-i.* Proveer.
Provença [pruβέnsə] *n. pr.* Provenza.
provençal [pruβənsál] *a., m.-f.* Provenzal.
provenir [pruβəní] *t.* Provenir. ¶ CONJUG. como ***abstenir-se.***
proverbi [pruβέrβi] *m.* Proverbio.
proverbial [pruβərβiál] *a.* Proverbial.

proveta [pruβétə] *f.* Probeta.
providència [pruβiðénsiə] *f.* Providencia.
providencial [pruβiðənsiál] *a.* Providencial.
provident [pruβiðén] *a.* Providente.
província [pruβinsiə] *f.* Provincia.
provincià, -ana [pruβinsiá, -ánə] *a.* Provinciano.
provincial [pruβinsiál] *a.* Provincial.
provisió [pruβizió] *f.* Provisión, acopio.
provisional [pruβiziunál] *a.* Provisional.
provisor [pruβizó] *m.* Provisor.
provocació [pruβukəsió] *f.* Provocación.
provocar [pruβuká] *t.* Provocar.
provocatiu, -iva [pruβukətiŭ, -iβə] *a.* Provocativo.
pròxim, -ma [prɔ́ksim, -mə] *m.* Próximo, propincuo, cercano.
proximitat [pruksimitát] *f.* Proximidad, cercanía.
prudència [pruðénsiə] *f.* Prudencia.
prudencial [pruðənsiál] *a.* Prudencial.
prudent [pruðén] *a.* Prudente, cuerdo.
pruïja [pruíʒə] *f.* Prurito, comezón, picazón. *2* Empeño.
pruna [prúnə] *f.* BOT. Ciruela.
pruner [prunė] *m.* BOT. Ciruelo.
prunera [prunérə] V. PRUNER.
prussià, -ana [prusiá, -ánə] *a., m.-f.* Prusiano.
pseudònim [(p)seŭðɔ́nim] *a.-m.* Seudónimo.
psicoanàlisi [(p)sikuənálizi] *f.* Psicoanálisis.
psicòleg [(p)sikɔ́lək] *m.* Psicólogo.
psicologia [(p)sikuluʒíə] *f.* Psicología.
psicosi [(p)sikɔ́zi] *f.* Psicosis.
psiquiatre [(p)sikiátrə] *m.* Psiquiatra.
psiquiatria [(p)sikiətríə] *f.* Psiquiatría.
psíquic, -ca [(p)síkik, -kə] *a.* Psíquico.
pua [púə] *f.* Púa. *2* Huso.
púber [púβər] *a.* Púber.
pubertat [puβərtát] *f.* Pubertad.
pubilla [puβíʎə] *f.* Mayorazga.
pubis [púβis] *m.* ANAT. Pubis.
públic, -ca [púbblik, -kə] *a.* Público.
publicà [pubbliká] *m.* Publicano.
publicació [pubblikəsió] *f.* Publicación.
publicar [pubbliká] *t.* Publicar.
publicista [pubblisístə] *m.-f.* Publicista.
publicitat [pubblisitát] *f.* Publicidad.
puça [púsə] *f.* ENTOM. Pulga.
pudent [puðén] *a.* Maloliente, hediondo, apestoso.
pudibund, -da [puðiβún, -də] *a.* Pudibundo.
púdic, -ca [púðik, -kə] *a.* Púdico, recatado.
pudicícia [puðisísiə] *f.* Pudicicia, recato.
pudir [puðí] *i.* Heder, apestar. ¶ CONJUG. INDIC. Pres.: ***puts, put.***
pudor [puðó] *m.* Pudor. *2* Peste, hediondez, hedor. ‖ ***Fer ~;*** oler mal.
pudorós, -osa [puðurós, -ózə] *a.* Pudoroso.
puericultura [puərikultúrə] *f.* Puericultura.
pueril [puəríl] *a.* Pueril.
puerilitat [puərilitát] *f.* Puerilidad.
puf [puf] *m.* Onomatopeya que imita el ruido del choque de un cuerpo blando. *2* Taburete acolchado.
púgil [púʒil] *m.* Púgil.
pugilat [puʒilát] *m.* Pugilato.
pugna [púŋnə] *f.* Pugna.
pugnar [puŋná] *i.* Pugnar.
pugó [puɣó] *m.* ENTOM. Pulgón.
puig [putʃ] *m.* Altozano, cerro.
puix [puʃ] *conj.* arc. Pues. ‖ ***~ que,*** puesto que.
puixança [puʃánsə] *f.* Pujanza, brío.
puixant [puʃán] *a.* Pujante, brioso.
puja [púʒə] *f.* Subida, alza. *2* Puja, medro.
pujada [puʒáðə] *f.* Subida.
pujar [puʒá] *i.-t.* Subir, montar, encaramar.
pujat, -ada [puʒát, -áðə] *a.* Subido.
pujol [puʒɔ́l] *m.* Colina, mogote, cabezo.
pulcre, -cra [púlkrə, -krə] *a.* Pulcro.
pulcritud [pulkritút] *f.* Pulcritud.
pulla [púʎə] *f.* Pulla.
pul·lular [pululá] *i.* Pulular, verbenear.
pulmó [pulmó] *m.* ANAT. Pulmón.
pulmonar [pulmuná(r)] *a.* Pulmonar.
pulmonia [pulmuníə] *f.* MED. Pulmonía.
pulsació [pulsəsió] *f.* Pulsación.
pulverulent, -ta [pulβərulén, -tə] *a.* Pulverulento.
pum! [pum] *m.* ¡Pum!
puma [púmə] *m.* ZOOL. Puma.
punció [punsió] *f.* Punción.
punible [puníbblə] *a.* Punible.
púnic, -ca [púnik, -kə] *a.* Púnico.
punició [punisió] *f.* Punición.
punt [pun] *m.* Punto. *2* Puntillo, pique. *3* Tanto. ‖ ***~ d'honor,*** pundonor.
punta [púntə] *f.* Punta. *2* Encaje, puntilla. *3* Colilla. ‖ ***~ de pica,*** puya. ‖ ***~ d'enllatar,*** bellote. ‖ ***A ~ de dia,*** al amanecer.
puntada [puntáðə] *f.* Puntada. ‖ ***~ de peu,*** puntapié, puntera, puntillazo.
puntaire [puntáĭrə] *f.* Encajera.
puntal [puntál] *m.* Puntal.
puntejar [puntəʒá] *t.* Puntear. *2* Rasguear.
punter [puntė] *m.* Puntero.

puntera [puntérə] *f.* Puntera.
punteria [puntəriə] *f.* ARTILL. Puntería.
puntetes (de) [puntɛ́təs] loc. De puntillas.
puntilla [puntiʎə] *f.* TAUROM. *cast.* Puntilla.
puntós, -osa [puntós, -ózə] *a.* Puntilloso, pundonoroso.
puntuació [puntuəsió] *f.* Puntuación.
puntual [puntuál] *a.* Puntual.
puntualitat [puntuəlitát] *f.* Puntualidad.
puntualitzar [puntuəlidzá] *t.* Puntualizar.
puntuar [puntuá] *t.* Puntuar.
punxa [púnʃə] *f.* Pincho, espina, rancajo, punta. *2* fig. Pena intensa y persistente.
punxada [punʃáðə] *f.* Pinchazo, alfilerazo, punzada.
punxant [punʃán] *a.* Punzante.
punxar [punʃá] *t.-prnl.* Pinchar, punzar, espinar.
punxegut, -uda [punʃəγút, -úðə] *a.* Puntiagudo, picudo.
punxó [punʃó] *m.* Punzón, rejo.
puny [puɲ] *m.* Puño. *2* Muñeca. *3* Empuñadura. || ***Cop de ~,*** puñetazo, puñada.
punyal [puɲál] *m.* Puñal.
punyalada [punɲəláðə] *f.* Puñalada.
punyent [puɲén] *a.* Desgarrador, punzante.
punyida [puɲiðə] *f.* V. PUNXADA.
punyir [puɲi] *t.-prnl.* V. PUNXAR.
pupil, -il·la [pupil, -ilə] *m.-f.* Pupilo. *2 f.* ANAT. Pupila, niña.
pupil·latge [pupiládʒə] *m.* Pupilaje.
pupitre [pupitrə] *m.* Pupitre.
puput [pupút] *f.* ORNIT. Abubilla.
pur, -ra [pur, -rə] *a.* Puro.
puré [puré] *m.* COC. Puré.
puresa [purɛ́zə] *f.* Pureza.
purga [púrγə] *f.* Purga.
purgació [purγəsió] *f.* Purgación.
purgant [purγán] *a.-m.* Purgante.
purgar [purγá] *t.* Purgar.
purgatori [purγətɔ́ri] *m.* Purgatorio.
purificació [purifikəsió] *f.* Purificación.
purificar [purifiká] *t.* Purificar.
purista [puristə] *m.-f.* Purista.
purità, -ana [purità, -ánə] *a., m.-f.* Puritano.
púrpura [púrpurə] *f.* Púrpura.
purpuri, -úria [purpúri, -úriə] *a.* Purpúreo, purpurino.
purpurina [purpurinə] *f.* Purpurina.
púrria [púrriə] *f.* Canalla, hampa.
purulent, -ta [purulén, -tə] *a.* Purulento.
pus [pus] *m.* Pus.
pusil·lànime [puzilánimə] *a.* Pusilánime.
pusil·lanimitat [puzilənimitát] *f.* Pusilanimidad.
pústula [pústulə] *f.* Pústula.
putrefacció [putrəfəksió] *f.* Putrefacción.
putrefacte, -ta [putrəfáctə, -tə] *a.* Putrefacto.
pútrid, -da [pútrit, -ðə] *a.* Pútrido.
putxinel·li [putʃinɛ́li] *m.* Polichinela, títere.

Q

q [ku] *f.* Q.
quadern [kwəðέrn] *m.* Cuaderno. *2* Cuadernillo.
quaderna [kwəðέrnə] *f.* Cuaderna.
quadra [kwáðrə] *f.* Cuadra.
quadragenari, -ària [kwəðrəʒənári, -áriə] *a.* Cuadragenario.
quadrangular [kwəðrəŋgulá(r)] *a.* Cuadrangular.
quadrant [kwəðrán] *m.* Cuadrante.
quadrar [kwəðrá] *t.-i.-prnl.* Cuadrar.
quadrat, -ada [kwəðrát, -áðə] *a.-m.* Cuadrado.
quadratí [kwəðrəti] *m.* Cuadratín.
quadratura [kwəðrətúrə] *f.* Cuadratura.
quadre [kwáðrə] *m.* Cuadro.
quadrícula [kwəðrikulə] *f.* Cuadrícula.
quadricular [kwəðrikulá] *t.* Cuadricular.
quadriga [kwəðriɣə] *f.* Cuadriga.
quadrilàter, -ra [kwəðrilátər, -rə] *a.-m.* Cuadrilátero.
quadrilla [kwəðriʎə] *f.* Cuadrilla.
quadrimotor [kwəðrimutór] *a.-m.* Cuatrimotor.
quadrumà, -ana [kwəðrumá, -ánə] *a.-m.* Cuadrumano.
quadrúpede, -da [kwəðrúpəðə, -ðə] *a.* Cuadrúpedo.
quàdruple, -pla [kwáðruplə, -plə] *a.-m.* Cuádruple.
qual (el, la) [kwal] *a.-pron.-rel.* Cual, el (la) cual. *2* Que, el (la) que. *3* Quien. ‖ ***La ~ cosa,*** lo cual, lo que. ‖ ***El nom del ~,*** cuyo nombre.
qualificació [kwəlifikəsió] *f.* Calificación.
qualificar [kwəlifiká] *t.* Calificar.
qualificat, -ada [kwəlifikát, -áðə] *a.* Calificado.
qualificatiu, -iva [kwəlifikətiŭ, -iβə] *a.* Calificativo.
qualitat [kwəlitát] *f.* Calidad, cualidad. *2 f. pl.* Prendas.
quall [kwaʎ] *m.* Cuajo. *2* Cuajar. *3* Cuajada.
quallada [kwəʎáðə] *f.* Cuajada.
quallar [kwəʎá] *t.* Cuajar, coagular.
qualsevol [kwəlsəβɔ́l] *a.-pron. indef.* Cualquier, cualquiera, quienquiera.
qualsevulla [kwəlsəβúʎə] *a.-pron. indef.* V. QUALSEVOL.
qualssevol [kwəlsəβɔ́l] *a.-pron. indef. pl.* Cualesquier, cualesquiera. *2* Demás.
qualssevulla [kwəlsəβúʎə] *a.-pron. indef. pl.* V. QUALSSEVOL.
quan [kwan] *adv.* Cuando. *2* Cuándo.
quant, -ta [kwan, -tə] *a.-pron.-adv.* Cuanto, cuánto. *2 adv.* Cuán. ‖ ***~ a,*** en cuanto a, respecto a, acerca de.
quantia [kwəntiə] *f.* Cuantía.
quantitat [kwəntitát] *f.* Cantidad.
quantitatiu, -iva [kwəntitətiŭ, -iβə] *a.* Cuantitativo.
quàquer, -ra [kwákər, -rə] *a., m.-f.* Cuáquero.
quaranta [kwərántə] *a.* Cuarenta.
quarantè, -ena [kwərəntέ, -έnə] *a.* Cuadragésimo. *2 a.-m.* Cuarentavo, cuadragésimo.
quarantena [kwərəntέnə] *f.* Cuarentena.
quarantí, -ina [kwərənti, -inə] *a.* Cuarentón.
quaresma [kwərέzmə] *f.* Cuaresma.
quars [kwars] *m.* MINER. Cuarzo.
quart, -ta [kwár(t), -tə] *a.-m.* Cuarto.
quarta [kwártə] *f.* Cuarta.
quartà [kwərtá] *m.* Cuartillo.
quarter [kwərté] *m.* Cuarto. *2* Cuartel.
quartera [kwərtérə] *f.* Cuartera.
quarteró [kwərtəró] *a., m.-f.* Cuarterón (mestizo). *2 m.* Cuarterón (medida).
quartet [kwərtét] *m.* MÚS. Cuarteto. *2* LIT. Cuarteto.
quarteta [kwərtέtə] *f.* LIT. Cuarteta, redondilla.
quartilla [kwərtiʎə] *f.* Cuartilla.
quasi [kwázi] *adv.* Casi, cuasi.
quaternari, -ària [kwətərnári, -áriə] *a.* Cuaternario.

quatre [kwátrə] *a.-m.* Cuatro.
quatre-cents, -tes [kwạtrəséns, -təs] *a.* Cuatrocientos.
que [kə] *pron. rel.* Que, el (la o lo) cual. *2 adv.-a.* Qué, cuán, cuánto. *3 conj.* Que, cuando.
què [kɛ] *pron. interr.* Qué. *2 pron. rel.* (precedido de preposición) Que, lo que, lo cual.
quec, -ca [kɛk, -kə] *a., m.-f.* Tartamudo.
queda [kéðə] *f.* Queda.
quedar [kəðá] *i.-prnl.* Quedar.
quefer [kəfé] *m.* Quehacer.
queixa [kéʃə] *f.* Queja, quejido.
queixal [kəʃál] *m.* Muela, molar. ‖ *~ del seny,* muela del juicio, muela cordal.
queixalada [kəʃəláðə] *f.* Mordisco, mordedura. *2* Piscolabis.
queixalar [kəʃəlá] *t.* Morder.
queixar-se [kəʃársə] *prnl.* Quejarse.
queixós, -osa [kəʃós, -ózə] *a.* Quejoso.
quelcom [kəlkɔ́m] *pron. indef.-adv.* Algo.
quequeig [kəkétʃ] *m.* Tartamudeo.
quequejar [kəkəʒá] *i.* Tartamudear.
quequesa [kəkέzə] *f.* Tartamudez.
querella [kərέʎə] *f.* Querella.
querellant [kərəʎán] *a., m.-f.* Querellante.
querellar-se [kərəʎársə] *prnl.* Querellarse.
querubí [kəruβí] *m.* Querube, querubín.
qüestió [kwəstió] *f.* Cuestión.
qüestionar [kwəstiuná] *i.* Cuestionar.
qüestionari [kwəstiunári] *m.* Cuestionario.
qüestor [kwəstó] *m.* Cuestor.
queviures [kəβiŭrəs] *m. pl.* Víveres, comestibles.
qui [ki] *pron. interr.* Quién. *2 pron. rel.* Quien (o quienes), cual (o cuales). ‖ ***El ~,*** el que, quien.
quid [kit] *m.* Quid.
quídam [kiðəm] *m.* Quídam, fulano.
quiet, -ta [kiét, -tə] *a.* Quieto, quedo. ‖ ***A la quieta,*** callandito.
quietud [kiətút] *f.* Quietud.
quil [kil] *m.* FISIOL. Quilo.
quilla [kiʎə] *f.* MAR. Quilla.
quilo [kilu] *m.* Kilo.
quilogram [kiluɣrám] *m.* Quilogramo, kilogramo.
quilogràmetre [kiluɣrámətrə] *m.* Kilográmetro.
quilòmetre [kilɔ́mətrə] *m.* Kilómetro, quilómetro.
quilovat [kiluβát] *m.* Kilowatio.
quim [kim] *m.* FISIOL. Quimo.
quimera [kimérə] *f.* Quimera. *2* Ansiedad.
quimèric, -ca [kimέrik, -kə] *a.* Quimérico.
químic, -ca [kimik, -kə] *a.* Químico. *2 m.-f.* Químico.
química [kimikə] *f.* Química.
quimono [kimónu] *m.* INDUM. Quimono. Kimono.
quin, -na [kin, -nə] *a. interr.* Qué, cuál.
quina [kinə] *f.* Quina.
quincalla [kiŋkáʎə] *f.* Quincalla.
quincallaire [kiŋkəʎáĭrə] *m.-f.* Quincallero.
quincaller, -ra [kiŋkəʎé, -rə] *m.-f.* Quincallero, buhonero.
quincalleria [kiŋkəʎəriə] *f.* Quincallería.
quiniela [kiniέlə] *f.* Quiniela.
quinina [kininə] *f.* MED. Quinina.
quinquagenari, -ària [kiŋkwəʒənári, -áriə] *a.* Quincuagenario.
quinqué [kiŋké] *m.* Quinqué.
quinquennal [kiŋkənál] *a.* Quinquenal.
quinquenni [kiŋkέni] *m.* Quinquenio.
quint, -ta [kin, -tə] *a.* Quinto. *2 m.* Quinto (soldado).
quinta [kintə] *f.* Quinta.
quintar [kintá] *m.* Quintal.
quintar kintá] *t.* Quintar.
quintern [kintέrn] *m.* Cuadernillo de cinco hojas.
quintet [kintέt] *m.* Quinteto.
quíntuple, -pla [kintuplə, -plə] *a.-m.* Quíntuplo.
quinze [kinzə] *a.-m.* Quince.
quinzè, -ena [kinzέ, -έnə] *a.* Décimoquinto. *2 a.-m.* Quinzavo. *3 f.* Quincena.
quinzenal [kinzənál] *a.* Quincenal.
quiosc [kiɔ́sk] *m.* Kiosko, quiosco.
quiquiriquic [kikirikik] *m.* Quiquiriquí.
quirat [kirát] *m.* Quilate.
quiròfan [kirɔ́fən] *m.* CIR. Quirófano.
quiromància [kirumánsiə] *f.* Quiromancia.
quiromàntic, -ca [kirumántik, -kə] *a.* Quiromántico.
quirúrgic, -ca [kirúrʒik, -kə] *a.* Quirúrgico.
qui-sap-lo [kisáplu] *a.-adv.* Mucho.
quisca [kiskə] *f.* Roña, mugre, cazcarria, zulla.
quisso, -sa [kisu, -sə] *m.-f.* Chucho.
quist [kis(t)] *m.* Quiste.
quitament [kitəmén] *m.* Finiquito.
quitança [kitánsə] *f.* Quitanza, finiquito.
quiti, -ítia [kiti, -itiə] *a.* Quito.
quitrà [kitrá] *m.* Alquitrán.
quitxalla [kitʃáʎə] *f.* Chiquillería.
quixot [kiʃɔ́t] *m.* Quijote.
quixotada [kiʃutáðə] *f.* Quijotada.
quixotisme [kiʃutizmə] *m.* Quijotismo.
quocient [kusién] *m.* MAT. Cociente.
quòrum [kwɔ́rum] *m.* Quorum.
quota [kwɔ́tə] *f.* Cuota, cupo.
quotidià, -ana [kutiðiá, -ánə] *a.* Cotidiano.

R

r [érrə] *f.* R.
rabada [rrəβáðə] *f.* ANAT. Rabadilla.
rabadà [rrəβəðá] *m.* Rabadán, zagal.
rabassada [rrəβəsáðə] *f.* BOT. Cepa.
rabassa [rrəβásə] *f.* BOT. Cepa.
rabassola [rrəβəsɔ́lə] *f.* BOT. Morilla.
rabassut, -uda [rrəβəsút, -úðə] *a.* Rechoncho, rebolludo.
rabeig [rrəβétʃ] *m.* Baño, remojón, remojo. *2* Remanso. *3* Complacencia. *4* Ensañamiento.
rabejar [rrəβəʒá] *t.-prnl.* Remojar. *2 prnl.* Gozar, prolongando una situación que causa placer; ensañarse.
rabent [rrəβén] *a.* Raudo.
rabí [rrəβí] *m.* Rabí, rabino.
ràbia [rráβiə] *f.* Rabia, irritación, saña, coraje. ‖ ***Fer ~,*** dar rabia.
ràbic, -ca [rráβik, -kə] *a.* Rábico.
rabiola [rrəβiɔ́lə] *f.* Verraquera.
rabior [rrəβió] *f.* Picazón. *2* Malestar producido por un picor o dolor intensos.
rabiüt, -üda [rrəβiút, -úðə] *a.* Rabioso, hidrófobo. *2* Sañudo.
raça [rrásə] *f.* Raza.
ració [rrəsió] *f.* Ración.
raciocinar [rrəsiusiná] *i.* Raciocinar.
raciocini [rrəsiusíni] *m.* Raciocinio.
racional [rrəsiunál] *a.* Racional.
racionalisme [rrəsiunəlízmə] *m.* Racionalismo.
racionar [rrəsiuná] *i.* Racionar.
racó [rrəkó] *m.* Rincón.
raconada [rrəkunáðə] *f.* Rinconada.
raconer, -ra [rrəkuné, -rə] *a.* Rinconero. *2 f.* Rinconera.
rada [rráðə] *f.* Rada, ensenada.
radar [rrəðár] *m.* Radar.
radi [rráði] *m.* GEOM., MINER., ANAT. Radio.
radiació [rrəðiəsió] *f.* Radiación.
radial [rrəðiál] *a.* Radial.
radiant [rrəðián] *a.* Radiante, radioso.
radiar [rrəðiá] *i.-t.* Radiar.
radical [rrəðikál] *a.* Radical.
radicar [rrəðiká] *t.-i.* Radicar.
radícula [rrəðíkulə] *f.* Radícula, raicilla.
ràdio [rráðiu] *f.* Radio.
radioactiu, -iva [rrạðiuəktíŭ, -íβə] *a.* Radioactivo.
radioactivitat [rrạðiuəktiβitát] *f.* Radioactividad.
radiodifusió [rrạðiuðifuzió] *f.* Radiodifusión.
radiofonia [rrạðiufuníə] *f.* Radiofonía.
radiografia [rrạðiuɣrəfíə] *f.* Radiografía.
radiografiar [rrəðiuɣrəfiá] *t.* Radiografiar.
radiograma [rrəðiuɣrámə] *m.* Radiograma.
radiòleg [rrəðiɔ́lək] *m.* Radiólogo.
radiooient [rrạðiuujén] *a., m.-f.* Radioyente, radioescucha.
radiós, -osa [rrəðiós, -ózə] *a.* Radioso.
radioscòpia [rrạðiuskɔ́piə] *f.* Radioscopia.
radioteràpia [rrạðiutərápiə] *f.* Radioterapia.
rafal [rrəfál] *m.* Cobertizo.
ràfec [rráfək] *m.* Alero.
ràfega [rráfəɣə] *f.* Ráfaga, racha.
ràfia [rráfiə] *f.* BOT. Rafia.
rai [rraĭ] *m.* NÁUT. Balsa, armadía.
rai [rraĭ] Palabra que suple parte de la oración (incluso el verbo) y que indica ausencia de dificultad, problema, peligro, etc. ‖ ***Això ~,*** esto es lo de menos.
raig [rratʃ] *m.* Rayo. *2* Chorro. ‖ ***A ~ fet,*** a chorro.
rail [rrəíl] *m. angl.* Rail, carril, riel.
raïm [rrəím] *m.* Uva. *2* Racimo.
raima [rráĭmə] *f.* Resma.
raïnós, -osa [rrəinós, -ózə] *a.* Racimoso.
rajà [rrəʒá] *m.* Rajá.
rajada [rrəʒáðə] *f.* Chorreo.
rajada [rrəʒáðə] *f.* ICT. Raya.
rajar [rrəʒá] *i.* Chorrear, manar.
rajol [rrəʒɔ́l] *m.* Ladrillo.

rajola [rrəʒɔ́lə] *f.* Baldosa, ladrillo. ‖ ~ ***de València,*** azulejo.
rajoler [rrəʒulė] *m.* Ladrillero.
rajolí [rrəʒuli] *m.* Hilo, hebra (de líquido), chorrillo.
ral [rral] *m.* Real.
ralinga [rrəliŋgə] *f.* NÁUT. Relinga.
rall [rraʎ] *m.* Parloteo, charla, charlatanería.
ram [rram] *m.* Ramo. *2* Ramo (gremio).
rama [rámə] *f.* Rama, ramo.
ramada [rrəmáðə] *f.* Ramaje.
ramada [rrəmáðə] *f.* Manada, grey, bandada.
ramadà [rrəməðá] *m.* Ramadán.
ramader, -ra [rrəməðé, -rə] *a.-m.* Ganadero.
ramaderia [rrəməðəriə] *f.* Ganadería.
ramal [rrəmál] *m.* Ramal.
ramat [rrəmát] *m.* Rebaño, manada, grey, piara, hato.
ramatge [rrəmádʒə] *m.* Ramaje.
rambla [rrámblə] *f.* Rambla.
ramblejar [rrəmbləʒá] *i.* Pasear por la rambla.
rambler [rrəmblė] *m.* Chalán.
ramejat, -ada [rrəməʒát, -áðə] *a.* Rameado.
rameller, -ra [rrəməʎé, -rə] *m.-f.* Ramilletero.
rami [rrámi] *m.* BOT. Ramio.
ramificació [rrəmifikəsió] *f.* Ramificación.
ramificar-se [rrəmifikársə] *prnl.* Ramificarse.
rampa [rrámpə] *f.* Rampa. *2* Calambre.
rampant [rrəmpán] *m.* Cuesta.
rampell [rrəmpéʎ] *m.* Arrebato, pronto, arranque.
rampí [rrəmpi] *m.* AGR. Bieldo, rastrillo, rastro.
rampinyar [rrəmpiɲá] *t.* Hurtar, merodear.
rampoina [rrəmpɔ̀ĭnə] *f.* Zurrapa, chusma.
ran [rrán] *adv.* V. ARRAN.
ranci, -ància [rránsi, -ánsiə] *a.* Rancio, añejo.
ranciesa [rrənsiέzə] *f.* Ranciedad. *2* Tacañería, mezquindad.
rancor [rrəŋkó] *m.* Rencor, pique.
rancorós, -osa [rrəŋkurós, -ózə] *a.* Rencoroso.
rancúnia [rrəŋkúniə] *f.* Encono, enconamiento, rencilla, rencor.
randa [rrándə] *f.* Randa, encaje, puntilla.
ranera [rrənérə] *f.* Estertor.
ranuncle [rrənúŋklə] *m.* BOT. Ranúnculo.
ranura [rrənúrə] *f.* Ranura.
ranxer [rrənʃé] *m.* Ranchero.
ranxo [rránʃu] *m.* Rancho.
raó [rrəó] *f.* Razón. *2 pl.* Disputa, altercado, bronca, dimes y diretes.
raonable [rrəunábblə] *a.* Razonable.
raonador, -ra [rrəunəðó, -rə] *a., m.-f.* Razonador.
raonament [rrəunəmén] *m.* Razonamiento.
raonar [rrəuná] *i.-t.* Razonar.
rap [rrap] *m.* ICT. Rape, pejesapo.
rapa [rrápə] *f.* Raspajo. *2* Rapa.
rapaç [rrəpás] *a.* Rapaz.
rapacitat [rrəpəsitát] *f.* Rapacidad.
rapada [rrəpáðə] *f.* Rape, rapadura.
rapar [rrəpá] *t.* Rapar.
rapè [rrəpέ] *m.* Rapé.
ràpid, -da [rrápit, -ðə] *a.* Rápido. *2 m.* Rabión.
rapidesa [rrəpiðέzə] *f.* Rapidez.
rapinya [rrəpiɲə] *f.* Rapiña.
rapinyar [rrəpiɲá] *t.* Rapiñar.
rapsode [rrəpsɔ́ðə] *m.* Rapsoda.
rapsòdia [rrəpsɔ́ðiə] *f.* Rapsodia.
raptar [rrəptá] *t.* Raptar.
rapte [rráptə] *m.* Rapto.
raptor, -ra [rrəptó, -rə] *m.* Raptor.
raqueta [rrəkέtə] *f.* Raqueta.
raquidi, -ídia [rrəkiði, -iðiə] *a.* Raquídeo.
raquis [rrákis] *m.* ANAT., BOT. Raquis.
raquític, -ca [rrəkitik, -kə] *a.* Raquítico.
raquitisme [rrəkitizmə] *m.* MED. Raquitismo.
rar, -ra [rrar, -rə] *a.* Raro, escaso.
rarefacció [rrərəfəksió] *f.* Rarefacción.
raresa [rrərέzə] *f.* Rareza.
rarificar [rrərifiká] *t.-prnl.* Rarificar.
ras, -sa [rrəs, -zə] *a.* Raso. ‖ ***Al ~,*** al raso. ‖ *2 m.* Extensión llana en una cordillera. *3 m.* Ras.
rasa [rrázə] *f.* Zanja.
rasant [rrəzán] *a.* Rasante.
rasar [rrəzá] *i.-t.* Rasar.
rascada [rrəskáðə] *f.* Rascadura, rozadura, rasguño, raimiento.
rascador [rrəskáðó] *m.* Rascador, rascadera.
rascar [rrəská] *t.* Rascar.
rascla [rrásklə] *f.* ORNIT. Rascón.
rasclar [rrəsklá] *t.* Rastrillar, rastrear.
rascle [rrásklə] *m.* AGR. Raedera, rastro, rastra.
raspa [rráspə] *f.* Escofina. *2* Criada.
raspador, -ra [rrəspəðó, -rə] *a.* Raspador.
raspadura [rrəspəðúrə] *f.* Raspadura, raedura.
raspall [rrəspáʎ] *m.* Cepillo.
raspallada [rrəspəʎáðə] *f.* Coba.
raspallar [rrəspəʎá] *t.* Cepillar, acepillar. *2* Halagar, dar coba.

raspar [rrəspá] *t.* Raspar, raer.
raspera [rrəspérə] *f.* Carraspera. ‖ ***Tenir ~***, carraspear.
raspós, -osa [rrəspós, -ózə] *a.* Áspero, rasposo.
rasqueta [rrəskétə] *f.* Rasqueta, rascadera.
rastell [rrəstéʎ] *m.* Percha (para el pesebre) . *2* Rastrillo.
rastre [rrástrə] *m.* Rastro, estela, rastra.
rastrejar [rrəstrəʒá] *t.* Rastrear.
rasurar [rrəzurá] *t.* Rasurar.
rata [rrátə] *f.* ZOOL. Rata, ratón. *2* Prieto, mezquino.
ratadura [rrətəðúrə] *f.* Roedura.
ratafia [rrətəfiə] *f.* Ratafía.
ratània [rrətániə] *f.* BOT. Ratania.
rata-pinyada [rrat̡əpiɲáðə] *f.* Murciélago.
ratar [rrətá] *t.* Ratonar, roer.
ratera [rrətérə] *f.* Ratonera.
rateria [rrətəriə] *f.* Ratería, tacañería.
ratificació [rrətifikəsió] *f.* Ratificación.
ratificar [rrətifiká] *t.* Ratificar, refrendar.
ratlla [rráʎʎə] *f.* Raya, línea. *2* Renglón. *3* Tachón.
ratllador, -ra [rrəʎʎəðó, -rə] *a.-f.* COC. Rallador, rallo.
ratlladura [rrəʎʎəðúrə] *f.* Ralladura, roedura.
ratllar [rrəʎʎá] *t.* Rayar, tachar. *2* Rallar.
ratolí [rrətuli] *m.* Ratón.
rat-penat, rata-penada [rrat̡pənát, rrat̡əpənáðə] *m.-f.* Murciélago.
ratxa [rrátʃə] *f.* Racha.
ràtzia [rrádziə] *f.* Razzia.
rauc, -ca [rraŭk, -kə] *a.* Ronco, rauco.
raucar [rrəuká] *i.* Croar.
raure [ráurə] *t.-i.* Raer, rozar. *2 i.* Residir, ir a parar. ¶ CONJUG. como ***plaure.***
raval [rrəβál] *m.* Arrabal.
rave [rráβə] *m.* BOT. Rábano.
ravenissa [rrəβənisə] *f.* BOT. Jaramago.
re [rrɛ] *m.* MÚS. Re.
reabsorbir [rreəpsurβi] *t.* Reabsorber.
reabsorció [rreəpsursió] *f.* Reabsorción, resorción.
reacció [rreəksió] *f.* Reacción.
reaccionar [rreəksiuná] *i.* Reaccionar.
reaccionari, -ària [rreəksiunári, -áriə] *a., m.-f.* Reaccionario.
reactiu, -iva [rreəktiŭ, -iβə] *a.-m.* Reactivo.
real [rrəál] *a.* Real.
realç [rreáls] *m.* Realce.
realçament [rreəlsəmén] *m.* Realce.
realçar [rreəlsá] *t.* Realzar.
realisme [rreəlizmə] *m.* Realismo.
realista [rreəlistə] *a., m.-f.* Realista.
realitat [rreəlitát] *f.* Realidad. *2* Veraz.
realització [rreəlidzəsió] *f.* Realización.
realitzar [rreəlidzá] *t.-prnl.* Realizar.
reanimar [rreənimá] *t.* Reanimar, reavivar.
reaparèixer [rreəpərɛ́ʃə] *i.* Reaparecer. ¶ CONJUG. como ***aparèixer.***
rearmament [rreərməmén] *m.* Rearme.
rearmar [rreərmá] *t.* Rearmar.
rebaix [rrəβáʃ] *m.* Rebajo, rebajamiento. *2* Alféizar.
rebaixa [rrəβáʃə] *f.* Rebaja.
rebaixament [rrəβəʃəmén] *m.* Rebajamiento.
rebaixar [rrəβəʃá] *t.* Rebajar. *2 prnl.* Rebajarse, humillarse.
rebatre [rrəβátrə] *t.* Rebatir.
rebava [rrəβáβə] *f.* Rebaba.
rebé [rrəβé] *adv.* Requetebién.
rebec, -ca [rrəβɛ́k, -kə] *a.* Rebelde, reacio, terco.
rebedor, -ra [rrəβəðó, -rə] *a., m.-f.* Recibidero. *2* Recibidor.
rebel [rrəβɛ́l] *a., m.-f.* Rebelde.
rebel·lar-se [rrəβəlársə] *prnl.* Rebelarse.
rebel·lió [rrəβəlió] *f.* Rebelión, rebeldía.
rebentada [rrəβəntáðə] *f.* Reventón. *2* Revolcón.
rebentament [rrəβəntəmén] *m.* Reventón. *2* Reventadero.
rebentar [rrəβəntá] *i.-t.-prnl.* Reventar. *2* Desgarrar. *3* Patear. *4 prnl.* Desternillarse.
rebequeria [rrəβəkəriə] *f.* Rabieta, pataleta, perra. *2* Perrería.
rebesavi, -àvia [rrəβəzáβi, -áβiə] *m.-f.* Tatarabuelo.
reblanir [rrəβləni] *t.* Reblandecer.
reblar [rrəbblá] *t.* Remachar, roblar. *2* Redoblar.
reble [rrɛ́bblə] *m.* Ripio, cascajo, cascote. *2* Grava.
rebló [rrəbbló] *m.* Roblón.
rebolcada [rrəβulkáðə] *f.* Revolcón.
rebolcar [rrəβulká] *t.-prnl.* Revolcar.
reboll [rrəβóʎ] *m.* BOT. Rebollo. *2* Carrasca.
rebombori [rrəβumβɔ́ri] *m.* Bulla, jaleo, batahola, tremolina, baraúnda, revuelo, barullo.
rebost [rrəβɔ́s(t)] *m.* Despensa. *2* Repuesto.
reboster [rrəβusté] *m.* Despensero, repostero.
rebot [rrəβót] *m.* Rebote, resalto, rechazo. ‖ ***De ~***, de rechazo.
rebotar [rrəβutá] *i.* Rebotar. *2* Rechazar.
rebotiga [rrəβutiɣə] *f.* Trastienda, rebotica.
rebotre [rrəβótrə] *i.* Rebotar. *2* Resurtir.

rebre [rréβrə] *t.* Recibir, tomar. ¶ CONJUG. INDIC. Pres.: ***reps, rep.***
rebrec [rrəβrék] *m.* Algo arrugado y maltrecho. *2* Guiñapo.
rebregada [rrəβrəɣáðə] *a.* Estrujón.
rebregar [rrəβrəɣá] *t.-prnl.* Estrujar, machucar, arrebujar, ajar.
rebrot [rrəβrót] *m.* Retoño, verdugo, renuevo.
rebrotar [rrəβrutá] *i.* Retoñar.
rebuda [rrəβúðə] *f.* Recibimiento, acogida.
rebuf [rrəβúf] *m.* Respingo, sofoco, sofión, sofocón, sonrojo.
rebufar [rrəβufá] *i.* Rebufar.
rebuig [rrəβútʃ] *m.* Desecho, desperdicio.
rebullir [rrəβuʎí] *t.-i.-prnl.* Rebullir. *2* Fermentar en exceso. ¶ CONJUG. INDIC. Pres.: ***rebull.***
rebut [rrəβút] *m.* Recibo.
rebutjar [rrəβudʒá] *t.* Desechar. *2* Rehusar. *3* Rechazar.
rec [rrek] *m.* Acequia, cequia.
Recader [rrəkəðé] *m. cast.* Recadero.
recaiguda [rrəkəĭɣúðə] *f.* Recaída.
recalar [rrəkəlá] *i.* MAR. Recalar.
recalcar [rrəkəlká] *t.-i.* Recalcar.
recalcitrant [rrəkəlsitrán] *a.* Recalcitrante.
recamar [rrəkəmá] *t.* Recamar.
recambra [rrəkámbrə] *f.* Recámara.
recança [rrəkánsə] *f.* Pesar o sentimiento por algo hecho o que debe hacerse.
recanvi [rrəkámbi] *m.* Recambio, retén. ‖ ***De ~,*** de repuesto.
recapitular [rrəkəpitulá] *t.* Recapitular.
recaptació [rrəkəptəsió] *f.* Recaudación.
recaptador, -ra [rrəkəptəðó, -rə] *a., m.-f.* Recaudador, cuestador.
recaptar [rrəkəptá] *t.* Colectar, recaudar. *2* Recabar.
recapte [rrəkáptə] *m.* Avío, comida. *2* Recado.
recaptós, -osa [rrəkəptós, -ózə] *a.* Hacendoso.
recargolament [rrəkərɣuləmén] *m.* Retorcimiento, retortijón.
recargolar [rrəkərɣulá] *t.-prnl.* Retorcer.
recàrrec [rrəkárrək] *m.* Recargo.
recarregar [rrəkərrəɣá] *t.* Recargar.
recaure [rrəkáŭrə] *i.* Recaer. ¶ CONJUG. como ***caure.***
recel [rrəsél] *m.* Recelo, rescoldo.
recelar [rrəsəlá] *i.* Recelar.
recelós, -osa [rrəsəlós, -ózə] *a.* Receloso.
recensió [rrəsənsió] *f.* Recensión.
recent [rrəsén] *a.* Reciente.
recentment [rrəsənmén] *adv.* Recién, recientemente.
recepció [rrəsəpsió] *f.* Recepción.
recepta [rrəséptə] *f.* Receta.
receptacle [rəsəptáklə] *m.* Receptáculo.
receptar [rrəsəptá] *t.* Recetar.
receptor [rrəsəptó] *a., m.-f.* Receptor.
recer [rrəsé] *m.* Cobijo, abrigo. ‖ ***A ~,*** al abrigo.
recerca [rrəsérkə] *f.* Busca, búsqueda, rebusca.
recercar [rrəsərká] *t.* Rebuscar, buscar.
recés [rrəsés] *m.* Retiro.
reciclatge [rrəsikládʒə] *m. fr.* Actualización de los conocimientos técnicos y teóricos de un especialista.
recidiva [rrəsiðíβə] *f.* Recidiva.
recinte [rrəsíntə] *m.* Recinto.
recipient [rrəsipién] *a.* Recipiente.
recíproc, -ca [rrəsípruk, -kə] *a.* Recíproco.
reciprocitat [rrəsiprusitát] *f.* Reciprocidad.
recitació [rrəsitəsió] *f.* Recitación.
recital [rrəsitál] *m.* Recital.
recitar [rrəsitá] *t.* Recitar.
recitat [rrəsitát] *m.* Recitado.
reclam [rrəklám] *m.* Reclamo, señuelo, añagaza.
reclamació [rrəkləməsió] *f.* Reclamación.
reclamant [rrəkləmán] *a., m.-f.* Reclamante.
reclamar [rrəkləmá] *t.-i.* Reclamar.
reclinar [rrəkliná] *t.* Reclinar, recostar.
reclinatori [rrəklinətɔ́ri] *m.* Reclinatorio.
recloure [rrəklɔ́urə] *t.-prnl.* Recluir. ¶ CONJUG. como ***cloure.***
reclús, -usa [rrəklús, -úzə] *a., m.-f.* Recluso.
reclusió [rrəkluzió] *f.* Reclusión.
recluta [rrəklútə] *m.* Recluta.
reclutament [rrəklutəmén] *m.* Reclutamiento, recluta.
reclutar [rrəklutá] *t.* Reclutar.
recobrament [rrəkuβrəmén] *m.* Recobro, recuperación.
recobrar [rrəkuβrá] *t.* Recobrar, recuperar.
recobrir [rrəkuβrí] *t.* Recubrir. ¶ CONJUG. P. P.: ***recobert.***
recol·lecció [rrəkuləksió] *f.* Recolección.
recol·lectar [rrəkuləktá] *t.* Recolectar.
recol·lecte, -ta [rrəkuléktə, -tə] *a.* Recoleto.
recollida [rrəkuʎíðə] *f.* Recogida.
recolliment [rrəkuʎimén] *m.* Recogimiento.
recollir [rrəkuʎí] *t.-prnl.* Recoger. ¶ CONJUG. INDIC. Pres.: ***recull.***
recolzada [rrəkulzáðə] *f.* Recodo.
recolzar [rrəkulzá] *t.-i.* Apoyar, recostar,

acodar, estribar. *2* Hincar. *3 prnl.* Respaldarse.
recolze [rrəkólzə] *m.* Recodo. *2* Meandro.
recomanació [rrəkumənəsió] *f.* Recomendación.
recomanar [rrəkumənà] *t.* Recomendar.
recompensa [rrəkumpénsə] *f.* Recompensa.
recompensar [rrəkumpənsá] *t.* Recompensar.
recompondre [rrəkumpɔ́ndrə] *t.* Recomponer. ¶ CONJUG. como ***respondre.***
recomptar [rrəkumtá] *t.* Recontar.
recompte [rrəkómtə] *m.* Recuento.
reconcentrar [rrəkunsəntrá] *t.-prnl.* Reconcentrar.
reconciliació [rrəkunsiliəsió] *f.* Reconciliación.
reconciliar [rrəkunsiliá] *t.-prnl.* Reconciliar.
reconegut, -uda [rrəkunəɣút, -úðə] *a.* Reconocido.
reconeixement [rrəkunəʃəmén] *m.* Reconocimiento.
reconèixer [rrəkunɛ́ʃə] *t.* Reconocer. ¶ CONJUG. como ***conèixer.***
reconfort [rrəkumfɔ́r(t)] *m.* Lo que eleva el ánimo.
reconfortar [rrəkumfurtá] *t.* Elevar el ánimo.
reconquesta [rrəkuŋkéstə] *f.* Reconquista.
reconquista [rrəkuŋkistə] *f.* Reconquista.
reconquerir [rrəkuŋkəri] *t.* Reconquistar
reconsiderar [rrəkunsiðərá] *t.* Reconsiderar, recapacitar.
recòndit, -ta [rrəkɔ́ndit, -tə] *a.* Recóndito.
reconstitució [rrəkunstitusió] *f.* Reconstitución.
reconstituent [rrəkunstituén] *a.-m.* Reconstituyente.
reconstituir [rrəkunstitui] *t.* Reconstituir.
reconstrucció [rrəkunstruksió] *f.* Reconstrucción.
reconstruir [rrəkunstrui] *t.* Reconstruir.
recontar [rrəkuntá] *t.* Narrar.
reconvenció [rrəkumbənsió] *f.* Reconvención.
reconvenir [rrəkumbəni] *t.* Reconvenir. ¶ CONJUG. como ***abstenir-se.***
recopilació [rrəkupiləsió] *f.* Recopilación.
recopilar [rrəkupilá] *t.* Recopilar.
record [rrəkɔ́rt] *m.* Recuerdo. *2 pl.* Recuerdos, memorias, recados.
rècord [rrɛ́kort] *m.* Record, marca.
recordació [rrəkurðəsió] *f.* Recordación, memoria.
recordança [rrəkurðánsə] *f.* Conmemoración.
recordar [rrəkurðá] *t.* Recordar, acordarse. ‖ ***Recordar-se de,*** acordarse de.
recordatori [rrəkurðətɔ́ri] *m.* Recordatorio.
recorregut [rrəkurrəɣút] *m.* Recorrido.
recórrer [rrəkórrə] *i.* Recurrir. *2 t.* Recorrer. ¶ CONJUG. como ***córrer.***
recosir [rrəkuzi] *t.* Recoser. ¶ CONJUG. INDIC. Pres.: ***recús.***
recoure [rrəkɔ́ŭrə] *t.* Recocer. ¶ CONJUG. como ***coure.***
recreació [rrəkreəsió] *f.* Recreación, recreo.
recrear [rrəkreá] *t.-prnl.* Recrear.
recreatiu, -iva [rrəkreətiŭ, -iβə] *a.* Recreativo.
recremar [rrəkrəmá] *t.* Requemar, resquemar.
recriminació [rrəkriminəsió] *f.* Recriminación.
recriminar [rrəkriminá] *t.-prnl.* Recriminar.
recruar [rrəkruá] *i.* Recrudecer.
rectangle [rrəktáŋglə] *m.* Rectángulo.
rectangular [rrəktəŋgulá(r)] *a.* Rectangular.
recte, -ta [rrɛ́ktə, -tə] *a.* Recto. *2 m.* ANAT. Recto.
rectificació [rrəktifikəsió] *f.* Rectificación.
rectificar [rrəktifiká] *t.* Rectificar.
rectilini, -ínia [rrəktilini, -iniə] *a.* Rectilíneo.
rectitud [rrəktitút] *f.* Rectitud.
rector, -ra [rrəktó, -rə] *a.* Rector. *2 m.* Rector, párroco, cura párroco.
rectoral [rrəkturál] *a.* Rectoral.
rectorat [rrəkturát] *m.* Rectorado.
rectoria [rrəkturiə] *f.* Rectoría.
recuina [rrəkúĭnə] *f.* Recocina.
recuit [rrəkúĭt] *m.* COC. Requesón.
rècula [rrɛ́kulə] *f.* Recua. *2* Reata. ‖ ***De ~,*** de reata.
reculada [rrəkuláðə] *f.* Retroceso.
recular [rrəkulá] *i.-t.* Recular, cejar, retroceder.
recules (a) [rrəkúləs] loc. A reculones.
recull [rrəkúʎ] *m.* Compilación.
reculons (a) [rrəkulóns] loc. A reculones.
recuperació [rrəkupərəsió] *f.* Recuperación, recobro.
recuperar [rrəkupərá] *t.* Recuperar. *2 prnl.* Recobrarse.
recurs [rrəkúrs] *m.* Recurso.
recusar [rrəkuzá] *t.* Recusar.
redacció [rrəðəksió] *f.* Redacción.
redactar [rrəðəktá] *t.* Redactar.
redactor, -ra [rrəðəktó, -rə] *a., m.-f.* Redactor.

redargüir [rrəðərɣuí] *t.* Redargüir.
redempció [rrəðəmsió] *f.* Redención.
redemptor, -ra [rrəðəmtó, -rə] *a., m.-f.* Redentor.
redimir [rrəðimí] *t.* Redimir.
rèdit [rrɛ́ðit] *m.* COM. Rédito.
rediviu, -iva [rrəðiβíŭ, -íβə] *a.* Redivivo.
redoblament [rrəðubbləmén] *m.* Redoble.
redoblant [rrəðubblán] *m.* MÚS. Redoblante.
redoblar [rrəðubblá] *t.-i.* Redoblar.
redolta [rrəðɔ́ltə] *f.* BOT. Sarmiento.
redós [rrəðós] *m.* V. RECER.
reducció [rrəðuksió] *f.* Reducción.
reducte [rrəðúktə] *m.* Reducto.
reductible [rrəðuktíbblə] *a.* Reductible, reducible.
reduir [rrəðuí] *f.* Reducir.
reduït, -ïda [rrəðuít, -íðə] *a.* Reducido.
redundant [rrəðundán] *a.* Redundante.
redundar [rrəðundá] *i.* Redundar.
reedificar [rrəəðifiká] *t.* Reedificar.
reeditar [rrəəðitá] *t.* Reeditar.
reeducar [rrəəðuká] *t.* Reeducar.
reeixir [rrəəʃí] *i.* Salir bien algo propuesto. *2* Triunfar, tener éxito. ¶ CONJUG. como ***eixir.***
reelecció [rrəələksió] *f.* Reelección.
reelegir [rrəələʒí] *t.* Reelegir.
reembarcar [rrəəmbərká] *t.* Reembarcar.
reembossament [rrəəmbusəmén] *m.* Reembolso.
reembossar [rrəəmbusá] *t.* Reembolsar.
reemplaçament [rrəəmpləsəmén] *m.* Reemplazo.
reemplaçar [rrəəmpləsá] *t.* Reemplazar.
reenganxar [rrəəŋgənʃá] *t.* MIL. Reenganchar.
reexpedir [rrəəkspəðí] *t.* Reexpedir.
reexportar [rrəəkspurtá] *t.* Reexportar.
refecció [rrəfəksió] *f.* Refección, compostura.
refectori [rrəfəktɔ́ri] *m.* Refectorio.
refer [rrəfé] *t.* Rehacer. *2 prnl.* Restablecerse, recobrarse, reponerse, convalecer. ‖ ~ ***camí,*** desandar. ¶ CONJUG. como ***desfer.***
referència [rrəfərɛ́nsiə] *f.* Referencia.
referèndum [rrəfərɛ́ndum] *m.* Referéndum.
referent [rrəfərén] *a.* Referente.
referir [rrəfərí] *t.-prnl.* Referir.
refermança [rrəfərmánsə] *f.* Acción de refermar-se.
refermar [rrəfərmá] *t.-i.* Consolidar. *2 prnl.* Hacer hincapié en.
refet, -ta [rrəfét, -tə] *a.* Rehecho. *2* Repuesto.
refetor [rrəfətó] *m.* Refectorio.
refí, -ina [rrəfí, -ínə] *a.* Refino.
refiar-se [rrəfiársə] *prnl.* Confiar, fiarse.
refiat, -ada [rrəfiát, -áðə] *a.* Confiado.
refilada [rrəfiláðə] *f.* Gorjeo.
refilar [rrəfilá] *t.-i.* Gorjear, trinar. *2* Aguzar.
refilet [rrəfilɛ́t] *m.* Gorgorito, gorjeo, trino.
refinament [rrəfinəmén] *m.* Refinamiento.
refinar [rrəfiná] *t.* Refinar.
refinatge [rrəfinádʒə] *m.* Refinación, refino.
refineria [rrəfinəríə] *f.* Refinería.
reflectir [rrəfləktí] *t.-prnl.* Reflejar.
reflector, -ra [rrəfləktó, -rə] *a.* Reflector.
reflex, -xa [rrəflɛ́ks, -ksə] *a.* Reflejo.
reflexió [rrəfləksió] *f.* Reflexión.
reflexionar [rrəfləksiuná] *t.* Reflexionar.
reflexiu, -iva [rrəfləksíŭ, -íβə] *a.* Reflexivo.
reflorir [rrəflurí] *i.* Reflorecer.
refluir [rrəfluí] *i.* Refluir.
reflux [rrəflúks] *m.* Reflujo.
refocil·lar [rrəfusilá] *t.* Refocilar.
refondre [rrəfóndrə] *t.* Refundir. ¶ CONJUG. como ***confondre.***
reforç [rrəfɔ́rs] *m.* Refuerzo. *2* Reborde. *3* MIL. Retén.
reforçant [rrəfursán] *a.* Reconstituyente.
reforçar [rrəfursá] *t.* Reforzar.
reforma [rrəfórmə] *f.* Reforma.
reformar [rrəfurmá] *t.* Reformar.
reformatori [rrəfurmətɔ́ri] *m.* Reformatorio.
reformista [rrəfurmístə] *a., m.-f.* Reformista.
refracció [rrəfrəksió] *f.* Refracción.
refractar [rrəfrəktá] *t.-prnl.* FÍS. Refractar, refringir.
refractari, -ària [rəfrəktári, -áriə] *a.* Refractario.
refrany [rrəfráɲ] *m.* Refrán, proverbio.
refranyer [rrəfrəɲé] *a., m.-f.* Refranero.
refrec [rrəfrɛ́k] *m.* Restregón, estregón, refregón, frote.
refredament [rrəfrəðəmén] *m.* Enfriamiento.
refredar [rrəfrəðá] *t.-prnl.* Enfriar, resfriar. *2 prnl.* Acatarrarse.
refredat [rrəfrəðát] *m.* Resfrío, resfriado, enfriamiento.
refregada [rrəfrəɣáðə] *f.* Restregón, refregón, estregón, rozadura.
refregar [rrəfrəɣá] *t.* Estregar, refregar, restregar. *2* Rozar.
refregit, -ida [rrəfrəʒít, -íðə] *a.* COC. Refrito.

refrenar [rrəfrənà] *t.-prnl.* Refrenar.
refresc [rrəfrɛ́sk] *m.* Refresco.
refrescant [rrəfrəskàn] *a.* Refrescante.
refrescar [rrəfrəskà] *t.-i.* Refrescar.
refrigeració [rrəfriʒərəsió] *f.* Refrigeración.
refrigerador [rrəfriʒərəðó] *m.* Refrigerador.
refrigerant [rrəfriʒəràn] *a.-m.* Refrigerante.
refrigerar [rrəfriʒərà] *t.* Refrigerar.
refrigeri [rrəfriʒɛ́ri] *m.* Refrigerio, tentempié.
refringent [rrəfrinʒén] *a.* Refringente.
refringir [rrəfrinʒí] *t.* FÍS. Refractar, refringir.
refugi [rrəfúʒi] *m.* Refugio, asilo.
refugiar [rrəfuʒià] *t.-prnl.* Refugiar.
refulgent [rrəfulʒén] *a.* Refulgente.
refulgir [rrəfulʒí] *i.* Refulgir.
refusar [rrəfuzà] *t.-prnl.* Rehusar, denegar, rehuir, desechar. *2* No consentir.
refutació [rrəfutəsió] *f.* Refutación.
refutar [rrəfutà] *t.* Refutar, rebatir.
reg [rrek] *m.* Riego, irrigación.
regadiu [rrəɣəðiŭ] *m.* Regadío.
regadora [rrəɣəðórə] *f.* Regadera.
regal [rrəɣál] *m.* Regalo.
regala [rrəɣálə] *f.* NÁUT. Regala.
regalar [rrəɣəlà] *t.-i.* Regalar, obsequiar. *2* Rezumar, chorrear.
regalat, -ada [rrəɣəlát, -àðə] *a.* Regalado, regalón.
regalèssia [rrəɣəlɛ́siə] *f.* BOT. Regaliz, orozuz.
regalia [rəɣəliə] *f.* Regalía.
regalim [rrəɣəlim] *m.* Chorrillo.
regalimar [rrəɣəlimà] *i.* Chorrear, gotear.
regany [rrəɣáɲ] *m.* Regaño.
reganyar [rrəɣəɲà] *t.-i.* Regañar, gruñir, rezongar.
reganyós, -osa [rrəɣəɲós, -ózə] *a.* Regañón, gruñón.
regar [rrəɣà] *t.* Regar.
regata [rrəɣátə] *f.* Surco, canal pequeño. *2* Regata.
regateig [rrəɣətɛ́tʃ] *m.* Regateo.
regatejador, -ra [rrəɣətəʒəðó, -rə] *a.* Regatón.
regatejar [rrəɣətəʒà] *t.-i.* Regatear.
regatge [rrəɣádʒə] *m.* Riego.
regència [rrəʒénsiə] *f.* Regencia.
regeneració [rrəʒənərəsió] *f.* Regeneración.
regenerar [rrəʒənərà] *t.* Regenerar.
regent [rrəʒén] *a., m.-f.* Regentar.
regi, ègia [rrɛ́ʒi, -ɛ́ʒiə] *a.* Regio, real.
regicida [rrəʒisiðə] *m.-f.* Regicida.
regicidi [rrəʒisiði] *m.* Regicidio.
regidor, -ra [rrəʒiðó, -rə] *a., m.-f.* Regidor. *2* Concejal, edil.
règim [rrɛ́ʒim] *m.* Régimen.
regiment [rrəʒimén] *m.* Regimiento.
regina [rrəʒinə] *f.* Reina.
regió [rrəʒió] *f.* Región.
regional [rrəʒiunál] *a.* Regional.
regir [rrəʒí] *t.* Regir.
regirar [rrəʒirà] *t.* Revolver.
registrador, -ra [rrəʒistrəðó, -rə] *a., m.-f.* Registrador.
registrar [rrəʒistrà] *t.* Registrar.
registre [rrəʒistrə] *m.* Registro.
regla [rréɡɡlə] *f.* Regla, pauta. *2* Menstruación.
reglament [rrəɡɡləmén] *m.* Reglamento.
reglamentar [rrəɡɡləməntà] *t.* Reglamentar.
regle [rréɡɡlə] *m.* Regla.
regna [rréŋnə] *f.* Rienda.
regnar [rrəŋnà] *i.* Reinar.
regnat [rrəŋnát] *m.* Reinado.
regne [rréŋnə] *m.* Reino.
regolfar [rrəɣulfà] *i.* Regolfar.
regrés [rrəɣrés] *m.* Regreso.
regressar [rrəɣrəsà] *i.* Regresar.
regressió [rrəɣrəsió] *f.* Regresión.
reguer [rrəɣé] *m.* Acequia, reguero.
reguera [rrəɣérə] *f.* Reguera. *2* Reguero.
regueró [rrəɣəró] *m.* V. REGUER.
reguitzell [rrəɣidzéʎ] *m.* Retahíla, hatajo.
règul [rrɛ́ɣul] *m.* Régulo. *2* Reyezuelo.
regulador, -ra [rrəɣuləðó, -rə] *a., m.-f.* Regulador.
regular [rrəɣulà] *a.* Regular.
regular [rrəɣulà] *t.* Regular.
regularitat [rrəɣuləritát] *f.* Regularidad.
regularitzar [rrəɣuləridzà] *t.* Regularizar.
regularment [rrəɣulərmén] *adv.* Regularmente.
regurgitació [rrəɣurʒitəsió] *f.* Regurgitación.
regurgitar [rrəɣurʒità] *i.* Regurgitar.
regust [rrəɣús(t)] *m.* Resabio, dejo (en la comida o bebida), gustillo.
rehabilitar [rreəβilità] *t.* Rehabilitar.
rei [rreĭ] *m.* Rey.
reial [rrəǰál] *a.* Real.
reialesa [rrəǰəlɛ́zə] *f.* Realeza.
reialme [rrəǰálmə] *m.* Reino.
reietó [rrəǰətó] *m.* Reyezuelo, régulo.
reimpressió [rrəimprəsió] *f.* Reimpresión.
reimprimir [rrəimprimí] *t.* Reimprimir. ¶ CONJUG. P. P.: ***reimprès.***
reina [rréĭnə] *f.* Reina. ‖ BOT. ~ ***margarida,*** maya.
reïna [rrəinə] *f.* Resina.
reincidència [rrəinsiðénsiə] *f.* Reincidencia.

reincident [rrəinsiðén] *a.* Reincidente.
reincidir [rrəinsiðí] *i.* Reincidir.
reincorporar [rrəiŋkurpurá] *t.* Reincorporar.
reineta [rrəïnétə] *f.* ZOOL. Rubeta.
reïnós, -osa [rrəinós, -ózə] *a.* Resinoso.
reintegrar [rrəintəγrá] *t.* Reintegrar.
reiterar [rrəïtərá] *t.* Reiterar.
reivindicació [rrəiβindikəsió] *f.* Reivindicación.
reivindicar [rrəïβindiká] *t.* Reivindicar.
reixa [rréʃə] *f.* Reja.
reixat [rrəʃát] *m.* Reja, verja, enrejado, cancela. *2* Calado.
reixeta [rrəʃétə] *f.* Rcjilla.
reixinxolat, -ada [rrəʃinʃulát, -áðə] *a.* Erecto. *2* Orondo, campante.
rejovenir [rrəʒuβəní] *t.* Rejuvenecer. *2* Remozar.
relació [rrələsió] *f.* Relación. *2* Relato.
relacionar [rrələsiuná] *t.* Relacionar.
relat [rrəlát] *m.* Relato.
relatar [rrələtá] *t.* Relatar.
relatiu, -iva [rrələtíŭ, -íβə] *a.* Relativo.
relator, -ra [rrələtó, -rə] *a., m.-f.* Relator.
relaxació [rrələksəsió] *f.* Relajación.
relaxament [rrələksəmén] *m.* Relajamiento.
relaxar [rrələksá] *t.* Relajar.
relegar [rrələγá] *t.* Relegar.
religió [rrəliʒió] *f.* Religión.
religiós, -osa [rrəliʒiós, -ózə] *a.* Religioso.
religiositat [rrəliʒiuzitát] *f.* Religiosidad.
relíquia [rrəlíkiə] *f.* Reliquia.
reliquiari [rrəlikiári] *m.* Relicario.
rella [rréʎə] *f.* Reja (del arado).
rellegir [rrəʎəʒí] *t.* Releer.
rellent [rrəʎén] *m.* Relente. *2 a.* Húmedo.
relleu [rrəʎéŭ] *m.* Relieve. *2* Realce. *3* Relevo. *4* Resalto. ‖ ***Baix*** *~*, bajorrelieve.
rellevant [rrəʎəβán] *a.* Relevante.
rellevar [rrəʎəβá] *t.* Relevar.
relligador, -ra [rrəʎiγəðó, -rə] *m.-f.* Encuadernador.
relligadura [rrəʎiγəðúrə] *f.* Encuadernación.
relligar [rrəʎiγá] *t.* Encuadernar.
relligat [rrəʎiγát] *m.* Encuadernación.
relliscada [rrəʎiskáðə] *f.* Resbalón, desliz, deslizamiento, traspié.
relliscar [rrəʎiská] *i.* Resbalar, deslizarse.
relliscós, -osa [rrəʎiskós, -ózə] *a.* Resbaladizo, deslizadizo.
rellotge [rrəʎɔ́dʒə] *m.* Reloj.
rellotger, -ra [rrəʎudʒé, -rə] *m.-f.* Relojero.
rellotgeria [rrəʎudʒəríə] *f.* Relojería.
relluent [rrəʎuén] *a.* Reluciente.
relluir [rrəʎuí] *i.* Relucir, espejear, relumbrar. ¶ CONJUG. INDIC. Pres.: ***relluu.***
rem [rrɛm] *m.* Remo.
remar [rrəmá] *i.* Remar, bogar.
remarcar [rrəmərká] *t.* Remarcar. *2* Observar, notar, reparar.
rematada [rrəmətáðə] *f.* Remate. *2* DEP. Remate.
rematar [rrəmətá] *t.-prnl.* Rematar. *2* DEP. Rematar.
rematat [rrəmətát] *a.* Rematado. *2* De remate.
remei [rrəméi] *m.* Remedio.
remeiar [rrəməjá] *t.* Rcmcdiar.
rememorar [rrəməmurá] *t.* Rememorar.
remenament [rrəmənəmén] *m.* Acción de ***remenar.*** *2* Meneo, contoneo.
remenar [rrəməná] *t.-prnl.* Remover, revolver, huronear. *2* Mecer. *3* Barajar. *4* Menear, contonearse.
remer [rrəmé] *m.* Remero.
remesa [rrəmézə] *f.* Remesa, entrega. *2* Remisión.
remetre [rrəmétrə] *t.-i.-prnl.* Remitir, entregar. ¶ CONJUG. P. P.: ***remès.***
reminiscència [rrəminisénsiə] *f.* Reminiscencia.
remirat, -ada [rrəmirát, -áðə] *a.* Remirado.
remís, -issa [rrəmís, -ísə] *a.* Remiso.
remissió [rrəmisió] *f.* Remisión.
remitent [rrəmitén] *a.* Remitente.
remoció [rrəmusió] *f.* Remoción.
remoguda [rrəmuγúðə] *f.* Remoción.
rèmol [rrémul] *m.* ICT. Rodaballo.
remolatxa [rrəmulátʃə] *f.* BOT. Remolacha.
remolc [rrəmólk] *m.* Remolque.
remolcador, -ra [rrəmulkəðó, -rə] *a., m.-f.* Remolcador.
remolcar [rrəmulká] *t.* Remolcar.
remolí [rrəmulí] *m.* Remolino, vorágine, torbellino.
remollir [rrəmuʎí] *t.-prnl.* Reblandecer.
remor [rrəmó] *f.* Rumor, susurro.
rèmora [rrémurə] *f.* ICT. Rémora.
remordiment [rrəmurðimén] *m.* Remordimiento.
remordir [rrəmurðí] *i.* Remorder.
remot, -ta [rrəmɔ́t, -tə] *a.* Remoto.
remoure [rrəmɔ́ŭrə] *t.* Remover, revolver. ¶ CONJUG. como ***moure.***
remugament [rrəmuγəmén] *m.* Rumia.
remugar [rrəmuγá] *t.* Rumiar. *2* Mascullar, refunfuñar, rezongar.
remugueig [rrəmuγétʃ] *m.* Refunfuño.
remuguejar [rrəmuγəʒá] *i.* Refunfuñar.
remull [rrəmúʎ] *m.* Remojo.

remullada [rrəmuʎáðə] *f.* Remojón, mojadura.
remullar [rrəmuʎá] *t.* Remojar. *2* Sopetear.
remuneració [rrəmunərəsió] *f.* Remuneración.
remunerar [rrəmunərá] *t.* Remunerar.
remunta [rrəmúntə] *f.* Remonta.
remuntar [rrəmuntá] *t.-prnl.* Remontar.
ren [rrɛn] *m.* ZOOL. Reno.
renà, -ana [rrəná, -ánə] *a.* Renano.
renaixement [rrənəʃəmén] *m.* Renacimiento.
renaixença [rrənəʃɛ́nsə] *f.* Renacimiento.
renàixer [rrənáʃə] *i.* Renacer.
renal [rrənál] *a.* Renal.
renda [rréndə] *f.* Renta.
rendició [rrəndisió] *f.* Rendición.
rendiment [rrəndimén] *m.* Rendimiento.
rendir [rrəndí] *t.* Rendir. *2* Rentar. *3* Cundir.
rendista [rrəndístə] *m.-f.* Rentista.
rendit, -ida [rrəndít, -íðə] *a.* Rendido.
renec [rrənék] *m.* Reniego, blasfemia, juramento, taco, terno.
renegar [rrənəɣá] *t.* Renegar, abjurar. *2 i.* Renegar, jurar, blasfemar.
renegat, -ada [rrənəɣát, -áðə] *a.* Renegado.
renéixer [rrənéʃə] *i.* Renacer. ¶ CONJUG. como ***néixer***.
rengle [rrɛ́ŋglə] *f.* Fila, hilera, ringla, ringlera.
renglera [rrəŋglérə] *f.* Hilera, retahíla, ringlera, fila. *2* Andanada.
rengló [rrəŋgló] *m.* Renglón.
renill [rrəníʎ] *m.* Relincho.
renillar [rrəniʎá] *i.* Relinchar.
renoi! [rrənɔ́ĭ] *interj.* ¡Caracoles!
renom [rrənɔ́m] *m.* Renombre.
renou [rrənɔ́ŭ] *m.* Bullicio.
renovació [rrənubəsió] *f.* Renovación.
renovar [rrənuβá] *t.* Renovar.
renovellar [rrənuβəʎá] *t.* Dar nuevo vigor, nueva vida.
rentador, -ra [rrəntəðó, -rə] *a., m.-f.* Lavadero. *2* Lavador.
rentadora [rrəntəðórə] *f.* Lavadero. *2* Lavadora. *3* Lavandera.
rentamans [rrȩntəmáns] *m.* Palangana, lavamanos, jofaina.
rentaplats [rrȩntəpláts] *m.* Pinche. *2* Fregona.
rentar [rrəntá] *t.-prnl.* Lavar.
rentat [rrəntát] *m.* Lavado.
rentussejar [rrəntusəʒá] *t.* Lavotear.
renunci [rrənúnsi] *m.* Renuncio.
renúncia [rrənúnsiə] *f.* Renunciamiento.
renunciament [rrənunsiəmén] *m.* Renunciamiento.
renunciar [rrənunsiá] *t.-i.* Renunciar.
reny [rrɛ́ɲ] *m.* Regaño, reprensión, repasata, rapapolvo.
renyar [rrəɲá] *t.* Reñir, regañar, reprender.
renyina [rrəɲínə] *f.* Riña, rencilla, lid, lidia, repelo, pendencia, pelotera, lance, cisco, camorra, escarapela, zipizape.
renyinós, -osa [rrəɲinós, -ózə] *a.* Rencilloso, pendenciero. *2* Regañón.
renyir [rrəɲí] *i.* Reñir, pelear, enemistarse.
reobertura [rrəuβərtúrə] *f.* Reapertura.
reorganització [rrəurɣənidzəsió] *f.* Reorganización.
reorganitzar [rrəurɣənidzá] *t.* Reorganizar.
reòstat [rreɔ́stət, col. rrəustát] *m.* ELEC. Reóstato.
repapar-se [rrəpəpársə] *prnl.* Repanchigarse, arrellanarse.
repapieig [rrəpəpiɛ́tʃ] *m.* Chochez.
repapiejar [rrəpəpiəʒá] *i.* Chochear.
reparació [rrəpərəsió] *f.* Reparación, compostura.
reparador, -ra [rrəpərəðó, -rə] *a., m.-f.* Reparador.
reparar [rrəpərá] *t.-i.* Reparar. *2* Subsanar.
repartició [rrəpərtisió] *f.* Reparto, repartición.
repartidor, -ra [rrəpərtiðó, -rə] *a., m.-f.* Repartidor.
repartiment [rrəpərtimén] *m.* Repartición, repartimiento.
repartir [rrəpərtí] *t.* Repartir.
repàs [rrəpás] *m.* Repaso.
repassada [rrəpəsáðə] *f.* Repaso.
repassar [rrəpəsá] *t.* Repasar.
repatriació [rrəpətriəsió] *f.* Repatriación.
repatriar [rrəpətriá] *t.* Repatriar.
repèl [rrəpɛ́l] *m.* Repelo. ‖ ***A ~***, a contrapelo, a redopelo.
repel·lent [rrəpəlén] *a.* Repelente.
repel·lir [rrəpəlí] *t.* Repeler.
repeló [rrəpəló] *m.* Padrastro, respigón, repelo.
repelós, -osa [rrəpəlós, -ózə] *a.* Repeloso, quisquilloso.
repercussió [rrəpərkusió] *f.* Repercusión.
repercutir [rrəpərkutí] *i.-t.* Repercutir.
repertori [rrəpərtɔ́ri] *m.* Repertorio.
repesar [rrəpəzá] *t.* Repesar.
repetició [rrəpətisió] *f.* Repetición.
repetida [rrəpətíðə] *f.* Repetición.
repetir [rrəpətí] *t.* Repetir.
repetjó [rrəpədʒó] *m.* Repecho.
repic [rrəpík] *m.* Repique.
repicada [rrəpikáðə] *f.* Repique, repiqueteo.

repicar [rrəpikà] *t.* Repicar, repiquetear.
repicó [rrəpikò] *m.* Repiquete.
repintar [rrəpintà] *t.-prnl.* Repintar.
replà [rrəplà] *m.* Rellano, descansillo. *2* Meseta.
replantar [rrəpləntà] *t.* Replantar.
replec [rrəplɛ́k] *m.* Repliegue. *2* Sinuosidad.
replegar [rrəpləɣà] *t.-prnl.* Replegar. *2* Acopiar, recoger.
replet, -ta [rrəplɛ́t, -tə] *a.* Repleto.
rèplica [rrɛ́plikə] *f.* Réplica.
replicaire [rrəplikàĭrə] *m.* Respondón.
replicar [rrəplikà] *i.* Replicar, contestar, responder.
repoblar [rrəpubblà] *t.* Repoblar.
repodrir [rrəpuðri] *t.-prnl.* Repudrir.
repolir [rrəpuli] *t.* Repulir.
report [rrəpɔ́r(t)] *m.* Reporte.
reportar [rrəpurtà] *t.-prnl.* Reportar.
repòrter [rrəpɔ́rtər] *m. ingl.* Reportero.
reporter, -ra [rrəpurtè, -rə] *a., m.-f.* Reportero.
repòs [rəpɔ́s] *m.* Reposo, descanso.
reposar [rrəpuzà] *i.-t.* Reposar, descansar. *2* Reponer. *3 prnl.* Sosegarse.
reposat, -ada [rrəpuzàt, -àðə] *a.* Reposado, descansado, sosegado.
reprendre [rrəpɛ́ndrə] *t.* Reprender, reanudar. *2* Sorprender. ¶ CONJUG. como ***aprendre***.
reprensible [rrəprənsibblə] *a.* Reprensible.
reprensió [rrəprənsiò] *f.* Reprensión, repasata.
represa [rrəprɛ́zə] *f.* Acción de reanudar. *2* Recuperación.
represàlia [rrəprəzàliə] *f.* Represalia.
representació [rrəprəzəntəsiò] *f.* Representación.
representant [rrəprəzəntàn] *a.* Representante.
representar [rrəprəzəntà] *t.-prnl.* Representar. *2* Desempeñar.
representatiu, -iva [rrəprəzəntətiŭ, -iβə] *a.* Representativo.
repressió [rrəprəsiò] *f.* Represión.
repressiu, -iva [rrəprəsiŭ, -iβə] *a.* Represivo.
reprimenda [rrəprimèndə] *f.* Reprimenda, trepe.
reprimir [rrəprimi] *t.-prnl.* Reprimir, represar.
rèprobe, -ba [rrɛ́pruβə, -βə] *a., m.-f.* Réprobo. *2* Dañado.
reproducció [rrəpruðuksiò] *f.* Reproducción.
reproductor, -ra [rrəpruðuktò, -rə] *a., m.-f.* Reproductor.
reproduir [rrəpruðuì] *t.-prnl.* Reproducir.
repropi, -òpia [rrəprɔ́pi, -ɔ́piə] *a.* Repropio, reacio.
reprotxar [rrəprutʃà] *t.* Reprochar.
reprotxe [rrəprɔ́tʃə] *m.* Reproche.
reprovable [rrəpruβàbblə] *a.* Reprobable.
reprovació [rrəpruβəsiò] *f.* Reprobación.
reprovador, -ra [rrəpruβəðò, -rə] *a.* Reprobador.
reprovar [rrəpruβà] *t.* Reprobar.
reptador, -ra [rrəptəðò, -rə] *m.-f.* Retador.
reptar [rrəptà] *t.* Retar. *2* Reprender.
repte [rrèptə] *m.* Reto.
rèptil [rrɛ́ptil] *a.* Reptil, sabandija.
república [rrəpùbblikə] *f.* República.
republicà, -ana [rrəpubblikà, -ànə] *a.* Republicano.
repudi [rrəpùði] *m.* Repudio.
repudiar [rrəpuðià] *t.* Repudiar.
repugnància [rrəpuŋnànsiə] *f.* Repugnancia.
repugnant [rrəpuŋnàn] *a.* Repugnante.
repugnar [rrəpuŋnà] *i.* Repugnar.
repujar [rrəpuʒà] *t.* Repujar.
repujat [rrəpuʒàt] *m.* Repujado.
repulsa [rrəpùlsə] *f.* Repulsa.
repulsió [rrəpulsiò] *f.* Repulsión.
repulsiu, -iva [rrəpulsiŭ, -iβə] *a.* Repulsivo.
repunt [rrəpùn] *m.* Pespunte, presilla.
repuntar [rrəpuntà] *i.* Repuntarse (el vino).
repuntar [rrəpuntà] *t.* Pespuntar, pespuntear.
repunxons [rrəpunʃòns] *m. pl.* BOT. Rapónchigo.
reputació [rrəputəsiò] *f.* Reputación.
reputar [rrəputà] *t.* Reputar.
requeriment [rrəkərimèn] *m.* Requerimiento.
requerir [rrəkəri] *t.* Requerir.
rèquiem [rrɛ́kiəm] *m.* Réquiem.
requincalla [rrəkiŋkàʎə] *f.* Baratijas.
requisa [rrəkizə] *f.* Requisa.
requisar [rrəkizà] *t.* Requisar.
requisit [rrəkizit] *m.* Requisito. *2* Gollería.
reraguarda [rrẹrəɣwàrðə] *f.* Retaguardia.
res [rrɛs] *pron. indef.* Nada. *2* Algo, cosa. ‖ ***No és ~ de l'altre món,*** no es cosa del otro jueves. ‖ ***Com aquell qui ~,*** burla burlando.
rés [rres] *m.* Rezo.
resaigües [rrəzàĭɣwəs] *f. pl.* Aguapié.
resar [rrəzà] *t.* Rezar.
rescabalament [rrəskəβələmèn] *m.* Resarcimiento, desquite.

rescabalar [rrəskəβəlá] *t.* Resarcir, desquitar. *2 prnl.* Desquitarse.
rescalfar [rrəskəlfá] *t.* Recalentar.
rescalfat [rrəskəlfát] *m.* COC. Refrito.
rescat [rrəskát] *m.* Rescate. ‖ ***A rescats,*** marro.
rescatar [rrəskətá] *t.* Rescatar.
rescindir [rrəsindí] *t.* Rescindir.
rescissió [rrəsisió] *f.* Rescisión.
resclosa [rrəsklɔ́zə] *f.* Presa. *2* Esclusa. *3* Dique.
resclosir-se [rrəskluzírsə] *prnl.* Alterarse ligeramente por falta de ventilación.
reserva [rrəzérβə] *f.* Reserva, sigilo. *2* Retén. *3* Recato.
reservadament [rrəzərβaðəmén] *adv.* Reservadamente.
reservar [rrəzərβá] *t.* Reservar.
reservista [rrəzərβístə] *m.* Reservista.
resguard [rrəzɣwár(t)] *m.* Resguardo.
resguardar [rrəzɣwərðá] *t.* Resguardar.
residència [rrəziðɛ́nsiə] *f.* Residencia, habitación.
resident [rrəziðén] *a.* Residente, morador.
residir [rrəzidí] *i.* Residir, habitar, vivir.
residu [rrəzídu] *m.* Residuo.
resignació [rrəziŋnəsió] *f.* Resignación.
resignar [rrəziŋná] *t.-prnl.* Resignar.
resina [rrəzínə] *f.* Resina.
resinós, -osa [rrəzinós, -ózə] *a.* Resinoso.
resistència [rrəzistɛ́nsiə] *f.* Resistencia.
resistent [rrəzistén] *a.* Resistente.
resistir [rrəzistí] *i.-t.-prnl.* Resistir.
resoldre [rrəzɔ́ldrə] *t.-prnl.* Resolver, solventar, zanjar, decidir. ¶ CONJUG. como ***absoldre.***
resoluble [rrəzulúbblə] *a.* Resoluble.
resolució [rrəzulusió] *f.* Resolución.
resolut, -uda [rrəzulút, -úðə] *a.* Decidido.
respatller [rrəspəʎʎé] *m.* Respaldo, espaldar, espaldera.
respectable [rrəspəktábblə] *a.* Respetable.
respectar [rrəspəktá] *t.-i.* Respetar. *2* Respectar.
respecte [rrəspéktə] *m.* Respeto. *2* Respecto. ‖ ~ ***a,*** respecto a, para con.
respectiu, -iva [rrəspəktíŭ, -íβə] *a.* Respectivo.
respectuós, -osa [rrəspəktuós, -ózə] *a.* Respetuoso.
respir [rrəspír] *m.* Respiro. *2* Resuello.
respiració [rrəspirəsió] *f.* Respiración. *2* Resuello.
respirador [rrəspirəðó] *m.* Respiradero.
respirar [rrəspirá] *i.-t.* Respirar.
respiratori, -òria [rrəspirətɔ́ri, -ɔ́riə] *a.* Respiratorio.
respit [rrəspít] *m.* Respiro, alivio, prórroga.
resplendent [rrəspləndén] *a.* Resplandeciente, deslumbrante.
resplendir [rrəspləndí] *i.* Resplandecer, relumbrar, destellar.
resplendor [rrəspləndó] *f.* Resplandor, destello, relumbrón.
respondre [rrəspɔ́ndrə] *t.-i.* Responder, contestar. ¶ CONJUG. GER.: ***responent.*** ‖ P. P.: ***respost.*** ‖ INDIC. Pres.: ***responc.*** ‖ SUBJ. Pres.: ***respongui,*** etc. | Imperf.: ***respongués,*** etc.
respons [rrəspɔ́ns] *m.* LITURG. Responso.
responsabilitat [rrəspunsəβilitát] *f.* Responsabilidad.
responsable [rrəspunsábblə] *a.* Responsable.
responsori [rrəspunsɔ́ri] *m.* LITURG. Responsorio.
resposta [rrəspɔ́stə] *f.* Respuesta, contestación.
resquícies [rrəskísiəs] *f. pl.* Restos, sobras. *2* Vestigios.
resquill [rrəskíʎ] *m.* Astilla, esquirla. *2* Lasca.
resquitar-se [rrəskitársə] *prnl.* Desquitarse.
resquitx [rrəskitʃ] *m.* Migaja.
ressaca [rrəsákə] *f.* Resaca.
ressaga [rrəsáɣə] *f.* Rezaga.
ressagar-se [rrəsəɣársə] *prnl.* Rezagarse.
ressaguer, -ra [rrəsəɣé, -rə] *a., m.-f.* Rezagado.
ressalt [rrəsál] *m.* Resalto.
ressaltar [rrəsəltá] *i.* Resaltar.
ressec, -ca [rrəsék, -kə] *a.* Reseco. *2* Enjuto.
ressecar [rrəsəká] *t.* Resecar. *2 prnl.* Resecarse, acorcharse.
ressentiment [rrəsəntimén] *m.* Resentimiento, resquemor, pique.
ressentir-se [rrəsəntírsə] *prnl.* Resentirse. ¶ CONJUG. INDIC. Pres.: ***ressent.***
ressentit, -ida [rrəsəntít, -íðə] *a.* Resentido.
ressenya [rrəsɛ́ɲə] *f.* Reseña.
ressenyar [rrəsəɲá] *t.* Reseñar.
ressò [rrəsɔ́] *m.* Retumbo, resonancia, eco.
ressonant [rrəsunán] *a.* Resonante, rimbombante, retumbante.
ressonar [rrəsuná] *i.* Resonar, retumbar.
ressopó [rrəsupó] *m.* Comida ligera antes de acostarse, cuando ya han transcurrido varias horas después de la cena.
ressorgir [rrəsurʒí] *i.* Resurgir.
ressort [rrəsɔ́r(t)] *m.* Resorte.
ressortir [rrəsurtí] *t.* Resaltar, sobresalir. ¶ CONJUG. INDIC. Pres.: ***ressurt.***

ressuscitar [rrəsusitá] *t.* Resucitar.
rest [rres(t)] *m.* Maroma, soga. *2* Ristra.
resta [rrέstə] *f.* MAT. Resta, substracción. *2* Resto. ‖ ***La ~,*** los demás, lo demás.
restabliment [rrəstəbblimén] *m.* Restablecimiento.
restablir [rrəstəbblí] *t.* Restablecer.
restant [rrəstán] *a.* Restante. *2 m.* Resto. ‖ ***El ~,*** el resto, lo demás.
restar [rrəstá] *i.* Quedar, permanecer. *2 t.* Restar.
restauració [rrəstəŭrəsió] *f.* Restauración.
restaurador, -ra [rrəstəŭrəðó, -rə] *a., m.-f.* Restaurador.
restaurant [rrəstəŭrán] *a.* Restaurador. *2 m.* Restaurante.
restaurar [rrəstəŭrá] *t.* Restaurar.
restitució [rrəstitusió] *f.* Restitución.
restituir [rrəstituí] *t.* Restituir.
restrènyer [rrəstrέɲə] *t.-prnl.* Estreñir, restreñir, restringir. ¶ CONJUG. P. P.: ***restret.***
restrenyiment [rrəstrəɲimén] *m.* Restreñimiento, estreñimiento.
restret, -ta [rrəstrέt, -tə] *a.* Estreñido.
restricció [rrəstriksió] *f.* Restricción.
restringir [rrəstrinʒí] *t.* Restringir.
restringit, -ida [rrəstrinʒít, -íðə] *a.* Restricto.
resulta [rrəzúltə] *f.* Resulta.
resultar [rrəzultá] *i.* Resultar.
resultat [rrəzultát] *m.* Resultado.
resum [rrəzúm] *m.* Resumen.
resumir [rrəzumí] *t.* Resumir, cifrar.
resurrecció [rrəzurrəksió] *f.* Resurrección.
ret [ret] *m.* Redecilla.
retall [rrətáʎ] *m.* Retal, retazo. *2* Recorte. *3 pl.* Recortes, cortaduras.
retallar [rrətəʎá] *t.* Recortar. *2* Cercenar.
retaló [rrətəló] *m.* Calcañar. ‖ ***A ~,*** en chancletas.
retard [rrətár(t)] *m.* Retraso, retardo, demora.
retardar [rrətərðá] *t.-i.-prnl.* Retardar, retrasar, atrasar, demorar.
retaule [rrətáŭlə] *m.* Retablo.
retenció [rrətənsió] *f.* Retención.
retenir [rrətəní] *t.* Retener, detentar. ¶ CONJUG. como ***abstenir-se.***
retentiva [rrətəntíβə] *f.* Retentiva.
reticència [rrətisέnsiə] *f.* Reticencia.
reticent [rrətisén] *a.* Reticente.
reticle [rrətíklə] *m.* Retículo.
retina [rrətínə] *f.* ANAT. Retina.
retir [rrətír] *m.* Retiro.
retirada [rrətiráðə] *f.* Retirada. *2* Parecido.
retirar [rrətirá] *t.-i.-prnl.* Retirar. *2* Parecer.
retoc [rrətɔ́k] *m.* Retoque.
retocar [rrətuká] *t.* Retocar.
rètol [rrέtul] *m.* Rótulo, título, letrero.
retolar [rrətulá] *t.* Rotular.
retop [rrətóp] *m.* Rebote, rechazo, retrueque. ‖ ***No tenir ~,*** no tener vuelta de hoja.
retorçar [rrətursá] *t.* Retorcer.
retòrcer [rrətɔ́rsə] *t.* Retorcer. ¶ CONJUG. P. P.: ***retort.***
retorciment [rrətursimén] *m.* Retorcimiento, retortijón.
retòric, -ca [rrətɔ́rik, -kə] *a.* Retórico. *2 f.* Retórica.
retorn [rrətórn] *m.* Retorno, vuelta.
retornar [rrəturná] *t.-i.* Retornar, devolver. *2* Regresar. *3* Reanimar.
retorta [rrətɔ́rtə] *f.* Retorta.
retortilló [rrəturtiʎó] *m.* Retortijón.
retracció [rrətrəksió] *f.* Retracción.
retractació [rrətrəktəsió] *f.* Retractación.
retractar [rrətrəktá] *t.-prnl.* Retractar.
retràctil [rrətráktil] *a.* Retráctil.
retraïment [rrətrəimén] *m.* Retraimiento.
retrat [rrətrát] *m.* Retrato.
retratar [rrətrətá] *t.* Retratar.
retratista [rrətrətístə] *m.-f.* Retratista.
retre [rrέtrə] *t.* Restituir, devolver. *2* Rendir. *3* Rentar. *4 prnl.* Darse, rendirse.
retret [rrətrέt] *m.* Reproche. *2* Retiro.
retreta [rrətrέtə] *f.* MIL. Retreta.
retreure [rrətrέŭrə] *t.-prnl.* Retraer. *2* Reprochar. ¶ CONJUG. como ***treure.***
retribució [rrətriβusió] *f.* Retribución.
retribuir [rrətriβuí] *t.* Retribuir.
retroactiu, -iva [rrətruəktíŭ, -íβə] *a.* Retroactivo.
retrocedir [rrətrusəðí] *i.* Retroceder, cejar.
retrocés [rrətrusέs] *m.* Retroceso.
retrògrad, -da [rrətrɔ́γrət, -ðə] *a.* Retrógrado.
retrogradar [rrətruγrəðá] *i.* Retrogradar.
retrospectiu, -iva [rrətruspəktíŭ, -íβə] *a.* Retrospectivo.
retrovisor [rrətruβizó] *m.* Retrovisor.
retruc [rrətrúk] *m.* Retruque.
retruny [rrətrúɲ] *m.* Retumbo.
retrunyidor [rrətruɲiðó, -rə] *a.* Retumbante.
retrunyir [rrətruɲí] *i.* Retumbar. ¶ CONJUG. INDIC. Pres.: ***retruny.***
reu, -ea [rrέu, -έə] *a., m.-f.* Reo.
reüll (de) [rrəúʎ] loc. De reojo.
reuma [rrέŭmə] *m.* MED. Reuma.
reumàtic, -ca [rrəumátik, -kə] *a.* Reumático.

reumatisme [rrəŭmətizmə] *m.* Reumatismo.
reunió [rrəŭnió] *f.* Reunión.
reunir [rrəŭni] *t.* Reunir.
revàlida [rrəβáliðə] *f.* Reválida.
revalidació [rrəβəliðəsió] *f.* Revalidación.
revalidar [rrəβəliðá] *t.-prnl.* Revalidar.
revelació [rrəβələsió] *f.* Revelación.
revelador, -ra [rrəβələðó, -rə] *a., m.-f.* Revelador.
revelar [rrəβəlá] *t.* Revelar.
revellir [rrəβəʎí] *t.* Avejentar.
revendre [rrəβéndrə] *t.* Revender. ¶ CONJUG. como ***vendre.***
revenedor [rrəβənəðó, -rə] *a., m.-f.* Revendedor, abacero.
revenedoria [rrəβənəðuríə] *f.* Abacería, tienda de revendedor.
revenir [rrəβəni] *i.* Volver una y otra vez. *2* Revenir. *3* Volver en sí. ¶ CONJUG. como ***abstenir-se.*** ‖ INDIC. Pres.: ***revéns, revénen.***
revenja [rrəβénʒə] *f.* Desquite, revancha.
revenjar-se [rrəβənʒársə] *prnl.* Desquitarse, despicarse.
reverber [rrəβərβé] *m.* Reverberación, reverbero.
reverberació [rrəβərβərəsió] *f.* Reverberación.
reverberar [rrəβərβərá] *i.-t.* Reverberar.
reverdir [rrəβərði] *i.* Reverdecer, enverdecer, verdecer.
reverència [rrəβərénsiə] *f.* Reverencia.
reverenciar [rrəβərənsiá] *t.* Reverenciar.
reverend, -da [rrəβərén, -də] *a.* Reverendo.
reverent [rrəβərén] *a.* Reverente.
revers [rrəβérs] *m.* Reverso, dorso, envés.
reversible [rrəβərsibblə] *a.* Reversible.
revés [rrəβés] *m.* Revés, envés. ‖ ***Al ~,*** del ~, al revés.
revés, -essa [rrəβés, -ésə] *a.* Revesado, repeloso.
revestiment [rrəβəstimén] *m.* Revestimiento.
revestir [rrəβəsti] *t.* Revestir.
revetlla [rrəβéʎʎə] *f.* Verbena.
reveure [rrəβéŭrə] *t.* Rever. ‖ ***A ~,*** hasta la vista, a más ver.
reví [rrəβi] *m.* V. RESAIGÜES.
revifar [rrəβifá] *t.* Reanimar. *2 prnl.* Avivarse.
revinclada [rrəβiŋkláðə] *f.* Efecto de una torcedura en alguna parte del cuerpo.
revingut, -uda [rrəβiŋgút, -úðə] *a.* Robusto.
revisar [rrəβizá] *t.* Revisar.
revisió [rrəβizió] *f.* Revisión.
revisor, -ra [rrəβizó, -órə] *a., m.-f.* Revisor.
revista [rrəβistə] *f.* Revista.
revistar [rrəβistá] *t.* Revistar.
reviure [rrəβiŭrə] *t.* Revivir. ¶ CONJUG. como ***viure.***
revocació [rrəβukəsió] *f.* Revocación.
revocar [rrəβuká] *t.* Revocar.
revolada [rrəβuláðə] *f.* Revuelo, revoloteo. *2* Respingo. ‖ ***D'una ~,*** de rondón.
revolar [rrəβulá] *i.* Revolar.
revolt, -ta [rrəβɔ́l, -tə] *a.* Revuelto. *2 m.* Revuelta, viraje. *3 f.* Revuelta, sublevación.
revoltó [rrəβultó] *m.* Bovedilla.
revoltós, -osa [rrəβultós, -ózə] *a., m.-f.* Revoltoso, sedicioso.
revolució [rrəβulusió] *f.* Revolución.
revolucionar [rrəβulusiuná] *t.* Revolucionar.
revolucionari, -ària [rrəβulusiunári, -áriə] *a., m.-f.* Revolucionario.
revòlver [rrəβɔ́lβər] *m.* Revólver.
revulsiu, -iva [rrəβulsiŭ, -iβə] *a.* Revulsivo.
ria [rriə] *f.* Ría.
riada [rriáðə] *f.* Riada.
rialla [rriáʎə] *f.* Risa. *2* Mofa, befa, hazmerreír.
riallada [rriəʎáðə] *f.* Carcajada, risotada.
rialler, -ra [rriəʎé, -rə] *a.* Risueño, reidor.
riba [rriβə] *f.* Ribera, margen, ribazo, orilla.
ribera [rriβérə] *f.* Ribera.
riberenc, -ca [rriβərɛ́ŋ, -kə] *a.* Ribereño.
ribet [rriβɛ́t] *m.* Ribete.
ribot [rriβɔ́t] *m.* Cepillo.
ribotejar [rriβutəʒá] *t.* Cepillar, acepillar.
ric, -ca [rrik, -kə] *a.* Rico, pudiente, adinerado.
ricament [rrikəmén] *adv.* Ricamente.
ricí [rrisi] *m.* BOT. Ricino. ‖ ***Oli de ~,*** aceite de ricino.
ridícul, -la [rriðikul, -lə] *a.* Ridículo.
ridiculesa [rriðikulɛ́zə] *f.* Ridiculez. *2* Adefesio.
ridiculitzar [rriðikulidzá] *t.* Ridiculizar.
riell [rriéʎ] *m.* Riel.
riera [rriérə] *f.* Arroyo.
rierada [rriəráðə] *f.* Riada.
rieral [rriərál] *m.* Ramblazo, arroyo.
rierol [rriərɔ́l] *m.* Arroyo, riachuelo.
rifa [rrifə] *f.* Rifa.
rifada [rrifáðə] *f.* Primada. *2* Pitorreo. *3* Camelo.
rifar [rrifá] *t.* Rifar. *2 prnl.* Rifarse, chunguearse, pitorrearse.
rifeny, -nya [rrifɛ́ɲ, ɲə] *a., m.-f.* Rifeño.

rifle [rriflə] *m.* Rifle.
rígid, -da [rriʒit, -ðə] *a.* Rígido.
rigidesa [rriʒiðɛ́zə] *f.* Rigidez.
rigodons [rriγuðóns] *m. pl.* MÚS. Rigodón.
rigor [rriγór] *m.-f.* Rigor, rigorosidad.
rigorisme [rriγurizmə] *m.* Rigorismo.
rigorós, -osa [rriγurós, -ózə] *a.* Riguroso.
rigorosament [rriγurozəmén] *adv.* A rajatabla.
rima [rrimə] *f.* Rima, rimero.
rimar [rrimá] *i.* LIT. Rimar.
rimer [rrimé] *m.* Rimero, rima.
rinoceront [rrinusərón] *m.* Rinoceronte.
rínxol [rrinʃul] *m.* Rizo, bucle, sortija.
rioler, -ra [rriulé, -rə] *a.* Risueño.
riota [rriɔ́tə] *f.* Hazmerreír. *2* Befa, mofa, chacota.
riquesa [rrikɛ́zə] *f.* Riqueza.
ris [rris] *m.* Rizo. *2* NÁUT. Ris.
risc [rrisk] *m.* Riesgo.
risible [rrizibblə] *a.* Risible.
rissar [rrisá] *t.* NÁUT. Rizar.
ritme [rridmə] *m.* Ritmo.
rítmic, -ca [rridmik, -kə] *a.* Rítmico.
ritu [rritu] *m.* Rito.
ritual [rrituál] *a.* Ritual.
riu [rriŭ] *m.* Río.
riuada [rriwáðə] *f.* Riada, avenida, crecida.
riure [rriŭrə] *i.* Reír. ‖ ***De per ~,*** de mentirillas, de mentirijillas. ‖ ***Cargolar-se de ~,*** desternillarse de risa. ¶ CONJUG. GER.: ***rient.*** ‖ P. P.: ***rigut.*** ‖ INDIC. Pres.: ***ric.*** | Imperf.: ***reia,*** etc. ‖ SUBJ. Pres.: ***rigui,*** etc. | Imperf.: ***rigués,*** etc.
riure [rriŭrə] *m.* Risa.
rival [rriβál] *a., m.-f.* Rival.
rivalitat [rribəlitát] *f.* Rivalidad.
rivalitzar [rriβəlidzá] *i.* Rivalizar.
roba [rrɔ́βə] *f.* Ropa. ‖ ***Haver-hi ~ estesa,*** haber moros en la costa.
robament [rruβəmén] *m.* Robo.
robar [rruβá] *t.* Robar.
robatori [rruβətɔ́ri] *m.* Robo.
robavellaire [rrɔβəβəʎáĭrə] *m.-f.* Prendero, ropavejero.
rober [rruβé] *m.* Ropero.
roberia [rruβəriə] *f.* Robo.
robí [rruβi] *m.* MINER. Rubí. *2* Carbúnculo.
robust, -ta [rruβús(t), -tə] *a.* Robusto, recio. *2* Rollizo.
robustesa [rruβustɛ́zə] *f.* Robustez.
roc [rɔk] *m.* Piedra, canto, guijarro, pedrusco.
rocallós, -osa [rrukəʎós, -ózə] *a.* Rocoso, roqueño.
rocamorella [rrɔkəmuréʎə] *f.* BOT. Parietaria.
rococó [rrokokó] *m.* Rococó.
rocós, -osa [rrukós, -ózə] *a.* Rocoso, roqueño.
roda [rrɔ́ðə] *f.* Rueda. *2* Roda.
rodada [rruðáðə] *f.* Ruedo.
rodadits [rrɔðəðits] *m.* Panadizo.
rodalia [rruðəliə] *f.* Cercanía. *2 pl.* Alrededores, inmediaciones, contornos. *3* Comarca.
rodament [rruðəmén] *m.* Rotación. ‖ ***~ de cap,*** vahído, desvanecimiento.
rodam [rruðám] *m.* Rodaje.
rodamón [rrɔðəmón] *m.* El que va de pueblo en pueblo, de un país a otro, vendiendo o mendigando.
rodanxa [rruðánʃə] *f.* Rodaja, roncha, luquete.
rodanxó, -ona [rruðənʃó, -ónə] *a.* Rechoncho, regordete, rollizo.
rodar [rruðá] *i.-t.* Rodar. *2* Rodear. *3* Merodear, vagar. ‖ ***~ pels carrers,*** callejear.
rodat, -ada [rruðát, -áðə] *a.* Rodado.
rodatge [rruðádʒə] *m.* Rodaje.
rodeig [rruðɛ́tʃ] *m.* Rodeo. *2 pl.* Rodeos.
rodejar [rruðəʒá] *t.* Rodear, cercar.
rodella [rruðéʎə] *f.* Rodela. *2* Blanco, hito.
rodera [rruðérə] *f.* Rodera, rodada, carril.
rodet [rruðɛ́t] *m.* Rodete, carrete, canilla.
rodó, -ona [rruðó, -ónə] *a.* Redondo. *2* Cabal (ajustado). ‖ ***En ~,*** en redondo.
rododèndron [rruðuðɛ́ndrun] *m.* BOT. Rododendro.
rodolar [rruðulá] *i.* Dar vueltas sobre sí mismo a lo largo de una superficie o plano inclinado.
rodolí [rruðuli] *m.* Pareado.
rodona [rruðónə] *f.* Redonda. *2* Corrillo, corro, ruedo. *3* MÚS. Redonda.
rodonesa [rruðunɛ́zə] *f.* Redondez.
roent [rruén] *a.* Candente.
rogenc, -ca [rruʒɛ́ŋ, -kə] *a.* Rojizo, rosillo, bermejo.
rogent [rruʒén] *a.* Rojizo (esp. el cielo).
roger [rruʒé] *m.* ICT. Salmonete.
roí, -ïna [rrui, -inə] *a.* Ruin, mezquino.
roig, roja [rrɔtʃ, rrɔ́ʒə] *a.-m.* Rojo, encarnado, rubro, bermejo. *2 f.* BOT. Rubia.
roina [rrɔ́ĭnə] *f.* Llovizna.
roïndat [rruindát] *f.* Ruindad, mezquindad.
roinejar [rruinəʒá] *i.* Lloviznar.
roïnesa [rruinɛ́zə] *f.* Ruindad.
rojor [rruʒó] *f.* Rojez. *2* Sonrojo.
rol [rrɔl] *m.* Rol.
rom [rrom] *m.* Ron.
rom, -ma [rrom, -mə] *a.* Romo.

romà, -ana [rrumá, -ánə] *a., m.-f.* Romano. *2 f.* Romana.
romanç [rrumáns] *m.* Romance.
romança [rrumánsə] *f.* MÚS. Romanza.
romancejar [rrumənsəʒá] *i.* Roncear.
romanceria [rrumənsəríə] *f.* Roncería.
romanços [rrumánsus] *m. pl.* Excusas, historias, dilaciones no pertinentes. ‖ ***Deixar-se de ~***, dejarse de cuentos. *2* Dimes y diretes.
romandre [rrumándrə] *i.* Permanecer, quedar. ¶ CONJUG. GER.: ***romanent.*** ‖ P. P.: ***romàs.*** ‖ INDIC. Pres.: ***romanc.*** ‖ SUBJ. Pres.: ***romangui,*** etc. | Imperf.: ***romangués,*** etc.
romanent [rrumənén] *a.* Remanente. *2* Restante.
romanès, -esa [rrumənɛ́s, -ɛ́zə] *a., m.-f.* Rumano.
romanic, -ca [rrumánik, -kə] *a.-m.* Románico.
romanista [rrumənístə] *m.-f.* Romanista.
romàntic, -ca [rrumántik, -kə] *a.* Romántico.
romanticisme [rrumənti sízmə] *m.* Romanticismo.
rombe [rrɔ́mbə] *m.* Rombo.
rombòedre [rrumbɔ́edrə, col. -uɛ́ðrə] *m.* Romboedro.
romeria [rruməríə] *f.* Romería.
romeu, -eva [rruméŭ, -éβə] *m.-f.* Romero.
romiatge [rrumiádʒə] *m.* Romería.
rompent [rrumpén] *m.* Rompiente.
rompiment [rrumpimén] *m.* Rompimiento, rotura.
rompre [rrómprə] *t.* Romper, quebrar. *2* Roturar. ¶ CONJUG. GER.: ***rompent.*** ‖ INDIC. Pres.: ***rompo, romps, romp, rompem,*** etc. | Imperf.: ***rompia,*** etc. | Perf.: ***rompí, romperes,*** etc. | Fut.: ***rompré,*** etc. ‖ SUBJ. Pres.: ***rompi,*** etc. | Imperf.: ***rompés,*** etc. ‖ IMPERAT.: ***romp.***
rompuda [rrumpúðə] *f.* Roturación.
ronc, -ca [rroŋ, -kə] *a.* Ronco, bronco, rauco. *2 m.* Ronquido.
roncar [rrunká] *i.* Roncar. *2* Ronronear.
ronda [rróndə] *f.* Ronda.
rondaire [rrundáĭrə] *a., m.-f.* Rondador, callejero.
rondalla [rrundáʎə] *f.* Cuento.
rondallaire [rrundəʎáĭrə] *m.-f.* Cuentista.
rondar [rrundá] *i.-t.* Rondar, callejear, pindonguear.
rondinaire [rrundináĭrə] *a., m.-f.* Cascarrabias, rezongón, gruñón, regañón.
rondinar [rrundiná] *i.* Refunfuñar, rezongar, gruñir, respingar, rechinar.
rondineig [rrundinétʃ] *m.* Zumbido. *2* Refunfuño.
rondó [rrundó] *m.* MÚS. Rondó.
rònec, -ega [rrɔ́nək, -əɣə] *a.* Áspero, viejo, abandonado.
ronquera [rruŋkérə] *f.* Ronquera, enronquecimiento, bronquedad.
ronsa [rrónsə] *m.-f.* Remolón, roncero, cachazudo.
ronsal [rrunsál] *m.* Ronzal, cabestro, ramal.
ronsejaire [rrunsəʒáĭrə] *a., m.-f.* Roncero, remolón.
ronsejar [rrunsəʒá] *i.* Roncear, remolonear.
ronseria [rrunsəríə] *f.* Roncería.
ronya [rróɲə] *f.* MED. Sarna. *2* Porquería, roña, tiña.
ronyó [rruɲó] *m.* ANAT. Riñón.
ronyós, -osa [rruɲós, -ózə] *a.* Roñoso, sarnoso, tiñoso.
roquer, -ra [rruké, -rə] *a.* Roquero.
roquet [rrukét] *m.* Roquete.
ros, rossa [rros, rrósə] *a., m.-f.* Rubio, pelirrubio, trigueño, bermejo.
rosa [rrɔ́zə] *f.* Rosa. ‖ ***Més fresc que una ~***, más fresco que una lechuga. *2* Mosqueta. *3* MED. Roseola. *4* ARQ. Rosetón.
rosaci, -àcia [rruzási, -ásiə] *a.* Rosáceo, róseo.
rosada [rruzáðə] *f.* Rocío.
rosari [rruzári] *m.* Rosario.
rosassa [rruzásə] *f.* ARQ. Rosetón.
rosat, -ada [rruzát, -áðə] *a.* Rosado, róseo.
rosbif [rrozβif] *m.* COC. Rosbif.
rosca [rrɔ́skə] *f.* Rosca.
roscar [rruská] *t.* Roscar.
rosec [rruzék] *m.* Raimiento, roedura. *2* Desasosiego, inquietud. *3* Remordimiento.
rosegada [rruzəɣáðə] *f.* Roedura.
rosegador, -ra [rruzəɣəðó, -rə] *a.* Roedor. *2 pl.* Roedores.
rosegall [rruzəɣáʎ] *m.* Cosa roída. *2 pl.* Riza.
rosegar [rruzəɣá] *t.* Roer, ronzar.
rosegó [rruzəɣó] *m.* Mendrugo.
rosella [rruzéʎə] *f.* BOT. Amapola.
roser [rruzé] *m.* Rosal.
roserar [rruzərá] *m.* Rosaleda.
rosetó [rruzətó] *m.* Rosetón.
rosolis [rruzɔ́lis] *m.* Rosoli.
rosquilla [rruskíʎə] *f.* Rosquilla.
ròssa [rrɔ́sə] *f.* Rocinante, penco, zancarrón.
ròssec [rrɔ́sək] *m.* Cola, rastra.
rossegons (a) [rrusəɣóns] loc. A rastras, a gatas.
Rosselló [rrusəʎó] *n. pr.* m. Rosellón.
rossí [rrusí] *m.* Rocín, jaco, jamelgo, matalón.

rossinyol [rrusiɲɔ́l] *m.* ORNIT. Ruiseñor. *2* Ganzúa. *3* BOT. Cabrilla.
rossolar [rrusulá] *i.* Bajar resbalando por una pendiente.
rost [rrɔs(t)] *m.* Cuesta, pendiente, reventadero. *2 a.* Abrupto, empinado.
rosta [rrɔ́stə] *f.* Torrezno, tostón, picatoste.
rostir [rrusti] *t.* Asar, achicharrar.
rostit, -ida [rrustit, -iðə] *a.* Asado.
rostoll [rrustóʎ] *m.* Rastrojo.
rostollar [rrustuʎá] *i.* Rastrojar.
rostral [rrustrál] *a.* Rostral.
rostre [rrɔ́strə] *m.* Rostro, semblante.
rot [rrot] *m.* Regüeldo, eructo.
rota [rrótə] *f.* Rota.
rotació [rrutəsió] *f.* Rotación.
rotar [rrutá] *i.* Eructar.
rotatiu, -iva [rrutətiŭ, -iβə] *a.* Rotativo. *2* Rotativa.
rotatori, -òria [rrutətɔ́ri, -ɔ́riə] *a.* Rotatorio.
rotllana [rruʎʎánə] *f.* Aro. *2* Rodete. *3* Corrido, corro.
rotlle [rrɔ́ʎʎə] *m.* Rollo. ‖ ***Treure a ~,*** sacar a colación.
rotonda [rrutóndə] *f.* Rotonda.
ròtula [rrɔ́tulə] *f.* ANAT. Rótula.
rotund, -da [rrutún, -də] *a.* Rotundo.
rotundament [rrutundəmén] *adv.* Rotundamente.
rou [rrɔŭ] *m.* Rocío.
roure [rróŭrə] *m.* BOT. Roble.
roureda [rroŭréðə] *f.* Robledo, robledal.
rova [rrɔ́βə] *f.* Arroba.
rovell [rruβéʎ] *m.* Herrumbre, orín. *2* fig. Moho. *3* Roya. *4* Yema.
rovellar [rruβəʎá] *t.-prnl.* Aherrumbar, enmohecer.
rovellat, -ada [rruβəʎát, -áðə] *a.* Herrumbroso, mohoso, oriniento.
rovelló [rruβəʎó] *m.* BOT. Níscalo.
rovellós, -osa [rruβəʎós, -ózə] *a.* Herrumbroso.
rubicund, -da [rruβikún, -ðə] *a.* Rubicundo.
rubidi [rruβiði] *m.* MIN. Rubidio.
ruble [rrúbblə] *m.* Rublo.
rubor [rruβór] *m.* Rubor, sonrojo.
ruboritzar-se [rruburidzársə] *prnl.* Ruborizarse, azararse.
ruborós, -osa [rruβurós, -ózə] *a.* Ruboroso.
rúbrica [rrúβrikə] *f.* Rúbrica.
rubricar [rruβriká] *t.* Rubricar.
ruc, -ca [rruk, -kə] *m.-f.* V. ASE.
rucada [rrukáðə] *f.* Asnada, burrada, borricada.
ruda [rrúðə] *f.* BOT. Ruda.
rude [rrúðə] *a.* Rudo, torpe, recio.
rudement [rruðəmén] *adv.* Rudamente.
rudesa [rruðέzə] *f.* Rudeza, bronquedad, torpeza.
rudiment [rruðimén] *m.* Rudimento.
rudimentari, -ària [rruðiməntári, -áriə] *a.* Rudimentario.
rufià [rrufiá] *m.* Rufián.
rúfol, -la [rrúful, -lə] *a.* Desapacible (tiempo).
rugby [rrúɣbi] *m.* DEP. Rugby.
rugir [rruʒi] *i.* Rugir.
rugit [rruʒit] *m.* Rugido.
rugós, -osa [rruɣós, -ózə] *a.* Rugoso.
rugositat [rruɣuzitát] *f.* Rugosidad.
ruibarbre [rruiβárβrə] *m.* BOT. Ruibarbo.
ruïna [rruinə] *f.* Ruina.
ruïnós, -osa [rruinós, -ózə] *a.* Ruinoso.
ruixada [rruʃáðə] *f.* Chaparrón. *2* Rociada.
ruixar [rruʃá] *t.* Rociar.
ruixat [rruʃát] *m.* Chaparrón, chubasco.
ruixim [rruʃim] *m.* Llovizna. *2* Rocío.
ruixó [rruʃó] *m.* NÁUT. Rezón.
ruleta [rrulétə] *f.* Ruleta.
rull [rruʎ] *m.* Bucle, rizo.
rullar [rruʎá] *t.* Rizar, ensortijar.
rumb [rrumb] *m.* Rumbo, derrota, rota.
rumbós, -osa [rrumbós, -ózə] *a.* Rumboso.
rumiar [rrumiá] *t.* Recapacitar, rumiar.
ruminant [rruminán] *a.* Rumiante.
rumor [rrumór] *m.* Rumor.
rum-rum [rrumrrúm] *m.* Runrún.
runa [rrúnə] *f.* Escombros, cascotes.
rupestre [rrupéstrə] *a.* Rupestre.
rupia [rrupiə] *f.* Rupia.
ruptura [rruptúrə] *f.* Ruptura, rotura.
ruquejar [rrukəʒá] *i.* Tontear.
ruqueria [rrukəriə] *f.* Tontería.
rural [rrurál] *a.* Rural.
rus, russa [rrus, rrúsə] *a., m.-f.* Ruso.
rusc [rrusk] *m.* Colmena.
Rússia [rrúsiə] *n. pr.* Rusia.
rústeg, -ega [rrústək, -əɣə] *a.* De tacto áspero, tosco, rústico.
rústic, -ca [rrústik, -kə] *a.* Rústico. *2* Paleto. ‖ ***En rústica,*** en rústica.
ruta [rrútə] *f.* Ruta, derrotero.
rutilant [rrutilán] *a.* Rutilante.
rutilar [rrutilá] *i.* Rutilar.
rutina [rrutinə] *f.* Rutina.
rutinari, -ària [rrutinári, -áriə] *a.* Rutinario.
rutlla [rrúʎʎə] *f.* Rueda. *2* Aro.
rutllar [rruʎʎá] *i.* Rodar. *2* Funcionar.

S

s' *pron. déb.* Se.
's *pron. déb.* Se.
sa, sana [sa, sánə] *a.* Sano. ‖ ~ ***i fresc,*** frescachón.
saba [sáβə] *f.* BOT. Savia.
sabana [səβánə] *f. cast.* Sabana.
sabata [səβátə] *f.* Zapato.
sabatada [səβətðə] *f.* Zapatazo.
sabatejar [səβətəʒá] *t.* Zapatear.
sabater, -ra [səβəté, -rə] *a.* Zapatero.
sabateria [səβətəriə] *f.* Zapatería.
sabàtic, -ca [səβátik, -kə] *a.* Sabático.
sabatilla [səβətiʎə] *f.* Zapatilla.
sabedor, -ra [səβəðó, -rə] *a.* Sabedor, noticioso.
sabent [səβén] *a.* Sabido. *2* Rancio.
sabentment [səβęmmén] *adv.* A sabiendas.
saber [səβɛ́] *t.-i.* Saber. ‖ ***Fer*** ~, enterar. ‖ ***Saber-ho fins els moros,*** ser de cajón. ¶ CONJUG. INDIC. Pres.: ***sé, saps, sap,*** etc. ‖ SUBJ. Pres.: ***sàpiga,*** etc. ‖ IMPERAT.: ***sàpigues,*** etc.
saber [səβɛ́] *m.* Saber.
saberut, -uda [səβərút, -úðə] *a.* Sabihondo, sabidillo, leído.
sabó [səβó] *m.* Jabón.
saboga [səβɔ́ɣə] *f.* ICT. Sábalo, saboga.
saboner, -ra [səβuné, -rə] *a.* Jabonero.
sabonera [səβunérə] *f.* Jabonadura. *2* Jabonera. ‖ BOT. ***Herba*** ~, saponaria.
saboneria [səβunəriə] *f.* Jabonería.
sabonós, -osa [səβunós, -ózə] *a.* Jabonoso.
sabor [səβó(r)] *m.* Sabor, paladar.
saborós, -osa [səβurós, -ózə] *a.* Sabroso, gustoso.
sabotatge [səβutádʒə] *m.* Sabotaje.
sabre [sáβrə] *m.* Sable.
sabut, -uda [səβút, -úðə] *a.* Consabido.
sac [sak] *m.* Saco, talego. *2* Saqueo. ‖ ~ ***de gemecs,*** gaita, cornamusa.
saca [sákə] *f.* Saca.
sacada [səkáðə] *f.* DEP. Saque.
sacar [səká] *i.* DEP. Sacar.
sacarí, -ina [səkəri, -inə] *a.* Sacarino. *2 f.* Sacarina.
sacerdoci [səsərðɔ́si] *m.* Sacerdocio.
sacerdot [səsərðɔ́t] *m.* Sacerdote.
sacerdotal [səsərðutál] *a.* Sacerdotal.
sacerdotessa [səsərðutɛ́sə] *f.* Sacerdotisa.
saciar [səsiá] *t.* Saciar.
sacietat [səsiətát] *f.* Saciedad.
sacramental [səkrəməntál] *a.* Sacramental.
sacre, -cra [sákrə, -krə] *a.* Sacro. *2 m.* ANAT. Sacro.
sacrificar [səkrifiká] *t.* Sacrificar.
sacrifici [səkrifisi] *m.* Sacrificio.
sacríleg, -ga [səkrilək, -ɣə] *a.* Sacrílego.
sacrilegi [səkrilɛ́ʒi] *m.* Sacrilegio.
sacrosant, -ta [sákrusán, -tə] *a.* Sacrosanto.
sacseig [səksɛ́tʃ] *m.* Sacudimiento.
sacsejada [səksəʒáðə] *f.* Sacudida.
sacsejar [səksəʒá] *t.* Zarandear, menear, sacudir, tabalear, traquetear, zamarrear.
sacsó [səksó] *m.* Alforza.
sàdic, -ca [sáðik, -kə] *a.* Sádico.
sadisme [səðizmə] *m.* Sadismo.
sadollar [səðuʎá] *t.* Saciar, colmar.
sadollat, -ada [səðuʎát, -áðə] *a.* Saciado.
safareig [səfərɛ́tʃ] *m.* Lavadero, alberca.
safata [səfátə] *f.* Bandeja, batea.
sàfic, -ca [sáfik, -kə] *a.* Sáfico.
safir [səfir] *m.* MINER. Zafiro.
safra [sáfrə] *f.* Zafra.
safrà [səfrá] *m.* BOT. Azafrán.
saga [sáɣə] *f.* Zaga. ‖ ***A la*** ~, a la zaga.
sagaç [səɣás] *a.* Sagaz.
sagacitat [səɣəsitát] *f.* Sagacidad.
sagal [səɣál] *m.* Zagal.
sageta [səʒɛ́tə] *f.* Saeta, flecha.
sagí [səʒi] *m.* Saín, lardo, pella. *2* Redaño.

sagita [səʒitə] *f.* GEOM. Sagita.
sagitari [səʒitàri] *m.* Sagitario.
sagnador, -ra [səŋnəðó, -rə] *a., m.-f.* Sangrador.
sagnar [səŋnà] *t.-i.* Sangrar.
sagnia [səŋniə] *f.* Sangría, sangradura.
sagrament [səɣrəmén] *m.* Sacramento.
sagramental [səɣrəməntàl] *t.* Sacramental.
sagramentar [səɣrəməntà] *t.* Sacramentar.
sagrari [səɣràri] *m.* Sagrario.
sagrat, -ada [səɣràt, -àðə] *a.* Sagrado, sacro.
sagristà, -ana [səɣristà, -ànə] *m.-f.* Sacristán. *2 f.* Sacristana (mujer del sacristán).
sagristia [səɣristiə] *f.* Sacristía.
saguer, -ra [səɣé, -rə] *a.* Zaguero.
saïm [səim] *f.* Saín.
sainet [səinét] *m.* TEAT. Sainete.
sal [sal] *f.* Sal. *2* Salero, chulería.
sala [sálə] *f.* Sala.
salabror [sələβró] *f.* Salobridad.
salabrós, -osa [sələβrós, -ózə] *a.* Salobre.
salaç [səlás] *a.* Salaz.
salacitat [sələsitát] *f.* Salacidad.
salador [sələðó] *m.* Saladero.
saladura [sələðúrə] *f.* Saladura, salazón.
salamandra [sələmándrə] *f.* ZOOL. Salamandra. *2* Salamandra (estufa).
salaó [sələó] *f.* Salazón.
salar [səlá] *t.* Salar, acecinar.
salari [səlári] *m.* Salario.
salat, -ada [səlát, -áðə] *a.* Salado. *2* Saleroso.
salconduit [sə̣lkundúit] *m.* Salvoconducto.
saldar [səldá] *t.* Saldar.
saldo [sáldu] *m.* Saldo.
saler [səlé] *m.* Salero.
salesià, -ana [sələzià, -ánə] *a., m.-f.* Salesiano.
salfumant [salfumán] *m.* Sal fumante.
salí, -ina [səli, -inə] *a.* Salino, salobreño. *2 f.* Salina, saladar.
sàlic, -ca [sálik, -kə] *a.-f.* Sálico.
salicilat [səlisilát] *m.* QUÍM. Salicilato.
saliva [səliβə] *f.* Saliva.
salival [səliβál] *a.* Salival.
salivar [səliβá] *i.* Salivar.
salivejar [səliβəʒá] *i.* Salivar.
salivera [səliβérə] *f.* Saliva abundante.
salm [salm] *m.* Salmo.
salmantí, -ina [səlmənti, -inə] *a., m.-f.* Salmantino.
salmó [səlmó] *m.* ICT. Salmón.
salmòdia [səlmɔ́ðiə] *f.* Salmodia.
salmodiar [səlmuðiá] *i.* Salmodiar.
salmorra [sə̣lmórrə] *f.* Salmuera.
salnitre [sə̣lnítrə] *m.* QUÍM. Salitre.
saló [səló] *m.* Salón.
salomònic, -ca [səlumɔ́nik, -kə] *a.* Salomónico.
salpar [səlpá] *t.-i.* Zarpar.
salpasser [səlpəsé] *m.* Hisopo.
salpebrar [sə̣lpəβrá] *t.* Salpimentar.
salpicar [səlpiká] *t.* Salpicar (con sal).
salpicó [səlpikó] *m.* Salpicadura.
salsa [sálsə] *f.* Salsa.
salsera [səlsérə] *f.* Salsera.
salsitxa [səlsitʃə] *f.* Salchicha.
salt [sal] *m.* Salto, brinco.
saltador, -ra [səltəðó, -rə] *a., m.-f.* Saltador, saltarín, saltón.
saltamartí [sə̣ltəmərti] *m.* Tentetieso, tentempié.
saltant [səltán] *m.* Cascada.
saltar [səltá] *i.-t.* Saltar, brincar.
saltataulells [sə̣ltətəŭléʎs] *m.* fam. Hortera (dependiente).
saltejador [səltəʒəðó] *m.* Salteador.
saltejar [səltəʒá] *t.* Saltear.
salteri [səltéri] *m.* Salterio.
saltimbanqui [sə̣ltimbáŋki] *m.* Saltimbanqui.
saltiri [səltiri] *m.* V. SALTERI.
saltiró [səltiró] *m.* Brinco. *2* Retozo, pirueta.
saltironar [səltiruná] *i.* Brincar. *2* Retozar.
salubre [səlúβrə] *a.* Salubre.
salubritat [səluβritát] *f.* Salubridad.
saludable [səluðábblə] *a.* Saludable.
saludador, -ra [səluðəðó, -rə] *a.-m.* Saludador.
saludar [səluðá] *t.* Saludar.
salut [səlút] *f.* Salud. *2* Saludo.
salutació [səlutəsió] *f.* Saludo, salutación.
salutífer, -ra [səlutifər, -rə] *a.* Salutífero.
salva [sálβə] *f.* Salva.
salvació [səlβəsió] *f.* Salvación.
salvador, -ra [səlβəðó, -rə] *a., m.-f.* Salvador.
salvaguarda [sə̣lβəɣwárðə] *f.* Salvaguardia.
salvaguardar [səlβəɣwərðá] *t.* Salvaguardar.
salvament [səlβəmén] *m.* Salvamento.
salvar [səlβá] *t.* Salvar.
salvatgeria [səlβədʒəriə] *f.* Salvajada.
salvatgina [səlβədʒinə] *f.* Salvajina.
salvatgisme [səlβədʒizmə] *m.* Salvajismo.
salvatjada [səlβədʒáðə] *f.* Salvajada.
salvavides [sə̣lβəβiðəs] *m.* Salvavidas.
salve! [sálβə] *interj.* ¡Salve!
sàlvia [sálβiə] *f.* BOT. Salvia.
salze [sálzə] *m.* BOT. Salce, sauce.

salzeda [səlzέðə] *f.* Sauceda.
samarra [səmárrə] *f.* Zamarra, pellico, coleto.
samarreta [səmərrέtə] *f.* Camiseta.
samfaina [səmfáinə] *f.* COC. Chanfaina, pisto, revoltijo.
sanable [sənábblə] *a.* Sanable.
sanar [sənά] *i.-t.* Sanar, curar.
sanatori [sənətɔ́ri] *m.* Sanatorio.
sancallós, -osa [səŋkəʎós, -ózə] *a.* Patizambo, befo.
sanció [sənsió] *f.* Sanción.
sancionar [sənsiuná] *t.* Sancionar.
sàndal [sándəl] *m.* BOT. Sándalo.
sandàlia [səndáliə] *f.* Sandalia.
sandvitx [səmbítʃ] *m.* *ingl.* Bocadillo, sandwich.
sanefa [sənέfə] *f.* Cenefa.
sanejament [sənəʒəmén] *m.* Saneamiento.
sanejar [sənəʒá] *t.* Sanear.
sang [saŋ] *f.* Sangre.
sanglot [səŋglɔ́t] *m.* Sollozo.
sanglotar [səŋglutá] *i.* Sollozar.
sanglotejar [səŋgluteʒá] *i.* Sollozar.
sangonent [səŋgunén] *a.* Sangriento, sanguinolento.
sangonera [səŋgunérə] *f.* ZOOL. Sanguijuela.
sangtraït [saŋtrait] *m.* Moretón.
sanguina [səŋginə] *f.* Sanguina.
sanguinari, -ària [səŋginári, -áriə] *a.* Sanguinario.
sanguini, -ínia [səŋgini, -iniə] *a.* Sanguíneo.
sanguinolent, -ta [səŋginulén, -tə] *a.* Sanguinolento, sangriento.
sanguinyol [səŋgiɲɔ́l] *m.* BOT. Corno.
sanitari, -ària [sənitári, -áriə] *a.* Sanitario.
sanitat [sənitát] *f.* Sanidad.
sànscrit, -ta [sánskrit, -tə] *a.-m.* Sánscrito.
sant, -ta [san, -tə] *a.* Santo. *2 m.-f.* Santo, san. *3* Festividad de un santo. ‖ ***El ~ i senya***, el santo y seña.
santabárbara [səntəβárβərə] *f.* NÁUT. Santabárbara.
santedat [səntəðát] *f.* Santidad.
santificació [səntifikəsió] *f.* Santificación.
santificant [səntifikán] *a.* Santificante.
santificar [səntifiká] *t.* Santificar.
santíssim, -ma [səntisim, -mə] *a.* Santísimo.
santoral [sənturál] *m.* Santoral.
santuari [səntuári] *m.* Santuario.
saó [səó] *f.* Sazón. *2* Tempero.
sapa [sápə] *f.* Zapa.
sapador [səpəðó] *m.* MIL. Zapador.
sapastre [səpástrə] *m.* Chapucero.
sàpid, -da [sápit, -ðə] *a.* Sápido.
sapiència [səpiέnsiə] *f.* Sapiencia.
saponària [səpunáriə] *f.* BOT. Saponaria.
saponificar [səpunifiká] *t.* Saponificar.
saqueig [səkέtʃ] *m.* Saqueo.
saquejador, -ra [səkəʒəðó, -rə] *a., m.-f.* Saqueador.
saquejar [səkəʒá] *t.* Saquear.
sarabanda [sərəβándə] *f.* Zarabanda.
saragata [sərəɣátə] *f.* Zaragata, algazara, bullicio.
Saragossa [sərəɣósə] *f.* Zaragoza.
sarau [səráŭ] *m.* Sarao. *2* Reyerta.
sarbatana [sərβətánə] *f.* Cerbatana.
sarcasme [sərkázmə] *m.* Sarcasmo.
sarcàstic, -ca [sərkástik, -kə] *a.* Sarcástico.
sarcòfag [sərkɔ́fək] *m.* Sarcófago.
sard, -da [sar(t), -ðə] *a., m.-f.* Sardo.
sardana [sərðánə] *f.* Sardana.
Sardenya [sərðέɲə] *n. pr.* Cerdeña.
sardina [sərðinə] *f.* Sardina.
sardinaire [sərðináĭrə] *m.-f.* Sardinero.
sardinal [sərðinál] *m.* Sardinal.
sardinell [sərðinéʎ] *m.* ARQ. Sardinel.
sardiner, -ra [sərðiné, -rə] *a.* Sardinero.
sardònic, -ca [sərðɔ́nik, -kə] *a.* Sardónico.
sargantana [sərɣəntánə] *f.* ZOOL. Lagartija.
sargidor, -ra [sərʒiðó, -rə] *m.-f.* Zurcidor.
sargil [sərʒil] *m.* Sayal.
sargir [sərʒi] *t.* Zurcir.
sargit [sərʒit] *m.* Zurcido.
sariga [səriɣə] *f.* ZOOL. Zarigüeya.
sarja [sárʒə] *f.* Sarga.
sarment [sərmén] *m.-f.* Sarmiento.
sarmentós, -osa [sərməntós, -ózə] *a.* Sarmentoso.
sarna [sárnə] *f.* Sarna.
sarnós, -osa [sərnós, -ózə] *a.* Sarnoso.
sarraí, -ïna [sərrəi, -inə] *a., m.-f.* Sarraceno.
sàrria [sárriə] *f.* Serón. *2 pl.* Angarillas.
sarrió [sərrió] *m.* Sera.
sarró [sərró] *m.* Zurrón. *2* Morral. *3* Talega.
sarsa [sársə] *f.* BOT. Zarzaparrilla.
sarsuela [sərswέlə] *f. cast.* Zarzuela.
sastre [sástrə] *m.* Sastre.
sastreria [səstrəriə] *f.* Sastrería.
sastressa [səstrέsə] *f.* Sastra, sastresa, costurera.
satànic, -ca [sətánik, -kə] *a.* Satánico.
satèl·lit [sətέlit] *m.* Satélite.
sàtira [sátirə] *f.* Sátira.
satíric, -ca [sətirik, -kə] *a.* Satírico.
satiritzar [sətiridzá] *t.* Satirizar.

satisfacció [sətisfəksió] *f.* Satisfacción.
satisfactori, -òria [sətisfəktɔ́ri, -ɔ́riə] *a.* Satisfactorio.
satisfer [sətisfé] *t.* Satisfacer, colmar. ¶ CONJUG. como *desfer.*
satisfet, -ta [sətisfét, -tə] *a.* Satisfecho, encantado.
sàtrapa [sátrəpə] *m.* Sátrapa.
saturar [səturá] *t.* Saturar.
saüc [səúk] *m.* V. SAÜQUER.
saüquer [səuké] *m.* BOT. Saúco, sabuco.
saurí [səŭri] *m.* Zahorí.
saures [sáŭrəs] *m. pl.* ZOOL. Saurios.
savi, sàvia [sáβi, sáβiə] *a.* Sabio.
saviesa [səβiέzə] *f.* Sabiduría, sapiencia.
saxífraga [səksífrəγə] *f.* BOT. Saxífraga.
saxó, -ona [səksó, -ónə] *a.* Sajón.
saxofon [səksufɔ́n] *m.* MÚS. Saxofón, saxófono.
se [sə] *pron. déb.* Se.
sebaci, -àcia [səβási, -ásiə] *a.* Sebáceo.
sec, -ca [sεk, -kə] *a.* Seco.
séc [sek] *m.* Surco, doblez, arruga, pliegue.
secà [səká] *m.* Secano.
secada [sekáðə] *f.* Sequía.
secança [səkánsə] *f.* Secansa (naipes).
secant [səkán] *a.-f.* Secante.
secció [səksió] *f.* Sección.
seccionament [səksiunəmén] *m.* Cortadura.
seccionar [səksiuná] *t.* Seccionar.
secessió [səsəsió] *f.* Secesión.
secor [səkó] *f.* Sequedad.
secreció [səkrəsió] *f.* Secreción.
secret [səkrét] *m.* Secreto, sigilo.
secret, -ta [səkrét, -tə] *a.* Secreto, sigiloso.
secretar [səkrətá] *t.-i.* Secretar.
secretari, -ària [səkrətári, -áriə] *m.-f.* Secretario.
secretaria [səkrətəríə] *f.* Secretaría.
secretariat [səkrətəriát] *m.* Secretariado.
secreter [səkrəté] *m. fr.* Secreter.
secretor, -ra [səkrətó, -rə] *a.* Secretor.
secta [sέktə] *f.* Secta.
sectari, -ària [səktári, -áriə] *a.* Sectario.
sectarisme [səktərízmə] *m.* Sectarismo.
sector [səktó] *m.* Sector.
secular [səkulá(r)] *a.* Secular.
secularitzar [səkulərid͡ʒá] *t.* Secularizar.
secundar [səkundá] *t.* Secundar.
secundari, -ària [səkundári, -áriə] *a.* Secundario.
seda [sέðə] *f.* Seda.
sedal [səðál] *m.* MED. Sedal.
sedalina [səðəlínə] *f.* Hilo de algodón mercerizado.
sedant [səðán] *a.-m.* Sedante.
sedàs [səðás] *m.* Cedazo. ‖ ***Passar pel ~,*** cerner.
sedejant [səðəʒán] *a.* Sediento.
sedentari, -ària [səðəntári, -áriə] *a.* Sedentario.
sedeny [səðέɲ] *m.* CIR. Sedal.
sederia [səðəríə] *f.* Sedería.
sedició [səðisió] *f.* Sedición.
sediciós, -osa [səðisiós, -ózə] *a.* Sedicioso.
sediment [səðimén] *m.* Sedimento.
sedimentar [səðiməntá] *t.* Sedimentar.
sedós, -osa [səðós, -ózə] *a.* Sedoso.
seducció [səðuksió] *f.* Seducción.
seductor, -ra [səðuktó, -rə] *a., m.-f.* Seductor.
seduir [səðuí] *t.* Seducir, camelar.
sega [séγə] *f.* Siega.
segador, -ra [səγəðó, -rə] *a., m.-f.* Segador.
segall [səγáʎ] *m.* Chivo, chivato.
segar [səγá] *t.* Segar.
segell [səʒéʎ] *m.* Sello.
segellar [səʒəʎá] *t.* Sellar.
seglar [səgglá] *a., m.-f.* Seglar.
segle [séggla] *m.* Siglo.
segment [səŋmén] *m.* Segmento.
segó [səγó] *m.* Salvado.
sègol [sέγul] *m.* BOT. Centeno. ‖ ***~ banyut,*** cornezuelo.
segon, -na [səγɔ́n, -nə] *a.* Segundo. *2 m.* Segundo.
segonet [səγunét] *m.* Moyuelo.
segons [səγóns] *prep.* Según. ‖ ***~ com,*** según.
segregació [səγrəγəsió] *f.* Segregación.
segregar [səγrəγá] *t.* Segregar.
segrest [səγrés(t)] *m.* Secuestro, incautación, recogida.
segrestar [səγrəstá] *t.* Secuestrar.
següent [səγwén] *a.* Siguiente.
seguici [səγísi] *m.* Séquito, cortejo.
seguida (de) [səγíðə] *adv.* En seguida.
seguidilla [səγiðíʎə] *f. cast.* Seguidilla.
seguidor, -ra [səγiðó, -rə] *a., m.-f.* Seguidor.
seguiment [səγimén] *m.* Seguimiento.
seguir [səγí] *t.* Seguir.
seguit, -ida [səγít, -íðə] *a.* Seguido. *2 m.* Seguida, continuo. ‖ ***Tot ~,*** incontinenti, luego, a renglón seguido.
segur, -ra [səγú, -rə] *a.* Seguro.
segurament [səγurəmén] *adv.* Seguramente.
seguretat [səγurətát] *f.* Seguridad.
seient [səјén] *m.* Asiento. *2* Sillín.
seixanta [səʃántə] *a.* Sesenta.
seixantè, -ena [səʃəntέ, -έnə] *a.* Sexagésimo. *2 a.-m.* Sesenteavo, sexagésimo.
selacis [səlásis] *m. pl.* ICT. Selacios.

selecció [sələksió] *f.* Selección.
seleccionar [sələksiuná] *t.* Seleccionar.
selecte, -ta [səlɛ́ktə, -tə] *a.* Selecto, escogido.
selectiu, -iva [sələktiŭ, -iβə] *a.* Selectivo.
seleni [səlɛ́ni] *m.* MINER. Selenio.
selenita [sələnitə] *f.* Selenita, espejuelo.
sella [séʎə] *f.* Silla (de montar), montadura.
selva [sɛ́lβə] *f.* Selva.
selvàtic, -ca [səlβátik, -kə] *a.* Selvático.
semàfor [səmáfur] *m.* Semáforo.
semal [səmál] *f.* V. PORTADORA.
semblança [səmblánsə] *f.* Semejanza, semblanza, parecido.
semblant [səmblán] *a.* Parecido, semejante. *2 m.* Semblante, cara, faz.
semblar [səmblá] *i.* Parecer, asemejar. ‖ ***Pel que sembla,*** a la cuenta.
sembra [sémbrə] *f.* Siembra, sementera.
sembrador, -ra [səmbrəðó, -rə] *a., m.-f.* Sembrador.
sembrar [səmbrá] *t.* Sembrar, granear.
semen [sɛ́mən] *m.* Semen.
semença [səmɛ́nsə] *f.* Semilla.
sement [səmén] *f.* Simiente, semilla.
semental [səməntál] *a.* Semental.
sementici, -ícia [səməntisi, -isiə] *a.* Sembradío.
semestral [səməstrál] *a.* Semestral.
semestre [səméstrə] *m.* Semestre.
semicercle [sęmisérklə] *m.* Semicírculo.
semicircumferència [sęmisirkumfərɛ́nsiə] *f.* Semicircunferencia.
semicorxera [sęmikurʃérə] *f.* MÚS. Semicorchea.
semifusa [sęmifúzə] *f.* MÚS. Semifusa.
seminari [səminári] *m.* Seminario.
seminarista [səminəristə] *m.* Seminarista.
semita [səmitə] *a., m.-f.* Semita.
semític, -ca [səmitik, -kə] *a.* Semítico.
semitò [sęmitɔ́] *m.* MÚS. Semitono.
sèmola [sɛ́mulə] *f.* Sémola.
sempitern, -na [səmpitɛ́rn, -nə] *a.* Sempiterno.
sempre [sémprə] *adv.* Siempre.
sempreviva [sęmprəβiβə] *f.* BOT. Siempreviva.
senador [sənəðó] *m.* Senador.
senalla [sənáʎə] *f.* Cenacho, espuerta, capacho.
senar [səná] *a.* Sencillo, impar, non. ‖ ***Parells i senars,*** pares y nones.
senat [sənát] *m.* Senado.
senatorial [sənəturiál] *a.* Senatorial.
sencer, -ra [sənsɛ́, -rə] *a.* Entero.
sender [səndé] *m.* Senda, sendero.
sendera [səndérə] *f.* Senda.
senderi [səndɛ́ri] *m.* Caletre, seso, juicio, pesquis.
senectut [sənəktút] *f.* Senectud.
senglar [səŋglá] *m.* ZOOL. Jabalí.
sengles [séŋgləs] *a. indef. pl.* Sendos.
senil [sənil] *a.* Senil.
senilitat [sənilitát] *f.* Senilidad.
sens [sens] *prep.* V. SENSE.
sensació [sənsəsió] *f.* Sensación.
sensacional [sənsəsiunál] *a.* Sensacional.
sensat, -ta [sənsát, -tə] *a.* Sensato, asentado, sesudo.
sensatesa [sənsətɛ́zə] *f.* Sensatez.
sense [sénsə] *prep.* Sin.
sensibilitat [sənsiβilitát] *f.* Sensibilidad.
sensibilitzar [sənsiβilidzá] *t.* Sensibilizar.
sensible [sənsibblə] *a.* Sensible.
sensitiu, -iva [sənsitiŭ, -iβə] *a.* Sensitivo.
sensorial [sənsuriál] *a.* Sensorial.
sensual [sənsuál] *a.* Sensual.
sensualitat [sənsuəlitát] *f.* Sensualidad.
sentència [səntɛ́nsiə] *f.* Sentencia, fallo.
sentenciar [səntənsiá] *t.* Sentenciar, fallar.
sentenciós, -osa [səntənsiós, -ózə] *a.* Sentencioso.
sentida [səntiðə] *f.* Dolor por una impresión física o moral.
sentiment [səntimén] *m.* Sentimiento, sentir.
sentimental [səntiməntál] *a.* Sentimental.
sentimentalisme [səntiməntəlizmə] *m.* Sentimentalismo.
sentina [səntinə] *f.* Sentina.
sentinella [səntinéʎə] *m.* Centinela.
sentir [sənti] *t.* Sentir. *2* Oír. *3* Percibir. *4* Lamentar. ¶ CONJUG. INDIC. Pres.: ***sent.***
sentit [səntit] *m.* Sentido.
sentor [səntó] *f.* Olor. *2* Gustillo.
seny [sɛɲ] *m.* Cordura, sensatez, meollo, criterio, juicio. ‖ ***Perdre el ~,*** perder la chaveta, desatinar.
senya [sɛ́ɲə] *f.* Seña. *2 pl.* Señas.
senyador, -ra [səɲəðó, -rə] *m.-f.* Santiguador.
senyal [səɲál] *m.* Señal, viso.
senyalar [səɲəlá] *t.* Señalar.
senyaler, -ra [səɲəlé, -rə] *m.-f.* Señero, abanderado.
senyar [səɲá] *t.* Santiguar. *2 prnl.* Santiguarse.
senyera [səɲérə] *f.* Enseña, pendón, estandarte.
senyor, -ra [səɲó, -rə] *m.-f.* Señor. *2* Amo, dueño. *3* Don.
senyoràs, -assa [səɲurás, -ásə] *a.* Señorón.
senyorejar [səɲurəʒá] *t.-i.* Señorear.
senyoret, -ta [səɲurɛ́t, -tə] *m.-f.* Señorito.
senyoria [səɲuriə] *f.* Señoría. *2* Señorío.

senyorial [səɲuriál] *a.* Señorial.
senyoriu [səɲuriŭ] *m.* Señorío, señoría.
senzill, -lla [sənziʎ, -ʎə] *a.* Sencillo, llano.
senzillesa [sənziʎɛ́zə] *f.* Sencillez, llaneza.
sèpal [sɛ́pəl] *m.* BOT. Sépalo.
separació [səpərəsió] *f.* Separación.
separar [səpərá] *t.* Separar.
separatisme [səpərətízmə] *m.* Separatismo.
separatista [səpərətístə] *a., m.-f.* Separatista.
sepeli [səpɛ́li] *m.* Sepelio.
sèpia [sɛ́piə] *f.* ZOOL. Sepia.
septenari, -ària [səptənári, -áriə] *a.* Septenario.
septentrió [səptəntrió] *m.* Septentrión.
septentrional [səptəntriunál] *a.* Septentrional.
sèptic, -ca [sɛ́ptik, -kə] *a.* Séptico.
septicèmia [səptisɛ́miə] *f.* MED. Septicemia.
sèptuple [sɛ́ptuplə] *a.* Séptuplo.
sepulcral [səpulkrál] *a.* Sepulcral.
sepulcre [səpúlkrə] *m.* Sepulcro.
sepultar [səpultá] *t.* Sepultar.
sepultura [səpultúrə] *f.* Sepultura, inhumación, cárcava.
sequaç [səkwás] *a., m.-f.* Secuaz.
sequedat [səkəðát] *f.* Sequedad.
seqüela [səkwɛ́lə] *f.* Secuela.
sèquia [sɛ́kiə] *f.* Acequia, cequia, cauce.
ser [se] *i.* Ser. *2* Estar. *3 m.* Ser, ente.
serafí [sərəfí] *m.* Serafín.
seràfic, -ca [səráfik, -kə] *a.* Seráfico.
serè, -ena [sərɛ́, -ɛ́nə] *a.* Sereno, despejado.
serena [sərɛ́nə] *f.* Serena, sereno, relente. *2* Claro de cielo sin nubes.
serenata [sərənátə] *f.* Serenata.
serenitat [sərənitát] *f.* Serenidad.
sereno [sərɛ́nu] *m.* col. Sereno, vigilante nocturno.
serenor [sərənó] *f.* V. SERENITAT.
serf, serva [serf, sérβə] *m.-f.* Siervo.
sergent [sərʒén] *m.* Sargento.
serial [səriál] *a.-m.* Serial.
sericultura [sərikultúrə] *f.* Sericultura.
sèrie [sɛ́riə] *f.* Serie.
serietat [səriətát] *f.* Seriedad.
seriós, -osa [səriós, -ózə] *a.* Serio.
serjant [sərʒán] *m.* Gato, cárcel (herramienta).
sermó [sərmó] *m.* Sermón.
sermonejar [sərmunəʒá] *t.* Sermonear.
serós, -osa [sərós, -ózə] *a.* Seroso.
serp [serp] *f.* ZOOL. Serpiente, sierpe. ‖ ~ ***de vidre,*** lución.
serpejar [sərpəʒá] *i.* Serpear.
serpent [sərpén] *m.-f.* ZOOL. Serpiente, sierpe.
serpentejar [sərpəntəʒá] *i.* Serpentear, culebrear.
serpentí, -ina [sərpəntí, -ínə] *a.* Serpentino. *2 m.* Serpentín.
serpoll [sərpóʎ] *m.* BOT. Serpol.
serra [sɛ́rrə] *f.* Sierra. *2* Cordillera.
serrà [sərrá] *m.* ICT. Cabrilla.
serrà, -ana [sərrá, -ánə] *a.* Serrano.
serradora [sərrəðórə] *f.* Aserradero.
serradura [sərrəðúrə] *f.* Aserradura. *2 pl.* Serrín.
serralada [sərrəláðə] *f.* Cordillera.
serrar [sərrá] *t.* Serrar, aserrar, tronzar.
serrar [sərrá] *t.* Apretar, estrechar.
serrat [sərrát] *a.-m.* Cerro, colina.
serrell [sərréʎ] *m.* Flequillo, fleco.
sèrum [sɛ́rum] *m.* Suero.
serva [sérβə] *f.* BOT. Serba.
servar [sərβá] *t.-i.* Guardar, observar.
servei [sərβɛ́ĭ] *m.* Servicio, servidumbre.
servent, -ta [sərβén, -tə] *a.* Siervo, sirviente. *2 f.* Sirvienta.
server [sərβé] *m.* BOT. Serbal.
servera [sərβérə] *f.* BOT. Serbal.
servible [sərβíbblə] *a.* Servible.
servicial [sərβisiál] *a.* Servicial.
servidor, -ra [sərβiðó, -rə] *a., m.-f.* Servidor, sirviente.
servil [sərβil] *a.* Servil, lacayuno.
servilisme [sərβilízmə] *m.* Servilismo.
serviola [sərβiɔ́lə] *m.-f.* NÁUT. Serviola.
servir [sərβí] *t.-i.* Servir.
servitud [sərβitút] *f.* Servidumbre.
sèsam [sɛ́zəm] *m.* BOT. Sésamo.
sessió [səsió] *f.* Sesión.
sesta [séstə] *f.* Siesta.
sestejar [səstəʒá] *i.* Sestear.
set [sɛt] *f.* Sed.
set [sɛt] *a.-m.* Siete. *2 m.* Siete, desgarrón.
setanta [sətántə] *a.* Setenta.
setantè, -ena [sətəntɛ́, -ɛ́nə] *a.* Septuagésimo. *2 a.-m.* Setentavo, septuagésimo.
set-cents, -tes [sɛ̀tséns, -təs] *a.* Setecientos.
set-ciències [sɛ̧tsiɛ́nsiəs] *m.-f.* Sabelotodo, sabidillo, sabihondo.
setè, -ena [sətɛ́, -ɛ́nə] *a.-m.* Séptimo.
setembre [sətémbrə] *m.* Septiembre, setiembre.
setge [sédʒə] *m.* Sitio, asedio, cerco.
setí [sətí] *m.* Satén.
setial [sətiál] *m.* Sitial.
setinar [sətiná] *t.* Satinar, glasear.
setmana [səmmánə] *f.* Semana.
setmanada [səmmənáðə] *f.* Semanal (salario).
setmanal [səmmənál] *a.* Semanal.
setmanari [səmmənári] *m.* Semanario.

setmesó, -ona [sèdməzó, -ónə] *a., m.-f.* Sietemesino.
setra [sètrə] *f.* Jarro.
setrill [sətríʎ] *m.* Aceitera, alcuza.
setrilleres [sətriʎérəs] *f. pl.* Vinagreras, aceiteras, angarillas.
setze [sèdzə] *a.-m.* Dieciséis.
setzè, -ena [sədzè, -ènə] *a.* Decimosexto. *2 a.-m.* Dieciseisavo.
seu [sɛŭ] *f.* Sede. *2* Seo.
sèu [sèŭ] *m.* Sebo.
seu, seva [seŭ, sèβə] *a. pos.* Suyo. ‖ ***El ~,*** su. *2 pron. pos.* ***El ~,*** el suyo.
seure [sèŭrə] *i.* Sentarse. ¶ CONJUG. GER.: ***seient.*** ‖ P. P.: ***segut.*** ‖ INDIC. Pres.: ***sec,*** etc. | Imperf.: ***seia,*** etc. ‖ SUBJ. Pres.: ***segui,*** etc. | Imperf.: ***segués,*** etc.
sèver [sèβə(r)] *m.* Acíbar.
sever, -ra [səβé(r), -rə] *a.* Severo.
severitat [səβəritát] *f.* Severidad.
sevillà, -ana [səβiʎá, -ánə] *a., m.-f.* Sevillano, hispalense.
sexagenari, -ària [səksəʒənári, -áriə] *a., m.-f.* Sexagenario.
sexe [sèksə] *m.* Sexo.
sexta [sèkstə] *f.* Sexta.
sextant [səkstán] *m.* Sextante.
sèxtuple, -pla [sèkstuplə, -plə] *a.* Séxtuplo.
sexual [səksuál] *a.* Sexual.
sexualitat [səksuəlitát] *f.* Sexualidad.
si [si] *pron. pers.* Sí.
sí [si] *adv.* Sí.
si [si] *m.* MÚS. Si.
si [si] *conj.* Si.
si [si] *m.* Seno.
siamès, -esa [siəmés, -ézə] *a., m.-f.* Siamés.
sibarita [siβəritə] *a., m.-f.* Sibarita.
sibilant [siβilán] *m.* Sibilante.
sibil·la [siβilə] *f.* Sibila.
sicalíptic, -ca [sikəliptik, -kə] *a.* Sicalíptico.
sicari [sikári] *m.* Sicario.
sicilià, -ana [sisiliá, -ánə] *a., m.-f.* Siciliano.
sicofanta [sikufántə] *m.* Sicofanta.
sicòmor [sikɔ́mur] *m.* BOT. Sicómoro.
sideral [siðərál] *a.* Sideral.
sideri, -èria [siðèri, -èriə] *a.* Sidéreo, sideral.
siderúrgia [siðərúrʒiə] *f.* Siderurgia.
siderúrgic, -ca [siðərúrʒik, -kə] *a.* Siderúrgico.
sidra [siðrə] *f.* Sidra.
sífilis [sifilis] *f.* MED. Sífilis.
sifó [sifó] *m.* Sifón.
sigil·lografia [siʒiluɣrəfiə] *f.* Sigilografía.
sigla [sigglə] *f.* Sigla.
signament [siŋnəmén] *m.* Firma.
signant [siŋnán] *a., m.-f.* Firmante, signatario.
signar [siŋná] *t.* Señalar. *2* Firmar.
signatari, -ària [siŋnətári, -áriə] *a., m.-f.* Signatario, firmante.
signatura [siŋnətúrə] *f.* Firma, signatura.
signe [siŋnə] *m.* Signo.
significació [siŋnifikəsió] *f.* Significación.
significar [siŋnifiká] *t.* Significar.
significat [siŋnifikát] *m.* Significado.
significatiu, -iva [siŋnifikətiŭ, -iβə] *a.* Significativo.
silenci [silènsi] *m.* Silencio.
silenciar [silənsiá] *t.* Silenciar.
silenciós, -osa [silənsiós, -ózə] *a.* Silencioso.
sílex [siləks] *m.* MINER. Sílex, sílice.
silicat [silikát] *m.* QUÍM. Silicato.
sílice [silisə] *f.* Sílice.
silici [silisi] *m.* Silicio.
silíqua [silikwə] *f.* BOT. Silicua.
síl·laba [siləβə] *f.* Sílaba.
sil·labari [siləβári] *m.* Silabario.
sil·labejar [siləβəʒá] *t.* Silabear.
sil·làbic, -ca [siláβik, -kə] *a.* Silábico.
sil·logisme [siluʒizmə] *m.* Silogismo.
silueta [siluètə] *f.* Silueta.
silur [silúr] *m.* ICT. Siluro.
silúric, -ca [silúrik, -kə] *a.* Silúrico.
silva [silβə] *f.* LIT. Silva.
silvestre [silβèstrə] *a.* Silvestre.
silvicultura [silβikultúrə] *f.* Silvicultura.
simbiosi [simbiɔ́zi] *f.* BIOL. Simbiosis.
símbol [simbul] *m.* Símbolo.
simbòlic, -ca [simbɔ́lik, -kə] *a.* Simbólico.
simbolitzar [simbulidzá] *t.* Simbolizar.
simbomba [simbómbə] *f.* MÚS. Zambomba.
simetria [simətriə] *f.* Simetría.
simètric, -ca [simètrik, -kə] *a.* Simétrico.
simfonia [simfuniə] *f.* MÚS. Sinfonía.
simfònic, -ca [simfɔ́nik, -kə] *a.* Sinfónico.
simi [simi] *m.* ZOOL. Simio.
simiesc, -ca [smièsk, -kə] *a.* Simiesco.
símil [simil] *m.* Símil.
similar [similá(r)] *a.* Similar.
similitud [similitút] *f.* Similitud.
simonia [simuniə] *f.* Simonía.
simpatia [simpətiə] *f.* Simpatía.
simpàtic, -ca [simpátik, -kə] *a.* Simpático.
simpatitzar [simpətidzá] *i.* Simpatizar.
simple [simplə] *a.* Simple, somero.
simplicitat [simplisitát] *f.* Simplicidad, llaneza, campechanía.
simplificar [simplifiká] *t.* Simplificar.
símptoma [simtumə] *m.* Síntoma.
simptomàtic, -ca [simtumátik, -kə] *a.* Sintomático.

simulació [simuləsió] *f.* Simulación.
simulacre [simulákrə] *m.* Simulacro.
simulador, -ra [simuləðó, -rə] *a., m.-f.* Simulador.
simular [simulá] *t.* Simular.
simultani, -ània [simultáni, -ániə] *a.* Simultáneo.
simun [simún] *m.* METEOR. Simún.
sina [sinə] *f.* Seno.
sinagoga [sinəɣɔ́ɣə] *f.* Sinagoga.
sinapisme [sinəpizmə] *m.* MED. Sinapismo.
sincer, -ra [sinsé(r), -rə] *a.* Sincero.
sincerar [sinsərá] *t.* Sincerar.
sinceritat [sinsəritát] *f.* Sinceridad.
sincopar [siŋkupá] *t.* Sincopar.
síncope [siŋkupə] *f.* GRAM., MÚS. Síncopa. *2* GRAM., MED. Síncope.
sincronitzar [siŋkrunidzá] *t.* Sincronizar.
sindèresi [sindɛ́rəzi] *f.* Sindéresis.
síndic [sindik] *m.* Síndico.
sindical [sindikál] *a.* Sindical.
sindicalisme [sindikəlizmə] *m.* Sindicalismo.
sindicar [sindiká] *t.* Sindicar.
sindicat [sindikát] *m.* Sindicato.
síndria [sindriə] *f.* BOT. Sandía, melón de agua.
sinecura [sinəkúrə] *f.* Sinecura.
singlar [siŋglá] *i.* MAR. Singlar.
singlot [siŋglót] *m.* Hipo, hipido.
singlotar [siŋglutá] *i.* Hipar.
singular [siŋgulá(r)] *a.* Singular.
singularitat [siŋgulərităt] *f.* Singularidad.
singularitzar [siŋguləridzá] *t.* Singularizar.
sínia [siniə] *f.* Noria.
sinistre, -tra [sinistrə, -trə] *a.* Siniestro.
sinó [sinó] *conj.* Sino. *2* Sólo que.
sínode [sinuðə] *m.* Sínodo.
sinònim, -ma [sinɔ́nim, -mə] *a.* Sinónimo.
sinonímia [sinunimiə] *f.* Sinonimia.
sinòptic, -ca [sinɔ́ptik, -kə] *a.* Sinóptico.
sintaxi [sintáksi] *f.* Sintaxis.
síntesi [sintəzi] *f.* Síntesis.
sintètic, -ca [sintɛ́tik, -kə] *a.* Sintético.
sintetitzar [sintətidzá] *t.* Sintetizar.
sintonia [sintuniə] *f.* Sintonía.
sintonitzar [sintunidzá] *t.* Sintonizar.
sinuós, -osa [sinuós, -ózə] *a.* Sinuoso.
sinuositat [sinuuzitát] *f.* Sinuosidad.
sinus [sinus] *m.* Seno.
sinusitis [sinuzitis] *f.* MED. Sinusitis.
sípia [sipiə] *f.* ZOOL. Jibia, sepia. ‖ ***Os de ~***, jibión.
sirena [sirɛ́nə] *f.* Sirena.
sirga [sirɣə] *f.* MAR. Sirga.
sirgar [sirɣá] *i.* MAR. Sirgar, halar. *2* Afanarse.
sirià, -ana [siriá, -ánə] *a., m.-f.* Sirio, siríaco.
siríac, -ca [siriək, -kə] *a., m.-f.* Siríaco.
sirventès [sirβəntɛ́s] *m.* LIT. Serventesio.
sis [sis] *a.-m.* Seis.
sis-cents [sisɛ́ns] *a.* Seiscientos.
sisè, -ena [sizɛ́, -ɛ́nə] *a.* Sexto. *2 a.-m.* Seisavo, sexto.
sísmic, -ca [sizmik, -kə] *a.* Sísmico.
sismògraf [sizmɔ́ɣrəf] *m.* Sismógrafo.
sistema [sistémə] *m.* Sistema.
sistemàtic [sistəmátik, -kə] *a.* Sistemático.
sistematitzar [sistəmətidzá] *t.* Sistematizar.
sístole [sistulə] *f.* Sístole.
sistre [sistrə] *m.* MÚS. Sistro.
siti, sítia [siti, sitiə] *a.* Sito.
sitja [sidʒə] *f.* Silo, hórreo. *2* Carbonera.
situació [situəsió] *f.* Situación, ubicación.
situar [situá] *t.* Situar.
situat, -ada [situát, -áðə] *a.* Situado, sito.
siurell [siŭréʎ] *m.* Pito de barro cocido.
sivella [siβéʎə] *f.* Hebilla.
smoking [əsmɔ́kiŋ] *m. ing.* Esmoquin.
so [sɔ] *m.* Sonido, son, tañido.
soberg, -ga [suβɛ́rk, -ɣə] *a.* Soberbio, sobresaliente. *2* Altanero.
sobirà, -ana [suβirá, -ánə] *a.* Soberano.
sobirania [suβiraniə] *f.* Soberanía.
sobra [sɔ́βrə] *f.* Sobra. ‖ ***De ~***, sobradamente.
sobrant [suβrán] *a.* Sobrante.
sobrar [suβrá] *t.-i.* Sobrar, holgar.
sobrassada [suβrəsáðə] *f.* Sobrasada.
sobre [sóβrə] *prep.-adv.* Sobre, acerca de, encima. *2 m.* Sobre.
sobreabundància [sọβrəβundánsiə] *f.* Sobreabundancia.
sobreabundar [sọβrəβundá] *i.* Superabundar.
sobreagut, -uda [sọβrəɣút, -úðə] *a.* MÚS. Sobreagudo.
sobrealimentar [sọβrəliməntá] *t.* Sobrealimentar.
sobrecàrrec [sọβrəkárrək] *m.* Sobrecargo.
sobrecàrrega [sọβrəkárrəɣə] *f.* Sobrecarga.
sobrecarregar [sọβrəkərrəɣá] *t.* Sobrecargar.
sobrecoberta [sọβrəkuβɛ́rtə] *f.* Sobrecubierta.
sobrecor [sọβrəkɔ́r] *m.* MED. Síncope.
sobreeixidor [sọβrəʃiðó] *m.* Rebosadero.
sobreeixir [sọβrəʃi] *i.* Rebosar, salirse. ¶ CONJUG. INDIC. Pres.: ***sobreïx***.
sobreentendre [sọβrənténdrə] *t.* Sobreentender.
sobreexcitar [sọβrəksitá] *t.* Sobreexcitar.

sobrefilar [sǫβrəfilá] *t.* Sobrehilar.
sobrehumà, -ana [sǫβrəumá, -ánə] *a.* Sobrehumano.
sobrenatural [sǫβrənəturál] *a.* Sobrenatural.
sobrenedar [sǫβrənəðá] *i.* Sobrenadar.
sobrenom [sǫβrənɔ́m] *m.* Sobrenombre, renombre.
sobrepassar [sǫβrəpəsá] *t.* Sobrepasar.
sobrepellís [sǫβrəpəʎís] *m.* Sobrepelliz.
sobreposar [sǫβrəpuzá] *t.* Sobreponer.
sobreprendre [sǫβrəpéndrə] *t.* Sobrecoger. ¶ CONJUG. como ***aprendre.***
sobrepreu [sǫβrəpréŭ] *m.* Sobreprecio.
sobrepujar [sǫβrəpuʒá] *t.* Sobrepujar.
sobresalt [sǫβrəsál] *m.* Sobresalto. *2* Aldabada, repullo.
sobresaltar [sǫβrəsəltá] *t.* Sobresaltar.
sobrescrit [sǫβrəskrít] *m.* Sobrescrito.
sobrescriure [sǫβrəskriŭrə] *t.* Sobrescribir.
sobreseure [sǫβrəséŭrə] *t.* Sobreseer.
sobresortint [sǫβrəsurtín] *a.* Sobresaliente.
sobresortir [sǫβrəsurtí] *i.* Sobresalir, descollar, campar. ¶ CONJUG. como ***sortir.***
sobresou [sǫβrəsɔ́ŭ] *m.* Sobresueldo.
sobrestant [sǫβrəstán] *m.* Sobrestante, capataz.
sobretaula [sǫβrətáŭlə] *f.* Sobremesa.
sobretot [sǫβrətót] *m.* Sobretodo. *2 adv.* Máxime, sobre todo.
sobrevenir [sǫβrəβəní] *i.* Sobrevenir. ¶ CONJUG. como ***abstenir-se.***
sobrevent [sǫβrəβén] *m.* MAR. Barlovento.
sobreviure [sǫβrəβiŭrə] *i.* Sobrevivir. ¶ CONJUG. como ***viure.***
sobri, sòbria [sɔ́βri, sɔ́βriə] *a.* Sobrio.
sobrietat [suβriətát] *f.* Sobriedad.
sobtada [suptáðə] *f.* Arrebato, pronto, repente.
sobtadament [suptąðəmén] *adv.* De súbito, súbitamente, de sopetón, súbito.
sobtar [suptá] *t.-prnl.* Sorprender.
sobtat, -ada [suptát, -áðə] *a.* Súbito, repentino.
sobte (de) [sóptə] loc. De antuvión, de sopetón, de repente.
soc [sɔk] *m.* Zueco, galocha.
soca [sɔ́kə] *f.* Tronco. *2* Cepa. *3* Torcón. ‖ ***De soca-rel,*** de pura cepa, de cuajo.
socarrar [sukərrá] *t.* Chamuscar, achicharrar, socarrar, sollamar.
socarrim [sukərrím] *m.* Chamusquina.
socarrimar [sukərrimá] *t.* Chamuscar, socarrar.
soci, sòcia [sɔ́si, sɔ́siə] *m.-f.* Socio.
sociabilitat [susiəβilitát] *f.* Sociabilidad.
sociable [susiábblə] *a.* Sociable.
social [susiál] *a.* Social.
socialisme [susiəlízmə] *m.* Socialismo.
socialista [susiəlístə] *a., m.-f.* Socialista.
socialitzar [susiəlidzá] *t.* Socializar.
societari, -ària [susiətári, -áriə] *a.* Societario.
societat [susiətát] *f.* Sociedad.
sociòleg [susiɔ́lək] *m.* Sociólogo.
sociologia [susiuluʒíə] *f.* Sociología.
sòcol [sɔ́kul] *m.* Zócalo.
socórrer [sukórrə] *t.* Socorrer. ¶ CONJUG. como ***córrer.***
socors [sukórs] *m.* Socorro.
soda [sɔ́ðə] *f.* Soda.
sodi [sɔ́ði] *m.* MINER. Sodio.
sòdic, -ca [sɔ́ðik, -kə] *a.* Sódico.
sofà [sufá] *m.* Sofá.
sofert, -ta [sufér(t), -tə] *a.* Sufrido.
sofisma [sufízmə] *m.* Sofisma.
sofista [sufístə] *m.-f.* Sofista.
sofisticar [sufistiká] *t.-i.* Sofisticar.
sofraja [sufráʒə] *f.* ANAT. Corva.
sofre [sófrə] *m.* Azufre.
sofregir [sufrəʒí] *t.* Sofreír, perdigar.
sofregit [sufrəʒít] *m.* Sofrito.
sofrenada [sufrənáðə] *f.* Sofrenada.
sofrenar [sufrəná] *t.* Sofrenar.
sofrença [sufrénsə] *f.* Sufrimiento.
sofriment [sufrimén] *m.* Sufrimiento, padecimiento.
sofrir [sufrí] *t.-i.* Sufrir, padecer, penar. *2* Resistir. ¶ CONJUG. P. P.: ***sofert.***
soga [sɔ́ɣə] *f.* Soga.
sogre, -gra [sɔ́ɣrə, -ɣrə] *m.-f.* Suegro.
soja [sɔ́ʒə] *f.* BOT. Soja.
sojorn [suʒórn] *m.* Estancia, estada. *2* Morada, mansión.
sojornar [suʒurná] *i.* Habitar, morar.
sol [sɔl] *m.* Sol.
sol [sɔl] *m.* MÚS. Sol.
sòl [sɔl] *m.* Suelo, tierra. *2* Piso. *3* Fondo.
sol, sola [sɔl, sɔ́lə] *a.* Solo.
sola [sɔ́lə] *f.* Suela.
solaç [sulás] *m.* Solaz.
solaçar [suləsá] *t.* Solazar.
solament [sǫləmén] *adv.* Solamente, sólo.
solana [sulánə] *f.* Solana.
solapa [s[illegible]] *f.* Solapa.
solar [su[illegible]lar.
solar [sula[illegible]lar.
solatge [suládʒ[illegible]oso, lía, borra.
solc [solk] *m.* Surc[illegible]. *2* Ranura.
solcar [sulká] *t.* Surcar.
soldada [suldáðə] *f.* Soldada.
soldadesca [suldəðéskə] *f.* Soldadesca.
soldador [suldəðó] *m.* Soldador.
soldadura [suldəðúrə] *f.* Soldadura.
soldar [suldá] *t.* Soldar.

soldat [suldát] *m.* Soldado. *2* ICT. Castañuela.
solecisme [suləsízmə] *m.* Solecismo.
soledat [suləðát] *f.* Soledad.
solejar [suləʒá] *t.* Solear.
solellada [suləʎáðə] *f.* Insolación.
solemne [sulémnə] *a.* Solemne.
solemnitat [suləmnitát] *f.* Solemnidad.
solemnitzar [suləmnidzá] *t.* Solemnizar.
soler [sulé] *i.* Soler, acostumbrar. ¶ CONJUG. como ***valer.***
solera [sulérə] *f.* Solera.
soleta [sulétə] *f.* Soleta.
solfa [sɔ́lfə] *f.* Solfa.
solfeig [sulfétʃ] *m.* Solfeo.
solfejar [sulfəʒá] *t.* Solfear.
soli [sɔ́li] *m.* Solio.
sòlid, -da [sɔ́lit, -ðə] *a.-m.* Sólido.
solidari, -ària [suliðári, -áriə] *a.* Solidario.
solidaritat [suliðəritát] *f.* Solidaridad.
solidesa [suliðézə] *f.* Solidez.
solideu [suliðéŭ] *m.* Solideo.
solidificar [suliðifiká] *t.* Solidificar.
soliloqui [sulilɔ́ki] *m.* Soliloquio.
solípede [sulípəðə] *a.* Solípedo.
solista [sulístə] *m.-f.* Solista.
sòlit, -ta [sɔ́lit, -tə] *a.* Sólito.
solitari, -ària [sulitári, -áriə] *a., m.-f.* Solitario. *2 m.* Solitaria (parásito).
solitud [sulitút] *f.* Soledad.
sollar [suʎá] *t.* Mancillar, manchar.
sollevar [suʎəβá] *t.* Solevantar. *2* Revolver (el estómago).
sol·lícit, -ta [sulísit, -tə] *a.* Solícito.
sol·licitació [sulisitəsió] *f.* Solicitación.
sol·licitar [sulisitá] *t.* Solicitar.
sol·licitud [sulisitút] *f.* Solicitud.
solo [sɔ́lu] *m.* MÚS. Solo.
sols [sɔls] *adv.* V. SOLAMENT.
solstici [sulstísi] *m.* ASTRON. Solsticio.
solt, -ta [sɔlt, -tə] *a.* Suelto.
solta [sɔ́ltə] *f.* Juicio, criterio. ‖ ***Sense ~ ni volta,*** sin pies ni cabeza, sin ton ni son.
solter, -ra [sulté, -rə] *a.* Soltero, mozo.
solteria [sultəríə] *f.* Soltería.
soltesa [sultézə] *f.* Soltura.
soluble [sulúbblə] *a.* Soluble.
solució [sulusió] *f.* Solución.
solucionar [sulusioná] *t.* Solucionar, solventar.
solvència [sulβénsiə] *f.* Solvencia.
solvent [sulβén] *a.* Solvente.
som, -ma [sóm, -mə] *a.* Somero.
somàtic, -ca [sumátik, -kə] *a.* Somático.
somer [sumé] *m.* V. ASE.
somera [sumérə] *f.* Asna, burra.
sometent [sumətén] *m.* Somatén. *2* Rebato.
somiador, -ra [sumiəðó, -rə] *a., m.-f.* Soñador.
somiar [sumiá] *i.-t.* Soñar.
somiatruites [sumiətrúitəs] *m.-f.* Visionario.
somicar [sumiká] *i.* V. SOMIQUEJAR.
somicó [sumikó] *m.* Gimoteo.
somieig [sumiétʃ] *m.* Ensueño, fantasía.
sòmines [sɔ́minəs] *m.* Cascaciruelas.
somiquejar [sumikəʒá] *i.* Lloriquear, gimotear.
somnàmbul, -la [sunámbul, -lə] *m.-f.* Sonámbulo.
somnambulisme [sunəmbulízmə] *m.* Sonambulismo.
somni [sɔ́mni] *m.* Sueño. *2* Ensueño.
somniador, -ra [sumiəðó, -rə] *m.-f.* Soñador.
somniar [sumiá] *i.-t.* Soñar.
somnífer, -ra [sumnífer, -rə] *a.* Somnífero.
somnolència [sumnulénsiə] *f.* Somnolencia, soñolencia.
somnolent, -ta [sumnulén, -tə] *a.* Soñoliento.
somort, -ta [sumɔ́rt(t), -tə] *a.* Mortecino.
somoure [sumɔ́ŭrə] *t.* Remover. *2* Soliviantar. ¶ CONJUG. como ***moure.***
somrient [sumrrién] *a.* Sonriente, risueño.
somrís [sumrís] *m.* Sonrisa.
somriure [sumrriŭrə] *i.* Sonreír. ¶ CONJUG. como ***riure.***
somriure [somrriŭrə] *m.* Sonrisa.
son [sɔn] *m.-f.* Sueño.
son, sa [sun, sə] *a. pos.* Su (de él, de ella).
sonador [sunəðó] *m.* MÚS. Zampoña.
sonall [sunáʎ] *m.* Sonaja. *2 pl.* Sonajas.
sonant [sunán] *a.* Sonante.
sonar [suná] *i.-t.* Sonar.
sonata [sunátə] *f.* MÚS. Sonata.
sonda [sóndə] *f.* Sonda, tienta.
sondar [sundá] *t.* Sondar, sondear.
sondeig [sundétʃ] *m.* Sondeo, sonda.
sondejar [sundəʒá] *t.* Sondear, sondar.
sonet [sunét] *m.* Soneto.
sonor, -ra [sunór, -rə] *a.* Sonoro.
sonoritat [sunuritát] *f.* Sonoridad.
sonso, -sa [sónsu, -sə] *a., m.-f.* Zonzo, soso.
sopa [sópə] *f.* Sopa, papilla.
sopar [supá] *i.* Cenar.
sopar [supá] *m.* Cena.
sopera [supérə] *f.* Sopera.
sopluig [suplútʃ] *m.* Cobijo, cobertizo.
soplujar [supluʒá] *t.-prnl.* Cobijar, guarecer.
sopor [supó(r)] *m.* Sopor.
soporífer, -ra [supurífər, -rə] *a.* Soporífero.
soprano [sopráno] *m.* MÚS. Soprano.

sor [sɔr] *f.* Sor, hermana.
sord, -da [sor(t), -ðə] *a.* Sordo.
sordejar [surðəʒá] *i.* Ser más o menos sordo.
sordesa [surðέzə] *f.* Sordera.
sordina [surðinə] *f.* Sordina.
sord-mut, sorda-muda [sormút, sorðəmúðə] *a.* Sordomudo.
sorgir [surʒi] *i.* Surgir. *2* Brotar. *3* Aparecer.
sorna [sórnə] *f.* Sorna, retintín.
sorneguer, -ra [surnəγé, -rə] *a.* Socarrón, solapado.
sornegueria [surnəγəriə] *f.* Socarronería.
sornut, -uda [sornút, -úðə] *a.* Arisco.
soroll [suróʎ] *m.* Ruido.
sorollós, -osa [suruʎós, -ózə] *a.* Ruidoso, estruendoso.
sorprendre [surpέndrə] *t.* Sorprender. *2* Chocar. ¶ CONJUG. como ***aprendre.***
sorprenent [surprənén] *a.* Sorprendente.
sorpresa [surprέzə] *f.* Sorpresa.
sorra [sórrə] *f.* Arena. *2* Arenilla.
sorral [surrál] *m.* Arenal.
sorrenc, -ca [surrέŋ, -kə] *a.* Arenoso.
sorrut, -uda [surrút, -úðə] *a.* Cazurro, huraño, ceñudo, hosco.
sort [sɔr(t)] *f.* Suerte. *2* Potra.
sorteig [surtέtʃ] *m.* Sorteo.
sortejar [surtəʒá] *t.* Sortear.
sortida [surtiðə] *f.* Salida. *2* Orto. *3* Gira, paseo. *4* Chuscada, ocurrencia, donaire, dicharacho.
sortidor [surtiðó] *m.* Surtidor.
sortilegi [surtilέʒi] *m.* Sortilegio.
sortint [surtin] *a.-m.* Saliente.
sortir [surti] *i.* Salir, surtir. *2* Asomarse. ¶ CONJUG. INDIC. Pres.: ***surto, surts, surt, surten.*** ‖ SUBJ. Pres.: ***surti, surtis, surti, surtin.***
sortós, -osa [surtós, -ózə] *a.* Afortunado, dichoso, venturado.
sos, ses [sus, səs] *a. pos.* Sus.
sosa [sózə] *f.* Sosa.
soscavar [suskəβá] *t.* Socavar.
sospesar [suspəzá] *t.* Sopesar.
sospir [suspir] *m.* Suspiro.
sospirar [suspirá] *i.* Suspirar.
sospita [suspitə] *f.* Sospecha, asomo, barrunto.
sospitar [suspitá] *t.-i.* Sospechar.
sospitós, -osa [suspitós, -ózə] *a.* Sospechoso.
sostenidors [sustəniðós] *m. pl.* Sostén.
sosteniment [sustənimén] *m.* Sostenimiento, sostén.
sostenir [sustəni] *t.* Sostener, apoyar. *2* Tener que. ¶ CONJUG. como ***abstenir-se.***
sostingut [sustiŋgút] *m.* MÚS. Sostenido.
sostre [sɔ́strə] *m.* Techo, techumbre, techado. *2* GEOL. Lecho.
sostremort [sɔstrəmɔ́r(t)] *m.* Parte del edificio entre el tejado y el último techo.
sostreure [sustrέŭrə] *t.* Substraer, sonsacar. ¶ CONJUG. como ***treure.***
sot [sɔt] *m.* Hoyo, bache. *2* Foso.
sota [sɔ́tə] *f.* Sota.
sota [sótə] *prep.* Debajo, so.
sotabarba [sotəβárβə] *m.* Sotabarba, papada.
sotacopa [sotəkópə] *f.* Salvilla.
sotana [sutánə] *f.* Sotana.
sotavent [sotəβén] *m.* Sotavento.
sota veu (a) [sotəβέŭ] loc. En voz baja.
soterrani [sutərráni] *m.* Sótano.
soterrar [sutərrá] *t.* Soterrar, sepultar.
sotilesa [sutilέzə] *f.* Insignificancia.
sotjar [sudʒá] *t.* Acechar, atisbar. *2* Rastrear.
sotmetre [summέtrə] *t.* Someter. ¶ CONJUG. como ***admetre.***
sotrac [sutrák] *m.* Sacudida, sacudimiento.
sotragada [sutrəγáðə] *f.* Sacudida.
sotragar [sutrəγá] *t.* Traquetear, sacudir.
sotragueig [sutrəγέtʃ] *m.* Traqueteo. *2* Sacudimiento.
sotraguejar [sutrəγəʒá] *i.* Traquetear, zanglotear.
sots-arrendament [sodzərrəndəmén] *m.* Subarriendo.
sots-arrendar [sodzərrəndá] *t.* Subarrendar.
sots-diaca [sodzðiákə] *m.* Subdiácono.
sots-director, -ra [sodzðirəktó, -rə] *m.-f.* Subdirector.
sotsobrar [sutsuβrá] *t.-i.* Zozobrar.
sotsobre [sutsóβrə] *m.* Zozobra.
sots-oficial [sodzufisiál] *f.* Suboficial.
sots-prefecte [sotsprəfέktə] *m.* Subprefecto.
sots-tinent [sotstinén] *m.* Subteniente.
sou [soŭ] *m.* Sueldo, salario.
soviet [suβiέt] *m.* Soviet.
soviètic, -ca [suβiέtik, -kə] *a.* Soviético.
sovint [suβin] *adv.* A menudo.
sovinteig [suβintέtʃ] *m.* Menudeo.
sovintejar [suβintəʒá] *t.-i.* Menudear.
suada [suáðə] *f.* Sudor que se expele de una vez.
suar [suá] *i.-t.* Sudar.
suara [suárə] *adv.* Poco ha, ahora mismo.
suat, -ada [suát, -áðə] *a.* Sudoriento, sudoroso.
suau [suáŭ] *a.* Suave.
suavitat [suəβitát] *f.* Suavidad.

suavitzador, -ra [suəβidzəðó, -rə] *a.* Suavizador.
suavitzar [suəβidzá] *t.* Suavizar.
sub- [sub] Sub- (prefijo).
subaltern, -na [subbəltέrn, -nə] *a.* Subalterno.
subconscient [supkunsién] *a.* Subconsciente. *2 m.* Subconsciente (psicol.).
subcutani, -ània [supkutáni, -ániə] *a.* Subcutáneo.
súbdit, -ta [súbdit, -tə] *a., m.-f.* Súbdito.
subdividir [subdiβiði] *t.* Subdividir.
subdivisió [subdiβizió] *f.* Subdivisión.
subhasta [suβástə] *f.* Subasta.
subhastar [suβəstá] *t.* Subastar.
subjacent [subʒəsén] *a.* Subyacente.
subjecció [subʒəksió] *f.* Sujeción.
subjectar [subʒəktá] *t.* Sujetar.
subjecte [subʒέktə] *m.* Sujeto.
subjectiu, -iva [subʒəktiŭ, -iβə] *a.* Subjetivo.
subjugar [subʒuɣá] *t.* Subyugar, sojuzgar.
subjuntiu, -iva [subʒuntiŭ, -iβə] *a.* Subjuntivo.
sublevació [suβləβəsió] *f.* Sublevación.
***sublevar** [suβləβá] *t.-prnl.* Sublevar.
sublim [suβlim] *a.* Sublime.
sublimar [suβlimá] *t.* Sublimar. *2* QUÍM. Sublimar.
sublimat [suβlimát] *m.* QUÍM. Sublimado.
sublimitat [suβlimitát] *f.* Sublimidad.
submarí, -ina [summəri, -inə] *a.* Submarino. *2 m.* NÁUT. Submarino.
submergible [summərʒibblə] *a.* Sumergible.
submergir [summərʒi] *t.-prnl.* Sumergir.
submersió [summərsió] *f.* Sumersión.
subministrar [sumministrá] *t.* Suministrar, deparar.
submís, -issa [summis, -isə] *a.* Sumiso, rendido.
submissió [summisió] *f.* Sumisión.
submúltiple, -a [summúltiplə, -ə] *a.* Submúltiplo.
subnormal [subnurmál] *a., m.-f.* Subnormal. *2 f.* GEOM. Subnormal.
subordinació [suβurðinəsió] *f.* Subordinación.
subordinar [suβurðiná] *t.* Subordinar.
subordinat, -ada [suβurðinát, -áðə] *m.-f.* Subordinado.
subornació [suβurnəsió] *f.* Sobornación, cohecho.
subornament [suβurnəmén] *m.* Soborno.
subornar [suβurná] *t.* Sobornar, cohechar.
subproducte [supprudúktə] *m.* Subproducto.
subratllar [subrrəʎʎá] *t.* Subrayar.
subscripció [suskripsió] *f.* Subscripción.
subscriptor, -ra [suskriptó, -rə] *a., m.-f.* Subscriptor.
subscriure [suskriŭrə] *t.* Subscribir.
subsegüent [supsəɣwén] *a.* Subsiguiente.
subsidi [supsiði] *m.* Subsidio.
subsidiari, -ària [supsiðiári, -áriə] *a.* Subsidiario.
subsistència [supsistέnsiə] *f.* Subsistencia.
subsistir [supsisti] *i.* Subsistir.
subsòl [supsɔ́l] *m.* Subsuelo.
substància [sustánsiə] *f.* Substancia, sustancia. *2* Meollo.
substancial [sustənsiál] *a.* Substancial, sustancial.
substanciar [sustənsiá] *t.* Substanciar, sustanciar.
substanciós, -osa [sustənsiós, -ózə] *a.* Substancioso, sustancioso.
substantiu, -iva [sustəntiŭ, -iβə] *a.-m.* Substantivo, sustantivo.
substitució [sustitusió] *f.* Substitución, sustitución.
substituir [sustitui] *t.* Substituir, sustituir.
substitut, -ta [sustitút, -tə] *m.-f.* Substituto, sustituto.
substracció [sustrəksió] *f.* MAT. Substracción, sustracción, resta.
substrat [sustrát] *m.* Substrato.
subterfugi [suptərfúʒi] *m.* Subterfugio.
subterrani, -ània [suptərráni, -ániə] *a.-m.* Subterráneo.
subtil [suptil] *a.* Sutil.
subtilesa [suptilέzə] *f.* Sutileza.
subtilitat [suptilitát] *f.* Sutileza.
subtilitzar [suptilidzá] *t.-i.* Sutilizar.
subtítol [suptitul] *m.* Subtítulo.
suburbà, -ana [supurβá, -ánə] *a., m.-f.* Suburbano.
suburbi [suβúrβi] *m.* Suburbio.
subvenció [subbənsió] *f.* Subvención.
subvenir [subbəni] *i.* Subvenir. ¶ CONJUG. como ***abstenir-se***.
subversió [subbərsió] *f.* Subversión.
subversiu, -iva [subbərsiŭ, -iβə] *a.* Subversivo.
subvertir [subbərti] *t.* Subvertir.
suc [suk] *m.* Jugo, zumo. *2* Caldo. *3* Miga, meollo.
sucar [suká] *t.* Mojar, empapar. *2* Pringar.
succedani, -ània [suksəðáni, -ániə] *a.* Sucedáneo.
succeir [suksəi] *i.* Suceder. *2* Acaecer, acontecer.
succés [suksés] *m.* Suceso, acontecimiento. *2* Éxito.
successió [suksəsió] *f.* Sucesión.
successiu, -iva [suksəsiŭ, -iβə] *a.* Sucesivo.

successor, -ra [suksəsó, -rə] *a., m.-f.* Sucesor.
succint, -ta [suksín, -tə] *a.* Sucinto.
succió [suksió] *f.* Succión.
sucós, -osa [sukós, -ózə] *a.* Jugoso, caldoso.
sucre [súkrə] *m.* Azúcar.
sucrer, -ra [sukré, -rə] *a., m.-f.* Azucarero. *2 f.* Azucarera.
suculent, -ta [sukulén, -tə] *a.* Suculento.
sucumbir [sukumbí] *i.* Sucumbir.
sucursal [sukursál] *a.* Sucursal.
sud [sut] *m.* Sur.
sud-africà, -ana [sutəfriká, -ánə] *a., m.-f.* Sudafricano.
Sud-Amèrica [sutəmέrikə] *n. pr.* Sudamérica.
sud-americà, -ana [sutəməriká, -ánə] *a., m.-f.* Sudamericano.
sudari [suðári] *m.* Sudario.
sud-est [sutést] *m.* Sudeste. *2* Siroco.
sud-oest [sutuést] *m.* Sudoeste.
sudorífer, -ra [suðurífər, -rə] *a.* Sudorífero, sudorífico.
sudorífic, -ca [suðurífik, -kə] *a.* Sudorífico, sudorífero.
suec, -ca [suέk, -kə] *a., m.-f.* Sueco.
suèter [swέtər] *m. ingl.* Suéter, jersey.
suficiència [sufisiέnsiə] *f.* Suficiencia.
suficient [sufisién] *a.* Suficiente.
sufix, -xa [sufíks, -ksə] *a.-m.* Sufijo.
sufocació [sufukəsió] *f.* Sofocación, sofoco.
sufocant [sufukán] *a.* Sofocante, bochornoso.
sufocar [sufuká] *t.* Sofocar.
sufragar [sufrəɣá] *t.* Sufragar.
sufragi [sufráʒi] *m.* Sufragio.
sufumigació [sufumiɣəsió] *f.* Sahumerio.
sufumigar [sufumiɣá] *t.* Sahumar.
suggeriment [suʒərimén] *m.* Sugerencia.
suggerir [suʒərí] *t.* Sugerir.
suggestió [suʒəstió] *f.* Sugestión.
suggestionar [suʒəstiuná] *t.* Sugestionar.
suggestiu, -iva [suʒəstíŭ, -íβə] *a.* Sugestivo.
suïcida [suisíðə] *a., m.-f.* Suicida.
suïcidar-se [suisiðársə] *prnl.* Suicidarse.
suïcidi [suisíði] *m.* Suicidio.
suís, suïssa [suís, suísə] *a., m.-f.* Suizo.
Suïssa [suísə] *n. pr.* Suiza.
sulfat [sulfát] *m.* QUÍM. Sulfato.
sulfur [sulfúr] *m.* QUÍM. Sulfuro.
sulfurar [sulfurá] *t.-prnl.* Sulfurar.
sulfúric, -ca [sulfúrik, -kə] *a.* Sulfúrico.
sultà, -ana [sultá, -ánə] *m.-f.* Sultán.
suma [súmə] *f.* Suma. *2* Monta.
sumac [sumák] *m.* BOT. Zumaque.
sumand [sumán] *m.* Sumando.
sumar [sumá] *t.* Sumar.
sumariar [suməriá] *t.* Sumariar.
sumari, -ària [sumári, -áriə] *a.-m.* Sumario.
sumir [sumí] *t.* Sumir.
summament [summəmén] *adv.* Sumamente.
summe, -ma [súmmə, -mə] *a.* Sumo.
súmmum [súmmum] *m.* Súmmum, colmo, disloque. ‖ ***Ser el ~,*** ser el colmo.
sumptuari, -ària [sumtuári, -áriə] *a.* Suntuario.
sumptuós, -osa [sumtuós, -ózə] *a.* Suntuoso.
sumptuositat [sumtuuzitát] *f.* Suntuosidad.
suor [suó] *f.* Sudor.
suorós, -osa [suurós, -ózə] *a.* Sudoriento, sudoroso.
suós, -osa [suós, -ózə] *a.* Sudoroso, sudoriento.
supeditar [supəðitá] *t.* Supeditar.
superable [supərábblə] *a.* Superable.
superar [supərá] *t.* Superar.
superàvit [supəráβit] *m.* Superávit.
superb, -ba [supέrp, -βə] *a.* Soberbio, magnífico.
supèrbia [supέrβiə] *f.* Soberbia.
superbiós, -osa [supərβiós, -ózə] *a.* Soberbio.
superficial [supərfisiál] *a.* Superficial.
superfície [supərfísiə] *f.* Superficie.
superflu, -èrflua [supέrflu, -έrfluə] *a.* Superfluo.
superfluïtat [supərfluitát] *f.* Superfluidad.
superior, -ra [supərió(r), -rə] *a., m.-f.* Superior.
superioritat [supəriuritát] *t.* Superioridad.
superlatiu, -iva [supərlətíŭ, -íβə] *a.* Superlativo.
superposar [supərpuzá] *t.* Superponer.
superposició [supərpuzisió] *f.* Superposición.
superstició [supərstisió] *f.* Superstición.
supersticiós, -osa [superstisiós, -ózə] *a.* Supersticioso.
supervivent [supərβiβén] *a.* Superviviente.
superxeria [supərʃəríə] *f.* Superchería.
supí, -ina [supí, -ínə] *a.* Supino.
suplantar [supləntá] *t.* Suplantar.
suplement [supləmén] *m.* Suplemento.
suplementari, -ària [supləməntári, -áriə] *a.* Suplementario.
suplent [suplén] *a., m.-f.* Suplente.
supletori, -òria [suplətɔ́ri, -ɔ́riə] *a.* Supletorio.
súplica [súplikə] *f.* Súplica.

suplicant [suplikán] *a., m.-f.* Suplicante.
suplicar [supliká] *t.* Suplicar.
suplici [suplísi] *m.* Suplicio.
suplir [suplí] *t.* Suplir. ¶ CONJUG. P. P.: *suplert.*
suport [supɔ́r(t)] *m.* Soporte, apoyo, arrimo.
suportable [supurtábblə] *a.* Soportable, llevadero.
suportar [supurtá] *t.* Soportar, llevar, aguantar, apechugar, sobrellevar. *2* Tolerar.
suposar [supuzá] *t.* Suponer.
suposició [supuzisió] *f.* Suposición.
supòsit [supɔ́zit] *m.* Supuesto.
supositori [supuzitɔ́ri] *m.* Supositorio.
suprem, -ma [suprém, -mə] *a.* Supremo.
supremacia [suprəməsíə] *f.* Supremacía.
supressió [suprəsió] *f.* Supresión.
suprimir [suprimí] *t.* Suprimir.
supuració [supurəsió] *f.* Supuración.
supurar [supurá] *i.* Supurar.
suquejar [sukəʒá] *i.* Echar jugo.
surar [surá] *i.* Flotar, boyar.
surera [surérə] *f.* Alcornoque.
suro [súru] *m.* Corcho. *2 pl.* Nadaderas.
surra [súrrə] *f.* Zurribanda, zurra.
surrejar [surrəʒá] *t.* Zurrar.
surt [sur(t)] *m.* Susto.
susceptibilitat [susəptiβilitát] *f.* Susceptibilidad.
susceptible [susəptíbblə] *a.* Susceptible.
suscitar [susitá] *t.* Suscitar.
susdit, -ta [suzðít, -tə] *a.* Susodicho, antedicho, consabido.
suspensió [suspənsió] *f.* Suspensión.
suspensiu, -iva [suspənsiŭ, -íβə] *a.* Suspensivo.
suspensori [suspənsɔ́ri] *m.* Suspensorio.
suspès, -esa [suspɛ́s, -ɛ́zə] *a.* En vilo.
suspicaç [suspikás] *a.* Suspicaz.
suspicàcia [suspikásiə] *f.* Suspicacia.
sustentació [sustəntəsió] *f.* Sustentación.
sustentacle [sustəntáklə] *m.* Sustentáculo, apoyo.
sustentar [sustəntá] *t.* Sustentar.
sutge [súdʒə] *m.* Hollín, tizne.
sutjós, -osa [sudʒós, -ózə] *a.* Holliniento.
sutura [sutúrə] *f.* Sutura.
sutzura [sudzúrə] *f.* Suciedad, escalidez.

T

t [te] *f.* T.
t' *pron. déb.* Te.
't *pron. déb.* Te.
taba [táβə] *f.* Taba, chita, charla, palique.
tabac [təβák] *m.* Tabaco.
tabacar [təβəká] *m.* Tabacal.
tabal [təβál] *m.* Tambor.
tabalejar [təβələʒá] *i.* Tabalear.
tabalot [təβəlɔ́t] *m.* Tolondro.
tabaquer, -ra [təβəké, -rə] *a.* Tabacalero. *2 f.* Tabaquera.
tabard [təβár(t)] *m.* Tabardo.
tabernacle [təβərnáklə] *m.* Tabernáculo.
tabissot [təβisɔ́t] *m.* Zurro.
tabola [təβɔ́lə] *f.* Jolgorio, farra, holgorio, jarana, parranda. ‖ ***Fer ~,*** alborotar.
tabolaire [təβuláĭrə] *m.-f.* Jacarandoso, jaranero.
tabú [təβú] *m.* Tabú.
tac [tak] *m.* Taco, claveta, zoquete.
taca [tákə] *f.* Mancha, mancilla, lamparón, borrón. ‖ ***Això ja passa de ~ d'oli,*** esto pasa de castaño oscuro.
tacar [təká] *t.* Manchar, mancillar.
tàcit, -ta [tásit, -tə] *a.* Tácito.
taciturn, -na [təsitúrn, -nə] *a.* Taciturno.
tacó [təkó] *m.* Tacón.
tacte [táktə] *m.* Tacto. *2* fig. Tiento, tino, tacto, ten con ten.
tàctic, -ca [táktik, -kə] *a.* Táctico. *2 f.* Táctica.
tàctil [táktil] *a.* Táctil.
tafanejar [təfənəʒá] *i.-t.* Curiosear, fisgar.
tafaner, -ra [təfəné, -rə] *a.* Curioso.
tafaneria [təfənəríə] *f.* Curiosidad.
tafetà [təfətá] *m.* Tafetán.
tafilet [təfilɛ́t] *m.* Tafilete.
tafileteria [təfilətəríə] *f.* Tafiletería.
tagal, -la [təɣál, -lə] *a., m.-f.* Tagalo.
tal [tal] *a.-adv.* Tal. *2* Tamaño. ‖ ***En ~,*** fulano. ‖ ***En ~ i en ~ altre,*** fulano y mengano. ‖ ***~ o ~,*** tal o cual. ‖ ***~ i ~,*** tal y cual. ‖ ***~ com,*** tal cual. ‖ ***Per ~ com,*** por cuanto, porque, puesto que. ‖ ***~ faràs, ~ trobaràs,*** donde las dan las toman.
tala [tálə] *f.* Tala.
talabard [tələβár(t)] *m.* Talabarte.
talabarder [tələβərdé] *m.* Talabartero.
talaia [təlájə] *f.* Atalaya.
talar [təlár] *a.* Talar.
talar [təlá] *t.* Talar.
talc [talk] *m.* Talco.
taleca [təlékə] *f.* Talega.
tàlem [táləm] *m.* Tálamo, palio.
talent [təlén] *m.* Talento. *2* Talante.
talió [təlió] *m.* Talión.
talismà [təlizmá] *m.* Talismán.
tall [taʎ] *m.* Corte, cortadura, filo, tajo, tajada, raja.
talla [taʎə] *f.* Corte, talla, talle.
tallada [təʎáðə] *f.* Corta, corte, mondadura, tajada, raja.
tallador, -ra [təʎəðó, -rə] *a., m.-f.* Cortador.
tallamar [tąʎəmár] *m.* NÁUT. Tajamar.
tallant [təʎán] *a.* Cortante, tajante. *2 m.* Tajadera.
tallapapers [tąʎəpəpés] *m.* Cortapapeles, plegadera.
tallar [təʎá] *t.-prnl.* Cortar, tajar, rajar. *2* Tallar. *3* Sajar.
tallarines [təʎərinəs] *f. pl.* Tallarinas.
tallat, -ada [təʎát, -áðə] *a.* Cortado.
taller [təʎé] *m.* Taller, obrador.
tallista [təʎístə] *m.-f.* Tallista.
taló [təló] *m.* Talón, calcañar, zancajo. *2* Tacón. *3* Cheque.
talonada [təlunáðə] *f.* Taconazo.
talonari [təlunári] *m.* Talonario.
talonejar [təlunəʒá] *i.-t.* Taconear.
talòs [təlɔ́s] *a.* Zote, bobo, leño, gaznápiro, torpe.
talp [talp] *m.* ZOOL. Topo.

talús [təlús] *m.* Talud.
tamarinde [təmərində] *m.* BOT. Tamarindo.
tamariu [təməriŭ] *m.* BOT. Tamarisco, taray.
també [təmbé] *adv.* También, asimismo.
tambor [təmbó] *m.* Tambor.
tambora [təmbórə] *f.* Tambora.
tamboret [təmburét] *m.* Taburete, escabel.
tamborí [təmburí] *m.* MÚS. Tamboril.
tamborinar [təmburiná] *i.* Tamborilear, tabalear.
tamborinejar [təmburinəʒá] *i.* Tamborilear.
tamboriner [təmburiné] *m.* Tamborilero.
tamís [təmís] *m.* Tamiz.
tamisar [təmizá] *t.* Tamizar.
tampoc [təmpɔ́k] *adv.* Tampoco.
tam-tam [tąmtám] *m.* Tam-tam.
tan [tan] *adv.* Tan, siquiera.
tanc [taŋ] *m.* Tanque. *2* Aljibe, tanque.
tanca [táŋkə] *f.* Cerca, palenque, palizada, valla, vallado. *2* Aldaba. *3* Cierre.
tancador [təŋkəðó] *m.* Cerrador, cierre.
tancadura [təŋkəðúrə] *f.* Cerradura.
tancament [təŋkəmén] *m.* Cerramiento, encierro, cierre.
tancar [təŋká] *t.* Cerrar, encerrar. *2* Cercar.
tancat, -ada [təŋkát, -áðə] *a.* Cerrado. *2* *m.* Coto, cercado, palenque, valla.
tanda [tándə] *f.* Tanda.
tàndem [tándəm, col. -em] *m.* Tándem.
tangència [tənʒɛ́nsiə] *f.* Tangencia.
tangent [tənʒén] *a.* Tangente.
tangible [tənʒíbblə] *a.* Tangible.
tango [táŋgu] *m.* Tango.
taní [təní] *m.* Tanino.
tanmateix [təmmətéʃ] *adv.* Sin embargo, empero.
tanoca [tənɔ́kə] *a., m.-f.* Panoli.
tant, -ta [tan, -tə] *a.-pron.-adv.* Tanto. *2* *m.* Tanto. ‖ ***De ~ en ~,*** de vez en cuando, de cuando en cuando, a trechos. ‖ ***~ de bo!,*** ¡ojalá! ‖ ***Per ~,*** por ende.
tàntal [tántəl] *m.* ORNIT. Tántalo.
tantost [təntɔ́s(t)] *adv.* En seguida, luego.
tany [taɲ] *m.* Tallo, brote, pimpollo.
tap [tap] *m.* Tapón. *2* Atasco. *3* Buzón.
tapa [tápə] *f.* Tapa.
tapaboques [tąpəβókəs] *m.* Tapabocas.
tapabruts [tąpəβrúts] *m.* Tapujo.
tapacoll [tąpəkɔ́ʎ] *m.* Pechera.
tapadora [təpəðórə] *f.* Tapadera, cobertera.
tapaforats [tąpəfuráts] *m.* Suplefaltas.
tapall [təpáʎ] *m.* Tapujo.
tapar [təpá] *t.* Tapar. *2* Taponar. *3* Velar.
taper, -ra [təpé, -rə] *a.* Taponero.
tàpera [tápərə] *f.* BOT. Alcaparra.
tapet [təpɛ́t] *m.* Tapete.
tàpia [tápiə] *f.* Tapia.
tapiar [təpiá] *t.* Tapiar, tabicar, cegar.
tapioca [təpiɔ́kə] *f.* Tapioca.
tapir [təpí] *m.* ZOOL. Tapir.
tapís [təpís] *m.* Tapiz.
tapisser [təpisé] *m.* Tapicero.
tapisseria [təpisəríə] *f.* Tapicería.
taponar [təpuná] *t.* Taponar.
taquígraf, -fa [təkíɣrəf, -fə] *m.-f.* Taquígrafo.
taquigrafia [təkiɣrəfíə] *f.* Taquigrafía.
taquilla [təkíʎə] *f.* Taquilla.
taquiller, -ra [təkiʎé, -rə] *m.-f.* Taquillero.
tara [tárə] *f.* Tara, tacha, lacra.
taral·larà [tərələrá] *m.* Tarareo.
taral·larejar [tərələrəʒá] *t.* Tararear.
taral·lejar [tərələʒá] *t.* Tararear.
taral·lirot [tərəlirɔ́t] *m.* Tarambana.
tarannà [tərənná] *m.* Talante.
taràntula [tərántulə] *f.* ENTOM. Tarántula.
tarar [tərá] *t.* Tarar.
tard [taər(t)] *adv.* Tarde.
tarda [tárðə] *f.* Tarde, tardanza. ‖ ***Bona ~,*** buenas tardes.
tardà, -ana [tərdá, -ánə] *a.* Tardo, tardío.
tardança [tərðánsə] *f.* Tardanza.
tardaner, -ra [tərðəné, -rə] *a.* Tardo.
tardar [tərðá] *i.* Tardar.
tardor [tərðó] *f.* Otoño.
tardorenc, -ca [tərðurɛ́ŋ, -kə] *a.* Otoñal.
targeta [tərʒɛ́tə] *f.* Tarjeta.
targeter [tərʒəté] *m.* Tarjetero.
tarifa [təɾífə] *f.* Tarifa.
tarima [təɾímə] *f.* Tarima, andamio.
tarit-tarot [təɾittərɔ́t] *m.* Zascandil.
tarja [tárʒə] *f.* Tarja. *2* Abertura practicada encima de una puerta.
taro [táru] *m.* METEOR. Gris.
taronger [tərunʒé] *m.* BOT. Naranjo.
tarongerar [tərunʒərá] *m.* Naranjal.
tarongina [tərunʒínə] *f.* BOT. Toronjil, cidronela, azahar.
taronja [tərɔ́nʒə] *f.* Naranja.
taronjada [tərunʒáðə] *f.* Naranjada.
tarot [tərɔ́t] *m.* Sombrero viejo.
tarquim [tərkím] *m.* Tarquín.
tarragoní, -ina [tərrəɣuní, -ínə] *a., m.-f.* Tarraconense.
tars [tars] *m.* ANAT. Tarso.
tartà [tərtá] *m.* Tartán.
tartana [tərtánə] *f.* Tartana.
tàrtar, -ra [tártər, -rə] *a., m.-f.* Tártaro.
tartàric, -ca [tərtárik, -kə] *a.* QUÍM. Tartárico.

tarter, -ra [tərté, -rə] *m.-f.* Terreno en la ladera de una montaña cubierto de piedras caídas de la cumbre.
tasca [táskə] *f.* Tarea, quehacer, deber, labor, obra. *2* Tanda.
tascó [təskó] *m.* Cuña, calce, tarugo, calzo.
tassa [tásə] *f.* Taza.
tast [tas(t)] *m.* Cata, catadura, embocadura, gustación. *2* Sabor. *3* Paladar.
tastador, -ra [təstəðó, -rə] *m.-f.* Catador.
tastament [təstəmén] *m.* Catadura.
tastaolletes [tastəuʎέtəs] *m.-f.* Catacaldos.
tastar [təstá] *t.* Catar, probar, gustar.
tatuar [tətuá] *t.* Tatuar.
tatuatge [tətuádʒə] *m.* Tatuaje.
tatxa [tátʃə] *f.* Tachuela. *2* Tacha, defecto.
tatxar [tətʃá] *t.* Calar (un melón, etc.).
taujà, -ana [təuʒá, -ánə] *a., m.-f.* Memo, patán, bobalicón, borrego, cateto, paleto.
taula [táŭlə] *f.* Mesa. *2* Tabla. *3 pl.* Tablas. ‖ ~ ***rodona,*** mesa redonda. ‖ ***Parar*** ~, poner la mesa. ‖ ***Desparar*** ~, quitar la mesa. ‖ ***Joc de*** ~, mantelería.
taulada [təŭláðə] *f.* Conjunto de personas que se sientan a una mesa.
taulell [təŭléʎ] *m.* Mostrador, tablero.
tauler [təŭlé] *m.* Tablero, tablilla.
tauleta [təŭlέtə] *f.* Mesilla. *2* Tableta.
tauló [təŭló] *m.* Tablón, madero.
taumaturg [təŭmətúrk] *m.* Taumaturgo.
taurí, -ina [təŭrí, -ínə] *a.* Taurino.
tauró [təŭró] *m.* ICT. Tiburón, marrajo.
tauromàquia [təŭrumákiə] *f.* Tauromaquia, toreo.
taüt [təút] *m.* Ataúd, féretro.
tavà [təβá] *m.* ENTOM. Tábano.
tàvec [táβək] *m.* ENTOM. Tábano.
tavella [təβéʎə] *f.* Vaina. *2* Tabla.
taverna [təβέrnə] *f.* Taberna, bodegón, bodega, tasca.
taverner, -ra [təβərné, -rə] *m.-f.* Tabernero.
taxa [táksə] *f.* Tasa.
taxar [təksá] *t.* Tasar.
taxi [táksi] *m.* Taxi.
taxímetre [təksimətrə] *m.* Taxímetro.
te [te] *f.* Te (letra).
te [tε] *m.* BOT. Té.
te [tə] *pron. déb.* Te.
teatral [teətrál] *a.* Teatral.
teatre [teátrə] *m.* Teatro.
tebi, tèbia [tέβi, tέβiə] *a.* Tibio.
tebiesa [təβiέzə] *f.* Tibieza.
tec [tεk] *m.* Comilona.
teca [tέkə] *f.* Comida, vianda.
tecla [téklə] *f.* Tecla.
teclat [təklát] *m.* Teclado.
teclejar [təkləʒá] *i.* Teclear.
tècnic, -ca [tέŋnik, -kə] *a., m.-f.* Técnico. *2 f.* Técnica.
tecnicisme [təŋnisízmə] *m.* Tecnicismo.
tecnocràcia [təŋnukrásiə] *f.* Tecnocracia.
tedèum [təðέum] *m.* Tedéum.
tedi [tέði] *m.* Tedio, hastío, aburrimiento.
tediós, -osa [təðiós, -ózə] *a.* Tedioso.
tegument [təγumén] *m.* BIOL. Tegumento.
teia [tέjə] *f.* Tea.
teiera [təjérə] *f.* Tedero, hachón.
teix [teʃ] *m.* BOT. Tejo.
teixidor, -ra [təʃiðó, -rə] *a., m.-f.* Tejedor.
teixir [təʃí] *t.* Tejer.
teixit, -ida [təʃít, -íðə] *a.-m.* Tejido.
teixó [təʃó] *m.* ZOOL. Tejón, turón.
tel [tεl] *m.* Membrana, tela, telilla. *2* Capa. *3* Frenillo (de la lengua, etcétera).
tela [télə] *f.* Tela. *2* Lienzo. ‖ ~ ***metàl·lica,*** red de alambre.
telefèric, -ca [tələfέrik, -kə] *a.-m.* Teleférico.
telèfon [təlέfun] *m.* Teléfono.
telefonar [tələfuná] *t.* Telefonear.
telefonia [tələfuniə] *f.* Telefonía.
telefonista [tələfunístə] *m.-f.* Telefonista.
telègraf [təlέγrəf] *m.* Telégrafo.
telegrafia [tələγrəfiə] *f.* Telegrafía.
telegrafiar [tələγrəfiá] *t.* Telegrafiar.
telegrafista [tələγrəfístə] *m.-f.* Telegrafista.
telegrama [tələγrámə] *m.* Telegrama.
telèmetre [təlέmətrə] *m.* Telémetro.
telepatia [tələpətiə] *f.* Telepatía.
teler [təlé] *m.* Telar.
telescopi [tələskɔ́pi] *m.* Telescopio.
televident [tələβiðén] *a., m.-f.* Televidente.
televisar [tələβizá] *t.-i.* Televisar.
televisió [tələβizió] *f.* Televisión.
televisor [tələβizó] *a.-m.* Televisor.
tell [teʎ] *m.* BOT. Tilo.
tel·lúric, -ca [təlúrik, -kə] *a.* Telúrico.
teló [təló] *m.* TEAT. Telón.
tema [témə] *m.* Tema. *2* Comidilla.
temàtic, -ca [təmátik, -kə] *a.* Temático. *2 f.* Temática.
temença [təmέnsə] *f.* Temor.
témer [témə] *t.-i.* Temer.
temerari, -ària [təmərári, -áriə] *a.* Temerario.
temeritat [təməritát] *f.* Temeridad.
temible [təmíbblə] *a.* Temible.
temor [təmó(r)] *m.* Temor.
temorenc, -ca [təmurέŋ, -kə] *a.* Temeroso.

temerós, -osa [təmərós, -ózə] *a.* Temeroso, medroso.
temperament [təmpəramén] *m.* Temperamento.
temperant [təmpərán] *a.* Temperante.
temperar [təmpərá] *t.* Atemperar, templar, temperar.
temperat, -ada [təmpərát, -áðə] *a.* Templado, moderado.
temperatura [təmpərətúrə] *f.* Temperatura.
temperi [təmpéri] *m.* Borrasca, tormenta. *2* fig. Griterío.
tempesta [təmpéstə] *f.* V. TEMPESTAT.
tempestat [təmpəstát] *f.* Tempestad.
tempestós, -osa [təmpəstós, -ózə] *a.* Tempestuoso.
tempestuós, -osa [təmpəstuós, -ózə] *a.* Tempestuoso, tormentoso.
templa [témplə] *f.* Sien.
templari [təmplári] *m.* Templario.
temple [témplə] *m.* Templo.
templer [təmplé] *m.* Templario.
temporada [təmpuráðə] *f.* Temporada.
temporal [təmpurál] *a.* Temporal. *2 m.* Tormenta. *3 a.* ANAT. Temporal.
temporer, -ra [təmpuré, -rə] *a.* Temporero.
temprança [təmpránsə] *f.* Templanza.
temps [tems] *m.* Tiempo. ‖ ***Fora de ~,*** a destiempo. ‖ ***Mig ~,*** entretiempo.
temptació [təmtəsió] *f.* Tentación.
temptador, -ra [təmtəðó, -rə] *a., m.-f.* Tentador.
temptar [təmtá] *t.* Tentar.
temptativa [təmtətiβə] *f.* Tentativa.
tempteig [təmtétʃ] *m.* Tanteo, tiento.
temptejar [təmtəʒá] *t.* Tantear.
tenaç [tənás] *a.* Tenaz.
tenacitat [tənəsitát] *f.* Tenacidad.
tenallar [tənəʎá] *t.* Atenazar. *2* Torturar.
tenalles [tənáʎəs] *f. pl.* Tenazas.
tenca [téŋkə] *f.* ICT. Tenca.
tenda [téndə] *f.* Tenda. *2* Tienda, colmado, abacería.
tendal [təndál] *m.* Toldo, tendal. *2* NÁUT. Toldilla.
tendència [təndénsiə] *f.* Tendencia.
tendenciós, -osa [təndənsiós, -ózə] *a.* Tendencioso.
tender, -ra [təndé, -rə] *m.-f.* Tendero, abacero.
tendir [təndí] *i.* Tender.
tendó [təndó] *m.* Tendón.
tendral [təndrál] *a.* Lechal.
tendre, -dra [téndrə, -drə] *a.* Tierno.
tendresa [təndrézə] *f.* Ternura, terneza.
tendror [təndró] *f.* Ternura.
tendrum [təndrúm] *m.* Ternilla, cartílago.
tenebra [tənéβrə] *f.* Tiniebla, lobreguez. *2 pl.* Matraca, tinieblas.
tenebrós, -osa [tənəβrós, -ózə] *a.* Tenebroso.
tènia [téniə] *f.* ZOOL. Tenia, solitaria.
tenidor, -ra [təniðó, -rə] *m.-f.* Tenedor. ‖ ***~ de llibres*** tenedor de libros.
tenidoria [təniðuriə] *f.* Teneduría.
tenir [təní] *t.* Tener. *2* Abrigar. ¶ CONJUG. P. P.: ***tingut.*** ‖ INDIC. Pres.: ***tinc, tens, té, tenen.*** | Fut.: ***tindré,*** etc. ‖ SUBJ. Pres.: ***tingui,*** etc. | Imperf.: ***tingués,*** etc. ‖ IMPERAT.: ***té*** o ***ten*** (o ***tingues***), ***teniu*** (o ***tingueu***).
tennis [ténis] *m.* DEP. Tenis.
tenor [tənór] *m.* MÚS. Tenor.
tenora [tənórə] *f.* MÚS. Tenora.
tens, -sa [tɛns, -sə] *a.* Tenso.
tensió [tənsió] *f.* Tensión.
tensor, -ra [tənsó, -rə] *a.* Tensor.
tentacle [təntáklə] *m.* Tentáculo.
tentines [təntinəs] *f. pl.* Pinitos.
tènue [ténuə] *a.* Tenue.
tenyir [təɲí] *t.* Teñir.
tenyit, -ida [təɲit, -idə] *a.-m.* Teñido, tinto.
teocràcia [təukrásiə] *f.* Teocracia.
teocràtic, -ca [təukrátik, -kə] *a.* Teocrático.
teòleg, -òloga [teɔ́lək, -ɔ́luɣə] *m.-f.* Teólogo.
teologal [təuluɣál] *a.* Teologal.
teologia [təuluʒiə] *f.* Teología.
teorema [təurémə] *m.* Teorema.
teoria [təuriə] *f.* Teoría.
teòric, -ca [təɔ́rik, -kə] *a.* Teórico.
teranyina [tərəɲinə] *f.* Telaraña. *2* Traína.
terapèutic, -ca [tərəpéŭtik, -kə] *a.* Terapéutico. *2 f.* Terapéutica.
tèrbol, -la [térβul, -lə] *a.* Turbio.
terbolesa [tərβulézə] *f.* Turbiedad.
terç, -ça [tɛrs, -sə] *a.* Tercero. *2 m.* Tercio.
tercejar [tərsəʒá] *t.-i.* Terciar.
tercer, -ra [tərsé, -rə] *a., m.-f.* Tercero, tercer, terciario. *2 f.* MÚS. Tercera.
tercerejar [tərsərəʒá] *i.* Terciar.
tercerola [tərsərɔ́lə] *f.* Tercerola.
tercet [tərsét] *m.* Terceto, trío.
tèrcia [tɛ́rsiə] *f.* Tercia.
terciari, -ària [tərsiári, -áriə] *a.* Terciario.
terebint [tərəβin] *m.* BOT. Terebinto.
terebrant [tərəβrán] *a.* Terebrante.
tergiversació [tərʒiβərsəsió] *f.* Tergiversación.
tergiversar [tərʒiβərsá] *t.* Tergiversar.
termal [tərmál] *a.* Termal.
terme [térmə] *m.* Término. *2* Fin, mojón.

3 Plazo. || ~ ***mitjà,*** término medio, promedio.
termenejar [tərmənəʒá] *i.* Confinar, lindar.
termes [térməs] *f. pl.* Termas.
tèrmic, -ca [tέrmik, -kə] *a.* Térmico.
terminació [tərminəsió] *f.* Terminación.
terminal [tərminál] *a.* Terminal.
terminant [tərminán] *a.* Terminante.
terminar [tərminá] *t.-i.* Terminar.
termini [tərmíni] *m.* Plazo, término.
terminologia [tərminuluʒíə] *f.* Terminología.
tèrmits [tέrmits] *m. pl.* ENTOM. Termites.
termogen, -ògena [tərmɔ́ʒən, -ɔ́ʒənə] *a.* Termógeno.
termòmetre [tərmɔ́mətrə] *m.* Termómetro.
termonuclear [tərmunukleá(r)] *a.* Termonuclear.
termosifó [tərmusifó] *m.* Termosifón.
termòstat [tərmɔ́stət, col. -mustát] *m.* Termostato.
tern [tεrn] *m.* Terno. *2* Terna (juego de dados).
terna [tέrnə] *f.* Terna.
ternari, -ària [tərnári, -áriə] *a.* Ternario, trino.
Terol [tərɔ́l] *n. pr.* Teruel.
terra [tέrrə] *f.* Tierra, suelo, piso. || ~ ***cuita,*** cerámica. || ~ ***d'escudelles,*** greda.
terrabastada [tərrəβəstáðə] *f.* Turbión. *2* Chaparrón, chubasco. *3* Desgracia.
terrabastall [tərrəβəstáʎ] *m.* Estrépito, estruendo. *2* Altillo.
terracota [tεrrəkɔ́tə] *f.* Terracotta.
terral [tərrál] *a.* Terral.
terraplè [tərrəplέ] *m.* Terraplén, malecón.
terraplenar [tərrəpləná] *t.* Terraplenar.
terraqüi, -àqüia [tərrákwi, -ákwiə] *a.* Terráqueo.
Terrassa [tərrásə] *n. pr.* Tarrasa.
terrassa [tərrásə] *f.* Terraza.
terrat [tərrát] *m.* Azotea, terrado.
terratinent [tέrrətinén] *m.-f.* Terrateniente.
terratrèmol [tέrrətrέmul] *m.* Terremoto.
terregada [tərrəγáðə] *f.* Cisco.
terregall [tərrəγáʎ] *m.* Terrero.
terrejar [tərrəʒá] *i.-t.* Pardear. *2* Aterrar. *3* Rastrear.
terrenal [tərrənál] *a.* Terrenal, terreno.
terrenc, -ca [tərrέŋ, -kə] *a.* Terreno, terroso.
terreny [tərrέɲ] *m.* Terreno.
terrer, -ra [tərré, -rə] *a.* Terreno, terruño.
terrestre [tərréstrə] *a.* Terrestre.
terri, -èrria [tέrri, -έrriə] *a.* Terrizo, térreo.
terrible [tərríbblə] *a.* Terrible, tremendo.
terrífic, -ca [tərrífik, -kə] *a.* Terrífico.
terrina [tərrínə] *f.* Tarro.
terrissa [tərrísə] *f.* Barro cocido.
terrissaire [tərrisáĭrə] *m.-f.* Alfarero, ollero.
terrisseria [tərrisəríə] *f.* Alfarería, alfar, cacharrería.
territori [tərritɔ́ri] *m.* Territorio.
territorial [tərrituriál] *a.* Territorial.
terror [tərró(r)] *m.* Terror.
terrorífic, -ca [tərrurífik, -kə] *a.* Terrorífico, aterrador.
terrorisme [tərrurízmə] *m.* Terrorismo.
terrorista [tərrurístə] *f.* Terrorista.
terròs [tərrɔ́s] *m.* Terrón, tormo. *2* Terruño.
terrós, -osa [tərrós, -ózə] *a.* Terrizo, terroso, terruño. *2* Pardo.
tertúlia [tərtúliə] *f.* Tertulia.
tertulià, -ana [tərtuliá, -ánə] *a.* Tertuliano.
tes, -sa [tεs, -zə] *a.* Tieso, teso.
tesar [təzá] *t.* Tesar, atiesar.
tesi [tέzi] *f.* Tesis.
tesor [təzó] *f.* Tiesura.
tessitura [təsitúrə] *f.* MÚS. Tesitura.
test [test] *m.* Tiesto, maceta, pote, cacharro. || ***Els testos s'assemblen a les olles,*** de tal palo tal astilla. *2* Cascajo, casco.
test [test] *m. ingl.* Test.
testa [téstə] *f.* Cabeza, testa.
testador, -ra [təstəðó, -rə] *m.-f.* Testador.
testament [təstəmén] *m.* Testamento.
testamentari, -ària [təstəməntári, -áriə] *a.* Testamentario.
testamentaria [təstəməntəríə] *f.* Testamentaría.
testar [təstá] *i.* Testar.
testarrada [təstərráðə] *f.* Testarada, cabezazo.
testarrudesa [təstərruðέzə] *f.* Testarudez.
testarrut [təstərrút] *a.* Cabezota, testarudo, porfiado, cabezón.
testera [təstérə] *f.* Testera.
testicle [təstíklə] *m.* ANAT. Testículo.
testificar [təstifiká] *t.* Testificar, atestiguar, atestar.
testimoni [təstimɔ́ni] *m.* Testigo. *2* Testimonio.
testimonial [təstimuniál] *a.* Testimonial, testifical.
testimoniar [təstimuniá] *t.* Testimoniar, atestiguar, testificar.
testimoniatge [təstimuniádʒə] *m.* Testimonio.
testimoniejar [təstimuniəʒá] *t.* V. TESTIMONIAR.

tètanus [tètənus] *m.* MED. Tétanos.
tetera [tətérə] *f.* Tetera.
tetina [tətinə] *f.* Tetilla.
tetràedre [tətráeðrə, col. -əέðrə] *m.* GEOM. Tetraedro.
tetralogia [tətraluʒiə] *f.* Tetralogía.
tetrarca [tətrárkə] *m.* Tetrarca.
tètric, -ca [tètrik, -kə] *a.* Tétrico.
teu, teva [teŭ, tèβə] *a. pos.* Tuyo. || ***El ~,*** tu. *2 pron. pos.* ***El ~,*** el tuyo.
teula [tèŭlə] *f.* Teja.
teulada [təŭláðə] *f.* Tejado.
teular [təŭlá] *t.* Tejar.
teulat [təŭlát] *m.* Tejado.
teuler [təŭlé] *m.* Tejero.
teuleria [təŭləriə] *f.* Tejar.
teutó, -ona [təŭtó, -ónə] *a., m.-f.* Teutón.
teutònic, -ca [təŭtɔ́nik, -kə] *a.* Teutónico.
text [teks(t)] *m.* Texto.
tèxtil [tèkstil] *a.* Textil.
textual [təkstuál] *a.* Textual.
textura [təkstúrə] *f.* Textura.
tia [tiə] *f.* Tía.
tiara [tiárə] *f.* Tiara.
tibant [tiβán] *a.* Tirante, tenso, tieso.
tibantor [tiβəntó] *f.* Tirantez, tiesura.
tibar [tiβá] *t.-i.* Tesar, atiesar, estirar.
tibat, -ada [tiβát, -áðə] *a.* Entonado, estirado, hinchado.
tiberi [tiβèri] *m.* Comilona.
tibia [tiβiə] *f.* ANAT. Tibia.
tic [tik] *m.* Tic.
tic-tac [tikták] *m.* Tic-tac.
tifa [tifə] *a., m.-f.* Petate.
tifó [tifó] *m.* Tifón.
tifoide [tifɔ́iðə] *a.* MED. Tifoideo. || ***Febre ~,*** fiebre tifoidea.
tifus [tifus] *m.* MED. Tifus.
tigrat, -ada [tiɣrát, -áðə] *a.* Atigrado.
tigre [tiɣrə] *m.* ZOOL. Tigre.
tija [tiʒə] *f.* BOT. Tallo. *2* Espiga.
tílburi [tilburi] *m.* Tílburi.
til·la [tilə] *f.* BOT. Tila.
til·ler [tilé] *m.* BOT. Tilo
timba [timbə] *f.* Despeñadero. *2* Timba, garito.
timbal [timbál] *f.* Timbal, tambor.
timbaler [timbəlé] *m.* Timbalero.
timbrar [timbrá] *t.* Timbrar.
timbratge [timbrádʒə] *m.* Acción de timbrar.
timbre [timbrə] *m.* Timbre.
tímid, -da [timit, -ðə] *a.* Tímido.
timidesa [timiðèzə] *f.* Timidez, empacho.
timó [timó] *m.* Timón. *2* Pértigo.
timó [timó] *m.* BOT. Tomillo.
timol [timɔ́l] *m.* Timol.
timoner [timuné] *m.* Timonel, timonero.
timonera [timunérə] *f.* Timonera.
timorat, -ada [timurát, -áðə] *a.* Timorato.
timpà [timpá] *m.* Tímpano.
timus [timus] *m.* ANAT. Timo.
tina [tinə] *f.* Barreño. *2* Tina, tinaja. *3* Lagar.
tinença [tinέnsə] *f.* Tenencia. *2* Cabida.
tinència [tinέnsiə] *f.* Tenencia.
tinent [tinén] *a.-m.* Teniente. *2* Tenedor.
tint [tin] *m.* Tinte.
tinta [tintə] *f.* Tinta.
tintar [tintá] *t.* Entintar.
tintatge [tintádʒə] *m.* Tinte.
tinter [tinté] *m.* Tintero.
tintorer, -ra [tinturé, -rə] *m.-f.* Tintorero, quitamanchas.
tintoreria [tinturəriə] *f.* Tintorería.
tintura [tintúrə] *f.* Tintura.
tinya [tiɲə] *f.* Tiña.
tinyadura [tiɲəðúrə] *f.* Apolilladura.
tinyeta [tiɲètə] *m.* Galafate.
tinyós, -osa [tiɲós, -ózə] *a.* Tiñoso.
tió [tió] *m.* Tizón.
tip, tipa [tip, tipə] *a.* Harto, saciado, repleto. *2 m.* Atracón, hartazgo.
típic, -ca [tipik, -kə] *a.* Típico.
tiple [tiplə] *m.-f.* Tiple.
tipògraf, -fa [tipɔ́ɣrəf, -fə] *m.-f.* Tipógrafo.
tipografia [tipuɣrəfiə] *f.* Tipografía.
tipus [tipus] *m.* Tipo.
tiquet [tikèt] *m.* Ticket.
tir [tir] *m.* Tiro.
tira [tirə] *f.* Tira. *2* Fila.
tira! [tirə] *interj.* ¡Arrea!
tirà, -ana [tirá, -ánə] *m.-f.* Tirano.
tirabuixó [tirəβuʃó] *m.* Sacacorchos. *2* Tirabuzón.
tirada [tiráðə] *f.* Tirada, tirón. *2* Trago. *3* Trecho. *4* Querencia. || ***D'una ~,*** de un tirón.
tirador, -ra [tirəðó, -rə] *m.-f.* Tirador.
tiralínies [tirəlinies] *m.* Tiralíneas.
tirallonga [tirəʎóŋgə] *f.* Retahíla, sarta.
tirania [tirəniə] *f.* Tiranía.
tirànic, -ca [tiránik, -kə] *a.* Tiránico.
tiranitzar [tirənidzá] *t.* Tiranizar.
tirant [tirán] *m.* Tirante.
tirar [tirá] *t.-i.* Tirar, arrojar, lanzar, echar, botar. *2* Disparar. || ***~ floretes,*** piropear.
tiràs [tirás] *m.* Aplanadera, rastra.
tirat [tirát] *m.* Trazado. *2* Aire, pinta, sesgo.
tiratge [tirádʒə] *m.* Tirada. *2* Tiro.
tireta [tirètə] *f.* Tirilla. *2* Agujeta.
tiri, tíria [tiri, tiriə] *a., m.-f.* Tirio.
tiroide [tirɔ̀iðə] *a.* ANAT. Tiroides.
tirolès, -esa [tirulès, -έzə] *a., m.-f.* Tirolés.

tiroteig [tirutétʃ] *m.* Tiroteo.
tirotejar [tirutəʒá] *t.* Tirotear.
tírria [tírriə] *f.* fam. Tirria, ojeriza, hincha.
tirs [tirs] *m.* MIT. Tirso.
tisana [tizánə] *f.* Tisana.
tisi [tízi] *f.* MED. Tisis.
tísic, -ca [tízik, -kə] *a., m.-f.* Tísico.
tisora [tizórə] *f.* Tijeras.
tisorada [tizuráðə] *f.* Tijeretazo.
tisoreta [tizurétə] *f.* ENTOM. Tijereta, cortapicos.
tità [titá] *m.* MIT. Titán.
titànic, -ca [titánik, -kə] *a.* Titánico.
titella [titéʎə] *m.* Títere, polichinela. *2* Fantoche.
titellaire [titəʎáĭrə] *m.* Titiritero.
titet, -ta [titét, -tə] *m.-f.* ORNIT. Pavipollo.
titil·lar [titilá] *i.* Titilar.
titlla [tíʎʎə] *f.* Tilde.
titllar [tiʎʎá] *t.* Tildar, tachar.
títol [títul] *m.* Título.
titubar [tituβá] *i.* Titubear.
titubeig [tituβétʃ] *m.* Titubeo.
titubejar [tituβəʒá] *i.* Titubear.
titular [titulá] *t.* Titular.
to [tɔ] *m.* Tono.
tobogan [tuβuγán] *m.* Tobogán.
toc [tɔk] *m.* Toque. *2* Tañido, redoble.
toca [tɔ́kə] *f.* Toca, griñón.
tocacampanes [tɔkəkəmpánəs] *m.-f.* Majadero, cascabelero.
tocada [tukáðə] *f.* MÚS. Tocata.
tocador, -ra [tukəðó, -rə] *a., m.-f.* Tocador, tañedor.
tocant a [tukán] loc. Por lo que toca, tocante a, acerca de.
tocar [tuká] *t.-i.* Tocar. *2* Rozar. *3* Tañer, dar (las horas). ‖ ***Toquem i toquem,*** toma y daca. ‖ ~ ***el dos,*** largarse.
toca-son [tɔkəsɔ́n] *m.-f.* Dormilón. ‖ ***Toca-sons,*** papanatas.
tocat, -ada [tukát, -áðə] *a.* Afectado. *2* Tocado. *3* Pasado. *4* Chiflado.
tocòleg, -òloga [tukɔ́lək, -ɔ́luγə] *m.-f.* MED. Tocólogo.
tofa [tɔ́fə] *f.* Mata (de cabello). *2* Espesura. ‖ ~ ***de neu,*** masa de nieve esponjosa.
tòfona [tɔ́funə] *f.* BOT. Trufa.
toga [tɔ́γə] *f.* Toga.
toia [tɔ́jə] *f.* Ramillete, ramo.
toix, toixa [toʃ, tóʃə] *a.* Torpe, mostrenco, memo, tocho.
toixó [tuʃó] *m.* ZOOL. Tejón.
toledà, -ana [tuləðá, -ánə] *a., m.-f.* Toledano.
tolerable [tulərábblə] *a.* Tolerable, llevadero.
tolerància [tuləránsiə] *f.* Tolerancia.
tolerant [tulərán] *a.* Tolerante.
tolerar [tulərá] *t.* Tolerar.
tolir-se [tulírsə] *prnl.* Tullirse.
tolit, -ida [tulít, -íðə] *a., m.-f.* Tullido.
toluè [tulué] *m.* QUÍM. Tolueno.
toll [toʎ] *m.* Charco, poza.
tol·le-tol·le [tɔllətɔ́llə] *m.* Tole.
tom [tom] *m.* Tomo.
tomador, -ra [tuməðó, -rə] *m.-f.* Tomador.
tomaquera [tuməkérə] *f.* Tomaquera.
tomàquet [tumákət] *m.* Tomate.
tomar [tumá] *t.* Tomar, coger.
tomata [tumátə] *f.,* **tomàtec** [tumátək] *m.* V. TOMÀQUET.
tomb [tom] *m.* Giro. *2* Tumbo, vuelta. ‖ ***Venir a*** ~, venir a cuento.
tomba [tómbə] *f.* Tumba.
tombant [tumbán] *m.* Recodo, vuelta.
tombar [tumbá] *t.* Tumbar, volcar. *2* Volver, girar, doblar.
tombarell [tumβəréʎ] *m.* Volquete.
tombarella [tumβəréʎə] *f.* Voltereta, tumbo.
tómbola [tómbulə] *f.* Tómbola.
tomisme [tumízmə] *m.* Tomismo.
ton, ta [tun, tə] *a. pos.* Tu.
tona [tónə] *f.* Tonelada. *2* Tonel.
tonada [tunáðə] *f.* Tonada, tono.
tonalitat [tunəlitát] *f.* Tonalidad.
tonatge [tunádʒə] *m.* Tonelaje.
tondre [tóndrə] *t.* Tundir. *2* Tonsurar, trasquilar. ¶ CONJUG. como ***fondre.***
tonedor, -ra [tunəðó, -rə] *a.-m.* Tundidor. *2* Trasquilador.
tonell [tunéʎ] *m.* Tonel.
tongada [tuŋgáðə] *f.* Tanda, serie.
tònic, -ca [tɔ́nik, -kə] *a.* Tónico. *2 f.* Tónica.
tonificar [tunifiká] *t.* Tonificar.
tonsura [tunsúrə] *f.* Tonsura, corona.
tonsurar [tunsurá] *t.* Tonsurar.
tonyina [tuɲínə] *f.* Atún. *2* fig. Paliza, tunda.
topada [tupáðə] *f.* Topetón, choque, encontronazo, encuentro, tropiezo, tope. *2* Disputa.
topall [tupáʎ] *m.* Tope, parachoques.
topants [tupáns] *m. pl.* Vericuetos, andurriales.
topar [tupá] *i.* Topar, chocar.
topazi [tupázi] *m.* MINER. Topacio.
tòpic, -ca [tɔ́pik, -kə] *a.* Tópico.
topografia [tupuγrəfíə] *f.* Topografía.
toquejar [tukəʒá] *t.* Toquetear. *2* Sobar.
toqueta [tukétə] *f.* Toquilla.
toràcic, -ca [turásik, -kə] *a.* Torácico.
tòrax [tɔ́rəks] *m.* ANAT. Tórax.

torb [torp] *m.* METEOR. Ventisca, ventisquero.
torba [tórβə] *f.* Turba.
torbació [turβəsió] *f.* Turbación.
torbador, -ra [turβəðó, -rə] *a.* Turbador.
torbament [turβəmén] *m.* Turbación.
torbar [turβá] *t.-prnl.* Turbar. *2* Estorbar, distraer.
torbonada [turβunáðə] *f.* Turbonada, turbión, cargazón.
torçada [tursáðə] *f.* Torcedura, torsión.
torçal [tursál] *m.* Torzal.
torçar [tursá] *t.* Torcer, doblar, abarquillar.
torcedor, -ra [tursəðó, -rə] *a., m.-f.* Torcedor.
torcedura [tursəðúrə] *f.* Torcedura, torcimiento.
tòrcer [tɔ́rsə] *t.* V. TORÇAR.
torçó [tursó] *m.* Torcijón.
tord [tort] *m.* ORNIT. Tordo, malvís.
torejar [turəʒá] *t.-i.* TAUROM. Torear, lidiar.
torera [turérə] *f.* Torera.
torero [turéru] *m. cast.* Torero, novillero, diestro.
torn [torn] *m.* Torno. *2* Turno, tanda.
torna [tórnə] *f.* Contrapeso, añadidura para completar el peso.
tornaboda [tornəβóðə] *f.* Tornaboda.
tornada [turnáðə] *f.* Vuelta, regreso, retorno. *2* Torna. *3* Estribillo. *4* Refrán.
tornado [turnáðu] *m.* METEOR. Tornado.
tornar [turná] *i.-t.* Volver, regresar. *2* Restituir, devolver, tornar. *3 prnl.* Ponerse. ‖ *~ **enrera,*** desandar.
tornassol [turnəsɔ́l] *m.* Tornasol, viso.
tornassolat, -ada [turnəsulát, -áðə] *a.* Tornasolado.
tornaveu [tórnəβέŭ] *m.* Tornavoz, eco.
tornavís [turnəβís] *m.* Destornillador.
torneig [turnέtʃ] *m.* Torneo.
tornejar [turnəʒá] *t.* Tornear.
torner, -ra [turné, -rə] *m.-f.* Tornero. *2 f.* Tornera.
torneria [turnəríə] *f.* Tornería.
torniquet [turnikét] *m.* Torniquete.
toro [tɔ́ru] *m.* Toro.
torpede [turpέðə] *m.* Torpedo.
torpedinar [turpəðiná] *t.* Torpedear.
torpediner, -ra [turpəðiné, -rə] *m.-f.* Torpedero.
torpor [turpó] *f.* Torpor.
torrada [turráðə] *f.* COC. Tostada, picatoste, tostón.
torrador, -ra [turrəðó, -rə] *a., m.-f.* Tostador.
torrapà [tórrəpá] *m.* Tostador.
torrar [turrá] *t.* Tostar, torrar.
torrassa [turrásə] *f.* Torreón.
torrat, -ada [turrát, -áðə] *a.* Tostado, torrefacto. *2* Castaño. *3* Ebrio, beodo.
torratxa [turrátʃə] *f.* Atalaya.
torre [tórrə] *f.* Torre. *2* Villa, quinta.
torrefacció [turrəfəksió] *f.* Tostadura, torrefacción, tueste.
torrencial [turrənsiál] *a.* Torrencial.
torrent [turrén] *m.* Torrente.
torrer, -ra [turré, -rə] *m.-f.* Torrero.
torreta [turrέtə] *f.* Maceta, tiesto.
tòrrid, -da [tɔ́rrit, -ðə] *a.* Tórrido.
torró [turró] *m.* Turrón.
torronaire [turrunáĭrə] *m.-f.* Turronero.
tors [tɔrs] *m.* Torso.
torsió [tursió] *f.* Torsión.
tort [tɔrt] *m.* Entuerto, sinrazón, tuerto.
tort, -ta [tɔr(t), -tə] *a.* Torcido, tuerto. *2 m.* Entuerto, sinrazón. ‖ ***A ~ i a dret,*** a diestro y siniestro, a trochemoche.
tortell [turtéʎ] *m.* COC. Rosca, roscón.
torticoli [turtikɔ́li] *m.* MED. Tortícolis.
tórtora [tórturə] *f.* ORNIT. Tórtola, tórtolo.
tortosí, -ina [turtuzí, -inə] *a., m.-f.* Tortosino.
tortuga [turtúγə] *f.* ZOOL. Tortuga.
tortuós, -osa [turtuós, -ózə] *a.* Tortuoso, revoltoso.
tortura [turtúrə] *f.* Tortura.
torturar [turturá] *t.* Torturar.
torxa [tɔ́rʃə] *f.* Antorcha.
tos [tos] *f.* Tos. ‖ *~ **ferina,*** tos ferina.
tos [tɔs] *m.* Testuz. *2* Occipucio.
tos, tes [tos, təs] *a. pos.* Tus.
tosa [tózə] *f.* Esquileo. *2* Tundidura, tunda.
tosc, -ca [tosk/, -kə] *a.* Tosco.
tosca [tóskə] *f.* Tosca, sarro, toba. ‖ ***Pedra ~,*** piedra tosca, piedra pómez.
toscà, -ana [tuská, -ánə] *a., m.-f.* Toscano.
tosquedat [tuskəðát] *f.* Tosquedad.
tossa [tósə] *f.* Bulto.
tossal [tusál] *m.* Loma, cerro, colina, cueto.
tossera [tusérə] *f.* Tos frecuente.
tossir [tusí] *i.* Toser. ¶ CONJUG. INDIC. Pres.: ***tus.***
tossuderia [tusuðəríə] *f.* Tozudez, terquedad, obstinación.
tossut, -uda [tusút, -úðə] *a.* Tozudo, terco, testarrón, farruco, reacio.
tostemps [tostéms] *adv.* Siempre.
tòt [tɔt] *m.* Boca de botijo.
tot, -ta [tot, -tə] *a.-pron.-indef.* Todo. *2 m.* Todo. *3 adv.* Todo, enteramente. ‖ ***En un ~,*** en un todo. ‖ *~ **just,*** no bien, apenas. ‖ ***Tots altres,*** los demás.

total [tutál] *a.-m.-adv.* Total.
totalitari, -ària [tutəlitári, -áriə] *a.* Totalitario.
totalitat [tutəlitát] *f.* Totalidad.
totalment [tutəlmén] *adv.* Enteramente, todo.
tòtem [tɔ́tem] *m.* Tótem.
tothom [tutɔ́m] *pron. indef.* Todo el mundo, todos.
tothora [totɔ́rə] *adv.* Siempre.
totpoderós, -osa [tǫtpuðərós, -ózə] *a.* Todopoderoso.
totxo [tɔ́tʃu] *m.* Ladrillo, tocho. *2* Garrote.
totxo, -xa [tɔ́tʃu, -ʃə] *a.* Tocho, memo, gaznápiro, tontaina.
tou, tova [toŭ, tóβə] *a.* Blando, muelle. *2* Blandengue, hueco. *3 m.* Molledo, pulpa, masa blanda.
tova [tɔ́βə] *f.* Adobe.
tovalla [tuβáʎə] *f.* Toalla. *2* Sabanilla. *3 pl.* Mantel.
tovalló [tuβəʎó] *m.* Servilleta.
tovallola [tuβəʎɔ́lə] *f.* Toalla.
tovalloler [tuβəʎulé] *m.* Toallero.
tovera [tuβérə] *f.* Tobera.
tòxic, -ca [tɔ́ksik, -kə] *a.* Tóxico.
toxina [tuksinə] *f.* Toxina.
trabuc [trəβúk] *m.* Trabuco. || ***Carro de ~,*** volquete.
trabucar [trəβuká] *t.* Trabucar.
traç [trəs] *m.* Rasgo, trazo.
traca [trákə] *f.* Traca.
traça [trásə] *f.* Traza, maña, amaño. *2* Huella, rastro. *3 pl.* Vestigios pequeños, no determinables.
tracamanya [trəkəmáɲə] *f.* Socaliña.
traçar [trəsá] *t.* Trazar.
traçat [trəsát] *m.* Trazado.
tracció [trəksió] *f.* Tracción.
tractable [trəktábblə] *a.* Tratable.
tractadista [trəktəðistə] *m.-f.* Tratadista.
tractament [trəktəmén] *m.* Tratamiento, trato.
tractant [trəktán] *m.* Tratante.
tractar [trəktá] *t.-i.* Tratar. *2 prnl.* Codearse.
tractat [trəktát] *m.* Tratado.
tracte [tráktə] *m.* Trato.
tractor [trəktó] *m.* Tractor.
traçut, -uda [trəsút, -úðə] *a.* Mañoso, habilidoso.
tradició [trəðisió] *f.* Tradición.
tradicional [trəðisiunál] *a.* Tradicional.
traducció [trəðuksió] *f.* Traducción.
traductor, -ra [trəðuktó, -rə] *m.-f.* Traductor.
traduir [trəðuí] *t.* Traducir.
tràfec [tráfək] *m.* Trasiego, tráfago, ajetreo, lance.
trafegar [trəfəγá] *t.* Trasegar.
trafegut, -uda [trəfəγút, -úðə] *a.* Trafagón.
tràfic [tráfik] *m.* Tráfico, tráfago. *2* Trata.
trafica [trəfikə] *f.* Artimaña, astucia. *2 m.-f.* Amigo de artimañas y astucias.
traficant [trəfikán] *m.-f.* Traficante.
traficar [trəfiká] *i.* Traficar.
tragaboles [trəγəβɔ́ləs] *m.* Tragabolas.
tragèdia [trəʒɛ́ðiə] *f.* Tragedia.
tragella [trəʒéʎə] *f.* Traílla.
tragí [trəʒí] *m.* Trajín.
tràgic, -ca [tráʒik, -kə] *a.* Trágico.
tragicomèdia [trąʒikumɛ́ðiə] *f.* Tragicomedia.
traginar [trəʒiná] *t.* Acarrear, carretear, portear, trajinar.
traginer [trəʒiné] *m.* Arriero, trajinante.
trago [tráγu] *m.* Trago.
traguet [trəγét] *m.* Chisquete, trago.
traguinyol [trəγiɲɔ́l] *m.* V. TRAGUET.
traguitxó [trəγitʃó] *m.* V. TRAGUET.
traïció [trəisió] *f.* Traición, felonía.
traïdor, -ra [trəiðó, -rə] *a., m.-f.* Traidor, traicionero, aleve.
traïdorenc, -ca [trəiðurɛ́ŋ, -kə] *a.* Traicionero, alevoso.
traïdoria [trəiðuríə] *f.* Alevosía.
trair [trəí] *t.* Traicionar.
trajecte [trəʒéktə] *m.* Trayecto.
trajectòria [trəʒəktɔ́riə] *f.* Trayectoria.
tralla [tráʎə] *f.* Tralla, fusta, látigo, zurriago.
tram [tram] *m.* Tramo
trama [trámə] *f.* Trama.
tramar [trəmá] *t.* Tramar.
tramesa [trəmɛ́zə] *f.* Remesa, envío, remisión.
trametre [trəmétrə] *t.* Enviar, mandar. ¶ CONJUG. P. P.: ***tramès.***
tràmit [trámit] *m.* Trámite.
tramitació [trəmitəsió] *f.* Tramitación.
tramitar [trəmitá] *t.* Tramitar.
tramoia [trəmɔ́ǰə] *f.* TEAT. Tramoya.
tramoista [trəmuistə] *m.* Tramoyista.
trampa [trámpə] *f.* Trampa, lazo.
trampejar [trəmpəʒá] *i.-t.* Trampear.
trampista [trəmpistə] *a., m.-f.* Trampista.
trampolí [trəmpulí] *m.* Trampolín.
trampós, -osa [trəmpós, -ózə] *a.* Tramposo.
tramuntana [trəmuntánə] *f.* METEOR. Tramontana.
tramús [trəmús] *m.* BOT. Altramuz.
tramvia [trəmbíə] *m.* Tranvía.
tramviaire [trəmbiáĭrə] *m.* Tranviario.
tràngol [tráŋgul] *m.* Marejada. *2* Revuelo. *3* Trance.

tranquil, il·la [trəŋkil, -ilə] *a.* Tranquilo, pacato, quedo.
tranquil·litat [trəŋkilitát] *f.* Tranquilidad.
tranquil·litzar [trəŋkilidzá] *t.* Tranquilizar.
transacció [trənzəksió] *f.* Transacción.
transatlàntic, -ca [trə(n)zəllántik, -kə] *a.-m.* Transatlántico.
transbord [trə(n)zβórt] *m.* Transbordo.
transbordador, -ra [trə(n)zβurðəðó, -rə] *a.* Transbordador.
transbordar [trə(n)zβurðá] *t.* Transbordar.
transcendència [trəsəndέnsiə] *f.* Trascendencia.
transcendent [trəsəndén] *a.* Trascendente.
transcendental [trəsəndəntál] *a.* Trascendental.
transcendir [trəsəndí] *t.-i.* Trascender.
transcórrer [trənskórrə] *i.* Transcurrir. ¶ CONJUG. como ***córrer.***
transcripció [trənskripsió] *f.* Transcripción.
transcriure [trənskriŭrə] *t.* Transcribir. ¶ CONJUG. como ***escriure.***
transcurs [trənskúrs] *m.* Transcurso.
transeünt [trənzəún] *a.-m.* Transeúnte.
transferència [trə(n)sfərέnsiə] *f.* Transferencia.
transferir [trə(n)sfəri] *t.* Transferir.
transfiguració [trə(n)sfiɣurəsió] *f.* Transfiguración.
transfigurar [trə(n)sfiɣurá] *t.* Transfigurar.
transformació [trənsfurməsió] *f.* Transformación.
transformar [trənsfurmá] *t.* Transformar.
trànsfuga [tránsfuɣə] *m.-f.* Tránsfuga.
transfusió [trənsfuzió] *t.* Transfusión.
transgredir [trənzɣrəði] *t.* Transgredir.
transgressió [trənzɣrəsió] *f.* Transgresión.
transhumant [trənzumán] *a.* Trashumante.
transhumar [trənzumá] *i.* Trashumar.
transició [trənzisió] *f.* Transición.
transigent [trənziʒén] *a.* Transigente.
transigir [trənziʒi] *i.* Transigir.
trànsit [tránzit] *m.* Tránsito. *2* Trance.
transit, -ida [trənzit, -iðə] *a.* Transido.
transitable [trənzitábblə] *a.* Transitable.
transitar [trənzitá] *i.* Transitar.
transitiu, -iva [trənzitiŭ, -iβə] *a.* Transitivo.
transitori, -òria [trənzitɔ́ri, -ɔ́riə] *a.* Transitorio.
translació [trə(n)zləsió] *f.* Traslación.
translatici, -ícia [trə(n)zlətisi, -isiə] *a.* Traslaticio.
translúcid, -da [trə(n)zlúsit, -ðə] *a.* Translúcido.
transmetre [trə(n)zmέtrə] *t.* Transmitir. ¶ CONJUG. P. P.: ***transmès.***
transmigrar [trənzmiɣrá] *i.* Transmigrar.
transmissió [trə(n)zmisió] *f.* Transmisión.
transmissor, -ra [trə(n)zmisó, -rə] *a., m.-f.* Transmisor.
transmutar [trə(n)zmutá] *t.* Transmutar.
transparència [trə(n)spərέnsiə] *f.* Transparencia.
transparent [trə(n)spərén] *a.* Transparente. *2 m.* Visillo.
transparentar [trə(n)spərəntá] *t.* Transparentar, clarear. *2 prnl.* Transparentarse.
transpiració [trənspirəsió] *f.* Transpiración.
transpirar [trənspirá] *i.* Transpirar.
transpirinenc, -ca [tránspirinέŋ, -kə] *a.* Transpirenaico.
transport [trənspɔ́rt] *m.* Transporte.
transportar [trənspurtá] *t.* Transportar.
transportista [trənspurtistə] *m.* Recadero.
transposar [trə(n)spuzá] *t.* Transponer.
transposició [trə(n)spuzisió] *f.* Transposición.
transvasar [trə(n)zβəzá] *t.* Transvasar.
transvers, -sa [trənzβέrs, -sə] *a.* Transverso.
transversal [trə(n)zβərsál] *a.* Transversal.
tranuitador, -ra [trənuĭtəðó, -rə] *a., m.-f.* Trasnochador.
tranuitar [trənuĭtá] *i.* Trasnochar.
trapa [trápə] *f.* Escotillón, trampilla, trampa. *2* Trapa.
trapella [trəpéʎə] *m.-f.* Trapacero, revoltoso.
trapellejar [trəpəʎəʒá] *i.* Trapacear.
trapelleria [trəpəʎəriə] *f.* Trapacería, trapaza.
trapezi [trəpέzi] *m.* Trapecio. *2* Columpio.
trapezoide [trəpəzɔ́ĭðə] *m.* Trapezoide.
tràquea [trákeə] *f.* ANAT. Tráquea.
traqueal [trəkəál] *a.* Traqueal.
trasbals [trəzβáls] *m.* Trasiego, trastorno.
trasbalsar [trəzβəlsá] *t.* Trasegar. *2* Trastornar.
trascantó (de) [trəskəntó] loc. De improviso.
traslladar [trəzʎəðá] *t.* Trasladar.
trasllat [trəzʎát] *m.* Traslado.
traslluir-se [trəzʎuirsə] *prnl.* Traslucirse.
trasmudar [trəzmuðá] *t.* Demudar, mudar.
traspaperar-se [trəspəpərársə] *prnl.* Traspapelarse.

traspàs [trəspàs] *m.* Traspaso. *2* Fallecimiento.
traspassar [trəspəsà] *t.-i.* Traspasar.
trasplantació [trəsplәntəsió] *f.* Trasplante.
trasplantament [trəsplәntəmén] *m.* Trasplante.
trasplantar [trəsplәntà] *t.* Trasplantar.
traspontí [trəspuntí] *m.* Traspuntín.
traspostar-se [trəspustàrsə] *prnl.* Demudarse.
traspuar [trəspuà] *t.* Rezumar, trascolar.
traspuntar [trəspuntà] *i.* Despuntar.
trast [trast] *m.* Traste. *2* Trasto, cachivache. *3 pl.* Bártulos.
trasteig [trəstètʃ] *m.* Trasteo.
trastejar [trəstəʒà] *i.* Trastear.
trasto [tràstu] *m.* Trasto.
trastocar [trəstukà] *t.-prnl.* Trastocar, enloquecer.
trastorn [trəstòrn] *m.* Trastorno, desarreglo.
trastornar [trəsturnà] *t.* Trastornar, trasegar.
trau [traŭ] *m.* Ojal. *2* Incisión.
traüll [trəúʎ] *m.* Ajetreo, trasiego.
traumatisme [trəŭmətizmə] *m.* Traumatismo.
trava [tràβə] *f.* Traba. *2* Reparo.
travada [trəβàðə] *f.* Trabazón.
travar [trəβà] *t.* Trabar.
través [trəβès] *m.* Través.
travessa [trəβèsə] *f.* Traviesa. 2 Quiniela.
travesser, -ra [trəβəsé, -rə] *a.* Atravesado. *2 m.* Travesaño, larguero, cabezal.
travessia [trəβəsiə] *f.* Travesía.
traveta [trəβἑtə] *f.* Zancadilla, traspié. *2* Trabilla.
treball [trəβàʎ] *m.* Trabajo. *2* Deber. *3* Síncope. *4 pl.* Apuros, escasez.
treballador, -ra [trəβəʎəðó, -rə] *a.* Trabajador.
treballar [trəβəʎà] *i.-t.* Trabajar.
trebinella [trəβinèʎə] *f.* Barreño.
tremebund, -da [trəməβún, -də] *a.* Tremebundo.
tremend, -da [trəmén, -də] *a.* Tremendo.
trement [trəmén] *a.* Temblante, temblador.
trementina [trəməntinə] *f.* Trementina.
trèmol [trἑmul] *m.* BOT. Álamo temblón, tiemblo.
tremolador, -ra [trəmuləðó, -rə] *a.* Temblador.
tremolar [trəmulà] *i.-t.* Temblar, tiritar.
tremolejar [trəmuləʒà] *i.* Tiritar, retemblar.
tremolenc, -ca [trəmulἑŋ, -kə] *a.* Tembloroso, tembleque.
trèmolo [trἑmolo] *m.* MÚS. *it.* Trémolo.
tremolor [trəmulò] *m.* Temblor.
tremolós, -osa [trəmulòs, -òzə] *a.* Tembloroso, temblón, trémulo, tembleque.
trempaplomes [trẹmpəplo'məs] *m.* Cortaplumas.
tremp [trɛm] *m.* Temple. *2* Plumilla. *3* Tesón, fuste.
trempar [trəmpà] *t.* Templar. *2* Tajar (la pluma).
trempat, -ada [trəmpàt, -àðə] *a.* Campante, campechano.
tremuja [trəmŭʒə] *f.* Tolva.
trèmul, -la [trἑmul, -lə] *a.* Trémulo.
tren [trɛn] *m.* Tren.
trena [trἑnə] *f.* Trenza.
trenar [trənà] *t.* Trenzar.
trenat [trənàt] *m.* Trenzado.
trenc [trɛŋ] *m.* Quiebra, cascadura. *2* Descalabradura, costurón, chirlo. ‖ ***A ~ d' alba,*** en el momento de empezar a clarear.
trencaclosques [trẹnkəklòskəs] *m.* Rompecabezas, quebradero (de cabeza).
trencada [trəŋkàðə] *f.* Rotura, quiebra. *2* Desviación de un camino.
trencadís, -issa [trəŋkəðis, -isə] *a.* Quebradizo, deleznable. *2 f.* Estropicio, rotura de muchos objetos.
trencador, -ra [trəŋkəðó, -rə] *a., m.-f.* Rompedor.
trencadura [trəŋkəðúrə] *f.* Hernia, potra.
trencafila [trẹŋkəfilə] *f.* Cadeneta.
trencagels [trẹnkəʒἑls] *m.* V. TRENCAGLAÇ.
trencaglaç [trẹnkəɣlàs] *m.* Rompehielos.
trencall [trəŋkàʎ] *m.* Desvío.
trencalòs [trẹnkəlɔ̀s] *m.* ORNIT. Quebrantahuesos.
trencament [trəŋkəmén] *m.* Quebrantamiento, quebranto, rotura, rompimiento, ruptura.
trencanous [trɛŋkənɔ̀ŭs] *m.* Cascanueces.
trencant [trəŋkàn] *m.* V. ROMPENT.
trencapinyons [trẹnkəpiɲóns] *m.* Cascapiñones.
trencar [trəŋkà] *t.-i.* Romper, tronchar, quebrar. *2* Cortar (un color). *3* Quebrantar, cascar, torcer. ‖ ***~-se de riure,*** troncharse de risa, desternillarse.
trencat, -ada [trəŋkàt, -àðə] *a.* Roto, quebrado. *2* Cortado (un color). *3 m.* Rotura, fractura, quebrado.
trenta [trἑntə] *a.-m.* Treinta.
trentè, -ena [trəntἑ, -ἑnə] *a.* Trigésimo. *2 a.-m.* Treintavo, trigésimo.
trentena [trəntἑnə] *f.* Treintena.
trenyella [trəɲèʎə] *f.* Trencilla.
trepa [trèpə] *f.* Pandilla, gavilla. *2* Gentuza, taifa, patulea.

trepà [trəpà] *m.* CIR. Trépano.
trepadella [trəpəðéʎə] *f.* BOT. Pipirigallo, esparceta.
trepanació [trəpənəsió] *f.* Trepanación.
trepanar [trəpənà] *t.* Trepanar.
trepant [trəpàn] *m.* Taladro. *2* Parahúso.
trepar [trəpà] *t.* Taladrar, trepar.
trepidació [trəpiðəsió] *f.* Trepidación.
trepidar [trəpiðà] *i.* Trepidar.
trepig [trəpitʃ] *m.* Pisoteo, huella.
trepitjada [trəpidʒàðə] *f.* Pisotón. *2* Huella, pisada.
trepitjar [trəpidʒà] *t.* Pisar, pisotear, conculcar, hollar, patear.
tres [trɛs] *a.-m.* Tres. ‖ ***En un ~ i no res,*** en un santiamén, en menos que canta un gallo, en un periquete, en volandas.
trescar [trəskà] *i.* Afanarse.
tres-cents, -tes [trɛséns, -təs] *a.* Trescientos, trecientos.
tresillo [trəziʎu] *m.* Tresillo.
tresor [trəzɔ́r] *m.* Tesoro.
tresorer, -ra [trəzuré, -rə] *m.-f.* Tesorero.
tresoreria [trəzurəriə] *f.* Tesorería.
trespeus [trȩspɛ́ŭs] *m.* Trébede.
tret [tret] *m.* Tiro, disparo. *2* Rasgo, trazo.
tret, tret de [tret] *prep.* Excepto, fuera de, aparte.
treta [trétə] *f.* Saca.
tretze [trédzə] *a.* Trece. ‖ ***~ són ~,*** erre que erre.
tretzè, -ena [trədzɛ́, -ɛ́nə] *a.* Decimotercero. *2 a.-m.* Trezavo.
treure [trɛ́ŭrə] *t.* Sacar. *2* Entresacar. *3* Echar, quitar. ¶ CONJUG. GER.: ***traient.*** ‖ P. P.: ***tret.*** ‖ INDIC. Pres.: ***trec*** (o ***trac***) | Imperf.: ***treia, treies,*** etc. ‖ SUBJ. Pres.: ***tregui, treguis, tregui, traguem, tragueu, treguin*** (o ***tragui,*** etc.) | Imperf.: ***tragués,*** etc.
treva [tréβə] *f.* Tregua.
trèvol [trɛ́βul] *m.* BOT. Trébol.
tria [triə] *f.* Tría.
tríade [triəðə] *f.* Tríada.
triadures [triəðúrəs] *f.* Desechos, residuos.
triangle [triàŋglə] *m.* Triángulo.
triangular [triəŋgulà(r)] *a.* Triangular.
triar [trià] *t.* Triar, escoger, entresacar.
tribal [triβàl] *a.* Tribal.
tribu [triβu] *f.* Tribu.
tribú [triβú] *m.* Tribuno.
tribulació [triβuləsió] *f.* Tribulación.
tribular [triβulà] *t.-prnl.* Atribular.
tribuna [triβúnə] *f.* Tribuna.
tribunal [triβunàl] *m.* Tribunal.
tribut [triβút] *m.* Tributo.
tributar [triβutà] *t.* Tributar.
tributari, -ària [triβutàri, -àriə] *a.* Tributario.
tríceps [trisəps] *m.* ANAT. Tríceps.
tricicle [trisiklə] *m.* Triciclo.
triclini [triklini] *m.* Triclinio.
tricolor [trikuló] *a.* Tricolor.
tricorni [trikɔ́rni] *m.* Tricornio.
tric-trac [triktràk] *m.* Ruido causado por una serie de golpes rítmicos.
trident [triðén] *m.* Tridente.
tríedre [trieðrə, col. -ɛ́ðrə] *m.* Triedro.
triennal [triənàl] *a.* Trienal.
trienni [triɛ́ni] *m.* Trienio.
triftong [triftóŋ] *m.* Triptongo.
trifulga [trifúlɣə] *f.* Trifulga, riña. *2* Tribulación.
triga [triɣə] *f.* Tardanza.
trigança [triɣànsə] *f.* Demora.
triganer, -ra [triɣəné, -rə] *a.* Tardío, lento.
trigar [triɣà] *i.* Tardar.
trigonometria [triɣunumətriə] *f.* MAT. Trigonometría.
trilió [trilió] *m.* Trillón.
trílit [trilit] *m.* Trilito.
trill [triʎ] *m.* Trillo.
trillar [triʎà] *t.* Trillar.
trimestre [trimɛ́strə] *m.* Trimestre.
trinar [trinà] *i.* Trinar.
trinat [trinàt] *m.* MÚS. Trino.
trinc [triŋ] *m.* Sonido, producido por dos objetos de cristal al chocar entre sí.
trinca [triŋkə] *f.* Trinca. ‖ ***Nou de ~,*** flamante.
trincar [triŋkà] *t.* Trincar.
trineu [trinɛ́ŭ] *m.* Trineo.
trinitari, -ària [trinitàri, -àriə] *a., m.-f.* Trinitario.
trinitat [trinitàt] *f.* Trinidad.
trinomi, -òmia [trinɔ́mi, -ɔ́miə] *a.* Trinomio.
trinquet [triŋkɛ́t] *m.* NÁUT. Trinquete. *2* Cancha, trinquete.
trinxa [trinʃə] *f.* Trincha. *2* Pretina. *3 m.* Golfo.
trinxadissa [trinʃəðisə] *f.* Desmenuzamiento.
trinxant [trinʃàn] *m.* Trinchante. *2* Trinchero.
trinxar [trinʃà] *t.* Trinchar, triturar, tronchar.
trinxera [trinʃérə] *f.* Trinchera.
trinxeraire [trinʃəràĭrə] *m.-f.* Galopín, gamberro, golfo, granuja.
trio [triu] *m.* MÚS. Trío.
triomf [triómf] *m.* Triunfo.
triomfador, -ra [triumfəðó, -rə] *a., m.-f.* Triunfador.
triomfal [triumfàl] *a.* Triunfal.

triomfant [triumfán] *a.* Triunfante.
triomfar [triumfá] *i.* Triunfar.
tripa [trípə] *f.* Tripa. *2* Callo. *3 pl.* Tripicallos.
tripada [tripáðə] *f.* Tripería, mondongo. *2* Callada.
tripijoc [tripiʒɔ́k] *m.* fam. Enredo, tejemaneje.
triple [trípla] *a.* Triple, triplo, tríplice.
triplicar [triplikà] *t.* Triplicar.
trípode [trípuðə] *m.* Trípode.
tríptic [tríptik] *m.* Tríptico.
tripulació [tripuləsió] *f.* Tripulación.
tripulant [tripulán] *m.* Tripulante.
tripular [tripulá] *t.* Tripular.
triquina [trikínə] *f.* ZOOL. Triquina.
triquinosi [trikinɔ́zi] *f.* MED. Triquinosis.
trirem [trirrέm] *m.* Trirreme.
triscar [triská] *i.* Afanarse.
trisíl·lab [trisíləp, -βə] *a.* Trisílabo.
trist, -ta [trist, -tə] *a.* Triste, mohíno.
tristesa [tristέzə] *f.* Tristeza.
tristor [tristó] *f.* Tristeza.
tritlleig [triʎʎέtʃ] *m.* Campaneo.
tritó [tritó] *m.* MIT. Tritón.
trituració [triturəsió] *f.* Trituración.
triturar [triturá] *t.* Triturar.
triumvir [triumbír] *m.* Triunviro.
triumvirat [triumbirát] *m.* Triunvirato.
trivial [triβiál] *a.* Trivial.
trivialitat [triβiəlitát] *f.* Trivialidad.
tro [trɔ] *m.* Trueno.
trobadís, -issa [truβəðís, -ísə] *a.* Encontradizo.
trobador [truβəðó] *m.* Trovador.
troballa [truβáʎə] *f.* Hallazgo.
trobament [truβəmén] *m.* Encuentro.
trobar [truβá] *t.* Hallar, encontrar. *2 prnl.* Andar, estar. *3 i.* Trovar.
troca [trɔ́kə] *f.* V. MADEIXA.
trofeu [trufέŭ] *m.* Trofeo.
troglodita [truɣluðítə] *a., m.-f.* Troglodita.
troià, -ana [truĭá, -ánə] *a., m.-f.* Troyano.
troica [trɔ́ĭkə] *f.* Troica.
tròlei [trɔ́ləĭ] *m.* Trole.
tròlei-bus [trɔlεĭβús] *m.* Trolebús.
tromba [trómbə] *f.* Tromba.
trombó [trumbó] *m.* MÚS. Trombón.
trombosi [trumbɔ́zi] *f.* MED. Trombosis.
trompa [trómpə] *f.* Trompa.
trompada [trumpáðə] *f.* Trompada, trompazo, encontronazo, porrazo, trompis.
trompassada [trumpəsáðə] *f.* Tropezón.
trompassar [trumpəsá] *i.* Tropezar.
trompeta [trumpέtə] *f.* MÚS. Trompeta. *2* BOT. Campanilla blanca.
trompetada [trumpətáðə] *f.* Trompetazo.
trompeter [trumpəté] *m.* Trompetero.
trompeteria [trumpətəríə] *f.* Trompetería.
trompis (de) [trɔ́mpis] loc. Rodando por el suelo, cayendo.
tron [trɔn] *m.* Trono.
trona [trɔ́nə] *f.* Púlpito.
tronada [trunáðə] *f.* Tronada.
tronador, -ra [trunəðó, -rə] *a.* Tronador.
tronar [truná] *i.* Tronar.
tronat, -ada [trunát, -áðə] *a.* Tronado, pobre.
tronc [troŋ] *m.* Tronco. *2* Leño.
troncar [truŋká] *t.* Tronchar.
tronera [trunérə] *f.* FORT. Tronera, cañonera.
trontoll [truntóʎ] *m.* Tambaleo, traqueteo, meneo.
trontollar [truntuʎá] *i.* Tambalear.
tronxo [trónʃu] *m.* Troncho.
trop [trɔ́p] *m.* LIT. Tropo.
tropa [trópə] *f.* Tropa.
tropell [trupéʎ] *m.* Tropel. *2* Percance, calamidad.
tròpic [trɔ́pik] *m.* Trópico.
tropical [trupikál] *a.* Tropical.
tropisme [trupízmə] *m.* Tropismo.
tros [trɔ́s] *m.* Pedazo, trozo, cacho. *2* Trecho, tramo. ‖ ~ ***de quòniam,*** zoquete.
trossada [trusáðə] *f.* Arremango.
trossar [trusá] *t.* Recoger, abrochar. *2 prnl.* Arremangar.
trossejar [trusəʒá] *t.* Despedazar, tronzar, destrozar.
trot [trot] *m.* Trote.
trotador, -ra [trutəðó, -rə] *a., m.-f.* Trotador, trotón.
trotaire [trutáĭrə] *m.-f.* Trotador.
trotar [trutá] *i.* Trotar.
truà, -ana [truá, -ánə] *m.-f.* Truhán.
truaneria [truənəríə] *f.* Truhanería.
truc [truk] *m.* Llamada, aldabada. *2* Truco. *3* Truque.
trucador [trukəðó] *m.* Sacabocados.
trucar [truká] *i.-t.* Llamar.
trucatge [trukádʒə] *m.* Acción de *trucar.*
truculència [trukulénsiə] *f.* Truculencia.
trufa [trúfə] *f.* Trufa. *2* Burla.
trufar [trufá] *t.* Trufar. *2 prnl.* Pitorrearse.
truita [trúĭtə] *f.* Tortilla. *2* ICT. Trucha.
truja [trúʒə] *f.* Puerca, cerda, cochina, marrana, lechona.
trumfa [trúmfə] *f.* Patata.
trumfo [trúmfu] *m.* Triunfo (naipes).
truncament [truŋkəmén] *m.* Truncamiento.
truncar [truŋká] *t.* Truncar.
truncat, -ada [truŋkát, -áðə] *a.* Truncado, trunco.

trust [trust] *m. ingl.* Trust.
tsar [sər] *m.* Zar.
tsarina [sərinə] *f.* Zarina.
tu [tu] *pron. pers.* Tú, ti. ‖ ***Amb ~,*** contigo.
tub [tup] *m.* Tubo.
tuba [túβə] *f.* MÚS. Tuba.
tubercle [tuβérklə] *m.* BOT., MED. Tubérculo.
tubèrcul [tuβérkul] *m.* BOT. Tubérculo.
tuberculós, -osa [tuβərkulós, -ózə] *a.* Tuberculoso.
tuberculosi [tuβərkulɔ́zi] *f.* MED. Tuberculosis.
tuberós, -osa [tuβərós, -ózə] *a.* Tuberoso. *2 f.* BOT. Tuberosa.
tubular [tuβulá(r)] *a.* Tubular.
tucan [tukán] *m.* ORNIT. Tucán.
tudesc, -ca [tuðésk, -kə] *a.* Tudesco.
tudó [tuðó] *m.* ORNIT. Paloma torcaz.
tuf [tuf] *m.* Tufo, tufarada, husmo.
tuguri [tuɣúri] *m.* Tugurio.
tul [tul] *m.* Tul.
tulipa [tulipə] *f.* BOT. Tulipán, tulipa.
tulipera [tulipérə] *f.* BOT. Tulipán.
tumefacció [tuməfəksió] *f.* Tumefacción.
tumefacte, -ta [tuməfáktə, -tə] *a.* Tumefacto.
tumor [tumó(r)] *m.* MED. Tumor.
túmul [túmul] *m.* Túmulo.
tumult [tumúlt] *m.* Tumulto, bullanga.
tumultuós, -osa [tumultuós, -ózə] *a.* Tumultuoso.
tundra [túndrə] *f.* Tundra.
túnel [túnəl] *m.* Túnel.
túnica [túnikə] *f.* Túnica.
tunisenc, -ca [tunizéŋ, -kə] *a., m.-f.* Tunecino.
Tunis [túnis] *n. pr.* Túnez.
tupè [tupé] *m.* Hopo, tupé, copete.
tupí [tupí] *m.* Puchero.
tupina [tupínə] *f.* Puchera.
tupir [tupí] *t.* Tupir.
turba [túrβə] *f.* Turba.
turbamulta [turβəmúltə] *f.* Turbamulta.
turbant [turβán] *m.* Turbante.
turbina [turβínə] *f.* Turbina.
turbot [turβɔ́t] *m.* ICT. Rodaballo.
turbulència [turβulénsiə] *f.* Turbulencia.
turbulent, -ta [turβulén, -tə] *a.* Turbulento, levantisco.
turc, -ca [turk, -kə] *a., m.-f.* Turco.
turgència [turʒénsiə] *f.* Turgencia.
turgent [turʒén] *a.* Turgente.
turisme [turízmə] *m.* Turismo.
turista [turístə] *m.-f.* Turista.
turmell [turméʎ] *m.* ANAT. Tobillo.
turment [turmén] *m.* Tormento.
turmentar [turməntá] *t.* Atormentar.
turmentós, -osa [turməntós, -ózə] *a.* Tormentoso.
turó [turó] *m.* Colina, cerro, otero, collado, montículo.
turpitud [turpitút] *f.* Torpeza.
turquesa [turkézə] *f.* Turquesa.
turquí, -ina [turkí, -ínə] *a.* Turquí.
tururut [tururút] *interj.* Sanseacabó.
tustar [tustá] *t.* Golpear.
tuteig [tutétʃ] *m.* Tuteo.
tutejar [tutəʒá] *t.* Tutear.
tutela [tutélə] *f.* Tutela.
tutelar [tutəlá] *t.* Tutelar.
tuti [túti] *m.* Tute.
tutor, -ra [tutó, -rə] *m.-f.* Tutor.
txec, -ca [tʃɛk, -kə] *a., m.-f.* Checo.
txecoslovac, -ca [tʃəkuzluβák, -kə] *a., m.-f.* Checoslovaco.

U

u (u) *f.* U (letra).
u (u) *a. indef.-m.* Uno.
ubèrrim, -ma [uβέrrim, -mə] *a.* Ubérrimo.
ubiqüitat [uβikwitát] *f.* Ubicuidad.
udol [uðól] *m.* Aullido, alarido.
udolar [uðulá] *i.* Aullar, ulular.
uf! [uf] *interj.* ¡Uf!, ¡huf!
ufana [ufánə] *f.* Jactancia, lozanía.
ufanejar [ufənəʒá] *i.* Ufanarse, lozanear.
ufanor [ufənó] *f.* V. UFANA.
ufanós, -osa [ufənós, -ózə] *a.* Ufano, lozano, campante.
ui! [uĭ] *interj.* ¡Huy!
uix! [uʃ] *interj.* ¡Oxte!, ¡uf!
uixer [uʃé] *m.* Ujier.
úlcera [úlsərə] *f.* MED. Úlcera.
ulcerar [ulsərá] *t.* Ulcerar.
ull [uʎ] *m.* Ojo. *2* Cogollo. ‖ ***A ~,*** a ojo, a bulto, a ojo de buen cubero. ‖ ***~ de poll,*** callo, clavo, ojo de pollo. ‖ ***A ulls clucs,*** a ojos cerrados, a ciegas. ‖ ***Fer els ~ grossos,*** hacer la vista gorda. ‖ ***~ de serp,*** granito. ‖ ***De cua d'~,*** de reojo.
ullada [uʎáðə] *f.* Ojeada, vistazo.
ullal [uʎál] *m.* Colmillo. *2* Desagüe.
ullar [uʎá] *t.* Ojear. *2* Acechar, atisbar. *3 i.* Retoñar.
ullcluc, -ca [uʎklúk, -kə] *a.* Con los ojos cerrados.
ullera [uʎérə] *f.* Anteojo. *2* Catalejo. *3 pl.* Gafas, lentes, antiparras. *4* Ojeras.
ullerós, -osa [uʎərós, -ózə] *a.* Ojeroso.
ullet [uʎét] *m.* Ojete. *2* Guiñada, guiño. ‖ ***Fer l'~,*** guiñar.
ullprendre [uʎpéndrə] *t.* Hechizar, fascinar. ¶ CONJUG. como ***aprendre.***
ulterior [ultərió(r)] *a.* Ulterior.
últim, -ma [últim, -mə] *a.* Último.
ultimar [ultimá] *t.* Ultimar.
ultimàtum [ultimátum] *m.* Ultimàtum.
ultra [últrə] *prep.* Ultra, además de.
ultramar [ultrəmár] *m.* Ultramar.
ultramarí, -ina [ultrəməri, -inə] *a.* Ultramarino.
ultramontà, -ana [ultrəmuntá, -ánə] *a., m.-f.* Ultramontano.
ultrança (a) [ultránsə] loc. A ultranza.
ultrapassar [ultrəpəsá] *t.* Rebasar, exceder.
ultratge [ultrádʒə] *m.* Ultraje.
ultratjar [ultrədʒá] *t.* Ultrajar, baldonar.
ultratomba [ultrətómbə] *f.* Ultratumba.
ultraviolat, -ada [ultrəβiulát, -áðə] *a.* Ultravioleta.
ulular [ululá] *i.* Ulular.
umbel·la [umbélə] *f.* BOT. Umbela.
umbel·lífer, -ra [umbəlifər, -rə] *a.* BOT. Umbelífero.
umbilical [umbilikál] *m.* Umbilical.
un, una [un, unə] *art.-pron. indef.* Un, uno.
unànime [unánimə] *a.* Unánime.
unanimitat [unənimitát] *f.* Unanimidad.
unça [unsə] *f.* Onza.
unció [unsió] *f.* Unción.
ungir [unʒi] *t.* Ungir.
ungla [úŋglə] *f.* Uña.
unglada [uŋgláðə] *f.* Uñada.
unglera [uŋglérə] *f.* Uñero.
unglot [uŋglɔ́t] *m.* Uña, pezuña. *2* Casco, pesuño.
ungüent [uŋgwén] *m.* Ungüento.
ungulat, -ada [uŋgulát, -áðə] *a.* Ungulado.
únic, -ca [únik, -kə] *a.* Único.
unicel·lular [unisəlulá(r)] *a.* Unicelular.
unicitat [unisitát] *f.* Unicidad.
unicorne [unikɔ́rnə] *m.* Unicornio.
unificació [unifikəsió] *f.* Unificación.
unificar [unifiká] *t.* Unificar.
uniformar [unifurmá] *t.* Uniformar.
uniforme [unifórmə] *a., m.-f.* Uniforme.
uniformitat [unifurmitát] *f.* Uniformidad.
unilateral [unilətərál] *a.* Unilateral.
unió [unió] *f.* Unión.
unir [uni] *t.-prnl.* Unir, aunar.

unísón, -na [unisun, -nə] *a.* Unísono.
unitari, -ària [unitári, -áriə] *a., m.-f.* Unitario.
unitat [unitát] *f.* Unidad.
univalve, -va [uniβálβə, -βə] *a.* Univalvo.
univers [uniβérs] *m.* Universo.
universal [uniβərsál] *a., m.-f.* Universal.
universalitat [uniβərsəlitát] *f.* Universalidad.
universitari, -ària [uniβərsitári, -áriə] *a., m.-f.* Universitario.
universitat [uniβərsitát] *f.* Universidad.
untar [untá] *t.* Untar, engrasar, embadurnar, aceitar, pringar.
untet [untét] *m.* Unto. *2 pl.* Dinero para sobornar.
untor [untó] *f.* Untura, unto.
untós, -osa [untós, -ózə] *a.* Untuoso.
untuós, -osa [untuós, -ózə] *a.* Untuoso.
untura [untúrə] *f.* Untura.
upa! [úpə] *interj.* ¡Upa!
upa [úpə] *f.* Copete. ‖ ***D'~,*** de alto copete.
urani [uráni] *m.* MINER. Uranio.
urbà, -ana [urβá, -ánə] *a.* Urbano.
urbanitat [urβənitát] *f.* Urbanidad.
urbanisme [urβənízmə] *m.* Urbanismo.
urbanitzar [urβənidzá] *t.* Urbanizar.
urbs [urps] *f.* Urbe.
urc [urk] *m.* Altivez.
urea [uréə] *f.* Urea.
urèmia [urémiə] *f.* MED. Uremia.
urèter [urétər] *m.* ANAT. Uréter.
uretra [urétrə] *f.* ANAT. Uretra.
urgència [urʒénsiə] *f.* Urgencia, premura.
urgent [urʒén] *a.* Urgente.
urgir [urʒí] *i.* Urgir.
úric, -ca [úrik, -kə] *a.* Úrico.
urinari, -ària [urinári, -áriə] *a.* Urinario. *2 m.* Urinario.
urna [úrnə] *f.* Urna.
urologia [uruluʒíə] *f.* Urología.
urpa [úrpə] *f.* Garfa, garra.
ursulina [ursulínə] *f.* Ursulina.
urticària [urtikáriə] *f.* MED. Urticaria.
uruguaià, -ana [uruɣwəjá, -ánə] *a., m.-f.* Uruguayo.
ús [us] *m.* Uso, empleo.
us [us] *pron. déb.* Os.
usança [uzánsə] *f.* Usanza.
usar [uzá] *t.-i.* Usar, emplear.
usatge [uzádʒə] *m.* Usaje.
usdefruit [uzðəfrúĭt] *m.* Usufructo.
usual [uzuál] *a.* Usual.
usufructuar [uzufruktuá] *t.* Usufructuar.
usufructuari, -ària [uzufruktuári, -áriə] *a., m.-f.* Usufructuario.
usura [uzúrə] *f.* Usura.
usurari, -ària [uzurári, -áriə] *a.* Usurario.
usurer, -ra [uzuré, -rə] *m.-f.* Usurero.
usurpació [uzurpəsió] *f.* Usurpación.
usurpador, -ra [uzurpəðó, -rə] *a., m.-f.* Usurpador.
usurpar [uzurpá] *t.* Usurpar.
utensili [utənsíli] *m.* Utensilio.
úter [útər] *m.* ANAT. Útero.
útil [útil] *a.* Útil.
utilitari, -ària [utilitári, -áriə] *a.* Utilitario.
utilitat [utilitát] *f.* Utilidad.
utilitzar [utilidzá] *t.* Utilizar.
utillatge [utiʎádʒə] *m.* Enseres.
utopia [utupíə] *f.* Utopía.
utòpic, -ca [utɔ́pik, -kə] *a.* Utópico.
úvula [úβulə] *f.* Úvula.

V

va, vana [ba, bánə] *a.* Vano, baldío, inane. ‖ ***En ~,*** en vano.
vaca [bákə] *f.* ZOOL. Vaca.
vacació [bəkəsió] *f.* Vacación (se usa más en plural).
vacança [bəkánsə] *f.* Vacación (se usa más en plural).
vacant [bəkán] *f.* Vacante.
vacar [bəká] *i.* Vacar.
vaccí, -ina [bəksí, -inə] *a.* Vacuno. *2 m.* Vacuna.
vacil·lació [bəsiləsió] *f.* Vacilación.
vacil·lant [bəsilán] *a.* Vacilante.
vacil·lar [bəsilá] *i.* Vacilar, titubear.
vacu, vàcua [báku, bákuə] *a.* Vacuo.
vacuïtat [bəkuitát] *f.* Vacuidad.
vacuna [bəkúnə] *f.* MED. Vacuna.
vacunació [bəkunəsió] *f.* Vacunación.
vacunar [bəkuná] *t.* Vacunar.
vademècum [bəðəmékum] *m.* Vademécum.
vaga [báɣə] *f.* Huelga.
vagabund, -da [bəɣəβún, -də] *a.* Vagabundo.
vagabundejar [bəɣəβundəʒá] *i.* Vagabundear, golfear, tunear.
vagabunderia [bəɣəβundəriə] *f.* Holgazanería, tuna.
vagància [bəɣánsiə] *f.* Vagancia.
vagant [bəɣán] *a.* Vacante.
vagar [bəɣá] *i.* Vagar, merodear. *2* Vacar.
vagarós, -osa [bəɣərós, -ózə] *a.* Vagaroso.
vagarro, -rra [bəɣárru, -rrə] *m.-f.* Vago.
vagina [bəʒínə] *f.* ANAT. Vagina.
vagit [bəʒít] *m.* Vagido.
vagó [bəɣó] *m.* Vagón.
vagoneta [bəɣunétə] *f.* Vagoneta.
vague, -ga [báɣə, -ɣə] *a.* Vago.
vaguejar [bəɣəʒá] *i.* Vaguear.
vaguetat [bəɣətát] *f.* Vaguedad.
vaguista [bəɣístə] *m.-f.* Huelguista.
vailet [bəĭlét] *m.* Muchacho, mozalbete, rapaz, chaval, chico, mozuelo.
vainilla [bəĭniʎə] *f.* Vainilla.
vaivé [bəĭβé] *m.* Vaivén.
vaixell [bəʃéʎ] *m.* Buque, barco, bajel.
vaixella [bəʃéʎə] *f.* Vajilla.
val [bal] *m.* Vale.
valedor, -ra [bələðó, -rə] *a.* Valedero, valedor.
València [bəlénsiə] *n. pr.* Valencia.
valencià, -ana [bələnsiá, -ánə] *a., m.-f.* Valenciano.
valent, -ta [bəlén, -tə] *a.* Valiente, matamoros.
valentia [bələntiə] *f.* Valentía, bizarría, guapeza.
valer [bəlé] *i.* Valer. ‖ ***No s'hi val,*** no hay derecho. ¶ CONJUG. P. P.: ***valgut.*** ‖ INDIC. Pres.: ***valc.*** | Fut.: ***valdré,*** etc. ‖ SUBJ. Pres.: ***valgui,*** etc. | Imperf.: ***valgués,*** etc.
valerós, -osa [bələrós, -ózə] *a.* Valeroso, valiente.
valetudinari, -ària [bələtuðinári, -áriə] *a.* Valetudinario.
vàlid, -da [bálit, -ðə] *a.* Válido.
validar [bəliðá] *t.* Validar.
validesa [bəliðézə] *f.* Validez.
valiment [bəlimén] *m.* Valimiento, privanza. *2* Protección.
valisa [bəlízə] *f.* Valija.
vall [baʎ] *f.* Valle. *2 m.* Foso, zanja.
vallisoletà, -ana [bəʎisulətá, -ánə] *a.* Vallisoletano.
valor [bəló(r)] *m.-f.* Valor.
valorar [bəlurá] *t.* Evaluar.
vals [bals] *m.* MÚS. Vals.
vàlua [báluə] *f.* Valía.
valva [bálβə] *f.* Valva.
valuós, -osa [bəluós, -ózə] *a.* Valioso.
vàlvula [bálβulə] *f.* Válvula.
vampir [bəmpír] *m.* Vampiro.
vanaglòria [bənəɣlóriə] *f.* Vanagloria.
vanagloriar-se [bənəɣluriársə] *prnl.* Vanagloriarse, relamerse.
vanar-se [bənársə] *prnl.* Ufanarse, pavonearse, alardear, pompongarse.

vandalisme [bəndəlizmə] *m.* Vandalismo.
vanitat [bənitát] *f.* Vanidad. *2* Vanidad, humos, postín.
vanitós, -osa [bənitós, -ózə] *a.* Vanidoso, alabancioso.
vano [bánu] *m.* Abanico.
vànova [bánuβə] *f.* Colcha.
vantar-se [bəntársə] *prnl.* Ufanarse.
vapor [bəpór] *m.* Vapor.
vaporitzar [bəpuridzá] *t.* Vaporizar.
vaporitzador [bəpuridzəðó] *m.* Vaporizador.
vaporós, -osa [bəpurós, -ózə] *a.* Vaporoso.
vaquer, -ra [bəké, -rə] *m.-f.* Vaquero.
vaqueria [bəkəriə] *f.* Vaquería.
vaquerís, -issa [bəkəris, -isə] *m.-f.* Vaquerizo, vaquero.
vaqueta [bəkέtə] *f.* Vaqueta.
vara [bárə] *f.* Vara. ‖ ~ ***de jessè,*** nardo.
varada [bəráðə] *f.* MAR. Varada, botadura.
varal [bərál] *m.* Varal.
varar [bərá] *t.* Varar, botar.
vareta [bərέtə] *f.* Varita.
vari, vària [bári, báriə] *a.* Vario. *2* Diverso.
variable [bəriábblə] *a.* Variable.
variació [bəriəsió] *f.* Variación.
variant [bərián] *a.* Variante.
variar [bəriá] *t.-i.* Variar.
variça [bərisə] *f.* MED. Varice, variz.
varicel·la [bərisέlə] *f.* MED. Varicela.
varicós, -osa [bərikós, -ózə] *a.* Varicoso.
varietat [bəriətát] *f.* Variedad.
***variu** [bəriŭ] *f.* V. VARIÇA.
vas [bas] *m.* Vaso, vasija.
vascular [bəskulá] *a.* Vasculaı.
vaselina [bəzəlinə] *f.* Vaselina.
vassall, -lla [bəsáʎ, -ʎə] *m.-f.* Vasallo.
vassallatge [bəsəʎádʒə] *m.* Vasallaje.
vast, -ta [bast, -tə] *a.* Vasto.
vastitud [bəstitút] *f.* Vastedad.
vat [bat] *m.* Vatio.
vaticinar [bətisiná] *t.* Vaticinar.
vaticini [bətisini] *m.* Vaticinio.
ve [be] *f.* Uve. ‖ ~ ***doble,*** uve doble.
veça [bέsə] *f.* BOT. Veza, arveja.
vector [bəktó(r)] *a.* Vector.
veda [bέðə] *f.* Veda.
vedar [bəðá] *t.* Vedar.
vedat [bəðát] *m.* Vedado, coto.
vedell [bəðéʎ] *m.* ZOOL. Ternero, becerro, novillo. ‖ ***Cursa de vedells,*** becerrada.
vedella [bəðéʎə] *f.* ZOOL. Becerra, ternera.
vegada [bəγáðə] *f.* Vez.
vegetació [bəʒətəsió] *f.* Vegetación.
vegetal [bəʒətál] *a.* Vegetal.
vegetar [bəʒətá] *i.* Vegetar.
vegetarià, -ana [bəʒətəriá, -ánə] *a., m.-f.* Vegetariano.
vegetatiu, -iva [bəʒətətiŭ, -iβə] *a.* Vegetativo.
veguer [bəγé] *m.* Veguer, corregidor.
vegueria [bəγəriə] *f.* Veguería.
vehemència [bəəmέnsiə] *f.* Vehemencia.
vehement [bəəmén] *a.* Vehemente.
vehicle [bəiklə] *m.* Vehículo.
veí, veïna [bei, bəinə] *a., m.-f.* Vecino. *2* Hito.
veïnal [bəinál] *a.* Vecinal.
veïnat [bəinát] *m.* Vecindario.
veïnatge [bəinádʒə] *m.* Vecindad.
veixiga [bəʃiγə] *f.* Vejiga.
vel [bεl] *m.* Velo.
vela [bέlə] *f.* Vela. *2* Toldo.
velacions [bələsións] *f. pl.* Velaciones.
velam [bəlám] *m.* MAR. Velaje, velamen.
velar [bəlár] *a.* Velar.
velar [bəlá] *t.* Velar.
veler [bəlé] *m.* NÁUT. Velero.
vell, -lla [béʎ, -ʎə] *a.* Viejo, anciano, longevo. *2* Cascado. *3* Añejo. ‖ ~ ***xaruc,*** vejestorio.
vel·leïtat [bələitát] *f.* Veleidad.
vel·leitós, -osa [bələitós, -ózə] *a.* Veleidoso.
vellesa [bəʎέzə] *f.* Vejez.
velló [bəʎó] *m.* Vellón, vellocino.
vellós, -osa [bəʎós, -ózə] *a.* Velloso, velludo.
vellositat [bəʎuzitát] *f.* Vellosidad.
vellúria [bəʎúriə] *f.* Vellosidad.
vellut [bəʎút] *m.* Terciopelo, velludo. *2* Pana, velludo.
vellutat, -ada [bəʎutát, -áðə] *a.* Aterciopelado.
veloç [belós] *a.* Veloz.
velocípede [bəlusipəðə] *m.* Velocípedo.
velocitat [bəlusitát] *f.* Velocidad.
velòdrom [bəlɔ́ðrum] *m.* Velódromo.
vena [bέnə] *f.* Vena.
venable [bənábblə] *m.* Venablo.
venal [bənál] *a.* Venal.
venatori, -òria [benətɔ́ri, -ɔ́riə] *a.* Venatorio.
vencedor, -ra [bənsəðó, -rə] *a., m.-f.* Vencedor.
vèncer [bέnsə] *t.* Vencer. ¶ CONJUG. P. P.: ***vençut.*** ‖ INDIC. Pres.: ***venço, vences, venç, vencem,*** etc. ‖ IMPERAT.: ***venç, venci.***
vencill [bənsiʎ] *m.* AGR. Vencejo.
venciment [bənsimén] *m.* Vencimiento.
venda [béndə] *f.* Venta.
vendaval [bəndəβál] *m.* Vendaval.

vendible [bəndíbblə] *a.* Vendible.
vendre [béndrə] *t.* Vender. ¶ CONJUG. GER.: ***venent.*** ‖ P. P.: ***venut.*** ‖ INDIC. Pres.: ***venc.*** ‖ SUBJ. Pres.: ***vengui,*** etc. | Imperf.: ***vengués,*** etc.
venecià, -ana [bənəsiá, -ánə] *a., m.-f.* Veneciano.
veneçolà, -ana [bənəsulá, -ánə] *a., m.-f.* Venezolano.
Veneçuela [bənəsuélə] *n. pr.* Venezuela.
venedor, -ra [bənəðó, -rə] *a., m.-f.* Vendedor.
verenós, -osa [bənənós, -ózə] *a.* Venenoso.
venerable [bənərábblə] *a.* Venerable.
veneració [bənərəsió] *f.* Veneración.
venerar [bənərá] *t.* Venerar.
veneri, -èria [bənéri, -ériə] *a.* Venéreo.
vènia [béniə] *f.* Venia.
venial [bəniál] *a.* Venial.
venidor, -ra [bəniðó, -rə] *a.-m.* Venidero, futuro.
venir [bəní] *i.* Venir. *2* Ir. ‖ ***Vinc a casa teva,*** voy a tu casa. ‖ CONJUG. P. P.: ***vingut.*** ‖ INDIC. Pres.: ***vinc, véns, ve, vénen.*** | Fut.: ***vindré,*** etc. ‖ SUBJ. Pres.: ***vingui,*** etc. | Imperf.: ***vingués.*** ‖ IMPERAT.: ***vine.***
venjador, -ra [bənʒəðó, -rə] *a., m.-f.* Vengador.
venjança [bənʒánsə] *f.* Venganza.
venjar [bənʒá] *t.* Vengar.
venjatiu, -iva [bənʒətiŭ, -iβə] *a.* Vengativo.
venós, -osa [bənós, -ózə] *a.* Venoso.
vent [ben] *m.* Viento.
ventada [bəntáðə] *f.* Ventada, bocanada. *2* Ventolera.
ventador, -ra [bəntəðó, -rə] *a., m.-f.* Aventador, soplillo.
ventafocs [bəntəfɔ́ks] *m.* Aventador, soplillo. *2 f.* Cenicienta.
ventall [bəntáʎ] *m.* Abanico. *2* Soplillo, aventador.
ventar [bəntá] *t.* Aventar, abanicar. *2 i.* Soplar el viento, ventear.
venteguera [bəntəɣérə] *f.* Ventolera.
ventejar [bəntəʒá] *t.-i.* Ventear.
ventijol [bəntiʒɔ́l] *m.* Ventolina, céfiro.
ventilació [bəntiləsió] *f.* Ventilación.
ventilador [bəntiləðó] *m.* Ventilador.
ventilar [bəntilá] *t.* Ventilar.
ventoler, -ra [bəntulé, -rə] *a.* Ventoso.
ventolí [bəntulí] *m.* Ventolina.
ventolina [bəntulínə] *f.* Ventolina.
ventós, -osa [bəntós, -ózə] *a.* Ventoso.
ventosa [bəntózə] *f.* Ventosa.
ventositat [bəntuzitát] *f.* Ventosidad.
ventrada [bəntráðə] *f.* Camada.
ventral [bəntrál] *a.* Ventral.
ventre [béntrə] *m.* Vientre, barriga, tripa. ‖ ***Baix ~,*** empeine.
ventrell [bəntréʎ] *m.* Estómago.
ventrellut, -uda [bəntrəʎút, -úðə] *a.* Ventrudo.
ventricle [bəntríklə] *m.* Ventrículo.
ventríloc, -oqua [bəntríluk, -ukwə] *a., m.-f.* Ventrílocuo.
ventrut, -uda [bəntrút, -úðə] *a.* Ventrudo, orondo.
ventura [bəntúrə] *f.* Ventura.
venturós, -osa [bənturós, -ózə] *a.* Venturoso.
ver, -ra [bér, -rə] *a.* Verdadero.
veraç [bərás] *a.* Veraz.
veracitat [bərəsitát] *f.* Veracidad.
verals [bəráls] *m. pl.* Andurriales.
verb [bɛrp] *m.* Verbo.
verbal [bərβál] *a.* Verbal.
verbigràcia [bɛrβiɣrásiə] loc. Verbigracia.
verbositat [bərβuzitát] *f.* Verbosidad.
verd, -da [bɛrt, -ðə] *a.* Verde.
verdanc [bərðáŋ] *m.* Renuevo. *2* Cardenal.
verdejar [bərðəʒá] *i.* Verdear, reverdecer, verdecer.
verdet [bərðét] *m.* Cardenillo, verdete.
verdolaga [bərðuláɣə] *f.* BOT. Verdolaga.
verdor [bərðó] *f.* Verdor, verdura.
verdós, -osa [bərðós, -óʒə] *a.* Verdoso.
verdosenc, -ca [bərðuzéŋ, -kə] *a.* Verdusco.
verdulaire [bərðuláĭrə] *m.-f.* Verdulero.
verdum [bərðúm] *m.* ORNIT. Verderón, verdecillo.
verdura [bərðúrə] *f.* Verdura.
vereda [bəréðə] *f.* Vereda.
veredicte [bərəðíctə] *m.* Veredicto, fallo.
verema [bərémə] *f.* Vendimia.
veremador, -ra [bərəməðó, -rə] *m.-f.* Vendimiador.
veremar [bərəmá] *t.* Vendimiar.
veres (de) [bérəs] loc. De veras.
verga [bérɣə] *f.* Verga.
verge [bérʒə] *a.* Virgen. *2 f.* Virgen, doncella.
verger [bərʒé] *m.* Vergel.
vergonya [bərɣóɲə] *f.* Vergüenza. *2* Empacho.
vergonyant [bərɣuɲán] *a.* Vergonzante.
vergonyós, -osa [bərɣuɲós, -ózə] *a.* Vergonzoso, bochornoso.
verí [bərí] *m.* Veneno, ponzoña.
verídic, -ca [bəríðik, -kə] *a.* Verídico.
verificació [bərifikəsió] *f.* Verificación.
verificar [bərifiká] *t.* Verificar.
verinós, -osa [bərinós, -ózə] *a.* Venenoso, ponzoñoso.

veritable [bəritàbblə] *a.* Verdadero.
veritat [bəritàt] *f.* Verdad.
vermell, -lla [bərmèʎ, -ʎə] *a.* Encarnado, rojo, colorado, rubro.
vermellenc, -ca [bərməʎèŋ, -kə] *a.* Bermejizo, rojizo.
vermelló [bərməʎó] *m.* Bermellón.
vermellor [bərməʎó] *f.* Rojez, rubor.
vermut [bərmùt] *m.* Vermut.
vern [bèrn] *m.* BOT. Aliso.
vernacle, -cla [bərnàklə, -klə] *a.* Vernáculo.
vernís [bərnis] *m.* Barniz.
verola [bərɔ̀lə] *f.* MED. Viruela.
verra [bèrrə] *f.* Cochina, marrana. *2* Contrabajo.
verro [bèrru] *m.* Marrano, verraco.
vers [bɛrs] *m.* Verso.
vers [bɛrs] *prep.* Hacia, cara.
versaleta [bərsəlètə] *a.* Versalita.
versar [bərsà] *i.* Versar.
versat, -ada [bərsàt, -àðə] *a.* Versado.
versàtil [bərsàtil] *a.* Versátil.
versemblança [bərsəmblànsə] *f.* Verosimilitud.
versemblant [bərsəmblàn] *a.* Verosímil.
versicle [bərsiklə] *m.* Versículo.
versificació [bərsifikəsió] *f.* Versificación.
versificar [bərsifikà] *t.-i.* Versificar.
versió [bərsió] *f.* Versión.
vertader, -ra [bərtəðè, -rə] *a.* Verdadero.
vèrtebra [bèrtəβrə] *f.* ANAT. Vértebra.
vertebral [bərtəβràl] *a.* Vertebral.
vertebrat, -ada [bərtəβràt, -àðə] *a.* Vertebrado.
vèrtex [bèrtəks] *m.* GEOM. Vértice.
vertical [bərtikàl] *a.-f.* Vertical.
verticalitat [bərtikəlitàt] *f.* Verticalidad.
verticil [bərtisil] *m.* Verticilo.
vertigen [bərtiʒən] *m.* Vértigo.
vertiginós, -osa [bərtiʒinós, -òzə] *a.* Vertiginoso.
vesània [bəzànjə] *f.* Vesania.
vesc [bèsk] *m.* Muérdago. *2* Liga, visco.
vescomte [bəskómtə] *m.* Vizconde.
vescomtessa [bəskumtèsə] *f.* Vizcondesa.
vesícula [bəzikulə] *f.* ANAT. Vesícula.
vespa [bèspə] *f.* ENTOM. Avispa.
vesper [bəspè] *m.* Avispero.
vespertí, -ina [bəspərti, -inə] *a.* Vespertino.
vesprada [bəspràðə] *f.* Atardecer.
vespre [bèsprə] *m.* Anochecer, atardecer.
vesprejar [bəsprəʒà] *i.* Anochecer, atardecer.
vespres [bèsprəs] *f. pl.* Vísperas.
vessament [bəsəmèn] *m.* Derramamiento, derrame.
vessant [bəsàn] *a.* GEOG. Vertiente, ladera.
vessar [bəsà] *t.* Derramar, verter, salir, rebosar. ‖ ***A ~***, a rebosar.
vestíbul [bəstiβul] *m.* Vestíbulo, zaguán.
vestidor [bəstiðó] *m.* Vestuario.
vestidura [bəstiðùrə] *f.* Vestidura, ropaje.
vestigi [bəstiʒi] *m.* Vestigio.
vestimenta [bəstimèntə] *f.* Vestidura.
vestir [bəsti] *t.* Vestir. *2* Trajear.
vestit [bəstit] *m.* Vestido. *2* Traje. ‖ ***~ de bany***, bañador.
vestuari [bəstuàri] *m.* Vestuario.
vet aquí [bɛtəki] loc. He aquí.
veta [bètə] *f.* Cinta. *2* Veta.
veterà, -ana [bətərà, -ànə] *a., m.-f.* Veterano.
veterinari, -ària [bətərinàri, -àriə] *m.-f.* Veterinario. *2 f.* Veterinaria.
vetlla [bèʎʎə] *f.* Vela, velación. *2* Velatorio. *3* Vigilia, víspera.
vetllada [bəʎʎàðə] *f.* Velada.
vetllador, -ra [bəʎʎəðó, -rə] *a.* Velador.
vetllaire [bəʎʎàĭrə] *m.-f.* Velador.
vetllar [bəʎʎà] *i.-t.* Velar.
veto [bètu] *m.* Veto.
veu [bɛŭ] *f.* Voz. ‖ ***A plena ~***, a voz en grito. ‖ ***En ~ baixa***, quedamente, quedo.
veuassa [bəwàsə] *f.* Vozarrón, vocejón.
veure [bèŭrə] *t.* Ver. ‖ ***Fer-se ~***, destacar. ‖ ***Fer-s'hi***, farolear, darse pisto, ponerse moños. ¶ CONJUG. GER.: ***veient***. ‖ P. P.: ***vist***. ‖ INDIC. Pres.: ***veig***. | ***Imperf.***: ***veia***, etc. | Perf.: ***viu***, ***veres*** (o ***veieres***), ***véu*** (o ***veié***), ***vérem*** (o ***veiérem***), etc. ‖ SUBJ. Pres.: ***vegi***, etc. | Imperf.: ***veiés***, etc. ‖ IMPERAT.: ***veges***.
vexació [bəksəsió] *f.* Vejación.
vexar [bəksà] *t.* Vejar.
vexatori, -òria [bəksətɔ̀ri, -ɔ̀riə] *a.* Vejatorio.
vi [bi] *m.* Vino. ‖ ***~ blanc***, vino blanco. ‖ ***~ negre***, vino tinto. ‖ ***~ rosat***, vino clarete.
via [biə] *f.* Vía. *2* Vez. ‖ ***~ crucis***, vía crucis. ‖ ***Passar ~ a fer alguna cosa***, realizar algo con rapidez.
viable [biàbblə] *a.* Viable.
viaducte [biəðùktə] *m.* Viaducto.
vialitat [biəlitàt] *f.* Vialidad.
vianant [biənàn] *m.* Viandante, peatón, transeúnte.
vianda [biàndə] *f.* Vianda.
viarany [biəràɲ] *m.* Sendero, senda.
viatge [biàdʒə] *m.* Viaje.
viatger, -ra [biədʒè, -rə] *m.-f.* Viajero.
viàtic [biàtik] *m.* Viático.
viaticar [biətikà] *t.* Viaticar.
viatjant [biədʒàn] *m.* Viajante.
viatjar [biədʒà] *i.* Viajar.

vibra [biβrə] *f.* ZOOL. Víbora.
vibració [biβrəsió] *f.* Vibración.
vibrant [biβrán] *a.* Vibrante.
vibrar [biβrá] *i.* Vibrar.
vibratori, -òria [biβrətɔ́ri, -ɔ́riə] *a.* Vibratorio.
vicari [bikári] *m.* Vicario.
vicaria [bikəriə] *f.* Vicaría.
vice- [bisə-] Vice- (prefijo).
vice-secretari [bisəsəkrətári] *m.* Vicesecretario.
viceversa [bisəβέrsə] *adv.* Viceversa.
vici [bisi] *m.* Vicio, resabio.
viciar [bisiá] *t.* Viciar, enviciar.
viciós, -osa [bisiós, -ózə] *a.* Vicioso.
vicissitud [bisisitút] *f.* Vicisitud.
víctima [bíktimə] *f.* Víctima.
víctor [bíktur] *m.* Vítor (*pl.* vítores).
victorejar [bikturəʒá] *t.* Vitorear.
victòria [biktɔ́riə] *f.* Victoria.
victoriós, -osa [bikturiós, -ózə] *a.* Victorioso.
vicunya [bikúɲə] *f.* ZOOL. Vicuña.
vida [biðə] *f.* Vida.
vident [biðén] *a.-m.* Vidente.
vidre [bíðrə] *m.* Vidrio.
vidriera [biðriérə] *f.* Vidriera.
vidrieria [biðriəriə] *f.* Vidriería.
vidriol [biðriɔ́l] *m.* Vitriolo.
vidriós, -osa [biðriós, -ózə] *a.* Vidrioso.
vidu, vídua [bídu, bíðuə] *a., m.-f.* Viudo.
viduatge [biðuádʒə] *a.* Viudez, viudedad.
viduïtat [biðuitát] *f.* Viudedad, viudez.
vienès, -esa [biənέs, -έzə] *a., m.-f.* Vienés.
vigatà, -ana [biɣətá, -ánə] *a., m.-f.* Vicense.
vigència [biʒέnsiə] *f.* Vigencia.
vigent [biʒén] *a.* Vigente.
vigesimal [biʒəzimál] *a.* Vigesimal.
vigilància [biʒilánsiə] *f.* Vigilancia.
vigilant [biʒilán] *a.-m.* Vigilante.
vigilar [biʒilá] *t.* Vigilar.
vigília [biʒíliə] *f.* Víspera, vigilia.
vigir [biʒí] *i.* Estar vigente, regir.
vigor [biɣó(r)] *m.* Vigor, enjundia.
vigoria [biɣuriə] *f.* Gran vigor. 2 Brío.
vigoritzar [biɣuridzá] *t.* Vigorizar.
vigorós, -osa [biɣurós, -ózə] *a.* Vigoroso.
vil [bil] *a.* Vil, rastrero, villano, canallesco.
vila [bílə] *f.* Villa.
vilatge [biládʒə] *f.* Villorrio.
vilesa [bilέzə] *f.* Vileza.
vilipendi [bilipέndi] *m.* Vilipendio.
vilipendiar [bilipəndiá] *t.* Vilipendiar.
vil·là [bilá] *m.* BOT. Vilano.
vil·la [bílə] *f.* Quinta, villa.
vímet [bímət] *m.* BOT. Mimbre.
vimetera [bimətérə] *f.* BOT. Mimbrera.
vinagre [bináɣrə] *m.* Vinagre.
vinagrera [binəɣrérə] *f.* Vinagrera.
vinagreta [binəɣrέtə] *f.* Vinagreta.
vinater, -ra [binəté, -rə] *m.-f.* Vinatero.
vinateria [binətəriə] *f.* Vinatería.
vinclada [biŋkláðə] *f.* Doblamiento.
vinclar [biŋklá] *t.* Mimbrear, cimbrar.
vincle [bíŋklə] *m.* Vínculo.
vincular [biŋkulá] *t.* Vincular.
vindicació [bindikəsió] *f.* Vindicación.
vindicar [bindiká] *t.* Vindicar.
vindicatiu, -iva [bindikətíŭ, -íβə] *a.* Vindicativo.
vindicta [bindíktə] *f.* Vindicta.
vinent [binén] *a.* Próximo. 2 Que viene.
vinet [binέt] *m.* Vinillo.
vinguda [biŋgúðə] *f.* Venida.
vínic, -ca [bínik, -kə] *a.* Vínico.
vinícola [binikulə] *a.* Vinícola.
vinificació [binifikəsió] *f.* Vinificación.
vinós, -osa [binós, -ózə] *a.* Vinoso.
vinsat, -ada [binsát, -áðə] *a.* Veteado.
vint [vin] *a.-m.* Veinte.
vintè, -ena [bintέ, -έnə] *a.* Vigésimo. 2 *a.-m.* Veinteavo, vigésimo.
vintena [bintέnə] *f.* Veintena.
vint-i-dos, -dues [bintiðós, -ðúəs] *a.-m.* Veintidós.
vint-i-u [bintiú] *a.-m.* Veintiuno.
vint-i-un, -na [bintiún, -nə] *a.* Veintiuno, veintiún.
vinya [bíɲə] *f.* BOT. Vid. 2 Viña, viñedo.
vinyar [biɲá] *m.* Viñedo.
vinyater, -ra [biɲəté, -rə] *m.-f.* Viñador.
vinyeta [biɲέtə] *f.* Viñeta.
viola [biɔ́lə] *f.* BOT. Viola.
viola [biɔ́lə] *f.* MÚS. Viola.
violaci, -àcia [biulási, -ásiə] *a.* Violáceo.
violació [biuləsió] *f.* Violación.
violament [biuləmén] *m.* Violación.
violar [biulá] *t.* Violar.
violat, -ada [biulát, -áðə] *a.* Morado claro.
violència [biulέnsiə] *f.* Violencia.
violent, -ta [biulén, -tə] *a.* Violento.
violentar [biuləntá] *t.* Violentar.
violer [biulé] *m.* BOT. Alhelí.
violeta [biulέtə] *f.* BOT. Violeta.
violeter [biuləté] *m.* Violetero.
violetera [biulətérə] *f.* Violetera.
violí [biulí] *m.* MÚS. Violín.
violinista [biulinístə] *m.-f.* Violinista.
violó [biuló] *m.* MÚS. Violón.
violoncel [biulunsέl] *m.* MÚS. Violoncelo.
violoncel·lista [biulunsəlístə] *m.-f.* Violoncelista.
vions [bións] *m. pl.* Rayadillo.
viperí, -ina [bipərí, -ínə] *a.* Vipe[rino]
vira [bírə] *f.* Vira.

virada [biráðə] *f.* Virada.
virador [birəðó] *m.* Virador.
virar [birá] *i.-t.* Virar.
viratge [biráʤə] *m.* Viraje.
virginal [birʒinál] *a.* Virginal.
virginitat [birʒinitát] *f.* Virginidad.
viril [biríl] *a.* Viril.
virilitat [birilitát] *f.* Virilidad.
virregnat [birrəŋnát] *m.* Virreinato.
virolla [birɔ́ʎə] *f.* Contera, casquillo, virola, regatón.
virrei [birréĭ] *m.* Virrey.
virreina [birréĭnə] *f.* Virreina.
virtual [birtuál] *a.* Virtual.
virtuós, -osa [birtuós, -ózə] *a.* Virtuoso.
virtuosisme [birtuuzízmə] *m.* Virtuosismo.
virtut [birtút] *f.* Virtud. || ***En ~ de,*** en virtud de, a fuer de.
virulència [birulɛ́nsiə] *f.* Virulencia.
virulent, -ta [birulén, -tə] *a.* Virulento.
virus [bírus] *m.* MED. Virus.
visar [bizá] *t.* Visar.
visat [bizát] *m.* Visado.
visatge [bizáʤə] *m.* Cara, rostro. *2* Visaje.
visca! [bískə] *m.* ¡Viva!
víscera [bísərə] *f.* Víscera.
viscós, -osa [biskós, -ózə] *a.* Viscoso.
viscositat [biskuzitát] *f.* Viscosidad.
visera [bizérə] *f.* Visera.
visibilitat [biziβilitát] *f.* Visibilidad.
visible [bizíbblə] *a.* Visible.
visigot, -oda [biziγɔ́t, -ɔ́ðə] *a., m.-f.* Visigodo.
visió [bizió] *f.* Visión.
visionari, -ària [biziunári, -áriə] *a.* Visionario.
visita [bizítə] *f.* Visita.
visitació [bizitəsió] *f.* Visitación.
visitar [bizitá] *t.* Visitar.
visó [bizó] *m.* ZOOL. Visón.
visor [bizó] *m.* FOT. Visor.
vist, -ta [bist, -tə] *a.* Visto. || ***~ i plau,*** visto bueno.
vista [bístə] *f.* Vista, ver. *2 m.* Vista.
vistós, -osa [bistós, -ózə] *a.* Vistoso.
visual [bizuál] *a.* Visual.
visualitat [bizuəlitát] *f.* Visualidad.
vit [bit] *m.* Verga. || ***~ de bou,*** vergajo.
vital [bitál] *a.* Vital.
vitalici, -ícia [bitəlísi, -ísiə] *a.* Vitalicio.
vitalitat [bitəlitát] *f.* Vitalidad.
vitamina [bitəmínə] *f.* Vitamina.
vitand, -da [bitán, -də] *a.* Vitando.
vitel·la [bitɛ́lə] *f.* Vitela.
vitícola [bitíkulə] *a.* Vitícola.
viticultura [bitikultúrə] *f.* Viticultura.
viticultor, -ra [bitikultó, -rə] *m.-f.* Viticultor.
vitri, vítria [bítri, bítriə] *a.* Vítreo.
vitrificar [bitrifiká] *t.* Vitrificar.
vitrina [bitrínə] *f.* Vitrina.
vitualla [bituáʎə] *f.* Vitualla.
vituperar [bitupərá] *t.* Vituperar.
vituperi [bitupɛ́ri] *m.* Vituperio.
viu, viva [bíu, bíβə] *a.* Vivo. *2* Vivaracho, martagón, cuco. || ***Fer el ~,*** pasarse de listo.
viu [bíŭ] *m.* Borde, canto, ribete.
viudo [bíŭðu] *m.* Viudo.
viure [bíŭrə] *i.* Vivir. *2 m.* Vida, vivir. ¶ CONJUG. GER.: ***vivint.*** || P. P.: ***viscut.*** || INDIC. Pres.: ***visc.*** || SUBJ. Pres: ***visqui,*** etc. | Imperf.: ***visqués,*** etc.
vivaç [biβás] *a.* Vivaz.
vivacitat [biβəsitát] *f.* Vivacidad.
vivàrium [biβáriŭm] *m.* Criadero, vivero.
***vivenda** [biβéndə] *f. cast.* Vivienda.
vivent [biβén] *a.* Viviente.
viver [biβé] *m.* Vivero.
vivesa [biβɛ́zə] *f.* Viveza.
vividor, -ra [biβiðó, -rə] *a.* Vividor.
vivificar [biβifiká] *t.* Vivificar.
vivípar [biβípər, -rə] *a.* Vivípero.
vivor [biβó] *f.* Viveza.
vocable [bukábblə] *m.* Vocablo.
vocabulari [bukəβulári] *m.* Vocabulario.
vocació [bukəsió] *f.* Vocación.
vocal [bukál] *a.* Vocal.
vocalitzar [bukəlidzá] *i.-t.* Vocalizar.
vocatiu [bukətíŭ] *m.* Vocativo.
vociferació [busifərəsió] *f.* Vociferación.
vociferar [busifərá] *i.* Vociferar.
vodka [bɔ́tkə] *m.-f.* Vodka.
voga [bɔ́γə] *f.* Boga. || ***Estar en ~,*** estar en boga.
vogador, -ra [buγəðó, -rə] *m.-f.* Bogador.
vogar [buγá] *i.* Bogar. *2 t.* Voltear, blandir, mecer.
vol [bɔl] *m.* Vuelo, volada.
volada [buláðə] *f.* Vuelo, volada. *2* ARQ. Salidizo.
voladís, -issa [buləðís, -ísə] *a.* Que el viento puede llevar fácilmente. *2* Voladizo.
volador, -ra [buləðó, -rə] *a.* Volador. || ***Peix ~,*** pez volador.
voladura [buləðúrə] *f.* Voladura.
volandera [bulənderə] *f.* Volandera.
volant [bulán] *a.* Volante, volador. *2 m.* Volante.
volar [bulá] *i.* Volar.
volateria [bulətəríə] *f.* Volatería.
volàtil [bulátil] *a.* Volátil.
volatilitzar [bulətilidzá] *t.* Volatilizar.
volcà [bulká] *m.* Volcán.
volcànic, -ca [bulkánik, -kə] *a.* Volcánico.
volea [buléə] *f.* Voleo.

voleiar [buləjá] *i.* Estar suspendido y movido en el aire por la acción del mismo.
volença [bulέnsə] *f.* Querencia.
voler [bulέ] *t.* Querer. ¶ CONJUG. P. P.: ***volgut.*** ‖ INDIC. Pres.: ***vull.*** | Fut.: ***voldré,*** etc. ‖ SUBJ. Pres.: ***vulgui,*** etc. | Imperf.: ***volgués,*** etc. ‖ IMPERAT.: ***vulgues.***
voletejar [bulətəʒá] *i.* Revolotear.
volenterós, -osa [bulənterós, -ózə] *a.* Voluntarioso.
volfram [bulfrám] *m.* QUÍM. Volframio.
volició [bulisió] *f.* Volición.
volt [bɔl] *m.* Contorno, ruedo. *2* Vuelta (paseo y recorrido). *3* Turno. *4 pl.* Alrededores, cercanías.
volt [bɔl] *m.* FÍS. Volt, voltio.
volta [bɔ́ltə] *f.* Vuelta, jira. *2* Vez. *3* Bóveda. *4* Mano (naipes).
voltadits [bo̜ltəðits] *m.* Panadizo.
voltaic, -ca [bultáĭk, -kə] *a.* Voltaico.
voltant, al [bultán] loc. Alderredor, alrededor, en rededor, en derredor. ‖ ***Els voltants,*** contornos, inmediaciones, cercanías.
voltar [bultá] *i.-t.* Dar la vuelta. *2* Dar una vuelta. *3* Girar. *4 t.* Rodear. *5* Voltear.
voltatge [bultádʒə] *m.* Voltaje.
volterià, -ana [bultəriá, -ánə] *a.* Volteriano.
voltímetre [bultimətrə] *m.* Voltímetro.
voltor [bultó] *m.* ORNIT. Buitre.
volubilitat [buluβilitát] *f.* Volubilidad.
voluble [bulúbblə] *a.* Voluble.
volum [bulúm] *m.* Volumen. *2* Tomo.
voluminós, -osa [buluminós, -ózə] *a.* Voluminoso.
voluntari, -ària [buluntári, -áriə] *a.* Voluntario.
voluntat [buluntát] *f.* Voluntad.
volúptuós, -osa [buluptuós, -ózə] *a.* Voluptuoso.
voluptuositat [buluptuuzitát] *f.* Voluptuosidad.
voluta [bulútə] *f.* ARQ. Voluta.
volva [bɔ́lβə] *f.* Copo, mota.
vòmic, -ca [bɔ́mik, -kə] *a.* Vómico.
vòmit [bɔ́mit] *m.* Vómito.
vomitar [bumitá] *t.* Vomitar, devolver, arrojar.
vomititu, -iva [bumitiŭ, -iβə] *a.* Vomitivo.
vomitori, -òria [bumitɔ́ri, -ɔ́riə] *a.-m.* Vomitorio.
vora [bɔ́rə] *f.* Borde. *2* Reborde, orillo. *3* Dobladillo. *4* Orilla, vera. ‖ ***A la ~,*** cerca.
voraç [burás] *m.* Voraz.
voracitat [burəsitát] *f.* Voracidad.
vorada [buráðə] *f.* Bordillo, encintado. *2* Orilla, borde.
voravia [bo̜rəβiə] *f.* V. VORERA.
voraviu [bo̜rəβiŭ] *m.* Orillo, ribete.
vorejar [burəʒá] *t.* Bordear, orillar.
vorera [burérə] *f.* Orilla, acera, bordillo.
voretar [burətá] *t.* Orillar, repulgar.
vori [bɔ́ri] *m.* Marfil.
vòrtex [bɔ́rtəks] *m.* Vórtice.
vos [bus] *pron. déb.* Os.
vós [bos] *pron. pers.* Vos. *2* Usted.
vosaltres [buzáltrəs] *pron. pers.* Vosotros.
vostè [bustέ] *pron. pers.* Usted.
vostre, -tra [bɔ́strə, -trə] *a. pos.* Vuestro. ‖ ***El ~,*** vuestro. *2 pron. pos.* ***El ~,*** el vuestro.
vot [bo̜t] *m.* Voto.
votació [butəsió] *f.* Votación.
votant [bután] *a., m.-f.* Votante.
votar [butá] *i.-t.* Votar.
votiu, -iva [butiŭ, -iβə] *a.* Votivo.
vuit [buĭt] *a.-m.* Ocho.
vuitada [buitáðə] *f.* Octava.
vuitanta [buitántə] *a.-m.* Ochenta.
vuitantè, -ena [buĭtəntέ, -έnə] *a.-m.* Octogésimo.
vuitantí, -ina [buĭtənti, -inə] *a.* Ochentón.
vuit-cents, -tes [buĭtséns, -təs] *a.* Ochocientos.
vuitè, -ena [buĭtέ, -έnə] *a.-m.* Octavo.
vulcanisme [bulkənizmə] *m.* Vulcanismo.
vulcanitzar [bulkənidzá] *t.* Vulcanizar.
vulgar [bulɣár] *a.* Vulgar. *2 m.* Vulgo.
vulgaritat [bulɣəritát] *f.* Vulgaridad.
vulgaritzar [bulɣəridzá] *t.* Vulgarizar.
vulnerable [bulnərábblə] *a.* Vulnerable.
vulneració [bulnərəsió] f. Vulneración.
vulnerar [bulnərá] *t.* Vulnerar.
vulva [búlβə] *f.* ANAT. Vulva.

W

w [be dóbblə] *f.* W.
wàter [bàter] *m.* Water-closet.
water-polo [wąterpòlo] *m.* Waterpolo.
whisky [wiski] *m.* Whisky.

X

xa [ʃə] *m.* Sha.
xabec [ʃəβέk] *m.* NÁUT. Jabeque.
xacal [ʃəkál] *m.* ZOOL. Chacal.
xacolí [ʃəkulí] *m.* Chacolí.
xacra [ʃákrə] *f.* Achaque, lacra, dolencia.
xacrós, -osa [ʃəkrós, -ózə] *a.* Achacoso, carcamal, cascado.
xafar [ʃəfá] *t.* Aplastar, chafar.
xafardeig [ʃəfərðέtʃ] *m.* Chismorreo.
xafardejar [ʃəfərðəʒá] *i.* Chismear, comadrear, curiosear.
xafarder, -ra [ʃəfərðé, -rə] *a., m.-f.* Chismoso, parlero, cotillero.
xafarderia [ʃəfərðəríə] *f.* Chisme.
xafarranxo [ʃəfərránʃu] *m.* Zafarrancho.
xàfec [ʃáfək] *m.* Aguacero, chaparrón, chubasco, turbonada.
xafogor [ʃəfuɣó] *f.* Bochorno.
xafogós, -osa [ʃəfuɣós, -ózə] *a.* Bochornoso.
xagrí [ʃəɣrí] *m. fr.* Chagrín, zapa.
xai, -ia [ʃai̯, -jə] *m.-f.* Cordero.
xal [ʃal] *m.* Chal.
xala [ʃálə] *f.* Juerga, regodeo, chacota.
xalar-se [ʃəlársə] *prnl.* Recrearse alegremente.
xalana [ʃəlánə] *f.* NÁUT. Chalana.
xalet [ʃəlέt] *m.* Chalet.
xalina [ʃəlínə] *f.* Chalina.
xaloc [ʃəlɔ́c] *m.* METEOR. Siroco, sudeste.
xalupa [ʃəlúpə] *f.* NÁUT. Chalupa.
xamba [ʃámbə] *f. cast.* Chiripa, chamba, potra.
xamberg [ʃəmbέrk] *m.* Chambergo.
xambó [ʃəmbó] *m. cast.* Chambón.
xambra [ʃámbrə] *f.* Chambra.
xamerlí [ʃəmərlí] *m.* ORNIT. Chorlito.
xamfrà [ʃəmfrá] *m.* Chaflán.
xamós, -osa [ʃəmós, -ózə] *a.* Gracioso, lindo, gachón, garboso.
xampany [ʃəmpáɲ] *m.* Champaña.
xampú [ʃəmpú] *m.* Champú.
xampurrejar [ʃəmpurrəʒá] *i.-t.* Chapurrear.
xanca [ʃáŋkə] *f.* Zanco.
xancle [ʃáŋklə] *m.* Chanclo.
xancleta [ʃəŋklέtə] *f.* Chancleta.
xanguet [ʃəŋgέt] *m.* ICT. Morralla, boliche.
xantatge [ʃəntádʒə] *m. fr.* Chantaje.
xantre [ʃántrə] *m.* Chantre.
xanxa [ʃánʃə] *f.* Chanza, burla.
xanxejar [ʃənʃəʒá] *i.* Chancear.
xap [ʃap] Onomatopeya imitando el ruido de un cuerpo al caer plano al suelo o en el agua.
xapa [ʃápə] *f.* Chapa.
xapar [ʃəpá] *t.* Chapar, chapear.
xapat, -ada [ʃəpát, -áðə] *a.* Chapeado, chapado.
xapó [ʃəpó] *m.* Chapó (billar).
xapotejar [ʃəputəʒá] *t.* Chapucear.
xarada [ʃəráðə] *f.* Charada.
xaragall [ʃərəɣáʎ] *m.* Badén.
xarampió [ʃərəmpió] *m.* MED. Sarampión.
xaranga [ʃəráŋgə] *f.* Charanga, murga.
xarbotar [ʃərβutá] *i.* Agitarse la superficie de un líquido dentro de un recipiente.
xardor [ʃərðó] *f.* Bochorno. *2* Ardor.
xarlatà [ʃərlətá] *m.* Charlatán, embaucador, sacamuelas.
xarlatanisme [ʃərlətənízmə] *m.* Charlatanismo.
xarnera [ʃərnérə] *f.* Gozne, charnela.
xaró, -ona [ʃəró, -ónə] *a.* Chabacano, ramplón.
xarol [ʃərɔ́l] *m.* Charol.
xarop [ʃərɔ́p] *m.* Jarabe.
xarpellera [ʃərpəʎérə] *f.* Arpillera, harpillera.
xarretera [ʃərrətérə] *f.* Charretera.
xarrup [ʃərrúp] *m.* Sorbo, chupada.
xarrupada [ʃərrupáðə] *f.* Chupetón, chupada.
xarrupar [ʃərrupá] *t.* Sorber, chupar.
xarrupeig [ʃərrupέtʃ] *m.* Sorbo.

xaruc, -uga [ʃərúk, -úɣə] *a.* Chocho, caduco, carcamal.
xarxa [ʃárʃə] *f.* Red. ‖ ~ ***de filferro,*** alambrado.
xassís [ʃəsis, col. ʃásis] *m.* Chasis.
xato, -ta [ʃátu, -tə] *a.* Chato.
xauxinar [ʃəŭʃiná] *i.* Chirriar.
xavacà, -ana [ʃəβəká, -ánə] *a. cast.* Chabacano.
xavacanada [ʃəβəkənáðə] *f. cast.* Chabacanada.
xaval [ʃəβál] *m. fam.* Chaval.
xavalla [ʃəβáʎə] *f.* Calderilla, suelto.
xaveta [ʃəβέtə] *f.* Chaveta.
xavo [ʃáβu] *m.* Ochavo.
xec [ʃεk] *m.* Cheque. *2* Jaque.
xef [ʃεf] *m.* Cocinero jefe.
xeflis [ʃέflis] *m.* Francachela. *2* Borrachera.
xeixa [ʃéʃə] *f.* BOT. Trigo candeal.
xemeneia [ʃəmənέjə] *f.* Chimenea.
xenofòbia [ʃənufɔ́biə] *f.* Xenofobia.
xera [ʃérə] *f.* Farra.
xerès [ʃərέs] *m.* Jerez.
xeringa [ʃəriŋgə] *f.* Jeringa.
xeringar [ʃəriŋgá] *t.* Jeringar.
xeringuilla [ʃəriŋgiʎə] *f.* BOT. Jeringuilla.
xerinola [ʃərinɔ́lə] *f.* Jarana, holgorio.
xerrac [ʃərrák] *m.* Serrucho.
xerrada [ʃerráðə] *f.* Charla, plática.
xerradissa [ʃərrəðisə] *f.* Charla, parloteo. *2* Gorjeo.
xerraire [ʃərráĭrə] *a., m.-f.* Charlatán, parlanchín, cotorra, gárrulo.
xerrameca [ʃərrəmέkə] *f.* Charlatanería, palique, cháchara, parloteo.
xerrar [ʃərrá] *i.* Charlar, cotorrear, patullar, garlar. *2 t.* Soplar (hablando).
xerrera [ʃərrérə] *f.* Parlería.
xerroteig [ʃərrutέtʃ] *m.* Gorjeo.
xerrotejar [ʃərrutəʒá] *i.* Gorjear. *2* Chirriar.
xic, -ca [ʃik, -kə] *a.* Chico. *2 m.-f.* Muchacho, mozalbete, chiquillo.
xicoira [ʃikɔ́ĭrə] *f.* BOT. Chicoria, achicoria.
xicot, -ta [ʃikɔ́t, -tə] *m.-f.* Chico, muchacho, chaval, mozuelo.
xicra [ʃikrə] *f.* Jícara.
xifra [ʃifrə] *f.* Cifra, guarismo.
xifrar [ʃifrá] *t.* Cifrar.
Xile [ʃilə] *n. pr.* Chile.
xilè, -ena [ʃilέ, -έnə] *a., m.-f.* Chileno.
xíling [ʃíliŋ] *m.* Chelín.
xilofon [ʃilufɔ́n] *m.* MÚS. Xilófono.
xilografia [ʃiluɣrəfiə] *f.* Xilografía.
ximpanzé [ʃimpənzé] *m.* ZOOL. Chimpancé.
ximple [ʃimplə] *a.* Necio, memo, estulto, simple, lelo, majadero, tonto.
ximpleria [ʃimpləriə] *f.* Bobada, burrada, estupidez, tontería, necedad, simpleza.
xim-xim [ʃimʃim] *m.* Calabobos. *2* Charanga.
Xina [ʃinə] *n. pr.* China.
xindria [ʃindriə] *f.* BOT. Sandía.
xinel·la [ʃinέlə] *f.* Chinela.
xinès, -esa [ʃinέs, -έzə] *a., m.-f.* Chino. *2 m.* Chino (lengua).
xino-xano [ʃinuʃánu] loc. Paso a paso, despacio.
xinxa [ʃinʃə] *f.* ENTOM. Chinche.
xinxeta [ʃinʃέtə] *f.* Chinche. *2* Mariposa.
xinxilla [ʃinʃiʎə] *f.* ZOOL. Chinchilla.
xipollar [ʃipuʎá] *i.* Chapotear.
xipollejar [ʃipuʎəʒá] *i.* Chapalear, chapotear.
Xipre [ʃiprə] *n. pr.* Chipre.
xiprer [ʃipré] *m.* BOT. Ciprés.
xipriota [ʃipriɔ́tə] *a., m.-f.* Chipriota.
xiribec [ʃiriβέk] *m.* V. TRENC.
xirimoia [ʃirimɔ́jə] *f.* BOT. Chirimoya.
xirimoier [ʃirimujé] *m.* BOT. Chirimoyo.
xirivia [ʃiriβiə] *f.* BOT. Chirivía.
xiroi, -ia [ʃirɔ́i, -jə] *a.* Alegre y simpático como un niño.
xiscladissa [ʃiskləðisə] *f.* Chillería.
xisclaire [ʃiskláĭrə] *a.* Chillón.
xisclar [ʃisklá] *i.* Chillar.
xiscle [ʃisklə] *m.* Chillido.
xisclet [ʃisklέt] *m.* Chillido.
***xisto** [ʃistu] *m. cast.* Chiste.
xiulada [ʃiŭláðə] *f.* Silba, pita, rechifla, chifla, pitada.
xiular [ʃiŭlá] *i.-t.* Silbar, pitar, rechiflar, chiflar.
xiulet [ʃiŭlέt] *m.* Silbido, pitido, pitada. *2* Silbato, pito.
xiu-xiu [ʃiŭʃiŭ] *m.* Susurro. *2* Cuchicheo.
xiuxiueig [ʃiŭʃiwέtʃ] *m.* Cuchicheo, bisbiseo. *2* Susurro.
xiuxiuejar [ʃiŭʃiwəʒá] *i.* Cuchichear. *2* Susurrar, musitar.
xivarri [ʃiβárri] *m.* Jaleo, alboroto, bulla, escandalera.
xixell, -lla [ʃiʃéʎ, -ʎə] *m.-f.* ORNIT. Paloma silvestre.
xoc [ʃɔ́k] *m.* Choque.
xocant [ʃukán] *a.* Chocante.
xocar [ʃuká] *i.* Chocar.
xocolata [ʃukulátə] *f.* Chocolate.
xocolater, -ra [ʃukuləté, -rə] *m.-f.* Chocolatero. *2 f.* Chocolatera.
xocolateria [ʃukulətəriə] *f.* Chocolatería.
xofer [ʃufé, col. ʃɔ́fər] *m.* Chófer.
xop, -pa [ʃóp, -pə] *a.* Calado, empapado.
xop [ʃop] *m.* BOT. Chopo.

xopar [ʃupá] *t.* Remojar, calar, empapar, embeber.
xoriço [ʃurisu] *m.* Chorizo.
xoriguer [ʃuriɣé] *m.* ORNIT. Cernícalo. 2 ICT. Pez volador.
xuclador, -ra [ʃukləðó, -rə] *a.* Chupador, chupón. *2 m.* Remolino, vorágine.
xuclamel [ʃukləmɛ́l] *m.* BOT. Madreselva.
xuclar [ʃuklá] *t.* Chupar.
xuclat, -ada [ʃuklát, -áðə] *a.* Chupado, enjuto.
xuclet [ʃuklɛ́t] *m.* Chupetón.
xufla [ʃúflə] *f.* BOT. Chufa.
xumar [ʃumá] *t.* Beber a morro. *2* Chupar, mamar.
xurra [ʃúrrə] *f.* ZOOL. Ortega.
xurriacada [ʃurriəkáðə] *f.* Zurriagazo, latigazo.
xurriaquejar [ʃurriəkəʒá] *t.* Zurriagar. *2* Hostigar.
xurriaques [ʃurriákəs] *f. pl.* Látigo, zurriago, fusta, rebenque, tralla.
xurro [ʃúrru] *m.* Churro.
xusma [ʃúzmə] *f.* Chusma, canalla, hampa.
xut [ʃut] *m.* Chut.
xutar [ʃutá] *i. ingl.* Chutar, tirar.

Z

zas [zas] *m.-interj.-* Zas.
zebra [zéβrə] *f.* ZOOL. Cebra.
zebrat, -ada [zəβrát, -áðə] *a.* Cebrado.
zebú [zəβú] *m.* ZOOL. Cebú.
zèfir [zɛ́fir] *m.* Céfiro.
zel [zɛl] *m.* Celo, interés. *2* Brama.
zelador, -ra [zələðó, -rə] *m.-f.* Celador.
zelar [zəlá] *t.* Celar, vigilar.
zelós, -osa [zəlós, -ózə] *a.* Celoso.
zenc [zɛŋ] *m.* MINER. Cinc, zinc.
zenit [zɛ́nit] *m.* ASTRON. Cenit, zenit.
zenital [zənitál] *a.* Cenital.
zero [zɛ́ru] *m.* Cero.
ziga-zaga [ziɣəzáɣə] *f.* Zigzag.
zigomàtic, -ca [ziɣumátik, -kə] *a.* ANAT. Cigomático.
zigzaguejar [zigzəɣəʒá] *i.* Zigzaguear.
zinc [ziŋ] *m.* MINER. Zinc.
zíngar, -ra [ziŋgər, -rə] *a., m.-f.* Cíngaro.
zodíac [zuðíək] *m.* Zodíaco.
zodiacal [zuðiəkál] *a.* Zodiacal.
zona [zónə] *f.* Zona.
zoòfit [zuɔ́fit] *m.* Zoófito.
zoòleg, -òloga [zuɔ́lək, -ɔ́luɣə] *m.-f.* Zoólogo.
zoologia [zuuluʒíə] *f.* Zoología.
zoològic, -ca [zuulɔ́ʒik, -kə] *a.* Zoológico.
zoòtrop [zuɔ́trup] *m.* Zoótropo.
zulú [zulú] *m.-f.* Zulú.
zumzejar [zumzəʒá] *i.* Oscilar, ondear, cimbrar.
zum-zum [zumzúm] *m.* Zumbido.